主要译者介绍

朱浤源 台湾大学政治学博士，英国剑桥大学博士后研究员，台大政治系兼任教授、“中研院”近代史研究所研究员。著有《孙立人上将专案追踪访谈录》《从变乱到军省：广西的初期现代化，1860-1937》

杨力明 台湾政治大学政治研究所硕士，陆军官校政治系教师，著有《大众传播对美国越战政策之影响》《缠斗联合国：资深大使见证录》等

李　轶 伦敦大学亚非学院博士，著有《英印殖民时期的缅甸华侨及其政治参与》

黄文范 著名翻译家，译有《战争与和平》《西线无战事》《索尔仁尼琴全集》等。1952年起专治翻译，所译涵盖小说、散文、历史、传记等，五十余年译著逾八十种

杨晨光 昆山科技大学兼任讲师

萧明礼 台湾大学历史研究所博士，日本武藏野大学讲师，著有《“海运兴国”与“航运救国”：日本对华之航运竞争（1914-1945）》等

黄竣民 陆军官校毕业，译有《东线之鹰》《无役不与》《步兵攻击：经验与教训》等二十余部作品

梁一萍 马萨诸塞大学阿默斯特分校美国研究博士，台湾师范大学英语系教授，著有《移动之民：海外华人研究的新视野》等

张琼惠 俄勒冈大学比较文学博士，台湾师范大学英语系教授，著有《哈金的战争书写：以〈战废品〉为例》《美国华裔文学评论集》等

[英] 路易士·艾伦 著
朱浤源 杨力明 等译

日落落日 上

缅甸：最长的一战 1941-1945

生活·讀書·新知 三联书店

图书在版编目（CIP）数据
日落落日：缅甸，最长的一战：1941-1945 /（英）路易士·艾伦（Louis Allen）著；朱浤源等译.
北京：生活·读书·新知三联书店，2025. 9.
ISBN 978-7-108-07943-5
Ⅰ. K337.4
中国国家版本馆 CIP 数据核字第 2024927C0N 号

责任编辑 宋林鞠
装帧设计 薛 宇
责任校对 陈 格
责任印制 李思佳
出版发行 生活·讀書·新知 三联书店
（北京市东城区美术馆东街 22 号 100010）
网 址 www.sdxjpc.com
经 销 新华书店
制 作 北京金舵手世纪图文设计有限公司
印 刷 河北鹏润印刷有限公司
版 次 2025 年 9 月北京第 1 版
2025 年 9 月北京第 1 次印刷
开 本 635 毫米 × 965 毫米 1/16 印张 61
字 数 754 千字 图 117 幅
印 数 0,001－4,000 册
定 价 185.00 元（全两册）
（印装查询：01064002715；邮购查询：01084010542）

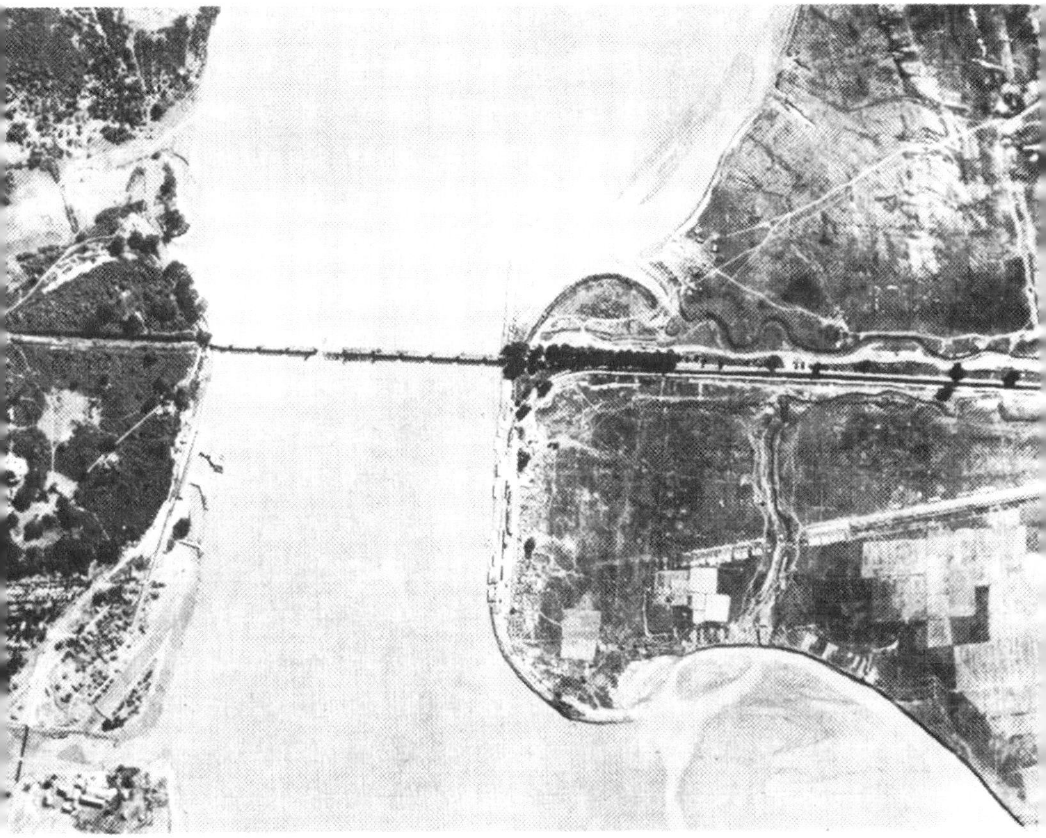

1　鸟瞰锡当桥（源自帝国战争博物馆）

2　在锡当桥下进行爆破的为孟加拉野战工兵第369连（马莱尔科特拉野战工兵连）的巴希尔·汗中尉（后升少校）（源自巴希尔·汗）

3　日军占领缅甸时的快照，上：日本管理者及印度仆人；下：缅甸佛塔前的日本军人（源自作者艾伦）

4　藤原岩市少佐（后升中将），他与莫汉·辛格共同创立亲日的“印度国民军”，后来在英帕尔担任牟田口廉也的参谋（源自藤原岩市）

5　“印度国民军”总司令苏巴斯·钱德拉·鲍斯身着戎装

6　缅甸政治领导人巴莫（左），1943 年在东京与鲍斯谈话（源自巴莫，*Breakthrough in Burma*）

7　铃木敬司大佐，化名南益世，缅甸名伯牟究，“南机关”创立者，成立了亲日的缅甸国民军（源自 *Breakthrough in Burma*）

8　昂山，“三十志士”领导者，后任缅甸国民军总司令（源自帝国战争博物馆）

9　英国士兵及日本俘虏在阿拉干前线，费利克斯·托波尔斯基（Feliks Topolski）画（源自帝国战争博物馆）

10　1943年2月18日在阿拉干栋拜海滩的恩尼斯基林燧发枪团，安东尼·格罗斯（Anthony Gross）画（源自帝国战争博物馆）

11　1943年在阿拉干恩丁医疗所的英国部队及担架上的日本俘虏，安东尼·格罗斯画（源自帝国战争博物馆）

12　“方镇”内部（源自帝国战争博物馆）

13　科希马一览，中央前景地区为行政长官官邸，白色斑点是落在当地的降落伞，右侧前方是“守备冈”，向南延伸的道路通往野战补给仓库、特遣队用品仓库、“监狱冈”。后方是阿拉杜拉山脊（源自帝国战争博物馆）

14　科希马网球场，坦克第149团B中队的沃特豪斯中士孤军奋战之地（源自帝国战争博物馆）

15　1944年英帕尔战役的主要战场，普勒尔—德穆公路的一段（源自帝国战争博物馆）

16　第十一集团军群乔治·吉法德上将（左）、某军官（中）及皇家西肯特郡团莱弗蒂中校，在科希马包围战战场（源自帝国战争博物馆）

17　日军第15师团第51联队联队长尾本大佐及副官在南士贡观战（源自理查德·斯托里）

18　1944年6月，英军第33军及第4军前哨在英帕尔到科希马的路上会师（源自帝国战争博物馆）

19　英印第20师师长道格拉斯·格雷西少将（后晋爵士），1945年摄于西贡，当时指挥法属印度支那的英军（源自帝国战争博物馆）

20　英帕尔授勋仪式，日军自英帕尔撤退后，由韦维尔将军代表英王向第14集团军指挥官及三位军长授爵。前排由左至右：斯利姆中将（后授陆军元帅子爵）、克里斯蒂森中将（第15军）、斯库恩斯中将（第4军），以及斯托普福德中将（第33军）（源自帝国战争博物馆）

21　缅甸宝塔的守护神石兽“钦迪”（Chinthe），温盖特以此作为他的远征军的象征

22　温盖特坐在一架运输机内，机内已改为运载驴子（源自帝国战争博物馆）

23　伯纳德·弗格森少校（巴伦特雷勋爵，后升旅长），在温盖特第一次长程作战中担任纵队指挥官，在后来的“周四行动”中任第16旅旅长（源自帝国战争博物馆）

24　1945年3月16日，英军行军经过蒙育瓦（源自帝国战争博物馆）

25　1945年2月，漂浮在瑞丽江上的日军尸体（源自帝国战争博物馆）

26　第2师第5旅三位营长，由左至右：萨默维尔·麦卡莱斯特中校（卡梅伦团）、O. G.怀特中校（多塞特郡团）、T. A. 欧文中校（伍斯特营）（源自帝国战争博物馆）

27　斯图亚特坦克在位于敏务的第33军滩头堡，准备横渡伊洛瓦底江（源自帝国战争博物馆）

28　在良乌村，旁遮普第15团第4营正在渡过伊洛瓦底江（源自帝国战争博物馆）

29　“乳房宝塔”是在横渡伊洛瓦底江时一个受到赞美的路标（源自P. 伍德沃德）

30　印度第19师师长T. W. 里斯（“Pete”）少将，1945年3月9日在曼德勒督战（源自帝国战争博物馆）

31　1945年2月23日，印度第17师第63旅情报官正在密铁拉搜索日军尸体（源自帝国战争博物馆）

32　第4军军长弗兰克·梅瑟维中将（后晋爵士）（源自帝国战争博物馆）

33　1945年2月28日，印度第17师师长“潘趣”考恩（左）与第48旅旅长R. C. O. 赫德利在密铁拉（源自帝国战争博物馆）

34　日本第33军本多中将的参谋辻政信大佐，战后着民服（源自辻政信，*Underground Escape*）

35　1945年6月，日本第28军司令部军官向锡当河逃亡突围处，仰光—曼德勒路标137英里处（源自土屋英一）

36　海军第13警备队队长堤新三（摄于1940年25岁，时为海军少尉）（源自堤新三）

37　萱葺，一名日本的穆斯林特务，在阿拉干对抗英军（此照为其近期在吉达回日本的飞机上拍摄，源自萱葺）

38　由锡当河突围时被捕的五位中国及朝鲜慰安妇，摄于贝内贡收容所（源自帝国战争博物馆）

39　沃镇附近手持白旗参与投降和谈的日本兵（源自帝国战争博物馆）

40　南方军寺内元帅的总参谋长沼田多稼藏中将，到达仰光商议投降协议。海军中道少将同行（源自帝国战争博物馆）

41　听到日军投降新闻而欢呼的英军（源自帝国战争博物馆）

42　战败方第28军的参谋军官若生尚德少佐在与廓尔喀来复枪第10团第1营营长O. C. 史密斯中校谈判前，将自己的军刀交出。伯特·科里中尉（中间戴眼镜者）担任翻译（源自帝国战争博物馆）

43 W. A. 克劳瑟少将（继考恩任印度第 17 师师长）接受了日军第 31 师团指挥官河田槌太郎中将的投降（源自帝国战争博物馆）

44 本书作者艾伦（左）与美裔士官田端胜讯问日军战俘内藤中尉（源自帝国战争博物馆）

人物介绍

缅　甸

昂山

巴莫

昂山（Aung San, 1915—1947），带领缅甸脱离大英帝国而独立的军事领袖。曾带领“三十志士”在海南岛及台湾岛玉里受训。1942年年底于泰国成立缅甸独立义勇军。缅甸独立后，1947年7月19日，昂山与6名内阁成员在仰光被暗杀。

巴莫（Ba Maw, Dr., 1893—1977），剑桥大学博士。1937年到1939年间担任英属缅甸总理；1941年与日本合作，出任缅甸行政长官；1943年8月，宣布缅甸独立，对英美宣战；1944年，又倒向英国。战后亡命日本新潟，直到1946年被特赦才回到缅甸。

奈温（Bo Ne Win, 1911—2002），缅甸国防军领导人。1958年至1960年及1962年至1988年控制缅甸政权，使缅甸走上军事独裁之路。

吴努（U Nu, Thakin Nu, 1907—1995），德钦党员，昂山继任者，缅甸独立后首任缅甸总理。

吴素（U Saw, 1900—1948），印缅分治后的第三任缅甸总理，积极推行缅甸独立运动，召集青年成立私人武力金翅军（Galon Army），但在整个战事期间被羁押。

中 国

蒋中正（1887—1975），字介石。浙江奉化人，中华民国政治人物、军事家。历任黄埔军校校长、国民革命军总司令、国民政府主席、国民政府军事委员会委员长。1942年起担任盟军中国战区最高统帅。

林蔚（1889—1955），陆军二级上将，蒋的参谋团团长。江南陆师学堂暨陆军大学第四期毕业。曾任浙军第1师参谋长。

孙立人

孙立人（1900—1990），陆军中将，美国普渡大学土木工程学士，毕业于美国弗吉尼亚军事学校，1942年率新编第38师进驻缅甸曼德勒，兼任卫戍司令，救援英军取得仁安羌大捷。第一次缅战后退入印度兰姆伽。后任新一军军长，与美军组成中美联军，1943年10月向缅北反攻，大败日军第18师团。

戴安澜

戴安澜（1904—1942），陆军少将，指挥中国第200师。以血战昆仑关、远征缅甸闻名，最后战死于缅甸茅邦。

杜聿明（1904—1981），陆军中将，1939年任国民革命军第5军军长；1942年兼中国远征军第一路副司令长官，率部入缅作战。

日 本

会田雄次（1916—1997），1940年毕业于京都大学文学院，缅战时为一名士兵，被英军俘虏。战后为日本历史学者、京都大学名誉教授。著有《日本人の意识构造》等。

绫部橘树（1894—1980），陆军中将。太平洋战争开战时，担任关东军副参谋长、第一方面军参谋长，后任南方军副总参谋长。1943年10月晋升为中将，任第七方面军参谋长。

藤原岩市（1908—1986），陆军少佐。南方军参谋兼情报人员，创立F机关并组建"印度国民军"。著有《F机关》《留魂录》等。

花谷正（1854—1957），陆军少将。曾任关东军参谋，个性暴戾。1942年任日军第55师团师团长，参加第二次缅甸阿拉干作战，失败。此战为日军首次对英军的重大失败。

秦彦三郎（1890—1959），陆军中将。曾任步兵第57联队联队长。1940年3月任关东军副参谋长（兼管秦机关），次年10月晋升中将，任第34师团师团长。战后被列为重要战犯。著有《承受苦难》。

饭田祥二郎

饭田祥二郎（1888—1980），陆军中将。1943年2月23日率第15军进攻缅甸，为南方军级司令官四人中的其中一人。

稻田正纯（1896—1986），陆军中将，1929年毕业于法国陆军大学。1941年7月晋升为陆军少将，任日军第5军副参谋长。1943年任日本南方军副总参谋长，1945年4月晋升为陆军中将，任第十六方面军参谋长。战后被列为战犯。

片村四八（1888—1969），陆军中将，曾任第54师团师团长，1944年8月接任第15军司令官。推动"密铁拉会战计划"。

河边正三

河边正三（1886—1965），陆军大将。历任中国派遣军总参谋长、缅甸方面军司令官、航空总军司令官兼航空本部长。

木村兵太郎（1888—1948），陆军大将。"二战"期间在中国和东南亚犯下多起屠杀平民罪行，1948年被远东国际军事法庭判处绞刑。

古闲健（1892—1984），陆军中将，曾任参谋本部附，后任第55师团师团长、第51师团留守师团长、第81师团师团长。

久野村桃代（1893—1979），陆军中将，1944年3月任牟田口廉也的参谋长，同南方军副总参谋长稻田正纯是日本陆军军官学校老友。

宫崎繁三郎（1892—1965），陆军中将。1939年3月被调至关东军，1943年3月出任第31师团步兵团团长，属牟田口廉也第15军。参加英帕尔战役、桑萨克战役等。1945年担任第54师团师团长，参与伊洛瓦底江会战，最后全军覆没，被英军俘虏。

水上源藏（1888—1944），陆军少将。1944年任密支那守备队指挥官，第56师团步兵团团长，奉命死守密支那，最后自裁，让官兵免受追究。

牟田口廉也

牟田口廉也（1888—1966），陆军中将，"菊兵团"（第18师团）师团长，后晋升驻缅日军第15军司令官。决定侵犯印度，进行英帕尔"乌号作战"（Operation Imphal）计划，下令对普勒尔做最后攻击。

长泽贯一（1891—1981），陆军少将，"振武兵团"指挥官，第55师团第112联队联队长。1945年2月出任第54师团步兵团团长，同年6月晋升少将。

中永太郎（1893—1969），陆军中将，1942年12月任第15军参谋长，后改任缅甸方面军参谋长，领导英帕尔行动。1944年9月，任第18师团师团长，参加锡当河战斗。

沼田多稼藏（1892—1961），陆军中将，曾参加徐州会战，缅战时为南方军寺内元帅的总参谋长。战后因涉嫌战犯及橘丸事件入狱。

冈田菊三郎（1897—1985），陆军大佐，1943年任第15师团参谋长，参加英帕尔战役。隔年就任陆军燃料本部，之后就任军需部军需官（爆炸对策小组组长）。

冈村宁次

冈村宁次（1884—1966），陆军大将，任华北方面军司令官，中国派遣军总司令。

樱井省三（1889—1985），陆军中将，第33师团师团长、陆军装甲本部长。1944年任第28军司令官，负责缅甸西南海岸的防御工作。他参加英帕尔作战，指挥缅南的牵制行动，结果惨败，仰光沦陷。

樱井德太郎（1897—1980），陆军少将，1943年8月升任驻缅日军第55师团步兵团团长，“樱部队”指挥官。

佐藤幸德

佐藤幸德（1893—1959），陆军中将。1943年时任第31师团师团长。1944年英帕尔战役期间，在该师团占领了科希马后，佐藤判断继续作战只是徒增无谓的伤亡，5月底，决定违抗军司令官牟田口廉也的命令，通令第31师团全军撤退。

杉山元（1880—1945），陆军元帅、帝国陆军参谋总长。日本宣布战败后，在司令室自裁。

铃木敬司（1897—1967），陆军大佐，“南机关”机关长，任务是支持1941年至1942年间的缅甸独立运动。

武田馨（1892—1959），陆军中将，指挥日军第53师团（几乎全是由京都年纪较大的、新征召的城市居民所编成），辖第128步兵联队。

竹田宫恒德亲王（1909—1992），日本昭和天皇表弟，1943年8月任关东军作战参谋。

竹内宽（1889—1952），陆军中将，第55师团师团长，带领自彭世洛（Pitsanuloke）而来的第55师团在来兴成立了总部，这是他们进攻缅甸的跳板。

田中新一（1893—1976），陆军中将，第18师团师团长，曾与中国第38师（师长孙立人）所属巡逻队在胡冈谷地发生遭遇战。

寺内寿一

寺内寿一（1879—1946），陆军元帅，第18任日本首相寺内正毅的长子，在关东军成立“731部队”，1941年任南方军总司令官。1945年11月30日在西贡亲自向蒙巴顿勋爵投降，后被关押于马来亚半岛的柔佛州，1946年病逝。

东条英机（1884—1948），陆军大将，大政翼赞会总裁，第40任日本首相（内阁总理大臣）及统制派最高领袖。

辻政信

辻政信（1902—1968），陆军大佐，第33军高级参谋，调到第15军司令部后又复归第33军。他几乎参与了缅战中的每个重大战役；从中国“七七事变”之后，成为日本陆军中影响力颇大的人物。

山内正文（1894—1944），陆军中将，1944年任日军第15师团师团长，由于肺结核病重，在英帕尔战役中被牟田口廉也撤换，于东京病殁。

柳田元三（1893—1952），陆军中将，1943年任日军第33师团师团长。英帕尔战役中失利，1944年5月9日被牟田口廉也以电令撤换。

印　度

鲍斯

苏巴斯·钱德拉·鲍斯（Subhas Chandra Bose, 1897—1945），政治和社会活动家，参与印度独立运动，为自由印度临时政府领导人，及“印度国民军”最高指挥官。

英 国

哈洛德·亚历山大

哈洛德·亚历山大（Harold Alexander, 1891—1969），陆军元帅。第二次世界大战期间任盟军第15军司令、地中海战区盟军最高司令，后任英国国防大臣及加拿大总督等职。

克莱门特·艾德礼（Clement Attlee, 1883—1967），英国政治家，1945年大选带领工党取得压倒性胜利，击败丘吉尔，出任英国首相。

克劳德·奥金莱克（Claude Auchinleck, 1884—1981），陆军上将，后晋升元帅。1941年初为印度军总司令，7月为中东地区总司令，1942年被免职。1943年6月再度被任命为印度军总司令。

约翰·鲍德温（John Baldwin, 1892—1975），空军元帅，英国皇家空军总司令。1942年10月任印度空军副总司令。1943年2月参加了温盖特的钦迪特突击队和“周四行动”。

哈罗德·布里格斯（Harold Briggs, 1894—1952），陆军中将。1940年任印度第7步兵旅旅长。1944年参加缅甸阿拉干及方镇战役。1950年至1951年任马来亚英军指挥官。

阿伦·布鲁克（Alan Brooke, 1883—1963），陆军元帅，英国陆军总参谋长，在法国接受教育，1941年12月被任命为英帝国总参谋长和参谋长联席会议主席。

布鲁克-波帕姆（Brooke-Popham, 1878—1953），空军元帅。1935年出任英国皇家空军中东地区总司令；1940年被任命为英国远东司令部总司令，负责新加坡、马来亚、香港、缅甸防务。

弗雷德里克·布朗宁（Frederick Browning，1896—1965），空军中将。第二次世界大战期间，指挥第1空降师和第1空降军，1944年12月，成为蒙巴顿勋爵的盟军东南亚战区司令部的参谋长。

麦克·卡尔弗特（Michael Calvert, 1913—1998），伍利奇皇家军事学院毕业，1933年在皇家工兵部队。参与温盖特第一次及第二次远征行动。因其英勇事迹被授予特殊服役勋章。著有*Chindits: Long Range Penetration*等书。

菲利普·克里斯蒂森（Philip Christison, 1893—1993），陆军中将，牛津大学毕业。缅甸战役期间指挥斯利姆的第14集团军第15军。1944年参与英帕尔战役，1946—1949年为北方司令部总司令。

大卫·考恩（绰号"潘趣"）［David Cowan（"Punch"），1896—1983）］，陆军少将，1915年加入阿盖尔郡及萨瑟兰郡高地团。1941年任印度第17师参谋长，后任师长，夺取密铁拉及仰光。

多曼－史密斯

杰弗里·埃文斯

道格拉斯·格雷西

多曼－史密斯（Dorman-Smith, 1899—1977），1935年当选英国国会议员，1939年任农业部部长，1941年5月6日被任命为缅甸总督，直到1946年3月。

杰弗里·埃文斯（Geoffrey Evans, 1901—1987），1943年任第4军参谋长准将，1944年任印度第9旅旅长，带领部队渡过伊洛瓦底江，参与夺取密铁拉。

乔治·吉法德（George Giffard, 1886—1964），陆军上将。第一次世界大战时在西非对德作战，获得特殊服务勋章。第二次世界大战中任战争部作战参谋，1943年担任位于印度的东部战区总司令，10月任第十一集团军群总司令。

道格拉斯·格雷西（Douglas Gracey, 1894—1964），陆军少将。儿时住在印度，后从桑德赫斯特皇家军事学院毕业。曾参加法属印度支那地区的对日作战，1941年任第17步兵旅旅长。1942年任英军第20师师长。

奥利弗·利斯（Oliver Leese, 1894—1978），陆军中将，指挥北部战区司令部（NCAC）、第15军、兵站部队以及第14集团军。

沃尔特·伦泰恩（Walter Lentaigne, 1899—1955），陆军少将。1918年加入廓尔喀第4来复枪团任少尉，1943年任印度第111步兵旅旅长，温盖特的继任者，负责第二次钦迪特突击队作战。

西里尔·洛马克斯（Cyril Lomax, 1893—1973），1943年被任命为第47旅旅长，并担任代理中将一个月，负责第15军。参与日军发动的“Ha-Go”作战，最终他的师占领了关键山头551号点，获得胜利。

梅瑟维

蒙巴顿

弗兰克·梅瑟维（Frank Messervy, 1893—1974），陆军中将，印度第7步兵师司令，夺取密铁拉，拿下了仰光，为第4军军长，后交出第4军指挥权。

路易斯·蒙巴顿（Louis Mountbatten, 1900—1979），海军上将。1943年8月受丘吉尔任命为盟军东南亚战区司令部（SEAC）最高司令，是英军东南亚战区最高统帅。他空运了5个师至英帕尔，接管了史迪威的指挥权。

亨利·波纳尔（Henry Pownall, 1887—1961），陆军中将，蒙巴顿的参谋长。1943—1944年任盟军东南亚战区司令部最高指挥官。战后担任丘吉尔《第二次世界大战》写作的军事顾问。

托马斯·里斯（Thomas Rees, 1898—1959），陆军少将。从1942年至缅甸战争结束，担任印度第19师指挥官。里斯被视为英国军队中最具进攻性、最有思想的将军。

杰弗里·斯库恩斯（Geoffrey Scoones, 1893—1975），陆军中将，1942年指挥印度第19师，之后晋升中将并被任命为第4军司令，保卫英帕尔。该军度过了艰苦的英帕尔战役后，他担任在印度的中央司令部参谋长。

布鲁斯·斯科特（Bruce Scott, 1892—1974），陆军少将，缅甸第1师师长。1942年从仰光撤退时，第1师被困在仁安羌附近，他成功地把师部从缅甸撤出，进入印度。

威廉·斯利姆

威廉·斯利姆（William Slim, 1891—1970），陆军元帅。1942年缅战时被任命为缅甸军指挥官，指挥印度第17师和缅甸第1师，被日军打败退回印度。指挥第15军后，以新的第14集团军对付日军，最后获得胜利。

约翰·史密斯（John Smyth, 1893—1983），陆军少将。1942年为印度第17师师长，获颁维多利亚十字勋章。

蒙塔古·斯托普福德（Montagu Stopford, 1892—1971），陆军中将，印度第33军军长。日本投降后，他参加了投降谈判。

韦维尔

阿奇巴尔德·韦维尔（Archibald Wavell, 1883—1950），陆军元帅，受封子爵。规划仰光政策、缅甸光复计划、攻击阿恰布计划，支援第一次温盖特远征。

奥德·查尔斯·温盖特（Orde Charles Wingate, 1903—1944），陆军少将。将印度第77步兵旅组成钦迪特突击队，进入日本后方。第二次远征缅甸“周四行动”于1944年3月3日启动，但24日温盖特却因飞机坠落，意外身亡，由伦泰恩继续执行任务。

美 国

海登·博特纳（Haydon Boatner, 1900—1977），陆军准将。中国驻印军总指挥部参谋长、史迪威的副手。1943—1944年任缅甸西北部作战司令，1944—1945年任中国作战司令部参谋长。

弗兰克·梅里尔（Frank Merrill, 1903—1955），陆军少将，在史迪威的指挥下建立梅里尔突击队，日后发展为美国陆军第75游骑兵团。

富兰克林·罗斯福

史迪威

富兰克林·德拉诺·罗斯福（Franklin Delano Roosevelt, 1882—1945），第32任美国总统，是美国20世纪30年代经济危机和第二次世界大战时期的中心人物之一。1933—1945年间，连续出任四届美国总统，且是至今唯一连任超过两届的美国总统。

约瑟夫·史迪威（Joseph Warren Stilwell, 1883—1946），陆军上将。担任中国战区统帅，也是蒋介石的参谋长。与蒋不合，被撤换。

阿尔伯特·魏德迈（Albert Wedemeyer, 1896—1989），陆军中将。1942年任印度的盟军东南亚战区司令部参谋长。1944年10月任盟军中国战区参谋长，接替史迪威的工作。

参战人数一览

国家	时间	人数（人）	资料出处
中国	1942—1943	95000	Chinese Expeditionary Force. Wikipedia, https://en.wikipedia.org/ wiki/Chinese_Expeditionary_Force
	1944—1945	250000①	《中缅印战场抗日战争史》，徐康明著，解放军出版社，2007年。
英国	1942—1943	～45000	*Facts on File: World War II in the China-Burma-India theater.* 1 April 2016 at the Wayback Machine (from Internet Archive).
	1944—1945	1000000②	Ellis, John, *World War II: A Statistical Survey: The Essential Facts and Figures for All the Combatants*, 1993.
日本	1942—1943	～300000	Bayly, Christopher; Harper, Tim, *Forgotten Armies: The Fall of British Asia*, 1941-1945, 2005.
	1944—1945	316700	Allen, *Burma: The Longest War*, p. 662.
印度	1942—1943	35000	https://en.wikipedia.org/wiki/Burma_campaign
	1944—1945	43000	https://en.wikipedia.org/wiki/Burma_campaign
缅甸	1942—1943	～23000	Donald M. Seekins, *Historical Dictionary of Burma*, 2006, p. 125.
	1944—1945	15000	Donald M. Seekins, *Historical Dictionary of Burma*, 2006.
美国	1944—1945	12000③	Frank McLynn, *The Burma Campaign: Disaster into Triumph, 1942–1945*, 2011, p. 1.

① 第二次缅甸战役，除了中国驻印军外，还有中国远征军12个师。

② 英国军队在巅峰时期约有100万陆军和空军。这些部队主要来自英属印度，其中包括英国陆军部队（相当于8个正规步兵师和6个坦克团）、东非和西非殖民军队，以及来自其他几个自治领（Dominion）的少量陆军和空军。

③ 美军有3000人在前线作战，即梅里尔突击队（Merrill's Marauders），其他是工兵及空军人员。

译者序

1941年12月，日本加入轴心国，掀起世界大战。当时的世界首强，所谓“日不落”的英帝国遭遇多线攻击，特别是在东南亚，英军抵挡不住，纷纷败退。缅甸一线更然，英、美、中的盟军与日军接触交战，竟然大败。为此，英帝国情报部门迫切需要日语人才。从曼彻斯特大学法语专业毕业的路易士·艾伦（Louis Allen，1922—1991）加入了海鹰步兵营，再于伦敦大学亚非学院（SOAS）接受了陆军部的强化日本语言课程训练，成为这方面新秀。

1943年10月，盟军从印缅边境的利多展开反攻。次年3月，中国军队在缅北瓦鲁班（Walawbum，现译为瓦劳朋）首胜日本最强第18师团，继胜第56师团于缅北密支那，迫使日军将领自裁于伊洛瓦底江畔。同年，英军亦试图深入日军后方，两面夹攻，反击日军。日军被迫展开入侵印度英帕尔的“乌号作战”，但到7月即惨败。以单一作战计划损失规模而论，此战为日军在第二次世界大战期间损伤最惨重的战役。接着，英军也开始反攻缅甸。

1944年，22岁的艾伦入伍，被派往新德里CSDIC（联合军种详细审讯中心）总部和SEATIC（东南亚翻译和审讯中心）执行任务。1945年，艾伦在缅甸的英第4军印度第17师服役。他从缴获的文件中破译出日军跨过锡当河突围的计划，使英军及时反制，立下大功。9月，“太阳国”日本投降，太阳旗在缅甸落下。

日本投降后，艾伦受雇联络丛林中的日军，负责晓谕日本士兵，使之认识到战事结束。他在缅甸南部的日军战俘营勃亚基营（Payagyi Camp）担任翻译，参与对日本参谋人员关于战略规划制定过程的采访，皆是极为重要的工作。翌年，因对法语娴熟，他两度被派往法属印度支那（越南），协助安排日军的撤离工作。

尽管只有学士学位，但由于精通多国语言，艾伦此后足以在大学中赢得一席之地。当然，参与“二战”的经历和所搜集的资料，更使他具备了毕生在达勒姆大学工作的条件。尽管“日不落”的英帝国后来失去了远东的大部分殖民地，退回英伦三岛，但艾伦继续努力进行详尽的研究与写作。他的儿子（Ian Allen）回忆：父亲大半生住在达勒姆大学的校舍，家中除了大教堂钟声外就是打字机按键的声音。这使艾伦直到1984年2月还能历数四十年前的英帕尔和科希马等数不清的战役的故事，写成这部大书。书中他认为，昔日在缅甸火拼的英日双方，都不该守着旧怨，把战时与敌之死斗看成卡通漫画般的厮杀。他认为要跳出来将心比心，改为以“人”相待。当然，这些人各式各样，有的可能非常残忍，也有的具备无比的勇气。无论是平凡简单还是狡猾世故，都要在《日落落日》中留下一笔，并还其本色。凭着这种理解与善念，艾伦在学术工作之余，也为英日相互理解与和解而努力奔走。

除了这本*Burma: The Longest War, 1941–45*，艾伦还有五部重要著作，但这一部无疑才是巨著，必须以“文武合一”的学术根底，才能解读与译介。

我们这群东方世界的中译者，与那些直接参战并很快就完成了日译本的日本译者不同。1995年，日译本《ビルマ 遠い戦場》出版，书中对日军汉文姓名的翻译对我们的中译助益甚大。但心态上，我们不受参战者记忆中的情绪所囿。实际上，缅甸这场真实的世界大战的历史牵涉太广，要将艾伦的这部巨作以心领之，将神会之，超然地译成中文，非常辛苦，我们因此耗去十二年光阴。即使我们的工作一开始就受到了重视，在台湾中华战略学会两位退役上将王文燮、丁之发的积极支持下，请来了包含傅应川、林尊贤、陶琼藻、曾清贵等各类学者专家的阵容，而且先聚集在该学会，继而在台大社科院、“中研院”、火车站前牛排馆、延寿街咖啡厅集体咬文嚼字，但是分配每人各译一两章并不成功，译出之后，仍有许多不知所云者。在几位杰出教授退出后，又在近几年增加了几位翻译好手参与，交叉支援各章，前后因此超过三十位参与者，使合力增补与校正，以达到首尾连贯顺畅的程度。其详如下：

第一章“The Bridge”（日炙孤桥）由主持人“中研院”研究员朱浤源（兼台湾大学政治系教授）开其端、李铁（时在新加坡南洋理工大学做博士后研究）接续（李小姐曾赴缅甸访问与录音，结婚嫁至英国，从事教学工作），描绘的重点是“日不落国”落了。第二章“The Balance”（我们译为“棋逢对手”）也由李铁主译，描写英军如何借力中国军队和美军。在损兵折将的同时，先期渗入缅甸中部的日军后方，士气已经提振。这两章算是本书的开场白。

第三章“木村侵印”（The Box: The Japanese plan to invade India; the battle of the Admin Box）则敦请已经米寿，但思维与精力旺盛的杰出翻译家黄文范（香港翻译会的“会士”）主译。第四章“The Base”（剑裂矢尽），描述1944年3月至7月日军在印度的英帕尔、科希马大败的细节，也由黄一气呵成，漂亮痛快地译出，完成本书分量最重，页数也最多的部分，奠定中译“缅甸，最长的一战”之基础。这两章客观刻画日军作恶自毙，被逼自印度快速败退缅甸的故事。这是最长之战的第二场景，“落日”的开始。

接着，艾伦又写“日不落”国又能“落日”：英帝国新的重头戏开始了。英军的反击，从第五章“The Backdoor: Wingate and Stilwell”（再袭敌后）启动。本章由军人子弟杨晨光博士（昆山科技大学兼任讲师）先发，再由陆军官校政治系讲师杨力明接棒修补。第六章“The Bastion: The Irrawaddy crossings; back to Mandalay”（越江夺堡），由杨力明与挚友姚敏芝，邀日籍同学野泽多美及其夫婿郭文安合作，再下一城。之后，姚、郭两人又帮了不少忙。

第七章“The Battering-Ram: The capture and siege of Meiktla”（重槌攻城）原由政治学博士林若雩（淡江大学）先发。其译文再经台大历史系博士、东京大学博士后、武藏野大学非常勤讲师萧明礼继续经营了十年。第八章“The Battue”描绘英军以坦克为主力攻打日军至仰光，此章交由译介坦克战最权威的专家黄竣民先生担纲。

第九章“The Breakout”再换角度细看日军如何挣扎脱出，先由邱炫煜（台湾师范大学副教授）试译，最后则由通晓英、日、中文的萧明礼博士处理。第十章“The Beaten”（败北投降）原请台湾师范大学英语系梁一萍教授主译，第十一章“The Backwash”（本土反正）由时任该系主任的张琼惠教授主译，而在后来的十年，再由本核心团队以慢工增补。最后的第十二章“The Backlog”（战后回眸）为喜好文学的艾伦的画龙点睛笔，也由第一章的两名译者朱浤源、李铁收尾。

本书还有瓮底好酒在附录及补录中：附录一“伤亡人数”最具权威性，可看到由久留米矿工子弟组成的日军王牌部队第18师团的死亡人数统计，竟然超过了该师团的编制。这反映了其对手孙立人的新1军在缅北战场斩杀日军的“绩效”。附录二“锡当桥炸桥之争”、附录三“桑萨克战斗备忘录”、附录四“缅甸战场的英军与日军部队（1944年）”以及参考文献，均由萧明礼、郑钰山（瑞士欧洲大学工商管理博士）和朱浤源负责。可惜由朱浤源、平山光将、李铁、程志媛、李飘星（U Tin Win，仰光华侨)、曾清贵等至少六人合作的索引，为节省篇幅最后删除了。

我们团队特别加上了三个重要补录：补录一“地名中译”是两岸及缅甸华人合力编译的一项非常难统一中译的工作，朱浤源、李铁、杨荣锁（缅北华侨）等人做了许久，后来加上杨力明、李惠玲等十多人，仍不满意。补录二“军队编制名称及人数对照表（英、中、日陆军)”、补录三“军阶名称对照表（英、中、日陆军)”，均由杨力明、朱浤源总其成。

至于全书各章的总编校工作，则由杨力明、姚敏芝、萧明礼、朱珮瑜负责，朱浤源负责核定。

在研究与田野调查方面，朱浤源、简明有与武之璋等多次前往战地缅甸，尤其是缅北。缅甸建国的“三十志士”，曾在台湾花莲玉里受日军密训，朱浤源、杨力明与缅甸华侨，在当地文史志愿工作者的引导下，亲赴渠等藏身山中的密训之地。此外，还有无数次到台湾新北市的华新路（“缅甸街”）缅侨协会，以及华夏科技大学，请教缅侨教师与缅甸学生。

我们这个团队为求先得真知再翻译，经过十二年的补充研究与调查，于今年最终完成中译本。繁体版由黎明文化公司出版，向海峡两岸读者及军事爱好者介绍有关这场缅甸战争的详细经过。

本书叙述“二战”期间，英国、日本、中国、美国，尤其是大英国协（British Commonwealth of Nations）内的各国军队，在缅甸与日本激战的故事。我们特别用“日落落日”作为中文译本的书名，象征英日两国在战争中消长的过程。因为旭日旗代表的“太阳国日本”在1941年12月8日（美国东岸及夏威夷时间是12月7日）不宣而战，突袭美国珍珠港海军基地，同时侵入英属马来亚、英属香港、美属菲律宾和荷属东印度，将号称“日不落”的英帝国及其殖民地打得落花流水。紧接着，日本陆军第143联队占领了缅甸最南境的城镇高当（Kawthaung)，并在该地招募反英国殖民统治的缅甸人一同抗英，揭开了缅战的序曲。1942年3月8日，日军在昂山、奈温等“三十志士”引导下，轻而易举地占领了首都仰光，后续由“三十志士”引领，日军如秋风扫落叶般在5月底已席卷并控制缅甸全境。

以下是译者团队的研究发现：在此之前数月，日本假手先在海南岛接受体能密训，继而来台湾岛再受枪炮使用、爆破、情报搜集、造谣、变装等战术训练的缅甸“三十志士”，提前混入故乡各地布署，成功制造了缅人欢迎日军，严拒英、美、中等多国盟军的气势。

本书也犹如一部史诗般的叙事作品，从最高统帅的决策、指挥官的心态、长官之间的冲突与矛盾，到最前线的官兵的亲身经历，一一缕述，非常详尽。从开战到结束，清晰地连贯阐述了无数个故事。故事的范围远远超出了纯粹的军事历史，是多层次的，客观而写实地记述人类面对痛苦、残酷的战争、疾病和荒凉地形时的反应及感受。对军事事件交代得尤其详细，并在其各自的政治和文化背景下寄予同情，对冲突双方都给予了同等的关注。唯一缺憾就在于艾伦不懂中文，所以欠缺对中国军队的深刻描述和精确理解，此部分则由我们译者在书中略加补正。

本书及中译本有六大特色：

第一，艾伦以美学笔法写作。例如原书每章名称全部用B开头，非常讲究。

第二，资料非常扎实，内容丰富。正文加上地图、照片，以及附录、附表、参考文献，即使略掉索引后，繁体中文版仍有一千多页。

第三，艾伦用词优美典雅，惜因属较艰深之英国文学，他又常用复合句，多处不易了解。为此，我们特别加上不少注释，使读者更容易进入状况。

第四，由于有日文翻译先期出版，可帮助精确翻译日本的汉文人名及日文资料名称，但须留意侵略者也加入了日译阵容，会在日文译笔中无意间流露出具有帝国意识形态的主观偏失。

第五，由于本书有三十多位译者参与，事后统一人名、地名、资料名、组织名，以及统一体例与格式非常费时费力。此外，各国部队名称、单位名称等也要一致。故使杨力明、萧明礼、朱浤源等，每人都校改了十次以上。

第六，因地制宜，中文翻译做了必要发明。简介如下：

1. 词语的斟酌

（1）第三章标题“The Box”，最先不知所指，其实就是补给站。日译本翻为“圆筒阵地”，英军原称为“行政区”（Administration Area），把守严密，是全旅的生命线。因为是密闭空间，简称为“Admin Box”。但朱浤源认为译成“方镇”最恰当。

（2）杨力明发现翻译中容易出错的是phrases，也就是片语或成语。例如日本译错的“out of question”，中文意思是“没问题”，“out of the question”是“不可能”，二者容易混淆。

2. 军制的斟酌

各国军制不同又因时而异，对于英日两军的“编制”及“军阶”，我们都依据各国军制对应。例如Division，在英军中译为“师”，日军中则译成“师团”；Regiment在英军中译为“团”，而在日军中则译成“联队”（但不用日文中的“连队”）。Colonel在英军中译为“上校”，在日军中则译成“大佐”，以求保存原汁原味，读者也一目了然。

3. 兵器名、部队名、地名、人名等专名的斟酌与统一

（1）兵器方面，历经时间冲洗，也需要修正为意译以促进当代读者的了解。

（2）缅甸地名上，问题太大。因为缅甸是多民族国家，所以每个地区都各有不同民族所使用的地名，故翻译缺乏统一性，所以我们做了补录来统一地名。

（3）人名的翻译也深涉缅甸社会特异的命名风俗，如U的尊称：缅甸人没有姓，成年男性的人名前都会用U来尊称，我们译为“悟”，与佛教结合[①]。又如Daw是成年女性的尊称等，译者都要参考缅甸风俗习惯处理。

4. 英文、法文的名词、名句与俚语的斟酌

翻译本书最难之处是艾伦引用了极多英文、法文世界的名著内涵及名句，要旁征博引才知道原意。如第一章第一回“A bridge too few”，黄文范先生译为“孤桥”，脱胎于*A Bridge Too Far*，是科尼利厄斯·瑞恩（Cornelius Ryan）的名著，黄文范先生译成《远桥》一书。本书书名*Burma: The Longest War*也源自科尼利厄斯·瑞恩另一本书*The Longest Day*，中译为《最长的一日》，非常有名，其实也是本书翻译大将黄文范（他今年刚好一百岁）的杰作。

本书中译十二年前由朱浤源研究员发起，而今终于有了成果。希望本书不仅让读者更接受当年真实的世界大战就发生在缅甸，也能体会到地球上首次陆、海、空立体作战——这场作战还融入了生物化学、电子技术，成为现代科技战的先驱。同时，它也探讨了种族偏见、民族性等议题；还有更值得称道的，与其他战争史不同的，性爱与文艺的气息。

朱浤源、杨力明　谨序

2025年7月7日

① 编者：简体中文版译为“吴”。

序

我想，我应该说明写这本书的初衷，以及写完之后想法的改变。首先，缅甸战争不仅仅是“一个”精彩绝伦的故事，而是“许多”动人故事的集合。这些英雄甚至说故事者本人，都是了不起的人物。有些故事是军方作家所写的，包括了第14集团军军长本人：陆军元帅斯利姆（William Slim）子爵。事实上，很少有战役能由赢得它们的将军如此详细地记录下来，如此注重单场战斗的显著特点、士兵的特质，而且用词巧妙。但是斯利姆杰出的叙述并不孤单，像弗格森（Fergusson）、卡尔弗特（Calvert）、马斯德斯（Masters）等纵队长的著作已精彩描述了温盖特（Wingate）的远征；而埃文斯（Evans）将军笔下的“方镇”以及伊洛瓦底江渡河战，是多么令人难忘；埃文斯还和安东尼·布雷特-詹姆斯（Antony Brett-James）合写了日军对印度的侵略。迈尔斯·斯米顿（Miles Smeeton）在航行维多利亚角的间隙中，即兴写下指挥坦克进攻密铁拉（Meiktila）引人入胜的实况；小说家贝特斯（Bates）及巴克斯特（Baxter）将败退之恐怖情况写成令人难忘的小说，正若理查德·马森（Richard Mason）描述惊悚刺激的“英帕尔战役”。还有其他不计其数的日本人以及英国军人，描述个人冒险及患难，创作了大故事中的许多小故事。

缅甸之战，涉及许多种族和各种不同的动机：其中有英国人、日本人、中国人、美国人、印度人、廓尔喀人、东西非洲人、缅甸人、克伦人、克钦人。缅战也涉及各种军事行动，就像日本防卫厅的不破博大佐所形容的：缅甸大战是兼丛林战、山岳战、沙漠战与海战而有之的复合战；甚至既有如石器时代的肉搏战，也有即使在20世纪也少见的快速和高效率空运整个师的装甲车及坦克的作业。

乘滑翔机，降落在遥远的山中小径，又搭海军小艇，在若开沿岸的红树林沼泽中放下突击队员；无论英军或日军，在离家千里的异地，在雪花纷飞下翻山越岭；雨季时，在倾盆大雨中长途跋涉泥泞的稻田，走到军靴破烂。这样的地形和天气，就跟你的敌人一样，都会要你的命。

缅甸是世界上最美的国度之一。经过印度大陆的烘烤后，再飞越缅甸浓绿的森林，对眼睛是一种恩赐；但这森林却是病菌的温床，足以毁灭一整个师的战力。一个小小的虱子，能传播致命的灌木丛斑疹伤寒。若不小心，一只蚊子也可引起成千上万人因疟疾而倒下。水蛭穿过绑紧的靴子、裤子缝隙，吸人血而活，直到点烟炙烤，才能驱离。所以这场战争，除了刺刀战、炮战、空战外，也是医疗战。它更是一场运输战，往往要根据飞机和登陆艇的供应情况——更经常的是不足的情况——做出决策。这是一场非常残酷的战争，有时当场毙命会更胜于被俘。指挥官的绝望，逼使士兵采取自杀攻击的下策，而对违反军令的惩罚，更回到19世纪的野蛮。

它见证了20世纪30年代到40年代，军国化的日本向西进攻的最远地点，结果日军吃了史所未见的最大陆上败仗。日军的败北，大都由英人当军官，而士兵为次大陆（印度大陆）各种族所集成而共同创造的部队所造就（这些士兵并非暴乱后招降纳叛来的印度好战分子），如今这种部队已不复存在。这支印度部队是缅战胜利的工具，士兵饮食不同，说着令人困惑的各种语言，但这些语言最终简化为了英国各阶级使用的所谓“乌尔都语”，战场上的洋泾浜。

从1941年黑色的12月开始，当时诸事不顺，直到1945年盟军取得疲惫的但歼灭式的胜利，很难不注意它悲剧性的转折，缅战成为英国在第二次世界大战中最长的战争。表面上，缅战有两个目的，一是开辟通往中国的滇缅公路，使中国可以继续留在战场牵制大批日军师团，以免它们转来攻击盟军；另一是收复大英帝国的领土。然而，等到公路能安全通往昆明，却为时已晚，因为战争即将结束，而且飞机也比公路能运载更多的补给。原先为了夺回缅甸，英国艰苦奋战，但在第14集团军赶走日军后短短3年，缅甸却脱离英联邦获得独立。

科希马战场竖立的纪念死者的石碑上，刻有简洁却道尽辛酸的文字：

当你们到家以后
告诉他们：我们
为了你们的明日
献出自己的今天

但那些牺牲者究竟是为了谁的明日？是为了一个濒临自我解体的帝国——它知道无法再用那太脆弱且毫无自信的军队，来维持以往富裕的领地？然而，认为这些牺牲者死得毫无价值，则也太简单。如果让日本最有野心的牟田口廉也中将的梦想实现，如果他侵入印度毫无阻碍，情况会如何？他见到有机会可以将印度从英人手中夺走，将击溃英国在东方的势力，使英国必须从这场战争中撤退；加上与高加索及伊朗的德军联手，日本可能会达成目的。虽非击败美国，而是孤立美国于盟军之外，最终可能造成单独的和谈。对这群在日本及德国近代历史上最糟的坏蛋妥协，会造成一个极权-军国主义的灰暗世界。当我们审视目前的实际情况，毫无疑问，会认为这些都是幻想；可是，当年这场战争，正就是以这样的信念赢回的。

因此，本书不只从军事层面描写个人和部队如何英勇及懦弱，或将军们的愚蠢、野心及聪明睿智，还包括许多其他的描述。政治上的操作是最根本的，不只决定如何派遣部队等因素，也对缅甸人最终成为自己国家的主人造成影响。英、日在缅甸两度大战，纵横蹂躏其国家，很少为了缅甸人本身。双方都承诺要解放缅甸人，但必须按照己方开出的条件。种族问题，是造成双方敌对，以及激发战志的重要动机。还有性的问题，包括强夺或征召女人，以解决战士的饥渴与思乡情怀。

我曾尽力将这些事按照我当时所了解的方式记录下来，但后来总觉得双方天生的敌意、语言的鸿沟，加上严重且激烈的偏见，会把曾是盟友的人撕裂。我可以毫不费力地回忆当年作为二十二岁年轻战士的我的天真与无知，尽管带着深深的羞愧，然而在阅读了大量关于缅甸战争的资料——官方正史、将领们的辩白、新闻报道、私人回忆录、日记以及档案馆中的记述著作，英文的、日文的——并且与曾经身处冲突双方的人士不断沟通，分享或争辩记忆中的情节之后，我修正了原来无意识的臆断。现代电子科技惊人的发展甚至使我能再次听见缅甸战场的声音：按下开关，我在由达勒姆大学大教堂蔽阴的舒适书房里能听到重击科希马战场高地上教堂的机枪声，里斯将军攻击曼德勒达弗林堡垒的号令声，或在英帕尔报道的BBC战地记者目睹日本兵从附近路旁断崖冲出，用手中的手榴弹在肚子上自爆时发出的惊叫。

日本人说，爪哇是他们在亚洲最快乐的一站，缅甸则为最悲惨之地。在此作战的英军也证实了后者，这些英军士兵离家千万里，经常一待好几年，补给线既长又不稳，且被母国大众忽略，因为这场战争的本质，超越一般人的经验。作战的对象，比德军还难懂。虽然不像德军在欧洲进行种族大屠杀如此罪孽深重，但日军看起来更残酷。因为陌生和语言的隔阂，是难以超越的障碍；从此以后，英国人和日本人相互间的看法，一直是我最关心的。

能记得缅甸战事的人，最年轻的也快六十岁了；但我想这些老人不会忘记的。经过几十年岁月洗礼，即便事过境迁，记忆已褪色，但绝对会认同在缅的极端经验绝无仅有。如果扪心自问，就会承认曾经参与过一个空前绝后、扑朔迷离且悲哀凄惨的伟大战役，即使昔年在场时当局者迷。战争中的残暴、剥削、疾病与淌血，不安、悲悯或孤寂，加上冒险犯难的激情，我认为他们记不记得这些苦涩都不重要，因为无论对于日本人还是英国人，昔年战争的证据都一样会通过各种方式刻下印记，出现在世界各大出版社有关缅甸战争的著作中，永无止境。

我之所以写这本书，就是要述说这场战争的实况，以及我认为它所代表的意义，以探究战争背后的政治结构，同时描绘奇异而复杂的战阵上，每个人奇妙又复杂的个人经验。我还想从敌对的双方，来说明这场战争。英帕尔和科希马战役距今40年，已经太久了，双方都不该秉持刻板印象，把战时之敌人看成漫画中人，而是应将心比心，看成常人：他们各式各样，有的平凡又简单，有的狡猾兼世故；有的可能非常残忍，也有的具备无比的勇气，也都要还其本色。

路易士·艾伦

于达勒姆大学，1984年2月

上册目录

下册简目

插图一览

（Anthony Gross）画（源自帝国战争博物馆）

11 1943年在阿拉干恩丁医疗所的英国部队及担架上的日本俘虏，安东尼·格罗斯画（源自帝国战争博物馆）

12 "方镇"内部（源自帝国战争博物馆）

13 科希马一览，中央前景地区为行政长官官邸，白色斑点是落在当地的降落伞，右侧前方是"守备冈"，向南延伸的道路通往野战补给仓库、特遣队用品仓库、"监狱冈"。后方是阿拉杜拉山脊（源自帝国战争博物馆）

14 科希马网球场，坦克第149团B中队的沃特豪斯中士孤军奋战之地（源自帝国战争博物馆）

15 1944年英帕尔战役的主要战场，普勒尔—德穆公路的一段（源自帝国战争博物馆）

16 第十一集团军群乔治·吉法德上将（左）、某军官（中）及皇家西肯特郡团莱弗蒂中校，在科希马包围战战场（源自帝国战争博物馆）

17 日军第15师团第51联队联队长尾本大佐及副官在南士贡观战（源自理查德·斯托里）

18 1944年6月，英军第33军及第4军前哨在英帕尔到科希马的路上会师（源自帝国战争博物馆）

19 英印第20师师长道格拉斯·格雷西少将（后晋爵士），1945年摄于西贡，当时指挥法属印度支那的英军（源自帝国战争博物馆）

20 英帕尔授勋仪式，日军自英帕尔撤退后，由韦维尔将军代表英王向第14集团军指挥官及三位军长授爵。前排由左至右：斯利姆中将（后授陆军元帅子爵）、克里斯蒂森中将（第15军）、斯库恩斯中将（第4军），以及斯托普福德中将（第33军）（源自帝国战争博物馆）

21 缅甸宝塔的守护神石兽"钦迪"（Chinthe），温盖特以此作为他的远征军的象征

22 温盖特坐在一架运输机内，机内已改为运载驴子（源自帝国战争博物馆）

23 伯纳德·弗格森少校（巴伦特雷勋爵，后升旅长），在温盖特第一次长程作战中担任纵队指挥官，后来在"周四行动"中任第16旅旅长（源自帝国战争博物馆）

24 1945年3月16日，英军行军经过蒙育瓦（源自帝国战争博物馆）

25 1945年2月，漂浮在瑞丽江上的日军尸体（源自帝国战争博物馆）

26 第2师第5旅三位营长，由左至右：萨默维尔·麦卡莱斯特中校（卡梅伦团）、O. G.怀特中校（多塞特郡团）、T. A.欧文中校（伍斯特营）（源自帝国战争博物馆）

27 斯图亚特坦克在位于敏务的第33军滩头堡，准备横渡伊洛瓦底江（源自帝国战争博物馆）

28 在良乌村，旁遮普第15团第4营正在渡过伊洛瓦底江（源自帝国战争博物馆）

29 “乳房宝塔”是在横渡伊洛瓦底江时一个受到赞美的路标（源自P.伍德沃德）

30 印度第19师师长T. W.里斯（“Pete”）少将，1945年3月9日在曼德勒督战（源自帝国战争博物馆）

31 1945年2月23日，印度第17师第63旅情报官正在密铁拉搜索日军尸体（源自帝国战争博物馆）

32 第4军军长弗兰克·梅瑟维中将（后晋爵士）（源自帝国战争博物馆）

33 1945年2月28日，印度第17师师长“潘趣”考恩（左）与第48旅旅长R. C. O.赫德利在密铁拉（源自帝国战争博物馆）

34 日本第33军本多中将的参谋辻政信大佐，战后着民服（源自辻政信，*Underground Escape*）

35 1945年6月，日本第28军司令部军官向锡当河逃亡突围处，仰光—曼德勒路标137英里处（源自土屋英一）

36 海军第13警备队队长堤新三（摄于1940年25岁，时为海军少尉）（源自堤新三）

37 萱葺，一名日本的穆斯林特务，在阿拉干对抗英军（此照为其近期在吉达回日本的飞机上拍摄，源自萱葺）

38 由锡当河突围时被捕的五位中国及朝鲜慰安妇，摄于贝内贡收容所（源自帝国战争博物馆）

39 沃镇附近手持白旗参与投降和谈的日本兵（源自帝国战争博物馆）

40 南方军寺内元帅的总参谋长沼田多稼藏中将，到达仰光商议投降协议。海军中

道少将同行（源自帝国战争博物馆）

41 听到日军投降新闻而欢呼的英军（源自帝国战争博物馆）

42 战败方第28军的参谋军官若生尚德少佐在与廓尔喀来复枪第10团第1营营长O. C. 史密斯中校谈判前，将自己的军刀交出。伯特・科里中尉（中间戴眼镜者）担任翻译（源自帝国战争博物馆）

43 W. A. 克劳瑟少将（继考恩任印度第17师师长）接受了日军第31师团指挥官河田槌太郎中将的投降（源自帝国战争博物馆）

44 本书作者艾伦（左）与美裔士官田端胜讯问日军战俘内藤中尉（源自帝国战争博物馆）

地图一览

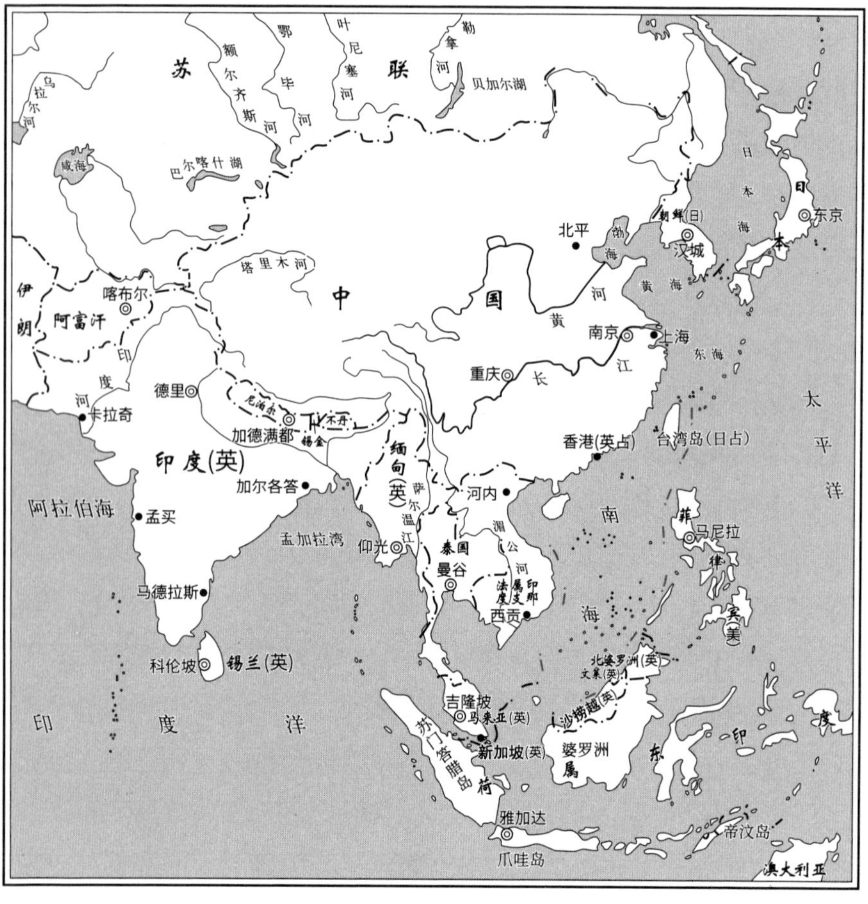

I 缅甸与周边国家简图（1940—1945）

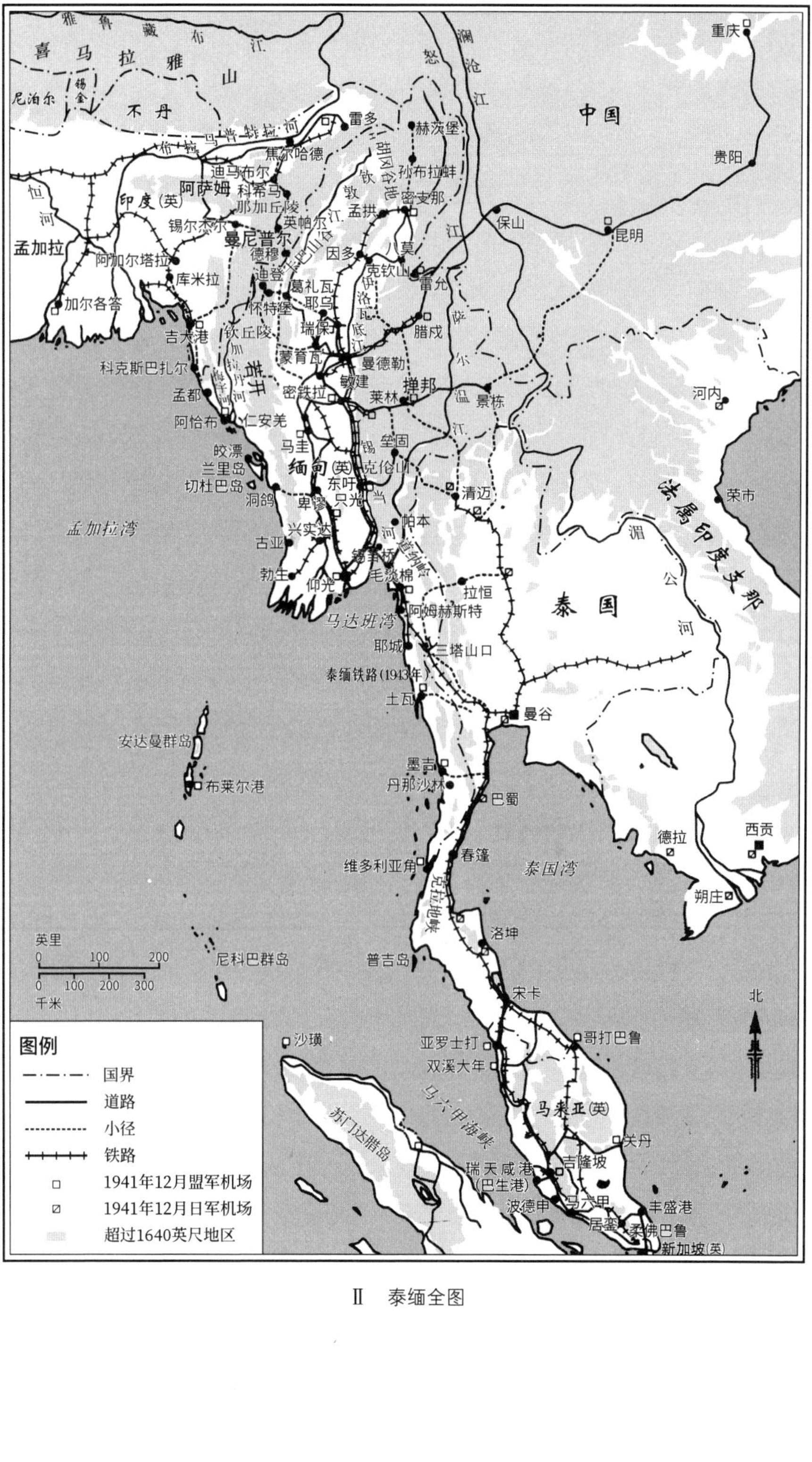

雅鲁藏布江
喜马拉雅山
尼泊尔
锡金
不丹
中国
重庆
贵阳
昆明
保山
怒江
澜沧江
雷多
赫茨堡
焦尔哈德
迪马布尔
阿萨姆
科希马
印度(英)
恒河
孟加拉
那加丘陵
英帕尔
锡尔杰尔
曼尼普尔
德穆
迪登
阿加尔塔拉
库米拉
加尔各答
孙布拉蚌
密支那
孟拱
因多
八莫
克钦山
雷允
葛礼瓦
耶乌
怀特堡
瑞保
钦丘陵
吉大港
腊戍
萨尔温江
蒙育瓦
曼德勒
敏建
科克斯巴扎尔
孟都
阿恰布
仁安羌
密铁拉
莱林
掸邦
景栋
河内
马圭
垒固
皎漂
兰里岛
切杜巴岛
缅甸(英)
克伦山
东吁
清迈
洞鸽
卑谬
只光
帕本
荣市
法属印度支那
湄公河
孟加拉湾
兴实达
古亚
勃生
锡当河
锡当桥
仰光
毛淡棉
拉恒
泰国
马达班湾
阿姆赫斯特
耶城
三塔山口
泰缅铁路(1943年)
土瓦
曼谷
安达曼群岛
布莱尔港
墨吉
丹那沙林
巴蜀
德拉
西贡
春篷
维多利亚角
泰国湾
朔庄
克拉地峡
洛坤
普吉岛
尼科巴群岛
宋卡
英里
0
100
200
0
100
200
300
千米
北
图例
国界
道路
小径
铁路
1941年12月盟军机场
1941年12月日军机场
超过1640英尺地区
沙璜
亚罗士打
哥打巴鲁
双溪大年
马六甲海峡
苏门达腊岛
马来亚(英)
关丹
瑞天咸港
(巴生港)
吉隆坡
波德申
马六甲
丰盛港
居銮
柔佛巴鲁
新加坡(英)

Ⅱ　泰缅全图

第一章 日炙孤桥
日夺缅甸

The Bridge

摘　要

20世纪30年代日本侵华之后，发现无法单从陆路制服中国，便于1940年封锁中国沿海，隔年更封锁其假道的南洋港口，使中国对外渠道只剩滇缅公路。日本认为如能控制缅甸就可进一步堵住中国，又发现长期受英国殖民统治的缅甸人反英独立浪潮正高，乃成立“南机关”（Minami Kikan）。创立者铃木敬司联合以昂山为首的缅甸德钦党青年，在对三十名精英进行军事培训后，协助昂山建立缅甸独立军，引领日军侵缅。

潜伏泰境经年的日本军官，奉铃木之命与当地女子结婚，以融入泰国社会。1942年初，日军越过泰缅边境，从热带丛林偷袭缅南。缅南英军猝不及防，很快失守。2月23日，英军被迫炸毁锡当桥，然损兵毁桥仍无法阻挡敌军，被迫一路后撤。尽管英印军总司令韦维尔下令死守仰光，但英军士气低落。日军空袭仰光，民众惊惧。殖民政府、防守部队、各族平民纷纷逃散，或北逃或西遁，仰光顿成空城，3月8日被日军占领。

守桥的史密斯师长及在缅指挥官胡敦等都被撤换，新任印缅统帅亚历山大负责英方撤退。他虽已得到自中国入缅的精锐部队以及美军将领史迪威所率美军的支援，但本人差一点被俘。在日军紧逼之下，英军展开漫长撤退，败将带着残兵，勉强渡过伊洛瓦底江、钦敦江，撤入印度。随军撤退的还有大批印度平民，他们在极艰难的状况下挣扎着进入印度东北。

第1回　断桥拒敌

时间：1942年2月23日拂晓

地点：缅甸南部横跨锡当河（Sitttaung River）的铁桥

该区由印度第17师据守，其中两个旅在河东，一个旅在河西，但是三周前入侵缅甸的日军已突破河东防线，进入莫巴林（Mokpalin）镇外的丛林。为了不让日军占据，桥身已缠上引线准备炸毁。他们还没有打算马上炸桥，因为这铁桥是通往首都仰光最快的捷径。目前日军已成功发动闪击战，而**仰光**是他们下一个直接目标。

东岸桥头堡由缅甸步兵第3营建立，这支部队逃兵不少，已经元气大伤，几近溃散。日军已然逼近到只要一名轻机枪手即可扫射整座桥梁的程度。负责炸桥的工兵向他的旅长报告，如果日军继续以机枪扫射整座桥，他无法保证能顺利引爆桥上引信。而为了确保能炸垮整座桥，他们必须在桥上点燃两三个引爆点。即使能压制日军机枪火力，也只有暂时缓和的效果，因为整座桥就在日军迫击炮射程之内。

据印度第17师师长史密斯（J. G. Smyth，维多利亚十字勋章获得者）少将回忆，凌晨4点半，第48旅旅长诺尔·休–琼斯（Noel Hugh-Jones）在桥头召集会议。英缅军总司令胡敦（Tom Hutton）中将已经下令：必须把日军困在锡当河东，越久越好。一旦天亮后日军夺下此桥，通往仰光之路势必大开。故而休–琼斯告诉各部队长官与参谋，如果非炸桥不可，那么得赶在天亮前完成，否则不但没有工兵能逃过日军机枪扫射，河对岸也没有足够兵力阻挡日军。

休–琼斯呈报师长史密斯，如果日军猛攻，他无法保证能守住这座

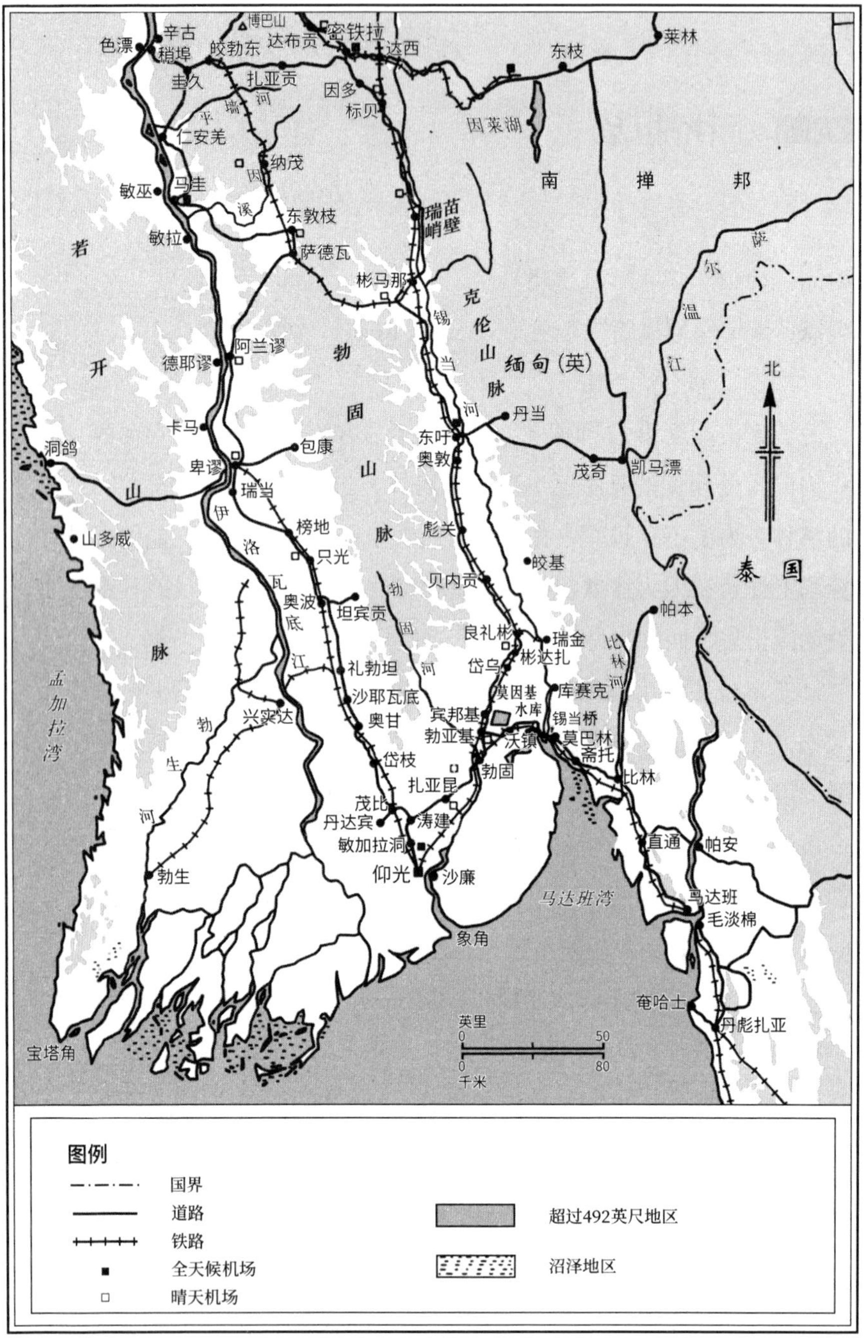

博巴山
辛古
色漂
稍埠
皎勃东
达布贡
密铁拉
达西
莱林
东枝
主久
扎亚贡
因多
标贝
因莱湖
仁安羌
纳茂
敏巫
马圭
东敦枝
瑞苗
峭壁
敏拉
萨德瓦
南
掸
邦
若
彬马那
萨
尔
温
江
克
伦
山
脉
锡
当
河
缅甸(英)
阿兰谬
德耶谬
开
勃
固
山
脉
北
丹当
卡马
洞鸽
包康
东吁
奥敦
卑谬
茂奇
凯马漂
瑞当
山
伊
洛
瓦
底
江
榜地
彪关
山多威
只光
皎基
贝内贡
泰
国
奥波
坦宾贡
勃
固
河
良礼彬
瑞金
彬达扎
帕本
比
林
河
脉
礼勃坦
岱乌
孟加拉湾
莫因基
水库
库赛克
沙耶瓦底
兴实达
宾邦基
锡当桥
奥甘
勃亚基
沃镇
莫巴林
斋托
勃
生
河
岱枝
勃固
比林
扎亚昆
茂比
丹达宾
涛建
敏加拉洞
直通
帕安
勃生
仰光
沙廉
马达班湾
马达班
毛淡棉
象角
奄哈士
英里
0
50
0
80
千米
丹彪扎亚
宝塔角
图例
国界
道路
铁路
全天候机场
晴天机场
超过492英尺地区
沼泽地区

图 1-1　缅甸南部

桥。他要史密斯明确下令是否炸桥。史密斯沉思，若把桥炸了，全师有三分之二会留在东岸；要是不炸，日军就能经由铁桥长驱直入仰光。史密斯知道他得做决定，一旦下了决定，他就得一生承担这个决定的责任。不到五分钟，他就下定决心："这个决定虽然难下，但无疑是正确的。我下令立刻炸桥。"[①]

当廓尔喀来复枪第4团第1营[②]的官兵从全长1650英尺[③]的钢桥撤退时，桥西有一组配备汤普森冲锋枪的参谋官作为他们的后卫，掩护他们撤退。一切似乎都已就绪，只有两支步枪分队在桥上沙袋围成的掩体中留守。所幸日军整夜并未察觉英军桥头堡守备军力的薄弱。随后，工兵长官传来消息——他还没准备好，两支步枪分队得继续留守。最后，由廓尔喀营长带一个配备轻机枪的士兵来掩护爆破部队。

天一亮，一连串恐怖爆炸声响彻天际，刺眼的强光与大量火辣热气划破黑暗，钢桥碎片如雨般坠落。随后是同样恐怖的死寂，日军停止射击。桥西岸若干负责爆破的官兵决定查看结果。当他们踏上炸后残桥时，厚重的钉鞋就在钢梁上碰出叮当声响，这是最先打破寂静的声音。他们发现桥已倒下了两截，但仍可见到那两截钢梁的顶部在打旋的水流中露了出来。马莱尔科特拉野战工兵连（Malerkotla Field Company）[④]炸断了这座桥，但并未彻底炸毁或是让桥无法修复。这时，桥上的士兵隐约听到风中传来日军的声音，喋喋的话语中透露着兴奋之情。

留在锡当河东岸的英国、印度以及廓尔喀部队则兴奋不起来。他们了解这次爆炸的意义后，首先感到的是愤怒、绝望与痛苦，然后眼睁睁

---

① J. G. Smyth, *Before the Dawn*, 1957, p. 189.

② C. Mackenzie, *Eastern Epic*, p. 446; "3 Queen Alexandra's Own Gurkha Rifles," in B. Prasad ed., *Official History of the Indian Armed Forces: Retreat of Burma, 1941-1942*, Ⅰ, 1958, p. 177.

③ 编注：本书采用英制单位，所涉基本换算如下：1英尺＝0.3048米；1英里=1.609344千米；1英寸=2.54厘米；1码约等于0.9144米。

④ 译注：马莱尔科特拉（Malerkotla）是印度旁遮普邦桑格鲁县（Sangrur）的一个城镇。

看着自己被遗弃在敌方。失去指挥官后，疲惫且败北，一些印度部队官兵只能乖乖向日军投降，其他官兵只有一种选择：想活命，就必须游过锡当河。在惊恐之中，他们涉入打旋的激流之中……

第2回 日军所到最远处

日本起初究竟想从缅甸得到什么？从日本大部分的历史来看，他们一直是好战的民族，受武士阶级支配，有其好斗无情的武士规范——“武士道”，要求绝对服从。一旦失败，就得接受痛苦自杀的处分。可是这个武士阶级会内斗：19世纪末叶之前，在日本暴乱史上，仅有一次将暴力带到海外。那是在1592年，丰臣秀吉将军试图借入侵朝鲜的行动，挑衅明王朝皇权。该次侵略行动受挫后，日本又恢复了以往孤立与隔离的角色。16世纪时，日本人赶走传教士，屠杀基督教徒，因为他们认为这些人把颇具攻击性的西班牙人和葡萄牙人的阴谋带入日本。1636年起，除了有荷兰商人以长崎港中的出岛（Deshima Island）作据点，日本进入锁国时代，一直到19世纪中叶。

1853年，美国海军舰长佩里（Perry）强迫日本接受其开放外贸与外交之议，打破闭关局面，终而造成德川将军因无力保护日本免于外“夷”入侵而被推翻。日本在德川幕府被推翻之后，即重建帝国版图，并将首都从京都迁到江户（东京）。策动这次推翻行动的，并非热衷开放外贸之流，反而是封建族群。但即使锁国，欧洲已夺取东亚大半国家：无论是直接吞并印度、缅甸南部、爪哇、中南半岛（越南、老挝、柬埔寨）、菲律宾，或者是施加商业压力，这些信息也传进日本。庞大的清王朝因为在鸦片战争中被英国击败而蒙羞，被迫通商与开放内地传教。从此欧洲每个国家似乎都在中国沿海与广大内河流域有了据点。

日本意识到若不自卫，必将步中国后尘。于是聘请西方教师与技师，教授日本人使用和制造欧洲最先进武器。在法、德教员协助下，一支现代化日本军队诞生，并于1878年在九州成功粉碎最后一场武士叛乱。英国则为日本制造战舰并培训船员。从此，日本的眼光逐渐转向海外，认为必须让中国和朝鲜这些与自己文明同型的国家（在许多方面，中国可说是这一文明的源头）意识到，要是继续放任欧洲势力在其领土上为所欲为，将带来何种后果。要是中、朝自己无法明断，那么日本必须动武，强迫其认清现实。于是乎，有了1895年中日甲午战争和割占台湾岛，以及1910年的殖民朝鲜。日本开始自认为是唯一有能力，也有勇气抗衡欧美的亚洲国家。日本陆军元帅山县有朋（Field-Marshal Yamagata）在1914年写道："是否未来有一天，日本将领导全球有色人种对抗白人的侵略？"

20世纪20年代的自由与民主政府，一度搁置了这一进程。不过30年代的经济危机，使日本重返以武力为捷径实现国家利益的路线。很快，日本军人开始向政府施压，要求对中国采取更激烈措施。最终目的，就是保证日本占领东北建立海外领地，入侵华北建立傀儡政权，以及征服东亚资源丰富地区，取代原有西方殖民势力，将生产地的原材料，由运往西方转向日本，从而确保日方的资源供给。

英商在华网络密布、利益庞大，一开始并不完全反对日本这个企图。毕竟，若日本在东北和华北驻军，事实上有助于遏制苏联势力在远东的蔓延；并且，1911年推翻帝制之后，"共和中国"长期处于无政府的混乱状态，日本军队也可帮助中国维护政局的秩序和稳定。然而英方这个态度没能维持多久，因为日本所公布的东亚新经济秩序，并未给西方企业留下空间。更何况在西方人眼里，日本在中国强制推行本国意志的野蛮行为，与德、意的法西斯和纳粹侵略如出一辙。

1940年，法、比、荷等殖民强国在欧陆战败，英伦三岛也有段时间陷入了被围困而孤立无援的状态，这对日本而言可谓天赐良机。同年，日本开始对法属印度支那施压。法国虽不情愿，也不得不允许日军进驻印度支那北部，次年日军又进入南部。日本用相同手段压迫荷兰，要荷属东印度[①]增加对日石油输出。然而荷兰顶住压力，拒绝让步。此时，美国则开始有所行动。因为与中国有着长期的良好关系，整个30年代，美国对日本在国际舞台上的这些举措相当惊恐，并采取对策，实施经济制裁：于1941年夏冻结日本在美资产。

站在日方立场，其在东亚合理扩张的愿景被当地经济资源的控制者所扼杀。所以若有必要，将不惜动武，打破桎梏。而从美、英、荷的立场看，他们合理的经济利益已遭一群军事狂人所威胁，就如同横扫欧陆诸国的德国狂徒。当初未能团结阻止希特勒的这些国家，很清楚如今欧洲所遭遇的后果。故而为了阻止日本扩张，此刻必须有所作为：加固堡垒、扩充军力、派遣军舰；但还是远远不够。例如，英国毫无疑问无法在欧洲和中东对抗德国以自卫，同时又在亚洲对日本展开全方位战争。于是，英国开始推行夸大“新加坡要塞”的造势运动。依照英国远东司令在马来亚对一名美国记者所说，“新加坡要塞”的目的在于制造一个无敌神话，威慑日本，让它根本上打消与英国敌对的念头。

不过日本没上当。日本非常了解对手的军力，也有信心对付他们。如果美国不放宽制裁，那么为得到被封锁的资源，日本就得主动出击。原则上，它必须夺取荷属东印度，为工业和舰队争取足够油料。但是，要把这些油料运回，得面对主宰本区域海上航线的两大力量：一个是占据马来亚和婆罗洲的英国，一个是占据菲律宾的美国。换言之，日本不但要占领荷属东印度，还要征服马来亚和菲律宾。这基本上是日本在东

---

① 译注：1949年，荷属东印度作为印度尼西亚独立。

南亚的计划。

这个计划里不包含缅甸。事实上，日本早期的计划从未考虑要征服缅甸。它确曾估计到，一旦日军占领马来亚并攻击新加坡，英国可能会从缅甸西南反击，从这里英军可以很容易地切断克拉地峡（Kra Isthmus）和曼谷至新加坡的铁路线；他们也会从印度空运增兵，为此，控制了缅甸境内的阿恰布（Akyab）[①]和维多利亚角（Victoria Point）这两个重要的集结地。日本帝国大本营（Imperial General Headquarters）为此制定了一个小型计划，以巩固马来亚侧翼，防止英国从缅反击。根据这一计划，日本将占领丹那沙林（Tenasserim）和其简易机场，以及仰光港。

不过日本对缅甸还有另一层考量。仰光和中国边界畹町（Wantung）之间的滇缅公路，是补给战时中国的两条尚在运作的生命线之一。日本原已成功封锁中国沿海，也占领了其主要城市，本来足以降服中国，但没料到中国坚持抗战，将指挥中心连同首都迁到大后方的重庆，并继续接受来自苏联和西方的补给。苏联走乌鲁木齐一线，通过辽阔的中亚地区；西方则通过法属印度支那连接云南和海防的铁路线，以及通过缅甸的滇缅公路。日本在1940年曾施加外交压力，成功迫使英国暂时关闭滇缅公路数月。当时英国无暇旁顾，便让日本暂时得逞。不过这一情况没能持续多久；而且，只要滇缅公路存在，问题总会源源不断。日本考虑到，如果无法通过外交迫促英国关闭公路，那么是否可以经由缅甸人民，来掣肘英国人？日本情报人员开始接触缅甸内部反政府势力，尤其是缅甸年轻人。这些人绝大多数从前是学生，他们成立了德钦党[②]，誓以驱逐英人为己任。由此可知，早在具体采取任何军事行动之前，日本情报人员已在仰光和其他各地相当活跃，尽其所能造谣生事。

---

① 译注：现在更名为实兑（Sittwe）。

② 译注：原文为Thakins，缅语意为“主人”或“大君”。

第3回 “做自己”（缅甸人观点）

1941年的缅甸，一如今日，是个农业国家，国家经济以稻米和木材为主，矿产也相当丰富，伊洛瓦底江畔的仁安羌（Yenangyang）出产石油，克伦（Karen）山区的茂奇（Mawchi）有钨矿，产量占世界三分之一。1700万人口中，缅族占1000万，还有400万克伦族，200万掸族（Shan），100万山地部族：那加族（Naga）、钦族（Chin）和克钦族（Kachin）等。另外，也有相当数量的印度人和华人。

缅甸整个国家面积大于法国，领土呈长条状：从北端的赫茨堡（Fort Hertz，即葡萄）到仰光，直线距离等于从法国南端比亚里茨港（Biarritz）到英格兰北部的纽卡斯尔（Newcastle-on-Tyne）。仰光以下至缅甸最南端，状如手指头的领土，又与北段等长，向南伸展到马来半岛。境内有四条主要河流。伊洛瓦底江（Irrawaddy River），绵延1300英里，最宽处可达3英里；从入海口上溯至八莫（Bhamo），800英里皆可通航，伊洛瓦底轮船公司每周开航两班。然后从八莫可搭乘当地船舶，上溯到密支那（Myitkyina）。伊江支流钦敦江（Chindwin）大体上是印缅界河，可通浅水汽轮。更短的锡当河流经勃固山脉（Pegu Yomas）以东，仰光至丹那沙林铁路在锡当（Sit Taung）至莫巴林之间，有桥梁跨河。这一地区内从沃镇（Waw）到斋托（Kyaikto）没有公路，只通铁路。锡当河以潮汛著称，渡河相当不易。萨尔温江（Salween，中国段称“怒江”）源于中国境内，其中一段为与泰国之界河。萨尔温江比伊江长，全程无桥，只能摆渡。

这些河流皆为南北向，因无论旅行还是经商，缅甸人大多取道水路，故水运为境内的主要交通方式。实际上，缅甸有些地方也确实只有水路可达。若要去孟加拉湾海岸线上的阿拉干（Arakan）一带，[1] 从“加尔各答”或是吉大港（Chittagong）出发，乘船比从缅甸内部走陆路方便许多。只有一条不能通行汽车的小道从阿恰布经由洞鸽（Taungup）和卑谬（Prome）进入缅中平原。在呈手指状展开的丹那沙林，道路交通状况要稍好一些。从仰光到毛淡棉（Moulmein）没有直通公路，因为沃镇和斋托间有个断层。不过铁路可以一路直达耶城（Ye），只须在马达班（Martaban）和毛淡棉间坐摆渡，并跨过萨尔温江口。泰缅之间，在丹那沙林有牛车路可通，但是汽车无法通行。

往印度，必须穿越钦敦江和钦族山区，只有小道相通。中国方面的情况则非常不同，截至1938年，日本已经占领中国大部分海岸线，也切断了粤汉铁路。因此武器和物资只能通过两条路进入，一是从印度支那（由海防入云南），一是走这条滇缅公路。中国人徒手用简易工具辟成从昆明到滇缅边境畹町的公路，与原有的腊戌（Lashio）到曼德勒（Mandalay）和仰光的公路会合。滇缅公路长750英里，走完全程需5天。与海防至云南的生命线相比，这条公路的运载能力并不强，但聊胜于无。这条可算是缅甸最主要的公路，其他许多公路徒有虚名，尤其在雨季，道路常被泛滥的溪流阻隔，甚或随着周围的山体一起被冲走。一些地区的山高3000英尺，在钦族山区有些山高达8000英尺，而在印度边境的那加山区（Naga Hills），更可达12000英尺。综上所述，缅甸这个国家可说是各种地形、地貌应有尽有：幽深的热带丛林、沿海沼泽平原、冲积三角洲、中部平原干燥三角地带（即曼德勒—马圭［Magwe］—东吁［Toungoo］[2]）；周边被墙壁般的高山围住，往西阻隔印度，往北阻隔中国，往南阻隔泰国。

---

① 译注：阿拉干（Arakan）在20世纪90年代改名为“若开邦”，因为居民中“若开”人占多数，信奉伊斯兰教的罗兴亚人（Rohingya）则为少数。

② 编注：东吁旧译“同古”，戴安澜第200师在此与日军鏖战12天。

5月中旬到10月中旬是西南季风盛行的5个月，大部分地区变为水乡泽国。阿拉干的部分地区，年降雨量可达200英寸。10月到次年3月，气候宜人，哪怕是拥挤的市镇街道也不例外。除了仰光和曼德勒，缅甸其实并没有多少大型都市，基本上都是小城和乡村。许多在1942至1945年间因战争而出名的地点，充其量不过是几条有木屋和商铺的街道，加上一座佛塔。当然，热带雨林中野兽遍地。在阿拉干，人们可以猎虎，也能看到象群将木材拖入河中。

英国与这个美丽国度的渊源，还要从头说起。1824年，缅甸人骚扰印缅边区，扰乱东印度公司的和平。第一次英缅战争过后，缅甸割让了阿拉干与丹那沙林两条海岸地带，使英国可以从海上就轻易地控制缅甸。1852年第二次英缅战争，缅甸再次失利，翌年英人侵占勃固。1885年缅王锡袍（Thibaw）[①]再战英国，造成英军占领首都曼德勒，并在1886年占领整个上缅甸。但这并未带来和平。缅王旧部四散于野，打起游击战，英军花了5年，出动3万军队才最终平息乱局。从1932年起，缅甸除法律、财政与国防以外，开始实行自治——在1919年《印度政府组织法》（*The Government of India Act*）中，缅甸被视为印度的一个省份，如同其他印度省份一样，获得一定程度的自治权。但这样还未结束，第一次世界大战之后缅甸人日渐不满，尤以仰光大学学生为甚。1930年和1938年两次暴动，半反英，半反印，因印度放高利贷的遮地人（Chettyar）[②]曾经大量收购缅甸土地。1935年《缅甸政府法案》（*The Government of Burma Act*）通过后，1937年4月，印缅分治生效，不过许多地区，包括特殊区域和西部、北部、东部山区，仍保留给英国派遣的总督及其顾问直辖，并不选举议员，也不归议会管理。那些希望彻底独立的人看到印度国大党

---

① 译注：锡袍是缅甸贡榜王朝的末代国王。1878年10月1日至1885年12月29日在位。
② 译注：或翻成切特尔、齐蒂亚人，专门放高利贷的泰米尔人。

的成就，也看到具有浪漫色彩的新芬党（爱尔兰政党）的反抗，认为缅甸独立之路依然漫长。或许，日本人可以帮上忙？

这个问题存在于多数有政治意识的缅甸人脑海里。1936年，就在期末考试前，仰光大学学生罢课。六百名学生在大金塔山的斜坡上安营扎寨，争取公众支持。每天早上他们回到校园，阻止其他未加入罢课的学生到校考试。他们的做法特别简单，就是让罢课学生卧躺在教学大楼入口处。因为践踏男性佛教徒的身体可谓罪不可恕，没有一个缅甸人敢跨越这些人，围堵行动果然非常奏效。① 虽然实际上有一些学生无法担负多读一年大学的开销，但这类激动人心的时刻，无疑是这次罢课运动广受欢迎的重要因素。理论上，罢课是反对校长行政部门的专制做法，同时学生们要求校长“对缅甸政治领导人硬起来”。② 总之，这场罢课的基础就在民族主义。

两年半后，小说家威尔斯（H. G. Wells）在全球文学巡回演说中提倡：由自由的人民建立邦联来形成一个世界性的法则。但他沮丧地发现，缅甸人对他的浪漫理想反应不佳。在与刚释放的反政府分子吴巴蓝（U Ba Llang，威尔斯的拼法）共进早餐时，对方对他的说辞颇不耐烦，并加以嘲笑。据威尔斯所记，吴巴蓝要他“说给你的英国朋友听吧”。威尔斯注意到吴巴蓝的想法“混合了愤愤不平的民族主义，某种粗糙的（情绪上而非组织上的）共产主义，以及他认为大都是造反的内容——全都是世上负面的东西”。吴巴蓝拒绝听威尔斯为建立一个“自由中国”的呼吁求援，这也让他感到失望。“对他而言，中国是否取得自由，与在南美洲巴塔哥尼亚（Patagonia）的蚂蚁山的未来一样，通通事不关己。”

---

① Mi Mi Khaing, *Burmese Family*, 1946, p. 97.
② Mi Mi Khaing, op. cit., p. 97.

威尔斯相信东方现存的帝国体系已经瘫痪。缅甸笔会（Pen Club）[1]男女成员刻意穿上民族服装，邀请他在河畔的船坞喝茶，威尔斯仔细聆听了他们的意见。“许多男子头戴粉色丝绸圆帽，帽檐上别有一朵妩媚的粉色丝结，穿一件黄色小褂，和一条令人愉悦的直筒裤。这就是仰光有身份、有地位男子的标准打扮。”威尔斯跟他们谈起有关全球性泛英语系社会的概念，期望缅甸人超越既狭隘又争端迭起的军事民族主义。缅甸人不同意他的说法，给他看数月前印度警察棒打学生的照片，并告诉他媒体的审查制度，以及当地只有意培养普通文官与商人的教育体系。威尔斯指出帝国主义和民族主义这两个概念，在未来定会被超越。他说：“有另一个世界，那里可以自由思考，自由发言，那是个自由开放的世界。你们应该属于那个世界。”

他听到的回答不出意料：“可是我们的政府不让我们这么做，我们的审查制度也不让我们这么做。我们的青年从罢课、辩论和阅读禁书中学到的，比从课堂上学得更多。他们开始意识到自己必须为国家负责。”[2]

讽刺的是，印缅分治后的第一任缅甸总理巴莫博士（Dr. Ba Maw）恰恰反对仰光学生的诉求。尽管有些迟疑，他在1939年1月，也就是威尔斯访缅的前几个星期，正式拒绝了学生的要求。但同时，他欢迎日本的主张，希望将缅甸民族主义者的不满，发展为反英的武器。日本驻仰光领事馆当然对巴莫博士的反英立场了如指掌。巴莫当上总理后，日本于1938年与1939年同他接触，商讨欲切断从仰光港经由滇缅公路的对华武器供给。日方支付他相当大的一笔资金，但巴莫告诉日本访客，滇缅公路事宜，缅方无权决定。另一方面，巴莫本人也并没有计划发动反对

---

① 译注：作家组织。
② H. G. Wells, *Travels of a Republican Radical In Search of Hot Water*, 1939, pp. 84-88.

英国人的武装起义，这将导致滇缅公路瘫痪，而缅甸人还没做好暴动的准备。

日本人跟巴莫的最初接触相当顺利。巴莫家多年的家庭医生，是和日本驻仰光领事馆以及在缅情报人员都有密切联系的日本医生铃木（Dr. Suzuki）。事实上，是巴莫主动找到铃木医生的，雨季引发的腰痛正好使巴莫与铃木医生频繁见面。在多次讨论中，巴莫提到日本能不能为缅甸独立运动做些什么。很自然地，铃木医生随之联系了日本领事。在邓猛（Thein Maung）陪同下，巴莫与日本领事数度会面，也接见了日本海军军官。巴莫了解到日本人已与新创的德钦党人（Thakin）联络。在日本安排下，邓猛于1939年11月访问东京，并带回日方承诺：一旦巴莫展开反英独立计划，日方将提供资金援助。整个计划以政治为重心，不涉军事。在这一阶段，完全没有任何军事暴动的意图。

日本海军军官与巴莫接洽，并不足怪。英国海军驻防的东南亚，自始至终是日本海军的目标。只有到了后期，等武力强攻计划成形，日本陆军才开始在当地实行监视和颠覆行动，为日后战事做准备。日本海军预备役军官国分正三（Kokubu Shozo），其妻在仰光从业牙医，他本人对缅甸极为熟悉，可谓走遍全缅。他坚信英国因欧洲战事分身乏术，不可能对日本动武。国分正三出版发表了不少关于缅甸的书籍和文章，他的认识确切信实，不像一般日本情报人员花拳绣腿地泛论。不过国分正三过于自信，容易走偏。总而言之，日本领事馆并不欣赏他，觉得总有一天会惹上麻烦，事实也确实如此。

在日本高层外交官大桥中一（Ohashi Chinchi）的陪同下，国分正三来到上缅甸“参访”滇缅公路上著名的谷特（Gokteik）铁路高架桥。英方得到的消息是，一名叫作土桥的日本将军计划要炸毁这座重要的桥梁。事实上确实有个叫土桥（土桥勇逸，Tsuchihashi Yuitsu）的人，是驻扎在邻近的法属印度支那的一名日军将领。不过或许英方将土桥和大桥混淆了，又或许他们不愿见到这座交通要塞被日本人窥探，于是英方逮捕了国分正三和大桥中一。平时行为温和的国分正三，此时向大桥建议，夺取看押之英军的步枪，杀了对方，然后逃走。不过大桥中一打消了这个冲动的念头，指出这样一来，恐怕日后所有在缅日本人的行动都会受到不利的影响。英方联系了日本领事馆，领事为不当行为道歉，两人于是得到释放。这起事件对于缅甸的未来有一定的影响。考虑到未来可能带来的风险，日本领事馆告诫巴莫远离国分正三。尽管国分正三在巴莫博士于1940年8月因煽动叛乱罪被英国逮捕后，仍数次到狱中探望，但日本已不再考虑将国分正三作为进一步联络的对象。另一方面，国分正三与德钦巴盛（Thakin Ba Sein）及其政党的交好虽以失败告终，却造成了意想不到的后果。巴盛的派系是个分裂的支派，并没有加入巴莫与其他德钦党人成立的名为“自由集团”（Freedom Bloc）的联合体。国分正三向东京总部报告了巴盛的情况，东京指示让巴盛偷渡出缅，与在曼谷的日本驻东南亚监视行动总负责人，即曼谷大使馆武官陆军大佐田村裕（Hiroshi Tamura）取得联系。巴盛成功抵达泰缅边境，却在离开缅甸的前夜被捕。然而，巴盛的逃逸启发了另一位举足轻重的人物：年轻的德钦党领导人昂山（Aung San）。昂山听说了这个消息，开始考虑向日本人求助。

第4回 白人的负担

事实上，许多怀抱理想主义或狭隘民族主义（不论时人怎样界定）的缅甸年轻人，非常乐意加入反英阵营。这一点似乎并不奇怪：许多英国人为缅甸及其百姓辛勤工作，在提供教育机会以及建立法治系统上也取得了长足的进步；但是一如柯里斯（Maurice Collis）所看到的，英国在缅甸的主要动机，就是为了商业。他这样描述1912年跟他同船去仰光的商人同伴："他们的主要目的是在亚洲低价买入，在欧洲高价售出。对他们来说，无须学习缅语，只跟缅甸人说英语或是兴都语（Hindustani）。他们的偏见很严重，观点也不成熟，但他们自认为是最爱国的人，因为他们的生活完全奉献给了国家。他们不像印度文官那样致力于为缅甸建立一个健全的行政体系……而是将利润源源不断地输送到伦敦，这正是英格兰的生存所依赖的。"①

另一位在仁安羌的美国石油开采师，曾经对巴莫"自由集团"的成员吴浦（U Pu）说："你们总有一天会得到独立，那就是当你们的国家再也开采不出一滴石油，再也采伐不到一棵柚木，再也生产不来一粒稻米的时候。英国人来缅甸，纯粹就是为了赚钱。"②

英国统治无疑为缅甸人生活的各方面带来了可观的物质改善：现代化教育，良好的道路，医院，灌溉系统。但是，对缅甸自然资源如石油、木材和矿产的开采，依靠的则是英国、中国或印度的资金投入。不管缅甸人在1937年印缅分治后的立法体系中的角色有何转变，他们完全无法控制本国的经济。首都仰光超过一半人口为印度裔，印度人因为拥有土地，变成当地人痛恨的少数族裔。在缅甸人眼中，印度人能如此作为，只因英国殖民宗主的这把保护伞。1930年萨耶山（Saya San）叛变的目标，③既是反英，也是反印（正是在这次对他的审判中，巴莫博士作为被告辩护律师首次崭露头角。许多英国人对他的表现非常反感，认为他滥用所受的欧洲法律教育，是一个"极虚荣，举止外

---

① M. Collis, *The Journey Outward*, 1952, pp. 121-122.

② Ba Maw, *Breakthrough in Burma: Memoirs of a Revolution, 1939–1946*, 1968, p. 78.

③ 译注：原著写的是1936年，实际则发生在1930年12月。萨耶山其人在仰光附近组织农人革命团体，自称为王，要驱逐英国统治者，并组织金翅军（Galon Army），后被英国军队敉平。最后萨耶山被捕，于1931年11月28日被处死。

表像明星”的人物[1]）。

就连缅甸军队中也几乎没有缅甸人的踪影。1939年，缅甸国防军（Burma Defence Force）中只有472名缅族人，但有3197名克伦族、钦族和克钦族士兵。这些缅甸山区民族的政治体系不太发达，因此英国人认为征用他们更可靠；征召缅兵则不是明智之举，因为（英人）“也许会用这支军队来镇压其族人”。[2]

对日战争爆发后不久，英国远东空军总司令、空军元帅布鲁克-波帕姆（Robert Brooke-Popham）爵士虽忙于应对日本入侵马来亚，但仍关注缅甸防务。在《缅甸笔记》（*Notes on Burma*）里，他简要记下对此地的一些看法。他写道：“东部大部分山区属于掸邦，那里的居民忠于大英帝国。从那里我们征召了几个营以及其他作战部队，其中一些部队由当地首领出资供给。”他认为这个令人满意的状况主要应归功于当地英国专员福卡迪（Fogarty）。然而在缅甸中部，情况却完全不同，而且令人担心：

> 首先，那里常有独立呼声，要求早日实行自治；其次，缅甸对印度人有敌意。这主要是因为土地纠纷：印度人将钱借贷给缅甸人，从而逐渐拥有了河谷地区的大量富饶土地。我们必须随时注意爆发大规模反印活动的可能性。

可是实际情况更加复杂，宗教也是其中一个因素。尽管两者的流派不同，缅甸跟日本一样也是一个佛教国家，而且政教关系密切，“有些宗教领袖忠于帝国，可是大多数人不但不效忠，还传播独立思想”。

从各方面来看，以上这些都危害国家安全。不过布鲁克-波帕姆以

---

① F. Tennyson Jesse, *The Story of Burma*, 1946, p. 169.
② D. G. E. Hall, *Burma*, 1950, p. 167.

一种难以置信的笔调继续写道：

> 除此之外，最令人沮丧的是，我们经过这么多年在缅甸的经营和统治，取得了这么大的进步，绝大多数缅甸人还是想把我们赶出去。他们的领袖，比如前总理吴素（U Saw），跟日本走得很近。当时的日本就算不是我们的正式敌人，也是个潜在对手。我们一直以承担天赋大任为荣，坚信受命带领落后人民进步。可是，如果真要证明自己的价值，那么我们，尤其是将在战后承担帝国责任的继任者们，必须认清，我们在缅甸到底犯了哪些错误。

日军由新组成的缅甸独立军（Burma Independence Army）引领攻入缅甸，对此布鲁克-波帕姆已经深思过了。布鲁克-波帕姆说道：

> 我认为如果需要，必须深入考虑以下三点。第一，面对有色人种，英国人总爱在各方面自认高人一等，并不求证事实是否如此；第二，自始至终我们没能够抱着同情的态度去理解缅甸人，了解他们真正在想些什么，他们有什么特别的困难和愿望；第三，在缅的绝大多数非官方英国人士只对赚取利润感兴趣，完全不考虑造福当地民众。①

种族主义、傲慢、冷漠、贪婪，虽然英国在缅甸的表现比这些概括更复杂，但这些指责确实不假（并且出自不带偏见的旁观者）。这已足以让我们理解，日本对缅甸的影响为何至于如此。

---

① 英国空军元帅布鲁克-波帕姆文件，李德-哈特军事档案中心，档号7/18/2，第五档案（Brooke-Popham Papers, Liddell-Hart Archive, File Ⅴ, No.7/18/2）。

第5回 缅总理入狱

日本对缅甸统治阶层的渗透，远不止于跟总理巴莫接触。1939年3月巴莫下台，继任者吴浦公开表示支持英国对德作战，认为这是一场反对独裁的正义战争。吴浦的表态令人尊敬，但从政治上来说，做出这个表态很不容易，因为这等于在没有征得议会同意的前提下，不由分说就将缅甸卷入战争。根据1936年的法案，只有缅甸总督才能决定国家参战与否。但缅甸舆论对吴浦总理的声明意见不一，1940年，一位内阁部长吴巴惕（U Ba Thi）向议会所提若要缅甸支持英国，必须以提早自治为条件的动议通过。当年9月，吴浦政府垮台。

印缅分治后的第三任总理为吴素。有位英国派驻缅甸的资深文官这样形容他："学识平庸，善于煽动，个人野心很大，行事则无忌惮。"[①] 但是，缅甸总督多曼-史密斯（Dorman-Smith）日渐意识到统治缅甸的方式过于刻板僵化，越来越肃杀严峻，所以宁愿容忍吴素此种颇不上台面的行径。缅督明白吴素相当狡猾，但又温暖、有人情味，也不乏幽默感。有一次在总督府宴会上，总督公开控诉吴素在曼德勒某职位上索贿一万卢比。吴素尴尬地否认以职位牟利。紧接着，他又漫不经心地加了句，"活动的人开价，其实是一万五千卢比"，不过，他会加以制止。[②]

跟巴莫一样，吴素积极推行缅甸独立运动。为了这个目标，他召集青年，成立私人武力金翅军（Galon Army）[③]，并控制了一家大报。不过

---

① M. Collis, *Last and First in Burma, 1941-1948*, 1956, p. 22.

② M. Collis, *Last and First in Burma, 1941-1948*, p. 25.

③ 译注：Galon是大鹏金翅鸟或金翅鸟，印度神话中的一种巨鸟，是主神毗湿奴的坐骑。常放在庙顶。

这些都是表象，在任内阁总理的五年前，他曾经访问过日本，据说从此之后日本就支薪给他。虽有多曼－史密斯竭力争取，英国内阁明确拒绝吴素的提议，表示不会为了争取缅方参战而承诺给予自治。多曼－史密斯要吴素亲自到伦敦陈情。吴素同意，不过要求将伦敦行描述为“以在战胜后宣布缅甸完全独立为目的”。①

这一理由遭到丘吉尔拒绝。无论如何，吴素和国防委员吴廷杜（U Tin Tut）在1941年10月前往伦敦。临行时，总理私人飞机绕着大金塔尖顶盘旋数圈，作公开告别。对仰光许多虔诚的佛教徒来说，这一举动冒犯神灵，太过不敬。这充分显示出总理的个人作风。

在与丘吉尔和殖民大臣艾默里（Leopold Amery）交谈时，对方只许下一个泛泛的承诺，保证缅甸战后将得到公平的对待；且英国正在全力对付德国，故拒绝讨论宪法。11月，吴素愤怒而失望地踏上回程。原定行程是穿越美国，途经菲律宾返缅，但珍珠港事件阻断了所有西越太平洋的交通。12月8日，吴素已经抵达夏威夷，目睹了遭遇日军空袭后硝烟犹在的美国太平洋舰队残骸。

他和吴廷杜改变路线取道葡萄牙，途经里斯本时，吴素拜访了当地日本总领事。次日，日本驻里斯本大使向东京发出电报，陈报缅甸总理于会谈中保证，一旦日本进攻缅甸，缅甸人将起而反英，帮助日本人将英人逐出。

英方早对日本外交电文进行监控，发自里斯本大使馆的消息，为英方破译。于是艾默里的伦敦办公室很快得到以上消息。就算日本大使有些夸张，但如果让吴素顺利回缅，实在太过危险，英国万不能接受。在以色列的海法（Hai Fa），当吴素和吴廷杜正准备踏上下一段东归行程时，两人被捕。因吴廷杜与此事无关，旋被释放，而吴素则在整个战事

---

① M. Collis, *Last and First in Burma, 1941-1948*, p. 32.

期间被羁押。

所以，印缅分治后的三任缅甸总理中，有两位为了缅甸独立试探性地接触日本。至于以学生极端分子为主的政党，则更是积极接受日本培训，在政治和军事上通力合作。

第6回 铃木大佐与三十志士

1940年5月，一名自称南益世（Minami Masuyo）的日本人以《读卖新闻》代表身份抵达仰光。他举止温文，笑脸迎人，行为举止没有任何可疑之处，与国分正三的张扬行径形成鲜明对比。作为一名尽职的记者，他仔细聆听并密切观察当地局势发展。和南益世同行的，是日本“兴亚院”（East Asia Development Organisation，简称Kōa-in）上海支所经济局的杉井满（Sugii Mitsuru）以及同事水谷（Mizutani）。南益世的温和举止，与他的名字和身份一样，都掩盖了他的真实目的。事实上，他是帝国大本营派遣的铃木敬司（Suzuki Keiji）大佐，此行的目的在于探察缅甸政治风向，评估如何为日本所用，来切断滇缅公路上对华物资的输送，杉井满和水谷是他本次行动的助手。[1]

铃木大佐即将在缅甸此后的历史中扮演重要角色。铃木是个极大胆

① 参见战史丛书，《缅甸攻略作战》，1967，页8—12，117—134；畠山清行，《秘录陆军中野学校》，1971，页154—164，同续编，页26—49；山本正义，《缅甸工作与谋略将校》，1978；《缅甸义勇军之“南机关”》，载于《历史之人物》，1980年10月号，页134—143；Joyce Lebra, *Japanese-trained armies in Southeast Asia*, 1977; Louis Allen, *End of the War in Asia*, 1976。译注：“战史丛书”（せんしそうしょ）是日本防卫厅防卫研修所战史室（防卫省防卫研究所战史部的前身）于昭和41年（1966）至昭和55年（1980）编纂，朝云新闻社出版的关于第二次世界大战的官方战史。有陆军69卷、海军32卷、共通年表1卷，全102卷，另附录图表。台湾地区翻译为“日军对华作战纪要丛书”。

的冒险者，在调回东京前，曾在上海介入驻沪海陆军的纠纷。为平衡国分正三海军方面的势力，大本营决定让陆军也与缅甸接触。铃木以他特有的巨大热情和充沛精力接受了这个任务，成为东京日缅协会的干事。和其他许多在日成立的团体一样，协会致力于增强日本与东亚各国的文化联系，希望将来有一天能从中获得政治利益。1939年底，巴莫之友、政治家邓猛访问东京，也拜访过日缅协会。邓猛主办的《新缅甸报》（*New Burma*）一度主张向东寻求政治支援。通过邓猛，铃木与缅甸政界建立了联系。

铃木抵达之后，又有一位更具传奇色彩的人物成为媒介，那是居缅多年的日本僧人永井（Nagai）。他经常出现在佛塔周围，诵经敲钟（因属佛教日莲宗派，故重视敲钟诵经）。跟缅甸僧人一样，永井以托钵为生，可自由出入仰光大街小巷而不受任何怀疑，这对从事日本情报工作极为有利。永井成为铃木和邓猛的桥梁，铃木与年轻的德钦党员建立了有效联系。他的出发点很简单：武装暴动是切断滇缅公路的一个手段，而帮助德钦党人是实现武装暴动的方法。日本驻缅甸领事馆的外交官顾虑有些行为会触及英国政治的敏感神经，但铃木没有顾忌。更重要的是，铃木坚信缅甸终将脱离英国统治，这是缅甸真正的独立大业，而不仅仅是日本东亚政治行动中的一步棋。这一信仰最终将导致铃木与日本陆军的指挥官们发生激烈冲突。

跟许多东方政治家一样，巴莫博士焦急等待着合适的时机，将他的祖国从欧洲殖民统治下解放出来。1940年夏季的欧洲战事令巴莫激动不已：这应该就是缅甸的机会了吧？巴莫与他的医生铃木（与铃木大佐无关，铃木是日本的常见姓氏，就如英文中的史密斯一样）以及日本领事久我（Kuga）谈了几次。久我告诉他，据日本所知，印度的情况也差不多。国大党中的军事领袖，前加尔各答市长苏巴斯·钱德拉·鲍斯（Subhas Chandra Bose）是墨索里尼的崇拜者。鲍斯已向日本索要1000万卢比加1万支步枪的物资援助。巴莫告诉久我："在缅甸，我们一开始只要鲍斯提出的一半数目就行，而且，我们还需要日本教官。"[①]

英国人并非不了解在他们眼下这些亲日分子的阴谋。1940年8月6日，巴莫被捕，以违反《缅甸防卫法》的罪名入狱一年。缅甸总督新近发表的声明再次确认英国有意在战后给予缅甸"自治领"的地位，但是，由巴莫本人领导的贫民党（Sinyetha Party）[②]和仰光大学年轻叛逆的德钦党人联合组成了"自由集团"（The Freedom Bloc），作为这个政治团体的新领导人，巴莫无法接受缅督的折中方案。年轻的德钦党人昂山已经去过重庆，得到了中国国民政府的鼓舞。1940年5月，作为德钦党赴印代表团的成员，昂山也出席了在兰姆伽（Ramgarh）举行的印度国大党年会。考虑到这些影响，对德钦党来说，与日本结盟似乎是最不可能的选择，因为日本正是中国人民最残酷的敌人，也是甘地和平主张最大的反对者。但在另一方面，日本及其轴心国盟友却最有可能为反英事业提供援助，而且已有其他缅甸人与日本有了接触。更何况，英国人正在极力消灭德钦党。看到英国毫不留情地逮捕了缅甸前总理，昂山明白如不尽快离开缅甸，他失去自由为时不远。在巴莫被捕后八天，昂山和另一名德钦党人伯扬昂（Bo Yan Aung）搭乘挪威货轮"海利号"（Hai Lee）偷渡出境。满载大米的"海利号"，目的地是日军统治下的华南港口城市厦门。

这并不是一艘日本船。仰光日本副领事富贵（Fuki）早在得知昂山的出逃意向后就告诉巴莫，考虑到英方的严密监视，没有一艘日本船敢带昂山出境。富贵告诉巴莫，昂山应该搭乘一艘与英国有良好关系国家的船只，前往中国。"去厦门吧，从那里我们可以安排他去日本。"[③] 在逃亡的第一阶段完全不能直接牵涉日本，但是巴莫的贫民党有自己的门

---

① Ba Maw, *Breakthrough in Burma*, pp. 114-115.

② 译注：即辛叶萨党，1935年成立。Sinyetha意为无产阶级。

③ Ba Maw, op.cit., p. 120.

路，党员汤席威（Tun Shwe）是英印轮船航运公司（British India Steam Navigation Company）的劳工承包商，所以昂山和扬昂以码头工人的身份被偷偷带进了港口。

抵厦后，两名德钦党人陷入孤立无助的窘境，盘缠快花完了，但预想的援助却还没有踪影。本以为通过仰光日本领事馆的安排，他们会立刻受到驻中国海岸日方的优渥接待，可问题是，昂山并没有告知仰光方面具体的行期。另外，侵华日军跟日本驻仰光外交官联系甚少，富贵副领事的信函，很可能还在缓慢的公文旅行中不知下落。昂山得了病，他俩走投无路，在厦门郊外鼓浪屿一间破落客栈住下。铃木得知昂山的困境后，立即采取行动。

铃木与杉井飞抵曼谷，从当地日本大使馆里，将两位德钦党人的照片连同此事的前因后果，一起寄送给台湾的宪兵队本部，并向他们求援，请求宪兵队沿中国海岸线搜寻这两个失联的年轻人。厦门宪兵队的神田（Kanda）少佐最终在鼓浪屿的小客栈里找到这两个青年。此时的昂山已经非常虚弱，身患痢疾，情绪低落。这次相逢决定了昂山的命运。1940年11月，昂山和扬昂飞往东京，铃木在机场迎接。

这正是铃木等待已久的机会，这是他可以提供给日本帝国大本营的积极介入缅甸之可行性的直接证据。铃木接着制定计划：将一组年轻的德钦党人带出缅甸，让他们接受日本军事训练，然后再从泰国把他们偷运回缅。1941年2月，以铃木为首的“南机关”正式成立。“南机关”以东京为总部，曼谷为行动中心，并在泰缅边境的四座小城清迈（Chiengmai）、来兴（Rahaeng）、坎查纳布里（Kanchanaburi）和拉廊（Ranaung）以商业活动作掩护，建立分部。这些小城经过精心挑选，是后来日军入缅的前哨站；而各分部的首要任务就是在适当的掩护下收集当地的地貌信息。比如来兴分部首领高桥八郎（Takahashi Hachiro）中尉，以林业专家的名义勘察通往边境的道路；坎查纳布里的野田毅

（Noda Takeshi）中尉在当地开了一家杂货店，并利用河道运输上溯桂河（Khwae Noi，即日后那条著名的不幸的河），这将是抵达缅甸土瓦（Tavoy）的一条捷径；拉廊分部的首领则佯装对林渔业有兴趣，借此考察缅甸最南端维多利亚角周边的情况。当地有一个简易机场，预计英国从印度向新加坡增兵时，这个机场会派上作用。

一旦缅甸青年完成军事训练，"南机关"就令其通过这些边境前哨站潜回祖国。"南机关"里的日本军官，一半以上都毕业于日本陆军的情报培训学校"东京中野学校"，接受过相当系统的侦察谍报训练。即便如此，铃木大佐还是给他们的间谍训练理念添上了全新一笔：无视传统训练中不沾酒色的教条。铃木允许"南机关"的新人们尽情放纵色欲和酒量，唯一的要求是，千万不可酒后失控，也不可沉迷女色而失去理智。"作战绝不是为了获得升迁和奖章。士兵们总是关心后面，就像是参谋总长和陆军大臣随时盯着他们。但对我来说，敌人在前方啊！"①

事实上，铃木最大的敌人正在后方，在他所隶属的南方军总司令部里。总有一天，他和缅甸独立军的德钦党人会发现这一点。不过此时，铃木的热情正引导他全力向前。铃木告诉昂山，日本将从他的党内选三十人带出境，给予他们军事培训和武器装备，再把他们送回缅甸；随后可以就地展开反英游击战，解放缅甸南部，并就地设置独立政府。不久，在东京的铃木成功召满三十人，将他们送往海南岛，②接受川岛威伸（Kawashima Takenobu）大尉严苛的军事训练。川岛威伸本人毕业于陆军士官学校，也在中野学校受过训。年轻的德钦党人很快被严格的军纪和热带野营地的艰苦条件压得喘不过气。吞奥克（Tun Oke）回忆道："每天结

---

① 畠山清行，《秘录陆军中野学校》，页32。
译注："Teki wa tsune ni mae ni iru"译为"敌人会永远在我们前面"。

② 译注：紧接着又送到台湾岛，秘密在花莲的玉里接受情报战与谋略战训练。

束时，我们都步履蹒跚，筋疲力尽。”[①] 是火热的爱国心支持着这些青年，因为他们坚信自己很快就将为祖国投入战斗。不过帝国大本营可没像铃木那样急于派他们上前线。事实上，铃木公然违背帝国大本营暂不入缅的命令，派四名德钦党人经曼谷入缅。与此同时，铃木也开始清除“南机关”中海军的势力，这一半是因为他本人跟国分正三不和，一半也因为日本海陆军之间由来已久的竞争。1941年8月，海军成员正式退出“南机关”，转由陆军全盘控制。这为日后多年的缅甸政局种下了因：由于所有日本援助都是通过铃木和“南机关”的安排，昂山和他的德钦朋友们率先得到援助和培训，从而也为这些人日后在缅甸的地位打下了坚实的基础，可以说，没有任何其他政党可在这一点上与之争锋。

极富戏剧色彩的歃血为盟进一步拉近了铃木和德钦党人之间的感情。铃木为自己起了缅名“Bo Mogyo”（伯牟究），并声称自己是缅王后人，上天赋予他的使命就是将英国人驱逐出缅甸。“南机关”的其他成员也纷纷取了缅名，德钦党人则为自己新增了头衔“伯”（Bo）[②]，然后进行了歃血为盟的仪式。三十志士围着一只银碗，每人割破手指，滴血入碗；碗中盛有烈酒，各人饮之。随后众人齐声发誓：“以此血为盟，共同抗英，决无二心。”照巴莫的形容，这些年轻人“既紧张又癫狂”。[③]

1941年12月31日，日本对英美宣战后的第三周，出师大会在曼谷正式举行。三十志士已从曼谷周围和泰缅边界的缅甸人社区中征召了其他缅甸青年入伍。大约三百名士兵列队于铃木面前。铃木大声宣布解散“南机关”，并宣告“缅甸独立军”的诞生。铃木为首任统帅，缅名“伯艾”（Bo Aye）的川岛威伸大尉为副统帅。昂山自称“伯德扎”（Bo Te Ze），领少将衔；其他志士和日本教官也各司其职。独立军分为六个纵

---

① Ba Maw, op.cit., p. 133.

② 译注：缅文为将军或领导的意思。

③ Ba Maw, op.cit., p. 139.

队。铃木和昂山带领第1、第2纵队，随同攻缅日军主力从泰国的来兴和湄索（Mae Sot）入缅；现在的缅甸领导人“伯奈温”（Bo Ne Win）[①]和一名日本中尉带领的第3纵队在过境之后，专事破坏行动；第4纵队负责与丹那沙林的日军第55师团之间的联络；第5、第6纵队为战斗部队，一队从坎查纳布里至土瓦入侵缅甸，另一队从拉廊至维多利亚角，然后进入丹那沙林向北移动。第1纵队于当晚出发，到1942年1月中旬，其余部队或是已经过境，或正在边境上集结待命。对他们而言，这揭开了缅甸独立战争的序幕，对那些有历史观的人而言，也可算是“第四次暨最后一次英缅战争”。[②]

第7回 铃木促婚[③]

“南机关”在来兴的分部，由高桥八郎中尉负责。高桥乔装成林业技师，以购买木材和松脂为掩护，侦察通往边境的万鸦老（Menado，别名美娜多）小道。为防备英国情报人员和泰国政府官员，他必须行事谨慎。当地绝大多数居民为缅甸人后裔，只有四个是泰国人，可是高桥身材矮壮，一看就是日本人模样。他努力去跟当地人交朋友，可他们对他颇有猜疑，从不上门。来兴至万鸦老通道将成为日军侵缅的主要路线，这条路可一直通向毛淡棉。考虑到必须详细勘查道路、河流和地形，高

① 编注：Ne Win，1974年当选为缅甸联邦社会主义共和国国务委员会主席。

② Ba Maw, op.cit., p. 141.

③ 译注：本回名原文为“Colonel Suzuki as Miss Lonelyhearts”，*Miss Lonelyhearts*是1933年美国作家韦斯特（Nathanael West）的第二本小说，是一黑色喜剧。20世纪30年代是美国经济大萧条时。书中男主角用“Miss Lonelyhearts”作笔名，在报纸写专栏，给大家感情的建议。（https://en.wikipedia.org/wiki/Miss_Lonelyhearts，2020年3月8日检视）

桥明白自己非融入当地社会不可。

铃木来看他，给了他一个很有个人特色的建议："在一个危险的地方，最好的办法是在当地成婚。就算情况再糟，你的岳家还是会站在你这边，她的亲戚也会关照你。如果你想表现得像个安顿下来的样子，那就给自己找个媳妇吧！"①

于是高桥开始在来兴物色合适的女子。他选中了当地一名教师，会讲英语，姿色和身材也都过得去。按照当地的习俗，她已稍微过了适婚年龄。面对高桥的求婚，她毫不犹豫立刻答应了。高桥借机向当地村长、警察局长等头面人物派发喜帖。这些人从前对他不理不睬，可这次纷纷如约而至，为他的妻子送上贺礼。他们送给他一栋房子，就在警察局对面，高桥于是把自己的杂物和家具搬了过去。

正在他们搬桌椅的当口，一个年轻人走了过来。他穿着肮脏的笼基②，步履因疲乏而蹒跚，看上去像是走了远路。高桥与他对视一下，等待他走过，高桥跟了上去，与他攀谈。对方喃喃道出："我是德钦党员。"

当然不可能把这人带进家门，因为警察局就在对面。高桥对他说："去庙里等我。"回到家里处理完搬家的事后，高桥来到村口的寺庙，看到这个年轻人蹲在走道上等他。高桥向他走去，口中说道，"S"。年轻人没有回答。高桥重复，"S"，可年轻人只是呆呆瞪着他。S是逃离缅境的德钦党人的暗号，对方此时应该回答"K"。

"要是不知道暗号，那他就是个英国间谍，一定了解我的底细，"高桥暗暗思忖，"那么，就只有一个办法能让他闭嘴。"他不是个嗜杀的人，却也没想到可以多盘问一下这个年轻人。一夜未眠之后，高桥决定下手。吃早饭的时候，高桥拿了张纸，用铅笔写了个S在上面。年轻人

---

① 畠山清行，《秘录陆军中野学校》，页32。译注：原文英译是"*Onna wo morte. Kekkon shiro……*"
② 译注：笼基（Longyi），缅甸男子的传统长裙。

看了，拿过铅笔，写下个K。高桥顿时轻松地大大呼出一口气。这人就是第一个成功越境的德钦党人丹祖因（Than Zu In）。[1]

很快，来兴的居民不得不习惯大量出现在当地的日本人。在竹内宽（Takeuchi）中将的带领下，从彭世洛（Pitsanuloke）过来的第55师团在来兴成立了总部，这是他们进攻缅甸的跳板。

第55师团急缺精准的地图。1941年12月22日，当师团在曼谷集结时，竹内宽下令跨越缅境，直取毛淡棉。他向第15军索要地图，可得到的回答是根本没有地图，最好的办法莫过于自己“过去看看”。最终，南方军总司令部下发了一些相当粗糙的泰国地图和一些丹那沙林作战地图。泰国地图很不准，几乎没法跟实际地形地貌对上，就算在湄索的“南机关”成员帮忙核对也没用。缅甸地图相对好一些。

边境复杂的地形意味着必须改变交通工具。摩托化部队改用骡和牛，山炮重新分配，每中队一门。重炮干脆全留在曼谷，等攻下毛淡棉后再从陆路或海路运过去。1942年1月1日，师团离开曼谷向彭世洛行进，在彭世洛留下一个师团联络办公室，然后继续向来兴进发。泰国人非常合作，彭世洛府府尹和素可泰（Sukhotai）当地的首领，都得到了竹内宽的正式嘉奖信。泰国方面还派出一名参谋随军，方便日军与当地协调。日军征集了大量马和牛，牛马被驱赶在一处，可是一旦开始上轭，它们即四散奔逃。当第55师团到达缅甸边境时，牛几乎一头不剩。素可泰往西，热带雨林开始出现。这支日本部队头一次在原始雨林里行军，翻越几乎漫无尽头的山脉，部队开始减损。士兵们听说雨林中有老虎出没，心惊不已。但最大的挑战来自悬崖，载货的马匹脚下打滑，掉落到谷底，一路损失了不少，到湄索时只剩了三分之一。本庄势兵卫（Honjo Seikei）大尉（步兵第143联队）在日记里写道：

---

① 畠山清行，《秘录陆军中野学校》，页26—29。

> 在离开彭世洛两三天之后……地面开始有坡度，不过还算平缓。地上铺了厚厚一层竹叶。从1月4日开始，脚下骤然陡峭起来，我们一头栽进了浩如烟海的热带丛林中。
>
> 我们单排前行，寻找岩石和树根落脚，以免被深不见底的雨林困住。我们艰难登山，一步一步，爬行般挪动身躯。白天的温度高达40摄氏度，晚上却冰冷刺骨。渐渐地，我们的队伍拉得越来越长，直到拖成了一条无尽的长带，从一座山峰蜿蜒到另一座山峰。我们一天只能前进10英里，最终在17日抵达来兴。
>
> 高达4500英尺的险峻高峰一座接着一座，仿佛一道连绵不绝的高墙横亘在来兴与湄索之间。离开来兴后的三天，非常艰苦。1月22日，也就是第四天下午，队伍进入幽深的柚木林中，终于到了泰缅边境上的湄索。[①]

竹内宽中将于1月17日到达湄索，并在次日向全师团下达挺进高加力（Kawkareik），攻打毛淡棉的命令。

第8回 史密斯将军西望大海

当新任印度第17师师长史密斯在巡视他的辖区时，往西大约100英里的地方，竹内和他的部队已经抵达缅甸边境。史密斯少将被他所看到的情况吓得心惊不已，不过表面上还是保持镇静。他已经见过不少旧识，有些让他感到鼓舞，有些却相反。史密斯于1942年1月9日飞离

① 战史丛书，《缅甸攻略作战》，页85—86。

加尔各答抵缅。在仰光，他和英缅军总司令胡敦将军，以及缅甸总督多曼-史密斯爵士（Sir Reginald Dorman-Smith）都已见过。后者在锡克第15团中曾是史密斯的老部下，此时的他，误信缅甸人民很可能会愤怒地反抗日军入侵（当时日军步兵第143联队已夺下缅甸最南端的维多利亚角）。史密斯告别总督后，与胡敦一同飞往墨吉（Mergui）[①]和土瓦。驻扎在墨吉的缅甸来复枪团第2营营长也是史密斯的旧交，肩负保卫机场、城市和当地人民的艰巨任务，同时还要密切监视可能出现在墨吉南、北方，以及墨吉群岛的无数小岛上的日本军队。一小时飞机航程之外，是驻土瓦的缅甸来复枪团第6营。这支部队刚由警察部队改制为常规军，基本没受过训练。1月10日，胡敦飞回仰光，史密斯则留在毛淡棉筹备师部。

总司令胡敦坚持要将分散的部队尽可能向前线部署，又主张要守住丹那沙林的几个简易机场，这两点史密斯都不同意。史密斯把这样的主张归因于胡敦曾经担任英印军总司令韦维尔将军的参谋长，只依照韦维尔的想法行事；而韦维尔的意图是绝对寸土不让，因为他觉得日军是一支弱小的劣质部队（在马来亚和新加坡，他也犯下同样的错误）。但在史密斯看来，这是一场政治决断和军事决断的较量：前者固守缅甸的每一寸领土，无关其战略地位考量；后者选择撤退到一个合适的地点，以英军熟悉的方式集中战力打击日军。而胡敦却从不这样认为，他所主张的是要在尽可能前沿的位置打击日本人，也是出于军事而非政治考虑。如果保卫缅甸的一个重要原因是保护滇缅公路畅通，那就必须把日本人远拒于此路之外。而公路有相当一段离锡当河很近，很容易被破坏。如果日军夺下丹那沙林的机场，他们就非常容易轰炸仰光以及出入仰光的运输舰队。另一方面，如果有一天必须从下缅甸撤退，仰光就是关键的撤退口岸，所以日军空袭仰光同样会造成巨大损失。更何况，英军如果

---

① 译注：也名丹老。

撤退，将会对中国人产生重大影响，也就是说，这是不得不考虑的一个方面。因此，史密斯接到的命令是，在尽可能前沿的地点抗击日军；且除非接到明确指令，否则绝不可以撤退。

胡敦需要时间。如果有足够的时间，他可以把第46旅从仰光顺利调到丹那沙林，确保第48旅安全着陆。如果蒋中正愿意帮忙，让中国军队接防掸邦，他也可以将缅甸第1师从掸邦转移到东吁地区（尽管那样与中国的协调会牵涉太多棘手的政治、军事问题）。为了争取时间，胡敦坚持要史密斯尽可能深入丹那沙林前线与日军交锋。如手指状插入马来亚最前沿的几处地点肯定守不住，那就是墨吉（缅甸来复枪团第2营）、土瓦（缅甸来复枪团第6营）和维多利亚角。驻扎在那里的部队必须撤离，哪怕这意味着（事实也的确如此）让当地百姓和警察直接面对残忍的入侵者。不过，英军真能在毛淡棉成功阻击日军吗？那里是萨尔温江入海口，水面宽达1英里半。

史密斯并不这样想。事实上，他觉得这个建议从军事角度来看简直荒谬。他的任务是率领部队跟一支实力优越的队伍交锋，而且他的部队大后方是一条宽阔的河口湾，部队本身处在一条难以通行的交通线末端。这条交通线上有汽轮、铁路和未成型的公路。他事后写道："这条漫长的交通线，从毛淡棉往北向比林（Bilin）和锡当方向，简直是个噩梦。在毛淡棉北面，与马达班相望的7000码开阔水面上，穿行着老旧的汽轮。从马达班的铁路起点开始，有条件较好的公路和单向铁路线经由比林河，通过直通（Thaton），到达斋托。在那里，一条路的状况很糟糕，未完成的泥土路一直通向宽阔的锡当河铁路桥。这就是他的全部防区。"[①]

当史密斯环顾毛淡棉防务时，他的第一反应就是带着部队撤离。虽然他的父母在缅甸生活过很多年，他的父亲曾任职印度文官，这却是他

---

① J. G. Smyth, *Before the Dawn*, p. 140.

第一次来缅甸。他登上佛塔遍布的小山丘，向北眺望是被晨雾半掩的河流；转头西望，面朝大海，在马达班湾对面就是仰光。沿海是一片平原，水边的棕榈投下层层树影，无数条小河纵横交错，水牛在明媚的绿草间慢慢咀嚼；巨大而美丽的蝴蝶掠过水面，飞向河上的舢板，成群的白鹭在温暖的沙洲停留，不时有秃鹰展翅掠过水边；骄阳下，山丘上的佛塔泛着白光。

毛淡棉是一座繁荣的城市，以柚木和稻米出口为主，人口超过5万，市内有三条平行的主干道。这座城市有早期殖民地的韵味，早在1821年英国人到达下缅甸之前，葡萄牙人就来到此地。在成片的铁皮瓦楞屋顶中时有老旧石屋，院子里种着芒果树，格局宽敞，双重柱子排列在门窗两侧，锻铁的阳台上鸟儿栖息，不时在花盆中点啄着什么。这一切混杂了葡萄牙文艺复兴风格和印度本土的建筑特色，让人联想起果阿（Goa）和马六甲那些殖民街区建筑的巴洛克风尚。

史密斯向下俯瞰，看到城里的屋顶在朝阳中闪闪发光。他再转向东、南两方，那里是一望无际的幽深热带丛林。城里的居民已经开始了新一天的劳动，丝毫没有意识到即将到来的风暴。他们穿着色彩亮丽的笼基，男女都抽着巨大的本地烟卷。在史密斯身后，金色的大佛端坐在山丘上。

史密斯后来写道：“我坐在山丘上，望着脚下的毛淡棉城。以这么少的军力保卫这座城市简直是不可能的！而更不可能的是从这里撤退，唯一的退路是汽轮，必须穿越一大片广袤的水面。”① 当时驻守本城的英军仅有缅甸来复枪团第8营。他们没有铁丝网，没有沙袋，没有任何常规的防卫设备，也没打算挖掘工事。当天晚上巡城之后，史密斯发现，如果要保护所有重要设施，包括码头、供给和弹药库，加上机场，需要构筑半径至少25英里的工事。三天后，他开车前往位于道纳岭（Dawna

① J. G. Smyth, *Before the Dawn*, p. 136.

Range）的前线，那里是琼斯（J. K. Jones）准将所率领的印度步兵第16旅的阵地。通往高加力的公路路况不错，不过要经过两个渡口，那里的河道都挺宽。汽车通过渡口花了一个小时，而且在缅甸当然是没有军用架桥的设施。史密斯焦急地在车里等着过河，他不由得设想，如果受到空中攻击，渡河将是怎样一个场景。

第16步兵旅只有两个营的兵力：廓尔喀来复枪第7团第1营和缅甸来复枪团第4营，而后者又已有400名士兵感染了疟疾。部队被束缚在公路上，只能用有限的卡车运输。旅里仅有一部无线电发报机，装载在卡车上，主要用于与师部联系。琼斯本人是一名高大英俊的印度陆军军官，曾经驻守印度西北边境。他五十出头，不过根据史密斯的估计，应该比他属下大部分军官都要强壮。当晚史密斯和旅里的军官一起吃晚餐，有只老虎一直在附近的丛林里咆哮：这正是对日后气数最准确的预兆。旅里的情报官比仰光的陆军总部消息灵通，他告诉史密斯，有一个日本师团，连同附属的泰国部队，将在一周内通过高加力攻入缅甸。空中侦察没有提供更多的消息。望着无边的林海，史密斯对这个情报一点儿也不吃惊。他明白一整支军队都可以安全藏匿在树林中，飞机不可能探测到他们的存在。这名情报官在这个地区经营年余，非常熟悉情况，故可提供更全面的信息。效仿第16旅的经验，史密斯雇用一名毛淡棉当地商人，为自己提供需要的信息。

在《黎明之前》（*Before the Dawn*）这部书里，史密斯感慨地表示，日军对当地所有的情况事先都掌握得一清二楚，这跟英军形成了鲜明的对比。“他们不但对我们的一举一动了如指掌，而且成功征到了向导、船筏、马匹和大象。所有这一切资源，我们无法靠交情从老百姓那里获得，只能勉强用金钱买到。”① 如此之差异主要还是因为政治。高桥和他的组

---

① J. G. Smyth, op.cit., pp. 139-140.

织充分利用缅甸年轻人对英国多年统治的怨愤，与史密斯部队为敌。

回到毛淡棉，史密斯考察评估了他的交通线后，给胡敦写报告，指出这个地区至少需要两个师来防御。胡敦并不想反驳他，只是手上调不出两个师来单单防御丹那沙林这地方。多年之后，他总是想，如果中国军队能及早到位，驻防印度第17师以北的防区，如果英国战争部（War Office）当时把第18师调到仰光而不是新加坡（第18师登陆新加坡后没几天就进了日军的包围圈），也许他们可以守住缅甸。但在当时当地，史密斯手上就只有这些兵力可用。

胡敦交给史密斯的兵力，有被派到比林地区但还没完成受训的印度第46步兵旅、驻守丹那沙林的缅甸来复枪兵营，以及从曼德勒调至毛淡棉的第16旅。尽管非常希望将日本空军拒于仰光之外，但没人真的相信孤立的丹那沙林守军能长期抵挡日军。1942年1月19日，土瓦守军被日本第55师团步兵第112联队第3大队攻下，土瓦南边的墨吉立刻成为孤岛，胡敦于是下令墨吉驻军撤退。到了1月23日，在丹那沙林南部地区的土瓦、墨吉和维多利亚角的三个重要的简易机场都落入日军之手。日本战斗机从此可以掩护每一次轰炸仰光的空中行动。

1月22日，胡敦警告缅督，如果得不到立即增援，仰光的命运很可能在接下来的十天里决定。当天，墨吉疏散，史密斯发给胡敦一通电报，说在前线发现日本军队，大约一个师团，约1万人，有重炮和空中支援。史密斯的第16旅刚从曼德勒调到毛淡棉不久，隶属于缅甸第1师，原来的任务是抵挡来自掸邦的日军攻击，不过胡敦认为日军从这条路线攻击不太可能。他的判断正确，日军最终取道丹那沙林。四天前，印度第46步兵旅登陆缅甸，加入史密斯的师。但是它的力量较弱，才完成了一半培训，也没有交通工具。廓尔喀第48旅正在行军途中，预计1月底才能到达。

在遥远的爪哇总部，韦维尔穷于应付日军在马来亚的大捷。他这样回应胡敦多派军力的要求："我手上没有资源能帮你。不理解为何靠已有军力，你无法守住毛淡棉，相信你能完成这个任务。当地状况和资源必能限制日军进展。"[①]这信息是1月22日发出的。次日，韦维尔决定亲自飞去缅甸，不过胡敦因为还没收到韦维尔来缅的消息，并没在仰光等他，而是同史密斯一起上了前线。胡敦同意史密斯把指挥部北移到50英里外的斋托，但仍留一个旅死守毛淡棉，能撑多久就多久。随后，胡敦回仰光见到了韦维尔。在跟胡敦以及总督多曼-史密斯会面之后，韦维尔于次日飞回苏门答腊。

在给英帝国总参谋长（Chief of the Imperial General Staff）的电报中，韦维尔表述了对缅甸局势的看法：

> 日军本不应取得如此进展。灾难始于土瓦，斗志全无的缅甸来复枪兵营似乎对日军的出现大吃一惊，随即不战自弃。墨吉驻军未受攻击，却因害怕成为孤军而撤退。[②]

韦维尔还认为，日军都是分散作战，本可以轻易防堵，但英军因为对方之前的渗透，早就军心涣散。他表扬史密斯为"优秀的师级作战指挥员"——几周之后，他就会改口。他认为缅甸来复枪兵营不可靠；即便是优秀的印度兵，一旦离开公路也有些迷糊。

事实上，日军第55师团的两个联队（而不是三个）正从南部袭击毛淡棉。他们从东南方穿过三塔山口（Three Pagoda Pass），打下高加力，直入道纳山区。史密斯在高加力路上渡口的预感成真了。当时第16旅正向毛淡棉撤退，一辆超载弹药的卡车在渡过景江（Kyaing River）时在江

---

① J. Connel, *Wavell, Supreme Commander, 1941-1943*, 1969, p.117.
② J. Connel, op.cit., p. 122.

中心翻覆，被正史称为“一场不幸的意外”，迫使旅长放弃了河对岸的所有交通运输工具，让手下步行，两天后才到达毛淡棉北部的马达班。部队减员并不严重，但是大部分武器，加上几乎全部士气都丢了。史密斯事后评价，“琼斯撤得太早了”。[①]

1月17日，十四架日军轰炸机袭击了毛淡棉。师长穿着睡衣冲出来。英方只有四门老掉牙的高射炮可以还击，而且毛淡棉本地根本没有空军，这一切让他怒火中烧，却又无能为力。损失虽然不大，但如空袭后的仰光一样，商铺纷纷关门，平民劳工四散。军队不得不接管河岸、邮局、电报局、铁路和渡口。土瓦沦陷后一日，日机两次轰炸毛淡棉，市场起火。史密斯早就向胡敦提出，要将所有部队撤出毛淡棉，集结在比林-斋托-锡当一线。胡敦知道史密斯想全线退到锡当河对岸，史密斯认为锡当河是一道可用的防线；而且，因为河对岸基本没有丛林，史密斯可以带领队伍在开阔地带更从容地与敌对战。

胡敦完全不吃这一套。突前防御的策略仍在执行，毛淡棉更是必须死守。史密斯非常愤怒，不光是因为遭到拒绝，而是他了解到他完全没有主动权，不能做任何撤退决定。一切都必须得到仰光总部的同意。而史密斯却认为他应有更大的指挥空间，毕竟他才是在前方冲锋陷阵的指挥官。

史密斯主张的两点，即对毛淡棉的处理方式和撤出比林河沿岸防线，似乎得到了正史编纂者的认可。他们是这么写的，“一旦在比林会合后，胡敦如果聪明些，应该放手让史密斯指挥”。[②] 胡敦坚决反对这种说法，指出如果真放手让史密斯指挥，他肯定会在比林河防线虚晃一枪之后，火速全面退守锡当河对岸。[③]韦维尔给胡敦的死命令是绝不能

---

① J. G. Smyth, op.cit., p. 151.

② S. W. Kirby, The *War Against Japan*, Ⅰ, p. 76.

③ 托马斯·修顿中将爵士，《1941—1942年的仰光：私人记录》，李德-哈特军事档案中心，附录页4（Lieutenant-General Sir Thomas Hutton, *Rangoon 1941-1942, A Personal Record*, TS in Liddell-Hart Archive, Postscript, p. 4）。

撤退，而如果真的再有撤退，那他作为统帅必须全权负责。他向正史编纂者指出，广为人知的一条军纪是，只有在上级不在场无法直接征求其意见，且确信若上级在场他也会同意的情况下，才可违抗军令。正史编纂者接受了这个说法，同意再版时删去“放手让史密斯指挥”这种写法（虽然最后没有实现）。

第9回 毛淡棉古塔旁

1月25日，韦维尔将军从爪哇的美英荷澳联盟（ABDA）指挥部[1]飞到仰光视察缅甸战事，他白天在缅甸，当晚飞回爪哇。虽被当下英军败走马来亚和新加坡的战局压得喘不过气来，韦维尔对缅甸局势反倒觉得没必要过分悲观。他事后写道：“我发现情况比我想象的好一些。只要陆地和空中支援及时到位，缅甸的情况不会那么危急。”[2]将士们是否同意，那是另外一回事了。不过，至少总督为这位访客的乐观态度所激励，当夜拍电报给在伦敦的印缅事务大臣艾默里，在见过韦维尔之后，他无法相信最坏的情况将会发生。

就在同一天，在高加力被日军袭击之后，溃败的印度第16旅来到毛淡棉。残军没有畜力运输，没有通信设备，也丢了全部车辆。他们渡过萨尔温江，奉命防守马达班和帕安（Pa-an）沿江一线。与此同时，缅甸第2旅静待日军第55师团进犯。毛淡棉已被证明位置太过靠前，不适合作为师部。史密斯于是把师部沿江向北撤50英里到斋托，留下博尔克

---

① 译注：American-British-Dutch-Australian（ABDA）Command。
② M. Collis, *Last and First in Burma*, p. 72.

（Bourke）准将带领三个缅甸来复枪兵营防守毛淡棉：第3营和第7营已经到位，增援第8营。当时还有一个边防营、四门3.7英寸山地榴弹炮和四门博福斯高射炮（Bofors gun）——这是部队所有的防空力量，总兵力约3000人。毛淡棉还有师部行政、文书、总务人员、医院杂役等约2000人。缅甸来复枪（步枪）部队里只有少数人服役超过两年，很多人入伍才几个月，有的甚至不过几周。

日军兵临毛淡棉并非大军压境。在1月26至29日的四天里，他们分成小队，非常有规划地逐步渗透进入这个地区。巡逻队在外面发现过他们的踪迹，来自村民的报告也明确证实了日军正在日益逼近。可是没有交火，也没有俘虏，因此博尔克对日军打算如何进攻完全摸不着头脑。

之后，1月30日那天，日军从南边和东南边猛攻毛淡棉周边阵地。上午8点，博尔克把指挥部转移到可俯瞰城镇的山丘上。9点半，日军炮轰山丘，从东边发动进攻，博尔克的部队成功守住了防线。到了中午，除了仍有断断续续的狙击枪声，战事似乎渐渐安静下来。

战事稍歇之际，第16旅指挥官罗杰·伊金（Roger Ekin）准将从集结地斋托抵达毛淡棉。胡敦命史密斯让伊金负责毛淡棉防务。当时虽然是博尔克正在指挥，但两人还是在战火中完成交接。据柯里斯（Maurice Collis）形容，伊金“性格迷人，就算在如此不合宜的情形下也不失个人风范”。[①]不过，因为伊金事先并不了解部队和地形，所以他这性格也没发挥太大作用。[②]

日军在下午4点再次发动进攻。城东的缅甸步枪部队奉命后撤，收缩防线，按伊金的意思布下包围圈，只留一支单独的队伍在外守卫机场。这支守军由在缅征集的锡克（Sikh）兵组成，一位来自印度的锡克

---

① M. Collis, op.cit., p. 78.

② 考虑到对方的优越兵力，事实上他也做不到。日军第55师团有五个步兵大队、五个野战炮兵中队（装备有二十门75毫米口径炮弹）、两个骑兵中队和两个工兵中队，总共七八千人。

第15团的军官负责指挥，他本人在第一次世界大战时曾是史密斯的手下。锡克兵出色地完成了任务，在孤立无援的情况下守了24小时，然后突破日军重围，打回马达班。但是缅甸步枪部队的失利，给包围圈捅出一个大口。到夜晚，撤退看似不可避免。可是伊金仍以为日军只有1000人，于是给史密斯打电话（这是当时缅甸少数几种尚能正常工作的通信方式之一），说考虑到守城仍然有望，他决定暂缓撤退。夜晚，伊金继续防守。晚上7点开始，防线压力渐大；至次日清晨，指挥部遭到直接攻击。指挥部坐落在山丘上，那里有西向大海的毛淡棉白塔。接着，指挥部搬到萨尔温公园里公用事业部的平房里。一队日本兵突破防线摧毁了平房；旅部于是又搬到传教街码头附近的电话交换站。事实上，日军一再推进，迫使防线节节收缩，几乎无路可退，沿江一带的所有建筑也都燃起大火。

好几队日本兵乔装成缅甸人，在木材场附近上岸，混入正在疏散的缅甸步枪部队中。他们拿着刺刀，突袭城北的高射炮部队，迫使部队丢弃高射炮。伊金此时电话通知史密斯必须撤了。史密斯早有心理准备，甚至欢迎这个消息。从感情上和民心士气上，他都明白毛淡棉是缅甸一座非常重要的城市。[①]他应该也知道仅仅一周之前，韦维尔拍电报给胡敦，有点刻薄地说过，“不理解为何靠已有军力，你无法守住毛淡棉，相信你能完成这个任务”。[②]1月28日胡敦来毛淡棉时，确信情况平稳，高加力遭到的攻击不算严重，人员伤亡也不多，所以印度第16旅丢弃辎重仓皇撤退理由相当不足。他如此汇报给韦维尔，并说绝不该放弃毛淡棉。

史密斯的想法不一样。第16旅琼斯旅长从高加力匆忙撤退，以及旅的交通工具和武器的丧失，更让他坚信作为前线指挥官，他必须有权力

---

① J. G. Smyth, *Before the Dawn*, p. 156.
② J. Connel, *Wavell: Supreme Commander, 1941-1943*, p. 117.

在合适的时间地点，按照自己的判断，下达撤退命令。在他和仰光总部的胡敦之间没有其他军团将领周旋调解。胡敦坚认撤退令该由自己下，而史密斯认为胡敦忽视了掩护撤退的紧要时机。史密斯公开反对胡敦。认识他们二位的上级指挥官们都知道这一点，还有军部的参谋长戴维斯（“Taffy” Davis）准将也清楚，他支持史密斯反对自己的顶头上司总司令胡敦。

一名美国女记者夏娃·居里（Eve Curie）当时经过前线，事后她颇富文学色彩地把毛淡棉和斯大林格勒相提并论，都是如此美丽，却又如此滑稽。最后，胡敦终于同意，史密斯当务之急是掩护撤退，并留下一个旅殿后，尽可能拖延日军前行。已经没有可能做最后一搏了。

事实上也只能如此。史密斯看到的是部队士气低落，缅甸和印度部队互不信任；大家都明显感受到日方炮火和空中支援的威力，而这正是己方所欠缺的。于是，当伊金电告请求撤离时，史密斯同意了。

日军已逼近沿江一线。那里，渡轮在水面上列队，等着把幸存者运到对岸的马达班。印度第12山地炮兵连的指挥官发现少了一些装备，于是带着一队炮兵和边防部队穿过敌方阵线，把丢失的枪炮带了回来。有几门高射炮落入日军手中，不过有一名印度军官发现，这些炮只是就地堆放，无人看守。于是他从本已安全的渡轮上跳水，游到岸上，想破坏高射炮的点火系统，结果被俘。日军逐渐逼近码头地带。守城部队顶着漫天炮火和机枪扫射，渡过萨尔温江。

当时情形可谓千钧一发。上午10点，邮局和电话局被毁，旅部和掩护部队在日军抵达码头之际登上渡轮。渡江的船只也不顺利，有一艘船被日本炮弹击沉，有人爬上筏子，有人游泳逃生。不出所料，不少平民船老大弃船而走，掌舵撑船的任务于是交由印度工兵。他们于31日上午9点，镇定地穿过猛烈炮火，把后撤部队运过宽阔的江面。伊金花了四十分钟坐船过江。博尔克准将和第12山地炮兵连登上了最后一艘船，伊金离开马达班回到斋托他自己的旅，简短的毛淡棉之役就这样结束了。

史密斯一直认为毛淡棉的防守是一个重大的战术错误。胡敦自己也检讨过是否需要撤离毛淡棉，不过最后结论是，当时日军已在城的南北两面建立据点，就算有援军也不可能解围，因此撤退还是必须的。他也承认需要至少两个步兵旅才能守住防线，而且还有供水的问题：唯一的水源位于防线之外。此外，即使日军实际只有一个联队参加战斗，胡敦和史密斯都坚信对手还另有一联队待命，可以随时上阵。胡敦不得不给韦维尔发了一通电报，报告毛淡棉失守。此刻写这电文一定不容易，因为就在三天前他还满怀自信，更何况胡敦向来是个精明而谨慎的人，惯于做出正确分析。

> 敌方昨日向毛淡棉发动全面攻击，我军迎敌并拖延其推进。至下午须发起还击之前，情况尚可控制。指挥官在夜间加强小型桥头堡，师部决定在尚有可能时撤军。我军看来作战良好，除了一个例外。[①]

那个例外就是缅甸团第3和第7营。“我担心这些缅甸步枪部队不可靠。”韦维尔于1月26日电告帝国总参谋部。[②]这个概括论述太笼统，有些缅甸步枪战士非常勇敢坚决，而且胡敦事后也提到，他们当中的一部分在日后两次钦迪特突击队（Chindits）行动中表现出色。[③]但是在毛淡棉的战斗中，第3和第7营的士兵开始临阵脱逃，而且在最后关头，一些人甚至冲到渡口想要提早上船，是被军官们用枪指着才没敢造次。

---

① J. Connel, *Wavell: Supreme Commander, 1941-1943*, p. 133.

② Ibid., p. 122.

③ Hutton, *Rangoon 1941-1942, A Personal Record.*

毛淡棉就这样沦陷了。这是日军攻下的首个重要目标，他们成功占领了英国在缅甸统治最久（始于1826年）的一个地区。战后，康普顿·麦肯齐（Compton Mackenzie）为撰写战争史《东方史诗》（*Eastern Epic*）一书，曾到访毛淡棉。在他看来，这里是缅甸唯一没有因商业利益而牺牲民众福利的地方，英国统治带来的繁荣，也与之前缅王时代的连年战争形成鲜明对比。在他写作的1947年，在缅甸其他地区，无一例外都是要求结束英国统治的强烈呼声；只有在丹那沙林，他能感受到当地人对英国的离去有些遗憾。也许这真是个反讽：正是丹那沙林的缅甸人最先沦入日本统治之下。

第10回 密密凯和笙姨乍见战争

即使是政治上不热衷反对英人统治的缅甸人，也能切身感受到外力操纵的战争日益逼近。对仰光大学学生密密凯（Mi Mi Khaing）而言，她的二十五岁生日，就是战争来临的那天。多年后，她写道："许多国家卷入战争，或是对人宣战，或是被人侵犯，他们能体会为家国大义的牺牲。""可是该如何解释缅甸的参战？"她问，"这个国家五十五年前就失去了骄傲的自主权，至今仍无法建立新政权，却突然发现自己被命运抛到战争怪兽的面前。"①

这一感触引起密密凯全家的反响。当时为躲避仰光的空袭，全家正逃往祖居地锡当镇（Sit Taung）避难。有个年轻的表亲反对，指出锡当镇正在日军进犯的要道上。密密凯的母亲反问："那又怎么样？让我

---

① Mi Mi Khaing, *Burmese Family*, p. 130.

们大家都站在路中央，睁大眼睛，张大嘴巴，等着炮弹落下来？我们是人，吃饭的……会用脑筋、闪开、避一下，直到危险过了。”[1]

事实上并非如此。日军开始空袭仰光后，人们惊慌失措，几乎把仰光变为一座空城。一个叫作筀姨（Daw Sein）的缅甸接生婆记得，当时她隐约听说有战事，却并不清楚谁打谁。结果，炸弹掉落的时候，她还一直把爆炸声当作惊雷，直到她丈夫貌巴随（Maung Ba Swe）冲进屋里大叫大嚷：“快，快！我们赶快走！”

筀姨离开屋子奔往火车站，半路上才意识到自己居然没穿长筒缅裙，可算是半裸。她丈夫于是停下脚步，把自己腰上的笼基一撕为二，给了她一半，让她匆忙系上。到火车站后，两人不由分说滚进一列去毛淡棉的火车。火车离站时，连门边都挤满了人。一个小时之后，火车停了下来，让乘客下车。一个老人呕吐在她身上，儿童抽泣，妇女吵嚷。在火车上，完全没吃没喝，她跳下火车，看到丈夫在采摘野香蕉果腹。他们在原地等了好几个小时，看到静止的列车旁走来一个男人，大声叫着：“毛淡棉完了！毛淡棉完了！到处都是炸弹！火车哪儿也去不了啦！”

谣言还说仰光也一样完了，所以他们进退不得。她丈夫提议说，“为什么不试试去印度？这里一定会被日本人全部占领的”。筀姨可不想走，她不希望永远再也见不到自己的孩子，孩子们正跟着亲戚住在阿拉干的丹兑（Tandwe），那里离山多威（Sandoway）不远。于是夫妻间达成妥协，去曼德勒。之后，她的丈夫尝试从那里前往印度，而筀姨则去丹兑。

于是，他们沿着铁路线向北步行，最终来到一个地方，那里停着另一列火车。他们上了车，火车开了三天才到曼德勒，一路上到处停，

---

① Mi Mi Khaing, op.cit., p. 130.

比前一列还要满，连厕所都挤满了人。乘客只得趁火车停靠时，去铁道边解决内急。不可避免地，有些人就这么半路掉队了。尽管情形如此糟糕，笙姨看到那些人才解手到一半，笼基还挽在臀部，就想要努力追上火车的样子，还是忍不住笑出声来。有个女人就是这样跟自己的丈夫失散了，她丈夫那时因为途中饮食不净，得了痢疾。笙姨听到她在车厢里哭泣，戏谑地对她说："你可不会这么容易失去一个男人哟！要是他没被杀死，总有一天你们会重逢。"那个时候，笙姨的心肠已经很硬了。①

吴拉佩（U Hla Pe）回忆到，当曼德勒也遭到空袭后，有个女人极度惊恐而歇斯底里，立刻带上所有的家当，逃往瑞保（Shwebo）。到瑞保半个小时之后，她才忽然意识到，竟然把两岁的孩子遗忘在曼德勒火车站的月台上。吴拉佩不知道这个女人后来是否再见到过她的孩子。②

第11回 巴希尔炸桥

第一次缅甸战事的转折点，是英军在自己还有两个旅滞留在河对岸的情况下，炸毁了锡当桥。③

当年为炸毁锡当桥埋设炸药和按下爆破钮的两名工兵军官都还健

---

① Claude Delachet Guillon, *Daw Sein, Les dix mille vies d'une femme birmane*, 1978, pp. 152-155.

② *U Hla Pe's Narrative of the Japanese Occupation of Burma*, recorded by U Khin, 1961, p. 3.

③ 此"炸桥决定"的是与非，引起无止境的争论。一名缅甸来复枪团第8营的军官战后告诉康普顿·麦肯齐，"我想见见那个炸桥的人，他的这个决定实在太无奈。我想告诉他，我认为他的决定是正确的。因为他的勇气，他或许帮助我们避免了更悲惨的处境……我几乎是最后一个过桥的人，所以别人不能说我是坐在扶手椅上的批评家。我要向这个做出如此勇敢而可怕的决定的人致敬"。至今，此事仍是个被热切争论的话题，见附录2。

在。[1]罗伊·赫德森（Roy Hudson）如今是泰国清迈赫德森企业的经理，当年作为皇家工程兵跟随马莱尔科特拉野战工兵连，归理查德·奥吉尔（Richard Orgill）少校指挥。马莱尔科特拉连于1941年11月入缅，在掸邦的东枝（Taunggyi）加入缅甸第1旅。在日军入侵丹那沙林时，他们是增援部队之一，从缅甸第1师调出来，在斋托加入印度第17师。

赫德森在比林河防线以及斋托一带花了不少时间做爆破，其后转移到莫巴林。当他的部队向锡当防线撤退时，遭到英国皇家空军连续三小时的攻击，还损失了两人。

2月22日拂晓，赫德森乘坐一辆载重为15百磅的卡车沿主干道而行，去领取爆破命令。路上卡车很多，排着长队，于是他下车步行去锡当桥。赫德森听说印度第17师皇家工程部队指挥官（CRE）[2]的一辆叫作"军官食堂"（Officers' Mess）[3]的可载重3吨的卡车在桥上被困住。当时这座铁路桥已被暂时改为公路桥，卡车的一只轮胎陷入桥面。大伙花了两个小时才把卡车拉出来。

赫德森回到自己车上，继续往前，当离桥还有两百码的时候，听到小规模的交火声（这正是日军第33师团开始进攻桥头的时刻）。赫德森决意把卡车开到河西。一过桥，他就把车交给司机，手里握着一支汤普森冲锋枪，往回步行，再度登上这座结构复杂的桥梁。有一名不认识的军官已等在桥的另一头，手里拿着一支布伦轻机枪。他们在桥北找到防

---

① 本节材料来自1980年与罗伊·赫德森（Roy Hudson）在清迈的交谈、他同野战工兵马莱尔科特拉连之退役军官巴希尔（Bashir Ahmed Khan）少校的通信，以及如下文件：《赫德森关于锡当之战的说明》，1942年2月22日（打字稿）；《印度军队马莱尔科特拉野战工兵连战时日记》，页32；原田栋大佐，《缅甸南部战事记录》，第33师团第215步兵联队战时日记，页56，保存于大英帝国战争博物馆（Imperial War Museum）；Major B. A. Khan, *History of the Malerkotla Sappers and Miners*（草稿，来自私人通信）；Colonel E. W. Sandes, *The History of Indian Engineers, 1939-1947*, Institute of Royal Engineers；第3中队委员会，《第215步兵联队第3中队战史》，1979年于东京出版。

② 译注：CRE是Commander Royal Engineers的缩写，指皇家工程部队指挥官。

③ 译注：一种在"二战"中使用的军用卡车。

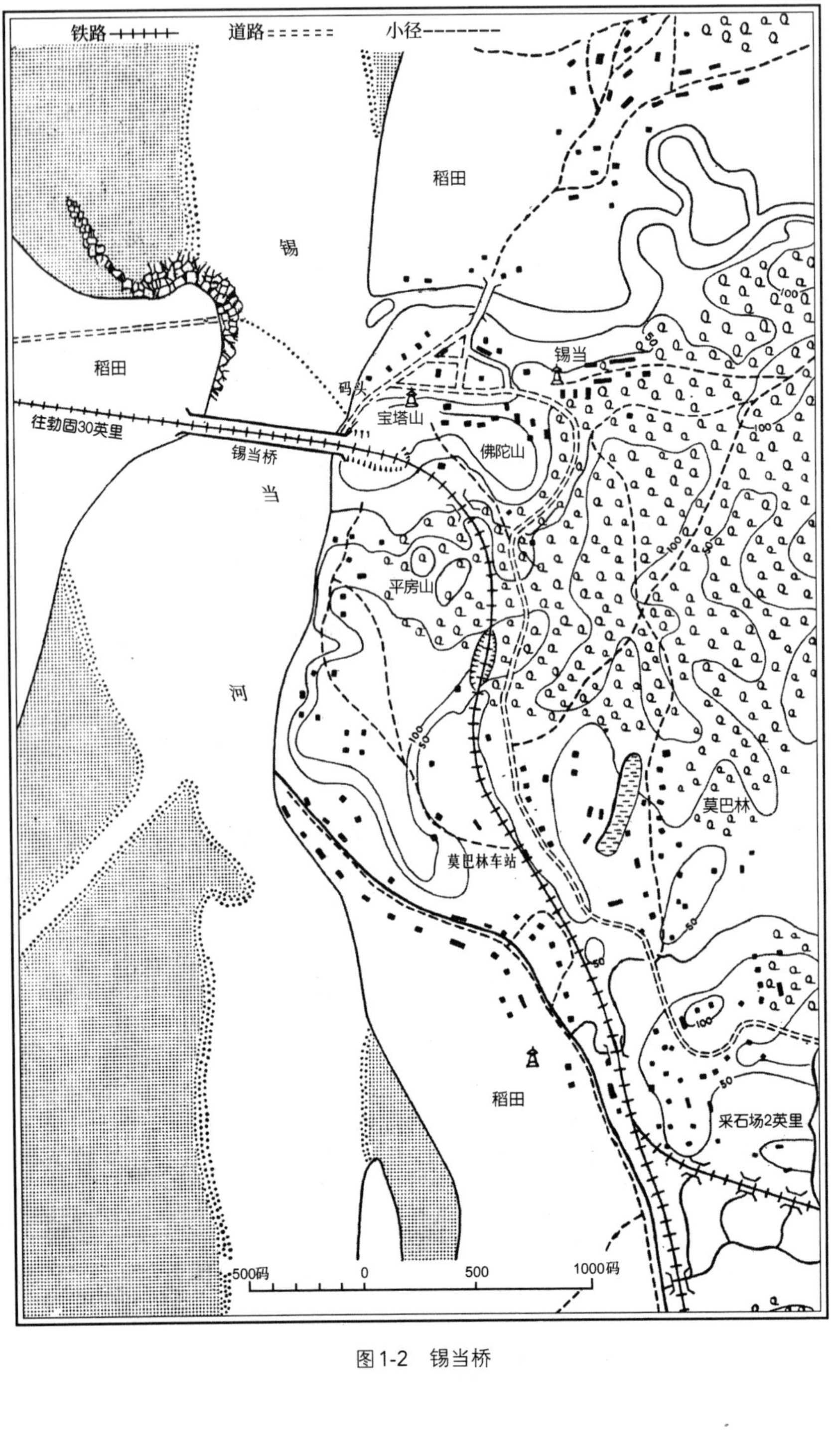
铁路
道路
小径
稻田
锡
稻田
码头
宝塔山
锡当
往勃固30英里
锡当桥
佛陀山
当
平房山
河
莫巴林
莫巴林车站
稻田
采石场2英里
500码
0
500
1000码
100
50

图1-2　锡当桥

御地点，等着敌人马上打过来。日军当时已很逼近。赫德森看到有缅甸村民试图游到河西岸，但一小阵枪声响过后，就有人被击中沉入水中。

赫德森回头向桥上望去，看到指挥官奥吉尔。一队军官在东端巡逻，每人的左轮手枪都上了膛，这是为了对付落伍的兵失序地冲向大桥。在表明自己身份后，赫德森加入奥吉尔的队伍。之后，他们开始为炸桥做准备。

至今，赫德森还是不明白为什么是由他的部队来炸桥。印度第17师皇家工程部队指挥官阿米塔（Tuffett Armitage）手下有三个野战工兵连，当时应该已接受这一任务。在彼时彼地的最后时刻，做出如此变动是很不合适的。那三个连都已在马莱尔科特拉连之前过了锡当河，而马莱尔科特拉连当时还在斋托河上炸桥。

安排渡轮疏散从毛淡棉撤来的部队让阿米塔心力交瘁。史密斯注意到，“他过度操劳，最后不得不将他送进医院”。[1]紧张的后果就是，阿米塔忘记让手下工兵连炸毁锡当桥。他却命令赫德森带领马莱尔科特拉连一小队人马，去炸据称是在锡当河与莫巴林火车站之间的一座小桥。赫德森衔命而行，沿着铁路线来到莫巴林，却发现根本没有这么一座桥。于是他改为在一段很长的铁路上铺设炸药。完成之后，坐着他的15百磅卡车回到桥上。他是最后的一批过桥者。

奥吉尔让赫德森开始准备炸桥。这是一项艰巨的任务。当时，改造铁路桥为公路桥的工作刚刚完成，枕木很窄，相当危险。两名工兵马克林（Macklin）和米尔斯（Mills）花了整夜的时间把炸药装进木箱，木箱是早已固定在桥梁上的。他们进行任务时，日军自始至终都在攻击桥头，但未能取得突破。

马莱尔科特拉连储备的炸药在炸斋托桥时就用完了，此刻他们只得

---

① J. G. Smyth, *Before the Dawn*, p. 151.

就地取材，在桥西端100码处发现了一些储藏的炸药和引信。因为炸药有限，无法用在更多桥洞上，他们决定引爆从东岸数起第四、第五、第六桥洞。即便是这三个桥洞也必须分头操作：只在第五个桥洞上使用电气式雷管和瞬时引信，其他两个桥洞则拖出很长的安全引信导入各自梁上，然后感应引爆。

日军狙击手在英方工兵作业时，一直不停射击，子弹在桥梁间穿梭，所幸无人中弹。事实上，爬上桥顶装炸药比面对日军炮火更危险，并非每个人都能从事高空作业。至当日下午3点，一切准备就绪。

赫德森此时又遇上另一个麻烦：从第五个桥洞拉出的导火线不够长，不足以拉到岸上的安全地点。最后，装炸药的盒子不得不放在桥下横梁的凸缘上，大约离岸上还有三个桥洞的距离。他试了一下回路，发现可以操作，于是报告说第五桥洞爆破准备完毕。

日军对东岸桥头的炮火攻击越来越准，英军部队于是奉命过桥撤离。大约五百名士兵过桥之后，留下马莱尔科特拉连的爆破兵，一架维克斯机枪（Vickers gun）和操作机枪的三名军官。他们都躲在大桥铁轨上的一个沙袋工事后面，就在赫德森身边。当时，赫德森蹲在铁轨上，手按着启爆装置盒子的柱塞，只等日军一上桥，就马上爆破。但什么也没有发生。一些落后人员又三三两两过了桥，其中有些来自惠灵顿公爵营。

随后决定再次建立桥头堡。第48旅指挥官休-琼斯准将显然认为当时位于本部队后面的第16旅仍有可能过河，第16旅正向锡当河行军，其后还跟随着第46旅，尚有机会在天黑前到达桥边。

2月23日凌晨，休-琼斯问奥吉尔少校，如果日军夺下东岸，以火力攻击此桥，能否保证我方于次日白天完成炸桥任务。正史的记录是，“奥吉尔无法给出如此保证”。这回答似乎意味着奥吉尔太过顾虑工兵的伤亡。这一印象在蒂姆·卡鲁（Tim Carew）所著《最长的撤退》（*The Longest Retreat*）一书中也被证实。“他的回答出于人道考虑甚于战术需求。在桥上装置炸药的危险行动中，已经伤亡了十几个工兵。如果炸桥行动在白天进行，处理瞬时引信的士兵必将处在敌方机枪手的视野内。对方可以清晰地看到整座桥，并无疑会充分利用这一优势。”[①]

这样的说法听起来好像奥吉尔是在权衡他部下士兵的性命与为两个被困旅保持大桥通畅的可能性之间的关系，是否值得让士兵们去冒险炸桥。但事实上，赫德森认为，奥吉尔的动机完全出于技术考虑。首先，工兵安置炸药的过程中完全没损失。奥吉尔何尝不知还有两个旅在河对岸，其中也包括他自己手下的分队，[②]所以，他非常理解尽可能长久维持大桥畅通的重要性。但是由于炸药、导火线和引信的短缺，第四和第六桥洞必须借助很长的安全引信，先由几名工兵使用防风火柴将之点燃，然后按下第五桥洞引爆盒的柱塞，而在引爆之前，这些工兵还要凭借自身的机智和灵巧，迅速离开大桥。这些工兵如有任何伤亡就表示第四和第六桥洞的引信可能无法点燃。因此，奥吉尔无法保证在白天可以有效炸毁一个以上的桥洞。他只保证的是炸毁第五桥洞，仅此而已。22日下午，如果日军冲上大桥，坐在沙袋后面的赫德森就准备这样做。实际上，赫德森的观点是——身为在场的工程师之一，他的观点理应得到尊重——休-琼斯根本不应该要求奥吉尔做保证。为了整个师考虑，他就应该接受白天无法彻底爆破的可能性，而且应该将此消息告知史密斯，当时后者正在离桥以西大约8英里的新的指挥部。

重新夺回桥头堡后，赫德森蹲在引爆盒后面，显得极度疲劳。此时奥吉尔出现了，要他把责任转交给印度第17师野战工兵连的皇家工兵成员米尔斯中尉。赫德森回忆道：“我返回岸上，找到指挥部，洗漱了一下，吃了点鸡肉，在大约晚上10点又回到桥上。一切都很安静，在一片漆黑

---

① Tim Carew, *The Longest Retreat: The Burma Campaign 1942*, 1969, p. 123.

② 由一名印度中尉军官带领。这组队伍被阻隔在河对岸，后泅水归来。

中，我上上下下走遍整座桥，寻找奥吉尔，最终找到了他。他和一群正在沉睡的工兵在一起，一如既往地平静。他让我回指挥部睡一会儿，桥上情况一切在掌握中。于是我照办下桥。次日凌晨，我被炸桥的响声吵醒。”

赫德森部队中的专业工程师对锡当桥爆破的即兴发挥仍有不满，只有被电气引爆的第五桥洞掉进河里；第四和第六桥洞的梁被炸成几段，但都没有倒塌。①

日后，命运使得后来升任印度第77野战连少校指挥官的赫德森，有机会与爆炸后第一个上桥勘察情况的日本军官不期而遇。1945年日本投降后，赫德森在泰国，手下监管一些第33师团第33工兵联队的日军。指挥桥梁建筑中队的日军大尉也参加了1942年那场战事，那时他还是陆军中尉。他告诉赫德森，“退潮时，我可以沿着垂下的桥梁钢条攀爬上去”。所以，跟通向新加坡的柔佛长堤（Johore Causeway）被炸的情况一样，锡当桥也只是部分完成了爆破。此后，赫德森和马莱尔科特拉连随着英军一路撤退，到1942年5月底退出缅甸之前，沿途愉快地炸毁了许多桥梁和炼油设施。

在如此仓皇的情势下，锡当桥的最后时刻在各方的说法中不可避免有所出入。

实际引爆大桥的当事人对此有自己的一番记忆。巴希尔·艾哈迈德·汗（Bashir Ahmed Khan）中尉（后升少校）和罗伊·赫德森一样，是马莱尔科特拉野战工兵连的一名军官。他的说法是，史密斯对前一次炸桥准备工作的估计是错误的；炸药最后并没有放在桥上；奥吉尔本人

① 这是赫德森于1970年7月9日给卡瑞的条子里写的。但是根据马莱尔科特拉连战时日记页9，第五、第六桥洞被“成功炸毁”。赫德森写道，“只有一张空中照片保存在帝国战争博物馆，史密斯和卡瑞都用过。从照片上看，只有第五桥洞被完全摧毁。第六桥洞有一处阴影，说明桥洞的一部分还在空中……逃亡者们能够爬上断裂的钢条，通过大桥。我还听说他们使用绳索荡过第五桥洞的中间部分，其中有一段还得在水中穿过”。（1978年给作者Allen的第二封信，页11）

在下达炸桥命令时并不在当场；而且实际炸桥时间比正史上记载的早了一个半小时。在1981年3月10日给罗伊·赫德森的信里，和1981年1月31日给《泰晤士报》的信里，史密斯都提到，在战斗打响数周之前，胡敦手下的缅甸工兵部队做了三次炸桥准备。巴希尔认为这很可能是事实，但是那些准备工作中使用的炸药，后来被转移到另一处堆放，并由工事连（Artisan Works Company）看管，而马莱尔科特拉连在2月21至22日晚间找到了这些物资。他还说，最后的炸桥准备是由马莱尔科特拉连在2月22日完成的，当时，上述的工事连已把原来的铁路桥改装为公路铁路两用桥。

巴希尔·汗本人负责点火，他调整了电路，使得引爆盒可以放在桥座一侧的小洞里，而不是放在桥身上。这是一个相当合理的防范。因为在原计划中，引爆盒放在桥上的道路边，将给点火的军官造成很大的危险。巴希尔指出，如果他阵亡，那么对工兵部队的其他战士将有非常大的负面作用，会影响一次点火失败后的再次尝试。炸毁第四、第五、第六桥洞的电路都是连在一起的，这样可以加强引爆效果，并防止可能发生的失误。奥吉尔向卡恩强调绝对准时的重要性，并要求他尽一切可能避免失败。随后，奥吉尔带领工兵第2排去了阿比亚（Abya），那时，离炸桥还有一段时间。

巴希尔·汗说道：（根据指挥官的命令）我先点燃了一小段安全引信，然后才开始用电线引爆。尽管第六桥洞上仅有极少量的炸药，但电路运作得很成功，这能从爆破结果看出来。我从桥上一名操作维克斯机枪的廓尔喀军官那里得到预先约定的信号之后，即刻开始炸桥。机枪是固定在桥上的，在第六桥洞之前，有很坚固的沙袋胸墙和背墙防护。当最后一队固守桥头堡的廓尔喀分队快速撤离大桥并清理桥面后，爆炸立刻开始。那时刚刚过了早上4点，正是

1942年2月23日凌晨，天还黑着。[①]

巴希尔强调，马莱尔科特拉连是在1942年2月21日晚上7点半接到炸毁锡当桥的命令，当时他们还在清理莫巴林地区。除了马莱尔科特拉连，没有其他人员在爆炸的现场。廓尔喀部队已苦苦守桥21小时30分钟（从2月22日早上6点半至23日凌晨4点），他们当时已经撤离现场。

巴希尔中尉于23日早晨向在阿比亚的奥吉尔汇报了炸桥行动。

从英军角度，这个艰难的决定，以及其所造成的悲剧性损失，无疑成为本次战事中长久的争议话题。一旦锡当桥被毁，印度第17师瘫痪，日军通仰光的路就畅通了，而缅甸的命运也就此决定。但在日方的记载中，对事件的描述却不一致。服部卓四郎（Hattori）大佐在《大东亚战争全史》的著作中甚至没有提及此事。在日方正史《缅甸攻略作战》中第146页有一张照片，显示日军在机枪的掩护下向桥上行进，可以看到一个桥洞被炸毁，日方军官通过望远镜眺望对岸。[②]文中的一小段描述了日军抵达桥头堡，随后就是平淡说明英军持续激烈抵抗，在23日早上6点炸毁大桥，一些英军成为俘虏；一些跳下河，不少被淹死；还有一些人从莫巴林以南一处乘船渡河。“就这样，锡当河岸的战斗以我方大胜告终。”来自第33师团原田第215联队的一份当时记录，花了十页记载此事，但大多数笔墨着力于向锡当的行军，而不是夺桥作战本身。在这份记录里，桥是在23日早上6点半被炸的。

一名参编《缅甸攻略作战》的日本历史学家不破博则对另一件事情更感兴趣。尽管这是一场大胜仗，但他指出，对于饭田祥二郎（Iida

---

① 给作者Allen的信，1982年5月26日，以及Major B. A. Khan, *History of the Malerkotla Sappers and Miners*, 第二版前言（草稿）第一部分。

② 参战史丛书，《缅甸攻略作战》，页147—148。

Shojiro）将军来说，此时也是令人甚为忧虑的一刻。将军本人说道：

> 通常认为第15军的指挥是非常成功的，因为我们虏获了大量军械，并给对方造成严重损失。尤其是在锡当河岸的战斗中，每当对方遇上日军前锋的两个师团，都被摧毁。但事实并非完全如此。第15军竭尽全力试图控制担任前锋任务的两支先头部队，但直到锡当战斗为止，我们无法做到。
>
> 当时我对这两支前锋师团的战斗效率颇为担忧。他们之前不得不翻越泰缅边境的高山，即使有驮马帮助，这也相当艰巨；因而他们在装备上都不太充足，仅仅具有名义上的师团编制。以一般师团编制而言，他们的人数处于劣势，只有两个步兵联队（而不是正常编制的三个），以及两个山炮大队，他们的补给和辎重安排都很不足。
>
> 那时对这两支部队的动作是否够快，是有疑虑的，当对方掉入陷阱要被我们抓到时，自然会担心敌人会突然在我们鼻子底下溜走。

第12回 被弃之城

至3月4日，仰光已是一座死城。街市沉寂空旷，偶尔有无处觅食的野狗嚎叫声打破静谧。沿着主要商业区菲亚（Phayre）街一带，门都上了闩，一点儿动静都没有。达豪胥（Dalhousie）街上印度穆斯林经营的丝绸店成为废墟，硝烟静静升起。在居民区，火光缓缓布满夜空，有流氓入室抢劫富人，事毕后纵火烧屋。整个城市除了混乱和抢劫，还弥漫着恐惧，罪犯和疯子成群结队在街上闲逛——从撤城令下达的第一晚起，监狱里的罪犯和疯人院里的疯子都突然获得自由，再无人看管。摄影记者乔治·罗杰（George Rodger）被警告，不要在夜里上街，以免碰上狙击手，但他决定见证这城市的死亡阵痛。他手中握着左轮手枪，在着火的郊区游走，看到整条街陷入火海。某地，一座庙宇的墙坍塌，一整排20尊高12英尺的佛像，在夜色中被烧得通红。

不可思议的是，由于英国野战维安部队（British Field Security）一小队的努力，依然有少部分地区秩序依旧。当地大多数警察不是缅甸人，而是不受百姓欢迎的印度的锡克人或是旁遮普的穆斯林。他们对日军的到来感到惊恐，还听说在丹那沙林，日军把当地警察交给暴徒处置。一百多名穿着制服的警察，当时正突击火车站的隔离设施，企图登上出城的最后一列火车。野战维安部队的一名军官托尼·梅因斯（Tony Mains）不得不开枪警示，阻止他们的暴力冲撞。最终，平静下来的警察登上前往卑谬的火车，每人都带着自己从商店或市场掠夺来的个人“战利品”：崭新的布匹、席子，还有衣服，不管是什么，只要他们能拿到手都要拿。梅因斯立刻让手下带上警棒进入人群，逼迫警察放弃这些“囤货”。就在此时，普雷斯科特（Prescott）警务处长来到现场，还生气地要野战维安部队解释，为什么殴打警察。

梅因斯的脾气于是彻底爆发。他质问普雷斯科特，为何事先不通知任何当局，就把这批毫无秩序的暴徒送到火车站？为何这批警察洗劫了服装商店？说到底，这些人跟其他的小偷和流氓有什么分别？对方应该庆幸梅因斯没有下令对他们开枪。更让梅因斯生气的是，这批警察的行为同英缅混血的火车司机和消防队员所表现出来的镇静与勇气形成了鲜明对比，后者在没有保护的情况下驾驶火车向北，哪怕这意味着很可能进入日军的行军范围。他们来回奔波，从这座弃城中拯救更多的人。

英缅军总司令部的参谋第一部（GSO I）[①]传唤梅因斯去他的办公室。上楼时，他听到警务处长愤怒地高叫："你把我出卖给军队了！"梅因斯推门而入，有人告诉他其中原委。"你必须回到城里，维护秩序。丘吉尔已经下令守住仰光。我们会从港口运入澳大利亚的一个师。"[②]梅因斯还发现，胡敦的职务已被亚历山大（Harold Alexander）将军取代。这里就像非洲战场上的托布鲁克（Tobruk）[③]一样，预计会出现保卫战。驻防的格洛斯特部队（Gloucesters）的长官被任命为"军事总督"[④]，梅因斯被任命为其副手，合力在仰光进行"军事管制"。这并非戒严，但抢劫者可以被就地正法。正史说到有宵禁，但梅因斯确认并无此事。几乎所有市民都走了，根本没有必要宵禁，留下来的只有军人、必须维持城市运转的少数平民，以及流氓和暴徒。

对于后者，梅因斯毫不手软。在中央市场，他向一群抢劫者开枪并随后清场；这个消息传开来，吓坏了其他暴徒（梅因斯手下一共击毙了约六个人）。梅因斯还负责清理码头上的尸体。这不是空袭造成的伤亡，而是来自抢劫集团的相互斗殴。[⑤]清理尸体这活儿通常是由印度清道夫来干的，但此时他们都逃走了。因为种姓制度的缘故，他也不能让印度士兵做这份差事，于是他手下的野战维安部队不得不担起这个任务。后来，他想出一妙招，使用一辆喷过消毒剂的小型卡车充当临时灵车，在两名英军士官指挥下，被抓的暴徒被充作劳工。暴徒本该被处死，不过如今承担了这个恶心活儿。

---

① 译注：General Superintendent Officer Ⅰ的缩写。

② Lt-Colonel Tony Mains, *The Retreat from Burma: An Intelligence Officer's Personal Story*, 1973, p. 49.

③ 译注：托布鲁克，利比亚港口，"二战"时在此发生过激烈对战。

④ 缅甸总督多曼-史密斯反对这个头衔，认为这损害了他的权威。于是头衔改为"军事长官"。（Mains, op.cit., p. 51）

⑤ 当然这些不全都是缅甸人，"在沿河一带，士兵、水手和苦力都向仓库开枪"。B. Prasad ed., *Official History of the Indian Armed Forces: Retreat of Burma,1941-1942* , p. 208.

令人惊讶的是，许多重要市政设施依然运行正常。发电站还在发电，电力一直持续到被占领前的最后一个下午；下水道正常工作，水龙头里依然有水；政府电信局和两家私人电信总机还在转接电话；[①]一支临时消防队尽最大的努力在城中到处灭火；印度先遣兵团（Indian Pioneering Corps）将卡车集中在码头，争取在日军到来前运出更多卡车。可惜的是，美国技术团（American Technical Group）的中国技术人员本该向重庆输送物资补给，但他们误算了日军的入城时间，结果提早执行焦土政策，把所有的军需物资，包括一千辆卡车，都烧得精光。烧焦的车骨架依然在码头边冒烟。

梅因斯和野战维安部队本该在3月7日下午稍早，从码头搭乘渡轮去到远处的轮船，然后从海上赴印度。但下午2点，指挥官到来，告诉他轮船已满，他的队伍必须沿公路北上。他们将和当时在河对岸的沙廉（Syriam）炼油厂驻防的格洛斯特部队的一个连，以及其他守到最后一刻的仰光守卫队一起向北撤离。梅因斯对计划的改变非常愤怒，因为他的部队本来获准由海路撤离，但现在已无能为力。他和先前发生过冲突、如今还在生气的普雷斯科特警务处长坐在一起干等。下午3点，在炎夏中带来丝丝凉意的电扇忽然停了，然后是一阵巨响：发电站爆炸了。

《生活》杂志的记者乔治·罗杰和来自电影新闻社（Movietone News）[②]的某同事知道，他们必须在日军到达城北21英里外的勃固至卑谬交叉路口前离开仰光。他们驱车加入一列去卑谬的车队。罗杰在车内回头看了这座火中的城市最后一眼，只见大金塔金光闪闪指向天空，在飘荡的黑烟衬托下，好像一个孤独的哨兵。

他们一路行车，意识到自己从一团混乱进入另一团混乱。仰光以

---

① 这是梅因斯的说法。在印度正史中记录的是，电话系统从2月21日起瘫痪。
② 译注：电影新闻社是美国拍摄纪录片的新闻社，美国福克斯（Fox）电影公司设立。

北70英里处有个村庄叫奥甘（Okkan），他们驾车经过那里时，竟有子弹从路边丛林中射出。在沙耶瓦底（Tharrawaddy），缅甸人和印度人之间爆发冲突，街上穿梭着手持木棍和缅刀的暴徒，对路过的罗杰和托泽（Tozer）又叫又扔石头。在再远些的地方，他们的车好不容易穿出步行逃难的疲惫人群。路边有被丢弃的尸体，霍乱和伤寒都开始出现，没人停下脚步照顾濒死的人。[①]

梅因斯和他的一小队手下来到河边，惊讶地遇上了一位被派到皇家印度海军的英国中尉。因为执行爆破作业，他军帽的帽顶被炸掉了；最后一艘船没等他就开走了。梅因斯邀请他加入自己的队伍，对方马上接受了，还带来了"皇家兴都斯坦号"为这支队伍增加了运输力：这是一辆漆上军舰灰色彩的吉普车。他跟梅因斯说，可不能把存放在港口"信托俱乐部"冰箱里的冰镇啤酒留给日本人。这事无须动员。梅因斯曾花大量时间打开装载中国白酒的木桶，也把威士忌装进印度储备银行的保险库，以防得胜的日军大醉。他从消防局里面拿出椅子，和手下一起坐在码头边，一边把冰镇啤酒一饮而尽，一边等着格洛斯特部队的船从沙廉出现。

死守仰光，等待原先承诺从中东赶来的澳大利亚援军已无指望。当时，从韦维尔以下的每一个人，都希望援军能扭转过去数月的败局，把日军赶回去，但澳大利亚总理柯廷（Curtin）需要每一名可用的澳大利亚士兵保卫澳大利亚本土。当时的日军已从多处同时南下，逼近澳大利亚。根据他所观察的缅甸防卫，柯廷认为，目前那些澳大利亚的精锐部队若是加入战争，无非是在最后一刻给战火再添些粗糠，无济于事。缅甸总督向丘吉尔发电报追问："澳大利亚援军来否？答案对我们非常重要。请说是或否。""我们一直在争取……但是澳大利亚政府坚决拒绝。

---

① George Rodger, *Red Moon Rising*, 1943, pp. 66-67.

请继续战斗。”这就是他们等来的官方回答。[①]

继续战斗总有极限。缅甸总督多曼-史密斯于2月27日发出如下电报给印度总督：

> 在我们夺回仰光之前，这将是我从仰光发出的最后一封电报……我们的部队英勇作战，筋疲力尽……除非有奇迹发生，我建议在3月1日7时左右开始破坏本城……我非常遗憾局势已到如此境地……我看不到任何能拯救仰光的办法。眼下撤离，意味着我们尚可全身而退，如此或许对你和你在远东其他战线的部署有益……若我们能成功撤退到上缅甸，再与敌对抗，将是非常幸运的事……至今没有收到你的电报，既然如此，作为在地的长官，我必须做出决定。我打算在3月1日8时，发布爆破命令后离开。[②]

即使在这个节骨眼上，韦维尔依然认为援军也许能救下仰光。就在多曼-史密斯向德里发电报的同一天，印度第63步兵旅从仰光打道回府。这是总司令胡敦的意思，因为他知道这个旅无力战斗，于是紧急要求其返回加尔各答或是在阿恰布登陆。但韦维尔取消了这个命令，要求他们还是在仰光上岸。韦维尔感到胡敦已经准备弃城北上，于是在2月28日从加尔各答飞到伊洛瓦底江畔的马圭，缅督多曼-史密斯、胡敦，以及AOC[③]空军副司令史蒂文森（Stevenson）少将都在那里等他。

这是一个令人恼怒的会面。韦维尔彻底失控，在总督、空军飞行指挥官和一些文武官员面前，狠狠责备胡敦。在大庭广众之下被如此羞辱，胡敦显然惊呆了，几个月之前，他还是对方的总参谋长。受到指责的不

---

① Tim Carew, *The Longest Retreat: The Burma Campaign 1942*, p. 149.

② J. Connel, *Wavell, Supreme Commander, 1941-1943*, pp. 201-202.

③ 译注：Air Officer Commanding的缩写，指飞行指挥官。

是胡敦在战事中的表现，韦维尔认为胡敦的态度太消极，助长失败情绪。但胡敦当时什么也没有说，他感到最有尊严的反驳就是保持沉默。[①]

韦维尔要求仰光能守多久就要坚持多久，并在还来得及的情况下从港口尽可能多送军队入城。他带着胡敦飞到仰光。当抵达陆军总部时，胡敦接到来自史密斯师长的一封电报。史密斯的印度第17师总部当时在莱古（Hlegu），大约是仰光和勃固的途中。史密斯想立即把他的部队撤出勃固。韦维尔被这又一撤军要求彻底激怒了，决定在当晚冒着酷暑，沿着灰尘满布的道路，驾车去史密斯的总部见他。史密斯后来写道："我从没想到3月1日星期天，会是我作为军人的最后一天，但事实就是如此。"[②] 韦维尔看到史密斯病得不轻，哪怕注射番木鳖碱和砷都已不能减轻他的痔疮造成的肛裂痛苦。面对日军和疾病的同时入侵，史密斯显然无力应付。韦维尔下令史密斯的参谋长考恩（Cowan）接手印度第17师，史密斯则被送回印度。

在下缅甸的陷落过程中，发生了许多个人悲剧，史密斯的情况可算最重。在承受身体疼痛的同时，他为一个自己完全不相信的目标奋斗，又没有足够的资源可支配。在缅甸被就地解职已是羞辱，但抵达德里后的遭遇更是雪上加霜。他收到陆军大臣的一封正式函件，函中告知史密斯，照韦维尔的命令，即时剥夺其少将军衔，并勒令他立即退役。史密斯不但一下子失去了军衔和退休金，更被控两项罪状：入缅时没有按照规定进行体检（触犯《印度卫生条例》第八十六条），以及在医疗组认为身体合格后却请病假。

锡当河战役给史密斯带来的是无边苦涩。他手下的医务局副主任

---

① "这是唯一一次我见他失控，在总督以及飞行指挥官和文武官员面前对我激动大吼。我觉得唯一可维持尊严的方法就是保持沉默。直到现在我都确切认为，如果按照他的方式去做，会使仰光整个军队及平民被日军俘虏。事实上，停止撤退，下令亚历山大反攻勃固，几乎造成同样结果。"（Hutton, *Rangoon 1941-1942, A Personal Record*, p. 56）

② J. G. Smyth, *Before the Dawn*, p. 195.

（ADMS）[1]麦肯齐（Mackenzie）中校在炸桥之前给他做过体检，要求他尽快请病假。[2] 麦肯齐中校后来被日军俘虏，被押在仰光监狱直到战争结束。韦维尔显然没能看到麦肯齐医疗组给史密斯的建议。筋疲力尽的史密斯求见韦维尔，却遭到拒绝。他认为胡敦一定把仰光及缅甸失守的罪责怪在他身上。[3]

我们大约永远不会知道韦维尔是否看到了医疗组给史密斯的诊断报告和建议。胡敦在2月25日获知此事，但一周之后，当他们在韦维尔的指挥部见到史密斯时，他觉得已无必要就此再向韦维尔多说什么。正如韦维尔对其总参谋长所暗示的，史密斯"绝对是个病人"，根本不需要医疗诊断来证明。而且胡敦对后来史密斯在印度的遭遇也无法干涉。无论如何，他与史密斯失去印度第17师指挥权一事完全无关。这个决定从医疗诊断方面考虑是合理的，但这是韦维尔个人的决定，并没有征求胡敦的意见。

无独有偶，胡敦自己的英缅军总司令指挥权也已被人取代。继任者亚历山大（Harold Alexander，后升元帅）中将还没到任，但胡敦已经知道自己失去了最高指挥权，将就地改任为亚历山大的总参谋长。两人私交不错，但这依然是个尴尬的情形。更糟的是，对战事接下来如何收尾，两人意见有分歧。

阿伦·布鲁克勋爵（Lord Alan Brooke）日记的编辑阿瑟·布赖恩特（Arthur Bryant）爵士形容亚历山大是"帝国总参谋部所能推荐的最好的将领"。[4] 但这看法并未得到全面呼应，尤其是日后在亚历山大手下参加北非战斗的印度军队将领们，对此颇有异议。在这方面，图克（Francis

---

① 译注：ADMS是Assistant Director Medical Services的缩写，指助理医官。

② 让指挥官在战事正酣之际请病假看上去很奇怪，但史密斯后来写道："当时我看上去应该很紧张。这一战事实在相当费力，尤其是，我总是被下令做一些明知军事上来说非常不正确的事情。不过我完全可以坚持。" Archive Material, Imperial War Museum.

③ 通常，韦维尔在报告缅甸失利的信件中会感谢一些属下将领。史密斯的名字不在此列。

④ Sir Arthur Bryant, *The Turn of the Tide*, 1958, p. 256.

Tuker）中将的谨慎说法为此对立面提供了相当有分量的注解。他写道："我觉得他可算是我遇到的高级将领中最缺乏智谋的一个。我无法想象他制定过任何计划，更别提好的计划了。我想他从没做过计划。可以肯定的是，在意大利他从来没有真正指挥过作战行动。他完全没有自己的战术部署，所有一切都是随波逐流。"[①]

亚历山大完成缅甸作战多年之后，这一弱点已不复存在。但在当时，亚历山大提出的计划其实来自韦维尔，而不是他自己的主意。如果按照他对时局的理解，那么最终失去的可能不只是首都仰光，而是整个在缅甸的军队。

从亚历山大的立场而言，他当时所面临的情况，早在其本人到达现场之前已经急速恶化，完全失控。胡敦被解职，从一方面来说，并非由于指挥战斗失当，更多是出于其冷眼旁观的消极态度、用消极的眼光看待事物，以及任由严重的悲观情绪蔓延。要是胡敦能把自己的想法私下跟韦维尔说，考虑到两人相知甚深，胡敦的想法会得到尊重。但就算是这样，也是非常冒险的做法，因为当时韦维尔正竭力振作英军在远东的士气。而胡敦给韦维尔发出的电报被人看到，并报告给印度总督。得到印度军区代理总指挥艾伦·哈特利（Alan Hartley）爵士的提示（胡敦是这么认为的），总督林利斯戈（Linlithgow）侯爵为印度的安全担忧，给伦敦发电报说，"我方驻缅军队在不正确的精神状态下作战。我坚信这在很大程度上是于军队上层缺乏动力和激励"。他还说，胡敦是个好参谋长，但并不适合在前线指挥战斗。总督的电报由丘吉尔转交给韦维尔，并要后者向帝国总参谋长阿伦·布鲁克上将说明自己的想法。丘吉尔还说，如果韦维尔对总督的意见无异议，那么他将立即派亚历山大入缅。当天，韦维尔给丘吉尔和阿伦·布鲁克同时拍电报，支持总督悲观的质疑。

---

① MS notes, Tuker Papers, Imperial War Museum.

> 对我军在马来亚和缅甸呈现出的低下斗志，我深感苦恼。来自英、澳、印的士兵，没有一个表现出坚强的体力和精神……深究原因，有近二十年来的疲软、和平时期的训练缺乏激情、东方的气候和环境的影响。真正有冲劲和妙计的领导者很少。我在马来亚和新加坡找不到像他一样的。胡敦沉静的外表下拥有足够的意志，并从不失态，但他个人缺乏鼓舞人心的能量。我当时选他担当全面重组缅甸军团的重任，乃出自实际需要，因我知道他能出色完成任务，也是一个坚决和有技巧的指挥官；然而我完全同意，亚历山大坚强、有影响力的个性也许能激励士气。①

韦维尔不太乐意换将，但同意胡敦或是就地担任总参谋长，或是回到印度当总参谋长。他还建议如果派亚历山大来，那后者最好在一周内抵缅。2月22日下午稍早时候，锡当桥之战还在进行中，胡敦接到韦维尔的一封密电，对方要求他亲自解码：

> 考虑到将大量扩充驻缅军队，战时内阁决定由亚历山大将军担任缅甸总司令。他抵达之后，你继续留任缅甸总参谋长。你应将此事告诉缅甸总督。另外，在亚历山大抵缅之前，对此任命保密。②

即使在亚历山大到任之后，胡敦还经历了一段相当尴尬的时期。在军部之外，所有人都依然认为胡敦是总司令。两人军衔相同（亚历山大于1942年4月升任中将代理总司令），所以自然胡敦很讨厌向人解释他已经不是总司令了。他苦涩地回忆起描述惠灵顿公爵生前的一段话：“在所

---

① J. Connel, op.cit., pp. 181-182.
② J. Connel, op.cit., p. 191.

有人生尴尬时刻中，最难堪的莫过于在曾任总指挥的军队中担当下属。”①

亚历山大3月5日的到任没能拯救仰光，就算是一个师的援军登陆也无法拯救。3月7日晚上7点半，最后一列火车呻吟着北上，离开这座着火的弃城。几分钟后，格洛斯特部队与梅因斯的野战维安部队的吉普和卡车一起，取道卑谬路（Prome Road）驶离。次日中午②日军入城。

而帝国历史的一个时代的终结，由缅甸总督的副官强调标出。3月1日离开前，总督在官邸举行正式晚宴。当少数几名出席者用餐完毕，离开餐桌去台球室时，副官艾里克·巴特斯比（Eric Battersby）感到一种难以言喻的亢奋。他拿起一粒台球，对着墙上一幅画像。画像代表帝国昔日的辉煌，像中人从镀金的相框里正睥睨众人，仿佛做出无言的批评。“殿下，您觉得我们是否也该拒绝这些画落入日寇之手？”艾里克大叫着，台球穿过画布。几秒之内，其他人也纷纷拿起台球，向屋里到处悬挂的画像扔去。次日清晨，1942年3月1日，多曼-史密斯爵士离开他的首都，驱车北上眉谬（Maymyo）。

亚历山大中将抵达缅甸接管指挥权之际，自是打算不惜一切代价保住首都。这也是帝国总参谋长阿伦·布鲁克把他派到缅甸的原因。布鲁克在日记中写道：“如果我们把兵力集中在仰光……缅甸或许可以保住。”③但当时，在1942年2月18日，他的日记是这样记载的：“缅甸的情况不妙。如果我们日不落帝国的军队不能提高战斗状态，那么我们活该日落。”2月27日他沮丧地注解：“我实在看不出来，我们如何能将仰光守得更久。”④

3月3日，韦维尔回到印度，在加尔各答见到亚历山大，给他做了如

① Hutton, op.cit., p. 56.
② “Before dawn” in B. Prasad ed., op.cit., p. 213.
③ Bryant, op.cit., p. 255.
④ Bryant, op.cit., p. 256.

何作战的口头指示。

> 仰光对我们在远东的局势极为关键，必须尽一切可能保住它。万一无法做到，英军不能被敌人阻隔及歼灭，应该从仰光地区撤退去防卫缅北。为了捍卫仁安羌油田，要尽可能与中方保持联系，并保护从阿萨姆入缅的道路。[①]

亚历山大于3月5日中午抵达仰光，前往莱古。胡敦曾命令第48旅从勃固撤退到莱古，第16旅从莱古撤退到涛建（Taukkyan），但这些命令全被亚历山大否决。最新的命令是，缅甸第1师从良礼彬（Nyaunglebin）向南攻打勃固，印度第17师得到新近抵达的第63步兵旅和第7装甲旅的支援，要向勃固东方攻击沃镇的日军。亚历山大希望由此扭转战局，阻挡饭田将军手下第33和第55两个师团进攻仰光。但这一尝试失败了，日军对勃固形成包围之势，突击队也从海上成功渗透到沙廉的炼油基地，就在仰光的对岸。亚历山大仅在抵达缅甸一天后就意识到仰光无论如何是守不住了。他下令拆毁城市设施，准备放弃仰光，他希望在伊洛瓦底江盆地北部重整军队。[②]

港口一带的起重机或被扔进河里，或被炸毁；仓库被付之一炬，留在仰光火车站的补给物资也被点燃。战地维安部队用中国炸药爆破了电信总局，发电站被炸毁，警察总局也着火了。最明显的莫过于沙廉的炼油厂，爆炸之后，升起数千英尺高的黑烟，蔓延整座被毁城市的上空。志愿担当毁城行动的所谓“敢死队”，奉令乘上小轮，沿仰光河而下，登上等着载他们回到加尔各答的三艘轮船。[③]

---

① S. W. Kirby, *The War Against Japan*, Ⅱ, p. 86.
② S. W. Kirby, op. cit., Ⅱ, p. 94.
③ Alfred Wagg, *A Million Died*, 1943, p. 53.

守备部队向北转移。第17师在莱古坚守，直至守备部队确认清除了涛建的交叉路口上的障碍，该路口是北上勃固和曼德勒，以及从伊洛瓦底江入仰光两条道路的交会点。守备的先头部队于3月7日黎明通过涛建，向沙耶瓦底进发，那里被设定为抵挡仰光日军的防线。守备部队通过涛建后，第17师随之成为后卫，随他们沿伊洛瓦底江北上，以防卫油田。

第13回 统帅逃劫

这只是理论。但事实上，日军在涛建以北5英里处布了据点，尽管遭受仰光守军的反复攻击，仍然成功封锁公路。亚历山大和他的指挥部被困于此，动弹不得。第7装甲旅奉命对付封锁，但直到3月7日下午4点，依然没有进展。第63旅辖下两个边防步枪营从莱古调到涛建，但被击退，还遭受重大伤亡。亚历山大和他指挥部的人员在附近一个橡胶园过夜，此处被坦克和步兵团团包围，但还好日军并没有发动攻击。被困在里面的，主要是仰光的行政人员和幕僚，还有一群违令逃离该市的女士。[①]

亚历山大下令在黎明时分继续攻击，第63旅廓尔喀来复枪第10团第1营在西，锡克第1团在东，加上胡萨尔轻骑兵（Hussars）第7团的坦克，在炮火掩护下，由大路直接进攻。可是这次攻击还没开始就注定失败：廓尔喀营在丛林中迷路失散；锡克团在空旷乡间集结，则成为日机轰炸的目标。

眼看日军对亚历山大的钳制之势将无法化解，但一眨眼的工夫，日军忽然都不见了，亚历山大和他的指挥部在没有阻挡的情况下，顺利通过此地。印军史学家康普顿·麦肯齐的说法是，“敌人不可思议地放弃了据

---

① C. Mackenzie, *Eastern Epic*, p. 455.

点”，他还补充，“至今没有一个令人满意的说法可以解释这一令人惊讶的错误”。[1]英国的官方历史学家也对此插曲充满疑惑，其中一位，沃兹（G. T. Wards）上校，其本人是日军研究专家，曾担任驻日武官。战后，他向东京发函询问日方当年的动机。其实当时差一点就成为日军囊中之物的不只有仰光的守备部队，还有印度第17师师部，后者正从勃固撤退，途经莱古、涛建，沿卑谬路北上；当然，还有总指挥亚历山大本人。沃兹上校写到，这里面马上有两个疑问：

> 第一，第33师团部不知，或者没有意识到如果收紧口袋，将捕获如此大规模而重要的一群敌人；第二，或许这师团被指派的主要任务是夺下仰光，而擒敌是次要的。目前如果后一假设成立，这可以作为对日军领导统帅的批评：他们竟以攻城为重，擒敌为轻，实在是不当的战术。我还认为，日军此次错误，也许跟其军事方式和行动的严格管制有关。军令经常太过详细，往往导致执行部队束手束脚，从字面上严格遵照命令，乃至不惜贻误战斗良机（比如这次）。这次，如果现场指挥官能见机行事，将能直接取胜。[2]

当时在现场指挥的是第33师团步兵第214联队的作间乔宜（Sakuma Takanobu）[3]大佐。第33师团接到的指令是，于3月3日在断桥以北的库赛克（Kunzeik）渡过锡当河，然后打通莱古和茂比（Hmawbi）两地，再经过这一通道突袭仰光。对2月27日下达的这一命令，师团长樱井省三（Sakurai Shozo）中将的理解是，要为夺取仰光保持兵力，尽量不为无谓的小规模摩擦所羁绊，因为他预计在仰光北郊和市内街道将有硬

① C. Mackenzie, op. cit., pp. 455-456.
② 1953年2月26日致东京英国大使馆的信，Archive Material, Imperial War Museum。
③ 译注：サクマ（Sakuma）汉字可为“作间”，或“佐久间”。

仗。他最不希望出现的局面是仰光久攻不下，导致该军无法使用码头设施，且英军可能借机从卑谬反扑。他知道对方守备部队正从城里撤离，却没想到这是完全撤离。

但3月6日，来自第15军的命令似与前面截然相反。当时樱井在瓦帕俄村（Wapange），位于从莱古进入勃固山脉的主干道以东。军部要他“进入仰光，寻敌并消灭之”。[①]当命令到达时，樱井不但对敌军力量不太清楚，也不了解比邻的友军第55师团正与印度第17师对战勃固。樱井认为眼下最好的做法是挺进仰光，不计代价，绝对避免与英军正面交锋。6日中午，[②]樱井召集手下联队长和大队长，告诉他们将于当日天黑时出发进攻仰光。部队行军分为两路，步兵第214联队在左，第215联队在右。行军一旦开始，日军将尽一切可能避开英军耳目，绕过大型村庄，穿越干涸稻田，沿丛林小道而行。如此一来，在涛建和茂比之间穿过卑谬路后，他们就会出现在仰光西北。

然后，乘坐卡车的联队遭遇了一支被认为是正从勃固撤下来的英军装甲部队。大队长高延（Takanobu）少佐马上受了重伤，部队伤亡人数也开始上升。联队长作间大佐意识到眼下的情况与师团此次行动的指示大相径庭，他将兵力集中在主要干道以南，决定暂时静观战局变化。

同时，当英军还在交战时，原田栋（Harada Munaji）大佐率领的第215联队顺利穿越卑谬路。樱井中将得知与英军的遭遇战后，告诉作间，他的主要任务是遵循原定命令，不惜一切代价进入仰光。作间奉命行事，于7日上午10时要高延不再恋战。实际上，这场遭遇战本就完全是高延的过错。日军一小队规模的侦察队，发现了沿大路撤退的英军，当

---

① OCH《缅甸攻略作战》，页90。
译注：OCH（Officers Cadet History）是作者Allen自己的命名法，指源自“战史丛书”各卷，供军官在训练中使用的手册，叙事不那么复杂，制图有时会更好，还有标示详细的注解。

② 译注：英文版写的是7日，但根据推论应是6日。日文译本《ビルマ遠い戦場》写成6日。参见日译本上册，页75。

时大队的主要人马还在东边1英里外整补。高延得到侦察汇报后，决定直接攻击撤退的英军，并在事后向作间汇报。[1]

其实对樱井而言，如果想要歼灭敌人（不管英方是何种部队），这是非常好的时机。但作间于上午10时20分抵达师团司令部，告知参谋长已发生的情况。参谋长告诉作间，不应轻率采取攻击，而应停止由高延引起的盲动，专注挺进仰光。在征求意见时，原田也表示同意。

樱井的想法是，英军在卑谬路受到高延的攻击，这会提醒他们有日军在此地出没，进而做出反应，增加仰光北部和西北部的防御。他与手下两名联队长的意见相同，即尽快赶到仰光才是当务之急。他让作间通知高延，以继续行军为上，勿再恋战。

下午3点，作间回到联队部，下令在5点继续行军。当大队人马来到卑谬路时，发现高延受伤，其部队尽管已尝试撤退，但尚未成功与敌人完全脱离。作间于是决定继续行军，留下高延的第3大队，并让高延尽快解决，赶上联队。3月8日黎明时分，作间抵达敏加拉洞（Mingaladon）机场。[2]

与此同时，另一联队长原田已到达北郊。原田预计在仰光会有恶战，之前联队一路穿越勃固山脉、卑谬路以及之后南下遇到的平静的村庄，他理解为暴风雨前的宁静。他的部队为自己成功切断给蒋中正的补给线，从而间接帮助了在中国进行“圣战”的同袍而感到兴奋。3月8日上午10时，原田的先锋部队进入城中废弃的街道。两小时后，樱井在维多利亚湖（Victoria Lake）[3]畔设立师团战斗指挥部。

不过沃兹上校的批评并非完全不正确，他的观点其实反映了当时寺

---

① OCH《缅甸攻略作战》，页92。

② OCH《缅甸攻略作战》，页90—94；1953年4月30日东京致沃兹上校的答复，Archive Material，美国历史部分，Imperial War Museum。

③ 译注：仰光城北的大水库。

内寿一（Terauchi）和南方军的计划。在第15军的两个师团跨过锡当河五天之前，南方军告诉第15军司令官饭田，虽然仰光可以由其手下少数兵力拿下，但与其早些夺取仰光，不如击败将由缅北南下增援的中国军队。但饭田有更实际的打算，自从越过泰缅边境后，第33师团和第55师团都再没有得到过物资补给，他们的军火储备少得可怜。要是饭田拿下仰光，那就可以马上通过新加坡得到海路补给，因新加坡已在2月15日落入日方控制。要在缅中和缅北发动更多攻势，他需要有港口运进更多师团。因此，尽管饭田对樱井放过印度第17师感到遗憾，但他对拿下了仰光很满意。

无论在涛建的日军联队长、师团长、军司令官，乃至后来的日本军事史家，似乎都没有意识到亚历山大将军差一点就成为他们的囊中物。日军正史及为自卫队军官编写的操练手册，依然认为攻击涛建据点的英军是从勃固撤退到莱古的印度第17师部队。第63旅确实在场，但最初与第214步兵联队发生交火的却是从仰光撤退的守备部队。这一点，在1958年出版的英军正史中已明确指出。九年之后出版的日方历史借鉴了英方的很多说法，但这一事实却被忽略了。胡敦后来评价道："这是亚历山大一生中最大的幸运。"[①] 由于樱井坚定不移地执行既定命令，锁定目标为仰光城而非某个人，亚历山大逃脱了在日军战俘营度过其后三年的厄运。

第14回 最长的撤退

中国军队在第一次缅甸战事中登场是一个复杂而有争议的话题。蒋

---

① 见胡敦撰写的悼词，刊载于《泰晤士报》（*The Times*），1981年1月20日。

中正需要维持来自西方盟国供给路线的通畅，保证仰光港的安全，也就保障了他所倚赖物资的来源。空中防御主要由陈纳德（Claire Chennault）少将带领的美国志愿队（飞虎航空队，American Volunteer Group）的美国飞行员负责。韦维尔接受两个中国师的援助，即第49师和第93师，也就是中国军队第6军三分之二的军力。第5军也愿意提供支援，但韦维尔要求第5军留在昆明做后备。韦维尔没有张开双臂欢迎第5和第6军是情有可原的。① 中国军队没有建立补给系统，如蝗虫一样靠当地吃饭。中美以及中缅之间有很深的不信任，中国军队的指挥系统也相当混乱。为了迎合罗斯福，在参谋总长马歇尔的推荐下，蒋中正同意让美军将领史迪威（Stilwell）担任入缅中国军队的"指挥官"，史迪威也是蒋的参谋长。但当他拜访亚历山大，告知对方自己是入缅中国军队的司令官时，却发现第5军军长杜聿明早已自称担任同一职位。② 缅甸总督多曼-史密斯对这一双重任命感到不解，但杜聿明告诉他："美国将军觉得自己在指挥，但实际上并非如此。你要知道，我们中国人认为，让美国人参与战争的唯一办法是给他们几个纸上的头衔。主要是我们在做事，他们不会造成太大伤害！"③

蒋中正在4月5日到眉谬拜访亚历山大，他集合中国军队将领，告诉他们史迪威拥有指挥全权，并向史迪威保证会给他正式印章（即关防）以资证明。史迪威于是认为自己已全盘控制局面，因为没有这印章

---

① "关于中国军队，当我在仰光见到从重庆返回的韦维尔时，他对我明确表示，不希望中国军队入缅。他觉得当时缅甸还没受到急迫的威胁，而且他认为已经有足够的英印军队和非洲军队。所以当真的需要中国支援时，他的这一见解显然耽误了中国军队入缅的进程。"（Hutton, *Rangoon 1941-1942, A Personal Record*, p. 4）

② 当时出版的书中有不少错误拼写：《史迪威文件》（*The Stilwell Papers*，1949）里写作Tu Yu Ming；Barbara Tuchman所著*Sand Against the Wind*（1970）写作Tu Li Ming；《美国外交关系》（*US Foreign Relations*, 1945）第七卷里写作Tu Li-min。

③ Romanus & Sunderland, *Stilwell's Mission to China*, 1953, p. 120. 杜强调罗卓英（Lo Ying-Ching）将军才是指挥。罗是蒋中正派给史迪威的"执行者"。
译注：本书作者Allen拼错了，应该是Lo Cho-Ying。

的红色印记，任何命令都无效。但当印章抵达时，上面的刻字并非“缅甸远征军最高司令官”，而是“盟军参谋长”，也没有相应的授权书。对中方将领而言，这显然说明史迪威只是顾问，并非实际指挥官，不管蒋中正在眉谬说的是什么。[①]

1942年3月13日，在史迪威的日记中被称为倒霉的黑色星期五，他首次会晤亚历山大。可以想见，他对亚历山大的印象并不好。“过于谨慎，长而尖利的鼻子，很直率又‘洋气’。[②]他让我站着等商震[③]到来。当商到来时，亚历山大态度冷漠。他很惊讶地发现是我——不过是我，一个天杀的美国人——来统领中国军队。‘太不寻常了！’他看着我，好像我刚从石头底下爬出来。”[④]

让事情更复杂的，是蒋中正认为史迪威应该统率在缅的中英两军。自新加坡和仰光失守后，蒋对英军的战略和士气毫无信心。[⑤]最终，韦维尔和参谋长联席会议达成协议，让亚历山大“代表韦维尔协调在缅的中英两军”，才算是解决了问题。[⑥]与此同时，中国军队第5军第200师要驻防东吁（Toungoo）地区。第5军的其他两个师（第22师、第96师）不会推进到曼德勒以南。史迪威一取得指挥权即把这两个师调入缅甸，并征得蒋中正的同意，让第22师在东吁增援第200师。

第200师要接替布鲁斯·斯科特（Bruce Scott）少将率领的缅甸第1师防守东吁。缅甸第1师将越过中国军队防线，去耶达谢（Yedashe）后再去东敦枝（Taungdwingyi）；后者是勃固山脉以北的公路、铁路交通的枢纽所在。缅甸第1师加上印度第17师和第7装甲旅，要组成新的

---

① Romanus & Sunderland, op.cit., p. 280.

② 译注：原文为Yang Chi，洋气，英文意为高傲、冷漠、难以接近。

③ 译注：商震时任中央军事委员会外事局局长。商震，字启予，祖籍浙江省绍兴县，生于直隶省顺天府大城县，中华民国军事将领，陆军二级上将。

④ *The Stilwell Papers*, p. 78.

⑤ S. W. Kirby, *The War Against Japan*, Ⅱ, p. 154.

⑥ S. W. Kirby, op.cit., p. 155.

缅甸军，担任新军指挥官的是威廉·斯利姆（William Slim）中将。在缅甸战场的整个战争过程中，他坚强的意志力比其他任何军人给人留下的印象更深。

缅甸军要为保护仁安羌油田而战。中国军队则要防守自曼德勒通往锡当河谷的铁路、公路。

他们正面对大幅增援中的日军。受到中国军队由滇入缅的威胁，日方将驻缅军力翻倍。3月和4月间，第33师团增加了一个联队（第213步兵联队），第18和第56师团从海路抵达仰光。加强后的第33师团从伊洛瓦底江流域北上，通过卑谬，夺取仁安羌。第55师团则继续从勃固至良礼彬一路往北，拿下东吁，挺进彬马那（Pyinmana，现缅甸首都内比都）和曼德勒。第56师团在东绕路急进，穿过东枝，北上掸邦，切断进入中国的通道。第18师团作为后备留在锡当盆地，跟随第55师团前进。

中国的第200师由戴安澜指挥，共有大约8500人。这比第5军的其他两个师（各自为6000人的编制）都多，也比第6军大约5700人的师级编制多。但数字有些夸大，因为其中也包括随军劳工和运输苦力。这个师已经摩托化，也有一些装甲部队。新近通过租借法案得到的火炮设备包括36门75毫米口径的榴弹炮，还有一个机动化营装备105毫米口径大炮。但他们没有医疗服务单位，并且没有能与英军沟通的翻译，这一点在整个战事中为双方都带来极为严重的问题。

所幸斯利姆对他手下两个师长都很了解。三人都曾在廓尔喀第6团第1营里担任过军官，是超过二十年的老朋友。斯利姆需要所有可能获得的精神支持。韦维尔直言不讳地告诉斯利姆新加坡陷落的原因，也指出缅甸眼看就要步其后尘。但没人告诉斯利姆这场战事的目的是什么，是保住缅甸的部分领土，还是带着军队完整退回印度？他的司令部缺少运输设备和通信设备，在抵达了卑谬的总部后不久，更是完全失去了空中支援：3月21日，作为对英军空袭仰光的报复，日军轰炸马圭机场，

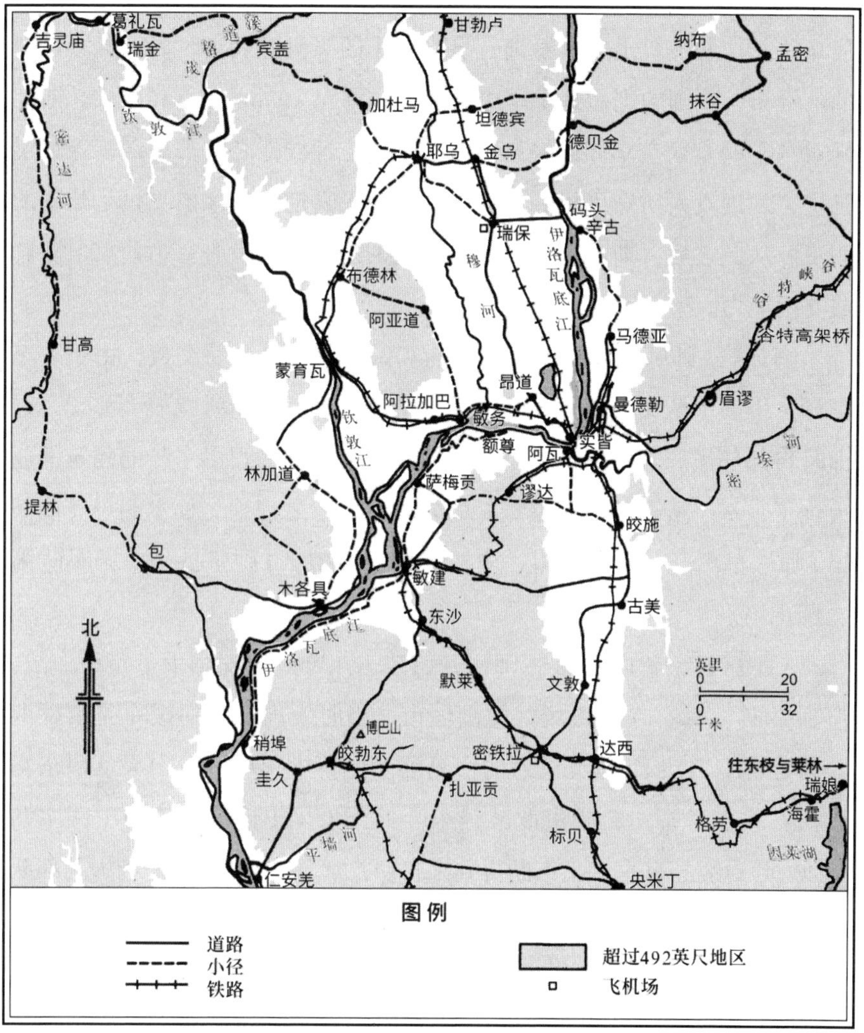

葛礼瓦
吉灵庙
瑞金
宾盖
甘勃卢
纳布
孟密
加杜马
坦德宾
抹谷
耶乌
金乌
德贝金
瑞保
码头
辛古
布德林
阿亚道
马德亚
谷特高架桥
甘高
蒙育瓦
昂道
阿拉加巴
敏务
曼德勒
眉谬
额尊
阿瓦
实皆
林加道
萨梅贡
谬达
提林
皎施
包
敏建
木各具
古美
东沙
北
英里
0
20
0
32
千米
默莱
文敦
博巴山
稍埠
皎勃东
密铁拉
达西
往东枝与莱林
圭久
扎亚贡
瑞娘
海霍
格劳
标贝
仁安羌
央米丁
图例
道路
小径
铁路
超过492英尺地区
飞机场

图1-3　中缅甸

炸毁了停在地面上的英国皇家空军和美国飞虎队的飞机。[①]到3月22日下午，之后，斯利姆剩下的全部空中力量只有6架布伦海姆式（Blenheim）轰炸机、3架战斧式（Tomahawk）战斗机，以及11架飓风式（Hurricane）战斗机。这些飞机迅速被撤离；皇家空军的飞机撤到当时仍在英军手中的阿恰布，美国的则撤到中国边境附近的雷允（Loiwing）和腊戍。斯利姆对马圭的皇家空军如此轻易被击败并不吃惊。他之前去卑谬，曾路过马圭，发现没人防守飞机，皇家空军居然天真地认为保护飞机是陆军的职责。从此之后，斯利姆明确指出，他的部队完全没有空中侦察、防御或支援能力。整个天空属于日本人。[②]

缅甸第1师师长斯科特·布鲁斯和戴安澜在东吁要交接，由于缺乏翻译，中国军队又缺地图，几乎无法沟通。最后，斯科特放弃移交，并即时将师部撤离。中国军队把包括这栋大楼在内的很多东吁的建筑都放火烧了，基于所谓“放火是最好的防城手段”之理论。杜聿明想要缅甸第1师尽早离开，以免碍事，史迪威却很希望第1师坚持到中国军队第22师南下。[③]

3月24日，竹内的第55师团开始攻击东吁。戴安澜手下奋勇作战，但到27日，日军夺下机场并包围城市。当时距离最近的援军是廖耀湘的第22师，在北面60英里外的彬马那。但蒋中正要亚历山大从伊洛瓦底河谷攻击日军，希望由此减轻东吁的压力（史迪威误信与中国军队第200师对战的日军，正不断得到来自伊江河谷的增援）。斯利姆的部队仍在集结中，他并不想开战，而且相信不管他怎么做，都无法使攻击东吁的日军撤离。他让考恩（印度第17师）奇袭卑谬东南60英里的奥波（Okpo），于是第7装甲旅的安斯蒂斯（J. Anstice）准将带领一支集结来

---

① William Slim, *Defeat into Victory*, 1956, p. 19.

② William Slim, op.cit., pp. 21-22, p. 42.

③ Romanus & Sunderland, op.cit., p. 106.

的部队去榜地（Paungde）做初步探袭。安斯蒂斯率领一个坦克团，一个炮兵连，以及三个步兵营，但在进入榜地并给日军造成重大伤亡后，还是被击退。他的一名联络官在被派回考恩师部的路上，发现卑谬以南10英里的瑞当镇（Shwedaung）已落入敌手。3月29日上午9点，第33师团第215联队第2大队大队长佐藤操（Sato Misao）少佐占领了瑞当。

眼看安斯蒂斯就要成为孤军，考恩于是派两支部队（边防第4团、边防步枪第2营）扫荡瑞当，为安斯蒂斯杀出一条血路。考恩部队主力有30辆坦克、20门大炮和200辆卡车，从城镇南入口进攻；两个步兵营从北口进攻；同时格洛斯特步兵第1营的两个连和胡萨尔轻骑兵第7团的队伍共同袭击，此时日机则在空中用机枪对准英军扫射。这次战斗比较重要之处在于，缅甸独立军[①]在日方一边参战的人数相对较多，他们由伯扬乃（Bo Yan Naing）和两名日军军官平山（Hirayama）、池田（Ikeda）带领。日本人占卑谬路右侧，缅甸人占卑谬路左侧。缅甸独立军伯屯盛（Bo Tun Shein）率领的前锋营被英军包围，几乎全军覆灭，部分原因就在他们对现代战争一无所知。巴莫苦涩地形容他们是“一群无知的青年农民，除了胆量大以外，什么也没有”。因为之前从来没见过坦克，这些人站在离坦克过近的位置，一下子被炸成碎片。[②]

伯扬乃和400名缅甸独立军士兵就在此处封锁安斯蒂斯的退路，日军唯一的反坦克炮击中桥上一辆英军坦克，顿时堵住交通，于是战场扩大到镇外。伯扬乃看到70名印度兵在英国军官的带领下举手前来投降，于是他和平山下令缅军停火，他本人大声喊叫，要印度士兵放下武器。正当双方交涉投降之际，英方突然开火，当场击毙这两名日本军官。伯

① 译注：原书称Burma National Army，其实那时还尚称“缅甸独立军”（Burma Independence Army），独立军成立于泰国，时在1941年12月8日；1942年，改称“缅甸国防军”。1943年8月1日，缅甸国成立，巴莫出任总理，昂山出任国防部长后，将“缅甸国防军”改组为“缅甸国民军”（Burma National Army）。

② Ba Maw, *Breakthrough in Burma* p. 167.

扬乃本人幸而无恙，即刻下令杀尽每一个印度兵。正如巴莫所说，此举为整日苦战画上一个残忍的句点。事后，伯扬乃向巴莫解释："我必须马上行动，没有时间反复考量或仔细权衡。当时，看到两个最亲密的同志倒地而亡，这场面实在让我疯狂。"①

当伯扬乃最终从瑞当撤退时，人马损失过半。1300名编制中，有60人阵亡，大约60人成了俘虏，300人受伤，还有350人在恐惧中逃亡，其中有些人夜之后厚着脸皮重返部队。即便如此，瑞当的缅甸独立军也只成功集结大约600人。他们收起平山和池田的尸体，举行了隆重的葬礼，在尸体上浇上汽油并点燃，这些缅甸人哭泣着为两人在天堂重生祷告。巴莫感到瑞当一战给缅甸独立军带来纪律以及满足感，但日军正史却根本没提到这事。②

考恩的损失也相当惨重，他在瑞当失去了10辆坦克和两门炮，还有350多人员伤亡。③仅就结果而言，此战对东吁战局毫无影响。史迪威催促第22师离开彬马那，其指挥官答应3月28日发动攻击，但没兑现。中国军队第200师经过十日苦战杀出重围，来到耶达谢（Yedashe），但撤退时忘记炸断锡当河上游一座桥，结果门户洞开，日军借此一路攻到茂奇和南掸邦境内。第56师团派出先锋队加入第55师团的战斗，并抓住机会过桥，进入东枝和腊戌。此路一开，形成由掸邦直达中国军队前线的包围圈。4月29日，日军第56师团第148联队在激战五小时后占领腊戌，还在当地找到了超过4万吨的库存物资。

东吁失守使斯利姆的缅甸军在伊洛瓦底河谷防线过长，于是他决定北移50英里，直接防卫仁安羌油田。他派出印度第17师控制东敦枝

---

① Ba Maw, op.cit., p. 168.

② 战史丛书，《缅甸攻略作战》，页300—306。
译注：同前，此时尚是"缅甸独立军"，作者误作"缅甸国民军"。

③ 有说法是"8辆坦克"，参见C. Mackenzie, *Eastern Epic*, p. 464；也有说是"22辆"，参见战史丛书，《缅甸攻略作战》，页304。这类损失的误差很常见。

日军，并与勃固山脉以东的中国军队联络。仁安羌本身当时并无重兵防守，只有格洛斯特第1营残部，总共不超过7名军官和170名士兵，还没有指挥官，巴戈（Bagot）上校被送去住院了。

日方的推进迫使缅甸第1师一路退到因溪（Yin Chaung）一线。这是一条几乎干涸的水道，在东敦枝北面流入伊洛瓦底江。往北40英里是另一条河道平墙河（Ping Chuang），就在仁安羌北面。在这一线上英方冒险展开迟滞作战，延缓了日方的行军速度。4月14日，国王特属约克郡轻步兵团（KOYLI）①两营在敏贡（Myingun）被日军包围，勉强突围后，抵达北面几英里外的马圭。但这冒险是值得的，因为有效延长了仁安羌产油时间。而今，盟军就只有这个供油来源。②

斯利姆本人下令在4月15日下午1点摧毁炼油设备。③曾在仰光执行破坏行动的当地工程师福雷斯特（W. L. Forester），会同皇家工兵部队工程师、在沙廉有过经验的二十三岁的华德·斯科特（Walter Scott），两个人把这块遍布油井的土地变为火海，几百万加仑的石油四处燃烧，空中充满爆炸巨响。

油井着火时，缅甸第1师还在仁安羌以南，正渡过平墙河，打算往北撤退，并希望中国军队能从东敦枝北面翻山过来支援。4月16日至17日的夜间，缅甸第1旅在因溪两岸遇敌，抵抗后被迫退守马圭至仁安羌的公路。尽管第48旅竭尽全力在可可瓜（Kokkogwa）阻拦，日军第33师团还是在东敦枝成功插入英军印度第17师和缅甸第1师之间，斯利姆形容此为“整个战事中最艰苦的战斗之一”。④实际上，中国军队远在东

---

① 译注：King’s Own Yorkshire Light Infantry的缩写。

② S. W. Kirby, op.cit., p. 167.

③ 也有说法是“上午1点”，见C. Mackenzie, *Eastern Epic*, p. 470；有说是“4月15日上午10点”，见Romanus & Sunderland, op.cit., p. 125；也有说是“下午1点”，见Tim Carew, *The Longest Retreat: The Burma Campaign 1942*, p. 229。

④ William Slim, op.cit., p. 55.

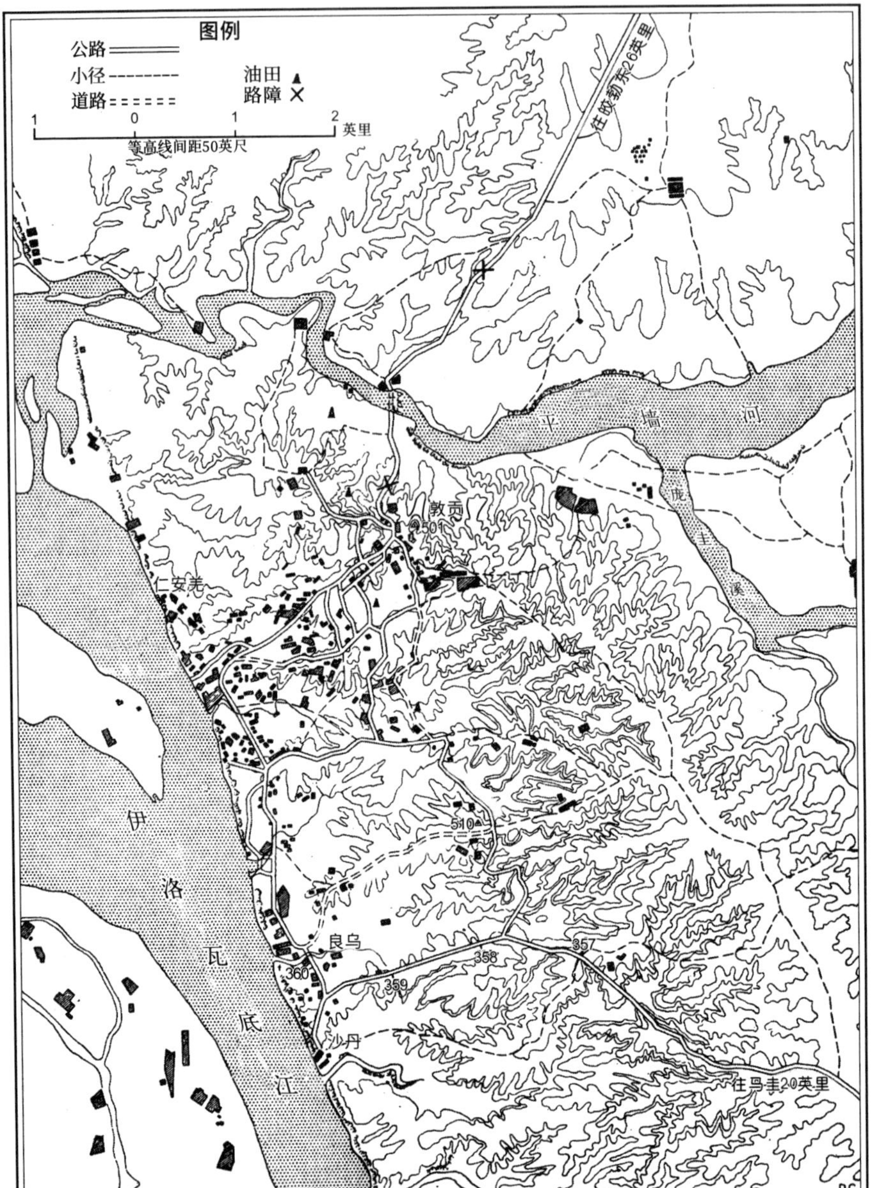
图例
公路
小径
道路
油田
路障
1 0 1 2 英里
等高线间距50英尺
往皎勃东26英里
平墙河
庞主溪
敦贡
501
仁安羌
伊洛瓦底江
510
良乌
360
358
357
359
沙丹
往马圭20英里

图1-4　仁安羌

敦枝东北，而缅甸第1师又被迫沿伊洛瓦底江北上，印度第17师保持如此前锋位置已无实际意义，而且其阵地又不断被日军蚕食。斯利姆很希望把印度第17师调回，但是亚历山大坚持原地坚守，他担心其撤退会对在锡当河谷的中国军队不利。第17师的补给线也很成问题；幸亏工兵部队具有惊人干劲和创意，把东敦枝和伊洛瓦底江之间的铁路改成可通机动车的公路，一路直通纳茂（Natmauk），这才解决了问题。

若非得到中国军队的支援，斯利姆替印度第17师所担心的很可能成真，甚至他的整个缅甸军都会被困。樱井手下的作间联队长，带领第214联队一个山炮大队，发现了他所认为仁安羌向北唯一可通汽车的出口，那就是平墙河上的一个浅滩。于是第214联队在此设置据点，阻止缅甸军北行。4月16日午夜，缅甸第1师前哨部队遭遇这个日军据点，当时缅甸第1师主力还在12英里以南。军部马上得到这个警告。斯利姆考虑到本军的残破，决定寻求中方支援。原来打算防守曼德勒的第66军新38师孙立人部，在蒋中正改变主意并直接下令之后，已在赶往伊洛瓦底江的路上。[①]

蒋中正对英军从卑谬以北的阿兰谬（Allanmyo）撤退到敏拉（Minhla）至东敦枝一线不以为然，加上史迪威总部英军联络官所述情况相当不妙：英军各营都减员到三四百人，在没有事先侦察的情况下，坦克又无法在公路以外地区行动。4月9日，蒋原打算只派一个营帮助英国人；次日，他显然得到了更准确的战报（蒋的情报总是比实际战情慢几天），于是同意派出“一个精锐师”支援斯利姆。[②]4月15日，蒋再次改变主意，表示英军已入绝境，中国军队必须独立行动。五天之后，他再度改口，让史迪威援救英国人。只靠斯利姆麾下的1万名士兵和36门大炮，能否守住伊洛瓦底江和锡当盆地之间的任何防线，实在很成问题。

---

① Romanus & Sunderland, op.cit., p. 125.
② Romanus & Sunderland, op.cit., p. 124.

樱井手下有三个联队，一万五千兵力，只要找到英军缝隙，就果敢地突破。守着固定的防线没有意义，因为敌人一直在移动。当时，英日双方都极度缺水，饱受缅甸中部沙漠地区的酷热煎熬，即使在夜间，温度也很少低于32摄氏度。

这样的状况并未改变史迪威的看法。他所看到的是英军正在全面瓦解：在3月28日（此处日期相当不准）的日记里，他写道："仁安羌英军士兵暴乱。**英军正在摧毁油田**。天哪！我们到底为何而战？"[①]杜聿明将军在走访马圭驻军之后，评价英军"彻底丧失斗志"。之后史迪威飞去眉谬，在总司令部见到亚历山大，更确认了自己的看法："亚历山大难道不感到自危？！灾难，沮丧啊。英国人已经毫无斗志了。"[②]这些评价与史迪威对中国军队的评价（"懦弱的混蛋"[③]）如出一辙，这是他对盟军各部的整体评价。但这场战役，中英两军在如此逆境下表现出的勇气，其结果却让史迪威惊讶。他在日记上对此事仅以寥寥数语带过："新38师拿下仁安羌。歼灭400日军。缅甸人（缅甸第1师）赴圭久（Gwegyo）。所以一切处理妥当。"[④]但实际的情况，则完全值得大书特书。

新38师是孙立人的部队，隶属第66军张轸中将。同许多其他中国军队的师级编制一样，数量仅相当于英军"旅"的规模（中国军队的"军"相当于英军的"师"）。孙是最优秀的中国将领，毕业于弗吉尼亚军校，而且在当时更难能可贵的是，他的英语流利。后来的战斗中，当时派驻史迪威部队的美国传教士医生戈登·西格雷夫（Gordon Seagrave）医师注意到，孙"高大英俊，看上去比实际年龄年轻许多。他在医院病

---

① *The Stilwell Papers*, p. 88. 粗黑字体是史迪威本人加注。
译注：这里日期应该改为4月16日才对。

② *The Stilwell Papers*, p. 99.

③ Barbara Tuchman, *Sand Against the Wind: Stilwell and the American Experience in China, 1911-1945*, 1970, p. 277.

④ *The Stilwell Papers*, 1942年4月21日，p. 103。

房巡视伤兵，耐心倾听他们的诉说，对待士兵比他们的中尉或中士长官更和善”。[1]

孙立刻给斯利姆留下深刻印象。不过，就算当时斯利姆急切需要来自任何方面的安慰和支持，他也很明白中国人的帮助犹如希腊人送礼物，不怀好意。[2]时间对中国军队无足轻重，而且他们是积习已深的窃贼和强盗。不过斯利姆不得不承认，中国军队有充分的理由如此：

> 毕竟，如果我所属的部队，没有任何补给、运输或医疗支援，仅以从其他人那里搜集物资为生，还能作战四五年之久，那我对财物也会持像中国军队一样的观念，否则早已阵亡。[3]

斯利姆计划下令在皎勃东（Kyaukpadaung）的中国第113团进攻平墙河，好让此时的缅甸第1师由仁安羌突围。坚毅而有自己想法的刘放吾上校[4]先接下了这个任务，但拒绝让他的士兵登上斯利姆派来的卡车，在一个半小时的激烈讨论之后，直到孙立人本人下令，团长终于同意驰援。当日稍晚，孙立人也来到现场。斯利姆发现他机警且充满活力，冷静、积极，“行为举止非常直截了当”。[5]

孙立人一开始存有戒心，怀疑英国人想利用他。但斯利姆把所有平墙河以北缅甸军的大炮归孙指挥，包括其中最珍贵的安斯蒂斯准将的第7装甲旅。这一做法淡化了孙的不信任感。安斯蒂斯痛苦的表情，让斯利姆了解到盟军联合作战的确不易；但他的折中办法是，要孙立人使用装甲武器前先与安斯蒂斯商议。在这件事上，孙立人的参与可说拯救了

---

① G. Seagrave, *Burma Surgeon Returns*, 1946, p. 30.

② 译注：源自希腊神话中的特洛伊战争，当时希腊人送出的“木马”礼物成为破城关键。

③ William Slim, op.cit., p. 64.

④ 译注：此处指团长刘放吾上校。

⑤ William Slim, op.cit., p. 65.

缅甸军。

在仁安羌南边的缅甸第1师必须再打通一条路，通过仁安羌市区，北上突破日军在平墙河边上敦贡（Twingon）村内的路障；在河的北岸，日军还设有另一个路障，所以第1师的北行需要突破双重障碍。恩尼斯基林燧发枪部队（Inniskillings Fusiciers）奉命攻打敦贡，发现此地的日军机枪阵地构成一片火网，密如蜂巢。一名恩尼斯基林部队的少校对美国记者说："我们的士兵虽然肉体上筋疲力尽，但勇气不减。他们装上刺刀，蹲下身体，如同仪仗队一样前进——或者说，他们自认为如此。事实上，他们是如此疲惫，几乎握不住枪，更像一群醉鬼蹒跚而行。但他们狠狠教训了日军……把这些混蛋赶出了敦贡。"[①]

这名叫作贝里根（Darrell Berrigan）的记者当时站在有收发电报机的卡车旁，亲耳听到布鲁斯·斯科特说："我们被包围了，我的队伍十分疲惫。缺水，水是我们最大的问题。我们无法从敦贡再向前推进。我警告部下不要误伤中国军队。"这一警告很有必要。英军、印军和廓尔喀兵都很容易把孙立人的军队误认为敌军，尽管孙和英军早已一致同意以标记区分中国军队和日军，即把中国军队的军帽系在步枪顶端，举到空中。而日军也很快发现了这标记，并加以模仿。结果恩尼斯基林部队有两个连，绕过敦贡到达平墙河时，还把日军误当成中国军队，主动称兄道弟，之后被俘。[②]

4月18日烈日当头，斯科特坐在马场边的一棵刺槐树下指挥部队进攻仁安羌东北郊的敦贡的这场战斗。有数条道路会集于此，然后一路往北前进到渡口。但战斗毫无进展。孙立人的新38师于17日由皎勃东出发，在次日上午10点已经清理了平墙河的一角，并就地扎营。

---

① Darrell Berrigan in A.Wagg, *A Million Died*, p. 90.

② S. W. Kirby, op.cit., p. 171.

斯利姆要求孙立人继续进攻。但在完成足够的侦察之前，孙拒绝执行。孙立人坦白告诉史迪威的助手梅里尔（Frank Merrill）[①]，盟军在缅迄今的失败，都由事前侦察不足所致。无论如何，斯利姆要求斯科特坚守。斯科特提议丢弃运输装备，横过乡间杀出生路。斯利姆告诉他，中国军队将在次日进攻，于是斯科特在4月18至19日夜间固守在一个防圈内。他们当时没有水，因为在仁安羌，破坏部队除了毁坏油井，也破坏了水井，士兵在酷热中精疲力竭。他告诉斯利姆："我们会坚持，不过，以上帝之名，让中国人开打吧！"[②]

斯科特此时还面临来自南部的威胁。攻下仰光的原田第215联队正在北上，势成包围钳的另一侧。他们溯伊洛瓦底江而上，乘坐登陆艇，从西面切入仁安羌。另一侧则是作间的第214联队，在4月16日夜间由东逼近。[③]作间的大队17日上午在平墙河北布下据点。斯利姆得到误报，说日军已抵达皎勃东，于是派一支坦克中队和西约克郡步兵团（West Yorks infantry）转回到北边的圭久（Gwegyo）；否则他们已经在中国军队来不及时跨过平墙河去支援斯科特。其实这个战报有误，威胁并不存在，在皎勃东的是中国军队。

19日下午2点，斯科特决定不再等下去。他让运输装备沿着平墙河往东，排在最前面的是炮，载着伤员的卡车跟在后面。日军发现他们后用大炮猛轰，击毁了一辆坦克和几辆卡车，其他的则陷入泥淖中，动弹不得。斯科特手下已有人开始因热衰竭而死，于是他决定要大家放弃车辆，破坏大炮。[④]坦克跨过平墙河，伤员躺在坦克车顶上，其他人则步

① 译注：弗兰克·梅里尔（Frank Merrill），是一位生于美国马萨诸塞州的美国陆军少将。他在史迪威将军的指挥下建立梅里尔突击队，参加缅甸战役；该部队日后发展为美国陆军第75游骑兵团。

② William Slim, op.cit., p. 68.

③ 译注：英文原书写成3月（March），应该是4月。

④ C. Mackenzie, *Eastern Epic*, p. 475.

行跟随。骡子跑得最快，看到河水，跟疯了一样奔驰，后面跟随着的是饥渴的士兵。① 黄昏时分，他们已行进到离仁安羌东北方5英里的浅滩。而在抵达皎勃东时，他手下的两个旅，战力都只剩一半；离开皎勃东时，更损失了剩下的五分之一的兵力和几乎所有装备。② 缅甸第1师作为战斗部队实际上已经不存在了。日军正史的记载是：“敌人的斗志忽然垮了，他们放弃车辆，向北溃败；立刻瓦解，大败而去。”③ 日军第33师团早期的历史中说到，英军爆破油田，使得整个英印军丧失了主要作战目标；这个损失也成为此后英印军队在缅中作战失败的决定性影响因素。④

中国军队进攻的时间，原先定在4月19日拂晓，后来一再推迟，到中午12点半、下午2点、下午4点。在斯利姆的坚持下，战斗终于在下午3点打响。⑤

在缅甸军炮兵和安斯蒂斯坦克旅的支援下，孙立人的部队攻入敦贡，救出被俘的恩尼斯基林官兵。部队在20日再次对仁安羌发动攻击，给日军造成惨重损失。次日，他们推测日军会反扑，但防守仁安羌并无意义，因为油井都已炸毁，而斯利姆也不想消磨这支英勇的中国军队的斗志。于是他让孙立人退回平墙河，再回到圭久。孙的部队给斯利姆留下深刻的好印象。后来，当盟军最终撤出缅甸时，斯利姆要求上司允许缅军带着孙的新38师回印度。

---

① William Slim, op.cit., p. 71.

② S. W. Kirby, op.cit., p. 172.

③ 战史丛书，《缅甸攻略作战》，页354。

④ Major Misawa, *History of Japanese 33 Division*. 1946年8月由缅甸总指挥部SEATIC（东南亚翻译和审讯中心）分部，缅甸军团总部（HQ Burma Command）翻译组译成英文。

⑤ 对此，英军的说法和美军历史有所出入。Romanus & Sunderland书中说中国军队19日上午8点到11点半之间发动进攻。但他们的说法缺乏逻辑，因为他们说下午3点进攻的后果之一是给日军机会调整兵力填补空档。这一空档，之后又被缅甸第1师在下午1点时利用来突围。（Romanus & Sunderland, op.cit., p.126）

译注：据《孙立人回忆录》（女儿孙太平手稿）：第113团确定是依约在19日拂晓出击。由于斯利姆本人不在现场，且缅甸独立军早已渗透其间，有可能制造假情报。据此，英军的突围，以及日军接着再利用，才有基础。

两件事如今已很分明。亚历山大的军队不可能永远守住缅北防线。从阿萨姆（Assam）入缅的道路每天只能运送最多三十吨物资，而缅北只有两个月的储备。失去仰光这个补给港口，再失去仁安羌的燃料，当前的问题不再是是否要撤退，而是退向何处。指挥高层仍然充满斗志：仁安羌惨败的四天之前，韦维尔要参谋长艾德温·莫里斯（Edwin Morris）中将开始制定重夺缅甸的攻势计划。①

亚历山大事后声明，除了一开始保住仰光的命令，他没有收到来自上级的其他指示。这显然是不实的，就在斯利姆从油田撤军两天之前，韦维尔写信给亚历山大，要他继续维持和中国军队的联系，保护通向印度方向的葛礼瓦（Kalewa）至德穆（Tamu）一线，以及保持军力。4月23日亚历山大下达行动命令，要求所有在标贝（Pyascobwe）至曼德勒铁路线以东的中国军队向东北撤退，确保通往腊戍的道路畅通；另外英军加上孙立人的新38师，不必加入曼德勒保卫战，而是去保护经过瑞保和钦敦江的入印通道。4月25日夜晚，亚历山大下令军队渡过伊洛瓦底江，由第48旅的炮兵部队在皎施（Kyaukse）阻挡日军第18师团。4月29日的一个会议，定下葛礼瓦—杰沙（Katha）—八莫—兴威（Hsenwi）防线。一旦此线被破，则缅甸大军将撤入印度。韦维尔决意不让自己的军队陷入无望而漫长的曼德勒保卫战。②

4月30日，在曼德勒下游，横跨伊洛瓦底江的宏伟的阿瓦大桥被爆破。韦维尔顺势派遣当时属掷弹兵近卫团（Grenadier Guards）的彼得·弗莱明（Peter Fleming，后成为作家）中校执行欺敌行动，用意在于仿效1917年迈纳茨哈根（Richard Meinertzhagen）中校（后升上校）在加沙（Gaza）的做法。当年迈纳茨哈根在土耳其人的注视下，带着公文袋

---

① Major-General Sir John Kennedy, *The Business of War*, p. 209.

② J. Connel, *Wavell: Supreme Commander, 1941-1943*, p. 211; Romanus & Sunderland, op.cit., pp. 136-137.

骑马而行，假装被枪击中后，故意落马，并刻意丢下公文袋。袋里装满了声称是爱德蒙·艾伦比（Edmond Allenby）元帅[①]战斗计划的假文件，让土耳其人信以为真。韦维尔曾是艾伦比传记的作者，认为这一妙计对日后英国人在加沙的胜利起了关键作用。弗莱明做了相似的安排，让一辆卡车在大桥爆炸后从三十英尺高处掉落，车里有一个标明是韦维尔本人的信袋，里面有“给亚历山大的文书”，写着有数量极为夸大的英军正入缅增援。韦维尔的传记作者认为，这个策略对日军此后行动有何影响，实在很难确定。但日军在1942年没有继续向印度挺进，有可能是受到这种欺敌行动的影响。[②]

斯利姆更担心的是，为了执行韦维尔的命令，亚历山大有可能对同中国军队互动太认真，甚至打算把自己的一部分军队撤往中国。这并非空穴来风。3月底草拟的一个计划曾提到，把印度第17师的一个旅，加上（最不可思议的）第7装甲旅派去腊戍，跟中国的第5军一起进入中国。印度第17师余部，以及缅甸第1师则退入印度。斯利姆认为饥荒遍地的中国，不可能维持英军运转；而且，这些入华英军的状态，也不是结盟的最好宣传。他要缅甸军和孙立人新38师一起，由葛礼瓦入印。[③]

即使到4月底，斯利姆依然满脑进攻计划。他打算集结缅甸第1师，然后用缅甸军加上中国第200师，打败樱井的第33师团；再渡过锡当河，从侧翼攻击第55师团，其余中国军队则从正面攻击。计划不无道理，但与时局南辕北辙。几天内，增强的日军彻底瓦解了中国的第6军（史迪威要求惩治军长甘丽初中将，并开除其手下一名将领），并控制了北掸邦到莱林（Loilem）地区。甘丽初收编被打散的部队，从景栋

---

① 译注：爱德蒙·艾伦比是“一战”中指挥北非和中东战役的英军将领。

② 我认为绝无可能。1945年，我向每一个留在泰缅的日军将领询问，无人知道此事，更别说起到作用。

③ William Slim, op.cit., p. 75.

（Kengtung）返华。接着，景栋被与日方合作的泰军占领。[1]

获悉中国的第6军败北的消息后，原先史迪威同意让斯利姆调用第200师的计划也即告吹。这些中国军队一到缅甸军总部所在的皎勃东，就收到史迪威命令：重回车上，速转缅甸东北。史迪威充分发挥第200师的战力，于4月24日从日军手中夺回东枝，还想进一步夺回莱林。斯利姆认可这是一个“绝佳的建树”，但结果有始无终，中国军队取道莱林至腊戌公路，回到云南。[2]

史迪威自己也打算回中国。5月5日他还想去密支那，就收到消息，说因多（Indaw）南北的铁路沿线都已被封锁，日军已经到了八莫。这离密支那太近，很不安全，于是史迪威在6日弃车向西。这一举动还算明智，因为日军随后在8日占领密支那。史迪威的手下是一群杂牌军，有中国人、英国军官、记者、他自己的部属，还有西格雷夫的救护车和克钦护士。其中一些人被酷暑击倒脱队，幸而恢复过来继续前行。部队沿着丛林小径行军，在道路尽头跨过小溪，溅起水花，小溪入河后，遂造筏渡河。5月13日，他们渡过钦敦江；15日经印度边境的赛亚坡（Saiyapaw）；20日安全抵达英帕尔（Imphal）。史迪威在此发表了战事感言，这段话常被后人引用：“我承认我们惨败，这是个奇耻大辱。我们应该找出原因，然后打回去，收复缅甸。”[3]

十天后，新38师抵印，几乎被阿萨姆行政长官视作“散兵游勇”，想要解除他们的武装并拘禁他们。幸亏史迪威在印度的代表格鲁伯（Gruber）准将找到韦维尔出面干预，才解决问题。[4]第22师，以及第28

---

① Romanus & Sunderland, op.cit., p. 130.

② William Slim, op.cit., pp. 77-79.

③ Romanus & Sunderland, *United States Army in World War Ⅱ, China-Burma-India Theater*, p. 143. 译注：此段原文刊载于1942年8月10日出版的美国《时代》周刊《史诗一窥》（“Glimpse of an Epic”）一文上。

④ Romanus & Sunderland, op.cit., p. 140.

师、第96师和第200师残部也相继来到印度。史迪威的副手海登·博特纳（Hayden Boatner）准将报告说，第96师抢劫掠夺难民和克钦族。但他们的行军路程确实漫长而艰难。他们没能在大洛（Taro）西转进入印度，反而北上新平洋（Shingbwiyang），来到赫茨堡，并穿越缅北大片无人山区，往中国前进。

有六个中国师被日军第18师团和第56师团尾随追打，逃入云南。其实，当时要是日军有心入滇，显然没什么能阻挡他们。但4月26日，饭田下令以萨尔温江（即怒江）为界停止追击。陈纳德的飞虎队对第56师团运输部队的空袭，更确定了此项命令。①

亚历山大的缅甸军团向钦敦江撤退，但一路都不乏意外和损失。原想让第7装甲旅和考恩部队的一个旅与中国军队共进退，这可吓坏了斯利姆和伦敦的战争部。“韦维尔发来电报，他的意见是让亚历山大去中国。”作战指挥官约翰·肯尼迪爵士（Sir John Kennedy）少将写道（有些不准确）：“如果这个意见被接受的话，我们的部队将完全失去补给，只能沦为游击部队。我们认为亚历山大应该去阿萨姆。那样，给我们数月时间，我们可以从那里打通进入缅北的道路。”②

斯利姆的参谋长戴维斯（Davies）准将也被这个主意吓住。他明确表示斯利姆从来没打算让他手下任何一支部队去中国。不过，要是直接收到上级命令让斯利姆如此行动，也不知道斯利姆会如何接招。③

最终，亚历山大和蒋中正的参谋团团长林蔚将军达成共识，英军不撤往中国，缅甸军负责保护从葛礼瓦入印的退路，而第7装甲旅保护从曼德勒西边往北、经过瑞保的中国军队后撤。伊洛瓦底江以南的部队，在阿瓦大桥被炸之前从那里过江。缅甸第1师的车辆走大桥，人员则乘

---

① Romanus & Sunderland, op.cit., p. 143.
② John Kennedy, *The Business of War*, p. 210.
③ Ronald Lwein, *Slim*, p. 97.

渡船往下游，到萨梅贡（Sameikkon）登陆。[1]他们于4月30日过江，穿过缅甸中部，向西推进往钦敦江畔的蒙育瓦（Monywa）。走在缅甸军团前面的是一群其他部队的残兵，在失去斗志的情况下，已经沦为盗匪。这些人于5月进入印度国境，所作所为给当地人民留下错误的印象，令他们以为后来入印的缅甸军也会如此恐怖。

有谣言说日军已向北到达伊洛瓦底江西岸，打算从密特哈河谷（Myittha Valley）切断英军退路，即包（Pauk）—甘高（Gangaw）—吉灵庙（Kalemyo）一线。虽然英军已到达钦敦江以西，但亚历山大还是派出缅甸第2旅全旅（而非部分）去河谷。缅甸第1旅则依令沿钦敦江乘船而上到葛礼瓦，再走陆路到吉灵庙。这样一来，缅甸第1师只剩下第13旅留在蒙育瓦，由印度第17师第63旅增援。蒙育瓦是一个重要的河口，也是钦敦江上最后一个可承接大批军队沿江上溯瑞金（Shwegyin）的口岸，瑞金距离葛礼瓦只有6英里，位于东岸。

印度第17师和第7装甲旅则另走一路，这也是日后1944年第14军打回缅甸时所走路线。当时已被烧成废墟的曼德勒，尚有铁路和公路通往瑞保和金乌（Kinu），从那里有铁道抵达耶乌（Yeu）以及更西边的宾盖（Pyingaing）。从耶乌到钦敦江的直线距离是80英里，从耶乌以及穆河（Mu River）到钦敦江上的蒙育瓦大约是50英里，布德林（Budalin）大约就在两者中间。斯利姆为了照顾撤退的部队，决定将军总部设在靠近布德林的地方。因为部队是步行，距离有140英里的路程，在加杜马（Kaduma）之后要通过丛林，大部分都是陡峭、狭窄、缺水的小径。

当时，比日本追兵更让人担心的是雨季的到来。雨季大约在5月20日来临，它当然会解决缺水问题，却带来更大的问题：河流将不再能渡，道路变得泥泞湿滑，所有物件随时可能被冲走。

---

① Ronald Lwein, op.cit., p. 98.

4月底，印度第17师沿着伊洛瓦底江，从实皆（Sagaing）到阿拉加巴（Allagappa）一路拉成长条的行列；缅甸第1师和一支小部队（包括部分格洛斯特步兵营和皇家海军陆战队）到达在蒙育瓦以南4英里的马乌（Ma-U）。就在这个时候，斯利姆做了严重错误的判断。① 缅甸第1师麾下第1旅和第13旅还没到蒙育瓦，还在蒙育瓦以南20英里，正缓慢行进中。缅甸第2旅原定4月28至29日晚开进密特哈河谷，但斯利姆要他们快速推进，因为有传言称河谷中有日军和怀有敌意的缅甸人，所以他要这个旅加快赶路，即使这意味着蒙育瓦至少将有一天无军防守。

斯利姆的缅甸军司令部设在蒙育瓦以北几英里一佛寺外的树林里。4月30日晚上，他吃了晚饭，正在责备一个从亚历山大总部过来的倒霉军官。蒙育瓦被占的消息就在此时传来，他们当时的位置甚至可以听到远处的炮声。

其实此刻日军还没占领蒙育瓦。第33师团的前锋，原田的第215联队乘船溯钦敦江而上，在蒙育瓦对岸的月额谢（Ywashae）登陆，开始炮轰缅甸第1师的一支小部队。5月1日凌晨，日军联合缅甸叛军攻打位于马乌的第1师总部，在切断其与蒙育瓦之间道路后成功攻克。担任师部警卫队的缅甸步枪排全军覆没，斯科特和他的下属只能靠自己杀出血路，过程中有官兵伤亡，还丢失了不少师部的设备。不过斯利姆记得，他们还是带出了密码文件和机密档案。② 日军在完成空中侦察后对蒙育瓦的预定登陆区先进行猛烈轰炸，格洛斯特步兵营和皇家海军陆战队人数太少，无法防范整整三艘船，每艘船上都有两百名的日军士兵。日军在5月1日早上8点登陆，一小时后占领此地，英军撤入布德林，缅甸第

---

① William Slim, op.cit., pp. 91-92.

② 美军历史学家并不同意此说："第33师团第215联队占领蒙育瓦……摧毁英军师部，得到全部密码本。"（Romanus & Sunderland, op.cit., p. 139）柯比说斯科特的总部带出了所有的文件（S. W. Kirby, op.cit., p. 201），而日本军校历史教材也同意此说。更大部的日方正史《缅甸攻略作战》则完全没有提到对师部的攻击。

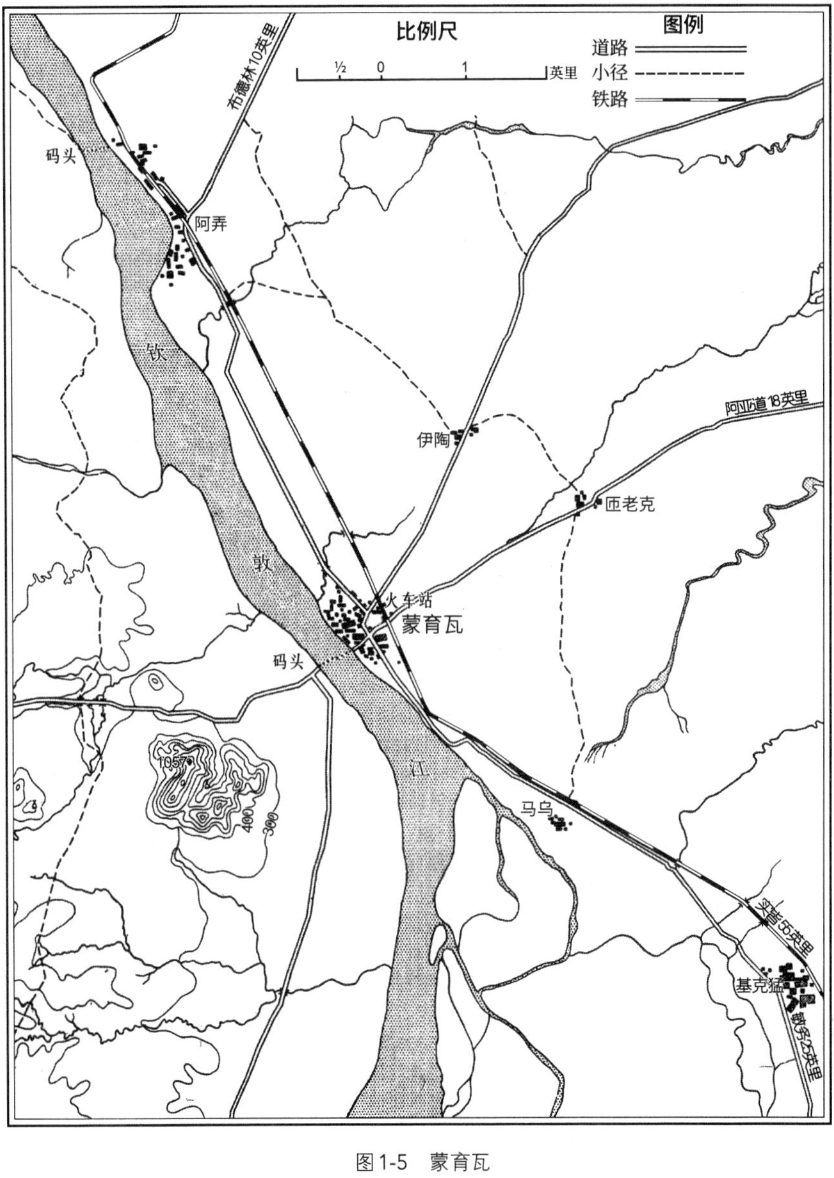
比例尺
½ 0 1 英里
图例
道路
小径
铁路
布德林10英里
码头
阿弄
钦
敦
江
伊陶
阿亚道18英里
匝老克
火车站
蒙育瓦
码头
1057
400
300
马乌
实皆56英里
基克猛

图 1-5　蒙育瓦

1师剩下的人马和印度第17师，不得不绕过蒙育瓦到耶乌。[①]

斯利姆紧急调派缅甸第1师所辖第1和第13旅北上，至蒙育瓦以南15英里外的乌溪（Chaung-U），并把军司令部的大多数人员撤至耶乌。他要考恩部署第63旅去乌溪，并要求亚历山大解除第7装甲旅担任掩护穆河以东中国军队新38师的任务。如今，耶乌是各部队的指挥部所在地：亚历山大的缅甸军团、斯利姆的缅甸军、考恩的印度第17师全在那里。所有人都为日军占领蒙育瓦之事心情沉重，蒙育瓦落入敌手，意味着沿水路走瑞金至葛礼瓦的通道受到威胁，这将打乱整个撤退计划。

5月2日，原田的第215联队准备就绪，从各方同时攻打蒙育瓦。他估计英方有大约10辆坦克和20门大炮对付他，但他的部队成功回击，并在次日扭转战局。英军开始向北溃逃，留下403名战俘、31挺重机枪、6门反坦克炮、158辆卡车和两辆坦克。5月3日夜，原田继续往北追击，在布德林附近攻击了缅甸军约700人和十几辆坦克，并在4日正午之前进入布德林。

樱井派出第214联队（作间）作为援军。作间于5月2日早晨渡过钦敦江，3日抵达蒙育瓦以南，彼时城里的巷战已经结束。第213联队第2大队（砂子田长太郎，Isagoda）也从密铁拉（Meiktila）赶来，加入蒙育瓦第33师团，分担追击缅甸军的任务，但沿途完全未遇到英军。

同时，斯利姆将第16旅派去防守瑞金，也就是大部队过钦敦江的渡河口。他们有足够的汽油将所有的车辆开到那里，但为慎重起见，部队开始以半额发放配给，以节省资源。当时大约有2300名伤兵需要运送，还有数以百计随着部队撤退的难民。[②] 亚历山大要求在5月3日、4日和5日对从蒙育瓦出发的日军船只进行空袭。韦维尔还告诉他，为了便于补

---

① 《第215步兵联队第3中队战史》，页240。

② S. W. Kriby, op.cit., p. 205.

给，部队不要在葛礼瓦停留，而是直接去卡巴河谷（Kabaw Valley）的德穆。[①]

缅甸军团就此撤退，后卫部队第48旅和第7装甲旅尾随其后，走丛林小道，从耶乌到加杜马（Kaduma），再到宾盖，此地被西方人按发音戏称为“Pink Gin，粉红琴酒”，跨过茂格道溪（Maukkadaw Chaung），到瑞金村，同时与日军以及雨季赛跑。后卫部队跨过干涸的河床，走过难行的竹桥。亚历山大在他的报告中写道：“任何人第一次看到这些小道，都很难想象一支完全机械化的部队可由此行军。”[②]

后卫部队通过一个马蹄形洼地进入瑞金村，这里只有四分之一英里宽，左右都是高达200英尺的悬岩。这被称为“盆地”的瑞金村，通往钦敦江边的一片沙土江畔，可供部队和车辆登船。渡江共使用6艘江轮，由于每艘容量仅为600人加4辆车，所以大多数车辆都在东岸被销毁。[③]

为阻挡日军船只北上，后卫部队在瑞金村下游的钦敦江上放置了炸弹，于5月7日炸毁日船。两天后，日机空袭瑞金。当天，樱井师团先头部队乘坐登陆筏沿江而上。早在5月3日至4日夜间，零星日军已开始袭击考恩和斯利姆的耶乌总部。如同斯科特在蒙育瓦的遭遇一样，斯利姆的缅甸步枪守卫排也全部逃跑了。司令部的官员整晚备战。斯利姆本人事后写道：“如果当时有任何人给我带来一点点好消息，我一定会放声大哭。”又苦涩地添了句：“我从未经历过那么惨烈艰难的考验。”[④]

收到来自军司令官饭田和参谋长的催促后，樱井火速前往钦敦江。5月9日，饭田在瑞保以北的金乌召见他，宣告第33师团之后进攻缅北的计划。樱井本人保持缄默，他并不十分热衷，觉得自己的师团已经做

① S. W. Kriby, op.cit., p. 206.
② C. Mackenzie, op.cit., p. 494.
③ C. Mackenzie, op.cit., p. 495.
④ William Slim, op.cit., p. 97.

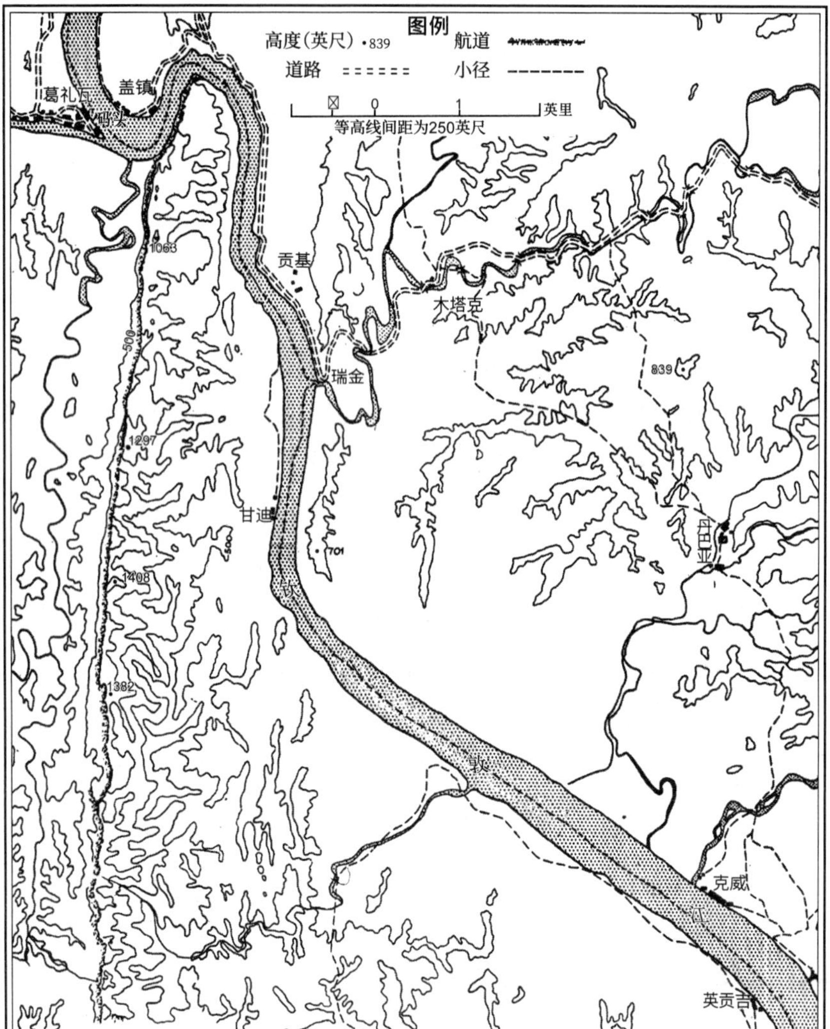
图例
高度(英尺) •839
航道
道路
小径
0
1
英里
等高线间距为250英尺
葛礼瓦
盖镇
码头
1063
贡基
木塔克
瑞金
839
500
1297
甘迪
701
1408
1382
丹巴亚
克威
英贡吉

图1-6　瑞金地图

得够多了，何不让新调来的第56师团执行扫荡缅北的计划呢？他认为第33师团应该专注于掐断亚历山大沿伊洛瓦底江及钦敦江的退路。[1] 事实上，樱井师团的快速行动真的让斯利姆和亚历山大措手不及。5月10日凌晨，斯利姆从葛礼瓦来到瑞金村渡口，监督渡江行动并加速撤离。当他走下渡口时，曳光弹立刻在他头顶和右边擦过，那里是盆地的南端，本该有英军防守，但日军机枪追着他开火。对方是荒木（Araki）部队，也就是第33步兵团部、第213步兵联队，以及一个山炮大队。他们归樱井直接指挥，乘坐40艘船沿钦敦江而上，在5月9日夜间登陆瑞金南边。

盆地中此刻满是英军士兵和车辆。5月5日樱井在日记里记载，他眼见可以完成军司令官的要求，“不让同盟国军队一兵一卒逃回印度”。[2] 一旦攻克部署在山脊上的英方哨兵，他的部队就能在完美的局面下屠杀对手。日军开始用迫击炮炮轰“盆地”，渗透英军的防线，当日军被英军偶尔反击时，就调上狙击手；为了对付英军的博福斯高射炮（Bofors gun），日军使用了小型野战炮，尽管不占优势。

浓密的枪林弹雨间，英军还是持续登上渡轮。同时，战争的惨状也没有逃过斯利姆的眼睛：

> 一个可怜的女人就在我说话的坦克边，她靠在坦克履带旁边，奄奄一息，是致命天花的末期。她的儿子，一个四岁的小男孩，无助地想要给她喂罐子里的牛奶，那是一个英军士兵送给他的。我们在渡口救护伤兵的一名医生，抽出时间给那小男孩接种了疫苗，但对他的母亲实在无能为力。她死后，我们用一条毯子和许可上渡轮

---

① 战史丛书，《缅甸攻略作战》，页426。
② 战史丛书，《缅甸攻略作战》，页426。

为条件，说服一个印度家庭带走这个男孩。[1]

史密斯·邓恩（Smith Dun）是一名分配到印度第17师的缅甸克伦族军官，战后成为缅甸陆军总司令。他听到一辆被遗弃的卡车那边传来呻吟声，看到一个年轻女子正在分娩，一个生命就在死亡遍布的环境中诞生了。[2]

考恩为了避开混乱又拥挤的情况，带领印度第17师停留在盆地之外2英里。不过听到战斗声响后，他立刻带着人马赶来，杀入战场。彼时，蒸汽船上的当地船工已忍无可忍，无论如何不愿再冒险前往瑞金。于是筋疲力尽的缅甸军士兵在打完最后一轮子弹后，又不得不蹒跚走到6英里外葛礼瓦对岸的盖镇（Kaing）。

日军未继续追击。盆地上的战利品实在太多，有数百台的车辆、大炮，甚至坦克。斯利姆为损失这些装备深感痛心，但当时实在没办法把这些装备运过钦敦江。只有一辆绰号“苏格兰诅咒”（“The Curse of Scotland”）的斯图亚特坦克登上轮渡，占了原来是一辆卡车的位置。两年后，它带头率领装甲部队重回缅甸战场。日军没有继续追击，不符合樱井不让一兵一卒逃回印度的指示。但是樱井又接到命令，沿钦敦江继续北上，封锁路上所有可能的渡口。于是荒木部队沿河北上，在5月底来到250英里外的德曼迪（Tamanthi）。饭田在日记里满意地记下日军在5月12日占领葛礼瓦后的情况，从渡过钦敦江的英军和缅军缴获的战利品：共有1200具尸体、2000辆卡车、110辆坦克和40门火炮。樱井的第33师团连续作战127天，进行了34场战斗，作战距离（包括部分徒步）有1500多英里，平均日行军30英里，取得了这样的战果。他们彻底击溃

---

① William Slim, op.cit., p. 105.

② General Smith Dun, *Memoirs of the Four-Foot Colonel*, 1980, p. 33.

了英军，从大英帝国手中夺下一个富饶繁荣的国家及其首都。[①]

斯利姆带着部队经过吉灵庙，继续北上德穆。他甚至一度像他的手下一样，放任胡子生长。不过当他发现有白胡子，立刻就剃掉了。[②] 5月24日，他在英帕尔与孙立人会合。孙带着新38师一路北上，直到日军占领密支那，掐断他回中国的路；于是他改为往西，来到阿萨姆。路上，日军包围并摧毁了他的第138团，[③]但斯利姆指出，孙立人带来英帕尔的是一支完整的作战部队。其他中国军队一路往北往东连抢带跑，直到返滇。

在英帕尔，缅甸军的待遇非常糟糕。斯利姆的手下拖着沉重的脚步来到因为雨季成为一片泥淖的营地，雨不停地下。他们没有营帐或毯子，没有供水，也没有医疗设施。在逃过日军追击后，他们仍然面对着无尽的烦恼。虽进入安全的曼尼普尔邦（Manipur），但疟疾和痢疾仍在打击他们本已疲惫而潮湿的身体。几乎十分之一的人病倒，其中很多人死亡。

斯利姆记下了双方死伤人数：亚历山大的军队损失13000人（阵亡、受伤或失踪），而日军的伤亡数字是4000人。5月20日，他把剩余的部队交给欧文（N. M. S. Irwin）的第4军，缅甸军（Burma Corps）从此不复存在。斯利姆看到这些人撤出缅甸的经过，为他们感到自豪：即便在极其糟糕的情形下，他们依然不只是幸存者。

> 在900英里大撤退的最后一天，我站在路旁的边坡上，目送后

---

① 战史丛书，《缅甸攻略作战》，页440—442。

② William Slim, op.cit., p. 108.

③ 译注：作者Allen原著写的是第138团，但怀疑是笔误。因为新38师辖有第112团、第113团、第114团，共三个团，没有编号第138的团。第113团被远征军副总指挥杜聿明派到了杰沙坚守，以掩护杜聿明的第5军撤退。第113团是远征军中最后一支离开战场的部队，但并没有被日军摧毁，只不过跟着第113团的齐学启副师长一同被俘了。

卫部队进入印度。英国兵、印度兵、廓尔喀兵，所有人都憔悴虚弱，像稻草人一样破烂。然而，他们跟在幸存的指挥官后面，以可怜的小规模成组蹒跚而行时，还是扛着枪，排着队，依然维持战斗队形。他们看上去也许像稻草人，但也像战士。①

第15回 平民溃逃

当驻缅军向北撤退时，平民也开始逃难，其中有些是英国人，包括商人和偶有停留过久、运气不佳的公务人员，以及一些跟随他们的缅甸人，但绝大多数难民是印度人。1931年，战前的最后一次人口普查数字显示，缅甸共有100万以上印度人，五分之三出生于印度。如果缅甸还是印度的一个省，这不算大问题。但1937年缅甸从印度分治出去，加上日本鼓吹下产生的极端缅式民族主义，印度人自然会为自己的地位、财产和生命担心。大多数印度人聚居在南部和三角洲地区的大型市镇，如仰光、勃固、沙廉、毛淡棉、皮亚朋（Pyapon）、帕生（Pathein）、卑谬、洞鸽和阿恰布。1941年12月23日仰光受到空袭后，他们开始回归印度。只要仰光还在英国人手里，那么去加尔各答坐船只要花上一周时间，750

① William Slim, op.cit., pp. 109-110. 但日方的数字有所不同。从战役开始到1942年6月10日，他们号称英军有27454人死亡、4918人被俘，这一数字应该也包括中国军队。日方对中国军队的数字灌水很大，因为他们估计的是中国军队的一个师编制为11000人，实际上，有些在缅的中国师人数仅有其半。他们号称缴获270辆坦克，但我手上第33师团历史的一份早期打印本上的数字是126辆。他们还缴获100多门炮、6000辆卡车和7000多辆汽车。日方在战场上的损失为1896人阵亡，108名伤员死亡，其他死亡438人，总计2431人（编注：各类死亡人数与总数不合，原文即如此）。与取得的胜果相比，这个代价不算太高。他们认为英军起初的兵力为28000人，后来补充到45000人，这还不包括被他们估计为十万之众的中国军队。以上出自战史丛书，《缅甸攻略作战》，页439—441。在这一点上，即使是出版的书也会有多算了人数的错误，但不严重影响大局。

英里的海路也不是那么难以忍受。另外一个目的地是1000英里海路之外的马特拉斯（Madras），7万人以这种方式在日军占领前离开了仰光。之后，真正的灾难才要开始。

印度难民往往跟在撤退的军队后面，走公路、小道和河流。他们先是用卡车或牛车，后来步行，前往印度。在早期，最明显的道路是去卑谬，过伊洛瓦底江，然后翻越若开山脉的隘口，到孟加拉湾畔的洞鸽；从那里，有机动艇可到阿恰布。从阿恰布到在国界另一侧的印度吉大港之间，则有许多海岸轮船。不是每个人都付得起机动艇的票价，不过搭乡间的小船，花一周时间，也能到达目的地。印度侨民部的博兹曼（G. S. Bozman）曾经沿着山路翻山越岭步行，共花了三个星期。

但在启程之前就有阻碍，对仰光的印度社区，政府最初给他们的指令是留在原地，因为没有这些人，仰光的码头和市政设施就无法运行。仰光至卑谬路上一直有政府官员劝说印度人回仰，并保证会让他们在由官方提供的城外营地留宿。此外，缅甸警察得到的命令是阻止人们从卑谬渡伊洛瓦底江，并告诉有意翻山的难民，去洞鸽的山路非常危险。而且，禁止成年印度人从仰光用甲板票上船。这样一来，实际上就只有富裕的商人才能买得起船舱票登船，而那些只够钱睡甲板的人就没机会离开了。对一些印度政治人士和官员来说，这样的隔离是天经地义的。拉贾戈帕拉查里（Rajagopalachari）[1]就说到，即使是在如此极端危急的情况下，仍会有人抱怨职员和教师之类的中产阶级跟劳力工人混合杂处。[2]

当大撤退真正开始后，在卑谬的缅甸警察依然执行先前的命令，并加上了自己的附加条件：只有在多交了2卢比的费用后才能过伊洛瓦底江，还必须出示一份疫苗接种证明——如果拿不出来，那就得付6卢

---

① 译注：印度国大党政治人物，印度独立的重要人物，对其评价有争议。

② Hugh Tinker, “The Indian Exodus from Burma 1942”, *Journal of South-East Asian Studies*, Vol.Ⅵ, No.1, March 1975, p. 5, n.7.

比；到达洞鸽之后，要交3卢比才能上船。在阿恰布，麦金诺·麦肯齐（Mackinnon Mackenzie）轮船公司额外多开了5艘船去吉大港，另有几百名难民由中国航空公司的美国飞行员空运出去；但这不过是沧海一粟。从这条路上成功抵达印度的难民数字在不同的统计间百分之百地不一致，路上有太多人死去。一些资料说到1942年5月中旬为止，有10万人入印，另一些说是20万人。考虑到此事的性质，要数字准确，恐怕无望。[①]

印度政府在仰光的正式代表是被称为“代理人”的罗伯特·哈钦斯（Robert Hutchings）。他要求印度政府在印度那边提高处理难民的速度，并在曼德勒以西的实皆设立总部，让他可以指挥自下缅甸和中缅甸涌入的难民潮，朝蒙育瓦、葛礼瓦、德穆和英帕尔一线前进。葛礼瓦到德穆之间有一条汽车路，但之后只有一条旧骡马道去普勒尔（Palel）。从普勒尔有条旱季才能使用的道路去英帕尔，然后还有一条全年可用的道路抵达迪马布尔（Dimapur），那里是“阿萨姆”铁路终点，此路线总长200英里。印度政府正疲于应付涌入曼尼普尔邦的难民，他们告诉哈钦斯，从德穆入印的印度人数目每日不可超过500人。他们显然没有想到，当时驻在山中避暑地眉谬的缅甸政府早已彻底失去执行能力，对哈钦斯的任务计划完全帮不上忙。

哈钦斯依令行事，将为数十万的难民收容在曼德勒地区的营地，归瓦里（J. S. Varley）管辖，此人也曾负责仰光营地。营地中不少人死于1942年耶稣受难日那天日军对曼德勒的空袭，其余人则大多逃亡。瓦里本人撰写了一份措辞非常严厉的报告，批评政府对此人间悲剧不负责任的态度。耐人寻味的是，无论在伦敦还是德里的档案馆，都找不到此份报告。

3月中，运输车队的到来，缩短了曼德勒地区和德穆之间原来两到

---

① Hugh Tinker, op.cit., p. 6.

三周的路程。这一改变的主要受益人为欧洲人，以及受雇于缅甸石油公司的英缅混血或英印混血人士。但很快遭到抗议，指责此举有种族歧视之嫌，于是一些车队开始载送印度人。这条路从3月开始不再受数量限制，那个月里，共有3万难民由此抵达英帕尔。①

那时，离日军进攻葛礼瓦还有六周。在此期间，印度平民和亚历山大的败兵共同走过炼狱般的132英里，前往普勒尔。麦凯尔维（Roy McKelvie）记道：

> 几个月后，当第一批英国军队回到德穆时，他们发现骸骨或坐或躺或靠着，完全保持了死去时的模样。在一家邮局里，有二十具骸骨环绕着柜台，一具骸骨还拿着一架破损的话筒。可以轻易想象当时从缅甸溃逃时的那般痛苦和无助，疾病、营养不良和疲惫使得人们失去求生意志。展望最后一程，还要翻越寒冷多雨的山区，这已经超过了可承受的极限，只有靠强壮的意志和体力才可成为幸存者。大约有20万难民从德穆抵达英帕尔，其中一些人死于疾病，一些人则在医院死去，因为那里太拥挤，没有足够的人手治疗病人，完成这一长途跋涉的军民超过九成都患上了疟疾。②

有些部队坐卡车抵达英帕尔以北的康拉东比（Kanglatongbi），但他们的遭遇也好不到哪里去。印度野战工兵第24连被分配到一块宿营地，在暴雨中没有帐篷，只有极少量铺地用的防潮布，饱受疟疾和痢疾折磨的士兵于是在泥地上扎营露宿。1942年5月18日，野战工兵第70连抵达康拉东比时的情况稍好。他们分到的宿营地是一片灌木丛林，依然没有

---

① Hugh Tinker, op.cit., p. 8.
② Roy McKelvie, *The War in Burma*, 1948, pp. 44-45.

帐篷。士兵有蚊帐，但没有防潮布和毯子。莱尔-格兰特（I. H. Lyall-Grant）少校（后升少将）写道："入印后的境遇实在是凄凉而悲惨。"之后的三天内，工兵们用树枝和防水布为自己盖棚，但他们的衣衫始终是湿的。直到5月22日移驻英帕尔之后，才有些许改善，彼时每五人中就有一人入院。[①]

他们还算是幸运的。普勒尔和通往英帕尔的路上到处都是腐尸，幸存者们既无时间也无精力埋葬死者，这一带连清理腐尸的秃鹫都没有。

根据奉命担任印度东部边境交通行政总指挥，3月10日抵达德穆的伍德工兵少将所说，缅甸政府已经放弃对难民的责任。伍德只有小型整地工具和几名工兵可用，他的首要任务是建造一条54英里长，连接德穆和普勒尔的旱季道路[②]，这也是他力所能及的最实际的事了。但道路花了八周才完成，在此期间，可怜的印度平民不断地走过那段路，并死在山间。4月22日，哈钦斯和伍德在德穆见面，要伍德两周内动用所有的运输工具，使难民离开葛礼瓦。伍德将这要求呈报印度政府，却被拒绝。[③]

不过，看似无情倒也不得已。4月26日，亚历山大下令英缅军团撤回印度。他们将从葛礼瓦撤退，因此一路上一切以军事需求为先。除了路上的天险，难民们还要承受恶劣的对待，他们常被洗劫掠夺，而滞留在缅北的印度人，必须付出280卢比才能登上从马圭到瑞保的飞机。换言之，只有专业人士和商人家庭才能逃出。即便是这条路，也在5月9日被封死了。到那时为止，共有超过14000人由此离开，但其中印度人不到5000。[④]

---

① Colonel E. W. Sandes, *The Indian Sappers and Miners*, Institution of Royal Engineers, Chatham, p. 237.

② 译注：旱季道路dry weather road，干燥时才能使用，雨天无法使用。

③ Hugh Tinker, op.cit., p. 8.

④ Hugh Tinker, op.cit., p. 9.

伍德当时正准备沿着新建的道路用卡车运送平民，但来自亚历山大总部4月28日的命令要求他别管难民，而是集中全力收拢缅甸军队的部队。伍德运送物资去葛礼瓦，填饱士兵的肚子，而无暇顾及在德穆临时营地的难民。5月4日，他这个责任终于结束，因为第4军将全权接收军事运输责任。伍德的任务依旧包括运送难民，但他不能使用这条道路，而且他手上也没卡车了。

接着，军队也开始到达。休·廷克（Hugh Tinker）回忆，各部队士气差异极大。有一些还是很有秩序，也保持了军纪：担任后防的第7装甲旅还有战斗力，虽然他们只成功地带出一辆斯图亚特坦克到葛礼瓦。其他部队则“士气低落，几乎完全崩解”。高级军官都像戏剧人物懦夫普拉则-托若公爵（Duke of Plaza-Toro）[①]一样：站在撤退队伍的最前面，带头先跑。在德穆，有位下级军官讽刺地开了一盘“德穆赌注”，让人下注，赌一天之内有几名旅长会通过德穆。[②]缅甸军团共花了三周时间通过。之后，一名印度文官阿金森（T. S. Atkinson）为了继续帮助平民撤离，留守葛礼瓦直到5月10日。

休·廷克当时是一名年轻的军官，工作是在普勒尔和德穆之间的道路上开车收容难民。在尘土飞扬的路上开车本身就非常危险，整个过程结束时的情形更让人心碎。

> 年轻的司机们不得不推开叫嚷着想冲上车子的男人们，将妇女和病人塞进卡车内。这真是绝望的混乱，就是这样，家庭离散，财物丢失，而最需要帮助的人也没能上车。车队来来往往，印度司机往往要在车上每天工作18小时；但至少他们可以指望在抵达目的地

---

① 译注：19世纪末期英国大众歌剧*The Gondoliersi*中的人物，以“在队伍后面带兵，领先逃跑”闻名，此人物代表了军官对士兵漠不关心。

② Hugh Tinker, op.cit., p. 10.

时有一顿饭，难民们是什么也无法指望的。[①]

即使是在最绝望的境地，依然不乏悲剧幽默时刻。雨越下越大，最先冲净满布灰土的空气，然后一泻而下，把道路变成沼泽。在申南鞍部（Shenam Saddle），一群锡福斯高地团的士兵（Seaforth Highlanders）泡在淹水的战壕里，等待可能入侵印度的日军先头侦察队。忽然来了一群泰米尔人（Tamil），个个戴着安全帽，还保留着看似时髦的样子。他们是仰光的消防队员，跟着政府离开。此地，在印度边界，碰上雨季的开始，他们迟疑地环顾四周，等待上司的命令。

通常的情况是，军纪首先废弛。而在暴雨加剧之后，流行疾病开始散播，痢疾、天花、疟疾；6月中旬开始，有更可怕的霍乱。5月10日和16日，即使是在英帕尔的机构，也遭到日军空袭的严重破坏。如同之前在仰光和曼德勒一样，伍德的平民雇员溜之大吉。

印度茶叶联合会的园主，组织了补给车队，最远送到英帕尔。但是印度政府的官方和非官方代表都抱怨说，难民救助工作完全由欧洲人掌握，而且欧洲人和英印混血受到优待。于是联合会就撤回了救难人员。

英帕尔以北，是连逃入曼尼普尔邦的中国军队都不愿扎营的肮脏地带。那里有通向胡冈谷地（Hukawng Valley，历史上多称为胡康河谷）的隘口、通向利多（Ledo）的潘哨隘口（Pangsau Pass），还有乔甘（Chaukan）和迪普（Diphu）隘口——就是那些来不及避开火速前进的日军而流落在缅北的，以及无法从密支那起飞的人们所走的通道。1942年5月1日，缅甸政府通知印度方面，有500名欧洲人和1万名印度人正前往利多。伍德带领6500名挑夫，还有大象和骡马，准备帮这批难民入印；但大雨阻断伍德一行入胡冈谷地的道路，突涨的河流更阻挡了难民的行程。

---

① Hugh Tinker, op.cit., p. 10.

也许一个欧洲人的描述可以说明当时的整个情况。[1]工兵军官古德曼（C. J. Goodman）中尉在被告知日军已突破通往垒固（Loikaw）[2]的道路时，正在海霍（Heho）建造机场。他的队伍马上收拾行装，坐上两辆大卡车和两部汽车离开，一行共计有4名军官，两名士官，以及20名印度勤务兵、伙夫。他们还带走了滞留在附近山间小镇格劳（Kalaw）的两名英国女子——一位上校的遗孀和她的侄女，这侄女的军官丈夫正在其他战场作战。古德曼驾驶的奥斯汀20汽车（Austin 20）像飞鸟一样，一路穿过昔卜（Hsipaw）、腊戍和贵概（Kutkai），在昔卜到处都是中国军队。有一次，中国军队的一名六轮卡车的司机一直试图超车，把古德曼的车逼到路边。古德曼下车冲着对方挥拳，对方蹲下身子闪开，然后扛着一把1英尺长的扳手，回来对付古德曼，不过没能命中。古德曼从车里拿出上了膛的步枪，威胁要射对方大卡车的轮胎。最后，这名中国司机不情愿地让英国人先走。

在八莫待了两天之后，他们把卡车留在卡祖（Kazu）渡口，烧毁了卡车及装备。不可思议的是，他们得到了一箱哥顿金酒，在接下来的24小时里大家很快喝完了6瓶。到密支那以后，他们安排两名妇女和古德曼的少校长官搭乘次日首班飞机离开。

早上6点半，一行人来到机场，在不可置信的炎热中等了一小时又一小时。直到最后，终于有两架达科他（Dakota）飞机落地，载上印度伤员和少数平民，包括古德曼这群人中的3个人。当飞机发动引擎，古德曼向他们挥手告别时，两架日本战斗机忽然飞来，投下炸弹，以机枪扫射跑道。古德曼立刻趴下，知道在这种不设防的机场地带非常危险，

① 古德曼（C. J. Goodman）在1943年7月于锡兰写下他的个人经历：1942年4月20日到5月6日，乘坐汽车由海霍（Heho）到密支那；5月7日到6月16日，只能用双脚由胡冈谷地走到潘哨隘口，再到阿萨姆的利多。《1942年缅甸撤往印度打字稿》（私人文件），页12。

② 译注：也译作罗伊考。

待他起身之时，眼前已是一片狼藉。

那两架飞机成了坟地。两名女子中，年轻的那位已经死去，她的阿姨和古德曼的少校长官严重受伤，而少校于隔天死了。原先还满怀期待的冒险行程如今转成悲剧。

古德曼集结了部队的残余人员，开车开到没路，只得烧了汽车，开始步行。他把食物、半条毯子，替换的衬衫、短裤和袜子打包，步上莫冈（Mogaung）至迈昆（Mainkwang）的路，估计有30到40英里远，希望半路能搭上往迈昆的便车，省下90英里路。不过，这只是个梦。

他们最终到了平坦的路上，把行装卸在拖车上，这是他们的旅长在一个缅甸村买的，但原有的骡子夜里跑了。到迈昆，公路又没了，之后便是丛林小道，刚好够拖车通过。“那里有一条长达好几英里的人龙，有英国军官、印度和缅甸部队士兵、各种平民，从英国文官到印度苦力，都有。一对很和善的英缅混血夫妻非常可怜，妻子已经怀孕七个月。”

几天之后，他们到达钦敦江口，渡江的唯一工具是竹筏，要靠两岸的竹绳拉扯才能移动。数以百计的人聚集在江滩上。随着每一次渡江，竹筏愈发超载，最终绳子在紧绷下断了。古德曼看到竹筏根本无法运载拖车，于是决定跟之前处理卡车和汽车一样，烧毁拖车。他们点起巨大的篝火，火焰高达8英尺，烧了整整一夜，所有人围着火坐着，而雨则自始至终下着。

两个年轻的英缅混血军官游下江，试图修补绳索，但还是不行。结果大家要当地村长拿出中间挖空的独木舟，给大家使用。村长起初拒绝，说之前一些军队在他村里放枪惊吓了村民。最终，独木舟开始摆渡，牛群则游过江。古德曼在对岸的村庄休息了一整天之后，和剩余的手下继续前行。

有天晚上，我们看到前方有个大村子，感到很高兴，希望能在那里得到遮蔽和睡眠。当我们抵达之后，奇怪的是没人留在那儿扎营……很快，我们知道原因是臭味：那里到处是死尸。所以我们只能继续往前走，露天宿营，当老天下雨时我们抱怨连连！很快，我们习惯了看到死尸，很多是令人非常难过的场面。平民的撤离比我们早了几个星期，许多人已经死了相当长一段时间。在那之前，我从来不知道“腐烂”这个词的真正含义！有些我猜是死于饥饿，其他死于疾病，基本上都是底层的印度人。毫不夸张地说，我看到了几百具尸体，让人吃惊的是，人真的可以变得如此无动于衷。我还看到几个濒死的人坐卧在路边，但没人能帮他们什么，我们只是说着“可怜啊……”，希望自己别沦落到那个地步。当然，所有死去的英国人都被他们的同伴尽可能体面地埋葬了，还好没有太多英国人死去，我只知道两个。

我们继续蹒跚前进，天气越来越糟糕，小道非常泥泞，至少深到脚踝，常常深及膝盖，在泥沼中踢正步行走，真是非常吃力。我们时常要休息，而且要鼓足余勇才能再出发。

但是，他们的幽默，以及对啤酒和文明的渴望还没有消失，他们的印度伙夫也想方设法保持食物供应。早上常常是茶和一小份麦片粥，日中是饼干，晚上是米饭加牛肉罐头，直到吃完，然后就只剩下米饭了。“还好我们没有缺水，实际上，水是过剩的。我们常艰难地涉水过河好几个小时，如同把自己‘尿湿’了。”

疲惫越来越明显，食物越来越少，他们开始不敢相信皇家空军会空投救援物资的传言。不过，当听到大型飞机低空飞过空旷的村庄，还是给了他们新的力量。在这村里，有队英国士兵正在分发空投物资。古德曼的人同意接下分发任务，让对方继续上路。整整三天，他们给数百个可怜的印度人发食物，包括带着婴儿和幼童的母亲。食物包括米、炼乳、罐装水果，罐装牛肉给他们自己，还有袋装无花果、杏干。

古德曼此时已完成一半路程，但前面依然是山，于是他们再度出发。他们由食物所鼓舞起的精神，又被大雨浇熄了。

> 那些山啊！你不停地爬啊爬，直到你连骂人的力气都没了。当你登上山顶（他们说最高的有6000英尺），眼前没有别的，只有更多的山，目力所及全都是山。于是你下山，进入下一个山谷，再继续向上攀登。小径最多不过3或4英尺宽，全是烂泥，所以你随时会滑倒；要是不小心，摔错边，还会滚下山崖。每个人每天都会滑倒好几次，晚上宿营时，要花很多力气洗掉泥巴。

他们分成更小的组行动，通常在夜间停留时再会合。古德曼发了高烧，一直由他的印度杂役照顾，在他发烧和发抖的间歇时刻，用勺子给他喂米饭。

> 日子一天天地挨过去，每个人都看上去形容枯槁，精疲力竭。我留了很好看的胡子，加上湿得烂了的帽子，看上去一定像被捣烂的羊杂碎布丁。在我们这一队里，来自缅甸军需服务队（ASC）[①] 的库克少校和我落在后面。他有一条可卡犬，这可爱小狗全身沾满了泥巴，我们都实在忍俊不禁。不过它很有劲头，跑前跑后，仿佛这是周日午后的散步。

当进入第五周，古德曼靴子上头的泥巴跑进靴子，产生摩擦，脚起了泡。他要库克先走，但库克不同意，一直在小径前方不远处等他。直

① 译注：ASC是Army Service Corps的缩写。

到有一天，古德曼休息之后还没力量起身，他们才分开。古德曼听说许多阿萨姆茶园主人设立帐篷接待他们，而不远处就有一个，于是他继续上路，希望能找到一个收容所。

> 不过我的脚肿到膝盖，在路上一再滑倒又爬起来，真是非常痛苦。我一天大概要摔倒十多次。时间过去，却没有看到营地或是村庄的影子。事情不妙，我头一次怀疑自己是不是真的能够撑得下去。我唯一的食品是一罐没开过的乳酪，以及一点点红茶。下午，我看到一个在兵营边的当地人小屋，内有三个印度兵。他们生起一小堆火，我无法抗拒有人陪，还能有一杯茶的想法，所以挣扎着走过去。他们楼上还有两个同伴，其中一个病了。他们有些饼干，加上我的乳酪，我们一起吃了，又泡上了我们仅有的水，喝了点茶……他们指着15英尺外的一具尸体给我看，过于面黄肌瘦的我，已完全无动于衷。

但他的冷漠没有超过一个晚上。次日，怕自己也会像那具尸体一样，古德曼要那些印度兵跟他一起走，他们却只想留下，古德曼于是用尽吃奶的力气，独自一人蹒跚前进：

> 我的腿让我痛不欲生，我握着棍子的右手因为支撑身体太久，都麻木了。如果再得不到帮助，我可能就再也见不到大不列颠我的祖国了。其实想也没什么用。我真不知道那一天是怎么熬过来的，可是这一次谣言成真了：那天下午，当一座搭建蛮好的竹子屋舍进入眼帘，我居然激动得像个孩子般地哭了起来。一个和善亲切的英国人接待了我，给我一杯茶。我的感觉无法形容，那个地方全是泥浆，还下着大雨，但我感觉就像在天堂。

古德曼的腿肿胀到平常的两倍粗，随即被抬上简易担架。担架用绳子绑在竹竿上，由两个苦力扛着。他们有一两次滑倒，把他摔出来；不过他不再担心，知道最坏的路段已经过去。他的年轻和韧性，加上旁人偶有的友好对待，助他渡过了难关。

抵达利多的许多人情况更糟。一名旅长的报告写道："精神和体力都彻底耗尽，再加上疾病，是最常见的情形。"又说："所有顾及旁人的意识都没了……他们被可怕的噩梦套住，梦呓中出现河流、渡口、泥沼、尸体……种种幻影，所有人都憔悴衰弱、骨瘦如柴。"①

印度难民如此大规模的溃逃，反映出印度和缅甸政府既缺乏远见又缺乏同情心。如果没有诸如阿萨姆茶园主人那样的义工们英勇又无私的奉献，也许会有成千上万更多的难民死去。根据印度政府海外事务部的估计，大约50万人安全抵达印度。死亡数字估计高达10万。但廷克认为数字被远远夸大了，实际死亡数字在1万到5万间。大约一半的人战后重回缅甸拾起旧生活，获得各种成功。廷克声称1942年的大溃逃彻底终结了缅甸的印度社区。从一定程度上确实可以如此说，但并非所有印度人都离开了仰光。1944年，当地有人观察到，在日本占领下，印度商人成为日本人的承包商，收集货物卖给日本商社，再转售给日军，印度的鲍斯是造成这一情形的一个因素。日方在向巴莫博士保证他的缅甸"独立"政府可获得最大利益的同时，也不忘笼络鲍斯，让鲍斯和他的印度独立联盟（Indian Independence League）维护在仰光的印度财产所有人的利益。当时日方将逃离的印度人所放弃的土地列为"敌产"，拒绝交给缅甸政府，声称应该交由"自由印度"的"临时政府"接收。所以社区的确还是保存下来了，但显然处在极严峻的情境下。

难道逃离是较好的选择吗？一名负责搜寻缅甸到印度的路上最后一

---

① Hugh Tinker, op.cit., p. 14.

批离缅印度难民的军官，如此形容在通往利多的塔贡山区所见到的一个印度难民休息站。他的报告如下：

> 这片空地上到处是倒塌的小屋，常常有整个家庭留住且死在里面。我看到母子的尸体，两人手臂互相拥抱着。在另一个小屋内，一个母亲死于生产，婴儿只出生了一半。仅在这一个休息站上，就有五十多人死亡。偶然见到，虔诚的基督徒在死之前，将一个小小的木头十字架摊放在地上，还有骷髅的手中攥着圣母像。一名死去的士兵戴着帽子，他身上所有的棉织衣物都腐烂了，只有羊毛帽子还端正地戴在这个露齿的头骨上。无坚不摧的热带丛林已经发威了，吞噬了旧屋，覆盖了骷髅，将它们变为尘土。[1]

---

① Geoffrey Tyson, *Forgotten Frontier*, p. 79.

第二章　棋逢对手

The Balance

摘 要

从日军占领缅甸，到攻打印度曼尼普尔邦的一年半里，英方有三次重要作战行动，试图削弱日军对缅甸的控制力。其一是在阿拉干反复地攻击，企图夺回阿恰布。其二是支持以中国军队为主力、美军领导、英军提供若干物资的盟军所组成的“驻印军”，目标在攻击缅北以第18师团为主的日军，目的则在打通由印度边境前往中国云南的路线。因此，英方修建从利多开始的中印（史迪威）公路，以便运送从缅甸撤下来，并在印度重新整训的中国军队，使其能够在缅北作战。其三则是1943年2月英军发动的“长布行动”，也就是温盖特的部队远程渗透缅甸后方作战。

第一次阿拉干战役，英军试图夺回阿拉干地区，却由于指挥不力，缺乏协调，败给人数远少于自己的日军，部队士气一落千丈。与此同时，温盖特在缅北开始第一次远征的“长布行动”。温盖特实施极大胆的行动，借新的飞行器（滑翔机）渗透敌后，并破坏铁道线，确实成功打击了日军。他的敌后突袭行动，则为立体战的重要里程碑。借着妥善应用新武器等设备，深入敌后，达到意外打击的目的，这一作为大大鼓舞了英印军的士气。

第16回　首次阿拉干诸役

“很少能找到比这里更不适合发动战争的地方了”，杰弗里·埃文斯（Geoffrey Evans）将军这样形容阿拉干。[1]不是因为距离远，而是因为地理条件太差。“阿拉干”这个地名覆盖了从曼尼普尔邦边境钦族山区，直到缅甸西南端内格雷斯角（Cape Negrais）的广大区域；但对1942年至1945年的战事而言，则是指从印度边境直到阿恰布市及阿恰布岛。边境那头是印度的科克斯巴扎尔（Cox's Bazar）。在阿恰布以北120英里，再往北45英里就是吉大港，那是英军在孟加拉湾上的补给港口。梅宇山脉（Mayu Range）最高可达2000英尺，从印缅边境附近起，沿半岛向下延伸，终于阿恰布岛对面的弗尔角（Foul Point）。山脉总长80英里，弗尔角距阿恰布市15英里。

距离不算遥远，但作战环境却特别艰苦。阿拉干全境布满小溪及小河（*chaung*）[2]，交通以水路为主。陆路都是小径，只有一条可称得上是道路，那就是从纳夫河（Naf River）边的小港口孟都（Maungdaw），穿过梅宇山脉到卡拉潘辛（Kalapanzin）的布迪当（Buthidaung）的一条路，途中需穿越两个隧道。梅宇山脉被茂密的森林覆盖，山脉西侧是一条狭长的海滨地带，在孟都的宽度是2英里，在弗尔角的宽度只有几百码。滨海地带部分是沙滩，部分是红树林沼泽，一些河道也有潮汐。在平坦的谷地上，则是长满菩提树和竹林的小山丘。尽管这里发生过不少惨烈战斗，塞西尔·比顿（Cecil Beaton）在1944年看到阿拉干的景色时，依旧发出赞叹：

---

① Geoffrey Evans, *Slim as Military Commander*, 1969, p. 86.
② 缅语*chaung*意为溪或小河。

> 这里一片田园风光，在灿烂的日光或月光下，总是林木葱郁，静谧安宁。即使枪炮声时断时续，还是很难令人相信，致命的战争正在附近进行。[①]

日本海军少尉堤新三（Tsutsumi）也这么认为，他是防守阿恰布到伊洛瓦底三角洲海岸守备队的出纳。他热爱阿拉干，那里有猴子尖叫着从一棵树跳上另一棵树，有羽毛灿烂的鸟儿，他的枪声（山里有大型猎物，甚至有老虎）在群山间回荡，直到被葱茏的山坡林木缓缓吸收。当夜色降临时，如果望向内陆，可想见无垠的山峦，横越缅甸，连向印度或中国，渐渐消失在热带夜晚的紫色丝绒天际中。如果转向西方水域，可看到孟加拉湾最后一缕日照逐渐沉入大海。[②]

此地气候反差极大。10月到次年5月是旱季，也是适于作战的季节，热浪不那么残酷，夜间有时会冷，早上晨雾浓烈。雨季一来，什么都变了。阿拉干沿海地带，从阿恰布往北，在降雨图上呈现一片深紫色，一年降雨量可高达两百英寸。除了溪上的船只以外，一切都停止运作。疟疾肆虐，水蛭横行。这就是军事行动只能在旱季发动的原因。那么，为何在这里发动战争呢？

答案就在阿恰布。如果盟军有朝一日要从日军手中夺回首都仰光，最好的办法就是渡过孟加拉湾，由海上进攻。不然的话，就要考虑走极为艰难的陆路；不到万不得已，部队不会真的做此打算。而不管盟军走哪条路，进攻仰光需要有空中掩护，这就只能靠阿恰布的简易机场。从那里到仰光，飞行距离只有330英里。而且以机场为半径，在250英里范围内，还可以包括中缅甸的曼德勒、东吁和三角洲上的兴实达

---

① Cecil Beaton, *Far East*, 1945, p. 29.
② Louis Allen, *Sittang: The Last Battle*, 1974, p. 196.

（Henzada）。

日方非常清楚这一点，1942年5月4日日军推进到阿恰布，甚至有可能由此进入印度。为此，驻吉大港的英军已北撤100英里，退到菲尼（Feni），只由一小支部队留守；如果日军真的来袭，这支部队也会撤退。由于上次大撤退，码头设施受到破坏，当地许多居民不得不寻找更安全的地点安身；因此，即使是在1942年至1943年的旱季里，吉大港仍是一个相当暮气沉沉的地方。不过，这里也是展开反攻的必要起点。

英印军总司令韦维尔将军（后授爵位）取消了和平时期分为北部、东部和南部的指挥体系，改为战时军事系统，各区总部职能也由行政转成作战。东部军（Eastern Army）总部设在兰契（Ranchi），负责阿萨姆、孟加拉、奥里萨（Orissa）和比哈尔（Bihar）的防卫；还要阻挡可能沿阿拉干海岸，或经孟加拉湾到胡格利（Hoogly）河口来犯的日军。东部军共有两个军（Corps）：第4军（辖英国第70师和印度第23师）与第15军（辖印度第14师和第26师），以及在阿萨姆的一个旅。1942年下半年的大部分时间，受印度国大党“退出印度”（Quit India）运动的影响，印度国内治安问题比外来的日本军事威胁更为严重。第70师分成零星小队，花了大量时间，代表行政长官在骚乱的地区巡逻，维持治安。

但是韦维尔向来低估日军。早在1942年4月，大撤退尚未完全结束之前，他就已经开始计划夺回缅甸，第一个选择就是突击阿恰布。第4军前线部队那年夏季接收了从缅甸撤退的败军，他们当时的任务是巡逻和庇护难民，或者尽可能将难民后送。军长欧文中将曾在失利的达喀尔（Dakar）战役中指挥英军，[①]所以对这些从缅甸前线退下来的败兵残将态度不算友好。对欧文而言，这些人所经历的噩梦般的撤退，实在算

① 译注：1940年9月盟军发动的战役，目的是为了夺取维希法国控制的法属西非达喀尔的控制权。由夏尔·戴高乐率领自由法国军队发动进攻，最后以盟军的撤退结束。

不上什么，他认为这些士兵应该表现得更有秩序。欧文对他们的指挥官们也直言不讳，其中就包括在1942年3月19日撤退中途接管英缅军的威廉·斯利姆中将。斯利姆明白，在主力部队之前入印的人员，的确是乌合之众，他们声名狼藉：

> 他们不再是有组织的部队，没有任何补给的安排，也抛弃了长官；他们成群结队，抢劫掠夺，还沿途不时伤害倒霉的村民。这些人绝大多数是印度人，极少属于军队的战斗部队。①

欧文对这些乌合之众的粗鲁态度也许可以理解，不过斯利姆显然觉得对方至少应该把这些暴徒和其他较有秩序的士兵区别开来。可事实上，欧文对斯利姆本人也相当不逊。斯利姆说过，“我从没想到，我即将加入之部队的部队长，竟然这么无礼地对待我”。“我不可能无礼，我是他长官”，欧文反驳道。②

《斯利姆传》的作者罗纳德·卢因（Ronald Lewin）虽然愿意肯定欧文的才能，但指出这“才能”被“独裁专断和自我中心的坏脾气”给毁了。欧文对待下属“好像对待契约劳工一样，既不信任，也不体恤”。③因为除了自己，他谁也不信任，欧文无法下放权力。他总是监视麾下的指挥官们，追究行动的每个细枝末节，事必躬亲，干涉过多，不肯放手让部下执行。不过从另一方面来说，他和韦维尔及斯利姆的关注焦点是一致的，他们都为自己的部队面对日军时所表现出的低迷士气而无比担忧。

从日军完全占领缅甸，到正式下令攻打曼尼普尔邦的一年半

---

① William Slim, *Defeat into Victory*, p. 86.

② Ronald Lewin, *Slim*, p. 105.

③ Ronald Lewin, op.cit., p. 105.

间，英方有三次重要行动，试图削弱日军对缅甸的控制。其一是在阿拉干反复攻击，企图夺回阿恰布。其二是修建从利多开始的史迪威公路（Stiwell's Road）。起初英方的主意是要打通潘哨隘口，拓宽道路，以便调用从缅甸撤下来、在印度重新整训的中国军队。日后，这支中国军队将在缅北一路挺进275英里到密支那；美军工程队则紧随其后，一路修建公路和输油管道。其三是1943年2月的"长布行动"（Operation LONGCLOTH），也就是第一次温盖特敌后远征（Wingate Expedition）。

往后几个月里，阿恰布是英军攻击的重点。当欧文从第4军升任东部军总司令时，阿恰布是他的目标。曾在英帕尔被欧文污辱过的斯利姆（5月20日交出英缅军指挥权）担任第15军军长，他面临着另一个突发任务，就是保护胡格利河口一片广大的森德班（Sunderbans）内河网。[①]为此斯利姆设计了一支桨轮蒸汽舰队，船上装备有来自孟加拉炮兵部队的马克沁机关枪和螺旋式山炮，[②]以及2磅反坦克炮。有些武器从19世纪中期罗伯茨（Frederick Roberts）勋爵[③]时就存放在加尔各答的兵器库里了，或许这支森德班舰队根本也没机会测试在实战中能否阻挡日本战舰。不过按斯利姆的性格，他不会抱怨欠缺的，而会好好利用他可支配的资源。

斯利姆领导的师中，第26师因缺乏交通工具不能移动，只有第14师可上前线作战。这支部队将要执行韦维尔代号为"食人族行动"（Operation CANNIBAL）的作战，夺回阿恰布，或者至少是1943年2月

---

① 译注：森德班（Sunderbans）是一个特有地名，是印度对胡格利河入海口大片密集的内河网的特殊称呼。

② 译注：以前都用牲口拉大炮，所以炮不能太重，射程不远。1870年后为了增加射程到3000码，炮要加长加重，并使用7磅炮弹。所以将炮拆成膛与炮管两部分，分开装载，到战地再旋转合起来，叫螺旋式山炮（screw gun）。

③ 译注：罗伯茨勋爵，19世纪中期英国军事家，参与英帝国在世界各殖民地的多次战役，并成功镇压1857年印度人民起义。

27日取消海军作战计划时仍剩有的部分。

韦维尔于1942年9月下令夺回阿恰布和阿拉干北部。刚刚完成马达加斯加登陆战而被调派过来的第29旅，带着突击艇，是计划中的主力部队。第14师则从事陆路牵制和干扰。最终，因第29旅时间无法配合，空中支援比预期的少，命令也就随之更改。欧文决定由第14师单独攻下整个梅宇半岛（Mayu Peninsula），然后从陆地推进；在到达弗尔角后，强渡海峡，登上对岸的阿恰布岛。作战定在1942年12月21日打响。

长期以来，斯利姆的第15军总部几乎把全部精力花在支援非常麻烦的地方治安上。欧文没有让斯利姆参与第14师的指挥作战，这是他犯下的一个大错，因为师长威尔弗里德·刘易斯·劳埃德（Wilfrid Lewis Lloyd）少将统率的部队很快增加到9个旅的规模，是普通师编制的三倍之多，足以组成一个军。欧文负责的防区从加尔各答一直到缅北的赫茨堡，战线拉得太长，超出他的掌控。然而，这正是他想要做的。斯利姆的军部从加尔各答旁边的巴拉格布尔（Barrackpore）搬到比哈尔的兰契。欧文的东部军总部，则于1942年8月在巴拉格布尔成立。在这里，他不但需要指挥阿拉干和曼尼普尔—钦敦江战线的战斗、利多的工程，还要负责在英帕尔收容难民，以及在热带行军作战中最重要的一环：将设备不足的战地医院提升为现代化的医院。所有这些，都是在内乱的背景下发生的，在内战期间，皇家空军和将近60个步兵营被用来部署镇压反叛行为。

欧文认为道路建设是当务之急，第15军必须从吉大港往南辟建一条路。第4军正在兴建一条从迪马布尔到英帕尔的双线道，并在良好天气下可以继续延伸到迪登（Tiddim）；以及一条通往德穆镇和卡巴河谷的道路。另外还有一个野心勃勃的计划，就是把锡尔杰尔（Silchar）至比什努布尔（Bishenpur）的小道升级为现代公路，不过这个计划被欧文否定了。因为升级意味着需要一份新的路线平面图，而他认为至少在一年内无法实现，所以这条“只可勉强通行吉普车”[①]的小道，不得不维持原状。

1943年初，旱季结束前，欧文计划兴建一条可通潘哨隘口的机动车道，并把这条道路向南一直延伸到新平洋。大家也一致同意，筑路优先于一切，包括战斗本身。

不过欧文并不满足于机动车道路，他颇有前瞻力，相信缅甸未来战争的关键在运输机。他写信给韦维尔，要求调集所有的英美资源，投入到运输机的制造上，同时他也清楚预见了夺回曼德勒的最佳方法：

> 如果我可以一跃而过钦敦江，比方说直接跳到瑞保；如果我可以把部队带到交通条件相对好一些的地方，那么不管是不是雨季，在那里我们可以努力作战，直到由曼德勒到东吁的道路贯通。我了解这意味着需要大约150架飞机。不过现在离4月还远，我希望到时候，也许一整队的飞机可以为我们所用。[②]

“我真希望可以给你更多的运输机”，韦维尔答复：

> 但看来英国本土根本不制造运输机，我们得完全依赖美国人。可他们自己的运输机也相当短缺。无论如何，他们不会给我们很多，前景真是不乐观。[③]

由于有这么多要担心的事，欧文本不该在劳埃德部队的战术细节上过于费心，然而，这正是在发生的事。

---

① 1942年11月14日欧文给总司令韦维尔的信附件，Irwin Papers。
② 同上。
③ 1942年11月16日韦维尔给欧文的信，Irwin Papers。

截至1月的第一周，一直和劳埃德第14师对抗的是驻防阿拉干日军第33师团的两个大队。这两个大队归宫胁幸助（Miyawaki Kosuke）大佐指挥，他是第213联队的指挥官，同时还指挥一个山炮大队，一个有着工兵、野战炮、高射炮和战防炮的中队，一个机场大队，一支通信部队，一个兵站（A Line of Communication）的医院、[①]宪兵，还包括一支来自“光机关”（Hikari Kikan）负责跟印方谍报人员联络的谍报分队。[②]全部兵力总计大约3600人，被称为宫胁支队。宫胁对劳埃德的动向和军力有些不安，但是出身日本北部仙台，指挥的部队曾经在中国作战，新近又攻克缅甸，所以他对眼下对手的实力并不特别担忧。他和部队的兄弟都知道，英国军队比中国部队要弱。[③]

宫胁的砂子田（Isagoda）大队（第213联队第2大队）在大部队以北55英里，于1942年10月24日占领布迪当和孟都。这两个镇相距约10英里，分别在梅宇山脉两侧，由一条穿越山脉的道路连接。此路需要通过东西两条隧道，平常用来运送阿拉干富饶的冲积平原上所生产的大米。这条道路路况良好，极具战略价值。于是砂子田部花了50天时间，一直工作到12月16日，在道路周围修建防御工事，并侦察印缅边境。很幸运地，他们虏获了该区的英制地图，立刻将其空运至日本，复制多份后再运回阿拉干。此后两年，日军的行动全靠这些地图。

劳埃德决定在12月2日攻打布迪当至孟都一线，但欧文通知他等到补给线路改善了之后再打。当时的交通状况极糟，铁路运来的补给最远只能到吉大港以南20英里的多哈扎里（Dohazari）。从那里往南，有一条长10英里的碎石路，接着变成4英尺宽的土路，雨季不能用。从科克斯

① 译注：兵站，又称后方联络线，是在交通线上补给作战部队的基地，负责运送、储存作战物资，补给物资，接收伤病人员，保障部队驻扎等，是后勤单位。第二次世界大战时我方和日方都称为兵站。

② 译注：与“南机关”相似，目的在支持印度脱离英国殖民统治。

③ 战史丛书，《阿拉干作战》，页25。

巴扎尔到纳夫河源头的吞布鲁（Tumbru）有机动车道，然后补给可以沿江而下，用舢板运到靠近入海口的代格纳夫（Teknaf），舢板同时还可以把货运到包利巴扎尔（Bawli Bazar）和代格纳夫；最后的一段路程则全靠挑夫完成。劳埃德对这条路线上某些不牢固的部分做了改进，让补给可以从海路直接运到科克斯巴扎尔。尽管当地缺乏石材，一条到科克斯巴扎尔和拉穆（Ramu）的路，还是在1942年10月中旬按时完工了，足以让牲畜和轻型车辆通过。不过，这就好比是要沿着石器时代的道路打一场现代化的战争。

12月7日的暴雨封锁了所有道路，也停止了道路建设，劳埃德决定把攻击计划延到12月中旬。17日，他开始行动。第123旅（哈蒙德，Hammond）取道梅宇河（Mayu River）东岸，向拉代当（Rathedaung）进发；同时第47旅（布雷克，Blaker）的两个营部署在梅宇山以西，一个营则在梅宇山以东，沿半岛南下，都向弗尔角推进。在吉大港后备的是第55旅。为了完成任务，劳埃德还可以调配第6旅，他们有5艘大型机船、72艘登陆艇和3艘桨轮，可以用来渡河登上阿恰布岛。在空中，他或多或少有着绝对优势的制空权；在兵力数量上，也有相当可观的优势。

日方也了解这些情况。为了避免不必要的损失，宫胁让砂子田大队于12月22日从布迪当至孟都一线撤退。当劳埃德的队伍于次日到达那里时，整条战线空空如也。砂子田沿梅宇山以东，撤退到孔丹（Kondan）至贵道（Gwedauk）一线，与拉代当隔河而望。在敌后活动的英军V部队[①] 给劳埃德发来一个夸张得可笑的数字，声称大约有800名日军在孔丹修筑防御工事。空中侦察人员竭力想找到这些工事，不过孔丹地区密林覆盖，什么也没看到。事实上，也确实不可能看到什么。孔丹只有砂

---

① 译注：1942年4月，韦维尔将军下令设立一个游击组织，该组织在印度和缅甸的边界沿线开展活动。V部队从敌方后线收集情报，进行破坏。

子田的一个小队，大约50到60个人。当拉普特（Rajput）第7团第1营报告说他们被孔丹的日军拖住时，劳埃德相信这就是V部队所报告的日本军力了。另一方面，第47旅的装甲车先头部队一路直达弗尔角，没有遭遇任何日军。

宫胁由总部设在仰光的第15军直接指挥。1月3日，他被命令要夺下栋拜（Donbaik）和拉代当，与预计当周会进驻阿拉干的第55师团一起接管缅甸西南的防御。宫胁让砂子田夺下拉代当，并派一小股兵力占领梅宇河口西岸的郎庄村（Laung-chaung）。伊藤的第3大队派出一个中队去栋拜前线，其余兵力驻守阿恰布。1943年1月4日傍晚，由渡边贞夫（Watanabe Sadao）中尉率领的混成中队到位。5日，他与旁遮普第8团第5营交锋，虽然旁遮普兵被击退，但渡边战死，遗缺由第二中尉浅野原二郎（Asano Genjiro）接任。①

日军前进到栋拜以北1英里的位置，一个叫作“F. D. L. 河”的地段，这是一条天然的反坦克防线，两旁有高达9英尺陡峭的斜坡。中队左边是孟加拉湾，右边是属于梅宇山脉的小山，唯一的缺点是，沿海一带因潮汐影响，地形会变。低潮时，英军车辆和士兵可以利用海滩上的硬沙地，日军阵地有可能被包抄。日军在这里坚守了50天，挡住了来自印度第14师一次又一次的营级进攻。这部分要归功于宫胁坚持对梅宇山脉和沿海地带所做的仔细侦察。他对地形勘察有独到的眼光，这个位置也是精心选择的；而且日军使用了一个英军之前不曾遇到过的防御系统——主要因为英方之前一直处于防守状态，这就是“掩体”。

这些掩体主要是用天然材料建成的碉堡，可容纳多达20个人。掩体或是往地下挖，如果地下水位太高不合适，则在地面上构造最多6英尺高的建筑。墙用原木和泥土搭建，最多5英尺厚；屋顶可以抵挡轰炸和

---

① OCH《阿拉干作战》，页53—54。

炮击，许多掩体曾经受到直接的枪炮攻击而不倒。掩体位置也经过精心选择，目的是可以为附近的其他掩体提供炮火掩护。对方步兵在攻击一个掩体时，常常遭到其他两个或更多掩体交叉火力网的攻击。在阿拉干战役初期，英军炮手一直以为掩体是用混凝土建造的，可见原木所造的墙和屋顶是多么有效。正是这种防御系统，使劳埃德的攻击多次徒劳无功。

1月7日，恩尼斯基林第47旅尝试拿下栋拜，投入连级兵力，未果。次日，以营级兵力继续攻击，依然失败。接下来的两天，8日和9日，恩尼斯基林部队全体出动向栋拜日军发起攻击，都被击退，伤亡达100人。

在梅宇河东岸，英军第123旅的进展也不大。哈蒙德（Hammond）派出兰开夏郡燧发枪团（Lancashire Fusiliers）第10营的一个侦察队，在圣诞节当天进入拉代当，发现那是空城一座，他们立刻回报。哈蒙德于是决定让燧发枪营更多人沿河而下，到拉代当以北7英里的提最（Htizwe）上岸，再抄小径乘虚前进。部队按计划前行，在12月28日到拉代当的时候，却遭到日军机枪和迫击炮伺候。次日，燧发枪营其余人员陆续到达，并继续加入战斗。进攻部队被击退，损失严重。1月9日，皇家空军对日军阵地实行空中轰炸，并用机枪扫射，两个山炮连也加入战斗，共同协助兰开夏郡燧发枪团，再次发动攻击，期望削弱日军。他们取得了一些进展，但到当晚还是被击退，回到原来发起攻击的位置。布雷克（Blaker）的后备营，即旁遮普（Punjab）第15团第1营，占领拉代当北面几百码处的庙山（Temple Hill），但无法取得进一步突破。截至1月10日，在梅宇河两岸，英军的攻势都陷入僵局。

1月10日，韦维尔和欧文来看劳埃德，告诉他，夺下栋拜极为重要。劳埃德问："那我可以调动坦克对付掩体吗？"他们向他保证，很快就会派来坦克。坦克是瓦伦丁式（Valentines），属于斯利姆第15军坦克第50旅。但当斯利姆知道他们想要如何使用坦克后，却表示反对。当听说只需要一小队坦克时，坦克旅旅长表示抗议，因为在小规模作战中，这对使用坦克是很危险的。斯利姆本着“投入越多，损失越少”[1]的原则，支持旅长的意见。有人提醒说，梅宇半岛前线非常狭窄，可斯利姆仍然认为，就算在那么狭窄的地方，还是可以派上一整个坦克团。但是他的意见不被采纳。于是，来自皇家装甲兵第146团的C中队，由队长达·柯斯塔（Da Costa）上尉会同凯瑞（Carey）中尉和桑顿（Thornton）中尉两名排长率领，将半个中队的坦克开到前线。几个人到达前线后，马上侦察地形，得出的结论是：斯利姆是对的，他们共有8辆坦克，但完成这个任务需要整团编制的坦克。[2]

劳埃德下令在2月1日由第55旅（亨特，Hunt）攻击栋拜。第55旅得到8辆坦克和师部大部分炮火的支援，另外第123旅则在两天后开赴拉代当。在此期间，坦克将分两次出击：一次是从丘陵地带沿着F. D. L河行进，到一个叫木村（Wooded Village）的地方，然后返回；另一次是支援多格拉第7团第1营（Dogra 1/7），也是沿河道去更南边一个叫瓦迪交叉口（Wadi Junction）的地方，然后再开进山麓，到达一个叫南旋钮（South Knob）的高地。

桑顿带着他的坦克部队到河岸，右转，继续向西，一路上向日军开火。领头的坦克陷进壕沟，后面两辆也一样。为了掩护坦克，他们点起烟雾。凯瑞的坦克掉到沟里，驾驶员倒车的时候，一颗子弹击中炮手，凯瑞也受了伤，不过还是成功退回了海滩。中队长达·柯斯塔带着3辆坦克沿着海滩抢救桑顿未果。日军机枪对准他们开火，阻止坦克前行。1945年，当日本人已完全离开梅宇半岛后，英军在当地进行了清查，在坦克附近找到五具遗体。[3]

---

① William Slim, op.cit., p. 152.

② Bryan Parrett, *Tank Tracks to Rangoon*, 1978, p. 80.

③ S. W. Kirby, *The War against Japan*, Ⅱ, p. 267. 这里提到坦克兵没有事先侦查，所以出现在错误的河岸。但是Parrett提到三名坦克军官曾侦查过地形。

在拉代当，哈蒙德旅的几个营在2月3日小有进展。可是当日傍晚，还是不得不退守城北的两座小山：西山和庙山。日军依然守在拉代当。

但是日军对眼前的胜利并无兴奋之情。宫胁得到的命令是死守栋拜和拉代当，直到古闲健（Koga Takeshi）的第55师团来接防，宫胁决心防守。古闲跟他的属下在1月24日飞抵阿恰布，但他的大部队在2月底之前无法完成集结，就算到了那个时候，也只有三分之二的兵力到位。因为其中步兵第144联队的4300多人被派去东新几内亚作为南海支队（Nankai Forces），直接归帝国大本营指挥。1942年年底，当古闲从竹内宽中将手上接过第55师团指挥权时，在他的顶头上司仰光的第15军看来，这支部队的声誉比不上它的姊妹部队，也就是共同参加缅甸战役的第18师团和第33师团。其参谋长被解除了职位，另外，1942年3月，第112联队联队长又因跟英军交战伤亡过高而精神失常。但不管怎样，师团的战绩相当不错。在将近160个作战日里，共推进了1600英里，也参与大队级以上大规模战斗不止50次。因此师团对自己的作战能力还是相当自信的。

为了赶到阿拉干，其部队必须行军近600英里，跨过高达8000英尺的若开山脉，同时还要避开盟军空袭。第15军司令官饭田祥二郎考虑到可能会出现非常艰难的情况，告诉古闲，从第213联队再调一个大队入阿拉干，与宫胁的部队取得联系。第213联队第1大队当时驻防木各具（Pakokku），他们奉命带上一支山炮队，进入加拉丹河谷（Kaladan Valley）的百力瓦（Paletwa），也就是V部队的活动范围。如果宫胁能够成功阻挡劳埃德，那么古闲师团可以在月底接防。①

向来不隐瞒自己的想法，又一直坚持日军能力被高估的韦维尔，在1943年3月7日写信给欧文，表示相信欧文可以应付最近由加拉丹而来，对英军补给线构成威胁的远程渗透，“什么也比不上在梅宇半岛的一次强

① S. W. Kirby, op.cit., p. 226.

力打击，一场真正的胜利，能改善目前的处境。我希望以一场真正的胜利结束这个战季，让我军和日军都见识一下，我们想要而且能够领先”。①

就在韦维尔表达这个愿望的当天，日军在加拉丹河谷攻击拉代当以北的第123旅。一周之内，情况转危，迫使劳埃德从沿海平原调动第71旅到梅宇河谷，帮助在拉代当的两个营撤退。第71旅林肯第1营和第47旅旁遮普第8团第5营都归第6旅指挥。这样，第6旅（卡文迪什，Cavendish）共有6个营的兵力，是一支非常强大的步兵队伍。欧文命令劳埃德于3月18日攻打栋拜。

欧文早已经粗暴地否决了劳埃德的作战计划，就是把第6旅部署在沿海平原，以第71旅去扫平梅宇山高处地带。因为他认为第6旅和之前的其他作战部队一样，也会失败。欧文告诉韦维尔，他想要调集大批部队，集中力量，高强度地攻击有限的目标。在山顶上坐了一个小时，俯瞰敌方战线，并走遍某营阵地之后，欧文制定出作战计划。被逼这样做，他觉得很恼火：

> 以这样的方式来执行此任务，是可怕的想法，这些本应是由师、旅、营指挥官一起好好执行的任务。从今天这个局面来看，再加上我在拉代当前线度过一整天之后的体会，我只得相信，我们的高层指挥官执行不力，部队缺乏训练。虽然我并不乐意这么说，但我们的许多部队缺乏必胜的决心和士气……而我个人必须为这些后果负责。②

来自加拉丹的威胁出现了。日军一个大队穿过勘苏（Kansauk）山口，在拉代当以北的提最，从后方攻击第55旅，迫使该旅渡过梅宇河撤

① 1943年3月7日韦维尔给欧文的信，Irwin Papers。
② 1943年3月9日欧文给韦维尔的信，Irwin Papers。

退。当3月18日栋拜战斗打响时，日军已经控制了梅宇河谷东岸的大部分地区。24日，日军渡过梅宇河，然后翻山，直接威胁劳埃德在梅宇半岛部队的补给线。达勒姆郡轻步兵团（DLI）和皇家韦尔奇燧发枪团以密集炮火对栋拜展开新一轮的攻势，共有140吨炸药落在F. D. L河附近。

第6旅的对手并非宫胁。古闲的第55师团已经到位，栋拜的防守如今交到步兵第143联队宇野武（Uno）大佐的手上。栋拜已是一座坚实的堡垒，第6旅进攻不成，损失了300人。卡文迪什在次日发起夜间攻击，之后陷入对峙状态。

第二天，3月20日，韦维尔、欧文和劳埃德在第14师师部开会，三人都有各自的烦恼。韦维尔被加尔各答大都会主教区关于妓院的记录所困扰，加上有报告说第4军前哨巡逻队在钦敦江盆地因为怀疑当地村庄跟日本人有勾结，开始处死村民，焚烧村庄，这实在让他分神；[①] 欧文坚信官兵士气正在瓦解；劳埃德则为2月间女儿在英格兰家中过世的消息悲伤。这是一场不愉快的会议，决议是承认失败。他们同时决定，在雨季到来之前不能丢失一寸土地，但为了给撤军孟都至布迪当一线做准备，部队将做“纵深部署”。[②]

欧文仍然相信，以大批步兵集中在狭窄的前线阵地发起攻击是正确的做法：

> 第6旅的失败，显然是因为没有足够的接应部队，虽然前线指挥官不这么认为。我的观点是，问题不是出在前线阵地宽度，而是在纵深。[③]

---

① 他当时听到的只是谣言，但如果这是真的，他认为必须马上阻止，并以军纪严惩。对未来战事而言，没有什么比报复老百姓更有损部队名声了。1943年1月15日韦维尔给欧文的信，Irwin Papers。

② J. Connel, *Wavell: Supreme Commander, 1941-1943*, p. 252.

③ 1943年3月20日韦维尔给欧文的信，Irwin Papers。

韦维尔回答说，他觉得唯一可以战胜日军的办法是拿下整个梅宇半岛，控制河口，威胁阿恰布。另一方面，劳埃德在栋拜似乎越陷越深，在该地集中兵力可能意味着会被日军从东面包抄。韦维尔不理解，在梅宇东边的部队扮演什么角色。虽然他无法提出另一个取代欧文方案的方案，但他不喜欢欧文的主意。他们已经让日军取得主动权，他不知道怎样夺回来。他对僵持状态的恼怒，显露在提出建议的报告最后一段。

> 你们应该了解，我对栋拜战斗非常不满。在我看来，这是一个非常缺乏创意的攻击，十分混乱。我相信，如果有真正的攻击纵深，那么第6旅英勇的士兵们应该可以完成某些战斗任务，哪怕会付出不少伤亡代价。可是战斗应该一次投入一个营，却通常只派出一个连，在我看来是糟糕的战术。我无法相信，竟然没有一个计划可以歼灭已经是囊中物的日军。依我看来，这种情况下，从侧翼用机枪以及迫击炮猛烈攻击是最合适的。我现在希望看到的是，在添上一点点想象力和创意后，能用一个逐步渐进的方式来做些什么。比如，是不是可能把25磅炮拉到最前方，对敌做近距离直射？是不是可以让一两架战斗机低空飞到日军前哨阵地，做夜间突袭，制造噪声和干扰？是不是有可能在小河上筑坝，然后放水淹没日军前哨阵地？我们能不能集中火力，比如说用20门迫击炮和一些火炮，对准他们的主要阵地，打它个落花流水，然后在对方采取报复之前，快速转移迫击炮？有人告诉我有一种用沥青、石油制成的定向地雷，专门对付坦克，几乎任何东西碰上它都能着火，你或者你的工兵指挥官知道吗？我听说在加尔各答地区有一些。我无法想象日本人仍可从那样被包围的战线上存活，而且没有付出重大的代价。①

---

① 1943年3月22日韦维尔给欧文的信，Irwin Papers。

三天后，当韦维尔批准英军在栋拜的骚扰行动，并希望在雨季前尽量“肃清”敌军时，他表达了对劳埃德的不信任：“我觉得只要是劳埃德指挥，下任何命令都无用，因为他显然对执行那些命令缺乏信心。不过，如果洛马克斯（Cyril Lomax）能接管，并在进行考察后认为可以完成任务，那么我很乐意支持发起另一次进攻。”①调离劳埃德的意思在这里表现得再明显不过。

以上韦维尔所写的这些，是在欧文对劳埃德做如下褒贬的两周之后：

> 从某些方面来说，我已对劳埃德感到失望，因为他没有表现出我希望看到的指挥官的决心和魄力，他更倾向于等待下级指挥官的建议或请求，而不能把自己的意愿加给他们。同时他对于别人提出的计划，既没有事先做足详细的考察，也没有监督执行的细节——距离遥远也是相当重要的一个因素。这点我早就警告过他。
>
> 但从另一方面来说，他面临的是一个非常艰巨的任务，而我给他的资源却非常有限。也许一开始我们太顺利或者说太浮躁，结果他现在发现，自己率领的是一支非常疲惫，甚至可以说丧失斗志的部队。我相信在此刻，即使单单兴起换将的念头，也是不妥的。②

的确，欧文相信在一个狭窄的战线上，数量占优势的英军可以把日军压倒。就像我们已经看到的那样，这是个需要付出惨重伤亡代价的主意。可是当欧文派斯利姆去阿拉干见劳埃德时，斯利姆发现，其实劳埃德也认同这个观点。身为第15军指挥官，斯利姆觉得欧文的命令很难理解且模糊，是要他带着他的总部人马过去接管指挥权吗？欧文说不是，军

---

① 1943年3月25日韦维尔给欧文的信，以及S. W. Kirby, op.cit., p. 339。

② 1943年3月9日欧文给韦维尔的信，Irwin Papers。

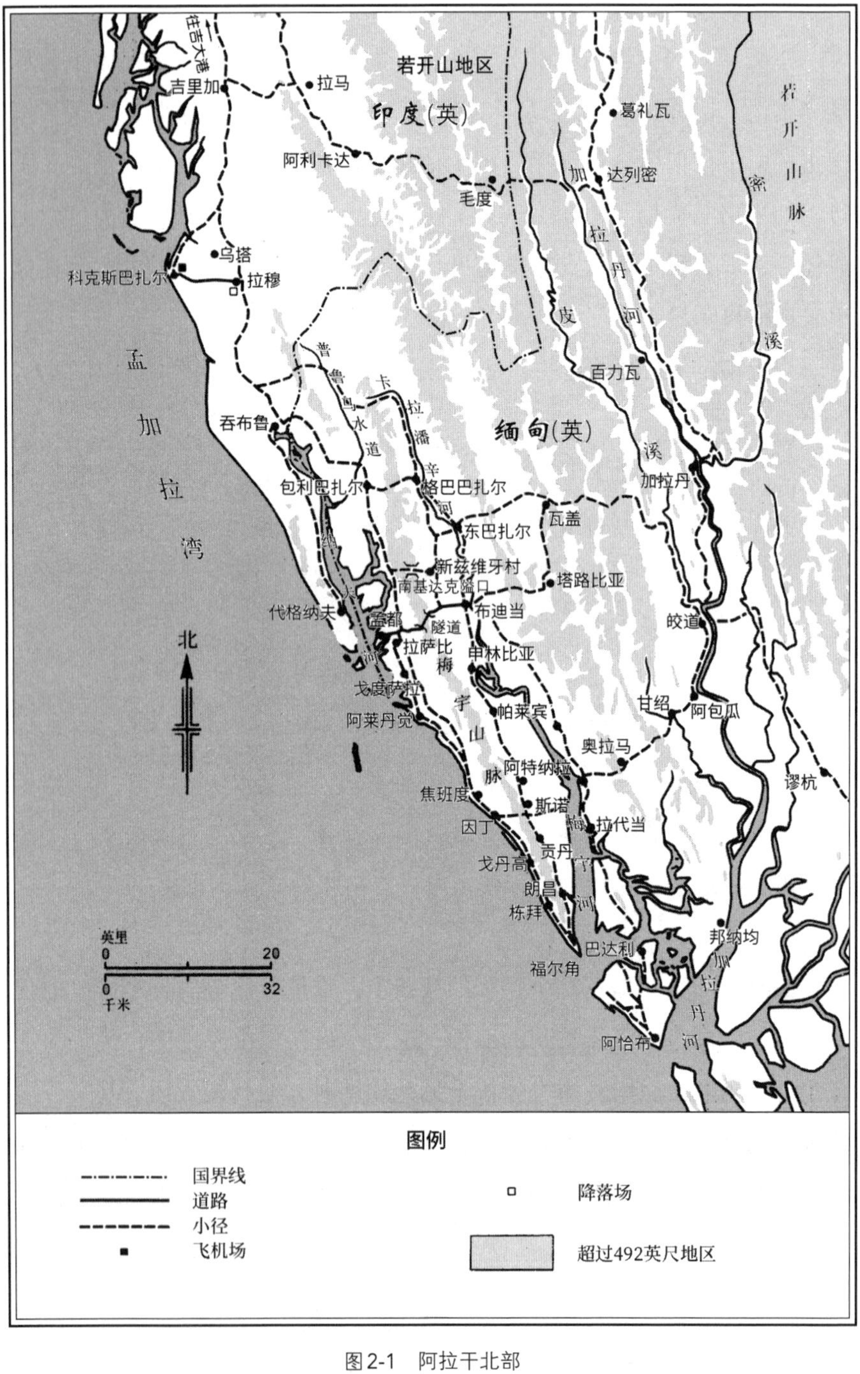

往吉大港
吉里加
拉马
若开山地区
印度(英)
葛礼瓦
若开山脉
阿利卡达
毛度
达列密
加拉丹河
乌塔
科克斯巴扎尔
拉穆
皮密溪
百力瓦
孟加拉湾
普鲁乌水道
卡拉潘辛河
吞布鲁
缅甸(英)
包利巴扎尔
格巴巴扎尔
加拉丹
东巴扎尔
瓦盖
新兹维牙村
南基达克隘口
塔路比亚
纳夫河
代格纳夫
孟都
布迪当
隧道
皎道
北
拉萨比
申林比亚
梅宇山脉
戈度萨拉
阿莱丹觉
帕莱宾
甘绍
阿包瓜
奥拉马
阿特纳拉
缪杭
焦班度
斯诺
因丁
拉代当
梅宇河
贡丹
戈丹高
朗昌
栋拜
巴达利
邦纳均
福尔角
阿恰布
加拉丹河
英里
0
20
0
32
千米
图例
国界线
道路
小径
飞机场
降落场
超过492英尺地区

图2-1　阿拉干北部

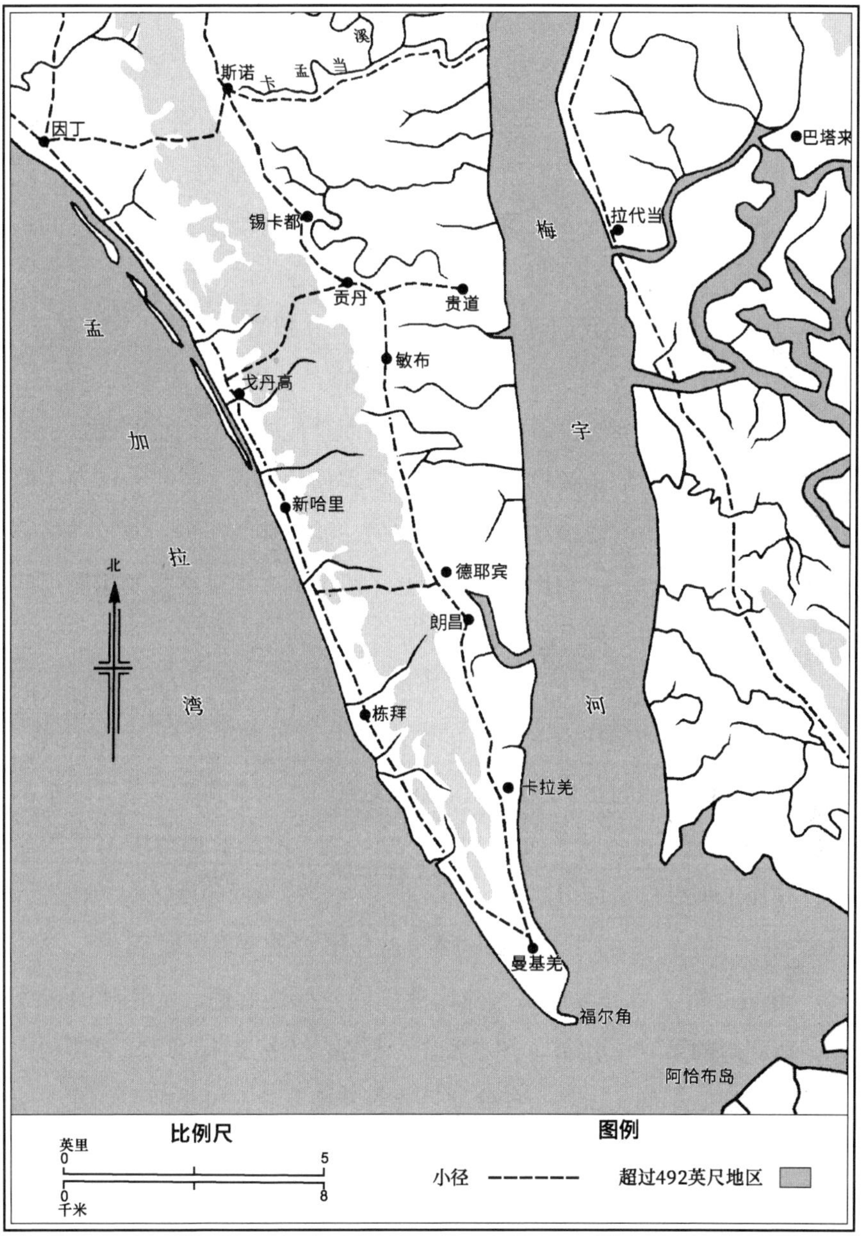
斯诺
卡
孟
当
溪
因丁
巴塔来
锡卡都
拉代当
梅
贡丹
贵道
孟
敏布
戈丹高
宇
加
新哈里
北
拉
德耶宾
朗昌
湾
栋拜
河
卡拉羌
曼基羌
福尔角
阿恰布岛
比例尺
英里
0
5
0
8
千米
图例
小径
超过492英尺地区

图2-2　梅宇半岛

部人员不用带，斯利姆不是去指挥战斗的，只是去看看，然后回来汇报。

3月10日，斯利姆到达孟都，访问前线各旅。他马上注意到，师部无法控制9个旅，其实早在动身之前他就察觉到这一点了。他也看出部队士气低落，因为惊慌，无谓地消耗了太多弹药，而且劳埃德使用第6旅的计划似乎是错的。劳埃德的说辞是，他必须正面攻击，因为没有舰艇可从海上干扰牵制敌人，而且侧翼部队几乎不可能穿越梅宇山脉的丛林。斯利姆写道："我告诉他，我认为他正在犯1942年时我们大多数人都犯过的错误，就是我们都认为丛林是不可穿越的。试着让一支旅队，或者至少它的一部分到山脊上去，是值得的。"[①]但是劳埃德告诉他说，他经仔细考虑后才断定穿越丛林不可行，而且他的旅长们也同意这个结论。斯利姆没有作战指挥权，不能改变劳埃德的主意，于是只好回去向欧文汇报。欧文承受着韦维尔要求发起另一波攻势的压力，并且确信来自现地人员的观点——利用梅宇山脉是不可能的，他最终接受了劳埃德的意见。这决定的后果，已众所周知了。

最后一根稻草落下了，在日军从东面向梅宇河谷开始新一轮进攻的压力下，劳埃德于是下令被切断的第47旅和在沿海平原地带的第6旅，一起向北撤退。当时是3月25日，离欧文声明在雨季到来，英日两军都不能动弹之前不可放弃一寸土地还不到一周。欧文驳回劳埃德下的命令，并在3月29日亲自指挥第14师，把劳埃德打发回印度休假。他告诉第47旅"坚守！"，并下令第26师第4旅与第47旅要取得联系。[②]

洛马克斯受命继续进攻，他比参谋们先抵达孟都，接管师的指挥权，斯利姆的第15军也被告知准备作为战斗的上级指挥。欧文要斯利姆在吉大港建立军部，虽然指挥作战还要等欧文下令；可是即便如此，斯

---

① William Slim, op.cit., pp. 153-154.
② J. Connel, op.cit., p. 252.

利姆还是不会有行政指挥权。斯利姆显然觉得这是个愚蠢的决定，因为军部可以接下许多行政负担，让前线的部队专注在战事上。斯利姆短暂地会见了两个人：4月5日凌晨，欧文刚从休假中被叫回来，早上在加尔各答会见斯利姆；同一天晚上，斯利姆与被解职的劳埃德在孟加拉俱乐部共进晚餐，发现劳埃德“并不那么怨恨”，也了解到他那方面的详情。次日，斯利姆飞到吉大港，随后见到在前线师部的洛马克斯，对后者的镇静印象深刻。[①]

斯利姆显然太需要保持镇静了。就在欧文交给洛马克斯军权的同一天，也就是4月3日，古闲中将的部队从东面沿小道成功穿过阿拉干，翻过梅宇山脉，来到沿海地带。他们出现在因丁（Indin），正是在第6旅从栋拜战败后撤退的路线上。攻击部队是棚桥（Tanahashi）率领的步兵第112联队。以下是棚桥回到第55师团部后汇报的战斗经过：

> 4月3日，我的纵队成功切断因丁西北的沿海道路，主力沿着海岸道路，其他部队从梅宇山麓，对英军逐渐加强压力。6日破晓，我们冲进因丁村，闪击第6旅总部。敌军旅长及其部下共五六个人当场投降。当我正在通过翻译审问俘虏时，英军从南北两方开始大规模密集炮轰；同时，我军部署在梅宇山上的山炮，以及宇野中队的炮兵也对着英军开炮还击，因丁顿时硝烟弥漫，弹片纷飞，一下子炸开了锅。
>
> 我们中队的无线电被炸烂，我和其他5名总部人员也受了伤。英军旅长卡文迪什准将和其他五六个人就在此时丧命。枪炮非常猛烈，纵队主力被困死在因丁，无法追击沿海向北溃逃的英印部队。[②]

① William Slim, op.cit., p. 156.
② 战史丛书，《阿拉干作战》，页110；《英帕尔战役》，页42。

消息在当天早上7点传到达勒姆郡轻步兵团，亦即日军在夜间攻破的皇家苏格兰团和卡文迪什的总部，旅指挥权于是交由来自达勒姆郡轻步兵团的第6旅资深指挥官西奥巴德（Theobalds）上校代理。达勒姆郡团赶到因丁，发现皇家苏格兰团损失惨重。日军把环绕因丁村营房的竹丛当作掩体，代理旅长于是下令营队沿着海岸北去3英里，在傍晚5点到焦班度（Kyaukpandu）集结。开拔之前，英军带着火炮和迫击炮，对准那些没来得及挖好掩体的日军猛轰。日军要么被炮弹炸死，要么在逃跑时被枪击毙。达勒姆郡轻步兵团成功重创棚桥和宇野的部队，并且在去焦班度的路上，经过梅宇山日军炮兵阵地时，也如法炮制。火炮从炮车上卸下，发射烟幕弹和榴弹，掩护撤退的步兵。山上日军炮兵的射程似乎已到极限，"弹片无力地落在湿漉漉的沙滩上，慢慢地弹起，越过行军中纵队的路径"。[1]

第6旅不是唯一被古闲包围的队伍，从梅宇山以东第47旅的所在地，有一条路可以连接因丁，途经一个叫斯诺（Sinoh）的村庄。当第6旅撤退后，日军控制了这条小径，成功切断了印度第47旅。旅长温伯利（Wimberley）下令全旅在6日破晓转移到因丁，但发现此路不通。于是决定离开这个区域，越过田野到因丁南边的瓜宋（Kwason）村，因为他认为第6旅已在那里。他很快发现，在这一田野地带，部队无法集体行动，只得下令放弃重型装备，包括3英寸口径的迫击炮。他让部队又回到山顶，希望找到一条新通道。前哨侦察队传回消息，说是日军已等在瓜宋村。于是温伯利就地把旅队分成若干小队，并下令部下以最大的努力各自寻找退路。大多数士兵都成功地在4月14日前与第6旅会合；不过在当时，这批士兵对洛马克斯来说没什么用，既无组织，也没有装备。正史是这样记载的："作为一个作战部队，第47旅暂时已经

① D. Rissik, *The D. L. I at War*, p. 180.

不存在了。”[①]幸存者被送回印度。

“我在战场上很少如此不悦，”斯利姆回忆那个星期，“所有情况都出错，非常糟糕，我们必须非常努力，才能避免事情恶化。”[②]他真想接过洛马克斯的战术指挥权，要不是看到第26师师长的出色表现，斯利姆几乎就这么做了。这位师长稳定、自信、能干，重新编组后方的旅，防守孟都至布迪当一线，并重组被打散的先头部队。斯利姆与洛马克斯都看到，这场败仗是如何在已经低迷的士气上雪上加霜的。第6旅却是个例外，虽经重创却仍然顽强，其他一些部队则表现得非常糟糕。从不吝啬批评别人的欧文说得更明确，他告诉韦维尔自己是多么不满意第4军的一些部队。在写信给韦维尔讨论印度第17师时，他描述部队士气“一流”，但指出一些部队有“内部问题”：

> 例如，我发现格洛斯特营总体还不错，不过跟国王特属约克郡轻步兵团（KOYLI）一样，我们要求把这些部队中一些人调到其他战区去，因为他们是那种最糟的无赖。格洛斯特营也有一些高级军官，在国外服役已满6年，正在申请回国。在这个节骨眼上竟然还这么做，我觉得他们的士气真是不行。不过申请回国的事情，已经开始进入处理程序。[③]

在新一轮败仗之后，欧文的怒气指向第47旅，他指责道：

> 恩尼斯基林作战明显失败。我相信他们大部分人逃出的时候没带武器。一份虏获的日军文件提到，记录者所在地的前线的英军很

---

① S. W. Kirby, op.cit., p. 345.

② William Slim, op.cit., p. 157.

③ 1943年4月9日欧文给韦维尔的信，Irwin Papers。

快投降，这显然就是恩尼斯基林。在我撤出第14师后，我会设立调查庭，调查当时情况，也会调查丢失装备的内情。

他写信的对象韦维尔，是一个同样对该部队情况相当存疑的人。韦维尔在同一天给欧文的信里是这样写的："我最最担心的是士气，不光是我们部队的士气，还有整个印度的士气。"[①]然而两人好像对卡文迪什的命运还不如对旅司令部携带的文件更担心。失去卡文迪什以及"显然的，第6旅的秘密文件和密码本"是这次行动最令人烦恼的事，欧文这样评价，韦维尔也无异议。"日军占领第6旅总部真是太不幸了，我怕他们会由此详细了解我们的配置和实力。"[②]

日方将卡文迪什被擒当作一件大事，飞速通报到师部，到仰光，到南方军，再一路到帝国大本营。"歼灭敌人6个旅"的报道出现在日本媒体上，伴随着夸张的"敌军伤亡2万人"。[③]所以当棚桥报告说，卡文迪什在英方炮火中丧命时，古闲很失望。接着，丑陋的谣言开始扩散。英方战史仅在注脚中提到："根据日方报告，他不久就死于英军炮火。"[④]斯利姆写得稍微详细些："卡文迪什准将被擒，其后不久，或是死于负责看守他的日军枪下，或是我们自己的炮火下。"[⑤]

斯利姆对于卡文迪什死因的疑惑与日本军事史家高木俊朗（Takagi Toshiro）不谋而合。后者注意到此事，始于知晓1946年棚桥被召回东京盟军最高司令部（SCAP, Supreme Commander for the Allied Powers）后自杀的消息。高木最初认为棚桥是应麦克阿瑟总部的要求，回来配合调查卡文迪什死因的，大概棚桥自己也是这么认为的。事实上，他们只是

① 1943年4月9日韦维尔给欧文的信，Irwin Papers。
② 同上。
③ OCH，《阿拉干作战》，页117。
④ S. W. Kirby, op.cit., p. 344, n. 1.
⑤ William Slim, op.cit., p. 156.

要求他向战争史撰写者汇报缅甸战场的情况。棚桥自杀的原因也许很复杂，包含因1944年阿拉干战役失败造成的自责心情。高木所写《战死》[①]一书给读者的印象是，这是一个无法证实的悬案。不过自那以后，出现了更多关于卡文迪什死因的资料，包括来自一名日本军医小川中宏（Ogawa Tadahiro）的文章，[②]他本人当时曾验尸并签署了死亡证明。小川指出，没有任何目击者幸存，不过从尸体的位置和姿态，以及邻近的日军尸体来判断，他相信卡文迪什死于英军炮火。

1945年在勃亚基集中营，我应当时盟军东南亚地面部队（ALFSEA, Allied Land Forces South East Asia）总司令迈尔斯·登普西（Miles Dempsey）中将之请[③]来调查卡文迪什死因——他是卡文迪什家族的朋友，来自第112联队的幸存者们就是这样跟我描述的。我询问的其中一人（后来也接受了高木的询问）是翻译官松村弘（Matrumura），他也涉嫌在英军被俘阶段殴打图瑞（Turall）少校。他看上去相当令人讨厌，不过他的说法从本质上与其他人无异。

4月20日，古闲下令夺取布迪当和孟都。攻击计划于24日开始，使用宇野武（Uno）的部队（步兵第143联队和步兵第214联队第2大队）、松木平直行（Matsukihira）部队（步兵第112联队第1大队）、宫胁幸助（Miyawaki）部队（步兵第213联队）、棚桥真作（Tanahashi）部队（步兵第112联队）和师团的炮兵。宇野部队肩负沿梅宇山脉北进的艰巨任务，始终被补给所困扰。他们没有卡车和马匹，粮食只得由棚桥派一个支队进行人力运输。宇野少佐感慨困境而作诗一首：

粮食殆尽，已七日；

---

① 译注：东京朝日新闻社1967年出版。

② 译注：《因丁战役》，刊载于《南总文化》（*Nanso*）第三十九期，东京，1972年7月。

③ 译注：作者是日军战俘审讯官。

嚼蕉树芯，上战场。

回到黯淡如废墟的吉大港，斯利姆推断古闲的下一个目标是布迪当至孟都一线和隧道，洛马克斯看法也一致。刚在宇野和棚桥手下经历大败的第6旅，当时陷在梅宇山麓和沿海地带更北的地方。洛马克斯还有一个后备旅放在第6旅后面，他断定古闲会在山脉东侧移动，于是为日军设计了一个“捕蝇陷阱”，就是做一个“盒子”，让进攻的日军进入包围圈，然后把“盖子”盖上。这个包围盒子会动用6个营，两个集结在梅宇山脊上，两个沿梅宇河驻守，还有两个在布迪当至孟都公路以南的一座小山上，就是这个盒子的底。盖子则由几乎1个旅的军力组成，在日军深入盒子，向隧道进发时，盖子就会合上。斯利姆事后评价，这个设计听上去非常简单，就是几何图形，不过他和洛马克斯使用的是一支非常疲惫的败军。

宇野部队挺进布迪当，在297高地和275高地附近遭遇第55旅，并展开激烈的山地战。28日，盟军空军加入，轰炸扫射宇野部队，让第55旅有机会反击。棚桥救下宇野部队，重新夺回两高地。宇野继续奋力推进，于5月4日在路标27英里和55英里两处切断布迪当至孟都公路。日军往北突入，正如斯利姆和洛马克斯的计划。但是这个包围计划还是失败了，因为盒子的底脱落了。构成盒子底的两个营没能成功守住阵地。第71旅派出兰开夏郡燧发枪团第10营防守551高地，这是一座俯瞰东隧道的小山。5月2日，日军发起进攻，3日下午把兰开夏郡燧发枪团赶下小山。5日，斯利姆与洛马克斯会面，同意洛马克斯如有必要，可以牺牲布迪当，让第55旅和隧道以东的部队解脱出来，但是孟都必须守住。日军摧毁了距离布迪当4英里的礼为德河（Letwedet Chaung）上的桥梁，逼得第55旅和林肯郡第1团只好破坏自己部队的车辆，在6日晚越野行军。两天后，洛马克斯把部队部署在孟都附近，执行斯利姆的，同时也是欧文的命令，死守孟都。8日，日本航空部队出现，轰炸孟都和包利巴扎尔，造成大批平民劳力逃亡。宫胁部队绕过茂多丘陵（Mowdok Hills），在4月9日到达布迪当东面，包围盒子就这么散了。5月8日晚上7点，宇野部东移，占领布迪当，这不仅仅是军事上的胜利，因为布迪当也是阿拉干军政府的总部。松木部队从戈度萨拉（Godusara）往北前进，在14日夺下孟都。“这一切真像是1942年的重演，更苦的是，这次我们是被数量比我们少的对手打败”①，斯利姆如是说。

不顾欧文的反对，斯利姆在压力下允许洛马克斯弃守孟都。斯利姆如今可以肯定，如果用这支“不能指望它守住任何东西”的部队，又在没有储备的情况下守城，只会遭受灾难。孟都的弃守相当仓促，与V部队转交的报告无关，而是基于日军正从东面层层包围推进，势必阻止英军任何有秩序之撤离的假设。在当时的情况下，无论如何，大概也是守不住了。于是，经过数月艰苦且泄气的战斗后，英军又回到了1942年10月起点的位置。

欧文在给斯利姆的一封信的附言里，愤怒地列出截至5月8日一周内的伤亡统计数字：“在阿拉干，包括英印军各层级：10人阵亡，40人受伤，3人失踪。情况是，我们的17个营被对手大约6个营追着打。这就是让人伤心的当前战斗的实情。”②

回顾整个战役，斯利姆不认为人员伤亡很高。“我们在人员阵亡、受伤和失踪上的实际损失并不大，总共约2500人。虽然我们没有给敌人造成很大的损失，但他们也蒙受了相当的痛苦。”③斯利姆的估计和英国官方的数字相当符合：

---

① William Slim, op.cit., p. 160.

② 1943年5月10日欧文给斯利姆的信，Irwin Papers。

③ William Slim, op.cit., p. 161.

阵亡：916

受伤：2889

失踪：1252

总计：5057[1]

不过跟日本统计的数字相差很多：

英军损失：

阵亡：约4789（这个数字指的是弃尸）

战俘：483（包括3名军官）

（没有给出受伤者的数字）

日军损失：

阵亡：611

受伤：1165

总计：1775（占参战部队的30%）[2]

韦维尔在他的报告中声称，“这场战役最大的收获是见识了敌方的攻击手段，并看到我方在训练和编组上的不足。最严重的损失是部队的声望和士气。总体权衡后，我并不后悔在缺乏资源的情况下发起这场战役”。[3]

斯利姆说得更明确。在1943年4月18日给欧文的信里，他如此评价部队的士气：

所有的旅长，霍普金斯（Hopkins）、劳瑟（Lowther）和柯蒂斯

① S. W. Kirby, *The War Against Japan*, Ⅴ, p. 543.

② OCH《英帕尔战役》，页45—46。

③ J. Connel, op.cit., p. 255.

(Curtis)都担心麾下部队的状态，这是整个战役过程中最严重的问题。如果我们的军队处于一流的战斗和健康状态，我们没什么好担心的。英国军队非常疲惫，对整个阿拉干行动感到气馁。他们的健康状况持续恶化，最近的大雨又带来疟疾，第6旅的3个营和山炮部队每天减少50名士兵。所有营的兵员都比500高不了多少，有几个还低于500。

印度军队除了第4旅，也很疲惫。不过他们的问题是低劣的体质、训练水平和精神士气，尤其是新近征集的加入阿拉干作战的士兵……

我认为无论是英军还是印军，总体上还可以好好再打一仗，但之后就难说了。无论在阿拉干发生了什么，当务之急是我们的最高统帅部需要认真改进步兵部队的士兵素质，提高他们的耐久力。我们的对手，把最好的战士放在步兵，如果不仿效，我们没法取得大的进展。

或许，欧文对于斯利姆将过错都推到高层指挥上自然感到很烦恼。他承认有这些缺点，但觉得过错在别的地方。在一封5月8日给韦维尔的标明“极机密极私人”的信里，他说：

我们即将面对的难题是需要解释在布迪当和孟都遭受的损失。从公众的角度来看，无疑应该由指挥官为失败负起责任。可事实上，虽然指挥官称不上非常优秀，但根本原因绝对是部队作战的能力不足。

随后，欧文继续提交一套“极机密”的《关于驻印军以及部队在印缅边界战事问题的说明》文件。他肯定：“我可以说，这些部队几乎无一例外，在丛林野地的能力不及日本步兵的一半……因为这个原因，我特意强调部队作战时‘敏捷而务实’的必要性。我手上有部队素质低劣的报告，我本人也可以举几个在通常情况下被认为是‘面对敌人表现出卑劣和懦弱行为’的实例。在阿拉干战役中，这类行为出现的比例很高，让人毫无选择，只能承认部队的水平实在太差，无法完成战斗任务。”

5月上旬，当布迪当—孟都战事正酣之际，斯利姆总部曾派出一名联络官，访问第4、第6和第71旅。他的观察是，“根据个人观察和与高低阶军官、士官、士兵及逃回的俘虏等人所做的交谈，除了炮兵之外，这条战线上的日军绝对比我们在这个地区部署的部队要优异得多”。他继续说：

> 很明显的事实是，我们的队伍或是精疲力竭，或是恼火沮丧，或是两者皆具。不管是印度兵还是英国兵，他们的心不在这战争上面。前者显然很恐惧日军，士气普遍受挫于这场战争的特质，例如茂密的热带雨林和由此产生的盲目摸索行军、夜间丛林的各种声音、关于日军暴行的恐怖传说、因发烧而产生的逐渐衰弱，还有一系列的军事失败；英军也害怕雨林，憎恨这个国家，不明白为何而战，而且强烈感到自己在打一场被世人遗忘的战争，高层没有人真正关注他们……
>
> 一些部队，尤其是兰开夏郡燧发枪团，从1942年10月战役开始就一直在战场上，他们抱怨其他很多部队都能轮班换防，而他们却一直奉令待在战场……
>
> 到达的增援部队大多由未经训练的士兵组成，按照兰开夏郡燧发枪团指挥官的说法，很多人甚至从来没见过布伦轻机枪……
>
> 总而言之，以一对一的情况是：久经严格训练的日军所面对的——我们，虽然表面上看似很强大，但在很多情况下是一支比被强征的队伍好不了多少的军队。而这要素，尤其在丛林作战时，完全抵消了我们大约五比三的数量优势。

然后他举出一些具体的实例：边防第13团第8营失守551高地，他们在夜间听到怪声时用尽所有枪弹，次日早晨竟无弹可用，只能弃守。同一营的锡克连拒绝服从命令，“在战斗过程中，连长科伊（O. C. Coy）和副指挥官发现自己在551高地上，自己的连队却往相反的方向快速移动”。第71旅的少校告诉他，负责前哨巡逻的英国军官在遭遇敌人的威胁时突然发现自己成了光杆指挥官，手下士兵跑得一个都不见了，这是当时屡见不鲜的情况。

而士气跟训练密切相关：

> 最让人关注的是，第26师绝大多数指挥官和参谋对手下的士兵没有什么信心，所有人都认为问题来自缺乏训练。被派上战场的士兵没有做过实战准备，再加上有很大比例是纯粹的新手。①

欧文卷宗里有份1943年5月22日的报告，出自“一名阿拉干前线的联络官”，用更直截了当的方式讲述了同样的故事。直言不讳的口气，加上这份报告是夹在一封信里，似乎证明作者是欧文的儿子安东尼（Anthony）。在参加V部队之前，安东尼曾担任过一段时间的阿拉干联络官。

> 我所接触的部队里，他们是最懦弱的一支，还有他们的指挥官也非常胆怯，这是我能想到的唯一的形容词。他们大多无所用心，不守纪律，在许多情况下是没有受过训练的。总之他们全都没种。例如，我无法形容得更贴切，一名英军下士说，“长官，不要对他们开枪，不然他们会还击的”。

---

① 1943年4月5日到9月5日，在孟都前线的报告，Irwin Papers。

……像目前的部队，我看不到任何胜利的可能性。而那些在后方的人只知道舒服地坐在屋里阅读白纸黑字的战况报告。他们怎么可能了解热带丛林？如果你告诉他们，英国士兵只要和日军对打一会儿，就成了个不堪一击又孬种的战士，他们会怎么回答？如果你告诉他们这里的实际士气，他们会怎么回答？来到这里的士兵，怪罪把他们送上前线的当权者，他们来这里只期待翌日就可以回家，他们祈祷不要遇上战斗。这就是我们的军队。[①]

来自各方的文献一再重复战败的颓丧经历和原因，还有低迷不振的士气。在缅甸的军队无疑需要平坦的道路，还有武器、安抚、空中支援，等等，但是最重要的，他们需要大力提振士气，他们需要奥德·温盖特。

第17回 温盖特首次远征

关于奥德·温盖特的个性和战略思想，以及他两次在缅甸日军占领区后方进行的远程渗透行动，已经有很多研究和讨论了。可以说温盖特行动所吸引的注意，比缅甸战事中其他所有战役加起来都多，因而也使那些行动的战略价值和成就受到不公平的低估。而另一方面，温盖特在英军同僚指挥官和后方参谋中所引起的敌意，导致这些人努力丑化他，贬低他的所作所为。即便在今天，要给温盖特和他的敌人一个公正的评价，仍然需要相当斟酌。

---

① Irwin Papers, Imperial War Museum.

温盖特行动所造成的“冲击”是最重要的，至少他的第一次远征被认为如此。当这次行动开始时，英军已经放弃了原来的计划；所以明白地说，这次行动无法实现最初设定的目标。原先的主意，是派温盖特率领3000名士兵，以从空中获得补给的方式，远征进入缅甸，进行远距离骑兵式突袭，为更大规模的作战部队提供支援。不过那支更大规模的部队始终未能成形，那么这一突袭行动到底是该继续进行，还是彻底取消呢？最终，主要是因韦维尔的支持，突袭行动得以继续。事后，温盖特行动及生还的故事被精心策划并广泛宣传，为日后在缅境内的行动带来了无法估量的助益，尤其是对那些非常讨厌他的军事观点以及好斗特质的人来说。特遣行动振奋了英军士气，第一次阿拉干战役已经充分说明，当时的作战部队是多么需要这样的鼓舞。当部队的士气处在最低点，当所有士兵几乎都一致认为，日本步兵是丛林超人，除非英方拥有压倒性的人数和绝对优势的火力，不然，日军是不能被击败的——而这些观点是指挥官们极力反对的。这个人证明了日军可以在他们被认为最擅长的事情上被击败：体力和耐力、秘密而快速行动、丛林战法的灵活运用。

毫无疑问，军事史家会继续嘲笑温盖特有些炫耀之处，而他们也会相当正确地证明，缅甸战事最终赢得胜利是由于在英帕尔和密铁拉击败日军的印度师团。那些严肃和古板的人会继续诋毁温盖特的夸张性格、装腔作势的范儿和伴随着的张扬浮夸，但他们忽略了重点：媒体和世界舆论为温盖特首次远程渗透大肆宣扬，替缅甸战事注入了朝气。不管战略结果如何，也不管温盖特心理和性格上的缺陷，部队的士气得到重振，这点毋庸置疑。

第一次远程渗透代号为“长布行动”（Operation LONGCLOTH）[①]，部队在1943年2月13日进入缅甸。当天，劳埃德进入阿拉干突击不顺，

---

① 译注：long cloth意为上等棉布。

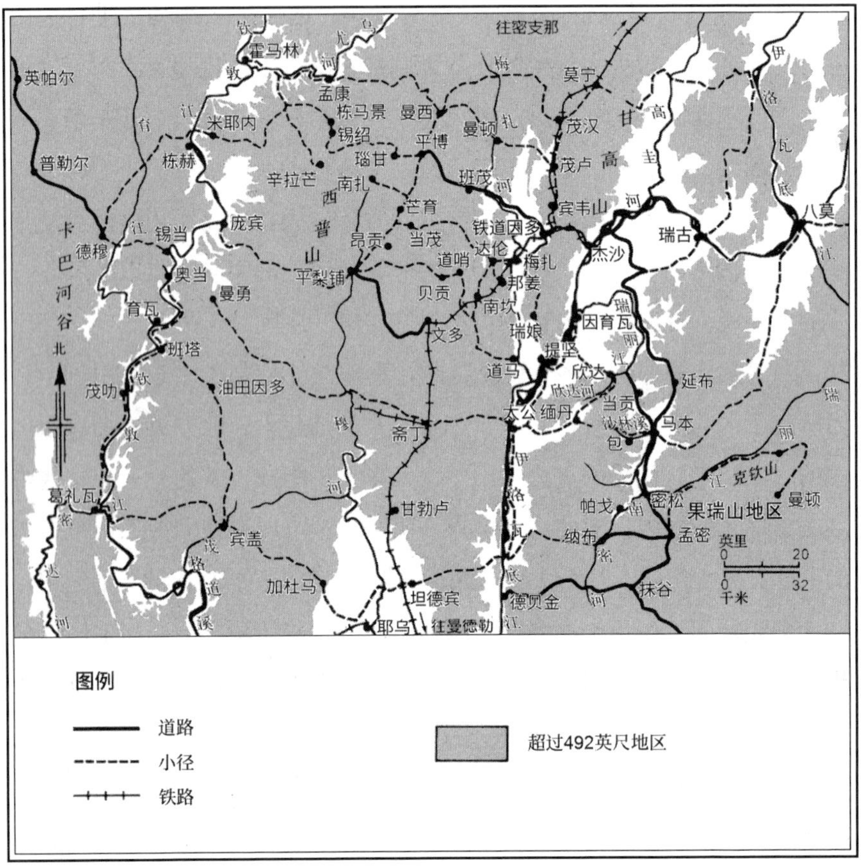

图 2-3　温盖特第一次远征“长布行动”

在栋拜和拉代当的进攻失败。“长布行动”于5月结束时，印度东部军和第15军被比自己少的日军击败，不得不接受战败的事实，沮丧地被打退至战役的起点。这两个作战同时进行，但背后的士气和动力却截然相反。尽管温盖特首次远征也失败了，但这是一次充满希望的失败。“长布行动”非常耀眼，有吸引力，充满斗志，导致阿拉干战役接连失利的缺陷它都有，但对自己的战法、目标和能力失去自信的哀兵败军来说，这是一帖最佳的精神振奋剂。

奥德·查尔斯·温盖特（Orde Charles Wingate）是一名炮兵军官，于查特豪斯（Charterhouse）公学校和伍利奇（Woolwich）皇家军事学院接受教育。“二战”前他驻守巴勒斯坦，1936年在镇压阿拉伯人起义时，曾组织当地犹太居民成立“夜警队”保护社区，[①]取得显著成绩。因此被授予英国杰出服务勋章（Distinguished Service Order，DSO）。但因为他有明显亲锡安主义的倾向，[②]于是被调离该地区，成了边缘人，尤其是在陆军军官里显得独特。温盖特这些行动为后来的哈迦纳（Haganah）组织[③]打下基础。哈迦纳对抗英国人和阿拉伯人，并成为1948年建立以色列国的军事力量，温盖特那时已去世四年了。在之前，反犹太倾向在英国高层军官中相当流行，学生普遍因轻率而误解劳伦斯所著之《智慧七柱》(*Seven Pillars of Wisdom*)，产生同情阿拉伯的心态。温盖特父母是严格的普利茅斯兄弟会信徒（Plymouth Brethren），[④]这可以解释温盖特对《旧约》人物的关注；让犹太人回到以色列，是他倾力襄助的事业。

“二战”爆发的最初几个月，温盖特赋闲在家。但随着1940年6月意大利加入战局之后，由于对游击战的精通，以及在苏丹国防军的

---

① 译注：原文用词为希伯来语kibbutzim，特指当时在以色列乡村出现的集体社区。
② 译注：pro-Zionist，即犹太复国主义。
③ 译注：Haganah，犹太半军事组织，现今的以色列国防军之前身。
④ 译注：保守教派，没有教会，没有牧师，同情犹太人。

服务经历，温盖特成为英军负责要把意大利入侵者赶出阿比西尼亚（Abyssinia）[①]的理想人选。在北非，英国有4万军队，意大利有40万军队，数字上的悬殊使得当面交锋几无可能，只能依靠计策和谋略。一名长期生活在阿比西尼亚的英国人桑福德（A. D. Sanford）建议，把阿比西尼亚废帝海尔·塞拉西（Haile Selassie）召回，并鼓动起义。在得到苏丹正规军的支援后，这场起义获得成功。温盖特的“基甸部队”（Gideon Force），包括2000名苏丹和阿比西尼亚正规军，1000名阿比西尼亚游击队员，零星数名英国军官和士官，打败了36000人的意大利军队，并缴获装甲车、野战炮、轰炸机和战斗机。温盖特和重新登基的塞拉西一同进入首都亚的斯亚贝巴（Addis Ababa），随后，温盖特飞往喀土穆（Khartoum），然后到开罗（Cairo）。[②]

当然一路行来，并非一帆风顺，温盖特跟桑福德有过争执，也曾经惹恼了英军总司令威廉·普拉特（William Platt）爵士。部分原因是，他认为英国政府对游击队的成就态度冷淡，想让英军正规军抢先进入首都，从而削弱塞拉西皇帝的权威，迫使塞拉西之后能顺从英国在东非的计划。这些想法并非无中生有，但温盖特对此过于执拗，他的不满为他招来敌人。回到开罗后，1941年7月，在一阵突发的抑郁情绪中，温盖特在旅馆卧室内割喉自杀。幸亏隔壁房间的一名军官听到他倒地的声音，把他从自己的愚蠢中救了出来。而韦维尔的同情和宽待则挽救了温盖特的职业生涯，使其避免戛然而止。韦维尔对基甸部队的成就印象深刻，在担任印度英军总司令后就想到温盖特。韦维尔深为英军在远东低落的士气所困扰，于是他召来温盖特，试试非常规的作战能否在缅甸的战火中有所作为，能否“火中取栗”，帮英军脱困。

---

① 译注：今日埃塞俄比亚。

② 阿比西尼亚和厄立特里亚（Eritrea）是日后缅甸战场上不少将领一试身手并证明自己能力的试验场，他们包括斯利姆、梅瑟维（Messervy）、布里格斯（Briggs）、劳埃德、里斯（Rees）等。

温盖特先飞德里，然后到眉谬。在那里，英缅军司令胡敦中将告诉这个看来有点忧郁的年轻上校，因为缺少人员和飞机，再加上日军正在快速挺进，此时展开游击行动没什么希望。他建议温盖特去见麦克·卡尔弗特（Michael Calvert），一名好战的工兵军官。卡尔弗特当时正在经营一所“丛林作战学校”，训练英国军官如何在中国指挥中国抗日游击队。卡尔弗特了解中国，曾经在上海看过日军作战，曾经代表陆军参加拳击赛，在挪威打过德国人，并帮助经营苏格兰洛凯罗（Lochailort）的突击队训练中心。卡尔弗特的“学校”不仅授课，也组织实际袭击行动。温盖特跟卡尔弗特讨论，并通过他的介绍，结识了当时担任英缅第1军司令官，身在卑谬的斯利姆，也介绍他给蒋中正。温盖特随卡尔弗特一起飞到重庆，在那里讨论从中国出发进行远程渗透的可能性。但战局恶化得太快，温盖特根本来不及在当时缅甸各地涌现的游击队中建立权威，1942年4月底，他回到德里。

参与联合计划参谋会议的伯纳德·弗格森（Bernard Fergusson）记得，当时在总部会议上每个人都出谋划策，想要重新夺回缅甸，但只有一个人真正让他印象深刻。“一个宽肩膀、举止粗鲁，几乎像人猿的军官，经常闷闷不乐地飘进办公室，一待就是两三天，大声说着梦话，然后再飘出去……我们觉察到他根本当我们不存在……他不靠我们，却能在高层说得上话，所以我们对他的计划开始注意。很快地，我们被他几乎催眠式的说辞所折服，而且一些人开始渐渐分不清现实和梦幻。”[①]

其实温盖特计划的基础一点儿也不梦幻，那就是依赖空军力量。英军在马来亚和缅甸败给数量少于自己的敌军，是因为英军完全依赖陆路，牢牢地受制于地面。如果他们的后方补给线被切断，那么就几乎注定无法反击，这正是日军屡试不爽的标准策略。所以英军作战时总要

---

① Bernard Fergusson, *Beyond the Chindwin*, 1945, p. 20.

多留一个心眼看着后面，总是担心敌军堵住后路，切断跟医院和补给线的联系。而温盖特看到的，是在一个空中运输的时代，这一切可以彻底改变。卡车可以装载的大多数东西，飞机也可以装载；就算飞机不能着陆，也能用降落伞空投。如此，士兵就不必再依靠陆上补给线。在任何地方，士兵都可以从天上得到任何东西：粮食、水、信件、驴子、吉普车、枪炮。唯一的前提是：要建立一个有效的无线电通信系统，可以准确标出投放地点。如果遭到包围，士兵可以留在原地战斗，而不是被迫从陆路突围回基地，或是抛下一切装备从雨林遁逃；而且天上还可以提供地面士兵无法携带的长程重型火炮，战斗轰炸机可以替代现代的加农炮。今天，这一切听上去是那么普通，那只是因为有了像温盖特那样的人把它们实现了。[①]

可是温盖特的战略不仅仅是拯救被围部队，还要把他们变为成功的守备队。他要的是更积极的行动。在缅甸这样一个面积比法国还大的国家，当时的日军只驻扎有四个师团以及一些守备旅团，其中大多数驻守在前线，以防御可能的进攻。大片的兵站区域，相对地几乎不受保护，或是防守薄弱。一支人数不多的部队，如果在这一补给线上采取军事行动，可以取得相当大的成果。这跟阿比西尼亚的情况很不同。在阿比西尼亚，当地居民对意大利占领者怀有敌意，任何承诺愿意赶走意大利的人，都可获得居民的协助。缅甸的情况很不一样。1943年，日本还被看作解放者，缅甸获得政治独立的迹象就近在眼前。在这种情况下，不能认为缅甸人会希望英国人回来。另一方面，1942年才成立的缅甸步枪部队依然存在，仍是作战部队，士兵来自山地民族，有克伦族、钦族、克钦族。他们可以充当向导、翻译，组成前哨侦察排。“他们是我们的耳

---

① 就温盖特对飞机在炮战中所起作用的评价，见Terence O' Brien, “Wingate-a flawed hero”,《周日电信报》(*Sunday Telegraph*)，1984年3月11日，页9。

目，也是帮我们征粮的人”，弗格森如是说。[1]

韦维尔对他信任，让温盖特足以获得首次行动所需要的人力：一个旅。不过温盖特仍面临一些问题。第一次入缅时，温盖特四十岁，不修边幅，但想给他的官兵留下印象，他在阿比西尼亚和进入缅甸时（但不包括在印度训练时）都留起了胡子，戴着热带部队都有的一种旧式遮阳帽，[2]虽然当时军中已改用较实用及美观的澳大利亚丛林帽。他说话好像老水手般滔滔不绝，[3]锐利的蓝眼睛紧盯着谈话的对方，吐出一连串催眠的深奥信息。他喜好高谈阔论，又容易与人起争执，但很奇怪，总是特别有说服力。他简直就是韦维尔喜欢的那种非传统、非保守战士的完美典型，或者按照谢尔福德·比德韦尔（Shelford Bidwell）的说法，是“一位浪漫的爱国者”。[4]比德韦尔也称他为“躁郁症患者”，我个人觉得形容得挺对。他就是一个狂躁抑郁的人，时而极度沮丧，认为上帝拣选他做大事，却又抛弃了他；时而又兴奋无比，相信一切迹象都预示着成功。

他手下有个英国营，是国王利物浦步兵团第13营。从表面上看，他认为要完成这任务没有比这个营更糟的了。他们原本防守英格兰海岸线，随后被调到印度做守备部队。士兵是从利物浦、格拉斯哥和曼彻斯特招来的城里人，许多已婚，许多超过三十岁。在征召年轻新兵补充之前，这个营的平均年龄超过三十岁。“很普通，在某些情况下则是三流水准……没什么特别”，这是比德韦尔对温盖特手下英国部队的评价。[5]卡尔弗特手下的军官杰弗里·洛基特（Jeffrey Lockett）认为，虽然这不

---

① Bernard Fergusson, *The Trumpet in the Hall*, 1970, p. 143.

② 译注：sola topee，19世纪下半叶到20世纪初，在热带生活的欧洲人广泛使用的一种遮阳帽。

③ 译注：可能出自18世纪末英语长诗《古舟子咏》（*The Rime of the Ancient Mariner*）中的水手形象。

④ Shelford Bidwell, *The Chindit War*, p. 39.

⑤ Shelford Bidwell, op.cit., p. 25.

是他们的错，但许多人的身体状况无法胜任执行此任务，或者“不喜欢将要去做的事”。温盖特自己也注意到他们“明显缺乏热情”。[①]

有很多人难免被淘汰。这支部队的完整编制是8个支队，每个支队以1个步兵连为基础；实际上，只有4个廓尔喀支队和3个英国支队。在印度中央省训练时，筛选过程极为严格，被淘汰的包括营指挥官和250名士兵。剩下的人眼看着自己从苍白变成古铜色，肌肉变坚硬，胸脯挺起来；他们发现，任何忧郁症的倾向都必须被严格控制。在军医的帮助下，温盖特决定降低部队高达70%的告病率：任何没有理由的伤病报告都会受到惩罚；所有小病统一由排长医治（经常就在行军路上）；军官必须检验士兵如厕后的粪便，从而判断士兵递交的痢疾报告是否合理。[②]当训练结束时，只有3%的士兵告病。

廓尔喀第2团第3营是温盖特手下的另一支步兵队伍，他们在战争中成长，缺乏专科军官。营里只有一名现役作战军官，只有两名军官对廓尔喀人有透彻了解。[③]实际上，不少廓尔喀军官认为自己已充分了解温盖特所要培训他们的这类型战争技巧；而且卡尔弗特认为，廓尔喀营从来没有真正接受温盖特的想法。[④]温盖特和卡尔弗特都认为，在团本部以及在德里，有高级军官鼓励这些士兵不服从温盖特。有些廓尔喀高级军官不喜欢温盖特是毋庸置疑的。伦泰恩（W. D. Lentaigne）当时正在训练第111旅成为远程渗透部队，他后来还接替温盖特，统帅钦迪特突击队行动；据说伦泰恩讨厌温盖特，也轻视他的想法。另外，有一个匿名的印度陆军将领（前廓尔喀军官）说过：“他给廓尔喀部队带来的是

① Major-General Derek Tulloch, *Wingate in Peace and War*, 1972, p. 71; C. Sykes, *Orde Wingate*, 1959, p. 372.
② 信息来自艾基（W. Edge）中尉。
③ C. Skyes, op.cit., p. 371.
④ Michael Calvert, *Fighting Mad*, 1964, p. 123.

史无前例的败坏，这个年轻人啊。”[1]值得一提的是，尽管众所周知，温盖特对印度军队整体的印象不佳，但在第二次特遣行动中，他仍继续使用廓尔喀部队。

卡尔弗特“丛林作战学校”的战争幸存人员编入第142突击连，他们将执行破坏任务，这也是特遣行动的一个目标。在1942年撤退的最后时刻，卡尔弗特有不少强悍的手下，其中还包括一些被关在拘留营服刑的逃兵。有一次，卡尔弗特发现看守逃兵的哨兵睡着了，有一伙逃兵趁机跳上一辆卡车逃走。他去追他们，却没能找回来；可见当时军中的混乱程度。不过后来广泛流传的传说是，卡尔弗特追了上去，还亲自处死了这批逃兵。这事一点儿也没破坏他与其余悍徒间的关系，因为他对那些人的忠诚本来就不存指望。[2]

每个支队由1名少校指挥，配有15匹马、100头骡子；武器配备为维克斯中型机枪，以及其他标准步兵武器和汤普森冲锋枪。重型武器由骡子承载，并由空投补充，因此每个支队还配有皇家空军的一个分队，由各支队发信号，标示出合适的空投地点。配给就算有，也很少足够。严格的丛林训练使战士能够适应艰苦环境，他们经常缺少食物，又干渴，被昆虫叮、水蛭咬，精疲力竭是惯常的状态。这使得印度训练中心所在地骚格（Saugor）所执行的医疗准则显得合理：在缅甸丛林里，落单的病人与伤员一样必须被放弃，这就意味着他们或者被俘，或者死去。军官和士兵在接受无情训练的几星期里，一致诅咒温盖特；但他们也同样佩服他，温盖特的古怪行为让他更容易被大家接受：他有时会被发现一丝不挂地用一支硬的梳子往自己身上刷，喝水牛的奶，吞食生洋葱；这些刻苦行为也就是他想要传达给所有人的特别品行。

---

① John Connell, *Auchinleck*, p. 743, n. 1.
② Michael Calvert, op.cit., p. 116.

每天的训练从早上6点开始，半小时劈刺训练和徒手对打，早餐后是丛林技巧课程，包括如何使用罗盘、阅读地图。在一天中最热的时候小憩，下午3点到5点做杂役。那里没有房屋需要打扫，所以主要任务是挖厕所，以及为骡队在丛林中清出道路。在普通工作日，训练到下午5点结束。他们经常外出训练，炸桥梁、攻机场，或是设置埋伏。[①]卡尔弗特对训练课程的超高压力是这样轻松解释的：

> 大多数欧洲人不知道自己的身体可以承受的程度，通常是心理和意志上先放弃了。许多战士从不知道他们可以做到这些，现在也几乎不敢相信自己能行。极端艰苦训练的一个好处是士兵证明了自己可以做到，可以吃苦。如果你每天行军30英里，那么你当然可以轻松完成25英里。[②]

温盖特向来重视宣传的价值，他对以往用数字表示部队名称做了改进。在跟一名缅甸军官对话时，他把缅文中“狮子”一词chinthe误听为chindit。[③]“钦迪特”这个词于是成形，并从此进入军事史。这主要还得归功于属下的两名支队指挥官：麦克·卡尔弗特和伯纳德·弗格森准将（后为巴伦特雷勋爵，Lord Ballantrae），他们写的书都很有影响。在最后撤离缅甸时，卡尔弗特泅渡钦敦江，遇上了一名日本军官，两人赤身裸体在水中一对一肉搏，结果卡尔弗特勒死了对方；而后他又乔装成印度妇女，混在一批印度难民中间，终于成功逃离缅甸。他骁勇不屈，是如此合适的人选，温盖特一听到他生还的消息，立即召他入队。

---

① David Halley, *With Wingate in Burma*, 1946, pp. 30-32.

② Michael Calvert, *Prisoners of Hope*, new edn., 1971, p. 12.

③ 译注：钦迪（chinthe）是一种常见于缅甸等东南亚与南亚国家的宝塔或庙宇门口的石兽，龙头狮身，用以守卫宝塔。

在印度总部炎热温室里的弗格森，已为温盖特的主意所折服，其实双方早就见过面。这名戴单片眼镜的伊顿公校毕业生，来自皇家苏格兰高地团[①]，说话带着贵族式的腔调，此点日后无意中对史迪威产生了显著影响。总体而言，弗格森的陆军生涯相当优越，担任过韦维尔的副官，也在英国著名军校桑德赫斯特（Sandhurst）授过课。跟温盖特一样，弗格森也对近东情有独钟，而且也在1936年参与过巴勒斯坦的情报工作。他热切想要逃离德里秘书处那修道院般的隐世气氛，去加入温盖特的部队。他身边的其他参谋，则劝他千万不要惹上温盖特这个麻烦。他在离骚格不远的一个转运站，遇到一名愤怒的少校正在转火车离开钦迪特。这位少校也告诉弗格森："我劝你还是打道回府回德里去吧。温盖特是个疯子，我可是受够了！"所有这一切都没能动摇弗格森的决心。[②]

弗格森在德里并不如意，他唯一的工作让他感到"持续且彻底的悲惨"。他在总部不受欢迎，但不光是针对他，也针对他从前的长官：此时的英印军总司令韦维尔。弗格森回忆在英格兰军事基地奥尔德肖特（Aldershot）和开罗时韦维尔手下出色的军官们，跟眼前德里的这班人做比较后，他很高兴自己能离开德里。[③]

不像劳伦斯为自己写了辩护书，温盖特的理念只在他的信件和官方备忘录里流传。他的声望来自他人的写作，其中多半曾是他的手下，只有一个是他的上级。就弗格森而言，他书里的观点有过起伏。《越过钦敦江》（*Beyond the Chindwin*）是一个皈依者的颂词；而他的最后一本书《大厅里的号角》（*The Trumpet in the Hall*）虽然重复了前书的称颂，但加上了年轻弗格森都不敢想的气质，反思国家媒体"把温盖特夸大到一个

---

① 译注：此部队外号Black Watch，意为黑色看护者。
② Bernard Fergusson, op.cit., p. 24.
③ Bernard Fergusson, *Wavell: Portraint of a Soldier*, p. 72.

可笑的地步”[1]，“有时候，已根本不是真实的他”[2]。

第一次温盖特远征当然不只是温盖特和韦维尔两人的合作，身为印度东部军的总指挥官，欧文也参与了。欧文提出的唯一限制是，只有在一支更强大的部队同时攻打缅甸时，这个计划才可能成功。这其实也是最开始的构想：

> 我想说的是……（1956年1月他写信给官方正史作者柯比少将）1942年韦维尔派温盖特来见我，讨论他的组织和可能的角色。他走后，我对整个主意表示支持，并且撰写了总司令作战指导，总司令部同意后，以总部的名义发了下去。不过，当时必须决定，是否在没有其他主要战役伴随的情况下，派钦迪特突击队入缅。简而言之，我对总司令的建议是，就行动价值和不可避免的整个计划被暴露而言，温盖特行动不应在那时执行。不过，从练兵以及获得地空合作经验而言，这个计划值得执行。我感到我不够资格在重大局势中做种种衡量，于是请韦维尔去阿萨姆见温盖特和斯库恩斯（Scoones），当场做决定。他做的决定大家都知道了。[3]

正如我们所看到的，当时曾有过一个构想，让温盖特的部队在阿拉干远距离攻击日军补给线，为原计划里的海上登陆做接应。但后来因为缺乏登陆艇，海上登陆行动没有实现，最后只剩下劳埃德部队的陆上推进。也许对温盖特部队的未来而言，没有陷入阿拉干的泥淖是件好事，尽管最后的伤亡率也许不会更糟。

---

① Bernard Fergusson, *The Trumpet in the Hall*, p. 179.

② Ibid., p. 177. 再后来，弗格森在一定程度上后悔在书里做出这一评价，参见 *Radio Times*, 16. vii. 76。

③ 1956年1月4日欧文给柯比的信，Irwin Papers。

1943年2月3日，温盖特被告知行动将延迟，但随后韦维尔选择继续作战，韦维尔来到英帕尔与温盖特详细讨论了作战计划。如今他的部队将单独行动，肯定无法完成当初既定的战略目标，而且还会出现无谓的牺牲。就如欧文所推测的，日方将会猜测出英军对缅北的企图（日后牟田口廉也司令官的反应，证实了英军的这个顾虑）。温盖特争辩说，如果他不将计划付诸实践，远程渗透就只是一个可以轻易被取消的理论。他还被告知，一小队驻守在缅甸最北部赫茨堡最后据点的英国守军，正面临日军的威胁，他的行动可以将日军的注意力从赫茨堡引开。

但这都不是真正的理由。温盖特在报告里写道，“部队编制建立了，并在1942和1943年间的冬季接受训练；整个部队的节奏，无论是体力还是心理，都已经调适到应战状态。如果此时不予利用，就将功亏一篑”。[①]

韦维尔认为：“我必须在不可避免的战术损失及从温盖特新战法和组织中所取得的经验之间谋求平衡，损失将相当大，因为没有其他的军事行动同时分散敌人的注意力。在我心中，无疑已经认定正确的选择，但我也必须确定，温盖特自己对这一行动也深信不疑，而且成功机会很大，又不会造成无谓牺牲。我花时间仔细研究了他的方案，然后下令执行。这项批准是温盖特和他的部队期待已久的。”但欧文还是认为，韦维尔的决定出自他本身一向对与日军作战过分乐观，再混合了对自己军队士气低落的悲观看法。当欧文问他，日军将如何反应时，韦维尔答道：“我有个直觉，日军会撤退，而温盖特的出现，将把可能变成事实。”[②]

另外一个问题是，当时在曼尼普尔，有人担心日方会采取与温盖特同样的战术。负责英帕尔兵站的指挥官提格（Teague）准将和他在科希马（Kohima）的总部人员，都认为日军有可能穿越那加山区，切断英军

---

① B. Prasad ed., *Official History of the Indian Armed Forces: Reconquest of Burma, 1942-1945*, I, p. 99.

② Irwin, loc. cit.

连接英帕尔和科希马的补给线。欧文同意这个观点，但印度总司令部和第4军军长杰弗里·斯库恩斯（Geoffrey Scoones）不以为然。而这，恰恰是温盖特第一次行动开始后十二个月内发生的事。

于是韦维尔衡量了温盖特和他自己的动机，向陪同他到英帕尔的美国陆军航空队索马维尔（Somervell）中将征询意见。“好吧，我想我愿意一试。”索马维尔这样回答，这恐怕也是当时情况下唯一可能给出的答案。

纵队集结在英帕尔郊外两山间的小溪边，韦维尔尴尬地说了几句告别辞，在部队向西开拔时举手致敬。温盖特用他特有的风格（《圣经》式的语言和老派的煽动语词）写了当日计划。一些受影响的军官嘲笑如此夸张的作战想法，但是，即使是对最顽强的人，有时也能起到意想不到的效果：

> （温盖特告诉他们）今天我们站在战争的边缘，准备的日子已经结束，我们将奔向敌人，以证明我们自己的能力和战斗方法……我们的动机源于用我们最可行的方式，为我们的今天和这一代做奉献。战斗并不总是强者胜出，赛跑也不总是跑得快的那一个赢。胜利不是我们算得到的，但我们预期的是坚定地迈进，尽我们所能，结束战争。因为我们坚信，这是对我们的朋友和战友最好的做法。不需大言不惭，也不忘记我们的责任，我们立志做正确的事。
>
> ……明白人的努力可能是徒劳的，人面对目标时是会困惑的，让我们向上帝祈祷，接受我们的奉献，指引我们。当一切完成时，我们将看到努力的成果，并得到满足。
>
> 指挥官温盖特

洛基特领导第3支队（卡尔弗特）的突击队，他把这份文件给手下轮流阅读，最后落到布莱恩士官长手上。这是一名强壮粗悍的正规兵，三十七岁，在阿盖尔（Argyll）高地步兵团中服过役，曾受到五次军法审判。布莱恩看得热泪盈眶。弗格森回忆道，“我们大多数人确实情绪激昂，我想对于这一壮举，没有更好的承诺了……”。[①]

1943年2月13日夜，温盖特首次远征的部队跨越钦敦江，战略目标已经不存在，但他们有几个特定的任务要完成。他们要破坏曼德勒和密支那之间的铁路线，从而切断日军对缅北两个师团的补给。他们还要骚扰在曼德勒西北方瑞保地区的日军。如果情况允许，他们也要切断曼德勒和腊戍之间的铁路。

部队分成两组：第一组即“南方组”，由第1、第2支队组成，担任欺敌的任务，诱导日军误解温盖特的真正意图。“北方组”由旅总部和第3、第4、第5、第7、第8支队组成，负责破坏。这组在栋赫（Tonhe）附近渡过钦敦江，而负责佯攻的南方组也同时南下，在奥当（Auktaung）渡江，引诱在钦敦江东岸巡逻的日军往更南方移动。突击队长杰弗里斯（Jeffries）少校伪装成温盖特，在奥当附近出现，他佩戴准将军衔肩章，让自己很容易被对方发现，确保日军的报告里写出温盖特在此地渡河。在欺骗日军岗哨之后，这一组向太公（Tagaung）前进，从那里渡伊洛瓦底江，进入孟密（Mong Mit）附近山区，等待大部队的到来。准确地说，部队需要在敌占区行军近250英里，这个组确实做到了。

一旦过了钦敦江，全体部队必须翻越西普山脉（Zibyu Range），下到一处宽广的谷地，然后再爬山，翻过将近4000英尺高的马宁山脉（Mangin Range）。然后再下到梅扎河（Meza River）。梅扎河是伊洛瓦底江的支流，有南北铁路跨河。梅扎河上游是重镇因多（Indaw），有时候

---

① Bernard Fergusson, op.cit., p. 59. 在给作者艾伦的信中，艾基中尉谈到训练时的印象：“我记得，在骚格附近丛林里完成一次挫志训练后，相当多的士兵因为丛林溃疮、疟疾和痢疾等倒下了。他把整个队伍召集起来，做了一个维多利亚式的讲话，激发他们的爱国心、责任感、荣誉感，等等。一开始反响不佳，但他继续坚持，后来所有人都被说动。”

也称作“铁道因多”（Rail Indaw），与更东边的“油田因多”（Oil Indaw）相区别。再往上几英里是伊洛瓦底江畔的杰沙（Katha）。从地图上看，直线距离约为100英里或多一点。而背负超过60磅的装备，单排徒步行进的“蛇形纵队”人员，上下山坡大约需要步行两倍的路程。为了避开山脉最高点西普塘丹（Zibyu Taungdan），部队直接从栋赫经米耶内（Myene）和栋马景（Tonmakeng）到平博（Pinbon），然后可在马宁山脉短暂休息一下。从平博向东南行进，北方组将遇上邦姜（Bongyuang）和南坎（Namhkam）间的铁路，这就是他们要破坏的目标。

主力部队在栋赫顺利渡江，花了4天时间才到达仅仅10英里之外的米耶内，在那里他们得到补给。缅甸来复枪团第2营指挥部已经先期到达，花了3个晚上接收了空投下来的重达7万磅的物资——由英国皇家空军共出动16架次才完成空投任务。之后，北方组继续向东30英里外的栋马景前进，于2月22日到达。

栋马景以南15英里处有一个村庄辛拉芒（Sinlamaung），据报有日军驻扎。三个支队——第3支队（卡尔弗特，Calvert）、第7支队（吉尔克斯，Gilkes）、第8支队（斯科特，Scott）被派到南边，因为温盖特打算一旦空投物资分发完毕就发起进攻。他们到了村里，发现村民被征用，正为日军做饭；而日军刚离开村子出去巡逻，目的应该就是搜索钦迪特突击队。卡尔弗特并非不知情况危急，但令手下士兵把食物一扫而光。纵队退回栋马景时，带回一匹马和一头大象，还加上驯象人。

英方知道在穆河谷往南约30英里的平梨铺（Pinlebu）也有一支日军驻防。为了把日军注意力从铁路引开，温盖特要求第7、第8支队攻击防守平梨铺和穆河谷北端平博的日军。与此同时，第4支队（布罗姆黑德，Bromhead）向因多进发。如果英方第4军想从钦敦江畔的锡当推进，平梨铺正是他们看来最可能挺进的目标（1944年印度第19师走的正是这条路）。温盖特希望给日本人造成的印象是，目前他的这支部队想包围平梨铺，为大部队打先锋。后来，温盖特听说穿越穆河谷的铁路线，从平梨铺以北开始，经过昂贡（Aunggon）和贝贡（Pekon），直到南坎，一路上全无日军防守，于是他改变主意，让布罗姆黑德往南去平梨铺，与吉尔克斯和斯科特会合。

布罗姆黑德依令而行，但发现道路被人数占优势的敌军堵住了。他的部队开火，却寡不敌众，于是他马上下令疏散。原本约定过有一个会合点，但布罗姆黑德在战斗中丢失了密码本和无线电，导致与主力部队完全隔离，无法取得联系。无奈之下，他只得做出符合常理的决定，让士兵自己退回钦敦江，大多数人如期完成。

南方组的两个支队也遭遇灾难。3月3日，第1支队几乎到了文多（Wuntho）铁路线以南的斋丁（Kyaikthin），距正在作战旅的主力部队的南方仅40英里。第2支队在3月2日夜间抵达斋丁地区，在城外3英里的山脚下集结。不过队长博内特（Burnett）从斋丁之外6英里处就开始在白天行军，被日军发现。一个日本步兵中队从北面25英里的文多赶来。晚上9点半，当第2支队开始攻击铁路线时，这支日军已经就位等待。他们用迫击炮攻打博内特的部队，博内特下令就地解散，到战线后方重新集结。但这个命令没有传达到每一支部队，于是有些人认为其余人马迟早会到伊洛瓦底江，就一路冲到江边；另一些人则在恩耐特（Emmett）少校的带领下去钦敦江。恩耐特跟布罗姆黑德的处境相仿：牲畜大多已死，无线电发报设备丢了，密码本落在日军手上。温盖特事后在报告第二十页上写道："如果相关指挥官（博内特）了解渗透作战的原理，那么第2支队的灾难可以轻易避免，其实完全就不该发生。"[1]

派出的7个支队中，两个已被消灭；不过第3支队（卡尔弗特）和第5支队（弗格森）得益于避开平梨铺，转向铁路，进行破坏活动。3月5日，

---

① B. Prasad ed., op.cit., Ⅰ, p. 107.

卡尔弗特在南坎西边，派出一支巡逻队侦察，发现那里没有日军，但在文多有大约60名敌人。这意味着跟皇家空军合作的机会来了，卡尔弗特队里的空军小组于是发出信号，引来轰炸机对当地进行轰炸。这给了卡尔弗特一个主意：如果能以同样的轰炸机去炸文多，次日再去炸杰沙，那么他可以攻击南坎而遇到极少的阻碍。当夜，他们驻扎在南坎车站2英里外。

大约往北方10英里，弗格森抵达邦姜。这里的铁路穿越一个峡谷，他的任务就是在峡谷中爆破，让碎石封住铁路。当地人告诉他，邦姜往北是梅扎，往南是南坎，这两个车站有小规模日军防守。邦姜站本身没有日军。在站外3英里的营地里，弗格森用无线电跟温盖特联系，传来的情况并不好，布罗姆黑德丢了密码本。虽然弗格森明白这意味着第4支队处境不妙，但他自己却充满了愉悦的希望。在渡过钦敦江后18天的行动里，一个日本兵都没遇见；而此刻，他们正准备第二天在这条重要铁路线的边上爆破。是白天，而不是夜晚。弗格森对连续不断的夜间行军开始感到懊恼，这里根本没有日军监视，那为何不在白天进行破坏呢？他的工兵军官怀特海（Whitehead）中尉告诉他，峡谷那里可以轻易地清理碎石，所以更合适的做法是炸掉火车站的铁路桥。弗格森回答，那何不两者都做？他派出强力侦察队上上下下巡逻，保护爆破不受干扰。一个巡逻队员遇上一卡车日军并向其开火，日军进行回击，卡车加速前行，带走了日军的伤亡者。弗格森这边有2人阵亡，6人受伤，其中包括约翰·柯尔（John Kerr）中尉。伤员是弗格森最担心的问题。在动身之前，温盖特跟所有人都讲得很清楚，伤员必须留下。没有人可以拖慢行军速度，如果伤员不能跟上队伍，他们就必须被留下。最后，这群伤员里，只有一人幸存，其余的不是被当地人所杀，就是落入日军之手。[1]

---

① Bernard Fergusson, *Beyond the Chindwin*, pp. 96-97; *The Trumpet in the Hall*, p. 148.

炸药在140英尺长的桥面以及俯瞰铁轨的悬崖上铺设完毕。9点，桥被爆破。弗格森写道，“骡子又跳又踢，噪声在周围好几英里的山间回响，还传到邻近的山上。麦克·卡尔弗特和约翰·弗雷泽（John Fraser）在他们遥远的营地也听到了声响。我们所有人都希望约翰·柯尔和他的那一小群被留下的伤员也能听到，正是他们的牺牲使得这一行动成功，真希望他们知道，我们完成了远道而来的任务”。[①] 虽然因为柯尔和其他伤员的损失而心情沉重，弗格森依然在内心为爆破而欢呼。“我这一生最想做的就是炸桥！”而且还不止如此，哈曼（Harman）中尉带领半支冲锋部队进入峡谷。当夜，当支队的其余人员准备宿营时，他们听到另一声巨响，知道峡谷的爆破任务也完成了。

桥分成了三段。其中一段被炸离桥墩，还有一段长约100英尺，一头落在峡谷底，扭曲得像个螺旋状开瓶器，一些桥墩也被炸翻。次日中午暂停时，弗格森用无线电向温盖特汇报了这里的情况。

卡尔弗特支队在南坎也取得了类似的胜利。3月6日，卡尔弗特三十岁生日那天，支队来到铁路线上，炸毁两座铁路桥梁，其中一座长300英尺。他们又在铁路沿线进行了不下70处的破坏。为了保证冲锋队能不受干扰地完成任务，卡尔弗特在南北都部署了伏击部队。从文多赶来的两卡车日本兵中了埋伏，但他们顽强还击。卡尔弗特的伏击部队很小，只携有一支反坦克步枪、一挺布伦轻机枪和一些地雷。在下午3点半听到铁路上的爆炸声，日军派来援兵，不过最终败退到南坎以北的丛林中。更让卡尔弗特高兴的是，他没有损失一兵一卒，部队很快转移到伊洛瓦底江。

弗格森听说在提坚（Tigyaing）有一个江轮站，于是谨慎地派了一小支队伍沿河而下，那里应该可以渡河。不过事实上，温盖特并不确定

---

① Bernard Fergusson, *Beyond the Chindwin*, p. 99.

他们是否该渡河。当爆破发生时，温盖特正在南坎以北的一座小山上俯瞰铁路线。他依然不能确定南方组的命运和第4支队是否正在回钦敦江的路上。他给弗格森发电报：

> 因为自从横渡伊洛瓦底江，已经十天没有收到第一组消息，推测可能遇险。第4支队也无消息。你自行决定是否继续行军，或是在甘高山区安全扎营，阻止铁路重建。①

弗格森听说提坚的渡口可行，估计日军会在那里等他。如今他的任务已经完成，日军会认为他理应回头去钦敦江对岸，他向温盖特请求几个小时的时间来思考。他之前派出过一支前哨侦察队，本以为失联，却在那时出现，于是他决定顺应天意。他电告温盖特，决定渡过伊江，并尝试炸掉通往八莫路上的瑞丽江（Shweli River）桥。提坚到处是船，当地警长是一名友好的克伦人（他要求英军将他锁在办公室，以向日本人证明自己没有跟弗格森私通）。于是弗格森决定让部队高调行军通过此处。他们三人一排，扛着步枪，枪管在左肩，枪托在左手，犹如阅兵的姿势。一名在阳台上观看的老人居然不停高呼“上帝保佑国王！上帝保佑国王！”，弗格森相当顾虑，警告老人他们只是前来突袭的小分队，不是班师回朝的大部队，并警告他应该要谨慎，别让人告发了。（老人在战争中幸存，近二十年之后，弗格森在曼德勒与老人重逢。）②

支队以船运送迫击炮、机枪、无线电设备，还有顽固的骡子——搞定它们花费了最长的时间。一直忙到黄昏，还有两船物件未运，而船夫已经不见，这明确表明日军已到附近。步枪的火光很快照亮了夜色，迫

---

① Ibid., p. 101.
② Bernard Fergusson, *The Trumpet in the Hall*, p. 350.

击炮弹落在沙滩上，这一切使渡江过程更显匆忙，最后渡江的军人多达30名，重得将船舷压得很低。弗格森本人断后：他推着船直下到齐腰深的水中，最后他被拉着背包和裤子拽上了船。

> 每次我想挪一挪以便坐好，船都会让人担心地摇晃起来；所有人都向我发出嘘声，要我千万别动。于是我始终保持以手和膝着地，臀部伸出，背向敌人的姿势。这成了我最爱吹嘘的部分：我是唯一一名趴着渡过伊洛瓦底江的英国军官。①

卡尔弗特向伊洛瓦底江进发，需要穿过长满了高达12英尺象草的地带，行军极为缓慢，简直让人痛苦。卡尔弗特发现其实他早该想到解决这难题的办法，那就是使用支队的大象。他把大象带到前面，让一名下士和驯象人一起坐上象背。卡尔弗特喊出方向，下士于是拍拍驯象人该方向的肩，整个部队随之移动。卡尔弗特跟在后面读罗盘，当大象忽然停下时，他不自觉地撞上了象的后腿。大象停下来是出于私事，卡尔弗特发现自己全身被彻底尿湿了。他的部下见到这糗事，不可避免地捧腹欢闹，可不是每一个战士都有机会看到自己的指挥官出丑的模样。在忍受了很多个小时难受又恶臭的行军之后，卡尔弗特在梅扎河里彻底洗了衣服，但臭味依然难以散去。②

卡尔弗特原来也打算去提坚，但他的巡逻队打探到日军已警觉他的破坏行动，所以占领了那个地方，驻扎在西面约8英里的道马村（Tawma）。卡尔弗特于是决定冒险，穿过道马和提坚之间的地带，偷偷过河。部队渡江时，日军企图截住卡尔弗特，但被断后的分队所阻。部

---

① Bernard Fergusson, op.cit., p. 151.
② Michael Calvert, op.cit., pp. 134-135.

队决定丢下弹药和医疗设施，因为这些可以靠空投补充。他们带着武器和无线通信设备渡河，共有7人丧生，6人受伤。和弗格森的部队相比，这些伤员还算幸运，他们留在缅甸村民中。卡尔弗特同时还给村民留了一张给日军的纸条，提醒对方，根据武士道精神，对于伤兵的处置应该不分敌我，而这正是后来实际发生的情况。[①]

日本人当然不会安于充当被动围观的角色。温盖特部队穿越和活动的区域正是日军一支最凶猛部队的驻防地。这部队就是由牟田口廉也中将率领，曾经攻占新加坡的日军第18师团。其士兵大多来自九州的长崎、福冈地区，他们以吃苦耐劳又好战出名，师团更以日本皇室家徽“菊”为代号，而以此自豪。

木庭大佐统领的步兵第55联队负责防卫西普山脉西侧，大致是霍马林（Homalin）到茂叻（Mawlaik）之间的地带。北部由第1大队负责，南部由第3大队负责，其防区最南端由甘勃卢（Kanbalu）北边开始，与第33师团的防区衔接。联队本部和第1大队的一半人马驻扎在伊洛瓦底江畔的杰沙，第2大队在八莫。从杰沙到钦敦江一带被称为“杰沙区”，这里正是钦迪特突击队在渡伊洛瓦底江前作战的范围。

日军得到最早关于钦迪特突击队的消息，来自第55联队第1大队大队长长野重身少佐。2月17日中午，即温盖特从栋赫（Tonhe）渡江后第三天，长野电告联队总部：“据当地报告，有敌三四千名，从庞宾（Paungbyin）地区向东行军。”[②]这条消息实在出乎意外，木庭将信将疑。接着，更多类似的消息接踵而至，有再次来自长野部的，也有来自其他地点的报告。于是，木庭下令第1大队和第3大队找到敌人并摧毁之，同时也向师团司令部汇报。

---

① Michael Calvert, op.cit., p. 137.
② 战史丛书，《英帕尔作战》，页57。

接下来一份报告提到，敌人在接近西普山脉时，把部队分成三股；再后来的一份报告里提到出现5支队伍。把所有这些不同的报告汇总后，日军得到的印象是，敌军竭力避免与日军正面接触。他们夜间行动，在日军防线的缝隙间溜过。这支强大的部队正渐渐深入日本占领区，可是让木庭手下深感懊恼的是，他们依然无法把握敌人的意图。有迹象显示，敌人正向平梨铺移动。于是在2月25日左右，木庭决定把自己的联队本部从杰沙搬到平梨铺，并让第3大队集结，跟随他行动。

在眉谬的第18师团司令部里，牟田口廉也于2月17日晚收到木庭早些时候发出的一些报告，却无法从相互矛盾的各种信息中得出有效结论。为亲自了解情况，牟田口廉也在2月底来到杰沙，并和师团参谋长横山明一起去了平梨铺。

此时，情况逐渐明朗。据在平梨铺西北第3大队抓到的俘虏供称，英军正从第1大队的防区向平博进发。恰巧，第3大队与第1大队间的无线通信在此时中断，于是木庭决定让第3大队改道去杰沙以西大约6英里处，位于铁路线上的因多。第3大队很不走运，当时恰好没有卡车，结果，跟要追踪的英军一样，这支部队不得不步行前进。木庭亲自带领第1大队一半人马去了因多。到这个时候，牟田口廉也显然还认为这支敌军不足惧，他回到眉谬总部，留下木庭全权应对。

接着，防区南方的第33师团传来情报，说第215联队第2大队执行警戒和宣抚任务时，遇上一支兵力不详的敌人部队，这其实是温盖特的南方组。当时是2月底，他们正从在平梨铺东南方向65英里处的甘勃卢由西往东移。在此次遭遇战中，日军第2大队指挥官那须一郎少佐阵亡。第33师团形容敌人为“一支廓尔喀战斗部队”，在遭遇战后往伊洛瓦底江方向去了。

将这份报告跟其他报告合起来看，仰光的第15军司令部开始分析，到底是一支什么样的部队在缅北行动呢？看起来，它分成两个部分：在北面的主力穿过第55联队第1大队的防区去了平梨铺，较小的南方支队沿着第18师团和第33师团防区交界往东移动。但第15军仍然不清楚对方的军力、方向和目的。

5月5日或6日的晚上，在因多西南，第55联队第3大队与从平梨铺去因多的英军遭遇，俘虏了对方大约100人。英军之后分散成更小股，于南坎和邦姜间穿过铁路线，往伊洛瓦底江移动。木庭闻知后，带领第55联队第1大队的两个中队，从因多匆忙赶到江边。他相信自己重创了一支正从提坚渡江的英军后卫部队，但对方的主力成功渡江，消失在河对岸。

木庭根据从俘虏得到的情报，认为对手是英军第77旅，由温盖特准将指挥，他本人亲自统率北方组。显然，温盖特在因育瓦（Inywa）附近渡过伊洛瓦底江。但木庭无法确定温盖特过江后目的何在，目标又是什么。

第15军设定敌人这支部队接受陆上补给，却无法找出路径。他们似乎趁夜色穿过日军战线，白天则从空中接受物资补给。于是，整件事情忽然比当初看来严重多了，这一切显示出一个相当有野心的冒险计划。仰光第15军司令官饭田祥二郎中将于是决定，第18师团和第33师团应联手歼敌。有报告指出，对方过伊江之后继续东进，饭田于是让手下另一个师团也投入，那就是松山祐三中将指挥的第56师团。第56师团可从东阻挡，而第18师团和第33师团则分别从西和南夹击，三个师团要形成“围歼”之势。[①]

驻防八莫的第55联队第2大队负责肃清八莫西南，第56联队两个大队［驻皎梅（Kyaukme）的第2大队和驻眉谬的第3大队］则负责同时在瑞丽江两岸追踪。与此同步，松山带领位于南坎的第146联队第3大队南

---

① 战史丛书，《英帕尔作战》，页60。

下，沿瑞丽江等待对手入瓮。

日军的这些部署开始取得效果，温盖特的队伍只好分成更小股，也不再可能进行有系统的行动。到了3月底，所有小分队能做的只能是向西逃。此时，英日双方都极度疲劳。另外，温盖特依赖空投补给的优势开始起到反作用。日军相信，空投只能对人数较多的大部队起作用，所以部队越是分散，越不容易得到空投物资；有越来越多的伤员需要留下，部队的士气会受到影响；食物越来越少，战斗力也会持续下降。

在日军的正史中记载了日方的这些观点；但日方当时无法知情的，是温盖特对回程计划做出即兴修改，不断寻找他认为最合适的办法。弗格森的第5支队渡过伊洛瓦底江一周后，温盖特带着另外两个支队在因育瓦渡江。弗格森提到，一个月之后当他们重逢，各支队成功会合之际，都意识到之前曾落入日军包围圈：瑞丽和伊洛瓦底两江，从三面包围此地。这个类三角形的底边是一条机动车道，如果日军在此处投入足够兵力，就会将他们彻底封死。日军已在第77旅所在的江边收缴民用船只。令弗格森不解的是，尽管地图当时已显示了这可能是陷阱，为何温盖特还是等了一周之久，才步第5支队之后，东渡过伊江向东行？实际上，有一个原因是，温盖特深为第1支队的消息振奋，此队跟同属南方组的姊妹支队不同，第1支队在斋丁成功破坏了铁路线，并直接往东，按原定计划到达伊洛瓦底江边上的太公。

温盖特指示卡尔弗特和弗格森两个支队，合力破坏著名的谷特铁路高架桥。这座巨型建筑位于谷特峡谷，横跨南渡江（Nam Tu），承载从曼德勒往东北到腊戌的铁路。这里曾是卡尔弗特的伤心地。1942年，他和丛林作战学校的悍将曾有好几次炸毁它的机会，可每一次都遭上级拒绝。有一次，他们甚至在谷特待了一个星期，等着上面下令，但最终还是被迫撤离。后来，当他遇到那时指挥撤离缅甸的亚历山大将军时，亚历山大问他：“你炸了那座高架桥了吗？”“没有啊！”卡尔弗特觉得莫名其妙。亚历山大解释说，出于“政治”原因，他不能明确下达炸桥命令，但具体是什么意思他也没细说。只是他跟卡尔弗特一样迫切希望把谷特桥炸掉，所以才派卡尔弗特去那里，就是因为他早就听说卡尔弗特面对难得的作战机会时，往往不惜违背上级命令。可亚历山大很失望，那次卡尔弗特居然乖乖听命。[①]

现在，1943年，炸桥机会再现。谷特桥可算是韦维尔给温盖特部署的最终目标。[②]当时他还拥有2200人和1000头运输牲口。空投系统和通信系统都运作正常，计划中破坏铁路线的任务也已完成。到那时为止，长布行动进展成功。现在，则进到温盖特在报告中所说的第二阶段，即更具成效的时候了。事后检讨起来，这其实是摧毁部队的一系列灾难的开始：他们正在进入一个极不适合钦迪特突击队作战的地区，这里机动车道遍布，日军增援可以轻易到达，气候干燥炎热，树林中几乎没水。卡尔弗特向南去了密松（Myitson），弗格森随后跟上。根据来自第5支队的情报，弗格森知道密松有几百名日军驻守，他如是回报给旅部的空中部队，并很快引来皇家空军对密松进行轰炸。与此同时，温盖特决定取消让弗格森帮助卡尔弗特一起炸谷特桥的命令。弗格森回转，反成为主力先头部队。3月25日，弗格森的队伍在合汀溪（Hehtin Chaung）与大部队会合，在那里他发现，温盖特已经决定返回印度。

卡尔弗特对此并不知情。他的部队已趋近密松，但他很清楚以自己的实力，远不足以夺下这样规模的一个市镇。南密河（Nam Mit）在密松流入瑞丽江，为了渡过这条支流，他的部队必须向更西南移动。此时，他得知日军正沿南密河在密松和纳布（Nabu）间频繁巡逻，卡尔

---

① Michael Calvert, op.cit., p. 85.

② 塔洛克也持相同看法，见Tulloch, op.cit., p. 66。但欧文认为这是“一个相当大胆的举动，却并不符合命令……我告诉斯库恩斯，必须确保温盖特大致遵守原定计划，即假装南进，实际从北、西后撤，回归第4军”，1943年3月26日欧文给韦维尔的信，Irwin Papers。

弗特马上嗅到了布设埋伏的机会。也许他本该放弃这个机会，但在他看来，既然迟早要渡南密河，不如顺手给日军巡逻队一个打击。他们布下一系列三个伏击，一环连着一环。几小时后，一支日本中队踏进埋伏圈。据卡尔弗特说，那是他所经历的最一面倒的一场战斗。大约100名日军被击毙，英方只损失了1名廓尔喀士官。[①]接着，部队来到附近的山里，让疲惫的士兵休整之后，再向谷特出发。当时，这个支队装备充足，刚在3月19日接收了10吨空投物资。当时位于滇缅公路以北大约100英里处，这是整个行动中规模最大的一次空投。如若炸了谷特桥，这条著名的生命线将中断相当长一段时间。然而，卡尔弗特即将在此处再次受挫。在印度的英军第4军跟温盖特取得了联系，温盖特建议下一步往东，进入克钦山区，往腊戌走，因为当地居民态度友善，还能经由八莫和因道支（Indawgyi）往北横扫。就其本身而言，这不失为一个好主意，但这也意味着空投作业将很难进行。温盖特和在谷特的卡尔弗特都明白，他们即将进入一个无法进行有效空投的地区。

在经过仔细权衡后，温盖特决定不能让部队冒险走出空投范围，于是下令撤回印度。在南方的卡尔弗特那时已远离大部队，他必须自己想办法往回走。温盖特那时在卡尔弗特以北20英里一个叫包（Baw）的村庄附近。这里在瑞丽江以西几英里，在伊江渡口太公的正东面。温盖特手下有两个支队，极为缺乏食物，温盖特于是发出空投的要求。这个决定不算明智，因为包村有日军驻扎；但情况急迫，不容多虑。支队士兵必须封锁出村的所有道路以阻拦保村日军。此时出现了一个虽然可以理解，却破坏了整个计划的人为失误。一名军官带领属下到包村的另一头阻截一条主要通道，他得到的命令是，在任何情况下都不准穿越村庄的

---

① Michael Calvert, op.cit., p. 139. 但也有说法是“3人阵亡，2人失踪”。（B. Prasad ed., op.cit., p. 122）

任何部分，必须在丛林中活动，因为保密是关键。但是对又饥又累的士兵而言，这个任务实在太艰巨，因此军官决定冒险，抄近路穿过村庄的郊区。他在路上遇上了一名日本哨兵，随即击毙对方。但枪声惊动了村里的其他日军，使得他们马上到防御工事就位。另外一组人马也没能成功切断从瑞丽江畔的马本（Mabein）到东边通往包村的道路。[①]战斗开始后，温盖特来到阵地上，很快意识到空投肯定无法按原计划在开阔的田野中进行了，他们必须在丛林中燃起火堆给空投飞机指明位置。北方组指挥官“山姆”库克（“Sam” Cooke）中校试图肃清村中的敌人。这是个困难的任务，战斗持续了好几个小时，双方伤亡都很大。第8支队（斯科特）成功进入村庄，把日军从一些屋中赶出来，但日军很快在通往马本的路上部署了散兵坑。幸而及时得到来自旅部的消息，知道空投已成功，斯科特部队可以撤离，否则，他们将面临更艰难的战斗。

士兵们已经放松了对于陷阱应该有的警戒心，足见他们已经饥饿到了何等程度！第8支队入村时，这座约有15栋房屋的村庄看上去像是被遗弃了。有一名士兵透过一个小屋的门，看到里面有一只大火腿。一名士官警告他不要靠近，因为这很可能是个陷阱。但火腿实在太诱人了，使这名士兵离开队伍率先跑向小屋。一名下士跟在后面追他，试图阻止他。当那名士兵靠近火腿时，里面发射出一阵机枪狂扫，瞬间将两人击毙。机枪就架在屋里，这是村中最大的一栋房屋，也是村长的住所。于是第8支队用迫击炮和机枪向该处猛烈扫射，直到藏在屋内的残余日军全部被歼。[②]

杰弗里·洛基特提到，空投遭干扰，迫使部队放弃了一些物资，造

---

① 塔洛克书中之“杰弗里·洛基特的记录”。（“Jeffery Lockett’s Account” in Tulloch, op.cit., p. 85）

译注：杰弗里·洛基特中尉在1943年第一次长布行动中任第3支队排长。

② David Halley, op.cit., p. 96.

成千名士兵挨饿。不管这说法是否有所夸大，温盖特对失职者做了惩罚。那名贸然进入保村并击毙日军哨兵的军官被降职调离，发配到弗格森的队里成为二等兵。[①] 当时确实有一些极为严厉的惩罚，士兵们都认为温盖特从印度总指挥官那里得到特权，可以不加充分解释就执行惩罚，他手下一些支队指挥官也如法炮制。有一次，有人发现哨兵在打瞌睡，这当然会对整个支队的安全构成威胁。洛基特的记录中说，他给失职者三个选择：枪毙、受鞭打，或者离开支队自己想办法回80英里之外的钦敦江。洛基特觉得这再正常不过，后来在1944年的特遣行动中，他就曾令手下士兵自行鞭打。[②]

温盖特决定在因育瓦重渡伊江，他相信日军肯定不会料到他会两次使用同一渡口。虽然遭到弗格森的反对，但他们还是把大多数运输牲口留在伊江东岸，并放弃了重达六吨的装备。3月28日，弗格森打头阵，进入欣达村（Hintha）。他的任务是拖延日军追兵，并设下埋伏。接着，出现了一个战斗机会，并被弗格森详尽记录下来。那时，弗格森他们看到前面有火光，于是走上前去：

> 围着火堆，很对称，一边一人，共坐了四个人。他们看上去如此平和而无辜，我直觉认为他们是缅甸人，于是我用有限的缅语问

---

① 杰弗里·洛基特谈到此人后来恢复原职；弗格森的说法是，他由于没有及时就位而受到了惩罚（Bernard Fergusson, *Beyond the Chindwin*, p. 142）。实际上，两人似乎都只看到了整件事的一部分。第8支队第17排的排长下令战士原地待命，一直等到第一道曙光的出现。在向村庄进发途中，一名附属的缅甸步枪队士兵开枪打死日军哨兵，引来敌人的迫击炮还击［来自托尼·奥布里（Tony Aubrey）上士的描述，David Halley, op.cit., pp. 89-91］。

② Tulloch, op.cit., p. 85. 艾基中尉提到“鞭刑并不总是很严厉的，其实更像是杖刑”。来自第5支队（弗格森）1943年3月30日的战斗日记中说，“本部如今有9名军官，其他人员（ORs）有109名。其中3名军官和2名其他人员受伤。所有人都受不同程度的虚弱和饥饿折磨。我向所有人喊话，告诉他们：一、只有绝对严格遵守纪律，我们才能逃出，任何人盗窃同袍或村民财物，或者发牢骚，一律枪毙；二、任何丢失步枪或其他装备的人都将被逐出部队，除非能给我提供满意的解释；三、只有绝对的信任和遵从才有机会；四、不允许拖后腿的人存在”。

他们："这个村子叫什么？"

坐在较远一边的人抬眼看我，坐在这一边的则张眼四望，当时我离他们只有3码远。他们是日本人！我忍住一阵古怪的想要对他们说抱歉叨扰了的冲动，拉下忽因汗水而粘黏的手榴弹保险销，扔出，精准地投入火堆。刹那间，我看到他们脸上极度恐惧的表情，却没企图移动。我飞速跑开，那是一个四秒手榴弹，几乎立刻就爆炸了。①

被弗格森如此干净利落干掉的四人，是木庭（Koba）所设三道防线以拦截钦迪特突击队的部分日军。木庭的计划是把部队部署在南北向的三条战线上：伊洛瓦底江一线、曼西（Mansi）—平博—芒育（Manyu）—当茂（Taungmaw）—平梨铺一线（即穆河谷沿线），以及钦敦江一线。因育瓦以南大约四五十英里处，以及瑞古（Shwegu）地区，有日军巡逻队逐渐逼近，消灭了温盖特的大约百名人马。木庭相信，这三条防线将迫使温盖特进一步打散队伍，零星穿越日军防线上的缝隙处。弗格森对这种分散军力的做法有所保留，认为既然他们已经再次成功把支队集结起来，难道作为整体部队突破敌人防线的机会不是更大？他们遇上的日军不太可能调集比他们多的人手。

第7支队（吉尔克斯，Gilkes）在因育瓦渡伊江的遭遇令温盖特更坚定了分散部队的决心。当时，他们征集了大约二十条船，在抵达江对岸时，遭到敌人的火力打击。日军炮火一如既往地准确，还击沉了一条船，狙击手也参与进来。支队副官大卫·哈斯汀［David Hastings，知名律师帕特里克·哈斯汀（Patrick Hastings）之子］从岸上走向丛林，当第一阵枪声响起时，哈斯汀应声倒地。日军显然完全控制了江对岸的登陆

① Bernard Fergusson, *Beyond the Chindwin*, p. 151.

处，温盖特当初的估计出了错，整支部队已不可能完整渡河。

支队指挥官举行了一次温盖特在报告中形容为“简短又哀伤的会议”。[1]成功渡河的队伍只能靠自己回到印度；还未渡河的则向东走，寻找一个安全的集合点。温盖特在平梨铺以东偏东南10英里处安排了一次大规模空投，为即将各自出发的支队提供足够的装备，包括更多的地图、罗盘、补给品和靴子。在后撤时，温盖特没能联系上弗格森。不过3月29日，弗格森的副手约翰·弗雷泽抵达旅部，向温盖特汇报了欣达的情况。温盖特要他告诉弗格森去空投场。弗格森花了比他预想更多的时间找到旅部，当他到达时，所有人都走了，只在草地上留下了过夜的痕迹。温盖特优秀的掩护技巧这下让弗格森手足无措了。因长期训练而磨炼出的完善的森林求生和扎营技巧，彻底掩盖了野营部队的前进方向，弗格森完全看不出部队去了哪里。所以弗格森没有得到空投物资，只得决定自行立刻出发回印度。在欣达的战斗中，驮载无线电设备的骡子被击中，掉进了山沟。骡子和设备都不可能再找回来，所以弗格森也没法自己要求空投。木庭下令其步兵在村里警戒防守，这意味着进村找补给也不可能。弗格森于是决定北上，离开因育瓦渡口往东，渡过瑞丽江，进入克钦山区，预期在那找到安全处所。

瑞丽江实在是个难题，弗格森找不到渡船。当他在河边用望远镜瞭望时，看到对岸村里的日军也通过望远镜瞪着他。不过最难的还是瑞丽江本身，它成了他失败的主因。

> 除了“噩梦”，没有别的词可以形容它：江水咆哮，夜色黑暗，偶尔有流沙吞陷，这些已经够糟糕了，再加上如恶魔般的漩涡。江心最深处按我的估计有4英尺6英寸以上。我本人身高超过6英尺1

---

① *Report*, p. 34, in B. Prasad ed., op.cit., 127.

英寸，江水淹到我的胸口之上。水流速度一定有四到五节，[1]在你身下绕着你的脚打旋，同时也猛击你的胸口……一旦站立不稳，失去固定的垂直位置，你知道自己肯定就永远消失在水中了。[2]

江宽70到80码，小个子士兵会发觉渡江尤其困难。支队以排为单位，准备渡江，能找来的有限的几条船根本不够用。4或5名士兵站立不稳，马上被江水冲向下游，再也没有出现。就算手拉手也没什么作用，你根本无法拉住旁边的人。一匹马试图跟着一起渡江，士兵们虽然想把它拉回岸上，却没能成功。同样，马很快放弃了挣扎，被水冲走了。

当正在渡江的士兵抵达岸边时，这其实还不是江对岸，而是江心的一个沙洲，前面还有一半的路，沙洲边的陡峭悬崖下水流湍急。早上4点，当他们正要开始第二段渡江时，发现一条船翻了，随船的两名船夫也没了。这下，在沙洲停顿的人们连一条能用的船也没了。士兵已经在那里等了很久，又冷又饿，时时又因漩涡、惊叫和求助声而心慌气馁。弗格森非常明白他们最大的弱点是缺乏食物，“士气依赖食物甚于其他任何东西”。[3]他的副手弗雷泽在水中失足消失了，虽然他本人被及时发现并拉了回来，但其他人为此深受影响。

此时，弗格森必须做出决定，而这个决定将让他背上一辈子的包袱。此时离日出只有一小时多一点，一旦日出，日军将非常容易攻击渡江地点。在江的东岸，可以看到日军卡车的灯光在远处的汽车道上闪烁。[4]如果他留在此地不动，就意味着置已经过江的士兵于死地。无论如何，伤员已经过了江，同受影响的还有一些身材矮小却已成功渡江的

---

① 编注：节（knot），航海速率单位，1节=1.852公里/小时=0.514444米/秒。
② Bernard Fergusson, *The Trumpet in the Hall*, p. 158.
③ Bernard Fergusson, *Beyond the Chindwin*, p. 173.
④ 信息来自艾基中尉。

廓尔喀兵。在瑞丽江右岸有9名军官和65名士兵。其余的46名士兵，有些已经淹死，大多还留在沙洲上。

> 我决定离开（瑞丽江），有生之年我的良心都将受此折磨；但我坚持这个决定，并相信这是个正确的决定。持不同意见的人，也可能是对的。我手下有一些军官自愿留下，但我不准……
>
> ……在我的心中，这个决定应该由我来下，让任何一名初级军官来做，都是非常残忍的。①

弗格森的痛苦还不止于此。两天后，当剩下的部队在一个克钦村里收集食物时，受到日军攻击。当时他手下的70多人完全无法应战，只好撤离。弗格森的好友，澳大利亚人邓肯·孟席斯（Duncan Menzies）于次日入村侦察，不幸为日军所擒。日军把他绑在树上，用刺刀捅他的身体。再过一日，孟席斯被惠勒（Wheeler）中校带领的缅甸步枪兵营指挥部（Burma Rifles HQ）发现。孟席斯把自己的手表交给惠勒，希望惠勒能带给他的父母，并给他注射致命的吗啡。惠勒一一照办，但就在下一刻，惠勒自己也被日军狙击手射杀。

第5支队余部继续前进，全体人员都因为饥饿而疯狂。弗格森的脑海里浮现出的是当自己还是学生时在法国中部城市图尔（Tours）吃到的咖啡奶油甜点，这真让他备受折磨，因为部队当时特别缺糖。在渡伊江15日后，他们于4月24日到达钦敦江，并在两天后到了英帕尔。弗格森手下的缅甸步枪兵营士兵早已回归各自村庄，有一个人在英帕尔死于脑疟疾。支队的其他人里，有的绕道中国而归，有的再次经过赫茨堡回来。当初他带入缅甸的318名支队成员中，只有95名幸存，损失高达三

---

① Bernard Fergusson, *Beyond the Chindwin*, p. 174.

分之二。在回印度的路上，他们碰到一些怪异恐怖的事，也遭遇残忍的考验，部队此刻蒙受严重的损失，远远超过当时遭遇并穿过木庭大佐两个疏散大队所造成的死伤。一个最好的例子来自洛基特，他如此描述入缅时自己带领的突击队损失一人的遭遇：

> 行军时，每隔一个小时我们都会停下。这次我们停了大约10分钟，我派二等兵布朗去大部队前100码的地方，到小山的另一边充当哨兵。当继续启程几分钟之后，我们意识到布朗不见了。我先是派士官长布莱恩去找他，接着我自己也去了，让其他人等着。我们找了一个多小时，喊得声嘶力竭，但找不到他。那个地区没有日军出没，我至今也不知道到底发生了什么事，他就这么消失了。

第8支队的托尼·奥布里（Tony Aubrey）上士回忆返程时那些伤员和无法继续行军者的悲剧：

> 那天晚上，一个足部严重受伤的士兵决定不再走了。他躺了下来。他的同伴虽然同样精疲力竭，还是想背上他。但他不让他们那么做，他只希望留在原地，希望我们能留给他尽可能多的手榴弹。于是我们把手榴弹给了他，就走了。这是我们唯一能做的事情。
>
> 同一个晚上，另一名士兵一脚踩空，掉进路边沟里。他跌得不深，但着地不好，摔倒了，所以伤了脚腱。当时我们队里没有医官，医官已经跟着怀特海中尉走了。我们用医疗包里的绷带，尽可能给他包扎好伤口，然后他继续行军。很快，他掉到了队伍的尾部，有时在我们后面10码处，有时100码，有时完全看不到。一开始我们还担心他，互相询问："那个家伙怎么样了？"但过了一阵子就忘了。他不过成了路边风景中的一个小点。

这听起来一定像是展示人类无情相待的残忍例子。但说真的，完全不是这样。我们只不过是太累了，无力关心。

卡尔弗特的人马也零零星星地回来了，主力部队在熟悉的栋赫与奥当之间渡过钦敦江。一路上，卡尔弗特甚至还想多破坏几处铁路线。如果不是温盖特发电讯警告他说：当务之急是尽可能多带幸存者出缅，否则卡尔弗特无疑还会制造更多混乱。“我们可以获得新的装备和无线电通信设备，但造就一个士兵，需要花上25年时间。他们已经完成了任务，得到的经验是无价之宝。”① 卡尔弗特的部队在4月14日来到钦敦江，是最早出缅的支队。印度军队正史认为，这一成功主要归功于“卡尔弗特的聪明和训练”。②

木庭认为温盖特本人已落入陷阱，他在钦敦江岸庞宾以北设有一日军巡逻队。4月末的一个晚上，大约有10个人开始游泳渡江。日军巡逻队发现后向他们开火，但是夜色太暗，没有命中目标。③ 毫无疑问，这一地区的日本巡逻部队正在等待“入缅英军指挥官”的出现。实际上是，有一名老僧带着温盖特一行人穿越穆河谷，顺着大象小径前进，穿过河谷的山涧。他们以大米和水牛肉维生，温盖特本人用随身配备的医疗器械中的手术刀刺死了一头水牛。牛肉对他的通信官斯珀洛克（Spurlock）中尉没有任何好处，斯珀洛克从此腹泻严重。当他们被困在瑞丽“包围圈”中时，总部人员花了一个星期整顿休息，以马肉和骡肉为食，为即将到来的突围积蓄力量。温盖特违反自己的一切规矩，等了48小时，希望斯珀洛克能恢复体力继续前进。但最终，他们还是不得不把斯珀洛克留在一个村庄里，并给他留下一些食物、一张地图

---

① Charles J. Rolo, *Wingate's Raiders*, 1944, p. 113.

② B. Prasad ed., op.cit., p. 130.

③ 战史丛书，《英帕尔作战》，页62。

和一个罗盘。①

无论如何，当这行人逼近钦敦江时，老僧四处查看，找到一个村民。村民告诉他们，他自己的村庄就在附近，那里已经有日军在搜寻他们。温盖特决定尽快渡江，不做太多停留。他捉住了一只小乌龟，老僧为乌龟乞命。老僧的翻译解释说："乌龟在缅语里叫leik，英国人叫Inglei。老人家希望你能把乌龟放生，这会给你带来好运。"乌龟于是被放回水中，游走了。但一开始，这并没有如愿为温盖特他们带来好运，他们找不到向导。凌晨3点半，温盖特决定退回森林的掩体里。他把手下分成两组，会游泳的和不会游泳的。出发时，总部共有220名官兵，但在这个最后时刻，跟温盖特成功到钦敦江边的小队只剩下43人，包括会游泳的缅语翻译昂廷（Aung Thin）、突击队的约翰·杰弗里少校和其他3名成员。其他人被告知随安德森（Anderson）少校在此岸等候，直到其他人游到对岸给他们找来渡船。

于是，他们又踏上去江岸的道路。疲惫的部队穿过象草地带，跟随罗盘的指引，在3小时内走了300码；芒草利如刀刃，令人血流不已。温盖特在整个行动中始终穿着的灯芯绒裤子，如今已破成碎片。当他的头肩好不容易从最后一片芒草丛中挣扎出来，小心地准备渡江时，他的腿已血流不止。②

当时是正午。在通常情况下，他们做梦也不会在光天化日下来到江岸，尤其是确知日军正在这一带巡逻。但安德森需要在当晚得到渡船，所以温盖特和杰弗里决定马上入水渡江。在确认日本巡逻队没有藏在芒草丛后（当时的说法是，日军在下游半英里处），温盖特把竹竿放在背包上帮助漂浮，把靴子和左轮手枪绑在腰带上，跟其他人一起冲向江滩。

---

① W. G. Burchett, *Wingate's Phantom Raiders*, 1946, pp. 154-156.
② W. G. Burchett, op.cit., p. 157.

热衷游泳的温盖特发现自己在仅仅游了100码之后，体力就开始下降。杰弗里很快就开始挣扎。士官威尔肖（Willshaw）全靠救生衣存活，此人实在是非常幸运，居然一路带着这个罕见的装备，对照当下情况，这简直是不可思议的远见。温盖特翻过身，漂浮在水面上，他听到杰弗里在喊："还有多远？我快不行了！"温盖特大声回答："继续游，就快到了。"很快，他们的脚触到了土地。杰弗里一头栽倒在炎热的沙地上，自言自语，呻吟不已："天哪，我以为我永远也做不到了。"不过，他们还算是幸运。对岸有一名缅甸渔夫告诉他们，上游4英里处有一个英军哨所，渔夫还把他们带进村子给了些食物。有一名向导带着一些人去廓尔喀哨所，军官和温盖特则回去找安德森。

入夜后，安德森来到河边，谨慎地用一根点亮的火柴窝在呈杯状的手心里发出信号，没有回音。他每隔一段时间发一次信号，一直坚持过午夜，还是没有动静。他开始想象，温盖特和他的那组人一定是淹死了，或是被日军击中了。四名不太擅长游泳的士兵自愿去探路，在夜色中过河。半小时后，有一个人回来了，告知安德森他旁边的那个人被水流冲走淹死了；至于另外两个人，他也不知道发生了什么事。安德森又开始每小时发信号。最后，一切希望灭绝了，安德森穿过芒草丛回到森林里。①

看来，如今唯一的机会就是从附近的村里找出一些船。跟旅部一起行动的有一名印度官方观察员，是一名经验丰富的军官，曾因在利比亚英勇作战而受到嘉奖，他是莫提拉·加图（Motilal Katju）上尉，尼赫鲁（Pandit Jawaharlal Nehru）的外甥。他直接从中东战场加入支队，不像其他人那样受过丛林训练，却毫无怨言地圆满完成了所有的任务。加图自

---

① 温盖特回来等安德森的信号，但是因为有日军，安德森被迫在原定地点1英里之外发信号。信号太弱，温盖特无法从1英里之外看到。Charles J. Rolo, op.cit., p. 144.

愿带着一名缅甸中士去最近的一个村子侦察。根据已有的情报，这个行为实在很危险。安德森警告他说，村里很可能有日本人。但加图心意已决，他预感到自己在赴死。加图让那名缅甸中士留在村外，自己单独入村。几分钟后，士官听到村里传来一阵枪声，他又等了10分钟，加图依然没有出现。于是他火速回去报告安德森。[①]

安德森决定当日黄昏之后再试试发信号。这次，他确信自己看见对岸出现闪烁回应，同时有船开始从对岸驶来。这边的人虽然精疲力竭，却马上登船，把船推离危险的此岸。日军早定位好，一直静等着他们采取行动，迫击炮对准船只和前一夜的露营地开火，机关枪子弹撕裂了江边的沙地，也在船的周围迸溅。日军当时大约在半英里地之外，正往这里赶，却遭到对岸廓尔喀人的还击和阻挡。安德森这些人十分幸运，当船成功到达对岸时，居然没有一个人被击中。“大难不死，必有后福！”温盖特对登岸的安德森说。当天是4月29日，刚好是安德森的生日。

在整个作战期间，日军始终不能确定温盖特的真正目的是什么。他们掌握了温盖特部队的军力信息，这些他们不久就推算出来了，但这支部队到底有什么目的呢？日军的第一直觉是，钦迪特突击队只是一些捣乱分子，出来骚扰和破坏日本占领区。但是当温盖特渡过伊洛瓦底江后，他们认为，也许有某种企图与蒋中正合作的计划正在酝酿。再后来，温盖特改道向西返回印度时，他们认为这是为给缅北、缅中的英军发动新的攻势做准备及侦察地形，并确定日军位置。留在缅甸乡村的缅甸步枪部队的士兵，理所当然被认为是英国人刻意部署的一张巨大谍报网的一部分。一份早期的日本报告说，有超过一半的钦迪特突击队人员被俘，这当然与事实相去甚远。然而日本人对一些被俘英军的年龄深感震惊，有些人三十岁以上，还有人年过四十。有的战

---

① B. Prasad ed., op.cit., p. 133.

俘说，“温盖特是个疯子，我们受够了丛林行军，我们对战争感到厌倦”；还有人说，“我们的长官太不应该，他们行军时还在马背上放着折叠行军床”。日军认为这些俘虏士气低落，跟俘虏交谈过的日方情报人员明显感到，这些士兵的消沉和英军军官所表现出来的战斗精神有着奇怪的反差。①

早在温盖特回印之前，印度总司令部已经意识到，从公关宣传角度来说，他将是个炙手可热的人物。4月3日，公关主任提了一个关于如何处理此事的“极机密”便条，由韦维尔交给欧文：

> 关于“长布行动”的公开宣传，当公之于世的时刻到来时，为了小心掌握宣传口径，回避审查，所有信息最好全由总部发表。因此，如果总司令阁下命令东部军司令，要求“长布行动”的指挥官在从缅撤回后勿接触媒体，并立即飞赴德里，将大有裨益。到德里后，在一个受到适当安排的新闻发布会上，再由指挥官做出最有利的宣传。

但是在德里集结的战地记者所面对的，并不是一个对全球宣传一窍不通的新手。钦迪特突击队作战的新闻在5月21日对外界公布，有人问温盖特，此次行动是否依计划进行？温盖特自然答道：“在战争中，没有什么能按计划进行，尤其在这一类的战斗中。某次行动也许可以计划得完美无缺，但战斗一旦打响，就会有变数。你能做的，就是在制定计划时考虑到这些变化的存在。”这些当然都是老调重弹，然后，温盖特补充道：“我对这次结果很满意，这次远征完全成功。”②

---

① 藤尾正行，《缅甸的龙虎》，载田村吉雄编，《大东亚战史秘录：缅甸卷》，1953，页141。
② Charles J. Rolo, op.cit., p. 148.

这个说法可以说是强颜欢笑。这次钦迪特突击队作战的代价相当高，2月14日渡过钦敦江的3000名官兵中，2182人在6月的第一个星期之前回到印度。他们几乎损失了所有的骡子；除个人配备之外的大多数装备，也都丢失或被特意破坏了。在将近1000名失踪者中，大约450名在战斗中丧生；缅甸来复枪团第2营的120名成员被允许脱下军装，就地留在缅甸家乡；剩下的430名，大多成了日军的俘虏。①

侥幸生还的士兵至少行军750英里，大多数人走了1000英里。许多人已经瘦到皮包骨，胃部凹陷，肋骨清晰可见，又深受脚气病和疟疾折磨。有些人在此后相当长的时间内不适合再从事激烈的军事行动；另一些人则明白，一旦他们的身体状况恢复，他们所获得的经验将在日后的战斗中大有用处。

"本次行动的战略价值为零"，这是印度正史的写法。②总之，这些人的艰苦努力使曼德勒至密支那之间的铁路线中断四星期，迫使日军使用一条绕道八莫，距离更远的补给线。他们获取了非常有用的地形、地物的情报。他们击毙了相当数量的日军，并指引皇家空军战斗机飞到日军集结处轰炸。他们减轻了日军对密支那北方克钦志愿军敌后突击队的压力，并让日方怀疑除了渡过钦敦江的突击队，还有其他部队。不过，由于显然没有其他大部队随后跟进，这次特遣行动就好像一个"不带车厢的火车头"。③

但以上这些战事评论没有说到重点。以当时英国在缅甸战区的表现，观察家们只需一眼就足以备感沮丧；而媒体嗅到了钦迪特突击队作战的大不同之处，并予大肆宣扬，这士气与在阿拉干曾发生的情况完全不同。即使弗格森的总结自我贬抑，也难掩钦迪特突击队行动所产生的冲击：

---

① J. Connell, *Wavell: Supreme Commander, 1941-1943*, p. 262; B. Prasad ed., op.cit., p. 135.

② B. Prasad ed., op.cit., p. 136.

③ W. G. Burchett, op.cit., p. 180.

> 我们完成了什么？可以看得到的成就实在不多。那些我们完成的任务，在归来之后，很快被宣传的炫光大大扭曲。我们炸掉了几段铁轨，但那很快可以修复；我们收集了一些有用的情报；因一些小规模作战，或者还有一些大规模行动，我们把日军注意力吸引过来；我们杀死了敌国八千万人中的几百人；但我们证实了单靠空投补给就可以维持部队武力。[①]

最后一句话最重要。皇家空军罗伯特·汤普森（Robert Thompson）中队长（后升爵士）率领的军官，跟着各支队行动，共尝一切苦难。他们跟信号小组合作，实践了一种行之有效的作战方式，使英军可以远离道路，扩大活动范围。报纸把温盖特推介给全球读者，他所经历的极端艰苦，足以让所有人震惊；而传媒上那张憔悴而又满脸胡楂的男人的照片，更加深了这个效果。照温盖特自己的话来说，他“所经历的极端艰苦的考验，在我们历来的战史中，极少有能相提并论的前例”。[②] 但这一切毕竟只是表象。真正重要的事实是，温盖特从此之后永远改变了丛林作战的性质。

温盖特在报告里指出，这支部队没有拣选人员，而只是尽量用一切当时所能够得到的人力。伤脑筋的是，廓尔喀团缺乏会说廓尔喀语的军官，且学习廓尔喀语的速度也很慢。缅甸来复枪团第2营是一流的，依靠当地食物如蛇和蛙，维持了良好的健康水平。但皇家利物浦步兵团总体而言年龄高，不太能吃苦，受教育程度及调适能力都不足，这些毛病在军官们的训练表现中尤其明显。温盖特写到，一般的英国军人“基本上太容易把小毛病过分当真”。总体而言，“现有的步兵素质太差”。因为温盖特

---

① Bernard Fergusson, *Beyond the Chindwin*, p. 240.

② *Report*, p. 37, in B. Prasad ed., op.cit., p. 135.

觉得那是一些通常情况下不会参加对日作战的部队，这就是他想要从其他部队，例如从炮兵和皇家装甲兵要人的理由。不过，除去这些笼统的看法，温盖特事后还是形容英国步兵是最适宜钦迪特突击队作战的人员。①

温盖特很留心把取得的成就分享给每一个士兵。损失最惨重的是皇家利物浦步兵团第13营，几乎损失了三分之一。入缅的721人中，只有384人生还，71人被俘（包括斯珀洛克中尉）。温盖特别强调这些军人是“一般的人”。奇怪的是，他的这项声明写于当年2月部队还未入缅时，是给《每日快讯》记者亚拉瑞克·雅各布（Alaric Jacob）的，雅各布却留到后来才发稿。

> 如果此次作战成功，将拯救上千条生命；如果失败，我们中的大多数人永远埋没无名。
>
> 如果我们成功，我们将向世界展示一种全新的作战方式，在日军最擅长的游戏上，比他们更胜一筹，并使日本狼狈逃离缅甸的那一天早日到来。大多数的钦迪特突击队官兵已不再年轻，他们是二十八至三十五岁间的已婚男子，之前的任务是海岸防卫和维护国内治安，从没想到自己有一天会成为闪电战的成员，担负起本次战争中所遭遇的最艰巨的任务。
>
> 如果这些利物浦或曼彻斯特出身的一般已婚男子，加以训练也能从事特殊丛林作战，则任何英国人都能，这证明我们是世界一流的部队。这一点，我是坚信不疑的。②

---

① 温盖特，《关于远程渗透部队的报告》，1943年8月3日，英国档案局陆军部档案（Public Record Office, War Office，简称PRO. WO）231/13。对于炮兵和装甲兵的评价，体现了温盖特因本人所处的局部战役而在观念上受到的限制。他的观点是，因为缅甸多“森林、山丘和沼泽”，那里的战争只能是一场“步兵加空军”的战争。对缅北来说，这无疑是正确的；但日后在缅甸中部平原的战事发展表明他的观点有误，在那里，坦克才是王道。

② W. G. Buchett, op.cit., p. 179.

这正是英国大众渴望听到的话，尤其是来自长时间以来总是带来坏消息的战场。那个曾经担心因为损失了三分之一的手下会面对军事法庭制裁的人，忽然成了举国瞩目的英雄。对宣传极富洞察力，却为阿拉干战役一再拖延而担心的首相丘吉尔本人，也深为这个消息欢欣鼓舞，甚至又扩大宣扬。为了改变英国在远东越来越糟糕的运气，帝国需要年轻又富有想象力的指挥官，而这个人近在眼前！丘吉尔发布了一道命令：

> 毫无疑问，我们自己在印度战线上的行动效率低下、无精打采、混乱不堪；这个人，他的部队和他的成就，如此引人注目。毫无疑问，阶级、年龄不能阻挠战场上有贡献的人获得发展以及晋升的机会。①

在那些认为只有斯利姆才是缅甸战场上“无所畏惧与不犯错的勇士”②的人看来，丘吉尔的判断（事实上也确实）像是亵渎。不过这么说实在忽略了当时的先后顺序，当丘吉尔写下这些文字时，斯利姆还未广为人知，尤其是对英国政界高层。他已在东非指挥过一个旅，曾以极大的勇气带领过缅甸军撤退，不久前，又被迫带领另一个军再次撤退。那些了解他的人明白，在他身上还有很大的潜力没发挥，但在表面上，因有一个客观的时间差，当时斯利姆的作战记录并不辉煌。而温盖特，尽管不近人情又古怪，却成功完成了交给他的每一项任务。丘吉尔当时正要提拔另一位年轻而且背景极深的海军军官担任远东战区的最高指挥官，在温盖特身上，丘吉尔看到了相似的能力，还有执行力；以及更重要的，相似的好运。

---

① M. Howard, *Grand Strategy*, Ⅳ, 1972, p. 548.

② 译注：原文为法文 *chevalier sans peur et sans reproche*。

第三章 木村侵印

日军计划进攻印度与第二次阿拉干战役

The Box

摘 要

日军以最善战的“菊兵团”（即第18师团）据守缅北，对付准备自印度反攻缅甸的盟军。其师团长牟田口廉也在1942年7到10月间反对继续西进、攻打印度的“二十一号作战”；但经过半年，于1943年3月18日晋升为第15军军司令官，下辖第15、第18、第33及第56师团（后来又有第31师团增援）之后，志得意满。又获知温盖特的特遣队实施新型立体战法——翻过若开山脉，深入缅甸日军的后方，也由此而产生进攻印度阿萨姆的新想法。他多方游说与策动，取得帝国参谋本部同意之后，就积极筹划进军印度。

而此时，英军与中、美等盟军也已整军经武，决定从印度反攻缅甸。

日本首相东条英机也认为日军在东南亚的战事，应该扩大到印度；成功获取印度，必须要有印度人民支持。他因此仿效缅甸通过“南机关”联合昂山等三十志士之法，也通过“光机关”，联合S. C. 鲍斯领导的“印度国民军”，在德国支持之下，联合新加坡、缅甸的日军，对英、中、美盟军作战。

为对付日军，英军除组织情报机关（参本书第十一章）之外，更创设临时性的战斗与物资调节行政中心，称之“方镇”（box）。方镇之战也称新兹维牙战役。这场战役发生在1944年2月5日至23日，日军进攻位于印度阿萨姆新兹维牙（Sinzweya）的印度陆军第7师总部，这是梅瑟维将军的临时指挥部。在此之前英国没有赢过日军，方镇一战是英日大战于缅甸战争的转捩点。而温盖特首次远征奏效，并使战争由平面战转为立体战；日军又因飞机不足无法保护日军，逐渐转为劣势。

第18回 酝酿侵印

有个人，对温盖特第一次深入缅甸的远征行动产生了深刻印象，程度甚至超越丘吉尔，他就是北缅日军第18师团的师团长牟田口廉也中将。牟田口一向看不起英军，因为他的师团在新加坡和英军交过手，而且把他们击败了。可是这一次在北缅，英军却一举突破，进入他的后院；而英军进兵的途径，正是他早已认定为不可能的路线。1942年夏天，日军完成占领缅甸时，南方军总司令官寺内寿一大将的参谋林章（Hayashi Akira）大佐，认为日军不宜就此停顿，应该继续追入印度的阿萨姆，攻下迪马布尔及丁苏吉亚（Tinsukia）。[①]经过与东京参谋本部商讨后，拟定了“二十一号作战”计划。在这个计划中，以两个师团，经由缅甸最北的胡冈谷地进入印度；另两个师团则拿下曼尼普尔邦的首府英帕尔；第三支兵力则以一个师团沿孟加拉湾海岸进军，拿下吉大港。

如果日军执行“二十一号作战”，没有什么能挡得住他们。但是寺内寿一大将麾下有一名精力充沛且深具影响力的参谋藤原岩市（Fujiwara Iwaichi）少佐，认为这一作战绝对危险，再怎么说也不适合。他曾经亲手成立了一支反英武装“印度国民军”（Indian National Army），从与几千名马来亚及新加坡的俘虏，以及在东南亚与印度人的接触中，他判断甘地及尼赫鲁会反对日军入侵印度。在他看来，给“印度国民军”训练与装备才是成功进入印度的第一步。东京参谋本部不理会这些反对意见，在1942年7月22日，下令研拟“二十一号作战”计划。[②]倘若计划

① 参考HQ XII Army ed., *The Japanese Accout of their operations in Burma*, 1945, p. 3。
② 本书作者艾伦与藤原岩市的对话，1946年于新加坡，1978、1980年于东京。

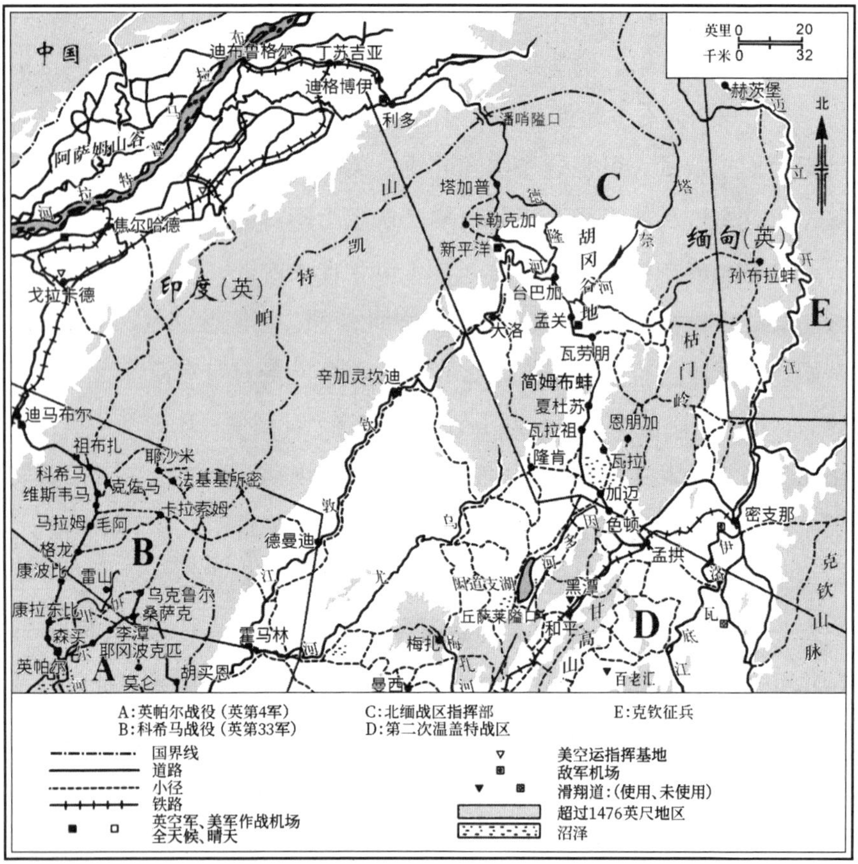
中国
印度(英)
缅甸(英)
A
B
C
D
E
英里 0 20
千米 0 32
北
迪布鲁格尔
丁苏吉亚
迪格博伊
利多
潘哨隘口
阿萨姆山谷
焦尔哈德
戈拉卡德
塔加普
卡勒克加
新平洋
台巴加
大洛
孟关
瓦劳朗
胡冈谷地
简姆布蚌
夏杜苏
瓦拉祖
隆肯
加迈
色顿
孟拱
密支那
恩朋加
瓦拉
辛加灵坎迪
巴特凯山
枯门岭
孙布拉蚌
赫茨堡
迪马布尔
祖布扎
科希马
克佐马
维斯韦马
马拉姆
毛阿
耶沙米
法基基所密
卡拉索姆
格龙
康波比
雷山
乌克鲁尔
桑萨克
康拉东比
森买
李潭
英帕尔
耶冈波克匹
莫仑
胡买恩
霍马林
德曼迪
梅扎
曼西
丘蔴莱隘口
黑潭
和平
甘高山
百老汇
克钦山脉
A:英帕尔战役（英第4军）
B:科希马战役（英第33军）
C:北缅战区指挥部
D:第二次温盖特战区
E:克钦征兵
国界线
道路
小径
铁路
英空军、美军作战机场
全天候、晴天
美空运指挥基地
敌军机场
滑翔道:(使用、未使用)
超过1476英尺地区
沼泽

图3-1　北缅战区

成功，便可切断自加尔各答，经北阿萨姆的利多到中国西南昆明的那条用来供应蒋中正的航空路线。但如果要执行这一作战，就必须以当时占领缅甸的师团作后盾。

一再获胜的第15军司令官饭田祥二郎中将觉得“二十一号作战”计划有理。1942年9月，他造访掸邦的东枝，与麾下各师团长商谈这一作战计划的可能性。驻防掸邦的第18师团师团长牟田口廉也中将立即表示反对。他告诉饭田，北缅甸的地形险峻，为一片无穷无尽的丛林与山岭，大部队无法越过山脉进入阿萨姆，在那一带也无法得到支援。想要第18师团经胡冈谷地进抵丁苏吉亚以切断空援蒋中正的路线，根本行不通。

接着，饭田司令官到格劳（Kalaw）造访攻占了仰光的第33师团师团长樱井省三中将。计划中，这个师团的任务是与第18师团联手进入英帕尔，再攻至迪马布尔；在第18师团攻占丁苏吉亚后，一起切断英印军的退路。如此，这两个师团便可固守北阿萨姆邦。但樱井师团长也反对这个计划。饭田司令官赞同这两位师团长的见地，便要求南方军重加考虑。高层听取了他的陈述。1942年10月25日，他接到通知，停止“二十一号作战”的准备工作。①

到了1942年底，英军向阿恰布的进攻似乎表明了后来的事态发展：即使那是英军的一场败仗，但显示出英军仍然足以发动攻击作战。1943年2月19日下午，这个想法获得证实：日军第33师团一个大队在行军中突遇一支强劲英军，双方发生激战，日军伤亡甚重，大队长阵亡。这是温盖特准将“长布行动”与日军的第一次交手。缅甸人的情报报告，自2月16日这支部队已经进入此区。

起先，牟田口廉也师团长还不了解温盖特的企图：他的突袭与重庆

---

① 1978年9月，藤原岩市告诉本书作者此日期，但儿岛襄（Kojima Noboru）认为日期是1942年11月23日。

有关吗？他在设立侦察网吗？还是这一仗只是侦察作战，要查看日军的战术与下一次攻击的准备情况？但有一项他没有考虑：这是为尔后更大的战役做准备吗？他忽视藤原岩市的解释，也就是说，温盖特的冒险显示出英军中的一股新力量。藤原岩市曾骑着大象，走遍英军深入进击的小径，也曾讯问英军俘虏；这些俘虏所知不多，但是温盖特的大名却一再出现。

打从1943年4月到5月初，藤原岩市循着温盖特的行军路线巡查了40天，从葛礼瓦到霍马林，沿着钦敦江，一共讯问了360名俘虏。

可是牟田口廉也师团长的困惑，并不减损这项情报带给他的强烈印象，与他以前的推测完全相反，一支大部队竟能越过印度与缅甸分界的山脉。倘若英军办得到，他，曾在新加坡与缅甸痛击英军的牟田口廉也，也一定做得到。他进攻印度的狂热，便从温盖特第一次深入缅境突击日军时开始；但还有其他因素。当初饭田来访试探攻印的可能性时，他反对这个构想，以为这只是第15军司令官，或者充其量是当时南方军总司令官寺内寿一的想法。等到了新加坡，知道这主意为更高层的帝国参谋本部所提出，他开始觉得，这样的反对，不但会在参谋本部及南方军的心中播下怀疑第15军作战意志的种子，而且可能轻蔑地拒绝了本源来自天皇本身的想法。因此，他心中开始盘算皇室支持和战略方式，一心想争取天皇御弟竹田宫恒德亲王支持他的计划，想要在1944年4月29日天长节（裕仁天皇生日）以前，成功夺取英帕尔。

他的野心不止如此。1937年在北平附近发生卢沟桥事变，身为联队长，他深信自己引爆了中日战争，终致引起珍珠港之战和太平洋战争。升为第18师团师团长后，他参与征服英属马来亚，也是促成英军在新加坡投降的主要角色，那是他的第二次胜利。而第三次，更居各次胜利之冠的，将是可望把印度从大英帝国手中夺下来。随后必不可免的，便是削弱大英帝国从事战争的能力。一个被削弱了的英国，不是从这次战争中抽身，便是只能默默接受僵持；美国就会被迫陷入孤立，不得不签约议和。他，牟田口廉也，有能力达成这一切。

1943年3月18日，牟田口廉也晋升为第15军司令官。4月15日，他将司令部设立在掸邦眉谬的幽雅山区：一处红砖别墅，有奢豪的园林，远离平原的炎热与灰尘，是遗世独立的天然美景。这时候，温盖特的部队刚完成第一次远征突击，正加速向钦敦江撤退，日军正在逼近他们。可是第15军的责任，远较作这种围攻更广更大：他们必须掩护萨尔温江（此处指怒江）前线，对付获得美援的云南的中国军队，再布下包围圈，环绕缅甸，通过密支那、加迈及西普山，穿越缅甸中部的葛礼瓦与甘高。这条战线长逾一千公里，由三个师团——第18、第56及第33师团——把守，而且很快便有第31及第15师团的增援（1943年6月17日，南方军下令第15师团加入第15军的战斗序列，但是该师团因在泰国连续担任了几个月的筑路工作，而耽搁了行程）。

第15军牟田口司令官知道他正面临着盟军三种可能的进攻：来自云南、胡冈谷地及阿拉干，也就是从东北、西北及西方的攻击。日军获得情报，盟军正准备进行一次大规模反攻作战，一两个空降师正在印度境内接受训练，那是另一项令人担忧的情况。牟田口自作战以来，在航空军力方面一直拥有优势，而现在局面却对他不利，航空优势已回到盟军手里。

所以现在要先发制人：在盟军进攻缅甸以前，先建立一道防线。日军沿西普山据守的防线，应该再向西推进到钦敦江。另一方面，在旱季时，钦敦江对一支下定决心的军队并不是什么大障碍，因此把防线移动那么远去对抗盟军攻势，并不会给盟军造成重大打击，不过只是一时的阻碍罢了。最好的计划便是攻入英帕尔平原，以摧毁盟军作为进攻跳板的基地，并夺取补给。

这计划在牟田口廉也心中增强，将不再只是简单地用积极态度来取代他之前做师团长时的消极态度；不仅要建立防线，还要更宏伟。他要立即兴兵，攻入阿萨姆，他在日记中清清楚楚地透露：

> 我启动了卢沟桥事变，使之扩大成为中国事件，然后又加以扩展，直到它转变成为大东亚战争。倘若凭我自己的努力进入印度，会对大东亚战争造成决定性影响。我是造成这一次伟大战争爆发的远因，如此定会在国人眼中证明我是对的。①

成功攻入印度会有什么作用？倘使牟田口廉也的第15军进兵足够远，他会摧毁英军在英帕尔的基地，也会为当时与日方合作的孟加拉领导人鲍斯提供动员平台，唤起孟加拉人对抗英国。从孟加拉燃起的叛乱火焰将蔓延开来——自从甘地的“退出印度”运动动摇了不稳定的殖民统治以来，只过去了一年——印度将变得不稳定，无法作为对东亚日本采取任何攻势的基地，甚至会赢得独立。这种打击会使大不列颠退出战争；如果发生这种情况，孤立的美国便会被迫求和，德国和日本甚至也许能在伊朗会合……

1943年，印度英军总司令，后来的印度总督韦维尔，早就预知日本人会往这方面动脑筋，但他对日本人激起印度叛乱的可能性很不当一回事。很久以后，斯利姆中将回顾那段时期，则不是那么确定：“他们的想法很正确，在阿萨姆邦的胜利产生的回响会远远超出遥远的丛林地带。的确，或许诚如他们对自己部队的大吹大擂，它可能改写世界大战的历史。”②

深以为然的牟田口，在改变想法以后开始向所有人鼓吹进攻印度。

---

① 战史丛书，《英帕尔作战》，页90—91。
② William Slim, *Defeat into Victory*, p. 285.

他从新就任的缅甸方面军司令官河边正三（Kawabe Masakazu）中将开始。河边在1943年6月1日与他面谈过。河边原任驻南京的“中国派遣军”总参谋长；3月22日，离任赴新职途经东京，谒见内阁总理大臣兼陆军大臣东条英机大将，也和缅甸临时政府领导人巴莫博士谈过。“我们对缅甸所采取的诸多措施，”东条告诉河边，“实是对印度政策的头一步。我乐于强调：我们的主要目标在那儿，印度。”[①]

有了这种想法，河边正三发现牟田口廉也的见地与自己不谋而合。同时，他对牟田口了解很深。1937年北平“七七事变”，在那引发全面大战的关键时刻，他是旅团长，牟田口的顶头上司。不过，最重要的是集中攻击武力，他决定把重点摆在英帕尔，阿拉干只是附带的。在阿拉干作战，可以吸引英军的预备队，但除此之外，没有其他什么作用。他也认为有把握应付在北方战线由利多沿史迪威公路来的、由美军指挥的中国军队，或者从云南越过国境来的中国军队。决战会在中央战线展开。

斯利姆也这么想。他也晓得在备战期间，试图击破日军的攻势没有意义，因为他得越过难渡的原野天险，把自己的后方联络线延长100英里以上。最好的计划是保持实力，集结麾下边远各师，然后在缅甸周边各要点与日军接战，最后将大军集中在英帕尔平原。如果日军追到了那里——他肯定日军一定会这么做——他就会让日军陷入一个补给线延伸到难以承受的境地。这种态势明明白白，就是牺牲空间，可以想见麾下各师团长没有人会无异议接受。不过，这是“以退为进”（reculer pour mieux sauter[②]）。“我要在我军进入缅甸之前进行一次决战。”斯利姆后来写道：“我和河边正三一样急切要作一决战。”[③]对英日两军来说，英帕尔

---

① 战史丛书，《英帕尔作战》，页91—92。

② 译注：法文俗语“后退以便更好地前进”。

③ William Slim, *Defeat into Victory*, p. 286.

正是杀戮的战场。

英军比日军迟了半年才开始重新整顿亚洲战场。日军十分正确地料到盟军打算在缅甸采取攻势，不过却不知攻击来自何方，以及攻击的规模。盟军也有同样的困惑，史迪威将军想要攻下足够的缅北地域，使他足以从阿萨姆经由公路（史迪威公路）挺进中国，他并不太关心英军是否需要重新夺回所失去的领土。而无论在印度或在伦敦的司令部，都深信越过中缅甸向仰光推进并没有多大用处；从海上攻占阿恰布与仰光看上去更为切实。英首相丘吉尔的视线，都放在新加坡与香港上，而且更有意派遣一支军力，完全绕过缅甸进入苏门答腊的北端。

1943年9月，英军成立“盟军东南亚战区司令部”（South-East Asia Command），以执行从海上的进攻。这一点说明了为何丘吉尔认为蒙巴顿（Louis Mountbatten）勋爵能胜任这一战区的最高统帅。蒙巴顿担任联合作战部（Combined Operations）总长时的名声已显示出丘吉尔会期待他采取的那种作战方式。日军方面也断定，这项任命意味着他们一定得留神自己占领区的海岸线。

蒙巴顿还具备来自皇室的权威，以及十足的个人气派。然而，帝国总参谋长日记中挖苦地记载，他从没有指挥过驱逐舰以上的任何船舰。[①]即使如此，布鲁克也承认他具有无穷的活力与冲劲，并补充说，由于这样的性格，需要一位审慎选择出的参谋长，他要具备稳定的影响力。亨利·波纳尔（Henry Pownall）中将爵士便是这位参谋长，布鲁克就是这么看待其资历的。1943年，波纳尔中将曾在为期不久的美英荷澳联盟（ABDA）指挥部韦维尔将军麾下出任参谋长，随后调任锡兰的军团司令；他十分不愿意一生事业止于亚洲，也不愿出任参谋长而非一支作战部队司令。但他对印度司令部素有认识，觉得自己在骁勇善战的总司令

---

① Arthur Bryant, *The Turn of the Tide*, p. 568.

奥金莱克（Auchinleck）上将与干劲十足的最高统帅蒙巴顿之间有平衡作用；奥金莱克有时极固执，而蒙巴顿部队的训练与给养全靠他。波纳尔很赞佩蒙巴顿的雄才，但对温盖特就没有那么大方了：

> 温盖特的观点超级狭隘，除开他自己抉择的途径外，见不到其他好的方案……他个性不稳定至为明显……除非能将他掌握，并且蒙巴顿将军能习知他的特性而任用他，否则我们就会有麻烦。在总司令部这里，大家都讨厌看到他……①

因此，温盖特将军的形象继续困扰朋友和敌人：各级长官与袍泽视他为梦魇，敌军则认为他既引起焦躁，也激发灵感。在缅甸战争过程中，虽然与他所计划的不同，最终英军还是取得了胜利；矛盾的是，在一位日军将领心中，进兵印度的可能性竟也来自温盖特的启发。

第19回　牟田口执意开战

日军对进攻英帕尔的战略做过许多研究，其中最重要的就是1943年6月24到26日，在仰光缅甸方面军司令部进行的一项研究，后来被命名为“乌号作战”（Operation U Go）。②

牟田口在会议开始前，便做了一些探察。军参谋中要员之一藤原岩

---

① Brian Bond ed., *Chief of Staff: The Diaries of Liertenant-General Pownall*, Ⅱ, 1974, pp. 111-112.

② 这可能看起来有些古怪，但事实上是讲得通的。ウ（U）是日语元音中的第三个，相当于英语中的C，所以亦可说是C号行动。

市少佐，带了14名中野学校（Nakano School）的毕业生（这所东京的学校专门训练优秀学生，在亚洲从事间谍、破坏以及政治颠覆工作），还有一位年轻的同人泉屋（Izumiya）中佐，一起在伊洛瓦底江与钦敦江间的区域，尤其是西普山脉，进行兵要调查。这河谷南北延伸100多英里，宽约30英里。藤原参谋的交通工具有卡车、大象及马匹（在眉谬司令部时，他是牟田口司令官的随骑副官）。泉屋中佐待在霍马林一处村庄进行宣传时，藤原则移往钦敦江，侦测各处渡江点。他察见到木筏渡江是可行的，还到江中游泳以检查水深，并估判这带田野有足够的食材可供一个大队。他惊奇地眼见一群群的猴子叽叽喳喳，在深密的树林中由小径爬出。这一带的老百姓不是那加族而是掸族，似乎对日本人很友善；他们在一处庙里过夜时，掸族人还送来了食物。温盖特麾下的一些官兵还在这地区游走，藤原将他们逮捕，交给日军某部队；据他回忆，他们大多数都是廓尔喀人。5月中旬，藤原回到眉谬向军司令部报告：如果道路修复，便可抵达钦敦江，在旱季时可以渡过钦敦江。掸族人很合作，霍马林这一带有充足的给养，可使五六个大队的兵力自给自足。至于另一方面，在雨季会是什么情况，或者钦敦江以西的环境如何，他却给不出任何信息。①

牟田口对藤原的报告产生很大兴趣。1943年5月17日，当南方军副总参谋长稻田正纯（Inada）少将来眉谬第15军司令部时，牟田口便向稻田报告细节，谈到大举进攻印度。“副总参谋长还记得在1939年到‘满洲国’视察吗？”他问稻田，“当时我是第4军参谋长，我告诉过您，两年以前我担任联队长时，在卢沟桥开了第一枪，深觉责任重大；我求您派我到一处可以为国捐躯的地方。现在我的感觉和当时一样，让我去孟加拉！让我死在那里！”

---

① 根据与藤原岩市的谈话。

“毫无疑问，这样会满足你，”稻田冷冷答道，“不过日本也许在这过程中就瓦解了。”[①]稻田显然认为进兵阿萨姆的想法荒唐。再怎么说，整个作战必须由牟田口的军参谋和缅甸方面军的参谋详细研究。因此，双方的参谋都到了仰光，还有第15军的各师团，第55、第56师团，第3航空军，以及第5飞行师团的参谋人员。驻新加坡的南方军总司令部，则由稻田代表；近藤正已（Kondo Gonpachi）及天皇御弟恒德亲王竹田宫、两名中佐代表东京参谋本部。[②]与会的阵容使人印象深刻。

兵棋推演一开始就有难题。大家都就座以后，牟田口的参谋长久野村桃代（Kunomura）少将，便将一叠文件交给主席——缅甸方面军参谋长中永太郎（Naka）中将。藤原也在座，瞟了一下这批文件的总标题，大吃一惊。标题为“第15军形势判断”，这是从眉谬前往仰光途中，在彬马那过夜时牟田口下指示拟成的。文件强烈鼓吹牟田口自己所抱持的观点，结论为“第15军愿攻击且歼灭若开山脉地区敌军，并立即进兵阿萨姆”。[③]藤原瞥了一下中永参谋长，中永会如何看待牟田口先下手为强，影响兵棋推演的整个目的呢？藤原以为这不是好主意，文件应该在推演之后再呈出，因为这次会谈的目的，是试探各方对缅甸方面军所提意见的反应，即将缅甸的防线推向钦敦江以西的山区内。如果久野村桃代参谋长在牟田口廉也指示下，为了进兵阿萨姆而极力主张越过山区，并非只是建立一道新防线，便冒了产生不良后果的风险。不过，他当然是牟田口的应声虫，这也是为什么他被任命为军参谋长。他的前任小畑信良（Obata）少将，由于反对牟田口的见解，被讨厌而遭解职。

---

① 高木俊朗，《抗命》，1966，页71。

② 译注：竹田1909年出生，三十五岁时奉派至缅甸视察并参加当地参谋会议。

③ 英国读者可能会误会字面意思，缅甸人称若开山脉为Arakan Yomas，日本人常错指若开山脉为印缅界山，其实若开山脉在缅甸中部，靠近印度的前沿。

终于，久野村在仰光遇到了对手：中永太郎参谋长的首席参谋片仓衷（Katakura Tadashi）大佐自中国来到仰光，以干练素享盛名。他伸出一只手，望了文件一眼，把它们往桌上一摔，厉声问道："这是什么？我们用不着接受这样的胡说八道！"片仓衷响亮的声音是他的招牌，房间里的每一个人都僵住了。这并不是一种未经审思的即兴反应，片仓早已怀疑类似的事情正在策划进行。后来他回想："我听说，兵棋推演开始的前一天，牟田口已经拟订一项计划，向印度东北发动一次攻势，他已对竹田宫恒德亲王表达过，并且想要把它呈给缅甸方面军。[①] 我也注意到，司令官河边正三不接受；我到参谋本部近藤正已（Kondō）那里，请他一定要竹田宫恒德亲王也拒绝接受。就在兵棋推演要开始时，我大骂久野村道：'正当我们就要调查一条西部防线问题时，参谋本部与缅甸方面军的将佐在场，你们第15军事先全无通知，也未与缅甸方面军商讨（第15军的顶头上司），就已经打算将自己的计划向这些将校提出，完完全全违背了指挥体系，请你们立刻撤回。'整个会场涌过一阵寒冷的尴尬，不过中永中将为这事打了圆场。"[②]

片仓的发作，并不纯粹是火气大，因久野村想先发制人取代会议的决定，违背了指挥体系的原则。片仓发觉司令官河边正三同情牟田口，他无法理解，但是河边业已告诉参谋长中永，不要因为牟田口狂热地自我推销而对他太苛责。"我了解牟田口廉也，"河边告诉中永，"只要上级司令部并没有乱套，换句话说，只要最后的裁决权在我，就稍微尊重一下他凡事积极的做法。"

结果，兵棋推演就在中永参谋长督导下，以牟田口的计划为基础来

① 河边知道亲王已近，但不赞成此事，他在1943年7月29日的日记中写道："听说牟田口廉也要求觐见亲王殿下，因为他要亲自说明对此作战计划的看法。我喜爱他的热诚，几乎是宗教的狂热。"OCH《英帕尔战役》，Ⅰ，页61。

② 片仓衷，《英帕尔作战秘史》，1975，页67；儿岛襄，《英灵之谷》，1970，页29—30。

进行。资深参谋木下秀明（Kinoahita Hideaki）大佐并不是久野村桃代的朋友，却依然忠于第15军，率直声明这次作战的目标是英帕尔：第33师团从南，第15师团从东进击，而第31师团全部从北进攻，拿下科希马，以切断敌军退却及增援的路线。战斗会很艰困，这是预料中的，但仍决定进行。理由显而易见，已知英军为重返缅甸正进行各项准备，即令日军的计划仅止于将防线移到钦敦江西岸，结果也将会是英日两军一次决定性会战。在这种情况下，日军倒不如从一开始便瞄准敌军在英帕尔的基地。南方军的副总参谋长稻田少将和参谋本部的近藤中佐对这次作战的说明都没有不满，但对第15军作战的方式表示疑惑。

中永说，缅甸方面军的观点，是使用3个师团从三个不同的方向进攻，还要把他们一分为二，太过分散。派第15师团与第31师团经由山区突击，更是冒险。方面军建议，第33及第15这两个师团应从南方接近英帕尔，第31师团只以4个大队向科希马前进，师团主力作为预备队。

稻田说，要多考虑补给问题。让官兵带着食粮和弹药去攻击，以后补给则靠取自敌人的储存站，这就像“还没抓到浣熊就想先算皮价”一样。他坚决反对从英帕尔“长驱直入阿萨姆”的想法。竹田宫恒德亲王回东京时，则有更多存疑，并且不愿隐瞒。他对这次会议中牟田口廉也试图拉拢他显然非常不快。据片仓了解，牟田口私下去觐见恒德亲王，要求他支持，以得到东京参谋本部的授权。恒德亲王回答道，光从补给的角度看，要发动一次大规模的行动，他认为没有希望。当稻田回到东京，便向参谋本部第一部第二课（作战课）课长真田（Masada）大佐报告：“军队要占领前线，但对后方的状况无法控制。以准备工作情况来看，我想英帕尔作战的确没准备好。”真田大佐听了这番话，却得出一个迥异的结论：因为有政治压力，日本在太平洋受挫后，要在西面战线找一次胜利。东条英机首相在瓜达尔卡纳尔岛（Guadalcanal）及中途岛吃了败仗，依然耿耿于怀。“假使我们在彻底调查之后，并准备充分，”

真田做了结论，“我们当然能进兵远达英帕尔。”①

在新加坡的南方军总部，稻田接受了政治性暗示，哪怕对这一战略有疑虑，他还是支持河边正三对即将发生之行动的解释：“即使我军未能达成英帕尔作战的最大目标，至少能在印度的一隅之地，让S. C. 鲍斯升起解放印度的大旗。光是这一项，就有足够的政治效果，将会为东条英机的战争领导锦上添花。”

所有各级司令部，对英帕尔作战是什么，会达成什么目的，如何才能达成，都有自己的理解，却没有一个人和牟田口廉也构想完全一致。牟田口是执行这次作战的军司令官，他后来的独断专行，部分原因是他的上级长官没有其他的想法。缅甸方面军参谋长中永太郎表达出不安时，司令官河边正三告诉他：“缅甸方面军的任务，便是向下级指挥官指示他们要达到的目标；如何达成，就交给他们办了。而且牟田口是我十分信赖的指挥官。我们要把这次作战目标说得清清楚楚，就是攻占英帕尔地区。至于之后会发生的事，就掌握在我手中了。但绝不会有疯狂冲入阿萨姆之事。”②

这些也许在河边心中十分清楚，但生性沉默寡言的他，从来没有向牟田口把这点说明白。而缅甸方面军司令部中，无论参谋长中永还是其他参谋，并不真正晓得河边司令官内心想法。而且正如后来所见，在这次战争的紧要关头，无论河边还是牟田口，都没有把他们内心最重要的想法坦诚沟通；而就因为他俩的沉默，麾下官兵要不停地死去了。

同样地，南方军副总参谋长稻田，发现他自己对有关牟田口的咒骂持保留的态度，但对咒骂的人加以制裁的手段却付之阙如。东京方面和新加坡远在天边，而且全神贯注在其他更没有胜算的战场上；牟田口廉

---

① 儿岛襄，《英灵之谷》，页31。
② 儿岛襄，《英灵之谷》，页61—62。

也从不动摇，一心要进兵阿萨姆邦。

1943年8月12日，牟田口在眉谬军司令部，举行他自己的“无部队战术演习”，主持官为军参谋长久野村桃代。缅甸方面军派来参谋长中永（Naka）中将，他曾在仰光主持过沙盘推演。奇怪的是，他似乎没有上级该有的力量去阻止久野村，当久野村桃代显然在牟田口廉也命令下，推翻仰光方面军明确的决定：不侵入阿萨姆，这只是一场防御作战，以摧毁英军基地，然后据守科希马—英帕尔—钦丘陵（Chin Hill）一线。相反地，在眉谬的沙盘演习形成一项决定：攻占科希马并不只使用第31师团的一个联队，而是倾全师团之力。很明显，牟田口这样用兵的理由，便是在科希马地区要有充分的实力，一旦攻下此镇，便可向迪马布尔迅速进兵，再从那里突进阿萨姆。由禁止入侵印度，改成决定进攻英帕尔，中永是这项决策的主要推手。此时，他是一个和蔼可亲但优柔寡断的角色，并不太具备参谋长应有的才智。结果因为他没有坚持认为牟田口的计划“越权”（ultra vires），对数以万计日军造成了致命的后果。

1943年9月12日，南方军各高级别参谋长，在新加坡南方军总司令官寺内大将官邸（前英国总督官邸）举行了另一次会议。中永太郎带了第15军参谋长久野村及藤原少佐两位不够与会资格的参谋参加。但是中永参谋长表示，在他请求下，确有特令允许他们与会。在讨论的中场休息时间，中永和南方军总参谋长稻田中将说话。稻田追问快速完成英帕尔作战的后续行动，中永告诉稻田说：“我已把久野村和藤原带来了，你要不要见他们？藤原对英帕尔的地形的了解比任何人都高明。”稻田既困惑又生气，困惑的是三个月以前的仰光会议时，中永是阻挡牟田口廉也主张的关键人物，现在却明显地改变了立场；气的是他的猜疑渐渐证实，河边和中永现在都竭尽全力要排除片仓衷——此人曾在仰光公开谴责第15军于会议开始前试图左右听证以求有利意见，众所周知他不赞成英帕尔作战，至少他不同意牟田口想要的作战计划。

久野村和稻田原是军校老友，在日本陆军军官学校，稻田比久野村高两期。久野村知道他可以了无拘束地说话，却被稻田的敌意乱了分寸。另外还有事情加深了稻田的怀疑：缅甸方面军应该代表南方军制止牟田口廉也的行动，却已转向同意牟田口的观点。河边司令官给了他一个便条，说："片仓衷对任何不同意他的人极其无礼，"又写道，"在缅甸方面军司令部内，造成一种不快的凝重氛围，无助于充分运用司令部内的资源与作战计划。"[①]他要把片仓衷调走。

起先，稻田正纯没认为缅甸方面军的这项请求有什么不寻常。毕竟，指挥一个军的基础，便是人事关系处理得顺当。相互对立经常发生，解决这些问题，是稻田所关心的事，片仓衷仅是其中一项。但中永与久野村联袂来访，事实非常明显：对他们两位来说，片仓衷便是英帕尔作战的一个障碍。稻田正纯开始发觉，一项阴谋正在酝酿。要除去片仓衷，这不是缅甸方面军司令部内的人事倾轧，只因为他是牟田口的拦路虎。久野村是牟田口的人，河边和中永是附和野心勃勃的牟田口的人；即使理论上，这两位一位是缅甸方面军司令官，另一位则是更高级指挥部的参谋长，该由他们向牟田口下命令。

久野村认为可以靠老朋友关系推动牟田口的计划，"稻田学长，帮我一个忙，批准了这个计划吧！"不过这个计划还是仰光兵棋推演的那个计划，当初它获得通过，有附带条件：须加以调整及修正。然而，这些调整修正都没有付诸实施。"我不能批准，除非你加以修正。"稻田答道："中永批准了吗？"

"如果他不批准，现在他就不会和我在这里了。"久野村回答道。稻田无法理解，无论河边或中永，都已经被牟田口的意志力和能言善道的辩护争取过去了，这表明缅甸的高层统帅指挥部缺乏一致性和骨气；或

---

① 高木俊朗，《抗命》，页60。

者一些暗示已从更高的层次传下来——是从东条英机首相传下来的吗？而仰光趋炎附势的人，一心一意要巴结他，当然有了拍马屁的趋向。无论是什么原因，稻田都不赞成这个计划。“如果你们不修改，我不能批准，就这么回事。片仓衷如果听到了这件事，一定会暴跳如雷。我们这么办吧，我装作半点事情都没听到。”“稻田，别这么固执吧！”久野村桃代请求道。“我一定要这样，”稻田回答，“假若你们进入印度失败了，就整体而言，不只是对缅甸方面军和牟田口廉也，对日本可能也是一项无法挽救的错误。现在，除了缅甸，我们在其他地区并不占优势。想一想这是什么意思。”处于这种困境下，久野村决定打藤原这张牌。

“如果你不推动‘C号作战’，”藤原进了办公室，坚持说，“整个第15军就生锈了。”①

“要拯救第15军应该有更好的理由。倘若你们不要生锈，与其进攻英帕尔，为什么不攻中国的西南？为什么不攻云南？”

“云南？”藤原听得莫名其妙。

“当然呀，为什么不进攻中国，抓几个花姑娘？”稻田素以说话轻佻闻名，藤原不知道如何接招，“听来不错”，藤原反问：“不过，英帕尔不比云南好些吗？”

这可是稻田一直在找的好机会，他知道藤原一向热心于野心勃勃、堂堂皇皇的计划，他开始讨论，由缅甸撤退进入云南的可能性，以及与中国境内的日本远征军会师，以阻止英美将中国持续留在大战内。那时即使英军真的收复缅甸，就会发现他们与蒋中正之间仍有强大的日军。他向藤原提供了对今后五年战争会如何发展的看法，“我们一定得从持久战的方面想，也许我们迟早得从东南亚撤退进入中国，倒不如第一步就是云南。长远来说，那是比英帕尔更好的一步”。

---

① 他用日文*kusaru*,“腐败”“生锈”的意思。

藤原没料到这次会见竟采取这种方式，便缩小话题，只反反复复鼓吹牟田口进兵印度的计划。稻田便提另一项要点："牟田口要求进兵，不过我同他底下的师团长都谈过，却没有半个要这么做。三个师团长根本都不同意军司令官的想法，那还能有一场什么样的作战呢？"

这是真的，第33师团的师团长柳田元三（Yanagida）中将，是一位深有涵养、精通韬略的将领，他对牟田口批评严厉，深信进攻英帕尔这一战不可能。他看得更远："像牟田口这种蠢材成为我们的司令官，我们会有什么事发生？"①

第15师团师团长山内正文（Yamauchi）中将，智力过人，多才多艺，并不真正适合指挥异想天开的作战。唯有第31师团师团长佐藤幸德（Satō）中将，曾经在张鼓峰与苏军交过手，和牟田口一样强悍。但是因为20世纪30年代陆军派系之争深入他们的心中，这两位将领始终相互看不顺眼。这三位成为牟田口廉也麾下三个师团的师团长，首先就显示出陆军省次官兼人事局局长富永恭次（Tominaga）中将的愚蠢。至少可以这么说，牟田口廉也和他麾下三员中将师团长彼此不合，稻田向久野村下了结论："无论怎么看，都有不利之处。不过倘若你们要进兵印度，就得更改那份计划！"②

很明显，不但片仓衷，连稻田都会继续反对英帕尔作战，看来牟田口只好撤回计划，或者等待未来的一次新机会。接着，命运插手了。

1943年，日本政府及帝国大本营确定了"大东亚政略指导大纲"，目的是使亚洲各国与日本结合在一起，形成一个防御圈，对抗重返亚洲的盟国大军。这个圈上有一环，便是"大泰国"。1943年7月4日，日本首相东条英机访问泰国，会见摄政总理銮披汶·颂堪（Pibun Songkram）

---

① "*Anna wake no wakaran wa dōmo naran ne?*" 高木俊朗，《抗命》，页65。在半公开谈话中，牟田口廉也回呛："你能对这个没胆的杂种如何？"

② 高木俊朗，《抗命》，页66。

元帅，保证会归还泰国“失去”的几个省。在1940年，法国与泰国发生争执，日本介入调停，结果使高棉的一大部分被移交给泰国。而这一次，他更要把马来亚的吉打（Kedah）、吉兰丹（Kelantan）、玻璃市（Perlis）、丁加奴（Trengganu）四个省，以及缅甸相当大的一片土地奉上。起先令人很不解，日本为什么要得罪可能来自缅甸、马来亚和法属印度支那三个国家的“亲善”，只为确保第四国的“亲善”？可是，缅甸是一处战场，还没有获得独立；马来亚在日本军事占领下，可能依然继续如故；而法属印度支那，即使名义上仍然由维希政府治理，实际却在日本陆军紧紧掌握之中。从真正意义上讲，泰国是东南亚半岛的“核心”国，是任何建立据点以抵抗盟军反攻之计划的中心。所以东条英机以这些提议讨好披汶；并且训令南方军继续进行泰缅新国界的划分。重新划界后，碰巧所划的国境线并不符合东条英机对披汶的承诺；东条火大，要求一只代罪羔羊。稻田正纯并不负这个责，可是身为南方军总参谋长，曾在外交文件上签名用印，东条英机就要惩罚他。

至少，这在当时是表面情况；后来，情况清楚了，稻田正纯是被设计的。东京陆军人事局局长富永（Tominaga）中将，发现稻田在南方军很棘手，个性又倔强，故向东条英机建议将他革职，泰国纠纷只不过是一种能达到目的之手段而已。1943年10月11日，稻田正纯调至第19军司令部；他的继任人为陆军参谋本部第一部部长绫部橘树（Ayabe）中将。

稻田和绫部交接时警告绫部，别的不说，只要牟田口廉也提出经由英帕尔进兵印度的疯狂计划，就要坚持立场。官方交接仪式过后，在饮酒时，绫部告诉稻田，自己是在最尴尬的时候接到调动命令的，那时他正在南太平洋的拉包尔（Rapul）视察，行程才到一半。他动身以前，毫无调动的迹象，他对自己所受到的轻慢对待很生气。稻田同意，这是极端独断专行，他见识了东条英机与富永恭次两人联手，除掉他们不能相处的将校。这显示出日本最高层指挥结构的病根。

虽然稻田和绫部是在酒醉中痛骂东条，事实上，他们没错；然而以当地而言，结果便是稻田出局，南方军司令部内再也没有人能钳制住牟田口廉也了。不管绫部在饮酒中对稻田说了些什么，一旦他置身新加坡南方军司令部氛围内，便发现部内参谋并非真正反对进攻英帕尔的特别计划，而总司令官寺内寿一大将只说："好吧，开始干，可得快一点。"他发现自己没法子挡住这个浪头。在仰光的缅甸方面军司令部里，连片仓衷大佐也停止反对这次作战，没有人知道为什么。

所以，1943年12月23日，仰光缅甸方面军司令部举行了最后的兵棋推演，绫部橘树和中永太郎都在场，两个人都没有发出一声抗议，昨天的反对者已经变成了今天的倡导者。寺内寿一大将批准后，派绫部赴东京，敦促大本营下达授权令。六个月以前，绫部中将为东京特使，传达大本营停止这一作战计划的决定。而今，他又成了赴东京的特使，敦促其批准这一作战计划。

绫部橘树在参谋本部备受煎熬了三天三夜，呈出第15军作战准备及全军士气报告，表达南方军的信念，这一作战定会完成；也就是说，日军会在缅甸雨季之前，建立起一条既新且好的防线。1943年12月31日，参谋本部批准这一作战计划，但最终要有首相东条英机的核可。

参谋本部军事课课长西浦进大佐，连忙赶赴首相官邸。[①] 东条英机刚刚入浴，但呈报给他的为"紧急要件"，便要西浦进到更衣室，隔着玻璃板说话。当西浦入室，说他来到官邸是为了请求批准英帕尔作战时，东条英机叫道："等一下！"就从热气腾腾的浴缸中发出连珠炮般的提问：补给系统做好了吗？牟田口廉也的作战构想中有没有缺憾？现在的航空部队正居劣势，有没有任何计划措施，抵抗敌方地空合作？在突破攻入英帕尔平原以后，有没有可能需要兵力支援？把我军防线向印

---

① 伊藤正德，《帝国陆军的末期》，Ⅲ，页113。

度领土内推进，结果会导致缅甸的整体防务发生差错吗？一旦盟军自海上攻击缅甸南部，有没有什么对抗措施计划？

东条英机赤裸裸地蹲坐着洗澡，没有笔记，向西浦进大佐提出了这些问题。西浦大为惊讶，东条大将怎么能立即回想起六个月以前曾经提过的所有这些问题。“向作战部确认所有这些问题，”东条在浴缸水往外涌泻的噪声中大叫道，“再回来向我报告！”西浦进便打电话到参谋本部，把东条的问题告诉各参谋后，回到浴室叫道：“您不需要操心，所有的问题都加以处理了。”东条大将出来，在文后用印，向西浦进下达最后的口谕为：“告诉绫部橘树，不要做不可能的事。”这次会面才告结束。①

所以到最后，每一个人都转而同意牟田口廉也的想法，或者至少决定还是保持沉默为佳。自从英将温盖特的深入突击使牟田口廉也改变想法后，他对自己的计划有了坚定不移的信心：穿越钦敦江和若开山脉是可能的。这种想法毫未更改。1944年1月7日，东京参谋本部以第一七七六号令核准：“为防卫缅甸计，南方军总司令官，应占领及固守印度东北部英帕尔地区之战略地带，并在适宜时机歼灭敌军。”在命令文中，所有“为防卫缅甸计”和“英帕尔地区”这些文字都暗示了限制；牟田口却视若无睹把这道命令当成是放行的绿灯，现在他可以挥军进攻印度了。

第20回 苏巴斯·钱德拉·鲍斯（S. C. Bose）

牟田口廉也认为印度站在他这一边。遥想当年，成吉思汗也这么认

① 伊藤正德，《帝国陆军的末期》，Ⅲ，页113。

为。会议上，每个参谋都对补给问题十分介意。可是，牟田口廉也却记得，成吉思汗征服亚洲及大部分欧洲时，解决了这个问题，便是带了有蹄的肉畜同行。他也要采取同样的办法，于是下令征用黄牛、水牛、山羊，准备带它们穿越山脉，而在钦敦江各处渡江点集中收容牲畜，第15师团的渡口为栋赫，第33师团则在霍马林。

对牟田口廉也来说，印度站在他这一边的人士就是苏巴斯·钱德拉·鲍斯。1943年6月27日，在仰光缅甸方面军司令部进行兵棋推演的最后一天，鲍斯从东京抵达新加坡，召开印度独立联盟大会。7月4日，大会在大东亚剧院（Dai Tōa Theatre）举行，联盟主席为瑞希·贝哈里·鲍斯（Rash Behari Bose，与S. C. 鲍斯没有亲戚关系）。四十多年以前，他企图暗杀英国驻印度总督哈丁格（Lord Hardinge）爵士，未成，亡命日本。大会中，他提名苏巴斯·钱德拉·鲍斯为他的继任者。

S. C. 鲍斯，英国剑桥大学毕业，放弃了自天而降的成为印度公务员的机会，转而投身政治。他逐渐脱离国大党和甘地的非暴力派，具有坚定的信念，相信唯有使用军事武力，印度才能脱离英国获得自由。20世纪30年代，鲍斯访问欧洲，受到德国希特勒及意大利墨索里尼的接待，他甚至和一位澳大利亚姑娘结婚，不过秘而不宣；因他已向信徒发誓，不到印度自由，他绝不结婚。他是孟加拉人，曾任加尔各答市长和国会议长；他是方与国大党分离的“全印前进同盟”（Forward Bloc）的领袖，在孟加拉有着雄厚的政治地盘。1940年7月2日，英国以煽动叛乱的罪名将他逮捕，但他却遁逃，并出走印度。

他的逃离像极了约翰·布肯（John Buchan）小说笔下的情节。法院定于1941年1月26日开庭审判，可是一星期之前，他化装成穆斯林，离开加尔各答。在加尔各答以西200英里处，搭火车到了白沙瓦，在那里装成帕坦人。由于他不懂普什图语，干脆装成哑巴，然后离开，搭车去往阿富汗的喀布尔；途中所搭的车坏了，便由两名帕坦向导陪同，徒步到喀布尔。喀布尔素以英国间谍的巢穴而著名，他曾经向日本与苏联大使馆寻求帮助，都没有成功。鲍斯说服了意大利大使鲁吉·夸瑞尼（Luigi Quarini），给他一本意大利护照，便以“西格诺·玛素塔”（Signore Mazzotta）为名，进入苏联境内，经过布哈拉（Bokhara）和撒马尔罕（Samarhan），搭火车去往莫斯科。1941年6月，希特勒进攻苏联以前，《苏德互不侵犯条约》还有几个月有效期，所以鲍斯能在3月28日从莫斯科前往柏林。柏林是一处当然的终点站，鲍斯并非民主人士，他毫不掩饰自己极端专制的秉性。1939年他宣称：“如果民主制度必须在社会主义基础上进行经济改革，那就不可能有民主制度。因此，我们的国家必须有一个独裁性质的政治体系……民主制度解决不了印度要自由的问题。”①

希特勒内心深处羡慕大英帝国，对所谓无条件支持鲍斯十分冷淡；而墨索里尼的外交部部长齐亚诺（Ciano）也不表示意见。鲍斯不得不回柏林，通过广播做抗英宣传；同时，又从德军在北非作战所俘的英军中，挑出印度籍官兵，编成一支3000人的“印度兵团”（Indian Legion）来自我满足。德军如果在斯大林格勒获胜，这一兵团便可随同德军，自斯大林格勒经过中亚，从西北方长驱直入印度。不过对鲍斯来说，很不幸，斯大林格勒并没有攻下来，胜利成了泡影；他于是转向日本。

日本驻柏林大使大岛浩将军是狂热的亲纳粹分子，而他的陆军武官山本敏大佐接到东京的指示：可以接触鲍斯；不过，不提实质的承诺。经过德、日两国外交部无数次的讨论，1943年年初，鲍斯获准离开德国。鲍斯浪迹生涯的第二幕开始了，但冒险刺激并不亚于第一幕。

2月，鲍斯带了他的印度秘书哈山（Hassan）乘德军潜水艇离开。4月26日，日军自马来亚槟榔屿驶出一艘潜水艇，在马达加斯加岛东南方

---

① Joyce Lebra, *Jungle Alliance: Japan and the Indian National Army*, 1971, p. 106.

的印度洋上与德军潜水艇会合。鲍斯上了日艇，几天后在苏门答腊海岸外的沙邦岛（Sabang Island）登陆。5月16日，他到了东京；6月10日，首相东条接见了他。

东条首次接触东南亚印度人中的反英运动，并不愉快。1942年2月15日，新加坡英军投降，日军吸收马来亚的印度战俘，在新加坡成立了第一支“印度国民军”，首领为莫汉·辛格（Mohan Singh）上尉，与瑞希·贝哈里·鲍斯（R. B. Bose）领导的民间的“印度独立联盟”合作。可是这一运动的军民团体内部，以及与日本之间，爆发了争执和辩论。日方支持瑞希·贝哈里·鲍斯，最后将莫汉·辛格逮捕。莫汉立即报复，解散“印度国民军”。

可是在S. C. 鲍斯看来，有“印度国民军”和一个民间组织是非常重要的。他打算加以运用，与日军作军事联盟，在印度掌权。他在大东亚剧院的演说多多少少采取了纳粹的方式，掀起群众的狂热。他列举各种计划，要使英国统治告终，喝彩声使剧院都震动起来。他宣布成立“印度自由临时政府”，对大不列颠宣战。听众兴奋得泪流满面，响应捐献，誓对建国大业永远忠诚。第二天在新加坡市政府大厦前的阅兵台上，鲍斯向以分列式列队经过的“印度国民军”举手敬礼。事有凑巧，东条英机这天在新加坡，也参加了这次阅兵。为了表示尊敬，鲍斯站在阅兵台上东条身后一步处，“总理阁下，”鲍斯见到东条注视这一万官兵的印军部队露出满意的表情，轻声说道，“我乐于将这支部队扩充到三倍！五倍！”遗憾的是，东条英机的英语还没那么高明，并不了解鲍斯说的是什么，所以他保持沉默，只向敬礼的部队回礼。后来，有人将鲍斯所说的向他报告，他惊讶得两眼大睁。

然而，这些话使东条有了主意。在刚离开东京赴新加坡以前，他收到了牟田口廉也的加密电信，强烈主张有必要进攻阿萨姆，而且必须在缅甸增加日军师团数量。东条想：或许，应该把这次攻击英帕尔的作战计划告诉鲍斯？

鲍斯一听到有事正在发生，欣喜若狂。三个月前在东京时，他曾遇到河边正三中将，正赴缅甸出任方面军司令官。河边业已得到东条暗示：在东南亚，日军战场可合理扩张到印度。鲍斯便去探望狱中的莫汉·辛格，莫汉问他，如何能确信日军会在阿萨姆胜利？“我的名字就有足够的分量，”鲍斯答道，“一旦我在孟加拉亮相，人民都会揭竿而起，韦维尔整个大军就会归顺我。”[①]

1943年11月，东条英机在东京举行“大东亚会议”（Greater East Asia Conference），与日本合作的东亚各国政要中，鲍斯是最突出的，即使他是唯一没有统治领土的人［东条承诺把印度的安达曼群岛（Andaman Islands）和尼科巴群岛（Nicobar Islands）给他，但纯粹是作姿态。两个群岛都是在孟加拉湾内的刑犯流放地，而且日本海军打算继续使用］。是他的威望，而不是有领土统治，使他有自信反对寺内大将关于使用“印度国民军”的看法。寺内眼中的“印度国民军”，仅仅只是无组织的游击队、破坏队、情报队，配属于缅甸境内各日军师团；鲍斯却要求应该把“印度国民军”视为一支自主大军，在日军最高司令部指挥之下，与日军联合作战。日方参谋本部参谋总长杉山元（Sugiyma）中将，深以鲍斯的看法为然。“日军一旦进入印度，”他以为，“整个印度都会归顺。”[②] 1944年1月4日，鲍斯抵达仰光时，得到河边正三在违背心愿、不得已妥协下的承诺。他保证将“印度国民军”的主力沙布哈斯旅（Subhas Brigade）运用在英帕尔战役中，保证不会分作小于大队的兵力，保证将其作为盟邦的军队来对待；但它不受日军军法管辖，而且会是攻进印度的先锋部队。

---

① Joyce Lebra, op.cit., p. 124. 莫汉对此保持怀疑，Mohan Singh, *Soldier's Contribution to Indian Independence*, 1975, p. 266。

② 额田坦，《人事局长的回忆录》，1977，页139。

第21回 方镇设置

对河边正三司令来说，阿拉干只是次要的目标，但是突袭英军在此的阵地，一定会分散英军对英帕尔战线的注意力。运气好的话，会吸引现在驻防孟都至布迪当地区的几个英军师，使其远离英帕尔的中央作战地带。1943年年初，英军在阿拉干被日军痛击；但到了年底，为了一个重要、跟以往一样——拿下阿恰布和那里的机场——的目的，又再度开始向南渐进。

日军第28军[①]原意在保卫阿拉干，以抵挡英军自海上的侵犯，但并不打算据守不动，坐等英军来袭。英军南侵可以阻止，这里的战线也守得住，不止一位日将不满意仅止于此，而是打算由吉大港进军孟加拉。英帕尔作战被命名为“乌号作战”（U-Go），或“C号行动”；阿拉干作战则称为“ハ号作战”（Ha-Go），或“Z号行动”，目的不只是歼灭英军第15军，而且要将英军的预备队引进阿拉干，让英帕尔前线呈现真空状态，好让牟田口廉也发动攻势。预定发起攻击的时间为1944年2月4日。“乌号作战”原先计划在1944年3月初开始，大约在“ハ号作战”开始后三星期，欲使这两次作战的关系比后来实际发生的更紧密；但“乌号作战”推迟了，因为三个师团之一的第15师团迟迟未抵达，结果一直到3月9日才开始。

第28军军司令官樱井省三中将，定下进攻阿拉干的限度，目标要集中在主力部队第55师团，以及英军兵力上。第55师团步兵团指挥官樱井德太郎（Tokutaro）少将与司令官同姓，他要率领师团主力在2月3日通

---

① 译注：1944年1月7日新成立。

过在布迪当村东北的英军战线攻打东巴扎尔（Tuang Bazar），并在4日清晨前占领，然后再从后面攻击印度第7师，包围并歼灭之。再越过梅宇山脉，在孟都地区消灭印度第5师。樱井德太郎本人也打算袭击印度第7师司令部，生擒师长。

这些追加的目标，充分表现了他的性格。樱井德太郎有个听上去很亲切的小名“德太”。他的个性凶悍，带着显赫名声调到第55师团。他也和新的师团长花谷正（Tadashi Hanaya）中将一样，是一位中国通，师团中流传着他过去英勇与莽撞的故事。他在“中国驻屯军”参谋部担任情报少佐时，在北平与宋哲元将军谈判《卢沟桥事变停火协定》，[①]谈判在北平广安门城墙上进行。“德太”一眼瞄到第29军要关闭城门，准备向车载进城的日军开火射击，为了阻止他们，他径自从高高的城墙上跳下去。

他一向以身先士卒闻名，夜战尤其在行。他的行为放荡不羁，不同于一般日本陆军所培养的人。他在中国选用无恶不作的日本浪人搜集情报，人称“支那五郎”（Shinagoro）。这些人并不比帮派恶霸好多少，他们的暴力恶行对日本陆军的公共关系造成了很大的伤害，“德太”遭到申斥。

1943年8月时，他已是少将，出任第55师团步兵团团长。他到阿恰布履新，棚桥大佐派了一名年轻军官去迎接。上原（Uehara）中佐见到这位将军颈上挂了一串长长的珍珠项链，吃了一惊。“别那么大惊小怪，”“德太”斥责他，“它们是我的菩萨。”那天晚上在各联队军官欢迎餐会上，“德太”坚持要为他们跳中国的民间舞蹈，上原中佐的惊讶更增加了。“德太”兜圈圈时，一身脱得精光，口喷烟圈。他把点燃的香烟插在鼻孔里和嘴角边。当舞跳完了，这些烟立刻递给最近的军官们

---

① 译注：宋哲元指挥国民革命军第29军，樱井德太郎为该军顾问。

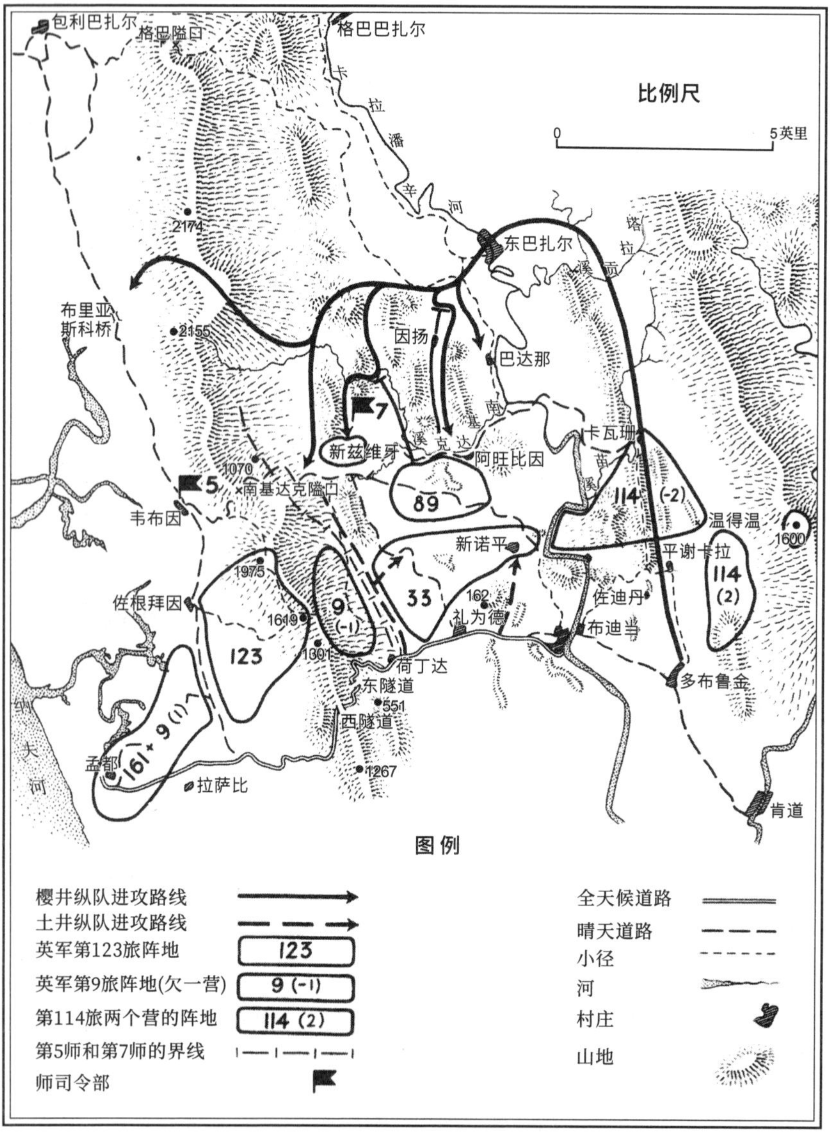

图3-2　日军“ハ号作战”（Ha-Go）攻略图

抽。“德太”的脱衣舞秀，很快传遍整个缅甸方面军，成为传奇。

他对英军克里斯蒂森（Philip Christison）中将要在雨季一过就南进阿拉干并不放在眼里。“消灭梅宇半岛敌军，易如反掌。”“德太”说道：“给我一个大队，我秀给你看。我立马就到吉大港。”

在缅甸战役早期，古闲健中将率领师团[①]攻无不克，从泰缅边境打到缅印边境。而在1943年11月，他就要被恶名昭彰、生性残忍的花谷正中将取代。花谷正是中国通，确信他一手创建了日本的傀儡政权“满洲国”。当时他在中国东北担任特别情报课少佐课长。花谷正曾因极轻微的挑衅而当着部下的面，对相当资深的军官甩耳光，这让他大为出名；他时常叫部下去自杀，如果他们有点迟疑，他就把自己的佩刀给他们。

把花谷正和樱井德太郎组合在一起，是缅甸方面军首席参谋片仓衷大佐的设计。他也有中国经历，觉得第55师团若有这两员悍将结成一组，缅甸方面军防御对抗来自孟加拉湾的攻击，便可十拿九稳了。海攻似乎是盟军最可能的侵入方式，尤其是盟军新的总司令蒙巴顿爵士，不但是海军上将，从前在欧洲还担任过联合作战司令，也是突击与登陆作战的行家。

可是英军方面的首度进兵根本不来自海上，第15军军长克里斯蒂森中将的计划目标便是拿下阿恰布。这是在阿拉干每位将领自然会有的抱负，因为有了阿恰布机场，可立即扩大盟军飞机的作战半径，以掩护孟加拉的机场所覆盖不到的缅甸部分地区。这是夺回仰光的重要一步；而在要从日军手中收复新加坡的最终目标中，阿恰布则只是军队集结整备的一个点而已。所以克里斯蒂森把第26师调下来休整，而派出印度第5师及第7师，令其攻占布迪当与孟都之间的这条公路，以保障从海岸到内地阿拉干的交通顺畅。1944年1月9日，英军攻抵孟都；两天后，花谷

① 编注：当时师团长为竹内登。

正中将开始“ハ号作战”（或“Z号行动”）。

花谷正的第55师团要消灭在卡拉潘辛河右岸，也就是梅宇河的上游以及布迪当以北的英印军。他不仅想肃清阿拉干的英军，还有另外一个目标：支援即将展开的进兵印度。

1944年1月7日，东京大本营终于批准“乌号作战”，准许牟田口越过缅甸国界，进兵印度的曼尼普尔邦，拿下首府英帕尔——那里是盟军准备反攻缅甸的根据地。花谷正的第55师团负责吸引阿拉干的英军预备队，将他们牵制住，并在会战中歼灭之，或尽一切可能阻止他们增援英帕尔平原上的英军第4军。樱井德太郎接到的任务，是在阿拉干运用日军老战法攻击英印军：加以包围，切断补给线，个别击破，在夜间作突袭以惊骇他们。他还受令只带自己的部队，最远到包利巴扎尔（Bali Bazar，在缅甸境内）。可是他和部下却没有打算要停在当地，不管他接到的命令中有没有提到，他打算越过国境，拿下盟军基地吉大港。

想要重新夺回仰光，无论采用何种作战计划，都很需要新的前进空军基地，因为运输机平均飞行半径为250英里，只能飞抵缅甸中部。而在阿拉干海岸的阿恰布机场，可为曼尼普尔前线的第4军提供最好的跳板。为了攻下阿恰布，英军策划了一次两栖作战，代号“牛蛙行动”；但由于缺乏登陆艇，“牛蛙”无疾而终。1944年1月，又取消了一次企图心较小的“猎猪行动”，行动计划自海上进攻梅宇半岛，接着进攻阿恰布。当然，以强攻拿下阿恰布依然可能；换句话说，就是第15军在没有海上支援的情况下改由陆路进攻。蒙巴顿的参谋长在1944年1月6日日记中记载，这件事并没有告知参谋们，“因为只要告诉他们有这次行动，他们就会迅速拿走我们所急需的物资”。①

事实上，克里斯蒂森中将自1943年11月1日，便开始命令麾下第15

① Brian Bond ed., *Chief of Staff: The Diaries of Liertenant-General Pownall*, Ⅱ, p. 130.

军向前推进，目标为保持穿过阿拉干北部的交通线通畅。从孟都到布迪当有条长达16英里的碎石公路，可是因为日军已经占领了这条公路，英军被迫使用纳夫河和南基达克村（Ngakyedauk）间的一条吉普车道。11月29日，印度第7师经由这条车道进军，占领了梅宇山脉东面的阵地，与印度第5师一起突击孟都到布迪当公路的日军。这条公路通过梅宇山下一连串的隧道，日军将这些隧道改建成堡垒，附近还有其他的坚强阵地，包括孟都东面3英里处的拉萨比（Lazabil）。

按照原先的"猎猪"所计划的，英军第2师要在1944年2月从梅宇半岛登陆，把日军第55师团围在自己及第15军之间。"猎猪行动"取消后，克里斯蒂森军长便独自继续行进。1944年1月9日之前，印度第5师已经拿下孟都。拉萨比还在日军据守中，但克里斯蒂森决定向南进兵到梅宇山脉山脊。到了1月底，已占据这个地区除了拉萨比外的大部分，克里斯蒂森便为自己这个军，在新兹维牙村附近南基达克隘口公路一处空地上设立补给与行政的方镇。那里囤积了大量物资，以支援下阶段进攻。一旦能利用孟都到布迪当这条碎石公路，他便打算进兵阿恰布，拿下机场。

接着，日军开始攻击。棚桥联队在前锋位置，这支部队曾在1943年年初英军企图攻占栋拜时击溃英军，生擒了英军第6旅旅长卡文迪什准将。2月6日接近黎明时，大雾弥漫，日军在一片黑暗中进兵。领先的部队为松木平（Matsukihira）少佐的第2大队，紧随在后的为联队部、山炮队和运输队。他们进入一处被矮山隔出的空地。棚桥联队长计算行军的距离，判断己军一定接近了英军的主阵地。

一份报告传来，松木平的大队已经与英军遭遇，棚桥大佐便叫来通信中队无线电班班长村濑（Murase）少尉道："第2大队的前锋夺得了英军一台无线电报机，去把它搬回来。"村濑便下山，走了100码左右到了山脚，四五个英兵躺在地上，全都死了。他发现那台无线电报机在一个石头掩体里，机体庞大，不是手提式。他搬不动，便把机上的时钟取下来，要手下把机体破坏。正当要起身回联队时，他朝山谷望去，大雾暂时散了一些，他大吃一惊：只见一排又一排的帐篷，好大一片营区，还有比帐篷更多的许多坦克。这时白雾又沉下来，把一切都遮蔽了。

棚桥联队长听到这些，立即派出一名传令兵，要把松木平第2大队调回来，却到处找不到这大队的踪迹。在这紧要关头，第2大队是棚桥手下唯一可用的战斗部队。第1大队已移向西边的新兹维牙村，去截断英军的退路；第3大队（杉山少佐，Sugiyama）还在后方远处。棚桥关心联队旗，如果联队部遭受攻击，联队旗就会有危险，而现在看来，它毫无掩护地在英军面前。他只剩下200人左右的官兵：护旗中队60人，通信电话队80人，无线电报班50人，其他一二十人为联队部护卫。通信兵中队长为绿川（Midorigawa）大尉，自从两年前入缅作战以来，他都在第55师团，以勇敢和富于作战经验闻名。绿川第一个念头是通信器材的安全，便把它埋在河岸土内。

护旗中队便向山上移动，穿过丛林然后停下来，他们并不晓得，自己已置身印军第7师司令部附近。第7师师长梅瑟维（Frank Messervy）少将为了方便，已经在朗姜（Launggyaung）设立总部，就在第15军行政区北面两英里处，后来在战史上被称为“方镇”（Admin Box）。[①]直到日军开始进兵，溜过他麾下的一个旅并向南转弯，以一种熟悉的包围方式向他们进攻时，梅瑟维才惊觉自己有多么暴露。他一向主张，如果日军还用老战术，从侧翼围过来，最好就是坚守原地对打。现在他的师部并没有步兵，但如果文书和通信兵能够坚持到底，就能证明他以往说的是对的。他便把一部分的工兵和通信兵，以及师部常有的各类勤务兵与

---

① 译注：梅瑟维在南基达克隘口东方建立了一个主要的行政和补给点，乃长1英里，宽1200英尺的矩形区域，故称作“方镇”（box）。它由森林密布的高山围绕，中央是长200码、高100英尺长满小树丛的矮丘，称作行政山丘（Administration Hill），周围布满弹药，另有加油站、补给站、小教堂藏在区内。还有第7师运输站、制服站、汽车修理站、兵工厂、公园等。

文书集合在一起。

棚桥大佐的联队部只有这批杂兵，本身并没有战斗部队保护，最后终被击溃。轻机枪的子弹从山顶向下面的日军密集扫射，不一会儿，见到了两辆坦克。护旗中队仅配备轻武器，没法抵挡坦克。上原中尉跑回来找棚桥联队长，他隐藏在靠近河岸的丛林中，和一些联队部人员保护联队旗。“通信中队在干什么？”棚桥气愤问道，“要他们到山上去，快！”

上原中尉马上跑回通信中队，他们却都率直拒绝。“我们不出来！”“你们一定要出来，情况危急了！”上原吼叫，耳边是山上剧烈的射击声，回答他的却是：“绝对不行！如果我们总机坏了，你们就打不成仗了，难道棚桥半点都不晓得通信的重要吗？”“好吧！”上原说道，“你们要眼睁睁看到本部中队死光吗？”回答的话却死硬：“把这话告诉棚桥吧！”

这时联队本部副参谋官新田（Arata）大尉来了，“绿川，你究竟在搞什么？这是联队长的命令，你们要进攻，立刻！”绿川叽叽咕咕抱怨，但还是服从地出来，他把手下通信兵分成两批向山顶冲锋。先前在雾中见到英军阵地的村濑少尉，刚冲上山坡就倒了下去，后面的兵把他扶了起来，但他觉得右脚的大拇指断了，传令兵进行包扎时，他缩了一下。一抬头只见英军一辆坦克驶来，在他前面20码处停住不动，英军从车上爬下来。小兵轻轻问：“我们开枪吗？”村濑说道：“你别傻了！快离开这个鬼地方。”然后他匍匐着爬出英军的视线，他听到绿川在山顶的叱叫呼嚷声，这批通信兵占领了山顶。村濑心想：“我得救了。”

村濑并不是唯一松了口气的人。桥棚大佐听到上原中尉已经攻下了山头，便带了联队旗上山去。走到山顶时，只见到护旗中队官兵，有一半阵亡了，躺在山坡上。他的部下朝一处帐篷群射击，冲了进去，后来才发现，这竟是印度第7师师长梅瑟维的指挥部。所以这一战产生了奇怪的状况，一方的联队通信兵，一共才200人，只有轻武器，却被作为步兵攻进另一方的师部。棚桥联队中的一名士兵，捡到了一顶将军帽，那是梅瑟维师长逃走时掉下来的。他试戴了一下，结果很合适，就开心地继续戴下去了。

这一仗正是樱井德太郎梦寐以求的结果。在计划战斗时，每次他去到仰光的缅甸方面军司令部时，都会不断询问方面军参谋不破（Fuwa）中佐是否有印军第7师师部位置的最近消息。他立意要生擒该师师长，这一次几乎成功。无论如何，他缴获了第7师一些烈酒，当他见到棚桥大佐的联队旗升起在日本人后来称为“军旗冈”（Flag Hill）的地方时，他高兴地举起酒杯。诚如日本一位史家所指出，那是他一生胜利的顶点。

但这种胜利的优势很快被削弱了。英国战史说，印度第7师师部从朗姜撤退以前，所有密码本与重要文件已焚毁。事实上，日军偶然发现了很多重要文件，有些是日文的。有一本被证实是樱井德太郎自己的作战指示书副本，还有“ハ号作战”的作战命令，毫无疑问是从一具日军军官尸体那儿发现的。因此，对这次作战的整个计划——所有部队的番号、部队长官姓名、直击东巴扎尔后转向攻击第7师的作战构想——都早已为英军知悉。甚至樱井德太郎原想进兵更远，超出第28军慎重划定的作战限制范围（东巴扎尔由东到西的一条线），攻下吉大港的打算也是如此。英军对日军的部署及计划了如指掌，毫无疑问是日军在新兹维牙村吃了败仗的原因之一。

在山下远方，日军听到哨音，以为是英军反击的信号，其实并不是。英军正在撤退，部分原因是大雨倾盆，第25龙骑兵团（25 Dragoons）的坦克无法在山坡上移动。但是，日军现在能对新兹维牙盆地一览无遗，真正的激战即将开始。即使这狭小的地区导致了猛烈的肉搏战，但这并不是决定胜败的因素。“方镇”一战，英军之所以得胜，靠的是坦克与飞机，以及大量物资两方面的优势。

但仅仅将英军在这一战后期的胜利归因于物资占了上风并不公平。英军以情报和技巧来使用他们的物资优势；他们的胜利，也是士气和计划上的胜利。这是远从18个月前阿拉干一战的挫折与战败以来一个真正的转捩点。

日军知道他们得速战速决，因为他们只有轻武器，除了几门山炮外，能同英军炮兵一较长短的炮一门都没有。他们没有自己的坦克，即使第55师团师团长花谷正中将早已知道，他这战线上的英军有坦克，他们却没有能加以抵抗的武器。在这次激战的前几天，日军调动了为数惊人的战斗机，作为掩护日军作战的屏障；但英军必要时就把这些在空中的日机驱逐了。

的确，到2月8日时这已经变得必要了。斯利姆中将业已保证，要准备好足够的降落伞以供空投补给品用；由于没有足够的丝质降落伞满足需要，只好用黄麻来制伞。黄麻几近全部在孟加拉出产，黄麻降落伞有很多细孔通气，不像丝质降落伞般，通气孔是伞顶的一个大孔。即使黄麻降落伞不适合伞兵或易碎装备用，但对于当前任务来说已经足够了。诚如斯利姆在他的回忆录中得意地指出的，黄麻降落伞的成本，只花了英国纳税人为丝质降落伞所付出的二十分之一。①

还有一个问题：日军飞机在阿拉干上空很活跃。在攻击活动的头一天，前线上空飞行的日机达100架，后来几天，也多达60架，不仅有零式（Zero）战斗机，② 还有机型更新更灵活的“东条式”（Tojo）③；但它们都不足以匹敌英军三个前锋中队的“喷火式”（Spitfire）战斗机。它们击落的日军战斗机与被日机击落的数目不成比例，日机惨遭驱出天空。在

① William Slim, *Defeat into Victory*, p. 220.

② 译注：日文译本指出是“陆军一式战斗机”，代号“隼”，盟军代号Oscar。其机型跟“零式战斗机”很像，盟军常误认。

③ 译注：“陆军二式单座战机”，代号“钟馗”，盟军代号“Tojo”。

这场交战的前十三天中，日军战斗机损失65架，而“喷火式”战斗机才3架。不过这并不意味着空投补给任务没有危险；日军自地面发射的小口径防空炮与轻机枪的火力，对付必须做低空飞行才能准确空投的飞机极为有效。到最后，空投只得改为夜间，以降低这种风险。所有东西都是空投的：口粮、弹药、燃油、医疗用品、弗兰克·欧文（Frank Owen）发行的《盟军东南亚战区司令部报》（*SEAC*）、军袜、眼镜、牙刷、刮胡刀等，林林总总。唯有一项替换品缺货，就是梅瑟维将军的军帽（他的头非同寻常地大）。不过后来，有一个难以置信的巧合，在进攻“方镇”的一批日军中，那名抢到军帽的日兵擅自戴了梅瑟维将军的军帽，结果被同袍取了个“将军”的外号；这顶将军帽后来从这位“将军”尸体上取下，物归原主，还给它原来的主人。

当“方镇”的苦战，因为空投补给战术的成功而转为有利于英军时，具有创造成语天分的日军第28军参谋长岩畔豪雄，将当时正在发生的状况称为“圆筒型作战”（the cylinder position operation）：进入新兹维牙，作战的军需品就像液体流过圆筒或者漏斗一样被倒下去。[①]

战地本身就像一大块平坦草地，大约1200平方码[②]，是片干枯的田野，四周围着低矮的丘陵，中央是一处小山丘，大约有150英尺高，丘上遍布成丛矮树，四周堆满弹药箱，足供整整一个军使用。它被称作——这不是搞创意的时候——“弹药冈”（Ammunition Hill），东面另有一显眼的“炮兵冈”（Artillery Hill）。

在这片空地南缘有一条路，从南基达克隘口到南基达克村，到隘口的路是从阵地西端的入口开始的。但是这条路非常危险，为防止人从

---

① 译注：本书的日文译本将Box译成“圆筒阵地”。参本书日译本（上），页244；英文原著，页180。黄文范先生改译为“箱型阵地”。唯顾及其为军事行政与军用物资集中处，且地形四方，故最后采用中式译法，仿中国古代军事单位“镇”，译为“方镇”。

② 编注：1平方码约等于0.8361平方米。

断崖处摔下去，设有护栏，到处都用一条条的粗麻布系在枯树间。路上不断有赤脚苦力通过，他们抬着建桥用的木头，或者扛着悬挂篮子的圆杆。道路远处是低矮的丘陵，一片美丽风景。摄影家塞西尔·比顿在日军突破前几星期沿着隘口移动，对他来说，近处的树林映衬在远处群山的精致全景中，呈现出一种非真实的效果，自己就像正在欣赏达·芬奇作品的背景一般。然而激战的冲击并不会永久性地改变新兹维牙。康普顿·麦肯齐在三年后（1947）重返当地，写道："现在半点迹象都不存在了，除了几辆坦克的残骸和渐渐填平的细长战壕，没有什么能够让人回想起在'方镇'的那场激烈战斗。只有牛群在安静地吃草。我们坐在一株大树下，眺望着阿卡迪亚般的宁静景象……还可以见到那条我们工兵凿穿南基达克隘口的道路，但它正在迅速崩解破碎，再经过几次雨季，甚至痕迹也会很难辨认了。"①

1944年2月6日，当印度第5师第9旅旅长埃文斯准将越过这处隘口时，发现很难通行。在前几天温暖干燥的天气里，隘口状况良好，可是落了两三小时雨以后，他乘坐的履带车打滑，沿着这条窄路滑下去。一直到离新兹维牙村半英里，车才在一处山丘坡前慢慢停下来。埃文斯决定徒步走完这段行程。穿过雨水滴滴答答的丛林，用了一支有铁头的登山杖，在小径上支撑着自己前进。2月6日上午11点30分，才走到第15军的"方镇"。

"方镇"之内不只有弹药，还有一所军医院、一间军官的商店、急救站、军骡连、燃油及形形色色补给品的集散处，这是印度第5师及第7师的补给中心。埃文斯原先在英帕尔平原的第4军任准将参谋，两天前才抵达阿拉干，出任位于梅宇山脉西侧的印度第5师步兵第9旅旅长。印度第7师则驻扎在梅宇山脉东侧，两个师之间由南基达克隘口连接。布里格斯（Briggs）中将认识埃文斯。他上次看到埃文斯是1942年在北

① Compton Mackenzie, *All Over The Place*, p. 143.

非西部沙漠地区的时候，而今再见到埃文斯，他很高兴，也觉得意外。埃文斯出任新职，他的第9旅司令部，位于旅的两个营（旁遮普第14团第3营和西约克郡团第2营）的后面。当天晚上11点，子弹与迫击炮弹开始落在旅部的四周。山地炮兵团指挥官汉弗莱·希尔（Humphry Hill）告诉埃文斯，这是日军的骚扰射击；可是第二天上午，情报陆续传来，在东巴扎尔已见日军出没，位于布迪当北面12英里，正在印度第7师前线的后方。埃文斯也注意到日机较寻常更为活跃。他接到命令，派出西约克郡团步兵第1营一个连到“方镇”去。2月6日上午9点30分，有电话找他，是师长布里格斯中将打来的：“今天清早，日军攻进朗姜的梅瑟维司令部。他和部下是不是脱离了？没人知道，至少可说情况不明；但显然有一支庞大的敌军已经绕到了印度第7师的后面。”结果军长克里斯蒂森要埃文斯离开他的旅，带西约克郡团步兵第1营（欠一连）到“方镇”去，担任该区的指挥官。“让那一地区进入防御状态，”布里格斯告诉他，“不计代价守住。”

搞不清状况的埃文斯旅长把全旅交给萨洛蒙斯（Salomons）准将，赶往新兹维牙。他并不知这个部队的行政区在何处，虽知克劳瑟（Crowther）少将的第89旅在自己左翼，但对印度第7师的详细部署一无所知。他告诉萨洛蒙斯，尽可能迅速率领旅部到“方镇”与他会合；也下令两天前才横越南基达克隘口来的第25龙骑兵团的副队长休·勒伊（Hugh Leyi）少校作同一行动。埃文斯还加上一句：“你带一个坦克连来。”在埃文斯一生中，从没下过比这次更重大的命令。

就在棚桥联队偷偷穿过印度第7师直扑东巴扎尔那天，英军总司令蒙巴顿上将正在锡兰的康提（Kandy）“盟军东南亚战区司令部”听取总部参谋长亨利·波纳尔（Pownall）中将沮丧地总结缅甸的前景。由美国魏德迈（Albert Wedemeyer）少将所率领的一个代表团，也在那一天出发赴伦敦及华府，呈报蒙巴顿对远东未来战局的看法，并要取消1943年在

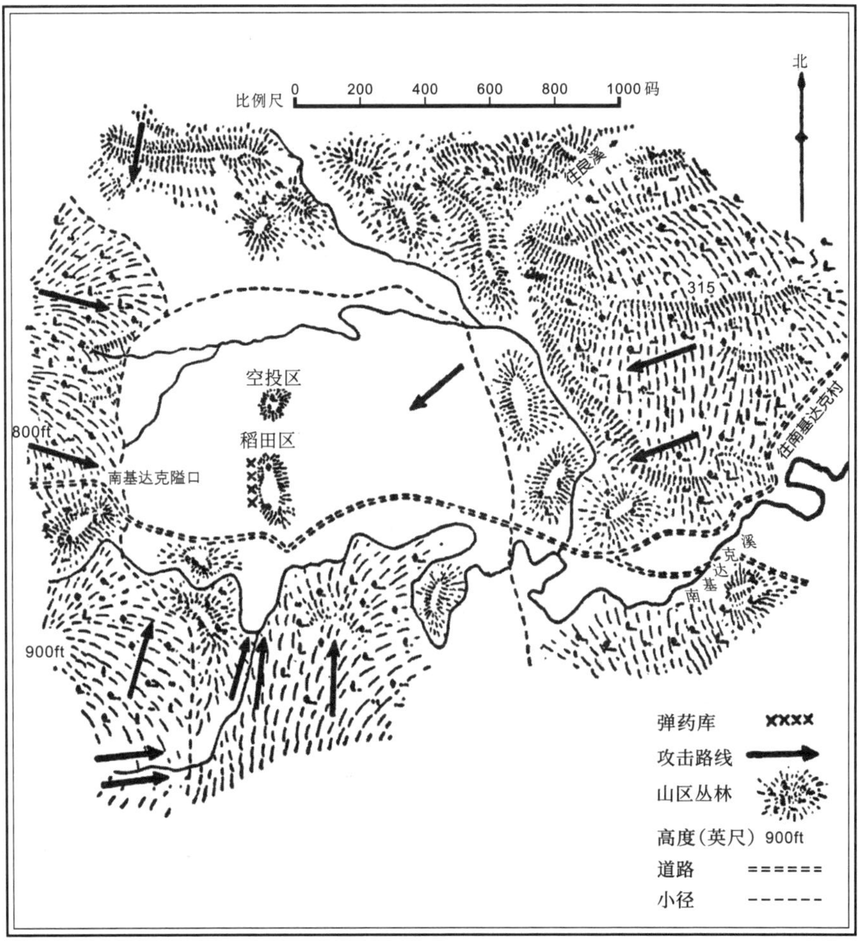

北
比例尺 0 200 400 600 800 1000码
往良溪
315
往南基达克村
空投区
稻田区
800ft
南基达克隘口
南基达克溪
900ft
弹药库
攻击路线
山区丛林
高度（英尺）900ft
道路
小径

图3-3 新兹维牙方镇图

魁北克会议中所提及有关收复缅甸及打通到中国的利多公路的提议。波纳尔中将日记中这样记载:“如果我们只从北面和西面进兵,无法收复缅甸。”因此他将第14集团军在其后的18个月里所要达成的任务确切地定义为不可能。相反,盟军东南亚战区司令部认为应该绕开缅甸,转由苏门答腊而冲向马来亚,或者之后进军巽他海峡,于利多公路完工前,在南中国海开出一处海港。波纳尔并非对于维持中国战力考虑得很多,而是认为向南推进可支援西南太平洋的麦克阿瑟(MacArthur),和在中太平洋的尼米兹(Nimitz)。丘吉尔也强烈支持绕过缅甸而进入苏门答腊的想法。但是从另一方面说,波纳尔知道,这妙计要靠空降滑翔机,而空降机正好短缺;即使在欧战结束后,他确信大家也会全力转向太平洋而非东南亚。因此,波纳尔作出了无奈的结论:“与其被困在缅甸的混乱战役中折腾,倒不如解散这个倒霉的东南亚战区司令部,离开这里。高兴的话,留下几个挂名的领导、一支优秀的欺骗部队以及很多记者做报道。我们的实际价值会消失,而且缅甸的运作则交回印度,平淡无奇地运行下去。”①

将近一个星期后,即使波纳尔也能观察到日军在阿拉干的攻势并不如日军所预期的有把握:“我们现在已经学到了,留在原地战斗,不要被渗透的恐怖所吓倒。”但他依旧认定这对最后的结果并没有多大帮助:“可是这些事使我们的行程耽搁,在雨季开始之前拿下阿恰布的机会几乎降为零。还好,我们也从没有宣布过阿恰布是我们的下一个目标——如果宣布了,我们一定会因为没能攻到那里、没达成目标,而备受指责!”还好,正在作战的官兵都不晓得他们的高级司令部在三心二意。实际上,士兵正在创造一种新局面,远远超出司令部及计划者想到的;所以到后来,无论丘吉尔及蒙巴顿要或不要,士兵们都要夺取缅甸。

---

① Brian Bond ed., op.cit., p. 139.

当波纳尔中将正犹豫英军要如何在缅甸继续作战时，印度第7师师长梅瑟维少将对自己处于缅甸这山丘上的位置更坐立不安。棚桥大佐的联队部官兵冲进印度第7师师部，他们的吼叫声惊天动地，师部通信室遭到攻击，梅瑟维师长自己的营地也受到威胁。他立刻明白状况，几年前也曾有过：在北非沙漠中的司令部被德军非洲军团攻入，他成了俘虏，但逃脱了。似乎历史又要重演，日军切断了他师内的电话线，师部所在的各部门通信中断，彼此无法通话。日军轻机枪的火力，把他和师部参谋困在一处陡峭山坡上。他终于做了弃守的决定，可没法将决定告知不在现场的参谋官以及师部的通信官。在突破日军火线时，他遗失了军帽，这是我们先前知道的；他涉水过溪，穿过丛林，在中午12点45分到达了驻扎在新兹维牙村的第25龙骑兵团团部，他成了没有师部的师长。

虽然营内的器材都遭破坏，日军已经在山头制高点部署了机关枪，控制了英军各处据点，印度第7师通信营营长哈布森（Pat Habson）中校仍决定继续打。上午10点30分，师部无线电通信兵听见有人说“拿个十字镐把机器破坏”，然后就沉寂了。皇家炮兵指挥官赫利（Hely）准将下令撤出阵地，告诉师内的通信兵、文书和传令兵，到南基达克隘口东端集合。可是通信营官兵并非毫无伤损地到达“方镇”，他们损失了英籍军官7人、士兵8人，印度官兵则死亡与失踪90人。

在埃文斯旅长指挥下，“方镇”很快就成了部队的窝。梅瑟维师长以第25龙骑兵团的无线电联系上了师内四散的各部队后，把新师部设在“弹药冈”南面。萨洛蒙斯准将的印度第5师第9旅旅部也设在同一地点，西面便是“方镇”所在地。第89旅旅部设在南基达克公路南面，接近“方镇”的东出口。

于是“方镇”防务展开。梅瑟维师长在历险后，喝加了威士忌酒的茶轻松一下。刚喝完半个钟头，日军零式战斗机便飞到“方镇”扫射，打死埃文斯旅部附近的很多士兵和两头军骡。这些尸体的腐臭气息，渐渐使得“方镇”司令部内的生活难以忍受。埃文斯告诉旅内各部队的部队长：“你们的工作就是死守，不让日军靠近。”埃文斯并不是很容易相处的人，他曾严惩过一两个部下，但他也别无选择，只能迅速而无情地把自己的个性强加于人；因为一开始在“方镇”，士气很低落。部队官兵在大雨中行军抵达，历经艰辛，在泥泞的山坡滑上滑下，拖着运输军骡一起走。每走到卡车造成的深沟，背负冲锋枪的士兵在泥泞中以枪身作支撑，举步维艰，只有抓住滴水的树枝，把自身往前拉着走，最后成了非常狼狈与垂头丧气的一群人。

2月7日晚上，西约克郡步兵团第1营以坦克的75毫米炮猛轰逆袭，打垮了“方镇”东口的日军。然后日军在黑暗中从西南方再度进攻，从方向来判断，是属于步兵第112联队的一个营。步枪与机关枪突然齐发，只距“方镇”总部约300码。接着便传来凄惨的尖叫与哭喊声。“老天！”埃文斯听见有人说，“他们攻进医院了。”

防守医院的为西约克郡步兵团的一个班，和二十几名还可以行动的伤兵。埃文斯知道无力去救援，因为子弹与迫击炮弹会四处乱射，而且他用作预备队的西约克郡步兵团官兵并不知道军医院的布局。他派了一辆运输车去，但被日军用手榴弹打退了。

在被日军占领的医院里，值班的印度军医巴苏（Basu）中尉由日军部队长审问。日军俘虏了许多伤兵，把他们捆绑起来，两手紧紧反缚在背后，还强迫医官交出奎宁、吗啡、破伤风药，其余药品都抛弃。第二天上午，伤兵俘虏都从诊疗室被拖出去，由一辆卡车上的机关枪扫射，其他病患就用刺刀刺死在床上。另一批二十多人，日军告诉他们“来接受治疗”，他们被带到一条干枯的水道，由一名日军军官开枪打死，死里逃生的只有三人。巴苏中尉挨了两枪，却只是被震晕，真是难以置信地幸运，仅受惊吓。他倒在地上时，伸出一只手摸到战友尸体，把他的血涂抹在自己脸上、头上和衣服上，让日军以为他已一命呜呼。他滑进一处散兵壕，没人注意，才得以幸存。2月9日，西约克郡步兵团最终清理军医院地区时，发现31具伤兵及4具医官的尸体。

当时和后来回想起来都极恐怖，松本平少佐及其官兵的残忍可以被解释成他们急于速战速决，因为这个大队的整个作战时间表很紧凑。棚桥和樱井德太郎两支部队在歼灭印度第7师后，要越过梅宇山谷去消灭印度第5师。印度第5师这时与驻扎包利巴扎尔的第15军司令部被“久保（Kubo）部队”截断。这个大队属日军第33师团，该队已在2月8日自东面扫过，并控制了通往印度的南北向公路。两天后，棚桥部队与第55师团的主力土井（Doi）部队会师，有效地包围了印度第7师。而梅瑟维少将外围的两个营调进了“方镇”地区，和“方镇”内的官兵挖掘工事，准备抵抗到底。“方镇”的四周，并没有持续守住，而由当地临时兵和少数几个步兵连的混成部队防御，其中有西约克郡步兵团第2营与廓尔喀步兵第8团第4营，第4营隶属印度第7师第89旅（欠两连）。这几个步兵连扼守几个最重要的据点：由“方镇”西方入口开始，到通过南基达克隘口公路的东方出口。其他零星兵力，如军官商店的士兵、文书、运输兵则编成小部队，驻守四周固定的地点。

有时，日军一旦决定了计划，就不会加以变更，导致他们在企图攻占“方镇”一个入口时遭受了不必要的伤亡。埃文斯将军谈到西约克郡步兵团第1营的马洛尼（Maloney）士官长如何指挥一处防御据点，那里可以掩护一条由“方镇”南面山上流下的小溪转弯处。守了四晚后，马洛尼和据点的班兵听到脚步声沿着溪床上来，而这处溪床有凸出的沙洲高地。两名日军经由这里向“方镇”走来，很快就被解决掉了。第二天晚上，有更大一批日军走完全相同的路线前进。马洛尼小心提防，告诉班兵不准有任何动作，等候他的口令。每一名士兵都有四枚手榴弹和一支步枪。日军渐渐进入视线，西约克郡步兵团第1营的班兵开始数。“天哪！”一名班兵想，“一定不止四十个！”[1]马洛尼等着，一直到日军接近了溪湾，英军从高地上把手榴弹抛下去。没炸死的几名日军爬上溪岸，步枪火力又把他们干掉，除了一名在后面压队的日本军官。那名日本军官纵身跳进一处壕沟，却当面遇到西约克郡营的士官长。日本军官想用军刀把他一刀斩断，士官长便用步枪枪托挡开。这时，英军另一名下士跳进壕沟内，两人用刀刺死了这名日军军官。尸体被搜了一遍，文件被送到第7师师部。其中有幅地图，上面有进攻“方镇”前各组的集合点，溪流转弯处就是其中之一，尽管那是绝地，已有几十人丧生，日军还是继续走原路。结果，在那里统计出的日兵尸体有110具。

跟这场伤亡较少的遭遇战比，其他步兵战斗都很凶猛、艰苦和残忍。一名日军医官注意到步兵第112联队官兵受的主要都是枪伤和刀伤，显示出肉搏战的凶狠激烈。日军对于这种负伤一如对其他许多别的事一样很能忍受。日军一名强悍健壮的曹长被英军俘获，他被围时左肩上挨了一发子弹，英军医官来检查伤势时，只见伤口已经有蛆在爬，而这曹长根本不介意。

但是真正扭转这场战斗的不是步兵交战，“方镇”的大量炮兵与坦克才是主角。坦克在白天散开，到了晚上则藏在山丘间，就像是活动的碉堡对付渗透的日军。杉山（Sugiyama）大队从315高地对“方镇”南端发起一次夜间攻击，最终被英军坦克击退。在杉山少佐看来，唯一的解决办法便是派出敢死队。他果然这么办了，3名军曹各带三四名士兵，猛扑第25龙骑兵团的据点，但徒劳无功，他们还没接近目标，就被清除掉了。

像这样方式的攻击进行了很多次。2月14日和16日两天，棚桥联队发动两次夜袭——这也是樱井喜欢的战术。晚上10点20分，松木平（Matsukihira）少佐、松尾（Matsuo）少佐和杉山少佐的三个大队的官兵

① Geoffrey Evans, *The Desert and the Jungle*, 1959, p. 109.

大吼大叫着冲进“方镇”，喊叫声和枪炮射击声震动大地一整夜，可是在誓死不退、坚决抵抗的英军前，棚桥无法取得决定性胜利。日军被铁丝网挡住，照明弹照亮夜空，坦克群以大量机枪扫射，直到日军伤亡过重而被迫后退。英军早就知道会有这次攻击：2月14日下午2点，樱井德太郎以无线电下令总攻，已遭英军截听。

日军成功攻占“C连冈”（C Company Hill），那里防守着通往“方镇”的西入口。他们将西约克郡团的一个连从山丘上赶走，发现可以俯瞰新设置的军医院。埃文斯将军听到这个消息余悸犹存——他并没有忘记2月7日的那些事。还有，在“C连冈”上的日军距“方镇”总部仅有300码。

“方镇”中的人员、车辆与军需品十分拥挤，日军射击不怕找不到目标。因此，军医院内挤满了伤兵，两个脏兮兮没刮胡须的医官，身上的橡皮围裙沾着血还不停地工作，诚如一名步兵军官形容的，“就像一对宰马的屠夫”。[①] 军需品补给所也遭到轰击，日军第5飞行师团的75架零式战斗机两次炸中“弹药冈”，补给所起火，不间断的重炮轰击，使得熊熊大火烧了一夜。

埃文斯知道，他一定要把“C连冈”抢回来。西约克郡团A连，在连长欧哈拉（O'Hara）少校率领下攻上山坡，第25龙骑兵团的10辆坦克载着75毫米坦克炮，向高地不断射击。坦克炮的榴弹，把山上树木轰成碎片，直到欧哈拉少校这个A连攻到高地山顶附近，向天空发出一枚“威利”（Very）信号弹。坦克射击手立刻改装榴弹为穿甲弹，这可以使步兵紧跟在弹幕后面前进，不必怕炮弹爆炸会伤到他们而不是日军。在弹着点后面15码，欧哈拉少校再打出另一发威利信号弹，告诉坦克停止射击。这时西约克郡团官兵装上刺刀冲进去，此冈又回到英军之手。

不过，也不是没损失，西约克郡步兵团第1营的A连和B连，作为

---

① Geoffrey Evans, op.cit., p. 113.

埃文斯将军的机动预备队，兵力减半，两连各能勉强凑齐100人。但棚桥大佐联队也有损失。樱井德太郎少将日记提到棚桥部队2月11日兵力为2190人，十天后的21日，减为400人。这些伤亡大多是那次夜袭的结果。

无怪乎棚桥在2月22日切断与麾下各部队长的无线电通信。“英军正穿越丛林，”樱井德太郎当天的日记中道出，“似乎他们在不及50码开外，我希望，也祈求棚桥今夜的攻击成功。”可是棚桥并没有攻击。樱井德太郎坚认，如无必死决心，就不能击败敌人。这没有用，棚桥已把手下逼到极限，自己也到了临界点。他下令在2月19日攻击，也给了联队山炮中队中队长大原（Ohara）少佐一份火力计划，大原中队长回答道：“我们没法子发动这种方式的攻击。”但他还不知发生什么事，棚桥就对他咆哮：“你在说我不知道炮兵什么能做、什么不能做吗？”他握紧拳头挥向山炮中队长头部，打得大原头破血流。

把这次攻击推迟两天，定为2月22日，并不是棚桥的第一个或者最后一个绝望的举动。他已将预定在19日的攻击改到了20日。20日到了，他提议为22日。全联队兵员只剩400人了，各中队所能集合的不过40或50人。山炮中队没有炮弹，官兵没东西吃，只有钢盔里还有些从当地征收的未去壳的谷子。2月22日下午2点，他切断了与樱井少将的无线电通信，也不理会花谷正师团长暴怒下达的攻击命令。当夜没动作。两天后，他不等樱井的准许，开始将官兵转向南方，回到他们的出发线，解除对新兹维牙村的包围。他开了无线电，告诉樱井他要怎么做：“我很抱歉，但决心这么干，别无其他方法，已经决定今晚撤退。”樱井阻止不了他。两天后，在花谷中将与樱井少将商讨下，准许新兹维牙作战第一阶段结束。

最糟糕的是，撤退命令终于到达久保正男（Kubo Masao）的部队时，这支部队一直在印度第5师和位于包利巴扎尔的第15军之间作战，袭击英军前哨，切断英军援兵通路。要撤退，久保须穿越英军阵地40英里。他回忆说，当通过英军营地时，英军出奇地沉默，注视精疲力竭的日军步兵在月光下一列列穿过丛林空隙向南行。久保本人负伤，是士兵用担架抬回去的。

樱井在2月26日的日记写下了失败的原因。这次作战开始很顺，他的官兵进击很快，让英军措手不及。他们包围了印度第7师，但未能歼灭。他们通信与情报不良，又无法维持补给线畅通。虽然他是夜袭战的信徒，但得承认，夜色如此黑暗的时候，要夜袭几乎不可能。手下官兵对使用手榴弹近战的训练也须加强，对待伤患要做更有效的治疗。

不过，据后来日本战史家所见，最重要的因素是战场几何形态（geometry of battlefield）的改变。日军在新兹维牙的平面包围，没有配上有效的火力支援，被英军采取的立体战术反击。这种多向防御之所以可能，是由于空投作战物资，使原本的软弱战术变得刚强。唯有更强的火力才能反制，而日军根本没有。[①] 樱井德太郎麾下有4门山炮和4门中型榴弹炮，仅此而已。英军的立体战术也可以被强大的战斗机火网和不断的防空火力所反击。事实上，2月8日那天，英军第一批空投补给品的飞机，遭到极为猛烈的攻击而不得不折返。直到它们的指挥官美军奥尔德（Old）准将亲自驾驶一架运输机，空投才成功。这表示如果日军能出动川流不息的战斗机，英军立体战术也许行不通。

再说，倘若日军以强大的炮火轰炸拥挤的“方镇”内的燃油及弹药补给所，便可造成混乱及毁损。假若日军有反坦克武器，便能对抗第25龙骑兵团的坦克群。事实上，他们保持着传统的闪电攻击及包围战术上的成功，迄至那时还没失手过，而且也一直消磨着像英军这样依赖补给的敌人的士气。

这或许是最大的变化所在，也是为什么英军将帅埃文斯、斯利姆和

---

① OCH《阿拉干作战》，页245—246。

蒙巴顿，都把“方镇”一战当作他们对日作战的一个转捩点。巴克（A. J. Barker）上校在他所著《向德里进军》一书中，写得颇为轻蔑：“在德里……有很多庆祝……可是这一战并不那么伟大，德里却大惊小怪地暗示这一仗非同小可。实际上是以整整五个师和一支庞大的空军兵力，打退了只有它们三分之一兵力的进犯。”[①]这种说法非常真实，一如蒙巴顿在他的“报告”第44页所示，虽然敌人在那里留下了5000具尸体，但阿拉干战地范围有限。而且，即便如此，他继续说：其重大意义一定要从它对士气所产生的效应来判断。这是缅甸战争的一个转捩点，以斯利姆的话来说：

> 因为这是第一次，英军遇到了、守住了和决定性地击败了日军一次大攻击；随后便是将敌人逐出他们已经准备了几个月，决心要以一切代价固守的可能是最坚固的天然阵地。英军和印军的弟兄，已经证明了他们自己，没有例外，他们全都是对抗日军的上上英豪……这是第一次胜利，一次毋庸置疑的胜利；它不仅对参与作战的部队，而且对整个第14集团军都有无限的影响。[②]

第22回 英军对策

日军进攻英帕尔的计划大体上不难预料。英第4军军长斯库恩斯中将相当准确地判定出日军的企图：走缅甸迪登一线，进攻英帕尔平原西南角的托邦（Torbung）；而对东南角的德穆及普勒尔发起攻击，以切断

---

① A. J. Barker, *The March on Delhi*, 1963, p. 92.

② William Slim, op.cit., pp. 246-247.

从第玛普到英帕尔的英军补给公路。最可能的切点是科希马。

英军有自己的盘算。日军若要围攻英帕尔，正合斯利姆与斯库恩斯的意。到那时，英军就撤退外围的部队，向内靠拢，缩成一个盒子，让日军一直前进到其后方补给线的终端，造成补给困难，那时日军的补给问题会一天比一天恶化。如果英第4军遭切断，还可从阿萨姆远方基地空投补给。日军没了制空权，因此空投补给完全不可能。虽然钦敦江远至北面的德曼迪（Tamanthi）还可通航，补给品可以靠水道，也可靠仰光的铁路运送，但是日军一旦进入钦敦江及英帕尔之间的山地，便会发觉补给成了最最严重的问题。无论如何，他们的一些部队——最终是第15师团和第31师团——不得不越过崎岖乡野，在极其险峻的丛林泥土山坡上爬上爬下，路程长达150多英里。其余的也是最后的部队，第33师团，会从南方沿着崎岖山丘接近，因此可以带来重炮与坦克。虽然卡巴河谷地形险峻，他们仍会使用坦克。

英军几乎完全正确地掌握了日军兵力及方向这些情报，但他们把时辰搞错了，这项错误几乎给印度第17师带来了致命的打击。印度第17师师部在英帕尔到迪登公路102英里处，刚好在进入缅甸的国界边上。英军预料日军兴兵之日为1944年3月15日，这的确是日军第15师团和第31师团在德穆以北几个渡口渡过钦敦江的日子；可是日军的第33师团，在卡列姆（Kalemu）南面，早在3月8日起便从怀特堡（Fort White）地区开始进兵，该地是日军1943年11月从印度第17师手中夺来的。

英第4军被分散，第23师自从1942年6月以来便持续作战没休息，并且大部分时间都为疟疾所困。他们从德穆撤退到英帕尔平原休息，第20师接防德穆地区。[①] 印度伞兵第50旅驻扎英帕尔东北，掩护从钦敦江

① 1942年11月，萨沃里（Reginald Savory）中将指挥的第23师应有17000的兵力，但缺少5000人（cf Geoffrey Evans and Brett-James, *Imphal*, 1962, p. 33）。

经桑萨克（Sangshak）及乌克鲁尔（Ukhrul）到达平原的路线。由于斯利姆预测可能只有一个日军联队会攻击科希马，该地便由从C区的202兵站调来的部队“防守”。

从第4军的一个师到另一个师并不容易，印度第17师与第20师之间没有横向的交通。举例来说，从这一师到另一师，意味着进出一个平原，路程可能达250英里。斯库恩斯中将知道，要打一场大仗，旗下兵力太过分散就有被日军各个击破的危险。那么，仗一开打，就必须把部队集中。最好的时机是，当看到不止一个大队的日军要渡钦敦江的情况发生时，第20师便奉令从德穆向普勒尔公路进兵，以进行迟滞作战，然后绝对要停在申南（Shenam）。①

现在的印度第20师在冬天的几个月中，经过多方努力和严密巡逻，已经完全控制德穆及卡巴河谷地区。师长格雷西（Douglas Gracey）少将很有信心能抵抗日军任何袭击，但军长斯库恩斯中将指示他，只为了要在英帕尔平原上集中兵力，也许不得不放弃他的官兵奋战几个月才得来的阵地，这使他深感痛心。斯库恩斯军长曾经劝格雷西，有必要在他那个师的地区兴建公路。可是到了1944年2月7日，完全变了调，斯库恩斯告知他阿拉干一战的情况，暗示日军有渗透包围第20师阵地的可能，希望他的防务非常稳固。最后是一项不祥的补充：他得“做好一旦情况紧急便毁去公文的准备”。②

一星期以后，一封极机密函件送至格雷西处，告诉他日军已经从侧翼包围了印度第17师。因此重申前令，印度第17师必须撤往英帕尔平原。后来当格雷西亲自接到要他离开长期准备的阵地撤往英帕尔的命令时，他仍然踌躇不前，怀疑斯库恩斯军长是否给了他关于即将到来的一战的全部信息。

---

① Ronald Lewin, *Slim*, p. 169.
② Gracey Papers, pp. 40, 150, Liddell-Hart Archive.

第四章 剑裂矢尽

英帕尔和科希马，1944年3月至7月

The Base

摘要

本章是本书分量最重、字数最多的部分，细述1944年3至7月的英帕尔与科希马战役。它并不是“一场”单独的战役，而是一连串血腥拉锯的争战，持续了五个月；作战范围从缅甸钦敦江西岸，越过印度科希马公路，深入曼尼普尔邦的英帕尔。

1944年1月7日，东京大本营批准，在阿拉干的日军首先发动攻击。牟田口廉也中将的计划过于乐观，认为短短三星期可解决。没有囤备足够的粮食，意图仿效成吉思汗西征，要就地取材，想从英军那里虏获食物及武器。但历史没有重演，日军本身的条件也不足，例如：飞机不足，炮又不如英军，计划完全失败。在日军大败的故事里，有两组厮杀极富特色：一组是“黑猫”对“白虎”的三大回合缠斗；另一组则为在科希马地区四大阶段的厮杀。从中可见英、日两国的军事乃至政治文化的特质。

滑翔机作战的典范，就出现在这个战场上，并以此大败日军。“白虎”虽不好惹，但遭遇了擅长迂回战术的中国将军孙立人与廖耀湘的部队，以及美军“加拉哈德”突袭队，加上英联邦军，包括来自印度、廓尔喀、西非、东非的部队，甚至缅甸当地人，“白虎”遂大败。因日裔美军既能混入敌营，又能窃听师团的调度通话，故能从“白城”到“黑潭”，一路击败日军。缅甸方面军司令官河边正三中将，于7月承认失败。这一战，是日本陆军战史上的最大败仗。

在这一系列大战中，牟田口廉也一方面将三名师团长撤职——这三名师团长抗命，认为不应该继续作战，显示出日军上级长官与带兵将官的认知差异；另一方面，在状况极端险恶，即盟军空中及陆上资源远胜于己的客观环境里，他仍下令日兵誓死不屈，效死疆场，导致属下不服。

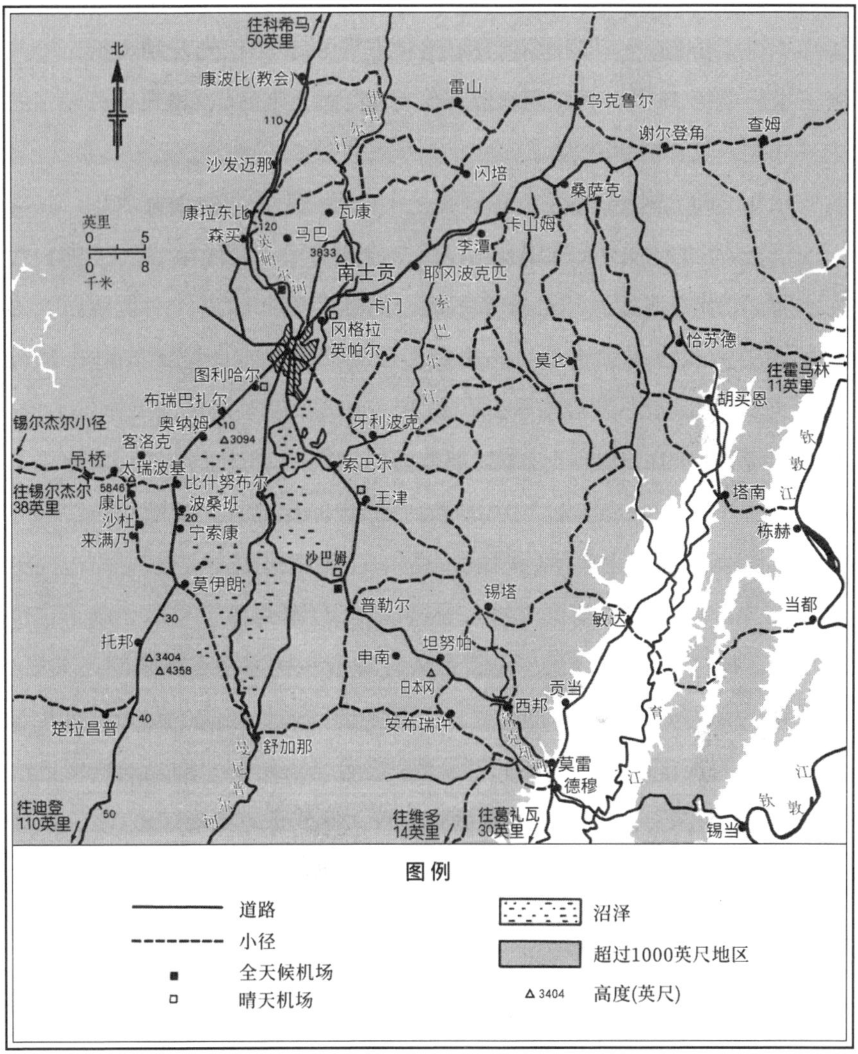
北
往科希马
50英里
康波比(教会)
雷山
乌克鲁尔
谢尔登角
查姆
沙发迈那
闪培
桑萨克
英里
千米
康拉东比
瓦康
卡山姆
森买
马巴
李潭
3833
南士贡
耶冈波克匹
卡门
索巴尔江
冈格拉
英帕尔
恰苏德
莫仑
往霍马林
11英里
图利哈尔
胡买恩
布瑞巴扎尔
奥纳姆
3094
牙利波克
锡尔杰尔小径
客洛克
吊桥
太瑞波基
索巴尔
钦敦江
往锡尔杰尔
38英里
5846
比什努布尔
王津
塔南
康比
波桑班
栋赫
沙杜
宁索康
来满乃
沙巴姆
莫伊朗
锡塔
当都
普勒尔
敏达
托邦
3404
4358
坦努帕
申南
日本冈
贡当
西邦
楚拉昌普
安布瑞许
舒加那
莫雷
德穆
育江
往迪登
110英里
往维多
14英里
往葛礼瓦
30英里
锡当
图例
道路
小径
全天候机场
晴天机场
沼泽
超过1000英尺地区
3404
高度(英尺)
图4-1　英帕尔

英帕尔一役并不是一次单独作战，而是很复杂的一连串战役，持续长达五个月；作战范围从钦敦江西岸，越过科希马的公路，深入阿萨姆境内。这次作战是经过多次讨论后，在1944年1月7日，才由东京陆军参谋本部批准的。一如我们所见，在阿拉干的日军首先发动攻击，樱井省三中将的第28军，力求阻止英军第15军派出预备队，增援在英帕尔的中央战线，这一尝试失败了。

牟田口廉也中将的第15军，在3月的第一个星期便展开攻势，其麾下的第33师团（师团长柳田元三中将）自南方攻击印度第17师（师长考恩少将），沿着迪登到比什努布尔的公路朝英帕尔前进。一星期后，第33师团的步兵旅团山本支队，来到卡巴河谷，攻击印度第20师（师长格雷西少将），企图越过山陵到普勒尔，打出一条血路进入英帕尔平原，却被申南鞍部的山脉群挡住了。筋疲力尽的第15师团（师团长山内正文中将）行军越过英帕尔东北的山岭，在康拉东比北方，切断到科希马的主要公路。他们待在公路的两侧，直到6月初撤退为止。在更北边的第31师团（师团长佐藤幸德中将），从钦敦江行军到科希马，夺取了这个小城镇；除了几处小山丘，包围了从迪马布尔铁道终点站来的英军第4军援兵，完成了对英帕尔的孤立。佐藤幸德师团长在战争期间打过几次激烈痛苦的仗，但是到了6月，终于在科希马被解职。仰光的缅甸方面军司令官河边正三中将，在7月承认失败，作战正式宣告结束。

牟田口廉也的作战计划，为短暂的三星期，麾下官兵的给养，先依赖牲口的肉，然后期望虏获英军的口粮及武器。可是牲口死亡了，在英帕尔的军需补给所依旧在英军手中，空中缺乏空军掩护，陆地则炮火不如英军。牟田口廉也军司令官下面三个师团的残余兵将，憔悴、饥饿、疾病交加，只能带着鲍斯的“印度国民军”爬回缅甸。英军斯利姆将军打败了日军第15军，意味着中缅甸已对他敞开，英军统帅部畏畏缩缩了两年，这时，要从陆上重新收复缅甸的战役变得可能了。这一战，是日本陆军在整个战史中遭受的最大败仗。

第23回 英帕尔景色

英帕尔是印度最东边的曼尼普尔邦的首府，这个邦位于印度与缅甸的边境，距加尔各答400英里，离缅甸国境700英里。老实说，它只是一个村落群，周围环绕着香蕉林与竹林。曼尼普尔居民为印度族，1944年由一位大君（Maharajah，摩诃罗阇）统治。人口中十分之一为伊斯兰教徒，邦内的山地居民为游牧的库基斯人（Kukis），而那加人（Nagas）则住在山顶上半要塞化的村落里。一些山地居民由于19世纪美国的浸信教会传教士的努力，而改信基督教。1891年，曼尼普尔人反抗英国统治，但被镇压后，这一邦一直处于和平状态。毫无疑问，部分是孤立所导致，英帕尔在一个盆地——英帕尔平原——之中，与外在的世界隔绝。平原长30英里、宽20英里，高于海平面2600英尺，四面八方都是丛林覆盖的山岳，北面和东面的拉加山（Laga Hills），高达5000英尺；南面的钦丘陵更高达6000英尺，有几处山峰甚至到了9000英尺。

在山陵与城镇间有一个洛格达格湖（Logtak Lake），这是一处低洼的沼泽，怒放的花儿形成湖篱和湖岸。这儿有由九重葛、金鱼草和羽扇豆所围绕的军队平房。湖边有十来处欧洲人的社区，战前他们生活中多是高尔夫球、网球和猎野鸭。在那条浅棕色的曼尼普尔河边，有古老的砖墙城堡和一处废弃的王宫，与建在镇外白得晃眼的新王宫和包金箔圆顶的寺庙形成对比。

行政上，曼尼普尔是土著王国，是最接近缅甸的英属印度军事基地。在阿萨姆的卡查（Ca-Char）西面，从英帕尔到阿萨姆的英军总部所在地锡尔杰尔（Silchar），有一条长达130英里的蜿蜒山路可以通达，须翻山涉河过隧道。到了5月，进入雨季，河流、沼泽和干透的残梗稻田都变了样。倾盆大雨使道路成了烂泥，溪涧成了漩涡，稻田变成小湖泊，阳光穿过灰紫的暴风雨云层，在水面、庙顶和陡峭山坡的深绿树林上形成反光，构成耀眼的风景。

英帕尔遗世独立，隐藏了它的美丽和恐怖，①除了光秃秃的西面丘陵外，环绕着这处平原的都是满布翠绿树林的山陵和深深的峡谷，各式各样高矮不同的树木，构成了绚丽的风景。例如镇外那株巨大的菩提树，它将两旁的道路隔开；桃树高达20英尺，还有成丛的橡树、麻栗树、野芭蕉和轻柔的竹子。更有各种不同的花：紫鸢尾花、白茉莉花、褐红色和金色的非洲金盏草、紫丁香藤蔓的垂花，樱草和紫菀花攀在斜坡上的棕色草地上。一排又一排的梯田，就像多把扇子在山边展开。这些丘陵和平原本身，栖息着大量鸟类，从普通的鹡鸰、野鸭到迷人的金莺。洛格达格湖和沙洲上，多的是可以猎的鸟：鹬鸟、野鸭和雁。野兽也很多：鹿、狐蝠、大象，偶尔有觅食的老虎或豹；也有各种各样的蛇，孟加拉毒蛇、印度毒蛇都有。昆虫的生命力更是旺盛：蚂蟥、虎斑蚊，还有最低微，却对人类来说更致命的一种昆虫，即能传染痢疾的阿米巴变形虫。在平原上的东面，便是通往德穆的公路，经过美丽的乡野，穿过申南鞍部，有一座斑疹伤寒冈（Typhus Hill）见证了这一带风光的欺人美景。英军德文郡步兵团（Devon Regiment）的百名官兵，发现这是一处风景宜人的营地。这里的绿竹砍过还会再生长，可是山上到处都是带有丛林斑疹伤寒细菌的螨虫；100人中有70人被感染，15人死亡。

英帕尔是狩猎者的天堂，也是世上最不可能选作大型战役战场的地

① 不是每个人都有同样的想法，对沙漠兵团的史学家而言，这里是“气候炎热，多瘴气，有一些马车道的平原”（O. G. White, *Straight on for Tokyo: The War History of the 2nd Battalion the Dorsetshire Regiment*, 1948, p. 155）。

点。然而，日军、英军与廓尔喀军，却在1944年来到此地，彼此厮杀，成千上万人丧生。日军为进攻印度的美梦所驱使，而其他人却必须要阻止他们。

第24回 黑猫斗白虎①

迪登（Tiddim）、顿赞（Tonzang）、托邦（Torbung）

日军第33师团计划歼灭印度第17师，差一点成功。这个计划采用日军传统的包围战方式，以前用此对付英军时总是成功。可是1944年2月在阿拉干一战，英军改变了在马来亚和缅甸早期作战的方法，以前老是一受到包围就撤退，且被迫力战通过设置在他们后方的封锁。如今改成留在原地作战，因为他们不再需要依赖公路，所有粮食和弹药都从空中投下来。而牟田口廉也的计划，则是在1943年日军能学到这教训之前所拟定的。

印度第17师驻守在英帕尔以南110英里的顿赞和更往南40英里的迪登之间。就在顿赞以北，路标109英里处，有一处大补给所，储备的军用品是为英军准备进攻缅甸使用的。

印度第17师原本不打算停在迪登战斗。第4军军长斯库恩斯中将的战略中，并没有想将这部队分散在沿英帕尔至缅甸的路上作战。他计划

① “黑猫”是印度第17师的师徽，日军认得出它，有时候提到这个师为“黑猫师团”。“白虎”则是日军第33师团的自称，在师团许多军旗上有老虎的图案，这指的是1868年（明治元年）动乱期间会津藩若松（Aizu）战士的一团。白虎是中国占星术中在罗盘四方安放的四神兽之一，此外还有朱雀、青龙及玄武。当时“白虎师团”是一群武士之子，都才十七岁，他们被天皇政府军击败，退进若松堡内，直到他们认为全堡已失守，全团20人都选择了自杀。“二战”期间，若松市为第33师团军区的一个防区。

当日军来袭时，全师就撤退到英帕尔平原，以缩短补给线，并用坦克及大炮环绕“堡垒”（英帕尔市区），构成坚不可摧的核心，来对抗日军。那时日军的补给线会延伸到极限，攻击会徒劳无功。不过这个计划取决于良好的情报，对情报的迅速反应，以及随后敏捷的行动。在1944年3月的第一个星期中，这些都没有实现。结果，情报内容是片段的，对情报的反应很迟缓，行动又推迟了，迟得足以使印度第17师陷入险境。

柳田元三的日军第33师团，派出三支先锋队进击英印第17师：一支中央纵队，从1943年11月就已经攻占下的怀特堡出发，沿着往迪登的公路直上；左路纵队从公路西面的山丘攀登，而在路标100英里处进入公路；右纵队则从亚扎久（Yazagyo）出发，沿小径前进，经过徘杜（Phaitu），到达顿赞东边，然后向北转进，要攻占路标109英里处的英军补给所。第33师团定“Y日”（1944年3月7或8日）出兵，比第15军主力部队出发的“X日”早一星期。日军攻击时间的差异，误导了英军斯利姆及斯库恩斯，他们原已计算出日军部队会在3月15日左右出动。无论如何，斯库恩斯认为自己的想法是合理而谨慎的，斯利姆也相信他，让他自己决定何时把麾下几个师往后撤退到英帕尔。斯库恩斯决定唯有当他确信大规模攻势已经开始时才发出信号。何时呢？就是当日军有一个大队以上的兵力已经渡过钦敦江，而且向西前进时。

印度第17师师长“潘趣”考恩（“Punch” Cowan）[①]少将的部队依然遵照命令行军前往吉灵庙（Kalemyo），作为重新进入中缅甸的初步行动，但他也知道如果日军对他开火的话，他将向后退，因此他将麾下两个旅重新部署。[②]

第63旅（旅长伯顿，Burton）在肯尼迪峰（Kennedy Peak）与迪登

---

① 译注：考恩被人开玩笑，认为他长得很像英国传统木偶剧*Punch and Judy*中的主角Mr. Punch，故有此一绰号。

② S. W. Kirby, *The War Against Japan*, Ⅲ, 1961, p. 193.

之间充当机动预备队；第48旅（旅长卡梅伦，Cameron）兵力只有两个营和炮兵，掩护顿赞及路标126英里处横跨曼尼普尔河的那座桥，此桥是考恩从迪登撤到英帕尔路上的重要连接处。印度第17师师部在迪登。

事实上，很快就出现警讯。3月8日，廓尔喀步兵第10团第1营（属第63旅）的侦察兵见到在迪登南方12英里很接近穆瓦拉本（Mualbem）处，日军有渡过曼尼普尔河的行动。他们估计有2000人，[①]有火炮及军骡。事实上，那是日军笹原政彦（Sasahara Masahiko）大佐步兵第215联队的主力，他们从穆瓦拉本向北前进，经过克普特尔（Kaptel）（当地人将日军行动向英军报告），然后前往路标100英里处的辛盖（Singgel），企图在那里切断印度第17师向北移动的路径。

这时，第4军的眼睛有：一批英国军官与当地情报员组成的"V部队"，以及在日军战线后方，或者在两军之间活动的其他部队。他们在曼尼普尔河以西的地区侦察。倘若有日军大部队在公路西边的丘陵行动，应该会被察觉。但是在廓尔喀侦察兵的报告之后，没有后续的消息证实此事；而且只有两名廓尔喀兵见到日军渡河。对这一报告，也就没有处置。

后来，在廓尔喀侦察报告之后三天，"V部队"发出一则电报，声称有两支日军约1500人在穆纳姆（Mualnamu）附近被发现。日军正向北进，穆纳姆就在廓尔喀侦察兵见到他们的渡河点以北约20英里。"V部队"的报告在3月11日发出，第4军军长斯库恩斯中将第二天才接到此报告。而几乎是立刻，又传来消息说，一支强大的日军兵力已经接近迪登公路路标108英里处。这些报告确实指出是同一支日军，目标明显指向路标109英里附近的补给所，以及越过曼尼普尔河的那座桥梁。

---

① S. W. Kirby, op.cit., p. 193. 但根据印度军史记载，只有50人，见B. Prasad ed., *Official History of the Indian Armed Forces: Reconquest of Burma, 1942-1945*, Ⅰ, p. 187。

斯库恩斯中将得到情报后大为惊慌，下令军部的贾特第9团（9 Jats）的机关枪连去防守那座桥。可是“顿赞部队”（Tonforce，考恩师长属下两个防守顿赞的营）已经在那里。贾特第9团便转而担任补给所的防卫，那里原来只由少数管理单位的部队把守。那一天是3月13日，笹原政彦大佐的部队在印度第17师生命线西方的高地上出现。斯库恩斯知道情况危急，便决定派第23师的第37旅到迪登公路，帮助考恩的部队回防。这一下，抽光了“要塞”的兵力，英帕尔境内只剩一个旅。

3月13日，斯库恩斯终于下令要考恩撤退，[①]可是为时已晚，日军业已在好几个地点越过公路。可难以理解的是，考恩不急。他于第二天下午1点才下令撤退，并告诉全师下午5点出发。这是一次庞大的行动，考恩从方圆20英里的地区召集官兵16000人、2500辆车和3500头军骡向北方移动，迪登已被装设了诡雷。但印度第17师没受到阻碍，抵达顿赞，那里却是一片极其不同的景象。

3月13日，考恩告诉第63旅去掩护顿赞，当时该地正遭受日军作间乔宜大佐第214联队的攻击。顿赞的英军无法阻止日军通过这个村落。日军通过村子，穿过丛林向北边推进，封锁了公路路标132英里处的迪吞姆（Tuitum），它位于考恩和曼尼普尔桥之间。

属于第33师团，由作间乔宜指挥的第214联队，企图占领印度第17师的阵地。他派出一支兵力，由师团工兵八木（Hagi）大佐指挥，直扑通往英帕尔的主要干道。联队的第2大队（大队长小川忠藏少佐）攻击顿赞的南面；第1大队（大队长斋藤满大尉，Saido Mitsuru）则攻击顿赞北面的迪吞姆。步兵第215联队联队长笹原政彦大佐，指挥柳田师团的左纵队，潜行进入曼尼普尔河右岸山地，直扑顿赞北面，在英帕尔的路

---

① S. W. Kirby在*The War Against Japan*, Ⅲ（1961）中说，是在13号早上（p. 194）；但在Geoffrey Evans and Brett-James, *Imphal*（1962）中则说是晚上刚过8点半（p. 114）。*Reconquest of Burma, 1942-1945*, Ⅰ（B. Prasad ed., 1958）中指出是3月13日的20点40分（p. 190）。

标100英里处的辛盖。柳田中将希望在这几处可以切断印度第17师退回平原的路。

3月14日，柳田得到报告，日军已经包围印度第17师。他喜出望外，原来对进攻的担忧，现在得到暂时缓解，决定第二天便将司令部向前移往卡姆尚村（Khamzang）。第15军司令部配属给柳田师团司令部的参谋藤原少佐，确认诸多事项进行顺遂，便回到眉谬军司令部，报告初期攻势的重大成功。但之后，事情开始变得很糟。

第214联队第1大队，由斋藤少佐领兵，负责占领迪吞姆鞍部以切断公路。部队在3月14日清晨抵达，行进途中，大队的炮掉下悬崖失掉了。士兵发现，表土下面便是岩床，他们无法有效构筑工事。到天亮时，他们遭受曼尼普尔河岸与顿赞方面大炮和迫击炮的射击，死伤惨重。3月15日中午，他们击退了英印军大约三百人的攻击，并在日落前紧守阵地，不过也只是勉强守住。斋藤知道明天就撑不住了，便决定发动夜袭。

他的大队官兵沿着山脊向山顶前进，遭到侧翼的机关枪猛烈射击，尸体滚下山谷，全大队陷入混乱状态，斋藤和他的传令兵分散了。他们向南面的联队本部前进，其他死里逃生的官兵，在3月18日与19日到达隆塔克（Luntak）。然而到3月26日为止，斋藤还是无法掌握所有失散官兵的消息。结果印度第17师经由迪吞姆撤回。

3月16日晚，考恩给第63旅（旅长伯顿准将）的命令干脆利落："忘掉那些该死的日军，集中注意力。"换句话说，要确保印度第17师向北撤回英帕尔的公路畅通。伯顿要求一次空中攻击，师的炮兵集中火力向日军轰击，大炮使用瞄准器再开火。廓尔喀步兵第3团第1营随之往山顶阵地冲锋，发现日军大队已被消灭了一半。笹原政彦的第3大队（大队长末木久少佐，Sueki Hisa）受到印度第17师第48旅的攻击，旅长卡梅伦有仇要报。两年前在锡当桥一战，他还是廓尔喀步兵营营长。桥炸毁时，他不得不把二十年前入伍那天就认识的廓尔喀同袍留在桥的另一边，一夜之间就急白了头发。这次，他并不想再被日军第33师团痛击，于是对着末木久的大队进行猛攻。这场战斗中，末木久损失了三名中队长，且大队有一半的官兵非死即伤。

日军为了扭转劣势，派出战车第14联队的六辆轻型坦克，在3月22日漆黑的夜色中率先挺进。突然间，日军步兵听到爆炸声，六辆坦克都被地雷炸毁了，攻势停了下来。第二天，在辛盖北方，入江增彦（Irie）中佐被一架英国战斗机炮弹炸死，[1] 他的死对大队来说是沉重的打击。在轰炸后，他们仅存的些许战斗意志瞬间化为乌有，官兵都到森林密布的山丘上找寻掩蔽。笹原政彦联队长敬重入江增彦，其下的大队长中，他最信任的便是入江。入江死后两天，3月25日，笹原大佐接到自3299高地末木久少佐发的信号："本大队正在焚毁密码书，销毁无线电机，决心战至最后一人。"笹原眼见他整个联队面对全军覆没的危险，便派作战参谋片山亨（Katayama Toru）中尉前往第1大队及第3大队，下达"玉碎"命令。他们打算放弃对公路的控制——面对这样惨重的损失，封锁印度第17师毫无意义。笹原大佐不该在没有先征得师团长同意的情况下下达这项命令，相反，他反而发给师团长一封电报，报告发生的情况，并断然声称，一如末木久少佐所为，决心战至最后一人。

但是这份电报在收到时发生了错误，造成了误解，这个错误对此战产生重大影响。笹原大佐寄出电报后，集合联队部官兵，告诉他们自己的做法："最后的时刻来了，一旦敌人发动攻击，我们要应战，本人一马当先，我知道各位会英勇作战到最后。"他在一个餐盒盖内倒了一些清酒，浅饮一口，把这杯饯别酒传给官兵。他们各饮一口时，山坡上，一种像山茱萸的粉红花到处盛开。上田（Ueda）中尉，一位年轻军官，

① OCH《英帕尔作战》说是被重炮炮弹攻击（Ⅰ，页184）。

想了一下在山上的花团中死去会是什么样，却不觉沮丧。

柳田元三师团长接到的这个电报，没有任何关于决心奋战到底的内容，只说笹原大佐正焚毁密码书，烧掉联队旗。很明显，柳田师团长误认为他的部队正遭全歼中，便把师团通信官找来，告诉他发一封“机密”电报给第15军，向牟田口廉也军司令官报告：“要在三星期内拿下英帕尔，是不可能的。由于雨季即将来临以及补给问题，我们将遭遇悲惨的情况；英军空降部队在缅甸中部降落，已使缅甸防务危急。”牟田口军司令官火冒三丈，用尽所有骂人的词，回电给柳田元三师团长要他继续前进；另外令藤原少佐回到第33师团，督促柳田师团长服从命令。

柳田也许看起来不稳定，副官杉本（Sugimoto）中尉对他的决心已有了猜疑。师团在向卡姆尚村前进中，途经孔雀堡（Fort Peacock），那是第33师团几天前拿下的，激战过后的痕迹到处可见，守军的尸体依然躺在酷暑下，腐烂得很快，蛆虫在尸体的眼球里爬进爬出。“将军阁下！看，长蛆了！”杉本大叫一声。他在中国时为小队长，对尸体并不陌生，可是柳田却是头一次上战场。他轻瞟一眼，转头走过去。稍晚，师团伤亡的人员经过司令部，满身是血的身体惨不忍睹，沾满泥土。柳田中将把自己关在帐篷里，杉本认为他承受不了师团官兵的悲惨情况。柳田已和师团参谋长田中大佐争论起来，杉本听见柳田在他的帐篷内大声宣称：“我是师团长，指挥全师团是我的职责！”田中参谋长回嘴说：“我是参谋长，全师的参谋是我的责任，所以由我来执行作战！”田中是一个强悍角色，非常赞成牟田口军司令官，他对柳田师团长接到笹原联队长电报的反应气得抓狂。

事实上，这样的反应是很鲁莽。事态虽然恶化，但末木大队并没有遭到歼灭。师团参谋三浦（Miura）当时在顿赞地区，他的卡车上有一部无线电接收机，收听到笹原发出的信号，从中他得到的印象是，末木

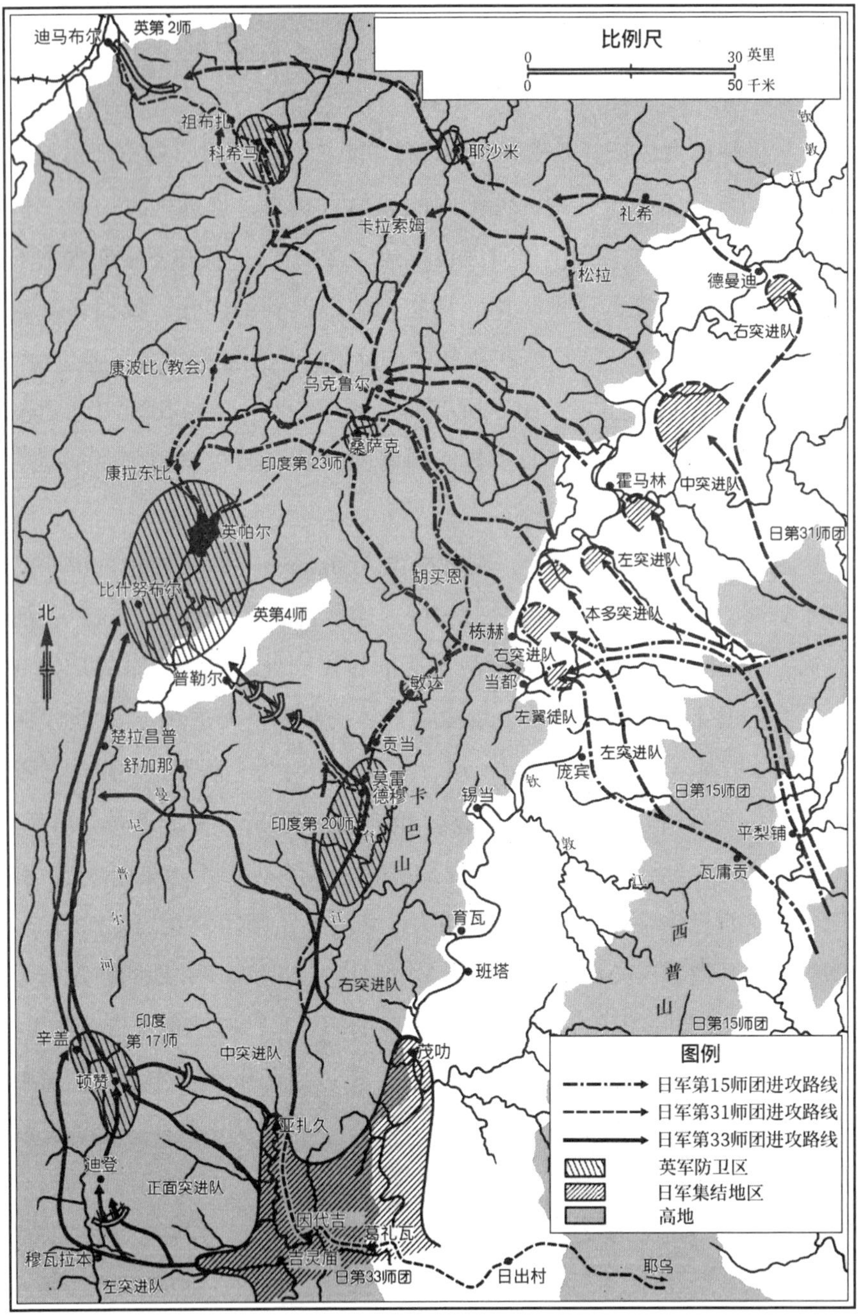

图4-2　英帕尔日军攻略图

和笹原只是叙述他们决心打下去。但情况令人不安，三浦进入顿赞，爬上村庄中央一处50英尺的高楼，用望远镜扫视郊外。顿赞村本来就在高地上，所以视野良好。他见不到西北方的辛盖，因为被山丘挡住，但朝东方望去，便看到了3299高地，至少可以辨认出高地的西坡，那里正冒着白烟，还有山炮的反光，末木依然在那边据守。

迪登公路上这场复杂血战的详尽情况，斯利姆本人的印象最能概括："我们的部队与日军，像那不勒斯冰淇淋一样，一层夹一层。"从北数到南，最北是英军第23师的两个旅，第37旅（从科希马—迪马布尔公路地区调来）和第49旅（从乌克鲁尔地区调来），进逼公路想解救印度第17师。领先的一个旅，于3月15日已在英帕尔南边路标82英里处。其次便是从100英里到109英里（印度第17师的补给所）间一片地区，被日军渗入加以封锁。随后一小支英军到达补给所，等印度第17师通过顿赞村，日军再度进入顿赞村。然后是向北移动的印度第17师，最后面是从迪登而来穷追不舍的日军。

位于路标109英里处的补给所是个问题。3月18日那天，数以千计的非战斗部队离开了那里，但是留守的部队无力对抗笹原联队的大队，补给所失守。日军占领后，极其开心地报告说，他们虏获了充足的粮食、弹药和车辆，足够供给一个师团两个月。山顶上的英军观测到，日军坐着虏获的吉普车，绕着补给所奔驰。但是曼尼普尔河上的桥守住了，印度第17师在3月17日安然通过。英军第48旅随后被派去清除印度第17师撤退到平原路上的障碍。3月21日及22日，卡梅伦的部队在皇家空军战斗机的协助下，从顿赞的北方撒考恩村（Sakawng）到达路标109英里处上的阵地，攻击日军。这些攻击没有遇到日机反制，后来在战场上，日机只做了一次短暂的亮相（据日军一名观测员很讨厌的报道，"五分钟"），就再也没有飞来干预了。英军的补给所在3月25日又从日军手中被夺回，很多军品装备失而复得。

有很多迹象显示日军离开得很仓促，如没整理的床、四散的琴酒瓶。更可怕的景象是，发现两具被俘印军尸体，赤身裸体被日兵吊起来，用作刺刀劈刺练习。虽然印度第17师此时对日军的暴行已并不陌生，但一名参谋说道："这是我在整个大战中所见到的最最恐怖的景象。"

这次激战很明显地展示了盟军的空中优势，从英帕尔来的公路遭到封锁时，考恩的部队都由空投补给，而日机仅仅飞越一次。3月25日，第5飞行师团被要求与在顿赞附近战场的日军合作。要求在中午提出，到了下午，日军10架战斗机及3架轻型轰炸机在空中出现，轰炸曼尼普尔河一处渡河点。日军见到他们想念已久的红圆点机徽时欣喜若狂，机群飞来时，快乐得跳上跳下。抓住这个机会，日军的山炮与重炮开始同时射击，山炮轰击顿赞以北的英军阵地，重炮则射击英军隐藏在公路附近的一个装甲部队和曼尼普尔河对岸的炮兵阵地。可是，日军重炮每一门仅有20发炮弹。日机飞走后，英军炮兵就开始还击。①

3月26日，英军第63旅在师队最后面，越过曼尼普尔河大桥，日军听到一巨大爆炸声，只见黑烟冲上天空，印度第17师过了河，便把桥梁炸毁了。

三浦回到师团部报告时，发现参谋长田中大佐因师团长柳田中将发给第15军司令部那封电报非常沮丧。田中说："柳田师团长的电报建议停止这次作战，这该死的蠢材。你（柳田）怎么能展开了一次这样的作战，然后又告诉大家向后转？牟田口军司令官会火冒三丈，当然他会责怪我。"三浦说："我最好去报告。""别听柳田的抱怨"，这是田中参谋长的临别赠言。②三浦感到疑惑，便到师团部通信室去检查那份电报，一如他的怀疑，他听到的内容只发出一半，很可能因为无线电机越过高

---

① 三泽山炮第1大队在3月24日晚间接到各炮300发的补给。

② 高木俊朗，《英帕尔》，页70。

山峻岭，回到师团部功能不良。总而言之，他见到柳田师团长面色苍白而悲哀。他尝试把电报的事说明白，可是已经太迟了，师团长深信“战至最后一人”是事实，而非决心要战至最后一人。[①] 几天以前深具信心的心态已经消失，在如今只有疑虑，和对损失手下官兵的恐惧。也许他已抓住机会，向牟田口军司令官道尽了他的真意：这一战可能会败。

顿赞之战以后，柳田师团长和情报参谋冈本严（Okamodo Iwao）少佐谈话，告诉他，自己预计以后的战况会很艰难，不知冈本的想法为何。冈本知道柳田急于放缓攻势，因而感到苦恼。他一走出师团长帐篷，田中参谋长便叫住他：“你和师团长谈了些什么？不要听他发牢骚。”田中说得很大声，目的就是要传到师团长帐篷里去，冈本参谋察觉到师团部内不愉快的氛围，便要求调到前线部队去。

第二天晚上，仰光缅甸方面军司令部中，河边中将郁闷地透过窗户注视夜空，气象科已经报告今年雨季可能提早来临。三天前，仰光就下过一次猛烈的大雷雨。他转头对着参谋长中永（Naka）中将说道：“告诉牟田口，不要让前线他那几个师团发呆！”牟田口廉也并不需要催促，他派出藤原少佐要柳田行动，而且要快。“立刻向英帕尔进军是不可能的。”柳田中将反驳道：“很明显，敌人正准备对付我们。没有充足的弹药、粮食供应和适当的侦察就发动进攻，那是发疯。”“师团长阁下，”藤原少佐说道：“军司令官的想法不同，第15师团业已从北方迫近英帕尔，第31师团正接近科希马，您是攻击的主力师团，如果您不领先进兵，就会使第15及第31两个师团陷入危险。”

事实上，柳田元三的小心翼翼，在当时非常有道理。笹原大佐的第

---

① 电报没有留下副本。三浦回忆说：“联队继续努力完成他们的任务，决心战至最后一人，烧掉密码本及联队旗。”命令用的日文显示出相反的意思。因为最后漏掉了“战至最后一人”，这是笹原继续作战的宣示。另外的说法是，电报被分成两段，后面那封来得太迟。这是很可能发生的，因为日军通常不一次性发完整份电报。

3大队（末木久）经过英军卡梅伦准将第48旅的凶猛轰击后，兵力只剩三分之一；而这状态正是整个第215联队的情况。藤原少佐到驻在木尔开（Mualkai）的笹原联队部，发现在辛盖四周日军的折损为军官20人，士兵250多人，而负伤的官兵是这个数目的三倍；藤原判断，笹原联队的战力为两星期前的一半。可是他的工作，就是要说动柳田一定要拼下去。

藤原去见田中参谋长。田中说道："对所发生的事，本人必须要向军部赔不是，不过我无能为力。"田中告诉他该师团现在的计划：向公路作双翼夹击，笹原大佐的联队在左，作间大佐的联队在右，直到他们进抵托邦。那里的公路离开山地进入英帕尔平原，就在那里，他们预测会有一次反攻，打算以所谓"统制前进"（controlled advance，*tosei zenshin*）[①]的速度推进。藤原少佐听到这个短语，哼了一声。第15军的计划要求的是一次"快斩"，而不是进兵时对每一点都加以检查确定。藤原知道，柳田师团长不管田中参谋长如何想，他的决定反映了其他参谋所担心害怕的。该师团与印度第17师作战，官兵都已筋疲力尽。作间乔宜大佐表现出对口粮非常坚持，他想让他的人吃上大米，坚持马上回到法兰（Falam）取米。有人告诉他，可以用在迪登与沙库马（Sakuma）缴获的面粉，同罐头食品凑合凑合就行。他尝了一口，说道："做面条的面粉，是吗？"一口拒绝，坚持他联队的官兵应该有米饭吃，他绝不退让。[②] 情报参谋冈本和作战参谋堀场（Horiba）谈话，堀场告诉他，英军在顿赞并未因日军突袭而被击破。他们留下了补给品，但没有留下尸体，也没有留下弹药，他们也许改向，停在其他任何地点。而日军官兵精疲力竭，活着的人在雨中就躺在尸体旁，有些人接近自杀边缘。片

---

① 译注："统制前进"指谨慎前进，逐次跃进。
② 儿岛襄，《英灵之谷》，页156—157。

山透（Katayama Tooru）大尉有次去看笹原联队，听说一名日本兵把步枪抵在胸口，以脚趾头扣下扳机自杀，不过却没有死成。他被抬上一具鲜血浸透了的担架时，向片山说道："我很抱歉，长官。"片山气愤地大吼："你这什么意思，道歉？"可是他眼中充满泪水。他从围观的其他人的表情中看出，那不幸的担架病人并不是唯一想要选择出局的。

日本一些战史家认为，柳田元三在这个关键时刻犯了大错，无论他对这次作战的可行性看法如何，作战一旦展开，便应竭尽全力使作战成功。他似乎更在乎观察战局的发展，而非发挥身为上级长官应有的领导力。虏获英军的补给所，也应作更有效的利用，只由一名大队长来处理，这对他而言责任也太大了。即使像末木久的大队那样陷入被四个盟军营共同攻击的窘困中时，也仍要记得，由于地形的关系，印度第17师的炮兵要攻击末木久大队非常困难，也没有用坦克来攻他。要柳田守住阵地对抗英军一星期，有这么困难吗？研究英帕尔战史的学者之一儿岛襄说得很干脆："分派给该联队的任务是切断敌军退路，即使这意味着将会遭受全歼，难道他们就不应该拼命达成使命吗？"[①]

这些历史学者的发言，当然成为战后牟田口为自己辩护的共鸣之声，他回想曾经称柳田师团长为"失败主义者"。"该师团终于开始向北进军，但害怕敌军的反击，所以进军审慎小心。结果使第15军以迅雷之势攻入英帕尔的最初计划变成幻影。如果我是第33师团师团长，即使犯了错误，敞开公路使印度第17师得以撤退，我仍会切入敌军中，一举攻到比什努布尔。如果当时该师团能展现出战斗精神和胆识，我相信他能追上敌军，在战场上主动攻击。"[②]

牟田口的激愤很容易理解，可是他并不在第33师团司令部。一如三

---

① 儿岛襄，《英灵之谷》，页159。
② OCH《英帕尔作战》，I，页187。

浦所回忆的："师团部在山谷里的公路边，负伤的官兵沿着公路向后退，无穷无尽地从师团部前经过。而在附近有条溪流，负伤的兵员在师团部停下来喝水，这些人以及他们身上浸血绷带的景象使师团部充满悲哀，柳田目睹伤兵情状特别伤感。此外还有件事，因师团部是在山谷中，与前方各纵队以无线电报联系时容易断线。还有入江增彦的死，让柳田沮丧，也使笹原悲伤。"①

终于，筋疲力尽的各联队开始移动。笹原联队是3月29日，作间联队则在隔天，他仍然在等他的大米。第213联队第2大队砂子田（Isagoda）少佐接到的任务是从3月24日起封锁路标72英里处的公路，可是这个大队从辛盖出兵，便遭到英军第48旅的攻击，最终在4月2日被迫开放公路。砂子田大队纳入笹原政彦联队，在4月6日到8日，这两支部队已到达在托邦以南路标38英里处的公路。他们到了英帕尔平原的入口，却付出极高的代价，作间联队官兵已损失了一半。印度第17师虽然火力猛烈，也同样承受了重大损失，但在4月4日之前，总算进入避风港了。英军补给品由飞机空投，伤患由飞机送走后，士气高昂。"黑猫"们正舔着伤口，准备好要拼第二回合。

事后诸葛亮说来容易，但整个战线上反应迟缓却是事实。英第十一集团军群总司令吉法德（George Giffard）上将认为，似乎没有急迫需要集结预备队参战。斯利姆从阿拉干调部队也太慢，或许是因为要确保自己的旧部（第15军）在阿拉干防区取得一次完全的胜利，因为他之前就策划要利用压倒性的数量优势压制日军。第4军的斯库恩斯中将，命令印度第17师从迪登出发进入英帕尔平原，但命令下得太慢；而且考恩接到命令后要全师官兵出发，也慢了。

日军方面，从英帕尔南边发动的首次突击所暴露的缺陷败坏了整

---

① OCH《英帕尔作战》，Ⅰ，页188。

个战役：各指挥阶层间根深蒂固的龃龉，组织混乱，以及不当的补给系统、过分藐视对手、航空武力无法与盟军竞争、对俘虏习以为常地残酷（到末了报应到日军自身）、相信“大和魂”会克服物资劣势。所有这些问题，在交战初期全都出现了。

第25回　申普路[1]拉锯战（一）

日本的师团有一种等级统治体系，与对手英军不同。在中将师团长下，有一个旅团级的“步兵团”，指挥官为少将，通常由他来指挥从师团主力分遣出去的大部队。以第33师团来说，它的步兵团由山本募（Yamamoto Tsunoru）少将指挥。依照日军的习惯，一支部队如果不用代号命名，便以部队长的姓称呼。的确，部队可由部队长姓名或代号两种方式来识别。因此第33师团最右面的部队，称为山本部队。与英军格雷西少将的印度第20师正面对峙的，就是这支部队。从火力的角度来说，它在整个第15军中是装备最好的。它以步兵第213联队第3大队为基础，有从第215联队来的第5中队与第7中队两个中队，还有重炮与中口径炮，以及工兵第33联队和30辆轻型坦克，装备有口径7毫米机关枪84挺和口径10厘米加农炮8门。从作战开始，第15师团的两个大队（第51联队第2大队和第60联队第3大队）也配属给了山本部队。这样集中火力有很好的理由。山本部队所要占领的，是从钦敦江进入英帕尔距离最短的汽车道。它是通过德穆及普勒尔的公路，而坐落在普勒尔的飞机场，更是英帕尔防务体系中一处重点。

---

① 编注：申南至普勒尔的公路。

在地图上看，好像是山内正文的第15师团直接对准了英帕尔平原：从栋赫附近的钦敦江渡江口，到康博克匹［Kangpokpi，日军称作“教会”（Mission），因为有个小教堂］，再到英帕尔—科希马公路上的康拉东比，直线距离为60英里。可第15师团走的是崎岖难行的乡间小径，与格雷西的师为了进攻缅甸而拓宽的从德穆到普勒尔的公路不能相提并论。分段来说，山本部队与英帕尔距离很近：从钦敦江到德穆20英里；从德穆到坦努帕（Tengnoupal）14英里；从坦努帕到申南为4英里，再多5英里，就到英帕尔平原边的普勒尔了，英帕尔市也只在25英里开外。另外一条路，则是自普勒尔向南走，沿着舒加那（Shuganu）山侧，经孟比（Mombi），在丁辛（Htinzin）附近与从胡买恩到葛礼瓦之南北向道路会合。

1943年年底，斯库恩斯的策略便是将第20师推进到钦敦江西岸村落，修筑公路，囤积补给品，准备攻进中缅甸。一处大的军需品补给所设在莫雷（Moreh），那里有一条从普勒尔来的公路，从山地下降进入卡巴河谷。自1943年雨季结束，格雷西将军的三个旅（第42、第80及第100旅），开始在卡巴山上上下下以及钦敦江，加强密集的巡逻活动。

巡逻做得很好，格雷西认为他们在遇到柳田第33师团的试探时表现出色。第33师团正从亚扎久向北到卡巴河谷，盘算那儿的英军储备可为他们进攻所用。[①] 所以，格雷西反对英方明知日军会突袭，却采取向英帕尔逃跑撤退的策略。他用毫不客气的语气告诉斯库恩斯：“为什么要修建公路和存放补给品，难道只是留下给敌人使用？”

当然，最终格雷西还是不得不遵从斯库恩斯的计划，但在后面留下了巡逻网，由边防第12团第9营担任德穆到钦敦江间的巡逻。3月15日，这个团的沃顿（Walton）中尉向格雷西发出警告，日军正大举渡过

---

① 译注：日军除了携带牲口，主要补给想依靠从英军补给所夺来。

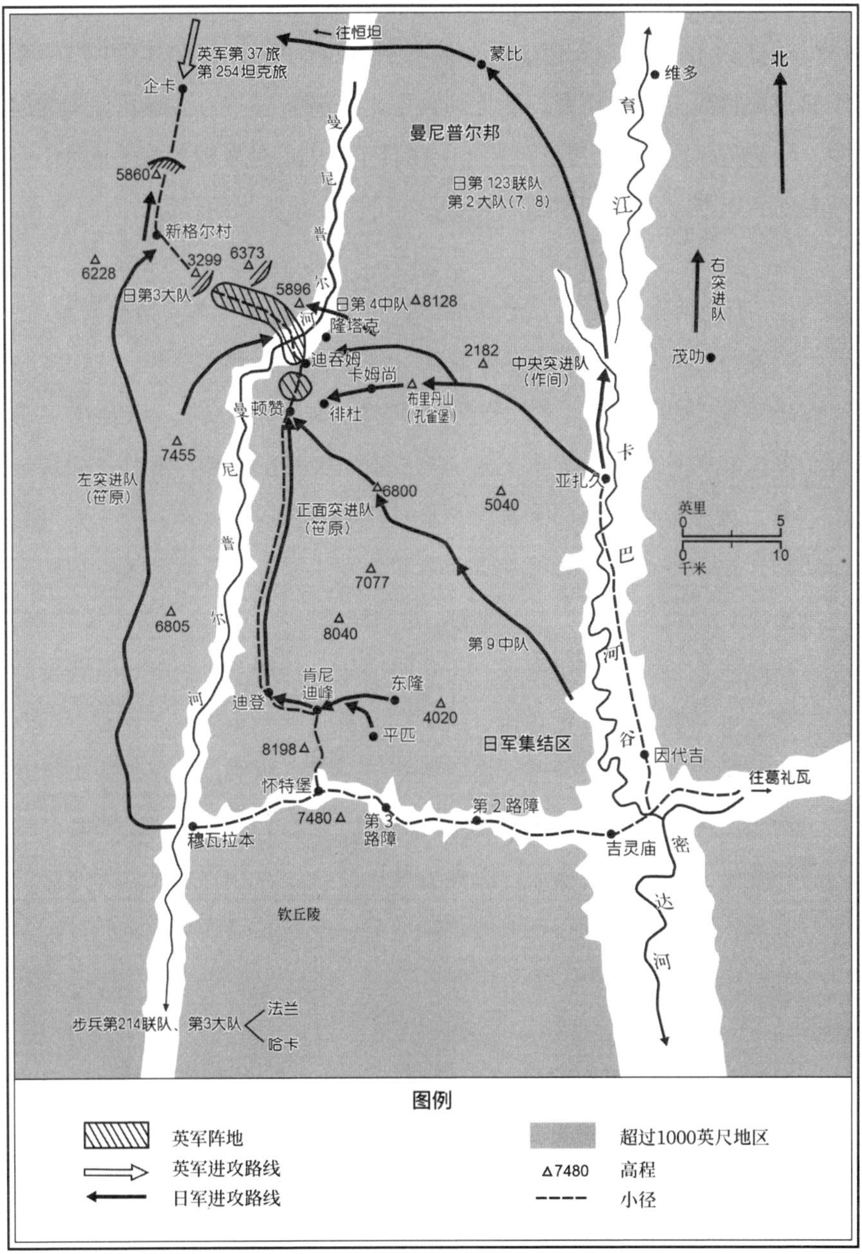

图4-3　日军第33师团进攻印度第17师

钦敦江。大约下午6点30分，他位于栋赫南面钦敦江东岸一处叫迈茶（Myaingtha）的地点。天色渐暗，他听到下面有喊叫声、敲打的嘈杂声、小船正被推到一起的声音，还见到火把光来来去去。为了避开日军的巡逻，他躺在那里直到天亮，已是3月16日了，然后他发现自己正置身于一处有利的地点，那是一块面积有20平方码、高20英尺的红色岩石制高点。

（他回团的报告）大约在18时30分，见到许多人向北到岸边，收拢小船。这些船沿着河岸隐藏，船与船间隔大约20码，它们被抬入河中。小船大约8英尺长、4英尺宽，船头尖尖的，看上去有架子可以装船外马达。天黑之后，有6艘小船并在一起，用竹子捆绑连接，然后把甲板放在上面。长长短短的甲板铺在一起，一头固定在岸边，另一头则让它随着江水漂动跨过江面，直至到达另一侧江岸为止。这段江面大约300码宽。几乎马上就有一批人，带着弹药箱，越过这座桥，接着便是牛、马群、小马，和更多的牛。小马载着的看上去很像分解开的山炮，牲口后面跟着大约100人，带着白色和绿色的箱子，每个人至少来回两趟……据我所知，这趟运输大约从凌晨2点，持续到几乎天亮。天一亮，一艘摩托艇把这座桥的另一边拖向上游，回到东岸。在那里将小船分开，卸下甲板。大约有一半的小船被拖到迈茶以北的沙岸尽头，分散在江边。天全亮时，所有的噪声与大多数的活动都止息了。[①]

原来日军使用了可携式浮舟桥，他们白天小心隐藏，以防皇家战斗机攻击。沃顿中尉所见到的是日军第15师团部队要渡江，增援在更南方的山本部队。此时，山本部队的主力正从亚扎久向卡巴河谷进兵。

① Gracey Papers, Liddell-Hart Archive.

3月14日清晨，日军的中口径炮开始轰击英第9野战炮兵团的大炮，山本部队的坦克和步兵突击由廓尔喀部队及边防团把守的维多（Witok）。守军听见日军的坦克声，很快就撤退了，然后在3月15日清晨，又向北进，扎营在距离廓尔喀部队周边70码之处。就在这天，卡宾枪骑兵团［Carabiniers，团长佩蒂特（Pettit）］的6辆“李式”坦克赶来增援。五天后，救出一些惨遭埋伏而受伤不能动的印军。佩蒂特部队也同样遭到日军九五式坦克伏击，一辆“李式”坦克被击中起火。佩蒂特团冲过日军埋伏进入一处空地，回过头来，以坦克炮轰击埋伏阵地的日军。日军步兵窜进丛林，可他们的坦克却开不出去。在这种状况下，他们应该寻求掩蔽物，可坦克驾驶兵显然是惊慌失措了，想从卡宾枪骑兵团的“李式”坦克中突破出去，结果5辆坦克被击中，一辆被英军虏获。这是整个战役中双方唯一一次坦克数量大致相等的坦克战。

可是日军并没有退却。3月19日，他们在维多进攻格雷西在莫雷的基地。印度第20师的计划并不是立刻退回英帕尔平原，反而是沿着德穆到普勒尔的公路，经过坦努帕，在高5000英尺的申南鞍部挡住日军。由于这条公路从申南上升，举目所见都是峡谷和峰岭的壮丽景色，一片绿油油的英帕尔平原在下面展开，遥远的地平线尽头是灰蓝色的山岭。鞍部是一连串复杂的山丘，延伸在申南与坦努帕之间，这些山岭的外号在英军、印军及日军的战史上留名。英军的命名大部分源自地中海一带的地名，日军则以攻占成功的军官命名。这一带山丘从西到东为：直布罗陀山（并不依外形而取名）、马耳他山、瘦骨山、东克里特山、西克里特山和塞浦路斯山。与之对应的日军命名是：赖马托尔山（本地地名）——有时以其高度称为5185高地，然后便是二尔丘、屋岛冈、伊藤冈、川道冈和一轩家冈。在公路的另一边有一座山，英军称为日本冈（Japan Hill），这是对日军进攻那处山头凶猛作战的赞誉。日军自己则称那里为前岛冈（Maejima Hill），前岛是首次拿下该山头的中队长。

1944年3月25日，格雷西看到一封第4军参谋部准将自英帕尔发来的短笺。贝利（K. Bayley）告诉格雷西，日军的主力攻击已有10天之久，以军部的研判，日军会沿着利坦（Litan）公路，经过桑萨克前进。日军如果经过格雷西地区，是否会减少对英帕尔的威胁，他不确定。但无论如何，短笺的意思是第4军需要第20师驰援，而且要快。

格雷西少将回电说，如果从他这个师调出任何部队，就意味着将立刻撤退到坦努帕至申南的阵地，这样会毁掉在莫雷建立的补给所。接着，第二天，他又写了一封极机密和私人的信给斯库恩斯中将，信内流露出他的气愤：

> 我所奉的命令为防守申南—莫雷公路及其方镇，虽然我一直受到诸多不同部队的协助——一个坦克连和一些工兵部队——但是要记得，我在山区失去了边防第14团第1营，而现在带了一个“不中用”的马特拉斯第4团（4 Madras）的一个营。虽然这个营填补了空缺，却根本没有作战能力。而我现在也期望能保持公路畅通；不但要保持公路畅通，还须防守其中的三处方镇，我实在无法多抽调一兵一卒回去……
>
> 该师迄今作战奋勇，所有部队都已充分了解撤往目前阵地的必要性——要在军长确切的保证下，有一支可快速增援的预备队在他们的后面，以处理身后的状况。我们士气如虹，各处作战均给敌人迎头痛击，全师官兵准备在此死守，这里是他们的凡尔登（Verdun）。
>
> 倘若现在受命协守英帕尔平原，他们会觉得有人在泄他们的气，这对士气将是最具毁灭性的打击。①

---

① Gracey Papers, Liddell-Hart Archive.

但格雷西知道，他还是不得不服从，便提出一些替代方案：停止保持公路畅通，只防卫各阵地，弃守莫雷（“一个我痛心承认的失败”），或者做更远的后撤，以5个营守住坦努帕和申南。

在莫雷建立的基地，是为进兵缅甸补给两个师之用，它隐藏在申南到莫雷公路左边的丛林里，长2英里半，宽1英里半，畜养了200头牛，有大量的机油、石油和弹药。可是从3月17日起，日军山本部队向卡巴河谷接近，第15师团的吉冈（Yoshioka）大队自北方接近，有些补给所已向后移。3月31日，英军第32旅接到命令，第二天从莫雷后撤，旅长麦肯齐（Mackenzie）准将也和格雷西一样，宁可停留原地一战，可得到的答复却是“不准”。麦肯齐把一切能想到的东西都装上了诡雷，这时才想到这个旅还有两百头牛在手中，他不能让牛群落入日军手中。如果把牛群从牛棚中放走，它们也许会往东去，这就提醒日军，英军正从莫雷后撤。因此他要北诺普顿团（Northamptons）派出一名军屠夫，用刀宰牛（枪杀会惊动日军）。“血流遍地，苍蝇飞舞……”麦肯齐想着，“这一来，可以让日军对莫雷感到很不舒服。”①

终于他下令：“点火！”五分钟内，浓密的黑烟在树林间升起。日军开始炮击，可是第32旅悄悄撤出了阵地，上了前往申南的公路，没有损失一兵一卒，只是毁掉了近一百万镑价值的补给品。

到4月底，英军第32旅回到了普勒尔担任预备队，第80旅和第100旅则在申南鞍部山地，据守一连串混凝土的工事阵地。从此处，可以俯瞰5英里开外从坦努帕到普勒尔间蜿蜒的公路。以后两个月激战的过程大致为：日军力求突破山间的防御网，打出一条通路，他们攻下了一些山头，有些山头没有攻下。英军和印军部队收复了一些山头，也丢掉了一些山头。后来日军想打破这个死结，他们绕过山丘的英军防御网，沿

---

① Geoffrey Evans and Brett-James, op.cit., p. 178.

着小径向北方山丘前进，并试图经由丛林小道前往普勒尔。4月底，日军带着“印度国民军”的一支部队，对普勒尔机场发动了一次突击式的攻击，却没有成功。6月份，日军再次尝试，成功地摧毁了地上许多战斗机，并炸毁一些补给仓库，却无法夺占机场，最终还是撤退。

第26回 攻下桑萨克

在英帕尔战役中的北方前线，最重要的激战发生在科希马小镇。而科希马战役猛烈血腥的开幕战，发生在桑萨克村。无论参战的英军或日军，起初根本没料到会在那里开打，即使英军第4军已经判断出，日军只会派一个联队进攻科希马，因而部署了一支防守部队在该镇西边。在桑萨克的英第23师第49旅，监视从钦敦江到乌克鲁尔的动静，因为乌克鲁尔位于日军的必经之路，日军必须拿下它来。乌克鲁尔在桑萨克村以北8英里，桑萨克在英帕尔平原经过利坦到胡买恩及钦敦江的公路上。

可是印度第17师的处境危急，迫使斯库恩斯调动第49旅南下迪登公路，救援在顿赞被日军夹击而逃脱的考恩和部下。斯库恩斯把几星期以前从印度西北部到达科希马地区的印度伞兵第50旅的3000人调来替代第49旅。伞兵不再担任空降作战角色，而必须在地面与他们并肩作战。

伞兵第50旅旅长为霍普·汤姆森（M. Hope Thomson）准将，当时年方三十六，比温盖特年轻六岁，也缺乏温盖特的作战经验。伞兵旅辖两个空降营：伞兵第152营（廓尔喀族）和伞兵第153营（印军）；此外还有一个中型机枪连、炮兵、工兵和一个野战救护班。汤姆森接到调动命令是在3月15日，日军渡过钦敦江的前5天，可是他缺少车辆，所以他的部下才刚就位便传来消息，日军已在东面的山地现身。

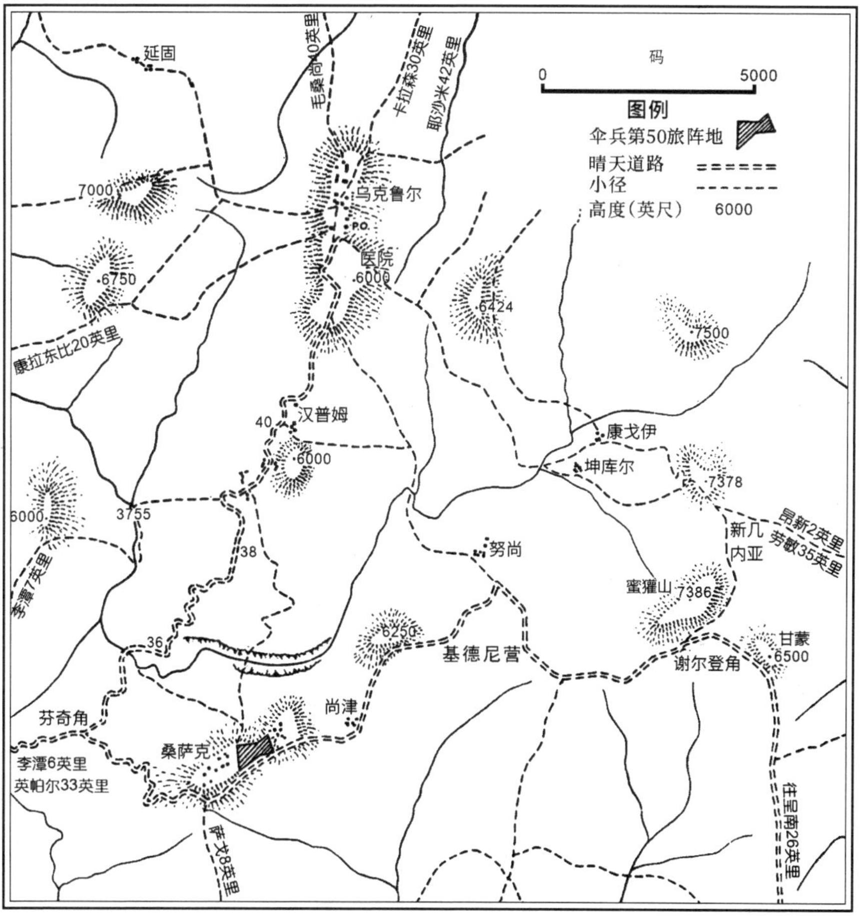

图4-4　乌克鲁尔-谢尔登角-桑萨克三角位置图

3月14日，第49旅的第153营（营长霍普金斯中校，P. Hopkinson），先于主力抵达桑萨克，随后该旅出发，留下马哈拉塔（Maharatta）轻步兵第5团第4营（营长特里姆中校，Trim），以及尼泊尔军的两个连。汤姆森旅长将马哈拉塔营调到桑萨克村北面的基德尼营地（Kidney Camp）作预备队，由第152营接管他们的阵地。他派两个连前往，一个连到7378高地，掩护乌克鲁尔附近；另一个连则到桑萨克村东面约6英里公路的分岔点谢尔登角（Sheldon's Corner），机枪连则在乌克鲁尔。

3月18日下午，那加族人从东边十多英里的普欣村（Pushing）来桑萨克村。日军已占领了他们的村子，正向西进。第二天早上，一名侦察队军官计算大约有200名日军正向桑萨克前进，但在谢尔登角的特里姆营长和霍普金斯则判断，日军兵力为一个大队，多达900人。

3月20日早晨，日军攻击7378高地的C连，连内唯一生还的英国军官，把连内士兵——只剩下20人——撤到谢尔登角。

第49旅副旅长阿博特（Abbott）上校从桑萨克步行到谢尔登角，与霍普金斯营长商谈。这段距离长达9英里，他在溽暑炎热中又走回旅部。阿博特告诉汤姆森旅长，把旅内兵力分成小股防守各丘陵的边缘是自找麻烦。汤姆森接受了副旅长的建议，开始把各连收拢集中。[①]到了3月21日，部队大半到了谢尔登角，不过，中午前后，霍普·汤姆森来了电报，要他们退到基德尼营地。刚好，霍普金斯已经要求空投食粮、饮用水和弹药，而这一道命令并没有取消。天色渐暗时，这些补给品从天空抛投下来，而部队在这个时候正准备出发，可是他们不能让这些空投补给品被日军捡走，不得不把所有的新弹药全部炸掉。

他们因在酷暑中行军，又扛着沉重的装备，抵达桑萨克时个个筋疲力尽。下午4点30分，得知日军正从乌克鲁尔向南进兵扑向他们，并

---

① Geoffrey Evans and Brett-James, *Imphal*, p. 163.

且截断了经由利坦退回英帕尔的公路，霍普·汤姆森便决定在桑萨克固守，在这里他可以对付从东面接近的日军。这里看来是一处好阵地，在一座草长花覆的丘陵末端有个空的村子，北端一座美国人传教的教堂可以俯瞰山下。

汤姆森这时与平时相反，以往他把麾下兵力分散各地，这时则彻底集中，进入一处长800码、宽400码的地区。他集结了三个步兵营、两个尼泊尔连、一个迫击炮连、一个山炮连和野战救护班，共有官兵1850人。除了人，也有驮载山炮的骡子。当然，这集中了战力，但也集中了弱点；更糟的是，开始挖掘战壕的士兵马上就发觉了，这里的基岩上仅有3英尺覆土，日军一旦以火炮及迫击炮开始攻击，他们几乎不可能打不中。汤姆森选择阵地时没有考虑四周缺水的问题，在以后的日子里，他一定会为此感到痛苦、悔恨。

这是场短兵相接的肉搏战。日军一发炮弹，打中了距旅部战壕仅仅10码的一门迫击炮，血肉横飞。另一次攻击，日军冲进了炮兵阵地，结果两名炮兵连连长战死。这一仗快结束时，在旅部附近的战壕中躺了300名左右的伤兵，重伤的人只能注射吗啡，因为这处战地太开阔不能进行手术。饮水渐少，而空投的降落伞落在敌军区域内，守军只能喝大雨过后留在水坑中的水。他们的口渴，胜过对这种被血迹与泥沙所污染的液体的厌恶；睡觉根本不可能，有些官兵在火炮轰击中筋疲力尽地倒下。

霍普·汤姆森旅长在3月22日见到一支队伍从乌克鲁尔那条路上向着他的方向行进，自然而然以为是本旅的第153营从桑萨克撤退回来；事实上却是日军第31师团步兵第58联队第2大队，指挥官为长家（Nagaya）大尉。名义上是长家，实际上这支队伍的指挥官是宫崎繁三郎（Miyazaki Shigesaburo）少将，是以第58联队为主的第31师团（佐藤幸德师团长）的步兵团团长，他与长家大尉同行。长家为什么突然从乌克鲁尔改走小径，而不是向前直趋科希马？宫崎便是原因。

桑萨克根本不在宫崎作战的范围内，而是被划给第15师团的任务。该师团的左路步兵第60联队（松村大佐，Matsumura）要在康博克匹、康拉东比两处，切断英帕尔到科希马的道路，桑萨克恰在途中，必须拿下。在他进军路线南方仅10英里处，出现了一支兵力可观的英军，宫崎觉得不安。尽管他知道第15师团会应对，但他们似乎进军缓慢。3月22日，他接收到军司令官牟田口给第15师团师团长的电报："贵师团前进迟缓，甚憾，希望不要踌躇，要勇敢进兵。"听起来他们似乎须加催促。

相比之下，宫崎自己的部队则士气高昂，而且第2大队一鼓作气，打垮了乌克鲁尔的英军。他从情报官滨哲郎（Hama Tetsuro）中尉那里得知，桑萨克的英军兵力为一个旅，他自认能够擒住他们。他派出一支中队，从桑萨克后面绕过，封锁英帕尔公路，阻止援兵，等到他们的联队与山炮赶上他时，便决定攻击。

长家大尉请求宫崎少将不要等待山炮到来。他向宫崎恳求："发动夜间攻击！"宫崎准许了。长家既勇敢又活力充沛，觉得在战术上越早攻克桑萨克越好。

3月23日凌晨1点30分，长家大尉的第8中队（中队长中中尉，Naka）、第5中队与第6中队紧随，奔向英军伞兵第50旅的阵地。可是，速度无法代替火炮支援，这是一次可怕的失算。英军霍普·汤姆森准将那个旅，有山炮和3英寸口径迫击炮，总计46门。日军攻击基于一项简单的信念："战力靠士兵"。英军密集的炮火，使得中中尉大吃一惊，但又纵身向前，挥舞军刀，大叫"冲啊！"。他一手拿刀，劈了四个印度兵，正当他要挥刀斩杀第五个时，他的身体被机枪子弹和炮弹碎片打得支离破碎。"别让中队长倒下！"小队长大叫。第8中队士兵把手榴弹掷向英军阵地，同时持着轻机枪扫射。英军特里姆中校还记得，听到日本兵互相鼓舞的大叫时，心中充满了恐惧。那种尖叫听上去不像是人声。不过，恐惧并没有止住伞兵第50旅反击日军的火力，在硝烟与子弹的呼啸声中，长家大尉第8中队的官兵，一个接着一个倒下去。长家命令第5中队和第6中队加强攻击，可是英军火力把他们击退。中中尉的死，使得长家心绪错乱，他让副官龟山（Kameyama）中尉接替指挥，并说："我一定要找到他的尸骨。"一边说，血一边从他下巴中弹的伤口流出来。可是黎明时分，英军飞机飞到桑萨克上空，龟山知道已不可能再度攻击了。

白天的情况不同，运输机在上空轰隆隆飞过，数以百计的彩色降落伞落入日军手里。他们知道伞色的含义：蓝色为口粮，白色为饮水，红色则是弹药。日军得到这些他们所谓的"丘吉尔口粮"，都好开心。这时，廓尔喀兵发动攻击，支援他们的，不仅有霍普·汤姆森的炮兵，还有为运输机护航的战斗机。日军击退了这次攻击，却付出了代价。第5中队中队长斋藤中尉负了重伤，第6中队渡边中队长在搜索英军阵地时被一发迫击炮的弹片斩了首。

3月24日，第6中队成功冲进山区的西南角，第2大队大队长长家与他们一起穿越周边阵地。正当他们冲进敌人防线时，两枚手榴弹落在他和副官附近，龟山中尉狠狠踢走一枚，手榴弹飞了出去，他自己也摔倒在地；长家大尉捡起另一枚手榴弹向前抛了出去，大吼："冲啊！冲啊！"他们守住了占领区，可是，当英军炮火弹幕落下，就无法再前进了。

宫崎的第3大队随后抵达战场，由岛之江（Shimanoe）少佐指挥，第58联队联队长福永（Fukunaga）大佐同行。宫崎在桑萨克北方的高处，注视这场激战，下令岛之江立即攻击。可是这支大队官兵，却在英军阵地前停了下来。

所以战斗持续着，受打击最重的是长家的第2大队。在逆袭后的攻击中，大队官兵死伤四百多人。当长家两眼血红，带着自责的苦楚，以

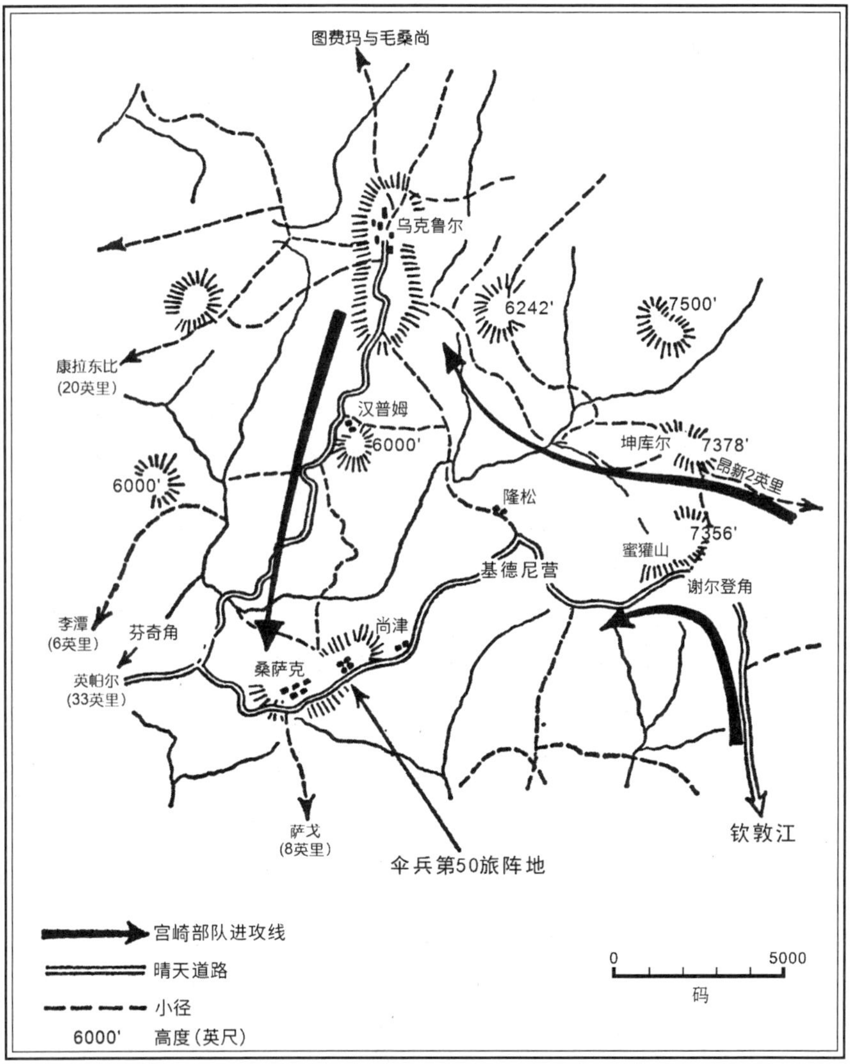

图4-5 1944年3月桑萨克战役

及被疲惫摧残的身心清点所剩无几的队伍时，他知道自己的这支大队几乎已不能再作为战斗部队了。有好几次，他到了发疯的边缘。

霍普·汤姆森回忆，筋疲力尽的守军还被人尸与骡尸腐烂的臭气折磨着。山坡上遍布着狼藉的腐尸，无论敌军、友军，都无差别地在炎日下一起腐烂。3月24日的空投补给，抛下来的是口粮和弹药，不是饮水，而水却是最急需的。3月23日，他已经限制官兵每天一瓶饮水，到了24日，更不得不减为每两天一瓶水，印军与廓尔喀士兵为了找水打起架来。守军缺乏睡眠，精神紧张到了极点，可是却得不到休息。到了3月25日晚上，日军又从新的方向对他们开始炮轰。

炮火来自桑萨克的东面，不是宫崎部队，而是配属第15师团第60联队的野战炮兵第21联队东条（Tōjō）中尉所辖的两门老山炮。换句话说，奉命首先占领桑萨克的日军，已经抵达战场。

事实上，3月23日上午，第60联队到达桑萨克村东面一处，听到了步枪声与炮声，以为一定是第31师团在进行攻击，联队长松村大佐便告诉第3大队大队长福岛（Fukushima）少佐去支援这次攻击。

不过福岛少佐是一位凡事求全的人，他不像长家大尉那样如头斗牛般冲动。他告诉手下的中队长，先研究一下他们攻击的方法："先搜索，直到你对自己的区域有把握了。你们才是战斗的人员，所以一定要弄清楚。"由于桑萨克村东面是浓密不见光的森林，他们慢了下来，而且夜间只靠罗盘行军，意味着他们会迷路。3月25日早晨，他们到达一处，在这里可以见到山上的桑萨克村，也望得见东条两门山炮的弹着点，它们对准霍普·汤姆森伞兵旅一处又一处的工事，精确地轰毁。福岛下令，要在3月26日拂晓以前进行攻击。他计算了一下，他和桑萨克只有一道山谷的距离，全大队很高兴地进入丛林上路，这才发觉山谷丛林出乎意料地浓密，而且在树木下一片漆黑，甚至看不见指北针上的数字。一整夜，他们都在披荆斩棘地通过丛林，到他们出林，天已破晓。此时他们距英军伞兵第50旅的阵地仅有200码。

桑萨克村那些疲乏但很警觉的守军发现了日军，立刻以猛烈的火力把日军困住。联队长下令福岛少佐把攻击推迟24小时。同时，福岛也决定，他的攻击应与第58联队福永（Fukunaga）联队长的计划协调。假如他要在3月27日拂晓攻击，就不能让自己的部下受到桑萨克山另一侧福永联队的射击。他叫浅井（Asai）中尉去联络第31师团。“你要向福永联队长本人当面报告，不是他的部下，懂吗？要务必做到。”浅井中尉带了5名士兵，前往桑萨克北面的高地。

那里没有福永联队长的身影，因此浅井决定向上联系指挥官宫崎繁三郎少将。他吞吞吐吐地报告福岛的攻击计划，宫崎在野战电话中破口大骂，“你们是怎么回事，难道不知道‘武士情谊’的意思吗？”，使他毛骨悚然。

宫崎正在为年轻军官的逝去伤心，第2中队的每一名小队长，都在3月26日黎明的那场激烈的战斗中战死了；而此时，第15师团的人，却精明地决定要推迟进攻。中队长西田园（Nishida Susuma）中尉也已负伤，①而150人的突击队，现在剩下20人。

宫崎并不是因浅井要在战场缺席而气愤。情况更复杂一点，第58联队联队长福永大佐，那时正策划一次最后的总攻击，攻克桑萨克村，他要手持联队旗，率领现在仅有一半兵力的第2大队及第3大队进攻。宫崎少将要让他们享有这次突击的全部光荣。因为在他眼里，他们是这一战当然的先锋，他没时间等候战场上迟到的人：“福永大佐要手持军旗进入桑萨克！你们不知道‘武士情谊’是什么意思吗？”他重复用上这句刚才说过的成语，这是一句众所皆知的武士用语：“武士の情け”

① 西田园中尉后任步兵第58联队战友会名誉主席，在平成七年（1995）担任全缅甸战友团体联络会议会长。

（*bushi no nasake*，武士的情），“那萨克”（情け）意思为同情、怜悯、可怜和袍泽情谊，是一名武士面对别的武士置身困境时的一种感受和本能的直觉。宫崎告诉浅井中尉，他不希望第58联队为了本身荣誉而作的最后光荣一战受到任何其他部队的牵连。“去吧！告诉松村大佐，倘若我们今晚攻占桑萨克，我会让他得到他想要的战利品，弹药、口粮，统统给他，不过如果我们在凌晨6点还没有拿下，他便可假定第58联队已被歼灭，他可以做他任何欢喜的事。‘武士の情け！’”宫崎少将说完“武士の情け！”便把电话挂断了。

当天晚上，战地上下起了雪。步兵第58联队是来自日本北部新潟的部队，对雪习以为常，但印度下雪，他们觉得好神奇。士兵感觉雪水从钢盔上滴落下来，他们仰望天空，一股浓浓的乡愁涌上来。其中一个说道：“雪从越后（Echigo）来与我们相会呢。”他们在等待攻击命令时，嘴巴大张，吞下那些飘落的雪花。

宫崎凶狠的斥责使浅井很沮丧，但心中又相当镇静。浅井与第58联队部的军官确定了攻击的细节，在凌晨4点钟回到自己的大队部。

联队长松村和大队长福岛都认为宫崎少将的态度古怪，但他们还是决定按照大队的攻击计划实施，在凌晨4点30分出动。可是他们发现桑萨克村空空如也，除了尸体和奄奄一息的人——霍普·汤姆森准将接到第23师的命令，要在前一天的下午6点撤出。最后决定在晚间10点30分才离开，由特里姆中校的马哈拉地第5团第4营担任后卫。汤姆森准将因为作战疲劳，濒于崩溃的状态，他抓着他的牙膏管，以为那是手枪。

射击停止了，桑萨克村一片寂静，日军派出一名军官侦察，去看看为什么一切都突然静悄悄。他们回报，村内已无敌人。

长家大尉冲上山头，以发疯的眼神到处找寻第8中队官兵及中中尉与马场（Baba）中尉的遗体。山上的景象恐怖，烧焦的教堂废墟俯视着枯草与所剩无几的树木。被丢弃的武器到处都是，还有遍地散布的炮弹碎片。白色的英军尸体与棕色或黑色的印军尸体躺在一起，暴露在太阳下，或一堆一堆在散兵坑里。尸体有的腹部鼓起，或是没有脑袋，躺在腐烂鼓胀的军骡之间。

长家大尉和中队官兵走过所有这些尸体，把尸身翻过来，找自己认得的同袍。他到处都看不到中中尉的踪迹，便询问俘虏的印军。他们跟他说，有一名日军军官，因为勇敢，被一名英军营长下令埋葬，他们把地点指给长家看。他便叫士兵开始挖掘。果然没错，中中尉躺在里面，他的军刀没被抢走，与他埋在一起。

宫崎中将上了山，向日军的尸体鞠躬，双手合十道："谢谢你们。"他喃喃自语："你们干得好。"他向中中尉的遗体敬礼，然后迅速转向残存的日军。他将英军伞兵第50旅留下来的罐头食品、香烟与威士忌加以分配，清理战场。还有其他战利品，日军得到了30门迫击炮、40辆吉普车、50台无线电设备和5辆卡车。

第58联队损失500人，但是借着缴获的武器、燃料，他们的作战能力提高了。宫崎和他的部属至少在当时是如此认为的。3月28日，宫崎又下令开始进攻科希马，可是得失的结算并不这么简单；在伤亡官兵中，有一半是第58联队第2及第3大队的人员，包括中队长与小队长。这一次损失对科希马一战具有影响，更重要的是，延误了抵达科希马的时间。桑萨克一战，英军伞兵第50旅被打得七零八落，但使宫崎延误了一星期。而时间很紧迫，这一周对英军来说是无价之宝。它使得一支七拼八凑的驻军进入科希马，也给了斯库恩斯时间，从阿拉干空运印度第5师进入英帕尔平原。宫崎不知道的是，这段时间还让斯库恩斯拿到了日军攻占科希马以及进入英帕尔的公路的计划。

在第一批突击中勇敢冲过英军伞兵第50旅周边阵地的年轻步兵军官中，有一位所携带的档案夹内含有注记的地图及计划。霍普·汤姆森的旅部拿到这些之后，交给一名略懂日文的缅甸人，这足以使他知道这些文件的极大重要性。旅长决定，值得冒险派一名军官把这些文件送到斯库恩斯中将那里去，因此将地图复制，一份给情报组的情报官，另一份给旅部情报官。天黑后，两名军官冒着途中被俘的危险，从桑萨克出发将文件送到军司令部。文件中显示，斯利姆与斯库恩斯两名将领，原先对牟田口的科希马计划都猜错了。日军派第15师团越过山地，在“教会”与康拉东比两处切断英帕尔公路，这点是预料到了；然而不是原先猜想的一个联队，是整个第31师团，图谋的是科希马。在这一战的初期，这是一份无价的情报。①

---

① 对于宫崎决心先攻桑萨克是否正确，在日本人中，至今仍有不同意见。此外他独断专行，拒绝第15师团第60联队的援助，也是一项争议。毫无疑问，第60联队的进兵好整以暇，而第58联队担任了这一战的主力；不过东条中尉的火炮予以协助，加上第15师团的步兵，才达成了对英军阵地的包围。日本官方战史认为，必须在对桑萨克的叙述中加上作者的一项附注，以洗雪对宫崎少将蛮横占用第15师团一事的指控。宫崎在科希马的成就，以及后来升任阿拉干和伊洛瓦底江的第54师团师团长，显示出他是一员不但勇敢而且不自私的将领。对于他截收牟田口给第15师团师团长山内中将，申斥他在科希马至英帕尔公路上进兵耽搁的电报，附注认为这项动作很合理。当时英军就近在南方10英里，宫崎当然要先消灭这一威胁（不能让第15师团离开），他成功了，可是，也冒了耽误他进兵科希马的险。为这个冒险，他付出了代价。

在另一方面是，也有人指出，对桑萨克的报道，大多数基于步兵第58联队的记录，以及这个光荣联队成员的回忆录，这些已经阻碍了其他说法的流通。日本的军史学者伊藤桂一在他的《士兵观点的陆军史》（东京，1969）一书中，有一节标题为“桑萨克的神秘”（页303—306）。在这一节中，他写出关于第15师团第60联队的情况：“1944年3月22日晚上，宫崎少将的部队抵达桑萨克，而松村的部队在23日上午抵达，晚了一天，松村大为吃惊地发现宫崎在一条错路上，从北面攻击桑萨克，但他立即部署联队火炮及野战炮加以支援。同时，他也让内崛大队从南面攻击，结果英印军伞兵第50旅，受到来自北面（宫崎）、东面（松村）和南面（内崛）的攻击，因此已被日军包围，被迫在3月26日撤退，内崛大队俘获了敌军约100名。因此，第15师团声称，该师团在桑萨克大败英军一役中的确担任了重要角色，同时也爽快承认步兵第58联队压倒性的优势作用。”但在另一方面，他提出下列疑问：

一、为什么宫崎少将由于在桑萨克五天的战役，从乌克鲁尔向南反转，改向科希马行进，造成了生死攸关的延误？

二、战后，为什么宫崎指责松村判断错误？

三、为什么第15师团的贡献竟然被忽略了？

自第15师团退伍的人知道，如果单由他们自己进攻桑萨克（原来打算如此），至少需要五天，会造成大量伤亡。对他们来说，幸运的是宫崎部队应该先进攻，但最终他们没有如愿占领桑萨克。

第27回 申普路拉锯战（二）

第15师团增援山本部队的兵力，是从与钦迪特突击队对抗作战中抽调而来的。武村（Takemura）少佐的这个大队，在茂卢（Mawlu）停止了与麦克·卡尔弗特的对抗，顺着伊洛瓦底江远达耶乌，然后渡江到葛礼瓦。他带着官兵400人，辎重和一些重武器还在路上。他在印度西朋（Sibong）[1]会见军副官，一起坐车到查姆尔（Chamol）的师团指挥部。透过车窗，可以见到很多山头的炮火，也听到乡野间的声音根本不像有战争，有猴群奇怪的叽叽喳喳声，偶尔还有山丘深处的虎吼。在他脑中也萦绕着往西朋路上遇到的“印度国民军”部队的形象，他们走在印度土地上，充满狂野的热情，把步枪高高举起，大喊：“印度万岁！向德里前进！”这些部队是基乃（Lt. Col. M. Z. Kiani）的“印度国民军”第1师游击第2团，配属于山本部队，很快就会加入武村少佐的战斗。

“我们在前线的主力，已经到了最惨的境况。”当武村报到时，这是山本给他的欢迎辞。“第213联队的伊藤，不注意我所说的话，我只是让他攻克敌军阵地；他去了，升起了军旗，结果每一个人都死了。”山本对武村大队的到来非常高兴，打算立即重用：“你要参加明天拂晓的攻击。”山本告诉他：“你们由光井（Mitsu）中佐指挥，他是重炮兵第3联队联队长。”武村下一步便是去光井联队部，光井把火力计划给他看，介绍所知道的英军阵地，并给出了一个目标。武村可看出，无论光井中佐可能是多么专精的炮兵，却对在战场上如何指挥一个步兵部队毫无所知；他只是随意地下命令，而自己却在两三英里之外的安全区，在敌人

① 译注：西朋在印度曼尼普尔邦。

炮兵射程之外。“你的大队明天早上参加攻击4562高地（通称伊藤冈）”，这就是他的命令了。“我的官兵现在还在从西朋到坦努帕的路上，”武村抗议道，“他们还没有在我的指挥下。我想天亮后侦察那一地区，有时间就准备这次攻击。”“绝不可能，”光井责备他，“立即攻击！”武村离开联队部，心如刀割，在丛林中等候他的大队到达。天气变冷，雾似乎穿透了皮肤。然后天空变成了鱼肚色。雾消散后，普勒尔的英军阵地，几乎就在咫尺之内。

除非他知道英军阵地是什么情形，否则不可能立即攻击；他不理光井中佐，先要自己搞清楚。他带了一队侦察兵出发，沿着公路下面前进。不久后，他听见引擎声与履带声，一种有节奏的咆哮，似乎在爬动，攀上了坦努帕公路，那是上田信行（Ueda Nobuo）大佐第14战车联队的坦克。武村和侦察队数了数有12辆，沿着公路散开，这时似乎有些不对劲儿，领先的坦克向右转，在幽暗中，一连串光点对着它奔过去。就在这一刹那，传来英军阵地战防炮的射击声，金属爆裂的噪声在山谷中回荡，碎片飕飕地在侦察队头上飞过，坦克停止了前进。

显然这就是武村这个大队要参与攻击的一部分，而发生的情况既简单又悲惨。原有的地形险峻，使日军这12辆坦克无法驶出公路。它们往上冲向英军阵地时，大炮及战防炮便对着这支队伍射击。领先的那辆97式中型坦克一下便被摧毁了，坦克中队长重伤，在他后面的坦克都停住了；第二辆坦克没有时间还击敌人的射击点，反而成为集中射击的目标。坦克联队联队长企图把他的坦克群救出来。英军对日军这支坦克纵队上上下下轰击了二十分钟。日军放弃了这次攻击，坦克后撤，联队长上田大佐不想让他的坦克在公路上动弹不得，而被敌人战机逮到。

第二天早上，上田大佐奉命来到支队司令部。山本大怒：“你这孬种！”他责备上田：“昨天你为什么撤退？”对上田来说，这是一次前所未有的指责，他的脸色铁青，但压住了脾气，说道：“在战斗中运用坦克的方式是当战斗一结束便回到原出发点，这就是原则。”山本一点也不感兴趣：“如果你们害怕敌机，你们装坦克炮干什么？用你们的炮把它打下来！”上田反驳道：“他们会在我们转动炮塔时发现我们，把我们打得粉碎。”他手下三名大尉中队长都在听训，知道上田联队长说得对。事实很明白，他们落在一个对坦克部署一无所知的白痴手里，在狭窄的隘路里，坦克一点用处都没有。可是山本无动于衷，当着集合的军官面前，继续挖苦上田。上田便建议说，或许部队长应该到前线亲自看看？上田错估形势，从此，他被免职便已注定，但他已被逼得不在乎，告诉麾下军官：“如果这种事再发生，我会当着山本的面切腹。”

山本对待麾下步兵队长们也毫不客气，这从“前岛冈”（Maejima Hill）和“伊藤冈”（Itō Hill）之战便看得出来。这两座山丘的激战，是由英军第20师师长格雷西少将退到莫雷后所做的决定。他要掩护的范围实在太大，前线长达25英里，他的方案便是防守有防御工事的阵地，保持公路畅通，而不是据守整个地区。也就是说，要做密集的巡逻，下定决心以紧紧守往申南的一连串山丘。坦努帕到申南的战斗中，以前岛冈（日本冈）的奋战为特征，这便是出自格雷西少将的计划。这座山头在接近公路的南方，是日军山本部队的目标之一。山本部队司令部设在康杭（Khongkhang），山本将关于格雷西这个师前线的现有情报拼凑起来；4月8日，下令对坦努帕阵地发动攻击，使用的兵力为第213联队第3大队，加上联队火炮与山炮，并以光井部队的野战重炮作支援。

野战重炮造成了部署上最大的问题。为了不被英军发觉，光井利用了格雷西修路队留下来的工人草寮，晚上把重炮一门一门地拖进去，藏在草寮里。这些位置直到这一战终了都没被英军发觉，半门炮都没损失。

这次突击由伊藤少佐指挥，他派出第11中队，由前岛洋一（Maejima Hirokazu）中尉率领，攻占坦努帕西南方的山头，以掩护大队的左翼。前岛中队攻下来了，却遭到英军一个营的猛烈反击，还有战机的轰炸。4月2日，廓尔喀步兵第10团第4营奉命收复这个山头，有火炮及迫击炮协助，但没有飞机掩护。日军据守住一个直径30码的山顶，廓尔喀士兵在爬上山的第一部分时得到了树木和灌丛的掩护，可是当他们接近山顶时，都是陡坡，毫无掩护。他们上刺刀冲锋，却碰到前岛的士兵们如下雨般的手榴弹攻击。廓尔喀兵被打退了，夜色降临后，他们再度举兵攻击，却夺不下这处山头。①

4月11日，旅长格里夫（Sam Greeves）派德文郡（Devonshire）第1团（哈维斯特中校，G. A. Havest）上场，这一次不只有炮兵密集轰炸，而且有皇家空军的"飓风式"轰炸机掩护，最后把整个山头轰成了犁过的田野。伊藤少佐在附近的高地，眼见前岛中尉的中队被歼灭，气愤却无可奈何，想支援却了无力量。英军德文郡团的C连和D连的官兵望见飞机掠过，轰炸前岛中尉的士兵在过去九天挖的进入山中的曲折工事。10点半时，已被轰炸过的日军出来了，又遭到狂风暴雨般的机关枪射击和手榴弹攻击。英军又呼叫炮兵，轰击日军的机枪阵地，D连终于攻克了山顶。

前岛中队遭到全歼，但德文郡团也付出了代价：87人死伤，3个连长全都负伤，两名军官战死。德文郡团A连留下来把守山头，其他部队回到原来位于西北方的帕蒂亚拉岭（Patiala Ridge）的阵地。他们比日军稍微超前。日军非常想要这个山头，山本于是下令发起另一次攻击。面对英军下冰雹般的大炮及机关枪弹幕，两次攻击都失败了，不过第三次攻击却突破了A连的外围阵地。还好有机关枪手，对着外围阵地扫射，

---

① Geoffrey Evans and Brett-James, op.cit., p. 233.

救了他们。第二天早上计算，日军尸体多达60多具。

步兵作战的状况和在科希马，或在第一次世界大战的索姆河一样骇人。敌人与友军间的距离时常近到只有6码那么短，在密切的观察下，根本不可能在阵地装上铁刺网，或者挖工事。尸体躺在阳光下腐烂，直到腐肉的臭气变得难以忍受。[①]在有些地方，紧张使得人每二十分钟就要小解一次。覆盖山侧的树木，现在零零落落只剩树干，炮弹爆炸已经把山坡变成了荒芜的沙漠；而且，一如在桑萨克的情形，没有供水点。也就是说，在雨季开始前，水得由官兵自己用帆布制的水袋拖上来。可是一旦雨季开始，状况会变得更加恐怖。部队几乎都浸在水中，而且在4000英尺的高度，几个星期都会笼罩在云雾中，能见度降至100码。太阳不见了，在永无止境的倾盆大雨中，堑壕坍塌，防御工事都成了与脚踝同高的烂泥。

边防第12团第9营来接德文郡团A连的防务，这个营在日军首次渡过钦敦江时提供了侦察巡逻网。可“日本冈”是一个难对付的据点。上田大佐带了他的坦克群，一再炮轰山顶。几天内，边防团第9营的旁遮普部队被赶下山坡。4月16日，伊藤少佐的部队猛扑攻上这座山，以报前岛和他那中队的仇。因此，日军再度据守这个山头，有了一个最佳的平台，在那里可以俯瞰坦努帕到申南的整个公路。格雷西少将决定停止行动，他受不了只为了一座山头再度损失兵力，日军业已开始攻别的山了，他让山本部队控制“日本冈”，直到7月底。

伊藤少佐攻占“日本冈”五夜之后，他的中队占领了“一轩家冈”（东克里特岛山），在那里设立了中队指挥部，接着加强攻击“川道冈”（西克里特岛山），却没拿下来。在这次攻击中，伊藤有重大损失，可是山本还是坚持让他再试，“把一个中队给你的副官矢津（Yazu）大尉，去

---

① Major T. G. Picard, 3/3 Gurkhas, in Geoffrey Evans and Brett-James, op.cit., p. 291.

攻克‘川道冈’，”他告诉伊藤少佐，“然后带你的整个部队攻上‘伊藤冈（瘦骨山）’。”“我已奉命进行两次攻击了，”伊藤少佐抗议说，“可是昨晚失败了，我们现在还在收集死伤士兵，我想等一下搜索敌人阵地，直到我们准备好能发动一次恰当的攻击。”“什么话？”山本对他怒吼，“你这孬种！你没听见我的命令吗？这是天皇的命令！”[①]

可是伊藤少佐受够了，也就不在乎了，他说：“天皇不可能下达这么蠢的命令！”山本中将和伊藤少佐间的关系，照日本人斯文的说法，“很紧张”。不过，也像上田一样，伊藤太逾矩了，军法对他很严厉，部队长立刻将他免职了。[②]

伊藤中队的攻击对英军造成了冲击。4月22日，德文郡团团长哈维斯特中校打电话给旅部，报告日军对“克里特岛山”的攻击。他认为，除非立刻发动反击，否则这处山头就会陷落。旅长格里夫准将听到这个报告有些犹豫，因为尽管他一向认定哈维斯特是一位好部队长，但哈维斯特胜则过喜，败则过忧。[③]格里夫便到廓尔喀步兵第1团第3营营部，和营长温菲尔德（Wingfield）上校讨论反击是否可行，接着又到德文郡第1团团部。他抵达时，重炮与迫击炮齐发，战斗打得正激烈。哈维斯特看上去很沮丧，说日军正四面八方朝“克里特岛山”逼来。他在东克里特的前方观测所已被攻陷，阵地快要抵挡不住敌人的火炮及坦克炮射击了。他的部队死伤惨重，唯有来一次大规模，或许是旅级的兵力逆袭，才能拯救。

格里夫不同意，他告诉哈维斯特，即使他无法守住东克里特岛山的前沿，也绝不可放弃山顶。哈维斯特最关心的是C连——他以为该连已被完全隔断，而且缺水——可以在晚上，利用作战巡逻从其阵地前那条

---

① 军队统帅的最终权限应来自天皇。

② 浜地敏夫，《英帕尔最前线》，1980，页120。

③ 1944年4月23日格里夫给格雷西的信，Gracey Papers, 182。

溪流找到水。格里夫认为该连不但没被隔断，也没有遭到攻击，如果克里特岛山被日军攻占，那时C连可在黑夜掩护下撤退。这时，温菲尔德抵达，他们再度谈到反击的构想，但格里夫最终加以否决："我告诉哈维斯特，"后来他提到，"就我所知，他部队的伤亡并不严重，现在是胆子的问题，他的人一定要勇敢地守住阵地。"①

这是剂苦药，尤其因为几天前，他才利用德文郡团在"日本冈"为他火中取栗，他们为此付出很重的代价。可是哈维斯特后来也承认他误解了战况，并将此归咎于几个连长的错误情报。他听格里夫准将之建议，将自东克里特岛山撤离的连长，以直接违抗他的命令为由逮捕，另一名连长则遭解职。哈维斯特告诉格里夫，他想念麾下已在最近几仗中身经百战的老军官们。与其这么说，不如说是他的作战方式靠的都是排连长。格里夫同意：战斗的百分之五十靠排连长，另外一半靠丛林战训练及丛林的防御。格里夫准将将这一切报告格雷西少将，并补充说，日军本身也一定非常疲惫，伤亡惨重。格里夫的猜测没错，德文郡团付出了高代价，日军伊藤部队也是如此，到这一仗打完时，他的部队只剩80人。

沿着去普勒尔的公路，各处山头交织着叮叮咚咚的交火声，与此同时，吉山（Yoshioka）和武村（Takemura）各自领着自己的大队，穿过这些山头向北进攻机场。4月底这第一次使普勒尔机场瘫痪的尝试失败了，也连累到基乃上校②的"印度国民军"。

基乃在藤原岩市少佐的压力下，去山本部队访问，也接受了日军即将攻陷英帕尔的乐观看法。他被告知，如果他的国民军要同享攻下印度这一邦首府的胜利，速度最重要。因此，他的国民军把重装备留

① 1944年4月23日格里夫给格雷西的信，Gracey Papers, 182。
② 译注：穆罕默德·基乃原来是英印军的军官，后来加入"印度国民军"，担任总参谋。他曾是旁遮普旅第14团第1营军官，在缅甸前线跟着他的旅参与鲍斯领导的反英国统治的独立运动。

在葛礼瓦，包括手榴弹和机关枪，他们出发赴战，只带了军毯、步枪和50发子弹。

对机场的攻击是由普里坦·辛格[①]（Pritam Singh）少校指挥的一支300人的突击部队执行的。他们只带一天的口粮，行军四十多英里，在4月28日抵达普勒尔郊外，预定在午夜进行攻击，所以他们藏身在茂密的树丛中，直到深夜。

到了机场周边，普里坦·辛格发现守军防卫严密，四周高地上设置了坚固的哨所。萨杜·辛格（Caput. Sadhu Singh）上尉奉命进攻一处哨所，士兵上好刺刀，在黑夜掩护下向前冲锋。本身也是印度人的守军遭到奇袭，举起双手向“印度国民军”大喊：“同胞，别杀我们！”守机场的印军哨所指挥，问一名印度国民军军官拉尔·辛格（Lt. Lai Singh）中尉要什么。拉尔·辛格手持一支那加人的长矛，呵斥道：“我要那躲在角落里的两个英国军官的血！”他举起长矛硬冲过去，但是哨所中的印军保护他们的英国军官，对他开枪，打得他一身是洞。原本认为哨所的印军就要投降的普里坦·辛格少校，只好带了他的人在混乱中退出。

另一批“印度国民军”运气比较好，他们渗透进入机场内的哨所防线，发现里面并没有守军把守，他们进行破坏后撤退。[②]英军进行了严厉报复，天亮后，炮兵轰击了甘地旅（Gandhi Brigade）的阵地。“印度国民军”只带一天的口粮，证明其有勇无谋，他们受到了大炮的惩罚，一天内，甘地旅就有250人丧生。

---

① 译注：Singh是印度各族如拉普特、旁遮普、锡克等族常见的姓氏。本章就有三个辛格。

② 根据沙阿·纳瓦兹·汗（Shah Nawaz Khan）的记载（*INA and its Netaji*, pp. 114-115），他们破坏了停在地面的皇家空军飞机。可是斯利姆的记录是没造成损失（*Defeat into Victory*, p. 327），很可能和后来1944年6月一次更成功的进攻搞混了。休·托伊（Hugh Toye）说进攻是5月2日，不在机场周围，而是在5英里外的廓尔喀排阵地（*Springing Tiger*, 1959, pp. 226-227）。

第28回 一战科希马

斯库恩斯中将，把在英帕尔平原内所辖的部队重新调整后，隔天（4月5日），日军逼近北方80英里的科希马。当天下午5点，前钦迪特突击队的上校，现任科希马警备小队指挥官的休·理查兹（Hugh Richards），听一名那加族人报告：在科希马南方的毛松桑（Mao Songsang），出现日军一个大队，此刻正沿着从英帕尔来的公路，向科希马前进。那是日军宫崎少将的步兵第58联队。由于在桑萨克打了胜仗而神采奕奕，他骑在一匹从桑萨克夺来的马上面，肩上带着他的小宠物猴“奇比”（Chibi），那是毛松桑村头目送的礼物。当地的要人欢迎宫崎，送他部下5头猪、10只鸡和100颗鸡蛋。①

理查兹上校不知什么部队来攻，但在英帕尔作战计划中，认为日军当然会企图切断科希马村与其他地区的联络。科希马村整齐的平房和成排精致的红瓦屋子坐落在海拔5000英尺的山上，从英帕尔来的公路到了这里突然转向西面46英里开外的迪马布尔。公路到迪马布尔为止，和从利多通往加尔各答的铁路会合。这处村落在一片崇山峻岭之中，有些马可通行的小径。它的重要性在于它是一条交通路线的终点。隘口的西方，耸立着一座陡峭的断层岩，接近10000英尺高；北面与东面的山脉几近8000英尺。事实上，这通道是连接阿萨姆与曼尼普尔和缅甸的最佳路线。科希马丛山陡峭而林荫密布。虽然村里的梯田已经为了耕种而清除了林木，但山岭上的树木既高大又浓密（直到炮兵射击毁了它们）。在寒冷的夜晚，树木的下面一片漆黑；白天就是炎热与流汗

① 儿岛襄，《英灵之谷》，页173。

之地。[①]

科希马平时是行政官的办公地点，当时的副行政官查尔斯·波西（Charles Pawsey）深受当地部落那加族人的爱戴，也全心全意关注族人的福利。他的平房有网球场，居于公路干道成直角的转弯处；东北方是那加族村落主体，就在一处叫作宝藏山（Treasure Hill）的后面。平房以南，绵延着一连串小山，山上是货栈和卖家储存用品的棚子。这些山丘见证了康普顿·麦肯齐后来所形容的“史上最激烈的战争”。[②]

斯利姆和斯库恩斯对科希马的判断错了。这是很自然的，因为科希马和东面8英里开外的钦敦江之间，地形险峻，布满无尽的高山丛林，易守难攻。虽然他们判断日军铁定想要攻下科希马，可是认为只会派一个联队去，不会再多了，日军却派了一个师团。

1944年3月22日，理查兹上校到了科希马，却发现这地方一团乱。他原以为他的守备部队有阿萨姆第1团，实际上却只有一些后勤的特遣队，还有阿萨姆来复枪团的几个排（属那加山地第3营），还有未经训练的皇家尼泊尔军团希尔团（Shere）。等西约克郡团调到时，理查兹很高兴，因为这是第5师增援迪马布尔及科希马地区兵力的一部分，可是他们几乎立刻又被派到别处。接着，皇家西肯特郡团的第4营抵达，也又被调回迪马布尔。对科希马守备部队来说幸运的是，他们又从比较舒服的迪马布尔调回科希马；这是日军围困科希马之前，最后一支入城的英军部队。理查兹上校知道，他应该构筑工事，可是却没法子从迪马布尔拿到铁丝网。因为有一项行政规定，在那加丘陵禁止使用铁丝网，迪马布尔的军需官严格遵守、丝毫不苟。[③]在科希马的前方，从山地到钦敦江，阿萨姆团据守着耶沙米（Jessami）和卡拉索姆（Kharasom）的前哨，

---

① S. W. Kirby, *The War Against Japan*, Ⅲ, p. 300; A. Campbell, *The Sliege*, p. 57.

② Compton Mackenzie, *All Over The Place*, p. 77.

③ Arthur Swinson, “Kohima” , in Purnell's *History of the Second World War*, p. 1693.

奉命要守到最后一兵一卒。

皇家西肯特郡第4团在团长约翰·莱弗蒂（John Laverty）中校率领下，从阿拉干空运来缅，战斗开始时，他们已到迪马布尔。迪马布尔与科希马以西整个地区的指挥官，为202地区指挥官兰金（Ranking）少将。换句话说，他是一个行政区首长，并不是一支战斗部队的主将，手下也没有作战参谋。1943年，迪马布尔和科希马都是后方梯队的驻扎地。这是个另类的任命，是为了应付紧急状况；因为在英帕尔的第4军斯库恩斯中将，无法控制这么远的后方发生的事。而缅甸军军长斯利姆已组织了一支新的军队来作战。即由斯托普福德（Montagu Stopford）中将指挥的第33军，命令其下辖的印度第7师（师长梅瑟维少将），跟随印度第5师从阿拉干赶过来，加上第2师（师长格罗弗少将，John Grover）这支正规师，然后斯利姆把这个师分散在整个印度的丛林营地中。第2师麾下有一些英国陆军最优秀的步兵团：卡梅伦团、皇家英格兰团、皇家韦尔奇燧发枪团、诺福克团、多塞特郡团、巴克夏郡团、达勒姆郡轻步兵团，还有曼彻斯特第2团机关枪营、3个野战炮兵团和1个反坦克炮团。这个师是一支庞大的兵力，以欧洲标准配备，行军以汽车运输，训练精良，装备良好。不过，最初的任务为联合作战，而不是丛林战。在1943年那次战役中，第2师全部的4个营在阿拉干参战；可是以整个师而言，自从敦刻尔克大撤退以来，还不曾参与作战。

指挥官兰金已下令第161旅旅长沃伦（Warren）准将前往科希马，可是等到斯托普福德中将接手指挥后，他告诉兰金，迪马布尔的防守才是第一要务。[①]这一点事后看也许奇怪，在当时却非如此。本质上，科希马是一处路障，迪马布尔是铁路末端，是补给品与弹药的大仓库。那

---

① Arthur Swinson, op.cit.；然而William Slim, *Defeat into Victory*暗示是兰金自己下的命令（pp. 309-310）。

处补给场长达11英里，宽至少有1英里，如果失守，会使盟军在缅甸境内的任何攻势化为乌有。[①]可是，沃伦准将认识到，他的旅的离开将带来日军进入科希马的危险。他听到要他离开那里，一如波西（Pawsey）和理查兹般愤慨。波西自然认为，英军要把他的那加族人留下，交给进攻的日军处置，理查兹则认为这一战什么都还没有开始前，他的守备部队就被放弃而折损了。兰金少将向他们解释，皇家空军的一份报告显示，日军正绕过科希马，而直趋迪马布尔。波西则不屑地道出："倘若日军在那里，那么我们的那加族人早就告诉我们了！"[②]因为斯利姆一直强调要守住迪马布尔，所以兰金坚持原方案。沃伦别无他法，只有撤退部属，即使他知道，一旦科希马岭被日军占领，重新夺回就必须作一次大战。在耶沙米与卡拉索姆的两处阵地很快失守。理查兹上校取消了"战至最后一人"的命令，因为那种命令似乎将毫无意义地浪费生命。这道取消令，传到耶沙米的守军阿萨姆团第1营，那里残存的守军得以于3月31日到4月1日的晚上撤退。可是这消息却从未传到卡拉索姆，驻守的部队长扬格（Young）上尉知道战况了无希望，把手下所有弟兄调回科希马，自己孤身作战直到战死。

4月3日晚上，日军第31师团的前卫（步兵第58联队第3大队的第11中队）到达了那加村的外缘。第11中队领先的小队，小队长为小林直二（Kobayashi Naoji）中尉，他是日军第一个进入科希马的人。他们行军160英里，经过崎岖乡野，越过无穷无尽的山岭，到达海拔8000英尺以上的高度。在二十天中，他们带了牲口（作为食物）和枪炮，分别以人力越过高山，以任何标准来说，这都是史诗般的征途。小林直二回忆

---

① 1947年，麦肯齐访迪马布尔，他很开心附近那座以二十块巨石砌成的古堡废墟还在。古堡就像一株没有张开的大蘑菇，无怪乎英军称那里为"老二园"了（Compton Mackenzie, op.cit., p. 69）。

② Arthur Swinson, op.cit., p. 1964.

说："我那支小队接近进入科希马村的公路上的岔路了……"

> 天色渐亮，中队指挥部传来休息的命令。弟兄们经过昼夜不停地行军，都已筋疲力尽，咚一声坐下便睡着了。身为小队长，我不能睡，因为对科希马的布局并不确定，我负有责任。我向前眺望，在三岔路口不知道是往左走还是往右走。天色亮了，我可以看见很多人影向对面山的坡上移动，看上去像是军人，更仔细一瞧，那是敌军没错。可是他们似乎完全不知道日军来了。我唤醒小队弟兄们，告诉他们绝对要保持寂静，同时向中队长报告，中队长立刻要几个小队长都到他的位置集合，他指派动作利落的弟兄……所以我们是第一批进入科希马的，发射了第一炮。即使这一战最后以失败结束，我依然要说是第3大队最早进入科希马，在那里作了多次最恐怖的激战，也是第一个看到敌人的，我深以为荣。

一如小林小队长，其余的日本兵也都很紧张，但有信心。西田（Kohima）中尉也在第3大队第11中队，业已对通往科希马的地形进行了一次秘密侦察。他把手下弟兄集合在钦敦江岸边，准备午夜渡江。他要对他们讲话。他们有110人，做过装备检查后，他慢慢在行列中踱步，然后停了下来，声音低沉却有力，打破了寂静："现在让我们向祖国道别，"他的军刀刷地出鞘，在月色下闪光，"上刺刀！举枪……敬礼！"日军手拍步枪，刺刀群像涌起的白浪；西田发觉自己热血沸腾，泪水在眼眶中颤动，他的弟兄们誓死为遥远的祖国效忠。[1]

师团长佐藤幸德中将也作了诀别，但不是用壮烈的方式，他对未来并不乐观。当进军命令下来——攻击日定在3月15日，他集合了师团的

---

① OCH《缅甸攻略作战》，页209—211。

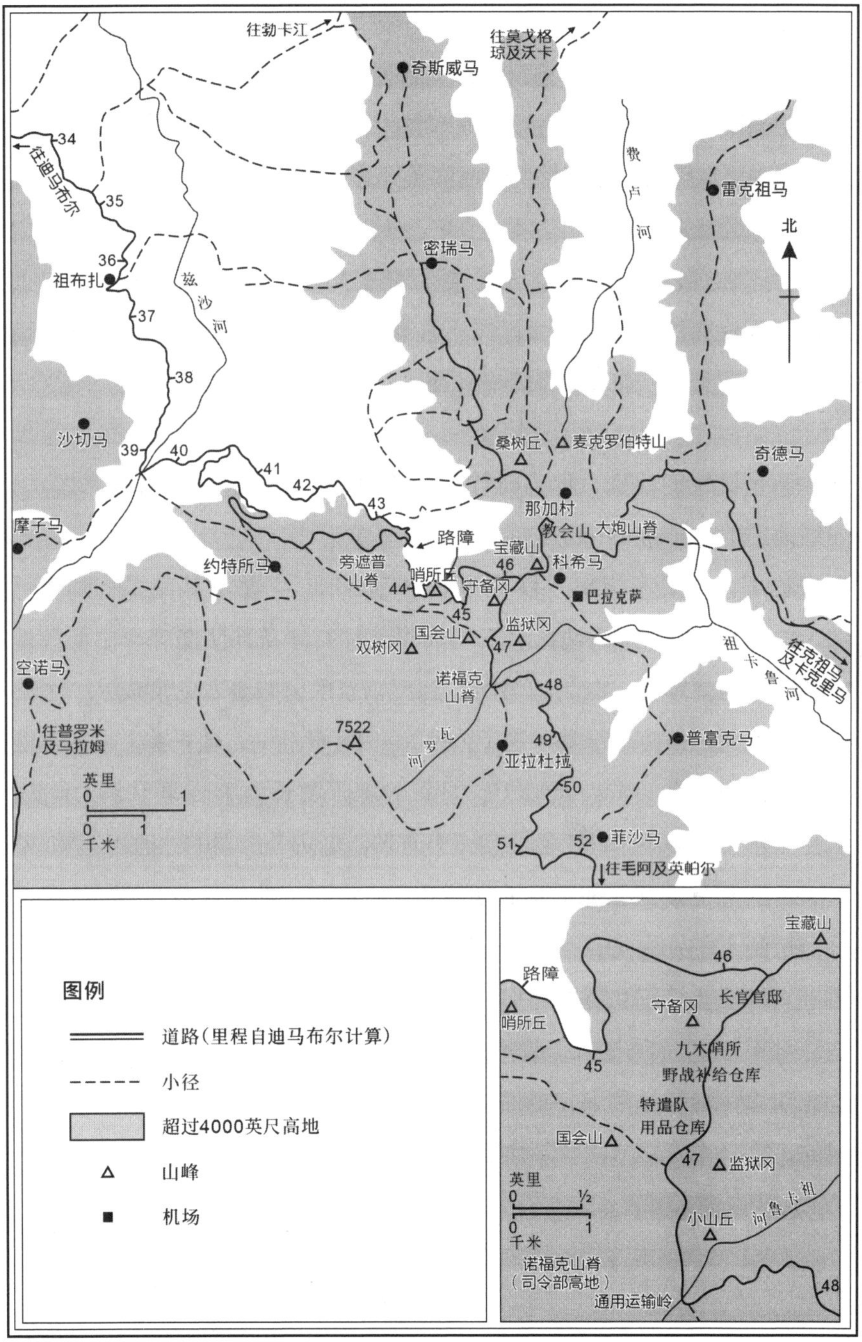
往勃卡江
往莫戈格
琼及沃卡
奇斯威马
往迪马布尔
34
35
36
37
38
39
40
41
42
43
44
45
46
47
48
49
50
51
52
祖布扎
兹沙河
费卢河
雷克祖马
北
密瑞马
沙切马
桑树丘
麦克罗伯特山
奇德马
那加村
教会山
大炮山脊
摩子马
路障
宝藏山
科希马
约特所马
旁遮普
山脊
哨所丘
守备冈
巴拉克萨
国会山
监狱冈
双树冈
空诺马
诺福克
山脊
祖卡鲁河
往克祖马
及卡克里马
往普罗米
及马拉姆
7522
瓦罗河
亚拉杜拉
普富克马
英里
0
1
0
1
千米
菲沙马
往毛阿及英帕尔
图例
道路(里程自迪马布尔计算)
小径
超过4000英尺高地
山峰
机场
宝藏山
46
路障
长官官邸
哨所丘
守备冈
九木哨所
45
野战补给仓库
特遣队
用品仓库
国会山
47
监狱冈
英里
0
1/2
0
1
千米
小山丘
祖卡鲁河
诺福克山脊
(司令部高地)
通用运输岭
48

图4-6　科希马战区

军官。自从计划阶段起，佐藤就生活在茂干（Maungaing）以西的丛林深处，距离师团本部有8英里远，他却每天都走路去那里以保持身体强健。他祝福手下取得胜利，与他们一起喝了杯香槟酒，但加了几句：

> 各位，趁此机会，我要向大家说清楚。除非奇迹，你们每个人都可能在这一战中丧生，并不只是敌人子弹的问题，而是在这些山中要塞里，一定要有饿死的准备。

这并不是愉快的诀别，但当时佐藤幸德没有使用日本人的隐喻习惯。①如果他用了，科希马一战或许会进行得不同。

英军官方史家指出，科希马不像英帕尔，它并不是英军将帅审慎选定的战场。②在这一地区，不可能每处都有守备部队防守。主要阵地就是科希马岭本身，因为迪马布尔到英帕尔的公路绕着它形成了一个圆圈，谁支配了山岭，谁就控制了公路。4月4日上午，理查兹上校的部队在岭上准备防务；同一天晚上，日军佐藤师团长的第58联队第1大队，从往英帕尔公路更南的毛阿（Mao）而来，对防务南端的“通用运输岭”（General Purpose Transport Ridge）进行了一次不成功的攻击。第二天又进兵，抢到了一处立足点。4月4日，也是从毛阿出发而来的第3大队，绕道进入科希马岭东北方的那加村，然后奉命向奇斯威马（Cheswema）前进。日军接到一项报告，说另外一支日军部队已经攻占了“守备冈”，这意味着科希马已拿下，也许可能还前进得更远一点。但这份报告是错误的，第58联队第3大队奉命在4月6日回到那加村。同时，第138联队第1大队也进来了。

---

① 译注：即用语委婉。

② S. W. Kirby, *The War Against Japan*, Ⅲ, p. 299.

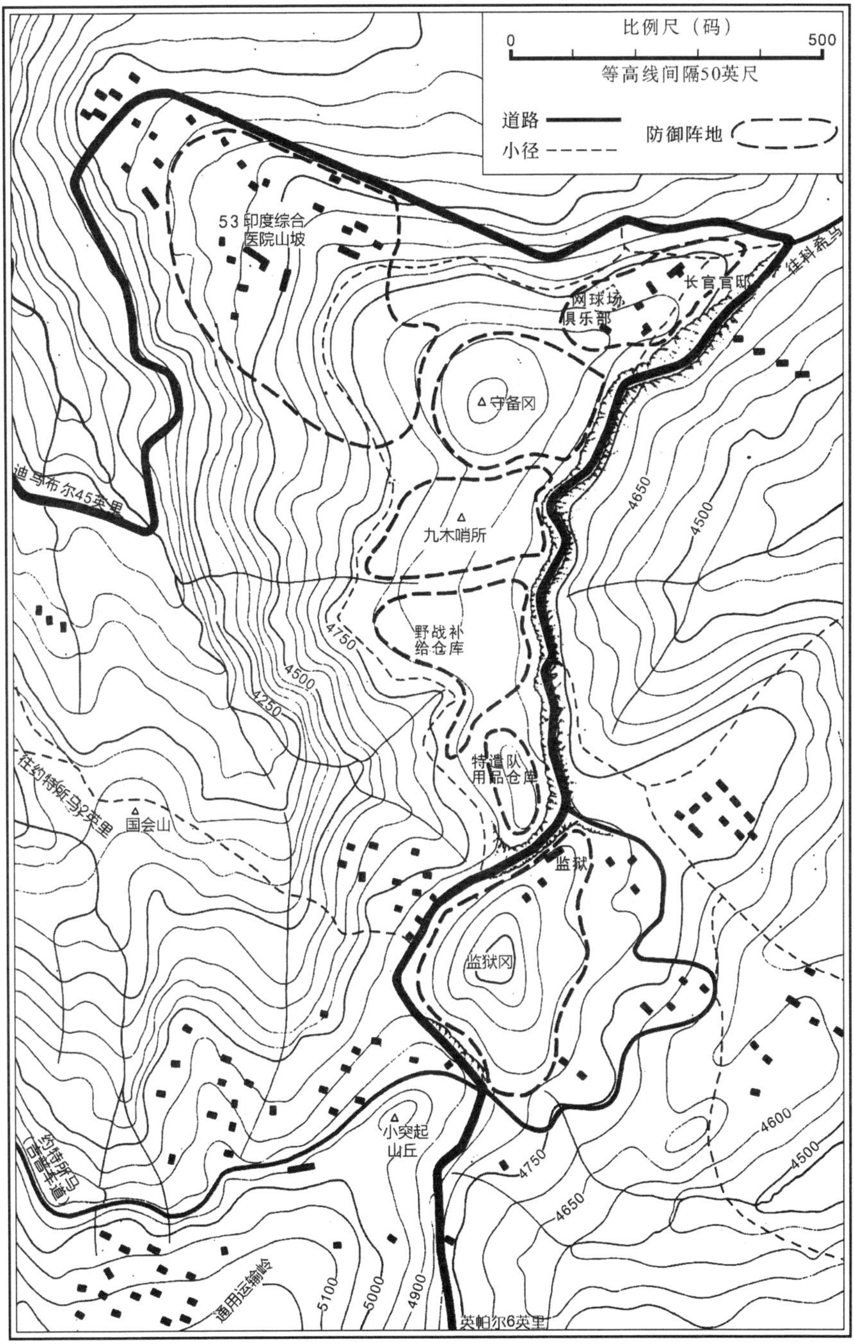
比例尺（码）
0
500
等高线间隔50英尺
道路
小径
防御阵地
53印度综合
医院山坡
网球场
俱乐部
长官官邸
往科希马
守备冈
九木哨所
野战补
给仓库
特遣队
用品仓库
监狱
监狱冈
迪马布尔45英里
国会山
小突起
山丘
通用运输岭
英帕尔6英里
4750
4500
4250
4650
4600
5100
5000
4900

图4-7　科希马岭

4月5日，英军第5师第161旅到达科希马，前卫是皇家西肯特郡第4团（团长莱弗蒂中校），团内有一些工兵和一个山地炮兵连。当天下午，日军开始突击时，全团已就位。日军从南面一路沿着科希马的各处阵地前进："监狱冈"（Prison Hill），在公路东面；特遣队用品仓库（Detail Issue Store）、野战补给仓库（Field Supply Depot）、九木哨所（Kuki Piquet）、守备冈（Garrison Hill）和长官官邸，都在公路的西面。日军与莱弗蒂中校的团一样，也有一个山地炮兵连。4月5日早上，双方头一次交手，作战开始才几分钟，守备队仅有的一门重25磅的火炮就被打哑了。

这时，日军的围攻开始了。这一仗持续打了两个星期，这期间日军一寸寸攻上科希马岭，从一个猛烈争斗的阵地到下一个阵地，有时遭英军打退，但总是回头再攻。他们已经环绕科希马，围成圈，以阻止英军第161旅的其余部队进入科希马阵地。因此旅长沃伦决定，自己在西面约两英里处的约特所马（Jotsoma）高地建立阵地，旅的炮兵能在那里射击以支援守备部队，没有这一火力支援，他们就完了，因为他们的两门山炮，和那门25磅炮下场一样，都被摧毁了。日军从他们可开炮处俯瞰所有地方。

皇家西肯特郡团进入科希马时，兵力不到500人；在试图占领宝藏山（前进往那加村途中），和撤出在"通用运输岭"上孤立的官兵时，损失了一些兵力。在这两处阵地的作战极为混乱，团内一些官兵向迪马布尔退去，根本没有进入科希马。理查兹上校的守备队，一次就送出了伤兵以及非战斗兵员200人，加上已经及时从耶沙米撤退的阿萨姆团的人，以及旅长沃伦从约特所马派出的拉普特第7团第5营，总计约2500人，其中有1000人为非战斗人员。[①]他们所面对的敌人，不是斯利姆和

① 各方数字不同，A. Campbell说有1500名非战斗人员（*The Seige*, p. 53）；B. Prasad ed., *Official History of the Indian Armed Forces: Reconquest of Burma, 1942-1945*, Ⅰ, p. 276指出是3500名守备队员。

斯库恩斯所预计的日军一个联队（3000人），而几乎是第31师团两个联队的全部兵力，在6000人以上。而守备的兵力，一如之前在桑萨克村一样，被围在一处1100码×700码×900码的三角形地区内，虽有充足的粮食与弹药，但缺水。

皇家西肯特郡团的一名军官，很厌恶地发现这处阵地只有一门炮，他形容医疗安排“极其没有效率”，而饮水的供应更是糟糕。[1]山丘中有一条水管引进来，而除西侧外，日军已团团围住山丘和山岭，那条水管必将被切断。印军总医院和野战补给仓库这两处都有帆布储水槽，应该埋在地下以防炮火，也应该注满水，可是这两项都没做。

4月6日起，每天傍晚，日军便以迫击炮和掷弹筒轰击防守的英军。天色渐暗，他们便派出一拨又一拨的步兵，守军不可避免地放弃了阵地，日军无情地匍匐前进，用上炸弹与刺刀，沿着科希马岭进兵。“通用运输岭”最先陷落，岭上据守的英军士气沮丧，沿着公路向迪马布尔撤退，而没有进入科希马去加强防守地的兵力。由于这一山岭的失陷，日军控制了科希马的饮水供应。日军又攻“监狱冈”，这次被击退了。他们试过了正面攻击，也施展了他们典型的渗透战术。4月6日到7日那一夜，日军一个小组渗透进入野战补给仓库区与特遣队用品补给仓库区之间的草棚。日军通过时，西肯特郡团的英军向草棚射击，日军便匿身在野战补给仓库区的砖灶中。这一次。皇家西肯特郡团的下士哈曼完成了一项行动，身后被追赠维多利亚十字勋章。

印度工兵与地雷团的排长赖特（Wright）中尉，进入野战补给仓库区的草棚，建议用长杆炸药，把野战补给仓库区中无窗户的面包坊的墙壁炸倒。日军正躲在砖灶内，用厚铁盖做掩护。赖特排长将一厚片一厚片的硝棉火药捆在弹药箱上面，再固定在一根竹竿的末端。在步兵火力

---

① A. Campbell, op.cit., p. 55.

的掩护下，工兵排打算向面包坊的墙壁冲过去，再引爆，墙一炸倒，步兵便冲进去。

但这只是理论，事实上，皇家西肯特郡团D连都被面包坊中的机关枪与手榴弹的火力击翻。他们侧翼的两挺机关枪，扫遍这一地区，逼得进攻的部队只能就地卧倒。哈曼下士决定自己出手。他年方十九，结结实实一个大块头小伙子，最近才升为准下士，是兰迪岛（Lundy Island）岛主的儿子。他是一位天生的战士，业已在战火中证实了他的勇气。这一次，他在布伦机枪火力的掩护下，走出他的散兵坑，轻轻把两枚手榴弹扔进面包坊里，一跃到了墙壁的掩蔽处，朝一名日军机枪兵开枪，然后把那挺机关枪横扛在肩头上回来。他的勇气鼓励了他那一班兵从地面爬起来。工兵冲到作坊墙壁旁引爆了炸药，步兵便冲进这所毁坏的房子里。①

在这次主要攻击中，有一幢房屋没倒，哈曼进去，数了一下共10口灶，一个灶中发出一颗子弹，险些打中他。他拖了一箱手榴弹回来，绕着这些灶走去，一个接一个，嘴里数到三，就掀起灶盖，把一枚四秒引爆的手榴弹丢进去。他带了两名日本伤兵，一手扶一个回到班上。这一回，整个作坊成了炼狱，被日军俘获的印军俘虏，都从熊熊烈火的草棚中逃命，随后跟着的是日军，他们被D连的预备队排一个个打死。这次攻击过后，西肯特郡团数出了44具日军尸体。这一仗是在科希马岭典型的战斗，全是肉搏战，凶狠、无情。打仗的人个个都是肮脏、邋遢、困倦的汉子，他们的肺极少能免于阵地内外尸体腐烂含毒的臭气，他们连饮水都要靠空投给养。眼睁睁看着渴望许久的降落伞落进日军阵地里，他们感到绝望；剩下来的少数火炮也没办法使用，因为找不到一处日军瞄准不到的发炮阵地。一旦包围圈闭合，伤员就不能后送，时常躺着再

① A. Campbell, op.cit., p. 81.

度负伤。在有限的空间内，疯狂超时工作的医官也无能为力。其中，印军第75野战救护队的扬格中校，一个人徒步从迪马布尔赶来，与守备队共同战斗。幸而在阵地西北的公路上，发现了泉水，[1]这对伤员及守备队全体而言都很幸运。他们用水管供水，饮水的窘况略微得到缓解，却还暴露在日军炮火下，因此只能在暗夜时刻取水。

D连连长伊斯顿（Donald Easton）少校说道："我很确定，很多受伤的人在最近几天中死去了，因为他们放弃了希望。"[2]某史学家记录这一战，暗示受伤的军官企图自杀：

> 军官以担架运进来时，他们的手枪已经被拿走，但军官们坚持要把武器拿回来。至少有一些人已经决定，在焦急与恐惧的漫长等待中倘若再度受伤，他们会开枪来了结一切。[3]

4月15日前，英军守备队被日军攻击，更有日军使用因空投误入日军手中的弹药来炸科希马山坡上的炮兵阵地，使英军限缩在更狭窄的地区。4月16日，日军火炮击中了医疗检查室，两名医官被炸死，一名医官受伤。第二天，野战补给仓库区压力增加，而行政长官官邸，原是一处愉快的所在，在这一仗中变成了冒烟的废墟。在官邸与科希马俱乐部——现在是一堆瓦砾——中间是一处网球场，立刻成了攻防双方的前线。那里在承平时期，是少数欧洲人悠闲挥拍之处，而现在，却是手榴弹唰唰地来回越过的场地。

科希马外围，英军第161旅阵地在约特所马，这一区的守备部队，

---

① B. Prasad ed., op.cit., p. 279中也这样记载。柯比将其描述为"守备北面的一处渗流"（S. W. Kirby, op.cit., p. 303）。

② Brett-James, *Ball of Fire*, p. 314.

③ A. Campbell, op.cit., p. 316.

全靠炮兵旅掩护，后者还炮击日军在那加村高地上的火炮。约特所马本身已被与迪马布尔切断。由于英军第2师抵达迪马布尔，军长斯托普福德才得以首先派出第161旅（该旅属印度第5师）往约特所马。这个旅与第2师一直有电话联络，可是4月8日，巡逻队检查断掉的通信线路时，又发现日军在祖布扎（Zubza）附近距离铁道起点仅36英里处切断了通往迪马布尔的公路。这是日军步兵第138联队的部队，奉命阻止英军增援科希马的守备队。4月9日，一支旁遮普部队的特遣队试图清除封锁，却失败了，这条公路一直被封锁到4月14日。

4月17日，在野战补给仓库地区的皇家西肯特郡团已筋疲力尽，亟须换防，便由阿萨姆来复枪团的两个排和阿萨姆团的一个排接手。印军在宿舍平房区几次击退了攻击，可是黑夜来临，他们终于被迫弃守。这时，理查兹上校意识到，在"守备冈"与野战补给仓库中间的"九木哨所"阵地非常危险。18日凌晨，日军蜂拥而上，3点不到，阵地已落入他们手中。他们把守备部队分成两段，接着以炮火猛烈轰击北面不远的"守备冈"，理查兹已没有预备队可以阻止他们。

"科希马的整体防务即将崩溃，"印度官史这般记载，"似乎一切都完了，英勇的守军提心吊胆地等待着，可是日军却不知道他们距离胜利多么近。英军的几分钟延伸成几个小时，黑夜消逝（原文如此），但是那狠毒的送终突击却没有来。第一抹朦胧的曙光，一道希望之光，在激战后疲困的守备队中燃起，新的一天来临，4月18日星期四，这一天终于来了救兵。"①

英军的守备部队曾多次期待救兵，但每次都希望落空而深感苦楚。而今，救兵真的来了，英军第2师从迪马布尔前来，派来旁遮普团的第1营和一个坦克支队，第161旅终于能从约特所马阵地出来。他们首先

① A. Campbell, op.cit., p. 280.

解救“医疗冈”，那里有300名伤员等待后送。还有那些焦虑和苦恼的非战斗人员，在日军围攻时，他们被迫待在那里。旁遮普团的一个连，接手皇家西肯特郡团“九木哨所”对面的阵地；另一个连则接手行政长官官邸阵地的防守，还有一个连及营部，设立在“夏宫冈”（Summerhouse Hill）上。到第161旅接收完成时，科希马已变得面目全非，大部分房屋都成了残垣断壁，还没倒的墙上，斑斑点点都是炮弹的爆炸痕迹和弹孔，树木的叶子被扫光，残余枝干上，软趴趴挂着降落伞。这是整个缅甸战役中最接近第一次世界大战战场的情景。“援军见到小批小批肮脏兮兮、胡须满面的步兵站在自己掩体的出口，以充血的眼睛瞪着接防的部队走进来。他们已一星期没洗过澡，耳朵里一直是大炮的轰隆声和子弹的尖啸声。他们在自己的堑壕里打仗、生活了近十四天，休息时连军靴都不脱，便往地上倒下去，准备一声令下，便可随时作战。”[1]

4月20日，守备部队交班，科希马包围战结束。可是科希马另一战即将开打，日军那顽强的小个子宫崎繁三郎和他的步兵第58联队，依然据有科希马的大部分地区，以及环绕的山岭。在英帕尔公路能重新开放以前，这些山就不得不遭重击，一处又一处坑道，一处又一处山岭。斯托普福德中将正在接受更进一步的增援，印度第7师已从阿拉干跟着印度第5师来了。它的一个旅，现正部署在科希马以北，攻打并切断佐藤从钦敦江而来的通路。英第2师更从迪马布尔公路进兵，援救第161旅，战争中最令人毛骨悚然的十四天，已经到了终点。可是在日军被驱逐出去之前，在科希马以及其四周的作战，又继续打了两个多月。最后打开这条公路的，是日军将帅内部产生的龃龉，这和英军一次又一次的强力攻击一样重要。

---

① A. Campbell, op.cit., p. 281; and Major Donald Easten, in Brett-James, *Ball of Fire*, 1951, p. 320.

第29回 黑猫再斗白虎

进攻比什努布尔

日军第33师团柳田元三中将，在托邦歼灭英军后，便计划沿着公路由比什努布尔进兵英帕尔，因此让作间联队穿过公路西侧山丘，自加仑吉（Ngaranjial）而下，攻击位于比什努布尔上方的公路。同时，他要确定，英军没法子沿着从锡尔杰尔来的小路来攻击他。为确定这点，他计划了一次突击队的袭击：由笹原政彦大佐第215联队第2中队的小队长安倍敏雄（Abe Toshio）少尉，指挥一个志愿部队（挺进队），切断这条通路。3月29日，包括工兵在内的小队20人离开了辛盖，行动前没有做任何预备侦察，深入印度山区约120英里，于4月14日，攻击艾朗河（Ilang River）上的桥。这座吊桥横跨75英尺深的峡谷，长90码，[①]安倍的挺进队与护桥守军短暂交火之后，将吊桥炸毁，在4月26日回到联队。"一名日本兵跌入峡谷死亡，"斯利姆中将后来写道，"另两名随桥一起被炸。"[②]但其余的队员脱离现场，安倍少尉回联队后受到凯旋式的欢迎。笹原联队长给了安倍和队员5天慰劳假。

接着，日军展开了对比什努布尔西面高地的作战。柳田师团开始对路标27英里处的英军第49旅旅部突击，但失败。可是柳田元三并不靠正面攻击，他的部队业已在公路西面的山丘中切断了锡尔杰尔的通路。英军这时开始变更部署：第49旅经过过去几星期战斗后，得到休息的机会，经比什努布尔与英帕尔后撤。其位置由第20师的第31旅取

---

① 这是日军的估计。斯利姆在*Defeat into Victory*一书中说的是："桥长300英尺，在深80英尺的峡谷上，炸桥后，整个路径不通了。"（p. 329）

② William Slim, op.cit., p. 239.

代：第20师集中在比什努布尔。这个旅面对的兵力——现在已减少很多——是柳田师团的全部：第213、第214及第215共三个联队，他们有中口径炮及野战炮支援。从4月15日到5月的第一个周末，英军第49旅力求阻止日军通过该旅在山丘中的据点，可是到处都有小股日军突破通过。印军的侦察兵在比什努布尔西北方的客洛克（Khoirok）和南更（Nunggang）的村落里发现日军。在同一时期的4月20日，宁索康村（Ninthou-khung）有日军进入。尽管有廓尔喀两个连、第3龙骑兵团的两个连和一次空中猛轰，他们依然寸步不移。英军受到机关枪反击，造成70人伤亡，一辆“李式”坦克遭击中起火焚毁。4月25日，英军再度发起攻击，可是又失败了，这一次损失了4辆坦克，日军依然占领这个村落。

作间大佐的第214联队，从楚拉昌普（Churachandpur）进入山区，第1大队的一个中队攻占了摩里山（Mori Hill），或称作“森林冈”（Forest Hill）的山头阵地。在西南方大约1英里处，便是5846高地，由英军的廓尔喀团及北安普敦团（Northamptons）占领。东面大约100码，是另一座山，上面有两根矗立的无线电天线，称为“无线电冈”（Wireless Hill）。日军也占领了这里，但是来自比什努布尔集中的炮火攻击，切断了他们与联队部的联系。英军第32旅旅长麦肯齐准将，将旅内所有火炮集中在村内，计有25磅炮8门、口径3.7英寸榴弹炮4门、6磅炮6门，还有3门防空炮，总共21门，对准山丘间的日军阵地轰击。[①]

第32旅只花了几小时便将日军击退回自己的山丘防线。他们在4月

---

① 英国官方战史对炮兵均势的看法不同，“支援第32旅的炮兵，有12门野炮与4门山炮”，见S. W. Kirby, *The War Against Japan*, Ⅲ. p. 311，在脚注中又说：“对付日军炮兵十分不充分，日军有一支重野战炮兵部队。结果，英军大胆使用中坦克群来支援第32旅，企图肃清这一地区，尽管数量上优于日军坦克，开始却遭受这么惨重的损失，以致引起一些担忧。”只要通往位于迪马布尔的兵站的公路在科希马被切断，这些损失就无法弥补。因此皇家装甲兵第150营的坦克官兵被后送到印度，将他们的坦克留下交给卡宾枪骑兵团，以弥补他们的损失（p. 311., n. 1）。

16日前才刚刚进入阵地，但迅即构筑和加强了迪马布尔–加伦吉–森林冈的这一线阵地。在这一线的后面还有一条比什努布尔外环线（Outer Bishenpur Line）。日军拼死拼活，企图要突破这些战线，直扑英帕尔。4月24日晚上，即令一架日军战斗机加入，攻击“森林冈”上的英军阵地，可是一些日军部队对这一战业已没劲了。原因是四天前，笹原第215联队第3大队（末木久大队）进入“无线电冈”前面的阵地，准备在4月21日进行拂晓攻击，但大队突击的先锋却遭到自己山炮的误击，很多士兵被打死，这个大队只得撤退到后面的山谷中。

北安普敦团也有损失，他们接管了有100多名伤兵的5846高地的防卫之后，发觉自己被机关枪和炮兵猛烈的火力攻击，与比什努布尔之联系也遭切断。从比什努布尔来的补给队，只有小心翼翼进入山上的小径才能通过。到了4月27日，日军坚固地守在锡尔杰尔的通路上，英军补给队根本就通过不了。他们企图再清出一条路径，以通往北安普敦团的饮水点，却被可卡坦村（Kokadan）附近高地的日军炮兵看见，遭日军击退。虽然这一行动得到卡宾枪骑兵团第3团一个坦克连的支援，但是一辆坦克遭击毁，第二辆掉进一处干涸河床。

这种近距离激战，完全不是可作宣传用的那种战争方式。可是战争的消耗，逐渐削弱了作间与笹原两个联队的兵力与活力。英军决定在无线电广播中喊话。在印度加尔各答有一份《军人新闻》报，由一名日裔美国人冈滋树（Oka Shigeki）主编，它们被投落在日军各处阵地上。每当炮击停止时，扬声器就呼叫“勇敢的第33师团战士”听广播，并播放日本流行歌曲，播完了又宣布：“弟兄们，我们要开始炮击了，回到你们的散兵坑里。把你们的长官留在外面。”

被日军夺取的北安普敦团派骡夫汲水的那条路，北安普敦团又抢了回来。其中一名神枪手是彼得伯勒（Peterborough）来的凯利（Kelly）中士，后来升团部士官长。他能埋伏瞄准几小时，直到有目标出现，才扣下扳机。到后来，枪托上有23道刻痕，他的步枪有一支被手榴弹炸碎，但凯利用另一支继续狙击。汲水兵把他当作盾牌，直到他受伤不能再战斗。日本一位史家怀疑北安普敦团对凯利表现的形容，是在“制造英雄”。他说难以盲目接受所谓“杀手凯利”的绝技本领说法。[①]他补充说，如果那是真的，那么第215联队在加仑吉的死伤，五分之一来自凯利的射击神技。5月1日，该联队兵力为500人以下，这些人之中，仅有三分之二还能作战；顿赞一战，该联队损失了一半战力，然后在加伦吉，又另外损折500人。

作间的联队状况稍好，在对“森林冈”的多次攻击中，死伤289人。他的生力军第9中队，在1门口径15厘米榴弹炮及5门山炮的火力掩护下，于4月24日对“森林冈”发动夜间攻击。他们从西面攻击，却在英军信号弹的人造日光下遭到十分集中的迫击炮及坦克轰击，他们伤亡很重，攻击失败。到这一仗结束，他们的兵力降到了40人以下。

英军的损失也很惨重。在这一地区，印度第17师一度只辖一个旅（第32旅）。其中一个营的官兵折损了四分之三。他们付出了巨大的代价，才使日军第33师团向英帕尔的猛扑停顿，日军在10英里开外的山丘中，但他们没有再前进。

在3月和4月的大部分时间里，两军的高级指挥部都被危机情绪所笼罩。印度第17师自迪登撤退被围，而第4军军长斯库恩斯被迫派出第23师前往救援，之后他被革职。当日军第15师团从中部，第31师团从北方加重了对科希马的威胁，英第4军一下子变得相当脆弱。原先想的是把第5师从阿拉干调来增援英帕尔，再调第26师及第36师两个师到阿拉干。行动计划以公路及铁路运兵，但这种慢吞吞的运输方法，可能会导致输了这一战，于是便决定用空运。深具作战经验的第5师，以前从

---

① 儿岛襄，《英灵之谷》，页217。

没有经历过全体空运；不过这一次行动没有遇到严重的障碍，包括到多哈扎里飞机场的100英里路程，以及飞过的250英里中，有些领土业已在日军手中。埃文斯准将以一个炮兵团为例子：在某星期一下午2点停止作业行动，火炮分解上机，星期二从多哈扎里起飞，星期三在机场落地，重新组装火炮，星期四即可作战。[①]这是一次快速又杰出的行动管理。

然而这是只有在最高级统帅执行下才可能有的结果。第十一集团军群总司令为吉法德上将，斯利姆的第14集团军在他的指挥下执行这次作战，吉法德认为不用做太多干预，斯利姆能指挥这一战，也有充足的部队供他调派。说得委婉点，吉法德总司令并没有和盟军东南亚战区总司令蒙巴顿处好关系，吉法德被蒙巴顿指责调动预备队太慢时很不高兴。据蒙巴顿的总参谋长波纳尔中将说，斯利姆也没有显出多少危机感，蒙巴顿立即采取行动，要靠自己拿到这次空运部队所需的飞机。这项行动需要借用飞越驼峰到中国的美军运输机，而美军的运输机业已用来空运补给品到阿拉干给英军第15军；3月5日后，又要空运官兵、驮骡及枪炮到温盖特将军的降落场。蒙巴顿身陷困境，之前已经花了十七天之久，[②]才“通过渠道”（即通过史迪威中将向华盛顿的参谋长联席会议提出申请，因为史迪威控管中国军队作战）借到飞机。罗斯福总统本人则告诉蒙巴顿，这种状况以后不可再发生。美军已专心一意在中国建造重轰炸机基地，以支持由太平洋方面航空母舰起飞的飞机轰炸菲律宾及台湾地区。在美军看来，这些空军基地存在的唯一理由是为整个缅甸作战，任何事都不能影响他们；即使如此，蒙巴顿却仍抢先一步，征用了这些飞机。

蒙巴顿自己也遇到了麻烦，在去往利多和史迪威商谈的途中，吉普

---

① Purnell's *History of the Second World War*, p. 1688.

② 根据罗纳德·卢因的说法，这次只有十天，Ronald Lewin, *Slim*, p. 174。

车行驶时，一根锐利的竹子戳中他一只眼睛，[1]他很有可能失去视力。医生要他两天不准阅读，而这几天正好是这次作战的初始阶段，日军正从所有战线倾巢而出，越过钦敦江。因此，蒙巴顿用眼被迫增加，而非减少。3月18日，他回到总司令部，途中在第14集团军召见了斯利姆，斯利姆在谈话过程中了解到他的后援将会来得很慢。蒙巴顿人在利多时，总参谋长波纳尔也同样从第十一集团军群总司令吉法德那里察觉到：

> 我给吉法德一项警告（这是波纳尔3月18日的日记所载），[2]他在这一问题上极为滑头，对整个状况的自满，使人不安。他说斯利姆有充足的部队，可以依他所望随心调动。很显然他并不打算干预，或督促斯利姆，他很明白地表示，他认为蒙巴顿总司令的介入是不受欢迎的。
>
> 当蒙巴顿回来后，吉法德依然非常自满，但对其他人来说，情况相当清楚，战况到了沸点（二十八小时内，果真如此）。第4军届时会发现自己由于缺乏预备队而陷入困境。这正是当时的状况。因此蒙巴顿不管吉法德，坚持赶快调动阿拉干的第5师到英帕尔。此时唯一的方法便是从阿拉干空运第5师的轻装备官兵。因此，他不畏艰难得到了中缅印战区（China-Burma-India Theater：CBI）的索尔登（Sultan）中将及乔治·斯特拉特迈耶（George Stratermeyer）将军的全力支持，[3]下令30架飞机离开驼峰，并且向华盛顿报告了他做的一切应急措施。幸运的是，我们在三十六小时内立即得到了华

---

① 史迪威以强悍务实的老美角色，作为东道主接待了一位疲惫的老英贵族纨绔子弟；他把前线的日军尸体指给蒙巴顿看："路易斯到了这里，但不喜欢尸体的臭味！"不过，史迪威加了一句："尽管有弯弯的眼睫毛，路易斯和我还是相处得极好的。" *The Stilwell Papers*, p. 263.

② Brian Bond ed., *Chief of Staff: The Diaries of Liertenant-General Pownall*, Ⅱ, p. 151.

③ 索尔登中将是史迪威的参谋，斯特拉特迈耶中将是盟军东南亚战区空军总司令，他们都是美国人。

盛顿的同意支持——令人钦佩。所有这些主意出自蒙巴顿——无论斯利姆或吉法德，则从来都没有表示过。①

因此，盟军东南亚战区司令部配置了76架英、美飞机在北缅甸作战，现在从驼峰调来20架。这与总部参谋总长波纳尔中将的数字有出入，是因这20架运输机为“突击队”（C-46），载重量比“达科塔”大；也就是说，20架C-46运输机的载重，等于30架C-47运输机。②

不过，蒙巴顿总司令不满足于此，即使华府一定会认为他傲慢、专横，他仍然要求再加70架C-47运输机。因为空运第5师虽然很壮观，却仍然不够，一旦日军完成对英帕尔的包围——就在3月29日——第4军只得完全靠空运补给。那也就是说，斯库恩斯中将得把他这个军15万人的口粮减少三分之一，而他就这么做了。此外，从战区撤走非战斗人员43000人，以及在会战中后送13000名伤患，都要靠飞机。因此，飞机要运来1400万磅口粮、几近100万加仑的燃油、1000多袋的邮件，以及4000万支以上的香烟。③

第4军每天要求540吨的各类补给品，一直到鲍德温（Baldwin）空军元帅改编他的空军运输指挥部以充分发挥效率之前，这些补给品一直都短缺不足。为了安全，鲍德温需要将皇家空军的七个中队中的六个调驻阿萨姆及东孟加拉的飞机场。④在英帕尔平原上，仅有两处飞机场，一处在普勒尔，另一处则在英帕尔市的郊区。日军突击队会不时地小批

---

① 此与Ronald Lewin, *Slim*, p. 174所列提出申请的时间不符。根据那个时间表，斯利姆3月14日在孟加拉的库米拉（Comilla），请蒙巴顿要求从驼峰航线调遣额外飞机。3月15日，斯利姆在英帕尔就已经从斯库恩斯那里得知，第4军所有预备队都已被指派作战。斯利姆致电蒙巴顿总司令，说他在3月18日至4月20日间，急需25架到30架达科塔（C-47）运输机。同一天晚上，蒙巴顿说他马上就会有这些飞机。4月17日，华盛顿方面确定正式的授权。

② Mountbatten, *Report*, p. 55, n. 2.

③ Geoffrey Evans, in Purnell's *History of the Second World War*, p. 1773.

④ Geoffrey Evans, *Slim*, p. 162.

小批渗透进入普勒尔机场，摧毁停在地面的飞机；而跑道地面后来因为承受不了C-46运输机的重量开始破裂，因此到最后，斯库恩斯被迫只能依赖英帕尔机场的跑道了。[1]

北缅局面稳固，史迪威对英军第14集团军前线初期挫败的反应可想而知是愤怒的，1944年3月16日，他的日记中写着："午餐后，英帕尔传来坏消息，英国佬完蛋了。"两天后又写道："这会拖累我们，毁掉1944年春季战役的荣光。"4月3日："日本仍在两处地点跨越英帕尔公路，局势现在非常严重，斯利姆需要救兵。"

斯利姆要的不是这一种救兵，无论如何也不会是来自史迪威的救兵。的确，倘若救兵是温盖特准将训练精良的特种部队的二十个营，分别从西方及南方调来，从后方卡住牟田口的第15军，斯利姆也许能漂亮地早早结束英帕尔之战。可是温盖特的部队已承诺协助史迪威，要扰乱通往北缅的各交通线。此事对英帕尔前线的影响——在四十年后，依然争论不休——只是巧合罢了。波纳尔在日记中的记载颇为伤感："倘若能劝导（对温盖特不能用'命令'！）温盖特部队向西朝钦敦江前进，如果我们也能在前线顶住日军，我们便能好整以瑕，吃掉日军两个师团。"[2]第7师第114旅旅长罗伯茨（Roberts）准将于3月中旬在第14集团军总部见到斯利姆，斯利姆说，他自己受到压力，要温盖特部队向南，以瓦解牟田口第15军的交通线，但他表示他不会这么做。[3]他后来承认，那是一个错误的决定，但是最后，他信守了对史迪威的承诺。我说"最后"，是因为4月3日下午与蒙巴顿在乔尔哈特（Jorhat）的会议上决定，特种部队的第14旅与第111旅两个旅，应作为第14集团军殿后。六天以后，蒙巴顿、斯利姆与接任温盖特的兰金准将开会，又改变了这一决

---

① Mountbatten, op.cit., p. 59.

② Brian Bond ed., op.cit., pp. 152-153.

③ Ronald Lewin, op.cit., p. 181; William Slim, *Defeat into Victory*, p. 268.

定。[1] 4月3日上午在乔尔哈特，斯利姆与史迪威谈话，让史迪威大为惊讶的是，斯利姆拒绝他的提议：由中国的第38师来保护迪马布尔到利多的补给线。史迪威部队向密支那的挺进，会因日军攻占迪马布尔而告停，所以这并非完全不相关的提议。“让我大为惊讶，”史迪威在日记中透露，“我们的援助是不可能的，反而，斯利姆和总司令却说，做吧。”[2]

在乔尔哈特举行会议的后一天，也就是4月4日，埃文斯准将——他既是知名的缅甸战争史学家，也是斯利姆麾下的将领——认为这一天是英帕尔作战的转捩点。在这一天以前，印度第17师已经完成了全师的撤退，第4军军长斯库恩斯中将能恢复他原来的计划。而第5师已经空运抵达，控制了从乌克鲁尔切入的各路线，同时它的一个旅已经到了迪马布尔。第20师已经依照计划退到申南；第23师为军预备队，以它的一个旅封锁了日军从南而来的进攻。

对日军而言，生死攸关的日期为4月19日。据柯比（Kirby）将军所说，至少与远至英帕尔的北部战线有关。日军第15师团想突破穿越森买（Sengmai），未能成功，奉命采取守势。[3] 即使军司令官牟田口不停地催促三个师团长，要他们在4月29日天长节（裕仁天皇生日）攻下英帕尔——他原本以为可以切开且通过如黄油般的英军，但他们此时

---

① Ronald Lewin, op.cit., p. 184.

② *The Stilwell Papers*, p. 267. 蒙巴顿使用飞机，才使这成为可能，幸而他有丘吉尔支持，“贵官为胜利所需的事物，都会实现”。这是当晚自伦敦发来的电报，“本人必不接受任何方面对此的否定，而会十分支持贵官”。（S. W. Kirby, *The War Against Japan*, Ⅲ, p. 234）在斯利姆与史迪威二人的你来我往中，《史迪威传》的作者塔奇曼（Tuchman）看出双方的心机算计。史迪威提议以中国军队第38师出兵，他认为是“有些冒险的试探情况的手段”，还补充了一句：“……放弃坚强的第38师，就算不会停止整个战役，可能也会使战役慢下来，并失去拿下密支那的希望。他是否期待英军接受中国军队的协助，也是有疑问的。他对印度军团各师始终警戒西北前线这一问题时常讽刺挖苦；他的建议，也许是一种赶他们出去的方式。假如斯利姆接受了他的支援，史迪威便了无选择，因为在他背后日军若来一次突破，无论怎么样都会终结他的战役。”（Barbara Tuchman, *Sand Against the Wind: Stilwell and the American Experience in China, 1911-1945*, 1970, p. 441）

③ S. W. Kirby, *The War Against Japan*, Ⅲ. p. 310.

已成坚硬的石块。

牟田口麾下三名师团长也让他头痛：第15师团师团长山内是病人，他那个师团的一半兵力没有及时到达战场。第31师团师团长佐藤幸德，早在20世纪30年代陆军派系倾轧时就是他政治上的宿敌；佐藤业已清楚表态，他只做分内事，除此无他。第33师团师团长柳田，十分简单，孬种一个。3月25日，牟田口接到柳田一则电报后，因他缺乏胆量发誓要将他交付军法处置。牟田口决定绕过他，改由师团参谋长田中信男大佐指挥第33师团。

在其他前线，事情起先都顺利，然后陷入停滞。4月7日至8日，第15师团在英帕尔北面的康拉东比，切断了英帕尔到科希马的公路。可是由于4月12日和16日在南士贡（Nungshigum），以及在森买以东山区的夜间攻击，其战力大减。山本部队经过申南通道向普勒尔的攻击，被英第20师阻挡。到4月中旬，牟田口第15军的攻势，已经停止了扩张。

牟田口本人依然远离战场，而他的对手，英第4军军长斯库恩斯中将，则在英帕尔的攻势中心，牟田口的军司令部则依然远在眉谬。温盖特特种部队的介入，危及他与前线日军之间的陆上通信，也多少分散了他作为军司令官的注意力。只靠通信指挥作战，军参谋都在前线几百英里外的掸邦山地参谋部，这不好指挥。4月29日，牟田口终于将军部迁往吉灵庙东北方5英里的因代吉（Indainggyi），这已是他发动攻势后的第三十六天。

牟田口离开的前一天，驻仰光的缅甸方面军司令官河边日记中记载："第15军明天西进，我知道他们的感觉，不想留在眉谬。我已致电牟田口，祝他移转成功。我说，他应毫不分神地注意英帕尔。"事实上，牟田口没有移防得很快，注意力也从英帕尔分散。他途中在瑞保驻留，那里开了一家艺伎馆，他并不真想离开眉谬的凉爽空气与曼尼普尔丛林中的竹屋。他喜爱艺妓，和军部参谋共享此好，在眉谬的"清明庄"，每个参谋都有自己喜欢的艺伎。在军司令部的生活根本就不坏，他们大约在下午5点下班，晚上则有各种宜人的活动与娱乐。因代吉的情况则远为艰苦……

第30回 南士贡之战

因此，日军第31师团已经在科希马将英帕尔与印度切开。然而他们对这小镇的控制并不牢固，因为英第2师正赶来要夺回此处。在南面，日第33师团已经逼近英帕尔不到10英里的地方，正在比什努布尔的西北试探，找寻渗透第4军防线的一条路。现在，我们一定要观察中心发生了什么。这里，英帕尔遭受两个方向的突击，从东南方来的是一支名为山本（Yamamoto）的极强部队，所配备的火炮，在牟田口第15军中远远超过其他部队。它还有一个战车联队，正从卡巴河谷经过维多及德穆，企图抄捷径，沿着申南到普勒尔的公路，打出一条路。德穆到普勒尔的距离仅25英里。普勒尔可俯瞰英帕尔平原，距离英帕尔只有25英里。日第15师团第60联队在钦敦江另一地点渡江向德穆到普勒尔的公路前进，以支援山本部队。第15师团的主力部队越过崎岖的乡野，向科希马和英帕尔间的公路前进，来到佐藤幸德的第31师团南面。这条公路已在康博克匹处被切断——该地日军称作“教会”（Mission），源自英帕尔北方23英里的一处教会会所。切断那一天是4月3日，距日军在当都（Thaungdut）渡过钦敦江刚好两个星期。

可是这第15师团和师团长已陷入困境，兵力严重不足。师团长山内少将，一个敏感柔性的日本人，在华盛顿担任过陆军武官，海外生活很久，其个性与军司令官牟田口的粗鲁冲动和行事浮夸形成强烈对比。这两个将领一开始便未能和衷共济，山内由于肺结核病重，有一个专用的西式马桶。他有一名传令兵，其工作便是一定要确保把它安置在不碍事的地方，能随时跟着师团长。第15师团曾经驻扎华中，有机动运输工具。可是赴缅甸前线时，没有货车能顺利通过，就被迫改为驮畜运输。这条道路既在枪口下，人力也不足。在经过泰国时，南方军派遣开拓劳工，花了几个月建了一条道路，由泰国北部清迈到缅甸东吁。毫无疑问，这是一条有用的公路。不过，日军部队要做更有利的运用，才能及时抵达钦敦江。

日军在中国使用的火炮，在这里改换成了山炮。这种炮能加以分解，由人力扛越钦敦江西岸的山丘，可是战防炮的大部分组件下落不明。缅甸方面军参谋长中永中将从仰光过来讨论这次作战，他告诉所有的人，他们不会遭遇坦克，令人听了很受安慰。在作战开始前的最后一次沙盘推演中，英军坦克仍然被视作根本不会出现（这是1943年12月22日至26日，在眉谬第15军军部举行的会议，第31师团师团长佐藤幸德中将与第33师团师团长柳田元三中将都不在场）。

正当第15师团即将开始移动，准备渡过钦敦江时，中永再度来到前线，垂头丧气，承认自己以前错了。英军终究会运用坦克！可是在这时要调整装备，为时已晚。攻势开始时，师团只有兵力不足的六个大队，而不是寻常的九个大队，支援的炮兵也不够。[①]第60联队（联队长松村弘大佐，Matsumura）的步兵炮中队，有四一式山炮2门[②]，每门炮弹200发；战防炮2门，每门炮弹700发。即便如此，步兵炮中队的中队长山中（Yamanaka）大尉怕中队士兵没有足够的人力扛起这些装备越过明塔米山（Mintami Mountains），然后再越过一座山脉；所以他将1门山炮和

① 高木俊朗，《愤死》，页126—131。
② 形式指出厂日期，明治四十一年出厂。

100发炮弹隐藏在钦敦江江岸的栋赫村内。师团内的第51联队第2大队，已被派往加入在因多的一支混成部队，以对付英军温盖特准将的第二次深入突击。师团的步兵第67联队（欠第3大队）、野战炮兵第21联队，以及师团内的大部分运输兵力，依然还在泰国。因此，第15师团开始这一次战役时使用的兵力为6个大队和18门炮。尽管有这些问题，山内的官兵立刻对英第4军形成严重威胁。①

山内的右侦察队或挺进队（步兵第67联队第3大队的两个中队）的指挥官为本多（Honda）大尉，他们于3月24日通过乌克鲁尔；四天以后，在"教会"切断了英帕尔到科希马的公路。右突击队（或突进队）为步兵第60联队第2大队及第3大队，也从钦敦江回旋向北，在山区中一分为二，越过伊里尔江（Iril River），到达接近沙发迈那（Safarmanai）的公路。然后越过公路向下移动，再往卡拉古拉（Karagula）及古勒波比（Kulaopokpi）的公路西边山丘，向英帕尔进兵。师团的左突击队（步兵第51联队）在3月27日攻击英帕尔西北方3524高地上的英军阵地，几天内，到了马巴（Mapao，4950高地）。到3月底时，山内部队已经切断主要公路，并跨越山丘，俯瞰英第4军司令部所在地"基浦"（Keep）。

本多大尉炸掉"教会"附近的两座铁桥，切断公路。沿着公路，他见到每一小时就有120辆到130辆载重车及吉普车经过，驶向英帕尔。他在3月28日晚上10点到达那里，见到的车流给他留下了可怕的印象，那显示出英军可用的物资供应与机械化的力量。在日本，从未见过像这样的情形。他在日记中也记下了他炸掉两座桥，切断电话线，并摧毁了科希马到英帕尔的交通。

在第51联队（尾本）和第60联队（松村）到达公路并截断之后，第15师团师团长山内和参谋长冈田两人，对这两个联队的角色是否互换

① S. W. Kirby, *The War Against Japan*, Ⅲ, p. 190.

却起了争执。原先第51联队的任务为挺进英帕尔北面约12英里处，穿过森买村的一条东西线。而现在山内师团长却要他们转向一个更东边的3833高地（这是日本历史所用的高地名称，而英军及印军则称之为“南士贡山”，Nangshigum）。至于松村（第60联队），则接手森买线。

这种调换似乎没道理，可是山内却受了本多大尉的报告影响，也就是说，科希马到英帕尔的公路现在已被阻断了。山内在日记中记下了这件事，但补充记载，英印军也许仍可沿着锡尔杰尔小径（Silchar track）逃脱（再怎么说，这是第33师团的作战地区，不是第15师团的）。现在，来一次以小部队为单位的全面攻击，也许会达成对敌人的包围，如果等待他集结旗下兵力编成大部队，包围就不可能了。冈田参谋长不同意，所有已经发生的情况，是因为日军成功地截断了公路干线；可是在桑萨克到英帕尔的公路上，第51联队正遭受英军攻击，英军并不是在逃走。山内师团长反驳说，当然他们在逃，他们已经被包围，正设法脱身，这是英国人的标准格调。冈田没法相信自己的耳朵，这正是在眉谬司令部开会时，牟田口所用的那种语言，“英国陆军比中国军队还弱，如果你包围了他们，他们就会逃走！”山内怎么会同他有一样的看法？那时牟田口看不起他这个师团，他不是也反斥牟田口军司令官是个笨蛋，不适合指挥一个军吗？可是山内坚持。难道冈田就看不到这是一次战斗的机会吗？冈田参谋长也看不出把尾本联队转移到3833高地对战事究竟有何帮助。他认为山内应将尾本调到更接近师部的地方——现在司令部离英帕尔25英里，并增加力量，沿着从乌克鲁尔来的公路推进。[①]

4月1日这一天，发生了一段插曲，山内师团长认为这证实了自己的看法。在耶冈波克匹（Yaingangpokpi）东北的3524高地日军阵地，前有6辆英军坦克带着步兵攻了上来。第10中队的中队长中西（Nakanishi）

---

① 高木俊朗，《愤死》，页190—191。

大尉下令中队的手榴弹班攻击他们。一枚手榴弹炸中了一辆坦克的车身中央，这6辆坦克便改变方向，朝耶冈波克匹方向驶去。中西中队长喜气洋洋，使用手榴弹、掷弹筒击退坦克是可能的！当师部一名参谋打电话到这个中队时，中西便把发生的事叙述了一遍。“或许他们来只是来侦察吧？”今冈（Imaoka）参谋也好奇，但他将消息报告给师团长，山内正文少将印象深刻，“显而易见英军很差劲”，他告诉今冈参谋：“命令中西大尉向卡门（Kameng）移动。”

中西大尉对于自己的乐观所带来的这个新命令就没有那么高兴了。“等我们完成对敌人的一次搜索再行动，”他请求说，“否则我们是自找惨重伤亡。”今冈参谋知道这是师团长的意图，督促他前进。中西大尉勉强出发进攻卡门。“这个蠢命令出自一名参谋长，”中村修一郎少尉回想说道，“直接造成第10中队被全歼。”4月3日晚上8点，这个中队向卡门南面的高地前进。月色朦胧，有一条根本不像是路的小径。4月4日凌晨4点钟，他们由山坡滑下进入平原，在这之前走过9英里左右的路，已经深入敌人的阵地。担任尖兵的前田少尉使用指北针和地图，匆匆走在前面。东方曙色方明时，中西大尉派出传令兵到每一个小队，告诉他们靠近山麓小丘，他很怕一到晓色来临，会在这开阔的地方被逮住。

当第10中队的里内（Satouchi）小队爬上半山腰时，听到了步枪的射击声，“接着便是来自正面的射击，然后炮弹开始轰击。天空明亮，炮击和枪声越来越密，等我跑向中队长那里时，前锋的弟兄似乎被困在敌人战线里了，现在我们与敌人很近。中队长下令立刻攻击，可是我们的人开始倒下，前锋指挥官受了重伤，我们无法前进去攻击敌人阵地。这次攻击失败了，我们折损了一半兵力。正当早上5点10分时，我在敌人阵地前方被两块手榴弹碎片炸伤”。

中队长中西大尉想提高还可以站立的二十多名官兵的士气，但在白昼的天色中看到他的中队官兵倒下的尸体堆集起来，他的脸变成悲怆的面具。他在敌人阵地上怒目注视，一语不发，步枪的射击声和炮弹的啸声继续不断，打破了山旁的寂静，这时英军冲了出来，进行反击，驱逐日军中队。

上午10点光景，在这座山丘四周已见不到英军。坦克亮相了，以坦克炮及机关枪射击，中西阵亡；由第1小队小队长桑山（Kuwayama）中尉，继任中队指挥：

> 山坡上没有树木可供我们掩蔽，坦克继续对我们射击了一小时。夜晚来临，英军炮击停止。可是每当我们这些幸存的人，有人稍微一动，步枪声就响起来。我们这个中队出发时有八十人，现在剩的不超出十人，每个人都受了伤。夜色已深时，我们逃脱了。我们无力掩埋死者，轻伤的人帮助其余的人，可是两名伤势严重的人在越过平原时死去。我们剩下来的八人，花了三天三夜，才回到出发点。同一条小径，我们走了整整一晚。所以我们就在死亡的边缘撤退了。①

上田军曹补上一个在这次撤退中的恐怖回忆：英军四辆坦克炮击他们后，火焰喷射器对准一名日军，把他活活烧死。②

卡门是日军第15师团首度遭遇英军坦克的地点。从那时起，坦克让所有情况都不同了。在这一前线，包含东北方的从英帕尔到利坦的公路，第4军军长斯库恩斯知道这是日军的最短路径，认为也许他很快就会有危险。因此，当印度第5师（欠科希马附近的第161旅）开始从阿拉干陆续空运抵达时，斯库恩斯立即指示师长布里格斯中将，阻

---

① 高木俊朗，《愤死》，页199。
② 高木俊朗，《愤死》，页200。

挡日军前进。同时，第23师移防往卡山姆（Kasom）的公路，卡山姆被认定是日军第15师团司令部的位置。印度第5师的第9旅则向马巴推进，那里是日军的坚固据点，掩护第15师团山内部队攻击森买阵地的侧翼。布里格斯派第123旅旅长埃文斯准将到英帕尔北面23英里处的耶冈波克匹村阵地，那是公路从山丘及山坡通向平原的一处鞍部的出口。埃文斯准将的这个旅，在3月18日从阿拉干空运来，一在英帕尔落地，立刻被派往科希马。旅内有多格拉第17团第1营（1/17 Dogra Regiment）、旁遮普第1团第2营，以及萨福克团第2营（2 Suffolk）。一个星期后，他们又被调入原来的第9旅（旅长萨洛蒙斯）。这个旅移往伊里尔江谷，那里大致与英帕尔—卡门—桑萨克—乌克鲁尔这一线公路成直角。

有座山丘可控制英帕尔平原北端，称作南士贡，它为监看所有行动提供了一处理想的观测平台（请参阅图4-8：南士贡）。第15师团师团长山内正文要他的第51联队占领这座山丘，使他们不安地接近英帕尔的英军防地心脏。基浦要塞内的第4军总部离这里只有6英里远，而离英军的燃油及弹药补给所，还有在冈格拉（Kangla）的飞机场就更近了。

日军的一个突袭小组也沿着主要干线接近。在英军第9旅来援以前，即已迫使康拉东比村内物品堆积区的物资撤走。另外，在英帕尔西北山丘内饮水供应过滤厂的操作装置遭到爆破（对守军来说，很幸运，还有一个后备工厂可以运转，因此饮水供应不受影响）。斯库恩斯军长并不存什么幻想，日军逼近英帕尔，让他的司令部基浦要塞受到日军前所未有的直接威胁。肃清这地区已刻不容缓。

指挥第9旅的萨洛蒙斯（Salomons）准将忙于运送康拉东比的储存物资，他如今只能指派贾特第9团第3营的两个排，约六十人，去防守南士贡山。这座山丘林木并不茂密，但覆盖了高草与矮树，山顶的树木更稀少，只露出一片红土和裸岩。山顶并不是一座孤峰，而是绵延约

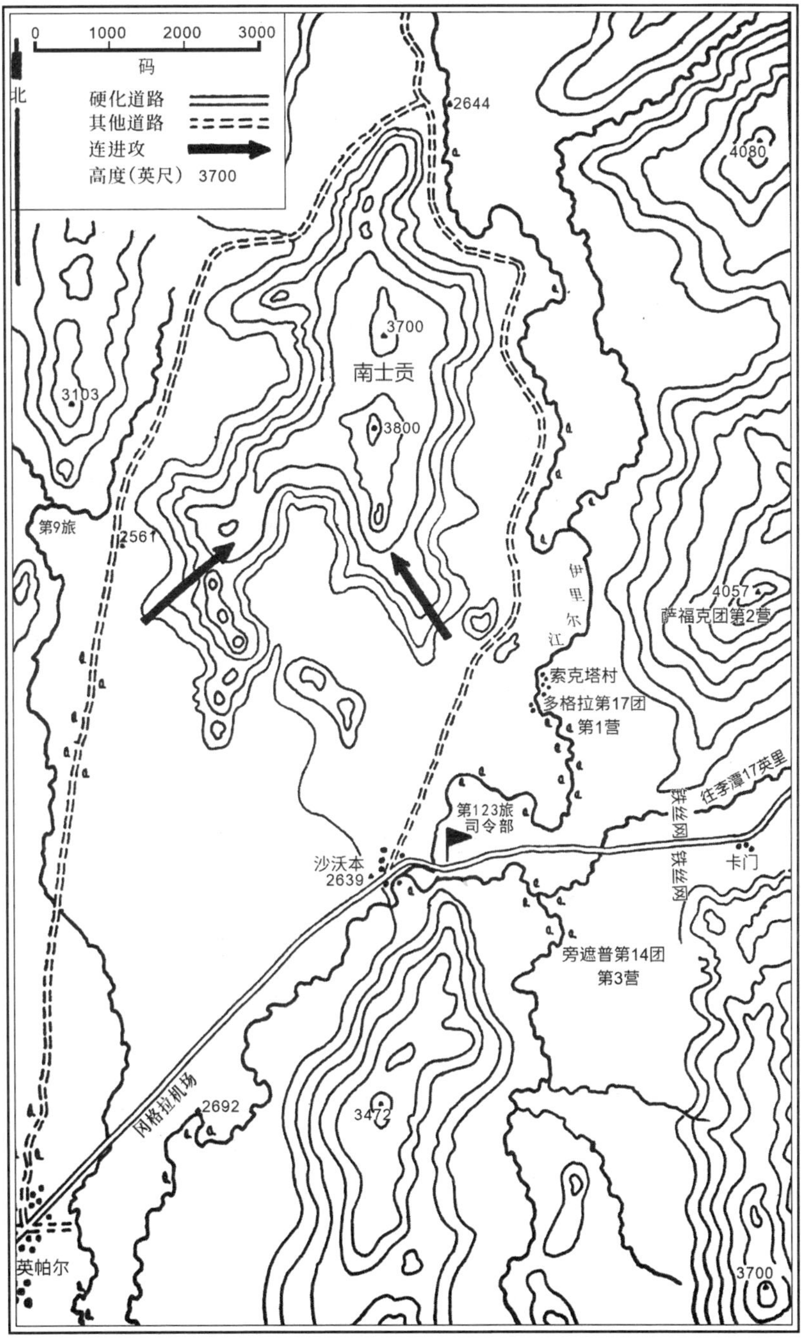
0 1000 2000 3000
码
北
硬化道路
其他道路
连进攻
高度(英尺) 3700
2644
4080
3700
南士贡
3103
3800
第9旅
2561
伊里尔江
4057
萨福克团第2营
索克塔村
多格拉第17团
第1营
往李潭17英里
铁丝网
第123旅
司令部
沙沃本
2639
卡门
铁丝网
旁遮普第14团
第3营
冈格拉机场
2692
3472
英帕尔
3700

图4-8 南士贡

4英里长的山脊。很多山丘由山脊相连。最宽的地方，大约为三分之一英里，爬上陡坡要一个小时。4月6日，贾特第9团第3营的官兵在炙热下汗流浃背爬上山坡，还来不及在面向英帕尔的山坡挖工事，夜色已降临。隔天的三更半夜，日军步兵第51联队第3大队（大队长森川少佐）在一场暴风雨中进攻了这座山。三个小时中，贾特团的人损失了几近一半，因此奉令撤退；他们的一名印度士官被认为已死，留在那里，被日军扔下山坡。事实上，他虽然手脚都受了伤，却依然活着，设法回到了营部，但后来还是因伤去世。

贾特团团长格蒂（Getty）中校派了另一个连去重夺这座山头，日军的阵地已被一架飓风式轰炸机的空中攻击所瓦解。这一回，贾特团轻易就拿下了山头。可是4月8日、9日乃至10日，他们被一再攻击。最后一次，是遭到75毫米炮的攻击。11日上午，贾特团被迫再度退却。在失败的反攻中，损失了一名连长和很多士兵。看来，日军似乎要固守南士贡了。唯有用极大的兵力突击，才能收拾他们。

4月12日，师长布里格斯召开会议，策划一次突袭。出席的有皇家空军第221大队阿彻（Archer）上校，他为第14集团军提供空中支援，埃文斯准将也在，他那个旅在南士贡备受日军尾本联队的威胁。在座还有第4军军长的弟弟雷金纳德·斯库恩斯（Reginald Scoones，被人叫“傻子Cully”）准将，为坦克第254旅旅长。贾特团很明显已经筋疲力尽，步兵角色便移交埃文斯旅内的一个营：多格拉团的第1营，营长为拉克里·伍兹（E. J. Lakri Woods）中校。[①]多格拉团的士兵是印度拉普特人（Rajputs）[②]，具有引以为傲的战士传统，个子较小，所以日本历史学家（即使到了现在）误认他们是廓尔喀人。伍兹中校这一营

① 乌尔都语Lakri，是名字叫作Wood或Woods的印度军官的昵称。

② 译注：Rajputs的意思是王公之子，是印度战士民族，分布在印度中、西、北部，以及巴基斯坦的一部分地区。自称属于刹帝利。

当时还在公路南面，得由旁遮普第9旅第14营第3连接防，才能移动。因此，这次攻击不可能定在4月13日早晨以前。皇家空军阿彻上校答应以皇家空军三个中队支援，两个是“复仇式”俯冲轰炸机中队，另一个是“飓风式”轰炸机中队，一共二十四架轰炸机。这处山丘也会遭第5师大量炮兵轰击，另加一个中炮兵团支援。斯库恩斯军长更派卡宾枪骑兵第3团B中队进攻日军那个大队。日军只有很少的炮兵，没有空中兵力。这就是斯利姆中将使用压倒性力量的作战原则明明白白的示范。

坦克面临一项几乎不可能完成的任务，拿不准是否有能力爬上陡坡到达山顶，斯库恩斯却被说服，深信他们办得到。枪骑兵团团长拉尔夫·扬格（Ralph Younger）也如此认为。在这一战中，机械与人的表现都超出了预期要求，可是山顶附近的爬坡角度给各坦克车长带来了不幸的后果。伍兹中校计划，多格拉团各连应当在一辆坦克护送之下于上午10点30分出动；第1连（连长琼斯上尉，L. A. Jones）攻山的西侧，第2连（连长休·奥尔登上尉，Hugh Alden）则攻东侧。随同第1连的，为卡宾枪骑兵团第5连（连长尼尔中尉，Neale），以及司令部坦克群（桑福德少校，E. A. Sanford）；随同第2连的有前进观测官及卡宾枪骑兵团第4连（连长菲茨赫伯特中尉，Fitzherbert）。卡宾枪骑兵团的另外两个连：第6连（连长魏尔中尉，A. Weir）及第7连（连长斯图尔特中尉，L. A. Stewart），则在平原以他们的枪炮为部队上山提供火力掩护。

多格拉兵在黑夜中从出发点移动，越过干涸稻田的坚硬地面，他们和伊里尔江西岸索克塔村（Sokta）的伍兹中校以无线电保持联络。伊里尔江沿着南士贡的东侧流过。伍兹中校也和在第123旅旅部的埃文斯旅长联络，旅部设在英帕尔到利坦公路间的沙沃本村（Sawombung）。这座山的整个南面，就像剧院中的舞台，可以使英军各级指挥官做全景观测。

4月13日早上，日军向下瞭望英帕尔平原，英军在山下所有的活动，一目了然。他们也看得到英帕尔平原的街道与房屋。日军注意到英军坦克群从伊里尔江谷中驰来，看见它们停在山麓。对于坦克的出现，日军当时并无特别不安，在那一瞬间，日军没有一个人相信坦克真能对着他们驶上山来。日本陆军的一般知识是坦克没法子爬山。这一次在南士贡——后来在科希马——被证明是一种代价高昂的知识。

森川的第3大队在最低的山口处挖掘战壕，他的机关枪中队阵地接近山顶。挖战壕很难，大队的官兵耗上好几个小时，才挖出一条3英尺深的指挥壕。山本丰（Yamamoto Yutaka）上等兵后来回忆，他们还一定要为大部队的副官以及曹长挖壕沟，因此到了挖自己的壕沟时，他们已经耗尽力气，只好在三根树干中间堆上泥土充数。后来，他们打退了英军第一次攻击后有时间来挖时，有人说："我们或许在挖自己的坟，所以当成正式工作来做吧。"山本丰挖的深度能使自己蹲下去。他们从忙碌的大队电话中知道攻击正在展开，可是曳光弹在头上飞过时没人回应。

山本丰的思绪在别的地方：或许他不是日本陆军所要的那种军人？他记得第一次被征入伍，搭火车去中国的途中经过大阪和神户，他从车窗往外望，想起了曾经帮过他的人，女孩，绿意盎然的春天的欢愉。他觉得自己是勇敢的极端反面，内心深处反对战争，可是那隐藏得很深，作为日本人，此事不容被发现。他后来写道："我并不怕死，死只不过是肌肉的毁灭。人有一个永生不朽的灵魂，在灵魂里，一向都是和平。"天色将亮，山本丰酣酣入梦。①

他醒来时，清晨的阳光耀眼地照射在山边。这是多么美好的一天，他根本不能相信自己在战场上。不过，他还是可以见到下方山谷中一批又一批军车在运行着。这时，他忽然听到飞机的声音，炸弹在他下方

---

① 高木俊朗，《愤死》，页219。

爆炸，他把身体紧紧贴住散兵坑底，“像一只被困住的章鱼般死撑着”。（日军称散兵坑为“章鱼罐”）

最先飞到的是英国皇家空军，俯冲式轰炸机炸过后飞向英帕尔。飓风式轰炸机跟着飞来，机关枪火力对着山顶日军倾泻而下。炸弹把树木和人体都炸飞了。这时正是上午10点30分。二十分钟后，第5师的炮兵开始射击，八十八门炮轰向同一座山丘。在山本丰上等兵耳里，那声音就像一百颗地雷爆炸在他的散兵坑旁的回音。他抖动着更贴近地面，身上覆满泥土、沙子和碎裂的岩石。

在下面的谷底，多格拉兵开始移动。“那天早上，当我首先见到那座山丘”，第2连连长休·奥尔登上尉回忆道：

> 我的印象是它很高，相当开阔，山上覆盖着稀疏的两三英尺高的灌木，和几株瘦削的树。你可以很容易看见人的移动，开始时山并不陡，可是越爬就越陡了。我这个连以一个排当先，由一辆坦克随同，步兵在坦克两翼移动，要避开日军瞄准坦克的火力，以及可能反弹的跳弹。坦克连连长的那辆坦克，和我的连部一起前进，不过，我们没有和他们的无线电联系，倘若我们要跟他们谈话，不是喊，便是用配在车后的坦克电话。那天热得恐怖，我们流的汗以品脱[1]计。一直到这一仗打完，才有更多的饮水送上山来，之前，我们只能靠自己的水壶。[2]

坦克里更热。它们以低挡驶上斜坡，速度大约为每小时一英里。到了上午11点15分，它们驶到了山顶西侧一处形似“金字塔”的地方。卡

---

① 编注：英制容量单位，1品脱=0.5683升。
② Geoffrey Evans and Brett-James, *Imphal*, p. 220.

宾枪骑兵团第4连连长菲茨赫伯特中尉到了“双峰”山，随着第5连连长尼尔中尉和司令部坦克指挥桑福德少校，沿着薄如刀片的山脊与“北峰”连接。这一处的山岭太窄，而坦克前进只能排成单行，慢得急死人。第5师炮兵的射击已经停止，空中攻击也过去了。

“坦克！坦克！”山顶传来日军喊叫的声音，山本丰上等兵从散兵坑中向下看，却没看见什么，然后冒险再往上一点点，便看到两辆坦克从下面山坡朝他爬上来。大队长森川少佐大喊：“把轻机枪拿来！准备射击！把炮拿到前面来！”英军坦克把树木推到一边，到了山本丰下面不到100码的地方，也可见到印度兵在每一辆坦克后面移动。日军无法用大炮对付他们，因为那门炮的阵地在南面山坡的位置太低了。“炮给我！”中队长向山本丰大叫，“装破甲弹！”“一发都没有。”山本回答道，“一定是留在后面了。”“有什么就用什么。”中队长开始射击。山本用步枪瞄准多格拉兵开枪，坦克炮对他的位置射击，他四周的泥土如雨而下，空气中满是硝烟，呻吟声笼罩了他。这两辆坦克越来越近，50码，30码，其中一辆向山顶爬去。山本的脑袋向土里钻，紧抓住步枪。他觉得坦克停下了，大约在右边1英尺远。“我会死的，”他想，“对于这，我无能为力。”然后他开始溜下山坡，但还是紧紧贴住地面。第二辆坦克爬了上来。日军工兵带了“龟地雷”向它跑过去，这是一种爆破地雷，有磁铁固定在四角，外表看起来就像一只难看的乌龟。两名工兵向坦克跑过去，把地雷推到履带下，却什么事都没有发生。坦克炮塔盖开了，坦克车长将头伸出来，以手枪对两名工兵开枪，然后扔手榴弹。两三名日本兵对着他瞄准，可是令人毛骨悚然的是，坦克炮开始转向他们。

山本望望四周，看见另一名日本兵躺在一段距离外，肠子碎裂。还有几个人，脑袋都炸掉了；更奇怪的是，这些尸体让他想起要扔掉的削过的马铃薯皮。当他停止尖叫时，注意到另外一名上等兵和他一样没有受伤，两人开始从死去的同袍身上收集水壶。他们做了一个担架，把一个受伤的弟兄抬下山。在山谷的溪水边，他遇见12个日本兵，大家决定在水边等，直到日落。

英军坦克指挥官向前挺进，可是他们必须在炮塔上观察，这使他们很容易被袭。在西面山坡上，桑福德少校被击中（后来去世），扬格在英帕尔公路上从他的指挥座下来，让菲茨赫伯特中尉接手指挥。预备队几个连中，一个连被派往“金字塔”。菲茨赫伯特告诉尼尔及桑福德，用坦克肃清前面的道路。然后一位上士指挥尼尔这支部队的先锋车，后遭枪击阵亡。侯巴德下士接替了他的位置，又被子弹击穿了脑袋。菲茨赫伯特慢了下来，但最后把3辆坦克带到了“北峰”的前面，日军在那里已经造好掩体。装甲营军需官上士布兰斯顿在菲茨赫伯特前面的坦克上被击中，尸体跌进坦克炮塔内。他车上的射击手霍普金斯接手这辆坦克，也立刻被杀。日军开始围着坦克蜂拥而上，菲茨赫伯特自己也战死了。

因为指挥官伤亡，坦克群便停了下来。扬格让士官长克拉多克接手各连的指挥，但坚持继续进攻。在这一点上，这场战斗也许对英军不利，多格拉团已经损失了两名连长，士兵伤亡很多。高层军官（VCO，印度总督任命的军官）辛格（Subadar Ranbir Singh）在与克拉多克士官长商谈后，同意继续攻击。克拉多克接近日军掩体，同时，两排多格拉兵上了刺刀冲进掩体。

当日军联队长尾本（Omoto）大佐听说英军坦克正开上南士贡时，他拒绝相信。联队兽医官田部（Tabe）中尉一直以双筒望远镜注视这一战。他看见坦克辗过肉体，把日军活活埋葬，便将所见告诉大佐。“别傻了！他们怎么能够？把望远镜给我！”尾本坚决相信坦克仅能在平坦的区域作战。这时，他自己看到了，又气又悲地大叫：“我们完了！就是如此！”他放下望远镜，泪水从双眼涌出。

英军的旅长与上校们也在观看这一战，就像他们坐在戏院大厅的头等座一般。埃文斯从沙沃本村的旅部过来，和斯库恩斯中将一起观战。他们看着英军步兵消失在高草中，见到坦克群向山上移动，在山坡上慢慢前进，敌军部队沿着山脊移动。第5师师长布里格斯中将也来当观众，布里格斯和埃文斯及“傻子”斯库恩斯（Cully Scoones），旁边还有营长伍兹中校，在攻击进行时一同坐在一排干涸稻田的田埂上。

有些最严酷的片段，在他们的视线以外。多格拉团第1连连长奥尔登上尉去找第2连连长琼斯，到处不见他踪影。奥尔登便往山上走，穿过领先的多格拉兵往前去，这才发现面色如灰、血流不止的琼斯连长躺在一条沟内。他把琼斯送回去，自己接手这个攻击的步兵连，然后去安排坦克的支援火力。他并不是靠坦克外挂的电话，而是一辆一辆地爬上坦克直接和车长谈话，把日军掩体位置指给他们看，坦克便开始对着这些掩体瞄准。奥尔登上尉似乎在自找麻烦，可是别无他法，只能坐在坦克顶上指挥射击。正当坦克发射第二发炮弹时，日军一颗子弹击中他的胸部，把他从坦克上轰了下来。在南士贡这一战里，英军每一辆坦克与步兵的军官就用这种办法联络，非死即伤。[①]

这种情形一点儿也没有减少英军攻击的勇气，士官长克拉多克决定要更迫近日军掩体，命令菲茨赫伯特的坦克不要挡着他。菲茨赫伯特的尸体依然跌在炮塔中，可是坦克炮还在对掩体射击。这辆坦克的驾驶兵史密斯发现自己无法遵照克拉多克士官长的命令，因为坦克启动按钮卡住了，尽管日军以所有火力轰向坦克群，他还是爬下车，用一根拖缆固定好坦克，把它拖走了。

克拉多克的第一次冲锋失败了。多格拉兵已逼近距日军防守的掩体5码内，还是被打退。克拉多克这时决定采取一种几近荒唐的行动：在

---

① Geoffrey Evans and Brett-James, op.cit., p. 223.

绕过侧翼时，他命令另一辆坦克车长汉南上士直接爬上有日军掩体的北峰峰顶；这次成功了，两辆坦克粉碎了这些日军掩体，多格拉步兵上刺刀扔手榴弹，深入要害，将掩体内的日兵杀死。[①]

在东面几英里开外，日军在卡山姆的第15师团司令部内，师团长山内正文少将已经听到了轰击南士贡的炮声，可是这一战的结果，最先传到尾本喜三雄大佐的联队部。大约下午3点钟，联队部出现了一个摇摇晃晃的人形，身上的军服破破烂烂，都是黑黑的烟痕，他接近崩溃的边缘，田部中尉认出来，他就是联队军医官中配属给第3大队的木平正夫（Kihira Masao）少尉，他被派来与联队长联络。木平少尉站在尾本大佐前面，两眼空洞、呼吸急促。“木平，镇定！”尾本大佐喝道。木平站直身体，可是长长一段时间说不出话，只是站着，眼泪垂腮：“大队被敌人坦克辗过，[②]遭到全灭。”他嘴里开始胡言乱语，人就在尾本联队长面前倒下去。尾本脸色大怒。他因为不断的失败感到痛苦异常，他的第2大队在北缅甸被派了出去，联队战力从一开始便被削弱了，现在已经削弱到几乎一无所有。他剩下的，只有要保护联队的荣誉。“田部！”他叫道，“我们要向3833高地前进，我们要保卫那处高地，直到我们人人战死！”田部很冷静，知道尾本因为英军坦克消灭了他的官兵受打击太大，失去平衡。他平静地说，把他们自己抛进同一个大锅里，也达不到目的。实际上，他们什么作用都没有；最好是撤退和想想办法如何扭转局面。尾本大佐的身体就像泄了气，颓然坐下，以这种姿态停了很久，一动也不动，然后低声向田部轻语：“这是避免不了的，是吗？我们输了。”

---

① 为了纪念这一次战绩，每年在南士贡战纪念日时，皇家苏格兰龙骑兵团（由卡宾枪骑兵第3团和皇家苏格兰灰骑兵团合并而成的部队）的B中队会在当天举行分列式阅兵仪式，全部由营士官长及士官指挥，没有军官参与。Bryan Perrett, *Tank Tracks to Rangoon*, p. 117; Geoffrey Evans and Brett-James, op.cit., p. 225.

② 实际上他用的词是*jūrin*（じゅうりん，亦即中文的“蹂躏”）。

和英军一样，日军军官的损失也很严重：第3大队的大队长森川少佐、副官，野战炮兵中队长、炮兵分队长，第12中队中队长，以及第3大队的其他军官都已阵亡。幸存的军官也没有一个不受伤的。当尾本残余的兵力想在下午7点进行反攻时，英军多格拉团整整一营人都已经在山岗上，不可避免地，日军很轻易就遭炮击轰退。第二天早上，多格拉兵数到日军100具尸体。4月6日开始的南士贡这一战，日军死伤250人，英军还虏获了5挺机关枪与2门75毫米炮。[①]

大的且有组织的日军部队，从来没有比南士贡这一战更接近英帕尔。日军在南士贡的损失，不但挫败了山内师团长在英帕尔的一次猛烈突击，也威胁到与松村的第60联队的联络。此联队曾企图跨过英帕尔到科希马的道路，打出一条路，通过位于森买的英军第63旅的防线。因为这一因素，第15师团参谋长冈田大佐勉强同意尾本完全撤出南士贡阵地的要求，当然，这项要求不是以如此形式提出的。尾本在失败后致电师团部："敌军重占3833高地以南前线，面对坦克难以据守阵地，决心以全力攻击4057高地。"4057高地在往东一点的地方，越过伊里尔江谷，由英军第123旅旅长埃文斯准将麾下的萨福克团第2营据守。虽然这封电报用的是坚持进攻的措辞，但冈田参谋长知道，尾本其实在请求准许从南士贡的应付不了的局势中撤退。他只有三一式山炮，无法与英军坦克作战。幸存的人除非向一处坦克无法接近的地点前进，否则便会悉遭消灭。可是，冈田会准许敞开这样的裂口吗？那便意味着松村的第60联队会在森买遭切断。他觉得这件事不能由他独自决定，便到山内师团长帐篷里去，把电报给他看，"我觉得我不能回复这封电报，这太重要了，请师团长亲自做出这个决定"。山内由于有病而形销骨立，仿佛作战的重压在渐渐要他的命。他对着这封电报沉思许久，在师团的三位

① Geoffrey Evans and Brett-James, op.cit., p. 224.

联队长中，他最信任尾本，假如战况并非无可挽救，尾本不会提出这种要求的。

“根据成濑（Naruse）参谋长的报告，”山内师团长在当天的日记中这样记载，“松村一向过分小心，他的进展已慢下来，他是个一流的联队长，但缺乏经验，因此无计可施。另一方面，尾本则是一个年纪大、历练多的联队长，即使起先我的确不知道他是不是过于谨慎；后来他以莫大的勇气推进，并且似乎进兵快速，超过了右支队。”[①]到末了，山内正文师团长准许尾本联队长从3833高地撤退。

尾本带着所剩无几的幸存官兵，离开南士贡地区，而派第1大队在4057高地抵抗英军萨福克团。他们进行得并不比第3大队要好，不但损失了100人上下，粮食与弹药都缺乏，而且痢疾蔓延。很快，只有大约50个人能站得起来了。山内麾下的官兵，往后还有几个星期的苦战，在英帕尔东北的山丘地区对抗英军第5师、第20师及第23师；但是，他们的兵力在减少，精神恢复也差。首先，他师团中的三个联队，出发时便兵力不足额，英第4军的坚强反攻，更毫不慈悲地削减了他们的兵力（英军自己也付出重大代价）。而第15军军司令官牟田口的“成吉思汗配给”也未能实现，因为大多数牛只随着各师团出发，根本没有抵达前线。可是第15师团几近全灭的主要原因，是它无力对抗英军坦克部队。在坦克压倒一切的杀戮面前，日军在几个星期后绝望地使用了毒气。一如高木俊朗指出的，1944年夏天，中永太郎中将的错误，是造成数千日军死亡的直接原因，他们腐化的尸体，狼藉地散布在钦敦江西面的山林中。[②]

---

① 高木俊朗，《愤死》，页229—230。
② 高木俊朗，《愤死》，页230。

第31回 东京来的视察员

英国正史所认定的英帕尔之战的转捩日期为1944年4月19日。在那一天，日军的攻势停了下来，南科希马的守备英军已被救出，印度第17师安全撤退进入英帕尔平原，来自东方及东南方的日军遭到遏止。也正是这一天，仰光的日军缅甸方面军司令部的参谋后胜（Ushiro Masaru）少佐决定亲赴前线看看。他和同僚北泽（Kitagawa）同行，北泽曾奉派到茂卢，协助独立混成第24旅团，对抗英将温盖特空降部队。他们分手时，北泽转身向后胜说道："这一次我不知道我们哪一个还会活着回来，反正，我们尽力吧，绝不后悔。"后胜后来再也没有见过他了。[①]

后胜少佐向西行，在耶乌的那座桥已遭英国皇家空军炸毁，但有一只小艇被派在那里等他。破晓时分，他到了朱比山（Jupi Mountains）。两个月以前，他随同参谋长中永太郎，对牟田口麾下的三个师团做了战前视察，曾经走过这条路。他注意到一件事与以前不同，这一次敌机更活跃了，他们像鹰隼扑向猎物向公路俯冲，再以机枪扫射。后胜少佐从车内座位上开枪，然后躲入丛林，同他一起避难的日本兵说道："这里是真正的靖国神社大道[②]，长官，您最好小心点。"

天气一下子就变得流金铄石般炎热，后胜到处也见不到水，他想嚼片饼干，可是喉咙干燥，咽不下去。他回到车内，继续往前，只见路两侧挤满日本兵。走了半夜，他到了葛礼瓦东面钦敦江的渡江点。这条江有600码宽，小艇在手电筒闪烁的光照下接驳载运军火渡江。公路很快就难以通行了，沿路都是无穷无尽的一列列从前线运来的伤兵。第二天

① 后胜，《缅甸战记》，1953，页96。

② 指东京靖国神社前长长的道路，靖国神社是保存阵亡将士骨灰的地方。
译注：其实靖国神社没有供奉骨灰或灵位，只有名册。

黎明，后胜到了因代吉第15军作战指挥部，有些参谋已随各师团离开，还有一些参谋仍在眉谬的军部，他从久野村桃代参谋长那里了解到事情的真相。英军正从阿拉干空运部队以增强兵力，他们判断是相当于三个师及大批坦克的兵力。英军使用80架到100架运输机，每天至少得到100吨的给养；而且仍然有充足的飞机横越日军第31师团后方，空投部队与补给。相形之下，日军第15军一天只有10到15吨的补给，少得可怜。好像只有一个师团（第33师团）有机会突破进兵英帕尔。后胜参谋便决定去该师团参访。他仔细检查了所有文书，阅读了第15军与三个师团间往来的所有电报，这三个师团的困境并不为缅甸方面军所知，他越看下去就越明白了。

接着，4月28日，仰光发来一则电报："参谋次长将在4月30日抵仰光视察方面军，4月30日将第15军攻占英帕尔计划细节带回仰光。"后胜少佐若去看第33师团再回来要花四天时间，所以很不情愿地放弃了这个想法，接待东京大本营的参谋次长显然要优先。次长秦彦三郎（Hata Hikosaburo）中将正在巡视南方地区，也就是包括在西南太平洋的对美作战。回东京时，他向首相东条英机报告：相较在太平洋的损失，以及他们对菲律宾及日本本土四岛的威胁，缅甸并不是主要问题。不过缅甸很重要，因为它似可提供一次胜利的机会，而东条首相急需来自前线的"一些"好消息。南方军总司令官寺内寿一元帅已经把他的司令部迁往马尼拉，使它更接近太平洋的战斗。秦彦次长便在那里与寺内商讨，显然，他不能在缅甸待很久，更不可能亲赴战场，所以他只能靠参谋的报告。后胜少佐便去第15军作战指挥部兜一圈道别。"胜利似乎仅仅一步之遥，"牟田口告诉他，"不过，我们只是没有得到这样的军力。说来抱歉，但这确是事实。无论如何，照顾你自己。"他在几张名片上草草写了字，一张给司令官河边，一张给参谋长中永。后胜少佐瞟到了给中永名片上的句子："想到遥远的东京，我羞愧万分。"

所以，这就是要为整个英帕尔作战负完全责任的人对胜利可能性的真正想法。后胜少佐开着吉普车，驰向吉灵庙机场，大雨冲刷着车侧帮和帆布车棚。路上水积成河，吉普车开始打滑，有一阵子失去了控制。夜半以前他到了机场，5月2日回到了仰光，见到一架大飞机刚刚起飞，他突然觉得这一定是参谋次长飞回东京。

果然不错，他回到缅甸方面军司令部时，秦彦已经走了，留下了几名参谋，包括大本营作战课高级参谋杉田（Matsuda）。后胜被问及此行经过，他没有想到他的意见也许会决定第15军甚至缅甸方面军的命运。他叙述了牟田口的战力、补给体系的效率（或者无效率）、雨季的影响。事实上，这次作战，无论胜败，最迟必须在5月前结束。听到了这一切的缅甸方面军司令部的参谋，随着时间推移越来越焦躁不安，他们所有的乐观似乎烟消云散。杉田参谋考量了这种氛围，便发了电报给东京的大本营。

但后胜的报告有别的影响，南方军派了几位参谋飞到缅甸，然后向方面军报告——他们执意这么做——说英帕尔作战依然可能成功。这个消息传到了东京，那时东条英机首相正在会见自缅甸归来的秦彦次长。这位参谋次长此行接到许多宣传，他抵达南方军总部时，就有人告诉他，英帕尔作战有90%的胜利希望。不过他苦着脸指出，到现在为止，南方军总部没有派半个参谋到缅甸看看此事进行得如何，直到5月1日，才派往缅甸两名参谋。①

秦彦5月1日飞抵仰光，隔天便拜访方面军司令部。河边中将和参谋长中永及高级参谋青木估计，胜利的可能性为80%到85%，但是秦彦依然提议终止这次作战。“我们只有一条路，那便是坚持到底。”河边答

---

① OCH《英帕尔作战》，Ⅱ，页68，杉田大佐的回顾。

道，“再给我一点时间吧。”①

秦彦很困惑。接近前线的司令部似乎对结果较不乐观（即使南方军总参谋长饭村穰少将赞成他取消作战的观点）。理论上，他应该造访第15军，但他没这个打算，因为他必须在5月5日回到南方军，与各军司令开会。他去了新加坡，但将他的参谋杉田（Sugita）大佐留下来，听取后胜少佐的报告。听过后胜关于第15军不得不说的话以后，杉田大佐便飞往眉谬，那里是新成立的第33军司令部所在，该军在那里正与在北缅的温盖特部队及由美军训练的中国军队作战（可让牟田口专心于英帕尔作战）。这个新成立的第33军的参谋长片仓（Katamura）少将（自缅甸方面军调来，明升暗降）对牟田口与麾下三个师团长的冲突完全清楚，便毫不迟疑对杉田大佐阐明这一点，还补充说，他觉得英帕尔作战能否成功相当值得怀疑。杉田认为他的态度奇怪，因为他晓得，片仓在缅甸方面军参谋部时，曾是负责这一作战计划的人员之一。5月11日，杉田随同秦彦回到东京，大本营作战课课长服部卓四郎大佐约他次日见面。“缅甸方面军的两位参谋寄来一些前线战况的报告，内容显示，有人在视察时对这次作战的结局感到悲观，而这是最不适当的。这是否意味着，从这一角度来看，秦彦向东条英机首相所做的报告中，也许有些事要斟酌？”杉田答道：“并没有特别的需要去更改这份报告的内容。”而且，他补充道：“毫无疑义，他断定英帕尔会败。”

秦彦的报告当面呈给东条英机，在场的还有参谋本部所有部门的课长，以及各空军司令部的代表，为数众多。秦彦做了结论：“本人并不断然确认英帕尔作战会以失败结束，但这份报告证明了会极为困难。”他以婉转的说法缓和他结论的冲击。东条不能忘记他在场的听众：“这一战一定要打到底，你所有的这些软弱的话是什么意思？”秦彦三郎一

---

① OCH《英帕尔作战》，Ⅱ，页69，河边的日记。

声不吭，会议室中一片静寂，气氛紧张。“你得到的结论竟基于一个乳臭未干、毫无经验的参谋的一份报告!”（东条英机首相显然经由杉田参谋，知道秦彦次长报告的来源为后胜少佐）东条决定继续行动，指派38架飞机空运补给品到缅甸，可是现有的资源仅有24吨。停止这一作战的机会就此失去，而采取的决定为鼓励第15军继续进兵。大本营一名特派员（伊藤少将）赴缅甸，转达一份电文：“如今英帕尔作战不仅只是缅甸，而是世界性的问题。缅甸方面军须做出一切的牺牲，务必攻占英帕尔。”

后胜少佐频频鼓吹停止这一作战，甚至在那一战以后也是如此，可是没有一个人听他的。另外一位参谋，陪同缅甸方面军司令官河边正三中将，在6月初开始视察行程，带着些挖苦意味对后胜说，第15军“希望确保不得再有参谋到前线去，倘若他们可能报告说英帕尔作战会败”。

第32回 河边亲赴前线视察

当佐藤幸德中将的第31师团正在苦战企图收复科希马的英第33军时，仰光缅甸方面军司令官却已妥协，要接受失去科希马了。他着急的还有其他的地方。5月11日起，中国军队已经在萨尔温江（此处指怒江）开始反攻；在胡冈前线，第18师团面对史迪威部队的压力正在增加。一个星期后，密支那机场被攻占，看上去整个北缅甸的局势似乎都要崩溃了。而河边司令官无法派遣兵力守住这处缺口，除非牟田口廉也可以迅速攻下英帕尔。而且他还怕英国海军企图越过孟加拉湾，在阿恰布东南面登陆。5月21日，他发布一项命令，宣称英帕尔之决战的时刻已至，即使必须从科希马战场抽调部队，也务必攻占英帕尔。河边正三决定要见牟田口本人。5月25日，他带了两名参谋出发，经过曼德勒、瑞保和葛礼瓦到达因代吉。

此行并不吉利，5月31日，他们离开葛礼瓦后就遇到了柳田中将，他刚被牟田口解除第33师团师团长一职，两人交换酸苦的问候后，河边便匆忙上路。他抵达第15军军部时，牟田口已不在那里，而是外出检视第33师团，还没有回来。因此河边便利用这一机会，查看普勒尔前线的情况，藤原少佐做他的向导。6月2日，他见到了山本募，可以看出，山本本人的攻击意志并没有减少，但承认官兵的士气已受到打击，山本不可避免地承认，只有在他有了援军的情况下才可能打破僵局。河边正三一行在归途中遇见了薄井（Usui）少佐，他去乌克鲁尔（第31师团）就第15军的新计划提供建议：第31师团要部署在第15师团的左侧，进攻英帕尔。这一点与河边司令官的想法一致，但没有事实根据，我们马上就会明白。

6月5日，河边与牟田口见了面。“牟田口的健康状况良好，”河边司令官在日记中这么记载，“但他两眼满是泪水。他向我问候，说道：‘我们正在十字路口，但并不害怕。’当时我并没有提到战况。上午我休息，直至下午4点，木下（Kinoshita）大佐给了我一份战况报告。”[①]（这不是河边怠惰，而是他患了阿米巴痢疾，身体很虚弱，没有力气争执）[②]报告之后，讨论策略。

除非将第31师团自科希马前线调来，否则无法攻克英帕尔；但是木下大佐相信，英帕尔终将被攻克。当然，他当时已知道，佐藤的第31师团已开始撤退。第15军的计划便是要在乌克鲁尔止住他，使他从那里转向英帕尔前进。因此，牟田口廉也打算隐瞒佐藤撤退的事实。

6月6日，两位将军有了一次正式的会议，牟田口军司令官报告，已

---

① 《河边日记》，防卫厅档案库，东京。
② OCH《英帕尔作战》，Ⅱ，页111，与藤原岩市的谈话。

经撤去山内正文第15师团师团长之职，理由为指挥职责对他而言太重，且他的病情恶化。河边接受他这一决定，认为无可避免，但内心明白牟田口的人事处理手段很差。

牟田口随后请求增援，河边正三答应尽最大努力，双方谈话结束。但河边觉得牟田口还有些别的话要说，却词穷了。他知道牟田口心里想什么，但不打算证实这一点。在日本人的生活中，有一种有趣的现象，称为“腹艺”（*hara gei*）[①]，形容日本人做非口头沟通的一种本事。只以一瞥的眼光，面部肌肉的僵硬，一次抽动，便能把自己的想法主旨传达给有同等良好训练的主演者，而不用实质语言的介入。牟田口廉也想以“腹艺”向河边正三传意，据他战后日子里的回忆：

> 我猜想河边正三司令官此行的真正目的，便是试探我对是否要继续英帕尔作战的看法。“是时候尽快放弃这次作战了。”这句话已到了我的咽喉，但我讲不出口，我要他从我的表情上领悟它。

6月6日晚上，河边召集牟田口和军参谋一起，说道：“我带着对各位的信心回仰光去，内心很安定。”6月9日，他到达眉谬，将这次前线考察所得，向南方军及东京大本营报告，对英帕尔发生的情况做了实事求是的评估，也清晰道出所面临的困难将随着雨季来临而增加。但他却没有请求当局准许取消这次作战。

他回到仰光，发现上级司令部来的电报一大堆，都希望这次作战成功，鼓励他要忍耐，这些是他最不需要的。他业已相信胜利了无希望，取消这次作战的时间业已来临，可是这些电报使他毫无选择，只得下令各军作战到底。

---

① 译注：“腹艺”在中文中称为“腹语”，即话语不说出口，只放在肚中，但双方可以交谈。

第33回 再战科希马

“守备冈”上的达勒姆郡团与多塞特郡团；骑兵往救

在科希马第一次围攻失败后，宫崎繁三郎更进一步的目标便是攻占已被英军达勒姆郡轻步兵团第2营夺回的“守备冈”。他们为英军第2师第6旅的部队，业已奉命必须一路打进科希马。1944年4月17日，也就是第161旅与被包围的皇家西肯特郡团联络上的前一天，他们已在科希马两英里外。第2营的B连奉命维持公路安全，因为第2师的运输受到“双树冈”下面的“台地冈”（Terrace Hill）之日军威胁，那里已成为日军第124联队第2大队的坚强据点。达勒姆郡轻步兵团造成日军50人的伤亡，也失去了自己的连长。他们便重新加入已进入村庄的A连与C连，占领了“守备冈”的南面与西面。山上守军的大部分部队在那时已经撤走，但头一次围攻的遗物到处都是：破碎的弹药箱与水槽，分裂的树干上挂着空投补给的降落伞，还有未曾掩埋的死尸。日军依然据守着“守备冈”南面的小丘——九木哨所——他们称为“猴丘”，“守备冈”则是“犬山”。英军达勒姆郡轻步兵团距日军仅仅50码，完全在日军视线中，这时开始整理四周，找皇家西肯特郡团留下来的食物，收集了一堆罐头装的牛奶、培根、腌牛肉和水果。“守备冈”上的生活看来暂时还很富裕。

D连虔诚地希望能在晚上好好睡一觉，他们发现山侧有许多洞，便住了进去。18日凌晨1点30分，日军以迫击炮和手榴弹攻击C连，弹如雨下。D连连长“坦克”沃特豪斯（Waterhouse）少校在自己的散兵坑中翻了个身，告诉自己什么事都不会有，想再睡下去。噪声却越来越大，炮弹声和炸弹声惊醒了他连内的一名排长帕特·罗姆（Pat Rome）中尉，他的头伸出坑外，发现整个区域到处都是烟与火，硝烟味遍及各处。他上面山上的一处弹药补给所火光熊熊，一处口粮补给所正在燃烧。鼓鼓的牛肉罐头的沉重爆裂声，混合着松树燃烧的断裂声和弹药的爆炸声。

罗姆排长突然听到吼叫声、尖叫声，跟着就是英军布伦轻机枪在他的周围开火。似乎样样事情一下子都被声音压倒，日军厉声大叫“万岁！”，轻机枪咔咔咔咔，手榴弹爆炸，还有疯狂冲过火光烟雾的人影。罗姆排长和同用一个散兵坑的班长爬出坑来，把一排人集合起来，向连部方向而去。他们才走了20码，罗姆便听见这名班长呻吟一声就倒了下去。他死了，所以罗姆继续前进。很明显，有些日本兵已经突破达勒姆郡轻步兵团阵地，更多的日本兵正集结准备攻击。沃特豪斯少校知道要得到炮兵火力支援是不可能的了，连内所有有线电话都没有了，电话线也遭炮击切断；而配属到连上的炮兵观测员也已阵亡。防御性的炮火两个钟头后才到来，可是，在凌晨4点钟左右，日军发动了一次反击。沃特豪斯少校的副连长洛克哈特卧倒在罗姆中尉的身旁，被冲锋枪一枪打中，不过死得很快。罗姆还记得其他人没有这么快，一名步兵被打中肚子，痛得又骂又叫；一名军官的勤务兵大哭，他两条腿都被炸开了。排内的沃西（Worthy）下士向排长大喊：“罗姆排长，来搀我一下，我瞎了。”罗姆走出去，把他拖回来。这时，他自己也中了枪，只短短站了一会儿，就被这枪打得天旋地转，一只胳膊软掉，挂在身体一边，不能动弹，也麻木了。他捡起一根步枪背带，绕过颈子打一个结，把断手放在皮带里面。

在战斗小停时，沃特豪斯少校同C连连长斯托克（Roger Stock）聊了一下，他们抽了一支香烟，谈谈休假，罗姆也和他谈了一下。五分钟以后，斯托克死了。营长决定派A连的一个排来，由连长西恩·凯利（Sean Kelly）率领，把失去的地方再夺回来。凯利上尉和这一排弟兄上好刺刀，爬过一堆堆英军和日军的尸体。他连内一名中士班长两腿受伤，但还采取坐姿，用斯登冲锋枪（Sten gun）射击，并向本班弟兄下命令，直到一发迫击炮炸死了他。第二个排顶上去，但排长被打死，整整一班人被九木哨所日军的火力一扫而空。拂晓时，达勒姆郡轻步兵团的官兵都在面向日军倾斜的开阔山坡上，日军视线一览无余，便用机关枪向他们扫射。罗姆中尉带了一名轻机关枪手，想对准日军阵地，却失败了。机关枪手的头发被一阵连发子弹射断时，罗姆决定掩蔽。他卧倒在一具日本兵尸体后面，死尸的眼睛还没有闭上，一直盯着他。A连的一名军官斯托克顿（Peter Stockton）到罗姆那里问情况如何，他就要领兵进行一次反击，直入日军的堑壕。斯托克顿带了一把廓尔喀兵的阔头弯刀一马当先，而几乎立刻就死了。这证实了日军太强，受伤的英军开始零零落落被运回英军阵线，日本兵在途中以轻机枪火力射击他们。英军的担架兵就蹲在开阔地上包扎伤兵，把他们抬回去，又再出来抬；这一晚有两名担架兵后来被报请颁发维多利亚十字勋章。上午大约8点，战场沉寂下来，罗姆中尉向沃特豪斯少校报告，并奉命休息。他在一个散兵坑中坐下，沉沉睡去，一直到被抬出坑，送上救护车。

这是代价惨重的一夜，英军前方的三个步兵连的15名军官只剩4人。就一个晚上，A连官兵的136人只剩下60人。达勒姆郡轻步兵团也遭受其他方式的大失血，他们发现部队中的一名军官受伤成了俘虏，日军把他绑在一棵树上，用刺刀捅他；在科希马一战中，人类的慈悲何其稀见。

当罗姆中尉正和他的朋友斯托克（很快就死了）谈起英国故乡提斯代尔（Teesdale），同一时间，山那边的日军第124联队第10中队的士兵，也同样在怀念家乡。他们剪下自己的头发与指甲做成纪念袋，供一旦战死后留念用。他们借着散兵坑里的烛光，写下纪念的短文，向家人道别。这些信通常简简单单，时常使用成语：“亲爱的父亲与母亲，现在日本的日子如何？马上，儿就要到一遥远的地方。有一段时间，我没法向您们寄上消息，不过别操心，不需要！”写给爱妻或爱子的信，总不能说“我即将赴死”。

“所有纪念物与信件，一律交大队部”的命令传来：“写完了先收集起来，这样敌人在你们死后才不会说你们如此多愁善感，又没男子气概。所有照片与家信，通通烧掉！”

吉福大尉接到这一命令，望着自己大儿子的照片，“爸爸，现在我是班上第一名呢”，他看到儿子的信，照片上是他一年级时微笑的笑容，得意地把手臂伸到前面，上面有“全班第一名”的标章。“所以，你是班上第一名了，”他写回信，“你做得不错，哪怕爸爸不在，也要继续努力！”他开始对着照片说话，也意识到自己在做什么，然后将照片点燃。他的目光与也在做同样事情的上角勇伍长相遇，两个人相互微笑。吉福大尉这个中队率先攻击。他们摘下了阶章，士兵抛掉刺刀鞘，这些都不再需要了，如果“守备冈”攻不下来，他们不会再回来。

突击发起时间为凌晨5点。第2小队长小队梅田（Umeda）少尉第一个爬上梯子，一头滚入前面敌人的盲区，滚动时撞到了手榴弹销栓。他立刻觉得胸部有烧灼感。他滚下山坡，滚到英帕尔公路上，喉咙受了伤。

中队长吉福大尉受伤十一处，全身浸满了血倒下去。“别管我！”他对全体官兵下令，“向那些房屋进攻！”一名英兵朝他这方向扔了一枚手榴弹，一等兵落合（Ochiai）用刺刀柄从他侧面砸过去。那英兵回头，大叫一声，丢了手榴弹。“小心！”落合扑倒时，手榴弹一块碎片在他背上挖了一个洞。中队士兵将吉福大尉半拖半抬到山坡边，再把他从那里滚到安全的地方。他从20英尺高跌落到公路上，伤口到处淌血。①

与过去分离并不是在科希马的日军维持勇气的唯一方法。有时候，

① 《乡土部队战记》，《缅甸战线》，页158—159。

迷信也有帮助——如蒙斯天使（Angel Mons）永远不死。[1]日军从科希马岭撤退后，一名在那加村5120高地作战中被俘的廓尔喀兵就说日军撤离后有一日本兵亡魂每晚都出现，只要天一黑，就有喊杀声起，这名亡魂头上紧紧戴着钢盔，像恶魔般向他们冲过来。“我们一开枪，他就在我们阵地前消失，像鬼一样！”日军第58联队第3大队听过这个故事。他们投降后，在缅甸的卑谬附近工作队服劳役，口耳相传这件事，那里的英军，就是曾经在科希马攻击他们的部队。第58联队史的编辑说：“我们并不认为这是奇事，只要一想到在那些山丘上数以百计乃至千计的同袍不屈不挠奋战至死；我们可以想象他们的英魂，也许已成为一支幽灵突击队。”[2]

步兵第58联队第2大队的龟山正作（Kameyama Seisaku）中尉，发现一种更古怪，但或许更为传统的方式，可激起手下的勇气。他记得佐藤红绿（Sato Koroku）的一部长篇小说里，一个棒球队的老队员们让那些没有用护身包紧下体的选手抓住自己的睾丸（这故事，在日俄对马海战时东乡元帅也曾说过）。

他们发觉山坡地硬，很难开挖，而每当他们一起身，就遭到英军的狙击。“不要怕！”他对手下的弟兄喊道，“没道理害怕，冷静下来。大家一起来，抓着你的蛋蛋！对吧？如果它们松垮垮吊着，你们就没事！”

他力图言行一致，令人丧气的是，他自己的睾丸根本没松松垮垮，而是紧紧缩在一起。小队三十多名日本兵通通把两只手放在股沟中间，眼睁睁看小队长示范，他只有厚着脸皮说：“你们的如何啊？我的晃来晃去！”

一名年轻的一等兵在他前面满脸通红地努力搜寻着，说道：“报告

---

① 译注：蒙斯天使是一个著名的传说，在第一次世界大战比利时蒙斯战役时，有一群天使保护战场上的英军，是他们的守护神。

②《缅甸战线：步兵第58联队回忆录》，1964，页405。

小队长，我找不到我的蛋蛋……”连这迫在眉睫的战争恐怖，都无法阻止全体官兵的一阵爆笑。①

为了收回科希马，斯托普福德的兵力在数量上无疑是胜过日军的。原本派往路标32英里处之第5师第161旅，现在已重新归建。最近从阿拉干空运过来的第7师，也由北方丘陵下到那加村。更东边是温盖特远程特遣队的第23旅（旅长佩罗恩准将，Perowne）正在前往钦敦江的小径上，以切断日军的给养及交通线。而第2师（师长格罗弗少将，Grover）则突击科希马岭，打通通往英帕尔的公路。

4月22日，夜色降临后，第2师格罗弗派麾下的第5旅（旅长哈金斯，Hawkins）进攻被日军佐藤的第31师团第138联队第6中队所占领的密瑞马岭（Merema Ridge），要在科希马岭北面3英里外，远远地挥出一记左勾拳。攻击在倾盆大雨下进行。起先，英军沿着兹沙村（Dzuza）以一列纵队前进，然后爬上了这座山岭，这里是佐藤右翼地区的有力据点。佐藤幸德师团长把他的指挥区分成三区，右翼区从密瑞马岭延伸到那加村边缘；中央区则是那加村本身，村内及四周有第138联队第2大队、第3大队，第124联队第3大队及第58联队第3大队四个大队。右翼区包括了科希马岭以及四周的高地，为全师团守备最严的地区，此区内集结了四个大队，还有第31师团司令部、第58联队指挥部、第124联队指挥部、第31师团的步兵团指挥部，都在这个区内。

哈金斯的第5旅，由卡梅伦郡高地第1团打先锋，由那加族挑夫背补给品，爬上一处高程2000英尺的陡峭山岩。在此可从那加村日军的后方出现。他们在5月4日发动攻击，当天晚上，日军反攻，从英军手中重新夺回一些阵地。但到5月5日，第5旅仍然据守那加村的西侧，开始向“宝藏山”（Treasure Hill）派出作战侦察。

---

①《缅甸战线：步兵第58联队回忆录》，页308。

从“守备冈”上往下100英尺有4层台地，每层之间的落差从10英尺到40英尺不等。最高的台地是俱乐部的羽毛球场，下面是网球场，然后便是区行政长官官邸，这里落差超过30英尺，再下面是花园，高于交叉路口20英尺。从上面的台地不可能看到下面任何一层台地的情形。

尽管这一带所有地区都是以前行政长官官邸的一部分，但攻击此处的英军却对详细地形并不完全熟悉，直到多塞特郡团第2营的进攻才确定了网球场的位置，原先以为这里是俱乐部广场。[①]多塞特郡团和皇家巴克夏郡团几乎首当其冲，面临宫崎繁三郎主力的攻击。多塞特郡团团长打从一开始便认定需要坦克协助，才能将日军从行政长官官邸区掩体中轰出来，并多次尝试将坦克开上俱乐部广场，从那里可以控制网球场。4月28日，皇家工兵的一名推土机驾驶兵，沿着公路开着他的推土机，直接绕过日军阵地，想把一辆“李式”坦克拖在后面，驶上陡坡，开往官邸区。这位驾驶兵以难以置信的冷静，先在斜坡上开出一条通道，再去挂住那辆坦克。当他下了推土机做调整时，他拖的那辆坦克由于误打了倒挡，把推土机向后拉倒，撞坏在斜坡上。两天后，尝试改用一辆“蜂蜜式”坦克。起初，坦克车内通话系统失灵，然后又没了燃油。第二天，这名驾驶兵再次尝试，他不信邪，因为那次他将坦克从俱乐部广场摔到网球场，这一回，多塞特郡团的一名军官陪着他，议定这次不会再把坦克摔落到网球场。正当他们在非常有限的空间内操作时，这辆“蜂蜜式”坦克与只在600码外日军发射的一发75毫米炮弹近距离擦过，这种山炮在近距离内很有威力。“蜂蜜式”坦克倒退进入掩体时，被一发口径3.7英寸战防炮弹击中，坦克失去了行动能力，不过没有人伤亡。[②]

---

① O. G. White, *Straight on for Tokyo: The War History of the 2nd Battalion the Dorsetshire Regiment (54th Foot)*, p. 193.

② O. G. White, op.cit., p. 101.

多塞特郡团无法看到官邸区发生了什么事，部分原因是他们自己的过失，一行浓密的树遮住了日军行动以及建筑物的轮廓。然后，英军拉普特团进入“守备冈”周边，他们砍伐树木作为掩体，这是值得称赞的，因为他们想给自己提供尽可能多的掩护。多塞特郡团团长反应很快：“一两天后，我在去看B连途中，注意到似乎有些事不同了，树林稀疏得多，果然，从俱乐部广场看下去，我看到的景象使我激动不已，像是西班牙探险家科尔特斯（Cortes）头一次见到太平洋一样兴奋。我可以看到行政长官的官邸了！以前不但无法见到官邸，连官邸的大院也见不到。拉普特团清除丛林的行动，使小到几平方码的地方都得以见到，这对我们可是莫大的帮助，因为我们曾竭尽每一种可能的方法，想一窥这处封闭的地域而不得。”[①]

是时候再度考虑使用坦克了。日军已设法在“通用运输岭”和“监狱冈”构筑了蜂巢阵地，有地道和强固的掩体，对英军的炮击完全免疫。到5月中旬，日军受到英军炮击的最高峰时，火力包括38门3.7英寸口径榴弹炮一起射击3000发，48门25磅炮7000发，中口径炮（两门5.5英寸口径炮，也是整个英第33军仅剩的两门）1500发。此外还有迫击炮集中射击，以及皇家空军每天的轰炸与机关枪扫射。然而，一等到炮轰的暴风过去，日军步兵便准备反击，虽然毫无空中支援，且由于缺乏弹药，火炮也稀稀落落，但这些似乎都没有办法改变他们。

想要更深入那加村，以及往下进攻亚拉杜拉（Aradura）之前，最重要的便是先消灭日军在科希马岭的最后据点。英军派出工兵，再度以推土机开出可供一辆坦克通行的路，能爬上“医疗冈”（Hospital Hill）悬崖，从后方突进日军周边。5月12日晚上，克服了坡度和地面湿滑，英军工兵完成了原本不可能完成的任务。多塞特郡团极其高兴地准备和这

① O. G. White, op.cit., pp. 110-111.

辆坦克共同前进，要求山炮连将一门口径3.7英寸的大炮抬进一处阵地。从那里可以轰击网球场边的铁皮屋，以及旁边的水槽，那两处都被日军牢牢掌控。

5月13日上午10点，坦克第149团B中队的沃特豪斯中士驾驶他那辆“李式”坦克，缓缓地从俱乐部贮藏所向陡坡前进。前方的步兵排长一直无法将情况告诉沃特豪斯中士，头一天晚上天黑以前，他们两人曾侦察过阵地。沃特豪斯把多塞特郡团一名军官带在车内，驶过山岭边沿。“停车！”坦克驾驶兵大叫，可是已经太迟了，坦克就在网球场上，正好砸进日军一处阵地，把里面防守的日兵活活压死。对于正在注视进展的多塞特郡团官兵来说，这看上去是令人毛骨悚然的慢动作，那辆坦克在网球场上稳住自己，坦克炮四下转动。沃特豪斯中士发现自己正在由沙包覆盖的钢制水塔前面。日军的步枪与轻机枪弹如雨下，无助地射向“李式”坦克。沃特豪斯车上的七五式坦克炮向他们轰过去一发发炮弹。日本兵丢了武器逃跑，却遇到多塞特郡团的火力，沃特豪斯的第一发炮弹便是他们的攻击信号。同时，山炮连那门3.7英寸榴弹炮，朝日军阵地后方轰击了50发。多塞特郡团的吉文中士，向前绕过网球场，用坦克电话和车内的多塞特郡团军官通话，报告发生的情况。沃特豪斯将网球场周围的日军机关枪阵地及堑壕一一清除，耗了二十分钟，再将坦克驶到高台边，俯瞰下面行政长官的官邸，用七五式坦克炮轰进去。炮轰停止，步兵便占领了官邸，仅一人受伤。沃特豪斯以无线电报告：“步兵再度攻入并接收此地，无一人伤亡。”[①] 事实上，5月13日这一天，多塞特郡团的唯一死亡就发生在这一时候。营宪兵班的西格纳下士领着他这一班人进入官邸时被杀。

这一仗只打了四十分钟。多塞特郡团在“守备冈”上18天，代价

---

① Bryan Perrett, *Tank Tracks to Rangoon*, p. 143.

为75人战死。对郡团所处的英军第2师，这天也是个好日子，第6旅与（第7师）第33旅以及第4旅联合，把日军赶回了亚拉杜拉山脊。5月4日到7日，英军第6旅及第33旅对“九木哨所”“野战补给仓库”及“特遣队用品仓库山”的攻击，宫崎繁三郎都成功击退了。但是五天之后，英军第33旅再度发起进攻，迫使日军后撤。5月13日，多塞特郡团占领了行政长官官邸，科希马岭肃清了。①

其余的日军据守两处坚固阵地，一处是科希马岭以北的那加村，另一处为南面的亚拉杜拉山脊。为切断宫崎少将在亚拉杜拉的部队，英军第2师师长格罗弗少将命令第4旅（旅长戈申，Goschen）在右翼，第5旅在左翼，共同执行钳形攻势。不过，第4旅得应付更为艰困的地形。在科希马西南方两英里处的普里贝德兹山峰（Mount Pulebadze），几近8000英尺高，第4旅必须绕过它，由西南方追上宫崎。第4旅以皇家诺福克郡团第1营（营长斯科特少校）打先锋，那加族人任向导，在大雨中沿着泥泞小径越过深谷。山谷内长满参天大树与各种植物，阳光难以穿透。口粮也短缺，为了完成偷袭，严禁炊烟，也没有空投给养。第4旅披荆斩棘，一路跌跌撞撞。5月4日，在“通用运输岭”附近出山，日军称这里为“司令部冈”，因为宫崎曾将司令部设在这里，以指挥科希马岭的作战。宫崎原计划4月28日到达亚拉杜拉山，可是行程艰困，无法如期到达，而迂回行动也缩短了。

诺福克郡团原拟在森林边停下来，等待炮兵的密集轰炸压制“通用运输岭”后再进入，可是诺福克郡团第1营营长斯科特少校，为了不打草惊蛇达成突袭，径自带了全营上刺刀直入。他们拿下了“通用运输岭”，以电话报告旅司令部：

“我在通用运输岭，正在巩固阵地。”

---

① O. G. White, op.cit., p. 114.

“可是你不可能在通用运输岭，”回答的人十分惊异，“你还没有拿到射击计划呀！”

“我是在此地，我告诉你，派人上来看。”

事实上，诺福克郡团这个营并没有攻下整个阵地。日军在岭北还据守着一群掩体，丛林中仍有致命的狙击手埋伏在俯瞰它的丛林中。

这些掩体是威胁。第7师第33旅（旅长洛夫特斯-托滕汉姆少将，Loftus-Tottenham）已调给第2师，并于5月4日那天开始攻击科希马中央阵地。正当那时，第4旅在右翼与第6旅合作，在5月7日前攻占“监狱冈”，而第3旅则进占那加村。可是5月5日才抵达的托滕汉姆旅长去看了一下他那个旅要走的路线，立刻就发现，在“通用运输岭”左侧日军掩体所发射的火力，会将他们在右翼卡死。第4旅奉令肃清这山岭，诺福克郡团第2营在日军掩体遭受英军猛烈的集中炮击后攻占了东北山脊。诺福克郡团的一名军官兰德尔（Randle）上尉，以几乎令人难以置信的勇气，用自己的身体堵住一处掩体发射口，让手下弟兄攻下来。不过日军守住了亚拉杜拉山脊上的机关枪阵地，从那里对攻击的英军射击。5月9日，英军运来两门6磅炮，以近距离直接射击日军掩体，但未能奏效（经过证明，日军掩体能对抗任何枪炮火力，除了5.5英寸中口径榴弹炮和近距离射击的75毫米炮）。

5月7日早晨，廓尔喀兵攻击“通用运输岭”上的日军掩体，运气也不比诺福克郡团好。指挥官被打死，旅长戈申的勤务兵为了救他也死了，最后戈申在侦察时也阵亡了。英军有两位旅长阵亡，这表明了科希马近身战的性质。而在士兵方面，到5月7日，达勒姆郡轻步兵团第2营的兵力减少到只剩6个排。正如托滕汉姆少将所惧怕的，“通用运输岭”上的日军火力击中了女王专属皇家西萨里郡团（West Surrey）第1营，当他们向“监狱冈”移动时，日军师团的炮兵对他们轰击了半小时，又以75毫米炮轰击，将他们击退。研究科希马战役的历史学家阿瑟·斯文森

（Arthur Swinson）说："这是一次苦楚的败仗。"[1]四天以后，5月11日凌晨4点30分，西萨里郡团第1营和旁遮普第15团第1营，再度攻击"监狱冈"，"通用运输岭"上的日军照旧对他们攻击，不过这一次，西萨里郡团攻了上去，拿下了山顶。

5月8日至10日，英军第2师舔净伤口，准备再度攻击。5月12日，廓尔喀团肃清了"监狱冈"，旁遮普第15团第4营拿下了"特遣队用品仓库山"，而皇家巴克夏郡第1团攻占了"野战补给仓库山"。5月12日晚上，日军自"特遣队用品仓库山"所余无几的阵地撤走。第二天，英军廓尔喀步兵第1团第4营渗透上了"宝藏山"，发现那里几乎空了。第5旅带着坦克从科希马岭沿着公路推进，并在5月15日与廓尔喀团会合。那加村以东的高地还有待一一攻占，它们是"教会山""5120高地"和"大炮山脊"，以及南面的亚拉杜拉。

到这个时候，英军第33军军长斯托普福德中将已经得到了新的增援。5月初，第7师（师长梅瑟维少将）和该师的第114旅随着第33旅进入科希马地区；第161旅纳入该师指挥，以代替空运到英帕尔的第89旅。第268旅与第2师的各部队换防，让师内各旅仅作战三四天便回迪马布尔休息一阵。[2]

日军与英军的对比是惊人的，日军死伤惨重，没有援兵，没有空军支援，没有坦克，甚至他们的炮兵也不足，弹药用罄。钦敦江江岸的兵站没有运来粮食，他们能期望的唯一解救便是死亡。尽管如此，1944年5月16日，当斯托普福德中将下令进行第二阶段的重夺科希马之战时，日军仍奋起应战。

---

① Arthur Swinson, "Kohima", in Purnell's *History of the Second World War*, p. 1702.

② B. Prasad ed., *Official History of the Indian Armed Forces: Reconquest of Burma, 1942-1945*, Ⅰ, p. 296.

第34回 黑猫三斗白虎

锡尔杰尔小径，波桑班及宁索康

1944年5月，田中信男（Tanaka Nobuo）少将代理第33师团师团长[①]，6月即正式接管师团指挥权，晋任中将。此时，这一战在实际上业已失败了，可是田中信男的举止从来没有显示过败象。他魁梧威严，身高6英尺，蓄着一把浓密动人的唇髭，髭尖长达两耳。6月2日，他对全师团官兵发布鼓舞性号召：

> 现在，是攻占英帕尔的时候了，本师团毫不怕死的步兵部队，一旦突破敌军主力，便可确定胜利到来。即将来临的一战，是一个转捩点，它将决定大东亚战争的胜利或失败……务必寄望本师团战至最后一人，本师团长对你们的勇敢与奉献深具信心，深信你们将善尽责任……此役为帝国命运之所系，全体官兵英勇奋战！[②]

这是激励士气的话语，但同一天，田中在日记中吐露心声，低调得多：

> 师团官兵神情糟透了，他们任自己的头发和胡须生长，看上去

---

① 第15军军司令官牟田口廉也，于5月9日以电令撤换第33师团师团长柳田元三中将；翌日，驻泰国的独立混成第29旅团旅团长田中信男少将奉命调职，当时他人在仰光，5月13日启程赴前线。第33师团暂由参谋长田中铁次郎指挥，直至田中少将到任为止（OCH《英帕尔作战》，Ⅱ，页56）。

② Geoffrey Evans and Brett-James, *Imphal*, pp. 105-106.

就像是山中的野人。距离这一战开始，已过去了一百多天。在这段时间里，几乎没有东西吃，所有人身上剩不到一两肥肉。由于营养不足，他们全都面色惨白，骨瘦如柴，国内的人甚至没有办法想象他们经历过什么。

有两三天天晴，可是昨晚又大雨倾盆，有了少数慰问袋和一些粮食；迄今为止，我们一直短缺蜡烛，因此只除开绝对重要的时候，我们没有照明。蜡烛熄灭后，我们便在完全的黑暗中——这是冥想的时刻！现在我们已能看地图了，哪怕是晚上。

有了腌梅，我特别高兴，丛林中的蔬菜味道很苦，有草的味道——我们吃是因为非吃不可。不过，每一顿拌一颗酸梅，食物也就变好吃了。

6月15日以来，我没有戴过手表，战场上，手表没有用处。即使大雨倾盆，了无止尽，敌机还是很活跃。天空晴朗时，二十四小时都没停过。①

田中就在这一天策划了一次攻击，想突破自己与印度第17师在比什努布尔相持不下的困境。印度第17师师长考恩少将，麾下多了第20师的第32旅（旅长麦肯齐准将，Mackenzie），他给这个旅的任务，便是抵挡在锡尔杰尔小径地区田中部队的侵入。第63旅则接收了第32旅在迪登南面公路的阵地，同时占领4月中被日军占领的横跨公路的宁索康村（Ninthoukhong）。日军甚至更向北施压，在5月的头一个星期，进入下一个村庄波桑班（Potsangbam）。旅长麦肯齐准将曾在4月底想歼灭宁索康的日军，却失败了，损失了3辆坦克，伤亡130人。

第63旅（旅长伯顿）要再试一次，而此时第48旅（旅长卡梅伦）

---

① OCH《英帕尔作战》，Ⅱ，页134。

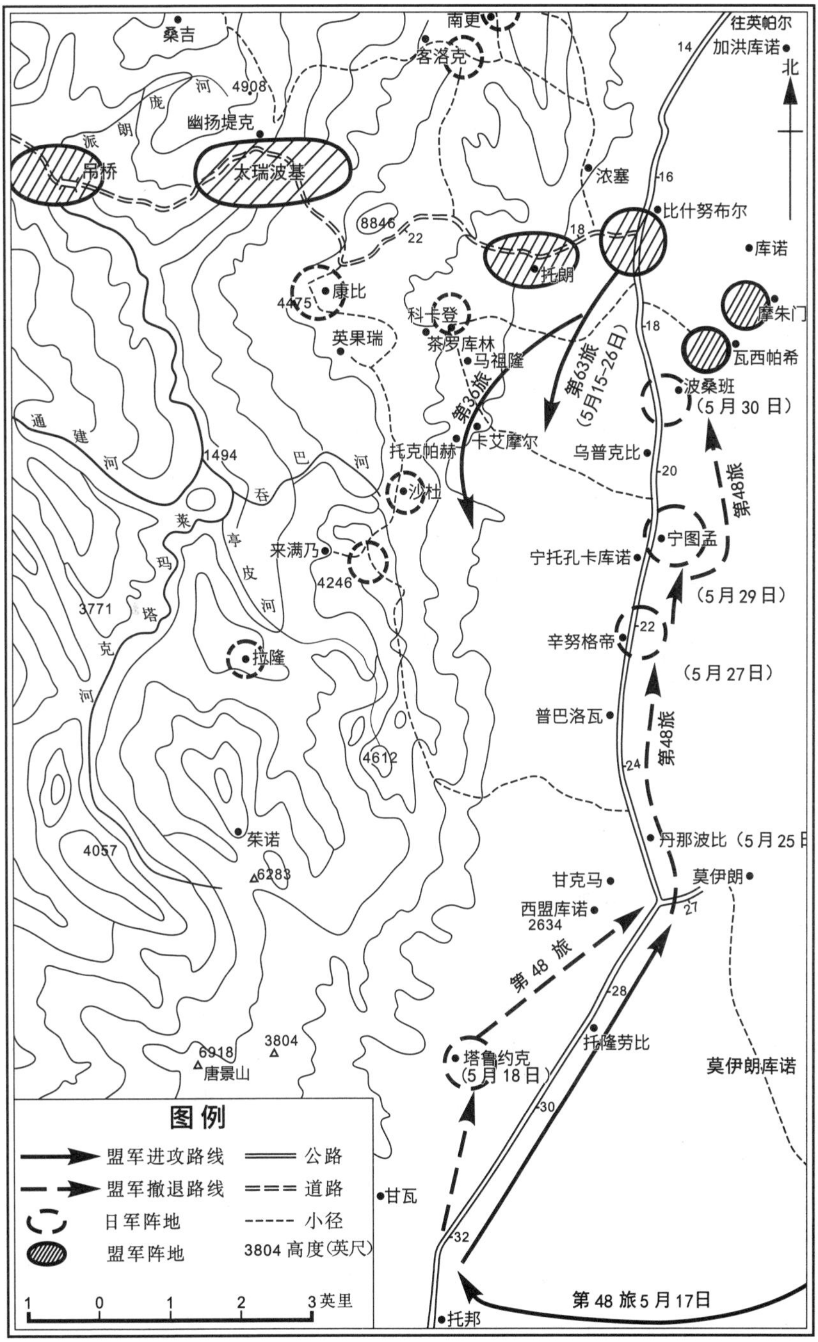

图4-9　1944年5月17至30日迪登公路作战

绕过洛格达格湖东方，沿着去往舒加纳（Suganu）的道路——此路将第48旅带到普勒尔战斗的边缘——再转向西，横过乡野（以及曼尼普尔河），向路标33英里处及托邦前进。伯顿要在这里封锁公路，勒住田中信男从南方来的补给线。卡梅伦的第48旅在5月13日出发[①]，夜间行军，5月16日上午6时抵达3404高地。卡梅伦在那里可以俯瞰日军在托邦隘道的阵地，第48旅在此高地接受了一次空投给养。卡梅伦派廓尔喀兵团去切断公路，摧毁了3辆日军坦克。5月18日上午，日军两支运输部队接近公路封锁处，3辆货车来自北面，来自南面的有8辆。这11辆货车中有8辆被摧毁。英军更在路标28英里与路标36英里两处设下封锁。田中师团的部队对这些路障以及卡梅伦第48旅旅部猛攻，都徒劳无功，且折损了200多人。[②]但是依照印度第17师师长考恩少将的计划，重点在于第63旅应该冲过日军阵地，肃清位于波桑班和托邦之间的日军步兵大队与工兵联队，再与沿公路来的第48旅会合。但是，第63旅在波桑班西面的卡艾摩尔（Kha Aimol）地区被日军的抵抗困住；虽然该旅拿下了托克帕赫（Tokpa Khul）西面的鞍部，日军称那里为“三丘冈”（Three Pimple Hill），距离来满乃（Laimanai）田中的师团部北面只不过几英里之遥。这样一来，切断了田中师团长与他前方几个联队之间的交通。结果，英军第48旅变得越来越孤立，而且重演了3月间印度第17师从迪登的撤退，以方形队伍在公路上移动。领先和殿后的都是廓尔喀部队，击退了田中师团的包围企图。5月29日清晨，卡梅伦第48旅的前卫（廓尔喀步兵第7团第1营）在宁索康激战整日，想要打通一条路径；但日军紧紧据守，最终只好绕过这村庄。第二天，卡梅伦和第63旅的部队会合。这

① A. J. Barker, *The March on Delhi*, p. 139；*Reconquest of Burma, 1942-1945*, Ⅰ中说是5月14日（p. 227）。

② 廓尔喀部队只损失5人；但由于皇家空军错误地向公路路障处炸射，官兵却有三倍人数的损失，并有37头驮骡丧生。S. W. Kirby, *The War against Japan*, Ⅲ, p. 347.

次夹击并未成功，第48旅伤亡很重，但他们也迫使田中的师团付出重大代价，伤亡1000人。

当考恩少将利用第48旅找田中的要害时，田中也在以同样的方式对付他。田中派作间大佐的第214联队前往南更北面。作间在那里分散联队兵力，以末田（Sueda）少佐的第2大队进攻自英帕尔来的公路路标12英里处的2926高地，那里有印度第17师的阵地；森谷（Moritani）少佐的第1大队，在路标14英里处越过公路，自北面直趋比什努布尔。

此次攻击是在5月20日进行的，联合从西面山区来的第215联队（笹原大佐）第2大队，一起对比什努布尔突击；第213联队（联队长砂子田大佐）第2大队，从宁索康绕过波桑班，越过平原，从东南方向进击比什努布尔。

作间大佐攻击猛烈，他的部队几乎攻到了考恩少将在清胡（Chingphu）的指挥部的上方。5月20日，他们从英帕尔公路路标10英里处的布瑞巴扎尔（Buri Bazar）西面出山区，占领了支配公路的一座山（高程2926，或称“红冈”，Red Hill），或者至少攻占了山丘的大部分。由英军俾路支第10团第7营20名印度兵防守的一小处，抵挡了日军攻击。日军并没有占领能俯瞰第17师指挥部的那一部分高地，他们不知道考恩在那里，只切断了从英帕尔来的公路。考恩自然反对就在日军进攻的阴影下作战。由师部东拼西凑的兵力，又加上几个步兵连之后，仍未能击退日军攻势，他便将伞兵第50旅（伍兹准将）调来。[①]在第20师廓尔喀步兵第1团第3营（温菲尔德），以及卡宾枪骑兵第3团两个坦克连的协助下，终于在5月底将日军赶出了“红冈”。作间大佐在南更的联队部注视着这一战。末田少佐的第2大队，出发时有500人，打完后只剩下40人。

---

① 据前文述及的多格拉第17团第1营营长。

5月20日凌晨2点，第1大队的森田少佐带了他大队的380人，在比什努布尔北面的交叉路口为大队的机关枪挖掘战壕。英军反应迅速，第二天就用上坦克，击溃了中队长松村大尉的阵地，松树大尉和整个中队全员战死。作间又派山守大尉第7中队的70人，在比什努布尔打开另一道口子。5月26日，第7中队猛扑进去，却没半个人生还。

这一战的结果，作间大佐的两个大队，第1大队兵力380人，损失了360人；第2大队500人，460人伤亡。砂子田大佐的第213联队第2大队，失去了从东南方攻进比什努布尔的机会。担任主攻的笹原大佐第215联队，被英军第63旅侵入其阵地后方，这使他在第33师团的中心"三丘冈"建立的坚固据点完全崩溃。

这就是田中信男接任新职时的状况。他立刻发挥自己的影响力。"本师团长深信，"他宣布，"为国服务的唯一途径，便是以铁的意志积极执行职责。此战是意志力的竞赛，对命令诉苦发牢骚，以及表达意见、显露软弱，应严格禁止。"[1] 5月22日，他到了马洛（Molloh）第15军新的作战司令部，向牟田口报到；当天晚上，就到了来满乃他自己的师团部。当前师团长柳田中将与他交接时，柳田有了发泄的出气筒："战况完全在敌方掌控之中，全军被歼灭只是时间问题！"田中知道柳田在陆军士官学校是第一名，也是陆军大学剑道社社员，还知道他可能有些过于敏感。不管怎么说，田中对这种悲观不同情，转身开始手中的任务。他一定得从英军第63旅手中夺回"三丘冈"和卡艾摩尔村，并恢复与前线各联队的联络。

由第215联队编成的一支混成部队，由筱原（Shinohara）大尉率领，奉令于5月24日晚上自北面攻击"观察冈"（Observatory Hill），可是指挥部成员在行进中触雷，全都被炸死，所以这次攻击一无所得。砂子田

① OCH《英帕尔作战》，Ⅱ，页72。

大佐奉令率领他的大队攻击卡艾摩尔村，5月25日晚，他率大队进击，占领了英军阵地，但付出伤亡38人的代价，包括两名中队长，因此他们撤退了。

笹原大佐的第215联队，使用第2大队及第3大队突击“三丘冈”，从5月22日打到5月28日，这也是一次灾难，两名大队长都在伤亡官兵之列。现在以数字论联队毫无意义，联队的主力第1大队只剩100多人，其他两个大队，每大队约有40人。中队更少到只有七八人。作间大佐的第214联队也一样，末田少佐第2大队的3个中队，每中队只有三到八人，没有一名军官指挥他们。这一役从5月23日开始，全师团伤亡3500人，其中1200人战死，整个师团只有两名大队长没有负伤。

在主要干道地区，日军的独立工兵第4联队（联队长田口大佐，Taguchi）接收了在宁索康的砂子田大佐大队离开后的阵地。这个联队在最近的战斗后还存活60人；但战车第14联队（现在联队长为伊势大佐，Ise）已经突破英军第48旅的包围，于5月31日带了两个大队（大队长为濑古和岩崎，Seko and Iwasaki）进入宁索康，加强防守。不过，伊势大佐无意守在村子里，他将田口大佐的工兵联队纳入麾下后，便开始准备对比什努布尔发动另一次攻击。本来应该会有第214联队的增援，但是第214联队的第3大队在哈卡（Haka）到法兰地区移动缓慢，在5月25日才抵达托邦，向驻在萨托（Sado）的第33师团司令部报到（田中信男将作战指挥所移到更接近比什努布尔的萨托），这段行程本应只需一天，第3大队却耗了四天。

田中最初冲动地要以军法惩治第3大队大队长，但最后认为也许有更多地方用得到他，便令他绕过“三丘冈”，向第214联队联队长作间大佐报到。田中如今开始思考前师团长柳田中将的观点，起先他是不屑一顾的。柳田元三是一位“有才华的抱怨者”，但柳田告诉田中，他一直被强迫不顾死伤、不惜一切代价攻下比什努布尔，对此第15军应该负责。而今，田中信男看到了结果：为了比什努布尔和“红冈”，第214联队两个大队全遭歼灭；第215联队的第1大队只剩了100人，已准备焚烧联队旗。柳田是对的吗？他自己与手下各联队长失去联络，因为英军占领了“三丘冈”，仅在600码开外。牟田口军司令官误判英军第14集团军的军力，将损失完全归咎于柳田的消极指挥，但这错了。田中对柳田的同情渐渐增加。

但是这也无法遮掩现实，田中还是在牟田口的麾下，而牟田口计划了一次新攻势，不论被全歼与否，田中都得服从。

6月5日到7日这三天，田中肃清了几处要地——卡艾摩尔村、托克帕赫和“观察冈”等英军阵地，得以将给养送及第214及第215两个联队残存的官兵。同时，他使用最近从阿拉干到达的增援部队，第54师团第154联队（岩畸大佐，Iwasaki）的第2大队，从宁索康北进，做一个向西的大回旋，令该大队在6月7日清晨6点进入波桑班。岩畸联队长办到了，在村子边取得了一个立足点，代价为100人。

但是宁索康并不是一个可发动攻击的适当基地。这个村落一分为二，有一条混浊的小溪从中流过，两岸陡峭。日军把守在村南的一端，有充足的树木与树篱可供掩蔽。而北面则是英军印度第17师的支援营，西约克郡团的第1营（营长柯普少校，Cooper）就相对没什么掩蔽，很容易受到日军狙击。他们后面的地面平坦潮湿，开挖散兵坑一点用也没有，因为坑内会满是水，一来是大雨不息不止，二则是洛格达格湖水的渗透。这意味着会有更不舒服的事：脚开始溃烂。

6月7日上午，日军攻击西约克郡团一个排。这20多人，以如雨而下的手榴弹和机关枪火力，将周边的日军赶了回去。日军不能前进，是由于西约克郡团一名排长特纳（Victor Turner）的孤胆，这一战使他身后被追授维多利亚十字勋章。他身负手榴弹冲刺六次，将手榴弹扔进日军的机关枪阵地。日军在英军坦克炮及炮兵轰击下停了下来。在第二天天亮以前，濑古将他那个大队（向第15师团借调的第67联队第1大队）的人员后撤，80人中损失了60人，包括代理大队长的副官金子中尉。但是英军西约克郡团也受了重创，伤亡50人，其中有两名军官，因此将廓尔喀来复枪第5团第2营（营长汤森［Townsend］，后来是尤斯塔斯［Eustace］）调来接替。

整个6月，当日军的第15师团与第31师团放松了对英军第4军的包夹时，田中信男中将依然打算截断锡尔杰尔小径（6月22日英军第33军与第4军会师以后，这就是一个毫无意义的目标）和攻占离英帕尔只有投石之遥的比什努布尔。

田中决定使用自北缅甸前来增援的第53师团桥本（Hashimoto）大佐的第151联队，自西面进攻“森林冈”；然后向东攻击“梅山”（加仑吉北面的一处高地），再攻向比什努布尔。在南面的第215联队（笹原大佐），则要攻击加仑吉东面的英军阵地，以舒解桥本大佐的压力。在全师团总攻击的前一天，作间大佐的第214联队要派出一个突击队，攻击在南更的英军高射炮阵地。英军对桥本大佐部队的反击，将会遭遇日军炮兵的阻止（事实上，桥本大佐联队只有一门联队大炮，必须分解后，以人力运往前线）。

必须承认，桥本大佐的部队比田中师团历经久战的部队更年轻；但他们在茂卢对抗英军卡特准将的突击部队那段时间并不轻松，而且不得不在雨水最旺时，冒着暴雨行军到阵地。官兵生活在湿溽的环境中，得不到休息，疫情不断增加，他们花了十小时走了健康官兵在旱季两小时就可走到的路程，原计划6月20日的攻击推迟了一天。

突击队两次行动进行得都很成功，使英军炮兵自此寂然。突击队队员还埋设地雷，后来炸毁了英军4辆轻坦克。桥本大佐的官兵300人，以奇袭捕获了正在“森林冈”上进早餐的防守部队，占领了阵地。他们只花了一个小时，以6人伤亡的代价，实现了笹原一再突击、伤亡惨重却未能达成的目标。对“白虎”第33师团来说，更丢人的是，他们自以为——也是很多人的想法——是日本陆军最精锐的部队之一，而桥本大佐所属的第53师团，大部分都是由京都地区城市居民所组成的队伍。

可是桥本部队缺乏弹药，无法攻占下一个目标“梅山”。在比什努布尔没有受到任何攻击的英军炮兵，对沿着山边攻爬上来的桥本部队猛烈轰击。只几分钟，他就损失了一名大队长和205名士兵，联队炮一半遭击毁，桥本也无法补充。

第15军下令他不要带工兵装备，因此桥本大佐的第151联队在最需要工具时，却悲哀地缺乏。这个联队的第1大队（冈本少佐）自南面攻下了“三角冈”，可是在22日这天，第213联队砂子田大佐的第2大队，却没有攻下加仑吉东面的“贝尔山”。这毫不奇怪，因为这个“大队”只有砂子田大队长和士兵18人。不过第二天，他们攻占了“贝尔山”，砂子田大佐在这一仗受了伤。

6月4日，英军在南更北面出现，渗透进入客洛克（Khoirok），第214联队联队长作间乔宜大佐将联队部移往西北面的来满吞（Laimaton），只进入山区一点点。前线这时安静下来，使作间联队的官兵想起他们的疟疾和痢疾，还有皮肤病。这些疾病，在他们湿透的散兵坑或“章鱼洞”里迅速蔓延。可是作间大佐并没有因为雨季而让他们无所事事，他派出两三组突击队做前线侦察和破坏。有一队带了6名工兵，向东面出发，越过山丘到了邦特（Bunte），炸掉了英军用来平射的一门防空炮和一个帐篷营区。另外一队，为第9中队的47名官兵，深入英军后方达一星期之久，对布瑙巴扎尔（Buli Bazar，位于比什努布尔东北方7英里处）的英军阵地发动了一次闪电攻击，另外摧毁了4辆坦克和6辆载重车。他们来到了离英帕尔市不到4英里的地方，这是日军前所未有最靠近英帕尔的一次（并在一个指示牌上做记号以资证明）。

作间联队长的运气也够好，截获了英军的一些方案计划。6月23

日，渡边安平一等兵，在客洛克附近的山炮阵地派了卫兵，没料到浓密的晨雾中出现一个人影，卫兵回过神来用了刺刀；尸体被认明是一名带了旅部命令的英军少校，命令上说“贵部要在6月24日攻击太瑞波基（Tairenpokpi），切断通往日军的公路”。作间乔宜大佐立刻派第2大队赴太瑞波基，可是那天却没有攻击发生。第二天，6月25日，英军派出200人进攻来满吞，400人攻击客洛克。

田中信男对麾下几个困顿的联队长加压，赋予他们新任务，笹原大佐的第215联队很明显已经精疲力竭，他下令该联队进攻比什努布尔西面的大炮阵地。他知道那是考恩攻击他的核心力量。紧要关头，笹原将联队分为两队，派他们每天去进攻英军大炮阵地。

考恩少将的印度第17师，在最近和日军第33师团进行的几次激战中损耗惨重，而自第20师配属过来的第32旅，依然困在主要干道上的宁索康，与日军两个大队及坦克激战。战事的激烈，从这雨季的几个月内颁发了两枚维多利亚十字勋章可想而知，这两枚勋章都授予廓尔喀兵部队。

这些日军坦克，是鼎鼎大名的战车第14联队仅存的几辆。想当年它们曾威风凛凛在马来半岛上南下进攻新加坡，而今，一切都过去了。日军发现他们的47毫米坦克炮不是英式75毫米坦克炮的对手，英军坦克已支配了比什努布尔以南的公路。英军这位师长对胜利非常有信心，正当田中计划从四面八方猛扑比什努布尔时，诺埃尔·科沃德（Noel Coward）正在村子里招待部队。

当然，考恩的信心有其原因，英军的大炮、坦克以及空投支援，都压倒日军。相对地，作间大佐算出了他那个联队的损失，在比什努布尔四周的战斗中，日军791人阵亡，241人负伤，22人失踪，伤亡总数为1054人。6月30日，第33师团师团长田中也算出全师团的伤亡总数，官兵伤亡7000人，5000多人生病，总数12000多人；换句话说，全师团兵力损失了70%。

即使全师团的损失数字惊人，雨季又到了最高峰时刻，田中还是打算阻止英军第4军把他赶出去。当第5师由印度第17师接防，调回印度整补时，田中上演了他所能做到的最佳演出。其他日军师团长回了钦敦江，他则一路奋战。就如斯利姆后来指出的，这也许是一次了无希望的挣扎。毫无疑问，田中当时也知道。不过我们可以同意斯利姆对田中突击队袭击的评论："几乎没有哪支部队能像日军的第33师团一般，在兵力减少、备受痛击、筋疲力尽的情况下还能发动这么猛烈的突击……无论人们如何看待如此追求一个毫无希望的目标的军事智慧，但没有人会怀疑日军做出这种尝试的至高勇气与刚毅。就我所知，没有一支军队能与他们相比。"①

第35回 三战科希马

佐藤幸德对牟田口廉也

佐藤幸德与牟田口廉也早就相识。在20世纪30年代，日本陆军被一些好战派系分裂，他们大多数致力于推翻议会政府，分裂主要在于方法各有不同。"统制派"（Tōsei-ha）是准备与政治人物及资本家合作的一些军官，如果政治家依照他们的要求去做的话。而"皇道派"（Kōdō-ha）则更为激进，视苏联为主要敌人，为了达成其目标，准备行刺政治人物及商界大亨。1936年2月26日，日军狂热的青年军官认同皇道派的主张，刺杀了很多上级军官，这次叛变，在天皇直接干预下才中止。

---

① William Slim, *Defeat into Victory*, pp. 336-337.

“二二六事件”前两年，皇道派依然占优势时，佐藤幸德忠于东条英机和统制派的军官（虽然在他的日记中显示，他认为将皇道派与统制派二分过分简化），他发觉自己遭到密查，一举一动都被报告给皇道派，以及陆军参谋本部总务部长牟田口大佐。

因此，1943年佐藤出任第31师团师团长时，他和牟田口并不完全陌生。他们两人中，始终存在着紧张的互不信任感。佐藤幸德一直深信牟田口利用英帕尔战役加强自己妄自尊大的梦想，他不愿自己师团的官兵死在牟田口的野心祭坛上；在另一方面，他忠实执行了这次战役的任务，因为这是职责所在。他做了一次公开表态，分享对胜利的期望，在当天议程中告诉全师团官兵，印度数百万的人民正等待日军的进兵，以推翻他们痛恨的英人统治。他受制于“承诏必谨”（绝对服从天皇的命令）的训示，但如果这次作战失败了，他也并不认为撤退有什么羞耻的，反而认为自愿接受歼灭是愚蠢的。他试图确保师团官兵在这一战中有一次公平的机会，其中关键在于补给要足。

1944年2月12日，缅甸方面军参谋长中永中将访问第31师团。在仙台陆军学校时，他比佐藤高一年。佐藤觉得可以畅所欲言，临别时，他送了两只孔雀和一支象牙作为礼物，请求中永参谋长重新检查整个补给工作。道别时，佐藤做了决定：倘使他的请求没有达成，缅甸方面军和第15军没有提供补给给他师团的官兵，他会自作战中撤退。[①]

在他这个师团出发前两星期，佐藤证实了他的猜疑，他接到第15军军司令官牟田口中将的命令，后者以他惯有的夸张方式，提出超过这次作战战略限制的目标。牟田口的参谋长久野村桃代少将，一个顺从的傀儡，来看他：“军司令官要我转达一项特别的要求”，久野村说道，“如果第31师团看到机会，他要你向迪马布尔前进，这是他最热忱的愿望。”

---

① 高木俊朗，《抗命》，页97。

一如我们所见，南方军和缅甸方面军早已默认，英帕尔作战是一次守势作战；向迪马布尔进兵便会转为攻势作战，事实上就是进攻印度。“我不能接受这项命令，”佐藤幸德说道，“第15军本身给我的命令为攻占科希马，我将尽最大努力达成。但我怎么能依突然的通知向迪马布尔进兵？敌人的兵力有多少？我会得到什么补给？只说上一句‘向迪马布尔前进’，而不考虑任何这些因素，真是愚蠢。”佐藤幸德气的是久野村传达这项命令，简直像是牟田口的传令官。作为一个好参谋长，其责任就在确保司令官不要出洋相。

为了安抚佐藤，久野村和他的后方参谋薄井少佐保证：作战开始后，第31师团每天可得到10吨补给品；到3月25日，共250吨。可是，什么都没有运到。到4月5日时，官兵自己带来的三星期粮食，几近罄空，仅靠就地搜索粮食支撑。可是，日军官兵也不能随心所欲搜刮百姓粮食。宫崎少将的左突进队便有严格规定，先派出宣抚班，沿着乌克鲁尔到卡拉索姆的小径进入那加村，争取当地居民，严厉禁止对村民动粗。计划好征收民粮，再在管理军官监督下行动。结果，宫崎少将的部队——主要为第58联队——情况稳定。在这一点上，中突进队的第138联队官兵也没有危急状况。而全师团的主力部队第124联队，包括师团司令部在内，则情况拮据。

就以弹药供应来说，桑萨克一战，证明对宫崎少将很大方，可是后来在科希马岭作战中，弹药已耗罄。即使他的部队在岭上占领了英军多处弹药补给所，但大多数弹药在英军逆袭时毁于射击和轰炸。曾有少数几次，试着把补给品运来。4月底，野战运输第5大队队本部的服部（Hattori）中佐，带了一支47辆吉普车组成的车队，运来500发山炮弹，还有清酒和香烟。5辆吉普车驶往查卡巴马（Chakhabama，师团作战指挥所），运去160发特殊破甲弹，却只受到冷漠的欢迎：“为什么你们不运来米和盐？”第二批车队，以12辆吉普车载运两吨山炮弹到科希马。5月24日，高田清秀（Takeda）少将使用3辆吉普车，到达查卡巴马，可是他运的“东西”主要是慰安妇。所以补给品虽运过来两次，但数量上微不足道。[①]最初，山炮的每一门炮携行基数为150发，共有17门炮。服部又供应每门30发炮弹，每炮可射击180发。这种比率不适合炮战需要，大多数炮弹在5月底以前都消耗光了（相比之下，日军算出在一次作战中，英军炮兵在两天内向他们轰射了11500发炮弹）。宫崎少将后来指出，英军佩罗恩准将的“远程突击队第23旅”切断了师团在科希马以东的后方交通线，限制了作战地区。在那加族人中，英军宣传鼓励以恶意对待日军，也取得了成效。佐藤和他的师团司令部，再度最直接地感受到这种冲击。

4月17日，佐藤接到牟田口的命令：在4月29日前攻占科希马。他要调动宫崎少将所指挥的三个步兵大队及一个山炮大队，用缴获的英军卡车，将兵力运往英帕尔前线。佐藤幸德很吃惊，因为他看不出有执行这个命令的办法，当时他师团的兵力已全部投入；而宫崎少将在他“通用运输岭”的作战指挥所中对此战役做战术指挥。但佐藤知道自己得做能做的事，首先，这道命令依照这一战初期的构想来说行得通。1943年最初的计划中，倘若第31师团内的任何一个联队受命切断科希马的公路，其余兵力便自北方进攻英帕尔，那么英帕尔很可能早就陷落了。可是现在第31师团还困在科希马岭的战斗中，抽调它的兵力并不是时候。

斯利姆对佐藤非常轻蔑：“毫无例外，他是我所遇到所有的日军将领中最没进取心的人。”[②]他讲到自己如何劝阻皇家空军轰炸佐藤的司令部，因为他要佐藤活着，在科希马那无能为力的高地上消耗该师团的兵力。他认为原本佐藤可以向迪马布尔前进，轻轻松松瓦解英军第14集团

---

① OCH《英帕尔作战》，Ⅱ，页95。

② William Slim, *Defeat into Victory*, p. 311.

军。但是佐藤幸德既不愚蠢，也并非没有进取心。他比牟田口的其他任何师团长都更接近可以完成任务。而且他在意部下，认为他们不应该饿死，也不应该在牟田口任性的冒险中浪费生命，他判断迪马布尔就是这种冒险。所以，即使佐藤向前移动，准备将一支兵力从科希马推进到英帕尔，也极不可能会真的执行作战任务。[①]牟田口要求的兵力，包含佐藤师团左翼地区的整个部队，他们几乎已经少到只有原有兵力的一半。而且倘若调动他们，如何补给？倘若他们花时间去找食物，又怎么能打仗？弹药从哪里来？为什么牟田口坚持将4月29日“天长节”（裕仁天皇生日）作为攻占英帕尔的最终日期？这是他，牟田口，贪得无厌、渴望张扬的另一个例证，为此，牟田口准备牺牲自己的部队。佐藤幸德却相反。所以他最开始运用沉默技巧，以轻蔑的沉默对待这道命令。然后，又来了一道同样的命令，他回答说，不可能这样调动。4月29日，这项命令终于取消了。牟田口军部的参谋很不满，觉得军司令官竟让自己听任一位师团长的摆布。

从5月中旬开始，佐藤越来越在意如何保存师团的战力。因此，在5月12日及13日后，英军第2师发现可以攻占科希马岭的诸多山丘了，而之前该师的攻击在日军自地势良好的掩体内发出的猛烈火力攻击下是徒劳的。由于仍然没有补给品运到，佐藤不顾一切地决定，要在5月底以前将师团部队从僵持的战斗中撤离。他知道，如果事先通知第15军，便会受到阻止。假若他同其他师团长商讨，不管愿意不愿意，也免不了拖他们下水。所以，他决心独自行动。5月24日到25日，他终于做出了这项决定。[②]

5月16日，佐藤幸德向缅甸方面军发了一封电报，表示会有事发生。

① 高木俊朗，《抗命》，页153。
② OCH《英帕尔作战》，Ⅱ，页96，佐藤的回顾。

电报中道及骇人的补给状况，更辛辣地指责第15军对这一战的作为。河边即使不高兴佐藤师团长越级报告，也还是委婉地把电报带给牟田口，要他注意。[①]

5月24日及25日，在武田少将来访时，佐藤从他那儿知道了为运送增援部队到第33师团，已经用光了卡车，运送补给给第31师团是不可能的。佐藤听到这话，告诉桥本大佐，他对补给匮乏十分气愤，并暗示他想带领全师团脱离这一战。5月25日，他拍电报给第15军：

> 本师团粮食目前已耗竭，山炮及步兵重武器弹药完全用罄。因此，本师团最迟于6月1日自科希马撤退，移动至一处能收到补给品之地点。[②]

桥本在查卡巴马过夜后告别佐藤，于5月27日抵达第15师团司令部。他向师团参谋长冈田（Okada）大佐私下透露，深怕佐藤会带领该师团部队离开战线，放弃科希马。他也以电报向仰光缅甸方面军司令部报告，将第31师团从当前危机中救出的最好办法，便是将该师团退到乌克鲁尔，以缩短该师团的补给路线。[③]

缅甸方面军司令官于5月28日收到佐藤以及桥本的电报，便警示第15军军司令官牟田口这一危机迫在眉睫。牟田口不追究补给问题，依他的性格，他要参谋长久野村桃代发出一封电报，敦促佐藤师团长重加考虑：

> 贵官忘却了贵师团的英勇战绩，并以补给困难为由决定自科希

---

① OCH《英帕尔作战》，Ⅱ，页96，不破的回顾。
② OCH《英帕尔作战》，Ⅱ，页97，桥本的回顾。
③ OCH《英帕尔作战》，Ⅱ，页97，山内的日记、桥本的回顾。

马撤退，本人对此深感痛心，现要求贵官保持现阵地再多十余天。本军将攻占英帕尔，并对贵师团杰出战功加以奖励。

电报末了加上一句通俗谚语："在坚持的意志面前，甚至诸神都会让路。"[1]

佐藤幸德收到这份电报时很生气："这一命令完全不能执行，他以无礼及威胁，敦促我重加考虑。"他后来回忆道："看上去第15军无法掌握真正的情况，我们没有补给，而且官兵非伤即病。"他回了军部一则电报："请通知军司令官，基于情况，本师团长将自主行动。"[2]

发出这则电报的当天（5月31日）夜里，佐藤幸德收到白石（Shiraishi）大佐的道别电话。白石是佐藤在陆军士官（军官）学校同期的同学，这时在那加村担任中央战区指挥官。这似乎是他在等的一个信号，他立即下令，左翼和右翼的部队于5月31日午夜离开科希马，前往科希马东边两英里处的奇德马（Chedema）。这是撤退的第一步，他向第15军又发出一则电报："本师团以至上勇气奋战两月，已达人类坚忍不拔之极限。本师团战力已耗尽（刀折矢尽），本人流着苦涩的泪水离开科希马，一想到此就足以令一位将军心碎。"佐藤中将在这封电报上盖以官印，明白表示责任在他。

第15军回电："如战况不可避免，第31师团立即撤往××××一线[3]，撤退时间另电通知。"[4]佐藤幸德并没有回复这个电报，为了保护师团右翼，他将第138联队第1大队自宫崎部队调出，派往卡拉索姆（科希马东南27英里），命令该大队在师团撤退时紧紧据守各要点。

---

① OCH《英帕尔作战》，Ⅱ，页97。

② OCH《英帕尔作战》，Ⅱ，页98，佐藤笔记。

③ 佐藤幸德不清楚这是哪一线，但相信是穿过卡克里马（Kekrima）的东西线，根本不是一条适当的撤退路线。

④ OCH《英帕尔作战》，Ⅱ，页99。

然而，到了6月9日，他接到第15军的“转进”[1]令：

> 第31师团以全速前进到乌克鲁尔地区，接收补给后，与左翼第15师团会合，准备进攻英帕尔。同时，宫崎少将所辖步兵四个大队及一个山炮大队（由军司令部直接指挥）将据守亚拉杜拉高地及科希马东南25公里处之索吉马（Sojiema），以阻止该地区敌军向英帕尔前进。攻击准备在6月10日前完成。

要在6月10日前完成这种部署根本就不可能，这道命令仅仅证实了佐藤幸德对第15军指挥能力的不信任。[2]

牟田口廉也除致电佐藤幸德师团长外，还派了军参谋长久野村桃代少将及后方主任参谋薄井少佐来访。薄井少佐受命监督将补给品从胡买恩（Humine）运往乌克鲁尔。6月4日，他离开因代吉，北上卡巴河谷，途中遇到缅甸方面军司令官河边正三中将。他逮到这个机会，说明第15军军司令官牟田口廉也的新计划：由第15师团及第31师团，沿着乌克鲁尔到桑萨克轴线进军英帕尔，对之形成威胁。然后薄井急忙赶赴胡买恩，他到达那里时，发现雨季的大雨已经使乌克鲁尔公路上的卡车无法通行。他便开始将补给品装上背架，由挑夫搬运。因此他能运到乌克鲁尔的补给品数量很少。加之补给品由第15师团的士兵来运送，要保留它们给第31师团就更不可能了。久野村桃代军参谋长跟薄井一起从胡买恩出发，他们想法子搞到了一辆吉普车，在季风大雨中，沿着惊险的小径，于6月21日黎明时分到了一个名叫南势（Nunshong）的地方，位置在乌克鲁尔东南方6英里处。他们遇到了公路旁的第31师团司令部，久

---

① “转进”为日军军事用语“退却”的委婉用语。

② OCH《英帕尔作战》，Ⅱ，页100，佐藤的回顾。

野村桃代参谋长要见帐篷内的佐藤幸德。佐藤一口回绝："本人没有会见军参谋长的需要。"久野村桃代咽下自尊，将军司令官的命令递给第31师团参谋长加藤国治（Katō）大佐。加藤记得那纸命令中有三项：

> 一、步兵一个大队及炮兵一个大队，由一位联队长指挥，沿乌克鲁尔至"教会"的公路（在英帕尔至科希马公路干线上）以增援宫崎部队。
>
> 二、派官兵900人至胡买恩，运输粮食及弹药供给师团攻势。
>
> 三、该师团长将其余兵力部署于第15师团左翼，从桑萨克西南进攻英帕尔。[①]

另派出两个大队给宫崎，派官兵900人到胡买恩——事实很显然，就没有人供佐藤幸德直接指挥了。

加藤耐着性子向久野村解释，没有办法增援宫崎部队，因为6月19日英军已经将科希马南面17英里的乌克鲁尔至"教会"的公路切断，之后便没了消息。军部的命令忽略了本师团兵力的真正状况。当务之急是让官兵们吃上饭。

这时，久野村坚持要见佐藤幸德本人，最终，佐藤勉强同意。正当久野村和薄井进入他的帐篷时，佐藤猛然开口对着薄井吼叫："卡拉索姆得不到补给，乌克鲁尔也没有！为什么不准备？你把对本师团的承诺当作什么了？所以，薄井，你怎么说？"

薄井一语不发，久野村插嘴说，如果有任何不满要提出，佐藤应该直接向他讲，而不是对他的参谋讲。这时，薄井和加藤两人离开帐篷。久野村回忆他和佐藤的谈话，记载在日本的官方历史中。不过史学家高

---

① OCH《英帕尔作战》，Ⅱ，页577。

木俊朗的版本取材于佐藤幸德中将的手记（高木，页209及以下），比较详细。以下的对话综合了上述的两种记载。

佐藤：在这次作战中，重要的因素便是补给。第15军对补给的态度，迄今为止，完全不负责任。本师团除非接到补给，否则要参与任何更进一步的作战都是不可能的。

久野村：你不能以概括一切的方式说“不可能”，一如军部已经给你的电报，军部已决定改由第31师团进攻英帕尔。这没有变更，缅甸方面军已要求这一点。

佐藤：你的意思是说，当你们接到缅甸方面军的一项要求，你们就把下级部队差来遣去，连个计划都不做？

久野村：不，我们会做一个适当的研究。

佐藤：你们一定要在乌克鲁尔贮放粮食，要从乌克鲁尔向英帕尔进军，你们就一定要在那里贮放粮食；可是那里了无一物，它的北面也没有。你对这个都不知道，怎么能谈“一个适当的研究”？派过第15军任何一个参谋去那里吗？（薄井少佐奉命要去视察将补给品运到桑萨克，但他一次也没有去过。而这一回是久野村桃代参谋长头一次视察这部分前线。）我们由于缺乏补给，现处在一种胆战心惊的状况中，以我们现在的情形去攻击英帕尔，真是荒唐到极点。请将这实情报告军司令官。

久野村：你说乌克鲁尔没有补给品，我想是第15师团拿走了。正如薄井少佐所说，你这个师团可以在胡买恩得到补给品恢复战力，那里有存粮。然后，请你整顿好你的部队，向北移动，第15师团后面已敞开；倘若第31师团没有坚守的话，我们会一团乱。

佐藤：对调整北面的情况，本人并不反对。但是首先我们得有吃的。本人依然决定移向一处我们确实有东西吃的地方。

久野村：你打算往哪里退？

佐藤：这不是往哪里的问题，哪里有吃的，我们就去哪里。我们可能在胡买恩得到粮食。

久野村：总之，如果你不打算去英帕尔，就不必多说了。你打算执行军部的命令，还是不服从命令？[①]

佐藤：我没有说我们不会执行军部的命令，但是头一件事，我们一定要吃得上饭，然后才能执行军部的命令。

到了晚上11点，谈话结束，久野村表示，他想待一晚再回贡当（Kuntaung）第15军司令部（军部在6月7日便迁到那里了）。可是佐藤却说，他无意在该地停留，意思便是要趁夜色赶路。

佐藤离开，第31师团晚上行军，不过大雨倾盆，道路又窄，仅仅走了3英里。6月23日，第15军来了一道命令："第31师团将伤患官兵留在胡买恩兵站医院，在敏达（Mintha）集结师团主力。"佐藤师团官兵在饥饿、发烧和痢疾的折磨下往前走，一路上只有一个念头敦促他们，到了胡买恩那里就有米了。

胡买恩的确有米，一如久野村军参谋长所说，但只有16吨，仅够两天吃。佐藤立刻派兵出去，看看南面还有什么储存，他们带回来的消息是，在胡买恩和德穆之间完全没有存粮。久野村明知道储存不足，怎么能要佐藤把部队集中在这一处？这又是一次第15军可怕的不负责任，还有惊人的愚蠢。[②]

因此，佐藤将师团官兵分组，在胡买恩以西山地村落中搜索，至少

---

① 佐藤幸德后来透露，他与久野村桃代的谈话中，"我绝对没有半个字谈到退却，我怕他们会指责我'缺乏战斗精神'，因此我说得很慎重"。依照日本军法第四十二条，"指挥部队的指挥官敌前脱逃，以及未竭尽一切可能方法继续战斗者，处死刑"。OCH《英帕尔作战》，Ⅱ，页167。

② 高木俊朗，《抗命》，页217。

还会有稻谷吧。却几乎没有……路径两侧无穷无尽的尸体，引导他们走向山村……

第36回 公路打通

宫崎支队步兵第58联队的西田将（Nishida Susumu）大尉在6月18日晚上抵达沙发迈那东北方的山丘，他向步兵第60联队联队长松村（Matsumura）大佐报告，第31师团的主力部队自行撤退，放弃了科希马前线。有一支部队，即宫崎少将指挥的一个大队，正沿着科希马—英帕尔的公路向南前进，连续占据了几个据点，以阻止英军进击。松村大佐听完才说道："这是我接到过的最奇怪的报告，一位部队指挥官怎么能做出这么愚蠢的事，不管情况有多么困难，没有军部的命令，便自己停止作战而撤退？"

当然，这次撤退直接影响了松村，他正卡在英军南北夹击当中，他在"教会"（康波比）南方约6英里处，英军几天内便会到达。宫崎少将计划的撤退日程如下：

维斯威玛	6月4日至13日
毛松桑	6月13日至17日（印缅国界）
马拉姆	6月17日至20日[①]
卡隆	尽可能守住，6月20日之后

---

① 只有三天，而非印度陆军战史所说的十天，见B. Prasad ed., *Official History of the Indian Armed Forces: Reconquest of Burma, 1942-1945*, Ⅰ, p. 308。

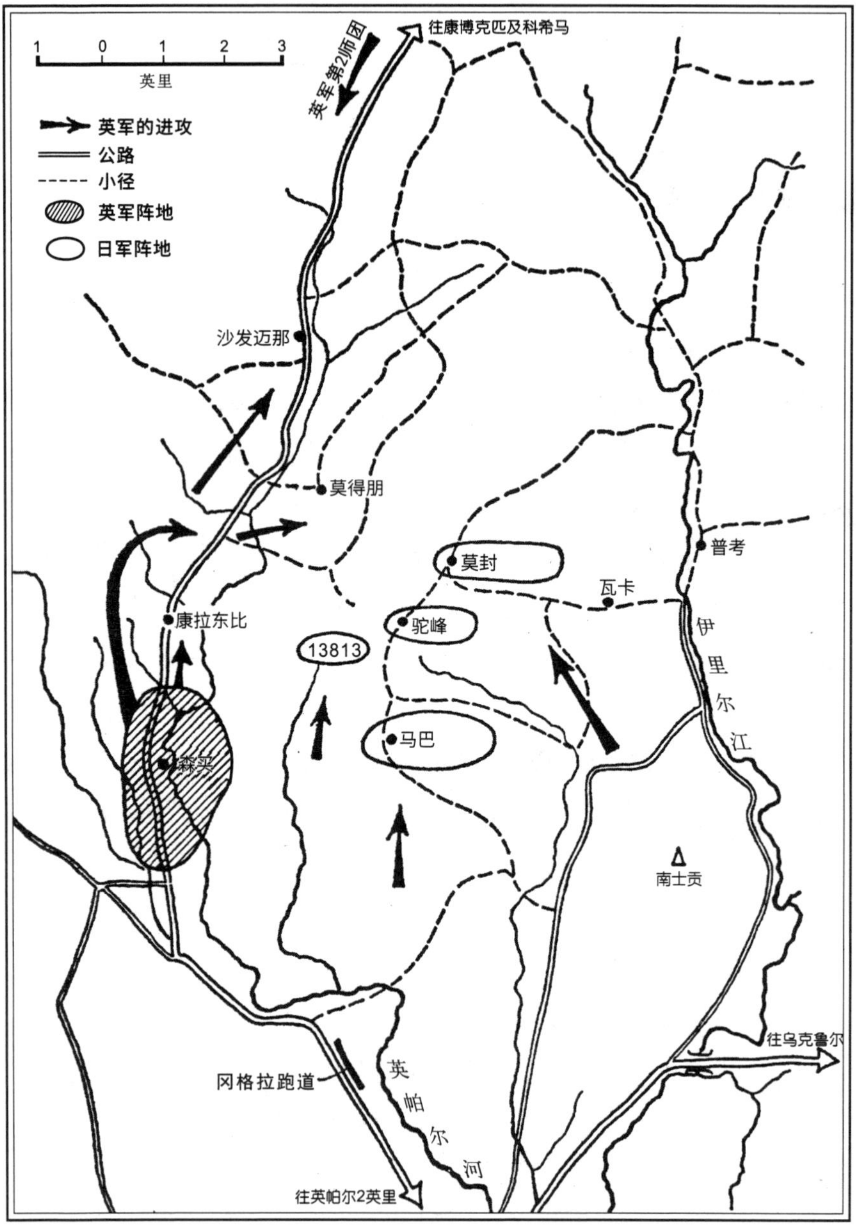

图4-10 突围并重开科希马公路

可是他业已被迫退到格龙（Karong）大约38英里开外，所以松村大佐便派出他的情报官竹谷（Matsumura）中尉，与山田（Nishida）曹长和西田回卡隆去看看实际状况。竹谷夜间穿越山区，在6月19日回来。宫崎并没有想到他能在卡隆坚守超过6月22日；然后他会回到“教会”。在英军第2师的压力下，他能守住“教会”三天以上便是运气。“问问松村，”不屈不挠的宫崎曾经说，“他打算如何好好大打一仗。”

可是松村大佐并没有等待，他告诉所属部队沿着往“教会”的公路撤退。公路西面有一处建在高地的第一野战医院，伤患准备移往5797高地。为全师团担任前卫的本田大队，立即成为英军迫击炮集中射击的目标。然后，英军坦克在沙发迈那突破，穿过松村的阵地。6月21日，内堀（Uchibori）的部队受到来自北面的炮击。英军第2师的坦克向南移动，于6月20日在路标95英里处的卡隆突破宫崎的封锁，开始对“教会”东南5797高地，也就是众所皆知的松村大佐第60联队的集中地轰击。

在路标112英里西面几英里处，英军第123旅旅部设在一处山上，旅情报组可以从那里监视公路的动态。

坎宁（Canning）下士用一棵树作为他的观测哨，然后用电话向旅部报告。他知道英第2师的先头部队会在6月21日晚上到达路标103英里处，离英第4军只有8英里的距离。6月21日上午10点30分，坎宁用望远镜扫视公路，看见有一个连的“李式”坦克和步兵在公路上行进。那是皇家装甲兵第149团，军车内是英第2师达勒姆郡轻步兵团的第2营，他们是最后突破的部队。他们与退入山区的日军松村部队有一次轻微的驳火，但现在，公路已肃清了。

英军第4军的坦克不甘示弱，那天早上便奉命在公路上推进，领先纵队的为卡宾枪骑兵第3团（团长迪姆斯戴尔少校，Dimsdale）C中队，殿后的为轻骑兵第7团C中队。他们遭遇两次路障，头一处是一棵大树，他们把它拖出路外；另一处是松散的石头堆成的路障，领先的坦克连准备摧毁它，在石头中开出一条路通过。头一辆坦克的车长莱德中士把坦克停下来，他离那堆石头只有15英尺远，正准备开车通过时，一眼见到石头中有金属闪光，这堆石头中埋了大约40发37毫米炮弹，弹头都指着坦克。枪骑兵停下来，由工兵来处理这道墙，令他们懊恼的是，就在他们准备再次出发时，轻骑兵第7团已超过他们向北前进，奔向路标169英里处的双层桥。可是多格拉第7团第1营原来就在那里了。他们已经穿越了公路西面的山丘，又回到路标109英里处，上午10点30分，在此与第2师的前锋坦克握手。①

这也是将军们的会面。第9旅旅长萨洛蒙斯准将，开着他的吉普车穿过行军的纵队，直到他看见第6旅旅长史密斯准将和第2师师长格罗弗少将走在一起："史密斯，见到你真好。""很高兴我们办到了。"第33军军长斯托普福德中将和第5师师长布里格斯中将后来也到了，一起安排各师的作战界线。②

而奉命援救第一野战医院伤患的日军，越过公路，进入山区，但当他们听到公路上南来北往的坦克驶近声时，很多情况下是把伤患遗弃在山边。伤患向离开的担架兵恳求："带我们跟你们走啊！"其他人会认为这是要他们用手榴弹自我了断的暗示。日军第60联队的曹长井上猛夫（Takeo），看见一辆有侧挂座位的英军摩托车从南面驶来，停在英军坦克群前面，坦克的军官爬下来，与摩托车乘客和驾驶员握手。"我们被打败了！"井上猛夫想。以前他脑袋中从没有这个念头，可是在他面前的公路上，这就是证据。

栃平（Toshihira）主计曹长在山边注视着公路，看到医院中的伤患被整排丢弃。他数了数，一共约有120人，其中包括一些想爬上路桥而

① Bryan Perrett, *Tank Trucks to Rangoon*, p. 144.
② Geoffrey Evans and Brett-James, *Imphal*, p. 327.

摔下来的。正在他注视时，一名印度兵[1]走到伤患边，带着一个容器，开始往伤患身上倒水。栀平曹长心想："他从河里带水给他们。"那很像是水。这时，那名印度人从嘴里取下香烟，弯身向前，把烟嘴凑近液体。一下子，火舌舐遍了伤病的日本兵，愤怒发狂的叫声，害怕的呻吟声，尖叫声、喊叫声，在山边扩散。这种景象让栀平想起在日本常见的佛教地狱图，一团团巨大的火焰在扭曲的人尸和痛苦的人体四周翻滚。现在，他见到地狱了。火焰越来越高，从焚烧着的尸体上开始冒出奇怪的黑烟。[2]

英军达勒姆郡轻步兵团第1连的凯利（Sean Kelly）只知道英帕尔解围了。"我们在阳光下独自坐着，抽烟、吃东西，"他还记得，"两头的指挥车轰隆隆开过来，公路又通了，真是个好日子。"[3]

第37回 山内的天鹅之歌

日军第15师团师团长山内正文中将虽然在开始时被相当娇惯，但后来也并不比师团官兵好多少。"乌号作战"开始时，山内已是病人，还坚持一种特别的饮食。他在国外服役使他偏爱西方食物，而他喜爱面包胜过米饭。他吃的面包并不是随便的面包，当然更不是日军口粮中的"干面包"，或者硬饼干。他在中国就任师团长时，师团部在南京，面包特别从上海运来。因此，即使在缅甸进行英帕尔战役，仍然由师团部人员烘焙他的面包。当然，这并非易事，当勤务部门报告说他们被要求做

---

① 儿岛襄《英灵之谷》写的是一名英国士兵，见页266。
② 浜地利男，《英帕尔最前线》，页243—244。
③ D. Rissik, *The D. L. I. at War*, p. 197.

不可能做到的事情时，一位参谋今岗（Imaoke）便建议，在缺乏小麦粉时，他们应该采用自英军仓库中夺来的土产大麦粉，燕麦也行，牛奶则得自随军渡过钦敦江并在山区行进中幸存下来的所剩无几的牲口。[①]

山内中将的西方格调，不仅体现在食品上，而且延伸至其他方面。他喜欢西方的坐式马桶胜过日本传统的蹲式便池，即使他的师团司令部在逃离斯库恩斯麾下几个师的围困时，副官还命令山内的传令兵坂原伍长随时带着师团长的特制可携式马桶——这绝非能激发官兵钦佩和奉献牺牲的东西。

可是，山内业已活在他自己的天地里。有一天，他派传令兵去看配属第15师团的一位随军记者，《读卖新闻》东亚部次长饭冢正次（Iizuka Masaji）。传令兵对他说道："师团长要我将这个给你。"饭冢正次拿起送来的一大块肉，肉面上业已泛起一层黑光，便问：为什么送肉？传令兵告诉他，每宰一头牛时，牛心和牛舌一向都放在一边给师团长，这一块牛肉是一份私人礼物。饭冢正次便到师团长宿舍去道谢，他很小心地走在一边，避开一匹已经被剥开了皮肉的死马的尸体。当他打起精神，侧着身子经过那片腐臭时，拥挤在马眼四周、鼻孔和肉渣上的苍蝇，如云堆般嗡嗡飞向空中。

山内在他那小不点儿大的宿舍门口含笑迎接。"将军，我来感谢您的好意。"山内推过来一个空弹药箱当座位。"我有些东西想给你看，"师团长从胸部口袋中抽出一本笔记本，"家父最伟大的天赋之一便是写俳句。[②]我自己有些涉猎，虽然是'学徒庙前诵佛经'[③]，这却是我渐渐淡忘的事。我想对你念一念最近所写的一两首诗。"他开始翻阅笔记本："这一首如何？"

---

① 高木俊朗，《愤死》，页236。
② 俳句，一种十七音节的诗。
③ 这句成语原为"学徒不解佛经意，庙前听久也会哼"。

若开山脉[1]
我已超越
正迈向他世的旅程

饭冢止不住面露惊讶，一位前线的指挥官，不应写出像这样悲观的俳句，这是一首天鹅之歌（辞世诗）啊！他知道自己会死在这带山岭中，他的许多部下业已战死。饭冢凝视将军的面孔，他被疟疾侵蚀得瘦削、虚弱和衰老。山内将笔记本放下，开始说话："我在美国待了很多年，对他们的力量和弱点有一些见解。'光机关'的机关长矶田对美国的认识和我一样，而东条英机首相似乎不喜欢我们这样有过那种经验的将校，牟田口廉也一样。整件事情是这么愚蠢……"[2]

牟田口不断催促山内师团长攻占英帕尔，在6月的前三个星期中，慌慌张张下了一些相互抵触的命令。有一天，山内师团的一个部队在英军猛烈的炮兵弹幕轰击下撤退，但他接到指示，在第15军批准前不准撤退。山内师团长即使在身体虚弱的状态中，仍然不受威吓。他指出要是等到分队与小队的消息送回来，在第15军下令撤退前，这个部队也许全遭歼灭了。"现在，第15师团的前线压力应该减小了，"牟田口中将电示，"因为英军的压力，包括坦克，已经增加到对第33师团的攻击上了。""答复浪费时间"，山内正文在日记中这样记载，因此什么都没有说。到6月15日，又来一通电报："敌军正开始在山本部队前线撤退，快利用此机会攻占英帕尔，将敌军摧毁于贵师团前线，然后夺取英帕尔东方及北方的机场与山头。"

这真是异想天开。然而到第二天，又来了一通电报："以全力据守

① Arakan wo，爱找麻烦的人认为第一行只有四个音节而非五个。但如果念成Arakanu，最后的n也算一音节。
② 饭冢正次，《大东亚战史秘录》，页238。

贵师团目前阵地，占领‘教会’，加以据守。”同一天稍晚：“将贵师团右突击纵队交给宫崎部队指挥。”就这样，山内的兵力实际只剩三个半大队，虽然他名义上是指挥一个师团。为了剥夺其兵力，在6月22日军部又令山内派出运输队300人以阻止英军在北面向乌克鲁尔进兵。300人的兵力等于他现在的两个大队，目前师团直接指挥的兵力，只有一个半大队。

第二天，薄井少佐自第15军司令部来，带来军参谋长久野村的手示，“山内正文中将立即免去第15师团师团长一职”。山内调至东京参谋本部，自1944年6月10日起生效，继任者为柴田卯一（Shibada Ryūichi）中将。山内高烧到38℃，没有力气对这次调职做争辩。

> 6月23日……我无能为力，但对作战中被调职深以为憾，师团在承受如此打击后，未能再度重建。但命令出自东京参谋本部，我无能为力，猜想可能是我没有照第15军要求办事所致。[①]

第38回 上原兵长的毒气

山内的第15师团在南士贡山被英军撵走后，他分布在英帕尔到科希马公路西侧与东侧的部队，都对英军是敞开的，英第4军即以三个师做试探攻击，力求解除日军的钳制。第5师第9旅（旅长萨洛蒙斯）驻兵在康拉东比南面两英里处的森买，这个村落是增援部队的营区和工兵补给所的所在地，尽管急忙在四周边缘部署防务，但是防御能力仍然不及森买村。4月10日，山内的步兵在接近公路时便对其加以截断，开始进击

① 高木俊朗，《愤死》，页304。

村子周边，因此补给所里的大多数英军非战斗人员，便向南撤退。他们逃离时，又遭到英军战机的错误攻击，补给所内储放的物资都在混乱中被遗弃了。日军在公路西面分散开——山内心中已有切断锡尔杰尔的策略——而不是直接冲向英帕尔。他们也占领了公路东方山丘中一处称为马巴的高地，从那里可以威胁冈格拉机场，而这机场距离英帕尔仅9英里。

可是山内被减少的兵力，与他们所负的任务不对称。英军第4军军长斯库恩斯中将很明白，这构成了山内第15师团最软弱的一面，因此他决定摧毁第15师团，便派印度第23师（师长罗伯茨少将）攻击乌克鲁尔，因为日军开始利用那里作为补给兵站。印度第5师则向前进，越过康拉东比直达科希马。还有，萨洛蒙斯准将的第9旅一旦从迪登公路撤退，由印度第17师第63旅换防，便会沿着南士贡摧毁伊里尔江谷，迫使日军退出伊里尔江与公路干线旁的各处山地：马巴群山、驼峰和莫封山，其中有些山峰高达5000英尺。

英第23师师长罗伯茨（Roberts）少将有个打算，如果他们快速进兵，穿过耶冈波克匹，突破利坦，他不但可以接近乌克鲁尔，又能俘获第15师团部、山内师团长和其他一切。当时他认为该师团在卡山姆。第1旅的锡福斯高地团（Seaforths）（团长金上校，King）在群山中辟路，于4月15日下山进入卡山姆，不过太迟了，山内已经离开（毋宁说是被抬着离开的），到了闪培村（Shongpel Villiage）的北面。金上校这一团，再加上第37旅（旅长科林格里奇准将，Collingridge），挥兵前往闪培村，但山内又成功逃脱。

同时，印度第5师第123旅（旅长埃文斯准将）正在康拉东比东面，马巴和莫封中间，沿着山岭围攻一些日军据点。日军不可能北进，但埃文斯旅也无法将日军撵出去。印度第5师师长布里格斯明白对这些阵地轰击无用，仅以“驼峰”来说，旁遮普第14团第3营在5月中旬就进攻了七次，后来决定让埃文斯旅绕过公路干道，经森买从康拉东比进入山区转向进攻，从北面突破进入该峰，也许能包围日军。

英第7师的第89旅（旅长克劳瑟）被拨给布里格斯的印度第5师，以补偿在科希马四周作战损失的第161旅。他们沿着公路前进，攻击康拉东比东面的3813高地。埃文斯准将的三个营①，在皇家野战炮兵第28团及空军的支援下攻击日军，却无济于事。在英第4军军长斯库恩斯中将督促下，印度第5师师长布里格斯知道突破公路直达科希马非常重要，因而被迫离开固守在各高地的日军，专心对付公路。他带了第9旅再度迂回，进入康拉东比，以支持埃文斯准将的第123旅穿过山麓丘陵，沿着莫封下面的公路向东前进。

英军兵力虽然远大于耗尽的山内正文第15师团兵力，但因官兵伤亡，还有滂沱大雨，也受到影响。从5月27日起，季风大雨使康拉东比周围的日军，以及附近的丘陵阵地受到更大打击。日军炮兵的弹药也受到限制，第15师团的炮兵规定每门炮每天限发6炮，但是英军第2师的炮兵一天中对科希马佐藤日军阵地狂射的炮弹数以千计。②

6月的第一个星期，萨福克团第2营在坦克支援下，对两座小山丘发起突击，这两座山丘外号“以撒”和“詹姆斯”，挨近莫得朋（Modbung）。一如在科希马发生过的，坦克得由工兵用绞盘拖上斜坡，可是要让它们保持位置并不容易，大雨把山坡变成了涂了油的平底锅，一辆坦克翻滚下山坡。7月7日这天，萨福克团伤亡官兵几近四十人，但在一架飓风式战斗机和坦克支援下第二天回来再次进攻，战斗中，一辆坦克被日军击中。挫折是暂时的，很快，印度第5师在伊里尔河谷及科希马公路中间取得突破，终于将日军的山丘阵地一个个拔除，也可以说，迫使防守的日军逃走。起先是印度第25师，接着是调到利坦地区的

---

① 分别为萨福克团第2营、旁遮普第2团第1营，以及多格拉第17团第1营。

② Brett-James, *Ball of Fire*, p. 346.

印度第20师，开始摧毁日军步兵第51联队及第67联队。英第4军成功地在这两联队中间切入，把第15师团分为两半，进行地毯式歼灭。[①]

在莫得朋山顶，日军步兵第60联队第2大队（松村大佐，Matsumura），既没有战防炮，也没有任何防御工事来对抗莫得朋南面两英里处的易克邦（Ekban）山上外形古怪的大炮。认识到这门大炮的特性，是步兵第60联队第2大队第6中队的两个分队遭到炮轰时。附近的壕沟中先升起一柱火光，十秒钟后日军便听见炮弹从头上飞过，上等兵村岸（Muragishi）静听炮弹飞过及随之而来的回音，断定这门炮是英军从英帕尔射过来的防空炮，它在英帕尔没有什么用处，因为空中并无日军战斗机可供打落了。接着山上的掩体被炸开，村岸附近飞来四散的人肉碎片。他连忙爬开，到山边挖散兵坑让自己躲进去。要是头伸出坑外，几乎就是自杀。可是村岸在炮击暂息一阵时，稍微伸头窥望，只见一大团黑铁，就在10码开外，沿着山岭驶过来，吐出红色和白色的火焰，他放声大叫："坦克！"尽管他极其不相信坦克竟能爬上他们45度角的山冈。这辆坦克停在一条业已遭轰击的壕沟上，转动坦克炮，对躺在那里的日军尸体又打了几发炮弹以保万全，之后缓缓朝村岸驶过来。他数了一下，山边共有4辆坦克。他知道自己无力招架，全营都没有战防炮。十秒过后，其中一辆坦克几乎就快到壕沟边缘了。

让村岸大为惊异的是，在他身边的上等兵上原（Uehara）突然起身出了壕沟冲向这辆坦克，带着怒气低声对伙伴说："我要干掉这辆坦克，让我来！"村岸只见他右手抓着一个好像是圆圆的大玻璃球，坦克就在几码开外，上原把玻璃球朝它甩过去，一下子就砸到坦克正面，玻璃球

---

① 但是代价不菲。六月中旬，在对路标113英里处展开公路封锁攻击中，西约克郡第2团第4连，损失了该连所有军官和27名士兵；在他们的士官长指挥下，返回的47名幸存者中有20人受伤。接下来的一周，约特郡第9团第3营，33名官兵战死，101名士兵受伤。（Brett-James, *Ball of Fire*, pp. 351-353）

化为一团白烟，就像蒸汽般，被吸进了坦克内。

几秒钟后，坦克炮塔顶盖朝上推开，英军坦克兵从车内爬出往山坡跑，翻身打滚又打滚，避开那白烟。上原爬上坦克炮塔，朝车身内丢下一枚手榴弹，车内砰然巨响，手榴弹引爆了坦克弹药，一道猛烈的红火柱朝上冲，一下子就把坦克炸成钢铁碎片，燃起熊熊大火。

村岸见证了第二次世界大战中使用毒气的罕见例子。上原所扔的那枚毒气弹，在缅甸战场上还比较新，当时并不多。事实上，那是德国发明的，是德国与日本在军事上共同研究的少数例子之一。一艘日本潜水舰把样本和图解运到日本，日军称它为“乞比弹”（矮子弹），是一个棒球大小的厚玻璃球，球心装有氢氰酸液体，当和坦克车的装甲钢板撞击时，玻璃粉碎，液体在大气中立即气化，产生白烟，再被吸进坦克内，使车内乘员窒息死亡。这种毒气有莫大的致死率，血液中含有0.4微克，便足致人死亡。

日军也用一种“战防穿甲弹”对付坦克，采最前与最后的字拼合，称为“塔弹”（Ta Dan）。这种弹在稍微触及坦克装甲时便喷出一种超高温气体，烧熔装甲，进入车内。

第39回　岛达夫中尉历险记

日军步兵手中，有为数众多的“乞比弹”（ちび彈），也许确实已被证实是一种可怕的反坦克武器。[①]但实际上，这只不过是孤注一掷，别

① 我第一次听到使用“乞比弹”时很怀疑，相信英方若知道日方用毒气对付他们，自然会将其作为第一级的反日宣传武器。将这件事告诉我的人，为《京都新闻》的久津间先生，他坚持说他访问过村岸，记载在他的《守卫之诗——英帕尔篇》，京都，1979，页280—286。

无他法，这是1944年6月日军第15师团的心情与处境的特征。独立山炮队的命运是另外一个例子。在激战的阶段中，牟田口中将计划了一次从乌克鲁尔向英帕尔的进兵，派第15及第31师团这两个部队的士兵一起去支援一次步兵攻击。这支部队的指挥官为岛达夫（Shima Tatsuo），他是一名见习士官代理中队长，因为军阶高于他的都战死了。他接到命令时，靠竹笋、西芹和四脚蛇维生已一个月，几乎不剩下什么力气。

他的炮兵中队长今泉（Imaizumi）大尉让他去带来剩下的45名士兵和3门炮。报告中说步兵仅有两枚地雷，但要面对向南行驶的10辆英军坦克。今泉有气无力地挥手道别时，岛达夫对他那老掉牙的，哄骗人同意他的陈词滥调十分排斥。今泉大尉不受欢迎，像疯狗一样下令，其实官兵们都知道他独占了口粮中的硬饼干……[①]

岛达夫发现这个步兵队有100人，由森（Mori）大尉指挥，据守一座高达4000英尺、有丛林覆盖的105A高地，位于乌克鲁尔与英帕尔中间。森大尉见到来支援的带队官竟是一名见习士官，他忍不住睁大了眼睛。但他很高兴见到岛达夫，他们选定壕沟及山炮位置，并派出观测组测量距离。

英军10辆坦克一下子进入视线范围内，岛达夫看见领先的坦克指挥站在炮塔内，以一种从容自在的样子打量地形。岛达夫的山炮队第二座炮的瞄准镜对准坦克履带，分队长注意着他的信号——“开火！”他右手一落，西村军曹的第一座炮把领先的英军坦克打个正着。英军坦克纵队慢了下来，第二座炮和第三座炮击中第二辆和第三辆坦克，其他7辆却没调头，反而以坦克炮对准日军山炮开火。刹那间，岛见习士官和他的炮兵感到天崩地裂。

火光与烟雾中，他们听到了战机声，看到炸弹落下来，又听见机

---

① 这记述在《太平洋战争实录》，第三卷，“岛达夫，地狱街道之战”，页178—188。

关枪扫射，直到大地动摇；然而，大雨救了岛达夫。战机飞走，英军坦克在倾盆大雨中撤退，留下4辆坦克残骸。岛达夫损失了一门山炮和一半士兵。其余士兵全身都是泥土，既伤心又愤慨地转移山炮阵地。竹田（Takeda）准尉是新加坡战场上的有经验的老兵，低声嘀咕："我们也应该撤退！"他和还是学生的岛达夫从来不相投，岛达夫觉得应该予以申斥，但克制住自己，说得很勉强："别当傻瓜，逃兵要枪毙的！"竹田准尉却不为所动："我们只有两门炮和23个人，该做什么？倘若现在不溜之大吉，明天我们全部都成菩萨了。"

岛达夫不是天生的战士，他承认自己是个懦夫，他在三个月前才开始参与作战，"一听到炮响，我就躲在一匹马的肚下"。可是现在他成了指挥官，就完全不同了。"我猜，明天会奉命撤退，同时，我们还有三箱山炮炮弹，不要让士兵惊慌。"但是，岛达夫装出一副勇敢的样子，他告诉自己，战场上的悲惨，并不只是对大炮的怒吼与炮焰的感受，那只是刹那间的恐怖与战栗；反而是漆黑夜色中的哀伤，可能会令你落入无边无际的绝望深渊。

黎明像一把利剑，刺过云层的间隙，同时带来英军的战机，噗噗答答在上空飞过，就像一台快要破碎的汽车发动机。机枪立刻开始扫射，可是当这攻击一停，就有一架双引擎轰炸机飞过日军步兵上空，倾泻大量燃油后掉头飞回来，再特意地发射燃烧弹。散布在散兵坑中、笼罩在黑烟下的日军大声尖叫，痛苦地打滚。岛达夫没时间停留在恐怖中，身边士兵叫了起来："坦克！"一共11辆，其中6辆是小型坦克。森大尉的一名步兵带着一枚破甲地雷冲出去，另一名步兵则爬上领先的坦克，打开坦克炮盖，想丢一枚手榴弹进去，却被英军步兵击中。两辆坦克停下来，而其余坦克发现了岛达夫的阵地，开始炮轰。在金属碎片的旋风和泥土的灰云中，日军的山炮趁机反击，两辆坦克爆炸，燃起熊熊烈火。其他7辆坦克就像受了伤的野兽，无情地以机关枪射击，喷出鲜红的火舌。

“报告，只剩5发炮弹了！”西浦（Nishiura）军曹大叫，岛达夫从机枪瞄准器中意识到，他到达这一战的尽头了，于是下令破坏瞄准器，炮管里留一发炮弹，每个人持有一枚手榴弹。然后，英机连续投下的炮弹打中大炮，此时森大尉刚好上来。岛达夫的身体飞向空中，然后后脑勺不知撞到了什么硬东西，等他清醒过来时，一切都过去了。一个中队大半伤亡，只剩五个人，岛达夫死里逃生，因为头撞到弹药箱，所以安然无恙。他知道自己得向中队部报告，但这时英军的坦克、载重车和吉普车队伍正向南行进，他和部属穿过没有路径的丛林离开了。

不久，西浦军曹指出有些怪事，在与坦克作战中，无论是竹田准尉还是岩畸伍长都不见了，西浦军曹吐出怀恨的责备：“他们溜掉了！”但这是事实，岛达夫气得抓狂，是他把他们送来的，而且他还送别了今泉！自己的中队长怎么能不预先告诉他们就自己撤掉呢？岛达夫记得竹田准尉一直在他身后对他的低效率发牢骚。可是现在诸事不同了，他竭尽心力打了两天仗，就像一把剑已淬火成钢，人没逃走还好好活着，终于习惯了战争和种种死亡。他知道在飞扬的金属碎片中找寻缝隙求生存，他意识到必须坚强站起来，他的自信增加了。

他的部属花田（Hanada）上等兵，腹部受重伤，在他们夜间通过了英军的警戒线之后，第二天清晨死了。土井一等兵背部受伤，在西浦和小林的扶持下行进，他知道自己让他们两人落后，便低声说道：“够远的了，你们把我放下，往前走吧。”岛达夫替换小林，他们继续走下去。可是土井似乎是机械地移动，了无声息地从他们的肩膀上滑下去，脸朝着地。他在行进中死了。岛达夫双手合十，念了一段祷告，他们三人就继续走，经过倒在公路边被烧毁的日军8辆坦克、敞开的弹药箱、横躺在路上的尸体，每一种撤退留下的随身用品。而活着的人，三三两两，身形瘦削，疾病缠身，皮包骨头，胡须长长臭臭，三人走过时被他们紧紧抓住腿，他们叹息和呻吟着：“给我们水！”“把我带走！”

岛达夫和他的两名士兵都知道，如果他们被这些蜷曲的肢体困住就完蛋了，他们在意识蒙眬的边缘继续前行。岛达夫的武士刀在两腿间拖动，但没有把它甩掉，最先丢掉的是饭盒和钢盔。“保持清醒！继续走！”他对着西浦和小林粗声粗气，直到声音不行了，这时便用一根竹棍子轻轻打他们。仇恨推着他往前走，除非他抓到了竹田准尉和今泉大尉，否则他不会崩溃。如果他们能走到西朋，他有把握那里有日军一处阵地。因此他们继续走，沿着弯弯曲曲的路径上上下下，他们东摔西倒地走过时，树枝掉落的叶子进入他们口中，两条腿的一切感觉都麻木了。但是现在还有除开英军以外的危险，躺着的尸体肚皮被炸开，背包散落一地，背包中的东西被藏在树林中的贼兵偷空，他们并不只对死人下手。“那就是我们的结局，”岛达夫心想，“就是要活下去，甚至会杀那些和我们同一边的人。”立刻，他和西浦、小林也搜起尸身的背包来，没有一点羞耻感，但只是白忙一场，所有背包中都没有任何一点粮食。

这时，英军已将山本支队从申南鞍部击退，日军正退往德穆。可是岛达夫却没有办法知道这一点，他爬上一处陡坡，希望见到西朋就在下方，他能看到这条河弯弯曲曲、进进出出，肯定会流经西朋，便决定做最后一次努力。这时他听到身后有坦克的声音，便一头跳进水里。

等到他站起身来，才知道他们身旁还有两个日本人，便是竹田准尉和岩畸伍长这两个从激战中开溜的人。岩畸业已死了，竹田背部受了伤。竹田告诉岛达夫，今泉已被偷食物的日本兵杀死，也警告他逗留在这里很危险。

岛达夫发现，自己的痛恨消失了。报复竹田准尉是他这次长途跋涉的目的，他活在自己的怀恨中，而今已知道这无关紧要了。他们三人把竹田准尉留在后面，继续沉重地走下去。尸体再度越来越多，阿萨姆的潮湿空气和季风的大雨，把他们清刷得很干净。很多日本兵业已成为骷髅，他看到他们躺在雨水潭中，只能从军服辨识，剩下森然白骨，只有头上的头发像水草般漂动，空洞的黑眼眶仰望天空。他还记得刚来缅甸时自己做过的蠢事，梦见凯旋，回到日本，胸前挂满勋章。那是已经成为过去的一种狂热，一种疯狂，再不会有“万岁”声了，只有分离与死亡。

他渐渐失去了意识。现在他躺了下来，伸手去摸身旁的手枪，却到处都找不到，西浦和小林把枪拿走了吗，怕他自杀吗？远处有坦克的隆隆声，这一次，他既不挺身战斗，也不逃跑，只深深进入梦乡。他醒来时，已身在英军的战俘营内。

第40回 申普路拉锯战（三）[①]

6月12日，当日军第33师团第213联队联队长温井亲光（Nukui Chikamitsu）大佐出院返队，山本募少将便决定最后一次对普勒尔进兵。加上第15师团第60联队第1大队及第51联队第2大队残余官兵，共160人左右；他自己联队的一个中队，工兵80人，战防炮第1大队100人，还有山炮两门，奉令在公路北方山区切过，经过库台库隆（Khudei Khunou），攻击在普勒尔的主要基地和机场。他的侦察队发现英军驻扎在朗格尔（Langgol）与普勒尔北面山丘间的山岭上，普勒尔东北却没有阵地，但遮蔽物众多。英军的努力表明无法防止果敢的日军小股部队在普勒尔东方山区渗透，即使英军印度第17师的第18旅在5月初对这些丘陵扫荡过，第23师第1旅在5月底又重复进行了扫荡。6月16日，温井亲光大佐到了朗格尔，但是五天后，他的部队在空地被英军轰炸机捕捉，死伤惨重，尤其是工兵。撤退到库台库隆时，他自己也受到轰炸。6月

① 译注：参阅地图，图4-11、图4-12。

26日，英军炮兵发现他在那里，便在晚上每十分钟一次，规律性地炮轰他的部队。尽管日军山炮以最大射程轰击普勒尔机场，英机依然不停起飞降落。温井亲光大佐无法阻止他们，便决心放弃以全力来进攻机场的念头，换成派出一支“轻装突击队”作闪电攻击；7月2日，由井上助藏（Inoue Sukezō）大尉率领13名队员，突破进入机场。一星期后，山田准尉率领队员9人，破坏了市内的仓库。

这些攻击大有斩获，井上助藏大尉那一队，放火烧掉了英军13架战斗机与侦察机，7月4日安然归来。温井亲光大佐很冷静且满意地观察到，其后的许多天，英军战斗机的活动大为减少。7月9日晚上，山田准尉找到了普勒尔的武器补给所和燃油库，将它们炸毁，引起熊熊大火，10日全员归队。据英国陆军指挥官回忆，“这是日军很成功的行动”。（即使他以为参与的日军为7人，将烧毁飞机报告为8架）①

不过这只是山本募少将的最后一搏，他听说温井亲光大佐使用“轻装突击”战术，而不是使用全部兵力，便下令从第31师团暂时配属给他一支部队，调到前线。但这支部队并没有动，因为他们的补给消耗完了。当地村民对他的搜索极其痛恨，手下官兵不得不用他们剩下的米，混合野菜和粉状的味噌，凑合着每天喝半品脱稀粥；用来驮运补给品的72头水牛，则宰杀充粮。

7月13日，山本募少将接到第15军命令：从申南往坦努帕地区撤退；进入卡巴河谷；向茂叻及亚扎久前进。他把司令部设在查姆尔，命令温井大佐的部队掩护他撤退。7月23日晚上，温井大佐的工兵爆破了在西朋的最后一座桥。一门山炮挡住了前进的英军，他们困惑的是，从来没侦察到这门炮，也从没虏获过。原因很简单，这门消失的山炮是由飞田弘（Tonda Hiroshi）中尉指挥的，他让日军步兵有时间撤退，自己

---

① William Slim, *Defeat into Victory*, p. 334.

待在前线。等到他发射完最后一发炮弹，便将山炮分解，藏在小径下，炮手只带了炮管与击发撞针离开。

7月24日，山本募的司令部撤出查姆尔，英军便攻进村内，但没有强力攻击，使他们得以集合第15及第31师团的落伍士兵，以及遭袭击后残余的“印度国民军”。不过这时，口粮配给少到一天只有48克，而在莫雷证明了就地搜索粮食了无用处，什么稻谷和蔬果都找不到。

山本募少将也和其他将领一样，受够了牟田口廉也。当藤原岩市参谋再度从第15军司令部来找他一起谈撤退时，山本募少将回答得很明确：“迄今为止，我一直服从军部的命令，但是从今以后，我要依自己的判断行动。”[①]藤原岩市参谋带给他的命令为，据守莫雷，直到7月31日。但山本募少将见到该地区中已没有落伍的日本兵后，提前一天出发，全程步行，退向钦敦江的锡当，8月2日抵达。第15军命令他阻止英军前进，掩护第33师团主力撤退，将指挥部设在亚扎久。他不理这个命令，但从温井部队中派出一个中队，作为抵拒英军迫近的一个象征。他以前对待伊藤少佐和上田大佐的行为，显示出他对部属的态度多么严厉，当时是在申南鞍部作战，他们对他的无理要求表示异议。而现在，他自己也受够了长官的命令。

第41回 四战科希马

佐藤解职

第31师团师团长佐藤幸德猜想牟田口想利用他那忍饥挨饿、军服褴

① OCH《英帕尔作战》，Ⅱ，页175。

褛的部队发动一次新攻势。他猜对了。6月25日，第15军一道命令到达，要他在敏达集结师团兵力攻击普勒尔，并会把山本募少将的兵力配属给他。佐藤当时一直在找粮食。在胡买恩的野战医院，他奉令把伤患留在那里，已经没有吃的了。在西面的敏达以及山丘一带，更几乎什么都没有。他便决定派师团主力收集稻谷，其余兵力向钦敦江前进。

7月7日，牟田口取消前令，告诉佐藤，派出师团中三个步兵大队及一个炮兵大队到廖迪（Myochit），在那里接受山本募少将指挥。佐藤便派第138联队的两个大队、第124联队第2大队及山炮大队前往廖迪，然而这支兵力到了那里，不管山本募少将如何坚持，都拒绝移动。

在新命令后两天，佐藤接到第15军命令，发令日期是7月7日，免去他师团长一职，继任人为河田槌太郎（Kawada Tsuchitarō）中将，佐藤幸德中将则归给仰光的缅甸方面军司令部。7月10日，第15军司令部又指示，“该员即赴新职，无须等待继任到职”。

佐藤中将对这一情势大喜过望，在他看来，调到位阶高于第15军的总部，他可以把自己的见解向方面军司令官河边正三中将表达，先拍一个电报去——“在钦敦江两岸的整个军队，现居于无法忍受的状况。”他向第31师团道别后，便出发到孔东的第15军司令部去。

他求见军参谋长久野村少将，这下轮到久野村摆谱了，放话说他病了，不肯见佐藤。佐藤立刻去访高级参谋木下（Kinoshita）大佐，向他耳中又复诵一番第15军不负责任的话，告诉他马上把补给品运到钦敦江去。他也不造访牟田口，就在7月13日离开孔东，从钦敦江顺流向下到葛礼瓦。他也在那里暴跳如雷，告诉输送队加快运送补给品给第31师团。

7月22日，佐藤到了仰光，他业已坚决请求召开一次军事法庭审判。在这个过程中，他决定将第15军以及其参谋的腐败公之于世，而且在法律范围内，证明他自身行动的正当性。的确，在几个星期以前，差一点举行一次军事法庭审判，由于牟田口业已报告方面军司令官河边中将，认为佐藤中将已经僭越他。当牟田口知道宫崎繁三郎部队的真正兵力，十分生气，而这支部队已在6月4日由第15军指挥。他说："第31师团师团长违背了本军对宫崎部队兵力及职责的意图……"

"这一次，我恐怕我们有一件必须由军法处理的案子了。"[①]牟田口致电佐藤，根据军部的命令变更宫崎部队的兵力。佐藤只是把这份命令扔进废纸桶里，还引用一句成语"为时已晚"，最后与牟田口断绝了无线电报接触。在另一方面，牟田口在6月2日告诉佐藤向乌克鲁尔前进，他对佐藤的撤退，先前加以遮掩，因为他不要有这件丑事：在日本陆军史上前所未闻，一位师团长以自己的权力，直接违背军部命令，自战线上撤退。

佐藤幸德中将为自己就审搜集各项文件，他后来回忆说道：

> 我仔细听过军中与各师团间所有往来的电报后，对几乎以失败收场的英帕尔战役可以形成一种见解。从一开始，军部就无能力指挥，加上前线战场军队的实况，在5月下旬，本人就知道没有成功的希望。而第15军仅仅为了面子的理由在坚持作战。每一个师团的兵力都已枯竭，我们所能做的一切，就是等待被屠戮。本人认为一定要让他们终止这疯狂的英帕尔作战。
>
> 第15军军司令官，不是一个能倾听实际战况报告或意见表达的人。本人致电缅甸方面军，请求取消此一作战，但毫无结果。因此无论牟田口廉也中将会多么坚持想让士兵继续下去，本人开始取消本师团作战行动，为避免引起前线崩溃，被迫将本师团向后方移动。
>
> 由于此举动，本人挽救了全师团，免于了无价值的被歼灭，也

---

① OCH《英帕尔作战》，Ⅱ，河边日记，页114。

使第15军其他部队免遭毁灭。[1]

佐藤的立场被否定。河边正三中将业已在7月3日决定终止英帕尔作战，他的司令部穷于应付缅甸北面前线的危机，面对着中国、史迪威，以及英将温盖特的紧逼盯人之（不该用的）纵队，他不得不策划第15军撤退。河边正三最不愿做的事，就是在他手中以军法处置麾下一名将领。这件事了无裨益，而且会向全世界暴露方面军司令部的耻辱。因此，方面军司令部决定以医学方式处理这件事，判决佐藤幸德中将为“在战争剧烈的压力下精神错乱”。南方军、缅甸方面军的副官处长，以及东京陆军省的派遣官开会商议，在1944年11月23日决定做出不起诉的处分。佐藤幸德中将在这天待命，翌日编入预备役。

第42回 “乌号作战”结束

6月26日，第15军参谋长久野村命令第31师团加入对普勒尔的攻势，不只是因为佐藤疲累的部队凑巧在那一带，运用方便。佐藤幸德拒绝第31师团与第15师团合作由东面及北面进攻英帕尔。佐藤坚持向南移动以觅粮，这意味着牟田口攻占英帕尔的最后几个计划之一已经失败。事实上，6月7日那天，牟田口和缅甸方面军河边谈过后，回到孔东的军司令部，便知道他这一场豪赌输了。不过还是有办法补偿他的损失，倘若能将第31师团调到申南—普勒尔地区作战，而第33师团在新师团长田中信男指挥下，自南面对英帕尔另行攻击，应该可能使前线稳定。田中

① OCH《英帕尔作战》，Ⅱ，页101。

信男很成功地帮前任柳田麾下几个被打垮的联队打气。牟田口希望，即使拿不下英帕尔，他应能攻占比什努布尔。田中信男业已显示了他的气概，在5月18日令步兵第214联队第1大队大队长斋藤少佐发动一次夜间攻击。在这次攻击中，斋藤少佐和他那个大队360名官兵（全大队有380人）都战死。十天后，大队中幸存的20人再次发动攻击，想为大队长报仇，也被英军一扫而空。

田中的运气比山内正文中将继任者——第15师团师团长柴田卯一中将要好一点。柴田卯一知道他也不得不像一位吞火魔术师，下令鼓舞官兵前进；可是那些垂头丧气几近饿死在泡水的壕沟中的士兵，对这种号召充耳不闻。他们的士气低到谷底，顶多只是在敌人攻击时，回应敌人的射击，而且也只有在新师团长凶狠的训斥下才这样做。如果缅甸方面军司令官河边正三中将这时下令终止这场战役的话，牟田口至少还能说几乎达成各级高阶司令部所希望的防御位置，即使与他自己所希望的相差很远。应该可以撤退到迪登地区，穿过茂叻西北山丘到钦敦江西岸高地这一线。[1]

木下（Kinoshita）参谋起草了这个计划，牟田口考虑了一会儿，默默无语，然后突然让久野村发电报给仰光的方面军司令部。这个计划应该会得到方面军同情的接受，因为河边正三司令官对前线的印象已经向他显示出，胜利多么遥不可及。他后来写道："我回仰光时，不断看到一批批日本兵在倾盆大雨下离开前线，也看到印度人，即我派往普勒尔作战的'印度国民军'的脸色。如果我能冷静地观察这一战，那时就能当场取消这次作战了。"[2]不过，他也写到有一个远比自己更有名的人支配了他的判断；而且奇怪的是，他并不是指日本天皇。"只要还有人的手能举起来握住一件武器，我就知道战斗一定要继续打下去。印度和日

① 儿岛襄，《英灵之谷》，Ⅱ，页163。
② 儿岛襄，《英灵之谷》，Ⅱ，页166。

本两国的命运，全靠这一战，钱德拉·鲍斯就是关键。”[①]因此，河边立刻复电给牟田口廉也中将：

> 获悉第15军消极悲观之表现，本人深感意外。身为方面军司令官，必须重述，吾人职责只准许吾人采取攻势。现要求贵官继续奋斗，全心全力履行贵官职责；至于第31师团，贵官须以最严厉手段加以处置。[②]

这则电报除去了牟田口心中所有顾忌，现在他内心的状态远远不是如何努力达成职责，而是孤注一掷，不管成不成功。这是日本人处理这一战役的特色。在河边敦促第15军军司令官牟田口廉也做更大努力的同时，他也致电南方军总司令部及东京，寻求当局取消所有行动。而这时，牟田口内心深处虽已知道最后失败的苦楚，却仍然鞭策湿透、饿慌的残余兵力，再度进行作战。[③]

他下达了最后一道攻击命令：第15师团自索巴尔（Thoubal）进兵攻击普勒尔；第31师团的残余部队自廖迪（Myochit）进攻，而第31师团的第214联队，则自南面攻击英帕尔。牟田口这一把牌洗过好多次，不过这一回仅有微乎其微的希望。第15师团的参谋业已争论不休，他们

---

① 河边正三在从第15军的回程中曾造访鲍斯，鲍斯宣称不论暂时有什么挫折，他要继续战斗和解放印度，那种激烈的热情令河边深为感动。7月12日，缅甸方面军参谋长中永太郎中将去看他，告诉他日军取消英帕尔作战。鲍斯宣布，他要自己的人留在印度境内，而不撤退到曼德勒以南。（OCH《英帕尔作战》，Ⅱ，页156）

② OCH《英帕尔作战》，Ⅱ，牟田口廉也战后回顾，页149。

③ 毫无疑问，此时的牟田口廉也精神相当错乱（不论以前对他神智是否有问题的质疑是什么）。他在战术指挥所附近有一块小小空地，称为“竹城所”，里面竖有竹竿，指向东西南北四个方向，他将竹竿加以装饰。每天凌晨他走近竹竿，朝拜日本的“八百万神”。他的勤务兵说，他会在半夜起床大叫：“我屋内地板下有怪物，立刻派兵来赶走！”勤务兵立刻请人把这处所加以清扫，当然没有发现什么不祥之物。三国一郎编，《昭和史探访》，第四卷，高木俊朗，《无谋的英帕尔作战》，1974，页105。

是应该打下去，还是照佐藤中将所说的结束战役。最终，他们的部队只是在战场上飘逝了。第33师团业已被考恩的印度第17师所包围，根本无法派出第214联队去攻普勒尔；而第31师团业已抛掉了他们的武器，对于第15军的这道命令没有反应。牟田口廉也不得不放弃了，7月9日，他下令全军撤退。

河边正三司令官也下了命令，不过是在病床上，他因阿米巴原虫（痢疾）而病倒；6月25日，他听说英军已突破在科希马到英帕尔公路据守的日军战线，也就是说，这一作战结束了。第二天，他听说佐藤幸德自乌克鲁尔撤退，已通过胡买恩。牟田口廉也发来的电报用了一句不祥的成语：“倘若再有千分之一的机会，我们一定会前进越过防御的……”

他让青木参谋立即赴南方军总司令部报告危机已经到来，并请青木带了一封私函给寺内寿一大将的总参谋长木村兵太郎中将。①青木参谋在6月29日搭飞机自仰光飞往马尼拉。②南方军也和河边正三一般表里不一，在6月20日，还把攻占英帕尔列为在缅甸作战的最高优先事项，甚至建议撤退正在掩护阿拉干海岸的部队，以增援牟田口廉也的第15军。具有讽刺意味的巧合是，英国皇家海军也选择了那一天，在安达曼群岛发动一次大规模攻击，暗示英军或许企图越过孟加拉海湾，对缅甸进行自海上登陆的攻击。南方军学河边正三的范例：要照会后方。故派出美山要藏（Miyama Yōzō）大佐赴东京大本营，请示对缅甸作战未来方向的看法。东京方面眼见英帕尔前线崩溃，以及来自缅甸北方胡冈谷地及云南方面的威胁，且密支那已遭攻占，在6月29日，将其观点经由美山要藏大佐转达。

1944年7月1日，青木大佐抵达马尼拉，他将方面军司令官河边正三的来信，添上自己的报告文字，立即自马尼拉发电报给东京参谋本

---

① 译注：据日军《大事年表》，1944年3月22日至12月26日，南方军总参谋长为饭村穰中将。
② 儿岛襄，《太平洋战争》，Ⅱ，页168。由于天气恶劣，青木参谋直到7月3日才离开仰光。

部，清楚说明河边正三的观点：英帕尔作战应予取消。东京同意，7月2日，南方军自马尼拉下达命令：

> 缅甸方面军司令官将加强萨尔温江（此处指怒江）以西及北缅地区作战，以摧毁敌人想连接印度及中国公路之计划，并计划在钦敦江以西地区实施抵抗作战，以对抗曼尼普尔地区之敌。

7月3日凌晨2点30分，河边正三在病床上接到了这份电报，他说话艰难，两眼凹陷，双颊枯瘦，痢疾泻掉了他一身的力气。因此，第15军司令官牟田口廉也的美梦——也是河边正三一年以来主要的急务，为他的官兵带来数以万人计的死亡——就像气泡一般被戳破了。河边正三司令官在病床上痛苦不已，不能入睡，等待天明。①

即使到了这时，他依然没有本事下命令作全面撤退，他发电报给第15军司令官牟田口廉也中将，要他变更预期任务，还问是否仍预期攻下英帕尔。这种问法背后的理由，便是担心如果第15军往后撤退到钦敦江，英军经过普勒尔追击，会把这个军完全消灭，他要确保英军沿着这一轴线被阻止。7月5日发出电报，取消英帕尔作战。不过，这一命令也包含了一个虔诚的希望：牟田口廉也中将能守住从英帕尔来的公路，沿着钦敦江，紧紧守住一道防御阵线。②

如同我们所见，牟田口廉也令人难以置信地决定以第15军残余的兵力对普勒尔做一次最后的突击，为此从第31师团抽调三个步兵大队和一个炮兵大队。当时，第31师团还在廖迪，这支兵力在山本募少将手下。7月5日，牟田口廉也接到河边正三电报，他断定自己攻击普勒尔正合上

① 《太平洋战争密录》，第三卷，页207。
② OCH《英帕尔作战》，Ⅱ，缅甸方面军作战参谋扶河中佐的回顾，页153。

意，尽管英帕尔作战已经取消了。在7月7日，他还下令第33师团派三个步兵大队加入攻击。他告诉第15师团，向英帕尔采取攻势，为了向在其他地方的英军施压。

河边正三收到牟田口廉也关于他的攻击计划的报告，感觉进退维谷。这似乎不符合取消英帕尔作战计划的精神，也不符合在钦敦江上采取防御立场；而且现在第33师团正在英印第17师强大的压力下，若从该师团抽调一支劲旅，会使整个师团的撤退陷入险境。

7月11日，河边致电牟田口，要求他停止对普勒尔的进攻计划。缅甸方面军开始重新规划在缅甸作战的未来方向，尽管兵力已大量减损，根本成不了大事。

一身军服破破烂烂的各师团官兵，步履踉跄地沿着山间的道路往后走，武器丢了，他们一只手抓根棍子，另一只手抓个饭盒，在倾盆大雨下痛苦地蹒跚而行。运气好的伤患，由马拖的木橇拖到钦敦江，运气差的在湿透的担架上颠簸，伤势更重的就躺在路的两旁。伤口没能处理的痛楚，饿得发疯，还有疟疾和痢疾的内在折磨，无情地把他们逼到了向经过的同袍乞求手榴弹以就此了结自己的地步。

还有一些伤患，虚弱得甚至求人给他手榴弹都开不了口。躺在地上的腐尸任由蛆虫在眼睛内、鼻孔中、嘴巴里蠕动钻爬。就连能行走的伤患，也筋疲力尽得无法拂去和头发纠结在一起的白虱子。所以他们看起来奇怪地像是头发灰白的哲人，在丛林小径上蹒跚，紧跟着他们的，是痛楚的哀号："弟兄，给我一颗手榴弹……一颗手榴弹，弟兄！"

他们不再是军人了，战史学家儿岛襄写道："第15军一旦从激战中脱离，就已不再是一支军人团队，而是一伙筋疲力尽的人。"[1]当他们被迫走下卡巴河谷，那里是充满每一种痢疾杆菌、斑疹伤寒、疟疾的陷

---

① 儿岛襄，《太平洋战争》，Ⅱ，页169。

阱，他们的将领还力求保持一个有组织撤退的样子。接替佐藤幸德职务的第31师团师团长河田槌太郎中将，挥动一根六英尺长的长棍，穿着袜子慢慢走，一视同仁地对官兵边骂边打气。

到了西塘，日军等着渡过钦敦江，英军飞机对着他们俯冲扫射，两岸堆满了尸体，无法分辨被蛆虫吃掉的泥巴和鲜血，到底是人尸，还是一堆堆泥土。有些尸体业已被啃得干干净净。英军的战斗机飞走了，它们在空中的位置被一群群盘旋的秃鹫取代。

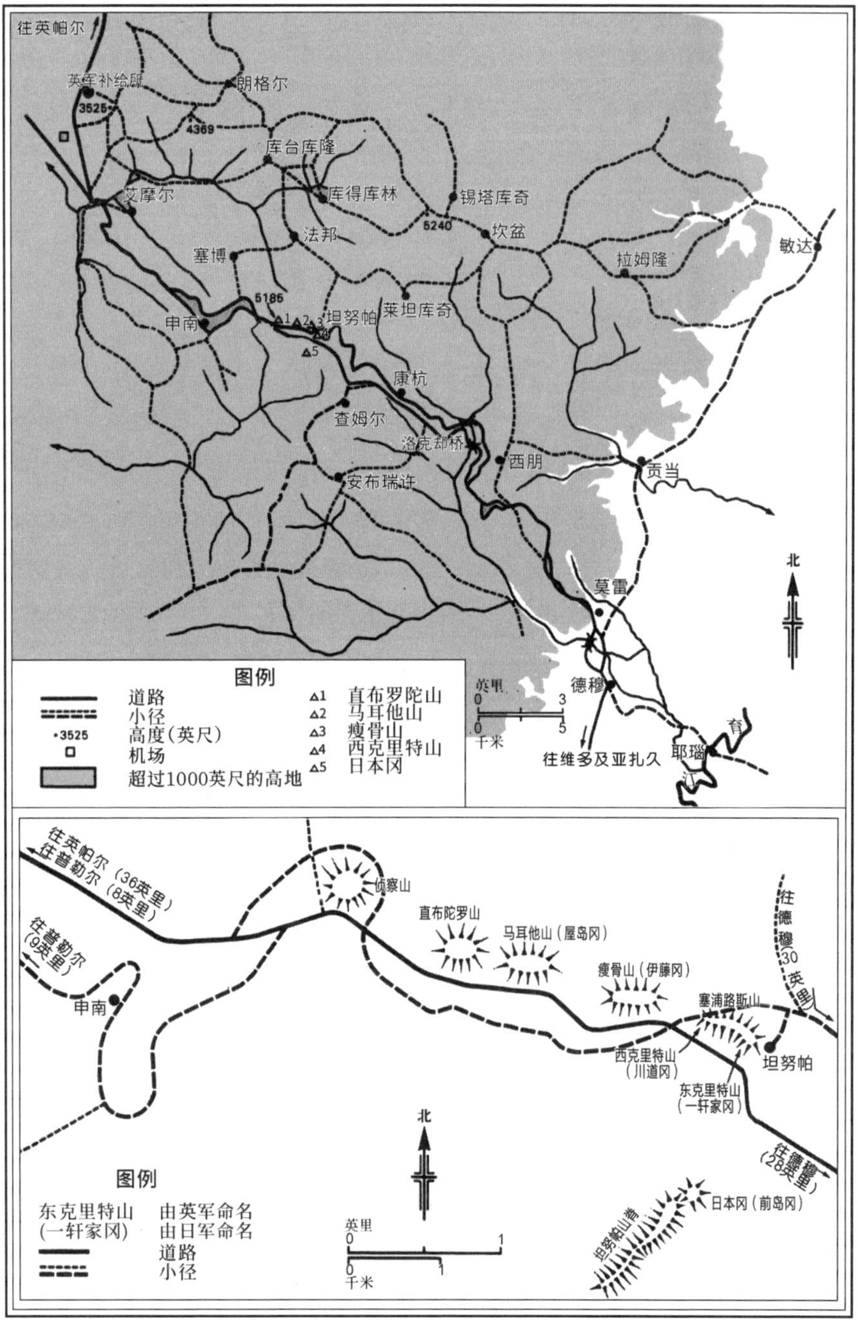

图4-11 （上）：普勒尔—德穆公路；（下）：申南隘口

主要译者介绍

朱浤源 台湾大学政治学博士，英国剑桥大学博士后研究员，台大政治系兼任教授、“中研院”近代史研究所研究员。著有《孙立人上将专案追踪访谈录》《从变乱到军省：广西的初期现代化，1860-1937》

杨力明 台湾政治大学政治研究所硕士，陆军官校政治系教师，著有《大众传播对美国越战政策之影响》《缠斗联合国：资深大使见证录》等

李　铁 伦敦大学亚非学院博士，著有《英印殖民时期的缅甸华侨及其政治参与》

黄文范 著名翻译家，译有《战争与和平》《西线无战事》《索尔仁尼琴全集》等。1952 年起专治翻译，所译涵盖小说、散文、历史、传记等，五十余年译著逾八十种

杨晨光 昆山科技大学兼任讲师

萧明礼 台湾大学历史研究所博士，日本武藏野大学讲师，著有《“海运兴国”与“航运救国”：日本对华之航运竞争（1914-1945）》等

黄竣民 陆军官校毕业，译有《东线之鹰》《无役不与》《步兵攻击：经验与教训》等二十余部作品

梁一萍 马萨诸塞大学阿默斯特分校美国研究博士，台湾师范大学英语系教授，著有《移动之民：海外华人研究的新视野》等

张琼惠 俄勒冈大学比较文学博士，台湾师范大学英语系教授，著有《哈金的战争书写：以〈战废品〉为例》《美国华裔文学评论集》等

［英］路易士·艾伦 著
朱浤源　杨力明 等译

日落 落日 下

缅甸：最长的一战 1941-1945

生活·讀書·新知 三联书店

图书在版编目（CIP）数据
日落落日 ：缅甸，最长的一战 ：1941-1945 /（英）路易士·艾伦 (Louis Allen) 著 ；朱浤源等译 .
北京 ：生活·读书·新知三联书店，2025. 9.
ISBN 978-7-108-07943-5
Ⅰ. K337.4
中国国家版本馆 CIP 数据核字第 2024927C0N 号

下册目录

上册简目

第五章 再袭敌后

温盖特与史迪威

The Backdoor

摘 要

1944年，日英两军在印缅交界大战，此前，温盖特1943年的第一次远程渗透作战“长布行动”，导致驻缅日军第15军司令官牟田口廉也认为日军进攻印度是可行的，因而日本决定1944年进攻英帕尔。上两章告诉我们：进攻结果是日军大败而返回缅甸。本章则回顾检视同一时间的“周四行动”——温盖特的钦迪特突击队被二度空运至缅甸，目的是要切断对抗史迪威的日军的后方联络线。

史迪威要确保以中国军队为主力的盟军反攻缅北时的安全，并要进入更南边的地方，如莫冈、密支那等地，以建立一条由印度利多（Ledo）通往中国昆明的公路。美军派了特种部队参战，史迪威从温盖特处调动了这支美军。他将这支美军取名为“加拉哈德”（GALAHAD）。“加拉哈德”跟中国军队一起进攻密支那。早在1943年年底，孙立人新编第38师即挥师入缅，首败日军第18师团第56联队。隔年3月8日，以中国军队为主力，改用坦克攻坚，击败了日军“菊兵团”。这是以中国军队与美军为主的缅北作战。本章描述温盖特以600架次飞机空运了9000名官兵、1400头骡子，以及两个炮兵部队，在1944年3月11日之前降落在敌军后方，一直到8月的故事。

“周四行动”于1944年3月3日启动，但24日温盖特却意外身亡，使整个行动陷入危机。钦迪特突击队乃改由史迪威指挥，但他过度用军，导致英军，甚至美军、中国军队大量伤亡。

作者批评史迪威，说这些被他“送上十字架”的加拉哈德美军和疲惫至极的钦迪特突击队英军永远都憎恨他。中国新38师与新22师也参加了作战，而彭克立第114团的战绩，亦被详述。不只英方，连中国战区总司令，以及驻印军总指挥本人的中国上司蒋中正，也受不了史迪威。结果在密支那的胜仗之后不久，史迪威就被调回美国。

本章作者在细腻叙述两军人事的臧否之余，更描绘在丘吉尔直接支持之下的温盖特，以及他死后整支钦迪特突击队，于1944年3至8月由英将弗格森与卡尔弗特继续统领与日军奋战之史事。

第43回 周四行动

1944年3月5日晚上，日军联队长作间乔宜大佐①率领第33师团的第214步兵联队，前往卡巴河谷的亚扎久地区。当听到飞机引擎的轰鸣声震动夜空时，他已穿越甘塔村（Kantha）。他从马背上抬头一看，庞大的运输机群清晰可见，红绿色航行灯闪烁着，从头顶呼啸而过，好似无穷无尽。“这机群想必是前去轰炸仰光”，作间这样猜测后，就不再多加思索，继续策马前进。②

数夜之后，另一位日军军官，第15师团的第60步兵联队联队长松村弘大佐，被不远的运输机群引擎的轰鸣声惊醒。松村和部下走出丛林，抬头观望月光明媚的天空，只见四五架运输机在大约2500英尺的高度往东北方飞去。每架运输机拖着两三架滑翔机。松村立即感到事态严重，不过也禁不住被这个场面所震撼。在清晰的月光下，运输机群看起来如此壮观，“但它们飞到我军的战线后方要做什么？”

松村大佐不知道，他想要的答案就在当时离他甚近的温盖特的脑海里。1944年3月3日，在快要抵达钦敦江渡河地点栋赫之前，刚升少将的温盖特站在辛加灵坎迪（Singkaling Hkamti）上游的对岸，观看弗格森（Fergusson）旅长指挥第16旅渡过钦敦江的行动。这是温盖特部队第二次远征缅甸，亦即“周四行动”（Operation THURSDAY）的开始。

温盖特第一次远征日军后方的“长布行动”，所有军需物资是由空运补给。第二次行动的各部队所需，也全由空军运补。但更进一步的

① 儿岛襄，《英灵之谷》，页157，指代作间的名字读音是Takanobu，但有的地方念成Takayoshi，如在高木俊朗的《英帕尔》，页18。

② 浜地敏夫，《英帕尔最前线》，页25。

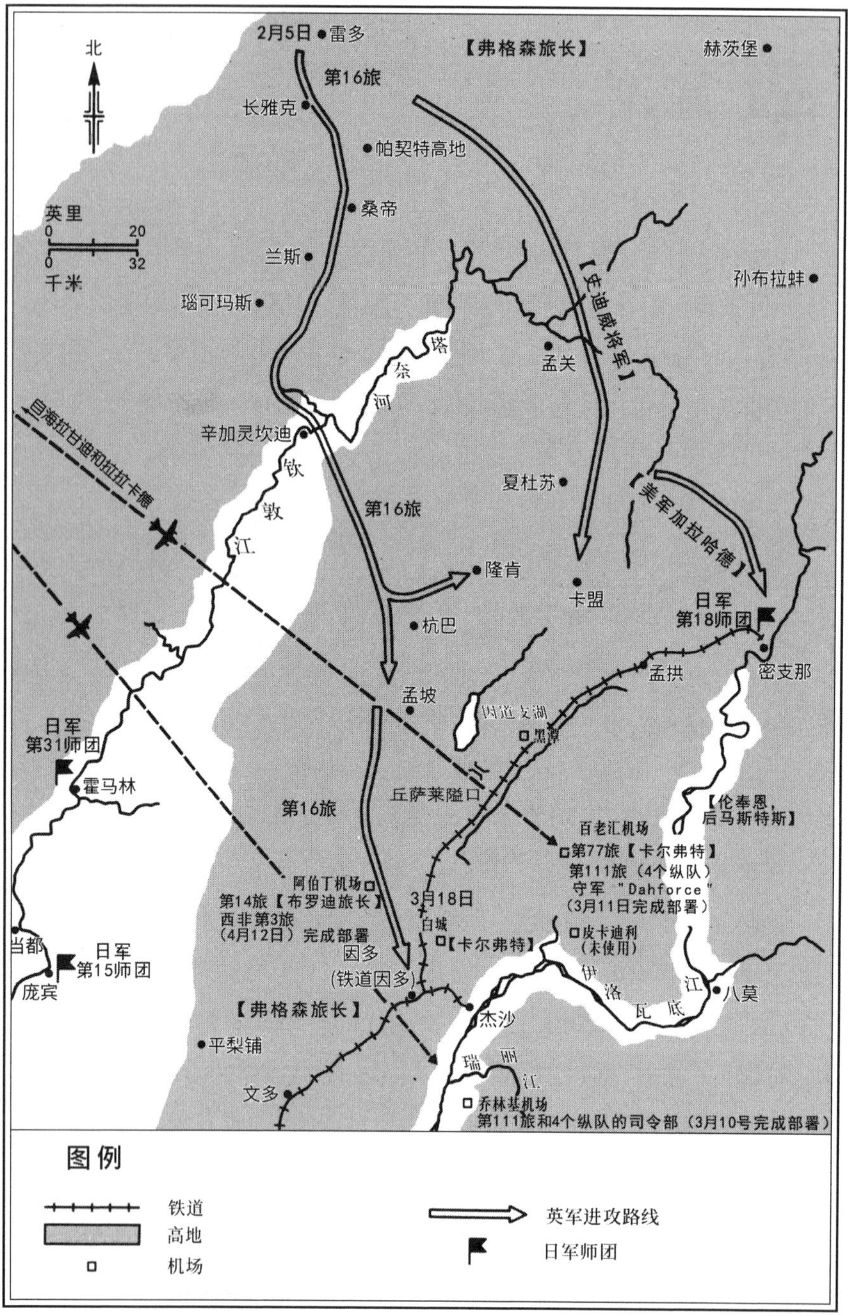

北
英里
0
20
0
32
千米
2月5日
雷多
【弗格森旅长】
赫茨堡
第16旅
长雅克
帕契特高地
桑帝
兰斯
瑙可玛斯
【史迪威将军】
孙布拉蚌
塔
奈
河
孟关
自海拉甘迪和拉拉卡德
辛加灵坎迪
钦
敦
江
第16旅
夏杜苏
【美军加拉哈德】
隆肯
卡盟
日军
第18师团
杭巴
孟拱
密支那
孟坡
因道支湖
黑潭
日军
第31师团
霍马林
丘萨莱隘口
第16旅
【伦奉恩，
后马斯特斯】
百老汇机场
第77旅【卡尔弗特】
第111旅（4个纵队）
守军“Dahforce”
（3月11日完成部署）
阿伯丁机场
第14旅【布罗迪旅长】
西非第3旅
（4月12日）完成部署
3月18日
白城
【卡尔弗特】
皮卡迪利
（未使用）
当都
日军
第15师团
庞宾
因多
（铁道因多）
伊
洛
瓦
底
江
八莫
【弗格森旅长】
杰沙
平梨铺
瑞
丽
江
文多
乔林基机场
第111旅和4个纵队的司令部（3月10号完成部署）
图例
铁道
高地
机场
英军进攻路线
日军师团

图5-1 “周四行动”

是，这次行动除了由弗格森指挥第16旅在地面行军外，温盖特的各支队都由滑翔机运至各目的地，并在日军战线后方建立据点，修筑飞机跑道，以空运火炮及车辆到那里。这些行动不是为了和日军正面对战，而是专门针对其补给线。

“周四行动”也不打算帮助英军主力部队反攻中缅甸，其目标在孤立日军驻缅北的第18师团和驻云南的第56师团。这两个师团正和史迪威将军麾下由美军装备并训练的中国部队作战。史迪威不但要确保缅北的安全，并且要进入更南边，直到莫冈、密支那，以建立一条由印度阿萨姆的利多通往中国昆明的公路。史迪威认为他新建的利多公路，将可取代由仰光北通昆明的公路，后者已被日军掌控近两年。这条利多公路可以让史迪威把各项物资从加尔各答经阿萨姆运抵中国，武装60个中国师，以对抗日军。沿着公路的输油管，能输送所需燃料，使长距离轰炸机B-29得以攻击台湾岛和朝鲜，甚或日本本土，直接对击败日本做出贡献。温盖特对史迪威承诺，给他最大程度的空中补给和运输支援，以助其在缅甸的作战。1944年2月，原先被调去救援阿拉干英国师的美国陆军航空队被调来支援史迪威作战，直到英帕尔被日军包围，才再改为支援英军。美军C-47道格拉斯运输机在艾利森（Alison）上校和科克伦（Cochran）上校指挥下，拖曳装载温盖特部队的滑翔机群，越过印缅国界的山岳，飞过钦敦江，将他们降落在从曼德勒往上到密支那间的铁路附近地区。美军的L-5轻型飞机，则协助运送各级指挥官，并跟其他指挥官以及司令部官员协商，运出受伤官兵（第一次远征行动最令人悲痛的状况之一，就是必须抛弃受伤的同袍）。[①]

温盖特能让他的新部队被接受，以及能成军，简直是奇迹。他的傲慢，令现在或过去的直属长官，包括斯利姆、蒙巴顿、吉法德、奥金莱

---

① 译注：参见本书第17回。

克都难以忍受。但对他的部下来说，至少对那些不认为他在日常命令中引用《圣经》式修辞很滑稽的人来说，温盖特是个能鼓舞士气的军事天才。他部属中最英勇的人，如麦克·卡尔弗特和弗格森准将都认为他是胜利者。在印度艰困的激战中，他很成功地调兵遣将，给敌军最严厉的打击。在危机时，他可以随时直接向蒙巴顿甚至丘吉尔本人提出要求，并且几乎有求必应。“周四行动”的新兵力由六个旅组成，而在1943年只有一个旅；每个旅由四个营组成。为了获得这些兵力，温盖特经过数次激烈争辩，终于得到第70师。第70师为了去中东作战，接受赛姆斯（George William Symes）少将指挥与训练。赛姆斯虽然心中埋怨，但表面上仍维持风度，将位置让给温盖特，而退任副指挥官。温盖特又用了许多在“长布行动”中已证明很有能力的部属，这也有争议（但无疑是明智的）。温盖特将他的旅改编，分为几个支队，每个支队的基本单位是一个步兵连，或是廓尔喀部队，或是英国各郡部队。

温盖特为每个支队指派一名皇家空军军官担任地空联络官，协调空军支援、补给及打击任务。纵队中也配置缅甸步枪部队担任翻译，除了和地方村长谈判，通常充当情报尖兵。温盖特第二次远征的特种部队，比第一次包含更多种族，但不像其他在缅甸组建的英军都有印度兵（除了第2师以外）。虽然温盖特的特种部队里没有印度人①，但为了保密，1944年成立的一支特种部队，被赋予了“印度第3师”的番号。印度第3师由一个西非旅和一支有2832人的美军部队组成，这支美军的名称为平淡无奇的“5307混成部队”（临时的）。这支美军部队由温盖特在印度中部丛林里训练，是美军在亚洲大陆上唯一的步兵部队。

第二次远征和第一次“长布行动”最明显的差异，就是空军的机种不同。支援特种部队的美军空中突击队，配有13架达科塔（Dakotas,

① 温盖特认为印度军是二流军队。（R. Callahan, *Burma 1942-1945*, 1978, p. 10）

C-47）运输机、12架突击者（Commando, C-46）运输机、12架米切尔（Mitchell, B25）中型轰炸机、30架野马式（Mustang, P-51）战斗轰炸机、100架斯廷森（Stinson, L-5）轻型机[①]以及6架直升机。特种部队战士由225架滑翔机运抵敌后，与第一次行动相同，在丛林中靠双脚移动，以骡子运载补给、弹药和无线电设备。[②]

这些部署并未获得普遍的好评，像印度英军总司令奥金莱克上将就委婉表示，他认为打破第70师的建制极不可取。这支部队作战经验丰富[③]，如能够保持完整不分割使用，将可改变缅甸阿拉干的军力平衡，使英军占绝对优势。[④]为什么要毁掉这么一个完美的师级部队？这个师可以在重要的攻势中扮演要角，为何要将这个师的战力消耗在游击战里？为什么不等待西非第82师抵达？那个师是以人力运送物资并受过丛林战训练的部队。此外，印度的兵站负责给阿萨姆第十一集团军群和利多的史迪威部队运送补给，已经非常繁忙。在交通运输如此紧张而有限的状况下，如何提供更多的燃料给温盖特的飞机使用？奥金莱克拍了一份有三个部分的电报到魁北克给丘吉尔。丘吉尔当时正在该地和罗斯福以及参谋长联席会议开会，他早就对奥金莱克不信任，认为他过虑和太谨慎，故有点轻忽其电报。1943年8月25日，“盟军东南亚战区司令部”（South East Asia Command, SEAC）成立，这意味着蒙巴顿接管了对温盖特的指挥权，但温盖特特种部队训练基地和物资供应仍由印度英军总司令部负责。

至于美军的配属方式，则从别的指挥部传出反对的声音。史迪威早就渴望能有美国步兵部队在他的指挥下作战，当他得知美军配属给温盖特时，不由得暴怒：“经过漫长的争取，我们总算获得一些美国部

---

① “这批轻型飞机成为整个行动维持运转机制以及士气的最重要因素。”（Richard Rhodes-James, *Chindit*, 1980, p. 81）
② S. W. Kirby, *The War Against Japan*, Ⅲ, p. 38, n.3.
③ 译注：第70师在德军围攻北非托布鲁克要塞时，一直进行防御战。
④ 温盖特肯定他的炮兵及英国皇家空军派遣队的能力，但是认为步兵要有一定水准，故还需锻炼。

队。而老天爷！他们告诉我们，要将美军交由温盖特指挥。我们不懂如何指挥美军？难道自我吹嘘的温盖特反而懂？那家伙一事无成，就做了一趟到缅甸杰沙的短期行军，行程还半途而废。他截断的是我们的人马早已截断的铁路，在伊洛瓦底江之东被围，到头来搞到战损百分之四十的人员，现在他倒被认为是行家了。这种做法连耶稣基督也无能为力。”[①]最后，史迪威从温盖特处调到这支美军，美其名为“加拉哈德”（GALAHAD）[②]，并用来进攻密支那。作战到了末尾，史迪威也遭到这些被他送上十字架的美军和疲惫至极的钦迪特部队的永远憎恨。[③]

第44回 史迪威与“菊兵团”

“周四行动”的最初目标是帮助史迪威作战。他麾下有三个中国师，后来增加到五个，这些师在印度的兰姆伽（Ramgarh）基地接受训练。印度的司令部支付他们薪资并供应衣食，美军军官训练他们，并提供军备。史迪威的目标是：从阿萨姆的利多进军到缅北，工兵随行在后，开

---

① Barbara Tuchman, *Sand Against the Wind: Stilwell and the American Experience in China, 1911-1945*, p. 385.

② 译注：“加拉哈德”（GALAHAD），亚瑟王圆桌武士之一，非常圣洁。他与珀西瓦尔以及鲍斯组成了“圣杯三骑士”。

③ 史迪威病态的仇英症非常有名。一方面源于阶级出身——他信不过那些他认为“拿腔拿调”的英国军官口音；另一方面则仿佛想再把美国独立战争打一遍。但不要认为只有他是这样的。马斯特（John Master，史迪威的英国参谋）在缅甸夏杜苏（Shaduzup，旧译沙杜渣）会见英军第114旅伦泰恩中将（Joe Lentaigne）时，伦泰恩对他咆哮：“史迪威的参谋！他（史）真够难搞，但其他人更令人无法忍受。有个小伙子，是Jove吧？老在史迪威耳边嘀咕，说钦迪特除了避开敌人，就在那儿吃吃喝喝，什么事也不做。”另外一位非常勇敢认真的缅甸外科医师西格雷夫（Dr. Gordon Seagrave），时常表现出对英国殖民者的厌恶态度，甚至延伸到英军使用的“清洁特遣队”——他们用来处理长官用的携带式马桶——这被他视为另一种武器，完全满足了英国殖民者内心的欲望，通过强迫他们执行最卑屈及低贱的工作，来羞辱和虐待印度军队。（G. Seagrave, *Burma Surgeon Returns*, p. 132）

辟他所要的利多公路，并将日军第18师团逐出胡冈谷地。另外征用克钦部队，从赫茨堡展开行动，往南至密支那做侦察以及进行游击战。史迪威天真地希望中国（境内）军队能联手，从云南进军缅甸，而当时在云南的日军第56师团阻断了中国军队的通路。第56师团和第18师团一样强悍且富有作战经验。批评中国不愿意调兵很容易，但中国人和日本人作战，比起他们的新盟友早了四年。中国有非常多极宝贵的国土被日军的二十五个师团占领，因而他们对在缅甸重建英国势力，没什么期盼；因为中国军队早已见识过，英军曾在1942年猝不及防地从缅甸撤军。

1944年，在无数审核又放弃的计划之后，蒙巴顿终于在1月14日决定，史迪威应该从利多进军至夏杜苏（Shaduzup），然后再前进至莫冈—密支那周边地区。从莫冈到密支那一带，史迪威的利多公路可以修筑一条支线通往中国。英军第4军将积极巡逻钦敦江西岸——东岸则在可行的情况下巡逻——他们会由此攻取缅甸阿拉干及阿恰布港，而温盖特远程渗透部队，则负责切断与史迪威对抗的日军之后方联络线。

1943年10月30日，中国军队新编第38师（师长孙立人）所属巡逻队，与日军第18师团（师团长田中新一）的一支侦察中队，在胡冈谷地发生遭遇战。日军第18师团的代号为“菊”（日语KiKu, Chrysanthemum，菊花为日本皇室纹章），该师团自认就算不是日本陆军中战力最强的师团，也是最强者之一。

在9月牟田口廉也宣布进行英帕尔“乌号作战”计划之后，第18师团的师团长田中新一就明白，他不用期望还能从其他部队得到援助。他麾下的第114步兵联队被调往云南，以加强日军第56师团对抗中国军队。尽管如此，田中仍须守住胡冈谷地。胡冈谷地原意是“死亡之谷”，它和卡巴河谷一样都是可怕的地方。[1]从东到西宽15到50英里，从北到南

---

① 尽管这里指的是一场屠杀，而非气候。

延伸达130英里，是一个许多河流纵横交错的盆地，在雨季很容易就形成沼泽泥潭，成为霍乱和疟疾的温床。田中并不希望把他所有的兵力都投到这个地狱般的区域，所以他指派长久（Nagahisa）竹郎大佐的第56步兵联队防御孙立人师的进攻，认为应该足够了。

田中立刻发现自己太过自信而误判了。在塔奈河（Tanai River）河道的一个汇流点于邦（Yubang Ga），长久竹郎的部队包围了新38师。新38师即时组成方阵防御，以重武器和坦克防守，并由空军运补军需物资。长久竹郎持续进行一波波的攻击，但是都没能冲破中国军队的阵地；最后只能解除包围，撤军以疗伤止痛。孙立人意气风发。多年来，中国人拼了命抗战，仍在自己的国土上被打败，总感觉自己敌不过日本人。现在中国军队屹立在阵地上战斗，轻易地击败日军最好的联队之一。12月24日，史迪威率军到达，以密集的炮火轰击日军，帮助孙立人部队解围。史迪威直接督战，在战地指挥所待了一整天。最后中国军队把日军从河道汇流处以及隐蔽的丛林中击退，代价是将近800名人员的伤亡。中国军队庆祝获胜时不仅对空鸣枪，还把日军的首级挂在竹竿顶展示。[1]

田中新一被激怒了，他决定要从胡冈谷地向北直攻新平洋的史迪威前进指挥所。但是牟田口廉也不允许任何会转用英帕尔作战所需物资的行动，他要田中守住在胡冈谷地中央更南方的迈昆。这意味着史迪威挥军南下只会遭遇小规模的抵抗。史迪威预计在这场胜利之后，中国新38师以及新22师将会快速尾随，追击撤退的日军；但孙立人抱怨史迪威的副手博特纳（Haydon Boatner）准将严重低估了日军在胡冈谷地的战力，致使孙的部队陷入危机，要求撤换博特纳。理论上中国军队应该服

---

① Barbara Tuchman, op.cit., p. 420.
译注：此处所述中国军队行为，似与孙立人的个性不合，其真实性待查。

从史迪威的命令，但这就是例子，又一次显示出他在那极其荒谬的三重职位上所下的指挥命令根本无法成功实行。史迪威在1942年3月被任命为蒋中正的参谋长，他也同时指挥所有在中国—缅甸—印度战区（China-Burma-India theatre）的美军部队[①]，并兼任盟军东南亚战区的副总司令。这些角色所需的是外交手腕、统帅天赋以及人际交往的能力，但史迪威没有这些才能。他是最快乐的战场总指挥，他喜爱中国的一般士兵和老百姓的程度，和他讨厌中国政府及其政府领导人蒋中正的程度一样，不多也不少。他甚至嘲弄式地为蒋取了个绰号："花生米"（Peanut）。"花生米"非常明白史迪威对自己的看法。他并不打算允许史迪威在缅甸战场挥霍掉那些配有新军服、新军备的精锐新式中国师。尤其是为了蒋的目标，这些新式中国师之后必须用在中国国内（蒋一直同时跟日本及中共作战）。所以这两个中国师在胡冈谷地推进缓慢，然后在1944年1月29日停了下来。

史迪威把孙立人找来痛骂一顿，而且威胁他将解除其职位，并告知华盛顿当局原因。他所有的言语都在暗示：要停止对中国运补物资。最讽刺的是，在史迪威因孙立人不遵从自己命令而痛责孙的同一时刻，史迪威正策划派遣自己的参谋进行特别任务，到华盛顿去推翻自己的顶头上司蒙巴顿的计划。雄心勃勃的美国年轻将领魏德迈已经带着蒙巴顿的反攻缅甸的计划"公理任务"（AXIOM Mission）去了参谋长联席会议。蒙巴顿将盟军东南亚战区司令部原定的计划改为海战，以便挪用缅甸陆战资源，从海上登陆苏门答腊与马来亚，以取得夺回新加坡的捷径，并打通南中国海航道。这些史迪威都不要，他认为蒙巴顿拿蒋中正不愿尽力进军北缅当作筹码，想让反攻缅甸的整个行动慢下来。史迪威虽是蒙巴顿的副手，但他派了自己的副手博特纳去见罗斯福，罗斯福拍发一

① 译注：史迪威不只指挥美军，也指挥在缅甸作战的中国军队。

封由博特纳口述的电报给丘吉尔，请丘吉尔向蒙巴顿施压，要他立即在北缅甸进行一场轰轰烈烈的陆战。可是丘吉尔本身就主张从海上登陆攻击，当然不为所动。但是在美国参谋长联席会议上，魏德迈向会议提出“公理任务”计划时，他们却针锋相对地驳回了此提案。

与此同时，美军“加拉哈德”部队即将发挥其作用。罗思韦尔·布朗（Rothwell Brown）上校的60辆轻型坦克，正从大洛（Taro）追击日军，大洛位于塔奈河旁，在新平洋下游25英里处，因此可以掩护在胡冈谷地战斗的侧翼。1944年2月19日，弗兰克·梅里尔准将到达，接管“加拉哈德”部队指挥权。这个会说日语的军官是史迪威的得意门生，因为由他来担任这支部队的指挥，一位记者为这支美军特种部队战士取了个绰号：“梅里尔掠夺者”（Merrill's Marauders）。不管如何夸张，“梅里尔掠夺者”这个绰号比官方的“5307混成部队”（临时的）好多了。这绰号也没什么不妥，他们本就是梅里尔指挥下强悍的、浴血百战的铁胆勇士。在印度时，他们的行为就像罪犯。在胡冈谷地，他们和中国军队并肩作战，证明了自己能打硬仗。

史迪威很高兴能指挥“加拉哈德”，命令他们进攻孟关。“加拉哈德”被划分为两个战斗团队，配备迫击炮以及火箭筒。3月3日，空军担任火力支援，开始攻击，很幸运，有个非常勇敢的日裔第二代罗伊·松本（Roy Matsumoto）[①]中士和他们并肩作战。松本爬到日军阵地偷听日军的对话；他在日军的电话线上加装特别装置，监听通话。就这样，他听到日军第18师团下令孟关守军在3月5日撤退的消息。

“加拉哈德”部队一直为人种辨识问题困扰。在瓜达尔卡纳尔或在新几内亚，一切都比较简单，在那里主要是白人、当地人以及日本人。在缅甸就不容易分辨出谁是缅甸人，谁是中国人，或者谁是日本人。而

---

① 译注：罗伊·松本是日裔美国人。

且中国军人一旦摘下美军钢盔，脱去长绑腿和破旧军服，看起来就令人吃惊地像日本军人。乔治·麦吉（George A. McGee）中校指挥的第2营，其下的一个连有一天在巡逻时遇到一群人，看起来像友好的中国人，那群人却突然以随身机枪开始射击。但诸如此类的猜疑或不安，并没有减缓“加拉哈德”进军速度：在离开孟关四天之后，他们抵达瓦拉祖（Warazup）。至此，整个胡冈谷地落入史迪威手中。

第45回 钦迪特飞人

在这个关键时刻，特种部队飞进缅北战场。在拉拉卡德（Lalaghat）机场起飞前的最后一刻，部队还是一团乱。一名美军飞行员违反禁令飞越了三个飞机着陆场。这三个着陆场代号分别为皮卡迪利（Piccadilly，伦敦最热闹的广场）、百老汇（Broadway，纽约最热闹的大街）、乔林基（Chowringhee，加尔各答最热闹的大街）。为了预防日军对特种部队的行踪有所警觉，上级下令不可飞越这三个着陆场。这名美军飞行员觉得启程前应该做一次最后的安全确认，因而违令飞越。他拍摄回来的照片显示皮卡迪利着陆场已被树干封锁；如果特种部队十分注重照片情报资料，它的指挥部应该向陆军照相情报组（Army Photographic Intelligence Unit, APIU）提出要求，定期提供在两万或三万英尺高度空拍的照片。这项任务由陆军照相情报组的喷火式或蚊式飞机负责执行。该情报组从未被要求监视着陆区，除了皮卡迪利曾被拍照登在1943年6月版的《生活》杂志上，而成为众所周知的一个地点。该期杂志刊登了温盖特第一次远程渗透之役的伤员从皮卡迪利被达科塔C-47运输机运出时的情况。陆军照相情报组只是在密切留意英军第136特种部队（Force

136）[1]或其他类似在日军战线后方活动的部队时，偶尔对皮卡迪利瞥那么一眼。如前所述，该情报组没被要求定期侦摄这些地点。[2]

无论如何，事实摆在那里，皮卡迪利出局了。斯利姆出席为了解远程渗透作战而仓促举行的选择最后着陆场的会议。卡尔弗特的英军第77旅本来要空运到皮卡迪利和百老汇，卡尔弗特接受了把整个旅空降在同一条降落道的风险。温盖特向斯利姆报告，给斯利姆的结论是："行动将继续进行。"[3]

温盖特选择让第77旅当夜单独使用百老汇着陆场，之后才把伦泰恩旅长指挥的英军第111旅空降至乔林基着陆场。着陆场更改后，装载改变，飞行员简报重做，并与卡尔弗特约定代号，以向特种部队指挥部告知着陆成败。失败代号：大豆链（Soya Link）；成功代号：猪肉香肠（Pork Sausage）。整个讨论、做决定与变更计划，花了不到七十分钟完成。第一架运载部队的达科塔C-47在下午6点12分起飞。[4]卡尔弗特认为不得不冒险，因为只有几个满月的夜晚可以用来着陆；而为进攻英帕尔，日军正在集结大部队。一旦延迟就可能会造成钦迪特突击队调回印度加入第4军作战，而丧失完成大规模长距离渗透战的良机。[5]

第一架滑翔机着陆后，艾利森及放置着陆信号灯——石油火把——

---

① 译注：Force 136，全称为"英军特种行动执行处第136部队"，是第二次世界大战期间英国特种行动执行处（Special Operations Executive, SOE）的一个分支。该部队主要在日军占领的东南亚地区执行秘密任务，支持并训练当地抵抗力量，以破坏日军的补给线和装备。

② 来自G2情报官大卫·威尔逊提供私人的信息。陆军照相情报组前身是G2，侦查范围包括孟加拉、缅甸。在3月8日，第3战术空军报告日军对因多周边机场进行了扩建，参考Shelford Bidwell, *The Chindit War*, p. 104，以及William Slim, *Defeat into Victory*, pp. 261-262。

③ 这件事一直有争议，在会议的部分照片中未见到斯利姆身影，因此有人推断温盖特独自承担了责任。但斯利姆的裁决在印度官方战史（*Reconquest Burma, 1942-1945*, Ⅰ, p. 337）中非常清楚，罗纳德·卢因在他的书中也有令人信服的论证（Ronald Lewin, *Slim*, p. 163）。温盖特当然很着急，唯恐日军已封锁一个机场，也在另外两个机场做好了准备，也许百老汇或乔林基会有埋伏。他觉得中国人会出卖机密：中国人保密非常松懈，名声不好。（Major-General Derek Tulloch, *Wingate in Peace and War*, p. 148）

④ Derek Tulloch. op.cit., pp. 200-201.

⑤ Michael Calvert, *The Chindits*, p. 27.

的控管团队立刻钻出机体，标示出长条状的着陆区。但随后抵达的滑翔机群飞得太快，第一波着陆的滑翔机中有一些坠毁了（在主跑道上有两棵树以及一些沟渠，这些并没有在照片中显现出来）。这些坠毁的飞机还停在着陆跑道上，后面一波波飞来的滑翔机继续跟着撞上去。卡尔弗特注视着被卡住的着陆跑道，知道许多滑翔机着陆失败，整个着陆部队的伤亡：死亡30人，负伤21人。卡尔弗特发出失败代号：大豆链。[①]

温盖特在凌晨2点30分接收到这个代号，他很沮丧地向德里克·塔洛克（Derek Tulloch）准将说，着陆行动似乎是失败了。塔洛克不这样认为，他要温盖特去睡一会儿。四个小时之后，塔洛克唤醒温盖特，并告诉温盖特已接收到卡尔弗特刚发出的新的着陆成功代号“猪肉香肠”。卡尔弗特已经清除了长条着陆区上的障碍，并了解到所辖部队的伤亡并没有像他所担心的那么严重。当晚起飞的滑翔机有61架，却只有35架抵达百老汇，17架在印度阿萨姆其他地区着陆，有6架不幸在日军控制区里降落，其中一架甚至在位于平梨铺的日军第15师团司令部附近着陆。而在百老汇着陆区，美军工兵军官布罗克特（Brockett）中尉马上用他那完好无损的两辆推土机，帮飞机清除着陆跑道上的障碍，工作顺利完成。黄昏后，美国航空部队奥尔德（W. D. Old）准将搭乘的第一架达科塔C-47成功着陆，又有63架达科塔C-47飞到。然后在接下来的几夜里，另外的上百架达科塔C-47也陆续抵达，并运来野战炮及高射炮。温盖特自己则在第二天夜间飞抵。行动展开的第六天晚上，伦泰恩的英军第111旅也开始飞到乔林基着陆区。

空运一直进行，执行了大约600架次。最终，整个“周四行动”向日军的缅甸占领区最核心地带运入超过9000名官兵、约1400头骡子以及

---

① Michael Calvert, op.cit., p. 28.

两个炮兵部队。“我们任务的第一个目标已经完成。”温盖特在其3月11日的例行命令中说道，“我们给予敌人完全意外的打击，我们所有的支队都插入了敌人的心窝……敌人必定会猛烈反击，我们要抵抗敌人的攻击，要夺回我们北缅甸的领土……当我们获得了这样的优势，付出一些代价在所不惜。我们活在历史的关键时刻。每一个参与这个计划的人，总有一天会自豪地说：当时，我就在那儿！”①

任务出乎意料地完成了。敌后着陆行动这件事，本身就相当了不起。因为温盖特在1943年的第一次远程渗透作战，牟田口廉也才规划要进攻印度。但他似乎从未想到这种威胁可能会再次出现——也许只是个有效的侦察行动，但不是一个大规模的作战行动。牟田口看起来没有应变计划。当牟田口接到盟军降落的报告时，他蔑视这一行动，并没有在他那“伟大”的计划中做些改变或调整。《读卖新闻》的记者饭冢正次听到一位英军少尉飞行员的供词——他的滑翔机遇上乱流，滑翔机连接运输机的绳子断了，迫降在日军控制区庞宾附近的山区。②他被抓住交给第15军的司令部，这给了日军有关“周四行动”规模的第一个印象，虽然很难从中挖出情报。他说，若不是树枝戳瞎了他的眼，他不会被抓，其他17个同袍逃到森林中。他只供出了自己的名字和家中地址。他说：“我听说日军有武士道，用我们英文讲是军魂。我宁死也不会出卖国家。”从其他人的审讯供词中可以清楚地看出，日军知道每一架运输机拖曳两架滑翔机，大约有80架运输机（原文如此）从英帕尔西方的基地起飞，机群的目的地是丛林中的沙质地区，为了找到沙质地区，他们朝东飞，飞过庞宾后，以90度直角北转，两度穿越伊洛瓦底江。第15师

① C. Sykes, *Orde Wingate*, pp. 522-523. 不是每个人都习惯温盖特圣经式的唱诵。“有些军官对这些感性的话很鄙视，很容易对这些鼓舞人心但教条式的句子发笑。这对那些温盖特的崇拜者而言相当不合适，是对他们偶像的直接打击。我想私底下我们对自己的轻蔑感到惭愧。”（Richard Rhodes-James, *Chindit*, p. 79）

② 田村吉雄编，《大东亚战史秘录：缅甸卷》，页24。

团师团长山内推测，有60架飞机已抵达目的地，以每架滑翔机搭载9人的兵力计算，则渗透的盟军兵力顶多有700至800人。3月9日，牟田口接到山内的电报。[1]

也许，必须持平地指出，并不是每个日军指挥官都被“周四行动”吓到了。盟军机队飞过位于因多的日军机场时，没有受到一架飞机或一门高射炮攻击。奈良林（Narabayashi）中尉唤醒睡眠中的第5飞行师团参谋长铃木京，铃木只是说了句：“所以，他们终于还是来了。”日本陆军航空部队在缅甸的司令官田副登（Tazoe）少将，非常确定温盖特会再次出现，而且是空降。否则，为什么英军要在日军战线后方丛林中留下飞机跑道，在村落留下情报人员？为了找寻答案，日军派遣情报员渗透印度，情报员回报，在加尔各答周边的机场，盟军正用木材制造飞机。毫无疑问，盟军造的是滑翔机。将其和丛林中的飞机跑道联系起来，田副登推断出明确的结论。

3月6日早上，田副登由瑞保飞抵眉谬，想再回到位于掸邦格劳的第5飞行师团司令部前，与牟田口谈一谈，因为他担心前一天看到的天空中留下的红色和黑色的烟。在眉谬有种惶恐不安的气氛，到处忙乱，机场的角落有一架飞机正在燃烧。三十分钟前这里历经了一场空袭，士兵仍在试着扑灭火焰。机场守备大队大队长为田副送来由第5飞行师团传来的最新消息。盟军空降部队已在杰沙（曼德勒北方）周边的几个地点着陆，茂卢的铁路已经被摧毁，激战正在进行中。

田副和他的副官饭冢（Iizuka）中尉一起去见牟田口，田副向牟田口说，如果不立即进攻，盟军空降部队会在日军后方联络线的最核心地带变成惊人强大的部队，然后他们会隔断密支那的日军，而一旦密支那被攻占，就没有任何事物可以阻止史迪威的利多公路通到中国境内。那

---

① OCH《英帕尔作战》，Ⅱ，页152。

意味着在中国的日军会遭受巨大的压力，而且使用中国基地的美军战机，相当可能直接突击日本，把日本本土卷入战火。考虑到这些影响，牟田口也应该投入他能投入的所有部队去攻击盟军的着陆部队，即使这意味着会推迟英帕尔作战。

“你过虑了”，牟田口回答，他不为所动。田副为自己的观点极力争辩而面红耳赤。牟田口又说：“你是个飞行员，所以自然会认为空降作战非常重要。但敌军可以集结多少力量？你的第5飞行师团知道他们有100架或200架滑翔机，所以我们知道敌军空降部队集结力量的极限。而且他们如何补给那些已着陆的部队？他们匆忙包围杰沙的同时，我将进军英帕尔，切断利多的补给线将其孤立，那些空降部队就会像藤蔓一样枯萎。”

田副登意识到牟田口根本没考虑空降作战的重要性，尽管有1941年德军在克里特岛空降作战成功的前例。“在印度有几个伞兵师或滑翔机师？”牟田口继续说，“让他们使用空降部队，即使敌人在中缅甸投入空降部队，但战事发生在其他地方，所以这仍然不是很重要的。”

“你不了解这些飞机的运输能力，”田副反驳牟田口，“300架飞机一天可以运载1800吨物资，如果只使用百分之二十运量，这就意味着一个月可以运载3万吨，这相当于一天使用100辆卡车的一个月运量。看看在阿拉干发生了什么：敌军运来钢板建造飞机跑道，可以全天二十四小时起降飞机。”

牟田口让田副继续讲，直到耐性被磨光：“敌军喜欢用他们的空降部队做什么，就让他们去做吧。我会切断那些在利多基地的空降部队，我从来没有在战斗中失败过，神会和我站在一起。田副，把地面战事交给我吧。你要想的是如何用你的飞机张开保护伞，帮我渡河。我只要求让我的部队安全渡过钦敦江。”不必再和有神启式观念的牟田口争论，所以，田副登飞往仰光，试图说服缅甸方面军司令官河边，河边接受敌军空降部队的着陆行动更为严重的看法，但他告诉田副，以当时的状况，取消英帕尔作战已毫无可能。也许，他最好还是让牟田口决定。

在盟军空降行动开始前，田副的机场就已经被科克伦的空中突击队大肆轰击，尽管飞机在地面被毁，田副仍能集结足够的战机在3月10日反击盟军。田副派遣20架战机、2架轻轰炸机攻击乔林基着陆场，并且在3月13日派出55架战机、3架轻轰炸机攻击百老汇着陆场。但在13日前，百老汇盟军还可反击，田副的机群遭遇了高射炮及喷火式战机的迎击。

不管是河边还是牟田口，对盟军的空中突袭都没有任何紧急应变计划。他们反击钦迪特突击队的方式是：第一，使用任何正好在盟军着陆区域的日军部队；第二，调动驻守丹那沙林的第24独立混成旅团。如果日军能够迅速在钦迪特巩固据点之前将其击败，就能消灭钦迪特突击队。牟田口用Fukuro no nezumi称呼钦迪特突击队，意为“袋中之鼠”。

空降的钦迪特突击队建立起有点弧形的战线，距离因多30—40英里。因多有铁路北通密支那，有条向西延伸的公路，通往日军第15军渡河点。此外，钦迪特部队的另一旅，英军第16旅（弗格森），在2月5日离开利多，行军到目的地——也是因多。然而，直到第16旅几乎就要抵达因多时，日军都没察觉到。显然，因多是盟军空袭的焦点，因为3月10日，牟田口将第18师团置于曼德勒-眉谬地区的两个步兵中队调往因多，由牟田口军司令部参谋长桥（Nagahashi）中佐指挥。长桥接到的命令很简单：攻击所发现的任何敌军。他们于3月17日发现了夜袭白城（Henu，亦称White City）的卡尔弗特部队。卡尔弗特以照明弹照亮夜空，把大量迫击炮、机关枪火力泻向那些倒霉的日军，他们大多数在开火最初的数分钟内死亡，长桥自己则因伤重而死。

第16旅旅部抵达铁路阻绝区后，卡尔弗特被告知，长桥的部下没有比迫击炮更具杀伤力的武器。由德格（Ron Degg）少校——前矿工，行伍出身——指挥的南斯塔福德郡团（South Staffords）的一个营已跨越铁路。德格要求空投补给物资，包括十字镐、铲子以挖掘阵地，以及带刺的铁丝网以围绕阵地，还有食物和弹药。安排好后进行了空投，但物资散落在接近旅部的山坡上，花了一个星期才收齐，卡尔弗特用了大象帮忙。这段时间，德格和他的部下只能临时凑合着度过。卡尔弗特使用无线电对讲机和德格联系，德格引导他沿着山脊往前，直到卡尔弗特看到战斗；日军集结在铁路附近的一座山顶上有小佛塔的山丘周围。日军已渗透进德格的阵地，当卡尔弗特和旅部的官兵跑过山谷时，他们注意到有大量的伤亡。卡尔弗特明白必须迅速行动以挽回局势，于是他下令冲锋。肖（Freddie Shaw）少校的廓尔喀第6团第3营是卡尔弗特的预备队，由他们负责掩护射击：

> 所以，我站起来，以标准的维多利亚姿势高喊："冲啊！"我和鲍比（Bobbie，汤普森空军少校）与两名勤务兵冲下山。南斯塔福德郡团全营有一半官兵加入。然而，回过头一看，还有很多人没跟上。我愤怒地命令："冲啊！你们还在干什么！"所以机枪手、迫击炮队、所有军官，山上每一个人都冲了。[1]

日军不甘示弱，也冲锋猛攻，结果在佛塔周边爆发了凶猛的混战。"每个人，用枪射，用刀刺，拳打脚踢对付其他人，有点像军官之夜的骚乱。"[2]一名南斯塔福德郡团营里的年轻军官，凯恩斯（George Albert Cairns）中尉，手臂被一个日本军官砍断，凯恩斯朝那个军官开枪，用剩下的一只手臂抓住军官的指挥刀，猛砍日军军官，直到自己力竭倒

① Michael Calvert, *Prisoners of Hope*, p. 52.
② Michael Calvert, op.cit., p. 52.

下。卡尔弗特跪在凯恩斯身边。“我们赢了吗，长官？情势还好吗？我们该做的事做完了吗？不用担心我。”说完就死了。[①]日军只有一名军官参加这场死斗：清水（Kiyomizu）中尉。第15师团第51联队第2大队大队长武村（Takemura）少佐，命令清水率领自己那个小队的三个分队到茂卢。武村曾告诉清水，他估计茂卢的盟军空降部队大约有1000人。但清水没料到自己在佛塔山上遭遇的盟军部队有这么强，也没预料到迫击炮和喷火式战斗机机关枪的巨大火力攻击会歼灭他的部下。武村指出这是该联队首度和敌军接战，武村当时告诉清水，希望他的部队能好好作战，因为这场战斗会影响联队其余官兵的士气。清水接受这说法。他的部队以轻装在晨雾中前进，没带背包进行攻击。雾一散，他看到6个空降兵正在走动，就立即攻击佛塔山。清水四处挥舞着指挥刀，当子弹击中清水的右手腕和生殖器时，他痛苦地尖叫倒下。[②]在这第一次激战中，卡尔弗特的部队杀死42名日军，包括卡尔弗特所称的4名军官；英军付出的代价则是23人阵亡、64人负伤，这是钦迪特突击队众多战斗的特征。远程渗透纵队的理念是避免和敌军正面交锋，钦迪特的战士可能行军好几天，都见不到一个日军甚至听不到日军的声音。然而，战斗一旦爆发，就会成为最凶狠血腥的近身白刃战。

日军从茂卢重新派出巡逻队搜索，并在3月18、19、20日晚接连三夜攻击英军。但此时，卡尔弗特已经获得良好的空投补给，挖好阵地并以带刺铁丝网围绕加固，只派出廓尔喀突击排绕到茂卢南面日军的阵地埋设地雷。同时，伦泰恩的第111旅正从两个着陆场集结，两个营在乔林基，另两个营在百老汇。空降乔林基着陆场的部队，在抵达其作战区域前，必须渡过钦敦江。由于停用皮卡迪利着陆区，飞行计划变动，造

---

① 根据卡尔弗特的书 *The Chindits*, p. 49，“当我们将日军赶出佛塔山后，当天，凯恩斯被授予维多利亚十字勋章”，而杜兰特中尉说是次日早上（Shelford Bidwell, *The Chindit War*, p. 122）。

② 浜地敏夫，《英帕尔最前线》，页46。

成部队起飞时间发生改变，这让伦泰恩部队的行动比计划表定的时间晚。伦泰恩把他的旅部纵队和第30纵队集中起来，部署于伊洛瓦底江西岸；另外第40纵队与第30纵队的重武器兵力、骡子等则依然部署在伊洛瓦底江东岸。于是伦泰恩派他们加入莫里斯部队（Morris Force），向东方一直前进，直到中国边境；然后由南向密支那进军。3月26日之前，伦泰恩的部队在文多（Wuntho）穿越铁路向平梨铺前进。平梨铺是日军第15师团（山内正文）的补给仓库基地。向西行军，又花了12小时尝试让骡子游泳渡水（没完全成功），使伦泰恩筋疲力尽。伦泰恩年纪比绝大多数参战的部下还要大，他的疲惫开始影响其指挥能力。①

第46回 武村会钦迪特

平梨铺再往西北一点，另一个支队在抵达其战场之前就已精疲力竭，那就是弗格森的第16旅，唯一全程地面行军的部队。弗格森在2月5日离开利多，要在大部队集结的钦敦江和第18师团对抗史迪威部队的胡冈谷地之间找出一条路。弗格森部队穿越帕特凯山（Patkai Hills）后前进到钦敦江（塔奈河）上游坎迪附近，在史迪威部队西方30—60英里，往因多的方向前进。弗格森接到的命令是直接占领因多及该地两座机场，而不是像他之前被告知的那样从东南方绕过因多。途中，弗格森在“阿伯丁”（Aberdeen）构筑据点。

“据点”是温盖特第二次钦迪特突击队远征作战的核心构想，它的基本目的就是要吸引日军，作为支队的中心、负伤者的庇护所、飞机的起

① Richard Rhodes-James, *Chindit*, p. 77.

降区。不过，或许用温盖特自己的说辞，才最能表达他对据点的想法：

据点的目的

据点是狩猎台（machan）[①]，俯瞰着被五花大绑的小孩，去引诱日本老虎。

据点是长距离渗透团队负伤者的避难所。

据点是储存补给的仓库。

据点有防护的机场跑道。

据点是忠诚居民的行政中心。

据点是支队绕着旅部的一个圈，依照旅的主要目标而做适当配置。

据点是轻型飞机和支队在进行主要作战任务时的基地。[②]

要攻击有良好战壕及良好防卫的日军阵地，需要大规模密集的枪炮攻击。比较好的做法是把日军引诱到空旷地带，使之远离可用车辆运输的军需、弹药和人员数英里，直接将刺插入它的肉里：

一个理想的据点是以据点为中心、半径30英里的圆形地域，由稠密茂盛的树木和非常崎岖的地形所组成，由于巨大的天然障碍，只能勉强使用背负方式运送……这个核心理想地包括：一个平坦高地，并有一条可供达科塔C-47起降、没有障碍的飞机跑道；一个单独的补给品空投区；通到据点的滑行道；邻近有一个或两个友善的村落；据点内有取之不尽、没被污染的水源。

……据点的座右铭是“决不投降”。[③]

---

① 印度语machan，日语是dais，中文是“台”，英文是platform。

② Michael Calvert, *Prisoners of Hope*, p. 282.

③ Michael Calvert, op.cit., p. 283.

这是一个经过精心设计且大胆的构想，弗格森的“阿伯丁”据点就要是这样一个场所。在历经艰苦的长途跋涉之后，3月12日他接到命令要建立这据点。弗格森此时已履行他对史迪威的承诺，除掉那些在史迪威侧翼，即在隆肯（Lonkin）的日军：弗格森的两个支队的900人兵力，已被指派参与建立据点的任务。弗格森其他的部队，3000名官兵和400头骡子，像他们一开始动身时一样，以一个纵列行军逼近因多。“阿伯丁”据点，在梅扎河的两岸，一边一个，坐落在曼顿（Manhton）村落北方一英里处。那里有条道路通往因多以及位于黑努（Henu）的卡尔弗特据点：“白城”（White City）。

英军尼日利亚团第12营在弗格森率部开拔后担任“阿伯丁”的守备。弗格森预期马上会有另一支部队前来，尼日利亚营一就位，第14旅（布罗迪准将指挥，Ian Brodie）可立刻前来支援。原先，第14旅打算在两个月后接替钦迪特突击队另一个旅的任务，温盖特预料那时可能会用到他们。此时，就弗格森所了解，布罗迪的第14旅要帮他攻占因多。3月23日温盖特去看弗格森时，私下向弗格森透露，他很担心第14、第23旅会被派往英帕尔平原作战，他可能会失去这两个旅。温盖特打算先以自己的方式运用这两个旅。正如事后所见，英军第23旅（佩罗恩准将，Lancelot E. C. M. Perowne）从钦迪特突击队的主要任务中被调出，与英军第2师、第7师一起作战，最后击败了围攻科希马的日军。第14旅则依然留在钦迪特指挥体系里。3月24日，弗格森离开“阿伯丁”。

弗格森在隆肯的支队没赶上他，因而，只剩3个营的兵力去攻占因多。从印度经过骇人的行军后，部队筋疲力尽，他本来应该先让部队休息。[1]第17支队和第71支队（莱斯特郡团第2营，Ⅱ Battalion/Leicester

---

① 弗格森所承诺的，参考Bernard Fergusson, *The Wild Green Earth*, 1946, p. 99。

Regiment）当时已抵达因多东南方的山丘。该部队在到达钦敦江时，接到温盖特的祝贺电报，开头为“致令人骄傲的收件人”，“干得好！莱斯特郡团官兵们。汉尼拔比起你们也要黯然失色。”[①]

然而当日军察觉到他们面对的不是少数空降部队，而是在和大部队对抗，不可能仅由地方守备部队压制时，他们开始应变。首先，3月11日，已在曼德勒附近实皆（Sagaing）地区的第18师团第114步兵联队第3大队（山下大队），被命令去挽救白城以及茂卢东北方山丘的局势，山下大队于3月17日来到白城南方，接管长桥残部，并于21日攻击卡尔弗特部队，但是被击退，而且伤亡惨重。

武村大队（Takemura，第51步兵联队第2大队）于3月7日晚上9点20分离开昔卜（Hsipaw），在夜间被以卡车送往曼德勒，三天后才抵达，由于需要躲避盟军的飞机而迟到。[②]武村大队装满弹药后，在10日离开曼德勒前往附近的实皆，3月15日抵达因多。他的部下发现树林结满许多木瓜和芒果，非常高兴。武村指派第7中队（井手中队，Ite）担任预备队，命令第5中队（松村中队，Matsumura）和第8中队（岩崎中队，Iwasaki）对茂卢周边敌军阵地展开侦察，另外派遣第6中队（酒泽中队，Sakazawa）前往杰沙。3月15日，即酒泽中队动身前往杰沙那天，日落是在晚上9点，月亮则在凌晨1点35分出来。酒泽中队官兵在因多火车站摸黑爬上卡车，开往杰沙。杰沙对这些日军而言是个有趣的地方，它不仅仅是一个古老的皇家首都，也有许多佛教团体：日军靠近城区时，听见佛寺的钟声沿着河岸传来。他们想着，如果能死在这个奉献给佛陀的地方该多好。在那里，他们看到身着橙色长袍的僧侣在寺门前来来去

① Bernard Fergusson, op.cit., p. 57.

② 相对于弗格森的因多计划，我比较同意武村的这个时间表；一位参战的分队长的回忆录中（浜地，《英帕尔最前线》，页26）比OCH《英帕尔作战》有更多细节及旁证，后者说武村出发时间是3月12日，到达时间是3月27日（Ⅱ，页153）。

去，也看到僧侣祈祷的身影。在那里，天空衬托着立在小丘上的佛塔，伊洛瓦底江蜿蜒曲折，在郁郁葱葱的丛林中流淌。或许，英军空降部队也能听到佛寺的钟声？

但武村大队的官兵当时还不知道他们即将与英军弗格森的第16旅遭遇，而且他们也和英军莱斯特郡团、女王团官兵一般，全身上下精疲力竭。武村大队在泰国经历了似乎没完没了的道路工程的艰苦作业后，行军到达缅甸战场，每个人以双肩和脊梁骨，费力地背负着重65—70磅的装备移动：包括20天的口粮、4枚手榴弹、240发步枪子弹、60发储备子弹、大衣、帐篷、毛毯、水瓶、便当盒、防毒面具、十字镐和铲子。[①]每当休息后要站起来时，身上背负的重量压得双腿发软打战，他们变得头昏眼花，身体失去平衡。酒泽中队背着重负，蹒跚前进，沿着伊洛瓦底江穿越山丘前往杰沙，中途，因为听到好似海浪正在吞没森林的声音而吓呆了。其实是远处一大群野生猴子，从谷底攀爬到山顶上，在那里叽喳喧闹发出声浪。3月16日，酒泽中队抵达杰沙。同日因为仰光方面军司令部的提醒，南方军通知东京帝国大本营：史迪威部队已推进至胡冈谷地，温盖特的钦迪特突击队已空降着陆。依电报估计，空降在杰沙地区的盟军约1000人，并报告说盟军在因育瓦及莫宁（Mohnyin）建造了飞机跑道。[②]

正当酒泽中队走出丛林时，野马式战机从云隙中钻出，俯冲而下，以机枪扫射这片地区。“我们被发现了！”酒泽部下中有个人叫喊，“我们退回去吧！”但已没有回头路：在那一刻，波伯部（Hokabe）兵长跑

---

① 弗格森写到，第一次钦迪特行动，“出发时每人背负的重量总共72磅”，“是一般人平均体重的一半，与骡子体重比较，人背的比重更重”。埃佛勒斯的背包本身重6磅，加上7天口粮14磅……士兵还要携带步枪、刺刀、小刀或弯刀、3枚手榴弹、睡毯、备份的上衣和裤子、4双备份袜子、毛绒帽、小折刀、橡胶鞋、缝衣道具、拴扣绳、帆布救生衣、饭盒、粮食袋、水壶、制水桶，以及其他规定要带及有特别用处的物品。（*Beyond the Chindwin*, p. 26）

② 浜地，《英帕尔最前线》，页26。

过来报告，敌人正从附近房舍出来，朝日军方向移动。他所属的小队隐匿在丛林中警戒防守。在800码开外，一群手持步枪、背负背包的男人出现。日军分队长浜地（Hamachi）命令部下禁止射击，当那群敌军接近到500至600码时，他下令预备开火。到敌军接近到300码，他大声高喊："开火！"这给了波伯部一个发挥的绝佳机会，波伯部是分队的轻机枪射击老手，号称百发百中。步枪和机枪一起开火射击。英军八名士兵都措手不及，但他们立刻稳住，四名士兵向前冲锋，毫不在乎日军的子弹。"他们虽是敌人，但是真的很有胆。"浜地这样想着。然后他们其中的一个被轻机枪火力击中，那人痛苦地尖叫一声并摔倒，血从他身上的伤口涌出。"打到他了！"浜地的一个部下这样叫，"打到他了！"日军持续射击。"波伯部！我们射得太高了，250码，射低一点。"波伯部挺直身躯挪动他的轻机枪，从左到右扫射迎面而来的英军。两或三个英军倒下，其余的英军立即趴在地面，开始匍匐前进，然后惊慌地跑了。"停火！捉其他活的。"浜地大吼，然后带领他的分队追击英军。但是令追击的日军扼腕的是，英军幸存者都逃了。日军搜查战死者衣服口袋和背包，把香烟、口香糖以及罐头口粮分了，然后再度上路。前进很艰苦，浜地分队必须披荆斩棘开辟道路，最后他们穿越了接近2英里的丛林，返抵中队部。浜地被告知空降的敌军部队约有一万人，他想"无知是天赐之福"。如果他真的追上那些英军，可能会有超乎意料的牺牲……酒泽告诉浜地，两天前他们抵达杰沙，藏匿在一条宽达80英尺的河岸边的沟里，持续侦察一群英军空降部队以木筏渡河。木筏载运的是枪炮、弹药和骡子。酒泽部队等英军渡河到一半时才开始射击。寂静的河道，变成了充斥着枪声、负伤者惨叫声和驮畜嘶叫声的地狱。日军喊叫："我们可逮到你了！你这毛茸茸的外国混蛋！"[①]他们将子弹泻向木

---

① "下地狱吧！杂种！"（Kutabare, Ketome ga！）见浜地，《英帕尔最前线》，页32。

筏。河水被鲜血染红，那些侥幸躲过第一轮猛烈射击的英军翻身投入河流，潜入水中，隐匿在河床旁的杂草堆里。这不过就几秒钟的事。几分钟后，英军的炮火和战斗机机枪开始向河岸扫射。日军退回中队部。第二天酒泽中队才知道，他们碰到的是个有五六百人兵力部队的一部分；英军分成数个支队，要从杰沙行军到因多以西地区。[①]

3月17日下午2点10分，酒泽中队奉命返回位于因多的武村大队阵地。松村、岩崎两个中队与英军空降部队正在茂卢交战，无法脱身；井手中队和大队部发现有英军在因多铁路守备队阵地附近的丛林中，这局势让武村陷入困境。武村本来打算率部前往茂卢支援部下作战，但英军侵袭武村的背后，使其部队分成南北两部，需要各自为战。武村决定发动一次夜袭，奇击因多附近的英军。武村的部下本来由于搜寻敌军但毫无所获，士气一直处于低潮；现在，突然间士气高涨，求战心切。

八辆装载日本步兵的卡车在黑夜里驱车向西，车头灯光穿过丛林。白天的酷热变为夜晚浓密的大雾，急遽的温度变化似乎引起疲劳，众人因寒冷而颤抖。一弯新月发出苍白的光线，唯一的声音是卡车的引擎声和车身的抖动声。不久，他们进入敌区，噪声消失了，日军用耳朵倾听哨子声以及骡子嘶鸣声。有人告诉他们，英军运用猎人的哨子彼此联络，传递信号。他们听到骡子嘶鸣声，就知道敌人近了。浜地分队长和其他分队长一起等到黎明，当天光乍亮时，在清晨的薄雾中，他看见九头骡子就在他面前的草丛里，还有一辆装甲车。附近有零星的迫击炮、机关枪、弹药箱、背包、卡宾枪、无线电对讲机、指南针和手表。当天色大白，酒泽中队扑向这宝库，不费一枪一弹就缴走了战利品。

---

① 例如，伦泰恩第111旅部分军队。

然后武村大队指挥部来电："发现英军！"在清晨的薄雾中，武村的部下立刻发动攻击。英军突然被日军两个分队突击，但马上就用手榴弹回击。然后武村大队部人员也加入作战，英军被击退，有人被武村俘虏：两个滑翔机飞行员，一些英国士兵以及克钦族战士。令日军惊讶的是，这些人被俘，却似乎毫不在乎，这对日军而言是无法想象的。日军对这些他族的俘虏感到好奇，尤其是有闪闪发光白牙齿和高鼻子的英国人，看起来有贵族气息；但他们的头发比平时要长，因为已经在丛林里度过了一段时间，接近精力耗尽的状态。克钦族战士的战斗精神似乎被击垮了：他们看起来因为神经紧张而面部抽搐，满身泥巴和汗水的身体发出难闻的臭味。俘虏中有一人，全身布满某种皮肤病造成的溃烂——缅甸北部文多的传染病是出了名的。日军仍然处于战斗亢奋的状态，威胁俘虏，并以刺刀猛戳他们。接着大队翻译员到来，开始审讯。唯一得到的口供是滑翔机飞行员说：到最后，英国总会打赢这场仗。俘虏们坚决拒绝提供任何信息，翻译员试图以和缓的口气哄骗他们供出所知，但得不到进一步的资讯。然后，敌对双方每个人都看着日军翻译员，他失去耐心而开始用棍棒愤怒地殴打俘虏。日军高喊"继续打！把他们好好痛打一顿"。日军站成一圈围着被打的俘虏。滑翔机飞行员之一，被殴打到跌跌撞撞、步履蹒跚。在那一瞬间，他脸上的皮肤像鲜红的石榴一样爆开，鲜血从伤口涌出，流满胸前，然后流到他的脚上。当飞行员抬头望向天空时，他的嘴唇痛苦地扭曲。翻译员更是怒上加怒，没有一秒的迟疑，他用棍棒猛打飞行员的头部，最后把飞行员的下巴打碎。浜地目睹了这场残酷的暴行，然后移开了视线。①

---

① 浜地，《英帕尔最前线》，页36。但是"阿伯丁"守备队也对战俘非常粗暴。弗格森的高射炮在两天内打下七架飞机，俘虏一个飞行员。"这飞行员是话多的家伙，"弗格森写道，"一听不懂他所说的，尼日利亚兵就用来复枪枪托对着他的嘴打。昏醒之后，说出许多有用的情报。"（Bernard Fergusson, *The Wild Green Earth*, pp. 90-91）

当日军从缴获的战利品里挑选武器时，浜地被一把看起来制造相当精密的轻型自动步枪所吸引。他想，和英军轻型自动步枪比较，无论从重量还是操作这两种角度来看，老旧的日本造38式步枪真是劣等武器。英军空降部队口粮的种类也让浜地惊讶：腌牛肉、面包、果酱、糖、咖啡、茶叶、香烟、水果罐头、奶油、乳酪。这是大英帝国物质力量恰如其分的反映。浜地心里将其与日军口粮补给做了比较：日军现地征集粮食，加上腌梅子与盐巴，附带一块充充数的鳕鱼干，尚可入口。英军俘虏还配有手表、指南针，以及特别印在彩色丝绸上的缅甸中部、北部地图。

3月19日下午，武村的部下回到因多的基地。指挥第5铁路守备队和茂卢守备队的大队长佐佐木（Sasaki）大佐传来报告，佐佐木大队正遭受强大敌军空降部队的攻击，因多北方南锡安（Nanhsiaing）的铁路桥已经被炸毁。在牟田口梦想发动英帕尔作战之前，因多本来是个平静的地方，现在则成为一个军事补给区，储存着日军第33师团的配给——20天份口粮，10天份弹药补给，4000至6000发联队炮弹，日军第15师团、第31师团的4500发迫击炮弹，供遥远北方的日军第18师团的12发迫击炮弹、步枪子弹、渡河器材、小艇，等等。所有的储备都隐蔽在树下，或藏在丛林里。在丛林和铁路之间散布着当地居民的简陋房屋，很多当地人对日军很友善。有些日军铁路大队官兵驻扎在这些棚屋里，日军第118野战医院也设在附近。

钦迪特突击队的到来，终结了日军认为因多很安全的看法。当地居民马上察觉到铁路已被截断，盟军的飞机不断在天空出现，日军补给仓库被烧毁，这表明现在军事实力强的是哪一方。当地居民开始不再以微笑，而是以冷淡对待日军。[①]

---

① 浜地，《英帕尔最前线》，页39。

双方空中实力的差距昭然若揭。1943年6月，英国皇家空军在印度东部有飞机503架，美军则有337架；到1943年年底，同一地区，英美两国共有1000架以上飞机；1944年夏天，则达到1500架。而日军在缅甸的空中武力，第4飞行师团、第5飞行师团和第12飞行师团[①]，共有69架战斗机、92架轻型或重型轰炸机，总共161架。怪不得，日军第31师团师团长佐藤幸德绝望地呼叫要求空中补给时，田副登却无能为力。另外，也难怪牟田口认为钦迪特突击队行动实际上对他的英帕尔作战计划有帮助：既然盟军空军司令部可以如此参与运送兵员、枪炮和口粮到伊洛瓦底江上空的行动，那么，当牟田口的部队要渡过钦敦江时，他们就不会有武力对付他的部队。

第47回　弗格森在因多

武村大队和钦迪特突击队曾于3月17日在因多地区首度交锋，对日军而言，这并不必然表示他们就是这次盟军攻击的目标。日军根据从俘虏身上所收集的情报，推测出这些俘虏由主力部队派遣；而在茂卢附近的逐步军事集结，显示茂卢附近有部队的主力。尽管如此，因多的军用仓储物资对缅甸北部日军战事的进展至关重要，在第一次牵制作战后，日军的增援部队也被派往因多一带。一旦日军，特别是仰光的缅甸方面军司令部，更清楚“周四行动”的规模，日军的援军就开始抵达。

第21野战炮兵联队第2大队和武村大队同样配属于日军第15军，被命令立刻前往因多。当时第2大队正在前往钦敦江渡江点的途中，才刚

① 日语叫飞行团或航空旅，有9个或更多的飞行队。

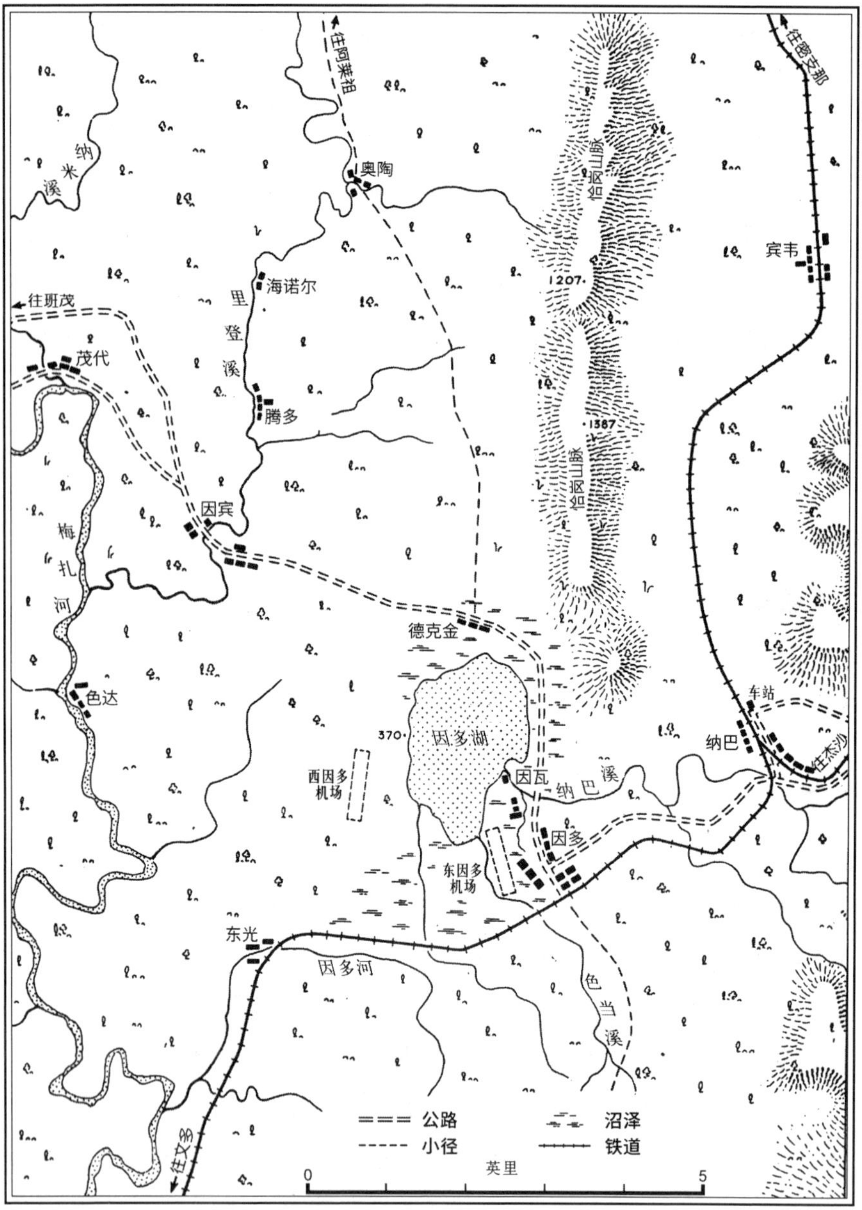
往阿莱祖
往密支那
纳米溪
奥陶
1207
宾韦
海诺尔
里登溪
往班茂
茂代
腾多
1387
因宾
梅扎河
德克金
色达
车站
370
因多湖
西因多机场
纳巴
往杰沙
因瓦
纳巴溪
因多
东因多机场
东光
因多河
色当溪
往文多
公路
沼泽
小径
铁道
英里
0
5

图5-2　攻击因多

抵达眉谬。第15军一位参谋桥本洋（Hashimoto Hiroshi）中佐被调往因多，接掌即将抵达的部队的指挥权；有更多的日军即将赶来。这个指挥权对于仅仅是校级的军官来说，实在太大了。担任丹那沙林守备的独立混成第24旅团，于3月14日被命往北行军至曼德勒，交由牟田口指挥。这个旅团原先被河边正三赋予的任务，是防御英军可能来自海上的登陆攻击，英军可能在马达班湾（Gulf of Martaban）登陆，然后攻击毛淡棉。3月19日，当时在云南畹町战线对抗中国的第56师团第146步兵联队第2大队（协山博雄少佐，Wakiyama），被命令由铁路往南运送，经过密支那到茂卢，从北方攻袭钦迪特突击队。日军第2师团的第29步兵联队第2大队（原田久则少佐，Harada），原先驻防爪哇和苏门答腊，担任孟加拉湾海岸守备，也即将由铁路或空运抵达勃固（Pegu），作为应急的增援部队，然后送至曼德勒。

日军独立混成第24旅团旅团长林义秀（Hayashi Yoshihide）少将，与独立步兵第139大队、独立步兵第141大队、旅团炮兵、旅团工兵、旅团通信兵，在3月18日离开毛淡棉，经铁路运至曼德勒。3月26日至31日之间，第24旅团主力抵达因多。22日，一刈勇策（Harada）大佐率领日军第2师团第2联队到达，原田炮兵大队则在26日开到。林义秀快速展开行动，尽管他属下各个部队几乎没来得及接受命令。原田立即被派往因多东边的山丘，26日晚上，原田大队占领了因多湖之北的德克金（Thetkegyin）。日军另外三个大队的兵力也急速接连投入因多地区作战。不但缅甸方面军的联络线很脆弱，即使在林义秀到达当地指挥时，也仍缺乏一个坚强的指挥体系：步兵、炮兵间无法适当地协调一致，侦察行动也很缺乏。在这样的情况下，日军部队前进的速度实在值得称道。英军据点的作战技巧，使每个林义秀所属部队加入进攻时，必遭英军炮兵集中火力射击和俯冲轰炸而伤亡惨重。但相对的，只因为他们在因多出现，弗格森攻占因多的计划受挫。

去往钦敦江的仅仅头70英里路程，弗格森就让部下经历了非常痛苦的行军。当地地形非常不好，山坡实际倾斜度可达45度，热带风暴会使山坡形成泥石流，山谷的气候白天酷热，到处有苍蝇骚扰，夜间则冷彻骨髓。这样的行动，即使对侦察队而言，也相当危险。[①]弗格森带领4000名部下及500头驮运骡子，完成了这段行程。弗格森部队行军的头一段，从利多公路的塔加普山（Tagap Ga）到卡拉山（Hkalah Ga），总共才35英里的距离，花了他们整整9天。3月2日，温盖特飞抵钦敦江渡江点，照看着英军女王团的两个纵队，带着疲劳，花两三小时迅速渡江。因多就坐落在直线距离150英里的前方，但在缅甸这样的国家，所谓直线距离，没有什么意义。这150英里直线距离，可能意味着300英里上上下下陡峭山脊上的行程。很快便证明，弗格森不可能在温盖特所定的日期3月15日到达因多。弗格森有两个支队为支援史迪威而绕道前往隆肯，他率领余下的六个支队攻占因多。弗格森在卡尔弗特的“白城”阵地以西20英里，距他的目标因多西北方25英里处，建造自己的据点。

被命名为“阿伯丁”的英军据点，从水源及友善的村民的角度来说，是极好的，但机场则不理想。3月20日温盖特去看弗格森，命弗格森尽快将他的旅预备队投入缅甸，要弗格森停止原先接受的任务——突袭因多和班茂（Banmauk）地区的日军，告诉他应该立即直赴因多，攻占因多东边的机场并控制它。根据谢尔福德·比德韦尔的说法，温盖特心中并没有一个固定的特别计划，他已经转向要执行“泰山行动”（TARZAN），将英军印度第26师空运至缅甸北部的一座机场，要把精

---

① 极度的疲劳，带来极大的代价。两名士兵在应该放哨的时间睡着了，于是受到了温盖特被授权的可在没有任何法律制裁的情况下对钦迪特突击队施行的特别惩罚。两人被施以鞭刑，支队指挥官战后被军法审判。但他被宣告无罪，原因是任何军事监狱中的刑罚都无法与这些人当时的生存状况相提并论。（Shelford Bidwell, *The Chindit War*, pp. 136-137）

心策划的钦迪特突击队突袭行动转变为更持久且更具雄心的作战。①这意味着钦迪特突击队必须尽快攻占因多，也就是说，温盖特希望弗格森在3月15日就到达因多。但因为通过帕特凯山区前进至“阿伯丁”据点是极为艰苦的行军，弗格森部队已比预定时间延迟了5天。第16旅离开“阿伯丁”前去攻占因多，旅长弗格森认为英军第14旅（旅长布罗迪，Brodie）会协助他的进攻；然而温盖特却早已命令布罗迪旅往西南方行军，而非朝东南方前往因多。布罗迪要去建设自己的据点和机场跑道，骚扰从因多到钦敦江岸的霍马林之间的日军补给线。布罗迪的行动要支援的，不是史迪威部队，而是斯利姆在英帕尔的作战。②

弗格森的副旅长，后方旅部的卡夫（F. O. Cave）上校，绰号凯帝（Katie），当然会这样认为：在英第16旅攻占因多之后，因多的机场会被用来空运更多的部队。他依照温盖特的指示，前往钦迪特突击队的总部，研究整个行动计划，看看第16旅的角色如何和其他部队配合。“简单地说，我们要往南攻占因多及其机场，然后使用机场空运更多的部队。”但他补充说：“以我所知，我不知道最新的计划能维持多久，温盖特总是不断改变计划。我经常怀疑，有谁能了解内情，有谁真正知道什么是最新计划。”③

因多的角色，它对弗格森战事的影响，以及对温盖特个人指挥能力的评价，成为被深入探究的对象。但谢尔福德·比德韦尔无疑是正确的，他称其为一个误解：“实际上，并不影响战役的进程。”④对弗格森来说，关键是，当他抵达因多时日军已经增援，不管有没有布罗迪旅支援，结果都一样。弗格森本人一直深信，因多是要用来空运至少一个师

---

① Shelford Bidwell, op.cit., p. 138.
② Shelford Bidwell, op.cit., p. 139.
③ Diaries of Colonel F. O. Cave, OBE, MC, p. 48, Imperial War Museum.
④ Shelford Bidwell, op. cit., p. 142.

的生力军进入的。这场战事结束近二十年之后，弗格森写信给参谋长德里克·塔洛克准将，塔洛克在1944年担任温盖特总部的旅长以及参谋长：

> 在经过那么多年之后，我脑海里的细节虽然是朦胧的，但我的回忆里有两个重点是很清晰的……
>
> 一、在整个战役中，直到我在因多失败，我都没怀疑过，温盖特企图让我相信，攻占因多机场后，将空运一或两个非钦迪特的师投入因多。
>
> 二、同样地，我也没怀疑过，在我向因多的日军发起战斗后，我可以指望第14旅（虽然尚未满编）会从西方开到战场支援。[①]

在这一方面，卡夫的日记里有一个惊人的说法，卡夫曾飞到坎迪附近查看英军第16旅渡过钦敦江的情况：

> 我很喜欢这段旅程，在空中飞越这最错综复杂的地形，沿着钦敦江西岸的高山掠过，我们在一条支流与钦敦江的会合处下降，接近辛加灵坎迪（Singkaling Hkamti）。在此，我们降到地面高度，斜着飞越转角，十分开心。这里没别的，就是河流和丛林。我们环视过去，每个角落都显出同样的景色，直到转过一个角落时，我们突然发现一个浩大的场面，在沙洲上很多人不断地以小艇渡江。我们快速环顾四周，然后在一小块看来适当的沙地降落……这真妙，感觉自己正在参与算是重大的历史事件。我走过一长段柔软的沙洲到旅部去，发现温盖特正要离开。到他离开后，没有发生什么大事。温盖特的情绪似乎有些好转，但强调需要把飞机弄离沙洲，以免泄

---

① Archive Material, Imperial War Museum.

漏行踪。我问温盖特是否可以告诉伯纳德（弗格森），他计划要缩减原作为我们的增援部队的其他旅。温盖特只回答："我想你和你的准将不用担心此事。"不用说，我立刻闭嘴。虽然，关于这件事我已无话可说，它却让我心神不定很多星期，甚或更久。[①]

温盖特所谓的"增援部队"究竟指什么，不清楚。当然，温盖特和弗格森一起在钦敦江游泳的时候，会给弗格森新指示。因此，无论是1944年3月2日弗格森在与温盖特谈话时——弗格森提醒温盖特，他无法在3月20日前抵达班茂—因多地区——或是在第二天和卡夫谈话时，弗格森应该已经熟知最新的计划。温盖特更担心的是弗格森抵达目标的日期会延迟，3月16日在英帕尔举行的一次空投补给会议上，温盖特恼怒的评论似乎表明，他对如何运用第16旅还没想清楚。"我记得，"卡夫这样写道，"据点的问题忽然被提出，我知道，没有人真正了解温盖特要如何运用第16旅，以及第111旅；所以我问他：'你是否希望第16旅和第111旅有各自的据点，设置在大约相同的地区，而且使用同一条机场跑道？'他说：'亲爱的卡夫，除非我看到现场，不然要我如何判断？'"[②]之后卡夫搭乘UC-64飞机飞往弗格森向"阿伯丁"行军途中的曼顿，和他会面。卡夫回到拉拉卡德的后方总部时告诉塔洛克准将，弗格森正忙着准备前往因多，第16旅的据点将会空空如也，尼日利亚团第12营（休斯，Hughes）应该尽快到那里驻守。塔洛克告诉卡夫，整个行动的计划已经改变，温盖特决定将第14旅立刻调入"阿伯丁"，以便第16旅可以调到被指派的地点。当卡夫抗议表示日军可能会先进入"阿伯丁"，塔洛克拨电话给温盖特，温盖特坚定不移地说，第14旅应该在尼

① Cave Diaries, Imperial War Museum.
② Cave Diaries, p. 59.

日利亚团之前抵达。

弗格森完全相信，布罗迪的第14旅会投入因多的战斗。在弗格森往因多挺进时，“时时刻刻希望得到第14旅的消息”。[①]弗格森原先派出第51纵队、第69纵队两支纵队去攻击隆肯的日军，但十天后，中国部队由于行动延迟，尚未与这两纵队换防。温盖特对预定时间的坚持，使弗格森无法等候他派出去的两支纵队归建。弗格森自己犯下的错误，使事情更加恶化。弗格森没注意到他的部下在突击行动前需要休息，也没有事先派出侦察队检视“阿伯丁”和因多间道路的状态，所以当弗格森得知整条路上都缺乏水源时，他吓坏了。3月中旬的缅甸北部酷热而干燥，弗格森带领的四支纵队加上他旅部支队的部下，以及数百头骡子，都需要水。在因多北方6英里的奥陶（Auktaw）村，弗格森的部下与缅甸国民军某部队及一些日军发生遭遇战后，第45纵队（坎伯利奇，Cumberlege）和莱斯特郡团（第17纵队威尔金森，Wilkinson）明白，在发现任何水源前，必须先前往因多湖找水。坎伯利奇被命令带领部下前往因多湖北边的德克金村，而弗格森则与莱斯特郡团直接挺进因多。第45纵队发觉德克金已被日军占领，坎伯利奇的部下尝试着要接近珍贵的水源地，为此付出了惨重的代价。温盖特和弗格森曾经同意一项计划，要占领可以俯瞰因多的恰岗岭（Kyagaung Ridge），以及供行军用水的因多湖。通往班茂的道路则由另一个支队截断，以阻止日军从西边增援。还有一个支队会向南绕道北上因多，这个任务移交给女王兵团，但是因为被日军摩托化部队攻击，他们在混战中损失了骡子而无法携带重武器。此外，其上校指挥官又被打伤。弗格森意识到女王兵团已无法成为他进攻的主力，于是命令他们尽其所能袭扰即可。第45侦察团（45 Recce Regiment）编有第45、第54两个支队，发生了令人震惊的意外：

---

① Bernard Fergusson, *The Wild Green Earth*, p. 114.

一枚火焰弹点燃了一头骡子背负的火焰喷射器燃油①，骡子被痛苦和火焰弄得发狂，冲入迫击炮弹和弹药库，引爆了整个仓库。

第48回 温盖特陨落

弗格森无法通过无线电与在“阿伯丁”的后方部队联络。后方守备旅指挥部以及旅长卡夫，已在日军封锁英帕尔平原出路前，从英帕尔附近整批被运出，直接回到阿萨姆邦的锡莱特（Sylhet）。与此同时，弗格森失去无线电联络有二十四小时了。这时有个谣言说“阿伯丁”据点已突然被日军攻克。一支美军轻型飞机队被谣言所惑，因而撤往大洛（指挥官保罗·里博里［Paul Rebori］，后来因没有查清这个谣言而被科克伦

---

① 火焰喷射器是特种部队的装备，它是种丑陋的武器，会带给使用者与受害者同样致命的危险。“我看到过一名火焰喷射员被击中而身体着火。‘上帝啊！我不能……’火中传出惨叫声。”（Michael Calvert, *Prisoners of Hope*, p. 234）弗格森第16旅的一位准上尉詹姆斯·巴格利（James Baggaley）说，使用火焰喷射器几乎是报复性的。一名友军支队的准上尉被日军俘虏，他和他的三名部下一起被日军射杀。他的两臂交叉着，好像在保护脸部，脸部被严重割伤，似乎有一名日军试图用军刀切断他的脖子。巴格利见到如此残忍的攻击景象十分恶心，他对一名士官同僚说出他的感觉，对方的反应却不同：“他很冷静地宽恕了这件让我充满恐惧的事。他似乎对我们的敌人犯下的罪行既无敌意也无恨意。”……但是巴格利为此胆寒。他的报复心在之后5个日军被两个火焰喷射员埋伏攻击时得到满足。这个武器有个绰号“救生圈”，因为它的形状背在背上像个帆布背包，有个管子和管嘴。巴格利下令喷射：

> 火焰由油管喷出，当投到树丛及树叶时，数秒内树木立刻着火。一个日本兵被火焰击中，他的背部着火，发出凄厉叫声，他的身体碎了。其他的人转圈鼠窜，企图逃离这个炼狱，但只有一个出口，我们等在那里。一人举半手投降，但已太迟，他满脸遭到火焰攻击，弯下身痛苦地扭曲。其余的立刻变成人肉火球，他们疯狂地到处前后撞击，火焰喷射员紧追不舍，毁灭他们。尖锐的凄叫声停了，他们倒在地上，成了一堆堆焦黑的肉和骨头。有一个例外，他的身体只有下半部分在燃烧，他在地上滚来滚去企图灭火，一直发出恐怖的叫声。我举起步枪，我们有个人冷静地说：“让他慢慢死。他是杀了我受伤同伴的一员。”忽然想起几个钟头前那个准上尉，我放下步枪。

巴格利离开后，自己也无法理解是怎样残酷的本性使他放下步枪，只要按下扳机就可结束这可怕的受罪。火焰喷射员满意了，虽然巴格利知道他是个和善且敏感的人。（James Baggaley, *A Chindit Story*, 1954, pp. 96-97）

解职）。弗格森知道因多由2000名甚或更多的日军防守，而弗格森只有1800名兵力，日军会在因多等着他。弗格森后来归咎英军第111旅，此旅正从百老汇机场前往平梨铺，在途中询问村民关于因多的状况，好像因多是他们真正的目标一样。这使武村对于钦迪特突击队会在因多地区出现已有警觉，加强了对因多的防守。

纵使弗格森只有三个支队可以作战，他仍要攻占因多。威尔金森上校的手臂还扎着绷带，他率领莱斯特郡团第2营在撞上日军前抵达了因多机场的边缘。这些英军在因瓦河（Inwa）河岸挖战壕固守，小河救了他们，避免了如第45侦察团为了装满水壶而在德克金发生的悲剧。他们抵抗日军的正面攻击，坚守了三天。第1空中突击队给他们密集轰炸的支援，假使英第16旅的其余部队有同样的运气——以及更好的地图和情报——弗格森的部队可能早已进占因多而夺下简易机场。事实上，弗格森感到不得不撤回他分散的兵力，退回“阿伯丁”补充与恢复兵力，以便再战。“第16旅的攻击像是用五根手指从每个方向握住目标，而不是只用一个拳头。”这是卡尔弗特对这次攻击准确的结论。[①]很明显，“阿伯丁”没有受到威胁，而且尼日利亚支队已前来驻守。但让弗格森非常愤怒的，是他期待已久的第14旅正往南进入塔恩（Taung）与梅扎河谷（Meza Valleys），根本没朝着他所在的因多而来。他后来才想到，他和温盖特一起商定的计划从来就没有传达到钦迪特总部，所以总部的幕僚才会对他持续发出的询问布罗迪旅的电报全然不知。[②]根据弗格森的说法，整个计划都在温盖特的脑袋里，那个人当时却已成为阿萨姆山坡上的一具尸体。因为3月24日奥德·温盖特搭乘的飞机离开英帕尔时，撞到一处山坡背面，机上的人员全部遇难。弗格森知道，不仅仅是他自己的计

---

① Michael Calvert, *Prisoners of Hope*, p. 97.

② Shelford Bidwell, *The Chindit War*, pp. 147-148; Bernard Fergusson, *The Wild Green Earth*, pp. 116-117.

划没有人知道了，整个“周四行动”也陷入危机，“温盖特完了，他的计划也跟着完了”。[1]

官方历史显示，温盖特于3月23日命令第14旅南下到平梨铺西南方21英里处的阿莱祖（Alezu），以截断日军在文多与钦敦江间的交通线，这如果不是曲解，就是漠视斯利姆的期望。[2]其他作者也呼应这个看法。“23、24日夜间，第14旅开始空运进来，”阿瑟·斯文森（Arthur Swinson）后来写道，“但温盖特违反了斯利姆的命令，他指示第14旅的指挥官伊恩·布罗迪截断敌军在文多与钦敦江间的交通线。不幸的是，温盖特忘记告诉弗格森这计划，弗格森因此预期第14旅会如温盖特原先承诺的支援他攻占因多。”[3]

支持温盖特的作者们针对正史的指摘，指出斯利姆在3月21日把第14旅交给温盖特，但保留使用第14旅攻击前往英帕尔的日军的交通线；对照那些反对史迪威所提的有关斯利姆对特种部队长期目标的观点，他们提出：“使用第14旅进攻日军第15军的交通线，并没有改变温盖特的主要目标，因为钦迪特突击队原有的三个旅在持续作战，而且另有三个西非旅即将加入作战行列。”[4]

4月，在英帕尔周围作战的不稳定状态下，斯利姆本身已经做了完善的准备，考虑使用特种部队阻断牟田口部队到钦敦江的交通线。[5]而温盖特当然有应变的计划。A计划是遵照1944年2月4日第14集团军给他的命令所交代的任务，即倾尽全力支援史迪威；温盖特也有自己的B计划，其中包括执行支援史迪威的任务，也要使用第14旅、第23旅攻击日

① Bernard Fergusson, op.cit., p. 117.

② S. W. Kirby, *The War Against Japan*, Ⅲ, pp. 212, 218.

③ “Wingate’s Last Campaign”, in Purnell’ s *History of the Second World War*, Vol. V, No. 10, p. 2053.

④ Sir Robert Thompson and Brigadier O. W. Mead, “Memorandum on *The War Against Japan*, Vol. Ⅲ, in its judgment on Wingate”, lodged in the Imperial War Museum, 78/12L, 1978.

⑤ Major-General Derek Tulloch, *Wingate in Peace and War*, pp. 193-194.

军通往钦敦江的交通线。如果温盖特没有事先研判B计划是否可行，那他就是傻瓜；如果弗格森在因多遇到困难，那么温盖特完全有权责令布罗迪第14旅支援。后来弗格森对温盖特有些怨言，米德（Brigadier O. W. Mead）和罗伯特·汤普森（Sir Robert Thompson）猜测，抱怨的起因是弗格森按照温盖特的作战命令行动，而对布罗迪所发生的事直到那时仍毫不知情。这确实很伤人。“有时，真理正好不在他那里。”[①]这严厉的言辞来自弗格森十年之后所写书中的最终评断，“那是我仔细考虑过的判断，我坚守自己所说的每一句话”。[②]他的愤怒是可以理解的，因多之败刻骨铭心。但卡夫的日记清楚地记载着，3月23日温盖特发布命令那天，他没和温盖特会面；虽然他说有见面。[③]温盖特未能传达新的部署命令，最好的理由是第二天他就阵亡了。

值得一提的是，虽然弗格森未拿下因多，但他在因多地区的袭击仍有其正面功效。他发现了日军在该地建有大量临时仓库，库内物资用来补给前线师团。他把这些事告知卡夫，卡夫回去后电告在海拉甘迪（Hailakandi）的美军科克伦部队来发动突击。科克伦进行了轰炸。“但回报说，没有明显的效果。”[④]可是攻击无疑还是有效的，但不是对在英帕尔的牟田口部队，而是打击了第18师团的补给：“所有的日军，所有的安排，所有的补给物资，等等，都被用于英帕尔作战。”这些都没有受到钦迪特突击队的影响，也没有任何日军因此而改变任务。[⑤]后来日军

---

① Bernard Fergusson, *The Trumpet in the Hall*, p. 177.
译注：“The truth is not in him” 出自《圣经·约翰福音》（1 John 2:4）：Whoever says, “I know him,” but does not do what he commandments is a liar, and the truth is not in him。意思是说谎者，真理不在他心里。

② 私人沟通，1980年10月16日。

③ Bernard Fergusson, op.cit., p. 98.

④ Cave Diaries, p. 65.

⑤ 对木村兵太郎大将、中永太郎中将、嘉悦博少佐的讯问，见*Burma Command Intelligence Summary*, No. 13，1946年3月29日。

第15军的补给参谋薄井少佐、第15师团参谋长冈田（Okada）大佐、缅甸方面军补给参谋厚（Usui）少佐，在被讯问钦迪特行动对日军补给有无影响时坦承，日军第2输送司令部的计划，因钦迪特行动而彻底受挫。这使得日军第15师团以及第31师团，一旦用完发配的25天补给物资[①]，就得不到任何紧急的额外补给。有趣的是，为了因多问题争论的各方，似乎都没有注意到斯利姆显然认为布罗迪旅已经支援弗格森旅作战。他写道："弗格森的第16旅'*得到布罗迪第14旅的部分支援后*'，要离开'阿伯丁'，试图在日军措手不及时攻占因多。"[②]

当史迪威部队正南下往密支那，英军第4军正与日军三个师团在英帕尔对战，以及温盖特执行的作战行动也已顺利展开时，温盖特却在这样的时刻阵亡，制造了神话式的悲剧，所以连最基本的事实都难以确定。例如，天气状况。"真是奇怪，晚上温盖特死了。"卡夫写道，"我在相同的时间和地区，还未入睡，并没有感觉到有任何恶劣天气。附近有暴风雨，但是就我的记忆所及，那只是区域性的，避开它没什么困难。听到他搭乘的飞机失事，我很惊讶。过了好久我们才知道，在英帕尔西边的山区已经发现了他的飞机，位于正确的航线外数英里。飞机应该朝向锡莱特飞去[③]，但残骸被发现时，飞机朝向东方，看似要再飞回英帕尔。"[④]

"飞机残骸最终在山脊的背面被发现，"斯利姆写道，"所以，飞机会飞入山里，这是不太可能发生的。最可能的解释是，飞机突然飞入了在当地常见的极为狂暴的区域性暴风雨，在夜间难以避开，一旦飞入暴风圈中，飞机便失去控制，甚至机翼会被扯掉。"[⑤]

---

① *Reply to Questionnaire on Operation of 3 Indian Division*, p. 26.
② William Slim, *Defeat into Victory*, p. 270.
③ 译注：锡莱特在英帕尔的西方。
④ Cave Diaries, p. 22.
⑤ William Slim, op.cit., pp. 268-269.

英国皇家空军第194中队的飞行军官乔·辛普森（Joe Simpson）所驾驶的飞机，在英帕尔阿加尔塔拉（Agartala）空军基地与温盖特搭乘的飞机同时间起飞。“3月23日，”他写道，“我在英帕尔正等候飞回阿加尔塔拉，之前在英帕尔和多哈扎里间飞了两趟。我被告知继续等，因为可能要经由库米拉（Comilla）飞回去，温盖特也和我一样在等候起飞。最终证实，温盖特决定不搭皇家空军的飞机，然后我奉命起飞。天气特别坏——我做了记录，我们要经过西尔恰尔回来。我们发现一个云洞，顺着云洞盘旋迫降，一直降到云层之下，才飞回去。”

“在我们飞离云层底部向上爬升时，我清楚地记得看见一架米切尔B-25轰炸机从云中下降，我说：‘看那个傻子，他太靠近山丘了。’我一直不知道温盖特在何地何时坠机，但我想就是在那个时候、那个地方。”[①]

威尔弗雷德·罗素（Wilfred Russell）在其著作《英国皇家空军第194中队史》中援引了辛普森的报告，他指出，由于当时的天气太糟，皇家空军不会搭载温盖特飞离英帕尔，所以温盖特转向美国人，美军愿意在任何天气搭载他。温盖特传记作者克里斯托弗·赛克斯（Christopher Sykes）说：“之后传述的故事是，因为暴风雨，温盖特被劝说不要起飞，但温盖特性格急躁，他拒绝了美军飞行员霍奇斯（Hodges）中尉的劝告。这些都是猜想。不管是去拉拉加或去库米拉，都没理由害怕困难的旅程。局部有暴风雨，但基本上天气很好。”他引用第3战术空军司令、空军元帅约翰·鲍德温爵士（Air Marshal Sir John Baldwin）的说法做注解：“这是个相当好的飞行日，局部的暴风雨可以‘避开’。”[②]（温盖特要飞往英帕尔，第一件事就是要见鲍德温。）[③]

---

① Wilfred Russell, *The Friendly Firm, A History of 194 Squadron, Royal Air Force*, 1972, p. 40.

② C. Sykes, *Orde Wingate*, p. 534.

③ “鲍德温即刻乘坐自己的飞机跟着B-25。他记得当晚天气不错，除了有一点雷云，他的航行日记中证实了这一点。鲍德温说夜色中看到这架B-25在航道上飞行，六分钟后坠毁。”（Michael Calvert, *The Chindits*, pp. 85-89）

至于机场的情况，最后几个见到活生生的温盖特的人之一弗兰克·托马斯（Frank Thomas），他的简短笔记记道："1944年3月24日，大雨中，温盖特搭乘米切尔B-25轰炸机起飞。"①托马斯在英帕尔全天候跑道值班，他记得美军飞行员接到资深机场飞航管制员约翰·休伊森（John B. Hewitson）中队长通知，周边的天气条件为十个等级中的第十，是最糟的状况。美军飞行员霍奇斯回答："老头子（温盖特）想飞，所以我想最好还是带上他。"温盖特在倾盆大雨中绕着机场塔台来回踱步，完全不理会自己全身已被雨水浸透，明显渴望立刻动身。他并非要否决霍奇斯的劝告，纯粹因为他的性格急躁，催促要出发。看来，温盖特以这样的方式死亡，完全符合他一生的行为模式。

斯利姆的问题是找谁来接替温盖特。当时英帕尔战斗已开打十天，他最关注第4军的一切。如果"周四行动"要像策划者温盖特预计的那样成功，接任者最重要的是能完全理解温盖特的想法，以及他难相处的性格，又能全心全意投入，以求"周四行动"成功，最后还要能面对那些对特战部队带有敌意的指挥高层，维护并为特战部队辩解。②斯利姆选择第111旅的旅长伦泰恩准将接任。伦泰恩把温盖特视为暴发户，轻蔑地看待温盖特奉行的理论，认为那些理论不健全且未经证实。经过"周四行动"的数次严峻考验，伦泰恩已表示自己的身体不足以胜任这任务③，在他指挥下，部队的动能放缓，伟大的构想变得黯淡。到最后，伦泰恩也无力阻止钦迪特突击队被滥用。

问题是，究竟为何会发生这种事情？温盖特可能的接任者有很多。如温盖特的副指挥官赛姆斯少将，一位能干的军官，他的第70师被拆分成特种部队的支队时，他就首先成了因温盖特而下台的人。还有塔洛克

---

① 私人通信。
② Shelford Bidwell, op.cit., p. 161.
③ Rhodes-James, *Chindit*, p. 87.

准将，后方司令部的参谋长，他与温盖特在伍利奇的皇家军事学院当学生时就认识了。还有卡尔弗特，大概在所有钦迪特突击队的旅长中，他最竭诚拥护温盖特的特战理论。卡尔弗特1942年在缅甸负责管理丛林作战学校（Bush Warfare School），并在1943年率领一个支队进入缅甸。最后是伦泰恩，一位英勇的廓尔喀团的军官，他在1942年的失败中一步步战斗，走过整个缅甸战场，是一位能干的团级军官以及勇敢的战士。伦泰恩于1943年按照钦迪特突击队的原则培养自己的第111旅，使之成为温盖特远程渗透部队扩展的一部分。

斯利姆并非没有收到建议就做决定。当初在拉拉加的钦迪特突击队起飞前片刻，皮卡迪利着陆场被封锁的信息传来时，塔洛克的镇定沉着让斯利姆印象深刻，所以他在3月26日打电话给塔洛克，商量应该由谁接任温盖特。温盖特曾告诉塔洛克说，如果自己发生任何意外事故，要由塔洛克接掌指挥权。① 当然，温盖特没有权力这样做，不管怎样，塔洛克将自己排除在接任者之外，因为塔洛克从来没有在战场上指挥过任何钦迪特突击队。同样的原因也适用于赛姆斯。而卡尔弗特，毫无疑问被认为是个在战场上有作战天分、骁勇威猛的人，但他大概不适合担任较高阶的指挥官——这是个误解，因为卡尔弗特不只是个狂热的勇士，也充满创意，而且是训练有素的皇家工兵军官，有制订详细计划的能力。塔洛克与斯利姆讨论过所有可能的人选，然后他告诉斯利姆，在所有钦迪特突击队指挥官的候选人中，伦泰恩是“和温盖特最合拍的人”。②

塔洛克在他自己对那通电话的描述中（“这是我所经历过最困难的电话交谈”③），并没有给出这一非同寻常的陈述的理由，但应该距事实不远。弗格森后来如此写道，伦泰恩被迫成为温盖特，那个他所厌恶的

① 另外两位温盖特的部属也有同样的吩咐。（William Slim, *Defeat into Victory*, p. 269）
② Shelford Bidwell, op. cit., p. 160.
③ Major-General Derek Tulloch, *Wingate in Peace and War*, p. 236.

温盖特。[1]然而塔洛克的思考方向可能是对的，他和斯利姆得出了同样的结论：伦泰恩和斯利姆一样是率领廓尔喀团的军官，斯利姆要的是一个和自己有相同团长背景的人，不要再来个像温盖特那样痛苦难搞且非正统的人，不要再来个每当他的期望受挫，就会直接发电报给丘吉尔，用丘吉尔来威胁自己的人。

第二天，塔洛克飞往库米拉，与斯利姆和他的参谋欧文准将讨论温盖特计划的未来方向。斯利姆迫切要求将特种部队由各据点调回，支援他和牟田口在英帕尔的战斗，并建议所有的钦迪特突击队应在葛礼瓦集结，接近战区，以攻击日军第15军的交通联络线。塔洛克表示反对，他指出卡尔弗特和弗格森两支部队都在战斗中，脱离不了战场，西普山脉的集合点接近钦敦江，太容易使部队在行军中遭受攻击。因此，该计划被取消。这是正确的，因为如果计划执行，意味着卡尔弗特将撤离“白城”，而这个据点可钳制日军对缅甸北部的补给，阻止河边正三派出援军帮助日军第18师团攻击史迪威部队。温盖特预先准备的应变计划中已经设想了一个妥协方案——英军第14旅、第111旅往西调动，阻断那些会被日军第15、第31师团使用的道路。但是后来塔洛克责怪自己没有全力支援斯利姆的计划，因为按照斯利姆的计划执行，将保全特战部队，避免他们被史迪威接管。史迪威接管后滥用特战部队，钦迪特突击队百分之九十的伤亡都是在史迪威指挥下造成的。[2]

不管怎样，伦泰恩于3月30日飞离缅甸去接管钦迪特突击队指挥权。正如一位在那段时间里观察他的指挥官所认为的，伦泰恩是个非常容易担忧的人。伦泰恩预料“百老汇”着陆场和“白城”都会在一两天内被日军攻陷——这两件事从来没有发生，他完全不能鼓舞军心。在和

---

① Bernard Fergusson, *The Trumpet in the Hall*, p. 179.
② Tulloch, op. cit., p. 239.

钦迪特突击队指挥官职位失之交臂后，赛姆斯的愤怒可以理解，从他的日记里可以很清楚地看出，赛姆斯认为斯利姆和塔洛克都要负责。赛姆斯提到，当塔洛克打电话给斯利姆，宣布发现了一架烧毁的飞机，判断必定是温盖特已经坠机的时候，他正在部队总部：

3月25日（星期六）

塔洛克接着致电集团军司令官斯利姆，然后回总部告诉我说：（1）他完全了解斯利姆将军的想法，要他接管指挥权；（2）这意指斯利姆没考虑由我接任；（3）而他（塔洛克）建议，伦泰恩比其他任何人更了解温盖特将军，他应该尽可能早一点脱离战场，回来接管指挥权；（4）而斯利姆将军已经同意。

一个惊人的消息由一个奇妙的方式传达。我早知并且感觉到塔洛克一直反对我，也没有想让我了解整个情况。除了他知道我反对一些——或大部分——部队管理方式外，我不知道是否还有其他原因。无论如何，争论既没有对象，也没有好处或适当性，因此我调来安森（Anson）飞机，午饭后，飞往库米拉去见斯利姆。我在4点见到他，告诉他我的立场，他声称之前不知道我在这一带。他接着告诉我，在他命令塔洛克接管指挥权之前，他都不知道我在那里。然后塔洛克告诉他我的状况，他还是没改变决定，因为他不了解我的实际状态。他接着告诉我，伦泰恩的接任出自塔洛克的提议（但之后又闪烁其词）。他同意这建议，因当时完全没想到我。我指出他的做法已经遗忘我，而且造成一个困局。他说他完全无意如此，只因为必须赶着做出决定，才没时间好好思考……

赛姆斯接着去见吉法德上将，吉法德告诉他，斯利姆就是要伦泰恩接任。第二天赛姆斯在日记里写道："我不喜欢这种处理方式，我如此告诉吉法德，这事情里有太多推诿、闪避的动作。"[①]赛姆斯接着向伦敦的帝国参谋总长正式提出抗议，他要求辞去钦迪特突击队副指挥官的职务。塔洛克并没有对这特别的结果花费力气[②]，但发现自己被任命接替赛姆斯的职务。讽刺的是，就像塔洛克没有重视赛姆斯，最后，伦泰恩也没太重视塔洛克，伦泰恩跳过塔洛克而更加信赖内维尔·马克斯（Neville Marks）准将，一位负责管理钦迪特补给部队的卓越行政官。莫里斯（Morris）是廓尔喀第9团第4营的营长，率领他那被称为"莫里斯部队"的迷你支队在伊洛瓦底江的另一边作战，晋升为第111旅旅长。[③]但是莫里斯正奋力带领1300名部下，要快速经由八莫北攻密支那，因此达成了妥协。莫里斯留在现地晋升准将，第111旅的实际指挥权则移交给约翰·马斯德斯（John Masters）少校，代行旅长职——他像伦泰恩一样是个廓尔喀团军官——此后，他要指挥作战，这是困难的任务，因为那些支队长都比他资深。

4月3日，伦泰恩参加了由蒙巴顿主持的在乔尔哈特（Jorhat）举行的一次会议。斯利姆、史迪威、鲍德温、博特纳以及斯托普福德中将都出席了。当时英第4军战况前景黯淡，史迪威担心自己在铁路终点的利多基地会被从科希马进攻的日军占领，正在忐忑不安，他主动向斯利姆提出派出一个中国师支援英帕尔战线的建议，这个提议被委婉地拒绝。斯利姆的做法是，不管如何，将第23旅从特种部队永久调出，交给斯托普福德，协助在科希马的侧翼作战；但他向史迪威保证，伦泰恩其他的旅将会维持不变，待在那些对抗史迪威的日军的后方联络线上，而史

---

① Symes Diaries, Imperial War Museum.

② Shelford Bidwell, op. cit., p. 160.

③ 莫里斯被鲍德温批评是个霸道、不圆滑且专制的人，不具备秘密作战所需的政治或军事上的微妙技巧。莫里斯后来是印度第19师第62旅的指挥官。

迪威应该全力以赴拿下密支那。[1]如果史迪威自己的交通联络线被切断，应该不会超过十天就会有援兵。征得蒙巴顿的同意后，钦迪特突击队的第14旅、第111旅这两个旅将朝向钦敦江前进，以减轻第4军的压力。[2]伦泰恩飞到“阿伯丁”据点，和他的旅长们举行会议，告诉旅长们，会有上级压力把他们调往英帕尔战线。对此，卡尔弗特和弗格森均表示反对。[3]弗格森希望能再次攻击因多，卡尔弗特自然想到“白城”和“百老汇”着陆场应该继续发挥作用。甚至伦泰恩自己的旅也有不满，第111旅有人认为，他们是“任何人有需要，就差遣我们去支援，结果我们自己的战略计划就被放弃”。[4]

斯利姆原先命令伦泰恩的两个旅在因多往西的道路行动，但六天后命令取消。斯利姆将让斯托普福德保留佩罗恩准将的第23旅，但整个特种部队依旧维持其原定的协助史迪威战斗的角色。更重要的是，特种部队会由史迪威直接指挥。于是伦泰恩在夏杜苏设置前进指挥所，毗邻北部战区司令部。或许，伦泰恩已经认定不能长期固守“百老汇”着陆场及“白城”了；又或许是因为他自己北移，自然让他感到钦迪特突击队行动应该更接近史迪威。无论如何，伦泰恩下令放弃“白城”，并在和平（Hopin）附近的铁路线上建立新的阻绝区来封锁莫冈。这不是一个明智的调动。远程渗透作战只有在远离前线的情况下才能成功，这有助于切断敌军的交通联络线和军需物资补给，越深入敌军战线的后方，越能达成作战目的。此外，卡尔弗特不仅仅是在“白城”建立了坚固的阵地，形成阻绝区：日军倾全力要驱离卡尔弗特部队，但失败了。

3月27日，“百老汇”着陆场遭受日军攻击。之前3月13日，“百老

---

① William Slim, op.cit., pp. 272-273.
② S. W. Kirby, op.cit., p. 247.
③ 伦泰恩只有一次深入到战地探望部队。（Shelford Bidwell, op.cit., p. 169）
④ Rhodes-James, op. cit., p. 92.

汇”已遭到20架日军隼式战斗机（日本陆军一式战斗机）的扫射和轰炸。当时雷达被毁，并有4架轻型机受损。英军5架喷火式战机起飞，与高射炮火协同攻击日军战机，共击落4架，自己则被击落1架。3月18日，日军再度来袭，形成大混战，当时有3架喷火式战机在地面被击毁[①]，日军2架隼式战斗机被击落。几天后，日军12架中型轰炸机飞来，很精准地投下杀伤性的炮弹和500磅炸弹。然后日军步兵于27日进入战场。指挥“百老汇”着陆场的克劳德·罗姆（Claud Rome）上校，手下有炮兵，阵地有带刺的铁丝网围绕，并已建立一系列掩体作防御。至于设施方面，罗姆上校有一间医院，向缅甸当地人开放的商店，甚至有一家养鸡场。罗姆上校决定让达科塔C-47运输机空运伤患撤离，这些伤患是在“白城”作战中负伤，被集中到“百老汇”的，最后一架C-47运输机在晚上10点30分起飞。十五分钟之后，日军攻击罗姆阵地的外围，日军有一个分队突入阵地内，但在28日的黎明时被歼灭。第二天，罗姆使用迫击炮攻击在阵地北边挖掘掩体的日军。相对地，日军也展开反击，使用两门营炮炮击英军防守部队。轮到英军反击，他们使用钦迪特突击队的25磅炮轰击日军，击毙了日军所有的炮手。战事接着由日军使出步兵冲锋、狙击等作战方式进行，直到月底。最后由美军科克伦的野马式战斗机在一名英国皇家空军飞行官引导下，执行了一次空中攻击。这位皇家空军飞行官之前曾调查过战场日军地面阵地，然后飞往印度，将其所知资讯提供给科克伦，并引导野马式战机群飞回缅甸执行任务。到了4月1日，日军不得不承认对“百老汇”着陆场的攻击已经失败；尔后直到5月13日卡尔弗特被命令撤离前，再没有日军来攻打“百老汇”着陆场。[②]

---

① 参考Michael Calvert, *The Chindits*, p. 82, 而Shelford Bidwell所记的日期是3月16日。（Shelford Bidwell, op.cit., p. 128）

② Michael Calvert, *The Chindits*, pp. 82-83.

第49回 “白城”与“黑潭”

4月6日，日军攻击英军的“白城”铁路阻绝区。日军独立混成第24旅团旅团长林义秀少将为了排除该阻绝区，在4月1日已经抵达茂卢附近的赛平村（Sepein）。6日晚上10点起，林义秀对英军阵地先展开三小时射击，然后派兵攻击阵地东南角，该地由兰开夏郡燧发枪团、廓尔喀团以及刚抵达的尼日利亚团第6营防守。卡尔弗特部队机枪就位，沿着铁丝网射击，加上16门3英寸迫击炮也以密集火力射击，日军被击退。日军调来15英尺长爆破筒，要炸开卡尔弗特阵地的铁丝网，但爆破筒没有引爆。黎明之后美军野马式战机队飞抵战场，以机枪扫射日军集结区域。然后，令人惊讶的是，日军战机飞到，进行干扰：27架中型轰炸机轰炸英军防守部队，将周遭铁丝网炸开几个缺口。日军炮击比轰炸更令人恐惧，却也成了部队所习惯的生活。卡尔弗特回想起他趴在自己的地下掩体时，身体颤抖，部分因为恐惧，部分是因为无法反击而沮丧。

卡尔弗特去巡视尼日利亚团一趟之后，紧张减轻不少。尼日利亚团有名战士肯定地认为一整箱的手榴弹比步枪更好用，因为他成功地运用手榴弹夷平了一个入侵日军的首级。当他的同袍上刺刀和日军拼命时，他挥舞着整箱手榴弹攻击。卡尔弗特发现，该团官兵用日军的首级来装饰地下掩体。[①]在日军炮击间隙，该团官兵持续空运抵达，很快，卡尔弗特大约在“白城”及周边拥有了七个营的兵力，而日军林义秀部队有八个大队。他指示部下挖掘地下掩体，他发现日军炮兵对这些地下掩体的攻击并不是非常有效，然而日军的6英寸迫击炮，改用4英尺半高的

---

① Michael Calvert, *Fighting Mad*, p. 21.

炮筒射出后，炮弹约花半分钟飞完弹道落地，则能摧毁地下掩体。[①]

两辆小型坦克也被用来攻击英军。但英军一门两磅战防炮马上把其中一辆击毁，另一辆迅速撤退了。比起食物，卡尔弗特更坚决要求弹药要用空投补给，因为英军消耗弹药很快：单单只是维克斯机关枪（Vickers MG）的弹药，就空投了70万发到“白城”阵地。英军机枪手奉命，每次开火不准少于一条弹带。[②]

林义秀的攻击一直持续到4月11日，但10日当天，伦泰恩飞到阵地告诉卡尔弗特，吉尔摩（Gillmore）和其尼日利亚团官兵将接防“白城”阻绝区，卡尔弗特将率领廓尔喀第9团第3营、尼日利亚团第7营（营长沃恩，Vaughan）、来自第16旅第45侦察团的450名胡子满脸的士兵[③]以及兰开夏郡燧发枪团共约2400人兵力离开“白城”，作为一支打击部队，在“白城”周围作战。扩展了“流动支队”规定的原则，卡尔弗特很高兴，因为不必再被当标靶，可主动出击。卡尔弗特决定攻击茂卢南边的赛平村，他确定日军司令部设在那村落。卡尔弗特在塔央（Tha Yaung）附近的村落建立了自己的司令部，清出一条飞机跑道以便空运送出伤患，然后在13日黎明派出了他的步兵。尼日利亚团沃恩营的一个连，奉命压制茂卢的日军。同时，廓尔喀第6团第3营则要拿下赛平村。尼日利亚连虽被轻武器、迫击炮和俯冲轰炸攻击了四小时，但他们控制了茂卢的部分区域，直到沃恩在傍晚时将他们撤回。最后撤退时，他们还用3英寸迫击炮进行密集火力射击，作为告别礼物。但是，在赛平村的日军——更确切地说是在村落外围（卡尔弗特弄错了他们的位置）——有极好的地下掩体，周围有马樱丹灌木丛环绕着；无论是25磅炮密集射

---

① Michael Calvert, *The Chindits*, p. 99.

② Michael Calvert, *The Chindits*, p. 101.

③ 这是一个记忆模糊到不可思议的有趣例子，卡尔弗特在 *Fighting Mad*（1964）中称他们是德文郡团，在 *The Chindits*（1973）一书中又称他们为大胡子康瓦尔郡人。

击，或野马式战机空中攻击，都不能动摇日军阵地。

事实上，卡尔弗特的攻击操之过急，和弗格森在因多所犯的错完全一样——没做足侦察前，就贸然行动。伦泰恩命令卡尔弗特尽快行动，他照做了。卡尔弗特的攻击当然减轻了“白城”所受的压力。吉尔摩曾经在阻绝区里告诉他，除非日军从他们周边地区转移方向，否则他无法保证还能守多久。因此卡尔弗特决定带着部下强攻在他和“白城”之间的日军。他的部队和“白城”之间的距离为半英里，内有2000名日军。这些日军完全没有意识到卡尔弗特的部队利用夜晚潜进，已经如此接近他们：因为卡尔弗特命令部下不准点火。当知道自己正被前后夹击威胁时，日军转向攻击卡尔弗特；这回轮到日军被从“白城”倾巢而出的尼日利亚团攻击了。

卡尔弗特的司令部遭日军反击，他的骡群损伤惨重。日军的机枪像镰刀一样，在离地面两英尺的高度扫射草丛。卡尔弗特无奈地注视着遍及骡子身上成排的子弹弹孔，骡群和它们驮负的无线电对讲机一起轰然倒地。卡尔弗特离日军很近，日军能够听到他呼叫科克伦的野马式战机在下午1点整展开攻击的声音。日军的机关枪开始朝他的声音方向开火，然后美军战机飞抵战场，非常精准地以机关枪和炸弹攻击，把日军轰哑了。①

精疲力竭之下，卡尔弗特决定不要进入阻绝区，而回到在塔央的司令部。然后他发现他的好友、防卫旅部的廓尔喀团指挥官伊恩·麦克弗森（Ian MacPherson）已经阵亡。卡尔弗特原想回战场找伊恩，但旅部参谋弗朗西斯·斯图尔特（Francis Stuart）持左轮手枪抵着他的肚子，威胁如果不回司令部就要开枪。②他的部队近70人阵亡，150人负伤。③但他

---

① Michael Calvert, *Fighting Mad*, p. 186.

② Michael Calvert, *Fighting Mad*, p. 187; *The Chindits*, p. 105.

③ 在 *Fighting Mad*, p. 187 中给的数字如此，在 *The Chindits* 一书中是100人死亡，超过200人受伤。

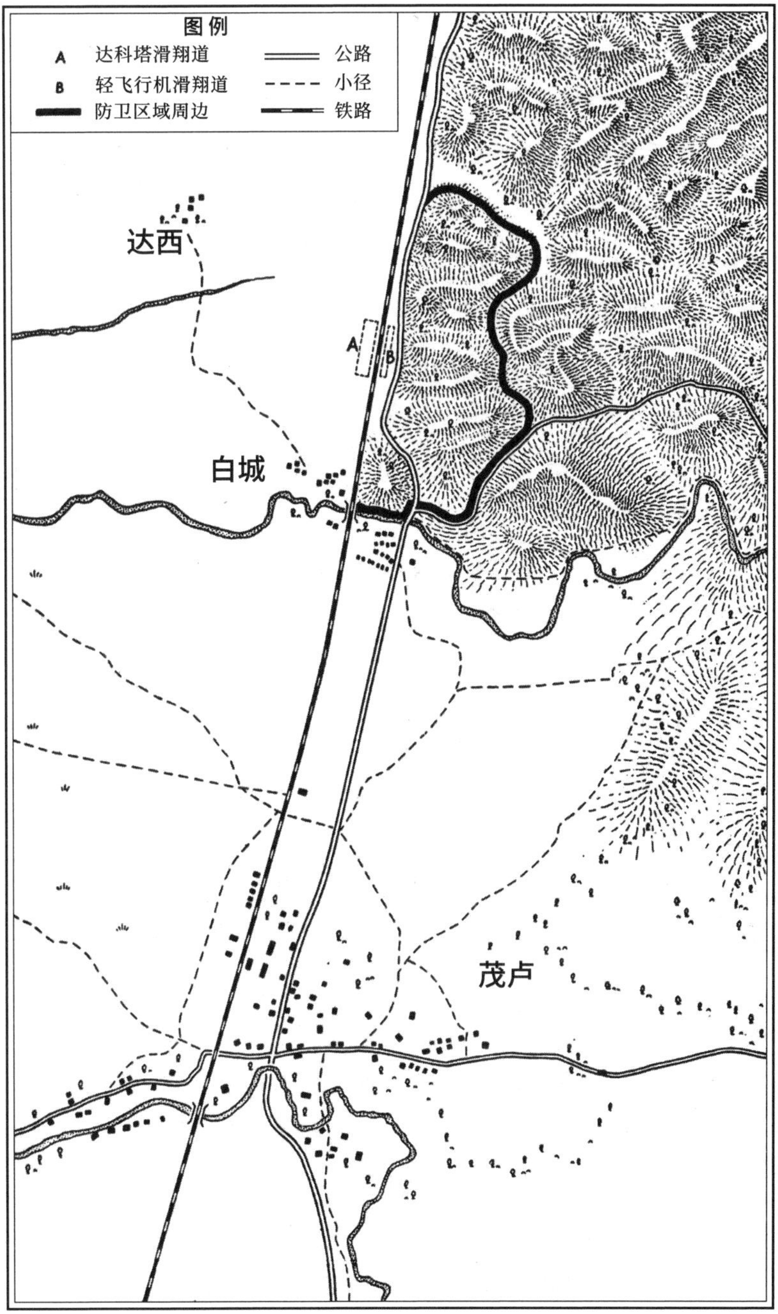

图5-3 “白城”

们给林义秀部队造成了更大的损失，并且“白城”阻绝区没有再遭受日军的攻击。卡尔弗特估计，在这第二次“白城”战斗中，日军独立混成第24旅团的伤亡数约3000人；反之，防守的英军伤亡很少。因此，他自认，无论日军使用什么野战炮来对付卡尔弗特部队，他可以无限期保有“白城”。就如同他指出的，由3000名日军在密支那挖掘的地下掩体，虽无类似钦迪特突击队的空运补给，仍可挡住3万盟军的攻击长达70天。

但伦泰恩警觉到缅甸的雨季会带来极大麻烦，届时空运补给会很危险，泥土跑道也无法成为全天候可用的飞机起降场。伦泰恩所受的正统军事训练让他觉得，当史迪威从北方南下密支那时，如果要控制铁道，就必须集中所有兵力，而非把钦迪特以纵队方式分派使用。所以，伦泰恩下令撤离“白城”和“百老汇”着陆场，另建一个新据点——代号为“黑潭”（Black Pool）——位于和平北方约60英里，莫冈南方约30英里处。建立新据点的工作由第111旅负责，第77旅则由卡尔弗特指挥前往莫冈，作为与“黑潭”联合作战的机动部队。第14旅也担任类似的角色。当中国军队借特种部队之力抵达莫冈后，钦迪特突击队在缅甸北部的战役就该结束了。其实早该如此，因为温盖特曾表示，钦迪特突击队的最长有效行动期是90天，美军“加拉哈德”部队也被告知同样的信息。

对于卡尔弗特和第77旅来说，他们在“白城”阵地及“百老汇”着陆场构筑了坚强的防御工事，并且如此热忱而坚定地防守，实在无法接受放弃这两处阵地的想法。卡尔弗特给伦泰恩的电报中，开始有不服的意味。5月8日，伦泰恩飞到“百老汇”向卡尔弗特解释为何第77旅必须向北调动。新据点周边，目前只有钦迪特突击队的四个旅，因为第23旅从未归建，弗格森筋疲力尽的第16旅才刚运出去，而马斯德斯的第111旅已经在新据点“黑潭”阵地就位。第14旅将和“白城”的尼日利亚团官兵一起在“黑潭”西边作战，几天后他们就要空运脱离战场，然后罗姆的部队也会从“百老汇”着陆场撤离。卡尔弗特知道，在经过最近两个月的激战后，应该让他的部下休息，伦泰恩也知道。然而对史迪威承诺的支援，仍是最优先的任务，所以特种部队要调往和平。这并不容易，因为日军已派遣一个师团的生力军前往钦迪特的区域。日军方面，为了让牟田口能派出所有兵力尽全力去攻打英帕尔和科希马，于4月9日组建了一个新编成的军，军部位于眉谬，司令官由本多政材（Honda Masaki）中将担任。这就是第33军，代号为“昆”（KON）部队，执行对史迪威及中国军队的作战任务，继续切断对中国的补给通路，以及一劳永逸地解决掉当时正在执行“周四行动”的接近6000名兵力的盟军部队。同样地，盟军对英军的指挥体系也有所调整：特种部队现在由史迪威直接指挥。

虽对他有利，但史迪威一点都不想要这个指挥权。他不想要温盖特的部下，因为他根本不确定钦迪特突击队是否会接受他的指挥；他也不要钦迪特放弃“白城”。史迪威还担心，如果钦迪特往北调，他们会将那些守着他们的日军一起吸引过来，而史迪威对付田中新一的第18师团已忙不过来。第18师团一直躲避中国部队，而对通往密支那的道路寸土必争。[①] 史迪威一直没能说服蒋中正派遣中国代号为Y的部队（Yoke Force）从云南出兵，他认为这些蒋中正的中国师应该提供给缅甸战场，但蒋没有依承诺出兵参战，理由是长江北岸的日军攻势箭在弦上，而蒋还受到来自华北共产党部队的“威胁”。蒋面对的是一个日本师团——第56师团（松山祐三中将，Matsuyama）。从蒋的角度来看，无论他的西方盟友对他拖延出兵有何想法，缅甸的战事都不是最急迫的。

所以史迪威实际只能依赖从印度来的受过美国训练的中国师和“加拉哈德”部队。3月27日，史迪威飞往重庆向蒋施压，要蒋派遣Y部队

---

① Shelford Bidwell, *The Chindit War*, p. 208.

从云南出兵，但带回的承诺是在他攻往密支那时，蒋会增援两个师的兵力。斯利姆曾于3月23日发电报给史迪威，要他请蒋“派出Y部队”以减轻英帕尔战场所受的压力。对此，不可避免地，史迪威以酸溜溜的措辞写下：“英国佬要完啦！”①

史迪威自己的进攻一帆风顺。3月19日，中国第66团攻占简姆布蚌（Jambu Bum），它是胡冈谷地与莫冈河谷的分水岭，那天刚好也是史迪威六十一岁生日。为了庆祝这两件事，部下给将军送了一个大巧克力蛋糕——这个礼物本身，就是对美军补给的致敬。在丛林中，史迪威切开蛋糕，将蛋糕分送给列队走过的官兵。“加拉哈德”通过山区迂回进军，由侧翼包围日军第18师团（田中），几乎已经成功。史迪威需要继续维持这样的作战，压迫田中新一向南朝加迈（Kamaing）撤退，让自己的部队能抵达伊洛瓦底江及铁路，然后攻向密支那。到了1944年4月中旬，史迪威总算把五个中国师在缅北部署完毕。他们和“加拉哈德”，一起面对狡诈且久经沙场的第18师团老兵，而该师团目前所辖的三个联队都未足额。

5月19日，孙立人毫无阻碍地再次南下，他对美国联络官说：“我们现在去夺下加迈。”②孙的第112团努力穿过丛林，绕过加迈来到田中的后方，并占领了日军第18师团主要的供应中心，中心拥有八座堆满食物和弹药的仓库。田中新一的一名部下，相田俊二（Aida）少将，放弃了他在加迈东边7英里拉丰村（Lavon）的阵地，使田中的侧翼完全暴露。如果孙立人的第112团能维持封锁往南通往莫冈的道路，那么田中的整个师团就会被包围。中国新编第22师、第38师，不顾雨季的大雨和严重的水患，从四面八方朝田中而来。

---

① *The Stilwell Papers*, p. 265.

② Romanus and Sunderland, *Stilwell's Command Problems*, 1956, pp. 215-216.

伊洛瓦底江西岸的第111旅部分兵力由马斯德斯指挥，他接到命令，要在和平（Hopin）地区，建立一个铁路阻绝区。正如我们所知，他和伦泰恩对温盖特的为人及其主义，都没有太多信心，但马斯德斯接受钦迪特突击队作战的特性：需要保有在丛林中的机动性。而一个永久性长期的封锁会摧毁机动性。卡尔弗特在“白城”所建的阵地能获得极大的成功，是因为它在日军战线的远后方，若是接近前线，日军为争取自身活命会拼死一战，阵地就很难成功。

马斯德斯的部下已经在战场作战四十五天，是温盖特设定的钦迪特突击队作战期限的一半，虽然他对所属官兵做了演说，鼓励他们要发挥自己剩余的战力，但所有官兵心里都认为战斗约定的期限即将到来，时间一过，他们的疲劳和不安都将结束。[①]在部队被告知战斗即将结束之后，激发官兵们的战力越来越难。“这是不是一种英勇的心态，相当值得怀疑。”一名第111旅的军官写道，“但英军战士早已不再是自发地英勇，而是下意识地在战斗中做出不惜牺牲的行动。这不是一种勇敢的心态。”[②]

指挥作战培养了马斯德斯。他为人冷酷、干练、爱张扬，当第111旅到达南昆（Namkwin）村附近的“黑潭”时，马斯德斯穿上当地缅甸人的服装，伪装后到四周观察。他不会像英军在“白城”阵地时那样，真正地跨越铁路线，但他的部队所处的位置，近到足以截断铁路交通。这里有水源，有适合放置25磅炮的炮台，也有一条飞机跑道的空间。遗憾的是，马斯德斯部队没有空闲去构筑一切。国王皇家团（King’s Own）第2营和苏格兰步兵团（The Cameronians）第1营，每排现在的实际兵力已下降至25人而非40人，他们于5月8日才刚抵达，就遭到日军攻击。

---

① John Masters, *The Road Past Mandalay*, 1961, p. 219.
② Rhodes-James, *Chindit*, p. 109.

这些日军是在铁路北边5英里的宾包（Pinbaw）驻守的铁道联队分遣队，他们连续5天夜晚攻击英军。日军的兵力远少于英军，英军以机枪和迫击炮击退日军，就像他们曾经在“白城”做过的，一支机枪用足以干掉一个大队那么多的子弹，来扫射一小队的日军。但是这批钦迪特突击队，除了进行战斗外，还要挖掘战壕，以及把跑道修平坦以利飞机起降。跑道受到日军一门7.5厘米口径的火炮从宾包的猛烈轰击。英军的滑翔机和C-47道格拉斯运输机坠毁并起火；直到5月13日，马斯德斯才拥有了高射炮以及3门25磅炮来反击日军，除此之外，还有美军科克伦的野马式战斗机提供“长程炮”的火力支援。[①]

第111旅并不是孤立于“黑潭”，但是很显然，第111旅官兵感觉自己被孤立了。第77旅在东方的山区，第111旅官兵以为他们在休息；第14旅慢慢抵达了，要在“黑潭”西边建立阵地。马斯德斯搭轻型飞机飞出战场，去见史迪威和伦泰恩，要求伦泰恩督促布罗迪的第14旅快一点就位。“‘白城’早在13天以前就撤离了，第14旅本来应该直接上来。我的旅在14天内，走过140英里的路程，建立铁路阻绝区。那些该死的蠢蛋，难道不能在13天内行军120英里？那些蠢蛋到底在哪里？西非师又在哪里？”伦泰恩向马斯德斯保证，布罗迪会尽其所能赶来，并且命令马斯德斯，如果他发觉第111旅有被日军歼灭的危险，他可以率部撤离“黑潭”据点。这完全不是个令人振奋的命令。[②]

雨季增添了马斯德斯的担忧。大雨把散兵坑变成帕斯尚尔（Passchendaele）战役[③]的战壕，树木被风吹成断片，人类躯体碎块直挺挺地从潮湿的泥土里伸出。泥土中该旅阵亡人员遗体或挂在铁丝网上的

---

① Rhodes-James, op.cit., p. 125.

② John Masters, op.cit., p. 243.

③ 译注：一战时，1917年7月31日至11月10日的伊普尔第三次战役，也被称为帕斯尚尔战役，其中英军、加拿大军、澳新军团和法军为了夺回帕斯尚尔的控制权而与德军激战。在几个月的战斗之后，伊普尔几乎被夷为平地，双方各有近50万伤亡，而盟军只赢得几平方英里的土地。

日军尸体流出的内脏，散发出腐烂的气味。日本炮兵的接近程度，已经开始让“黑潭”难以防守，情况比先前卡尔弗特在茂卢发现炮兵时更为严峻。这样的作战类型并不在远程渗透部队所受的训练之内。5月17日，国王皇家团第2营在名为“深处”（the Deep，马斯德斯将板球场后面的全部岗哨都取了名字）的阵地被至少12门日军重炮系统地密集轰击过。副指挥官跌跌撞撞地走进马斯德斯的指挥所，向他报告炮弹直接命中了机关枪和机枪组员；副指挥官不确定若日军步兵进入阵地时，他们是否还能守得住。马斯德斯立即去电苏格兰步兵团第1营，命令他们立即换防，接管“深处”。国王皇家团第2营的官兵走过他身边时，因为都放松了，他们眼神恍惚，下巴下垂，口张得很开。马斯德斯相信日军会马上进攻，但日军等了一个小时，直到夜色降临，大雨滂沱。来攻击的是武田馨（Takeda）中将指挥的日军第53师团——这师团绝非来自九州山区坚强的年轻战士，反而几乎全是由京都最近征召的年纪较大的城市居民所编成。尽管如此，他们还是奋力作战。当苏格兰步兵团第1营官兵知道已经逼退日军最后的疯狂攻击时，已是凌晨4点以后。

一星期后，武田馨率领他辖下的第128步兵联队进行了大规模的突击。布罗迪的第14旅，和曾在丘萨莱隘口（Kyunsalai Pass）伏击并歼灭一个日军侦察中队的尼日利亚营，都没来得及从山区下来，到铁道的山谷帮助马斯德斯。丛林中遇到的困难和雨季的狂风暴雨，使他们的前进速度慢得可怜；而且似乎没有人告诉他们，马斯德斯曾经走过的从山脊下到南昆村的小路在哪里。①

卡尔弗特也帮不上忙。他将他的部下编成3个营，然后发现不可能渡过南辛江（Namyin Chaung），因为江水暴涨，淹没了周围的稻田，而日军已经谨慎地撤走了当地所有民用船只。马斯德斯唯一的援军来自由

① Shelford Bidwell, *The Chindit War*, p. 233.

德干骑兵团（Deccan Horse）的军官哈珀（Harper）少校指挥的廓尔喀第9团第4营的900人。哈珀率领他的部下，正好在江水泛滥前渡过南辛江。之后，没有任何援军。在5月24日晚上，经过激烈的战斗后，苏格兰步兵团第1营一位中尉打电话报告旅部："我的部下大多数都负伤了，我自己也负伤了。如果没有任何支援，我们受够了！"[①]同样的情况也发生在整个"黑潭"周边。日军炮兵如此接近英军的补给空投场，盟军飞机即使很成功地接近了空投场，也经常把英军的给养和弹药投到日军阵地上。有一次，马斯德斯看到日军的高射炮摧毁了一架C-47运输机的一部引擎，那架C-47在烈焰中坠毁。另外，铁路阻绝区自身被零式战机袭击。"再继续留守铁路阻绝区，势必进一步造成本旅的损失。指挥官要求允许撤退。"这是当晚马斯德斯起草给上级的报告。第二天凌晨，他的通信官正准备发送加密过的信息，这时备战命令下达了。日军已渗透到阵地周边，攻占了阻绝区内一座重要的小山丘，从小山丘上猛烈发射机关枪火力。苏格兰步兵团第1营官兵英勇反击，也没能将他们逐出阵地。马斯德斯意识到自己必须撤离部队，日军已实际进入他的阵地。他的食物短缺，但更糟的是，他的弹药少到令人绝望。他决定带领他的旅撤往西边的布姆拉安山（Bumrawng Bum），他们第一次从"阿伯丁"过来时，曾越过这座山。当第111旅撤出时，子弹和迫击炮弹在撤离的负伤者队伍中炸开。有副担架被击中，负伤者以及担架手都被炸飞到空中，理查德·罗兹-詹姆斯（Richard Rhodes-James）密码翻译官发觉自己在无助地祈祷。小道上一颗与身体分离的头颅，瞪大眼睛对着他。有些担架手脆弱得难以忍受，扔下手中的担架及负伤者逃掉。有一些伤患，知道自己无法在这次撤退行军中存活，或者一些遭受炮弹碎片创伤极严重的，就要求战友枪杀他们。马斯德斯描写了他们遭遇的血淋淋的

---

① Rhodes-James, op.cit., p. 141.

情况：

第一个人几乎全身赤裸，一枚炮弹挖空了他的肚子，他的胸部和骨盆之间有个血淋淋的空洞，后面就是他的脊椎。另一个人没有腿，没有臀部，他的躯干在腰部略低处被切断。第三个人没了左手臂，没了肩膀，没了胸部，它们全部被撕成一块块。第四个人没了脸，白色的脑浆从他的头上往外流，滴到泥巴里……[1]

有个支队被司令部参谋误导走错了方向，才刚及时回到正确的路线。在前面有一个人被击中大腿，原路跑回来高喊救命。詹姆斯回忆说：

我走过他身边，觉得自己像杀人犯。为什么我不停下来帮他？……一个人大腿受伤，拖着自己穿过稻田，朝着我们前进的路径走来。之后回头想到这一刻，我反省着，要有多勇敢才会救援那个大腿负伤的人。当时，我唯一的意识是有人在背后推着我，必须继续走下去。[2]

英军第111旅花了三天，才抵达莫克索莎干（Mokso Sakan）村，这座村落在山区里，他们曾从这里派人侦察“黑潭”。他们遇到尼日利亚营部队，该营为了援助他们并照顾他们的伤兵，在山间小径上急急行军。第111旅这时有2000名官兵可以作战，130名负伤。在翻越隘口顶端时，他们停下来，等待从因道支湖（Lake Indawgyi）送来的补给，在那里，以布拉马普特拉河（Brahmaputra River）[3]为基地的飞艇已经开始提

---

① John Masters, op.cit., p. 259.
② Rhodes-James, op.cit., pp. 144-145.
③ 译注：在中国境内称雅鲁藏布江。

供临时服务。他们筋疲力尽，战栗不安，并对第14旅暴怒，正因他们行动的延迟，差点让日军彻底歼灭驻守“黑潭”据点的英军。“第14旅可以拯救我们。”[①]詹姆斯写道。马斯德斯也对伦泰恩很生气。伦泰恩为什么不来看望第111旅官兵，来亲自看看他们的惨状？[②]

他们如此地被消耗以及被榨干，不管怎样，不可能再要求他们执行更多的任务。然而这时传来一个荒谬的命令：第111旅要出发，从西边攻击莫冈；同时，第77旅从东边攻占莫冈。

第50回 史迪威烤英军钉美军

伦泰恩与尖酸刻薄的史迪威间的斗争，最终把斯利姆和蒙巴顿也卷进来了。史迪威从一开始就不喜欢温盖特，并称钦迪特突击队的作战行动是“太极”。但这并没有使他和许多英军将领产生隔阂，因为这些英军将领也有相同的看法。令史迪威愤怒的是，温盖特的部队造成了史迪威的失败。伊洛瓦底江东岸的英军第111旅的莫里斯部队，对史迪威的密支那战役没有达成预期的作用。但这部队只有1300人的兵力，而史迪威指挥的中国军队和美军“加拉哈德”部队全部有3万人，也未能成功攻占密支那，史迪威对英军的批评似乎太过严苛。但英军第111旅未经批准即放弃了“黑潭”铁路阻绝区，使2000至3000名日本援军可由该处北上支援莫冈，确实使史迪威的部队处于弱势。

博特纳（Boatner）代表史迪威开始掌管南下的莫里斯部队。他在5

---

① Rhodes-James, op.cit., pp. 144-145.
② John Masters, op.cit., p. 267.

月25日接到命令，要肃清在伊洛瓦底江东岸宛貌村（Waing Maw）驻守的日军，宛貌村的对岸即是密支那。宛貌村的日军有一个中队的兵力，这个区域被洪水淹没，莫里斯部队无法攻占宛貌村。越来越不耐烦的博特纳，求助盟军东南亚战区总司令。蒙巴顿下令不惜任何代价攻克密支那；博特纳也下令，莫里斯必须不计伤亡。莫里斯察觉博特纳只是看地图标示，完全不知道现地的情况，所以莫里斯描述了宛貌的状况：整个乡间水淹到胸部那么高，只剩少数几条路可以通往宛貌，但路上都布满日军架设的机关枪。莫里斯每天都因为疾病损失三分之一个排的兵力，而他其余的部下也精疲力竭，甚至在日军炮火下也能睡着。到7月14日，莫里斯部队全部兵力只剩三个排，伦泰恩坚持要将他们撤出。中国部队反对，史迪威拒绝。一星期之后，伦泰恩再次请求，讽刺地暗示：当莫里斯整个部队官兵减员到25人时，撤出他们的时刻或许已经到了。史迪威终于同意莫里斯部队撤退。[①]

但是，当然，史迪威的中国军队比起不管是英军钦迪特突击队还是美军“加拉哈德”部队，待在战场上的时间都更久。史迪威也不要在中国军队持续与日军作战时撤走“加拉哈德”。正如史迪威自己经常抱怨的那样，中国军队没有很积极地进军，而且中国军队将领从蒋中正那里接受密令，要节约使用兵力。史迪威用一个牵制另一个。在史迪威坚持让被雨水浸透及因战斗而饱受疲劳的钦迪特突击队留在战场作战时，他又怎能撤走“加拉哈德”呢?

这个时候，即使是最优秀的美国军人也会被击倒，包括科克伦所属的飞行团队。“我们出现耗损崩溃的现象，”科克伦承认，“我的战斗机飞行员因为极度疲劳而生病了。有些飞行员失去了战斗和飞行的意愿，轰炸机飞行员也发生了同样的状况。运输机和轻型机的飞行员，则失去

---

① Romanus and Sunderland, *Stilwell's Command Problems*, pp. 243-244.

了他们的热情，病况日渐严重。他们执行一些最吃重的撤退作业。我们的收尾作业前所未有地辛苦，大家疲惫不堪，而且生病了。”①

美军地面部队的情况更糟糕。“加拉哈德”部队曾经在中国军队支援下，展现了奇迹般的行军和耐力。在加迈山谷，“加拉哈德”部队艰苦跋涉60英里穿过丛林，占领瓦劳朋（Walawbum）的道路，截击日军田中新一的第18师团。“加拉哈德”部队与中国新编第38师的一个团并肩作战，然后与日军田中师团交战，使日军撤退后留在战场上的尸体有1500具。在这个时候，蒙巴顿去看望史迪威，到战场参访，绕了一圈。“路易斯起床了，但是他不喜欢尸体发出的臭味。”史迪威在一封给他妻子的信件中如此讥笑写道。②“加拉哈德”部队在加迈北边20英里的因康加唐（Inkangahtawng）再次施展包围战术。两个营穿过山区，在3月23日走出山区来到道路上，然后被日军击败又退回山区，停在恩朋加山（Nhpum Ga）作战。恩朋加山是一座山脉的尾端，是坐落在塔奈河谷之上的陡峭山峰，但只有一处水源。日军第18师团编成一支特遣任务队，由丸山房安（Maruyama）大佐指挥追击，从四面八方攻击“加拉哈德”部队的周边阵地。3月30日，日军从美军手中夺占了水源地。

“加拉哈德”部队也有指挥问题，史迪威的朋友，也是由他任命的梅里尔准将，在3月31日因为心脏出毛病而被空运离开战场。弗兰克·亨特（Frank Hunter）上校，实际上曾在印度中部训练过“加拉哈德”部队，是一位具有强大能力和意志力的正规步兵军官，他接管了“加拉哈德”部队，试着从北边3英里丛林中的一块空地珊新央（Hsamshingyang）突围，解救恩朋加山被包围的美军。驻守恩朋加山的美军有充足的食物和弹药，但饱受缺水以及驮畜尸体腐烂发出的难以忍

---

① Lowell Thomas, *Back To Mandalay*, p. 243.

② Barbara Tuchman, *Sand Against the Wind: Stilwell and the American Experience in China, 1911-1945*, p. 434.

受的臭味之苦。

接着日军就销声匿迹了。田中中将开始越来越担心密支那的防守问题，他不想在加迈周边山区分散他的兵力。“加拉哈德”部队总共阵亡59人，有379人因负伤或生病而被撤离前线。就像历史学家赖利·森德兰（Riley Sunderland）所说的：“史迪威最具机动性、最听他命令的作战利器，就这样被折损磨钝了。”①

田中的目的是尽可能长期地控制加迈到莫冈地区——大约30英里的直线距离。田中认为盟军不会攻击密支那，因为如果日军第18师团在莫冈河谷拦阻史迪威部队向南推进，密支那就安全无虞。田中决心守住加迈直到雨季来临，然后当史迪威部队被困在洪水泛滥的河谷中时，再逐步撤退。田中的想法是精明的；但他不能消除在加迈南边几英里处色顿（Seton）的道路阻绝，那里由中国第112团驻守，并击退了所有日军的反攻。田中知道在6月中旬，莫冈河谷的降雨量会达到一天一英寸，坦克车将无法开动。而另一方面，田中自己也陷入非常严重的困境，部下需要的米粮每日配额已经下降到正常量的八分之一，他的车辆因为缺乏汽油而不能开动，他的火炮每门一天只能分配到4发炮弹。6月16日，中国师把日军逐出加迈，日军退入加迈南方和西方的山区。同一天，中国第114团与在恰好名为廓尔喀以瓦村（Gurkhaywa）的廓尔喀团会师，村庄位于莫冈的正北方。在这个盟军的大包围作战行动中，田中师团的第56步兵联队及第114步兵联队的部分军队，在加迈西方的山区被盟军截断包围起来。伦泰恩的钦迪特突击队残兵，现在和史迪威部队陆路会师，并且通过史迪威帮助返回印度。

田中要在莫冈河谷继续战斗下去，他要求日军第33军司令官本多政材督促第53师团帮他攻破中国师所驻守的位于色顿的据点。本多同

---

① Romanus and Sunderland, op. cit., p. 191.

意了。连续三天，田中师团和第53师团京都的士兵合力，试图突破中国军队第112团以及由第113团增援固守的阵地，最后日军的攻击失败。本多命令田中把他的师团撤离，前往位于莫冈南面铁路线上的萨茂（Sahmaw）。田中率领他仅剩一半的兵力，而且官兵内部充斥着疟疾和饥饿，退出了莫冈河谷。

研究中缅印战场的美国历史学家，特别感兴趣的是日军田中师团旷日持久的抵抗对未来的影响，不只是对缅甸战争，也包括对亚洲历史产生的影响。如果在1944年年中，史迪威已占领密支那，开通前往中国的道路，蒋中正就能在1944年将经验丰富的中国部队以及他们配属的火炮从缅甸北部调回国内，这可大大提升蒋在1945年对抗共产党军队的能力。

事实上，史迪威的进度已经放慢，他依靠“加拉哈德”部队加快速度。该部队原有2997名兵力，现在只有1400人，组成3个战斗群，并由中国军队支援。梅里尔再度接管指挥权，向各营长指示，攻占密支那后，筑路任务告终，全体官兵撤离。作战计划不是从莫冈攻往密支那，部队要穿越枯门岭（Kumon Range）山区，在克钦族战士的帮助下，从北方进攻密支那。比起常规的道路，他们更常走小径，很多驮畜摔下山坡。要在骡子滑倒时卸下驮负，再把驮负拉回山路，管理骡子比起战斗还更令“加拉哈德”部队疲惫不堪。查尔顿·奥格本（Charlton Ogburn）写道：“照顾骡子的领队们，几乎变得不成人样。”“加拉哈德”官兵行军已达500英里，对他们来说这条路线是炼狱。有一次，“加拉哈德”部队必须爬上6000英尺高的隘口，在峰顶饱受冷冽的寒风吹袭。因为相信梅里尔的激励：这是最后一战，他们多能继续前进。

在路上，K部队（“加拉哈德”第3营加上中国第88团）[①] 指挥官

---

① 译注：指挥官是Kinnison，因此称K部队，后来由Hunter任指挥官，就称H部队。

金尼森（Kinnison）上校因感染螨虫传播的致命斑疹伤寒而去世。包括他，共有149名官兵伤亡，得此病者大多数都死亡了。防守山区村落的日军小股部队被他们歼灭。亨特（Hunter）上校指挥他们继续前进，他分别在5月14日抵达密支那前四十八小时及5月15日抵达前二十四小时，发出预先安排好的电报给史迪威以及在莫冈河谷的美国陆军航空队（USAAF）奥尔德准将（William D. Old）。5月16日亨特来到距离密支那机场两英里处。他派出迪克·德席瓦（Dick D' Silva）指挥克钦侦察兵，事先侦察目标地区。侦察兵带回好消息，机场只有极少的防御，密支那市区也是。防守密支那的日军，只有丸山房安大佐指挥的第114步兵联队下严重缺员的两个大队，如果包括防守机场南北跑道的第15机场守备大队，全部兵力只有700人，其中大约300人在作战的部队，而超过300名的病患则在陆军医院。日军仍持续使用莫冈和密支那间的铁路段。当亨特和"加拉哈德"第1营在南桂河（Namkwi River）旁露宿时，可以彻夜听到蒸汽火车头喷气的声音。

5月17日早上10点，亨特率领他的营朝密支那西边伊洛瓦底江轮渡停靠点的帕马提（Pamati）进军，同时派遣中国第150团攻向机场。当他们行军通过一片非常平坦的地带时，有一个日军的狙击手向他们射击，否则就是彻底的奇袭。亨特向位于南布姆（Nanbum）"加拉哈德"总部的梅里尔发出电报"上场了"（IN THE RING）时，亨特已在机场。几分钟后日军被赶出机场。亨特设置哨兵放哨，然后发出第二个暗号"威尼斯商人"（MERCHANT OF VENICE）。[①]

"威尼斯商人"是要求空运补给品的暗号，亨特部队的官兵们热切盼望着他们的食物和弹药。但史迪威的参谋另有决定，他认为控制机场跑道最为重要，所以第一批飞机运来的是第879航空工兵营的一个连，

① Ian Fellowes Gordon, *The Battle for Naw Seng's Kingdom*, 1971, p. 120.

然后是第50机枪防空连，以及若干中国军队。

梅里尔和亨特都急着要进占密支那，但这些兵力补给的功用是在防守，而担任美国陆军航空队印缅地区司令的斯特拉特迈耶（George E. Stratemeyer）将军更加剧了这一失误，他坚持要空运英军第69轻高射炮团的两支部队到密支那。

史迪威5月18日的日记提到，雨季再过两个星期要开始了；但这并没有妨碍他夸赞亨特的辉煌成就，他补了一句："这会激怒英国佬！"对史迪威而言，这确实是胜利的甜蜜时刻。如同美国历史学者罗马纳斯（Romanus）与森德兰指出的，尽管悲观者都预言他做不到，但他的确攻下了密支那。史迪威的飞机在密支那机场降落，中国部队也飞来，要解除日军对云南的封锁。史迪威的部队深入缅甸，经过500英里艰苦奋战，击败曾经攻占新加坡、战力最强的师团之一："攻占密支那机场的辉煌成就，是史迪威职业军人生涯的高峰，也是缅北战役的最高潮。"[①]但这些历史学者很快就闭嘴了：因为很快地就变成了极大的反对声浪。华盛顿的参谋长联席会议接到一个通报：1944年6月2日，盟军东南亚战区司令部发出一份新指令——因运用地面及空中兵力对日军施压，已完成全部利多公路的开辟，对飞越驼峰到中国的飞机，给予优先权，所以由海上登陆攻击苏门答腊的计划（重炮行动，Operation CULVERIN）永远搁置。密支那机场被证明对驼峰空运航线极具价值。在夺回机场后，到当年10月，总共有14000架次空运航班，空运了4万吨物资到中国。[②]

不幸的是，丸山房安大佐还留在密支那。中国两个营第一次试图肃清丸山的行动，在灾难中结束。这两个营迷路后，开始彼此射击对

---

① Romanus and Sunderland, op. cit., p. 228.
② Romanus and Sunderland, op. cit., p. 229.

方。5月20日又发生同样的事情，但这次是三个营而不是两个营。亨特意识到，要攻占密支那市区，一定要把“加拉哈德”部队其余兵力全部调来。其他两支部队，虽然已经好多天没吃东西，仍被调去加入亨特。当他们来到机场跑道时，已在三天前抵达密支那的梅里尔，看到他的部下没有一个能正常行走。“加拉哈德”几乎每个人都得了丛林疮、脚部腐烂或者痢疾，有个排甚至把裤裆割开，使痢疾不会耽误他们战斗。梅里尔记录到，他们“可怜但仍然具有可佩的气势”。①中国军队彼此误射当天，梅里尔的心脏病再度发作，不难看出发病的原因。副手麦卡蒙（John MacCammon）上校晋升准将，负责指挥重组的密支那任务特遣队，而亨特则继续消耗“加拉哈德”——与日军高层对密支那守备部队的决策完全一样，二者犯下相同的错误。麦卡蒙准将只干了一星期，就被史迪威的副手兼参谋长博特纳所取代。

日军的集结很快，丸山的部队在一星期内增加到至少3000人，守备队兵力很快就达到4500人。这些日军即将从史迪威的手上夺走胜利，然而史迪威在G2情报组的儿子约瑟夫·史迪威（Joseph Stilwell）上校却严重低估了他们。②事实上，即使在这么迟的时候，这情况仍然可以补救。英军第36师（费斯廷准将，Francis Wogan Festing）已经准备好要空运到战场占领铁道——后来执行了，他们一经通知就能立刻投入密支那机场作战。英第36师官兵身强体壮，而且已做好战斗准备，与亨特那些该替换的筋疲力尽的部下相比，第36师有显著战力。美国史家说，史迪威反对这个决定，“在他的日记里没记下理由”。③他不需要英军。在史迪威嘲笑英国佬，又跟十几位战地记者向世界描绘他伟大美国的巨大胜利

---

① Romanus and Sunderland, op. cit., p. 230.

② 北部战区司令部（NCAC）因裙带关系增加与中国军队合作的联络官，其中有两个是史迪威的女婿。

③ Romanus and Sunderland, op. cit., p. 233. 柯比说史迪威确实在期求第36师，蒙巴顿也同意了，但该师已被安排好于7月初移开（S. W. Kirby, *The War Against Japan*, Ⅲ, p. 404）。

后，还要叫英国军队帮他火中取栗，实在不可想象。史迪威在必要时情愿用开辟利多公路的工兵，也不要用英军。“我可能会用我们的一些工兵部队，来保持战斗中的美国味。”史迪威在给马歇尔将军的电报里这样写道。[①]另外有一件事史迪威没在日记中提及，就是全心投入的亨特上校呈交给他一份关于史迪威参谋作业的措辞强烈的报告。亨特是美军本宁堡基地（Fort Benning）的步兵教官，他不仅是一位勇敢和幽默的指挥官，而且也是一位了解规则的军官。亨特在信中清楚地指出，史迪威的幕僚们，从参谋长博特纳以降，都对“加拉哈德”部队持差别态度，而优待中国军队。“加拉哈德”已经耗损过度，而且它的战力正因疾病和传染而下降。[②]这是确切的事实，从密支那包围战居然要两个半月可以证明，因为只要有适当的计划和正确的情报，可能只需要两三天。围攻期间，日军在5月27日展开反击，麦吉（McGee）上校的M部队官兵们竟然常在交战中睡着，麦吉自己则晕厥三次。他要求让自己的部队换班，但他是在浪费时间——显然，史迪威不管在何种状态下都要有美国部队待在战场上。当换防兵员由美国抵达后，事情甚至变得更糟。一些换防兵在后方医院被搜出来，而那些应该躺在医院病床上的人，反而被送回密支那。如此一组200人的队伍中，有10个人会立即因病而被重新撤离。工兵部队也好不到哪里去，他们之中有很多人从入伍基本训练开始就从来没有使用过步枪。他们还有区别敌我的问题。一名年轻军官率领一个连，朝他认为是穿中国军队制服的部队走过去，对方的一人示意他往前走，接着就猛地趴向地面，让一架日军机枪从那人头顶上方扫射过来。这个连被消灭了。[③]

而于5月25日，有2600名志愿者从美国搭船抵达孟买，被仓促送

---

① Romanus and Sunderland, op. cit., p. 233.
② Romanus and Sunderland, op. cit., p. 237.
③ Romanus and Sunderland, op.cit., p. 240.

往兰姆伽训练一星期，编成两个营，称为“新加拉哈德”。当在密支那的军官们接管这批新兵时，他们发觉这些兵不堪用，于是混编老兵与新兵，将“加拉哈德”所有兵力重新编成3个营。“这些缺乏经验的士兵，在大雨中飞到密支那，然后从运输机上下来，进入一场噩梦。”约翰·佩顿·戴维斯（John Paton Davies），一位美国外交官，也是史迪威的政治顾问，这样写道：“他们走入泥泞的战场，而那些拿下几场胜仗的老兵，则几十个几十个地因为负伤及疾病而飞离战场。依照要求，一个美军士兵要有资格因病被撤离战场，他要连续三天持续高烧102华氏度（约39℃）。任何能够扣扳机的人都被迫切需要！‘加拉哈德’的幸存者，将他们吃下的单兵口粮几乎全吐出来，有些人在交战中睡着了。”[①]然后由战斗将他们“解决”掉。他们之中有50人被诊断为精神病，一些军官被宣布无法胜任职务。6月15日，博特纳写信给史迪威，提及美国部队的混乱和恐惧：“他们在很多情况下只是被日本鬼子吓坏了。”[②]原“加拉哈德”第2营营长奥斯本（Osborne）中校确信，一些撤离到后方的官兵是装病。“加拉哈德部队真的毁了。”[③]史迪威不得不承认，后来“美国部队摇摇欲坠，很难相信，要么是我们的军官都烂掉了，要不就是博特纳越来越歇斯底里。我得亲自上场”。[④]

他确实去了，而且幸运地回来了，因为部下对他的仇视已经达到非常高的程度。奥格本中尉，一名“加拉哈德”军官，将史迪威描述为“无血无泪、冷酷无情、没有人性”，并记录说，一名部下差点开枪打死史迪威，而很遗憾他没有这样做：“我在步枪的准镜里瞄准他。我可以扣下扳机，没人会知道是不是鬼子干掉这狗娘养的。”[⑤]

---

① J. C. Davies, *Dragon by The Tail*, p. 293.
② J. C. Davies, op.cit., p. 242.
③ Diary, 30 May, 1944, *The Stilwell Papers*, p. 279.
④ Diary, 15 June, 1944, *The Stilwell Papers*, p. 287.
⑤ C. Ogburn, *The Marauders*, 1959, p. 279.

第51回 卡尔弗特之怒

除了手下参谋中有着会因他刻薄反英的打趣而大笑的谄媚者，以及像马歇尔将军这类遥远的崇拜者外，其他人对史迪威的共同结论，是他不厚道。那几乎是一致的看法：中国人痛恨他，英国人除了斯利姆（可能是个例外）都厌恶他，他的部下讨厌他又怕他。他的命令让“加拉哈德”全军覆没，也几乎同样地摧毁了钦迪特的幸存者。但在最后一战，只剩2000人的钦迪特突击队，获得极大的成功：卡尔弗特的第77旅攻占了莫冈，成功地切断了通往密支那的铁路。在5月27日，伦泰恩发电报给卡尔弗特，告知他史迪威的中国师在日军第18师团所在的加迈后方，占领色顿，建立了阻绝区，卡尔弗特被派去攻占莫冈。伦泰恩问他能否给个攻占的日期，卡尔弗特说他会在6月5日攻下莫冈。

曾任“百老汇”着陆场指挥的罗姆上校，与廓尔喀第6团第3营一起进军，在5月31日拿下可以俯瞰莫冈的山丘，迅速改变了日军第33军司令官本多原来要以第53师团救援密支那的计划。尽管密支那被中国军队和美军包围，日军仍能进出密支那，就如三桥（Mijashi）少佐所为：三桥是第33军的情报参谋官，曾穿过阵地，和水上源藏少将及丸山房安大佐商议，然后又回来报告。一旦英第111旅放弃“黑潭”据点，那武田馨第53师团经莫冈支援密支那就完全可行。事实上，本多就命令武田师团这么做，但当武田距离目的地只有几英里时，本多又取消了命令。本多当时判断日军第18师团的需求更重要，营救第18师团，比支援密支那更紧急；本多改派武田师团到加迈，命令他在莫冈挡住钦迪特突击队。

莫冈河横亘在莫冈的北边，南辛江在西边流入莫冈河；维陶溪（Wetthauk Chaung）在东南边，平米村（Pinhmi）有座跨越维陶溪的桥

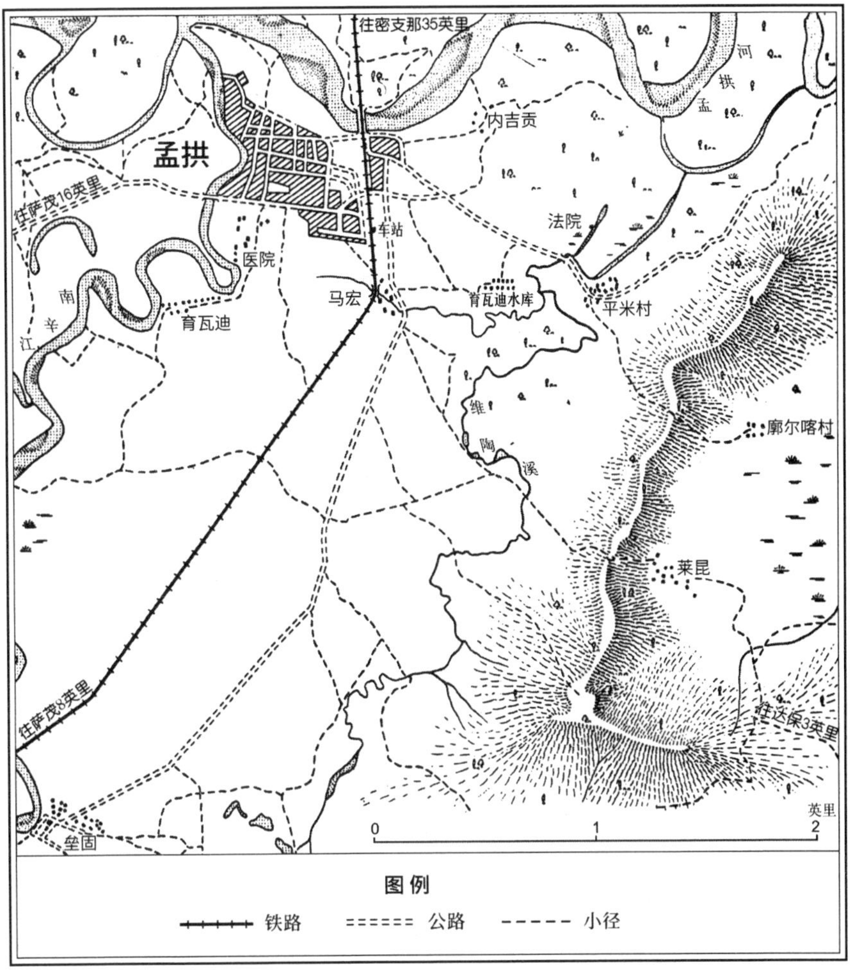
往密支那35英里
孟拱
内吉贡
河
拱
孟
往萨茂16英里
法院
车站
医院
马宏
育瓦迪水库
平米村
南
辛
江
育瓦迪
维
陶
溪
廓尔喀村
莱昆
往达保3英里
往萨茂8英里
垒固
英里
0
1
2
图例
铁路
公路
小径

图5-4　莫冈

梁。南斯塔福郡营在南下到维陶溪的路上摧毁了几座日军临时弹药库，他们停下来让兰开夏郡燧发枪团先通过，去占领桥梁。平米村的道路比绕着它的河流水平面高几英尺，道路的一边有4英尺深的沟渠，另一边则是丛林。日军在比桥面高的高地挖了掩体，以掩护桥本身和从平米村接近桥梁的路线。在这里，卡尔弗特遇到了首次挫折：英军试图沿沟渠接近桥梁，在缓慢而徒劳无功的进攻之后，卡尔弗特到了。他和兰开夏郡燧发枪团的指挥官蒙蒂思（David Monteith）少校会商后，决定在重迫击炮火（该营没配属炮兵）掩护下，使用两个排冲锋，攻进日军阵地。杰弗里（W. F. Jeffrey）描述了接下来发生的事：

> 沟渠里的官兵满脸疲惫与阴沉：有些人紧握着别人的手，我自己则肚子里翻腾又翻腾，最后像是打了个结。……沿着这条路进攻，这是自杀。日军等到这个排冲到桥边的空地，就从隐蔽的掩体里用机关枪射杀他们。①

第二天，美军野马式战斗机被调来，以炸弹和机枪扫射攻击桥梁。第三架飞机没击中桥梁，反而攻击了村落，炸到英军正在卸物的骡子杂役队。这是可怕的大屠杀。官兵和骡子倒在地上乱踢尖叫。当战机再次飞回要以机枪扫射时，兰开夏郡燧发枪团官兵愤怒地对战机挥舞拳头，并诅咒飞行员。好在这次是扫射到桥上。当战机又飞回来时，轰炸震撼了他们——兰开夏郡燧发枪团官兵颤抖着，有些人紧张到崩溃。②

翌日，廓尔喀营绕道，从日军掩体背后攻下其阵地，打开通过桥梁的道路。卡尔弗特指挥的这场战役要在山脊之间的开阔乡野作战，这

---

① W. F. Jeffrey, *Sunbeams like Swords*, 1946, pp. 142-143.
② W. F. Jeffrey, op.cit., p. 145.

不简单，而且莫冈日军阵地的掩体彼此间的火力可以交叉掩护，到处都是狙击手。这些狙击手之一，击中了韦维尔总督之子阿奇·韦维尔（Archie Wavell）少校的手，他的手腕几乎被撕裂。受伤的韦维尔少校，用另一只手抓住只以肌腱连着的那只手，自己走回后方，排着队等待后送，不理会伦泰恩要他立即飞离战场的急电。[①]

在平米村夺桥战斗里，第77旅大约有130名官兵伤亡。

有些日军在缅甸人房子下面挖设据点，在气孔处覆盖金属格栅，防止手榴弹攻击，于是，英军使用火焰喷射器对付他们。英军攻下平米村桥有所延迟，使得武田馨有时间派遣更多人前往莫冈支援。不久，就有第53师团的四个大队来对付卡尔弗特，卡尔弗特不由得开始纳闷儿，那些本应合作攻击莫冈的中国军队到哪儿去了？

6月13日，卡尔弗特的营长们向他报告，每个营的兵力都只剩连级的人数。在无尽的泥淖和大雨中进攻袭击，让所有官兵精疲力竭。两天后，卡尔弗特开始将部下拉回平米村休养，然后停止撤退，因为前哨回报，日军也正在从这段河道撤出。难道日军要离开莫冈？没那么幸运。武田馨只是将部队调到比淹水区高的铁路线上，并从囊奇亚陶村（Naungkyaiktaw）持续炮轰英军第77旅，将战线向前延伸到火车站和平米村之间开阔的田地上。日军炮兵从村落里直接精确炮击，使卡尔弗特每天损失15人以上。从火车站到莫冈河上的桥梁之间，日军构筑了八个安全而坚固的地下掩体，卡尔弗特以每天轰炸的方式试图主控战局；但日军持续的炮击，加上浸泡在淹水战壕里而导致的战壕足病暴发，使卡

① Shelford Bidwell, *The Chindit War*, p. 269. 比德韦尔（Bidwell）在*The Chindit War*一书中写到，伦泰恩命令他立刻飞走，并威胁卡尔弗特若不能做到，就要解他的职。卡尔弗特认为有两个原因：一是总督可能不知道在温盖特第一次远征中放弃了受伤的官兵，而此次“周四行动”对待伤者有不同的态度，他们要在可能的地方尽量将伤者撤离，而非弃之不顾；二是从地图上看起来，陷入停滞的卡尔弗特好像被包围了，他可能会投降成为俘虏。那么韦维尔少校可能会落入“印度国民军”手中，后者可能会折磨他，以便向总督施压。（Calvert, *Prisoners of Hope*, p. 211）

尔弗特原来评估的550人“合格”兵力正日趋减少。卡尔弗特那群来自南斯塔福郡、几星期前在“百老汇”着陆场着陆的官兵，只有一名中尉军官仍然存活，而且也负了四次伤。其余的军官不是死了，就是负伤而撤离后送。

卡尔弗特决定必须干掉囊奇亚陶村的日本炮兵，他猜测约有百名日军防守。[①]经野马式战斗机夜间突击，削弱日军抵抗力之后，英军在6月18日黎明前十五分钟发射400发迫击炮弹，炮弹如雨点般落在囊奇亚陶村中，并以2英寸和4.2英寸迫击炮与机关枪扫射。兰开夏郡燧发枪团及70名幸存的国王利物浦营官兵随后开始进攻，和他们一起前进的还有布莱恩（Blain）少校的火焰枪队，以及十几个刚用降落伞着陆的布莱德（Bladet）的分遣队队员。日军抵抗了一段时间后开始逃离阵地，向东绕过稻田，再向往西400码外的火车站疾奔而去，当他们跑过开阔地带时，卡尔弗特的机枪队击毙了其中40名。[②]当天结束时，总共100名日军被击毙。这时有件怪事发生，兰开夏郡燧发枪团占领了日军阵地，在烹煮晚餐时，有7名疲惫的巡逻队员走进来，卸下他们的步枪和装备。一名枪兵营士兵从他埋首的晚餐中懒散地抬头一看，猛然看到那些巡逻队员是日军：这些日军没料到兵舍已落入敌人之手。枪兵营士兵抢先夺下他们的武器并开火，让这批落单的巡逻队员永远消失了。[③]

当晚，中国军队开始抵达，使用钦迪特突击队提供的突击队小舟渡过莫冈河。他们是第114团第1营官兵，由彭（P'ang）少校指挥，彭是“一个来自广东的坚强的小个子客家人”[④]，卡尔弗特一见到他就对他非

---

① 在*The Chindits*（p. 142）一书中的数字是100，在卡尔弗特早期的书*Prisoners of Hope*（p. 218）的数字是40—50。

② Machael Calvert, *Prisoners of Hope*, p. 218.

③ Machael Calvert, *Prisoners of Hope*, pp. 220-221; *Fighting Mad*, pp. 197-198.

④ 译注：即彭克立，他在此役指挥有方，屡挫强敌。先后攻战2000高地、拉吉（Hlagyi）、大弄汤（Tarongtang）、沙劳（Sharaw）等地。6月26日晨更率部队首先冲入莫冈。

常有好感。[1]卡尔弗特的旅里也有来自香港的志愿兵，他本人曾于20世纪30年代在中国任职，中国军队大受他的欢迎。但是卡尔弗特烦恼地发现，中国军队并不热衷发动正面战。事实上，他们也不需要采取正面攻击。当深切意识到自己的兵力日渐减少时，卡尔弗特想在短期内结束莫冈作战。他的兰开夏郡燧发枪团的一些军官，热切地询问派驻中国军队的美军联络官何时会开始攻击，却只得到令人不知所措的回答：中国军队已战斗多年，早或晚一个星期，对他们而言没有太大的意义。[2]

卡尔弗特后来才发现中国军队的谨慎是有道理的。在对莫冈进行最后攻击期间，他吃惊地发现战线左翼的中国军队撤退了，让兰开夏郡燧发枪团完全敞开。但这是有原因的。中国军队在夜间向日军阵地移动，但不打算待在那里，只留下两名炮兵观测手隐藏在瓦砾堆中；当日军在黑夜的掩护下走出地下掩体方便时，他们准确地标定了日军掩体的位置。天亮前，这两名观测手重新回到作战部队，然后中国军队拖来81毫米迫击炮，在200码的范围内打掉了日军的地下掩体阵地，以最少的伤亡攻占了日军阵地。（事实上，这就是卡尔弗特自己说的用物资重量来补人数不足的战法，但他一焦躁，有时会忘了这原则。[3]）

卡尔弗特最后攻击的时间定在6月24日，攻击目标是夺占横跨莫冈河上的铁路大桥，以及南岸的纳提贡（Natyigon）村。如果目标达成，那么卡尔弗特就掌握了打开莫冈的钥匙。新来的中国军队——由彭少校的上司李上校[4]所率领的另一个营及一个75（毫米）山炮连——在第二天出现，这意味着卡尔弗特终于有了炮兵部队，虽然他自己的兵力下降

---

① Michael Calvert, *Prisoners of Hope*, p. 223.

② W. F. Jeffrey, op.cit., p. 160.

③ 卡尔弗特之后写道，彭少校“经过多年的战争，变得非常谨慎，并很珍惜他远征军部下的生命。有时这样是美德，但是长时间来看，有时会造成更大的损失”。（*Prisoners of Hope*, p. 224）接着又补充写道：“李（上校）告诉我说，我们的部队太集中，如果分散开来，死伤会少一些，也能多休息。这里头真的有些道理。”（p. 231）

④ 编注：新38师第114团团长李鸿。

到非常低：兰开夏郡燧发枪团和国王利物浦营共110人；南斯塔福郡营180人；廓尔喀营230人。卡尔弗特打算发射1000发迫击炮弹，加上75毫米山炮的密集弹幕攻击，然后步兵就可通过空旷地带；廓尔喀营在战线右翼，南斯塔福郡营在左翼，火焰枪队和兰开夏郡燧发枪团则是预备队。前一夜，70架美军飞机准备攻击纳提贡村。

迫击炮迅速开始射击，但没办法压制日军。日军以密集炮火反击。日军的反击不只攻击英军的迫击炮阵地，也击中了指挥部和步兵的阵地，造成大量伤亡，所以英军移动至更靠近自己的发炮区。廓尔喀营沿着莫冈河岸往前冲锋，攻向铁路大桥。其中一位年轻军官奥尔曼德（Michael Almand）上尉，以前是骑兵军官，跑在连队前头，去歼灭接近铁桥的日军机枪阵地。像第77旅的几乎所有人一样，奥尔曼德遭受战壕足病折磨，几乎根本不能跑，但他涉过泥淖，用力掷出手榴弹攻击日军阵地，直到机关枪不再射击为止。奥尔曼德为此付出了生命，在阵亡后，被追授维多利亚十字勋章。这场战役中，另一枚维多利亚十字勋章，则颁授给另一名同属廓尔喀团第6团第3营的步枪兵，图·巴哈杜尔·潘（Tul Bahadur Pun）。

“中国军人心中（对我们）充满羡慕，”[①]南斯塔福郡营机枪连的杜兰特（Durant）中尉写道，“但也认为我们相当疯狂。以东方人的耐性来说，中国军队会花上一个星期进行同样的攻击，但伤亡可能只有我们的百分之五。”[②]确实如此。日军和英军双边的伤亡数都很大。卡尔弗特总共有47名军官阵亡或负伤，其他军阶阵亡或负伤者有729人；也就是说，第77旅在史迪威麾下，总共战损约800人。当日军从一个位于平米村道路与铁路交叉处的房子据点向英军开火后，卡尔弗特为了想出进一步的

---

① 译注：英、美部队有武器优势，弹药亦非常充足，深为中国军队所艳羡。

② Quoted in Shelford Bidwell, *The Chindit War*, pp. 272-273.

作战行动，召集他手下的步兵指挥官们，在一个大弹坑里快速开了个作战会议。弹坑附近有被火焰枪攻击后的日军躺在那里。卡尔弗特可以听见他们的尖叫，而且可以闻到那些日军肉体被烤焦的气味。[①]中国军队没有像美军联络官曾向卡尔弗特保证过的，如期攻占火车站；这造成他在铁路路堤上的部队从后面被攻击，逐个阵亡。卡尔弗特使用更多的火力射击。兰开夏郡燧发枪团发射了200发迫击炮弹，泻向日军的据点；同时，南斯塔福郡营的步兵反坦克炮和反坦克榴弹炮，洞穿了据点的墙壁。火焰枪队进行攻击，日军逃离据点。

到了中午，卡尔弗特的第77旅攻克占领了每一个作战目标，而且开始构筑工事及战壕，此时日军的炮击再度开始。卡尔弗特这样形容他的部下："完全精疲力竭而且没有战力。"但他们胜了。[②]日军的炮击是最后的一击，除了一些断断续续的狙击。26日和27日，廓尔喀营和中国军队非常谨慎地往前行动，进兵莫冈的其他地区，这些地区没有任何日军。"来自莫冈的好消息，"史迪威在他1944年6月27日的日记里写道，"**我们拿下它了**。"[③]从史迪威总部传来英国广播公司（BBC）的新闻，宣称中国军队攻占了莫冈。这消息自然激起卡尔弗特和他手下军官们的愤怒。李上校虽不必为这新闻公告负责，但他向卡尔弗特道歉："如果有人攻克莫冈，"他说，"那就是贵旅，我们大家都钦佩你们的英勇。"即使是在战斗后的郁闷中，卡尔弗特脸上无光使他不能不回击。"新闻报道说中国军队拿下莫冈，"他给总部发电报，"我的旅现在很愤慨。"[④]

史迪威也怒，只是理由比较不足，他过早宣布已经攻占密支那的消息。在5月17日，全世界就被告知密支那已攻克，这是盟军在缅甸从

---

① Michael Calvert, op.cit, p. 235.
② Michael Calvert, op.cit., p. 236.
③ *The Stilwell Papers*, p. 283.
④ Michael Calvert, *Fighting Mad*, p. 198.

日军手上收复的第一座城市。但现在已经接近7月底，日军仍在密支那市区固守，同时“加拉哈德”和中国军队仍从密支那西边机场持续猛攻市区。6月26日，史迪威让患疟疾的博特纳对此战局负责，并以韦塞尔斯（Wessels）准将替换他。三天后——姗姗来迟的变动——亨特被任命为密支那所有美军的指挥官。史迪威也看出来，伦泰恩无法命令第111旅继续对抗日军；现在，卡尔弗特攻占莫冈后，拒绝服从命令。史迪威命令他沿铁路南下往和平，去“黑潭”旧址附近扫荡日军从加迈及莫冈撤退的第18、第53师团的残兵。[①]这两个师团在南辛江西边，分别在萨茂和同尼（Tungni）各自建立阵地，企图阻断史迪威部队进一步南下的行动。这两个村落间的道路，可以被两座山丘控制，它们成为盟军、日军激战的场所。一座山在萨茂北方，昵称为“60高地”（Hill 60），这名字来自第一次世界大战时有名的战场。另一座山叫“2171点”（Point 2171），则被定为英第111旅的作战目标。

卡尔弗特被命令将残部编成一个部队，开往密支那。但他的回应则是，关闭与在夏杜苏的钦迪特突击队总部的无线电通信，率领第77旅前往加迈。他打算将部队从那里撤回印度。即使如此，行军通过深及腰部的泥浆，也恶劣到使两名兰开夏郡燧发枪团官兵因精力衰竭而死。[②]卡尔弗特旅的官兵，当然对被要求参加密支那围城战害怕，因此，卡尔弗特希望不惜一切代价，避免前往密支那。但后来，他承认这是个错误。倘若到了密支那，要撤回印度就比较容易。[③]

随后，卡尔弗特自己前往总部，去见为难中的伦泰恩，伦泰恩一直在为他辩护，反对史迪威对卡尔弗特抗命的指控。军事审判的威胁还

① 日军第53师团在与卡尔弗特的对抗中，共计有1600人的伤亡损失。（S. W. Kirby, *War Against Japan*, Ⅲ, p. 410, n.4）

② Michael Calvert, op.cit., p. 251.

③ Michael Calvert, op.cit., p. 249.

悬而未决。第二天，当他开着吉普车前往史迪威总部时，亚历山大上校（钦迪特突击队的参谋长）不断地跟卡尔弗特咬耳根：不要犹疑，要畅所欲言，给史迪威难堪。但是，伦泰恩则恳求卡尔弗特考虑到钦迪特突击队各旅的处境，措辞要注意。史迪威与他的儿子史迪威中校，与博特纳将军坐在一张桌子后面。卡尔弗特和史迪威握了握手。

“嗯，卡尔弗特，我一直很想见你。”

“我也一直想见你，长官。”

“你传来一些措辞非常强烈的电报，卡尔弗特。”

“你应该看看我的旅部参谋不让我传的那些信息。”

这是个直截了当的回应。史迪威突然哈哈大笑：“当我草拟要发送给华盛顿当局的电报时，我的参谋们也有同样的麻烦。”①彼此间的隔阂打破了，然后卡尔弗特对莫冈激战做了清楚的详述。史迪威再三说：“为什么没告诉我？”事情很清楚，他的那些马屁参谋，贬低了英军的角色，把战斗真相瞒着他。史迪威甚至不知道第77旅官兵还是四个月前飞抵缅甸战场的同一批人。他们已经做得够多了。卡尔弗特回到第77旅，开始着手将他们撤回印度。

卡尔弗特抗命的决定，只是史迪威与盟军东南亚战区司令部（史迪威本身是副总司令）有关钦迪特突击队命运长久争议中的一幕。史迪威与伦泰恩的关系在6月初严重恶化，于是蒙巴顿派斯利姆到史迪威总部，设法解决问题。史迪威于5月17日接管特种部队指挥权，现在则想摆脱他们。“史迪威向我抱怨，”蒙巴顿写道，“钦迪特有些部队不服从他下的继续前进的命令……因此他觉得无法指挥这部队，希望撤回他们。”②斯利姆听完双方的说法，发觉“史迪威不满，伦泰恩愤怒”，或许因此

---

① Michael Calvert, op.cit., p. 252.

② Mountbatten, *Report to Combined Chiefs of Staff*, para. 177, p. 63.

很自然地得出两面讨好的结论："史迪威的命令从表面看是蛮有道理的，而且确实很明显，钦迪特突击队没有完全执行任务；但同样很清楚的是，在人员遭受严重伤亡之后，钦迪特目前处于耗尽的状态……实际上他们没有能力执行史迪威的命令。"[①]史迪威提到"加拉哈德"的成就。斯利姆反驳，"加拉哈德"部队在日军战线后方的时间比较短，但"加拉哈德"人员伤亡率反比钦迪特高。当史迪威抱怨莫里斯部队没对攻克密支那有什么贡献时，斯利姆回应道："为什么苛责一支只有几百人兵力的部队没能达到你的中国师及'加拉哈德'总共3万人都达不到的目标？"斯利姆说服史迪威去和伦泰恩讨论症结所在，允许伦泰恩的钦迪特突击队休养整补，史迪威则继续指挥钦迪特突击队直到攻克密支那为止。表面上，这是合理的妥协方案，但斯利姆预期密支那会在6月底前攻下，实际上并没有。密支那的包围战持续时间越长，史迪威就越容易脾气暴躁，他对特种部队的缺点也就越不满。最后，6月30日，蒙巴顿亲自搭机飞到夏杜苏。

指挥形势在此时已经改变。5月20日，史迪威提醒蒙巴顿，当盟军攻抵加迈时（中国第22师在6月16日拿下加迈），开罗会议上所达成的协议就已执行完毕。提出这件事，是因为史迪威试图厘清管辖权纠缠不清的问题。当时，史迪威部应该在第14集团军司令斯利姆的指挥下作战，可是史迪威同时兼任盟军东南亚战区副总司令，理论上，他是斯利姆的上司。以这样的职位，他拒绝第十一集团军群总司令吉法德上将的指挥，而斯利姆在吉法德之下。无论如何，史迪威无法忍受吉法德。蒙巴顿接受了他的要求，试图解决这个难解的局面，便向盟军参谋长联席会议要求任命一位盟军东南亚战区地面部队的总司令。事实上，那时蒙巴顿的参谋长波纳尔中将正在伦敦为这项任命进行游说，试图将他认为

---

① William Slim, *Defeat into Victory*, p. 279.

最适合担任该职的利斯（Oliver Leese）中将派来锡兰。[1]但利斯正在意大利指挥第8军全力作战。因此蒙巴顿同意将史迪威部队改隶于自己直接的管辖下，作为一项临时性的措施。“现在，”蒙巴顿对这调动的评论是，“我成为实际上的盟军地面部队总司令。”这是蒙巴顿个人没想过，而幕僚也难以适应的职位。[2]

蒙巴顿和史迪威达成新的协议，第77旅、第111旅官兵应该接受健康检查。那些不适合作战的官兵应该马上撤离，其他的部队成员则等史迪威部队的紧急情况一结束就可撤退。莫里斯部队依旧留在密支那东边，第14旅和西非师稍后会到密支那。根据情势以及换防的可能性，英第36师会再度开赴战场。第36师已从阿拉干撤出，在拨给史迪威的缅北战区指挥部之前要重新整补。蒙巴顿也建议史迪威应将“加拉哈德”撤离，但蒙巴顿指出：“我的提议没被接受。”[3]斯利姆和蒙巴顿试图达成一个折中方案，如同斯利姆所认为的，这不恰当：最好立即将钦迪特和“加拉哈德”同时撤离。“他们已经耗尽全力……都被要求执行超出能力的任务。”[4]但有利益上的复杂平衡要维持，就像波纳尔后来在他的日记里写道：

> 一方面，我们必须说服美国人，美国指挥下的英军并不会背弃他们，也会尽全力；但另一方面，让下属指挥官强迫已在崩溃边缘的部队继续作战，不管是英军或美军，都是犯罪，也是愚蠢的行为。无论发生什么事情，我们都会陷入英美关系恶化的危机。如果

---

① 波纳尔也正在协商东方舰队及盟军东南亚战区总司令詹姆斯·萨默维尔（James Somerville）海军上将的解职案，詹姆斯为比蒙巴顿海军资历更资深，但在盟军东南亚战区司令部为蒙巴顿的附属而愤愤不平。

② Mountbattern, *Report to the Combined Chiefs of Staff*, paras. 171-173, p. 62.

③ Mountbattern, op.cit., para. 179, p. 280.

④ William Slim, op.cit., p. 280.

我们将钦迪特突击队撤出，美国人（特别是史迪威）将会指责我们首鼠两端。如果我们不撤出他们，英军指挥官和部队知道理由之后，也会说我们说话不算话。[1]

这类的争论，或许没能替诺埃尔·科沃德的劳军之议营造气氛，虽然他是蒙巴顿的好朋友。科沃德在电影《与祖国同在》（*In Which We Serve*）里，出演驱逐舰"**凯利号**"舰长的角色，当他来到盟军东南亚战区劳军时，慷慨地提议要到利多为美军表演。史迪威拒绝空运科沃德及其同伴，这冒犯了蒙巴顿。他告诉美军惠勒（Raymond Wheeler）将军，他被史迪威打脸。在锡兰的康提和利多之间一阵频繁的通信后，结果是科沃德可以前往利多，但他在那里的表演很平淡，达不到让史迪威快乐的效果。"如果有更多的钢琴家要劳军，"史迪威在给他的副手、中缅印战区美军副司令索尔登（Daniel Sultan）将军发电报时说，"他至少要知道怎么弹钢琴。"[2]

健康检查也给第77旅和第111旅打脸。虽然马斯德斯声称他的部下健康状态令人绝望，他坚决要求伦泰恩让他的部下接受检查并立即撤离健康状况不合格者，实际上，有些钦迪特突击队队员被查出是装病。[3]在丛林里的不同地点，第111旅的官兵经听诊、探针检查以及手指触诊，四个半营的官兵共2200人，医生判断其中只剩118人健康状况足可作战，包括7名英国军官、21名其他级别的英军以及90名廓尔喀团官兵。马斯德斯加上自己，将数字修订为119人，然后命令他们进军加迈。他们战斗的时间早就远远超过温盖特定的90天，大大超过忍耐的极限，但他们即使在廓尔喀第9团第3营突击"2171高地"最后的几小时，也展现了

① Pownall, *Diaries*, pp. 182-183.
② Barbara Tuchman, *Sand Against the Wind: Stilwell and the American Experience in China, 1911-1945*, p. 452.
③ John Masters, *The Road Past Mandalay*, p. 278.

最高的英勇。在布莱克（Jim Blaker）上尉率领下，该营花了五个半小时攀上山丘，当他们抵达山顶时，发现被迫击炮和机关枪包围。布莱克命令部下冲锋，但机关枪阻止他们进攻，人员被打散到山坡上的浓密丛林中。然后布莱克独自一人继续大吼："上啊，C连弟兄！"直到被机关枪子弹击中肚子。布莱克倒在一棵树旁，转头向那些在他下面、紧紧趴在山坡地上的部下说："冲啊，C连弟兄。我要死了，攻下这阵地！"这些廓尔喀兵起身，拔出廓尔喀刀，如风般掠过山坡，夺下了阵地。布莱克立即被授予维多利亚十字勋章，但他精疲力竭的亲密战友没力气埋葬他，他和廓尔喀团阵亡官兵的遗体被包裹起来，然后一起顺着陡峭的山坡，被推入下方的丛林。三个月以后，墓地登记单位找到他们时，高大的竹子已经穿透他们的遗体。[①]

7月8日，健康检查报告证明所有旅的抱怨都有道理，所有级别的官兵的身体及心理健康都损伤、耗尽。他们平均掉了42磅以上的体重，大多数发作过三次疟疾。雨季的大雨和恶臭的土地让他们脚部溃烂，长有脓疮以及痱子。脑部疟疾和斑疹伤寒造成的死亡人数在增加。体重的过多减轻和疟疾后的贫血症，意味着只要一点路程的行军就会使他们筋疲力尽，如果行军后没经过一至两天的休养，就不能执行战斗任务。

难以置信的是，史迪威对蒙巴顿坚持说，伦泰恩对第111旅下达从战场撤退的命令违反了协议。史迪威主张，第77旅以及第111旅要留在战场，直到在萨茂南边同尼的日军被肃清为止。幸好蒙巴顿坚决表示：所有体检不合格的官兵都要立即后送，其余官兵撤离的时间表也在草拟之中。史迪威说，不行，第111旅、第14旅以及第3西非旅必须先帮助第72旅（属第36师）肃清同尼的日军，他才会让他们撤离。健康不合格者随时都可以撤离，他已经解除了第77旅和莫里斯部队的任务。所以

---

① John Masters, op.cit., p. 776.

蒙巴顿又从坎迪派出一个调解团，由吉法德上将的参谋长普莱费尔（I. S.O. Playfair）少将以及两位美军将领魏德迈和梅里尔组成，达成了一个保全体面的协议——当第77旅通过日军防守的炮兵阵地后，第111旅就可以撤离。第14旅和第3西非旅会支援在同尼对日军的战斗，但伦泰恩会将他们的健康状况提供给史迪威。

当马斯德斯向史迪威提报他部下体检不合格要撤离的人员名单时，他挖苦地要求史迪威对他的剩余部队——算起来只有一个连的兵力——下达命令。史迪威当然不甘示弱。无论是否听懂这是讽刺，他立刻告知马斯德斯率部去掩护驻在巴荷克（Pahok）的一个中国军队的中口径炮兵连。当马斯德斯部队抵达巴荷克时，中国炮兵连连长和他的美国联络官对这支新来的部队感到不解，说他们不需要防卫，因为日军已快速撤退，而且英军第36师已经循着日军撤退路线南下追击与解决日军。不用说，马斯德斯重组防御体系的做法引来了中国军队很大的反感，他们只想要点安静的时候。十天后，1944年的8月1日，马斯德斯及其残部获允离开缅甸。

对史迪威而言，当天也是个好日子：他被晋升为四星上将。仿佛是为了向史迪威祝贺，日军密支那守备队指挥官下令丸山大佐率部撤出密支那；即便是经过7月12日盟军大规模的陆空全面攻击，日军仍然一直在这里顽强抵抗。当8月3日韦塞尔斯将军下令发动新的攻势时，他只碰到一小队后卫部队和187名病患的抵抗。到了下午稍晚，密支那城区被韦塞尔斯拿下，利多公路和输油管现在都可以直接通达密支那。钦迪特突击队到了他们承诺的任务最尾端。第36师在第3西非旅的支援下击退了防守萨茂的日军，然后他们一起进军同尼，并在8月9日攻占同尼。第14旅重新攻占了“2171高地”——经过与马斯德斯部队可怕的战斗后，日军又夺回的高地。英军这两个旅，在8月17日至27日飞离战场到达印度，“周四行动”画下句号。

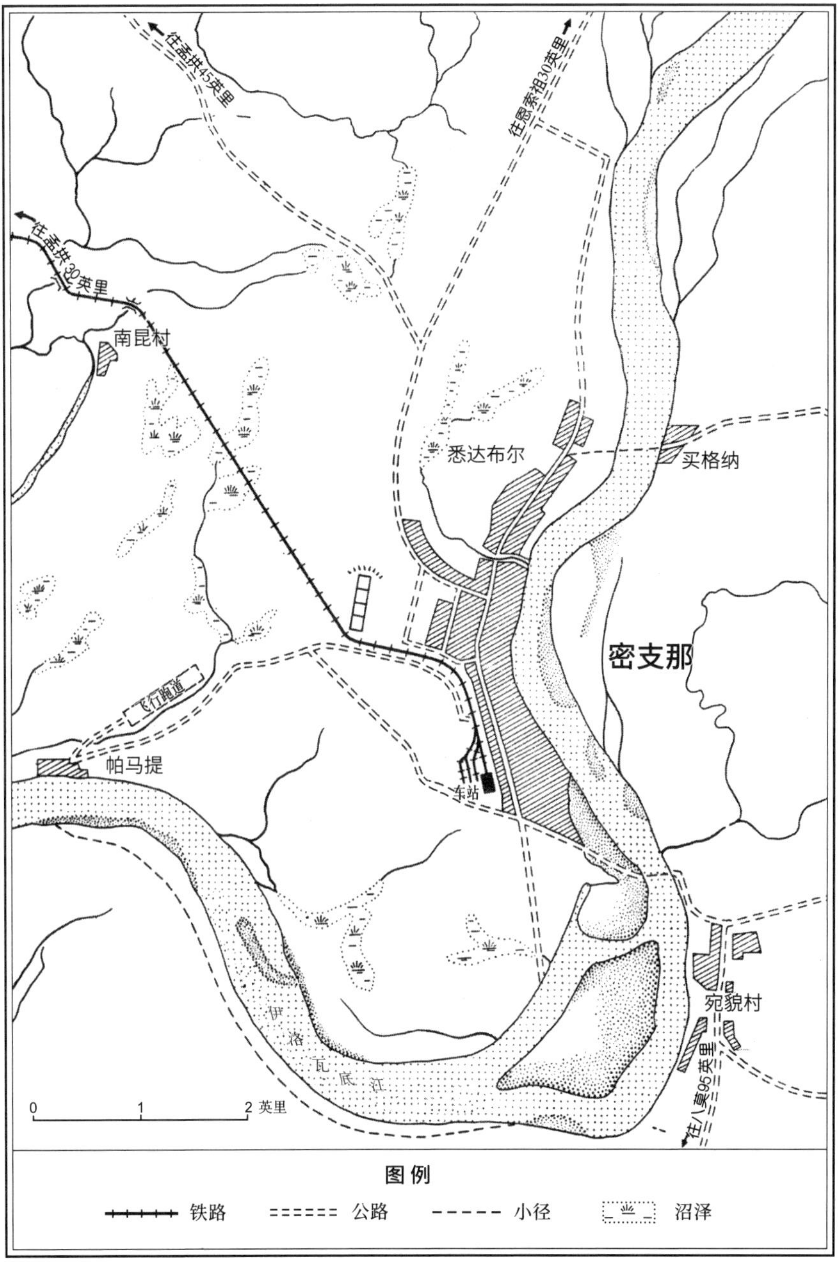
往孟拱45英里
往恩索祖30英里
往孟拱30英里
南昆村
悉达布尔
买格纳
密支那
飞行跑道
帕马提
车站
宛貌村
伊洛瓦底江
往八莫95英里
0 1 2 英里
图例
铁路
公路
小径
沼泽

图5-5 密支那

第52回 水上自裁

当史迪威师部冲进密支那时，他们发现187名日军战俘都病重且极度疲惫，还获悉守备队的指挥官水上源藏少将已经结束自己的生命。这是毫无必要的牺牲。

密支那内部的情况，并不如围攻的盟军所想象的那样牢固。事实上，关于密支那守城目的，两名日军的资深军官存在着基本的分歧。丸山房安大佐是日军第114步兵联队联队长，在密支那攻防战开始前担任防卫密支那的任务。丸山受命要“固守密支那附近的要冲地区”，以对第33军未来的作战行动有所帮助。[①]丸山理解他不应逐街逐屋进行巷战来防卫密支那，如果有必要的话，他应该到伊洛瓦底江的对岸作战，以拖住史迪威部队的进军。如果他持续切断利多和加迈间的道路，丸山就达成了他的任务。当第56师团步兵团团长水上源藏少将抵达密支那接管守备队指挥权时，丸山向水上说明了这一点；但水上显然自有看法，并且没把自己的看法提出来。7月10日，日军第33军司令部传来一份电报：“水上少将应死守密支那。”[②]这不是丸山所理解的范围较大的“密支那地区”，而只是密支那城本身。这命令十分古怪，只提及水上个人，而不是“密支那守备队”或“水上部队”，这不意外。“这命令由辻政信大佐起草”，日军第33军司令部参谋（情报）野口省己少佐回忆，“他写完命令后流下眼泪，然后不发一语，将命令交给我们参谋军官。我们读到这份命令时，受到强烈悲痛情绪的冲击。然后，我记得，安倍光男作战参

① 相良俊辅，《菊与龙》（即第18师团及第56师团），东京，1972，页137。
② 相良俊辅，《菊与龙》，页137。

谋主任，将‘水上少将’改为‘水上部队’。辻政信将命令拿回去，说：‘不用，没关系，这样没错。’还是维持了他原有的措辞。”

当本多政材的第33军在4月编成时，由于驻仰光的缅甸方面军作战参谋长片仓衷大佐的表现已经让自己成为河边及牟田口英帕尔作战计划的眼中钉，于是河边顺手就将片仓升职转调出去，任命他为新编成军的参谋长。稍后辻政信被调派在片仓衷底下担任参谋。辻政信从中国“七七事变”之后，成为日本陆军中的传奇人物，他几乎参与了每个重大战役，诺门罕（Nomonhan）、瓜达尔卡纳尔、新加坡以及目前在缅甸的战役。辻政信以自我本位写的马来亚战役报告，使这场战役每一次成功好像都归因于他的远见及能力。辻政信也被认为在皇族有耳目。他凶残野蛮，据说（十分可靠）他曾吃过美军飞行员的肝脏，并把那肝脏拿在手上给惊骇的同僚轮流观看。[1]辻政信这个冷酷无情的好斗者，不管有没有流泪，他实际上就是要水上源藏去死。

水上源藏的想法没有泄漏，只能从事件及丸山的报告来判断。随着7月的结束，看来守备队覆灭的日子也即将来临。丸山向水上报告，与其踌躇不前、无意义地加速自己被歼灭，不如将所有部队尽快撤退到伊洛瓦底江东边的马扬山（Mayan），并规划在那里从事进一步的抵抗。从水上源藏的沉默不语来看，他并不反对这个提议。自5月底以来，守备队已有上千人伤亡，丸山向他的残部下令，以三个梯队，每夜一梯队的方式，在8月1日、2日、3日晚间，利用夜色掩护渡过伊洛瓦底江。这些说法是日本官方战史所描述的撤退命令，但研究该师团的历史学者相良俊辅（Sagara）则指出，当时守备队指挥官还是水上源藏，这一撤退行动如果是丸山提议的话，看起来很奇怪。[2]

---

① 藤原岩市的私人信息。
② 相良俊辅，《菊与龙》，页138。

水上曾经发电报给本多政材，预计自己可以固守密支那两个月。但第二封发自密支那的无线电报却让本多很困惑：“当敌人发动全面进攻后，因为阵地守备力量变得薄弱以及食物、弹药的短缺，预料长期的抵抗将有困难。”日军第33军的参谋推断，第二封的信息代表丸山的观点。因此7月10日叫水上死守密支那的电报，目的是表示第33军打算对龙陵地区的中国军队立即展开攻势，在八莫和南坎的防卫准备工作已经完成。[①]这次攻势作战的起因，简单地说，就是本多政材已接获南方军总司令部的通知，牟田口的英帕尔作战已于7月3日终止。当英帕尔的日军前线崩溃时，盟军随后会将目光转而聚焦到萨尔温江（此处指怒江）。

辻政信自己将丸山坚持要从密支那撤退、渡过伊洛瓦底江归因于丸山对联队军旗的尊重，而这绝不像表面看来的那么古怪。“我不会认为丸山房安是个懦夫。”辻政信后来写道，“丸山的心态是，他既不能忍受他的联队军旗被敌军虏获，也不能忍受烧掉军旗。就算冒着被称为懦夫的风险，他也要用这面联队旗作为核心去重建联队。他的部下和联队本身的命运，被联队旗联系在一起，联队长来去如流水，而联队旗才是联队的核心。”[②]

丸山真正的动机是什么都不重要，这是辻政信放出的烟幕弹，想转移焦点，让大家不再注意从第33军发出的那份命令。因为实际上，那份命令如果注意遣词用字，就可以尽量延长密支那包围战，也可使水上源藏免于无意义的自杀。当准备好自戕之后，水上源藏发电报给本多政材，说他无法再持续固守密支那，包围战正进入最后的阶段。于是他将负伤者放入木筏，沿伊洛瓦底江顺流而下，要求在八莫有人接应救助这些伤患。水上命令守备队撤退，然后自戕，当然这是水上源藏对第33军

① 辻政信的回忆录，见《菊与龙》。
② 辻政信，《十五比一》，1962，页82。

的命令“应死守密支那”的一种藐视行为。

当接到撤退命令时，守备队官兵本身——至少他们的军官——都吓了一跳，以至于第3大队大队长中西德太郎（Nakanishi）少佐要求丸山联队长向他出示书面命令。当中西德太郎看到命令时，他的第3大队被歼灭只是时间上的问题而已；在这种情况下，他宁愿接到一个最后全面攻击的命令。然后丸山告诉他们，他们的任务不是在密支那进行巷战直到结束，而是横渡伊洛瓦底江到山区持续从事拖延敌人行动的作战。“这是丸山说的，”中西德太郎回忆道，“但是我认为他已经完全失去战斗意志。”①

第56师团师团长松山祐三（Matsuyama）中将得知第33军对其旧部下达这种命令之后，心中充满痛苦。密支那守备队的一位医官丸山（Maruyama）中尉回忆松山发给被包围的守备队的电文：“当我看到你的部下，在没有一粒米、一发子弹补充的情况下去面对死亡，真让我心碎。但是为了帝国陆军的光荣传统和九州男儿的荣誉，我希望你能奋战到最后。”（第56师团在福冈和长崎编成）丸山中尉认为收到这封电文，更促成守备队指挥官的撤退决心。然后另一份电文从南方军传来——或甚至更高层级？——“你被连升二级晋升为大将。”水上源藏知道那是什么意思，这当然几乎就是死后的追赠哀荣。这是讽刺还是黑色幽默，很难说是哪一个。然后第二封电文：“你已成为陆军军神。”②

丸山中尉回忆，对于撤退的命令，各部队产生了疑惑。水上源藏和大约10个人下到江岸边，距离敌人只有500码。大家都知道，渡过伊洛瓦底江只是从一个死地走向另一个死地。但即使如此，在守军的防御工事中被禁锢了60天之后，走到江边这件事本身就是一种解脱。乡村的船只载着他们破开水面，驶向对岸高高的杂草丛，他们停留在有些树林的

---

① 相良俊辅，《菊与龙》，页140。
② 相良俊辅，《菊与龙》，页141。

小山丘上，到第三天的黎明时，水上源藏看起来像是在为成功渡江做祈祷。当天亮的时候，开始下起细雨。丸山中尉离开水上几分钟，穿过丛林走向渡江点。往江的方向，他偶尔能听到手榴弹的爆炸声以及他的战友在这无法避免的结局下催促赶路的声音。水上源藏将军走过去，靠着一棵树坐了下来。

突然出现了一声枪响，声音来自水上刚坐下来的地方。丸山中尉和修行（Shūgyō）大尉一起冲向枪响处。水上的传令兵紧张得泪流满面，水上将军的尸体朝着东北方，向前倾斜，靠着树干，面朝日本的方向。这是日本军人的自杀仪式。水上的公文包放在他的前面，上面有一张便笺，被一颗小石头压住："命令密支那守备队余部，向南方前进。"丸山中尉测量水上的脉搏，哭了出来："将军！将军！"但是这已毫无意义。

堀江（Horie）中尉跑去向丸山大佐报告水上将军的死讯。他回来后说，丸山没为将军死亡哀悼半个字。丸山立即准备好和700名残部逃脱，一支巡逻队已经侦察过脱逃的路径。依照副官的命令，水上的一根手指被截断以绷带包裹带回，日军挖了个坑将其尸体掩埋，并在上面覆以杂草和树叶。

关于密支那的撤退，日军的报告上有些出入。日本官方的历史根据丸山房安大佐的记录，说丸山自己在8月1日下令撤离，在当晚及接下来的连续两个夜晚执行；在接近满月的月光下，守备队残部渡过伊洛瓦底江。第一个渡江的是水上的步兵团总部以及可以步行的伤患，丸山大佐自己与最后的部队在第三夜渡江。日军白天时在江岸边藏匿乡村小船，然后在夜色中，当照明弹、曳光弹持续照亮密支那上空时，按预先排好的顺序上船渡江到对岸，在对岸的丛林中集合。[1]

西岛日出夫（Nishiyama）军曹，是负责渡江的人之一，他的回忆

---

① OCH《伊洛瓦底江会战》，页59。

相当不同。他认为不是丸山大佐的回忆出了错，就是丸山为此做了某些粉饰。西岛说：第一夜，可以步行的伤患确实渡江了，但是一起渡江的还有联队副官平井大尉、功勋记录在案的军官与士官们、大约20名慰安妇以及水上源藏将军和其步兵团总部人员。第二夜，丸山大佐及其联队军旗和联队部军官渡河。最后一夜，则是其余的军官和部队。很明显，根据这份书面资料，丸山大佐不在殿后梯队。如果西岛日出夫的回忆是对的，最后那天，夜空多云，月亮没有露脸，也没有什么照明弹和曳光弹。

水上源藏也就不是像丸山大佐宣称的那样，在伊洛瓦底江东岸树木稀疏的地方自戕，而是在伊洛瓦底江中央一座名为南沙隆（Nonthalon）的小岛上自戕。随着时光的流逝，多种有歧义的认知无法避免，除了官方记载偏向采用丸山大佐说法。书面资料中关于水上自戕的矛盾，依靠推理就能迎刃而解。水上源藏和他的守备队残部渡江到达了伊洛瓦底江东岸，他又重新渡江，登陆南沙隆岛，因为这岛被认为还是在密支那周边地区的范围内。换言之，水上源藏一直服从第33军司令部给他个人的命令："死守密支那。"① 当崛江中尉带着水上的遗物最后回到八莫的总部时，辻政信大佐以其特有的方式招呼他："你被命令要战到最后一兵一卒！你在这里干什么？你竟然不知羞耻地活着！" 第18师团师团长田中新一中将，一个纪律严明及严肃自律的将领，转向辻政信大声斥责："够了。辻，你要是变得有点同情心，那你会做得更好。"② 但是辻政信的同情心，如果真有的话，对水上来说已经太迟了，从一开始，水上就不应该担任密支那的防卫任务。防卫的主力是丸山指挥的第114联队，他继续留任指挥密支那守备队就够了。水上身为第56师团步兵团团长，带

---

① 相良俊辅，《菊与龙》，页144—145。
② 相良俊辅，《菊与龙》，页146。

来1500人，也带来了北九州浓烈的封建武士精神，这精神不允许水上自行去诠释命令。水上成为密支那守备队指挥官，被命令应死守密支那，他的确执行了命令。但水上以家长式的态度对待他的部下，尽他所能来确保大多数幸存的部下能安全撤退。他和“醋酸乔”（Vinegar Joe）史迪威，形成有趣的对比。

第六章 越江夺堡

横渡伊江；夺回曼德勒

The Bastion

摘　要

盟军1944年3至8月直袭缅北、缅西以及缅西南，与日军交战皆获胜利。两军在季风来临时暂时分开，为了下一回合的出击，各自重整阵容。

牟田口中将在1944年8月30日被调回东京参谋本部，接任他的，是原来在阿拉干的第54师团师团长片村四八中将。第54师团师团长则轮到宫崎繁三郎少将升任。至于缅甸方面军新司令官，东京派木村兵太郎（Kimura Hyōtarō）中将担任；另调田中新一（Tanaka Shinichi）中将做他的参谋长。大体而言，缅甸方面军如此全面的高层人事异动，是日本陆军前所未见的。

盟军也在蜕变。罗斯福受到蒋中正进一步的压力后，同意撤换史迪威，以魏德迈替代。1945年1至2月，双方作战计划的重心也在转移。原先，日军发动缅战是为了“切断盟军与中国的联系”，重点在缅西与缅北的攻防。现在，盟军在缅北已胜券在握。1945年开始，双方易位：英、中、美联军主攻，日军防守。主要战事也变成在缅中、缅南的对抗。英帕尔的胜利告诉斯利姆，必须引诱日军到战场并将之歼灭，而非占领城镇。

英军为了既欺敌又渡江，在伊江西岸分别于八个地点建立了滩头堡及桥头堡。由于日军已无空中优势，英军先北攻进入瑞保，继南袭木各具、稍埠，再于2月中下旬占曼德勒山。接着，旁遮普团与边防团率先进入曼德勒要塞，但保留了这历史名城，不予轰炸。而日军也适时不作为，非常戏剧性地由其辅助部队“印度国民军”出面投降。最后由英军第19师，还有第2师、第20师共同参与夺回曼德勒之战。1944年3月20日，最终获得成功；但在曼德勒升起大英国旗的当天，又有许多戏剧性的事情发生。

第53回 新将领、新计划

当战役暂停，两军分开后，为了下一回合的出击，开始各自重整阵容。在“C号作战”过程中，第15军司令官牟田口，曾经将麾下三个师团长解职，如今轮到他自己了。1944年8月30日，他被调往东京参谋本部，接任他的是原来在阿拉干的第54师团师团长片村四八（Katamura Shihachi）中将。第54师团师团长则由在科希马战役中顽强奋战的矮个幸存者宫崎繁三郎（Shigesaburo Miyazaki）少将升任。[①]同一天，缅甸方面军司令官河边正三中将也受到惩罚，被调回东京。幕僚们也遭受同样的命运，有的明升暗降，有的转换他职。原缅甸方面军参谋长中永太郎（Naka）中将调为第18师团师团长，在仰光负责后方联络线的参谋主任仓桥武雄（Karahashi）中佐及作战首席参谋不破博（Fuwa）中佐被解职。牟田口的参谋们也遭到同样对待，参谋长久野村桃代（Kunomura）少将被任命为近卫第2师团师团长。牟田口的作战参谋平井文（Hirai）中佐和后方参谋薄井诚三郎少佐被调往他职。只有情报参谋藤原岩市（Fujuwara）少佐继续留任到12月底，然后被派往军事学校当教官。至于缅甸方面军新的领导，东京派了集精明、战略能力与弹性于一身的木村兵太郎（Kimura Hyōtarō）中将担任司令官；另外调派坚韧又刚强的第18师团前师团长田中新一（Tanaka Shinichi）中将做他的参谋长。木村原来在东京负责管理日本陆军兵器部，也曾一度在东条英机内阁担任陆军省次长；田中原来是在缅甸北部的第18师团师团长。两人共事是很特别的组合。缅甸方面军这次的人事调动，有些部分看来只是把棋子重新摆放到新

---

① 译注：宫崎繁三郎，原第31师团步兵联队联队长。

位置上，但总体而言，如此全面的高层人事异动，是日本陆军前所未见的。

盟军也开始蜕变。蒋中正再也无法容忍——这是相互的——史迪威，罗斯福受到蒋进一步压力后，同意撤换史迪威。“我喜欢史迪威。”斯利姆写道，“在史迪威指挥下，中国军队愿意攻击。到目前为止，只有‘他’，我愿意由他指挥的中国军队和我的部队一起进攻。看他离开，我们很遗憾……”[①]但这是个人的观点，尽管斯利姆很明白地称赞史迪威是个“英勇战士”，但他所谓的“我们”其实人数并没那么多。大英帝国的参谋总长布鲁克爵士（Sir Robert Brooke）就反对这样的看法。布鲁克认为史迪威“缺乏军事知识，而且没有任何战略能力……史迪威严重伤害了盟军合作”。[②]暂且不论他的资质和缺陷，史迪威的离开，至少表示他那荒谬的指挥结构可以取消了。史迪威作为蒋中正顾问的角色，被雄心勃勃又自负的阿尔伯特·魏德迈中将所取代。史迪威在之前6月时，就已预测到。他在日记中写道：“天哪！被赶下台并换上魏德迈，真是耻辱。”[③]同时，丹尼尔·索尔登（Daniel Sultan）中将接任北部战区司令部（Northern Combat Area Command, NCAC）司令[④]，蒙巴顿的最高行政官雷蒙德·惠勒中将出任盟军东南亚战区司令部副总司令。

地面部队的指挥系统也合理化了，由于自占领了加迈后，史迪威拒绝服从蒙巴顿以外任何人的指挥，蒙巴顿实际上是将盟军地面部队最高司令的工作和自己的工作合在了一起，这样的角色却是他无法胜任的。奥利弗·利斯（Sir Oliver Leese）中将好不容易离开北非第8集团军司令一职，接掌北部战区司令部、第15军、兵站部队以及第14集团军。1944年11月12日，利斯中将带着他自己在第8集团军的参谋官到职。斯利

---

① William Slim, *Defeat into Victory*, p. 384.
② Arthur Bryant, *The Turn of the Tide*, p. 506.
③ Diary for 22 June 1944, *The Stilwell Papers*, p. 283.
④ 译注：指美国及中国联合部队。

姆注意到："利斯将军鞋子里满是沙漠的沙子，而且……他企图强迫我们接受第8集团军的一切。"[1]接着第十一集团军群被撤销了，总司令乔治·吉法德上将终于归国了。他的离职真是姗姗来迟。亨利·波纳尔在几个月前就注意到："他很累了……在海外值勤太久，又非常不喜欢蒙巴顿，所以不想继续担任此职。……而蒙巴顿也觉得由乔治·吉法德这么消极的人来领导军队，使他的能力无法发挥。"[2]"斯利姆非常理解吉法德的沉默，斯利姆说他很伤感地看着吉法德离开，但这是一种友善、礼貌的态度，他认为吉法德的时代结束了。"[3]同样的，亨利·波纳尔的任期也该结束了。虽然他身为蒙巴顿的参谋长，可以平衡蒙巴顿的焦躁不安以及爆发性的热情，但他早就觉得在锡兰的奉献已到尽头，而且一直对东南亚战区在对日战争中究竟能有多少贡献持悲观的看法。弗雷德里克·布朗宁（Frederick Browining）中将接替波纳尔的职位，弗雷德里克的空降部队刚在荷兰阿纳姆（Arnhem）吃了败仗，亨利·波纳尔评论说："弗雷德里克非常紧张而且十分有挫折感。"[4]

利斯将军的到来，带来新的指挥结构，这表示第14集团军的斯利姆不需要为第15军及菲利普·克里斯蒂森中将在若开的军事行动负责，他可以全心全意计划缅甸中部的攻击行动。从他在指挥系统上所做的最后一个变更，可知他对战事的想法。[5]他有两位军长，第4军杰弗里·斯库恩斯中将曾在上一场战役中比第33军蒙塔古·斯托普福德中将承担了更久的压力。斯库恩斯在击败牟田口的军队之后，带领他的第4军到印度兰契（Ranchi）休息，10月初，才将指挥部迁回英帕尔，准备下一场战役。他在英帕尔整场战役中沉着、有远见，斯利姆却形容他慢半拍；

---

① William Slim, op.cit., p. 385.
② Brian Bond ed., *Chief of Staff: The Diaries of Liertenant-General Pownall*, pp.166-167.
③ William Slim, op.cit., p. 385.
④ Brian Bond ed., op.cit., p. 193.
⑤ Ronald Lewin, *Slim*, p. 206.

而斯利姆新的构想是：第4军最需要的是有冒险冲劲、积极主动的指挥官。幸好，12月时斯库恩斯有新任务，去担任在印度的中央师部的参谋长职位，这样一来斯利姆就可以用印度第7步兵师师长梅瑟维取代他。此人将胜算置之度外，正是执行斯利姆以装甲兵突击，将日军切成两段计划的最佳人选。①

就这样，1944年日军的败北，联军的胜利，导致了双方阵营如此大幅度的人事调整。最后锦上添花的就是韦维尔将军于12月来到英帕尔，代表英王授爵位予斯利姆，以及他的三位军长：斯库恩斯、克里斯蒂森和斯托普福德。此时一切就绪，只差主赛者宣布“战斗开始”。

双方废弃的不只是领导阶层，还有作战计划。盟军东南亚战区司令部考虑了三种可能的作战方案：

（1）英第14集团军横渡钦敦江做有限的进攻，同时北部战区司令部合并英印师，再加上从云南来的中国军队，一齐保护北缅，一直到杰沙—孟密—腊戌这条线。换言之，其他的不管，维持通往中国陆路的畅通最重要。

（2）北部战区司令部和云南的中国军队，再向南深入攻击，直到眉谬。并在该地再会同英第14集团军，拿下曼德勒。

（3）海空联合作战，直取仰光。

这三种计划都比1944年6月伦敦参谋本部制定的指令更有野心，参谋本部的计划只提到要发展由空中连接到中国，以支持太平洋的战事；盟军要承担的最大压力，就是要在雨季推展一条通到中国的陆路。照斯利姆看来，参谋们视美国的观点为圣旨，把对中国的援助放在第一位；但斯利姆的观点是，直取仰光，将日本人逐出缅甸，才是达成目标的最佳方案。自然而然，他宁愿选择盟军东南亚战区司令部的第二个方案，因为这会把第

---

① William Slim, op.cit., p. 388.

14集团军放在首要的地位。他不看好第三项计划，认为战区绝不可能得到足够的装备以海陆两栖的方式进攻仰光。最终，蒙巴顿的选择是结合第二项及第三项计划。这个作战代号叫“斩首行动”（CAPITAL），其构想是英国第14集团军可以占据钦敦江及伊洛瓦底江之间的缅中地区，并且拿下曼德勒；缅北指挥部中美联军及中国的军队，则前进到伊洛瓦底江东岸的德贝金（Thabeikkyin）—抹谷（Mogok）—腊戍这条线；进攻阿拉干夺取机场，从这些机场可进攻仰光；最后的军事行动“吸血鬼”（DRACULA）[①]则预计在1945年3月前，海陆联合，攻取仰光。

斯利姆怀疑盟军东南亚战区司令部是否能确保有足够的人力及装备，可同时进攻曼德勒和仰光；而他自己还有占领缅中到木各具以及曼德勒一线的任务，日后很可能会因为英军步兵营的人员日益减少而受阻。为了弥补缺额，他解散已不再需要的防空高射炮部队，增编步兵。吉法德曾建议斯利姆用空军攻击并保护由葛礼瓦到吉灵庙以及瑞保的区域，但斯利姆认为空军最好应该用来补给他的军队，而非载运军队，最终吉法德同意了他的看法。

第4军的梅瑟维中将麾下有一个当时还没有作战经验的印度第19师，由有在北非作战经验的里斯（T. W. “Pete” Rees）[②]少将指挥；还有印度第7师，由杰弗里·埃文斯准将指挥；再加上第255坦克旅。英军第33军有第2步兵师［1944年7月5日格罗弗少将离开后，由尼科尔森（Sir Cameron Nicholson）少将接任师长］；另外还有印度第20师、第268旅以及第254坦克旅。第33军渡钦敦江时，由印度卢赛特别旅（Lushai Brigade）及东非第28旅掩护其右翼。东非第11师曾经穿越葛礼瓦峡谷，

---

① 译注：DRACULA（德古拉）是吸血鬼。

② 里斯（Rees）将军曾经很不公平地被他的第13军司令戈特（William Gott）将军解除了他印度第10师师长之职务，因为他反对戈特将军在北非加查拉战役（Gazala Battle）中对托布鲁克的部署。很凑巧的是，两天后，同一战役中英国第8军的司令里奇（Neil Ritchie）将军也将第7装甲师的梅瑟维解职。（John Connell, *Auchinleck*, pp. 610-611）

扫荡日本第15军的残部；当斯托普福德军长率部由葛礼瓦横渡钦敦江后，第11师就要飞到印度休息。第5师、第17师、第23师也暂时离开战场，此时部队的健康状况非常不理想。

虽然日军受创惨重，仓皇撤退到钦敦江畔，英国第33军仍然对战局感到忧心。雷蒙德·卡拉汉（Raymond Callahan）在其著作中写道："从7月到11月，每周平均兵力达88500人，大约一半的人持续前往英帕尔追逐日军。但是总伤亡达50300人，其中只有**49人**死于战场（注意我的粗体字）。在47000名左右患病的人中，超过一半必须运回印度治疗。即使携带奎宁，仍有超过20000名军人感染疟疾。"[①]

日军的看法也改变了。太平洋的战况对他们越来越不利，美国海军的进攻已经开始逼近日本本土，而且在菲律宾莱特岛（Leyte）的战役中，美国海军摧毁了日本舰队。在东南亚地区，原先日军盘算的美梦是进犯印度，联合由印度激进派苏巴斯·钱德拉·鲍斯率领的"印度国民军"发动攻势，进入孟加拉。但是，现在日军的状态只能打防御战，将泰国、马来半岛当作自给自足军事区的外围，阻止盟军进入新加坡及南海，纵使遭同盟国潜艇毫不留情地切断其与本土之间的航道，他们仍能自给自足。缅甸的角色是继续阻止中国军队的增援，因此，切断利多公路，比拦截飞越驼峰的航运更重要，因为日军战机已经不足了。更由于密支那机场的陷落，以往战斗机偶然会击落盟军的运输机，日军称为"随手见杀"（tsuji-giri，意为持刀在街上袭击砍杀路人的行为），或"扭断婴儿手臂"那般轻松的游戏，已不会再发生。

1944年7月2日，日本南方军总部[②]签发101号作战命令，指示河边中将继续抵抗在钦敦江西岸的英军，以及在缅北和萨尔温江（此处指怒

---

① R. Callahan, *Burma 1942-1945*, p. 141.
② 译注：日本南方军总部于1941年为太平洋战争设立。

江）西岸的史迪威部队，以切断印度与中国的联系。但几个星期内，这个命令就过时不适用了，南方军总司令官寺内寿一大将必须另谋他计。他一直在等缅甸方面军司令部重组稳定下来。9月26日，仰光有了新的司令官木村兵太郎（Kimura Heitaro）中将。木村的任务已缩小许多，他要确保缅南的稳定及安全，以作为东南亚防御带的北翼。切断盟军中印间联系的任务，依然继续，并且要“竭尽所能”。木村的计划是“自活自战”，这句话早被海外日军所引用，也就是靠自己生存，自己独立战斗。不要期待日本本国的任何援助，军队必须学习就地存活。如今来自海上对仰光的补给已稀稀落落，盟军的轰炸已使泰缅铁路的功能日益萎缩。木村司令以前的职务是东京兵器部门本部长，习惯在困难的状况下让工厂运作，他显然被期待也能同样地运作仰光附近的工厂来供给所需。但是缅甸不是一个工业化的国家，所以这个期望落空了。

有趣的是，双方作战计划的重心转移了，从“切断与中国的联系”与阻止这一企图，变成在缅中、缅南的对抗。英帕尔的胜利告诉斯利姆，必须引诱日军到战场并将之歼灭，而非占领城镇。木村知道他已失去了缅北，并且他也收到了他所能获得的最后一批增援——第49师团。木村此时仍然有三个军：第15军、第28军、第33军，总共有十个师团（第2师团、第5师团、第18师团、第31师团、第33师团、第49师团、第53师团、第54师团、第55师团、第56师团）。此外，他有一个（缩编的）战车联队、两个独立混成旅团（其中一个被钦迪特突击队打得很惨）、一个兵站及行政管理部队（共约10万人），还有印度激进派领导人鲍斯率领的“印度国民军”。另外再加上七个营的缅甸国民军，由昂山领导。年轻的昂山是反英分子，后来被日本晋升为少将。但日本情报人员警觉到，英军的胜利以及平时日军对缅甸人的蛮横行为，影响了这些反抗军的忠诚度，虽然一年前，他们还曾兴高采烈地从日本人手中获得独立。

木村终于得到一些增援。在新加坡召开的南方军后勤补给参谋官会议中，决定要运送6万可用的部队到缅甸，同时可运送给3个师团用的武器、弹药，45000吨的补给物资，500辆军卡与2000头载运牲畜。但最困难的是，如何才能顺利将军队与物资送达前线？在盟军空军持续的轰炸下，泰缅铁路状况最佳时，一个月的最大运输量只有15000吨，因此必须使用海运。日军在仰光三十八号港口停泊了60艘机帆船，但必须在英国潜水艇及飞机的火力攻击网下冒险冲过。1944年的6月到10月，日军运送了约3万新兵到缅甸，以补充耗尽的部队。但这只是暂时的紧急措施，因为到了11月，菲律宾战事以及法属印度支那战事吃紧，南方军总司令官寺内寿一决定从缅甸抽调部分军队。而留在缅甸的军队因为受到恶劣气候及战争恐怖状况的影响，士气低落。新兵没有足够的训练便被送上战场，行动中落伍的士兵拖累军队的行进，逃兵开始溜进缅甸村庄。最终，每个师团只增补了2000名人员，第15军的各师团更只分到10到12支步枪，第14战车联队收到了新的轻型和中型坦克，使联队的坦克总数达到20辆。木村的幕僚给出了一个大致的数字：每个师团应该有1万人，但通常被减到一半。

10月中，缅甸方面军确定了战略目标。这是为了确保连接腊戌到曼德勒区域，再到曼德勒南方伊洛瓦底江流域的仁安羌及仰光的一条线。预期正面决战是在从曼德勒往伊洛瓦底江下游的两岸，或是伊洛瓦底江三角洲的三角地带。这场战役的军力部署如下：

（1）第33军（包含第18师团、第56师团）要固守腊戌到曼德勒东北的孟隆山区（Monglong Hills），并将敌军牵制在此，尽全力切断中国与印度的陆路联系。作战代号就是“断”（Operation DAN），切断的意思。

（2）第15军（包含第15师团、第31师团及第33师团）防御马德亚（Madaya）北部高地、实皆的桥头堡以及木各具地区，要将敌人的攻势限制在伊洛瓦底江畔。作战计划名称是“盘”（Operation BAN）。

（3）第28军（第54师团、第55师团，以及在仁安羌成立的独立混成旅）要找出敌人作战的路线，很远就将敌军制止住。如果状况恶化，至少要守住包含仁安羌、南部边境丘陵、勃生（Bassein）和仰光的区域。这个作战行动名为“完”（Operation KAN）。

日本第28及第33军，要合作协助第15军完成“盘”的作战计划。所以，即使日本第15军比其他两个军状况更差，何者为重还是非常清楚的。界线划分好了。由抹谷到尚赛（Sumsai）直到格劳，这条线将第15军及第33军分开，蒲甘（Pagan）到皎勃东（Kyaukpadaung）一线则分开第15军和第28军。后面这一条战线，将以一种木村无法预料的方式影响即将到来的战斗。

木村调来原先在阿拉干执行海防警戒任务的第2师团，和第49师团一起部署在彬马那与勃固之间的后方，沿着从曼德勒以南直到仰光的主要公路和铁路动脉，作为战略的预备队。木村将第53师团置于第15军的指挥下，条件是若遇到危急，第53师团直接由木村指挥。

木村的参谋做了沙盘推演，发现几个问题：

（1）在进入旱季攻势时，第15军能否守住目前的战线，对抗盟军优势？

这条线是从因多经西普到葛礼瓦的防线，第15军如果快速撤退估计会造成内部的瓦解，比和英军对抗两个月的风险更大。

（2）第15军已经失去大部分的机动性和战斗力。如果日军撤退到三百多英里之外，能否在干季时，取得在伊洛瓦底江畔反攻的好位置？

第15军认为，如果率先将第31师团拉到瑞保平原，可以保住瑞保平原，第15师团及第53师团则可以沿伊洛瓦底江两岸撤退。第33师团可以在葛礼瓦渡过钦敦江，冲向蒙育瓦。这样避免在瑞保平原和敌军交锋，应该可以将师部带到伊洛瓦底江东岸。

（3）第三个问题最关键：就是如何防守伊洛瓦底江，究竟要离江岸远一点，还是近一点，或是在近岸后方进行防御？经过了很长时间的讨论，最后决定直接在江边，沿着南部海岸平原分配兵力（即将部队部署于江的东岸）。这让第15军的正面防御线长达两百五十英里。在此防线之后的三角洲有米，仁安羌有石油，这是木村维持军队必需的资源。

伊洛瓦底江有千码宽，河道中有许多沙洲，在曼德勒对岸的实皆，江面成直角流向西边。日军决定在这个转弯处的实皆丘陵上，建立一个坚固的桥头堡。

日方知道自己第15军的火力和机动性已经大为减弱，没有机会在敌人渡江时驱逐之。因此再往北，第15军和第33军阵地交会之前缘的梦龙山更为重要，必须守住；而且如果敌军要突破防线向南进军，日军必须立刻加强增援。

我研究日本人的思想已经有段时间，因为它深深左右了这场战争的关键点。从两军的部署就可了解，盟军有信心及能力在空军的保护下行军作战，但日军不行，因为与有1200架飞机的英国皇家空军（RAF）和美国陆军航空队（USAAF）的实力对比，日军防护缅甸的只有64架飞机。盟军和日军都为自己的陆路补给感到困扰。斯利姆和木村都怕增援会越来越少，虽然斯利姆希望对德战争一结束，补给便可以增加。同时，斯利姆也预见到他的军队会逐渐减少，他的许多部属不是由于早就该休假而离开，就是归国。

对他们两军而言，伊洛瓦底江自然是最核心的因素。在心理上如此，正如日本第28军参谋长岩畔豪雄（Hideo Iwakuro）少将指出："它会影响缅甸的民心向背。"但是从日军的讨论可以很清楚地知道，木村从未考虑在瑞保平原和英军第14集团军决战，而斯利姆却认为木村有这样的想法。这是斯利姆最大的错误，还好斯利姆在年底前知道他预测错了，立刻做出调整。这调整对缅甸作战产生了巨大的冲击，在密铁拉的战斗中，木村部队被剪断成两半，最终导致日本失去整个缅甸。

极机密情报部队“极限小组”（ULTRA）给斯利姆提供了大量解码后的关于北非、意大利和西北欧指挥官们的情报，而斯利姆仍对木村的计划产生疑惑，这是颇令人惊讶的。[1]英国空军上校温特博特姆（Frederick William Winterbotham）在他写的第一本书《极限的机密》（*The Ultra Secret*）中，透露了“极限小组”情报的内容。他写道：“斯利姆从伦敦、华盛顿及澳大利亚得到了全部他想要的情报。”[2]上校他很肯定地表示，斯利姆曾告诉他，这些情报在整场战役中是无价的，在英帕尔战役中更是关键。因为从这些情报可看出，第一，日本的补给已经快要断绝了；第二，日本的航空部队日益减少，实际上已经没作用，因此英军第5师得以非常安全及不间断地空运物资到英帕尔。

现在，从缴获的文件以及情报员的报告中可知日军的补给状态，以及空降师在战斗中的作战次序。仅靠“极限”本身的情报是不够的，如果能够早点得到充足的信息，如诺曼底登陆时那样规模的大量情报，则印度第7步兵师在新兹维牙被包围，以及印度第17师在迪登勉强死里逃生，是可以避免的。事实上，斯利姆对他所能使用的情报不敢恭维。诚然，于1956年出版的《反败为胜》（*Defeat into Victory*）中他承认了这一点，虽然那时“极限”还是不能被公开的，数年后才解禁，但这不影响他评论的原意：

> 我自始至终都有意识……我们的情报……跟其他战场的情报相比，非常不完整也不准确。我们缺乏收集情报的有效方法，或者在战争初起时，没成立可用的情报组织，这些从来都没有得到弥补。我们知道日本的一些企图，但是不晓得他们预备队的部署，而且一

---

① 译注：“极限小组”（ULTRA）是“二战”时英国的情报单位，搜集敌军电话、电报信息，加以解密。

② *The Ultra Secret*, 1975, p. 228.

个将领在做决策时必须要考虑的重要因素之一——对方指挥官的性格特质——几乎一无所知。[1]

接着他写到，在英帕尔战役时，“我没有关于敌军意图的信息来源，无法像在其他战场上一些比较幸运的指挥官，能使用这类情报”[2]。尽管有些隐晦，但很明显他是指“极限”。

他的说法并非马后炮，1944年9月，就在斯利姆想要评估日本缅甸方面军的企图时，他写信给在锡兰的蒙巴顿的参谋长普莱费尔将军，说他对缺乏来自缅甸的情报感到担忧，他需要运送20个代号Z的侦察队去缅甸以取得新的情报；而当他知道只有两个这样的侦察队到达时，他说“虽然这总比什么都没有好，但这是不够的，因为我将于秋天展开攻击，而有关我们的对手的情报却少得可怜”。[3]Z侦察队是由缅甸人或其他会缅语的人所组成的小组织，通常不超过两个人，他们的装备是无线电和简单的密码，武器是左轮手枪和卡宾枪，由降落伞投下，或由直升机运载，送入日本占据的地区。换言之，他们与代号V部队的侦察队没有什么不同，只是后者是英国军官领导的。以斯利姆的个性，他应该重视现场拿到的直接信息，但这些情报经常不如缴获的文件有用或详细。

第4军的军长斯库恩斯也同样蔑视他所得到的情报：

我很确定（他写于1944年6月），日军将会由印度孟加拉的比

---

① Ronald Lewin, op.cit., p.139引用William Slim, op.cit. p. 221：“在东南亚更有SLU（特别联络部队）替蒙巴顿、斯利姆、史迪威和美国在印度与中国的轰炸机司令部提供服务。以英国布莱奇利花园（Bletchley Park）作为英国情报中心，联络盟军东南亚战区司令部、华盛顿和布里斯班，形成一个全球的情报圈。”

② William Slim, op.cit., p. 289.

③ PRO. WO 203. 当然还有只配备无线电发报器的常驻情报员。在科希马有位医师情报员，围城战时被迫担任阿萨姆联队的军医，这使他的情报效率降至零。但在战区执行任务并不是常驻情报员的职能，而他比较不幸。

> 什努布尔及缅甸边境的德穆两个方向发动对英帕尔的最后攻击。因此毫无疑问地，增援送到了印度第23师罗伯茨·乌弗里（Roberts Ouvry）少将的前线，但发现有些补给标示是属于日本第53师团的。[①]前线完全没有得到预警，突如其来的敌军师团以及补给，表示我们高阶层情报部队的失职。
>
> 日前我寄了一封信表达我的看法，我认为我们浪费了很多金钱和人力在这些很糟的隐秘组织上，对我来说，他们并未生产任何有用的东西。[②]

至于其他的军队，无论是在战争前还是在战争中，从对战俘的审讯中可得到更为详尽的战略情报，但是缅甸战争中的日本战俘数量很少，一直到1945年雨季来临及日军士气瓦解以前，没有捕获任何军阶高于中队长的军官，所以从俘虏身上得到的情报有限。但另外一方面，从俘虏能很好地判断日军士气，以及识别部队单位。文件是另外一回事：截获的日军战斗命令以及地图提供了在阿拉干战役中很有用的情报（回想日军棚桥大佐冲入新兹维牙，进入印度第7师的总部时，发现印度第7师拥有日军名为“德太”[③]的作战命令纸本）。在科希马战役以及英帕尔战役中也发生了同样的事，斯托里（Richard Storry）少校[④]的联合军种详细审讯中心（Combined Services Detailed Interrogation Centre，CSDIC）的机动部，在围攻期间不断地给英军总部提供最新情报；再到后来密铁拉的突围战中，日军的军力和计划非常清楚地显示在缴获的日军文件中。

对这些资源的利用本应更直接，更广泛，但当时根本没有足够的翻译人员。当第17师师长考恩少将进入密铁拉时，参与这整场重要战斗

---

① 译注：表示两军已非常接近。

② 斯库恩斯的信，1944年6月24日，PRO. WO 203/56。

③ 译注：樱井德太郎是日本第55步兵团团长。

④ 译注：斯托里少校是日本专家，“二战”情报官。

的11000人之中，竟然只有两个人会说并阅读日文。但斯坦利·查尔斯（Stanley Charles）上尉和乔治·凯（George Kay）中尉解决了考恩将军的长期焦虑：日军究竟会用什么方式来对抗他？经过对俘虏不断地审问以及在战场上不断地搜索尸体以确认身份，检查俘虏的薪资单、照片、识别牌、日记、地图等，终于在密铁拉的一份文件中，破解了第15军的战斗部署。但是，会翻译日语的人员非常稀少。有一些日本语的老手，在珍珠港事件后留在印度。其余大部分为英国伦敦东方研究学校研究古典或现代日文的大学生，训练后被派往缅甸的师或军总部。翻译人员的稀有，意味着许多文件必须空运去印度，费时之长可想而知。斯利姆以及斯库恩斯所需要的，是现场立即解码，因此每个师只有一个翻译及一个审问员实在太少太少。①

第54回 横渡伊江

1944年12月3日，英第20师的一个旅，在葛礼瓦北方30英里钦敦江畔的茂叻开始渡江。东非第11师从葛礼瓦猛烈攻击一个日军的桥头堡，以利第20师余部渡江，目的地是蒙育瓦。纵使攻击十分惨烈，但令人十分惊讶的是，日军只有轻微的抵抗。因为在此的钦敦江东岸是崇山峻岭以及茂密的森林，可能会阻碍斯托普福德中将前进，这和之前使宫崎繁三郎无法提早抵达科希马往英帕尔的公路情形一样。12月19日，英军第2师通过桥头堡去援助东非师，并突击曼德勒西北方40英里的瑞保。当他们从钦敦江东岸展开扇形攻击时，斯利姆发现与对方相比，就兵员及

---

① 来自S. T. Charles的私人信函，以及Geoffrey Evans and Brett-James, *Imphal*, pp. 76-83, p. 89.

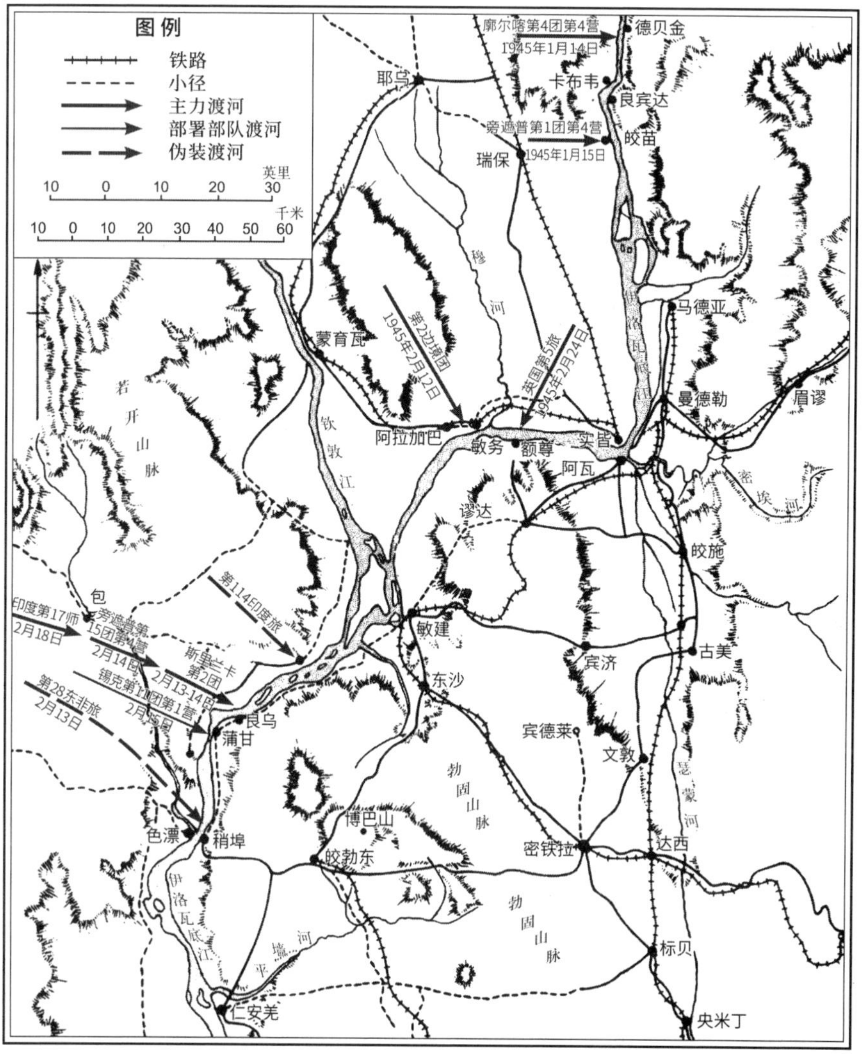

图6-1 1945年1至2月横渡伊洛瓦底江

兵站数量而言，英军较不利。木村可以部署五个师团在他们进攻的轴线上，这还不包括零散的旅和随军的行政人员。而联军处在越来越脆弱的补给线末端，他所面对的敌军，却拥有一条可由阿隆（Alon）通往敏建（Myingyan）的铁路。

他们也走出了丛林：在12月的阳光照射下，天气炎热，尘土飞扬；缅甸中部由低矮的丘陵与平原构成，这样的地形，最适合坦克作战。斯利姆确信，当他集中兵力于瑞保平原时——一个由伊洛瓦底江流向南又突然直角转向西，而与钦敦江在敏建北方汇流，所形成的三角形地带——他可一举击溃木村。

正如所见，木村并无意愿在瑞保平原再战，他是一位很好的战略家，但他无法从日本得到支援，又处于东南亚补给线的末端，这意味着他的军队不是为了战略而作战，而是为生存而战。很快地，他们只能这样做了。在英军第20师横渡钦敦江前五天，还未浴血的印度第19师从锡当桥头堡出来，向平梨铺以及平博前进。因为没有足够的船可以渡河，所以英第4军缺乏炮兵及机动交通工具，但里斯少将记得斯利姆对第4军的指示，为了速度要冒险，要在八天内就横越西普丘陵（Zidyu Hills）。四天后，12月16日那天，他在因多火车站与经过铁路走廊南下的印度第36师会合——北部战区司令部的部队与第14集团军的前锋如今会合了。[①]

里斯进展快速，使斯利姆重新思考，如果日军想将第14集团军阻挡在伊洛瓦底江西岸，他们是否应该更尽力？印度第19师经过的村庄中的缅民都告诉他们同样的事：大部分的日军都离开了。若日军在他的攻击下只是溜走，就再也没有斯利姆所寻求的正面战斗了，所以必须用其他方式来围捕木村，若不能在伊洛瓦底江前围堵他，就只能在过江之后了。因此斯利姆另谋一计，派一支强大的部队追逐木村，在木村意想

① Ronald Lewin, *Slim*, p. 212.

不到的地点夺取他的兵站。有个很明显的地方：就是密铁拉（Meiktila）和达西（Thazi）地区，这里是日本第15军和第33军的补给站，有机场、医院，铁路及公路可直达仰光。如果木村会被欺骗而认为英国第14集团军的目标当然是曼德勒，那么斯利姆就可以调派大军去突袭密铁拉，迫使木村为了夺回它而战斗。

当史官罗伯茨旅长（Brigadier M. R. Rorberts）事后问斯利姆，他从哪儿得到这想法去进攻密铁拉而非瑞保时，斯利姆回答，这想法是经过第14集团军参谋们讨论而自然产生的。①他不知道是谁最早提出密铁拉这地名。这是典型的婉转式否认。这样的回答可能掩盖了一个很明显的来源：要夺取密铁拉，便必须越过伊洛瓦底江。从地图上看，最好的地点就是在伊洛瓦底江西岸的木各具。早在1944年3月，温盖特已向蒙巴顿及斯利姆建议，使用钦迪特预备队的可能性，是将他们由木各具投入密铁拉。②实际上，蒙巴顿就是受到这个想法的鼓舞，在华盛顿示意魏德迈将军执行代号为“公理”（AXIOM）的任务，只要有充足的空军补给和支援，就可以攻下整个缅甸。当时魏德迈自然是目瞪口呆，因为“公理”的任务弱化了横越缅甸陆地的进攻计划，但是美国陆军航空队参谋长阿诺德（Arnold）将军则认为这是非常好的点子，因此授权并派遣400架运输机到缅甸。美国历史学者指出，这个突如其来的空中大礼从根本上改变了后续的缅甸战争。或许这是斯利姆欠温盖特的一个人情，两方都得分。③

---

① Geoffrey Evans, *Slim*, p. 187.

② “如果一切顺利，以及第14旅成功入侵木各具，第23旅最有利的活动范围是在密铁拉区域。它可利用各种条件，如果能做到，那么在雨季刚开始时，我们可在木各具到腊戍的前线与日军对决，整个钦敦江流域都会在我们手中。” Wingate, “Forecast of Possible Development of THURSDAY by Commander Special Force”, 1944年3月13日。（PRO. WO 203/187, LRP Correspondence）

③ Major-General Derek Tulloch, *Wingate in Peace and War*, pp. 211-213; Romanus and Sunderland, *Stilwell's Command Problems*. p. 99.

但是如何到木各具是个问题。斯利姆已经知道这个答案，就是进入缅甸横渡钦敦江，最近的路径，是由葛礼瓦到耶乌（Yeu）和瑞保，从曼德勒西北方上岸。还有另一条比较长的路，更困难，而且较不明显：就是由密特哈河谷往下走，经过钦丘陵（Chin Hills）、甘高、提林（Tilin）以及包（Pauk），然后在木各具西方约30英里的地方出来，1942年曾有两个缅甸旅走这条路撤退。斯利姆占领瑞保平原的“斩首行动”可以持续进行。扩大“斩首行动”则要用第14集团军的主力，秘密通过密特哈河谷；因此木村不会察觉英军兵力的转移，第14集团军可以在木各具过江，使用装甲部队夺取密铁拉。①先锋部队是考恩的印度第17师，这个师原先在印度休息，如今调回，其中一个旅是空降部队。

关键在于如何让装甲部队通过密特哈河谷。斯利姆麾下的工兵团的工程师已经完成了许多奇迹，这样的奇迹真的每一天都在发生。世界上最长的“倍力桥”（Bailey Bridge）在葛礼瓦横跨钦敦江。②一个由船及竹筏组成的船队，已经准备好载运人员以及装备沿钦敦江直到敏建附近的伊洛瓦底江，这是对缅甸传统内河运输优势的回归。按照计划，到1945年5月1日，这条路线的每日运输量可达800吨。③英国第14集团军工兵团总工程师哈斯特德（“Bill” Hasted）少将认为，可以在42天之内建成到密特哈（Myittha）的一条公路。麻布是建造此路的材料，它广泛运用在机场的跑道上。建造方法是用麻绳卷成每段长50码、宽1码的长条，铺上沥青，看起来就像一条长长的油布地毯。长条互相重叠处有8英寸，用压路机把它压平、压紧，先从两边铺，再铺向中间，建成两边低中间高的公路。每一码路要消耗一加仑的汽油和一加仑的柴油，很费钱但很

① Ronald Lewin, op.cit., p. 215.

② 译注：由英国工程师唐纳德·贝雷（Donald Bailey）设计，大量用在“二战”期间，此桥长1154英尺。

③ Geoffrey Evans, op.cit., p. 190.

有效，100英里由麻布铺成的路，可供1000辆坦克使用。[1]

威廉姆斯（James Howard Williams）中校曾经利用大象铺放树干[2]帮助东非第11师通过淹水的卡巴河谷。1944年12月，已经建造了四条可达钦敦江而且适合摩托化运输的公路，而威廉姆斯的大象也参与建造了全部的桥梁。[3]如今为了密特哈计划征召大象入伍，不是为了建桥筑路，而是作为第4军欺敌计划的一部分。[4]威廉姆斯中校被命令往耶乌河（Yeu River）上游走40英里，联络六个大象营，让象群向导带这些象渡钦敦江，制造大军过江假象。威廉姆斯中校轻描淡写地提到他有个军官叫作芬奇（Finch），非常了解第4军要经过的山谷。梅瑟维少将意识到，一个了解当地地形、知道如何指挥大象的人，对他而言远比一个单纯的欺敌诡计有用得多。因此，这个芬奇与他的大象部队，也一起随军队通过密特哈河谷。欺敌的行动也以其他方式持续进行下去，要让木村的情报组织认为第4军仍要向曼德勒前进，英方又从德穆的一个假的军司令部，发出一个讯号给第19师，第19师此时已隶属于第33军。

斯利姆也需要飞机。从12月16日开始，他的军队每天需要750吨的物资；到次年3月，也就是密铁拉战役完全展开时，每天所需补给量增加到1200吨。有一天早上，斯利姆在英帕尔总部听到大批的飞机从头上掠过，并且得知这批三个中队的达科塔C-47运输机是分配给他的，却又突然接到命令飞去中国，他大吃一惊。他每日需要7000架次起降，而且他要能够亲自支配每架飞机，但那天没事先通知就失去了75架飞机，这对他而言是很严重的打击。[5]中国的战况非常吃紧，为了阻止美军飞机使用在中国的前进机场，日本远征军发动了“一号作战”（ICHI-GO），

---

① Ronald Lewin, op.cit., p. 217.

② 译注：斯利姆在*Elephant Bill*中称他（Williams）为Elephant Bill。

③ J. H. Williams, *Elephant Bill*, p. 279.

④ William Slim, *Defeat into Victory*, p. 398.

⑤ Ronald Lewin, op.cit., p. 217.

目标是夺取它们，因为陈纳德将军的飞机最终会从这些机场上飞去轰炸日本列岛。在1944年的这一场战役中，日军获得部分成功；魏德迈如今是蒋中正新的顾问，决定使用租借给斯利姆的达科塔机队，从缅甸空运中国师，去增援中国中部战场。斯利姆写道："飞机引擎声，对第14集团军的任何人而言，是首次宣告了行政管理的危机正在向我们袭来。"[①]

这意味着必须重新计算到密铁拉的每一次装货量，虽然减少至阿拉干第15军的空运有助于挽回失去的吨数，可是因这一延迟，要在1945年雨季前完成军队运输任务，时间是不够的。

魏德迈抽回航空部队是在12月10日。九天后，斯利姆得知他在北边的先头部队进展得非常好，十分振奋。那一天，里斯将军的第19师已经在文多。到了12月23日，他们从钦敦江走了有200英里的距离，边行军边修路，当军用卡车无法爬陡坡时，就将卡车吊上山坡。里斯的右翼，第268旅已经由公路抵达油田因多（Oil Indaw），[②]行军往穆河，这条河流到瑞保。第33军在12月26日接收了这两支部队，当时最南的第2师和第20师已分别前进到耶乌城和蒙育瓦。斯利姆原先预测日军在宾盖（Pyingaing）会对英军第2师的攻击有所抵抗，但完全没有，直到往东几英里才遇到对抗。西普山脉由宾盖逐渐平缓。第2师得到随后绕过来的第20师的廓尔喀团的帮助，突破了一个路上封锁，进而追击一支日军的爆破部队，这个部队原本是要去炸穆河上的卡包（Kabo）水坝，这个水坝用于灌溉附近的平原。1945年1月2日，第2师抵达耶乌，隔天渡过在瑞保和耶乌之间的穆河，并在对岸建立了一个桥头堡。工兵也在河口建桥，让师部的主力通过。不到一个星期，他们便由瑞保西北部快速地进入此城。

---

① William Slim, op.cit., p. 396.

② 如此称呼是为了区别"铁道因多"，原先钦迪特突击队的目标是"铁道走廊"的因多。

但是第2师并非最先抵达瑞保的军队，第19师在7日已由东边攻入瑞保。在瑞保防御的，是第2师的老对手，由科希马过来并整编过的日本第31师团。在瑞保的北方甘勃卢是第58步兵联队（稻毛让大佐，Inage），第124步兵联队（蛭沼七藏大佐，Hirunuwa）原来就在瑞保，第138步兵联队（鸟饲恒男大佐，Torikai）在实皆，曼德勒的对面。鸟饲的部队非常幸运，像观光客一样通过实皆，但没时间去欣赏它。就在实皆前方，有一座佛塔，基座围绕着120个佛像。佛塔圆顶神龛长出的树，形状被修剪得像乳房。（据说当时建筑师询问过他的施主，也就是当时的皇后，问她喜欢如何设计，此时皇后露出胸部问道，还有比这更美的形状吗？）整个地区满是寺庙，其中一个里面有一座卧佛，很像勃固的大卧佛。由实皆横跨伊洛瓦底江到曼德勒有座宏伟的阿瓦桥（Ava Bridge），此桥红色的桥梁建在陶土及灰棕色的桥墩上，1942年英军撤退时，曾破坏桥梁，两个中间的桥面已经不见了，但日军无暇重建。

大矢部省三（Oyabe）中佐麾下有一个混合炮兵部队和第31师团的山炮联队，以及来自第15师团第21野战重炮大队。蛭沼大佐使用地雷及预先准备好的阵地拖延了印度第19师的行军速度，但是1月1日他奉命往南撤退。他们设法很有秩序地离开了甘勃卢，但在实皆的金乌（Kinu）打过一场夜战之后，混乱接踵而至；日军在到达瑞保时，已经乱得一塌糊涂，为里斯穷追猛打留下了机会。

1月7日早上，第64旅第5俾路支团①一支侦察队进入瑞保，其他营队当晚也随后抵达，只比英军第2师早了一点。里斯将军接到来自军长的电报，催他用口袋战术包围日军第31师团，他派一个营切断日军的撤退后路，但是这营又随即接到命令停止行动。里斯服从军长的命令，因为攻入城市本身是第2师的责任，原计划如此，第19师则要由南面和东

① 译注：俾路支（Baluch）是伊朗人。

面封锁瑞保。在日本的历史叙述中，里斯正准备靠自己拿下瑞保城市时，其角色转变了；学者承认第33军军长斯托普福德下命令要印度第19师停止战斗，也许有战术上的考量，例如不想犯大规模巷战的错误，以及要避免盟军错误互击，但也怀疑，英军长希望确保由全部是英国人的第2师最先进入瑞保。无论如何，瑞保落入英第33军手中，日军阵亡58人，有10人被俘。①

第15军司令官片村中将，从未打算使瑞保战役成为战到最后一兵一卒的决战。1月10日，片村命令第31师团撤退到伊洛瓦底江畔，蛭沼七藏的第124联队在夜间向南移动40英里，占据了因多。一支殿后部队留在瑞保北方抵抗，直到10日。对英第33军的士兵而言，日本兵的抵抗能力，已因为在英帕尔及科希马战败而减弱。在横渡伊洛瓦底江时发生了小型战斗，指挥多塞特郡第2团的怀特（White）中校注意到，与他作战的日军很明显是增援的新兵。个子高大的年轻人，吃得太好，在战斗那天的早上，表现得缺乏勇气，不如以往住在特派区小平房的老对手。②

但并不全都是这样的。当达勒姆郡轻步兵团夺取额尊（Ngazun，敏建的一个小镇）西村的桥头堡时，日军部队长命令35名官兵全体战到最后一兵一卒。英步兵营在战壕中发现35具尸体。战斗后的第二天上午，坦克护卫着卡宾枪骑兵团第3团前进时，一名日本军官从掩体跳上一辆坦克顶部，那时坦克指挥官正站在打开着的小炮塔边。该军官用军刀砍下他的头，将尸体推到一边，爬进坦克，刺死炮手，接着正要抢炮手的

---

① 英国官方历史指出，1月8日，第64旅在瑞保，但印度历史指出俾路支的侦察队7日进入瑞保。杰弗里·埃文斯（Geoffrey Evans）指出，第2师、第19师在1月5日前就占据了瑞保。事实上，1944年12月20日当天，斯托普福德在与他的师长开会时，将占据瑞保的任务交给第19师，但1月5日又将这个任务交给第2师。Geoffrey Evans, op.cit., p. 191; B. Prasad ed., *Official History of the Indian Armed Forces: Reconquest of Burma, 1942-1945,* Ⅱ, p. 490; S. W. Kirby, *The War Against Japan*, Ⅳ, p. 177.

② O. G. White, *Straight on for Tokyo: The War History of the 2nd Battalion the Dorsetshire Regiment (54th Foot)*, p. 201.

手枪，但被驾驶兵一把抓住。两人一番格斗，日本军官终被枪打死。在达勒姆部队侧翼的轻装英国皇家巴克夏郡步兵团被攻击时，一名日本兵在格斗中武器没了，就用牙咬住英军连长的咽喉。[1]

从瑞保，英第19师转向东边的伊洛瓦底江，准备在曼德勒北部两个地方渡江：一个是城北40英里的皎苗（Kyaukmyaung）；一个是更上游15英里外的德贝金，在此有公路通往梦龙山及抹谷镇。里斯命令第254坦克旅及第62、第64和第98步兵旅渡江。日本人以为这是进攻曼德勒的主力，于是派第15师团及第53师团前往桥头堡，要把英军击退。

当然，这两个师团武力严重不足，第15师团虽有增援，但不超过4500人，且只有10到12支机枪。师团长柴田卯一（Shibata Ryuichi）中将部署了一个大队在卡布韦（Kabwet，实皆附近村庄），一个大队在卡玛翁，其余兵力分布在伊洛瓦底江东岸，由北至南有第67、第51、第60联队。德贝金由第31师团第58步兵联队的第3大队防守，暂时由柴田指挥。再往南，在辛古（Singu），是第53师团的第119联队，为了曼德勒战役，它也配属于第15师团。第53师团主力则部署在辛古南方（在被钦迪特突击队打败后，第53师团只有约4000人）。[2]

1月11日，里斯的印度第62步兵旅（旅长莫里斯，James Ronald Morris）在卡玛翁用乡间小船渡江失败，他们改变地点，在14日夜里成功渡江。印度第98步兵旅（旅长加拉德，Charles Ian Jarrard）在1月14日到16日建立桥头堡，只遭遇轻微抵抗。第64旅（旅长贝恩，Bain）最后离开瑞保，在1月16至17日渡江。日军感受到里斯兵力快速增加，因此部署第1大队（队长吉冈，Yoshioka）、第60步兵联队和第67步兵联队对抗里斯。尽管在1月底日军反复地进行夜间攻击，但印度第19师坚守不

---

① D. Rissik, *The D. L. I. at War*, p. 204.
② OCH《伊洛瓦底会战》，页72。

动。里斯想更快南下，以廓尔喀来复枪第6团第1营及所辖第7轻骑兵旅配备斯图亚特坦克，共同拿下伊洛瓦底江边提拉（Thila）的轮船渡口。虽然有5辆坦克被日军37毫米反坦克炮击坏，但第19师的火力明显优于日军所有火力。里斯决定改变前进的轴线，他原由大路南下，现在想走临河的马车小道及乡村小路，他相信日军不会料到他的主力所在。

里斯的头号参谋长约翰·马斯德斯，已从史迪威麾下第111旅的惨痛经历中恢复，加入了里斯的第19师。他声称改变路线的主意是他的功劳——某天晚上在威士忌、茶、甜点、蛋糕（里斯夫人每两周从英国寄来）助兴下，他提出了这个建议。然而，2月26日在一条主要公路的一处隘口，第7轻骑兵队受到日军已经部署好的阵地中的中型坦克火炮、迫击炮的猛烈攻击，毫无疑问这也是里斯改变路线的重要原因。里斯往曼德勒的路被阻，除非攻下隘口，不然就得绕道而行。[①]

当然，里斯及第19师并不想占领曼德勒，总之至少不是首优占领。里斯想从北面及东面孤立曼德勒，吸引日军的火力，以方便他从南边和西南边进攻。战斗开始时，他将他的师部署在外围阻止日军东逃，用火力将日军由城中引出。但是，几乎可以肯定的是，里斯很清楚他的师能移动多快，因为他们已走了400英里，由空中进行补给，只在五周内就从钦敦江到达瑞保，当然是打算要第一个抵达曼德勒。

伊江西岸仍有日军，虽然表现不佳。第15师团在卡布韦守桥头堡。里斯在1月25日派第98坦克旅，用坦克、空中火力及炮火网，密集轰炸防守的日军。该地原有熊野（Kumano）大佐率领的第51步兵联队第1大队，不超过200人。[②]他们每个中队只剩30人，但有对岸联队的火力支援。在持续的空中、陆地轰炸之下，第1大队只剩一半兵力，军官向熊

---

① John Masters, *The Road past Mandalay*, pp. 297-300; Bryan Perrett, *Tank Tracks to Rangoon*, p. 182.

② OCH《伊洛瓦底会战》，页68。

野请求：“既然我们一定会阵亡，不如来一次集体的自杀攻击。”熊野反驳：“我们在这里是要阻断他们通过，只要有一个士兵还活着，能抵抗和拖延英国人，即使仅是一天，那么我们也要一样地继续战斗下去。”[1] 甚至当他决定必须离开卡布韦村庄后，他们向西半英里走到江边又发动了攻击。在东岸的第15师团由于状况愈来愈差，最后迫使熊野将他的联队并入。1月30日，在卡布韦的苦战中，日军退至一座厚墙围绕的佛寺中，皇家巴克夏郡第2团牺牲了100名官兵。[2]

里斯巧妙地混用大胆和小心，在抵抗力弱处前进，顽强处稳住。他在“十四号行动指示”中写道：“如果轻易就能突破日军的防线，那就大胆、冒险地快速挺进。但不要盲动，不要在没有准备下冲向有组织的防守。”[3] 日军防守设在称为“肾脏”的地方，就是瑞比（Shwepyi）和平勒因（Pinle-In）中间的一座小山，最好的山路由那里通过。里斯把第64旅作为他的左翼，沿着主要道路前进，坦克在前，大炮在后，掩护师的主力通过“肾脏”与河流中的沼泽地区。各旅交互跃进，加速南下，一支机动纵队领先开路，形成一把“匕首”，指向曼德勒，其他部队跟随在后，有师侦察营——印度旁遮普第15团第1营，配以第7骑兵大队的C中队，以及第150皇家装甲兵团（RAC）的一个中队，配以李式中型坦克（Lee medium tanks）。里斯曾与第254坦克旅副指挥官激烈争论，该旅是他的装甲部队最久的成员。很明显，里斯使用坦克的方式是错误的，让坦克行驶在沿河的小径上，会冒不必要的风险，因为小径的宽度一次只能让一辆坦克单独通过。坦克中队长准备要试一下，但是旅部的参谋不同意。里斯平静地问道：那么，如果战事越来越危险，装甲兵是

① OCH《伊洛瓦底会战》，页70。

② S. W. Kirby, *The War Against Japan*, Ⅳ, p. 186, no.2. 熊野的日记记录了在卡布韦的战役，但他对日期的记忆是错的，他写的是一星期后了。OCH《伊洛瓦底会战》，页71。

③ B. Prasad ed., op.cit., p. 344, n. 7.

否就可不参战？马斯德斯后来汇报了这次谈话。当时，他不放心，与这位年轻的中队长一起出发。[1] 结果真的是，在一个隘道上遭遇日军大炮，路的一边是山丘，一边是沼泽，第7轻骑兵旅两辆斯图亚特坦克被击毁。此后，在这样的道路轴线上，再也不用坦克部队了。[2]

"匕首"行动由帕克（Parker）少校指挥第150皇家装甲兵团执行，3月6日向曼德勒前进，第一天走了8英里。当然他们没有超越那位兴致勃勃的小个儿将军，他像往常一样仍在前方或较远处。有一条小河拦阻坦克前进，工兵用三辆三吨的坦克填满河道，然后其他坦克从上面通过。现场的工兵军官没有想到，这对于运输用车本身是多么重大的浪费与代价，当场被将军狠狠呵斥了一番。步兵旅紧挨着坦克旁边，向南挺进，直到开阔的乡间，坦克才形成两列前进，战斗也沿着主要道路展开。很明显地，日军与曼德勒的联系很快就要被截断，因此对里斯左翼旅的压力随之减弱。经过三天三夜的激战后，旅长在压力下电告里斯，他的部队已筋疲力尽，车辆需要修理，他想（先休息）明早再战。里斯坚决不允许："继续（向日军）施压！"旅长的抗议换来明确的命令：不可停止，当晚即上路继续向前挺进。

里斯自信满满，他的大军即将攻入市区，他派遣第62旅直取位于东边30英里山中的眉谬。到3月7日下午，师部先头坦克部队已抵达在曼德勒地区北方5英里的包瓦当（Powa Taung）。上千英尺高的曼德勒山和围绕成花圈似的寺庙已历历在目；虽然这并不像拿下仰光那样有战略上的斩获，但此城名闻全世界。寺庙满满覆盖了山峰，瓦楞铁皮的阶梯直上山顶。曼德勒位于巨大的达弗林要塞（Fort Dufferin）[3] 北边，它不但是宗教中心、古缅甸首都，更代表19世纪与缅甸有关的征服者维多利亚女

① John Masters, op.cit., pp. 299-300.
② Bryan Perrett, op.cit., p. 182.
③ 译注："达弗林要塞"是昔日缅甸皇宫。

王的威望。里斯的坦克停了下来，那天已推进26英里，有些坦克也没油了。他当然不耐烦，想要攻入市区，但也无法着急。山上和堡垒里都是日军，第15军司令官片村四八中将下了最简单的命令：死守曼德勒。

第15师团死守曼德勒，新任指挥官山本清卫（Yamamoto Seiei）少将[①]认为这样的命令毫无意义："战至最后一人，从指挥的观点看是很差的选择。"[②]他曾是第33军参谋长，目睹日军在云南腊勐以及腾越的殊死防卫战[③]，作为一位参谋官，觉得有责任面对城中所有部队的阵亡。他问第15军司令官命令真意究竟何指，得到冷酷的回应："就是字面的意思。"山本内心狂涛激荡，接受"第15师团会坚守曼德勒至最后一人"的命令，并回电报："交给我们吧！"他甚至写了一首诗献给守军，以坚定他们的决心：

为家国　　倒下不悔
决死战　　为曼德勒

当然，他根本不应该被赋予这样的命令。第15军所能做到的只能是停止行动，虽然曼德勒作为公路、铁路、河流交通运输中心非常重要，但高层指挥早已打算只守住缅甸南部就可。木村将军承认："从战略观点看，我不认为曼德勒值得认真的防守，防守它的唯一理由只是威信上的价值。"[④]

不用说，木村缺乏动机，但不会削减守军的勇气，也不会削减伟大城墙的厚度。达弗林要塞占地2000平方码[⑤]，包含了缅甸贡榜王朝的

---

① 与在印度普勒尔战役的第33步兵师司令官山本募少将无关。
② OCH《伊洛瓦底会战》，页138。
③ 译注：即松山、腾冲战役。
④ SEATIC Bulletin, No. 242.
⑤ 译注：应该是长、宽各2000码。

末代国王锡袍皇帝的柚木宫殿、政府官署、监狱、俱乐部，甚至马球场。围绕这座方形巨物的是75码宽的护城河，河上有5座桥，河中种了莲花。每一侧中央设有大门，并有厚重的扶壁保护着。砖墙底部厚30英尺，到顶部逐渐变窄，至23英尺高处，只剩12英尺厚，每个转弯处及每百码都有扶壁及3英尺厚的城垛①防护。丛林战将要变成中世纪的围墙战。

日军在东布（Tonbu）东南方10英里处有仓库，内存食物、汽车备件、武器和弹药，虽然日军拼命想将这些物资移往南方，但因运输人力不足，仍有不少数量的物资留存。第67联队在曼德勒山及市区北方，第60联队在西方和南方，第15师团司令部在要塞中。

里斯下令第98印度旅攻打曼德勒山，这是攻下城市必要的第一步。旅长查尔斯·杰拉德（Charles Ian Jerrard）首先授予皇家巴克夏郡团这项任务，但廓尔喀第4团第4营的营长要求让他的部队担此任务，因为他已在缅甸五年了，隶属于缅甸步枪团直到1942年，他非常熟悉这座山和山中路径。杰拉德同意了，在夜幕下，廓尔喀人爬上了东北的山丘，第二天早上突击山顶，并夺下了它。但仍有日军在山上反抗，在接下去的十一天里继续战斗、轰炸、射击。②

里斯通过英国广播公司（BBC），以清脆嗓音，从长官的角度叙述战事过程：③

> 我现在在曼德勒的北方郊区，战事仍在继续中，曼德勒山就在我的东南方。我们的部队已经到达山顶。上山途中杀了很多日军，也虏获许多物资。目前据报有日军尸体20到30具……（此处不清

① 译注：有枪眼的墙。
② John Masters, *The Road past Mandalay*, p. 306.
③ 1945年3月9日录制，Imperial War Museum。

楚）还有机枪。廓尔喀兵最先上山，尽管白天已风尘仆仆疲惫南来，但昨晚他们还是以某种特异方法抵达该处。他们开山辟路，先派一支特遣小队上山，接着有更多部队上山。现在，他们忙着清理山头。我们派皇家巴克夏郡团一个连上山协助，他们正在路上。同时，山脚北端仍有顽强的战斗正在进行。日军在机枪阵地及反坦克防御工事中，而我方的廓尔喀团和俾路支团，在坦克掩护下正与对方交战。其余皇家巴克夏郡团部队就在我的正后方，他们的最后一连，刚由北方赶到，风尘仆仆，非常辛苦，但精神饱满，正在猛烈攻击中。昨晚我必须派他们回去肃清一个村庄，那旁边就是我的总部。他们很好心地帮我做了清理。他们有我们的坦克连队和孟买掷弹兵（Bombay Grenadiers）的协助，在消灭日军以前，至少已经看到有50具尸体。起先日军像大黄蜂般抵抗，当他们看到局势无可挽回时，就像兔子一般四处逃散。在我们所征服的不同的村落里都有类似的日军，他们来自各种不同部队，是个杂乱没组织的小混合体。他们想要回到原来的部队，但每当他们遇到我军时，又演出同样的戏码，因为我们已经胜过他们。现在边防团正忙着清理曼德勒的西南部。那里仍有日军在抵抗，有不少的枪声，但还不知是否将会有顽强的巷战。早上有105发炮弹朝我们发射，不多，零零星星，我们已经有一段时间没有受到炮袭了。现在阳光灿烂，早上很热，灰尘也大，将士们身上都是灰尘，汗如雨下。有好些天了，他们一直全力以赴，甚至已经超过全力以赴。他们睡得很少，但精神旺盛，干劲十足。我从来，从来没有看到过如此热忱的部队，毫无疑问，就是这股热忱让他们坚持完成任务，因为他们知道，这一切努力都是值得的。

并不只有第19师，还有第2师、第20师也参与夺取曼德勒。第20师切断了日军通往仰光的公路、铁路等交通动脉。第2师在伊洛瓦底江的弯曲处通过，由南方迫近该城。

虽然不是他们的错，但第2师的前进并不如预期。拿下耶乌和瑞保之后，第33军军长斯托普福德喊停，因为他的军队离开铁路末端已有400英里，好像超出了补给范围。第19师本来完全靠空中补给，如今补给只够两个旅；第2师只限补给一个旅，甚至在清理耶乌和瑞保之后，斯托普福德手上多了几个机场可用，状况还是没有改善。2月24日，肃清瑞保后，第2师向曼德勒对岸的实皆挺进，想要越过伊洛瓦底江。第268旅接收实皆战区，其余人马选择距此15英里处渡江。江面比第19师渡江时要宽广许多。在德贝金及皎苗之间的山谷处，江水只有500码宽，流至乡间平地。在曼德勒下方的伊江，有1500至2000码宽。在敏建的伊江与钦敦江汇合处，宽度有4500码，水位还会不时升高。由于二三月中部平原的气温也升高，水流速度可达四节，船夫的脾气同样也很暴躁。零星的日军可能在南岸或东岸，第2师必须运用各种方式奇袭与欺骗敌人，以免在渡江时被机枪屠杀似的扫射。

分散日军注意力的一个方法，就是在相距很远而不同的地方同时登陆，第20师就是这种情况。他们一路攻到钦敦江东岸时，遭遇了守在布德林（Budlin）和蒙育瓦之间的日本第33师团第213联队。布德林是个有许多寺庙的美丽城镇，四周是平坦开放的乡间，由谷津大治郎（Yazu）少佐指挥的第3大队据守。1945年1月1日，第213联队移动20英里到达蒙育瓦北方。谷津注意到这里极其缺少反坦克的天然障碍，更惨的是，他也没有反坦克炮或九二式步兵炮。他尽其所能构筑防御工事，但当地也没有人力，因为居民都逃走了。四天后，麦肯齐的第32旅就在布德林发动了攻势。

谷津的联队只剩100人了，在这种开阔的地方没有可能去抵挡一整个旅。他失守的阵地越来越大，很快就被围困在100码见方的区域里。[①]他奉命要在9日夜间撤离，带着40位残部悄悄地溜出麦肯齐的包围。谷津相信他的部队可以逃开，是因为对手北安普敦团第1营彻林顿（P. R. Cherrington）上尉的侠义行为，他没有攻击日军，准许他们逃脱。谷津在多年后写信给北安普敦团指挥官（后来的旅长）汤顿（D. E. Taunton）："英军前线对我军未发一弹，尽管他们知道我们在撤退。"（彻林顿上尉因为在布德林的英勇作战得到了特殊功绩奖章，几天后在蒙育瓦殉职。）"我觉得英军指挥官故意无视我们的撤退，我对他的骑士精神十分感佩。英军还发射照明弹，帮助我的联队及许多伤兵等安全地撤向南方……我知道你是现在的指挥官，我要再次表达诚恳的感谢，饶了我们的命。"[②]汤顿对这样的联想感觉有趣但表示存疑。诚实驱使他回信给谷津，告诉他是他幸运地选对了逃生的路，因为廓尔喀团也参加了布德林的战役，他们就守在那里："我确信没人开枪是因为在照明弹下，不易分辨敌我，而且知道廓尔喀团就在你们的后面，我们没有开火，是怕造成自己人的伤亡。如果当时你们没有走，我怀疑10日那天，你们是否还能逃得掉！"

谷津在8日早上向联队发电报，说他几乎已没粮食和军火了，要求撤退。回电是要他继续作战，等9日晚上再撤，并保护联队左翼。他事后回忆："36小时像36年那么长。"[③]纵使如此，若非大暴雨改变了格雷西少将的计划，麦肯齐所谓的"战斗排"也不会让他活多久。第20师的卡车运输停止了，口粮也停了，他们每人只有一半的配额。[④]根据官方印度陆军史的报告："如果军火充足，此地在24小时内就可攻下。"麦肯齐在1月10日往蒙育瓦移动，这是钦敦江最后的渡口，原先的意图是以奇

---

① 译注：100码乘100码的方阵。
② 1967年9月26日寄的信，Archive Material，Imperial War Museum。
③ OCH《伊洛瓦底会战》，页56。
④ "Summary for results of main operations since leaving Manipur"，Gracey Papers, 26.

袭拿下蒙育瓦，但失败了。因为步兵的军车、运输车遭到伏击，几乎损失了全部车辆。第32旅和第80旅更加小心处理他们的俘虏。1月19日，他们切断所有的道路，占据钦敦江西岸。1月18日至20日，大量的空袭轰炸城镇，这是在缅甸第一次用到飓风战斗轰炸机发射火箭弹。第32旅慢慢进城，22日占领了蒙育瓦。他们的任务变得比较容易，因为日本守军第213步兵联队（河原内右，Kawara）虽然拥有良好的水源供应，而且对利用寺庙的果园作为防御阵地丝毫不犹豫，但第33师团师团长命他们放弃两门山炮，在没有炮兵火力支援下，从萨梅贡（Sameikkon）渡过伊江。英军200架次的空袭炸毁了这个城镇，但第32旅在试探攻击中就遇到日军机枪开火，他们在碉堡旁炸出许多坑洞，而碉堡仍完好。河原内右于21日晚上，在英军第20师包围下，成功地撤退了。

日军第33师团的指挥官田中信男（Tanaka Nobuo）中将在蒙育瓦之战中两次亲临前线，企图维持士气，但没多少效果。他们防守伊江这条线的好日子将到尽头。第20师拿下敏务（Myinmu），当天蒙育瓦也攻陷了。日军确信英军要在敏务渡江，而且第19师已经占领这里的桥头堡，更让日军相信英军的主要目标是曼德勒。为了让日军继续猜测，斯利姆决定让第4军同时渡江，第7师建立桥头堡。第4军过江迈向密铁拉一定要经过这里。第20师也要在24小时内渡江，第20师选的渡江点是伊江转弯处接近敏务西方的一个小村庄阿拉加巴（Allagappa）。这里水宽1500码，对面是陡峭的江岸，这对于渡江后上车离开江边是个缺点，幸好似乎没什么坚强的防守。第100旅的第2边防团的一名下士狄龙（Dillon）说明了其中一个巡逻队侦察到的情况：

> 本巡逻队有三人，中士哈伍德（Harewood），二等兵本尼恩（Bennion）和我。我们带了四天的干粮，在厨房用污油渍抹黑脸，傍晚7点月亮升起前，坐橡皮艇出发。渡到江中央时，落下了几个

降落伞照明弹，到处都被照亮了，我们躺平在艇上，过了十五分钟，没有被人发现。我们在对岸登陆，将艇放了气，小心地推上岸，匍匐前进，穿过道路，进入一个豌豆园。我们躲在村旁，一小群日军经过，在10码外开始挖战壕。他们派出一个卫兵到我们刚刚来的路上，另派一个在几码外的交叉路口，我们刚好在他们中间。另一边是村落，我们讨论后决定回到岸边，继续侦察。我们花了一个半小时爬了20码到路边，两个日军与我们相距一臂之遥，我们只好退回去。我们想，唯一的办法是欺敌蒙混，所以我们来到另外一条小径，站起身漫步穿过离哨兵几码远的地方。之后我们整晚躲在湖边的象草丛里，吃了第一餐口粮。

天一亮，几个日军牵了驴子来喝水，距我们5码之遥，我们一整天什么其他的也没看见。前一天晚上我们就把水喝完了，又不敢冒险去湖边取水，所以当晚我们去稻田取水。

它不像水，像泥浆，我们喝得还是很乐。然后走到岔路口，观察日军的补给。

几个小时后，一辆畜力车经过，由三头骡子拉车，一个日本兵跨坐在横木上，很多空的弹药箱互相撞击发出巨响。我们跟踪他到一个村子，有更多的畜力车出入，补给站就在这里。隔天早上，我们爬上一处高地俯视河流，看是否有日军挖战壕。我正要爬上树去看时，本尼恩看见在树的另一边有日军的饼干、糖果，还有雪茄在冒烟。我们立刻向左移动卧下，静静看着。当晚向南走了6英里，看日军是否在使用道路。第二天一早看到一些日军的足迹，三人一组，向左转去。当我们正在跟着脚印走时，突然间距离我们100码以外有日军大炮开火，炮弹越过我们的头顶。我们在地图上将它定位，并观察了一整天。我们渴到唇裂，当晚又去稻田趴下去喝脏水，开了两罐奶酪，但是都坏掉了，只好吃沙丁鱼罐头。隔天，我们继续喝水，把食物吃光，后来通过方位去找我们藏起来的橡皮艇。当晚我们到那里时，发现一小群日军仍在那里，两个哨兵在路边。我们离得非常近，这是个自杀找死的行为，但五天没睡，让我们都迷糊了。哈伍德中士带我们越过小路，直接去藏艇的那棵树边。那真是个奇迹。我们用一小时把草拨开，没有惊扰到日军。然后本尼恩和中士把艇拖到另一条小路上，一英寸一英寸地爬，我往前走，只要看到前面哨兵把头转开就对他们吹一声低哨。终于我们到了岸边，我们正给艇吹气，五个日军来到岸边，大约在我们的左方10码处。我们滚进水中，拿着斯登冲锋枪（Sten），等了十分钟，直到日军装满了水车离去。然后另一车又来到右边5码处，装水后离开。所以我们没有等到把艇完全吹满气，就用它尽速离开。但它真是不好操控，一个半小时只走了40码，又怕月亮随时露头。在回程半路上，我们发现两挺维克斯机枪一直瞄着我们，对方以为我们是日军。结果他们是印度炮兵，他们过来笑着拍我们的肩，用印度话说“OK”，直到他们的长官递给我们香烟和一些朗姆酒后，我们才真的“OK”，为这次的侦察画下句号。

渡江使用一艘一艘的水陆两栖突击艇，外挂式马达，而不是在欧洲常用的新型登陆艇。2月12日，盟军先以50架“解放者”轰炸机（B-24 Liberators）空袭，接着闪电轰炸机（Lightings）中队用机枪扫射，使日军的炮火减弱许多。虽然日军用迫击炮攻击江岸，但到2月15日，第100旅已经渡过伊洛瓦底江。

第32旅的北安普敦团就没这么幸运，外挂式马达把拴艇的铁链打断了，部队漂流而下，过了预计登陆点半英里，结果在日军炮火中登陆。在别处，日军在滩头堡旁焚烧野草，想把躲藏的旁遮普第14团第9营逼出来，但风向改变，火反而烧向日军。

滩头阵地被轰炸，日本空军只偶尔露了一次脸，16架隼式战斗机轰炸了岸边的第100旅及去对岸的舟艇。在晚上，紧张不安的前卫部队向阵地周边开火。旁遮普第14团第9营的一名军官在某一次袭击中发现日军的士气很奇怪：3月17日深夜，这个营被攻击，战斗持续到凌晨5点，在3点时，一小队日军侵入B连的前线战壕，日军全被击毙；天亮时清点尸体，旁遮普士兵发现死者中有日军大队长森谷（Moritani）大尉及佐级军官等5人，36名士兵，其中的两名军官因腿部受重伤自杀了，一名日军把自己溺死，以免被俘虏。旁遮普营捉到两名俘虏，而大队长和三名老军曹死在旁遮普阵地周边，其他的军官和一名一等兵死在铁丝网上，其他二等兵全都死在后面。这透露出耐人寻味的信息。①

在德宾光（Talingon）内陆1英里处有日军中型坦克出入，而英军第20师没有装甲部队掩护渡江，这可是决定性的。幸好因为隼式战斗机的攻击，英国皇家空军建立了一个叫作“空中支援站”（Cab Rank）的机制。②2月20日，飓风轰炸机在庞嘎道（Paunggadaw）附近发现一辆坦克，它有伪装，但不够好，飓风轰炸机就把它给炸了，其他坦克也现形了。皇家空军将13辆坦克一辆一辆地都给毁了。日军不再攻击滩头堡。

第20师打了三个星期才渡过伊江，建立起滩头堡，但同时，从曼德勒抽调了部队支援，也阻止了日军从东边派来援军，阻碍第4军的部队渡江。在日军的自杀式攻击中，两个营攻击桥头堡，使第33师团1200人中损失953人。2月21日到26日，500具日军尸体被用推土机埋了起来。③

更上游，英第2师在2月24日从额尊渡江。伍斯特营（Worcesters）在

---

① *The Crossing of Irrawaddi*（sic）9/14 Punjab; Gracey Papers, 51, in Liddell-Hart Archive.

② 译注：这是一种新形式的近距离空中支援站，盟军于1943至1944年冬季在意大利提出。空中团队，通常包括一个战斗经验丰富的飞行员和一名军官，可以俯瞰前线。巡逻战斗轰炸机编队持续在前线飞行，遇到了需要空中支援的在抵抗的步兵，则用无线电传递请求给战斗机控制中心。如果请求被批准，地面联络官精确标出目标，轰炸机先丢炸弹，再回头低飞以机关枪扫射。

③ William Slim, op.cit., p. 421.

第一晚运气很差，17条船进水或被日军击沉，不久指挥官也落了水。到了午夜，这个营退回原点。卡梅伦步兵团在日军狙击手的枪口下来此，有一连多一点的人渡过江，而且在另一边还要进攻一个陡峭的悬崖。皇家韦尔奇燧发枪团起先只有两个排渡江。旅长韦斯特（West）知道他的主要滩头堡不堪一击，告诉多塞特郡团移动5000码越过乡间去密特哈，穿越卡梅伦步兵团后方，建立他们的桥头堡。多塞特郡团指挥官怀特（White）发现他有一名没有经验的工兵军官，驾船由一个沙岸到另一个沙岸，越来越慢，比日军还让人难受。他最后看到岸边的景象是“尼科尔森将军脸上痛苦的表情，因为他看到我们是这样的离开，奇怪地让人想到‘猫头鹰和小猫咪’[①]的荒谬剧”。[②]但怀特的人员很幸运，他们完全没有伤亡，虽然一些人坐水陆两栖战艇漂向日军中型机枪阵地时，对方朝水中开了火。事实证明，英军无法驱逐这个机枪阵地，第2师用炮火轰炸他们，用格兰特坦克试图将他们轰离这个阵地，飓风火箭也来攻击，都无效。最后第4旅的兰开夏郡燧发枪团的枪手在卡宾枪骑兵第3团的一个连的支援下，歼灭了日军，但连长阵亡了。第2师的渡江险象环生，一度看似失败，但最后成功了。到2月26日时，第5及第6旅在坦克掩护下登陆东岸，开始向东往阿瓦（Ava）和曼德勒前进。

第33军渡江的过程就是这样了。第4军渡江，第7师坐在车内，按照安排好的时间前进，正如我们所见，与第20师几乎同时接近敏务，这让日军指挥官分心困惑。敏务在伊洛瓦底江的很下游，在埃文斯的旅攻

---

① 译注：《猫头鹰与猫咪》（“The Owl and the Pussycat”）是英国打油诗诗人爱德华·利尔创作的一首荒诞诗歌，于1871年问世；后被收录在《荒诞书》（*A Book of Nonsense*）之中。叙述一只猫头鹰和一只猫咪一同出海航行的故事。

② O. G. White, *Straight on for Tokyo: The War History of the 2nd Battalion the Dorsetshire Regiment (54th Foot)*, p. 236. 多塞特郡团的一位大队长形容，在这儿，伊洛瓦底江水流速度是四节，印度官方历史记载（B. Prasad ed., *Official History of the Indian Armed Forces: Reconquest of Burma, 1942-1945,* Ⅱ, p. 278）是二又二分之一节。两种流速都会让船只不易操作，而移动的沙洲更复杂。

击江岸前，英军精心设计了一个欺骗计划。计划取名“披风”（Cloak），即隐藏第4军的成员，以防日军知道有一个军正由密特哈的甘高岭（曼德勒山谷）下来——使他们以为木各具是渡江点，而实际上在他处渡江；使他们以为英军渡江后的目标是仁安羌的油田，而不是密铁拉。①

第7师先渡江，印度第17轻装师和第255坦克旅将通过桥头堡，然后快速通过东岸与密铁拉之间的炎热又多沙尘的沙漠区，让日军不知道发生了什么事。印度第17师与坦克旅无线电保持安静，直到准备好渡江，而东非第28旅的存在使日军以为东非第11师也有份。东非第28旅假装在色漂（Seikpyu）渡江，位于主要渡江区的南方，欺骗日军，使其以为英军目标直指稍埠（Chauk）。

东非第28旅在主力前赶路，沿着一条窄小的道路下甘高岭山谷，第7师部队在后延伸一长列，超过350英里，最远的还在科希马。英军自2月19日开始前进，田中的第33师团想要封锁这条路，在一条3英里长的路上砍倒几百棵树挡路。这是个很难克服的路障，但英军炮兵部队的车辆及10只大象把树移开，部队只耽搁了一天。2月10日，经过了红土风沙飞扬的高速行军，整个师到了伊洛瓦底江。②

面对他们的是日军第72独立混成旅团的四个大队，部队沿着江岸散开50英里长，报告含含糊糊说“印度国民军”第2师有5000到10000人，在稍埠和良乌村（Nyaungu）之间，另有第214联队在西岸的木各具。第72独立混成旅团在第28军樱井省三中将的指挥下，到此之前一直驻守在阿拉干，现在则负责伊江的下游，其守区与第15军接壤于良乌村，此村成为渡江战十分重要的地点。良乌村是伊江这一带最窄处，第7师师长埃文斯与同僚做了特别详尽的空拍图，来选择最佳渡江点。地图不太

---

① 1945年1月25日第4军作战命令第124号，见B. Prasad ed., op.cit., p. 499。

② William Slim, op.cit., p. 422.
译注：作者的日期有误。

可靠，因为沙洲的位置每年改变，而在直接路线上出现新的沙洲意味着必须走斜线渡江，而不是横过。这就是斯利姆说的“第二次世界大战中所有战区里最长的渡河”。[①]下游两三英里就是缅甸的旧都蒲甘，天空映衬着1200座红白相间的佛塔和寺庙，景色引人入胜。无论经蒲甘或良乌村，都不是从伊洛瓦底江到达密铁拉最短的路，捷径毫无疑问是在木各具，木各具另外还有一个优势，就是有用碎石铺的道路直通包（Pauk），那处的甘高岭谷口连接平原。虽然第7师打算强行通过，但这个选择太过明显，难以让日军继续猜疑。此外，良乌村是最窄渡江点，那里江宽四分之三英里，意味着船和竹筏可以更快地来回。[②]埃文斯可以很快地渡江，但渡江会很容易被观测到。沿着伊洛瓦底江东岸有100英尺的悬崖，若要到更高的观测点，还可爬上许多佛塔中的一个。日军还在1月底对甘高河谷进行了一次罕见的空中侦察，报告在提林和包（Pauk）之间有很长的车队。田中信男中将看过这份报告，但因为没有更多的报告，他认为这个图像不太重要。

埃文斯师长想用第33旅渡江，最后它却被摆为殿后，取代它的是第89旅和第114旅，在师的侧翼。埃文斯从第114旅调了新到的南兰开夏郡团（South Lancashire Regiment）的两个营，他们有海上登陆的经验，还曾从法国维希政府手中抢夺马达加斯加。南兰开夏郡团提供一营作攻击先锋，埃文斯选在2月12日或13日行动，当抵达包时，他才知道用来攻击的船只状况很糟，这令他沮丧，行动被迫延至14日。[③]

为了得知对岸的情况，埃文斯师长派出海上侦察队测试河流条件，还有一个特种船队，配有蛙人在天黑时渡江侦察。其中一名军官在良乌村侦察时被杀，但没有引起日军的怀疑。锡克第11团第1营清理密

---

① William Slim, op.cit., p. 425.
② Geoffrey Evans, *The Desert and the Jungle*, p. 141.
③ Geoffrey Evans, op.cit., p. 146.

且（Myitche）村以及木各具和密且村之间道路，在甘拉（Kanhla）岔路上发生战斗，日军也都没意识到。锡克团又派出一小组巡逻队在蒲甘渡江，得到回报说，村子的南边没有日军。

在这么大的行动中，再有知识及经验，也不能避免意外。2月14日早上，因为有经验而特别挑出来的南兰开夏郡团犯了很可怕的错误。预计凌晨登船，天已经半亮了，他们仍是一团混乱。第一段路程要安静，所以完全下水以后，才能开启船舷外马达；但下水后有些马达无法启动，有些船裂了。司令官不顾一切地想，无论如何至少要有部分船只能登岸。司令官不管船只有没有照顺序排列，下令前进，结果后备队在前，水流带着它往下游漂去。其余的船以为它是对的，就试着跟进。当他们漂到与敌军相对时，机枪向他们开了火，几分钟内，两位连长阵亡，几条船沉了。在对岸防守的不是日军，而是狄龙少校的第4游击团（尼赫鲁旅，Nehru）的上尉，是鲍斯的"印度国民军"的小队，主要由斯里兰卡的泰米尔人（Tamils）组成，或是在马来亚招募的。这时，"印度国民军"总指挥鲍斯在密铁拉。[①]只有在飞机低空轰炸时，印度机枪手才会低头找掩护，英军残兵们才能借机退回原地。登陆C岸的计划，真是大溃败。

司令官发现了沉船和挣扎的人员，十分混乱，于是乘小飞机飞越渡江点查看，并带资料回总部，此时是早上6点30分，渡江开始后两个半小时。他问埃文斯师长："怎么回事？我们所有的船都走错路了。他们都回来了，激战还在进行呢！"这是埃文斯得到的第一个提示，事情没有照计划进行，真是奇怪。他就起飞去看个究竟。两百英尺下的坦克炮火，震得小飞机摇摇晃晃，但它还是停留在上空观察。飞机也救起许多

① Shah Nawaz Khan, *INA and its Netaji.*, p. 154.

因船只问题造成的伤兵。[1]美军驾驶L-5型飞机，将他们从沙洲救回安全区域，当时美国陆军航空队野马、米切尔及雷霆战斗机闪电攻击日军机枪阵地，英国皇家空军则掩护轰炸机与侦察机。

上午9点45分，旁遮普第15团第4营渡江的康罗伊（Conroy）中校，接手孤立在那里的南兰开夏郡团连队的指挥，该队受命领先在大部队前于凌晨成功渡江，并留在岸边警戒。第二天，南兰开夏郡团建立滩头阵地，第89旅渡江，并部署南进蒲甘，印度工兵用机动筏将骡子运过江。前一天的惨败已忘了。第1缅甸团攻击日军在良乌村岸边的地下坑道，还调用了空中火力，大炮坦克也开了火，甚至用上了燃烧弹，造成城镇大火，日军却毫发无伤。最后决定很简单地封死隧道出入口，把日军活埋。据报，2月16日，该城已经清理干净。[2]

在主要渡江点南方6英里处，惊险地避开了另一场灾难。锡克第11团第1营奉命佯攻，引诱日军离开良乌村。当情报说对岸没有敌军，命令才改变，叫他们真的渡江。2月12日漆黑的夜晚里，他们运送装备、物资到江中的一个小岛，第二天上午11点，传来一份与之前相矛盾的报告，说蒲甘已有敌军占领。2月14日早上4点，锡克团决定从岛上冒险进行第二阶段渡江。对面机枪开始扫射，缅甸船夫大惊，锡克官方轻蔑地报道说他们“吓得蜷缩在船的底部”。[3]他们被一方推入炮火中，而或多或少又被另一方压迫，对他们，除了同情之外，很难有别的感觉。无论如何当船没人掌控时，船就会被流水带走，缅甸船夫被哄着再把锡克团运回岛上。

锡克部队的问题，接下来会如何，竟然自行解决了。一只小船驶离蒲甘的江边，上面的人举着白旗，上了小岛后，说他们所属的“印度国

---

① Geoffrey Evans, op.cit., p. 151.
② B. Prasad ed., op.cit., p. 286.
③ B. Prasad ed., op.cit., p. 287.

民军”要投降。“印度国民军”受日本第28军指挥，部署在第28军与第15军之间，结果证明这是最无效的封锁。一小队的锡克兵渡江去蒲甘，接收“印度国民军”投降，其余的锡克部队毫无阻碍地渡了江。斯利姆很鄙视地写道：“我想，这一事件是缅战中“印度国民军”对敌对双方的主要贡献。”①

第114旅拿下西岸的木各具，缘于另一个欺敌手法，是东非第28旅在稍埠佯攻非常成功，日军反应强烈，在西岸把东非旅打退了好几英里。担心日军会在从包经过甘高岭山谷去良乌村的路上造成威胁，军司令官派遣增援部队去阻止日军。这是一个小挫折。虽然各种意外事件在某时看似会让整个大事搞砸，第7师还是在2月的第三周渡过了伊江。2月17日，斯利姆的战略计划开始成形，桥头堡宽6000码深4000码，承纳了印度第17师。在知道事情真相后，日军拼命要把他们赶出去。一个飞行小队驾驶隼或轰炸机轰炸了桥头堡，但无效。日军第33师团从木各具开过来，要去良乌村与英军对抗，被第33旅狠狠击退。日军第72独立混成旅团从仁安羌来，想打出一条路，切断第89旅（旅长克劳瑟）从蒲甘南进的路线，也没有成功，一切都太迟了。2月21日，英第255坦克旅的坦克和考恩少将的机械化步兵，已经部署好要攻击了。

横渡伊江，包含了多次工程上的胜利和大灾难，结合了随机和精心的计划，几乎构成了一场战役。斯利姆将两个军，在五周内，渡过了世界最宽的河流，如他的传记作者指出的：“强调他的功绩是应该的，如果拿蒙哥马利在横渡莱茵河时所占的优势来对比的话。蒙哥马利元帅的第二十一集团军群后面有西北欧广大而高效的公路、铁路网，在他前方有空降师。他的技术装备丰富又先进，包括了持续的烟幕、两栖车辆等等。大量的炮兵与充足的军火，给他无限的支持。和伊洛瓦底江相比，

① William Slim, op.cit., p. 429. 这个事件在印度官方战史中没有提及，只提到蒲甘的撤退。（B. Prasad ed., op.cit., p. 288）

莱茵河较窄，它的水文状况很容易计算。”[1]

第55回 夺回曼德勒

里斯的第19师最先渡江，也最先达成目标：夺回曼德勒。

廓尔喀来复枪第4团第4营已攻占了曼德勒山顶，但残余日军在山脚下的坑道中仍随时准备扣下机枪扳机向他们射击。工兵想出了解决问题的办法，但方式非常可怕。虽然寺庙致力于安宁和非暴力的理想，但他们用炸药把山坡表面的混凝土外壳炸开，从裂缝中倒入汽油，使之流向日军的坑道，然后点火。又用反坦克炮火炸开钢门，将汽油桶滚进去，再用手榴弹引爆。这可怕的大火，就是胜利的关键。到3月12日，曼德勒山已无敌人。[2]“本来应该早就清理完的，”印度军方历史写道，“但里斯少将决定不轰炸圣地寺庙，只用机枪由空中扫射要塞。”[3]里斯少将是曾经在曼德勒服役的年轻军官，无疑也知道宗教中心的重要性，但在空中轰炸和汽油桶爆炸之间诡辩的区别很容易理解，或者其目的是美感，而不是道德。1947年麦肯齐准备写他的印度陆军史，为此而游览曼德勒，一名廓尔喀营长向他解释想不破坏山丘而消灭日军的困难。他说他希望美军在意大利也应如此谨慎……“我不得不用曼德勒山和意大利卡西诺（Cassino）做对照。”[4]

达弗林要塞是下一个目标（参见图6-2）。用5.5英寸榴弹炮在边墙上

---

① Ronald Lewin, op.cit., p. 221.
② John Masters, *The Road past Mandalay*, p. 307.
③ B. Prasad ed., *Official History of the Indian Armed Forces: Reconquest of Burma, 1942-1945*, Ⅱ, p. 354.
④ Compton Mackenzie, *All Over the Place*, p. 110.

炸开缺口，用闪电式轰炸机轰炸南边护城河上的桥，边防第12团第8营和廓尔喀来复枪第6团第1营探索了多种进攻方法。但日军反应强烈，他们的枪炮阻止了坦克和廓尔喀部队前进，攻击暂停！几天下来，英军枪弹持续攻击要塞；但50英尺的土墙纹丝不动，只是把枪弹给吞了。

里斯少将决定用一种战术，就像日本武士道小说里安静又看不见的杀手“忍者”一样。所谓的“达弗林行动”就是要秘密进入要塞里，先建立足点，再利用之。里斯将军坚持认为这样做的伤亡牺牲不会很大：

> 我想要的行动是一种奇袭，无声地开始，快速拿下桥头堡。不是使用棍棒方式不惜代价强行进入。如果因为敌人有警觉与准备，无法用很小的代价完成奇袭，那么就是用所有的代价也不会成功。[①]

他将行动托付给旁遮普第15团第1营和边防军第64旅（旅长弗卢伊特，Flewett）第12团第8营，他们摘下钢盔，把靴子换成胶底鞋，夜里乘着工兵人力操纵的攻击船到达堡垒墙边。梯子已准备好，还有6具单人用火焰发射器和一个机枪连的支援火力，时间是3月17日晚上10点。在黑暗中，他们到达要塞东北角和西北角，但当他们向炮火打开的缺口进发时，日军开火了，击沉了一艘船。18日凌晨，一个排在要塞西北角的铁道桥上建立立足点（铁道通过要塞的西边），但遇到机枪扫射，被击退，火焰枪部队距离太远没有用上。由于意识到早上天一亮，在墙上的人员一定会被发现并被击毙，里斯将军叫他们在凌晨3点半就撤退。[②]

达弗林行动失败后，战斗再度展开。皇家空军轰炸北墙，但毫无效

---

① B. Prasad ed., *Official History of the Indian Armed Forces: Reconquest of Burma, 1942-1945*, Ⅱ, p. 359.
译注：意大利卡西诺（Cassino）也是古城，“二战”中整个城被炸毁。

② S. W. Kirby, *The War against Japan*, Ⅳ, p. 299.

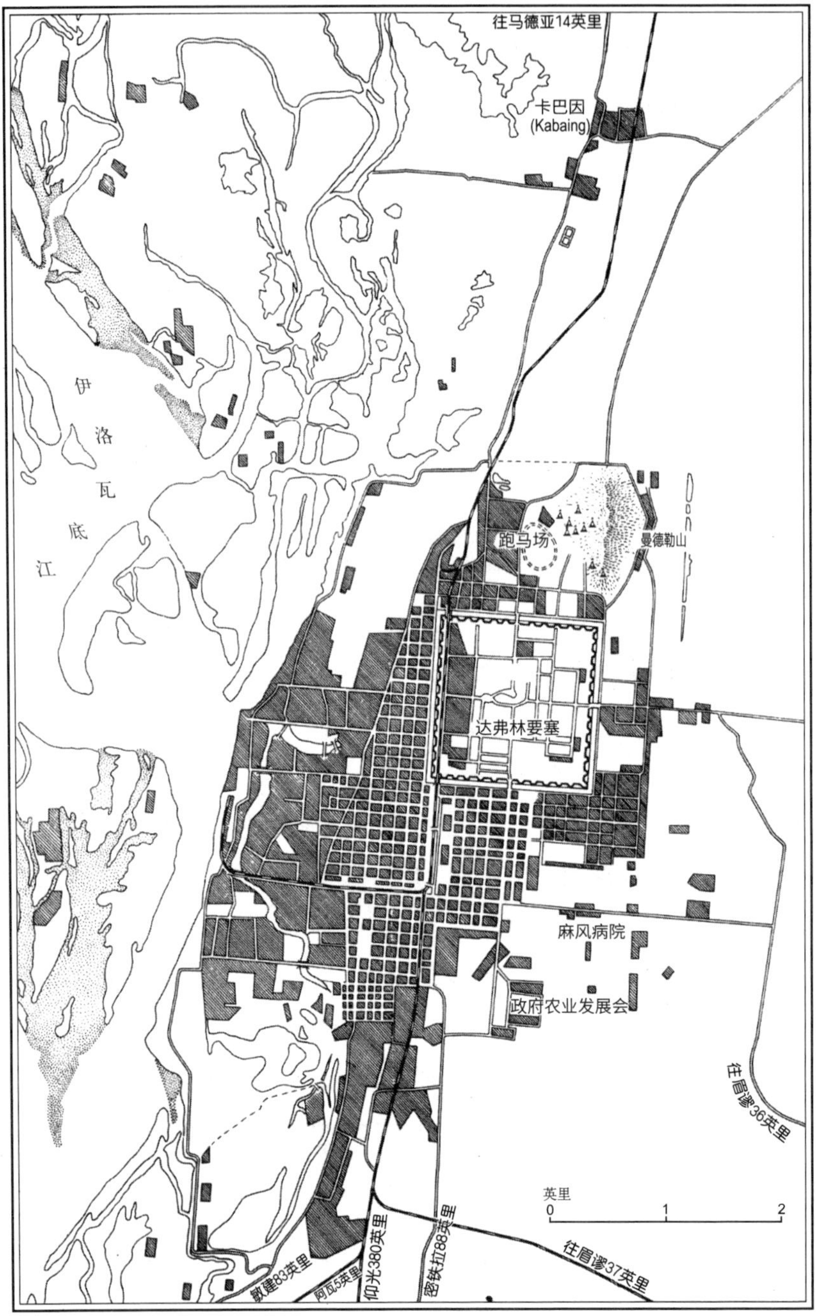

往马德亚14英里
卡巴因
(Kabaing)
伊
洛
瓦
底
江
跑马场
曼德勒山
达弗林要塞
麻风病院
政府农业发展会
往眉谬36英里
英里
0
1
2
往眉谬37英里
敏建83英里
阿瓦5英里
仰光380英里
密铁拉98英里

图6-2　曼德勒

果。6英尺榴弹炮在北墙和东墙造成17处缺口，理论上说，日军只能派人守住少数的缺口，不能防守全部缺口。B-25轰炸机用2000磅炸弹，作低空水平式的轰炸，这种方式曾用在默讷（Mohne）水坝[①]上，结果除了造成墙上一个15英尺破洞外，其他什么都没有。[②]里斯在BBC访问中形容，3月10日的行动，是在攻击要塞的初期典型的一天：

让我们探探究竟。边防团现正攻击曼德勒一处要塞，也许你可以听到大炮声、迫击炮声。我就站在墙边，半圆的水泥墙。我们的伙伴们稳步前进，稍微有点挤在一起，他们进行得很好。坦克也正在前进，努力向墙上开火，你可以看见我们的中口径炮，直接发射，在墙上造成缺口。你可以看见，子弹在我前面的地上弹跳，我想这是我们坦克的子弹。坦克的同轴机枪开火，在步兵前面使人窒息。我看见一名步兵跑向前，正接近墙边。

我要戴上眼镜。

我看到缺口，但有很宽的护城河在这边。我可以看到前面一些带头的步兵。他们蹲在水泥掩体的后面，掩体是工兵在战前建的。我们站的就是工兵作业线上的位置，在曼德勒要塞，正确说是达弗林要塞北方，而里面有座宫殿。

很多巨响持续着，也有很多烟，靠近墙对步兵来说是件好事。我不太清楚哪些射击是敌人发出的。我看见一些步兵在坦克旁跑动，靠近坦克不是件聪明的事，我看见更多步兵跑过来，跑近坦克，他们戴着宽边软帽、澳大利亚帽、廓尔喀帽，很清楚。

---

① 译注：默讷水坝是德国的人工湖泊，位于该国西部多特蒙德以东45公里，1943年被英军第417中队炸毁。

② B. Prasad ed., op.cit., p.361.

里斯从军部立场所指示的避免对曼德勒不必要的破坏越来越难以执行。斯利姆坚信可以绕过要塞，并认为夺下要塞只有新闻价值，没有军事上的利益。[①] 里斯却不愿密支那的僵局再度重演，拼命想用强硬的方法，用炮火和空袭的大头棒式攻击。达弗林行动是失败了，但他记得在战前，缅甸政府军事秘书长说，他曾探查要塞，发现在护城河下有个涵洞。他决定去找出来，于是派出一个突击队，跟随一个熟知曼德勒地下水道的缅甸人前往。他们涉过下水道，工兵发现可以从下面通到要塞，那里的烂泥深达大腿。[②]

这将是一场很恶心肮脏的出击，令人高兴的是，不用这样出击了。3月20日下午稍早，在另一场空袭之后，四个英裔缅甸人[③] 举着一面白旗和一面英国国旗从北门出来，这四人是被日军关押的平民囚犯。第15军司令官片村将军已经被印度第17师攻入缅中所侵扰，也不希望士气越来越低落，对守备军放宽了些要求。步兵第51和第60联队受命对印度第19师发动最后攻击，然后撤退，这是3月18日下的命令。第60联队据守政府农场建筑区（日军称为农业大学），在城的南边。3月19日晚，第15师团主力撤出曼德勒，他们像里斯一样知道，是从护城河下的涵洞出去的。[④]

消息传来时，斯利姆正在蒙育瓦。空军副元帅文森特（Vincent）立刻从皇家空军第194中队L-5分队派出一架哨兵（Sentile）轻型飞机和两架喷火战斗机护卫，载他去曼德勒，接受胜利游行行列致敬。[⑤]

第2师也参加了游行典礼，但只是恰好而已。第5旅旅长韦斯特奉命去联络在曼德勒第19师与他同级的旅长。3月21日，他带着多塞特郡团指挥官怀特上校，一小队的格兰特坦克兵和一些装甲运输车上路。到

---

① William Slim, *Defeat into Victory*, p. 469.
② Frank Owen, *The Campaign in Burma*, 1946, p. 124.
③ “Six Burmans’ ……from the east gate. ”（S. W. Kirby, *The War Against Japan*, Ⅳ, p. 300）
④ OCH《伊洛瓦底会战》，页142。
⑤ Wilfrid Russell, *The Friendly Firm, A History of Squadron*, *Royal Air Force*, p. 65.

了约定的交叉口，没有人，只有一名不明状况的宪兵，送他们去要塞。他们驾车通过战后城市的废墟，怀特感受到了那荒凉的压迫气氛，接着经过锡袍国王宫殿的遗址，直到游行集合场。印度第19师就在市政厅，这里有斯利姆、梅瑟维和三位师长。怀特后来写道：“也许是非常恰巧，多塞特郡团不请自来，正好代表第2师，因为我们（多塞特郡团）和骑兵卫队的第3大队正好是第2师唯一参加曼德勒战役的队伍。”

更巧的是，多塞特郡团都戴着阿瓦战斗荣誉勋章，那是为1824年至1826年的缅战所颁，但那次没有进入曼德勒。另一个奇怪的巧合是，达弗林阿瓦侯爵四世就在3月23日，在阿瓦和达弗林之间，与印度战地广播单位在一起时遭遇埋伏被杀。① 正当第72旅开进来之时，国旗在达弗林要塞被升起。斯利姆说是里斯升的，官方史说是皇家炮兵第134团的一名炮手升的。到了正式阅兵典礼时，斯利姆又重复升旗仪式，确保每个人都了解，是许多师的合作才能夺取曼德勒，“取得曼德勒，是在密铁拉及其他各处，以及附近所有地区作战胜利的结果。我的每一个师都扮演好了它的角色，这是整支军队的胜利。我想，把事实说明白，对每个人都好”。②

---

① O. G. White, *Straight on for Tokyo: The War History of the 2nd Battalion the Dorsetshire Regiment (54th Foot)*, p. 262, pp. 266-267. 1886年印度与上缅甸合并时，英国驻印第一个侯爵将自己的名字达弗林作为曼德勒要塞的名字。（S. W. Kirby, op.cit., p. 290, n. 3）

② William Slim, op.cit., p. 470; B. Prasad ed., *Official History of the Indian Armed Forces: Reconquest of Burma, 1942-1945*, Ⅱ, p. 363.

第七章 重槌攻城

攻占密铁拉

The Battering-Ram

摘　要

1944年10月15日，缅北的战争已经重新启动，由中国驻印军中的新1军，向八莫的日军第2师团及缅北的第18与第49师团展开攻击。12月，再挺进南坎，进攻第18师团、第49师团残部。1945年2月9日至3月26日，又推进至新维、腊戌，击溃第18师团及第2师团。

敌对的英日双方，对密铁拉的重要性看法不同。斯利姆认为要引诱日军到伊洛瓦底江畔宽阔的乡野进行坦克战，密铁拉是重要的兵站，须先占领。日军却不相信敌军会如此深入后方。

英日战火在1945年2月17日重燃，以英印第17师的装甲旅为前导，越过伊洛瓦底江，四天之后，从桥头堡发起攻击。针对盟军的坦克，日军除负险抗拒之外，更由单兵对坦克展开自杀式攻击。日第15军高层已出现情报短缺，甚至严重错估敌情的窘境，故迟至3月10日才改守势为攻势，向密铁拉急行军反攻。无奈英军在2月26日开始行动，早在2月28日即已基本攻下该城。

就像斯利姆打科希马一样，日军在密铁拉又被打了个措手不及。日军当地并无战斗部队，所以由第2野战输送司令官粕谷留吉（Kasuya）少将负责指挥。如此重要的后勤兵站中心，拥有东西南北四座机场的所在地，没有按照日本陆军一般的战法，却是由跟战斗最不相关的辎重部队负责防守。尽管盟军使用空降部队进行远程渗透的能力早已获得证实，而由于缺乏情报，木村的司令部对距离伊洛瓦底江畔只有80英里的当地防御没有准备任何的应变措施，最终当然失去密铁拉。密铁拉被攻取，粉碎了缅甸方面军司令官木村想重整缅甸中部战局的所有机会。

但在英军扫荡期间，各地日军仍就地英勇防卫，其工兵甚至使用自杀队以摧毁敌军。可惜所有电信通信网络几乎全断，使第18、第49、第31等师团，也就是第33军与第15军之间，甚至与位于仰光的方面军总部的空中通信全部失灵；无法探测敌情，指挥当然也失败了。

中国军队廖耀湘原新6军的第50师，与英第36师于1945年3月29日在皎梅会师。对手则为守在仁安羌油田区与伊江流域之间日第28军，该军面对自地面与空中多方袭来的联军，已无力再战。作者刻画的日军处理本军伤患的手法，则令人发指。

第56回 坦克疾驰密铁拉

虽然斯利姆轻视曼德勒的战略价值，但日军在失去曼德勒后，发现自己的处境并不一样。高层指挥部不是很愿意承认“谁控制曼德勒，谁就控制缅甸”这说法，但该城的失守，让日军与缅甸国民军之间已经摇摇欲坠的关系更加受到冲击。从纯军事的层面来说，这意味着他们到第15军与第33军的后方联络线崩溃了；而眉谬的陷落，则代表位于北掸邦的第56师团遭到孤立。但是密铁拉被攻取，才最终粉碎了缅甸方面军司令官木村想重整缅甸中部战局的所有机会。

印军官方战史将攻占曼德勒的重要性列于密铁拉战役之后；日本则刚好相反，日方的直觉是对的。对斯利姆而言，密铁拉是“致命一击”①，对埃文斯而言，是“决定性的战役”②。当然，埃文斯早就预备好了发起猛攻的跳板。他在桥头堡东侧的木各具，以及西侧的色漂，阻止了日军的双面夹击，并攻占了位于伊洛瓦底江与钦敦江汇流处附近的敏建，确保斯利姆的部队可以获得来自葛礼瓦的水运补给。敏建在稍后成了第14集团军主要的后勤补给基地。攻取这地方并不容易，因为日本人正从木各具撤往敏建。一些实际的例证可以让我们明白，将日本人从敏建赶出去须经历怎样的硬仗。在进攻的过程中，埃文斯的手下一口气获颁了两枚维多利亚十字勋章——这两人都是旁遮普第15团第4营的锡克兵。③

考恩少将的印度第17师，在1945年2月17日渡过了伊洛瓦底江，四

---

① William Slim, *Defeat into Victory*, p. 235.
② Geoffrey Evans, *Slim*, p. 196.
③ Geoffrey Evans, *The Desert and the Jungle*, p. 136.

天后由桥头堡发起攻击。因为是由装甲第255旅担任先锋，战场上也就无可避免地充满着骑兵的风貌。该旅包括了皇家装甲第116团，一支原本由戈登高地（Gordon Highlanders）本土步兵预备队[1]改编为反坦克部队，然后再转为皇家装甲团的部队；除此之外，还有印度陆军第9骑兵团（皇家德干骑兵，Royal Deccan Horse）与第5枪骑兵团（普罗宾骑兵，Probyn's Horse）——他们喜欢自视为印度版的皇家近卫骑兵团（the Blues）。装甲部队的指挥官是霍德森骑兵团（Hodson Horse）出身，具有冒险精神、高瘦而有着引人注目罗马鼻的迈尔斯·斯米顿（Miles Smeeton）上校。在他所著的《变化的丛林》（*A Change of Jungles*）[2]一书中，留下了对密铁拉战役生动活泼的记述。该旅的机械化步兵为印度孟买掷弹兵第4团第4营，第225旅旅长由一位极为优秀的骑兵队长，同时也是国际马球选手克劳德·珀特（Claud Pert）上校指挥。他在围攻英帕尔时，担任印度第254独立装甲旅的副旅长。

远在密铁拉整体作战计划在斯利姆心中成形之前，1944年9月，他就曾为了视察该旅而前往英帕尔。一旦英第14集团军进入缅甸中部的开阔地带，将是装甲部队大展身手的好机会。当被领着在旅内到处视察时，他对着旅副官阿拉斯代尔·塔克（Alasdair Tuck）少校当面提问："什么是使用装甲部队最重要的原则？"塔克照本宣科地答道：机动打击力，保护步兵。但斯利姆打断他的回答说："这些答案我都知道，但**最最最**重要的是**可靠性！**"如果发生机械故障，坦克反而会变成累赘。他继续问道："这些雪曼坦克（M-4）的妥善率如何？""非常好，长官，"塔克回答，"如果有足够的燃料与重要的零件，还有能在夜间进行维修保养的话。"斯利姆回喝道："你说的最好是对的。"然后就跳上了

① 译注：即Gordon Highlanders territorial unit。戈登高地本土陆军不是全职军人，一般是志愿军，其成员须在平民职业外，每年参与至少19至27天的军事训练。

② Miles Smeeton, *A Change of Jungles*, 1962. 同时纳入其指挥的还有第11轻骑兵团的B小队。

他的吉普车，扬长而去。[①]

为了抵达攻击发起线，坦克靠着自己的履带前进，行驶超过了履带能承受的距离。因为坦克运输车载着坦克从英帕尔顺着河谷一路往下开，早已超过极限而经常抛锚。（非常奇妙的是，坦克运输营的成员几乎都是来自英格兰的同一家巡回剧团，这些人包括了演员、电工与舞台工作人员，他们经常将两辆拖车连接在一起就地开演。）而且这些破烂的车辆，轰隆隆地驶过充满锯断树桩与坑洞的道路时，常常还得要雪曼坦克协助拖救，这就是为什么路程的最后三分之一，坦克都是靠履带自力完成的。在行驶了210英里后，坦克运输车终于在马维（Mawle）报废。坦克自力机动的缺点是，尽管移动得比较快，却会将单线道路破坏成烂泥地，并因而导致极为可怕的意外。当斯米顿的吉普车司机准备将一条信息传给他时，突然在指挥官的雪曼坦克旁的烂泥中打滑，司机伸手挡开试图避免撞到车子，却反而被卷进坦克的悬挂系统里。

留下戈登的高地部队作为第7师的装甲部队[②]，第225旅在2月18日开始横渡伊江，当其中一辆德干骑兵团坦克正由筏子载着渡河之时，一架日军战斗机突然出现，并以机枪扫射。操筏的工兵跳进水里攀附着运筏的两舷，运筏就这样在河中央缓缓地转圈。坦克组员用炮塔上的勃朗宁防空机枪，对着尾随而来的两架战斗机连续射击。但这两架却不是敌机，而是追击日军奥斯卡（隼）战机的英军飓风式战斗机。这时正在刮胡子的副旅长拉尔夫·扬格上校，在堤防上愤怒地跳上跳下（不过双方都没有任何损失）。

---

① 阿拉斯代尔·塔克上校，《关于第255独立坦克旅（Independent Tank Brigade）在1944年占领密铁拉的记录》，共18页，附有地图，1979年塔克与作者艾伦的私人联系。（在战争期间塔克是少校）

② 译注：即第116装甲团。

从良乌桥头堡到密铁拉有80英里远，沿途路况艰难，坦克须滑下峡谷的干河床，再爬上另外一边，扬起漫天尘土。他们通过的虽然是丛林，但简直就是在进行沙漠之战。第一天他们仅仅前进了15英里。

当第二天进攻欧英村（Oyin）时，遭遇初次抵抗。由东沙镇（Taungtha）通往密铁拉的两条道路中的一条，经过欧英村，一道泥土堆成的堤岸，仙人掌丛、高耸的树林以及挖了地下室的民宅，成为日军第2师团第16联队狙击手绝佳的隐蔽所。拉普特第6团第5营是掩护坦克的步兵，却很快被敌人火力所压制。这些步兵就像斯米顿所想的一样，希望坦克先去扫荡村庄，让他们的挺进更容易些。但坦克却因为已和步兵分开，对自己的脆弱情况深感不安；尽管坦克装有车外电话，但理论上坦克与步兵的通信并不容易。当前导坦克进入欧英村时，一名日本兵突然冲出藏身处，纵身钻进中队指挥官的坦克底盘下，引爆一箱炸药，杀死了自己以及锡克驾驶兵，坦克停止了前进。[①]

这是一种常见的对坦克的自杀攻击模式。木制的箱子里填满了黄色火药（picric acid）[②]，箱子连上一条起爆用的引信，捆在士兵的胸前，他扑向引擎排气口或履带之间，然后就拉出引信。坦克的安全有赖于坦克乘组的警觉与步兵的注意[③]，斯米顿看着冲过来的日本兵的面容，感到十分惊愕，“他们带着决心与因绝望而强烈苦恼的表情，以微不足道的力量来对抗如此庞大的军队。这种不顾一切的勇气吾人知之甚微，却令人惊愕、敬佩与怜悯……”[④]

斯米顿对日本人的天性越发好奇。欧英村之战结束，日军阵亡了差不多200人，在拉普特兵伤亡的70人之中，包括了阵亡的拉普特连长，

① Miles Smeeton, op.cit., p. 89.
② 译注：苦味酸（picric acid），即日军使用的下濑火药，也就是黄色火药。
③ Tuck MS, p. 12.
④ Miles Smeeton, op.cit., p. 90.

还有一名坦克车长的头部被射穿。[①]他走回村庄，跨过了散兵坑，看到日本兵的尸体横陈，有些被子弹打烂了，有些尸体的军服正冒着烟。接着他注意到“这些日本兵令人惊讶地相貌端正、体格强健与年轻”。这跟他所见惯的宣传漫画完全不同，他只能坦率地承认这些日本兵的勇敢：“如果英军团队面对有绝对优势的敌人对抗时，能像日本兵一样勇敢的话，这样的故事将永存于历史吧。但是对日本人来说，这样的作战却是司空见惯的……”[②]塔克则思考，像这样的顽强精神，表明往后他们必须要解决的日本军人有多少：答案是全部。[③]

就在欧英村战斗发生的2月22日这一天，盟军飞机飞越密铁拉上空投下传单。一名缅甸方面军司令部的军属[④]吉市繁光（Yoshiichi）当时正在密铁拉，捡起一张传单读了起来。这是一份警告，写着：“我们说要轰炸曼德勒的话，就一定会轰炸。我们说要轰炸阿马拉布拉（Amarapura）的话，就一定会轰炸。盟军空军已经决定要在2月23日轰炸密铁拉的补给设施。非战斗人员以及珍惜自己生命的人，劝你们在盟军飞机飞临时，撤到三英里之外的地方。”[⑤]

吉市并不知道曼德勒跟阿马拉布拉是什么地方，但他很认真地看待这个威胁。文件被疏散，而作战人员则奉命坚守各自岗位。23日下午2点钟，敌机出现了，仅仅只有三架飞机，而且他们朝着军官宿舍投下的100磅炸弹，不是成了未爆弹就是根本丢偏了。之后，出于某种吉市无法理解的原因，敌机猛烈地轰击了位于日军防线以东一英里的村民茅舍。

当晚，有很重要的参谋会议，来自各方的汽车开到了密铁拉。南方

---

① 斯米顿认为坦克作战经常因过于小心而受限制，因而拒绝让坦克指挥官关闭炮塔。其结果则是，五名坦克指挥官被击穿头部，但他仍坚持这种作战方式的优点值得冒险。
② Miles Smeeton, op.cit., p. 91.
③ Tuck MS, p. 12.
④ 军属是在陆军服务的文职人员。
⑤ 吉市繁光，《缅甸军属物语》，页212—213。

军总参谋长沼田多稼藏（Takazō）中将也为了与驻缅甸各军的参谋长讨论未来的计划，而从西贡抵达密铁拉。会议由田中新一中将主持，此时他以木村缅甸方面军参谋长的身份，在掸邦的格劳设置了前进战术指挥所。

吉市奉命担任与会人员的接待。保密措施是如此严密，甚至在给长官们送茶水时也是如此，他是唯一获准进入会议室的人，就算是准备要送茶水进去时，还得先由一个站在会议室外50码的人确认身份。会议场所在距离湖畔的军官宿舍200码的一栋大型建筑内，会场前有哨兵来回巡逻，前门与后门出口也有卫兵站岗。吉市试着告诉他的部队长，他觉得会议的消息已经泄露，而这就是为什么轰炸突袭变得如此具有引导性。或许英军真的打算在会议当天来一场空袭也说不定，但长官却告诉他管好自己的事就好。①

曼德勒遭到包围，盟军的桥头堡越过伊洛瓦底江，敲开了日军第31师团的防线，迫使日第28军推迟与第15军的会师，缅甸中部地区的日军陷入“八方塞がり”——也就是“全面被包围”的境地。这场会议得要解决这些问题。首要的议题是：第15军还能够在伊洛瓦底江西岸发起一场攻势行动吗？时间虽然稍微迟了点，但缅甸方面军私下表明希望这场行动是可能的。原本木村已经决定不在瑞保平原进行大规模会战，但这时情况不同了。由于获得了第18师团与第72独立混成旅团的增援，第15军打算从实皆的坚固据点发起前进攻势。如果这场从3月10日左右发动的攻势作战可以持续两个星期的话，所获的战果将极为丰硕。

第15军表明了希望沿着下列轴线行动的立场。第33师团与第72独

① 吉市繁光，《缅甸军属物语》，页213—214。“日本的记录并不确定这场会议的真正日期，但认为是在2月23日举行”，这是英国官方历史的记载（S. W. Kirby, *The War Against Japan*, Ⅳ, p. 272, n.3）。从吉市繁光的书与《伊洛瓦底会战》的记载看，参谋军官在2月23日的傍晚集合，而会议则是在次日举行。

立混成旅团，从敏建北边渡过伊江发动攻势；位于曼德勒北方的第18师团与第53师团，希望尽可能地在穆河下游地区将英军捕捉、包围。为此，第53师团将以敏建与曼德勒之间所有的兵力据守伊洛瓦底江南岸（也就是东岸）。[①]

这些计划只是白日梦般的呓语。当田中希望第15军在伊洛瓦底江两岸的作战尽可能地保持弹性，而向沼田要求额外的空中支援时，沼田却什么都没有回答。局势的变化之快，远超过他们想象。当参谋们还在密铁拉修改这份徒劳无功的计划时，英军印度第17师与第255装甲旅的前锋部队已经排除了轻微的抵抗，从西南向东沙发起猛烈攻击。当地距离日军开会的地点不到43英里。普罗宾骑兵团与第63步兵旅在当天下午抵达时，宣称已经征服了韦朗（Welaung）至东沙一线的各村落，并在其中一村的交战中歼灭了65名日军。

即便如此，第255装甲旅的塔克少校仍旧感到不安：他觉得该旅不应该在此停止与敌人交战，而是应该一鼓作气突破日军防线，不顾任何抵抗朝密铁拉疾驰挺进。毫无疑问，坦克可以轻而易举地达到目标，但这样就无法完全肃清道路上的残敌。躲在道路旁村落中的日军在坦克部队通过后，可以轻易地封锁道路，埋伏那些缺乏装甲部队保护的步兵运输车辆。当塔克发现东起默莱（Mahlaing），西从韦朗到东沙间的道路所形成的三角地带中有“日军的狙击手在小灌木丛生的荒野里爬来爬去”时，他清楚地意识到这一点。[②]俾路支团第7营（7 Baluch）在扫荡这些日军的过程中，歼灭超过100人。

对所有发生的事，田中的会议上仍幸福得一无所知。尽管考恩的部队从桥头堡发起攻势已经过了三天，从22日起就一直在欧英村持续与日

---

① OCH《伊洛瓦底会战》，页152。

② Tuck MS, p. 14.

军交战。但很不凑巧地，与普罗宾骑兵团交战的左京福藏（Sakyō）少佐的第16联队第2大队连一台无线电发报机都没有，因此包含东沙的战况在内，日军高层对一切都毫无所悉。如果能取得来自第53师团的情报，日军应该会立刻停止“在伊江西岸攻击英第14集团军”这类推测。

事实上，当高参们散会，各自返回驻地的三小时后，一封来自驻防于敏建南方的小部队的紧急电报传到了密铁拉：“木各具方面的敌军已经渡过伊江侵犯东沙。东沙的敌军推断为由两辆坦克前导、搭载约80人的8部车。”第二天早上（2月25日），第二份报告抵达：“在东沙的敌军似朝向默莱前进，以4辆坦克为前导，共有20辆卡车，兵力300名。”当吉市注意到估计的敌军兵力增加了时，他惊觉如果英军冲得够快，将会在三个小时内抵达密铁拉。[①]这自然而然地让他心神不宁起来，密铁拉没有防御工事，也几乎没有武器。后勤补给人员都是无武装的，倒是守备队为了防卫缅甸中部最具重要价值的机场群，配属了第52与第84两个机场大队，以及第36野战高射炮大队。因为密铁拉是个大型军医院区，所以是收容伤患或者后勤部队的第107兵站医院之所在。后勤军官们召开了一场紧急会议，立即通知邻近的战斗部队，将采取措施扣留其他部队在密铁拉城内的兵员。这些人员编成了一个讨伐中队。密铁拉大约有4000名日军，但战力却相当低下。[②]

奉命负责传令的吉市繁光，前往寻访4名还待在总部宿舍的军官，却发现许多人在早上就已经离开了。他尽可能礼貌地告诉这些军官，他们不可自行回到所属部队，如果他们未经许可离开密铁拉的话，将会以逃亡罪论处。

当吉市告诉他们早上收到的两份报告的内容时，“是不是哪里搞错

---

① 吉市繁光，《缅甸军属物语》，页212—213。

② “这些人的总数约12000”，斯利姆写道（William Slim, op.cit., p. 42），但这个数字对这个城镇而言并不真实，只是后来从第17师集结而成的部队的人数近似值。

了？”其中一个军官争辩说道，“敌人能如此深入这种后方地带，是怎么一回事？”第53师团的报告中提到，观察到2000部车与坦克正朝着密铁拉而来，他们如果收到这份报告，就不会那么怀疑了。这封紧急电报是在2月24日下午由东沙北方的第53师团发出。①第53师团的值班军官报告：在博巴山区（Mount Popa）看到装甲纵队朝东移动，并给出了“坦克与卡车，至少2000辆”的数字。但该报告却未记载发现敌军的日期与时刻。②第53师团发送了这份电报，其他各部队则是在2月24日收到它。第33师团师团长田中信男中将在日记中记下了这封电报的日期；但是田中师团长对此也表示怀疑，他在日记中写下“这数字太高了”，因为他收到了来自英军桥头堡附近的第214联队联队长作间乔宜大佐的另一份报告，报告中宣称敌军兵力为30辆坦克与300辆卡车。③就在同一天，第33师团参谋三浦佑照少佐也在博巴山上，他立刻打电话向第15军司令部紧急通报类似的数字。但接到这通电话的姓名不详的参谋军官，听到三浦回报的数字时只说了句：“别犯白痴！”然后就把电话挂掉了。④就这样，无论是第15军司令部也好，第33师团司令部也好，在第一时间都抱持相当怀疑的态度。

就像斯利姆当初打科希马一样，日军在密铁拉又被打了个措手不及。由于当地没有战斗部队，所以由第2野战运输司令官粕谷留吉少将负责指挥。如此重要的兵站中心，拥有东西南北四座机场的所在地，却没有按照日本陆军一般的战法，而是由跟战斗最不相关的辎重部队负责防守。尽管盟军使用空降部队进行远程渗透的能力早已获得证实，但木村的司令部对距离伊洛瓦底江畔只有80英里的该处的防御竟然没有准备

---

① OCH《伊洛瓦底会战》，页162。
② OCH《伊洛瓦底会战》，页564。
③ OCH《伊洛瓦底会战》，页564。
④ OCH《伊洛瓦底会战》，页564—565。

任何的应变措施，实在是太令人惊讶了。

第15军司令部在25日收到第53师团的信息。如此重要的电报，竟花了整整一天的时间才传到高级司令部，正反映了第15军的新任参谋们欠缺危机感的状况。辻政信大佐当时正被借调到第15军司令部，却看出了这封电报是缅甸战争新阶段开始的征兆。当他刚抵达第15军司令部时，被安排睡在一个小帐篷内。清晨，走出帐篷，脚趾触及冰冷的沙，让他感觉相当愉快。到了他在行军床前用脸盆里的冷水梳洗时，参谋胁坂一雄（Wakizaka）少佐带着一封电报走来。这封来自第53师团参谋长的电报声称“目击到的坦克数至少100辆以上，卡车约超过1000辆”。[①]辻政信强烈要求第15军司令官片村投入所有战力来防卫密铁拉。片村同意了这项要求，但此时已经是27日了。对于第15军所传来的这封电报，位于仰光的缅甸方面军司令部如此答复：“密铁拉方面之敌不足为惧……贵部应继续朝在伊洛瓦底江畔进行决战的目标迈进。”片村可不服输，因而回电道：“密铁拉战局骤变，究竟是否仅为战场上的局部扰动，以后可由事实证明。但方面军司令部不可将此现况以局部扰动等闲视之。”[②]这些往返电报的语句显示了两位指挥官之间缺乏互信与互敬。日本的战史认为其原因恐怕与电报通信的缺陷，或是缅甸方面军对此情报抱着某种怀疑有关。也就是说方面军司令部与下级部队的某些人，怀疑这封电报将“原来的”数字200误加了一个“0”。至于“原来的”数字，是从驻缅日军参加地区性山地作战所习惯的数量而来的。方面军参谋长田中新一几天前才在密铁拉待过，这让他回忆起1943年对温盖特远征军的出现也有过类似的紧张状况，尽管如此，英帕尔作战计划还是继续进行了下去。如果缅甸方面军将充作预备队的第49师团（欠两个联

① 辻政信，《十五比一》，页225。
② OCH《伊洛瓦底会战》，页163。

队）迅速派去支援，应该足以应付对密铁拉的奇袭，而无损于对伊洛瓦底江畔威胁的防备部署。

日军通信部队的相关人员否定了这个“0”造成错误的说法。第49师团参谋古贺俊次（Koga Shunji）少佐根据担任缅甸方面军司令部电报班班长的经验，认为这种说法是不可能的事：“电报通信最要求注意的就是数字，电码是根据数字与符号双重发信，所以无论是把2000变成200，或是相反的情形，都绝对不可能发生。另外，当时担任情报主任的铃木中尉，他在战争结束时自杀，他是公认尽忠职守的人，完全无法想象他会随便在电报上漏掉一个‘0’。”①

相反，曾任缅甸方面军司令部情报主任参谋的河野公一佐（Kōno Kōichi）少佐，却推测可能是方面军电报班自行将电文的最后一个“0”删掉再交给参谋部。无论是谁干的，误读情报的责任绝对不在发报的第15军，而是在收报的缅甸方面军电报班或参谋身上。

第15军司令官片村下定决心推动“密铁拉会战计划”了。由第15军的炮兵主力与第18师团，以及第15师团、第33师团各抽出一个步兵联队，从3月10日起向密铁拉发动攻势，而伊江防线的各师团在这段时间则采取守势。第2野战运输司令官粕谷少将负责指挥密铁拉当地部队，以确保车站区。缅甸方面军对该计划表示强烈反对。田中参谋长强硬地主张应继续既定的作战方针，但方面军司令官木村却斥退了田中的反对而接受了片村的方案。片村下令第18师团从掸邦急行军，并将第31师团的重炮兵大部、第14战车联队、第119步兵联队，以及第33师团的第214步兵联队派往密铁拉。很显然，上述作为将迅速削弱这些师团的持续作战能力，但这时木村已确信密铁拉方面的危机将是致命性的。

① OCH《伊洛瓦底会战》，页164。
译注：发文的第15军的数字是2000，方面军得到的数字是200。

第57回 进占密铁拉

2月26日下午2时以前，德干骑兵团已经抵达位于密铁拉北边15英里的达布贡（Thabutkon）机场跑道。一路上，他们通过小河交错的宽阔田野，有时候坦克还得拖着卡车才能渡过满是沙砾的河床。机场在考恩的计划中极为重要。师部的工兵清理完机场跑道后，留在普勒尔的第99旅（托弗，Torver）就可以空运进来。3月2日之前，该旅在毫无意外伤亡状况下完成了移防，坦克燃料也以空投补给的方式取得，尽管达布贡在这一两天曾遭受零星的步枪与机枪攻击。[①]

27日，发生了一点小冲突。轻骑兵第16团的装甲车辆在前往密铁拉方向侦察时，于距离密铁拉8英里处遭遇强烈抵抗。日军把横跨小河的石桥炸掉并埋设地雷，又在道路两旁挖了宽约150码的战壕与铁丝网阵地，还有大量的机枪以及75毫米炮与105毫米炮的支援。第63步兵旅协同普罗宾骑兵团与第129野战炮兵团突入该阵地，一场教科书式的典型战斗于焉发生。边防第9团与普罗宾骑兵团A营向北迂回，破坏了日军炮兵阵地，封锁了日军后方。轻骑兵第16团的装甲车辆虽然对桥梁进行正面攻击，但遭受日军炮兵近距离射击而被迫撤退，故呼叫美国陆军航空队的P-47雷霆式战斗机空中支援。随后，装甲车辆让出道路，改由普罗宾骑兵团C营协同一个步兵营去攻击桥头堡，雪曼坦克穿越雷区与狙击手的间隙，横越道路上的壕沟向前突进，然后日军就溃散了。当他们撤往密铁拉时，埋伏的A营从他们的路障后向日军开火。这场战斗造成80名日军伤亡并俘获了数门火炮，但塔克所记得的，却是美国陆军航空

---

① Bryan Perrett, *Tank Tracks to Rangoon*, p. 165.

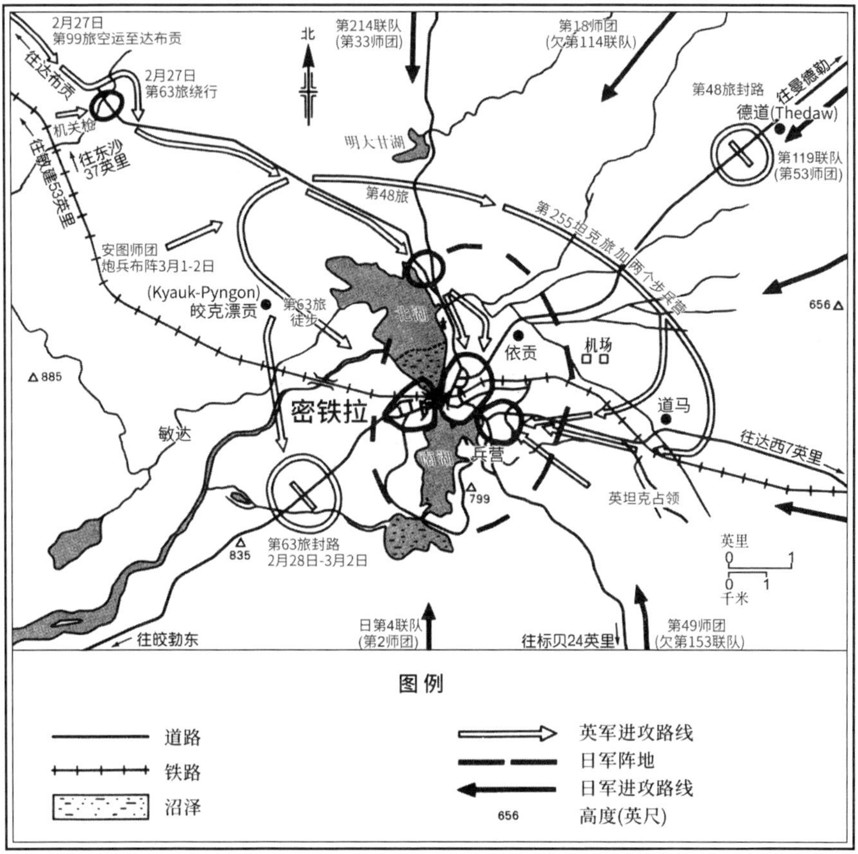

图7-1　密铁拉围城及占领

队方面可怕的灾难。

第255旅有个与塔克非常友善又相当有趣的美军联络官，不久后，塔克忍不住问他，为什么他的吉普车那么臭。这个美国人回答他说，他看到一架雷霆战机的飞行员在俯冲投弹之后拉起机头太晚，结果机尾撞上地面。这位联络官相信那个孩子在美国的双亲应该想见他最后一面，所以将飞行员的残余尸块集中在尸袋中，放在吉普车的工具箱里。塔克拜托他将尸体埋了，把飞行员的兵籍牌连同参考地图送给他在美国的双亲，等到以后再搜集遗骸。最初，这位联络官颇为不愿，但二十四小时后，缅甸中部的高温让他不得不屈服了。

那一天，2月28日，考恩完成对密铁拉的攻击准备。由于密铁拉机场对维持补给非常重要，所以必须不计一切代价拿下。在日军重新夺回东沙后，与桥头堡的联络道路被重新使用，原本日军与第48步兵旅在东沙激战，但该旅后来加入了考恩第17师对密铁拉的进攻。这些湖泊的几何形状决定了进攻的形态。在地图上，密铁拉的北湖与南湖由一条狭长的水道相连，看起来就像是一只被人用手从中间紧紧抓着的气球。北湖朝西蜿蜒，水袋状的南湖覆盖着由南边来的路线。铁路与公路由12英里之外的达西从东边进入。这条铁路支线继续通往敏建，因为曼德勒往仰光的主线没有直接经过密铁拉。从北方80英里开外的曼德勒来的公路，穿越市镇的东北，在北机场与东机场之间。往西南方就是通往皎勃东与油田的道路，而西北方则通往默莱与东沙。

密铁拉本身横跨两湖中间的狭长水域，而日军的兵站区则是设在镇北边2到3英里的北湖湖畔。在承平时期，密铁拉是一个美丽的地方。从它高雅的红砖建筑与树林中的舒适别墅，可以眺望西南方圆锥形的博巴山。树林中满是小鸟与蝴蝶飞舞，破晓的天空染上橘黄与金黄的色彩；从高处俯瞰市镇，金黄色的佛塔在耀眼的晨光中闪烁。炎热的三四月间，尽管水位下降，但拜湖水之赐还是带来了一抹凉意。城镇的四周围绕着600到900英尺高的山丘，流经城镇边缘的河流冲刷出了东面的峭壁。2月与3月间，河流几乎是干涸的，但这些村庄中偶有井水可用。这里的森林不像缅甸其他地方那样繁茂，低矮的荆棘让行走变得痛苦难耐。仙人掌与英国的不同，相当坚硬与尖锐，让人想起日军带刺的铁丝网。红土很坚硬，挖掘它很费力。城镇东边的土地虽然早已开发，但西边的耕地还是稀稀落落。3、4、5月间的酷暑与缺水意味着除了棉花、花生与豆子之外，没什么东西长得出来，它与曼德勒、瑞保或皎施（Kyaukse）周遭的肥沃土地正好相反，那些地方盛产稻米、烟草、洋葱与其他蔬菜。然而，日本本土的仲夏时分，令人窒息的溽暑比密铁拉40摄氏度的高温更为难耐。对在此疗养的日本兵而言，2月的密铁拉真是沙漠中的绿洲。

条件就是这么刚好，正如同在曼德勒将丛林战转变为中世纪的围城战般，在密铁拉，战局又走向了沙漠战，这对英军而言再好不过了。因为军长弗兰克·梅瑟维（Frank Messervy）曾经在北非西部沙漠指挥过大名鼎鼎的第7装甲师。

考恩奉令不得擅自独断进攻密铁拉。对梅瑟维与斯利姆而言，太多事取决于密铁拉，要搔痒处正好就在这个点上。因此考恩就在军司令官与集团军司令官都“掐住”他脖子的状况下，进行了这一计划与作战行动。对斯利姆而言，密铁拉的风光并不重要，他在乎的是强大的日军防御阵地。[①]房屋与弹药库提供了坚强的据点，两片湖泊覆盖了从西边与南边接近的路线，使道路变成了狭窄的堤道。敌军炮火可以轻易封锁道路，也让坦克没有机动的空间，它们会受到四周农村遍布的灌溉水道影响而减缓前进速度。市中心区的宽度差不多就是1200码，火车站就在里面。市镇的东南方，有一座高程800英尺的台地，长约1000码，

① William Slim, *Defeat into Victory*, pp. 442- 443.

宽则约500码，公路与铁路桥梁行经其上，另外有一些砖造平房位于山丘的南边。再往西超过3000码，就是注入湖里的蒙代溪（Mordaing Chaung）的铁桥。①

斯利姆带着沉重的心情前来视察突击。因为2月23日，蒋中正以中国将要发动一场大攻势为由，要求驻缅美军②与中国军队全数离开缅甸撤回中国。在回国之前，他们不能超过腊戍到昔卜（西保）再到皎梅一线，这条线位于曼德勒东北80英里，蒋建议蒙巴顿在那里停下来，而后者对第14集团军停止于此提出抗议。虽然旧都曼德勒一旦收复，英军第36师就将继续南下接替印度第19师，但北部战区司令部已经几乎停止了对敌行动，这让木村能够将其部队转至南方。无独有偶，斯利姆在密铁拉与其他地区作战所需的飞机，也将转用于补给第36师及载运中国军队回国；但直到坦克部队向密铁拉挺进之前，他对此事仍一无所知。

蒙巴顿争辩说，他没有多余的运输机可以从缅北释出，这些飞机是分配给全缅，而不只是供北部战区司令部使用。第36师没有义务在中国军队撤出后接手北部战区司令部的任务，更何况又要将运输机拱手让人③，这种事实在难以接受。英军总参谋长向美军参谋长联席会议表示支持蒙巴顿的看法，而丘吉尔在3月30日也私函致信马歇尔，强调在攻克仰光之前，都需要确保斯利姆能使用这批飞机。马歇尔的回复让东南亚战区司令部松了一口气，他声称没有任何意图要在6月1日或攻克仰光之前，撤走东南亚地区的航空部队。然而，这对斯利姆来说却又是一个不小的刺激，因为这代表他最晚在5月底之前，就必须打进仰光。从密铁拉到仰光之间，可没有停下来摸鱼打混的时间。如果没攻下仰光，等

---

① Tuck MS, p. 17.

② 用步兵的术语来说，第5332旅就是著名的火神旅（MARS Brigade）和“加拉哈德”（GALAHAD）的继承者。

③ Mountbatten, *Report*, pp. 134-135.

到雨季来临的时候，斯利姆就等着陷入运送补给却没有港口可用、飞机又撤了个精光的窘境了。[①]

斯利姆心头挂念着这些事，他与梅瑟维一同乘美国陆军航空队的B-25轰炸机飞往前线，因为英国皇家空军以达布贡机场不够安全为由拒绝载他："我所听到的是，皇家空军非常乐意随时载我的参谋到任何地方，但是不能载我，也不能去密铁拉，现在不行。"[②]但斯利姆到了，发现达布贡非常平静，尽管远方不时传来一些炮声，偶有日军尸体在跑道旁。然后考恩开着吉普车，带他与梅瑟维进入"本次作战中最艰苦的恶战"。[③]

考恩计划用第255装甲旅，从小镇的北边实行大范围的环绕，同时用第48旅突击日军在北湖边上据点的军事设施。第63旅负责封锁通往西南方的稍埠的道路，阻止日军从仁安羌前来增援，然后从西边攻入密铁拉。装甲部队将会以半圆形的包围拿下东机场，并经由日军营区攻入镇内。师部炮兵则集中在第63旅后方几英里之处，在步兵营的屏障下，掩护整个作战行动。

主攻由东面发起，考恩将炮兵与空中打击部队部署于第255旅下，此旅也指挥一个25磅自行火炮的炮兵连。该旅首先攻占了俯瞰密铁拉东侧的制高点859高地，步兵随即跟上，在一阵强大且精准的空中轰炸之后，步兵对城区发起攻击；但是在最后一刻赶来的粕谷部队的抵抗却极为猛烈。日军炮兵正面迎击英军坦克，从一组碉堡工事中，狙击手大量地将火力倾泻在挺进中的步兵身上。攻击最远深入到了火车站。当黑夜降临，考恩不想将坦克停在废墟中，命令他们撤退到密铁拉郊外两英里处。为了确保守住已夺取的阵地，考恩派遣了巡逻队；但无可避免的

---

① Ronald Lewin, *Slim*, p. 224.
② William Slim, op.cit., p. 446.
③ William Slim, op.cit., p. 447.

是，在接下来几个小时的暗夜中，执拗的日军又再次渗透进来，收复原本失守的阵地。

随着战况的进展，塔克注意到虽然粑谷并不缺乏包括75毫米山炮与105毫米榴弹炮在内的步兵武器，但几乎没有可供反坦克使用的高射炮，也没有反坦克地雷。后来塔克才听说，日军以一种特殊的方法运用高射机关枪与250千克航空炸弹；大炮使用穿甲弹的话，尚有机会在50码距离内对坦克产生威胁，但高射机关枪就算直击装甲板也无法贯穿，这就是为什么当天作战结束时，坦克看起来就像是插针的垫子。在某突击点上，当普罗宾骑兵团试图穿越介于铁路与灌溉渠道间的树林时，日军在岸边挖了坑躲在里面，使骑兵团遭受到烈焰的威胁。原来日军早将树林充作汽油补给所，因此当坦克逼近树林时，躲在渠道旁的战壕里的日军就对准汽油桶开火，引发巨大爆炸，将树林化为一片火海。[①]

斯利姆离开考恩，到镇的北边去，在那有第48旅廓尔喀来复枪第7团第1营的两个排，正朝着一座看似毫无防备的草丛密布的小山丘推进。然而，当斯利姆在500码外，拿起他的双筒望远镜一看，映入眼帘的却是枪管过热的重机枪所特有的热烟一缕缕冉冉升起。接着，他还看到了隐藏在山丘上的枪眼，以及听到廓尔喀兵前进时自动武器射击的声浪。在一辆隐藏在坦克壕中的雪曼坦克进行的间歇射击，以及迫击炮射击的掩护下，廓尔喀团发起冲锋。这辆坦克缓缓开出掩体，开了几炮之后，又退回日军碉堡视线之外的坦克壕中。斯利姆一行人步下佛塔的平台，将自己隐蔽在一丛仙人掌后面，以取得更好的观察视野。坦克射击时，先对着掩体的射口发射几枚榴弹，并接着发射实心穿甲弹，接着坦克绕着碉堡后的小树丛转一圈再次射击。这时，一枚流弹竟直直地朝着斯利姆、梅瑟维与到访的美军将领所在之处飞了过来。所幸大部分人迅

---

① Tuck MS, pp. 19-20.

速趴在地上而毫发无伤，但有位美军空勤人员，就没那么幸运，他二话不说，就对着一丛仙人掌直接跳了进去。根据斯利姆的描述，当他爬出来的时候，像极了一个“沾满血的针垫”。

廓尔喀士兵继续前进，把汤普森冲锋枪抵入碉堡射口去扫射内部，6名日军跑出他们的庇护所，被自动步枪撂倒。斯利姆注意到，这群人中有个家伙个子比其他人高，然后坦克炮将他解决了（斯利姆认为其实并不需要特别强调）。这里可不是个让集团军司令官及其麾下军长久待的好地方，却是斯利姆接掌第14集团军以来最接近战斗现场的地点。事实上，斯利姆特别喜欢由他担任荣誉上校的廓尔喀步兵团所完成的这场经典步战协同作战。①

第二天，3月2日，第48旅以逐屋战斗的方式攻击日军，直到将日本人压缩到南湖湖畔为止，同时第63旅则从镇的西边扫荡日军。在第255装甲旅的防线上，日军在3月1日至2日夜间对密铁拉东站发动逆袭，还费心采取了一种手段以期摧毁英军坦克。在沿着坦克前进路线的开阔地上，日军挖了大量的散兵坑，每个坑里都躲了一个士兵。他们在双膝之间放了一枚插好引信、弹尖朝上的250千克飞机用炸弹，然后每个人手上都抓着一块砖头。这个点子是要士兵等到坦克开到他们头顶上时，用砖头对着引信猛敲一下，在爆炸中将自己与坦克一起送往西天。如此，这块区域就成了人肉反坦克地雷阵。

在这场战斗中，最冷静沉着的行动是由德干骑兵（第9骑兵团）中校阿兰·韦克菲尔德（Alan Wakefield）达成的。他并非坦克部队的指挥官，而是在旅中执行情报任务，编制又在原属的骑兵团。他的部队前一天还曾通过这块地区，现在，他注意到地上满是整齐的坑洞。他告诉坦克停止前进，并用坦克炮掩护他。接着他单枪匹马摸向地雷阵，对着每

① William Slim, op.cit., pp. 449-450.

个人肉地雷的脑袋就是一枪。每隔一阵子他就会停下来重新装填弹药，然后再朝着下一排坑洞摸过去。没有任何一个日本兵引爆炸弹——因为他们奉命只能对坦克引爆，但韦克菲尔德并不是坦克——更神奇的是，虽然据守火车站的日军对他开火射击，但韦克菲尔德却奇迹似的毫发无伤。在现场亲眼看到的塔克认为，他的勇气值得颁发一枚维多利亚十字勋章，但韦克菲尔德当时任职中校，所以也就没人推荐他。地面肃清干净了，坦克也就继续前进。[①]

到了3月3日，粕谷拼凑出来的守备队结束了有组织的抵抗。印度第17师开始驱逐残存的狙击手与拿着手榴弹躲在碉堡里的散兵，扫荡企图逃跑的小股日军。在859高地东边，一群逃窜的日军被第255装甲旅所截获，结果共有65人遭击毙。战斗初期还虏获或摧毁了总共有12门炮。[②]由坦克、装甲车与轻装步兵组成的机动纵队，发起了两次大规模扫荡，摧毁了火炮与迫击炮。扫荡行动在4日与5日持续进行，作战结束后，在市区内就清理出了超过2000具的日军尸体。俘虏数则为47人，对日军来说，这是相当大的数字了。此外还有48门火炮为英军所虏获。[③]

塔克认为死亡人数要比清点到的数字多，一部分的原因是日军无心逃跑，反而还常常回到原先的阵地里，甚至医院里的病患也是如此。他这样写道：

> 无法取得武器时，就把削尖的竹竿用火烤硬，充当代用刺刀。没人投降，全部都战到最后。只有极少数人被俘虏，在失去意识或以其他方式丧失行动能力的状态下被囚，甚至这些人之中还有设法成功自杀者。接着好几周，尸体不断地从湖中浮出。许多日本兵因

---

① Tuck MS, p. 21.
② Tuck MS, p. 22.
③ Mountbatten, *Report*, p. 131.

为出口与入口都遭破坏，而葬身于地下碉堡与坑道里。少数幸存下来的要么试着自杀或服毒自尽，要么在经过十来天饥渴之后，因为过于孱弱而无法造成大的伤害，但他们在遭到射杀或被制伏之前，都准备好了要“拼到底”。①

来增援的运输人员以及病院疗养的伤患者，不用说当然是日军第49师团的先遣队第168步兵联队。代号为“狼”的第49师团于1944年8月抵达缅甸之后，一直担任方面军直辖预备队而未曾参与战斗。该师团所辖的第153联队已经于2月14日在色漂，以及稍后在雷瑟（Letse），投入对抗东非部队的作战行动。至于第168联队，更早在1944年8月就与第56师团并肩于云南和缅北，对抗四个军的中国部队，结果该联队从日本出发时的3521人编制中，损失超过600人。1945年2月4日，该联队收到向南撤退到密铁拉的命令。联队在皎施集结，先头部队则是在2月27日抵达密铁拉，其兵力包括联队本部与第1、第2大队的一部分以及两个山炮中队，总计约300人。②

当吉田四郎大佐的第168联队在联队旗的前导下开进密铁拉时，吉市和他的朋友们自我安慰：“现在可以安心了。”“狼部队不是支强悍的部队吗？”“是啊，能及时赶到真是太好了！”士兵们从默莱的道路行军而来，却没有一丝疲态。③当2月28日结束时，吉田联队与英军第48旅在北湖东边的岔路上激战，但是当夜色降临时，日军撤退到湖的西边。他们目睹了考恩的炮兵与空中攻击将密铁拉化为废墟，还有翻起鱼肚白浮着的死鱼，躺在血红的湖面上。

当印度第17师重新发起攻击时，吉田联队仅凭一门放置于湖西的野

① Tuck MS, p. 23.
② SEATIC Bulletin, No. 244, 1946, p. 46.
③ 吉市繁光，《缅甸军属物语》，页237。

炮应战。他们在3月2日早上遭到第63旅以20辆坦克猛攻的全面打击。野战炮一开，阻止了坦克前进，但不久之后英军就找出其位置并将之摧毁。到了下午2点，第1大队的余部与联队本部也完全溃灭，联队长吉田大佐战死。联队的残部与安藤混成大队（由医院伤患组成）[①]一同继续战斗，但有组织的抵抗已逐步遭到粉碎，幸存者向着南方与东方，逃离市镇。

3月3日，清朗耀眼的阳光并没有带来喘息的机会。菊池（Kikuchi）山炮大队用日本人所称的“夕弹”[②]（穿甲弹）在250码的距离上击毁了两辆坦克。但其他坦克继续前进，并从燃烧中的坦克残骸后方朝着两门山炮集中开火，击碎了山炮的炮盾，接着直接命中这两门山炮与炮手。这时山炮大队只剩下一门火炮，菅波（Kasuya）少尉在午后用这门炮与三辆坦克交战，最后他率领残存的部下高呼“万岁”，冲向死亡。在他倒下后，大队长菊池大尉也步上后尘，因伤重而亡。粕谷少将的防空壕入口被手榴弹炸毁。最后，指挥辎重混成中队的岩村大尉的战壕，则是被一辆坦克从上头直接压垮。入夜时分，坦克部队撤退，但步兵留下来与日军守备队在燃烧的建筑物之间交火。粕谷稍早之前已经下达了预料中的命令：“死守密铁拉”，但此时已经无法与上级取得联络，他觉得部下们已经尽力了。[③]粕谷向身边仅剩的30到40名残存者下令“向东突围到达西”。他将他们分成数个小组，从考恩包围圈的间隙突围而出。粕谷抵达达西之后又转移到凯马漂（Kemapyu），最后在掸邦的兵站司令部现身。[④]

---

① 日军2月在密铁拉有700名病患，200名重病患被撤离到后方地区，而安藤混成大队则是由剩下的500名可以行动的病号组成。

② 为日军使用的一种穿甲弹。其原理为：当特殊设计的圆锥形弹头（内藏有以特定角度安装的金属镶板）命中目标时，炸药引爆镶板，产生高热、高速的金属喷流，贯穿坦克装甲，故又称成形装药弹。

③ OCH《伊洛瓦底会战》，页174—175。

④ 依据缅甸方面军参谋嘉悦博少佐的情报（当时担任第49师团司令部参谋），他于1945年6月在泰国清迈遇到粕谷。这位将军仍担任第2输送司令官，继续跟密铁拉守备队的幸存者一同担负后勤补给任务。（ビルマ軍事情報摘要，第1號之1，“メークテーラ守備隊の末路”，仰光，1946）

斯利姆评论道："在四天内攻占密铁拉并歼灭其守军……是为军事上的伟大壮举。"[①]然后，斯利姆以行动表现了他的赞赏：第4军军长梅瑟维飞到密铁拉，颁发给第255装甲旅旅长珀特准将一枚杰出服务勋章（DSO），以表彰其领导机械化骑兵部队的优异战功；日军也打得很好，像在斯利姆书中所提出的证据，后来就为日方的官方战史所引用。从少尉所提出的苦涩评论就可窥见一二："在密铁拉的各部队被说成毫无作为就溃散了，实在令人无法忍受。将吉田部队（第168联队）以降，到后勤部队乃至于病患等，直至绝望为止的死命战斗事迹传载于战史之中，正是吾等生还者的义务。"[②]之所以会抱持这种感觉，恐怕是因为当时日军已重新从四面八方开抵密铁拉，却发现一切都得从头再来的缘故吧。攻城战已经结束，包围战却即将展开。

第58回　围城扫荡

当日军获悉有英军部队从良乌的桥头堡突破时，他们认为这是一支如同温盖特远征军式的突袭部队，或是在伊洛瓦底江稍远的上游地带建立桥头堡的部队。考恩迅速地攻占密铁拉，就像是晴天霹雳。日军的反应虽然够快，却缺乏协调。对密铁拉的态度，在仰光木村的缅甸方面军司令部内部，后勤参谋与作战参谋之间似有分歧。前者对于作为第15军与第33军不可或缺的补给基地，同时也是从仁安羌油田到缅甸中部的燃料补给运输线的密铁拉的失守，感到忧虑；后者却对这样的顾虑嗤

---

① William Slim, op.cit., p. 452.
② OCH《伊洛瓦底会战》，页176。

之以鼻："密铁拉的事就别担心啦，只要动用第49师团，再加上一周的时间就可以解决啦。"一名后勤参谋认为，有如此天真的乐观情绪，是因为方面军的作战参谋中没有任何一个人接受过步兵训练。这位后勤官担心，就算如作战参谋们估计，英军只开来了100辆坦克，但每辆坦克上都有一门坦克炮，这样不就有远超过第49师团全部炮兵的火力吗？[①]（这真是个好问题，因为第49师团在密铁拉实际损失了46门火炮。）[②]

如前面所看到的，木村派遣了第49师团前往密铁拉，而第168联队在那里几乎遭到全歼。该师团的战斗司令部于2月27日离开勃固，29日抵达标贝（Pyawbwe）。到了3月6日，第106联队已经抵达标贝北方，准备投入战斗。此外，当地也是密铁拉攻防战幸存者的收容站。当第49师团师团长竹原三郎（Takehara Saburō）中将于3月4日清晨抵达标贝南方4英里的敏丹（Mindan）时，获知密铁拉已被英军攻占，日军守备队伤亡殆尽，吉田（Yoshida）联队长也已经战死的消息。这时英军似乎还停留在密铁拉，没有再向前推进的迹象。同时也没有吉田（第168）联队生还者的消息。

翌日，有一份来自第168联队的神田富一（Kanda）少佐的报告送达："概估约400名士兵现正于达西车站集结中，是吉田联队增援部队与从密铁拉突围的残部。当下防守达西。"对竹原而言，阻挠英军攻占密铁拉为时已晚，为今之计唯有从南方与西南方重新夺回密铁拉。[③]

其他的师团也在这场夺回作战中做出了贡献：第33师团的部分部队将从北边发起攻击（第214联队联队长作间乔宜，是长年以来带给考恩麻烦的"老相好"），第18师团由东北方进攻，而第2师团的一个联队则从东方发起攻击。宛如一只被刺瞎眼睛的章鱼，愤怒地伸出触手，试图

---

① 后胜，《缅甸战记》，页114。
② SEATIC Bulletin, No. 244, p. 48.
③ OCH《伊洛瓦底会战》，页641。

拔出刺在身上的武器。

战斗的经过可以分为两大部分：3月6日开始的机场攻击战和指挥权由第15军转移到第33军，以及从3月10日和12日，一直到3月28日本多中将下令从密铁拉撤退。

木村已经计划调动第18师团从缅北南下，仅留一个联队在孟密负责阻滞英军第36师的前进，师团主力则向曼德勒转进。第18师团师团长中永太郎（Naka）接获指示，向大约位于曼德勒与达西半途的古美（Kume）行军。他于3月4日抵达古美后，随即奉命重新夺回密铁拉。所用兵力除了自己的师团之外，还加上了第14战车联队的坦克9辆、长沼三郎（Naganuma）大佐指挥的拥有49门火炮的重炮兵群，以及第33师团的第214联队（作间部队）的两个大队。在密铁拉北方的宾德莱（Pindale），第53师团第119联队负责掩护中永太郎麾下各部队集结，之后纳入其指挥。作间联队于3月3日先离开东沙。中永太郎下令该联队开往密铁拉西南方，协同第49师团发动攻势。7日，第119联队已抵达西机场地区。中永太郎本人，连同在密铁拉东北的温得温（Windwin）完成战备的第55联队，准备由北边与东边发动进攻。山炮兵第18联队与第56联队则负责掩护通往默莱方向的道路线。①

然而，中永太郎受令之时，却对将遭遇的英军作战部队毫无所知，第15军也是如此。该军告诉他，对手不过是印度第5或第7师，他的任务是封锁敌军朝西突围的出口，并配合第49师团将之粉碎。

考恩没有理由在密铁拉坐待这一切发生，积极防御是他的方针。他在巩固整座城镇后，接着就重编部队并对当地的连外道路发起一系列攻击。步兵第99旅（旅长托弗）负责防卫密铁拉，包括机场与物资补给所。在南湖周边的六座高地，各部署了一个配有迫击炮与机枪的步兵连

---

① S. W. Kirby, *The War Against Japan*, Ⅳ, p. 295.

用于静态防御；其中三个连来自第99旅，另外两个连来自第48旅与第63旅，最后一个连则来自印度第17师的师部营。另外还有两个营负责防卫机场与物资补给所。

3月6日，英军以五路纵队由密铁拉沿着放射状道路线向外扫荡，分别指向默莱、扎亚贡（Zayetkon）、标贝、达西与温敦，只有最后一支前往温敦的纵队遭到日军坚强抵抗。3月8日到12日间的第二次扫荡，在密铁拉南方10英里的因都（Yindaw）遭遇强烈的抵抗。此外，在密铁拉西北方10英里处，为路障所阻的第48旅遭受来自部署在明大甘湖（Myindawagyan Lake）附近的长沼炮兵队重炮火力攻击。在3月13日与14日的第三次扫荡中，在通往标贝的道路约7英里处爆发激烈冲突，经过持续一天的鏖战后，英军清点到了84具日军尸体。四天后，德干骑兵团的C营在东北方的肖比根（Shawbyugan）碰到麻烦，日军打开村庄周边的灌溉水闸，干硬的土地化为一摊烂泥。坦克试图避免陷入泥沼中，却因此踏入了由战防炮火力所覆盖的陷阱，结果有5辆坦克被摧毁，迫使C营彻底退出战斗。

其中最惨烈的一场战斗源自作间大佐所发的一封电报。他在3月9日中午致电中永太郎将军，说他的部队已经占领西边机场，其中一个大队已抵达默莱公路路标8英里处。中永太郎下令第56联队与工兵队迅速前往路标8英里处，并在炮兵的支援下确保守住该要点。接获命令的第56联队联队长藤村义明（Fujimura）大佐，指派第1大队（大队长池岛俊一大尉，Ikejima）带着一门联队炮前去占领路标6英里处。池岛兴冲冲地出发了——只是没地图可拿（在密铁拉作战期间，日军大多处于极度缺乏地图的惨况中），由明大甘湖朝西南方前进，在10号早晨抵达路标6英里处。

到达指定位置后，池岛下令立即开始挖掘工事，但一支从密铁拉出击的强大兵力已经朝着他杀来了。池岛数了数，有17辆坦克，这批部队是准备前去解救一支在默莱遭挺进中的作间截断的运输车队（由400辆非装甲车辆组成）。由于地面坚硬，池岛他们没有足够时间构筑防御工事，炮兵队也来不及完成准备，所以池岛被迫在开阔地上对抗英军坦克。雪上加霜的是，密铁拉的英军第255装甲旅派来的增援部队也抵达了，结果池岛被逐出了公路。直到当天下午长沼的重炮兵介入战斗，才解救池岛脱困。

就在对池岛的苦境一无所知之下，中永太郎师团长正忙着制订后续的作战计划：由第55联队（山崎四郎大佐，Yamazaki）占领明大甘湖南方，并继续朝南攻击，而第56联队（藤村，Fujumura）将在重炮与山炮的支援下攻占默莱公路路标4英里处的周边区域；作间支队从西南方向密铁拉发动攻击，同时第119联队（属第53师团）则继续担任预备队。日军很显然打算要从北边与西边将密铁拉包围起来，因此在10日晚间开始行动。但是当中永太郎师团长获悉池岛大队的状况时，他立即取消原令，并草拟了一道新命令，要求藤村联队趁夜占领默莱公路北方的高地。参谋们拿着修正过的命令急忙发了出去，但是套用句日本格言“射出去的箭就收不回来了”[①]，参谋既不知地貌长相，在暗夜之中也很难找到部队。

藤村下令属下工兵在路标5英里与6英里一带预备路障，并预先埋伏好了步兵反坦克小组。战斗在11日的清晨开始了，在47毫米战防炮的掩护下，藤村试图封锁从密铁拉出击的英军纵队，但一点用都没有。在英军的优势火力下，藤村的大队长、中队长们伤亡惨重，他只能弃守路障。工兵拟定了以自杀队摧毁坦克的计划，但是却反遭协同坦克前进的英军步兵攻击，结果伤亡超过200人，只有两名小队长从战斗中生还。日军战防炮大队付出了巨大代价，但英军也有6辆坦克遭击毁爆炸。入

① OCH《伊洛瓦底会战》，页182。

夜时分，战斗结束，英军撤退回密铁拉，藤村联队与师团工兵队的兵力，只剩下当天战斗开始时的三分之一。

作间联队于11日清晨在密铁拉西方约4英里处正面遭遇英军装甲部队，遭受了猛烈的炮火洗礼，但英军并未乘胜追击，反而鸣金收兵。3月10日至11日间的这场交战，后来被第18师团的军官们称为"（本师团）历来作战中，最为凄惨之战"，除了损失联队炮与战防炮之外，还付出了超过400条人命的代价。①

由于计划失败，中永师团长将注意力转向密铁拉的另外一侧以及东边的机场。考恩与良乌桥头堡的地面联系于东沙遭日军截断，现在完全仰赖空运补给；在这消耗汽油、弹药数量如此庞大的时刻，如果考恩失去对机场的控制，所有东西就都只能用空投的方式丢给他。另一方面，中永太郎也一样心神不宁，他已获知第31师团在伊洛瓦底江的防线遭到突破，英军正朝向谬达（Myotha）进发，从而得以由北面对他产生威胁。

在此之前，日军侦察队已经于3月9日和10日夜间刺探过机场，并被吓了一跳。白天供盟军飞机起降的机场，部分地带在入夜之后却可让日军大剌剌地自由出入。英军并未在温敦公路通往机场的一侧构筑坚强的阵地，他们判断卡车在白天出现意味着此处是英军的物资补给所，也就是防御阵地的"脆弱核心"。中永太郎师团长计划在3月16日对机场发起攻击行动。然而，由于日军在部署时缺乏协调的恶习，这时名为"森"的特种部队已经先到达机场了。

该部队的正式称呼为第5游击队，是为了潜入盟军战线后方，准备在利多公路通车时对油管设施进行破坏而编成的部队。当英军攻击密铁拉时，该部队正在东吁附近训练。队长小松原遡男（Komatsubara）大佐

---

① SEATIC Bulletin, No. 244, p. 28.

为日军情报专家，曾经以中国东北为基地进入西伯利亚从事间谍活动，后来又在“光机关”担任勤务。[①]森部队受第49师团节制，该师团对攻占东机场自有一些盘算。

此时，第18师团尽管知道第49师团的无线电频率，却未能建立无线电联络，地面联络则既缓慢又费力。第18师团在3月16日派遣一名军官与准尉前往位于因多的第49师团司令部，但直到19日之前都还回不来。同时，也没有任何一个第49师团的联络官来到第18师团。不消说，这两个师团分别隶属不同的军司令部，第18师团隶属第15军，第49师团隶属第33军，两师团之间的作战地境线穿过机场东南边的道马村。某些攻击行动通过军司令部传达时，可让友军事先知情，但有时却并非如此，小松原对机场的攻击就属于后者。

小松原率领特种部队指挥部与第17游击中队抵达机场东北端，并于3月15日凌晨3点攻击机场，摧毁了一架停放于地面的飞机，烧掉了几个油槽。在接下来的数夜里，他从好几个不同的渗透点，对机场重复发动了三次夜袭，但第5游击队在18日遭遇强大的逆袭，小松原也负了重伤。小松原麾下的另一支游击第16中队，曾一度挺进到密铁拉的西南隅，并派遣突袭队袭扰坦克集结区，但最后还是于27日撤回标贝。[②]

这就是日军最初对机场的一系列攻击，投入的兵力约500名，却只造成局部的损害。对防御者而言这是个微妙的时刻，因为第9旅（属英印军第5师）已选定于15日空运进入密铁拉。英印军第5师已经解除预备队任务，而斯利姆已承诺派遣第161旅与第9旅协助在桥头堡的埃文斯。尽管第5师还在700英里外的印度乔尔哈特，但第9旅受过空降训练，是最容易以空运方式增援考恩的部队。旅长萨洛蒙斯（Salomons）

---

① 日本设在“印度国民军”的联络单位。

② SEATIC Bulletin, No. 244，p. 32.

准将带领着他的部队从普勒尔机场飞往密铁拉，美军飞行员在第一天飞了54架次。该旅的野战司令部与旁遮普第2团第3营率先抵达，并吃了一惊，倒不是因为日军的防空炮火，而是战场的爆炸声音以及从下方机场升起的滚滚浓烟。着陆后，飞行员吼着催促下飞机的搭乘者："看在上帝的分上，快给我滚下去！"虽说如此，他们还是趁运输机再次起飞前，对横陈于飞机旁边的日军尸体拍照。当天的行动中只有一架达科塔（C-47）运输机遭击中。[①]

接下来的三天里，第9旅的后续部队仍在日军密集轰炸与小松原部队的狙击下陆续抵达。在这样的状况下，该旅竟能平安抵达真是个奇迹。除了上述那架在15日中弹的C-47之外，另有一架达柯塔在3月16日遭击毁，6人在弃机时受伤。在超过142架次的空运任务中，全部的伤亡人数只有22人。

接着日军第18师团登场了。3月16日凌晨4点，步兵第55联队（山崎四郎大佐）的两个大队，在距离机场铁丝网外100码处挖掘壕沟，日方战史宣称他们"占领了机场"，事实上却是他们没有时间好好地挖好工事，而被迫使用灌溉沟渠充当壕沟。结果普罗宾骑兵的一个营包围了这批日军，并且用一阵炮轰把他们给解决了。山崎联队长所期望的野炮与山炮支援未能即时到达，因为通往重炮队的电信缆线被切断，所以也就无法传任何信息给他们。其中一位名为木村的大队长负伤，日军逐渐被驱赶到了主要公路以北。

3月17日傍晚，英军第9旅接手密铁拉静态防御，让第99旅得以担负机动任务。然而，尽管有第9旅负责机场警卫，日军不间断的袭扰与炮击，让考恩判断机场不适于补给运输机起降，而要求从18日起改为空投补给。事实上，日军有炮兵高手在场。第48旅的一支部队在3月22日

① Brett-James, *Ball of Fire*, p. 402.

攻击钦德（Kinde）时损失了三辆坦克，该旅撤退时日军还紧追不舍，直到其坦克集结区为止。在那里，日军将一门75毫米炮以人力拖到廓尔喀兵据点15码前。这就是宇贺（Uga）大佐指挥的山炮兵第49联队，他直接将第49师团的火炮开进最前线。这一天，宇贺的山炮摧毁了三辆卡车，并让多辆卡车陷入瘫痪。宇贺头上绑着日本武士式的白色头带，用八门炮在100码的距离对接近的坦克发射“夕弹”并命中目标。不仅如此，长沼炮兵队也让在机场的英军对生命缺乏安全感。杰克·斯科伦（Jack Scollen）是英国皇家空军第656中队B分队的炮兵观测官，负责给皇家炮兵第129野战炮兵团第311营标定日军炮兵阵地的位置；他也是名参与过北非和西西里战役的老兵，他写出了这次在依贡（Kyigon）遭到日军炮火持续轰击的情形：

> 日军持续地炮轰我们两个半小时，把我们一直困在狭长的壕沟中，炮击之间有十分钟的间隔。我刚结束早晨的任务着陆，日军就对着我们的阵地一次又一次开炮——刚开始的射击很缓慢，很可能在进行测量标定，以后就是一阵急促的猛轰。通常在炮弹到达前的一两秒可以听到炮弹的咻咻声，必须赶快趴下去找掩蔽，但这些炮弹似乎是在非常近的距离发射的，我们稍后发现日本人已经将两门炮带进距离约莫半英里的低地上，并且趁暗夜在一棵树上设置了可以俯瞰我们区域的观测站，这可以解释为什么他们的炮火这么令人不安地精准。我们每个人都有狭长的战壕——相当深的一种（我就睡在我的战壕里）——尽管数发炮弹在离我战壕20到30码远的地方爆炸，其他人的则是比这个距离更近，但没人受伤。有一枚炮弹在误差不到一码的距离差点击中一个战壕，躲在战壕里的人，其装备被炸成碎片，而他的身上被泥土覆盖，但没有受伤。我蜷曲在战壕内，似乎有好几个小时之后，身体变得僵硬疼痛，脾气变得非常

> 坏，而且也非常饥饿（我在出击前没吃早餐）。当炮击结束后，很高兴可以再次伸展我的双腿。我迅速地吃了早餐，大家都彼此庆贺很幸运可以逃过一劫。之后，全部又再来了一次。我们一直到后来才知道树上观测站的事，我们当时认为有个日本人一定在随时看着我们。我们躲回自己的坑里，不久之后我又开始变得僵硬疼痛与脾气暴躁——还有如同先前的害怕。

新抵达的第9旅很快就领教到宇贺的技术。3月23日，接替萨洛蒙斯担任第9旅旅长的西约克郡步兵团第2营的贝利（K. Bayley）中校，正站在位于阵地最边缘的旅指挥部壕沟入口，与该旅的副官阿穆尔（W. S. Armour）少校及情报官莱斯利·史密斯（Leslie Smith）上尉谈话。突然，一枚炮弹直当当地落在旅部外，当场炸死了贝利的勤务兵。贝利的背部也受了伤，他顺着阶梯滚进指挥所里。阿穆尔则是手臂与背后中了弹，倒是史密斯毫发无伤。

阿穆尔被送往医院险象环生的过程令人毛骨悚然。他被扛进急救站时遇上了日军炮轰，结果他又挂彩一次。然后他搭上一架达科塔飞机准备后撤，运输机却被一门日军战防炮击中，直接摔在跑道上猛烈燃烧。阿穆尔第三度负伤，而且这次伤在头部，所以连话都不能说了。他听到皇家陆军医疗团（RAMC）的医护兵讨论该不该将他的“尸体”从燃烧的达柯塔飞机中拖出去——医护兵们认为他已经死了。阿穆尔直到听见有人说“再怎么说我们不可以把他放着不管就这样烧掉吧，咱们把尸体运出去啦!”之后才松了一口气。[①]

贝利在3月23日取代了萨洛蒙斯。从英帕尔周遭的鏖战起，萨洛蒙斯指挥第9旅已超过一年的时间，然后又率领该旅在密铁拉箱形阵地坚

① Brett-James, op.cit., p. 404.

持了一个礼拜，这时他对考恩攻打密铁拉的方法日益不满。但考恩可不想被以下犯上，所以把萨洛蒙斯解职了，这却让部下们大大不满，连手下的坦克指挥官都不服他。“‘潘趣’考恩是个棒极了的步兵将领，但实在不了解坦克的问题，而且他与手下的参谋老是要求步兵巡逻用一辆坦克伴随掩护。在花了一些时间让他们搞清楚坦克部队的最小编组为三辆一组之前，已经有一大堆坦克被干掉了。一辆坦克在战术运行时既无法自己掩护自己，更不可能自己将自己拖出战场。另一方面，我们也完全明白，如果需要，我们愿意牺牲坦克与乘员来拯救步兵的性命，因为这是我们应尽的职责。但我们想要的只是有价值的牺牲。”①塔克还认为皇家空军突击队（RAF Regiment Commando）所承受的负担也太重了。日军无止境似的每晚派侦察队来机场摸哨，在夜间的小规模战斗中，甚至连中队长以下的军官都被日军全部除掉，让士气跌落谷底。

然而很少有人知道，考恩在会战的最高潮时承受着极大的个人压力。他与斯利姆在第一次世界大战后曾一同担任过廓尔喀团的年轻军官，考恩的儿子也加入了他们的老部队——廓尔喀来复枪第6团第1营。斯利姆视察曼德勒时还曾跟考恩的儿子讲过话，但几天之后小考恩却在攻击该城时负伤阵亡了。考恩只能在如此强烈悲痛的挣扎中，指挥这场最激烈且最重要的会战。②

日军的高层司令部却处于另一种危机中，在第15军的强烈催促之下，木村将其任务由伊洛瓦底江战场的守势，转换为夺回曼德勒的攻势。③当伊洛瓦底江防线崩溃，第15军陷入一片混乱之际，木村决定将

---

① Tuck MS, p. 25.

② 考恩并不是英军这方唯一在战场上失去儿子的战场指挥官，乔治·桑松（George Sanson），世界知名的日本史学家，他在日军入侵马来亚时人在新加坡，之后担任英国驻华盛顿大使的商务顾问，在英帕尔作战中失去了他的儿子。在他的个案中，祸不单行，他在第一任婚姻中与一个日本女人所生的儿子，也在陆军（日军）服役期间阵亡。（来自细谷千博教授的私人资讯）

③ 第15军战术总部当时在位于皎施东南高地的南坎（Nankan），并且在3月9日遭到轰炸，当时它的参谋长田中铁二郎（Tanaka Tetsujiro）大佐阵亡。

曼德勒会战指挥权，从第15军改交给第33军司令官本多政材。由于第18师团已经被派往密铁拉，本多手上现在只剩下第56师团，军部则设于昔卜，以统帅各部对抗英军第36师及向南挺进中的北部战区司令部攻势。3月12日，木村电令本多将第33军指挥权交给第56师团师团长松山祐三，本多则率领军部参谋全速向“大和村”转移。暗语所称的“大和村”是指达西以东10英里通往格劳（Kalaw）的一个地方。这份命令并未说明理由，本多与参谋们当然深感迷惑，但基于“绝对服从命令”的原则，军部立即于当天由昔卜开拔。事后，军参谋田中博厚（Tanaka Hiroatsu）中佐回忆道：“要高层司令部移动却只说声‘给我到那边去’，连来这儿是什么目的跟任务，也不说明白，这样瞎折腾的统帅还真是让人佩服啊。”[①]为避免盟军空袭，一行人只能夜间行军，日间休息，就算如此，盟军飞机还是发现了他们。结果每天都遭到轰炸。3月16日，他们终于抵达了“大和村”——一栋位于柚木林中的别墅。当夜，缅甸方面军参谋长田中新一偕同山口英治与河野公一两位参谋前来，向本多说明势况之紧急。

本多将从3月18日起，指挥第18师团及第49师团，以击溃密铁拉周遭的英军装甲部队。本多疑惑不解，即使夺回了密铁拉，伊洛瓦底江防线的战局早已恶化，这样做还有什么意义呢？他认为如果增援在东吁的阵地，并让部队悉数南撤，这样做对缅甸方面军会更好。然而他现在只是个身边只有一位司令部参谋的光杆司令，既不知作战区内的地理资讯，又没有通信小组，更没有步兵，甚至连张作战地图都没有。尽管忧心忡忡，本多还是从3月18日起拟定计划，并赋予了他的军队新的称号——“决胜军”。[②]本多将司令部向前线更推进了一点，到达了哈莱

---

① OCH《伊洛瓦底会战》，页606。
② 《锡当、明号作战（1945.03.09-05.15）》，1969，页52。

德（Hlaingdet），位于达西以东，正在掸邦高原出口处与达西的中间位置。这时，辻政信大佐已从第15军回到了第33军，告知参谋们密铁拉的战况。依据辻政信的建议，本多计划动用第18师团由东北方进攻密铁拉，第49师团则由西南边进攻，攻击发起日为3月22日，两师团间，以东西走向的达西—敏建铁路划分作战区域。第33军作战参谋安倍光男少佐被派去跟第49师团建立联络，以传达该作战计划。第18师团师团长中永太郎中将后来抱怨本多颁布给麾下各师团的命令跟木村的一样乱七八糟。木村在未经事先计划下，就让各部零零散散地推进到密铁拉周边，而且当辻政信在3月16日复归第33军之后，密铁拉战线就没有来自高参的指令了。但本多接手后也只说了句，“第18师团复归我的指挥，师团应续行当前之任务”，然后就没有更多的指示了。日本官方战史曾点到，中永太郎好像把3月22日作战的相关命令给忘了。[①]因这份命令一直以东机场从3月16日早上起就在第18师团手上为前提，但第33军还不知道当天稍晚，英军就重新夺回机场了。第33军直到攻击发起前才得知这个情报，然而为时已晚，第18师团与第49师团已经分别对东机场及密铁拉市区展开攻击。3月22日夜间，日军决心在英军第48旅防线的边界发起突破，该点位处防御系统的东南角，由廓尔喀来复枪第7团第1营及边防第4团负责。虽然日军有两门75毫米炮支援，却受制于英军的铁丝网阵地。破晓时，日军撤退，留下了195具尸体。[②]

充满干劲的宇贺大佐，为了这次攻势特别准备了锦囊妙计。在3月22日于道马（Tawma）村附近的作战中，英军以10辆坦克的兵力发动攻击，却反被日军击退。塔克回忆：“我们一直试图把敌军挡在机场的炮火射程之外，结果他们缴获了我军一辆已无法使用且未能回收的雪曼

---

① 《锡当、明号作战（1945.03.09-05.15）》，页63—64。

② B. Prasad ed., *Official History of the Indian Armed Forces: Reconquest of Burma, 1942-1945*, Ⅱ, p. 329.

坦克。日军让这辆坦克再次发动，虽然它的炮塔卡住了，只能朝前方射击，但在连续两晚的攻击中，这辆坦克从非常规的位置发动攻击，威胁到了位于湖东的印度第17师师部。”①

也就是说，宇贺大佐虏获了这辆雪曼坦克并将之修复，然后投入了第二天的夜袭。第49师团第106联队（十时和彦大佐，Totoki）担任3月22日师团夜袭的先锋，这辆虏获的雪曼坦克在宇贺的山炮与工兵中队的支援下，从甘丹（Kandan）大摇大摆地开来。500名日军在宇贺的火力掩护伞及虏获坦克的支援下，对英军第48旅的后勤区发起猛烈冲锋。当然，宇贺也使出了看家的“大炮上刺刀”绝技，将火炮拉到了英军防线的正前方。日军成功占领了英军防线的一角，但英第48旅靠着照明弹的亮光以火力猛烈还击，而铁丝网及战壕的防御网也非常有效，日军就在那儿被摁住了。在十时和彦最后被迫撤回甘基（Kangyi）之前，日军共损失了200人。依据日方的说法，那辆雪曼坦克是日军自行炸毁弃置的。②但塔克的版本却不太一样：“第一晚，那辆坦克先是困住不动，然后在天亮时撤走了。到了第二晚，坦克在黑暗中四处乱射一阵之后翻覆，接着就被摧毁。”③

杰克·斯科伦听到了事情发生的经过。装甲兵担心这辆坦克会被用来对付他们，所以他们要求斯科伦用轻型机去寻找并标定那辆坦克，但宇贺非常小心地将坦克给隐蔽了起来。斯科伦记得：

> 几晚之后，日军对我军防御边缘的南侧发动极其果决的夜袭。这是我长久以来所听过的最嘈杂的战斗——迫击炮弹与手榴弹、机

---

① Tuck MS, pp. 26-27.

② OCH《伊洛瓦底会战》，页197。他们用“自爆”一词，含义有毁坏（scuttle）和执行一项自杀式攻击。

③ Tuck MS, p. 27.

关枪与步枪，还不时夹杂着野炮射击的尖锐爆炸声，这些炮是日军拖来支援他们进攻的，造成了十足的混乱。在混战之中，我们可以听见日本鬼子一次又一次冲锋时的鬼吼鬼叫。

过了一会儿，我们有十足把握听到了一辆坦克接近的声音。我和一位装甲兵军官一起躺下来看着跟听着，然后我问他这是我们丢掉的那辆坦克还是鬼子的。起初，他没法子回答（因为在黑暗中，我们只能靠噪声分辨）。照明弹的亮光不时起起落落，但我们就是看不到坦克在哪儿。坦克沿着道路越来越近，然后发出了似乎正试着转弯的声响。

它的引擎轰轰作响，我身旁的装甲兵军官说“没错，这东西是我们的。这些畜生不知道怎么退二挡”。接着，坦克发出一阵极其巨大的噪响，然后嘎吱嘎吱的声音就突然停下来了。

隔天早上，我们发现这辆坦克底盘朝天栽在公路旁的深沟里。①

以那难以置信的勇气在最前线操作山炮的宇贺，终究还是迎来了最后一刻。日方官方战史称：“他像战神般奋战，最后为炮弹碎片命中，身负重伤，在后送的途中气绝身亡。”②但日军在密铁拉使用的炮兵战术，绝不止宇贺这种类型，他们专精于伪装掩藏火炮，并能从相当的距离外射击。探明标定日军炮兵阵地位置的技巧，成了一种备受推崇的才能，而杰克·斯科伦的轻型机也就更重要了。尤其是因为轻型机不需依赖主要机场，只要湖边一条狭长的小跑道就可以起飞。不过

---

① 杰克·斯科伦的密铁拉战役回忆，1979年斯科伦与作者艾伦私下通信。

② OCH《伊洛瓦底会战》，页198；另一位冒险的指挥官迈尔斯·斯米顿也受伤了，但不致命。在考恩的装甲部队横扫战场时，他被一颗子弹或一块炮弹碎片打穿了鼻子。他小心翼翼地触摸那地方，确信整个器官都没了，直到另一位坦克军官再次确认鼻子大部分仍在原位。Miles Smeeton, *A Change of Jungles*, p. 89.

当地是个斜坡，实在算不上什么顶级跑道，但南风式（Austers）[1]及L-5型侦察机在此起降毫无困难，后来重伤患多从当地空运后送。斯科伦回忆道：

> 要标定鬼子炮击密铁拉的火炮位置实在不容易。[2]需要相当的耐心而不能靠一丝运气，因为他们的火炮几乎总是隐蔽在深掘的掩体下，无法从空中发现，甚至连炮口火光都难以观测到。有一天（3月25日），我正在密铁拉北方上空巡航，寻找鬼子的一门大炮，它一直在不定时地发射几发零星的炮弹打进市区，带给我们一堆麻烦。我们尽了全力尝试标定它的位置，却一无所获。但这门炮实在是太讨人厌了，所以我们只得再搜索，要使它退出战场。我对所有可疑的地方详细搜索了超过一个小时，但连一点踪迹都找不到。我听着无线电里一直传来这家伙又开火了的报告。它似乎总是没有理由地乱发射，而我却很难观测到它，而且不止一次，我可以从座椅上感觉到它开火射击时的爆炸传来的震动。然后，正当我差不多准备放弃，要返航降落时，我发现了它。
>
> 我在空中已经将近两个钟头了，所以油量也所剩无几。天色开始暗了，于是我跟己方炮兵回报要返航了。正当我转弯向南，飞离之前搜寻过的地区时，我在座位上转身，透过座舱后方的透明亚克力玻璃盯着这片地区。就在这一刻，我看到它了。绝对错不了，这是一门野战炮的红色炮口火光，就像过去标定炮口火光时见到的景象一样，于是我对着无线电大吼，我逮到那家伙了，并且下令我方炮兵再次准备行动。当我操纵飞机掉头飞回，准备下达射击命令及

---

① 译注：Austers为英国泰勒飞机公司于第二次世界大战期间生产的轻型观测联络机。
② Scollen MS, p. 156.

观察弹着点处时，还一直目不转睛地盯着发现火光及炮口硝烟的位置。这门炮隐藏在丛林深处，就算我的飞机从他上方飞过去，我还是看不到火炮或是炮班人员。

我没有多少时间了，所以必须尽速标定目标。我让中型火炮先行开火，大概20枚的100磅炮弹落于目标附近。我看到其中两枚炮弹精确地落进了敌炮所隐藏的茂密丛林中。我看不见它们的效果，但炮弹的爆炸覆盖了整个目标区，然后这门炮就再也没有向密铁拉开火了。这是第一次有人在飞行中用这种方式标定敌炮并进行反炮战，而且就一位“前炮口火光观测官”（ex-Flash Spotter）来说，这让我感觉良好，因为我逮到这家伙了。

第59回 重整旗鼓

当斯科伦发现这门炮时，日军在密铁拉只剩下三天了。自从第33军接手会战任务的这一周以来，双方伤亡均相当惨重，辻政信大佐判断，日军可能没有获胜的机会了。

他估计敌军的损失是50辆坦克被击毁以及约300人伤亡，但日军损失则是50门火炮遭到摧毁，以及约2500人伤亡。也就是说每摧毁一辆敌人坦克，日军就需要牺牲掉一门炮加50名士兵。敌军的坦克至少有上百辆，所以要把这些坦克全数摧毁，日军得要有100门炮及5000名士兵才行。但把第33军的所有力量加起来，火炮也不到20门。

这些数字让视察第33军司令部的木村的参谋长田中新一中将心生警惕。持续了几分钟的沉默之后，这位魁伟的将军脑袋里有了替代方案。终于，他开口了：“我将依据参谋长的权限，修正方面军作战命令。第

33军首先掩护第15军撤退。”本多军司令官答道：“我希望方面军司令部正式以书面文件或电报发布命令。”但他还是接受了任务变更：这时他不再是“决胜军”司令官，而是个“抵抗军”司令。①第15军正陷入一片混乱之中，从曼德勒及伊洛瓦底江江湾处迤逦南撤，退往安全的掸邦高原与东吁。

为了拦截南撤的日军——主要是第31及第33师——格雷西的第20师从英军桥头堡地区开往皎施，再往南朝着密铁拉的方向推进，并在行军途中歼灭了大量日军。从2月中旬到3月底的六周里，该师击毙了超过3000名日军，同时虏获了50门火炮。②一支坦克与步兵组成的纵队负责掩护从宾济（Pyinzi）、宾德莱到温敦（位于密铁拉东北约17英里）长约70英里的前线。该纵队由巴洛（Barlow）中校指挥，所以又称为“巴洛纵队”，该纵队歼灭了在这些村镇中的日本守军，然后开上了密铁拉公路，与印度第17师会师。接下来，格雷西命令巴洛北上古美，巴洛在那里将大约300名日军赶入了山区，并击毙了超过100人。到了3月底，从曼德勒以南到温敦一线，差不多都落入英印第33军（XXXIII Corps）③囊中，而且已有两个军准备随时接手。

在北线对抗中国军队与英军第36师的日军防线正在崩溃中。由于第33军司令部与第18师团转用于密铁拉战役，第56师团除了采取阻滞作战之外别无他法。在2月19日的激战之后，英军工兵于密松（Myitson）搭了一座长500码的木桥，横跨湍急的瑞丽江（Shweli River），第36师（师长费斯廷，Festing）攻占了孟密并在当地建了一座机场。3月19日，该师进占缅甸红宝石产地抹谷。费斯廷迅速挺进，翻过孟隆山区，前锋

① 辻政信，《十五比一》，页525。

② Mountbatten, *Report*, p. 140.

③ 译注：XXXIII Corps（第33军）是1943年8月15日在印度成立的印度军，为英国殖民地的部队单位，统制两个或多个师。

的第26旅（旅长詹宁斯，Jennings）在3月29日抵达了南绍（Namsaw）。在他东侧，廖耀湘将军的新6军第50师轻松地开进了曾为本多司令部所在的昔卜。蒋中正曾明令中国军队将领进军最远不可超越腊戍到昔卜一线，但在蒙巴顿的压力下，蒋同意中国军队最远可以挺进到皎梅（Kyaukme）与英军第36师会师。其实这是蒙巴顿解除对美军“战神特遣队”（Mars Task Force，威利准将，Willey）所辖步兵及骑兵团的指挥权，并将之移交给中国——他不顾利斯（Oliver Leese）中将的反对，后者认为此举将对斯利姆的作战产生负面影响——以及同意中国军队于六七月间撤退的交换条件。3月30日，费斯廷的第26旅与“战神旅”下的中国军队会师。3月7日，盟军收复腊戍，腊戍到昔卜一线现在安全了。费斯廷的官兵脱离北部战区司令部的指挥，被纳入第14集团军之下，该师被迅速派至曼德勒，接替了第19师的任务，后者将前往伊洛瓦底江下游继续作战。通往中国的最后一道联系打通了，1945年2月4日，一支运输车队抵达昆明，为中国运来了75毫米与105毫米榴弹炮以及补给物资。昆明市内处处燃放烟花欢迎车队的到来，云南省主席龙云也举办盛宴欢迎他们，并邀请美国歌剧名伶莉莉·庞斯（Lily Pons）及其夫婿，俄裔音乐家科斯特拉尼兹（Andre Kostelanetz）出席。5月，中国军队开始飞回中国。此时仍有五六千名日军据守掸邦高原，如果需要的话，他们有能力掩护在曼德勒及密铁拉附近作战的日军部队撤退到泰国。一群由美国军官率领，兵力大约有2500名，称为“101分遣队”的游击队[①]，奉命解除这些日军的威胁，以免妨碍斯利姆南进。[②]

当阿拉加巴与实皆之间的伊洛瓦底江桥头堡被斯托普福德的第33军

---

① 译注：101分遣队（Detachment 101）由美国战略情报局（OSS）军官指挥，其下不超过200个美国人，加上当地征招的克钦族。

② Romanus and Sunderland, *Time Runs Out in CBI*, 1959, p. 141; Louis Allen, *End of the War in Asia*, p. 220; S. W. Kirby, *The War Against Japan*, Ⅳ, p. 194; Mountbatten, *Report*, p. 134.

拿下，考恩也明显不愿放松包围密铁拉时，木村手上现在只剩下这张牌可打了：攻击英第4军在良乌的桥头堡，因为英军试图由当地突围以增援第17师。此一重任落在第28军司令官樱井省三身上。在阿拉干的要塞里，即使在“八号作战”失败之后，樱井跟他的参谋们还是不太尊重在仰光（这座三年前为樱井所攻占的城市）的木村及方面军司令部。对木村而言，阿拉干已经成了一处不重要的化外之地，他需要第28军在仁安羌油田区及伊洛瓦底江流域间扮演拖延角色。因此，看戏的被推上了舞台，第28军为此变更了名称与部队番号。

1944年5月，第28军已经抽出了第2师团给缅甸方面军，由第55师团取代它执行在伊洛瓦底江三角洲的任务。调动于1944年7月至9月间进行，由在梅宇（Mayu）及加拉丹河谷的“樱部队”（樱井德太郎少将）负责掩护。12月底，樱部队在卑谬地区重新纳入第55师团编制。同月，第72独立混成旅团（“贯彻兵团”）在山本募少将麾下于仁安羌编成。山本曾于申南到普勒尔地区指挥过第33师团的步兵团。

第28军司令官樱井省三中将老早就预料到，总有一天得帮缅甸方面军在伊江地区火中取栗，所以从1944年10月到12月，他开始沿着博巴山构筑防御工事。博巴山海拔高500英尺，控制了方圆好几英里的广大平原，其坡面提供了优良的防御阵地，同时也是一种会追逐并攻击人的恶名昭彰的毒蛇的躲藏空间。樱井任命第112步兵联队联队长古谷朔郎大佐担任防卫博巴山的“干城兵团”指挥官，使用第112联队的两个步兵大队以及由丹那沙林调来的野战重炮兵第5联队第1大队。第55师团的三个步兵大队配属炮兵及工兵，编组为“振武兵团”，由长泽贯一少将指挥，镇守三角洲的西南地区。紧邻振武兵团北边则是第54师团（宫崎繁三中将），负责固守伊洛瓦底江与海岸之间的阿拉干地区。

按着上述的方案，第28军企图构筑从孟加拉湾经若开山脉，越过伊洛瓦底江，最后抵达仰光公路的防线。[①]第28军将司令部设在岱枝，当地位于从仰光沿着伊洛瓦底江东岸向北的道路上。很凑巧的是，正当日军再度面临来自克里斯蒂森第15军的压力时，樱井就把驻阿拉干的部队撤了个精光。英军第15军下辖的两个非洲师，东非第81师及西非第82师正从河道与丛林交错的地带齐头并进；海岸地带的印度第25师协同陆战突击第3旅，一个中型坦克营、中口径炮兵团，三艘巡洋舰组成的炮轰舰队，并在皇家空军第224中队200架飞机帮助下，好不容易攻占了阿恰布。这把沉重的大刀准备于1945年1月3日朝着孱弱的鬼子头上砍下，但是一名炮兵观测官飞过该岛时，却发现没有任何活动迹象。他大胆地降落一探究竟，岛上居民告诉他日军早就跑光了。克里斯蒂森与第224中队中队长伯纳德（Percy Bernard）空军少将亲自前去勘察。这是真的，日军已经弃营而遁，留下了重要的机场，这个从1942年12月以来不知多少战略计划与拼死战役所不放弃的目标，就这样手到擒来了。克里斯蒂森下令取消轰炸，但登陆作战照样进行，下此决定或许是想让手下官兵来点实战训练，况且蒙巴顿与斯利姆早已急令不惜一切代价拿下阿恰布，以作为日后向仰光挺进时就近发动空袭及补给的基地。东吁现在已经近在咫尺了，而且当印度第26师（师长钱伯斯，Chambers）于1月21日及26日分别拿下兰里岛（Ramree）及切杜巴岛（Cheduba）时，仰光也近在咫尺了。蒙巴顿已经有了所想要的阿拉干部分地区，一旦来自伊洛瓦底江桥头堡的压力增加，剩下的很快也会到手。[②]

日军重新攻占良乌桥头堡以切断第4军到密铁拉补给线的尝试失败，而英军第7师攻占敏建，确保了水运补给可以顺着钦敦江直达桥头堡。

---

① *Burma Command Intelligence Summary*, No.1, “The History of Japanese 28 Army”；*Dai nijuhachi-gunsenshi*（Campaign history of 28 Army）, ed. Tsuchiya Eiichi, privately printed, Tokyo, 1977.

② S. W. Kirby, op.cit., pp. 141-142.

同时，随着英军占领东沙，通往密铁拉的公路再次开放。梅瑟维将第4军军部迁往东沙，准备下一阶段向仰光挺进。

据守博巴山的日军及“印度国民军”对梅瑟维生命线的威胁，随着第2师推进到皎勃东与第268旅及第7师会合而遭到削弱，这是到达伊洛瓦底江东岸的仁安羌油田之前最后一个主要据点。尽管古谷大佐的干城兵团猛烈攻击位于良乌与韦朗之中间点的宾宾（Pyinbin），却未能切断第4军的补给线。“印度国民军”的师团掩护博巴山防线的右翼，但即使有来自木庭知时少将麾下的第154联队支援，“印度国民军”士兵还是失去了信心，开始大量向英军投降。多塞特营长注意到这些投降者不像那些一年前在塔木和他交战的狂热士兵，他推断这些印度士兵应征入伍，绝大多数是为了抵达前线时一找到机会就立刻投降。但是阵前逃亡之路并不容易：

> 日军有种令人相当不悦的习惯，就是当他们抓到逃兵时，就用军刀砍断逃兵的胳膊。当我军攻占印度国民军第2师师部时，我读了一些他们的第二部命令书的内容（以英文写成），里头记载了遭军刀砍伤而获准后送军医院的人数，这清楚显示了那些在重返己方阵营时，遭日军查获的人有多么不幸。①

更远的东边，格雷西的第20师再次发起行动。4月10日，第32旅的一个营拿下育亚光（Zayatkon），并且马不停蹄地朝纳茂（Natmauk）南下。虽然他的两个旅还在温敦及密铁拉，但第32旅早已远远推进到通往马圭（Magwe）——当地位于仁安羌南方、伊洛瓦底江东岸——的公路

① O. G. White, *Straight on for Tokyo: The War History of the 2nd Battalion the Dorsetshire Regiment (54th Foot)*, pp. 275-276.

上。4月19日，第32旅抵达马圭。此外，第20师直属的北安普敦团步兵第1营也派被去跟博巴山西麓的第268旅建立联系，以切断当地日军残部。至此，根本无法威胁第4军通往密铁拉的交通线，樱井的第28军，现在反而陷入得在油田周边寻找防御阵地以面对来自四方威胁的境地。向伊洛瓦底江下游的多路刺探现在成了斯托普福德第33军的责任，其辖下的第19师虽然归建梅瑟维的第4军，却接替了埃文斯的第7师，与格雷西一同经卑谬朝仰光方向推进。此时补给情况突然变得很吃紧，所以英方决定将两个英军师：第2师及第36师，以空运方式撤出缅甸。4月26日，尼古拉森的部队全数撤离缅甸，第5旅是最后撤离的。而第36师所属的印度营则与第20师的英国营互调，这样向仰光冲刺时就只剩印度军的部队了。梅瑟维的第4军以第5师、印度第17师及第19师，现在开始从密铁拉向南进发。

第八章 再击仰光

追击：从标贝到仰光

The Battue

摘 要

盟军中负责缅北作战的中美联军，于1945年2月8日上午占领腊戍，歼灭日军第56师团的第146联队，战事继而告一段落。但驻印军与远征军在边境的芒友会师日期，则为稍早的1月27日。这是中日缅甸大战的部分，而英日之战则还在进行当中。

1945年3月底，英军第14集团军肃清密铁拉，希望在雨季来临之前夺下仰光；但对蒙巴顿来说，他认为缅甸只是他夺回马来亚和新加坡的一个中间目标而已。利斯催促发动两栖和空降突击行动，4月2日，加尔各答明令用一个师进入仰光，一个伞兵营空降象角。考恩师长的部队包围标贝，4月8日攻下了耶瑙。

日军从东沙行军至此早已兵疲马惫，根本就无暇构筑防御工事，野战炮和重炮都已经被毁殆尽。4月10日，整个标贝的西部地区均已沦入英第63旅之手。标贝战役是缅甸战争中最具决定性的战役之一，这可是日军密铁拉至大海之间的最后一道可恃防线了。因此英军认为日军会在此全力一搏。

3月22日的会议中，英国为了从海上夹击日军，特别为动员皇家海军而制定了“吸血鬼”行动的时间表，计划在仰光河的入海口处以两栖方式登陆。因此，考恩特别嘱咐一个旅派出所谓“克劳德特遣队”，以坦克绕道攻击标贝日军。

斯利姆原以为日军在仰光的防御非常坚固，但4月24日得知，司令官木村将司令部转移到毛淡棉。木村想将部队撤到毛淡棉，他意图控制缅甸的东南部，尽其所能地拖延盟军进入泰国。

4月底，缅甸政府军、鲍斯的印度政府以及木村的司令部，都已经从英军的包围网中逃脱了，不过还有一整支的日本军队——第28军，被孤困在勃固北方的山区。

英军大费周章地安排上述坦克特遣队之外，更令海军进行“吸血鬼”大行动，自海上发射23000发舰炮，并投入54000名兵力、1000辆军车，等等，再加上飞机轰炸，来支援陆上攻击。面对英军极占优势的兵力，日军的反应却因阶层的不同而有相当的差异，均为作者所记述。结果，仰光确实收复了，问题却是，原以为手到擒来的笼中之鸟，却不知何时已经飞走了。

第60回 标贝战役

从密铁拉到仰光，距离338英里，选一部适合的车子，辛苦地开上一整天便可抵达；而聪明的安排则是在彬马那过夜休息，隔天再到仰光。从1945年3月底，英军第14集团军肃清密铁拉，将梅瑟维的司令部转移到那里之后，直到5月6日，考恩印度第17师的前锋部队廓尔喀第7团第1营及其坦克在距离仰光只剩27英里之遥的莱古（Hlegu）停顿下来，已花了36天的时间。[①]

此外，另有一条路线也可通到仰光，就是沿伊洛瓦底江东岸行驶一段时间，经过东沙、仁安羌和卑谬，这一路线的距离为441英里。斯利姆打算这两条机动路线并用。第33军的第3和第20师，外加第268旅，走较远的这条路；而第4军的第5师和印度第17师交替跃进，以及第255旅，则走较短的路。第19师负责确保曼德勒至密铁拉之间的区域，保护向南推进的第4军左侧翼之安全。斯利姆相信日军已无足够的兵力来同时阻止他双路并进，其中必有一个军会突破日军防线。

重点是，必须在雨季来临前夺下仰光。当第4军还在密铁拉苦战时，3月22日在蒙育瓦召开了一个会议，会中论及因抽调运输机去中国，导致斯利姆的攻势不如预期。但对蒙巴顿而言，他的目光早已超越仰光，他在做更深远的规划。蒙巴顿认为缅甸只是夺回马来亚和新加坡的一个中程目标而已。参谋长们假定英军会在6月1日前拿下仰光，以此为前提下令占领克拉地峡外的一座小岛，来作为反攻马来半岛的跳

---

① 译注：英文原书（p. 459）写成“4月6日”有错，从3月底到4月6日不可能是36天，应该是5月6日，本处已由译者修改。另请参考原书的p. 480。

板。这小岛就是普吉岛（Phuket Island）。而由于幼稚的幽默和对泰语拉丁化认识的不足，蒙巴顿的一些计划参谋，将这计划由泰文取了个英文名字为“罗杰作战”（Operation Roger），在这之后，接着是“拉链作战”（Operation Zipper），预定将于1945年10月在马来半岛西岸的斯韦特纳姆港（Swettenham）到迪克森港（Dickson）之间投入四到五个师登陆。接着，在“拉链作战”成功后，尽快以“铁拳盔甲作战”（Operation Mailfist）重新夺回新加坡。

所以蒙巴顿的时间表很紧凑，而且他也不想在仰光的事务上冒险，认为必须在5月的某日就完成攻占。①他不太相信斯利姆的陆路进攻计划能够及时拿下仰光，因此已经预拟了一个两栖登陆和空降突击计划，即由海上进攻，并空降伞兵到象角（Elephant Point）以压制仰光河出入口的日军炮火。军部高级指挥官如吉法德、利斯和斯利姆都反对，认为这意味着要抽调第14集团军的兵力，此时一兵一卒及每吨物资都十分重要。

1944年10月，丘吉尔曾于开罗召见蒙巴顿，告诉他德国人的抵抗大于预期。这表示，原定要投入夺回仰光的“吸血鬼”计划所需的海运和空运物资将不会如期提供。这一事实，加上军部当场的反对，使“吸血鬼”计划面临困难。1945年2月14日，蒙巴顿与他的总司令们开作战会议，获知地面的攻击部队可望于4月中旬抵仰光。这表示“吸血鬼”计划没有必要执行了。②九天之后，在加尔各答，利斯向他报告，对第14集团军之进展十分有信心，还认为“吸血鬼”计划没有必要执行，所以也根本没有必要从“罗杰作战”中抽调兵力来执行“吸血鬼”计划。因为如果欧洲不提供资源，那么只有转调“罗杰作战”的兵力才能完成“吸血鬼”计划。因此，决定不采用修改过的“吸血鬼”计划。印度官

① Mountbatten, *Report*, p. 145, para. 500.

② B. Prasad ed., *Official History of the Indian Armed Forces: Reconquest of Burma, 1942-1945*, Ⅱ, p. 417.

方历史无情地评论道：英国人“在做此决策时，唯独没有把日军将会对第14集团军负隅顽抗的可能性纳入考虑”。①

在蒙育瓦的会议中，利斯怀疑第14集团军能否在雨季来临前抵达仰光。四天之后，他电告蒙巴顿，认为“罗杰作战”的部分兵力应该转用于修改后的“吸血鬼”计划。因为参谋长们告诉利斯，“罗杰作战”无法在仰光收复之前发动。② 而斯利姆这时对第14集团军收复仰光不是那么确定。他对密铁拉战役中日军的激烈抵抗印象深刻：“我除了沮丧之外，不作他想，”他事后写道，“在雨季，处于补给线末端的仰光最不稳定，密铁拉战役的困境会重演。” ③ 所以，他催促着对仰光发动两栖和空降突击行动，以达成他所说的“前后夹击”。④ 4月2日，加尔各答的决定被推翻，命令即刻发布：动用一个师进入仰光，一个伞兵营空降在象角，而此一行动，最迟于5月5日必须完成。

3月30日，考恩部队开始从密铁拉向南移动。

日军方面，第33军在本多政材中将的指挥下，计划于密铁拉南方26英里处的标贝拦截英第4军的进攻。以第18师团为防守主力，另命第49师团固守标贝至密铁拉间的公路。不过事实上，日军也没有其他兵力可用，第15军的第31和第33师团，确切地说，是其破烂的残部，正往主要公路东面的掸山庇护处前进。第53师团则正从东沙越野，十天后，也就是4月6日，才撤到标贝西面的耶瑙（Yanaung）。几乎再也没有比这更倒霉的时刻了，因为英印第17师的装甲铁拳正准备对日军施予重击。

考恩将第99旅空投到密铁拉东面的达西，并指示立即再向标贝南进。第48旅由密铁拉沿主要公路往下移动，而第63旅则绕过标贝西面，

---

① B. Prasad ed., op.cit., p. 419.
② Mountbatten, *Report*, p. 145, para. 499.
③ William Slim, *Defeat into Victory*, p. 481.
④ William Slim, op.cit., p. 481.

再从西南方进入。这是日军在以前机动性较强时爱用的典型钳形攻势，但考恩还在其他方面做了额外的加强：克劳德·珀特（Claud Pert）旅长派出“克劳德特遣队”（简称Claudcol），越过密铁拉西南，穿过标贝西面的村子，包括因多、瓦丁（Ywadin）、耶瑙和瓦丹（Ywadan），然后东转，切断标贝和央米丁（Yamethin）之间的主要公路，如此一来，就几乎完全包围了标贝。

“克劳德特遣队”包括两个中队：第5普罗宾骑兵团（Probyn's Horse）的A和C中队，以及第16轻骑兵的两个装甲车营，一个自行火炮连，加上支援的工兵与步兵，另有印度孟买掷弹兵第4团第4营以及拉普特第7团第6营。这是一支战力强大的小型特遣队。珀特于4月4日将“克劳德特遣队”从密铁拉派出，强袭因多。

因多村周围的高堤和沟渠，都是天然的反坦克障碍物，村子的另一边是个小湖，这意味着对一支装甲部队而言，除了主干道别无他选。这里的守军是日军第49师团，兵力约1000人，配有反坦克炮，不过已经饱受盟军炮击和轰炸。拉普特营向北方的堤防发起攻击，却被日军猛烈的火力击退，伤亡惨重。坦克因无法进入村子支援，只能朝树林射击在空中爆炸的高爆弹，以火力支援步兵。在折损了两个连长之后，攻击被迫中止。珀特知道没有必要越陷越深，因此决定迂回，绕过因多，将村子的后续扫荡交由后面的第5师接替。

“克劳德特遣队”在4月8日攻下耶瑙，炮火落在武田（Takeda）的第53师团残部中。第53师团状态相当可悲，残存火力只剩两门反坦克炮、两门迫击炮、38具榴弹枪、11挺重机枪、27挺轻机枪，野战炮和重炮都已被摧毁殆尽。这股日军从东沙行军至此，早已兵疲马惫，根本就无暇构筑防御工事。当他们被派上战场抵抗英军特遣队时，就如日本人所说，好像螳臂挡车一般，被英军打得稀巴烂。英军击毙敌军230人，并摧毁了他们的反坦克炮。当日军重新聚集在一起时，本多命令他们南

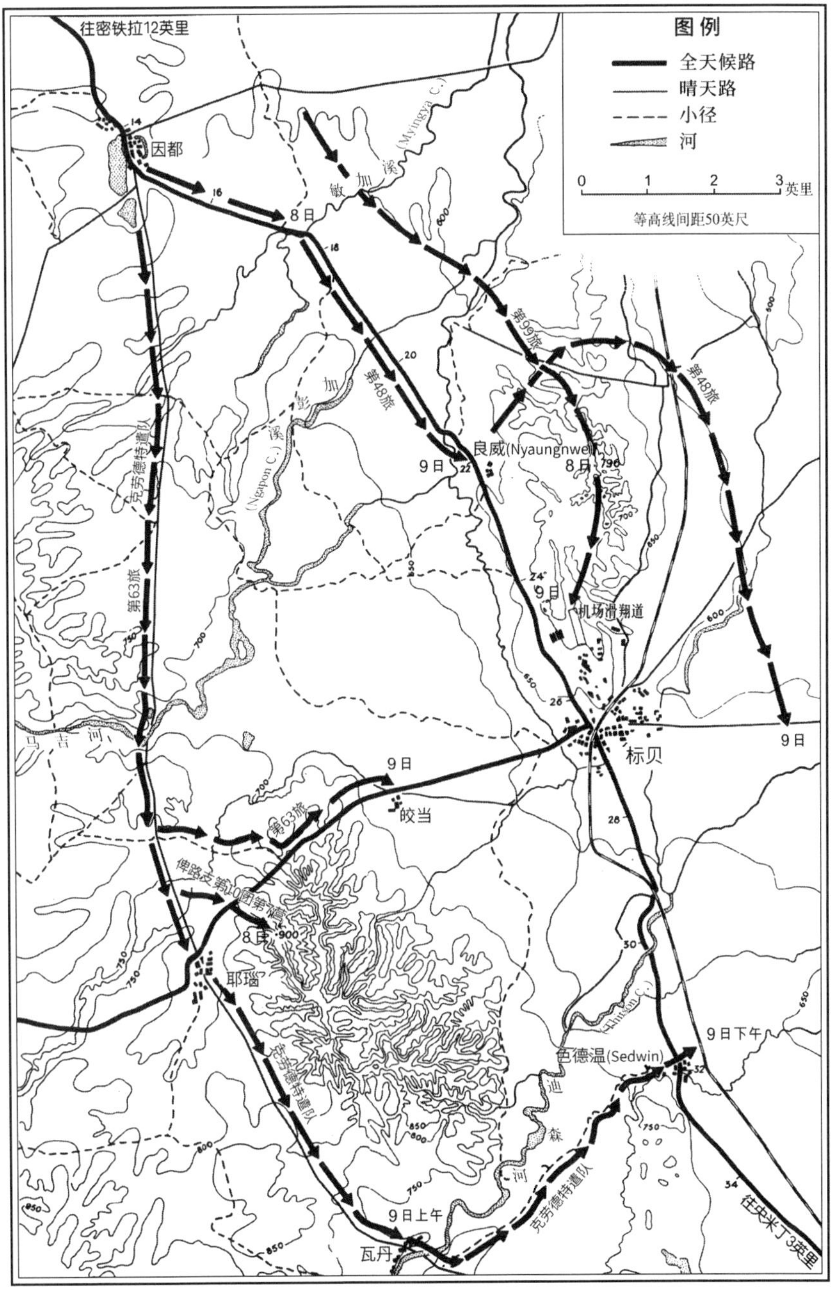
图例
全天候路
晴天路
小径
河
0 1 2 3英里
等高线间距50英尺
往密铁拉12英里
因都
8日
敏加溪
(Myingya C.)
第99旅
第48旅
第48旅
良威(Nyaungnwe)
9日
8日
9日
彭加溪
(Ngapon C.)
克劳德特遣队
第63旅
马吉河
机场滑翔道
标贝
9日
9日
皎当
第63旅
8日
耶瑙
克劳德特遣队
色德温(Sedwin)
9日下午
迪森河
克劳德特遣队
9日上午
瓦丹
往央米丁3英里
图8-1 标贝

下到辛德溪（Sinthe Chaung）构筑防线，期望能与在塔空（Thatkon）的第49师团并肩作战。

同时，“克劳德特遣队”也转移到瓦丹，他们突袭了日本守军，击毙了超过200名日军，虏获4门火炮。珀特派出一支分遣队向南前往央米丁，部队主力开始由南方沿主干道往北，直驱标贝。

珀特不知道本多本人和第33军的司令部都在标贝附近。本多曾经拜访竹原（Takehara）在因多的第49师团，并从他那里得知，有一支强大的英军装甲部队正绕过因多南来。本多现在手上的兵力，大约只有一个师团在坚守标贝，他紧急命令第53师团的第119联队前来标贝，并派出犬童不二男（Inudo）的游击队去切断主要公路。不过第119联队没能及时赶到，而且犬童的游击队惨遭考恩的装甲部队痛击，其状惨不忍睹。

珀特的分遣队已经驱散了一支从央米丁出发的有11辆卡车的日军增援部队，在深夜里，还击毁了从标贝撤出来的本多所辖的几辆剩余坦克。领头的日军坦克发现燃烧的卡车时，一开始还犹豫了一下，然后又继续前进，完全没有想到标贝南方有英军装甲部队。迈尔斯·斯米顿描述了后续发生的事情：

> 当日军坦克开到我们对面时，我俯身向前轻拍了巴哈杜尔（Bahadur Singh）的肩膀，随即坦克炮冒出火舌，日军的坦克紧接着中弹着火冒出黑烟，我们眼见着第一辆坦克爆炸。
>
> 看到前面的坦克爆炸，尾随的第二辆日军坦克立即向右转，鼓起勇气朝着我们猛冲过来。然后惊见前面一整排长城般的雪曼坦克队。它的驾驶于是马上向右转，沿着坦克线开下去，距离雪曼坦克仅有几码的距离；而我们的坦克射手努力压低主炮的炮管，瞄准那辆矮矮的日军坦克，准备送它上西天。当它被整排英军坦克及压低的炮口夹击，在路上被火舌吞噬时，看起来像是在对这辆坦克做最

> 后的致敬。当它通过时，长长的火光越过它，仿佛英军在致鸣炮礼。如果这辆坦克和英军坦克保持非常近的距离，那或许还有机会逃脱，但它想溜回道路上，反而惨遭摧毁。
>
> 第三辆坦克以同样的速度后撤，但在较高的桥梁上转弯过度，最后掉落在起伏的河床上，摔成了倒栽葱。①

“克劳德特遣队”向标贝推进，途中摧毁了一支由39辆卡车和参谋官乘坐的汽车所组成的队伍。当他们接近时，可以听到皇家德干骑兵团的坦克以火力支援第48和第99旅在村子北面的战斗。步兵在日军机枪火网下伤亡惨重，因为德干骑兵团的坦克无法压制日军火炮，而且日军的壕沟位于反斜面。最后雪顿（Sheodan Singh）上尉实在忍无可忍，他决定冒险一搏，带领他们的坦克冲上山脊；虽然他不知道山另一面的守军有什么火炮等着他们。不过这招显然奏效了，步兵士气大振，并将日军逼退至水厂的据点。日军继续顽抗，不过隔天也被英军给收拾了。到了4月10日，整个标贝的西部地区均已落入第63旅之手，日军也在11日撤退。

珀特错失将本多及其参谋一网打尽的机会。第33军已在标贝南边1000码处一座不知名的村子里设立指挥所，它的一面被葡萄园遮蔽，而且地形是下沉的道路和梯田，这对于坦克的机动力而言，是再差不过了。片村（Katamura）率领的他那残破的师团穿越山头东面的公路，并致电本多，感谢他在苦战当中将作间的第214联队重新归建第33师团。然后他匆忙赶往东吁，也就是木村指示他一旦标贝落入英军之手之后，必须要建立的第二道防线的位置。②

---

① Miles Smeeton, *A Change of Jungles*, pp. 108-109.

② 辻政信，《十五比一》，页258。

当本多和参谋人员正在用餐时，辻政信大佐也在其中，他们听到密集的枪声从西南方传来。他们往枪声的方向瞧过去，非常惊讶地看到十辆坦克扬起烟尘，正在逼近当中。辻政信压根儿就不相信那些会是日军的坦克，因为日军的坦克不会这样在白天大剌剌地行动。他抓起双筒望远镜一瞧，果不其然他们是英军的M-4中型坦克。显然英军已经突破了第53师团的右翼防线，正沿着公路大举推进，要对标贝完成包围。然后他们离开道路，开始穿过葡萄园，直捣第33军的司令部。枪弹无情地落在本多和他的手下周围，车辆调度场也开始冒出火焰。虽然这不是本多第一次深陷枪林弹雨，但是他从来没被敌人坦克当成活靶过。[①]

日军被这群不速之客，也就是辻政信称之为“克特”的坦克搞得天翻地覆。因为这些人都是行政单位官员、医务官和医疗人员，为数约有300人，他们见状便作鸟兽散，逼得辻政信必须使出一些手段以稳定军心。此时除了一些天然的凹地外，可供隐蔽的地方并不多。他的目光随即注意到营地中间的集水站及沐浴站。已经有好几天了，他都没能从臭汗和污垢中解脱一下，突然间他脑子里闪过一个念头，于是他脱掉军服，开始用水冲洗自己赤裸的身体，他高高举起水桶，把冷水浇在头上，暂且忘掉战斗紧张的情绪与炎热的天气。

行政长官气喘吁吁地跑过来，他脸色苍白，头上还戴着钢盔，全副武装。“发生什么事了？”辻政信问道，“我在冲冷水澡，你要不要一起来？”辻政信开始用毛巾擦身体。他看到人们都围着他，目瞪口呆，不由自主地笑起来。此刻他们仍深陷英军的弹雨中，但恐慌的情绪却瞬间消失了。另一方面，本多还在为下一步苦恼，他窝蹲在一座散兵坑里写他的遗嘱。[②]

---

① 辻政信，《十五比一》，页259。
② 辻政信，《十五比一》，页260—261。

枪声在葡萄园和司令部附近一直响到夜幕降临后才停歇，英军似乎突然停火了。本多和辻政信相当幸运，尽管日军的无线电报早已被英军截收，有关其活动的信息都被位于蒙育瓦的监听站定期破译，其中包含了有关日军指挥所的位置，并且传送给斯利姆知悉，但是，英印第17师并未注意到本多在标贝前线出现的信息。显而易见，这表示第33军的无线电通信早已中断，根本就没有信号可供英军截收，而珀特也压根儿不知道本多会出现在英军的坦克视线内。如同在因多的战斗一样，珀特并不想将这里变成主要战场，因此他才决定停火，以为后续在标贝的决战做准备。

本多无法使用无线电通信，这意味着他得派遣联络官将他的作战命令传达给麾下的各师团。为了与位于标贝的第18师团取得联系，辻政信指派了刚从中野学校毕业的藤本（Fujimoto）少尉。藤本当时年仅二十三岁，曾在第33军担任情报参谋。辻政信注意到他在战火下仍能保持冷静的特质，对他说道："藤本，你携带此书面命令给第18师团的师团长，并试着找出第49师团的位置，与他们取得联系。"

藤本面无表情，先将制服放到一边，然后换上笼基，围上头巾，这个模样跟一般的缅甸人没有差异。他把作战命令藏在腰节里，在衬衫里放入一枚手榴弹，然后与跟他一样装扮的一等兵宫地（Miyaji）——他是辻政信以前的勤务兵——慢慢地走出村子。在炙热的阳光下，他们越过英军的坦克，一路往北走，直到他们的身影消失在硝烟当中。辻政信看着他们离开，心想这两人简直就像要逃离战争喧嚣的缅甸人。

他们抵达标贝时，印度兵就包围了他们。藤本不能冒被搜身的风险，他等印度兵靠近一点，迅速掏出了手榴弹扔了过去。手榴弹爆炸，干掉了这群印度士兵，藤本和宫地得以逃脱。几分钟之后，他们抵达了第18师团的司令部。藤本亲手将作战命令交给中永太郎中将，听取了师部对目前状况与尔后行动的描述，然后再度穿越战场，来到第49师团。

在夜幕降临之前，藤本一边吃着香蕉，一边漫步返回第33军军部。

多亏藤本，本多才能将他的作战计划，也就是辻政信期望的以空间换取时间，传达给第18师团和第49师团。每一处都不能轻易放弃，他们是要争取更多的时间，尽量拖延梅瑟维，直到雨季来临，使英军坦克部队深陷泥淖而停滞，并中断其空中补给。4月14日，本多报告说他麾下的第18师团现有兵力3100人，火力有4门山炮；第49师团有1600人，只剩1门山炮；第53师团只剩1600人。一刈（Ichikari）的部队有800人（从曼德勒地区撤下来的第2师团的步兵第4联队），尚存1门炮。军的重炮火力，目前也仅能够凑出3门15厘米榴弹炮了。严格意义上隶属于第53师团的步兵第119联队，则改由军直接指挥。此举让本多又多了500兵力和1门炮。他目前的兵力仍不足8000人，约仅相当于半个师团的标准。如果他服从木村自仰光发出的鲁莽且愚昧的命令的话，就是要以现有的残缺兵力，去阻止英第14集团军的机械化装甲部队的强大武力。

斯利姆现在距离目标尚有312英里，在雨季来临之前，还有三个星期的时间，而标贝则是木村最后的赌注。在第4军攻抵仰光之前，会有艰苦的战斗；不过诚如斯利姆所言，标贝之战是缅甸战争中最具决定性的战役之一。“它不仅摧破了本多的军队，甚至，它决定了仰光的命运。”① 这是密铁拉至大海之间，日军最后一道重兵防线了。

第61回 “吸血鬼”待命

英国皇家海军制定了“吸血鬼”行动的时间表。为了让两栖部队在

① William Slim, op.cit., p. 496.

仰光河的入海口实施登陆，必须避免任何日本海军舰队可能的入侵（其实这个考量是多虑了）[①]；为此组成了海上编队，包括两艘巡洋舰、四艘驱逐舰，还有四艘护卫航母（属第21舰载机中队，由海军奥利弗准将指挥，Oliver）为编队提供空中掩护。战术性的空中紧密支援，则由皇家空军负责，第224团有一支联队在皎漂（Kyaukpyu），另一支联队在阿恰布，可提供远程战斗机的支援。另外的8架解放者轰炸机中队和4架米切尔轰炸机中队，则全部来自美国陆军航空队，它们可提供强力的轰炸支援。

海上远处，还有海军中将沃克（Walker）所指挥的第3战斗机中队，可从亭可马里（Trincomalee）袭击安达曼群岛上的机场，全程掩护此次行动。光是这支编队的战斗力，就足以让日本海军畏惧。沃克拥有“伊丽莎白女王号”（Queen Elizabeth）和“自由法国黎赛留号”（Free French Richelieu）两艘战列舰，还有两艘护卫航母、四艘巡洋舰和六艘驱逐舰。4月30日，这支庞大的海上部队轰炸了卡尔尼科巴岛（Car Nicobar Island）和布莱尔港（Port Blair）；同一天，波伦（Poland）准将的驱逐舰队也击沉了日军一支11艘船组成的船队，船上载有1000名日军，由一艘护卫舰保护，试图从马达班湾前往毛淡棉。这是在“吸血鬼”行动，也就是D日前两天。[②]

其实鲍尔（Power）上将真正担心“吸血鬼”的，不是战列舰或巡洋舰会遭遇日军攻击，而是在阿恰布和皎漂的盟军舰队登陆艇可能会遭遇袭击。因为一旦雨季来临，从海上前往仰光的行动可能会很棘手，所以他仅同意最迟在5月的第一周实施“吸血鬼”计划。印度第26师（钱伯斯少将，H. M. Chambers）隶属第15军，担任突击任务；该部队在以

① 译注：因为此时的日本海军舰队几乎已经不存在了。
② Mountbatten, *Report*, p. 156, n. 1 and charts pp. 148-149.

前阿拉干战役中小河和小港口类作战里，有和海军联合行动的经验。海上各型舰艇都编入，包括驱逐舰、扫雷舰和登陆艇，它们在外海巡洋舰的炮击支持下，常驶入全新的水域。1945年1月4日至3月13日期间，据估计，海军发射约23000发舰炮，支援克里斯蒂森中将肃清阿拉干海岸线，夺回阿恰布，并且攻占兰里和切杜巴诸岛屿。在这段时期，海军也运送了54000人的兵力、1000辆军车、14000吨补给品、800头牲畜到这一区域。①因此，在已经有长期的作战经验的基础上，"吸血鬼"行动只能算是一场相互了解和彼此信任的部队间的演习。钱伯斯深信他的人投到任何地方都行，然而他们不可能得到巡洋舰的海上炮火支援，仰光河口附近的海水太浅，他们能到的最近的地方离海岸有25英里，也就是说从放下登陆艇到实际的登陆点，还有一段距离。因此再次强调需要陆上机场，以便第221航空团的飞行队协助登陆。蒙巴顿指示利斯的第14集团军，必须在缅甸南方占领几座合适的机场，以保障地面部队拥有空中保护伞。他选定了彬马那和东吁，指示梅瑟维必须在4月25日之前夺下；而且是不计任何代价。此举要冒着伤亡惨重的风险，但"吸血鬼"行动如无空中支援，伤亡甚至会更严重。

结果，第5师占领标贝之后，接替原印度第17师的任务，展开对本多第33军的追击，虽然在距离央米丁南方13英里处被挡住，但还是准时到达了。该师的一支前锋部队已经先通过央米丁，并回报了敌军状况：该镇只有百余名日军。但是在英军的前锋部队通过后，有另一股日军约四五百人，正从高地下来，往东渐渐包围城镇，并封锁了道路，致使英军的第123旅（旅长德诺姆-扬，Eric John Denholm-Young）一直拖到4月14日才攻占该城镇。

日第33军本多司令指派第18师团和第49师团在央米丁南方的辛德

① Mountbatten, *Report*, p. 147.

溪构筑防御阵地，不过英第5师的前锋部队已经在刺探日军防线，而第5师肃清央米丁的行动还在持续，因此本多的部队根本就没有时间构筑适当的防御工事。在央米丁南方30英里处，有座高程约700英尺的小丘，名为瑞苗峭壁（Shwemyo Bluff），它在主干道旁，是绝佳的观测点，在上面可观察到数英里远，英军判断日军必会占据这里和辛德溪，因此布下重兵。结果，德诺姆-扬的旅向东展开宽幅的侧翼行动，包围了峭壁，他的旁遮普团和多格拉团部队，把山上的守军全数撵出了阵地。辛德溪并不如本多原先预期的那样造成障碍，河流目前还是干的，不过日军的地雷和狙击手，却让英军第161旅及其随军坦克的推进相当缓慢。为了保持英军攻击的势头，曼瑟（Mansergh）下令第9空降旅搭乘牛车，因为空降旅未配备机动车辆。4月20日，第161旅抵达了彬马那，珀特的坦克在前，跟随的工兵部队配有瓦伦丁式（Valentine）架桥坦克车，以应付河流和被爆破的桥梁。他们本来或许会遭遇大麻烦，在路标248英里处北方4英里的辛德溪桥上，已经埋设了大量地雷，并且随时准备引爆。结果，负责引爆的日军工兵，居然累瘫睡着了，当布莱克沃特（Blackater）上校率领的皇家装甲第116团（戈登高地团）的坦克车队轰隆隆地驶进了彬马那时，那名日军工兵还在睡觉。他乍醒过来，霎时间迷糊乱转，他没想到自己的处境会如此迅速地改变，于是拔腿就跑。①

他的军司令官情况也好不到哪儿去。英军皇家装甲第116团麾下的一个营，配属了印度贾特第9团第3营和孟买掷弹兵，对彬马那南方的一个村子展开攻击。他们认为那里应该是日军的司令部，逮住了就要中头彩。本多早已将他约有300人的司令部人员分布在公路的两侧：西边

① 他后续的命运有各种各样的报道，例如，“他设法脱逃了”，布莱克沃特回报（Bryan Perrett, *Tank Tracks to Rangoon*, p. 416）；“他在意识到我们的突然出现之前，就被杀害了”（Brett-James, *Ball of Fire*, p. 416）。

是医务、行政及军械人员；东边则是主要的作战幕僚群，包括了辻政信以及他的参谋长泽本（Sawamoto）少将。参谋群集在一个小树林里，本多就在他们中间。第55师团（忠兵团）的前锋部队，已经在彬马那增援本多，该师团的指挥官是外号“老恶霸”的花谷正中将，辻政信早在满洲里时就已经认识他了。这支前锋部队是由吉田章雄（Yoshida）大佐指挥的第144联队，辻政信以为他们约有营级兵力，并配有两门山炮。此时连一门山炮都没有了的第53师团，被部署在路的东面，紧邻着第144联队，而中永太郎的第18师团则部署在更东面，已经跨过了锡当河。第49师团的部署位置则不明。不过在这个阶段，本多名义上已经直接掌握了这四个师团，辻政信盘算了一下，目前日军的实力约有一个炮兵大队和四个步兵大队。4月18日时，他们已经就位。

辻政信在镇的南北路口各派了一名参谋军官担任引导，以收拢由央米丁撤退的残部和从东吁赶来的增援部队。前一天，花谷正抵达军司令部，还给本多带来了一瓶从阿拉干就带着的啤酒，本多并没有开饮。相反，隔天本多召集了司令部所有的人员，要他们拿出铁饭盒盖，由他亲自逐一为他们庄严地斟酒，其实每人也只有一点点而已。辻政信已经许久没有尝到或闻到日本啤酒的味道了，不过也只闻闻而已，他知道这是死前的祭酒，本多似乎在暗喻他们的死期已经到来。辻政信想，可能这也不算最糟的葬身之处，附近有几间茅草屋顶的小庙。这座村子大概只有20间小屋，还有一簇簇的针叶林，面对四处掠杀的战斗机，这是极佳的掩护。

4月19日，辻政信刚坐下来准备写后续的作战命令，就听到小型武器的射击声和炮声从彬马那北方约一英里处传来。约有10架战斗机飞掠而过，接着坦克炮也加入了行列，没多久彬马那就被黑烟给淹没了。东方窜出血红的太阳，辻政信不记得敌军曾经这么早就如此凶猛地攻击。然后四五辆卡车像脱缰的野马般往彬马那冲锋；同一时间，医务区开始被坦克炮猛烈轰击，受到重创。原来，约有20辆坦克跟在卡车的后面。司令部位于边坡上，辻政信无法理解的是为何坦克会杀上来。他也立即看到花谷正的空座车，就弃置在彬马那的南边，英军坦克已经发现它，从那边开过来。

瞬间，几间庙就都失火了。辻政信和他的一名参谋田中（Tanaka）跳进一个只能容一人的散兵坑。一枚炮弹差点就打中他们，不过却让旁边的小庙着了火。距离很近，辻政信能够感受到背部的灼热。一辆坦克在树林边缘约10码的干稻田中停了下来，主炮转向他们，坦克乘员打开炮塔舱盖，露出身子，微笑地环顾四周。

很明显，英军不知第33军的情况。在寺庙燃烧的火光下，辻政信开始草拟军的作战命令，也得到了本多和泽本的签署。不过现在的问题是，要如何分发这些命令给各师团的师团长呢？藤本和另一位僚属立刻自告奋勇地接下这个任务，他们溜出了英军的包围圈，去传达命令。从早上到现在，他们连口水都没喝，当然更遑论吃饭了。辻政信的旁边有一颗烂瓜，他顺势捡起来用刺刀劈开，分发给了他们。经过了一天的折腾，这瓜尝起来特别甜美。

藤本他们三人各带一名士兵，分三组，从树林北边与英军的坦克之间溜过。辻政信以为会有开枪的声音，但什么也没有。现在他得重新思索如何让司令部脱离目前的险境。他已经意识到英军可以从俘虏的伤兵口中套出第33军司令部现已走投无路，一旦黎明乍现，他们会被杀个片甲不留。

大约有50辆坦克以圆形散布，在它们之间有哨兵警戒，不过，英军应该将其主力部署在南面，以切断日军的撤退路线。这不是基本的用兵常识吗？辻政信评估了一下从树林边缘而来的英军坦克实力，然后拟定了一个计划。司令部人员将向北实施突围，一旦摆脱英军，就立即右转向东行进，前往铁路线，然后沿着铁路线南下。重伤者会由担架抬着，其他人都得徒步。本多就在队伍中间，每个人除了携带一枚手榴弹外，什么都没带，其他一切的军品都将烧毁或丢弃。部队将于10点出发。

辻政信认为只要抵达铁路线，就还有一线生机，因为英军的坦克无法沿着铁路线移动，部队也不用担心会迷路。在当天的战斗中，日军有40人阵亡、60人受伤，其中有10人是重伤。阵亡官兵的头发与手指都被剪切了下来，要带回日本。在找出前线警戒最弱的地方后，第33军司令部人员小心翼翼一英寸一英寸地匍匐前进。辻政信从英军传来的声音判断，他们正在喝威士忌，已在等待胜利的到来，而且欢笑声越来越大。眼见机不可失，他先溜出英军的警戒线，其他人也随后跟进，所有人都很幸运地逃了出来，无一遗漏。他们到了水稻田后重整队伍，依据罗盘转向东面移动，然后更换抬担架的人，让他们休息。

突然间，在黑暗中，他们的前方隐约有人影，辻政信抓起了武士刀，向前靠近，认为对方一定是英军，他必须硬杀出一条血路。还好是从第18师团派出的巡逻队，辻政信要他们等一会儿，以便给他们下达书面命令。为了遮蔽光线，他得在微弱的火光下用潦草的字体下达作战指令。姑且不论那三组自愿担任传令任务的勇士能否顺利传送命令，额外的谨慎总是有必要的。

一直到抵达铁路，大家才有了安全感，此时正值午夜时分。他们饮用铁路桥下的河水，并将水壶再打满，而伤者也终于首度允许自己在疼痛中发出哀号。辻政信有些志得意满，他决定给他的敌人留下临别礼物。于是他把信号板跟文具拿出来写下了一段文字：

> 致辛苦的您：
>
> 抱歉给你们造成那么多的困扰。
>
> 本多中将就曾在此停留。下次得更努力。

莎呦娜啦！[1]

他们的确很走运，在第二天的早上，他们找到了一座有猪和鸡的缅甸人村子。此时他们可以确定昨夜离开的地方在黎明时分受到英军炮火不停地猛击。“尽量炸吧！”辻政信心里这么想。大约中午时分，他那三个联络组也沿着铁路返部归建。[2]

不知本多是否曾怀疑过，英军主要是要追捕他本人。在1946年2月，也就是两年后，在仰光召开了一场英军和日军的将领会议。当议程结束后，他们坐着休息，有一名英军上校把本多拉到一旁，问道：“你知道吗？在彬马那战役时，我们确信你这位第33军司令就在里面，所以朝那里猛攻。我们想知道究竟你是如何溜掉的，希望你能详细解释给我听。你知道吗？我们是从特务的报告中，得知你就在曼威佛塔附近。”[3]

第62回 “吸血鬼”咬住仰光

“我认为，要有效地空中支援‘吸血鬼’行动，那么最重要的就是在4月25日前占领东吁机场。”蒙巴顿写道。[4]东吁位于彬马那南方69英里、仰光北方187英里。计划由第17师第63旅集中全力夺取机场，而该师第255装甲旅和第5师的第123旅则负责夺取该城，第161旅随后

① 斯利姆不曾理解本多竟然轻易地就脱逃了，他写道“他的参谋车跑得比我们的坦克还快”。*Defeat into Victory*, p. 498.

② 辻政信，《十五比一》，页264—275。

③ 《锡当、明号作战（1945.03.09-05.15）》，页216。

④ Mountbatten, *Report*, p. 153, para. 531.

跟进。[1]结果，4月22日早上10点刚过，英军坦克便已经杀到了东吁机场。随之而来的是重新纳入第123旅统辖的约克和兰开斯特团（Yorks and Lancs）第7营，他们发现城内早已空空如也。盟军的飞机前一天轰炸此地，而且本多的司令部也曾设置于此，斯利姆根本没有料到会这么顺利得手。[2]

木村司令官原先的构想，是要第15军沿着曼德勒到仰光公路东面的山间小径绕行，由东吁出来之后，接替第33军防守第二道防线；不过木村的部队从未在那里出现。因为，英军第136特种部队和克伦部队发挥了关键作用。第15军进入皎施东面的山区后，从格劳和垒固（Loikaw）的西面下来，然后再转向西，沿着萨尔温江的公路，从凯马漂经过茂奇来到东吁，这条路也就是所谓的茂奇公路。斯利姆下令克伦部队等待攻击信号，4月13日是他们等待的时刻：等待执行代号为“特质”（Character）的行动。第136特种部队在第14集团军进攻前就投入战场，他们不但遭到日军的伏击或杀害，也无法唤起当地居民的响应；在2月21日至25日军官们降落到克伦族地区时，他们受到的接待是冷漠的，因为当地的居民非常担心日本人会有报复行动。[3]不过，当英国人表明他们是认真的，并送来更多的军官和武器之后，自愿加入义勇军（Levies）行列的，一下子增加到了好几百人。日军沿着山路下来时，便遭到克伦义勇军伏击，“桥梁就在日军面前被炸，征粮队被屠杀，哨兵被跟踪，参谋用的车辆被破坏”。[4]等日军抵达茂奇时，义勇军已经大致准备好进行正面对决。结果，第15军无法及时赶赴东吁，担任前锋的第15师团（山本清卫中将，Yamamoto Seiei）在4月19日才抵达目标区的东方。同

---

① B. Prasad ed., *Official History of the Indian Armed Forces: Reconquest of Burma, 1942-1945*, Ⅱ, p. 400.
② William Slim, *Defeat into Victory*, p. 500.
③ S. W. Kirby, *The War Against Japan*, Ⅳ, pp. 249-250.
④ William Slim, op.cit., p. 499.

一天，本多的第33军在彬马那被扫荡。木村的参谋长田中新一中将前往东吁要求加强防守，不过收效甚微。第15师团的一位参谋官山中雅太（Yamanaka）少佐前来东吁和他面议，田中参谋长告诉他，要第15师团集合所有的兵力，进入东吁以阻挡英军南下。山中雅太认为，说得容易做起来难。因为第15军和第15师团，已将其战斗指挥部设立在东吁东面的茂奇公路路标14英里处。不过那就是他们所有的人了。他们的大部队都还没出现。田中感到非常恼火，将山中少佐训斥了一番，然后离开东吁向北去找本多。4月21日他返回仰光，这一天，也就是英军第5师攻入东吁的前一天。本多的残部和片村部队的行动速度相同，4月27日他们抵达东吁地区，在锡当河东岸下方，此时英军已向南突进了好几英里，到达勃固的边缘。片村所能做的只有设法接近，去骚扰仰光公路的英军兵站，而本多沿着锡当河，拖着疲惫的脚步南下。①

稍晚，日军的航空队也决定投入作战。4月23日晚间，英军第161旅驻防东吁的北方阵地，准备次日发起攻击。有8架日军战斗机朝他们展开攻击，低空扫射并扔下炸弹，造成该旅超过30名官兵阵亡，不过这对英军的攻击并没有造成影响。在坦克前导下，该旅的女王专属皇家西肯特郡团的步兵第4营越过彪关溪（Pyu Chaung），在那里，日军一门隐藏的75毫米山炮击毁了A连指挥官的坦克。日军已将公路和铁路桥炸断，但英军的工兵冒着日军狙击手的火网，在溪的上游一英里处放置了两架剪式桥②，填补了120英尺的缺口，帮助前锋部队跨越；同时，工兵还为主干道架设了一座贝雷桥。③

由于都渴望成为领头羊，第7师自然对第5师似乎没有服从命令感

---

① 《锡当、明号作战（1945.03.09-05.15）》，页245。

② 译注：剪式桥（scissors bridge），装甲车架的桥，桥身从折叠状态展开，在几分钟内跨过障碍物形成可通行的桥面。剪式桥具有跨度大的优点，折叠为两节或三节。

③ Bryan Perrett, op.cit., p. 228.

到不安。第5师不满足于攻下彪关（Pyu）与接受“印度国民军”第1师的投降（包括150名军官和3000名士兵，并立即征用他们去修复东吁机场），第5师的前锋部队沿着公路又奋勇前进了20英里，进入贝内贡村。他们重复了之前消灭日军爆破组的经验。在贝内贡的日军爆破小组，就像之前在辛德溪的那个孤单的工兵一样累得睡着了。“他们再也没有醒来过”，斯利姆无情地评论道。①

4月25日，印度第17师在贝内贡穿越第5师。②第二天它就到了良礼彬的北方，但距离目标还有上百英里路。在该处，前锋的装甲部队击退了一支编组很怪异且在撤退中的日军队伍，队伍里面什么人都有，还包括骑马的骑兵。珀特身为一位印度军队的骑兵军官，这一景象必定让他感到相当满意。到了傍晚时分，英军已经击毙了上百名日军，虏获上百匹军马、两列火车和三个火车头。③

在宾邦基，也就是莫因基水库（Moyingyi Reservoir）的边缘，日军企图封锁道路。水库本身横跨6英里，道路的西面是沼泽地，所以英军的装甲部队将只能被限缩在道路上活动。当轻骑兵第7团的斯图亚特坦克接近宾邦基时，连长哈尔帕塔普·辛格（Harpartap Singh）中尉察觉到村子似有异状。村子从道路的两边延伸半英里，却没有见到半个村民。有座桥已被炸毁，桥的另一头可以见到一辆翻覆的汽车堵住了道路。

虽然辛格中尉并不知情，不过这是第4军与木村首度的失之交臂。在最后绝望的关头，还待在仰光的日本平民，无论是职员、行政人员或商人，都被编入第105独立混成旅团（卡尼兵团，Kani），由松井（Mataui）少将指挥以增强仰光的防御力量。其余的还有海军警卫及港勤部队、第

---

① William Slim, op. cit., p. 501.

② William Slim, op. cit., p. 501; B. Prasad ed., op.cit., p. 402; “28th April”, S. W. Kirby, op.cit., p. 389.

③ S. W. Kirby, op.cit., p. 389.

82机场营、防空部队，以及各行政机关随行人员，也收编成一个大型的司令部，平民被匆忙地换上军服并施予军事化管理。4月27日，木村命令松井派出部队，防御勃亚基至勃固之间的防线，因为该镇位于锡当河和通往仰光的主要公路之间的重要十字路口。一旦勃固沦入英军手里，英军便会在掸邦或克伦山头构筑防线，而将仰光和丹那沙林的日本守军完全切断。松井也受命守住通往沃镇的公路，以阻滞英军第14集团军向毛淡棉推进，同时他也组织了一支防御部队，担任警戒任务，以保卫勃固北方几英里的勃亚基。这支部队就跟卡尼兵团一样，是一支杂牌军，里头有后勤军官、陆战队运输营、干训班、铁路人员、两个防空联队和来自第24混成旅团下辖的第138大队，这些人全部交由根本操（Nemoto）大佐指挥。几周之前，他还是仰光码头下辖的第38港勤部队的指挥官。

日军的防卫部队有足够的工兵专业能力，足以让英军装甲部队的日子不好过。辛格中尉决定不让他的坦克部队冒险，进入这位于勃亚基北方看似宁静却诡异的宾邦基村，他要求炮兵支援。第18野战炮兵团承担了此任务，然后皇家德干骑兵团的雪曼坦克接着推进，B营在左，C营在右，配有拉普特第7团第6营的两个步兵连。尽管C营在沼泽地带被困，但坦克没受损，不过步兵的伤亡惨重。廓尔喀来复枪第3团第1营受命来援。那辆翻覆的汽车原来不只被用来当路障，也是个巨大的诱杀装置。当第255旅要求雪曼坦克推土机向前将路面障碍推开时，炸药在下方引爆了，一举将雪曼坦克及跟随的工兵炸得粉碎。[①]

日军在下一座叫巴亚盖（Payagale）的村庄故技重施，让英军的坦克和步兵在进入村子肃清之前，得先上下来回折腾一番。有一辆皇家德干骑兵团B营的坦克在清理路面时，不慎引爆了一枚航空炸弹，将引擎炸出，步兵在日军逼近中向前抢救坦克车组人员。另一侧的A营损失了两

---

① Bryan Perrett, op.cit., pp. 229-230.

辆坦克：一辆被埋设的炸弹炸毁，另一辆则是被75毫米山炮击毁。日军还使用了杆式炸药，自杀式攻击一直持续到傍晚。

勃亚基村是英军攻击的下一个目标，传闻日军早已有重兵防御，因此4月29日英军在那里展开空袭和炮击，第63旅接着推进。他们发现村里空空如也，于是直接朝勃固推进。装甲车如今处在带着深刻回忆的乡间。1942年的战役中，英第7装甲旅在此开了对抗日军的第一炮。在多场战斗中，唯一幸存的斯图亚特坦克（外号“苏格兰的诅咒”）现在仍是轻骑兵第7团的指挥车。[①] 沿着勃亚基通往沃镇，也就是印度第17师从锡当桥撤退的路上，考恩派遣坦克和廓尔喀来复枪第3团第1营的一个连，前去设置路障。这堵住了遗留在勃固和仰光之间的日军唯一能逃脱的路径。这条路从仰光经勃固，穿越沃镇，并在莫巴林越过锡当河，通到毛淡棉。

日军以为这条路仍可通行。4月28日晚间8点30分，一支日军护卫队接近这路障，而廓尔喀兵早就在卡车周围挖好阵地，这是一支装甲部队和一支斯图亚特坦克部队。三辆坦克和三辆装甲车，朝这支由一辆参谋用车领头，后面跟着载有步兵的三辆卡车的车队展开近距离射击。这简直是一场屠杀。英军唯一的伤亡是廓尔喀的连长，他遭到日军参谋车内的还击而阵亡；不过参谋车内两名日军大佐和一名“印度国民军”的高级军官被击毙。[②]

考恩正在与时间赛跑，他的对手并不是日军，而是雨季和“吸血鬼”。已经下过几次“芒果雨”了，这种小雨通常是雨季来临的前兆，理论上距离雨季应该还有几个星期。斯利姆则在4月20日已经告知麾下指挥官梅瑟维跟斯托普福德，“吸血鬼”行动将于5月2日开始。这是一

---

① Bryan Perrett, op.cit., p. 232.
② Bryan Perrett, op.cit., p. 232; B. Prasad ed., op.cit., p. 403.

道机密的信息，只有军和师司令部的首席参谋军官知悉。就考恩而言，这一战对他有特别的意义，因为可以一雪前耻。1942年，当第17师在锡当桥大溃败时，他正担任史密斯的参谋长。最近，他又被提醒那一段刺骨痛苦的日子：一名英军军官走进第48旅位于宾邦基北方柯达（Kadok）的司令部，宣称自己在新加坡被俘，从此过着战俘的日子；他刚被日军释放，因为通往沃镇的道路已被封锁，日军无法带着战俘去锡当。他们被安置在勃固东北方的村子里，总人数超过400名。噩运并未因此而中止，其中一些人就在刚被释放时遭盟军战轰机误杀。盟军战机低空俯冲，只能看制服颜色，他们因为当初被俘时穿卡其色制服，而不是现在通用的草绿色制服，所以被当作日军的队伍而加以扫射，造成不小的伤亡。[①]部分战俘来自印度第17师，先前被关在仰光监狱，包括首席医官麦肯齐（Mackenzie）上校。考恩在史密斯离开之后，接掌师指挥权，一路展开反击，经过缅甸，一直打到印缅边境。他的师有五个营，从那时就和他在一起，全程参与由印度英帕尔反攻，沿着迪登公路，越过伊洛瓦底江，直达密铁拉。还有谁能比他的师担任第14集团军先锋，凯旋式重返缅甸首都更有戏剧性，也更合适的呢？

梅瑟维已经做好夺取仰光的计划，在4月28日，他发出作战指示。他打算要印度第17师从北面逼近，第5师从北面和东北面发起攻击，然后在扎亚昆（Zayatkwin）向南转弯推进，但是首先得拿下勃固。

考恩的装甲部队就位于镇的边缘，在4月29日的晚上，距离作战目标仰光仅五十几英里而已。在全缅，勃固是最重要的大城之一，内有一座大约200英尺长的著名的侧躺大佛像，还有数目繁多的佛塔。勃固横跨勃固河，有两座铁路桥连通，并且在公路路标49英里处有一座公

① William Slim, op.cit., p. 502. 官方历史却否认此事。史称“他们已经疏散以避免遭到皇家空军的攻击”（S. W. Kirby, op.cit., p. 390, n. 5），“却在两天内全数被找到”。

路桥。两座铁路桥都可通往镇的北方，而公路桥则直通市中心，被繁密的建筑物围绕。考恩指示第255旅先夺取镇东南方的开曼奈（Kamanat）村，然后转向东北，与从主要公路直下的第63旅在市中心的公路桥上会师。同时，第48旅渡河到西岸奥波（Okpo）小村，然后攻占火车站。这样，城的两边都将收复，而第99旅就在勃亚基长期驻留。

当地守军统由松井少将亲自指挥，他在4月28日才到勃固。他在抵达前一天接获木村命令，要他守住勃亚基和勃固，并给他一些时间破坏或焚毁一切在仰光无法迁移的设施，诸如发电机、码头设施、重型防空炮等等。这份命令也提到，还能走路的战俘已经在4月25日押解出仰光。木村给最后还在城里的日军部队留下指令，要他们在离开时释放剩下的1100名俘虏。松井发现当他抵达勃固时，川野（Kawano）大佐的海军陆战队和金子（Kaneko）中佐的防空部队已经抵达，不过其他的部队还在路上。他不感到意外，因为大部分的交通工具都已经被用去执行从仰光转往毛淡棉的运输任务了，他不得不动用城内还能修复的交通工具；即便如此，大部分的人还是得靠双脚徒步才行。

英军边防第4团于4月30日上午10点30分，受命在勃固河建立桥头堡，帮助第48旅渡河到西岸向车站推进。该团在下午1点出发，在D连肃清河东岸的村庄一直到奥波村的同时，A连向最靠近城镇的铁路推进。当A连接近铁路桥时，日军把桥给炸了。连长下令一个排以火力掩护他前去查看受损情形，他发现桥有两根大梁仍然完好无损，于是命令他的排持续射击，并要求炮兵火力集中射击桥头堡地区，另一排以单纵队横跨残存的桥梁。冒着从对岸掩体射来的炮火，这个排三三两两成功地到达对岸，不过有一些伤亡。该排长下令士兵们上刺刀冲向日军阵地，日军反击非常激烈，而且英军第2排一直到入夜之前，都无法加入第1排。D连试着去另一座桥碰碰运气，但发现那里也被日军给炸断了，还有两辆坦克部署在铁路线上，于是D连决定在东岸等到隔天清晨再说。A连在晚上遭到日军的反击，不过都击退了。到5月1日早晨，令他们感到意外的是，日军已经主动脱离战斗，消失得无影无踪。A连就沿着铁路，向南去协助D连渡河。

车站地区已经被炸，日守军向西逃窜，B连和C连随即进入。廓尔喀第10团第1营和俾路支第10团第7营，在主要公路桥地区遭遇日军激烈反抗，廓尔喀第3团第1营和孟买掷弹兵第4团第4营，从东面发起攻击，但没什么成果。皇家德干骑兵团的坦克则被一条干沟渠给挡了下来。在4月30日夜间，英军派出了侦察部队进入镇内，他们回报说在公路桥地区有车辆进进出出，而且火炮都被拖往西面。事实上，日军已完全从东勃固撤退。隔天，印度第17师肃清了该城镇，重新集结向仰光进击。

在勃固战斗开始的几小时内，日军顽强抵抗，炸断桥梁，期望着松井能延长抵挡考恩部队攻击的时间，虽然最终仍无法无限期地挡住。然而考恩正为另一个强敌所苦，因为雨季提早了两个星期降临。4月29日[①]，勃固浸泡在暴雨之中，就像缅甸其他的低地一样。刚夺取的机场马上就受到影响，第221团除了留下从东吁来的一个中队以外[②]，被迫撤走所有支援的中队；大雨让操作坦克和卡车的人都被局限在主要公路上。任何企图忽视炸毁的桥而想涉水渡过勃固河的可能性，都因为河水暴涨而不复存在了。

斯利姆曾飞临战场上空视察，还遭到日军防空炮射击，他立即将整个第4军的配给额减半。[③]斯利姆保存补给品的做法是正确的，但是考恩已经丧失了先进入仰光的机会。“吸血鬼”行动已于5月2日发动，同一天，考

---

① 蒙巴顿也说是4月29日，但斯利姆说是5月1日下午（*Defeat into Victory*, p. 505）。

② Mountbatten, *Report*, p. 155, para. 539.

③ 结果还是被击中了，其中一名美国参谋官富勒顿（Fullerton）少校因此失去了一条腿。“我常想，”同在机上的梅瑟维写道，“如果我们飞到仰光，之后会做什么。我觉得，假如我们发现机场已清空，也能着陆，我们很可能就直接降落了，比尔·斯利姆就能亲自收复仰光！这该多有趣！”（S. W. Kirby, op.cit., p. 399）

恩也继续前进，穿越洪水区域。在勃固的那两天，使战况天差地远了。如果松井部队没有这么凶猛地抵抗，那印度第17师就可能会比“吸血鬼”先到达目的地。然而，松井为何又突然撤军，还让道路敞开呢？

松井在4月30日接获木村的命令：“贵旅团尽全速返回仰光，并死守。”[①]松井并不是个笨蛋，他知道4月27日最后一道命令的含义。然而，他无权去质问缅甸方面军的命令，干脆命其手下从勃固撤退。川野（Kawano）大佐在战斗中阵亡了，而松井的残部在往莱古的公路上一直被英印军第17师追杀，照这样下去，松井认为会全军覆没，所以索性就离开道路，以免惨遭英军装甲部队歼灭。他选择遁入勃固的山间，在庞吉（Paunggyi）集结残部，以继续执行他那不可能完成的“死守仰光”任务。[②]

当然这已经太迟了。4月27日傍晚5点至4月30日清晨5点，“吸血鬼”计划的六支突击团队分别从阿恰布港和兰里岛的皎漂港出发，行驶480多英里到达仰光。5月1日大清早，第136特种部队的一支特遣队及一个目视控制小组被空投到象角以西5英里的地方。半个小时以后，一个伞兵营（伞兵第50旅的一个复合营，由桑萨克的幸存者重新整编而成）从38架达科塔运输机空投下来。首批空降的过程还算相当顺利，不过随后的廓尔喀伞兵就不那么幸运了。他们得徒步2.5英里才能到达目标区，而那时解放者式轰炸机正在轰炸设在象角的火炮。轰炸机投弹有一些没有击中目标，还造成了友军伞兵30多人死伤，目视控制小组于是通知他们取消轰炸，才避免了后续更严重的误炸。下午较晚时分，廓尔

① 《锡当、明号作战（1945.03.09-05.15）》，页343。
② 小宫德次，一名服役于仰光防空炮部队的军官，深信松井根本无心重回仰光作战，假如他真要这么做，为何要释放战俘？更大的可能是他企图在勃固抵抗，然后朝锡当河撤退。小宫也相信松井无法报告第28军关于他将要离开仰光一事并非意外或忘掉，他谨慎地不服从寺内的死守命令，他知道第28军对此心知肚明。（《缅甸战，战争的人间纪录》前篇，1978，页110、112）

喀部队经过长途跋涉，通过了同样阻滞印度第17师的暴雨而抵达，逼近日军炮兵。日军全数一共有37人，只有1人生还。现在，一旦航道的水雷清除，登陆艇队马上就可以抢滩了。①

前一天，空军飞机掠过仰光上空，发回的报告说，他们看到在仰光监狱的屋顶上有用油漆写着的英文。事实上有两段：一段是“鬼子走了”（JAPS GONE），另一段写着只有英国皇家空军才看得懂的军中密语，“火速抢救”（EXTRACT DIGIT）。②第一段话或许是个诡计，不过第二段就很难不去相信了。尽管如此，英军还是决定按照计划完成“吸血鬼”行动，扫雷艇清出航道并放置了浮标。在5月2日凌晨2点15分时，突击船队放下他们的登陆艇。海军对于有关情况恶化的风险考量是正确的。登陆艇得冒着大雨和浪涛航行30英里，轰炸机对滩头实施地毯式轰炸，登陆行动没有遇到什么抵抗，钱伯斯的第26师很快就在东岸大举登陆。

有个人对屋顶上的信息非常关注，他就是第110中队的指挥官桑德斯（Saunders），他在5月2日下午对仰光执行了一趟空中侦察。从空中看下去，仰光城内已经没有日本人的踪影，所以他决定下去瞧瞧。他驾驶着蚊式机飞到敏加拉洞机场的上空并试着降落，这时让他感到沮丧的是，盟军的轰炸效果太好，整座机场的跑道被炸得满目疮痍，不过无论如何他还是着陆了。可惜他的蚊式机也受损到无法再次起飞的程度。他的领航员带领他前往仰光监狱，有超过1000名的战俘还留在里面。战俘告诉桑德斯，日军在4月29日深夜就已逃离了。③桑德斯不管原来的目的，神气十足地往码头走去，他征用了一艘舢板，开心地沿着仰光河而下，欲与即将抵达的第26师会面，而由该师在5月3日早晨把他接上船。

---

① S. W. Kirby, op.cit., p. 394.
② “Japs gone. Exdigitate.” William Slim, op.cit., p. 506.
③ S. W. Kirby, op.cit., p. 396.

"我们第14集团军对此感到相当欣慰，"斯利姆记得，"假如我们无法抢头第一个攻入仰光的话，那退而求其次的是第221团的成员，因为我们认为该团与第14集团军有袍泽情谊。"[①]

5月6日下午4点30分，廓尔喀第48旅第7团第1营与第26师的林肯郡纵队在莱古会师，他们距离仰光北部仅27英里。

第63回 笼中鸟飞了

所以，笼中鸟已经飞了！即使迟至密铁拉的战役结束，斯利姆仍然确信仰光的攻防战会非常激烈。他写道："很难获得日军作战意图的情报，但可肯定的是，此时并没有证据显示日本人会在我们接近的时候从这座城市疏散。"[②]他在4月24日已得知木村将他的司令部移到毛淡棉，但这并未告诉他所有他想知道的情报。仰光将会被全面弃守吗？还是木村会留下敢死队死守仰光呢？情报指出，木村将会尽全力巩固位于勃固的联络中心，但没有情报说木村在4月22日之前已经决定撤出仰光，尽管寺内寿一元帅在西贡发过来坚守仰光的命令。[③]

斯利姆不知道这些事是情有可原的，因为连位于仰光的高级司令部也不知情。到了4月25日，格温（Gwyn）准将向"盟军东南亚战区地面部队"司令部报告，说仰光半径25英里内的日军减少了3000人，使已知

---

① William Slim, op. cit., p. 507. 第26师的史官当然了解在最后一刻被别人抢走风采的感受，不过并不会感到遗憾。他写道，"重新夺回仰光是对第26师在阿拉干默默无闻的艰辛两年的真正奖赏，该师虽然不太引人注目，但在扰乱日军补给线，建立空中及海上的交通线以维持东南亚盟军部队的战力上，做了举足轻重的工作"。（*Tiger Head*, p. 36, in B. Prasad ed., op.cit., p. 427, n. 52）

② William Slim, *Defeat into Victory*, p. 487.

③ Mountbatten, *Report*, p. 154, para. 535.

的总数减至11300人。隔天他示意总数可能会再降到9450人。三天后他才能用“极限小组”的情报报告上级缅甸方面军司令部已撤离，而从被破坏的设施来看，日军已经接受失去仰光的事实。他大胆假设，如果运输工具允许的话，日军可能会尽全力从仰光撤至勃固，在“吸血鬼”行动展开前，日军在这地区的各种兵力加起来，会减少到8000人。[①]

即便是木村的部下，缺乏像蒙巴顿和斯利姆一样可以读到木村密码电报的“特权”，也都不知道缅甸方面军司令部已经准备要放弃仰光了。木村虽然不具备顽抗到底的性格，但他企图把缅甸的东南区域变成一个阻绝区，尽他所能地阻滞盟军进入泰国。他知道如要达此目的，必须先集中留在丹那沙林的兵力，那里的边界与泰国接壤，南方是马来亚。如果他能统领从北方来的几个师团：残破的第15师团、第31师团、第33师团和仍然具有坚实战力的第56师团，还有樱井省三从阿拉干和伊洛瓦底江谷来的第28军，这样的话，他或许还能建立一条有效的防线，不过他不认为试图从仰光来掌握丹那沙林的部队有什么意义。从仰光到丹那沙林的交通线，要么是走海路越过马达班湾可怕的航道，要么就是得走陆路，经由勃固和锡当河。无论选择哪一条路线，一旦第14集团军出现在下缅甸的路线上，这就意味着日军势必得冲过英军的火力网。减少损失更好的做法，是将司令部转往毛淡棉。

寺内寿一在4月20日从西贡发电报给本多，要他守住首都仰光。如果你斜躺在西贡这座位于热带地区的法式省城，还下令要别人战到最后一兵一卒的话，那真是说得轻松。木村在仰光先前情势还缓和时就已经对本多下过同样的命令了，现在处境已完全转换了。“我欣赏这电报所表达的看法，”木村在事后回忆中讽刺地说，“但我同时也对于南方军参

---

① 1945年4月25日信号：“自1945年4月3日以来日军作战序列的变化”；1945年4月26日信号54015/1；1945年4月29日基于“极限小组”的情报：“1945年4月至1945年8月日军的作战序列”（PRO. WO 208/1057）。

谋完全忽略真实的情况感到非常吃惊。他们应该了解，缅甸方面军不能让自己在仰光自生自灭，但是仰光和新加坡的司令部是如此害怕仰光会成为全面攻击马来亚的基地，以至于他们下达这种不切实际的命令给我，要我将仰光变成缅甸方面军的坟场。我决定放弃仰光是非常合理的。”①

寺内寿一并非唯一持反对意见的人，木村的做法，在自家内部也遭到敌意。他的参谋长田中新一中将，在4月23日早上刚从东吁前线返回，当意识到整个司令部的气氛是要立刻撤离时，他很震惊。木村告诉他，盟军的装甲部队从卑谬和东吁攻过来，很明显，可能在4月27日就打到这里，司令部不应该陷入这场将会发生的大灾难中。田中新一说，他可以预见，方面军也许有一天必须从毛淡棉指挥作战，只是时候未到。想要重振对所有部队已破产的指挥权威，唯一的方法就是留在仰光继续战斗。方面军司令部一撤退，马上会让各地产生一种仰光被放弃的印象。木村断然拒绝了他的论点，随即空袭警报响起，他们进入防空壕，继续争论。②

田中新一很早就明确表示，仰光应该要寸土必守，逐街、逐屋地战斗，甚至是一座一座寺庙，有必要的话也得这样战斗。他曾尽可能地向缅甸总理巴莫说明，“我军在东南亚部署有超过一百万的部队”，田中新一说，“我们会战到最后一兵一卒”。③当巴莫看到仰光大金寺的山上正在建构防御工事和埋设地雷，商业区的街道上正在埋设炸药，他彻底了解了田中新一的解决方法。巴莫跑去见木村并告诉他，大金寺对于缅甸人和佛教历史是如何地神圣，如果在那上面安上炮座，对日本与东南亚其他国家的关系将会是一种灾难。木村不置可否，但至少巴莫费力地表

---

① Louis Allen, *Sittang: The Last Battle*, p. 30.

②《锡当、明号作战（1945.03.09-05.15）》，页233。

③ Louis Allen, op.cit., p. 29.

示“焦土政策”是不适合用在缅甸的。巴莫决定将这议题趁着1944年底应邀去东京电台演说时报告给日军的最高层，他告诉新的首相小矶国昭（Koiso），还有帝国总参谋长杉山（Sugiyama）元帅，仰光不应该成为战场。杉山说，他能理解巴莫的感受，尤其是对大金寺，“我们会尽最大的努力不破坏你的城市，但我必须提醒你，无论是用何种方式或通过谁，让敌人质疑我们不会坚守仰光或其他大城市的话，那我军绝对会不论后果在那里战斗到底。”

这似乎是一个多余的警讯，既是承诺也是暗示，要巴莫闭嘴。杉山有个敏锐的想法，认为在巴莫的政府成员中，早已有人和英国人秘密接触，只是在等待时机成熟后易帜。①

田中确实是决定战斗到底，所以当资深参谋青木一枝（Aoki Takeki）大佐将转移到毛淡棉的命令草稿呈给他时，他拒绝签署。青木解释说，方面军的无线电台在前一天已经撤走，而司令官飞往毛淡棉的航班也已经确定，一切都已准备就绪。田中怒气冲冲地又去找木村，并要木村重新考量，木村坚定地拒绝了。缅甸政府和日本驻缅大使馆已接获撤离的通知，正准备离开。虽然田中仍然拒绝签署命令草稿，不过当他远在东吁的时候，该命令草稿已经以最快的速度拟定。由于木村本人已经批准了命令，田中的抵制不过只是徒具形式而已。②

几乎到了最后，巴莫还是无法确定田中是否将会为这座城市决一死战，不过日本驻缅大使石井（Ishii Itaro）告诉巴莫，田中新一有意血战到底。4月21日，所有缅甸政府的部长及其家人都已被告知，如果要随日军撤退，必须要在4月23日晚上撤离。巴莫召开了他最后一次的内阁会议，并宣布了这项消息。有五位部长愿意跟随他，他也指示留下的人

---

① Louis Allen, op.cit., p. 30.
② 《锡当、明号作战（1945.03.09-05.15）》，页233。

员继续工作，然后就和他们道别。

田中在东吁的缺席似乎是天意。有三位参谋跟随他：作战参谋山口英治（Yamaguchi）、情报参谋高木秀三（Takagi）、后方参谋后胜（Ushiro）。就在他们返回仰光的前一天，高级参谋青木召集其他幕僚一起讨论战况，大家取得共识：撤退势在必行。没有人主张坚守仰光战到最后，所以青木草拟了撤退计划上呈给木村，而木村的心意已决，签这一道命令是非常地干脆。青木可能感到很尴尬，因为他未能等到田中返回，不过4月22日那一天，梅瑟维的装甲部队已冲破东吁，并且勃固的失守也是指日可待。一旦勃固落入英军手里，那通往毛淡棉的路线就会被截断，所以一天，甚至是半天的耽搁都将非常要命。

撤退通知并没有依照应该有的系统传递。4月26日，仰光防卫总司令官松井秀治（Matsui）少将匆忙召集防卫部队。当天大部分的参谋都搭车离开，而木村也已经在三天前搭机离开了。理论上，松井应该将伤兵纳入编组，事实上，他也的确运用这套机制将躺在兵站医院的500名伤兵编成一个营，但他们显然无战斗力，所以他将他们放在一条船上，运往毛淡棉。当时，他并不知道木村已经离开。当听说司令部的人员已撤离他们的大楼（仰光大学的校舍），松井马上从他的部队中派出一个班过去侦察。他们回报里面是一片混乱，拆散的文件散落一地，其中还有奖状名册散布在办公室地板上。原要发给军队的整箱整箱香烟，早已被闯入的当地居民洗劫一空。

听到这个班的报告，松井无言了。“我可是仰光的卫戍司令！”他内心狂怒，“他们竟然连一句话都不说就溜光了！”[①]就在那时他也决定要处理战俘的事。他指派仰光监狱的指挥官丰田（Sumida）大尉带着身体还能行动的战俘前往锡当，并给他一些秘密指示，如果情况需要的

① Louis Allen, op.cit., p. 35.

话，就让他们走。那些身体残缺的战俘便被告知：“从明天起，也就是4月30日，”松井告诉他们，“你们自由了，想去哪儿就去哪儿，我们会留下足够的食物和医疗用品给你们。英国和印度的军队马上就会进入仰光，随便你们要不要等待他们。”一个大意如此的告示，被钉在仰光监狱的大门上。随后松井和他的残部前往勃固继续奋战。他们曾经接到一道命令要去炸毁所有的港口设施，但因为没有足够的炸药，所以他能做的只有炸掉一座桥的一部分而已。

妇女和小孩大部分早已撤离了城市，不过还有百余人留到最后。青木上校说他们应该与最后的部队一起离开，但很明显，他们根本就跟不上士兵们的行军速度，所以第73兵站副官白泽（Shirasawa）大尉去码头想给他们找一艘船。可是他目光所及只剩下一艘木船，他把妇女和那些在近日战斗中丧生的官兵骨灰坛也一并送上船。骨灰坛被囤放在仰光，等待海运运回东京进入靖国神社，总计有37大箱，约4万个。不同于在“吸血鬼”计划准备期间就被盟军给击毁的那11艘船，这条船顺利地抵达毛淡棉。

从方面军撤离到英军抵达，大约有十天的时间，其间，这城市被劫掠一空。日军库存的武器、弹药没有全数及时转移到毛淡棉，现在被洗劫一空。结伙的土匪掠夺了湖边有钱人的寓所，拆掉屋内所有的设备，包括水龙头、阀门、电源开关、灯具，所有的东西都无一幸免。路上的井盖也被偷走，停放着的汽车和卡车也被拆走零件，街道满是垃圾，巷弄内还有排泄物堵路。街道上铺满了百万张日军占领时发行的卢比纸钞，绿色和红色赏心悦目的设计，现在却一文不值。

奇怪的是，自由印度临时政府的领袖和“印度国民军”，似乎比日军指挥官或缅甸总理更关心仰光的现状。鲍斯预判这座城市在日军撤出后很容易遭到大规模的掠夺，而那里还有为数可观的印度人，他指示罗干那山（Loganathan）少将（外号“叔叔”）留下5000人的部队维持秩序，直到英国人进城开始新的管理为止。

鲍斯还具备一种特质，那就是勇气。他会继续战斗下去，但他的部长们说服他，如果转移到曼谷，可以做更多的事。在1945年的5月，亚洲战事看起来还可能会持续好几年，所以鲍斯于4月24日派出一队卡车运送他的女兵部队“詹西女王团”（Rani of Jhansi Regiment）[①]。在前往锡当的途中，他乘坐的车在沃镇的路上遭到英军战轰机的扫射，车辆打滑掉入8英尺深的壕沟中。沃镇已无桥梁可用，日军正用渡船运送人员。矶田三郎（Isoda）将军是“光机关”的首长，该机构负责日本人和“印度国民军”之间的协调联络工作，他礼貌性地向鲍斯表示让他优先渡河。鲍斯对他怒斥：“见鬼去吧！矶田！”他咆哮说：“除非妇女们都过河了，否则我不会渡河的。”两天后，当女兵团的指挥官西维斯（Janaki Thevers）要求鲍斯脱下笨重的靴子，好帮他洗袜子时，她当场吓坏了。因为在这段时间，鲍斯徒步行军而不乘车，他的双脚虽然起满水泡，但仍拒绝坐车。就在当天晚上，他走在纵队前头，又行军15英里。[②]

鲍斯想到巴莫时就会发脾气，因为1943年11月，在东京的大东亚会议中，他们是其中的风云人物，他还对巴莫表达了极大的钦佩。矶田三郎设法弄到几辆从毛淡棉来的货车，然后去见鲍斯。车子有空间容纳他的参谋和詹西女王团。士兵则必须徒步行军，鲍斯愤怒地转向矶田说：“你认为我是缅甸的巴莫，会怕死而放弃我的人逃生吗？我已经不止一次告诉过你了，除非我的人都上车了，否则我是不会先走的。”他于5月1日抵达毛淡棉，同一天，廓尔喀伞兵空降在象角。

辻政信表示，木村让巴莫和鲍斯陷入狼狈不堪的境况并非事实。[③]

---

① 译注：这是印度妇女组成的军队，在“印度国民军”辖下，是“二战”时期少数全由女性组成的部队。

② Shah Nawaz Khan, *INA and its Netaji*, p. 205.

③ 辻政信，《十五比一》，页291。

但是木村搭机离开战场，却在他的官兵口中留下了不好的名声。会田雄次（Aida Yūji）回忆到，他在医院中看到一名士兵右手没了，还被标记为“适合服勤”。医官听见他嘀咕把一个伤残官兵推到前线是多么可怕，马上对他咆哮道：“他也许无法开枪，但仍然可以拉马缰！前线需要每一种人，即使是像他这样没有什么用处的人。这可是将军的命令！”会田知道这个将军，每每遇到新的增援部队军官都会说：“前线都没什么事可干，到目前为止，你们的生活都过得安逸，假如你想要有什么用处的话，那就必须准备好并意志坚定，勇往直前，让自己像个男子汉般死去。”“像个男子汉般死去！”会田又重复对自己说，“因为我要搭机，逃到安全的地方去。”

“在缅甸战役中这真是奇耻大辱，”第28军一名参谋军官如此说道，“木村总司令带着他的参谋跑了，完全不管两三个星期前他大言不惭说过的话：只要是与缅甸有关的事，南方军根本不需要担心，他可以坚守。”在他撤退的两天前，当正讨论在勃固山区执行游击战的计划时，木村还清楚地对第28军的总司令樱井省三说：“不用担心，我们会确保东吁以北的防线直到雨季结束。”[①]

巴莫的撤离并不顺利，一方面是他的女儿正要临盆，另一方面是日本人的安排出了问题。平冈（Hiraoka）大佐是他和木村之间的联络官，现在负责他的安全，为他安排了一个排的士兵护送。他的部长们及其家人也一同撤离，这意味着需要30辆货车才够。随行的冈本（Okamoto）中佐向兵站的后勤官植村秀（Uemura）少佐提出了车辆需求。可是当到了要用车时，植村秀少佐根本什么事也没干。冈本说道：

> 我被迫得亲自去搜刮当地车辆，行程当然有所耽搁。我在他们

---

① Louis Allen, op.cit., pp. 32-33.

离开仰光两天后才出发，而当我抵达锡当河渡口时，遇到了大使石井先生和总顾问岛津先生，他们都被挡在那里没办法渡河。

我去跟渡河的部队协调，让他们得以优先过河。

除巴莫之外，几个部长当中有些人因为没有车子坐而精疲力竭，其中一些人是从勃固沿着公路徒步过来的。车子从他们的旁边经过，却没有半辆停下来载他们，因为每一辆车都已经超载，他们的情况看起来真是够凄惨。

当巴莫渡过了锡当河时，他停下来说他不想再走了，打算留在原地。他说，如果去了毛淡棉，他一定会被刺杀。我继续前进到了毛淡棉的方面军司令部，告诉他们所发生的事情，并要求下一个行动指示。他们说假如巴莫能被安置到木冬（Mudon），那就没有什么好担心的。我会和他待在一起。我直接返回，并告诉巴莫司令部的指示，随即跟着他去了木冬。①

巴莫当时心烦意乱，他的车连夜朝斋托行驶，在距离锡当河渡口16英里处时，他的女儿婷沙（Tinsa）感到首度的阵痛，他们及时赶到一间房子里好让她生产。②

缅甸政府、鲍斯的政府以及木村的司令部，都已经逃离了英军。不过还有一整支的日本军队，就是樱井的第28军，孤困在勃固北方的山区，他们必须撤出。

---

① 《锡当、明号作战（1945.03.09-05.15）》，页240。

② Ba Maw, *Breakthrough in Burma*, pp. 397-398. 这里还留下了一个有趣的注脚，也说明了社会是多么容易忘记这些历史债务。英国的米字国旗重新在仰光由一名叫穆罕默德·蒙西夫汗（Mohammed Munsif Khan）的印度士兵升起。蒙西夫汗后来在印度、巴基斯坦分治后，于巴基斯坦驻北京的大使馆内工作，后来去投靠他在英国的儿子。由于行政工作疏失，英国内政部拒绝了他的入境申请，他在希思罗机场被移民局官员给挡了下来。为了抗议英国内政部遣返他的命令，他退回了在战时所获得的勋章，其中当然也包括“缅甸之星”（the Burma Star）。（*Sunday Times*, 27 June, 1982）

第九章 挣扎脱出

日军由勃固突围；渡过锡当河

The Breakout

摘　要

本章细数缅南山中的日军在勃固山脉渡河撤离的艰险历程。包括第28军与第33军的挣扎求生、英军的尾随查探、日帅落寞地脱队返回原来大获胜利的地点与日本兵的冒险犯难等故事。

日军第28军，原计划从勃固山脉横跨锡当河，进入丹那沙林突围而出，再作重整。因逢雨季，集结困难，在准备不及的情况下要在山区多待一个月，才可完成突围准备。而日军缅甸国民军此时已投效英军，日军征粮更加不易；加上雨季泥泞、洪水泛滥、蚊虫叮咬，日军在挣扎脱困历程中伤亡惨重。

第64回叙述第28军在山间的生活情况，描绘搭竹屋、吃竹笋、抓鸡、钓鱼、寻找可食杂草以充军粮、在竹林里躲避英军炮击、利用竹子拼组船筏等情景。第65回叙述本多中将的第33军残部已无法夺回仰光，乃决定绕道撤离；雨季改变了锡当河下游的地貌，日军沿河与英军对峙，仍不时发生激烈的战斗。第66回叙述日军第28军的情报系统，以及情报搜集与行动前的情况确认。第67回则叙述英军在关键时刻虏获了日军文件，内容揭示了振武兵团的行动计划；英军参谋团莱维中尉翻译各式文件并拼出详尽的情报细节，送达司令部参考，从而全盘掌握了日军动向。第68回叙述振武兵团参谋斋藤弘夫中佐的经历，以及部队的突围行动。第69回叙述樱井中将踏上归途时，与部属们查看渡河的情景，他们目睹许多士兵染上霍乱、瘟疫，被急流冲走，悲痛于士兵伤亡惨重，他们却无力救助，以及他收到日天皇宣布战争结束诏书的反应。第70回叙述日军在仰光的卡尼兵团中有一支海军警备队，驻地接近第28军，同样也在勃固山脉间行进；另以堤新三海军少佐为主角，叙其见闻及冒险旅程。

作者手上最多的史料来自战俘讯问报告，他因此得以细致而深刻地描绘英日大战的尾端——日军在英美等联军追击期间如何脱困的过程。因此，本书前面八章以英军为主轴，到了本章及下一章，以日军为核心，刻画其落难细节。例如一名将死而未死的日军，被当地窃贼以重器打掉下颌，为的是取出他口中黄金做的假牙，而此时这名日军还在哀号。又如有超过5000人在斋藤身边死亡，但死前仍彬彬有礼，不仅没有抱怨可怖的行军，还在断气之前低语："得到您的帮助，实在太感谢了。"

第64回 山中求生

第28军进入勃固山脉后的第一件事就是要存活。原本这不是什么问题，因为这条山脉不似缅北那些高山峻岭高达数千英尺，从曼德勒到仰光一路看去，这只是一片低矮的丘陵，看起来没什么翻越的困难。不过，外表会骗人。勃固山脉最高约1800英尺，南北绵延约80英里，东吁至卑谬之间逾30英里宽，其南端从勃固朝仰光一路缓缓下降。山脉为茂密的森林所覆盖，主要是竹林，即使把象径都算进去，小道依然稀少而险峻。不消说，村落也是寥寥无几。到处都是大片的沼泽地，到雨季就会化为泥泞的湖泊，这恰恰正是第28军通过的时期。最初设想的计划是，从5月初至6月底两个月的时间里，第28军从山里突围，穿过锡当河谷，进入丹那沙林。然而，并非所有部队都能那么快地完成集结，结果几乎到了7月底，该军才准备好出来。这意味着在勃固山区多浪费了一个月，致使粮食补给系统完全失控。

负责粮食补给的是第28军参谋山口立（Major Yamaguchi）少佐，一个足智多谋、活泼且精力充沛的人，早已尽可能地将弹药和足以供应部队两个月的粮食给养运到山上。等到粮食出现短缺时，只得将配给限制到每天250克，同时不断地派出征粮队。到这个时候，征粮已经是件充满危险的工作了。在山麓西侧，征粮队试着以各种方式进入勃固山脉与卑谬至仰光路上的村落。但缅甸国民军这时已倒向英方，他们会袭扰前来征粮的日军，甚至如果征粮队人数太少，村民还会将日军杀掉。粮食的征集常常陷入毫无纪律的状态，日军经常不顾死活地武力夺取想要的物资，这显示这支军队再也不打算回来。渐渐地，日军只能靠给养来取代缅甸人的物资。

山区能提供的丰富物资之一就是竹子。日本人和竹子相处了几千年，他们拿竹子来筑屋、写字，甚至拿来当饭吃。各种尺寸的竹管让日本人做成了毛笔，还可以拿它们来当笔筒。日本木造建筑比世界上其他国家的木造建筑更成功。世界上最古老、最美丽的木造建筑之一就是奈良（Nara）的法隆寺，竹子也是其特色之一。竹、樱、梅，同为日本绘画中历久弥新的题材。况且，竹的嫩芽即竹笋，还可供人大快朵颐。这时正是一年当中采摘鲜笋的最佳时节，所以竹笋稀饭就成了第28军的标准伙食，随着稀饭里的白米越来越少，笋所占的分量就越来越多。如此毫不丰盛的伙食，只得拿山中生息的野生动植物加以补充：蛇、蜗牛、蜥蜴，以及各种杂草。振武兵团的高级参谋斋藤弘夫（Saitō）中佐早就预料到在勃固山区里头会发生什么事，所以当部队还在阿拉干的时候，就开始试食野草。他已经记录了十来种可食用的野草。当振武兵团首次走进勃固山脉时，他们的给养还算不错：有收集来的未去壳的稻谷（日文称为“籾”），有蔬菜作为维生素补充，还有家禽充作脂肪供应。只有当上述食物吃光了，才不得不食用野草，随着需求增加，可食用野草增至38种。

第28军也发现，梅泽利溪（Mezali Chaung）中的鱼非常鲜美。军司令官樱井省三中将也趁着季雨稍歇的时刻来钓鱼，而且他还专挑一种不知道叫什么名字，但看起来像是鲤鱼，长约一英尺，极为鲜美的鱼。山里还有狩猎比赛。樱井的副官尾崎（Ozaki）有先见之明，带了一把猎枪，四处找寻成群的雉鸡添进锅子里加菜。除了雉鸡之外，当地还有母鸡。士兵将它们赶到小树林里，等天黑之后再抓起来。

以竹笋为主食，让脚气病患的人数下降，但这意味着他们所吃的笋子，远超过在日本平时所吃的量，或许是年平均值的十倍。况且调味也是个问题，在此指的是盐。事实上，比起调味来说，保命更为重要。人在热带高温下从事重体力劳动时，身体会流失大量的盐分。如果不能得到补充，就会出现热衰竭，然后是热痉挛和脱水。印度军早就遇到过这个问题，并且已经计算出一个人在无饮水限制下（水不是第28军的问题之一，无论如何，至少饮水问题是不用担心的）每小时会出汗一升。要补充因汗水而流失的盐分，需要每工作一小时，就摄取两克的食盐，以保持所谓的“氯化钠平衡”；此外，在每小时休息时，还要再摄取半克食盐。也就是说以一个人每天工作八小时计算，一天共需要24克的盐。如果木村在逃离仰光之前妥善分配了物资的话，在勃固山脉应该已经储藏了充足的食盐才是。然而，这项工作并未执行，所以樱井的将士们只能找寻替代品。其中一个聪明的办法就是制作酸芒果酱，浇在饭上吃。杂草、蜥蜴和酸芒果酱，这多少能保住性命，但也就是如此而已，而且这样的伙食是全军上下每个人都一样的。6月25日，由第28军司令官主持的最后一次军参谋会议召开后，大佐们和将军们一起用餐，他们那一餐吃的正是野战口粮配竹笋。

日本兵以竹为食，也结竹而居。勃固山脉开始到处冒出竹屋聚落，柱子和墙由竹子建成，屋顶则以树叶和草遮盖。这当然遮不了雨，但总聊胜于无。第28军的参谋四人组，土屋英一中佐、山口立少佐、福富繁少佐和奥平昌功少佐，他们曾经一同就读于陆军士官学校[1]，共享一间小屋。这是栋复杂的小屋，有一间参谋室，附了一座从地里直接挖出来的纯日式地炉，还有一间寝室。这是第28军司令部。4月28日开始，他们从仰光移至卑谬公路上的岱枝（Taikkyi），又移到坦宾贡（Tanbingon），然后又迁入深山里。因为坦宾贡刚好位于离汽车道路终点不远的西侧山麓，因此只要英军装甲部队下定决心深入探索山脉边缘的话，坦克是可以开到此处的。到了6月初，为求慎重起见，日军更深入山区内部。第28军司令部迁移至梅泽利（Mezali），在英国地图上为“平梅泽利”（Pinmezali）。但对日军而言很不幸的是，当地仍在地图记载的路径上，

---

① 译注：即陆军军官学校。

而且图上还标示在梅泽利有个平房，这让英军推断当地可能被日军充作司令部之用，所以英军开始炮轰此地。

“梅泽利初次遭到炮击，”奥平（Okudaira）在他6月11日的日记中提到[①]，“是晚间7点30分，总共九发。10日凌晨1点，又是九发。上午7点30分，再来九发。下午3点和晚间7点，各四发。晚间10点，三发。13日，炮弹直接落入司令部。为了防备这样的情况，参谋小屋里挖有壕沟，但山口和福富少佐直接卧倒在地板上，无人受伤。”参谋们判断此乃随机射击，但他们也推断，英军在由卑谬往东吁的公路向仰光急速推进之后，现在开始认真地把注意力转向勃固山脉的日军了。事实上，依据樱井的回忆，从5月21日起，英军就开始以远程火炮试探日军的所在了。炮击规律地在每天的同一时间发生，樱井推测他们应该成了炮兵射击训练的对象。他们逐渐习惯了炮击，甚至每当炮击时间快到的时候，他们就看着手表计时说，“距离炮击还有五分钟”。炮击开始时，他们就数有几枚炮弹落下，最后等到炮弹打到标准数量后便说声：“炮击结束！”接着就从自己的壕沟中走出来。[②]

就这样，竹林供给他们食物并庇护了他们，而且更直接地拯救了他们的生命。第28军司令部会窃听英军的无线电通信，但因干电池有限，他们只能偶尔截听。不过这样就足以获悉锡当河滩上每天都有小船遭到破坏，以防止日军用于渡河的消息。如果当他们抵达锡当河畔却毫无任何缅式民船可用，那么第28军就只能找其他方式过河。这代表竹子又要登场了。樱井很幸运地有个好的高级参谋。冈村爱一（Okamura）大佐是工兵出身，樱井对他说：“你能不能暂时放下参谋的工作，去重新当个工兵？我希望你能想想如何渡过锡当河。”他的答案是竹筏，于是冈

---

① 南窗，《突破作战三十周年号》，1975年7月，页6。
② 樱井，《缅甸战线：敌中突破》，《文艺春秋》1955年11月，页62—67。

村开始在勃固山脉的溪涧里试验需要多长的竹子。他发现每根长16英尺的竹竿，24根绑在一起时，足以承载10个人的重量。但一根16英尺长的竹竿在行军时是一个可怕的累赘，所以大家一致同意，每人可以改扛一根8英尺长的竹竿，等到抵达河岸后再接上。

接下来该怎么办？山口少佐听到冈村正担心着山里缺乏绳子。没有绳子，就算有竹子也没用。他告诉冈村："我的部下中，有人看过缅甸人剥下某种类似枫树的阔叶树皮来做绳索！"冈村命令他的渡河作业班去编这种树皮绳。这种绳索效果令人吃惊：虽然强度不如马尼拉绳，但已经比棕榈绳坚固多了，而且这种树在山中随处可见。[1]冈村作业班的工作地点是在德漂（Thabyu），当地比梅泽利的军司令部更深入山区，位于北萨玛依（North Zamayi）保留森林区之一隅。这里就是冈村称为"救命绳"的绳索来源。冈村去见了军司令，并请求他同意下令全军都剥树皮，做自己所需的绳索，其长度至少要两码长，并绑在腰间。如果不使用大竹筏的话，那么根据冈村计算，把三段大约四英寸粗的竹子用树皮绳子绑在一起，应该就能编出来一艘可以承载一名士兵和他的步枪、装备的单人筏。参谋们自己造了这种竹筏的模型并在山涧上试乘。此外，他们还试验过一个人用一根竹子渡过宽110码的河流时，这根竹子需要多长。为了那些不愿意用一根竹子冒险的人，他们还发明了别种的筏子。像是用汽车轮胎的内胎和竹子编成的篮型容器，就可充作单人或多人筏。这些筏子很轻，可以直接扛在背上背着走，而且一根20英寸长的竹竿就可提供必要的浮力。

双体船式的竹筏就复杂些，把几根竹竿用帐篷包起来，就可拼成简单的独木舟。将两艘小独木舟并在一起，就成了可承载4人渡河的小船。除了锡当河，在山区里还会遇到其他非横渡不可的小河，所以勘测

---

① Louis Allen, *Sittang: The Last Battle*, p. 154.

其深度和水流强度，甚至是它们的位置都是至关紧要的。缅甸的地图旧到不是所标示的河川早已改道，就是原本标示在河边的村落不知搬到哪里去了。振武兵团的斋藤对这个问题有完美的解答——他有北村久寿雄（Kitamura）中尉。

九年前，北村曾赢得洛杉矶奥林匹克运动会1500米自由式游泳金牌。这位曾为世界上最优秀长距离游泳选手之一的健将，如今成了第55师团的中尉。这次，“水中蛟龙”将会发现，他的技巧并非为了吸引看台上欣赏的掌声，却可能会拯救成千上万战友的生命。在极度机密中，北村以其似乎无尽的精力一次次地从振武兵团司令部出发，穿梭于缅甸游击队营地和英军阵地之间。他潜入芦苇丛生的水中，标记水流的强度、记住河中适合涉渡的地点，并且又调查了虚弱的士兵们在雨季最高峰的时候在水中可以支撑多久。最后，他还训练了那些把他当成英雄崇拜的士兵。

第65回 绕水一战

锡当河东岸的两个军，在关键时刻吸引并分散英军的注意力，从而帮助并保护了樱井突围。以华丽的“龙兵团”为名号的松山祐三（Masuyama）的第56师团，已经从中国边境撤到南掸邦，独力接替第15军的任务。松山将军从驻守巴洛（Palaw）桥东方的茂奇公路（东吁和萨尔温江的凯马漂之间）上的第113步兵联队派出突击队，以骚扰东吁以北到蓝比亚（Lamebya）以南之间的英军交通线。作战边境线是经过彪关展开的一条东西线。

彪关以南至良礼彬是第28军的突围区。从良礼彬再往南到勃固，第

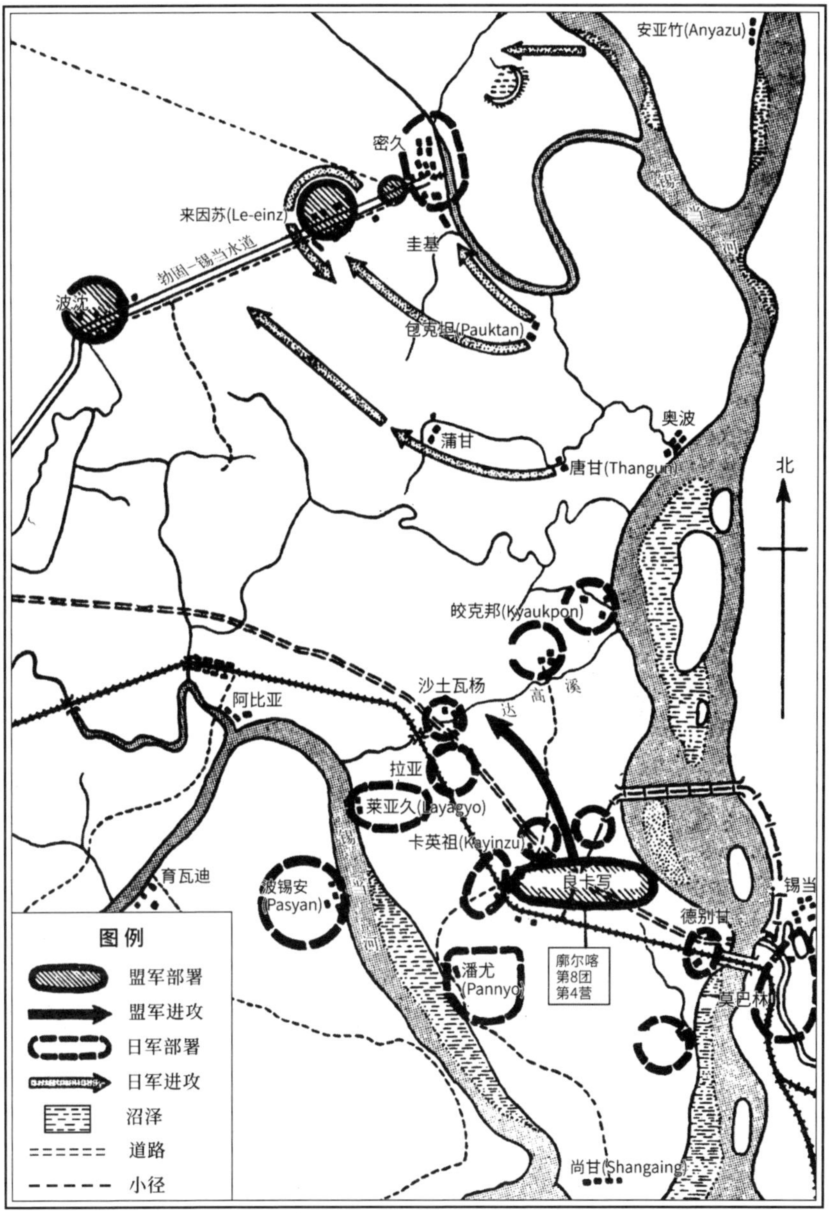
安亚竹(Anyazu)
密久
来因苏(Le-einz)
圭基
勃固—锡当水道
波沈
包克坦(Pauktan)
蒲甘
唐甘(Thangun)
奥波
北
锡
河
皎克邦(Kyaukpon)
沙土瓦杨
达
高
溪
阿比亚
拉亚
莱亚久(Layagyo)
卡英祖(Kayinzu)
良卡写
锡当
德别甘
莫巴林
育瓦迪
波锡安
(Pasyan)
锡
当
河
潘尤
(Pannyo)
廓尔喀
第8团
第4营
尚甘(Shangaing)
图例
盟军部署
盟军进攻
日军部署
日军进攻
沼泽
道路
小径

图9-1 锡当河之战

33军则不断派出突击队，干扰英军后方联络线。英印军第5师第9旅已经挺进到锡当河畔，其巡逻队也截堵了向丹那沙林撤退的日军，包括第15军的第31、第33师团，以及第33军的第18、第49和第53师团等残部。6月22日，印度第5师的任务被印度第7师接替，而为了肃清卑谬以南与英军第33军对峙的日军第28军，英军第20师同第268旅和第22东非旅，仍然继续留在伊洛瓦底江沿岸。

印度第7师与印度第17师的作战范围是从宾邦基和莫因基水库正北，一直到密久（Myitkyo）和锡当河。在密久和锡当河口之间，本多的第33军计划了一场强力的牵制战。事实上，缅甸方面军曾要求该军执行更大规模的行动，第33军却因为拒绝这个任务，而冒犯了方面军司令部。或者更确切地说，是冒犯了参谋长田中新一。5月底，本多的参谋长泽本理吉郎（Sawamoto Rikichiro）少将到毛淡棉的缅甸方面军司令部汇报，他告诉木村："尽管所有将士们勇战不懈，却无法消灭敌军的装甲部队，以致方面军被迫放弃仰光。对于这个耻辱，我衷心向您致上最深的歉意。"

"不，那是我的错，"木村回答，"因为我的指挥不力，给各部队带来麻烦了。但是，你做得很好！"

这时，木村的参谋长田中中将插话了："方面军希望第33军立刻进攻锡当河西岸，并一举夺回仰光。贵军的情况如何？"泽本大吃一惊。他从最近的经验知道，田中对于第33军战力和官兵伤亡的了解与现实有相当大的落差，就算集合第33军全部军力，也只剩三个步兵大队和一个炮兵中队的实力而已！并且他们才刚经历了将近四十天精疲力竭的撤退。要用这样子的部队从斯利姆的凯旋之师手中夺回仰光，其答案根本不言而喻。"若下令进攻，吾等将竭尽全力，即使玉碎也在所不惜！"他答道，"但坦白说，就算是您立刻下令也很遗憾，本军现在一点战力也没有。本军所最迫切希望的是战力之恢复，补充若干重兵器之后，您再下令进攻。"

然而，田中的回应却是："这不是因为没有战力！而是有没有意愿的问题吧？"泽本咬牙切齿，一言不发，气氛明显紧张。木村悄悄地将他拉进隔壁的房间。"我非常明白。"他说，"田中参谋长的话，只是代表南方军的要求。我们也认为这是强人所难，所以我已经派一田次郎（Ichida）副参谋长去南方军，向他们禀报跟你所说的一样的看法。"

接着，他们谈了许多事情。方面军发布"第33军应于彬马那至东吁间进行战略迟滞战"的命令，让第33军得以撤出彬马那，使该军免于被屠杀的命运。当泽本得知该命令是木村本人下达的时，他衷心地向木村表达了感激之意。①

不用说，田中对这段对话的回忆是有些不同的。田中称泽本对他说第33军已经毫无战意。

> "你是说没有战力的意思吧？"我给他个下台阶的机会，但泽本回答说："已无战意，乃是事实。"
>
> "第33军司令官接受此事吗？战士应有战到最后一兵一卒的意志，不就是你们军与师团指挥该有的原则吗？"
>
> 最后，因为木村对我的强烈发言面露不悦之色，嘴里嘟嘟哝哝的，我才不得已结束发言。
>
> 泽本参谋长的发言，是间接暗示第33军拒绝执行艰难的任务，这让我愤慨难耐。②

无论如何，泽本还是带了20辆卡车的武器和被服，以及辻政信大佐即将

---

① 《锡当、明号作战（1945.03.09-05.15）》，页323、333。当时军力：第18师团2000人，第55师团1000人，第53师团600人，第49师团300人，总共3900人。(《锡当、明号作战（1945.03.09-05.15）》，页312）

② 《锡当、明号作战（1945.03.09-05.15）》，页323。

就要调职的消息从毛淡棉回到军司令部。

在规模大幅锐减的第33军，本多的部下们忙于堆集物资，以备第28军横渡锡当河成功突围。在锡当河东岸瑞金（Shwegyin）南边的萨卢姜（Salugyaung），已经储存了60吨的食物、备用被服、足供3000人一个月之用的医疗用品，以及一个月用量的电池和无线电真空管补给。在奥波轮渡站以东，有60吨粮食留在西比洋（Zibyaung），90吨在莫巴林东南的斋托，60吨在比林（Bilin）东南的帕安（Paan），以及120吨在帕安东南方的直通（Thaton）。在7月20日前，要输送这些军需品，并不比作战行动简单。雨季的豪雨彻底改变了锡当河下游那些繁荣的村庄和小镇的地貌。从勃固北往岱乌（Daiku）的主干道与锡当河之间的地带有运河，一条铁路［勃固—瓦乌—阿比亚—良卡写（Nyaungkashe）—莫巴林］与多条道路交错而过，还包括了巨大的莫因基水库。铁路就从锡当村横跨锡当河，但铁桥却早在1942年就已炸毁。因为这一带的地势都非常低洼，所以地图上到处标示着"6月至10月常有洪汛"的警示。这些警告在1945年夏天尤为贴切。季风雨灌满了稻田，大小河川泛滥，使得沃镇以东的陆地化为一座大浅水湖，跟锡当河连成一片。唯一移动的方法就是使用缅式小船，或是沿着筑得比四周乡村都高的铁路路堤通行。步兵巡逻队发现任务极为困难棘手。这时英军比日军更为脆弱，因为他们是在西岸的泛滥地带行动，日军大可从东岸堤防的高处监视他们。

沿着这个河岸，第53师团除了囤积粮食还收集了渡河资材：十套组装好了的舷外机马达、八艘折叠式小艇，以及其他各种形状尺寸不一的小舟，日军还试图在河中架桥。

如同会田雄次（Aida Yuji）[①]所发现的，撤退绝非毫无风险。他已经历过了逃离掸邦丘陵的恐怖考验。他和一位与他成为朋友的中尉在

① 译注：当时一名二十九岁的士兵会田雄次后来成为日本历史学者，京都大学名誉教授。

一起，他们都是大学毕业，并且也都乐得离联队里那些油条老兵越远越好；他发现自己落后联队主力达四天行程。他们停在一处其他部队前往集结点的必经之地，所以就认为他们是在正确的路径上，然后决定躺下来过夜。这个地方令人感到心旷神怡，黄昏时成群的萤火虫闪着熠熠萤光，低洼处涓涓细流潺潺流入（这时雨季尚未开始）。然而，这般宁静却让人不安。那儿尸体横陈，被高热烤成焦炭之后还遭到秃鹰啄食。

不只有死人，还有将死之人。有两个从第56师团来的士兵，就倒在他们附近的一座雨篷下。会田喂他们喝了点水，但这只是浪费时间，他们连水都咽不下去，水顺着下巴流了出来。会田和中尉打瞌睡时，被一阵奇怪的哽住的叫声所惊醒。天色渐暗，他们抓着枪，小心翼翼地朝着发出声音的方向爬去。几码之外是一群50名左右的缅甸人，有男人、女人，还有小孩。会田能够看到他们正在洗劫尸体，他很惊讶那些死尸还有什么值得搜刮的，大部分死者几乎是赤身裸体，除了一只包在保险套里以防雨淋的手表之外，什么都没有留下。

啊！也许还有别的东西吧。会田在恐惧和厌恶下开始后退。缅甸人从死人嘴里把牙齿敲下来。他看见他们把一个头放在一块石头上，再用一块大石头把脸砸开。他们带了拔钉锤，一旦脸被敲开，他们就开始拔金牙。会田终于明白他听到的惨叫声是什么，第56师团那两个垂死的士兵，就是死于这种把头砸烂的方式，那阵惨叫声正是从他们喉咙中所发出的最后气息。他和中尉没办法对付那么多人，只能坐待夜晚降临，让黑暗吞没恐惧。

在路上，还有其他的死亡。会田的中队曾经有300人的兵力，现在却锐减到只剩10人，而且第128联队派给他们的任务是，用一挺轻机枪跟几把步枪防守长达数千码的前线。机枪老是卡壳，所以他们只好用猪油来润滑。不过这也没什么关系，反正他们的弹药已几乎用罄，而且看来也不会再有新的补给了。

有一天，会田去一座缅甸寺庙的据点，领他们中队用的物资，在回程的路上，他发现渡河口改变了，往寺庙的桥梁已经被洪水冲走，而工兵们正试着架设替代桥梁。在这段时间内，他们只能将人用钢丝吊挂着拉到对岸去。水深及胸，而且就理论上来说，如果抓着钢丝够紧，就算水流又强又快，还是可以把自己拉到对岸去。

他们正准备试着要过河时，一艘缅式小船迅速通过他们面前，当汹涌的河水无情地将船往外海冲去时，船上的人们无助地尖叫着。短短几秒钟内，小船就消失在滚滚浊流之中。尽管如此，因为会田和他的朋友们正担负着搬运军需品的任务，所以他们无法等到工兵架好便桥。主要的重量是来自一批新到的靴子，而且是由年纪较轻和未经训练的新兵奉命负责搬运，老兵们渡河时却只要携带自己的包和其他少量东西就好。会田和他从和歌山县来的朋友吉村，都是学徒兵[①]（学生兵），自告奋勇运送这些靴子过河。他们用携带的帐篷做成容器，然后各放60双靴子在里头。吉村将帐篷和靴子绑在背上先走。他很有自信地走进水中，但走了大约十步之后就动弹不得。

> 河水好像在离他不远处突然变得很深，棕色的湍急水流在他的胸前卷成漩涡。河水开始渗入在他背上的帐篷，使它膨胀起来像个气球。他不能移动寸步。在绝望和河水的施压下，过了看来是一段很长的时间。吉村紧抓着钢丝，接着他面朝上，双脚浮起。我永远不会忘记他直盯着我们看的眼神。他未出声，但他的目光露出绝望的神色，恳求我们帮助。

工兵们开始把自己排成一列，抓着钢丝接近他，但为时已晚，这时

---

① 译注：日文版译作“学徒兵”，应指1943年，日本正式全面征召大专院校学生前往战场的“学徒动员”之事。

已不可能来得及将绑在帐篷上的绳结解开。

> 转眼间，吉村放开了手，被洪流吞噬。他翻腾了几十公尺，被往下游冲去，而他的脚在空中飞舞。这是我们最后一次见到他。①

之后，再也没有人用钢丝渡河了。会田和其他人等到工兵造好一艘船筏之后，才渡河而去。

会田和他的朋友们所搬运的物资，是送往对岸名为“锡当河湾”的地带。在那河道卷曲之处，本多试图在7月3日点燃与英军第4军的战火。第53师团的2000人与第18师团的1000人攻击了良卡写和阿比亚的村庄。英军的阵地由步兵第89旅的廓尔喀来复枪第8团第4营负责防守。②他们发现洪水是个问题，严重到某些地带被形容为“水深到廓尔喀兵无法行动”。但日本人个头矮，所以洪水同样困扰着他们。日军设法切断了廓尔喀兵在良卡写的交通补给线，这意味着第7师必须依靠一直笼罩在敌军火力下的空投区空投补给。日军也切断了铁路线、运河河道，还牢牢掌握住村落，这时他们已经占领了周边四分之三的区域。日军的炮兵观测员也紧紧监视着英军的一举一动，很快，廓尔喀兵的伤亡就变得非常惨重。

英第4军原本的计划是，此时应已夺下日军炮兵阵地。曼瑟的印度第5师奉命在雨季之前夺取斋托，此地位于莫巴林南方17英里的锡当河东岸。要渡过有潮汐的河流和洪水泛滥的水田，又要面对敌人坚强的天然防御工事，这是一个艰巨的任务。巡逻队发现莫巴林的防御非常坚

---

① 会田雄次，《英军的俘虏》，1966，页12。
译注：《英军的俘虏》（*Prisoner of the British*）叙述一名日本军人在缅甸的经验，由本书作者艾伦及石黑英子（Hidè Ishiguro）译成英文（Cresset Press）。

② 印军第7师第89旅在6月21日开始救援第5师第9旅，就在日军开始炮轰良卡写和派遣很强的巡逻队到该地区的两天后。

强，工兵们无法建立从沃镇到锡当河畔一条距离约17英里的可靠交通线，因为要穿过水乡泽国，尽管他们已经设法沿着铁路建了一条可通吉普车的道路。这时没有装甲登陆艇可试着横渡当地，所部署的火炮数量也不充足。从缅甸中部机场起飞的空中作业经常有妨碍，因为大雨令机场跑道无法使用。延伸到斋托的水上交通线也不可用，因为那里根本没有适合登陆的滩头。因此对东岸发动突袭的想法被迫放弃了。日军一定已经知道英军的打算，因为他们炸掉了锡当河大桥的另一段，以作为额外的预防措施。①

再往北，在密久地区，日军企图推进至阿比亚和密久之间的勃固到锡当水道一线。但在廓尔喀第6团第3营不计代价的拼死反击与一系列大规模空袭之下，日军终于撤退。所有配属于第4军的飞机都用于支援第89旅，让日军不能再越雷池一步。但在良卡写，日军却较成功。廓尔喀第8团第4营在7月6日一天就伤亡了85人（其中25人阵亡）。只要日军仍然切断阿比亚和良卡写之间的铁路，英军就不可能充分供应廓尔喀部队的补给或后撤伤患，而且炮击和狙击造成的伤亡人数，让据守良卡写的建议值得怀疑。7月7日至8日夜间，廓尔喀兵撤退了，其实早该这么做了。就在撤退前一晚，他们被日军以150枚105毫米炮弹炮轰了半个钟头，其中两发炮弹还直直地命中了团急救站，炸死了几个伤患。

阿瑟·亚当森（Arthur Adamson）中尉于6月至8月间担任第7师的空中炮兵观测官，飞越了整个锡当河湾区。他说，在良卡写部署廓尔喀第8团第4营太过大意了。“这座村子除了一条极长的铁路与外界相连之外，完全处于隔离状态。这是很容易被日军的小部队给切断的。最糟的是，当地完全暴露在锡当河东岸高地的俯瞰之下，而且相距只约4000

① *IV Corps Narrative of Operations May-August 1945*, p. 6.

码。廓尔喀营是成功地阻滞了日军步兵的攻势，但日军集中了大量火炮在茂密丛林的斜面上。他们总是非常善于隐藏火炮：这些阵地使他们不可能被发现。当我飞越该地区时，他们保持静默。当我转身离开，他们便向良卡写开火，那让我有强烈的挫折感，也让地面第500炮兵营E连的人员焦急地回击。当飞机不在上空或在夜间时，他们就朝着廓尔喀第8团第4营的位置发动轰击。”①

这些突击，并非会田所属的第53师团发动的，而是来自更强悍、经验更丰富的第18师团，该师团也正在发动他们所谓的“战略游击战”（tactical guerrilla warfare），攻击英军在勃固附近的兵站。该任务由4个小组负责，每个小组由15名士兵组成，他们企图渗进英军阵地外围的缅甸人警戒线，但不成功。该师团在7月26日夜间，还曾对英军在沙士瓦杨（Satthwagyon）的阵地和阿比亚东方的铁路桥，发动营级规模的攻击，并在四个晚上后取得巨大成果。30日，观察员看到阿比亚南端有巨大的火柱直窜天空，并开始吞食营区，也蔓延到整个村庄。日军大队长在天亮时拍发电报：“奇袭成功。大半村落烧毁，主力部队在天亮前，于阿比亚东方铁路桥的东南边集结完成。我方无伤亡。于阿比亚东侧留置约一个中队兵力。”袭击阿比亚的那个大队很幸运，锡当河湾作战行动所造成的己方伤亡与其他地方的战斗相比，并不算太严重，依据日本官史记载仅有320人。

伤亡数字之所以偏低，我想，是因为日军意识到，他们在良卡写周围不断与洪水斗争，是无法取得胜利的。廓尔喀兵撤出时，不仅带着伤患，还有他们的迫击炮和无线电，然后通过一条在沙士瓦杨村由旁遮普第15团第4营和一个廓尔喀连所打开的通道，移到一处方形的洼地。他们没办法把炮带出来，三门25磅炮太沉重了，且又遭日军准确炮击——

① 私人信件。

炮手们注意到日军的炮击比平常精准多了。所以部队将25磅炮破坏后，与廓尔喀营一起撤出。这三门炮就成了第7师炮兵有史以来唯一损失的火炮，而且“即便这是极端的情况，但（把炮丢了）这档事怎么样也不可能让人舒服的”。[①]

撤退很难，因为伤患必须用担架后送，但廓尔喀兵惊讶于他们竟然没有受到干扰。其实原因相当简单：日军也在做相同的事情。日军达成了他们的目标，但他们跟廓尔喀人一样矮，也发现自己不可能在这样的地形中作战。英国皇家空军的飞机飞越良卡写，飞到100英尺的低空，沿着铁路线往西北直到拉亚（Laya）时，却看不到一点日军的踪迹。第89旅也认为要守住密久的代价太大了，日军在7月9日开进了当地，但是没有从那儿向勃固发动任何的攻击。日本人也开始发现，要在泛滥成灾的水田与高至胸口，甚至有时整个人会陷进去的芦苇丛间行进，是多么的不便。他们不能使用牛车，只能靠小船巡逻。因此日军在7月10日又撤回至良卡写。当天，接替英军第89旅的第33旅随即收复了密久，但双方只有少许的交战行动。接下来的几个星期里，零星的冲突不断发生，最后一场攻击发生在8月2日，当天日军占领了沙士瓦杨，然后就撤走了。[②]

令人感到奇怪的是，本多怎么这么快就开始了在锡当河湾区的攻势？或许他觉得，提前进攻，可以拖延第4军的部队开进该区，让樱井争取到足够的时间以利撤退。然而，在河湾区的关键性战役只持续了一个星期，然后就只剩下一些零星的战斗，打到8月。事实上，就算英第4军调动了相当规模的兵力进入本多防区，在第28军离开勃固山脉之前，仍然有十天时间调回来（截堵其突围）。再者，真正卷入交战的，只有印度第7师，所以，本多诱使英军从突围区转移军力的企图，也就失败了。或许本多的判

---

① *IV Corps Narrative of Operations May-August 1945*, p. 2.
② S. W. Kirby, *The War Against Japan*, V, p. 45.

断力已不如过去那般精确了。这时候，他病得相当严重，并且处于不断迁移司令部的不愉快经历中。起初，他利用一间在比林北方的路上尚未受到空袭的寺庙充当司令部。但是，当日军接收之后，他们便注意到当地缅甸人开始避免接近此处。不多久就来了大约20架轰炸机把司令部夷为平地，寺庙化为灰烬，参谋室也遭摧毁，司令部的一些参谋或死或伤。当地的危险远不止这些，当辻政信出差至西贡的南方军总司令部，驾车前往机场途中，他遭遇伏击而身受重伤、满身是血地被送回司令部。第33军和毛淡棉的缅甸方面军间的公路，已经无法供独行车辆安全通行了。

本多早就知道樱井打算突围的日期，这让人更加费解为何他要将X-Day①设为7月3日。由于带进山区的无线电机组和电池状况不佳，这意味着参谋们越来越仰赖巡逻兵传递信息。本多需要知道樱井的意图，所以派出了一组巡逻队前往勃固山区，去找出他们的位置。巡逻队的成员有御厨（Mikuriya）中尉、藤本（Fujumoto）少尉和几名士兵，他们在经历了几周的艰困旅途后抵达了第28军司令部。樱井要求他们回去报告本多，他企图利用本多所发动的牵制攻击作为掩护，在7月20日沿曼德勒公路发动突围。本多在接获这些回信之后，便于6月25日下令开始向勃固公路发动游击队突袭，但很显然，他用力太早了。

第66回 特务探路

在潮湿的那几周里，北村久寿雄（Kitamura）不是唯一冒险穿越英军和缅军重重警戒的人。第28军拥有非常高效率的谍报网，被充分用于

① 译注：X-Day是指关键日。

侦察离开山区的小径、英军在预定渡河点附近的兵力，以及在锡当河两岸可能会遭遇的状况等。樱井的参谋长岩畔豪雄（Iwakuro）少将是谍报战老手。他曾经代表日本陆军与罗斯福的邮政部长弗兰克·沃克（Frank Walker）谈判，竭力排除日本外交官和美国国务院的干扰，将日本陆军的主张传达到美国总统的耳朵里。[1]他也是东京专门培训情报员和破坏分子的机构“中野学校”创始人之一。此外，曾有一段时间，接替“F机关”（藤原岩市，Fujiwara）负责与“印度国民军”联络的，正是他主持的“岩畔机关”。而花谷正中将及其属下在阿拉干的步兵团长樱井德太郎（Sakurai Tokutaro）少将，也有在中国从事情报工作的经验，深信使用秘密特务的价值。

在阿拉干地区的门户阿恰布，日军有一个非常有效的组织负责渗透印度，那就是继承“岩畔机关”的“光机关”，在阿恰布有一个支部由服部新吾大尉主掌。服部是早稻田大学政治系的毕业生，同时也是中野学校训练出来的杰出人才之一。他手下有一群正规军出身的特务，越过印度边境溜进吉大港以及茂多（Mowdok）附近的山径，当地的孟鲁（Mru）和卡木屐（Kamui）部落住民传递了西非第82师顺加拉丹河谷而下的消息给他。

服部在他的著作《军属》（*Japanese civilians*）一书中也提到了当地宗教人士与日军的关系，其中之一，就是超国家主义宗派日莲宗的僧侣丸山行辽（Maruyama Gyōryō），他会说乌尔都语。日军为了孟加拉的敌后工作，在加拉丹河谷吸收他担任情报员。丸山战前就已经在印度活动，并在阿拉干人之间建立关系网，让他得以相当自由地进出战区。每当他有任何被英军逮捕的风险时，总有人通风报信。他们敬佩他在遭遇空袭

① 译注：此指1941年4月至5月，岩畔以日本驻美大使馆顾问名义赴华府，参与驻美大使野村吉三郎与美国政府间就中日战争及太平洋问题之秘密谈判一事。

和炮击时的冷静勇气，当他习惯性地敲着僧鼓，大声吟诵《南无妙法莲华经》时，那催眠效果就宛如天主教徒不断数着玫瑰念珠，重复诵念玫瑰经一样。

萱葺（Kayabuki）就像只奇怪的孤鸟，他是个穆斯林，而且是极少数曾经去麦加朝圣过的日本人之一。他曾就读开罗的爱资哈尔（Al Azhar）大学[①]，直到1939年欧战爆发。身为"哈吉"（hajji）[②]，萱葺在阿拉干的穆斯林之中，享有与丸山在非穆斯林之中同等的尊崇，而且这两人都有办法利用这些信徒的宗教热诚为日本帝国服务。萱葺手下的特务们，能来去自如地从日军占领区走进英军防线，其中一人甚至可以溜达进英军司令部四处张望，注意有没有什么可能对萱葺有用的情报，然后再大摇大摆地溜达出去。[③]

另一个平民情报员是水岛盛吉（Mizushima），他娶了个克伦族妻子。当知道水岛将和振武兵团要一同离开三角洲地带很长一段时间，或许就此一去不复返时，她要求水岛带着她一起走。显而易见，即使他隐姓埋名继续与太太住在这过得极为愉快的勃生，英国人只要回来，迟早还是会抓他。在勃固山区里，这对夫妻对斋藤弘夫中佐来说相当有用，因为他们会监视缅甸国民军的集结区并向斋藤报告。但过不了多久，当地的村民开始传这对夫妇的八卦，缅甸国民军就决定把他们抓来问话。某天，他们所在的那座村子被团团包围，水岛感觉得出来除了村民，还有别的人在场，当三四个陌生人动手要抓他时，他掏出了一把手枪，水岛早就打算好无论是他本人或是他太太都不能落入缅甸人（以及背后的英国人）的手中。就这样，他对着自己的太太开了枪。当她的身体倒在

---

① 译注：成立于公元972年，为世界上最早的大学之一。

② 译注：即朝圣者，为对完成麦加朝圣的穆斯林之尊称。但是，作者拼的英文并不正统，一般穆斯林称其（哈吉）为haji。更正确的译法是al-haji。

③ 萱葺与作者艾伦的谈话，1980年于达勒姆（大学）。

地上时，他把下一颗子弹打进自己脑门。[1]

除了这些人之外，第28军想要自己拥有一些曾受过特别训练准备用于勃固山脉的组织。有段时间，樱井也认为勃固山区可作为对英军进行游击活动的基地，“疾风队”（*Hayate Tai*）就是上述的特战部队之一。1944年10月，该部队成立于第28军司令部所在的岱枝，它的首要目标是收集长期而非短期的战术情报。队员的选拔条件为五官与缅甸人相似，有办法混入缅甸人中，而且具备高标准的心智和体能。可以用四个日文汉字总结上述的理想：“皇心缅形”——在缅甸人外表之下有日本臣民之心的人，以及被细心培养，在一切方面都模仿缅甸人生活方式的人。缅甸咖喱对于习惯蔬菜和鱼鲜香料的日本口味来说通常是太辣了，但是疾风队训练新兵要去习惯它，并且以缅甸人的方式排尿和排便。他们放弃了日军像和尚那样剃光头的发型，允许他们的头发想留多长就留多长。当然，他们打赤脚或穿缅甸凉鞋，也同样穿着恩基（engyi）和笼基（longyi）（上衣和纱笼式的裙子）。在纱笼式的裙子下，他们的腿毛可能会比缅甸人的长，因此他们拔腿毛，一根接着一根，要像缅甸人一样光滑。

疾风队的队长，是第28军的参谋蜂须贺光男（Hachisuka Mitsuo）少佐。他体型矮小，且皮肤黝黑到会被当成缅甸人，而且他还是个灵活、幽默、肩膀宽阔、肌肉发达及非常强硬的人。在疾风队存在的短短几个月里，共有超过160名成员由他培训。其中21人留在第28军，其他人则一部分配属至第54师团，成立以日本中世纪战争史上的伟大英雄楠木正成（Kusunoki Masashige）命名的“楠队”；另外，配属给振武兵团的第55师团的部队，取了明治时期桀骜不驯的武士们曾用过的“神风队”[2]之

① Louis Allen, *Sittang: The Last Battle*, pp. 14-15.

② *Shinpū*（神风）这名字，另一个可能的发音为*kamikaze*，便是更为英国读者所熟悉的神风特攻敢死队。其含义是相同的。

名。疾风队的伤亡率很高。日本投降后，该部于毛淡棉解散时，只剩下34人。

蜂须贺跋涉至远方，径自带着一部分属下开进了地处泰国边界、北抵掸邦丘陵、南逾萨尔温江畔的克伦邦。他们在撤回之际才知道作为母队的第28军已经收拾好行李，进入勃固山区。不久，他们就被派往山麓西侧，然后渗透到曼德勒—仰光公路沿线的村落，以汇报天气情况与敌军兵力、火炮的数量。

英军阵地并没有用严密的铁丝网完全封闭周界，谁都可以毫无困难地在村子里进进出出。一组神风队队员就这样轻轻松松地摸进了贝内贡（Penwegon），看到了当地的英军兵力有多么强大。他们返回后报告说，村里驻扎了4000人，有60门火炮和10辆坦克，再加上有数百名缅甸游击队员出没于周边地区。此外，当地还有一支关押日军战俘的宪兵部队。神风队的渗透者在夜幕低垂时混入贝内贡，并且与某些身陷战俘营牢笼的日军低声细语地交谈。这个渗透者实在是太幸运了！一位与他说话的缅甸人识破了他的伪装，并意识到他是日本人，但这个缅甸人并没有把他出卖给英军。

第28军参谋土屋英一（Tsuchiya）中佐派出了6个宪兵班搜集情报，并指示他们要在7月17日回报消息。其中一组由曹长和一等兵组成的两人小组，前往位于贝内贡北边的坤溪（Kun Chaung）和位于甘尤昆（Kanyutkwin）的村庄侦察。他们花了比预期更多的时间才抵达水位高涨的坤溪，然后穿越洪水四溢的稻田和高大的象草，最后跨过了公路到距锡当河畔仅2英里之处。然而当他们回程打算再次通过甘尤昆村时，那名一等兵却被印军巡逻队拦下盘问。他虽然按情报员的一般装扮穿着缅甸人的衣服，但带着一个装有手枪和手榴弹的包。印军毫不为他的回答所动，把他抓了起来，但是那个军曹却溜掉了。[①]

借着这一连串的侦察，土屋所害怕的成了事实：雨季让小径和河道几乎面目全非，撤往山区为时已晚，突围出去也不是轻松的事。

第67回 突围计划曝光

无可讳言，对于英军来说，在收复仰光后便有一种结束感，一种除了扫荡残敌之外就没什么事的感觉；目标达成了以后，后续的余波荡漾超过目标本身。可是到这当口，也没人怀疑对日战争差不多就要打完了。然而在东南亚战区还有一些作战正在酝酿中——“拉链作战”（Operation Zipper），准备夺回马来亚和新加坡，沿着缅甸边界的丘陵地带进攻泰国，以及最后击败数万名仍然盘踞缅甸东南部的日军——后者希望将当地要塞化。英帕尔会战已经毁了第15军，密铁拉战役又摧毁了第33军。到如今，最后一个勉强还称得上完整的第28军，也就要在突围战中被摧毁了。

这时盟军正忙着处理指挥官的全面交接。斯利姆中将于6月9日离开第14集团军返英休假，中将菲利普·克里斯蒂森爵士（Sir Philip Christison）暂时代理指挥官。第14集团军司令部迁回印度，另外于仰光新成立第12集团军司令部（5月24日），由中将蒙塔古·斯托普福德爵士担任司令。7月5日，梅瑟维少将封爵，随后将第4军指挥权交给先前在北非担任印度第4师师长的图克“葛蒂”（F. S. Turker “Gertie”）中将。在缅甸待得比其他资深军官还久，从1942年就一直指挥印度第17师

① Louis Allen, op.cit., pp. 163-164.

的考恩少将，终于在1945年6月离开了该师，由第7师第89旅指挥官克劳瑟（W. A. Crowther）少将接掌。曼德勒—仰光公路沿线，正是克劳瑟与第28军正面对决的作战区。这时第63旅旅长伯顿（Burton）由斯米顿（Miles Smeeton）接任，后者带着依依不舍的心情离开了普罗宾骑兵团：

> 第63旅，它是支劲旅，但是我深深觉得实在抛不下普罗宾骑兵团。他们一直对我很好……这是一段彼此携手共渡、比我们生命中其他时刻更难以忘怀的时光……但是我得接受事实，就像是一艘船的船长，你现在得放下跟士兵及其官长们的亲密友谊；这种情谊在战时只有在上校跟他的团之间可以维系。总而言之，我认为在当过团长之后，担任旅长是件枯燥乏味的工作。

或许斯米顿一开始是这么认为的，但在战争的最后几天，担任第63旅旅长却变成了一份极其刺激的工作。英军第12集团军接手了第7师与第20师在伊洛瓦底江谷急转直下的战斗，此外还有第255旅与第268旅，以及第4军——现在由第5师和印度第17师承担锡当河谷的作战；而第19师则试图发动它的旅级部队沿着道路线朝萨尔温江方向突穿——第64旅朝向格劳和东枝、第62旅往茂奇方向挺进。如果战争持续进行的话，这些道路会是第12集团军进入泰国北部清迈的路线。此时，第4军还在锡当河湾战斗，如日军突围作战，该役有时候是在整场战争中最恶劣的条件下进行的。

> 1945年的雨季大概是有史以来最糟糕的。时而倾盆大雨，时而突然放晴，然后就是连续几周酷暑闷热的天气。[1]

当然，这对日军来说更是糟糕透顶，因为他们得设法横渡成为一片汪洋

---

① S. W. Kirby, *The War Against Japan*, V, p. 37.

的稻田，或者在泥石流爆发的山路间上攀下行，还要渡过短短几天之内就变为滚滚洪流的小溪。

> 除了这些重重困难外，还加上无数的蚊虫叮咬、疹子和丛林疮，让生活的舒适度掉到跟中世纪概念里的炼狱差不多。战斗的规模虽然很小，但差不多都是苦涩的！因为日军是死里求生、背水一战，所以英军必须全歼之，避免让这些日本兵活着回来再打一仗！[①]

在突围战的最终阶段，已经没有步兵战斗了，从英军的立场来看“差不多就是场炮兵之战”。[②]理由相当简单，因为英军就像在英帕尔—科希马会战和密铁拉战役那样，在关键时刻虏获了日军文件，而且在到手后一两天里就在前线翻译完毕。这份文件泄露了振武兵团全盘的行动计划（而且也可以由此推断第28军残部的动向）、弹药、部队的健康状态及兵员数量等。虽然唯一缺的正是D日的实际日期（日军称为X日）[③]，但这点后来也靠其他情报来源得到了补充。依据官史，对所谓“D日”日期的判断不定与截收情报单位无关，而是因两名担任日军传令的士官和宪兵军曹于7月18日被英军逮捕。

1945年7月2日当天，廓尔喀来复枪第7团第1营（属第48旅）的一支巡逻队，在勃固山脉东侧山麓的谬漾（Myogyaung）村正北方，距英印军印度第17师师部的贝内贡西南方数英里处，遭遇一小股日军部队，在一阵短促的交战后，日军留下了19具尸体。[④]此时振武兵团已在谬漾西边的勃固山区里整装待发。这些死者，很显然是派来侦察通往曼德勒公

---

① S. W. Kirby, op.cit., p. 37.

② *IV Corps Narrative of Operations May-August 1945*, “The Artillery Aspect”, p. 3.

③ 这是在1969年披露的，时在团长温特博特姆（F. W. Winterbotham）的《极限的机密》（*The Ultra Secret*）引发了一系列有关密码情报揭露的5年之前。

④ S. W. Kirby, op.cit., p. 44.

路和锡当河路线的巡逻队员。这时廓尔喀兵对虏获文件的价值早已印象深刻，所以他们搜查了尸体，并把看似普通的纪念品拿走——几张照片、几本军饷簿、一块兵籍牌和几只手表，以及一个皮面被季风雨淋得湿透的公文袋。在最短的时间内，那个公文袋就放在了设在贝内贡村子里的英印第17师司令部桌上，里面的东西则小心翼翼地被取出晒干。

在司令部，有一组从联合军种详细审讯中心派来的翻译和审讯战俘的分遣队，由莱维（Levy）中尉[①]、日裔美军田端胜（Katsu Tabata）中士组成。莱维最近才从位于勃固的联合军种详细审讯中心行动组司令部调来，正努力跟半死不活的俘虏聊天、套关系，或者从虏获的军饷簿判读日军部队番号。看起来，在印度第17师的防线上，像是出不了什么乱子，甚至还传出了该师迟早要开往泰国的谣言。这时候，雨还是下个不停，但是对莱维中尉的前辈，曾经在密铁拉战役时处理过战俘和虏获文件的斯坦利·查尔斯（Stanley Charles）与乔治·凯（George Kay）来说，这里有许多让他们兴奋的经历。莱维很懊恼地确定，用自己的方法找不出什么意外收获之后，只好整理公文袋里的文件。他把地图放在一起。这些地图非常精细，是上等的薄纸用胶黏成一大片，然后放在英军地图上面用铅笔临摹下来的。日军由于缺乏地图，所以尽可能地使用英军军图来制作复本。

莱维中尉粗略地翻看那本不得不看的日记，知道自己很难破解潦草写下的内容，所以就寻找写得比较工整的部分。当他开始打出译文的时候，他把这些文件放在破旧的打字机旁，其中写有一份作战命令。查尔斯已经留下好几天指导他，这时正在背后看着他打字。才打了几行，查尔斯就嚷嚷着："天啊！一条大情报！"接着就飞奔而出，通知师部参

---

① 译注：Levy即本书作者路易士·艾伦当时的姓氏，1922年他生于英国约克郡，出生时取名为Louis Levy，"二战"后改为母姓Allen。详见：https://archiveshub.jisc.ac.uk/search/archives/ce851b18-ea13-3689-a5bd- 95c5293d4c69，检索日期：2019年9月16日。

谋最新情报出炉了。

该作战命令的署名者为长泽贯一（Nagazawa Kanichi），颁布日期则为1945年6月14日，也就是说命令才下达了两周多一点，就被英军截获。至于作战命令的内容，是要求整个振武兵团（长泽少将已接替樱井德太郎担任第55师团的步兵团团长）推进到曼德勒公路和锡当河一线。部队在金达（Kindat）村、贝内贡与皎基（Kyaukkyi）一线以北，谬漾、木耳其蓝（Mukh Ram）与852高地一线以南之间活动。师团将分作三路纵队，并会沿着标注在所附地图之等高线上精确定位的道路线、渡河点以及大写字母的地名之处前进。日军还描述了需要攻击和据守的要点，包括跨越坤溪的铁路桥及贝内贡村本身，看到这里，莱维兴趣大增。此外，路线上的多处地点将用爆破方式破坏，以防止敌增援军到达。为避免造成行军中的支队混乱，严禁开枪，为此长泽还特地说，“特令使用刺刀”。日军不仅会尽量避免惯行的路线，而且有三个纵队还会一齐朝东吁方向发动佯攻。在渡过锡当河之前，严禁使用无线电，通信就利用目视信号和传令。携带的口粮须包括盐、鱼干和咸鱼，这代表就算白米配给减少，也要带着这些粮食上路。

“神风队”的士兵们（由蜂须贺少佐率领的疾风队，配属第55师团）要征集锡当河岸的缅式民船，并且准备使用部队给他们的竹竿，搭配轮胎、管子、汽油桶和马口铁罐，拼造成可搭载三到四人的舢板。他们将携带平常基数两倍的弹药，而且未经纵队指挥官允许，不得抛弃武器。这份命令甚至对驮兽部队都有详尽的规定，只要时间许可，须带着阉牛和马匹渡过锡当河。驮兽优先搭载的是伤患与物资，每匹马都必须准备好一套备用的马蹄铁、50支蹄钉，以及以每天1千克为基准，共计一周份的饲料。

从情报部门的观点来看，这实在是一份太棒的文件。它以惊人的细节，揭露了勃固山区的实况和日军的意图。随后莱维开始通过公文袋里的其他文件，去拼凑更为详尽的图像。这些发给侦察部队的字迹潦草的短笺，是要求他们提供有关锡当河两岸沼泽区地形的细节，包括河道宽度与流速，水位深浅，河滩的状态，村庄附近是否有丛林，芒草有多高，是否有佛塔之类的地标可供参考，当地现在的地名是否与地图相符；以及要对某座桥梁实施爆破作业时，该桥是用木材、钢铁还是混凝土做的，其跨距又有多少，通信线路又在哪儿；如果道路在雨季高峰时被淹没，是否可能从掸邦高原的村民那里得到稻米和盐；锡当河谷敌军空中活动的频率；容易起雾的地区在哪里；等等。文件的最后则是口令，非常普通，例如有人先喊声“神”（カミ），对方就要回答“风”（カゼ）。

早在7月7日，翻译完成的文件就已经从印度第17师司令部分发出去了。7月10日，最新而更精准的译文在勃固第4军司令部译出。到了7月16日，这份作战命令送到了德里的蒙巴顿后方司令部再次校译，并最终审定。因为地图上标示了预备的行军路线，结果早在樱井的第28军从山脉突围前两周，其沿着振武兵团前线的全盘作战规划，已被对手彻底掌握。

梅瑟维在离开第4军司令部之前，就已经以这些堆积如山的情报来研判局势了。通过解读敌方文件和询问战俘，从第19师作战区传来的情报也开始透露出类似的计划。这些情报提示梅瑟维，日第28军司令部和第54师团主要的突围地带是在彪关一带，而良礼彬以南或是东吁以北，大概都不太可能会发生什么事，所以他就把注意力集中于彪关和良礼彬之间的地带。印度第17师沿着这地区的主要公路，据守了长达74英里的防线，梅瑟维决定增强彪关溪至坤溪间的兵力，因为他预判樱井本人将从该地通过。这样就必须保留弗卢特遣队（Flewforce），弗卢伊特（Flewett）准将的第64旅（第19师）指挥部控制了三个步兵营、一个坦克分遣队、一个中口径炮兵分遣队和两连炮兵。大家相信，当日军突围时，无论是英第20师或是英第7师都将挤不出多余兵力，所以这三营步兵就是从弗卢特遣队硬榨出来给第17师的预备队了。

或许很难想象英军为了将樱井的第28军消灭殆尽，投入了多少努力。虽然突围之战发动时，离战争结束只有大概三周多一点，但第4军的官兵绝对不知这时距离战争结束已如此之近；而那时，他们所看到的只是自己面对着的日军部队正越来越多地向泰国或马来亚转进。这是简单而必要的，得在敌军从勃固山脉的天罗地网逃离之前尽可能多地干掉他们。梅瑟维就是这样盘算的。他看上两处区域作为主要猎杀地带：一处是在勃固山脉和锡当河之间，另一处则在锡当河口和萨尔温江之间。振武兵团作战命令的发现，几乎可保证英军在第一处猎杀地带无须投入太多步兵兵力即能成功。因为这份文件，战争变为一场“炮兵征服战”。炮兵可沿着几个星期之前就在固定线上测距好了的目标开火，再配合英国皇家空军的协助，就可完成这项任务（美国陆军航空队的飞机不参与本阶段的行动）。

在樱井集中部队之前，集结在山区的部队已设法化整为零逃进了锡当河谷。英第17师故意放这些日军穿过主干道，并尾随他们往锡当河去，然后就呼叫炮兵和空中打击，将他们摧毁在河岸边。倘若有任何日军试图沿着锡当河东岸或瑞金河寻路南窜时，“缅甸爱国部队”（Patroitic Burma Forces，PBF，也就是英军现在对昂山的缅甸国民军的称呼）将会处理掉这些漏网之鱼。但PBF的兵力不可能掩护整个区域，所以小股部队还是可以乘隙而出。要是樱井决心继续用相同的方式让他的部下渗透出围，他就有可能取得更大的成功，但是樱井却低估了英军据守曼德勒—仰光公路的兵力。他以为英军在每一处重要据点只部署了一个营的兵力，而且装甲部队也还在勃固，第7师也在勃固，印度第17师则在勃亚基（这一点他错了），至于第19师则是在东吁，最后，他还相信第20师也在那儿（这一点他也错了）。樱井根本没有认清事实，他已经被紧箍咒套牢，但还以为发动大规模的突围时，英第4军会没有法子同时应付在各个渡河点的日军。他对突围成功的数字并没有过分乐观，但他相信自己一半的兵力能够在突围中生还，这可比他们继续窝在山脉里自生自灭到雨季结束要好得多。

有趣的是，刚就任印度第17师师长的克劳瑟也开始以类似的思路构想作战行动。对方是小股人马的话，随便派些小部队应付大概就差不多了。然而俘获的文件显示，第28军将会发动一场大规模的横渡行动，所以克劳瑟认为作战计划需要根本改变。“我认为这是一个更好的计划，”1945年7月16日，他在第17号作战指示中写道，“1945年7月要在鬼子穿越公路或是接近公路线的范围时将之歼灭，然后追击其残部直到锡当河畔。”虽然印度第17师不能在每一渡河点都布重兵，但还是可以在合适的地方部署强力埋伏（俘获的地图上标示了这些地方在哪儿）。根据（正确的）推测，日军会在夜间移动，因此埋伏也得在夜黑风高的时候设下。不能慢慢跟。只要日军一进入射程，就要立即开火。[①]

第68回 斋藤中佐与振武兵团

振武兵团参谋斋藤弘夫中佐，非常蔑视方面军的司令官与参谋：“这些家伙没有战斗经验，一点前线的情况都不知道，只靠画地图制订作战计划。一群只会玩女人的无用家伙！”最后的那段评论是相当奇怪的，日军不是一个清教徒式的组织。但是斋藤出生于巴黎，在日本的法国教会学校长大，无论是就读东京陆军士官学校的四年间，还是在伪满

① B. Prasad ed., *Official History of the Indian Armed Forces: Reconquest of Burma, 1942-1945*, Ⅱ, pp. 454-455; Louis Allen, *Sittang: The Last Battle*, Appendix A, pp. 239-246.

服役时，都没有磨钝他那细致敏锐的感受力。更奇怪的是，他竟非常欣赏第55师团参谋先辈们的坚毅，像是“老暴君”花谷正——一个曾当着士兵的面，对他手下那些资深军官甩巴掌，甩到他们鼻血直流的人。1943年当斋藤以中佐身份加入在阿恰布的第55师团时，花谷竟然以“又来个菜到出汁的菜鸟了啊！”这句话迎接前来报到的斋藤。接着，花谷又这样训斥他：“你以为什么答案你都知道，对吧？其实什么都不知道！你给我小心点，最好别这样想！要学的东西可多着呢，让我看看你怎么努力学习吧！”而斋藤也非常钦佩岩畔豪雄大佐（后升为少将），他既是第28军参谋长及该军情报组织的幕后首脑，也曾经在新加坡作战时担任近卫坦克队长。斋藤注意到了第28军与方面军完全不同：第28军的参谋们知道前线部队的情况，并与士卒同甘共苦，而方面军的参谋们却对前线部队的状况、可投入战场的兵力和英军前进的速度浑然不知。河野公一（Kōno）和嘉悦博（Kaetsu）这两位方面军司令部的年轻少佐参谋，充满了自信和专业能力，但缺乏实战经验，只会纸上谈兵而不知道如何真正指挥一支实战部队。这就是为什么斋藤听说木村曾夸下豪语，要粉碎英军在中缅伊洛瓦底江畔的攻击，并在密铁拉打败英军，将可确保仰光以北的地带直至1945年秋天时，露出讥讽似的微笑了。

斋藤所属的第55师团，为了要营救处于燃眉之急的木村部队（这时已经太迟了），在花谷正的指挥下，将步兵部队的主力移师彬马那，却因此受到不利的影响。虽然如此，斋藤知道如果他迅速行动，还有机会确保该师团残部不会被已挺进到伊江三角洲的英军切断。他和长泽在4月15日奉令前往第28军司令部，听取樱井和岩畔对缅甸局势的概要分析。

有几个小部队被留在古亚（Gwa）、皎施和宝塔角（Pagoda Point）。师团其余部队以“振武兵团”的代号，在兴实达（Henzada）和勃生（Bassein）集合，准备撤出三角洲。最初计划北上至油田地带参加作战，但因为传来木村已经放弃仰光的消息，所以振武兵团改分三路，分别由井上义幸（Inoue）大佐、木村雄二郎（Kimura）大佐与村山诚一（Murayama）大佐率领，奉命向奥甘和礼勃坦（Letpadan）以东的勃固山脉的山麓前进。司令部原本应该在5月5日从兴实达出发，但司令部在两天前从第28军处收到通报，防卫线最终已遭突破，所以该部立刻转进，并于次日抵达集结区。

振武兵团的残部在遭到英军由仰光和卑谬南北夹击之前就先撤离了阿拉干，他们横渡伊洛瓦底江，进入勃固山区。为了掩护他们，井上以一个步兵大队、四门25磅炮和六门山炮的兵力，坚守敏拉（Minhla）到礼勃坦地区，直到5月12日。但井上撤入山区太早了，反而引来了长泽少将的强烈不满。不过，整个兵团还是在5月23日至25日间渡过伊洛瓦底江，沿着礼勃坦和山麓东侧的谬漾一线的勃固山区蜿蜒展开。

斋藤在摆脱女人之后感到松了一口气，他不像其他那些突围部队带着慰安妇一起逃走，斋藤有先见之明地让她们搭上（伊洛瓦底江）三角洲地带剩下的船只，从海上离开。船舶工兵朝长（Asanaga）大尉是参加过大亚湾（Bias Bay）[①]和爪哇战役的老将，并且在1943年夏天于梅宇河（Mayu River）与英军炮舰战斗，而今则成了负责船舶工兵第4联队所属的40艘机动艇的主官。斋藤让伤兵和80位慰安妇一同乘船，接着穿过炮火交织的马达班湾，在仰光落入英军之手的十天之后，抵达毛淡棉。由于机动艇保持无线电静默的时间长达48小时，振武兵团的无线电通信兵只得轮班交替等待他们抵达目的地的通知信号。虽然其中有一部分开到了在毛淡棉以南约180英里的耶城（Ye），但所有的船只都安全抵达。然而其余的慰安妇和随军护士就没有这么幸运了，她们与第28军命运与共，直到最后一刻。

---

① 译注：即1938年广州湾登陆战。

6月3日斋藤拜访了第28军司令部，返回兵团后向长泽少将报告樱井希望该部能在礼勃坦至沙耶瓦底（Tharrawaddy）再到茂比（Hmawbi）一带进行小规模游击活动的意向。“由于还不知道突围是在7月初还是中旬发动，无论如何都得在粮食上下些功夫。总之，取得一个月份的粮食配给量是必须的。”①

振武兵团预定集结地马扬（Mayan），约在（与勃固山脉东麓平行的）仰光公路和铁路西边20英里处。要抵达集结区，得尽可能地从英军阵地钻隙而出，如果不行的话，就得要强行杀出一条血路。然而，那些不像炮兵联队联队长井上义幸大佐一般拥有充分实战经验的其他部队长到底有多可靠，斋藤可是一点把握也没有。就像第28军参谋长冈村爱一大佐在山区里的小溪所做的那样，斋藤也在勃固河进行竹子的浮力测试。他一方面派奥运冠军北村侦察各条河流，一方面也为维持人员士气花了一番功夫。他将行经的山区中茅屋林立的村庄取了仿日式的名字，以激起那些朝村子去的狼狈官兵们微弱的希望火花。这和温盖特使用白城、皮卡迪利与阿伯丁等几个英国著名市镇为作战地点命名的灵感一样。在礼勃坦东方17英里的是“朝日”（Asahi）村，在其东南方5英里的山路交会处是“光”（Hikari）村，然后在西麓的两处地点则是“晓”（Akatsuki）村和“月见”（Tsukimi）村。斋藤还用该师团编成地的四国岛地名为其他村落取名——“松山”（Matsuyama）村、“吉野”（Yoshino）村、“高知”（Kochi）村与“琴平”（Kotohira）村。当地还有像“禊”（みそぎ）村这样，命名中蕴含着更深一层典故的村庄：“禊”在日文中表示净化仪式，是一种与向神明祈求伟大的美和精神力的观念相结合的洁净仪式，比如任凭深山瀑布的激流冲打身体，一切的罪恶会从肉体洗净流出。在禊村里，斋藤命士兵写下遗书。然后来到“神兵”村——这

---

① Louis Allen, *Sittang: The Last Battle*, p. 151.

个由“神”和“士兵”两个名词组合而成的名字，暗示着士兵在洁净身体之后就超脱了生死的意义。最后所抵达的，就是称作“胜哄”（かちどき）村的2256高地，“胜哄”是表示“战场上的呐喊”的日文名词。这一连串地名的顺序是指，经过洁净，洗刷掉所有不洁思想的士兵，终于站在即将成功的大门口了。胜哄村是振武兵团在勃固山脉突围前的最后集结地。其他还有单纯为了欺敌而取的地名，像是曼德勒公路变成了日本旅游景点之一的“箱根山”（Hakone Yama），锡当河则成了日本的阿尔卑斯山，而由此向东的道路就成了日本史上著名的“东海道”。

1945年6月26日，斋藤出席位于“香取”（Katori）村的第28军司令部的作战会议。这座村子只是森林深处的一个字，樱井将司令部迁移至此，只是因为此地位于英军的火炮射程之外，但要找到其所在却相当困难。独立混成第105旅团与第54师团的代表花了一周的时间才抵达这儿。松井秀治少将的第105旅团，因为是由仰光一路败退而来的部队拼凑成的兵团主力，所以应该从第28军的最南侧突围，而第54师团直到6月17日才脱离包康（Paukkaung）的战役向山区撤退。师团长宫崎繁三郎告诉代表他出席作战会议的参谋村田稔，他认为突围时间应该安排到7月底，甚至更晚，突围地点则是在东吁以北。他认为如果选择在东吁以南突围的话，锡当河河道更为宽广，他们将不得不抛弃所有比大队炮更重的火炮，只能让兵员渡河而已。宫崎称，如果从东吁以南突围，将失去三分之二甚至更多的部队。

第28军的参谋们听了村田的观点，却不感兴趣。因为他们并不想改变计划好了的突围路线或突围时间。到了这个阶段，放弃火炮已经算不上是什么要紧问题了。虽然有一些日军炮手曾异想天开地试着将火炮拆解后以人力运进山区，但没有人指望能带着所有大小不同的火炮，横越曼德勒公路至锡当河畔。结果第54师团在到达山脉东侧前就已经把75毫米炮给丢了，而且通信也日益困难。4月29日，英国皇家空军飞机于德耶谬（Thayetmyo）北方扫射了师团通信队，打碎了无线电发报机。宫崎对岩畔参谋长的主张并没有反对：重点应在让兵员渡河。宫崎曾发誓要不失一兵一卒地从阿拉干横渡伊洛瓦底江救出部队，但师团在卡马（Kama）时便已损失惨重。

宫崎无法忘怀1945年初第54师团第121联队在兰里岛所发生的事。当时的联队长是长泽贯一，因为长泽总是讥笑第55师团不如第54师团，就算他被任命为第55师团步兵联队的联队长之后，也不改变态度，这激怒了斋藤。而兰里岛守备队第121联队因为撤退命令发布得太迟，惨遭英军歼灭。宫崎跟村田说道："兰里岛事件将会重演，我们会损失（指第54师团）大半的兵员啊！"他的判断，乃基于他确信当他们抵达时锡当河畔会有的状态。"宫崎怎么知道呢？"岩畔参谋长理所当然地质问村田，但村田回答不很确定，说宫崎的判断是出自一位侦察军官的报告。那是名宪兵大尉，他勘查了整个东吁地区，并报告说锡当河流速急增，河道宽度也增加到220码。"这和我们的情报不一样，"岩畔答道，"无论如何，我们还是需要第54师团在第28军主力部队左翼做护盾。"①

村田不是唯一提出反对意见的人，听到X日定为7月20日时，很多部门认为这日期太早太乐观了，但还是接受了。但斋藤不接受。他说："如果这是军部的命令，那我们当然执行，但如果可能的话，我想将日期定到7月23日。"樱井军司令官虽然对此表示同感，但令人惊讶的是，他早就通知了本多X日的日期，这份通知是在之前所提及的勃固山会议召开那天，由联络官亲自交付至本多手中的。"我们是不是应该重新研究突围日期啊？"这是高级参谋冈村的插话，却让斋藤更为苦恼。斋藤想起冈村曾经是陆军士官学校的教官，但他怀疑冈村到底有没有累积充分的前线经验。冈村说："这是已经决定好了的事啊。就20日发动吧！

---

① Louis Allen, op.cit., p.76-77.

这可是星期五啊。”用这样缺乏说服力的轻浮心态，驳回了斋藤的请求。第28军参谋再次考量，于次日给出答复。X日依然是7月20日。

岩畔不顾宫崎的反对，坚持自己所定的突围时间和路线，不单只是固执而已。因为他和樱井都知道，6月突围的机会已经失去（部队在山区集结速度过慢的结果），现在突围作战就得在雨季最高峰的时候进行。东吁以南的两岸将会化为一片水乡泽国，河道也会更加广阔，水流更为湍急。但正因为如此，敌军给的压力也将会减弱：他们认为在这样的条件下，英军也将陷入无法作战的状态而不可能有所行动。虽然穿越沼泽地带相当困难，但绝对可以避开敌军装甲部队的追击。[①]

对于第28军想要尽快实施锡当河突围作战的愿望，斋藤有一套自己的看法。无论如何，他对身为首位攻占仰光的日本将军的樱井抱持一份崇高敬意。当英军收复仰光时，樱井晓得寺内元帅是多么瞠目结舌。知道他已无法再夺回仰光，但依然希望第28军在1945年后期能在丹那沙林积极作战，如寺内所期望的那样，固守缅甸东南部要塞。因此，在斋藤看来，樱井比在毛淡棉的木村更在意西贡的南方军司令部之想法，并依此行动。斋藤明白这一点，但如果能再多三天时间的话，就更有帮助了。

宫崎应该也是这样想的，但他不得不接受上级拒绝改变路线的结果。宫崎听着村田的报告，说道：“这样的话，我们别无选择。”“就按照第28军的计划行动吧！既然第28军以进向东吁之南为原则的话，我们就只能以此基础制订师团的计划！”[②]但宫崎心情沉重，深知将要失去很多官兵。

---

① 樱井，《缅甸战线：突破敌地》，《文艺春秋》1955年11月，页64。
② Louis Allen, op.cit., p. 78.

第69回 樱井回师

樱井在勃固山区最大的焦虑是通信与饥饿，随后又加上两种可怖的疾病。但无论如何，樱井的首要急务，还是要让各部队在自己的指挥掌握之下。有张娃娃脸的参谋塚本（Tsukamoto）大尉，被派去联络第54师团师团长宫崎，同时宫崎也派了个联络官去找寻第28军司令部的所在。塚本在6月18日回报说他找到了宫崎，这让樱井大大地松了一口气：第54师团是他手上兵力最多的部队，约9000人。曾经担任第31师团后卫，从科希马撤退的宫崎，是个精明干练的指挥官，他将部队分成两组撤离阿拉干：一组穿越安垭口（An Pass），另一组则从洞鸽（Taungup）撤退，留下空无一人的平原，让克里斯蒂森英第15军进驻。就在师团司令部渡过伊洛瓦底江的同时，麾下的步兵联队也在木庭知时少将的率领下，从博巴山南下与师团会合。

4月20日，格雷西的英印第20师攻占阿兰谬（Allanmyo），切断了宫崎前往预定渡河点的通路，并在5月3日挺进卑谬，同时埃文斯的英第7师也封闭了伊洛瓦底江东岸的缺口。在率部从卡马横渡伊江的10天时间内，宫崎失去了手上大部分的运输工具和火炮，并且有1400人战死。当他一路撤向勃固山脉西麓的包康时，英军第7师仍继续袭扰不止，那时宫崎的将士们只能以糙米、盐和水维生。即便是在这样的情况下，宫崎仍发动反击。6月6日，该师团山炮大队所属的某部①，在卑谬与包康之间的耶漂（Yebyu），发现一支由5门火炮组成的英炮兵部队。日军的3门山炮立刻从6000码的距离外开火，并且第一轮射击便命中了目标。他们

① 译注：此处英文原文仅称“Three guns of his Mountain Gun Battalion”，但由第54师团的编制（三单位制师团）来看，其所属的野炮兵第54联队，每中队应有山炮或野炮4门，故推测接战之部队或为一不足额的山炮中队。

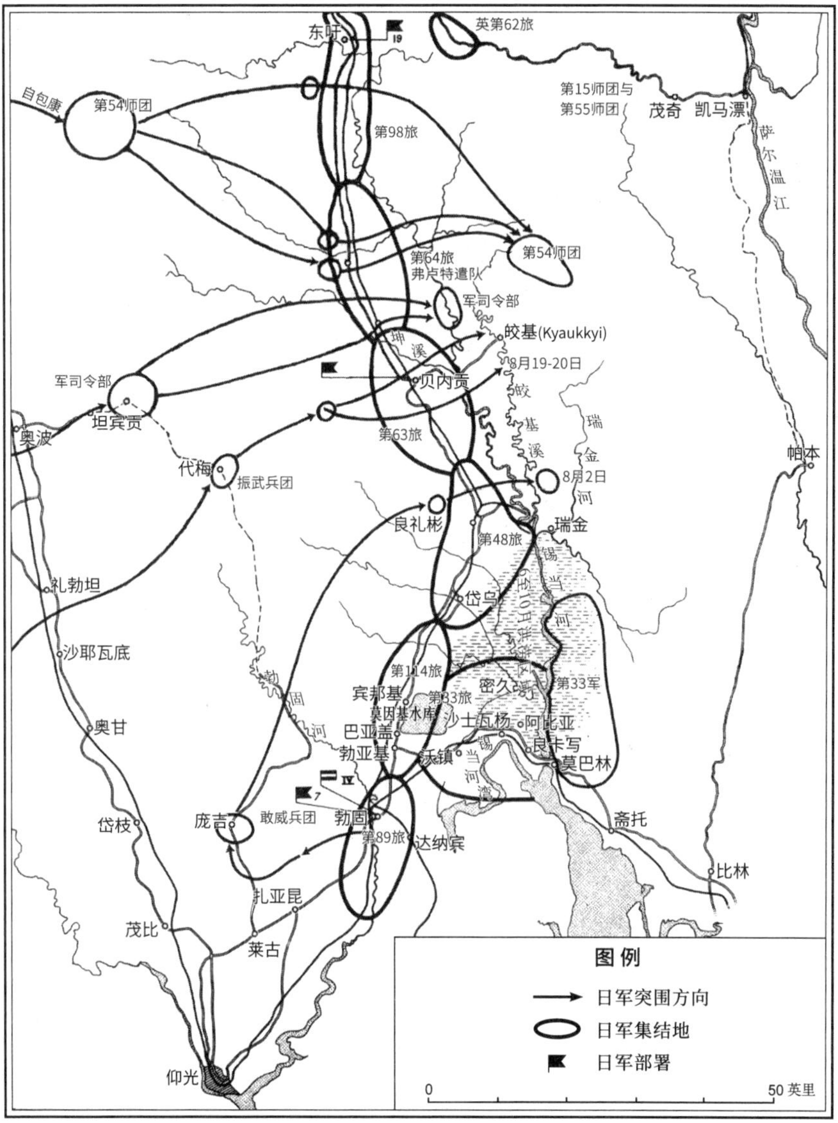

英第62旅
东吁
19
自包康
第54师团
第98旅
第15师团与
第55师团
茂奇
凯马漂
萨尔温江
第54师团
第64旅
弗卢特遣队
军司令部
皎基(Kyaukkyi)
8月19-20日
坤溪
贝内贡
军司令部
坦宾贡
奥波
皎基溪
瑞金河
第63旅
帕本
代梅
振武兵团
8月2日
良礼彬
瑞金
第48旅
礼勃坦
锡当河
岱乌
沙耶瓦底
第114旅
第33军
宾邦基
密久
第33旅
莫因基水库
沙士瓦杨
阿比亚
勃固河
巴亚盖
奥甘
勃亚基
沃镇
良卡写
莫巴林
锡当河湾
岱枝
庞吉
敢威兵团
勃固
第89旅
达纳宾
斋托
比林
扎亚昆
茂比
莱古
仰光
图例
日军突围方向
日军集结地
日军部署
0
50 英里

图9-2 日第28军突围

击中了英军炮兵的弹药补给所，引发了巨大的爆炸，火势猛烈，数日未熄。

这是短暂的胜利。因为霍乱在第54师团的官兵中爆发了，步兵第154联队联队长村山一马（Murayama）大佐是最初的病患之一。季风雨就像是天上倒水似的持续不断，征粮也办不下去了，更糟的是猛烈的霍乱开始蔓延。据报有数百名病患死亡，其中包括了步兵第153联队联队长武田（Takeda）光大佐；然而命运的捉弄却让村山大佐活了下来。爆发霍乱已经够糟糕的了，鼠疫又在湿溽中继续侵袭饥饿的日本人。宫崎事前未能预料及此，因为鼠疫虽然是在湿度相对较高的地方传播，但照理来说不会出现在行军的宿营地里，况且第54师团自4月中旬以来，就一直处于移动状态之中。6月12日，宫崎下令部队进入山区的更深处。理论上，他们应随身携带一个月份的口粮，但实际上他们的米饭配给量却被迫削减了，结果士兵们只能啃山芋，还有捡食沿路倒毙的牲口骨头边上生了蛆的碎肉。

伴随日军部队而行的少数女性，境遇最为悲惨。进入锡当河谷巡逻，以侦察合适渡河点的影阳（Kagehi）军曹，偶然来到了一间门牌上挂着“宪兵驻屯队”堂堂名号的简陋棚寮——这应该是有段时间曾经为宪兵使用的小屋。屋里有7名女性，当影阳和其他5名巡逻队员走近时，女人们紧握着他们的手乞求食物。“阿兵哥，请给我们米。一点点都好！”“我猜她们是慰安妇，”影阳后来回忆，“但无论是我们还是她们，都无法激起彼此间的欲望之火。我们有大约四公升的米饭，我们各给她们每双手一大杯，而她们那开心得不得了的神情，是会让你流泪的。”[①]

7月17日，宫崎抵达了突围的集结区。这时前景严峻。他的主力部队要在彪关附近经过，已经有大约600名的英军士兵严阵以待，而且勃

① 鸟取，《锡当河漩涡》（第54师团步兵第121联队的历史），1969，页238—240。

固山脉的每一处出口，都为缅甸游击队所严密监视。曼德勒往仰光的公路以东河水泛滥，水深齐胸，当地村庄没有食物，而锡当河上也没有小船或木筏。在绝望的情况下，木庭支队的工兵和步兵第154联队摧毁了位于镇南的卡邦溪（Kabaung Chaung）桥梁，试图阻止印度第19师从东吁公路朝着他们而来的攻击，却收效甚微。当第54师团越过泛滥成灾的稻田之际，英军的炮火也把水田化为一处泥泞与弹片的炼狱，部队被打得支离破碎，并开始有上千人死亡。宫崎离开山区时，还有超过9000人的兵力，但他在8月初突围之后于丹纳沙林重新集合时，所能掌握的兵力不足4000人。

第55师团所属的振武兵团情况也好不到哪儿去。当他们于X日——也就是7月20日撤离勃固山区时，配属于左翼纵队的步兵和山炮部队紧随兵团司令部之后开始撤离。然而，因溪流所阻，司令部的转进拖延了两个小时。最后，他们终于恢复行进时，却听见了自贝内贡传来的重型和轻型机枪激烈的扫射声。那是黑田中尉在危急中舍己牺牲对抗英印第17师师部。很快地，泛滥的地面化作一片泥海，水淹到他们的大腿，而且在某些地带他们还得在骤雨中渡河。坤溪是最湍急的，士兵们惊恐地看着载浮载沉的尸体从遥远的上游朝着他们顺流而下，斋藤就亲眼见到两名部属被漩涡卷走。

他们在村庄间跋涉时，总是尽可能避开英军炮火。但英军当然早已知道日军打算行经的每一条路线，并在好几天前就已布好天罗地网。7月27日，在经过一夜以罗盘指路的行军之后，斋藤来到小径上一处水深及膝的路段，机关枪分队长山口（Yamaguchi）少尉突然大喊，“我记得那棵树！从这儿往南走大约500码，有一条我之前曾经走过的牛车小径。大概再往前一英里多就是韦杜（Wettu，兵团准备前往的村庄），那里的水没有这儿这么深”。但他们前进不超过200码，积水就涨到与胸齐。山口侦察这段小径才不过两天前的事，这显示即便最近才侦察过淹水地形，想要以此渡过锡当河是多么不可靠。斋腾不想让恶水吞噬部下，于是命他们撤退。

第二天，他被长泽责备。到了7月28日，兵团长已经濒临崩溃边缘。长泽对着斋藤咆哮，说他一点也不可靠，他的作战指挥差透了。斋藤心想，兵团长的举动出奇精准地反映了部队的情绪。士兵们已经开始抛弃部分较重的装备，甚或有一两人理智断线，突然狂歌脱队，发疯似的晃荡，想要原路回去。

这当然不是说斋藤本人此时还有把握保持自己的理性，他反倒有种眼睁睁地看着自己快要陷入疯狂的可怕感觉。幸运的是，他还有足够的意识知道周遭发生了些什么事，所以他爬到一棵树的枝丫上休息了三小时，以放松紧张的情绪。那是8月7日，就在他们抵达锡当河渡河点的伊莱（Yele）之前。第二天，日军遭到缅甸游击队的攻击，在一阵激烈的交火之后，斋藤决定等到黄昏再伺机而动。斋藤判断，伴随着从贝内贡打来的英军炮火，8月9日约有50人渡河，10日另有300人渡河。渡过这条河得花他们半个多小时。

在河的另一岸，斋藤的部队与振武兵团其他部队取得联系，他们自皎基至瑞金南行，在那一路上散落着垂死之人或横尸。英军飞机开始撒下传单，告诉他们日本已经同意停战。长泽毫不怀疑这件事，如果这是真的，他想让属下离开锡当河谷下游进入丹那沙林，越快越好。万一停火，那是最后一块他还想要流连的地方。在和平降临的最初那几天，斋藤脑海里萦绕着那些在途中逝去的部下，战败的痛苦和悲怆，与对他们白白牺牲，就这样倒毙于缅甸丛林中荒废道路旁的印象，交织在心中。

对那些死者的思念一直折磨着斋藤。第55师团在阿拉干损失了超过3000人，这些人是在坚信日本一定会获胜的信念下牺牲的。在抵达锡当河之前那些身陷洪水之中的可怕日子里，有超过5000人在斋藤身边死亡，而令人难以置信的是，很多牺牲者仍然保留着日本人日常所要求的彬彬有礼的纪律。没有一句对那可怖行军的抱怨，只有一声“得到您的帮助，实在太感谢了”的低语，然后生命就此没入无尽的黑暗中。

日本可能投降的消息，在正常情况下只会被当成可一笑置之的政治宣传。但身为军司令官的樱井中将却早知道有些事情将要发生，甚至是当他还在勃固山脉计划突围的细节时。此时与其他部队的无线电通信已几近不可能了，然而第28军司令部仍然有一台缴获自英军的短波电台尚可运作。在札玛依溪（Zamayi Chaung）畔的香取村，每天重要的例行工作之一，就是用这台电台截听并收集有关敌人状况的情报。这不仅有利于计划的制订，也给了樱井一窥外面世界的机会，虽然这让他肩上的负担更为沉重。在他们进入山区约一个月之后，大约是在6月初，无线电传来了德国已经投降的消息。这是5月8日发生的事，也就是说三个星期之前的旧闻。“全印广播电台”（All-India Radio）也从德里播报了一组日本企业家已经抵达美国求和的消息。樱井没法忽视这则消息，但只能默存心中。[1]然而，这已经让樱井更难以安下心去制订一套在下个月可能会导致他一半手下死亡的作战计划。当樱井带着沉重心情听到从山里传来的爆炸声时，他意识到部队里有些人已经开始预期自己难逃一死。一些重伤病患明白不能再让战友们承受抬着他们行军这样难以忍受的负担，或者是受不了病躯穿越泥泞时遭受的颠簸的痛苦，那早已超过精神所能承受的极限。紧抓一枚手榴弹，抵着正在犯恶心的肚子拉开保险，毕竟容易得多。

樱井司令部一行撤离山区时未遭受伏击，在暗夜中冲向曼德勒公路的气势，就宛如乘风破浪般，尽管当土屋看见一枚绿色信号弹化作一道弧线打入公路上方的夜空之中时，便确信部队已被盯上。接着福富繁（Fukutomi）参谋靠近他说：“看来还没有被盯上呢！”是啊，到7月

① 樱井，《缅甸战线：突破敌地》，《文艺春秋》1955年11月，页64。

24日的凌晨3点钟为止，他们的行动实在是顺利得过头了。樱井不像土屋那么高兴，他察觉到前锋在抵达公路前便停住了，然后就逐渐动弹不得；但后面的部队却一直向前移动过来，直到现场陷入一片混乱为止。这时还传来女人尖叫与痛苦的哭声——令人难以想象她们竟跟着部队一路挣扎走来。“这与其说是军队倒不如说更像是一群难民啊”，樱井这样想。当司令部这团人在某处甘蔗园里自行溃散时，他的想法得到印证。他们一旦知道了自己在什么地方之后，就开始大砍甘蔗大嚼起来。这样干的还不止士兵，连军官亦复如是。樱井知道为什么会这样：他们已经一连好多天靠着一小把白米和一小撮食盐过活，而今却突然发现这里流满糖蜜，就如同玛纳般从天降下。①樱井让他们又啃了一会儿，然后告诉手下的指挥官重整队伍好继续上路。

就在此时，炮弹突然从5英里外开始朝队伍稀里哗啦地灌了下来，士兵们朝四面八方作鸟兽散。担任行军指挥的岩畔参谋长几近绝望疯狂，但是在经过一段时间后，秩序还是在艰难中再次得到控制。然而这对岩畔来说为时已晚了。他显然已经承受了太多的压力了，他在那些支离破碎的部队间来回奔走了好几个钟头，为使部队重新集结在一起而喊哑了嗓子。很明显，岩畔正处于崩溃边缘，于是手下军官们试着让他平静下来。这件事就交给高大魁梧的福富参谋，让他在参谋长真的崩溃之前用“身体”架住他，防止他倒下，但岩畔抗拒这善意的尝试，反而把福富推到一边去。福富用摔跤手擒抱方式架住他的双臂，但是随即一股力量涌现，可以看得出来岩畔的亢奋情绪已经累积很久了，他挣脱了福富，并使出过肩摔，反将福富按进了一摊行人踩出来的泥泞中。其他官兵目瞪口呆地看着两名高级军官用这种方式扭打在一起，但这样的威

① 译注：原文为“and they fell upon it”，作者艾伦应是引用《圣经》典故。Numbers 11：9《民数记》中有“in the night, the manna fell upon it”一句。思高本《圣经》译作“夜间露水降在营上时，也降下‘玛纳’”，和合本《圣经》则译作“夜间露水降在营中，玛纳也随着降下”。

吓实在是太过火了，于是其中一些人将岩畔从福富身上拉开。矢野耕次（Yano）军医中尉很快给岩畔打了针吗啡，没过多久，他就打盹熟睡起来。高度紧绷的责任感之外还伴随着一场猛烈发作的疟疾，在接下来的二十四小时中让他动弹不得。

7月26日，第28军司令部一行人抵达可永（Kyiyo），大约是到锡当河三分之二的路程。土屋英一中佐在此接到担任第28军前卫的骑兵第55联队联队长杉本泰雄（Sugimoto）大佐战死的消息。更糟的是，冈村爱一工兵大佐参谋结束侦察任务回报称，如果第28军按原本预定的位置渡河，将会因遭受来自河岸的伏击而被困。结果他们决定改往可永东北部的基永山（Kyauksang），但这样还不够快。英军早就料到他们会来，所以当地已经被笼罩在英军炮兵的射程之内，在他们撤离之前就已造成6人死亡、20人受伤。

7月28日凌晨，樱井与土屋终于站上锡当河的堤防。行程的最后几天，土屋是在极度痛苦中走完的。他的脚已经开始肿胀，沙子渗进了他的靴子，皮肤上长出了巨大的红色水泡。凑近一看，有如拇指般粗的水蛭，吸附在他身上。

樱井俯看着滚滚洪流没入黑暗中，此刻没有任何人可以分享他的感受。三年半前，同样在这一条河边，樱井那么耀眼地击败了英军。他率领部下以胜者之姿横渡锡当河，直抵缅甸首都，然后长驱直入中部平原。而今所有的成就都化为灰烬。那支被他打败的大军回来了，并在此刻追捕他。他回想起锡当河在干燥的季节是多么美好宜人的一条河，它映着日光，悠闲地漫步穿越苍翠森林，但现在可不是这样！在轰隆隆的水声中，樱井眼见暗夜中到处都是黑点，这可不是木材或树干，是人！是正在尖叫的人！“我们是‘兵’部队（第54师团代号），快来救我！快来救我！不要抛下我们啊！”但樱井无能为力。想当初，敌人是士兵，是大炮，是飞机，他们照样能够杀出重围。而如今，敌军的大炮飞机变成了漩涡般的液态怪兽，他的部下们只能靠自己险中求生。

樱井的参谋期望看到将军能平安渡河，土屋英一中佐和山口立少佐在河滩上，来回勘查适合筏子下水的地点，山口脱到只剩条兜裆布[①]，背着刀跑在前头。樱井判断河宽300码，地图上的记载也差不多。但在干燥季节里河宽只有80至150码，甚至还有可涉渡的渡河点。然而进入雨季，河流完全变样。

第一批渡河组在7月27日晚上8点出发。官兵们将自己连人带筏投入洪流中，并试着让自己对抗强劲的水流，有些人被冲回河畔两三次之多。

樱井回忆道："我在7月28日凌晨2点坐缅式小船渡过锡当河到达东岸。但回头一看，虽然有些人已经成功渡河，但也有一些被水流吞噬、拼命求助最后却力竭身亡被冲往下游的人。我只能在心中不停祈祷，求神明的保佑。"[②]

次日放晴了，这在雨季是很不寻常的，有好一阵子天空万里无云。军司令部一行在东岸集合，就像是一锅大杂烩。岩畔和其他人同乘军司令官的缅式小船，这艘船已经往返好几次把剩下的人接过来，包括慰安妇和军官食堂的女服务生。这些可怜女孩已没有多少女人味，她们为看起来像男生而全部把头发剪短，并且穿着宽松的军装，那些在稻田和沼泽间跋涉的日子，使她们浑身湿透而满是泥泞。

过一天又下雨了，雨大到天空只隐约可见，但这似乎对英国皇家空军一点妨碍也没有。樱井能听到英军飞机在头上盘旋，所以军司令部只得整日掩蔽在高大的芦苇丛里，直到夜幕低垂。他们距掸邦高原的山麓还有13英里路，土屋明白那些在他们开始行军时发射的威利式信号弹代表着什么。英军显然在沿着锡当河的每一座村子里都布下了一组情报

① 译注：日文称为"裈"。
② 樱井，《缅甸战线：突破敌地》，《文艺春秋》1955年11月，页67。

网，火炮则开始对准军司令部的行进路线射击。尽管如此，渡河时的紧张感已经放松了，然后部队中那些受此鼓舞的人就开始生病，并乞求留在村里。土屋知道那就跟被抛下等死的意思差不多。

这第28军及其隶属部队，花了三个星期，艰苦地向南跋涉了50英里。樱井的坐骑已经在渡锡当河的时候淹死了，所以他只能骑在牛背上完成剩下的旅程。第53师团在第28军穿过其防区时，竭尽所能地办了场最好的欢迎仪式来接待他们。该师团甚至在库赛克（Kunzeik）设了一座小接待站，提供他们“汁粉”（しるこ），一种美味的日式红豆汤配年糕。当然，村子里的存米早已耗尽了，或者说至少缅甸人是这样表示的。除非日军有一样让缅甸人比什么都渴望的日用品——“肥皂”。缅甸人爱干净、常洗澡，但光靠水无法避免锡当河两岸众多村民因为缺乏肥皂而长满疥疮。有些日军由实际经验发现，在背包里装块肥皂，可以成为救命的“通货”。

本多司令官曾派他的参谋之一田中博厚中佐前去等待第28军司令部一行人。仅仅几周之前，第33军才沿着这条紧邻锡当河的路线撤退。然而，在田中看来，很难相信这是同一片土地，或是同一条河流。他从7月20日起就一直在瑞金河畔等待，眼看着它从一条宁静的乡间小溪化身为如同锡当河般的无情杀手。田中自己动手在皎基小径的路旁造了间小竹屋，然后就只能坐待其变。

最先到的是死人，他们移动的速度可比靠两条腿走路的活人快得多。数以百计的死尸顺流而下，一大群的士兵就这样漂向大海。接着，从8月初起，衣衫褴褛的樱井部下们零零星星地开始现身。当山口出现时，田中感受到了难以置信的振奋之情。在过河之后，山口没费神去找回制服，他的样子和他与土屋找寻缅式小船以载他们的指挥官渡河的那天晚上一模一样。现在，山口光着屁股，挂着把晃啊晃的军刀，站在瑞金河的对岸，身上除了兜裆布之外一丝不挂。田中向他大喊，山口招了招手就纵身跳进了瑞金河里，游了过来。当他浑身湿透地从河里起身上岸时，他看着田中，他也曾这样看着土屋：山口像个中世纪的战士，一个真正的男人，更是一个日本战国时代的武士。山口少佐是现代日本陆军的参谋军官，但在他灵魂深处却是个地道的武士。

从大杀戮中幸存的人们，跟随山口和土屋穿越瑞金和马达曼河之间的一片区域，当地在英军地图上标示为“浓密混合林”。田中以为他早已看惯了那些第53师团战死者所遭受的极端痛苦，然而那还是比不上那些双脚发烂、衣衫褴褛的人之苦。有人的小腿因脚气病而浮肿到如象腿般的粗细，有人双眼因发烧而灼热，有人大腿上滴着痢疾拉出的粪便——他们中大多数人还扛着步枪，腰带上挂着弹药。当然，这一切就快要结束的想法，驱策着他们继续前进。否则，他们就会变成小径旁的那些白骨，上千只的苍蝇和青蝇涌向他们，秃鹫在田野上空盘旋等待着完成任务。他们之中的一些人已包裹着太阳旗，表示受到最后的致敬。但有很多人穿着破烂的制服在那里躺着，数目多到让人无法再走入森林的边缘去休息或吃东西。

再往北，木庭知时少将知道，要让他的部队维持行进是多么重要。他捡起一根绿竹枝当藤条，当看见有人脱队时，他就走上前去用藤条痛打一阵，并大吼着：“给我走！给我走！”他的藤条很快就打到看起来像是根日本茶筅或剃须刷，但那儿有的是竹子可用，所以木庭教训完手下之后，还可以不断更新手中的藤条。

8月15日，这一天日本天皇向陷入震惊却又听不太懂内容的人们播送了战败的消息，并且要臣民们必须“忍受难以忍受的事实”。樱井来到在山尼瓦（Shanywa）的第53师团司令部。第53师团师团长林义秀中将与缅甸方面军副参谋长一田次郎少将以及本多的参谋长泽本理吉郎少将在那儿迎接他们。士兵们临时搭起了一座写着“欢迎策部队”（第28军代号为“策集团”）几个大字的木制拱门。樱井徒步穿过拱门，然后收到由西贡的寺内寿一元帅及毛淡棉的木村所发的讲述突围作战成功的电报。樱井匆匆地瞄了电报一眼，记下了那些冠冕堂皇的贺词后，就把它折了起来。下午，终战诏书发布的消息就传来了。

对樱井来说，这并不意味着结束。在他于丹那沙林集结各部再次重整为一个完整的军之前，都还不会结束。所以，就算在他身体里的每一个部分都哀求着需要休息之时，樱井依然加紧南行。炮声不再响起，雨势也渐趋缓和。战争结束的消息已经传遍缅甸人之间，所以现在村民们跑出来，看着日军经过。樱井到达马达班，并在8月18日偕土屋搭船抵达毛淡棉，一小群人在栈桥上等着他。这时暮色降临，但还能认得出人的身形来。其中一位是缅甸方面军高级参谋芦川春雄（Ashikawa）大佐，另一位是方面军司令官木村兵太郎本人，现在是一位名副其实的大将了。在日军严格的“停年序列”制度下，木村晋升为大将的时机是合乎年资的。但奇怪的巧合是，他是在弃守仰光，将其拱手让给英军后的第五天晋升的。樱井径直走向木村，没有仪式，而是紧紧地握着他的手。木村环臂紧抱樱井的肩膀，以温和而平静的声调说道：“让你辛苦了那么久的时间，对不起！”两位将军在黑暗中互望着对方，土屋在樱井的眼中看到一道奇异的闪光。[1]

在梅瑟维离开前线时，指挥英第4军的弗朗西斯·图克（Francis Tuker）中将，可是很对自己的胜利沾沾自喜的。“不久之后，蒙巴顿上将写信给我，”他写道，“为了感谢我，他把这场作战描述为缅甸战争中最成功的一战。但我实在说不上打了场硬仗，（这仗）比我在这次大战中打过的其他仗好打多了！”[2]这是十分顺理成章的：图克的情报系统提

---

① Allen, op.cit., p. 114；土屋荣一，《敌间以死横断，缅甸方面军的悲剧》，《日本周报》第441号，1958年4月，页41。

② Tuker，关于第4军作战行动的私人文件，3页打字稿，Archive Material，Imperial War Museum。

供了完整的全局图像，而手下的炮兵与河流地形也帮了他大忙。或许对英第17师来说，当然会感到缅甸战争终于画下完美句号。1942年，他们被日本陆军第33师团和第55师团逐出缅甸，在黑猫部队撤回印度时，日军又在第18师团的协助下彻底征服了整个缅甸。在那之后，英第17师于迪登和比什努布尔与第33师团再次狭路相逢，并击败了对手，将第33师团逐出了英帕尔。英第17师在密铁拉遭遇第18师团，也击败了他们。现在，随着缅甸战争接近尾声，印度第17师在当年那处全师横遭截断的河滩几乎同一位置上，狠狠地痛宰了第55师团。印度第17师在收复仰光时被耍过一次，但此时将会以一种几何式的对称，为该师的行动画下句号。他们要用这最后一球，让日本陆军三振出局！[①]

第70回 堤少佐犯难

在“迈”作战中，受害最深的应当是“敢威兵团”（Kan-I Group）。它是仰光防卫部队的附属杂牌部队，是最新且军事化最少的组织，因为在他们于仰光接受了只有几个星期的日式训练以前，这些人还是平民、店主、店员、商人和教师。它威风的命名远远大于其实质：第一个字“敢”代表“大胆”“冒险”；第二个字“威”代表“权力”和“权威”。所列的任一要件，在这个由松井秀治（Matsui）少将所领导的杂七杂八的部队中皆很罕见。那儿当然有训练有素的核心旅团部队、海军驻军部队与防空炮兵联队。但是敢威兵团绝非松井过去惯于领导的那种部队。他曾任第56师团步兵第113联队联队长，并且在晋升前已经见识过缅北

① 与S. T. Charles的通信。

的一些艰苦战斗。但就结果而论，敢威兵团的表现相当值得称赞，超过预期，其损失的比例略低于参加突围的大型部队。虽然也有一些壮烈的惨案，但在起初4173人的兵力之下，仍有超过2000名松井部队的人员（和女性）幸存。

从某方面来说，他们的军粮供应没那么糟糕。他们之中的许多人是虚弱的，身体状况不佳，他们的平均年龄大于残余的第28军，所以更容易受到恐怖季雨和缅甸夏天的毒害；但他们有拉载着稻米、盐和肉的牛车，当拉载的稻米减少时，他们便会屠宰牛只。从另一方面来说，他们以仓皇的方式离开仰光，这意味着轻忽了医疗用品的准备。他们制定了严苛的新纪律，要是谁无法跟上队伍，便会被殴打并被罚走在前面，以防止他们成为落后的人。行进于曼德勒公路上是他们最为艰辛的一段旅程，就在他们以为已经接近目的地时，条件极为恶劣，发生了致命的休克，他们之中许多人都高于服兵役的年龄，无法适应身体的疲累，于是就很快地倒下了。

在敢威兵团中最有意思的或许是海军第13警备队，它是在缅甸的日本帝国海军港口和岸上组织辖下两支海军部队里的一支。他们打破了过去的一切，想要在军队中保持自己的独立行动，却发现在洪水泛滥的乡村，要行经的道路处处被敌人封锁，几乎可谓是寸步难行。

斯利姆描述了他们的处境：

> 他们全员大约有1200人，奇怪的是，在7月31日他们选择独自达成最后的目的。当他们艰难地穿越公路时，损失惨重，我们所有够得着他们的部队都向他们袭来。随着我们部队和炮兵的攻击，他们的人数迅速减少。他们接近锡当河，却发现他们的路径被我们的一个营封锁了，并被夹在其与另一个追击营之间……一个印度和廓尔喀营大约花了将近一个星期的时间逼近他们，而他们现在减少到

约400人……只有3人逃脱。

这就是为什么战后的日军战史在地图上都描绘出突围的蓝色线条，从北往南读这线条，它可导出第54师团、第28军、第55师团和敢威兵团从山脉一路逃亡的路径，然后由上往下进入丹那沙林。从山脉南部只有一条行进路线，穿越道路，最后在道路和锡当河之间有个X的记号，旁边记载了两个日式汉字，“全灭”。

驻缅甸海军部队的总指挥官是海军少将田中赖三（Tanaka Raizo），他是瓜达尔卡纳尔战役补给岛上守军的英雄，因为与在东京的海军司令部意见不合，所以被调迁到这个穷乡僻壤。1945年2月18日，他被划归缅甸地方军，4月仰光撤离时，他乘车前往毛淡棉。他的一些水手和平民乘扫雷艇和机动船离开，但海军第13警备队的主体，驻扎在伊江三角洲的渺弥亚（Myaungmya），这似乎便顺理成章地将他们置于负责防卫阿拉干的樱井和他的第28军之下。因此，在送交了两三百名人员与鱼雷艇和登陆艇之后，深见盛雄（Fukami）大佐和他的600人与第28军一起移驻勃固山脉。

5月17日，他们于山麓休息，并深入了茂密的丛林。5月19日他们到达了一个名为幸德沙坎（Sintesakan）的村庄，这是一个很小的地方，一个用香蕉叶当屋顶、竹子做小屋的村落。他们渴得要死，便立即奔向流经村庄的清澈小溪。他们跳进水里，不停地喝着，还装满水瓶。美味的冷水让他们重振精神，继续前进，觉得宛如换了一个新的身体一般。

他们往上游行进，爬升得更高，大约有300码，看到了一些使他们反胃的东西。一匹死马倒在溪流里，一半的身体淹没在水中，肚子比正常的胀了两倍大，被折断的脖子和爆裂的臀部中爬出白色的蛆虫，肮脏的黑苍蝇沾满那爆裂的尸肉。它就躺在他们刚刚开心畅饮的清水中。

5月20日，经过西迫（Nishiseko）少佐的部队。少佐告诉他们，振武兵团司令部在他们北方的“乙女村”：1581高地，峰点称作奥克钦山（Aukchin Taung)。“乙女”是一个日本女孩名字，而不是缅甸人的名字，显然是个暗号。堤新三主计少佐对于西迫的部队急于离开有一种奇怪的感觉。他们的脸看起来比一般人更白，而且发出如小鸟般的声音！是的，她们是妇女，全都是！她们剃了光头，穿着宽松的制服，西迫录用她们作为新兵。但，好吧，她们是女性。她们每一位都有一根长杆，在长杆的两端各悬挂着一只篮子。篮子里全都装着食物，除了其中一个妇女挑了一个婴儿，她在篮子上覆盖了香蕉叶以保护他避免被雨淋湿。妇女们跟随着西迫离开了，在湿滑的山间小道中上下跋涉，直到离开了视线。[①]

堤新三的部队从1581高地北迁到1220高地，然后再到勃固河上游，那里的河水仍然只有齐腰的高度和60码的宽度，很容易越过。但是达威溪（Dawe Chaung）则成了一时的阻碍，它的支流虽只有一半的宽度，不过水势是又深又急。水手们在这儿展现了他们的聪明才智，他们从丛林中收集了树藤，并制成了一条长到足以抵达对岸的绳索，然后将竹竿绑在一起来建造竹筏，前头有一个小的木轮，绳索穿过木轮。这样一次可以让几个人拉过河，但很缓慢，全体人员花了两天时间才过了河。他们的下一站是“赤穗村”，另一个日军暗号，那儿只不过是一块空地，位于山边高处。但它是一个很好的休息站，有大量的竹笋、甘薯、食用草类和流水，因此当深见、堤新三和几名人员与更西边的振武兵团司令部联系时，部队人员便可以休息。在6月4日，长泽（Nagazawa）开心地迎接他们的到来，他在阿拉干担任第121联队联队长的时候与深见熟识。长泽介绍他们给他的人员认识，斋藤弘夫中佐从由相思树编的袋子里拿

---

① 堤新三，《点心》，页17；《鬼哭啾啾》，页80—81。

出一根香烟递给堤新三。堤新三已经好多年没有抽烟了，他带着感谢地抽着。长泽解释说，振武兵团在接下来的三个星期要准备突围横渡锡当河，而设定的起始时间是7月20日。6月5日，深见和堤新三回到“赤穗村”，还为部队带来了稻米。

深见对他们的情况深感不安，大约有一半以上的人员患疟疾或痢疾，且无论如何，在突围之时，他们必须随身积存一个月的军粮。堤新三带了220位最健康的人手到勃固河的藏图村（Zaungtu）寻找食物。这是一个相当大的村庄，应该会有一些稻米。当走近时，他们看到了雨季如何改变了它。它几乎成为一座岛，仅略高于稻田之上，村落空荡无人。他们查看小屋，只发现大量未去壳的稻谷，还有罐子里的盐和腌鱼。堤新三打开了其中的一个盖子，他看到顶层已经发酵，且有蛆虫在上面。但是他饿到不会被此吓倒，他刮掉了蛆，品尝了底下的鱼。好吃！而虾酱也一样，那是以捣碎的虾佐盐和辛香料的缅甸美味，它通常用作调味的酱料。它是刺鼻的，但是水手们之前曾尝过它的滋味。因为无法扛着大罐回去，于是他们砍了院子里的长竹，把它们挖空后再以虾酱填满，这才解决了这个问题。满满的美食，让他们接着决定在那里做一顿饭。四周有椰子，还有鸡，他们吃到眼泪从眼眶里满溢而出，最后再以成熟的芒果作为结束。

在他们吃的过程中，这是一场美妙的盛宴，但后果也是可以预料的。他们的胃已经不再适应此类的食物或是那么多的量。堤新三的部队中有十人因腹泻或相关病症而无法行走。他告诉他们会在藏图村多留四天，然后带着去壳的稻米回到“赤穗”，此外他无能为力。在回程的路上，他注意到士气正在下滑。人员开始脱队，附近森林里传来用手榴弹自杀的响声，而有些人只是悄悄地溜走。在7月24日，较健康的水手开始要走出山林时，他的220人中有三分之一的人逐渐流失掉了。留下大约40人在后头，跟随庆应义塾大学医学部的年轻医官木下（Kinoshita）

中尉。在到达铁路线之前，他们唯一需要的是足够的食物，所以他们为生病的人留下了口粮。当堤新三来告别时，木下鼓舞堤新三说："你做得到，你知道的！"然后是告别的话语："那么，保重了！"握手后，他们便走了。从那以后，堤新三脑中，一直萦绕着木下年轻脸庞上稍纵即逝的笑容，那双清澈的眼睛背后，清楚地知道这是永别了。无论是木下或者是伤患，都再也未曾听说过了。[①]

当他们走近曼德勒公路时，有16架英国皇家空军飞机扫射他们；但当他们在穿越公路时，却没有一发子弹打中。8月1日凌晨3点。当他们开始穿过公路和铁路之间的一片墓地时，夜空被绿色和黄色的信号弹撕裂开来。双方开始动用重机枪。接着是迫击炮。水手们利用所有的武器奋力反击：榴弹发射器、步枪和机关枪，但是没能逃离英军的火力网，英军的目的是要对他们爬越的区域作密集轰炸。枪林弹雨溅起的泥土几乎将堤新三给埋了。枪炮达至高潮，他看到他部队人员的碎尸，成块地飞向空中。幸存者沿着缓慢溪流的岸畔挣扎前进，他们接着游过20码到达对岸。然后，在一个小村庄里以树丛作为掩护。在堤新三的头上，可以听见观察他们往哪里去的侦察机。他想，下一步英军将轰炸这个村庄，于是下令部队往东行进一英里多。"我们将待在这里直到天黑，"堤新三告诉他们，"接着往东南方移动会与司令相会。"他们就照着做。这就是遭受严重损失的"深见部队"，他们最终重归大部队。在8月1日的伏击中他们失去了超过400人，包括14名军官和士官。

8月7日，148名强壮的幸存者三三两两进入达拉结可（Dalazeik）村，行进中有小规模接触战。达拉结可位于锡当河岸，他们希望在此渡河，但是村庄已被英军占领，且立刻向他们开火。他们绕过村庄，用仅剩的四名榴弹发射手反击，但他们的火力只是让英军暂停攻击，以便向河岸

---

① Louis Allen, *Sittang: The Last Battle*, p. 212.

前进，指挥官深见身中致命的一击。他带领部下跨越泥泞区时，被手榴弹的碎片破开了肚子。

他们将他放上担架，连续两天穿行在高达6英尺的象草中，直到河流的堤岸映入眼帘。8月8日，他们停了下来。刚一停下，三面——北、南和西——就响起了枪声。射击声和尖叫声在象草中回荡，这些草直到敌人几乎接近他们时一直隐藏着敌人的身影，堤新三记述道。当要求突围并冲向附近树林的呼喊响起时，他们到了只剩下手枪、武士刀和刺刀的地步。堤新三集合起他们，他被吓得魂不附体。98名官兵活着移师至达拉结可。在与敌方——由英国军官指挥的廓尔喀部队——这最后一次交锋后，海军第13警备队现在只剩下17人。大多数的军官，其中包括深见，都在8月8日这一天中了埋伏死了。

在锡当河的这一处有几百码宽，所以他们必须找到一艘船。在16日天色渐暗时，他的一名部属通报，在上游一点的位置，有一艘可以渡河的船，于是堤新三决定要抢占它，不过，这并非那么简单。他们发现船被拖上岸，放在一间小屋楼下，且被铁丝网保护着。当他们走近时，有人开始向他们射击，他们撤退了。

第二天，当印军四个班整齐地经过时，他们躲在高大的芦苇丛中。纵队一班一班持续不断前进，他们一定是一个营，尾随着十来个肩挑担子的缅甸人，扛着鸡和香蕉，很明显，那是礼俗。印军没察觉到，但是缅甸人察觉有异，他们开始查看所行经的芦苇丛。“不要开火！”堤新三小声对部队说，“不要动，他们还没有看见我们！”但是他们看见了。堤新三转移了部队，一个小时过后，十来名英兵与缅甸人回头扫射，向他们刚才躲藏的芦苇丛开火。

夜幕低垂。堤新三想要艘船，如果他不能从村中取得，就要用牛棚里的竹子制作一艘竹筏，而他做成了，还将步枪、手枪、手榴弹、背包和水壶都放上竹筏。竹筏制作时在竹子间留有间隙，足够六个人穿着衣服挤上去，以保护他们的身体在渡河时不受水的寒冷侵袭。在8月18日晚上11点，他们将竹筏推入了水流湍急的锡当河。

他们到达了河中央，水流冲击着他们。他们试图到达对岸，河水却持续不断地硬将他们带向下游。当夜空乍现黎明即将来临的银色光芒时，堤新三和他的部属发现有其他人也和自己一样在水中挣扎。是吗？不，这就只是幅挣扎的假象而已。他们是曾企图要横渡锡当河而被杂草绊住又淹死的士兵。他们的尸体仍在水上，被河流来来回回地冲扫漂洗着。

接着，堤新三的脚瞬间感觉与河床有摩擦。他祷告恳求母亲眷顾他、看护他和保佑他的安全；他从一开始时就为士兵祈祷，同时使劲儿对抗着河流强大的推力。“我们快到了，伙伴们！”他喊道，“现在使出全力！”于是他们爬上了河岸。这是1945年8月19日的早上6点。在这一段时间里，他并不知道，战争已经结束四天了。

停战几乎没有改变什么。他们来到一个村庄的边缘，越过水草地，小屋里响起了射击声。“天皇陛下万岁！”士官古根村（Konemura）尖叫着，同时一颗子弹穿过并撕裂了他的右肺。然后，轻声地，他诵着佛教祷词，“南无妙法莲华经”[①]，他重复地念，直到断气。

他们越过村庄，向东南方行进。他们泡湿的地图，现在已经无用了，堤新三利用罗盘指引着大家。堤新三不知道已经走了多少天，但是在锡当河中的时候，他们的脚已浮肿苍白，在脚趾间留有红色的擦伤溃烂。他们停在田中央的一间小屋旁，令他们吃惊的是，他们并不孤独。一个中年缅甸人毫不吝啬地提供东西给他们吃，有鸡肉、鸡蛋和蓬松的白米饭，自从在藏图村之后，他们就没有尝过这样的食物了。这就如同

---

① 译注：《南无妙法莲华经》是大乘佛教的重要经典。这将死的佛教徒士兵所念的，应该是“南无阿弥陀佛”之类的祈祷词。

日语俗谚中所说的，“就像在地狱里见到菩萨”。他们脱下靴子，其中一名水手开始在他的钢盔里捶打一些芝麻，以制作能够舒缓他们脚的粉末。那缅甸人说他还有工作要做，于是就离开了。

他离开了很长一段时间。到了下午3点，小屋突然成了火炮射击的目标。他们飞奔到外头并开始还击。在射击暂停时，堤新三听到他身边有什么东西慢慢地、持续不断地滴落在一支竹子上。一个念头闪过他的脑海——不是每个人都从小屋出来了。“原田！”他大喊，“你在楼上吗？”一声呻吟回答说：“他们已经打到我了，队长，我完了。”“等一下，我就来了！”堤新三一边回答，一边不断地射击。当天色渐黑，射击渐趋终止时，堤新三跃上楼梯。

看一眼就知道，原田已经向前倒下。他被击中背部，大量血液涌出他的外套流满地板。当堤新三轻轻地脱去他的外套时，蚂蚁已经开始爬过来。伤口惨不忍睹。在原田的背上有一英尺宽的裂缝，鲜红的血肉看起来就好像是一颗石榴绽开在皮肤上。蚂蚁开始一窝蜂地拥向圆形的伤口。堤新三拂去它们，让一名水手解开原田的绑腿，将它们清洗干净，他们要做一个简略的绷带来固定身体。

原田乞求喝水，但堤新三拒绝了他，因为他知道这会加速死亡。他喂原田稀饭，但没有用。原田直接吐了。“我帮不了你，原田，”堤新三想，“对不起，我无法帮你。”后来，夜晚的碰撞声弄醒了所有人。原田正躺在楼下，他的脸上失去了血色。显然他是爬下阶梯来喝水，他将他的嘴唇靠近瓶子，喝下最后一口水后便倒下了。

埋葬原田之后，8月24日他们再次启程，如今只剩4个人了。他们来到一个绵延数十英里的巨大的湖的岸边，但是它并没有被标明在任何地图上。堤新三凑近查看，发现它原先不是湖泊，而只是锡当河溢出，淹没了陆地之间河岸的结果。湖水不深，因此，他们游泳穿越水域之时，把香蕉茎秆放在一起（正值香蕉盛产期），利用浮力来推动他们跟前这些小小的“筏”。在行进之前，他们已经吃完最后的食物了。他们一连游了五天，每50码休息一次，夜晚在被淹没的大树的树枝上睡个好觉。他们因害怕水蛭而不敢张开嘴，当他们睡觉时，他们用绑腿将自己绑在树枝上，避免掉进水中。还有蚂蚁，蚂蚁会从树底部如甜瓜大小的巢穴，朝沉睡的水手爬去，爬上他们的身体，叮咬手和脸。第五天，水手们离开水中，抵达湖对岸的一个低矮的悬崖边，并且走到了一条山间小道上。他们的脚几乎很难再适应踏上实地的感觉。

在渡过那个似乎一望无际的不真实的湖泊炼狱后，与路面接触时突如其来的生理喜悦，给予他们继续前进的能量。他们向在路上相遇的一组士兵求得一捧米，接着继续向前进。又走了十多天，到达一座橡胶园的边缘。堤新三知道森林的此种转变表示他们一定是在瑞金村东方的某处，那里是第28军原定要越过瑞金河逃往南部的地方。他们遇到几具横躺在树下有遮掩的尸体，而其他的则已变成被剔食干净的白骨。

敌机从头顶上飞过，这一次他们撒下的是传单而非炸弹。“日本兵！”传单上说，“这场战争已经结束了。如果你在树下休息片刻，在宁静的夜晚里你将会注意到朵朵鲜花，就好像是回到过去那样。如果你留在缅甸的旷野，你将会染上疟疾。因此，越快出现越好。”堤新三不会上当。他之前见过这样的传单，于是他继续往前走。

9月9日，他们一行与六名士兵一齐渡过瑞金河，往南穿越橡胶园。隔日，当走在单调的橡胶林里时，他们听到一个用日语呼唤的声音，这很离谱。“有部队在这儿吗？”那声音叫着，“有部队在这儿吗？”堤新三要等到声音的主人现身。过了一会儿，他发现两名身着日军制服的男子穿过树林。他已经告诉他的部属分散平躺在附近草地上，并持续盯着这两个陌生人：一个在前面携带着日本太阳旗，另一个走在一面白旗的后面。

堤新三要他的部属上刺刀。当男子距离他十步之遥停下来时，堤新三紧抓着手枪。他们两个都手无寸铁，在前面的那一个看起来约二十七或二十八岁，留有一嘴整齐的小胡子。

“我是若生尚德少佐，”他以平静的口吻说着，“我是由缅甸地方军派来的和平特使，我是来告诉你们，战争已经结束。这是日本天皇陛下宣布战争已经结束了的诏书。”

当他看到他们带着部队的旗帜而来，堤新三的第一个反应是他们是战俘①，正被英军利用来哄骗落伍者。到目前，他还不确信他们的来意，他吩咐他的部属包围两人，他拿着若生（Wako Hisanori）提交的文件，半信半疑地一遍一遍看着。

日本天皇终战的诏书，是以正楷写在厚纸之上；还有木村大将在毛淡棉指示在缅甸的各部队停火之命令，时间在8月18日14时。堤新三将它递还给他们，什么也没说。

“我十分理解你在想什么！”若生脱口而出，“我感同身受。但战争结束了。这是一个事实。请相信我，这是天皇的命令，这是军团的命令。”②

若生似乎不像是正被敌军利用的人。堤新三注意到他的部属已经紧缩成一圈，并用眼神吞噬着若生。“我想读文件给大家听”，若生说。堤新三想了一会儿便同意了，因为他需要知道“停战”这个词对他们来说意味着什么。若生把全部文件都读了，随后读了樱井对所有在第28军辖下部队的命令，并以警语作结：

> 这不是英军的一个骗局。本军团已派出使者，致力于联络各位。以此种方式给予你们命令的原因是，通信系统已经毁坏。敌军

① 堤新三，《点心》，页44；后来他在《鬼哭啾啾》页200中，只提到怀疑他们被利用。
② 堤新三，《鬼哭啾啾》，页201。

正持续进行侦察飞行的活动，但不会在前线进行轰炸。不再听到炮声的事实，将让你们感到非常奇怪，但它就是战争结束了的证明。命令你们相信这道指令，一扫所有脑中的疑问。将这个消息传播给你们附近的部队知道。带着耐性去承受你们所无法忍受的，压抑住想要反叛的感觉，并用诚意执行这项命令，这些对帝国与皇军的未来而言都是必要的。所有的军官应尽快重返原属部队。依据上级指示，自接获帝国诏书后放下武器者，将不会被视为战俘。

樱井的命令写着是从帕安的司令部发出，日期为1945年9月7日。若生以沉稳的声音读完。当他停下来时，谁也没有说话。若生感觉得到他们的痛苦，他知道他们正在想着的，不只是待在这个上帝遗弃之处的自己，还有他们的国家正经历着做梦也没想过的事。“战争确实已经结束了。”他重复说着，“请相信我，这是真的。”堤新三内心激动。是的，他从诏书的风格可以感受到那命令确实是真的。他的一名部属上前：“如果战争真的结束了，那么我会自杀。”其他人似乎同意他的想法。若生打断他的声音不再平稳了，而是尖锐地直言：“你别做这样的事。没自杀这回事。你难道没有理解陛下话中的意思，以及军团的命令吗？无论多么糟糕，我们都必须忍耐。”这最后一句话在他的喉咙里哽咽。①

堤新三亲眼见到若生发自内心的啜泣，他便不再有任何的疑问。但事情仍旧远非那么简单。他问士兵们谁会跟着若生去投降营地。“不过，我是海军。”他告诉若生，“所以我必须到达毛淡棉，向我所属的第13基地司令部回报深见部队所发生的事。”

“你这么做的话会让我感到尴尬，”若生回答，“请理解我身为特使

① 堤新三，《鬼哭啾啾》，页205。

的观点，我希望大家跟我一起回去。”

“我不能那样做。我理解你的观点。但是，如果我进入营地，我便失去了行动自由。而我需要尽快前往海军司令部回报，他们需要知道深见部队被摧毁所发生的一切事情。幸运的是，清水士官与我仍然可以步行去。”

堤新三不愿让步。若生最后同意了，而当他离开时，他在堤新三的身旁说：“你们海军弟兄的日子也不好过，不是吗？”说着给了他两根烟，点燃其中一根递过去。它们是普莱耶香烟（Players）[①]，而堤新三永远不会忘记那股香气。

在他离开若生两天后，那是9月12日的下午，他和清水（Kiyomizu）再次听到回荡于树林间的声音，“有日本兵在这儿吗？”堤新三望着清水，“什么，又来了？”

当若生来到他们跟前时，他颓丧地承认，“是的，我们又见面了”。然而，情势已经生变，若生现在不会让步了。他用缅甸杂工带来食物。“即使我假装没有见过你，他们回去时也会谈论你。”他解释说，“而英军会知道是我让你走的。我知道你的心情，我也感同身受。但现在它是我的责任问题。若未服从陆军命令的话，我会感到内疚不安的。”[②]

他们同意于一间小屋中留宿，彻夜长谈直到黎明升起。他们都朝瑞金的方向动身，到了大约中午时分，堤新三爬上一个小山坡，往若生所指的地方看去。他能看见在远处瑞金郊区，有一个看起来像是军营的地方，在中间的空地上有几百个日本官兵。那一刻，堤新三的内心终于说服自己：战争结束了。然后一切都结束了，不是吗？他感到绝望，是的，但也松了一口气。

---

① 译注：英国Players and Sons co.出产的香烟。
② 堤新三，《鬼哭啾啾》，页207。

在山的底下有一个小湖，堤新三仍然带着“兼吉”款军刀（Kenkichi），这是他从祖父那里继承来的，他坚决地将它掷进湖里。把它扔掉总比交至英军手里好。[①]

当日稍晚，一条小船从瑞金出发，越过河流来到文卡内因（Winkanein）村，若生、堤新三和他们的部属在那儿等着。船上有一名年轻的英军中尉，他立刻从河岸边走来。至少，若生说他是英国中尉，但从外表上是一点也看不出来。他只穿缅甸纱笼和一双缅甸木制凉鞋。没有穿制服、衬衫，也没有别军级徽章。他和若生似乎相处融洽，他向堤新三敬礼，并和若生用日语打招呼。他的日语很流利，但是语法不通到足以让堤新三感到却步。

中尉好奇地盯着他看，在他的人生中，从未见过外表如此野性的生物。这时的堤新三，乌黑的头发已经很长且毛茸茸的，胡子乱蓬蓬的，臭衣服破破烂烂，不得不投降的怨恨目光在他的眼中流转。他是遍寻全世界，活生生的《鲁宾孙漂流记》的主人翁。

堤新三站起身来，走上了船。中尉知道引起这场战争的首要原因吗？他知道此战争是因美国经济帝国主义崛起而造成的吗？

“日本在正常情况下绝不会投降！”当他们来到岸边时，堤新三喊叫着。

“绝不会，我肯定你是正确的！”中尉回答，“但在过去的几个星期里，有一种新式炸弹已被使用，它投掷后所带来的影响与过往的任何一种炸弹都不同。否则！我敢说日军是绝不会投降的。”这里距离瑞金河与锡当河汇流地不远。这条溪流经过两岸繁茂的森林间，午后的阳光映射在水上闪闪发亮。它异常平静。他们划到溪的中游时，中尉因陶醉于阳光和绿油油的树林，开始吹起口哨，堤新三听出有几段是田园交响曲

---

① 堤新三，《鬼哭啾啾》，页208。

的旋律。他的心中依旧带着愤怒的黑暗，但随着音符充满林荫道，他觉得他的愤怒减缓了，取而代之的是其他东西。为了不甘示弱，他也开始用口哨吹起交响曲。他已经扔掉了祖父的刀，他的国家在失败的痛苦之中，他已永远失去那些朋友和伙伴。然而……他经历了一场令人难以置信的冒险旅程，血液终究还在他的血管中流动着。生命，带着它所有的可能性，依然等在前方。

第十章　败北谈降

日本投降

The Beaten

摘 要

本章叙述日军在天皇1945年8月15日宣布投降后，驻缅日军向英军投降的情形。除了详细史实外，作者从南方军最高元帅，到代表“军”谈判的校级和尉级官员，再到一般的部队，以其行为，描写投降日军将领与官兵们的心态。面对战败，日军心情上挫败落寞，态度上却能勉强自持，其中的尴尬难堪，由作者分三回合细腻描写，充分深入日军本性，入木三分。

第71回“首度和谈”，叙述日军第28军的庄子大佐、泽山中尉以及其他三人与英军第4军斯米顿准将在阿比亚谈判的始末，说明日军态度的改变：从不相信战败，到放弃抗争，接受命运。

第72回“图瑞通报”，借由一个意外事件，说明日本天皇投降后带给双方的紧张气氛。事情肇因于英军一名完全未经授权的图瑞少校，突如其来地企图自行通知日军：天皇已经投降。这突发事件引起战地英日双方的恐慌，幸好误会很快解除，图瑞少校被送至出发之地，安全回到英方。

第73回“最终投降”说明日军最高指挥官南方军总司令官寺内寿一元帅最后的下场：一开始无法相信，直至听到天皇广播，流泪接受日本投降的事实，再到蒙巴顿安排他转赴马来亚囚禁（幽居），最后在囚禁中再度抓狂与中风，死于当地橡胶园。

第71回 首度和谈

堤新三少佐与若生尚德少佐初次见面的交谈，点出了英日双方在缅甸的战争正式结束后所面临的问题。对大多数日本人来说，投降是无法想象的。对于个人是如此，对整个国家来说，更是如此吗？早在他们开始忍受这无法忍受的投降之前，日军必须先相信他们已经被击败。谈判开始时，最先是试探性接触，帮助日军认知这个他们一直认为“不可能发生的事实”。当局采取了一些措施，减轻他们面对这个“不可能”的困难。若生宣读樱井命令的最后一段，明言在国家宣布战败后，那些投降的日军，将不会被视为战俘。堤新三无疑考虑到，对他以及数以千计的日军而言，不被视为战俘是相当重要的一点。盟军因此决定称日军投降者为“日本投降人员”（Japanese Surrendered Personnel，简称JSP），这个标准的官方修饰性说法，当然有其明显目的。盟军也同时决定要日军自己负责维持投降后的纪律，绝对禁止借机对日军掠夺。

在仰光的（盟军东南亚战区地面部队司令部）司令斯托普福德早于8月11日即被告知，日本极可能投降。他知道，对分散在英军第12集团军控制区内的日军而言，要他们有组织地投降，会比在东南亚战区已停战区域的日军来得困难得多。8月15日，斯托普福德下令所辖英军暂停对日军的攻击，同时也要缅甸游击队了解这一点。另一方面，在丛林中独自作战的日军，恐怕还不知天皇已经投降，所以英军还得维持严密的戒备。投降的日军，会被盘问军队的地点、司令部以及食物供给这些问题，斯托普福德知道这些只是照本宣科，因为他自己的情报幕僚对日军在缅甸的分布，比木村中将还要清楚，而其司令部的地点，也根本不是秘密。[1]

---

① S. W. Kirby, *The War Against Japan*, V, p. 252.

由印度第17师的一支部队先开始与日军接触是非常恰当的。8月22日，印度第17师的旁遮普第15团第6营巡逻队，在良卡写西南约1英里处遇到一队八名日本人，他们表示愿意投降，并说第二天在波萨贝（Posabe），会有一名日本军官来做正式的安排。

斯米顿准将第63旅的情报官查尔斯上尉，接待了这八名日本人。查尔斯与他们谈话，并进一步安排第4军的代表与日军当地指挥官的代表于8月24日在阿比亚会面。当天，一名日本大尉与一名中尉抵达，在廓尔喀来复枪第10团第1营讨论了一个钟头又四十五分钟。[1]日军表示，在他们长官没有下达投降命令之前，无法投降。但他们已收到停火通知，命令他们停止在瑞金地区的对抗，清除所有在锡当河西边的地雷与陷阱。所有人员要在五天之内退到河西，也要释放之前俘虏的第136部队的军官。日军紧守口风，不愿透露他们的部署，但同意在8月26日另派一名资深军官重新开会。英国官方历史并没有记载日方也带来当地日军指挥官佐藤（Satō）大佐写给查尔斯上尉的一封信，这封信非常清楚表达了日军当时的态度：

送陈：勃固地区指挥官代表查尔斯上尉

寄自：日军锡当区指挥官佐藤大佐

一、由于通信困难，我已于（日本时间）昨晚八时收到您日前所传之信。（显然是指查尔斯于8月23日从波萨贝传给日本军官之信函）

二、虽然东京已在讨论投降条约，但我相信在这个小地方操作上仍有困难。为求完成依照双方所收到的命令，和平终止敌对行动，很明显，你我双方必须步骤一致。目前我方已禁止所有的个人行动。

---

① S. W. Kirby, op.cit., p. 252.

三、日军根据天皇陛下的命令已经停止战斗。同时，我们的部队根据上级的交代，已经退守到沙杜杨—BM 33—波萨贝（良卡写的西南）一线，借此避免在前线因为不小心或因误解与对方产生对抗。

四、如果上级给我们继续作战的命令，日军会不计代价奋战到最后一人；但如果上级有不同的指示，我们会在道德上忍受这不幸的结果。因此，您最近表达的想法，因没有上级长官的命令，很抱歉，碍于权限我无法照办。只要没有收到上级的命令，我不会贸然进行任何攻击；但如果日军遭到英军小部队或本地缅军攻击，我们无可回避，只能选择应战。我们恳请贵国监督这样的举动，或是不必要的陆地及空中攻击，或缅甸军队的攻击。

五、我们对大英帝国的绅士风范与贵国军队的光荣有着至高无上的信心。

六、只要上级指示，我们会与您进行面谈。我诚挚希望这方面的问题能经由贵国指挥部与我军最高元帅寺内寿一大将接触而得以圆满解决。

前往阿比亚的英方军官们，已经得知8月26日之后会得到更多详细情报。26日当天，寺内寿一的总参谋长沼田多稼藏（Numata）中将飞到仰光，接受蒙巴顿将军的指示。沼田总参谋长抵达之前，第4军内部已在当地自行进行了更进一步的协商。指挥部一名中校陪伴斯米顿准将抵达阿比亚，日军代表有陆军本田中将、第33军参谋长庄子长孝（Shōji）大佐，还有泽山勇三（Sawayama Yūzō）中尉。泽山曾经担任木村中将的新闻官，被副参谋长指示随行，“你回到日本后，这会是个很好的故事”。另外还有三个同袍，分别是仰光新亚洲贸易公司的前经理斋藤（Saitō），一位携带国旗的军曹，还有一位号角兵。这号角兵最忧心，面容哀凄地问：“我要吹奏什么曲子，泽山先生？”泽山不知。日本军队的相关规定中没有投降这个动作，因此没有任何适合投降仪式的军曲。泽山答道："去问庄子大佐。"大佐也不知。①

泽山早在几天前就感觉到山雨欲来。8月18日晚上，无线电室同袍就告诉他，BBC与澳大利亚广播公司详细报道了日本投降的消息。泽山将消息转报司令部，被告知要把消息压下来。但第二天司令部所有的人都知道了，虽然大家都假装没听到。他们继续往北，穿过马达班与斋托卡，到达距离锡当河10英里的第18师团司令部。第18师团每个人听到这个消息都很激动，不断追问接下来会发生什么事。他们会被送到印度吗？送到泰缅铁路？送回日本？他们一起分食总部食物，吃的是有草根和树叶漂在上面的豆腐。他们被告知第28军的土屋英一中佐会来一起讨论，如果分散各地的日军拒绝相信这个投降消息，该如何处理。②

跨过锡当河后，日军代表徒步前进，军官卸下配刀。一个钟头后，经沃镇来到火车站。拿着日本国旗的旗手与号角兵走在最前面，庄子大佐与土屋中佐尾随其后，泽山和斋藤殿后。号角兵的眼泪在眼中打转："长官，我不知道要吹什么曲子！"庄子因为在想别的事情，不耐烦地说："你喜欢的就好。"土屋心情似乎还好，他回答说："但不能吹冲锋曲。"

300码外，一群人影慢慢地在蒙蒙细雨中浮现，两个人在前，后面跟着一些廓尔喀兵。英军指挥官做手势要他们往前。"你是木村将军的特使吗？"斋藤回答："是的。"然后又马上说："是，长官！"

日军代表被带去坐吉普车，然后被带到一栋缅式房屋中的指挥部。他们爬上楼等候。两三分钟后，一个高大的英国男人缓慢地走进来，后面跟着一位矮胖的军官，还有那个和他们一起坐吉普车、会说日语的少尉。日军代表站起来，高大的英国男人逐一检视他们的脸庞。被检视的

---

① Louis Allen, *End of the War in Asia*, p. 3；《大东亚战史秘录：缅甸卷》，页367—381，"泽山拿着白旗"。

② 泽山记得是"从第18师团来的一名少佐"，其实是樱井司令部来的土屋中佐。

时候，泽山心里想这个英国男人脸刮得很干净，他有着一张很长又椭圆的脸，皮肤蜡黄，充满血丝的眼睛严厉地盯着他们。英国人接着坐下，示意他们也坐下。虽然目光凶猛，但态度一点儿都不盛气凌人。

日军并不知情，其实斯米顿将军也和他们一样花脑筋，想给对方留下一个好印象。廓尔喀司令部，不像泽山回忆的设在一栋缅式房子里，而是在火车站。爬上一个垂直楼梯，再穿过地板上的暗门可到楼上。斯米顿想，如果（待会儿）他从一楼的门洞里像玩偶一样蹦出来，这样看起来不会很有尊严；如果他坐在桌子后面，面对日军代表一个一个这样钻出来，他也怀疑能否保持严肃表情。指挥廓尔喀第10团第4营的年轻上校提出一个建议，因为房间里有个壁柜大小的凹穴，如果把军毯挂起来遮住入口，斯米顿将军就可以先藏在后面。对日方代表而言，他就像从办公室里面走出来一样。斯米顿将军就是这样出现的，他等日军爬上楼梯喘气结束，很戏剧化地从军毯后走出来。他误以为日军其中一位是将军，并且很有趣地观察到日军看起来“并不害怕，也不骄傲，也不沉默寡言”。[①]相反地，和他一样，日军非常用心地要把会议按照相关程序开好。

当时的条件很直截了当：英军要退到沃镇以西，日军则退到锡当河以东。土屋提出一个问题，第28军生病和受伤的官兵，是否可以退到日军后方？拿出地图查看双方部署，两方都做了调整。在闷热的房间中谈了一个钟头之后，泽山的衬衫与短外套都已湿透，他有些想打盹。然后，他开始打量斯米顿。

斯米顿的脸不像他想的那么蜡黄，而是被太阳晒黑了。那是张和一般人很不一样，非常男性化军人的脸。脸部不时抽搐着，颈上的肌肉抽动清晰可见，手指间也不停地转动一支铅笔。他对第28军的问题很坚持，要该军停止南撤，全部集中在英军所准备的营地。木村却要他们

---

① Miles Smeeton, *A Change of Jungles*, p. 115.

前进到毛淡棉，在那里他会提供食物与医疗设备。三位英军要内部自行讨论，就走下楼梯。不久日军听到楼梯又有声音，以为斯米顿将军回来了，结果是一名廓尔喀兵带来一壶热咖啡，还有四个军用大杯子。日军喝完咖啡，廓尔喀兵马上又再送上一壶。泽山把自己的水壶装满，满到庄子和土屋都觉得讨厌。

斯米顿又回来了，提议则让他们十分意外。为什么不去仰光呢？就他来说，要改变第28军的意思，这是越权。可是仰光方面或许会有不同的决定，因为那天沼田总参谋长也将会到仰光。“我明白你们的意见，”斯米顿告诉他们，“但另一方面，我也不能不顾我自己的命令，随意听你们的。”①庄子和土屋知道沼田总参谋长可能不理解第28军的问题。带着这个悬而未决的问题，日方代表离开了。“就像一个老迈的消防员不想去面对滑道一样，”斯米顿这样回忆着，“他们一个一个从活板门下消失了。”②

在出去的路上，斯米顿对他们说：“我真的对樱井将军感到很惊讶！这真是一件很鲁莽的事！”他指的是突围的事。他还提到了英方第136部队的一名军官，仍被日军某部队扣住。他们应该尽快与该部队联系，释放那名军官。日方代表曾听到一个传言，前奥运游泳选手北村九寿雄，带领一支部队还驻守在山中。③那名军官是否在他们手中？他们答应会尽力帮忙。

在离开时，他们发现廓尔喀兵也给旗手和号手咖啡喝，他们报告：“他们向我们要我们的国旗，我们不能给他们，不是吗，泽山长官？”在泽山回答前，庄子说：“不是。你可以给。”泽山看了庄子一眼，日军态度已在改变中。

---

① Louis Allen, *Sittang: The Last Battle*, p. 12.

② Miles Smeeton, op.cit., p. 116.

③ 情况并非如此。我（作者）在这之后，在仰光监狱短暂地会见了北村。

第72回 图瑞通报

在这些初步谈判中，第136特种部队一名军官的命运不时成为话题，他就是图瑞少校。他完全未经授权，鲁莽地企图单枪匹马通知日军投降，引发在仰光的第12集团军总部和在锡兰的蒙巴顿将军的惊愕。

1945年8月16日傍晚，图瑞出现在锡当河东岸，他的游击队已开始在那里行动，该区离干城兵团（第55师团步兵第112联队）北方约两晚的行军路程。图瑞携带了一瓶威士忌、一些食物和一面白旗。日军让他越过一条小河来到他们的阵地，注意到他已留下几个有无线电设备的缅甸人在对岸。图瑞对他们喊道："世界大战结束了！让我们停止这些无谓的战斗。请带我去见这里的高级长官！"很明显，他期望日军也能和英军一样，快乐迎接这个投降消息。然而，相反的是，日军抓住他，不把他当特使而是战俘，并且吃光喝光他带来的食物和威士忌。此时，日军可以看到对岸缅甸人开始发出联络信号。

该地区的上级军官是指挥干城兵团的古谷朔郎（Furuya Sakurō）大佐，这支军队位置比第28军其他部队更偏远与孤立，这也就是图瑞的厄运。原因是日军干城兵团奉命与"印度国民军"合作，被派去对抗要南进仁安羌和稍埠油田的英第33军（刚好古谷是日本陆军少数可以讲乌尔都语的人之一[①]，战前是驻印度使馆馆员）。但干城兵团被斯托普福德猛击逼退，逃至勃固山脉栖身。古谷当时并未与第28军接触，但知如果有必要，可以退入勃固山脉，然后前往攻击锡当河谷。

不等高层进一步的命令，古谷决定不要继续留在勃固山脉，他的军

---

① 译注：乌尔都语，通行于印度和巴基斯坦的语言。

队于6月初自行突围脱离山区。这样一来，就领先第28军的其他部队。当他们7月初抵达预先约好的会合地皎基时，得知樱井其余的军队还在勃固山脉，不免感到纳闷儿。古谷尽其所能做最好打算，就是为樱井中将安排好在皎基和瑞金之间的接应区，好让振武兵团突破英方封锁时可以运用。

当时部队士气已不好，有个兵从部队逃走了，古谷后来才知道，原来他是被英国人抓走的。虽然他们发现了食盐的供应，但军官没用心补充库存，队员的脚开始长水泡和脓疮，在季雨中期，这对皮肤真不是好事。

俘虏图瑞的日军把他带到干城兵团总部，并报告说看到图瑞的随从躲了起来。此时（8月5日至24日间），尽管古谷对缅甸地名的记忆并不是很准，但他的总部似乎是在皎基和瑞金路上，离最甘（Kywegan）东面半英里处。该处丛林非常浓密，“你甚至无法看到10码以外的小屋”。古谷知道在此有英国游击队和间谍活动，便当然认为图瑞是其中某个组织派来的间谍。“我不相信日本军队投降了。”他马上这样告诉图瑞，但因图瑞是以和平使者的身份而来，古谷会善待图瑞。于是下令将他松绑，并给他一顶可以睡觉的帐篷。[①]古谷命令副官永井（Nagai）大尉确保图瑞吃饱，还派了一个守卫，确保图瑞不会逃跑。永井受令要盘问图瑞，他找来代理下士、夏威夷出生的第二代日裔美国人上等兵松村（Matsumura）来做翻译。他们以为图瑞（Turall）的名字叫“太郎”（Tarō），这对日本人而言，是很自然的假定，因为日语有这样的名字，而这就是为什么古谷在多年后提到图瑞时，仍用日文名字来称呼他。这种混淆可以理解。因为日语没有“L”的音，所以图瑞的名字会被音译为“Tararu”，而不懂英语的日本人就会用“太郎”来称呼他。

通过松村的翻译，图瑞给永井解释，他曾收集在丹那沙林山脉地区的情报，然后出于自己的意愿，决定跑来告诉日军战争结束了。日本

① 古谷朔郎，《博巴山的防守和撤退之后——干城兵团的回忆》，《南总文化》（*Nanso*），1965年7月，页19。

已无条件投降，该地区的炮击和轰炸也已经停止了。他是自己安排的，“带我去见日本高级长官，”他重复说，“我在第一次世界大战时是中尉（图瑞比大部分第136部队军官的年纪要大许多），当宣布停战时，就是我去告诉德国人的。我在那时作为一个和平使者，而且觉得如果能够重复这个使命，会是莫大的荣誉。我想要一些食物，跟较好的寝具。”[①]

古谷对“太郎”的自信感到相当震惊，并简短地告诉他，别想得到比他目前更好的待遇。他必须接受现实，但是感到困惑的古谷，决定暂缓护送“太郎”去第28军，好让他有时间去思考整件事情。

两天后，英国飞机飞越干城兵团，丢下一堆传单，上面有蒙巴顿的背书：

> 日军把我的和平使者当作囚犯，这不仅违背了你们天皇的旨意，也违反了日本的武士精神。日本已经无条件投降了，我命令你们马上送还和平使者。

古谷左右为难，如果没有上级命令，他不能就这样接受日本投降。他决定停住不动，继续拘留看紧图瑞。松村继续审问图瑞，在谈话间，他掴了图瑞的脸，借口是他侮辱了日本军团。[②]古谷很清楚这档事不仅不愉快也不适宜，还会在以后引起麻烦。他下令松村向图瑞道歉，并跟图瑞要到一封写给蒙巴顿的信，说无须担心，因为日军没有对图瑞不妥。

图瑞并未过分发飙。“我自己也没有表现得非常好，”他说，“算了。”这字条是古谷之后的护身符。很明显，古谷并无英国或缅甸的通

---

① 古谷朔郎，《博巴山的防守和撤退之后——干城兵团的回忆》，页20。

② 我在这个事件后几个月，恰巧审问了在勃亚基战俘营（Payagyi Camp）的下士。这是同一个曾担任棚桥大佐和卡文迪什旅长口译员的松村（Matsumura）。他1943年4月曾在阿拉干的因丁被俘。

信兵可资联络，也没有任何可以和他自己总部取得联系的方法，更别提蒙巴顿了。

几天后，古谷试图通过联络官联系樱井中将，他派杉山少佐去找第28军总部，并告诉他带着图瑞。他们在途中遇到了一名日本参谋，这参谋告诉杉山少佐说投降的消息是真的，而且他应该和图瑞回到干城兵团。杉山少佐现在面临两种互相矛盾的职责，为解决此困境，他只好一方面遵守古谷大佐先前的命令，自己继续联系第28军，另一方面遵循参谋的指示，派人护送图瑞回部。

在回干城兵团部的路上，图瑞试图要溜走。他为什么这样做并不清楚，也许怀疑被带走意味着生命会面临危险。无论如何，监视图瑞的护卫对他开火，没射中，然后从他身后冲向他，又把他抓了回来。古谷大佐知道这事时，冒了一身冷汗。如果那名士兵失手杀死图瑞，古谷知道，他将要负重责，并且他可以预见他的军旅生涯将因杀害英国战俘而在战犯审判中结束。

8月19日，长泽少将的振武兵团司令部到了。古谷大佐询问长泽少将对图瑞一事的意见，因为这英国人是他现在的主要噩梦。经过一番讨论后，他们决定最好的做法就是让他在宪兵护送下，回到他第一次出现的地点，然后从那里送回英方。古谷大佐松了一口气。在很短时间内，图瑞跨过锡当河回去了。当时能有这个结果，也许图瑞永远都不会了解自己有多幸运！

第73回 最终投降

日军在缅甸的命运，不仅取决于蒙巴顿，也取决于在越南的南方军总部的寺内元帅和他的幕僚如何接受日本战败的消息。跟蒙巴顿一样，寺内是皇室贵族的近亲。几个月前，当东条首相因为日本日益恶化的战略地位，被迫辞掉陆军总参谋长和首相的职位时（1944年7月），有一段时间，寺内被提名接任首相。政府中的军方是支持这个想法的，东条首相自己则否决这个想法。最后，小矶国昭（Koiso Kuniaki）大将就任首相，而寺内就留在南方军的职位上。[1]

这个错过是很致命的。并不是说寺内寿一对于政治桂冠有特别的野心，尽管他过去曾是陆军大臣；而是事实上，他身为南方军最高元帅，必须负责掌管日益恶化的局势。其中不仅包括英国成功地夺回东南亚，还有在南太平洋与菲律宾，美军不停地迅速从一岛跳到另一岛，已日益逼近日本的本土。之前菲律宾的失守和曼德勒的陷落，让寺内在1945年4月10日脑出血。他当然早该被替换，其幕僚却把这个消息隐而不言。[2]

日本天皇在8月初发给寺内电报："回日本来报告。回东京来，你要明白你将不会再回到战场上。"[3]寺内寿一原本计划在18日或19日离开，但在8月10日，总部向他报告从华盛顿来的广播，大意是说日本已经投降。不管是否中风，寺内非常迅速地做出反应，并对未来展开精明的部署。他一直都想离开西贡难耐的酷暑和潮湿，而南方军的总司令部学早期帝国时期的英国人，撤到山上的车站。苏卡诺（Soekarno）和穆罕默德·哈达（Hatta）已经从爪哇抵达达拉（Dalat），要讨论印尼的独立计划。[4]当寺内了解了华盛顿广播所暗示的内容，他会见苏卡诺和哈达，马上承认印尼的独立，并批准将日本军队在爪哇和苏门答腊剩余的武器

---

① F. C. Jones, Hugh Borton, B. R. Pearn, *The Far East 1942-1946*, 1955, p. 123; R. J. C. Butow, *Japan's Decision to Surrender*,1954, 1967 reprint, p. 31, n. 6.

② 和田敏明，《证言！太平洋战争》，1975，页162—163。

③ 沼田多稼藏，《南方军寺内元帅之死》，《文艺春秋》1955年11月，页114—119。

④ Louis Allen, *Sittang: The Last Battle*, p. 76.
译注：苏卡诺后来是印尼总统，穆罕默德·哈达是副总统。

转移给新的印尼政府。然后在达拉最大的酒店的草坪上，棕榈树下的湖边，寺内寿一举行了一场隆重的仪式。他戴着瑞宝徽章（Order of the Sacred Treasure），用他高亢的嗓音读出贺词，苏卡诺则承诺向日本效忠。苏卡诺和两位印尼同僚很高兴地回到雅加达，然而他们却对印尼独立的赞助者日本已濒于毁灭一无所知：在收到寺内寿一迟来的礼物前夕，第二颗原子弹已经在长崎投下，苏联人亦在同一天进攻伪满。

8月13日，寺内召集幕僚开会，整个讨论令人困惑。如果日本确实投降了，那么南方军该怎么办？这个问题似乎是多余的，但在当时却不是这样。南方军早就计划采取自卫以及自给自足的政策，无论日本本土发生什么事，南部地区将自己存活，日本占领军队会继续战斗下去。中国远征军也有类似的想法。一些幕僚保持这个态度，其他人则说帝国大本营希望他们停止敌对状态，所以他们应该服从。寺内听着，一开始什么也没说，然后说："各位，好好研究这个问题。"之后沉重地走回他的房间。

寺内不是在逃避问题。他召来总参谋长沼田中将："我不打算回日本，"他断然宣布，"把这信息发出去，并召集所有地方军总司令开会。"

第二天晚上，南方军收到中国派遣军总司令官冈村宁次（Okamura Yasuji）大将的电报副本。它是直接呈给天皇的："我们非常团结。作为陛下您的军队，我们准备奋战到底，我们希望能够继续这场战争。"[①]这可能在某些程度上动摇了寺内寿一。但另一则消息却抢先于此，要大家在隔天，即8月15日听电台广播。然而，这来自中国的电报，已经对幕僚中的一个人产生了强大影响，户村盛雄（Tomura）中佐起草了一份相同意义的电报，让天皇知道南方军指挥的部队的状态，并说他们将继续作战。8月15日凌晨1点，户村把电报带给寺内。寺内的反应是："参谋

---

① 沼田多稼藏，《南方军寺内元帅之死》，页115。

长已经看到这封电报了？”“我是依沼田中将的指示，”户村回答，“他已经看到了。”“户村，你真的知道天皇在那一刻是怎么想的吗？”寺内严肃地直问，户村沉默不语。“如果陛下在黎明看到这封电报，他就会无法入睡。如果我们假设他决心投降，他可能也是没法睡觉。不过，如果他收到我这封电报，那他是不是就不会心烦？你们到底明不明白这些事？”户村感到羞愧，因为他认为他和他的同僚太轻率，没有详加考虑，这也是为什么寺内要他好好想想。“我会留着这个电报”，他要户村“去想想，今晚陛下心中到底会经历哪些想法。想一想”。

当天稍晚，寺内和他的工作人员来到无线电设施最好的同盟新闻通讯社的电台。他冷静地听着天皇的演说，在结束的那一刻，闭上了眼睛，任由泪水滑落。沼田告诉他："紧接在后面的是首相和海军铃木大将的广播。”“我要回去了。”寺内回答，并返回官邸。

沼田担心寺内可能会自杀，但什么都没发生，他已经告诉寺内元帅的副官后藤（Gotō），拿走他身边任何可能成为自杀工具的东西。

然后16日，日军陆海军将领们都出现了，这一消息已经泄露给了西贡街道上的人群。法国人感觉到自由近了，忍不住兴奋起来。越南人则早就决心抓紧独立，保大皇帝（Emperor Bao Dai）已在顺化宣布，绝不可能再恢复法国的统治。另外，柬埔寨也已率先宣布独立。西贡这时一片混乱，好像要警告他们，日本仍然大权在握，日本宪兵密切注意那些似乎认为和平在望而看来心情轻松的日本人：他们甚至逮捕了总领事河野（Kōno）的夫人，在总部审问了她好几个小时，直到被迫将她释放。

在这种兴奋和动乱的氛围里，寺内的指挥官们举行了辩论：第7方面军司令部设在新加坡，司令官板垣征四郎（Itagaki Seishirō）大将、第3航空军司令官木下敏（Itagaki Seishirō）中将、南方派遣舰队司令官福留繁（Fukudome Shigeru）中将，以及几个月前才在东吁作生死斗的花谷正中将——他代表第18方面军司令官中村明人，是后者的参谋长。板垣和花谷都是中国通，肩负着日本在亚洲军事进攻的沉重责任。也许他们都被期待口径一致，然而令人惊讶的是，他们之间却有着相当不同的看法。“我们仍然不知道陛下的真实意图，”板垣宣称，“如果是这样，难道我们不应该尽我们所有的一切继续作战？”“这非常不正确，”花谷插入说，“我们已经听到陛下的广播了。在这之后，唯一能做的事就是依照他的指示，把战争结束。”讨论仍然没有结论。

就像在东京的内阁左右摇摆、犹豫不决，迫使天皇为他们做出决策，在越南达拉，寺内寿一清楚地表明了自己的立场。

> 我收到了帝国大本营的命令，我希望皇军有尊严地结束。我所指挥的部队其实不是我的，是属于天皇的。你们跟我一样收到命令。我急切希望你们尽全力把官员和日本部队人员有尊严地送回日本。有人有异议吗？

当他讲完，每个人都站了起来。“没有异议。”大家一致同意。

17日，总部就从山上车站搬到西贡，接着第二天迎接钦差大臣闲院宫纯仁（Kanin）亲王。在这次访问之后，已经没有讨论“日本帝国意志”的空间了。纯仁亲王把话说得很清楚。这场战争要结束了。

然而沼田心中不清楚的是，要如何去实践这件事。来自新德里的无线电广播已经指示寺内，用同样的无线电广播与蒙巴顿联络。[①]日军已经停止行动，说等他们得到东京的指示后会完整回复。到了23日，显然，每个日本部队的指挥部都会服从帝国大本营的指示，沼田准备去仰光，当场洽谈投降。他带了南方军副参谋长中堂观惠海军少将及两名

---

① 英国官史说是8月20日（S. W. Kirby, *The War Against Japan*, V, p. 236）；沼田书中说是15日前后（《南方军寺内元帅之死》，“Around the 15th”，页116）。

军官，其中一位是医疗中尉，还有两个平民，即白洋贸易公司的胜守（Katsumori）与藤井（Fuji）担任翻译。

很自然地，谈判的意见不同。英国人热衷于展示谁是主人，日本方面则表示他们仍有拳头。蒙巴顿写道，“上级代表是沼田中将，南方军最高指挥官（寺内）的总参谋长”，他则由他的参谋长弗雷德里克·布朗宁（F. A. M. Browning）中将代表。“他和他的军官的态度，都完全正确；但毫无疑问，日军来仰光，他们感觉对我所立下的投降执行条件，是站在一个能讨价还价的位置上，或至少可以发表意见。”①

日本代表接到一份文件，指出寺内寿一得完全负责命令所有日军停火，并确保这个命令会被遵守：消除雷区，禁止部队间使用密码联系，并在盟军抵达东南亚接管各国之前，负责维持法律和秩序。仰光会议，是9月12日在新加坡举行的正式投降前的序曲。盟军战俘将会复员，盟军飞机将在日本控制的领土上空飞行，盟军舰船也会驶入日本控制的水域。②

蒙巴顿回忆，中堂观惠所要求的对海军的特别安排制造了一些困难，第10方面军舰队虽然是在福留繁海军中将控制下，实际上是由寺内直接指挥的。“但是英军布朗宁中将态度非常坚决，他不允许在规定的条款中有任何其他意见，只允许日方提出对英方各项条款需要说明的问题。”③

沼田的记忆却不是这样的。日本代表团赴仰光有三个目标：他们希望保有自己的指挥体系；自己解除武装，交出武器和装备；让日本相关人员尽快地回到日本。当他们被告知盟军打算马上解散总部，同时日本每支军队会各自在盟军控制下解除武装时，谈判因此陷入停顿。他们的心情比他们表露出来的还要绝望。沼田的参谋户村盛雄转向他说：“将军，我们只能死一次。如果我们现在就自尽，即使是英国，也会注意到

① Mountbatten, *Report*, p. 184, para. 643.
② S. W. Kirby, op.cit., p. 237.
③ Mountbatten, *Report*, p. 184, para. 643.

这一点。他们之中可能有些人会了解，我们不能做不合理的事。我们有氰化钾，我们何不现在自我了断？”[①]

沼田告诉他，他们的死可能在另一场合更有价值。死在这样匆忙和愤怒的时刻实在是没有什么意义。正如沼田所见，当盟军注意到从国际媒体来的新闻记者们开始变得躁动不耐烦，极想知道投降协议到底何时签署时，盟军对他的意见终于做出了让步。于是投降协议在8月28日上午1时42分完成签署。

继沼田的仰光之行后，许多不胜枚举的日军投降仪式也在各处进行。斯托普福德命令木村的参谋长去仰光，代表木村接受在缅甸日军投降的细节安排。一些英方人员也重新进入在丹那沙林山脉南方遥远的莫巴林、墨吉和土瓦。9月13日，一田（Ichida）少将代表木村大将，在仰光总督府签署缅甸方面军指挥下所有部队的投降条约。这日之前，板垣征四郎将军带着愤怒和怨恨的热泪，已先在新加坡代表生病的寺内寿一签署投降条约了。10月20日，正式投降仪式于仰光贾德森学院（Judson College）举行，其间木村把他的佩刀交给斯托普福德，而樱井中将、一田少将和缅甸的高级海军军官则把他们的佩刀交给第12集团军的高级官员和在缅甸的英国海军。英军印度第17师奉命占领整个丹那沙林山脉，而本多第33军司令官也于10月25日在直通向他们投降。到11月6日，所有在缅甸的部队完成投降，全部几乎有72000人。剩下的日军也都越过山头进入泰国，在那里投降，宪兵则被关进监狱。多曼-史密斯总督已回来一段时间，缅甸表面上也渐渐回归了平时的秩序。

沼田担心寺内对失去指挥权的反应。他会自杀吗？如果他想自杀，

① 在新加坡，一个谨慎的美国医官害怕他们可能会模仿赫尔曼·戈林在纽伦堡的成功自杀，要日本代表们在受降仪式前接受口腔检查。沼田回忆起来（他是投降代表中的其中一位），那是非常恶心的，因为那位军官在每一次用一个像鞋拔子的仪器检查之后都没有消毒双手（沼田，《南方军寺内元帅之死》，页116—117）。

应该阻止他吗？为了控制场面，沼田指示渡村带几位宪兵到官邸站岗。如果盟军来抓他，睡在楼下的私人助理会让宪兵阻止他们逮捕陆军元帅，这将使寺内有足够的时间自杀。原先计划渡村会是寺内切腹的“介错”。[①]把元帅交到盟军手中将是无法想象的，所以渡村决定要睡在他的楼下。

事实上，蒙巴顿尽可能不让寺内有压力。“我已经传唤陆军元帅寺内出席东南亚战区在9月12日于新加坡举行的正式投降仪式。”他写道，“他称说健康欠佳，请求不出席。为他检查的英方医护人员，已经证实让元帅旅行是不明智的。而且他无论如何也不可能有尊严地参与投降仪式；因为他在失去曼德勒之后中风残废，从未完全康复过。”[②]

皇家海军外科医师伯特（Birt）上校[③]是蒙巴顿自己的医生。伯特飞到西贡诊视寺内。沼田远在仰光，而寺内寿一正在接受日方军医梛野岩（Nagino）中将的治疗。当伯特上校走进来时，正在恢复期心情中的元帅走下楼喊道：“我生病了，你知道的！”然后漫不经心地向外走去。沼田被告知他有脑出血的迹象，但没有什么后续发展。然而，伯特上校的报告宣称寺内病情严重，他不能走路，不能搭飞机，或乘坐任何车辆。这个判断，与蒙巴顿不强迫寺内出席新加坡投降仪式的决定，展示了蒙巴顿的“骑士精神”。沼田确认了这点，蒙巴顿接受了两把刀，一金一银，是寺内为了自己11月30日在西贡的投降而从日本取来的。蒙巴顿飞到那里拜访法军司令勒克莱尔（Leelere）上将和道格拉斯·格雷西，后者的第20师占领了越南南部。寺内来到机场为蒙巴顿送行。蒙巴顿告诉他，“你一定要再好起来。我希望你能强壮到可以尽快回日本”。

但在1946年3月，蒙巴顿把寺内元帅转到马来亚，靠近柔佛州新

---

① 介错（*kaishaku*）指在自杀者开膛剖腹之后，用刀将其斩首，减轻痛苦。

② Mountbatten, *Report*, p. 186.

③ 译注：Surgeon Captain Birt, Royal Navy. 英国海军体制中Captain是上校一级。

山，他跟一小群下属住在令金（Rengam）一个橡胶园的平房里。他的心智仍然足够察觉到其中的差别，因为他曾作为一个征服者进入新加坡，进入他所攻占的堡垒；如今日本人在街头辛苦劳役，就是这痛苦的证据。一个日本记者直言不讳地描述他当时的状态："说穿了，他已经没用了。在精神上和肉体上，他是一个活死人。"①

沼田陪寺内到柔佛，他的观点则不是那样。1946年6月11日，他在和他的下属吃饭时，讨论转向了日本士兵在新加坡码头试着罢工。因为当他们看到从缅甸来的军队在返回日本的路上经过新加坡，这些人很愤怒，还需要第7方面军的参谋长绫部中将的阻止，才能平息"送我们回家！"的哭声。寺内还是有激烈的反应。

还有一个例子，是有关盟军已经开始调查的某个宪兵中佐。这中佐来到总部，要求迅速将他送回国，因为他怕他会变成被审判的战犯。"没有一条可航行的船。"南方军法务部长这样告诉他，于是他爆出威胁："如果他们抓住我，我就把宪兵全部的勾当曝光！我会告诉他们宪兵所做的一切！当这种情况发生时，宪兵中有些人就会被处绞刑！"法务部长日高已雄（Hidaka）叫他孬种，因为他只会为了自己脱罪而连累别人。

餐桌上听了这些谈论，元帅突然爆发愤怒："立刻去处分那个家伙！"饭后喝过茶，他似乎还是很激动。夜里，渡村听到从元帅房里有人呼喊："渡村！渡村！"他匆匆赶进去，发现房内的窗户开着。老人的眼睛也是张开着，但是无法言语。寺内二度中风。"长官，你不会有事的！"渡村安慰他道。寺内好像听到了，但是只能眨眼回应，渡村叫来医官，先给他打了一针，接着做人工呼吸急救。

当日天空万里无云，直到凌晨2点；然后一阵大暴雨侵袭了整个夜

① 和田敏明，《证言！太平洋战争》，页166。

空。在倾盆大雨中，寺内断气而亡。

沼田认为寺内对埋葬在日本并不感兴趣很异常。相反，寺内曾要求，“让我化为南方泥土。将我的遗骨埋在南方这里”。英方告诉沼田：“你们可以举行任何你们喜欢的葬礼仪式，但是你们必须要自己负责办理。你们如果需要任何东西，包括钱和器材，我们都会提供。”沼田对此印象深刻。寺内的遗体在新加坡日本公墓火化。一部分骨灰埋在该处，他部队里的志愿者为他制作石碑竖立墓上；另一部分骨灰则运回日本家乡。

为什么蒙巴顿一直这么关心寺内元帅的命运？沼田说，因为蒙巴顿是一个伟大的统帅，他要展现英国传统的完美骑士风范。但对于隶属南方军总部的日本新闻记者之一的和田敏明（Wada Toshiaki）来说，事情远不止如此。他见证了这场战争，从开头的发展直到西贡的投降。蒙巴顿跟寺内一样都是王室贵族，家族中都有服役的传承。寺内的父亲曾是韩国总督和日本首相，蒙巴顿的父亲巴腾贝格（Battenberg）亲王，曾忠诚地于皇家海军服役，直到第一次世界大战时被恶意偏见排挤出英国海军高层——主要因为其父的德国血统。通过一个奇妙的巧合，蒙巴顿发现寺内寿一的父亲寺内正毅大将在伦敦服役武官期间，是他父亲的友人。

因此，当格雷西少将传来寺内元帅在圣雅克角营区（Cap Saint Jacques）的异常表现时，蒙巴顿其实早就注意到了。该营区是越南日军回家前的集中处。最后，蒙巴顿认为应该对（病入膏肓又再）抓狂的老元帅伸出援手，在能力所及之处，蒙巴顿决定亲自密切注意他，并把他带到在柔佛州的令金看管。此外，没其他方法可行。[①]

没错，是的，也许里面还有文章。寺内的父亲在20世纪初期，对在东京的英国公使馆而言，一直是一位受欢迎的访客。英国公使克劳德·麦克唐纳爵士（Sir Claude MacDonald）会提醒初出茅庐的翻译专

① 和田敏明，《证言！太平洋战争》，页168。

员，当介绍到寺内正毅大将时，他们应该握大将的左手，因为他的右手在1877年的萨摩之乱中受伤而残废了。寺内正毅曾在巴黎当过武官，也曾用日语或法语迎接当时的宾客。一位年轻的英国武官弗朗西斯·皮戈特（Francis Piggott）许多年以后回忆起当年他替战争部大臣达夫·库珀（Duff Cooper）带信给当时在东京的陆军大臣，即老将军的儿子寺内伯爵。[①]那是在1936年，一个对日本军队而言很尴尬的时间点。年轻的军官们在东京市中心造反，杀害了许多政要。寺内用激烈行动压制反叛，导致首要叛乱分子都被判死刑，但这并没有阻止他对英国访客表示最大的热忱。皮戈特发现他的外形很像他的父亲，在社交上更加平易近人，亲切且和善。当皮戈特1936年第一次以武官身份造访时，寺内寿一拿出了一大瓶香槟招待他，带他参观新的国会议事堂时，表现出极大的蔑视。“建立两个师团岂不是更好吗？”寺内说着笑了起来。皮戈特回答说，对于这个问题的看法，可能会有分歧，皮戈特一向以外交官身份优先于军人身份。[②]英国大使罗伯特·克雷吉爵士，也就是皮戈特的主管，很快看出寺内寿一非常专断独裁。“他以巧妙而贵族式的态度蔑视国会，”克雷吉指出，“首相也好不到哪儿去，坚持要修改国家所有高级文官的任命。尤其是，他拒绝筹组中的内阁部长有任何政党政治的色彩。”[③]

纵使寺内寿一无疑是军国主义的贵族，但他的过去，并不缺乏与大不列颠的家族和私人的人脉关系，英国可能在最后的那些日子里帮助了他，在1942年，他把英国军队打得支离破碎，并在东方征服了几乎所有的欧洲帝国殖民地。三年后，盟军把他们英国的资产从寺内手中夺回，并将他——一个病狂老头——俘虏，直到他在他们的囚禁中，死于马来亚的橡胶园。

---

① F. S. G. Piggott, *Broken Thread*, p. 32.
② F. S. G. Piggott, op.cit., p. 265.
③ Sir Robert Craigie, *Behind the Japanese Mask*, p. 35.

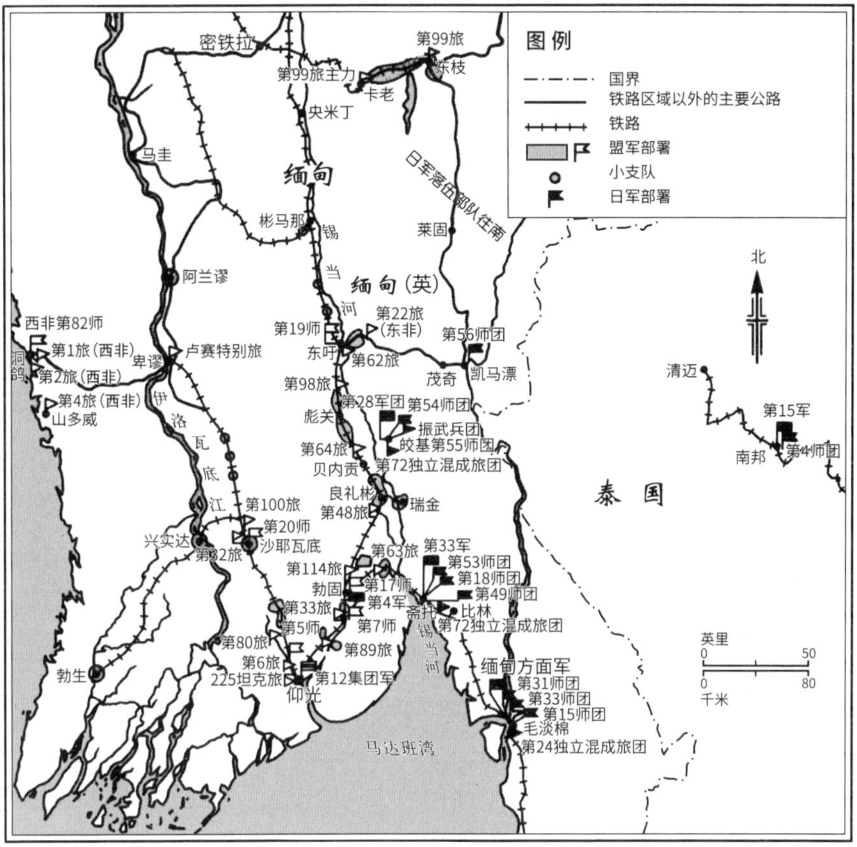

图10-1　1945年8月18日英日两军部署图

第十一章　本土反正
缅甸的战争与政治

The Backwash

摘　要

英日在缅甸领土上交战，但目的都不是为了缅甸，而是要将对方的势力赶出去。英军的任务是确保大英帝国在亚洲的统治及影响力，而日本则宣称要将亚洲从欧洲殖民列强手中解放。

日本“南机关”的铃木敬司大佐与缅甸德钦党“三十志士”结盟，曾经宣誓要让缅甸在1943年独立，但失败了。纵然日本“解放”了缅甸，但是并未诚恳实践诺言，带来缅甸人对日本的许多不信任。一方面因为日本意在剥削，故在缅甸生产或进口到缅甸的物资极少，另一方面也因为缅甸社会对日本的宗教非常不以为然。在日本的扶植下，巴莫组织了政府，虽然他极力为日本辩护，强烈支持日本的种族言论，但日本政府也并不信任他。日本一名激进学者浅井德一甚至认巴莫为英国间谍，于是策划并亲自进行暗杀行动。但最终未能成功，而是闹剧一场。

1945年，铃木所培养的“缅甸独立军”旧属——“缅甸国防军”统帅昂山，带领缅甸国防军，与秘置于缅境的英国第136部队结盟，宣布反正抗日。英国政府则明分政治性与刑事性审判的差异，蒙巴顿与斯利姆更明确表态，纯就军事层面默许昂山举兵反正，并将其视为政治性议题，使英国政府与驻缅部队都维持中立，不干预昂山，同时又撤换反对昂山、流亡印度的缅甸总督德曼-史密斯，使反正的局面更加明朗。他们从中亦了解到，昂山战时犯下所谓的刑事案件，其实自有其苦衷。也因此，在英国政、军两方面的默许与不作为之下，昂山顺利将缅甸的日军势力从根部清除。

日本投降隔年，缅甸总理巴莫向英国占领军投降。1947年，昂山在伦敦与英方签订协议，让缅甸一年之内完全独立。但国内不同政党与不同族裔的纷乱并未停息。1947年，昂山被保守派刺杀身亡。其职位由吴努取代，于1948年1月4日成立缅甸独立联盟。在脱离英联邦之后，缅甸就卷入恐怖的内战当中。

第74回 铃木与昂山

缅甸成为英军与日军的战场，三年内就有两度全面性大战：日军占领缅甸，目的是要将英方势力赶至边陲，而不是要修复缅甸经济的物质损失；英军落败之后，整军经武重返，主要目的是击败日军，维护缅甸社会结构则是次要的。乔治·罗杰（George Rodger）所描述的1942年被毁的曼德勒，可代表缅甸其他有规模的城镇的遭遇：

> 曼德勒曾贵为阿瓦王朝首府。这座沉浸于悠久传统中的古城，如今只是一片荒烟蔓草的废墟。以前的商业圈和本地人活动区，如今只剩成堆灰烬，并冒着缕缕青烟。这整片是彻底被毁了，仅存的只有废墟下散发出的死尸恶臭，遍布街头的焦黑尸首。环绕在达夫林堡的玫瑰红城墙周围，布满莲叶的护城河上，漂浮着腐败的尸块。城墙外所有的一切都被摧捣。一座被战火烧黑的佛塔，塔尖还撑着，像在挑衅着四周冒烟的灰烬。一棵棵被烧成灰白的树干，举着仍冒烟的残枝，拜向苍天……所有的庙宇都毁了，所有的市集和商家都没了，十五万居民的家也都不见了；曼德勒整座城也不在了。[①]

两年后，杜兰特（Lt Durant）上尉也是这样描写莫冈：

> 在和平盛世，这里绝对非常宜人，绿树成荫的宽广街道，美丽的佛塔，祭司寓所和一些大型石造建筑……还有一些具有缅甸风

---

① George Rodger, *Red Moon Rising*, pp. 97-98.

格、非常坚固的木雕高楼；这里曾是本地方圆数英里内的商贾中心，也是北缅的糖业重镇。

我们抵达时，此地已经完全荒芜，只留下些肮脏的野狗和狰狞的野猫。

没有一栋建筑未遭战火吞噬，所有窗户都碎了，屋顶坍塌，砖墙毁损，金塔不是缺角，就是被夷平。街头满是弹坑，整座城市杂草丛生。①

重新夺回缅甸的主力是印度军。记录战史的史官，用严厉的笔调记下，印军乃为大英帝国而战，非为印度，印度根本没有置喙余地。谢尔福德·比德韦尔写道："直到1944年6月，缅甸战史基本上就是一个战略规划推翻另一个战略规划的故事。因为美国与英国各怀鬼胎：美国方面，试图利用印度让中国留在战场，好借中国直接攻击日本；英国方面，则要重振其在东南亚的帝国势力，从而在太平洋事务中能举足轻重。他们根本罔顾印度的利益，缅甸的意愿也不考虑。"②

这场战事的空中运输，主要由美国陆军航空队支援。然而对美方而言，缅甸不过是个达到目的的手段。美方更高层——总统及国务院的政策，倾向于将殖民帝国势力逐出远东地区，对英国能否维持在缅势力缺乏兴趣，日本也是。一旦往中国的道路疏通了，撤出美国陆军航空队只是时间问题。而在秘密行动方面，美国的战略情报局（OSS）③指示：在缅甸和泰国的人员，要与英军情报组织保持距离，如第136部队，以免美国向大英帝国的政策妥协。

① Shelford Bidwell, *The Chindit War*, p. 273.

② B. Prasad ed., *Official History of the Indian Armed Forces: Reconquest of Burma, 1942-1945*, Ⅰ, p. xxv.

③ 译注：Office of Strategic Services，中情局的前身。

无论如何，1945年3月28日，当昂山和他的小型缅甸国民军起义反日的时候，谈判的双方就不仅是缅甸人与英国人，还有一群对英缅关系持新看法的英国军人和官员；这些人无意让总督多曼-史密斯所领导的在西姆拉（Simla）[1]的流亡政府搭上斯利姆军事胜利的便车而回归。这在一定程度上是蒙巴顿所为，他太急于确保军事运作的顺利，不愿意镇压缅甸反抗军，以免造成伤亡与武器浪费，而乐于假手政治来解决。后来他也向荷、法两国表明这样的态度。荷、法重回盟军东南亚战区司令部时，原也想要轻松重掌先前的殖民地。然而时不我予，印尼和印度支那的人民早已不同往昔。

很大程度上，所有东南亚国家都因日军的占领而情势大为改变。究竟日军的占领，是真心想解放这些国家，还是企图利用这些国家的资源？连日本历史学家也没有定论。若是后者，日军不过是替代了旧帝国主义。左派史学家认为，日军在亚洲的行动，代表的是日本的资本向亚洲大陆延伸，以及使自己本国社会军事化。对他们而言，解放亚洲的说法只是个幌子。就终极动机而言，这些史学家或许是对的；但是在中程看来，也确实达到了“解放”的效果，并且影响了战后缅甸的发展。很多参战的日本人，并不只是军方帝国意志的工具，他们真相信缅甸可以独立。就如同当初在马来亚和新加坡把印度战俘组成“印度国民军”的日本人一样，他们无疑想服从日本在东南亚的目的，又更真心相信日本会带领亚洲，从欧洲殖民势力下解放出来。为完成这项任务，日军成立了众多具有不同理念和文化深度的组织。

20世纪40年代，“机关”（Kikan）在东南亚的角色，大家并不陌生。这种机构是东京权力核心东京所发的号令，与因某种战略目的而被利用的各地代表之间的“缓冲垫”。每次行动都怀着解放的动机，虽然很遥

① 译注：西姆拉位于印度北部喜马拉雅山山区，是印度喜马偕尔邦（Himachal）的首府。

远；对东京而言，解放比较像手段，而非理想。

在这种情况下，事情的发展可想而知。为求工作有效，居间者不仅要传达指令，也会对被利用的亚洲人产生移情。一旦如此，其心理会受影响。与当地人民长期接触，情感会有所改变，结果造成这些人会在原始命令和其与亚洲其他人民自然建立的关系之间左右为难。

或许以下是最好的两个例子：一是在“南机关”（三十志士的上级机关）首领铃木敬司大佐和缅甸国民军之间；另一是藤原岩市少佐（后升中将），他在1941年于北马来亚丛林招募战败后的莫汉·辛格上尉为日方效命，并建立第一支印度国民军。从这二者中可以了解这两极间的挣扎。

铃木追求的缅甸独立，实现了；但很快就被返回的英军推翻。接着在1948年，又被他的子弟兵昂山夺回，缅甸脱离英联邦，结果是缅甸与英国双输。某些史学家认为印度的情况不同，因为印度国民军在1945及1946年卷土重来，以及英国在1945年审判三位印军领袖，造成反弹，这些压力让英方退让，印度才得以独立。我认为上述说法禁不起检验，因为它忽略了到1939年之前，二十多年间在印度和英国持续进行的强有力的独立运动，更完全忽视了1945年工党重新执政时英国的民心向背。

无论历史如何看待追求独立所造成的伤亡，其中牵涉的两个日本官员的人格，倒是耐人寻味。二者中，铃木对上级的指挥反弹较大，藤原则是对印度同僚情深义重，并且常常在冲突产生的时候介入，居中为印军与日本高层协商。举例来说，1942年12月，莫汉·辛格上尉因为与印度独立联盟（Indian Independence League）产生龃龉而解散第一支印度国民军。他遭到日方逮捕，一直拘留到战争结束。但是藤原从来没有鼓动他们去反抗日本当局，他完全为日本目标奉献。他在1940年被派任到印度时，不讳言对印度毫无所知，而且令他沮丧的是，日军参谋本部

（GHQ）能提供的资料及参考书仅一沓左右。[1]他对印度的知识因此大多来自当时的革命人士及信息源，例如自1910年便旅居日本的拉什·贝哈里·鲍斯（Rash Behari Bose）。藤原对于莫汉·辛格上尉遭到逮捕以及第一支印度国民军的解散感到相当悲痛，他向这位锡克人上尉致敬，泪流满面，甚至考虑自尽。他稍后写道："在我内心深处，我明白我夹在日军与印度军之间，我只能一死，才可避免这矛盾的情形。"[2]藤原最后并没有自杀，但是他确实留下了遗书和一束头发作为遗物。有趣的是，藤原在面对这场危机的时候，并没有选择反叛，情愿用日本传统的"解决办法"——自尽。他下定决心："绝不向印度人说谎，也不做无法兑现的承诺。"[3]

另一边，1942年1月，铃木督促年轻的德钦党员随着日本的入侵在土瓦宣告缅甸独立。昂山和扬昂之前也曾因铃木的安排，得以避开缅甸的英国警察监视逃到厦门，再从厦门前往日本，而在海南岛的三十志士也由铃木训练。战争发生后，饭田第15军从泰国抵达缅甸，铃木利用这些志士，在侧翼进行侦察和翻译活动。

昂山在思想与心灵上都受制于铃木，这似乎毋庸置疑。对统治方式相当专精的巴莫很快就察觉到，这种对铃木的过度忠诚，必定会使缅甸新成立的军队随着铃木垮台而受影响。他知道铃木在其他驻缅日本人当中引起了恐惧、疑虑和妒忌，这种裂痕迟早会浮上台面，部分原因是铃木本身紧绷的个性。铃木本性叛逆，但在成长过程中却被教导要循规蹈矩。他是个个人主义者，故不易与人共处。他也很粗暴、专横、易怒，时而凌厉、残暴、野心勃勃，却又非常务实，随时准备为梦想抛弃一切。"他当时的梦想坚信，身为缅甸解放军的日本领袖，光靠他自己就能结

---

① 《F机关》，英文版由明石翻译（*F. Kikan*, Eng. trans. by Y. Akashi, 1983）；以及与作者的对谈。
② *F. Kikan*, pp. 336-337.
③ 儿岛襄，《参谋》，页45。

合两个民族，迎来胜利。换句话说，他就是掌握缅甸命运的那个人。”①

三十志士中的一位曾向巴莫强调，他们与铃木关系紧密：“他创立了我们这支小军队，我们完全听命于他。”他说，“用缅语来说，我们从年少就怕他，也爱他。因此他与日本军队相处的方式，也变成我们之间的方式。更重要的是，我们喜欢这样。因为这让我们分享了伯牟究（Mo Gyo，铃木）的独特和重要，而且让我们觉得大家是为缅甸而战，而不是为日本。”②

第15军负责协调日缅关系的平冈（Hiraoka）大佐告诉巴莫，日方认为铃木是他们最棘手的问题。“你们像小孩子一样服从他，”他补充说道，“长期看来这并不是件好事。”巴莫听进去了。他与昂山接触，并开始播下不信任的种子。他和其他德钦党员应该认识的日本高层有几位？答案是没有，所有的事情都是由伯牟究经手。

1942年6月，铃木被召回东京时，巴莫不但没有向昂山表达慰问，反而认为这是良机。昂山将因此成为缅甸唯一的独立义勇军领袖，可直接与日方高层接触。没了中间人铃木（尽管非常尽心），缅甸才真正独立了。

可是缅甸独立义勇军不知道，即使是在鲍斯的指挥下，印度国民军的自主性也非常有限。同时缅甸独立义勇军也从来没有重要的军事行动要执行。战后，日本历史学界认为，日本创立这支军队是对缅甸独立的最大贡献，也证明了确实因此促成三十志士掌握实权。但只要缅甸被积极展开军事行动的强势日军所操控，缅甸就无法真正自主，除非日军式微。

缅甸在1943年8月宣布独立，但德钦党怀疑这种独立的实质意义，开始试探与英国和解的可能性。然而与战败者结盟有好处吗？另一方

---

① Ba Maw, *Breakthrough in Burma*, p. 141.
② Ba Maw, op.cit., p. 142.

面，战胜的一方也不认为需要与德钦党合作。缅甸毕竟还有个流亡政府，等着和斯利姆的军队一齐打回来；而且其中多人认为昂山只不过是普通的杀人犯，希望将他绳之以法。

铃木与德钦党三十志士间的连接有两种深远的影响。一是确保军事的实质力量落在德钦党手中，并且垄断了政治，使任何反对党无法生存；德钦党的党旗于是成了国旗，党歌成了国歌。二是让日方对铃木的不信任，转移到他的门徒身上。结果，直到1943年8月，在东京军方高层与政府的支持下，才正式宣布缅甸独立。

人都有缺陷，铃木个性激烈，对于独立有强烈的使命感，这些特点，让他一开始就得到东京大本营的授权，使他有相当的自主权；但也因此，日军驻缅指挥官和参谋，很快就发现这支私人小部队实在令人难以忍受，后来发生的情况也确实如此。

德钦党员吴努（Thakin Nu）回忆他和铃木第一次见面的时候，铃木开头便说："不要为独立操心。独立不是你们能从别人手中乞求而来的，你们应该自己宣告独立。日本人拒绝让你们独立吗？很好，那就告诉他们你们要独立……自己宣布独立，并且建立自己的政府……如果他们宣战，你们就反击。"①

面对缅甸社会和族群冲突时，铃木毫不迟疑地站在德钦党这边。他与巴莫在最靠向日本时的态度一样，强调血统与种族，倘若缅族与克伦族②，或缅族与印度人发生冲突，铃木总是支持缅族。其中最不堪的例子是，在伊洛瓦底江三角洲渺弥亚，有一大片的克伦族村落（另一个克伦族居住的地方位于东边的锡当河和泰国边界之间），缅族不喜欢克伦族，

---

① U Nu, *Burma under the Japanese*, 1954, pp. 24-25.

② 译注：缅族（Burman），缅甸主体民族，主要居住在伊洛瓦底江中下游一带，即所称的"缅甸本部"，从云南迁来。克伦族是一个居住在缅甸东部及泰国西部的民族，在安达曼群岛也有少量克伦族移民，是著名的象夫民族。

因为克伦族大多是基督徒，受过英国的军事训练[1]，而且在英军挫败后仍支持英国。越来越深的种族仇恨和傲慢，使铃木支持的缅甸独立军要求住在三角洲的克伦族缴械。部分村落在照办之后，没有了抵抗力，却被跟着独立军来的流氓帮派所攻击。克伦族人抱怨独立军的军官不但袖手旁观，甚至加入掠夺，认为德钦党根本就是要掠夺和歼灭他们。[2]铃木赞同要消灭克伦族，因为他有个部属在一次克伦族对缅族村落的攻击中丧生。他很快就下令，将两座克伦族村落卡纳札贡（Kanazogon）和达亚贡（Tayagon）夷为平地，所有的村民格杀勿论。他们在夜晚包围了这两座村落，村子一端遭到放火，村民在慌乱中冲向另一端，但独立军“部队”已经等在那里，见人就砍，没死的伤者被弃置当地，再用火烧死。巴莫观察到，从这场屠杀以后，公开的种族战争开始了。[3]这情景与劳伦斯（T. E. Lawrence）当年的做法相近。[4]劳伦斯因伙伴塔拉尔（Tallal）在土耳其人攻击泰费斯村（Tafas）时丧生，拒绝庇护战俘以及之后由村落撤退的土耳其人。[5]即使后来日本人离开了，三角洲事件已经完全破坏了缅族和克伦族之间的关系。

第75回 巴莫做作

为了巩固后方，日本第15军必须制止独立军的掠夺，他们说做就

---

① 在1939年，英帝国所辖缅甸防卫队有427名缅族人，而克伦族、钦族和克钦族人则有3197名。（F. Tennnyson Jesse, *The Story of Burma*, p. 169）

② Ba Maw, op. cit., p. 188.

③ Ba Maw, op. cit., p. 189.

④ 译注：“阿拉伯的劳伦斯”（Lawrence of Arabia）是一名英国军官，因在1916年至1918年的阿拉伯起义中担任英国联络官的角色而出名。

⑤ Lawrence, *Seven Pillars of Wisdom*, 1935, pp. 630-633.

做。缅甸独立军经过整肃及改组之后，成为昂山领导的“缅甸国防军”（Burma Defense Army）。铃木在1942年夏天束装返国[①]，原本在铃木支持下于1942年3月23日担任缅甸中央政府（Bama Baho Government）首席行政官的吞奥克（Thakin Tun Oke）被撤换，改以巴莫为首，成立更广泛的平民政府。巴莫在英殖民时期，曾担任缅甸首任总理（1937年至1939年），稍后却因煽动叛乱罪而身陷囹圄。巴莫是在欧洲接受教育的律师，他够老练，知晓日本军方的结构，即便是方面军阶层，也并非坚不可摧。他开始与第一位司令官饭田祥二郎中将结为好友。他认为饭田不像其他种族意识过深、带着优越感从中国和朝鲜来到缅甸、自称是种族问题专家的一些官员。巴莫装成超越具种族意识色彩的日军，其实只是做个样子。他本人和他们一样，在1943年11月东京的“大东亚会议”上，都是大言不惭的种族主义者。他在会上宣称：“我仿佛听见亚洲在召唤她的儿女团结，那是我们亚细亚人血液的声音。”而且用一种极度种族主义的用语说：“这不是用心智，而是要用我们血液思考的时代。正是这样，我才会从缅甸来到日本。”[②]他身为国家元首，并在一党独大的体制下，喊出“一血统、一声音、一命令”的口号，他已实质走向独裁。

这就是巴莫在1943年接受缅甸独立时的心境，但是在此之前，他还必须和寺内的南方军总司令部内思想根深蒂固的反独人士对抗。其中私人的关联不难察觉，总务课高级参谋石井秋穗大佐（Colonel Ishii Akio）就是很好的例子。他在《南方军政日记》[③]中说明为什么他认为独立不可行，以及军政府必须存在的原因。铃木一头热，他的干预来得不是时候，因为当时日军仍然陷在复杂的战事中。如此一来，任何独立政府都必须对超强的军事压力退让，要是一般民众看出是日本在主导，他们会

---

① 他在战后曾经再访缅甸。在三十年后，他和“南机关”的旧伙伴相聚，依旧造成社会争议。

② Ba Maw, *Breakthrough in Burma*, p. 343.

③ 防卫厅档案库，东京。

对日本产生敌意。和其他人一样，石井铭记着中国汪精卫的先例。汪精卫因为日本的煽动，1940年脱离蒋中正的国民党政府，在南京建立由日本支持的傀儡政权，但却与蒋一样地维护中国的特权，有些日本人甚至认为汪是蒋的代理人。

因此石井决定要对抗独立的压力。南方军在1942年2月10日收到来自东京的电报，要求寺内在夺取仰光后建立独立缅甸。因为石井相信缅甸会沦为另一个汪精卫中国，他开始游说每个到寺内南方军总部的访客：包括饭田中将和他的手下（1942年2月9日），参谋总长杉山（Sugiyama）大将（1942年3月23至25日），参谋本部战略课课长武田功（Takeda Isao）大佐（1942年3月23至25日），以及支持早日独立的新上任的南方军总参谋长黑田重德（Kuroda Shigenori）中将（1942年8月30日至10月5日），等等。石井在1942年这几个月积极奔走游说，加上铃木大佐激烈的自治主张和新建的缅甸独立军的脱序行为，无疑帮了石井一臂之力，让原本认为应该尽早独立的拥护者，终于知道他们其实操之过急，因此独立延缓了一年。这次的游说也带来另一方面意想不到的影响，在年轻的缅甸士兵和官员心中，种下不信任日本人动机的第一粒种子。“日本不是派遣军队去占领缅甸，”饭田回忆道，“缅甸人民是我们的朋友，我们必须帮他们获得期望已久的独立……但因为才刚刚开始，我们还不能这么说。”[①]这一延迟竟导致了深远的影响。

在此同时，巴莫渐渐了解饭田：

> 我觉得他是位独特的日本军人（他后来写到），人性化、充满父爱，而且非常善解人意。他表面上是一位军国主义者，但内心深处不尽然。至少他总是试着从你的角度去了解事情，这正是让他和

① Louis Allen, “Japanese Military Rule in Burma”, *Modern Asian Studies*, Ⅲ 2, 1969, p. 179.

其他军国主义者不一样的地方。这也让他有很强的内在洞察力，尤其是他认识到，战争的输赢其实有很多种方式和原因，但若是激起整个族群的敌意与反抗，这绝对是必输的局面。这位大将是位日本武士，对于日本天皇、他的武士阶级和规范，以及对他的国家都有近乎神秘的忠诚。而正是这份全心的忠诚，让他能体会到为什么人们会对他们崇拜的神祇如此效忠。在我们看来，他因为这种罕见又非军国主义的特质而显得伟大。①

阅读饭田对他所面对的问题而写的报告时，不难理解为何巴莫会认为他富有同理心。他最担忧从东京派给他的人都有朝鲜或中国的经验，也就是说有关于殖民地或关于敌国领土的经验。他认为缅甸与东京的关系不属于这两种，这些人不只是军人，“这些从日本来的文职行政人员，完全无法了解军方对军事政府的期望。他们误以为军方所要的是一个类似中国或‘满洲国’的模式，一心要建立一个像是攻进敌国之后所需要的‘占领区的行政系统’。要是他们把事情搞得一塌糊涂，某些人还会藏不住幸灾乐祸”。②

饭田注意到了，许多跟随军队来到缅甸的日本公司强取豪夺，个个都在盘算如何长期剥削缅甸，而从来没想过要把经济权力移交到缅甸人手里。他写道：“这种日本人不断地涌入缅甸，四处横行，他们会给缅甸人民留下什么印象呢？”

同样的情况，发生在由东京行政部门借调出来的行政人员，像是商业省、工业省、农林省等人员的身上。饭田很清楚，这些人就是要特权，这样，即使在缅甸独立之后，日本人仍然独揽一切，他们几乎不曾

---

① Ba Maw, op.cit., p. 264.
② 饭田祥二郎，引用自《缅甸攻略作战》，1967，页507—508。

想过要把这些权力归还给缅甸人民。

日本与独立后的缅甸，未来的关系应该如何？饭田曾和上述这两种日本平民争辩。“日本需要从缅甸得到什么好处吗？”他问，“仁安羌石油、包德温（Bawdwin）矿场、伊洛瓦底江的航行权，这些以前都由英国人独占。如果我们将这些权利还给缅甸人民，不就能确保缅甸人民可以真正感受到独立吗？如果日本人依然霸占，那么这意味着日本只是取代了英国，而缅甸仍旧是个殖民地。目前日本人不仅经营了一些小生意，而且还向缅甸的生意人施压。这么做，我们岂不是比英国人还恶劣吗？日本需要的不是特权，而是一个经济坚强且独立的缅甸，一个与日本合作时能从心底信任日本的国家。”①

但是日本的行政官员和企业的经理人仍不断涌入，乃至到了1943年6月，总共约有900人为军政府工作，有将近130人在缅甸行政机构上班。他们全部都有各自的如意算盘。他们认为水流湍急的萨尔温江可以用来发电，借以帮助大型企业发展；掸邦应该从缅甸国土分离出来，变成日本的永久属地，并且极力鼓励日本人大量移入；借由从北方的法属印度支那通往中国海岸的铁路，这些地区就可以跟日本连通。要不是1945年日本战败，上述的计划极可能实现。同意缅甸独立的时候，巴莫不得不让掸邦从缅甸分割出去，这是他必须接受的痛苦现实，因为当时缅甸是日本的脆弱附庸者，他必须割让景栋（Kengtung）和孟畔（Mongpan）两地给泰国。泰国在1941年飞快地和日本结盟，或许也有不得已的地方：为了取回几个被法国归入柬埔寨的邻近省份，并获得之前被英国纳入马来联邦的苏丹地区。失去景栋和孟畔两个地区，巴莫为此向日本抗议，但是东条首相却对他一笑置之。

从某种程度而言，缅甸独立，其实是温盖特的首次远征以及缅甸

① 《缅甸攻略作战》。

的国内运动所导致的结果。在温盖特远征之前，日军，或是大部分的日军，都认为钦敦江是他们拓展疆域的极限。温盖特证实了支援部队越过印度—缅甸边界是可能的。之后，继任饭田第15军军司令官的牟田口廉也，即主张去占领印度曼尼普尔邦的首府英帕尔。要实现这种意图，有许多方式，同时牟田口个人的野心也遭遇不同程度的约束，就像我们后来看到的，进攻印度就必须由日本立刻向印度——亦即苏巴斯·钱德拉·鲍斯——证明，如果日本在印度有立足点，就可以把印度从英国手中解放出来。缅甸就是日方拿来证明的一个好例子。当时如果不是因为日本让鲍斯相信他们企图解放印度，或许缅甸无法在被日军完全征服后，短短一年不到，就获得独立（曼德勒在1942年5月1日被攻下，德曼迪［Tamanthi］5月30日，孙布拉蚌［Sumprabum］在6月17日被攻下）。

当然巴莫自己也打巧了手中的每一张牌。当政治人物不信任军人的残暴和种族偏执的时候，巴莫表现出自己是那群狂野、被误导但热情又爱国的德钦党员的慈父。一旦站在日本政府面前，尤其是1943年11月他出现在东京时，他则是要日本人肯定他的军人形象：据休·廷克（Hugh Tinker）所述，他当时可是穿了“普鲁士外套、过膝长靴和整套的军服”。[①]

或许驻缅高层军官的态度已有所改变，所以充满同情心的饭田才会被心胸狭隘而固执的河边所取代。河边不信任巴莫，他和寺内（寺内的父亲曾经是朝鲜总督）一样，将缅甸人视为顽抗的殖民地人。讽刺的是，河边身为日本在仰光的统帅，因此1943年8月1日，向缅甸传达独立信息的任务就落在他身上。当天，年轻的德钦党员吴努，以一副了无野心、笃信佛教的理想主义者的形象（他的回忆录），在巴莫就职缅甸总理的典礼上发表演说。

---

① Hugh Tinker, “The Politics of Burma”, in S. Rose, ed., *Politics in Southern Asia*, 1963, p. 111.

“历史尚未见证，”吴努声称，“一个国家可以为了崇高的理想和尊贵的目标，牺牲生命和财产，只为了一群被压迫的人民的福利和解放。日本似乎注定要在人类历史上，第一次扮演这样的角色。”①

可是吴努并没有在他自己的书里引录这段演说，倒是巴莫不怀好意地在他自己的书里提到这些话。但这个例子是，巴莫让他自己成为我们在为缅甸人做正反两面报道时，除了战争故事外必须要三思的对象。

“从历史层面来看，”他写道，“没有一个国家像日本一样，为了将亚洲从白人手中解放出来下过这么多功夫，然而也没有任何一个国家，会被他所试图帮助的人民如此误解，它不但帮助他们获得解放，也为他们树立了许多典范……日本被它的军国主义者和种族幻想者背叛了。如果日本对亚洲的用心是真的，如果日本能够坚守在战争一开始时，声称要把亚洲归还到亚洲人手上的信念，或许今日日本的命运就会截然不同。即使战争失败，亦不能夺走多半亚洲人民对日本的信心和感激……即便到今天这个状况，也没有人能抹灭日本帮助无数人民完成解放的贡献。”②

以缅甸为例，即使到战后，日本史家论调依然如此。太田恒藏（Ōta Tsunezō）是战争期间军方的行政人员，曾以他自身经验和搜集的资料，写成一本上百页的书，证明日本在占领缅甸期间有贡献。这本书为日本辩护，企图平衡其他史学著作，像唐尼森（F. S. V Donnison）详细而公允的《英国在远东地区的军事行政》（*British Military Administration in the Far East*），以及休·廷克的《缅甸的统一》（*Union of Burma*）等的观点。太田承认日本非常具体地伤害了缅甸的经济，但主张日本对缅甸心理层面的影响远大于此。

① Ba Maw, op. cit., p. 39.
② Ba Maw, op.cit., pp. 185-186.

他说，从历史层面来看，我们必须看得更远一点，不要只着眼在缅甸受到的经济伤害：像是伊洛瓦底船舶公司，所有船只几乎荡然无存；火车头和运输车辆损毁（他提出的数据是火车头约损失了百分之八十五，廷克提出的是，铁路财产整体粗估有百分之四十八的损失）；农地弃置浪费。缅甸经济越来越恶劣，但这也是不可避免的，因为海上交通被炸毁后，西方有英军入侵，北方有中美势力，无论从哪方面来看，缅甸就像是一个孤岛，工业设施又遭受空袭；尽管如此，缅甸还是设法支撑了约20万的日军，维持稻米产量，让人民不致挨饿。

不仅如此，缅甸人民建立了自信，领导者的权力获得巩固，他们知道如何用自己规模虽小的军队，去作为可操作的施压工具。日本军政府在缅甸留下的最具影响力的资产，就是养成了一支缅甸国民军，并给缅甸独立运动注入了原动力。他们组织了一批人马，随时准备好接管政府和军队。缅甸独立军的原始核心一直扩展到十万人的武装力量，太田声称这才是英军回归时，缅甸独立谈判得以进行的重要背景（巴莫清楚地提到，尽管他认为德钦党员太过天真，他还是得随时考量昂山手下的军力，即便他们在日方眼中微不足道）。

就经济层面而言，巴莫提出了相同的说法。缅甸人民“需要衣物、运输工具、燃料、医疗器材……各式机械和配件，物品修缮和维修人员，等等。所有的物品和服务几乎都必须经由海路，而当时美军的海空势力钳制了日本运输。即便这样，他们还是办到了”。[1]

但是事实却不然，巴莫的前任新闻宣传局长吴拉佩（U Hla Pe）提出相反的证据。他在《日本占领缅甸叙事》（*Narrative of the Japanese Occupation of Burma*）一书中指出日本贸易商会支配缅甸经济，例如物资配给协会、日本缅甸稻米公会、日本缅甸木材公会（这正是饭田举出的例子）。他

---

① Ba Maw, op.cit., p. 273.

也指出日本在缅甸生产或是进口到缅甸的物资少得可怜。在市面上配给的商品，都是英国公司在1942年留下来的；而且当这些物资消耗掉后就未再补充。“除了军火、弹药、清酒和慰安妇，日本船队无法带任何东西到缅甸。”[①]斯米顿准将生动地为这些相反的证据做出总结：

> 在战争前，缅甸是遍布绿色稻田和白色佛塔的进步而繁荣的国家。这里的自然资源丰沛，整齐排列的橡胶树在春天短短几天里就能长出茂密的枝叶。从河边到海岸，广阔的森林提供木材来源，丰饶的土地还出产石油。这片土地生产力旺盛，人民不需要过于辛勤工作就能填饱肚子……现在这片土地却是一片荒芜。这荒芜是战争带来的：在三年内战事不断，油田、城镇、村落，还有全国的桥梁、铁路和公路都被摧毁了。这荒芜也是因疏于管理造成的：农园没被照料，稻田没有耕作，水牛离散各处或是遭到杀掠，大象不是死掉，就是在丛林里逃散。木材工业陷入停滞，医疗器材也相当缺乏。这荒芜也是人心和精神造成的：这里没有教育体制，人民陷入营养不良的危机，公务体系也彻底崩坏。[②]

宗教对于缅甸是十分重要的，日本在占领的第一年，特别强调两国有共同的信仰；但是日本的修道制度比较宽松，僧侣甚至可以娶妻。这对于缅甸的僧伽（sangha）[③]或僧侣戒律来说，实在难以接受，甚至认为日本人只比亵渎宗教好一点而已。其实缅甸僧侣在英国统治期间就是政治异议分子，但是他们憎恨日本人企图通过僧侣来控制缅甸人民，厌恶日本军队驻扎在寺庙里，并且指使他们从事亵渎宗教的任务，像是搜

---

① *U Hla Pe's Narrative of the Japanese Occupation of Burma*, recorded by U Khin, 1961, p. 55.
② Miles Smeeton, *A Change of Jungles*, pp. 116-117.
③ 译注：僧伽，佛教出家弟子的团体。

集枪支和处理死尸等。他们认为日本对于天皇的崇拜，是对佛教道义的污辱，而日本人公开敬拜战争亡灵的仪式则是迷信："缅甸一般信徒会取笑僧侣骑小女孩的脚踏车，或是将妇女的沙龙布裙戴在头上这样的场景，但他们更无法想象日本的僧侣竟然可以娶妻。缅甸的僧侣特别对某些日本僧侣变成武士一事感到悲伤。他们一想到必须和这些武士僧侣分享食物就非常生气。"他们也不喜欢被要求参与霍乱和天花的预防接种工作。他们无法忍受跟女性的身体接触，而且即便是使用接种的针头都有可能伤害僧侣的灵修。这些在在都显现日本对于自己的佛教与缅甸的佛教的差异了解不足。①

两个因素造成了一些有趣的副产品。第一，在战前，下缅甸半数的农田都是印度地主所有，再由缅甸佃农承租。1942年盟军撤退后，这些地主担心失去了英国的庇护之后会遭到当地人民的报复，因此举家迁回印度。巴莫的"无产阶级党"（Sinyetha Party）又称为穷人政党，因此趁机重整这些弃置的土地，然后交给缅甸佃农。日本军队的稻米谷物需求，正巧给了产量丰富的稻米一个市场，而日本用军用票购买，也花不到他们一分钱。既然稻米都是当场交易，不需要出口，因此农业的债务也就解决了。

第二则是关于受压迫劳工的议题。很多在泰缅铁路工作的缅甸劳工，经常遭受不可言喻的操劳、疾病和死亡，而其他东南亚劳工，包括英国、澳大利亚和荷兰的战俘，都有相同处境。尽管付出了这般惨痛的生命及苦难代价，巴莫仍在此为日本的愿景背书：

> 这其中也有许多好处。我们跨越了曾经阻挡在两个邻国人民之

---

① Cf. on this, Dorothy Guyot, "The uses of Buddhism in wartime Burma", *Asian Studies*, V11, No.1, pp. 50-80.

间的巨大森林边界，长远看来，这个好处必定是超越其他代价的。从历史层面而言，战争期间的建设就属兴建这条铁路最重要。然而随着日本战败，这条铁路就永远消失了，只留下一些过分渲染的战争回忆和故事。这片地区再度成为荒野，除了一些英国死者在保存得宜的墓园里安息。至于亚裔的死者，无论日本或是缅甸人，他们则是骨灰四散，永远消失了。①

从这一方面，就像在其他许多方面一样，无论巴莫对日本军队有什么批评，他还是热切地为日本人介入缅甸的历史而道歉。他在1945年4月跟随日军离开仰光，稍后在日本外务省的安排下隐身于新潟县石内村（Ishiuchi）的一座佛寺，但最终还是决定向英国占领军自首。

第76回 设局浅井

这场战争有许多吊诡之处，例如前述的巴莫，他热切地为日本做背书，甚至在1945年前往日本，而不向英军投降，但是却无法得到日本人的信赖，甚至遭到厌恶。另一边，缅甸国民军的年轻革命领袖昂山，反而在战败之际背叛日本，转向英军投诚。事实上，日本军方高层对于巴莫极度不信任，甚至决定要除之而后快。对于1943年8月1日让众人情绪激昂的独立典礼，河边将军的日记中只有“冷漠的记录”；他又以苛刻、不友善的口吻说，两名亲日的德钦党员竟然在典礼中缺席是诡异的。这两名党员是1942年在第一个缅甸中央政府里扮演重要角色的德钦巴盛和

① Ba Maw, op.cit., p. 279.

吞奥克。典礼两天后，巴盛去找河边，长谈数个钟头，抱怨巴莫如何冷落了德钦党员。他向河边说："没有人比我们更努力要跟日本合作的了，我们竭尽所能为你们效劳，但是现在居然是一群什么都不懂的家伙在掌管内阁。缅甸人民开始认为'缅甸的独立'不过是'巴莫的独立'。"①

巴盛和吞奥克对于巴莫的严厉批评，之后竟产生了致命的效果。河边手下的资深官员矶村武亮大佐（后晋升少将），渐渐对巴莫产生强烈的厌恶。他和河边一样，认为巴莫在东京会议中激情且浮夸的种族言论并非真心支持日本，实际上是表里不一。巴莫赞扬亚洲种族意识的觉醒，以及缅甸与日本共同清除旧殖民政权的行动，大家听得半信半疑，因为他们相信巴莫和英国仍有勾结。

矶村的信念，竟对一个单纯的学者造成意想不到的效果。这学者被矶村的技巧哄骗，发现缅甸的政治陷入险恶，因此把自己卷入一场刺杀巴莫的政治阴谋中，最后还因自以为对日军的全心付出而锒铛入狱。

这学者就是浅井德一（Asai Tokuichi）教授。②他的著作包括由玉川大学出版的《缅甸前线地形》（1980），多年前他曾是这个大学的地理学教授。也写过关于刺杀计划的文章，收录于《政治和经济史评论》学报。③

在德国地理学家豪斯霍弗尔（Haushofer）的影响之下，有些日本大学的地理系受到地缘政治学理论引导，京都大学的人文科学研究学院就是其中之一。在此任教的史前地理专家伏见（Fushimi）教授曾经对浅井说过一段话，把这些话对照之后的事件，其中便见端倪。他说："浅井，你是一个单细胞（*tan-saibō*）。"Saibō是生物学用语，亦即日文的"细胞"，而tan的意思是"单"或"简单"。看来这似乎是对浅井心理状态的精准

---

① Louis Allen, "The Japanese Occupation of South East Asia"（I）, *The Durham University Journal*, New Series, Vol. XXII, No. 1, Dec. 1970, p. 14.

② 浅井教授的名字（Asai）和职称被巴莫误认为朝日大尉（Captain Asahi）。（他事实上是一个军属，即在军中服务的平民）

③ 第144、145期，1978年5月和6月。我特别感谢Ian Gow提醒我注意这两篇期刊文章。

观察。

当年的浅井以地缘政治专家的身份访问东南亚，而来到缅甸。他先是在缅甸方面军担任参谋，随后调到新加坡南方军，并在此遇见总司令寺内元帅。寺内和浅井的父亲是军校时期的老同学，这场会面让他在最需要的时候，得到了极大的帮助。他也在此认识了巴盛和吞奥克两名德钦党员，这两人因受怀疑而离开缅甸，并在南方军的保护下住在新加坡，因为大家都知道，他们支持强权统治，并怀念以往缅甸的君主专制。

共进晚餐的时候，他们告诉浅井，巴莫是英国间谍，仰光的空袭就是他协助造成的。可怜的浅井天真地相信了，而且决定要有所作为。他在“未占领区域调查科”的工作让他有机会再到缅甸出差，调查缅北和云南，因此他和同事在1944年1月20日抵达仰光。方面军司令部的所有人都在忙着计划阿拉干和英帕尔的攻击任务，当这些日本人正准备为保卫缅甸而不惜战斗牺牲的时候，浅井不忍想象，缅甸的总理竟然准备背叛他们。

同服务于昭和商社（Shōwa Tsūsho）的一个民间友人谈话，更加深了浅井的疑虑。他称这位友人为T（称另一位刺杀团队的成员为U。T和U住在日本，并且还健在，他担心要是揭露他们的身份，会掀起旧伤疤。但这其实是多此一举，因为他们的身份早已曝光），某天晚上，河边的副参谋长矶村少将拜访T。浅井提到他从T及巴盛、吞奥克两位德钦党员那边听来的关于巴莫的事情，矶村简单地回复：“是真的。”他接着跟浅井说，河边总司令和巴莫的谈话，隔天就从加尔各答传开。之前没有人知道这场谈话，结论很明显，巴莫与敌人私通。

矶村对巴莫的判断是正确的。浅井火冒三丈，决心要置巴莫于死地。[①]T当然愿意配合浅井的计划，他答应取得武器，并且计划2月16日

---

① 他在文章里承认被矶村设计了。后来浅井在泰国的平民拘留营里遇到了T的老板，昭和商社仰光分社长官岸田先生（Mr. Kishida）。T说：“他们真的把你骗上车了对吗，浅井？”浅井说：“他知道我遭到愚弄。”

晚上执行任务。为了确保刺杀计划圆满进行，他们必须获得缅甸国防军方面的配合，或至少说服他们睁一只眼闭一只眼。16日晚上10点，T为此目的拜访了缅甸国防部部长暨总司令昂山少将。浅井、吴觉敏（U Kyaw Myint）——一位缅甸籍的共谋者——和另一位缅甸人士一同前往巴莫的官邸。在前往官邸的路上，他们顺道拜访了U的住处。浅井说："我们现在要去杀了巴莫，你要不要一起来？"U说："当然，一起去吧。"他们同时也去找T的老板，昭和商社仰光分社的长官［在他的文字中，浅井简称他为K，但在文章他处，浅井用他的全名岸田（Kishida）］。[①]穿着日本军属的制服前往巴莫的住处似乎不妥，因此在跟岸田（K）商量后，他们决定穿缅甸服装作掩饰。但是岸田无意加入他们。浅井回想，当时他们一滴清酒都没喝。

在巴莫的住处，浅井要吴觉敏以缅甸语跟守卫大叫说："我们知道巴莫是英国的间谍，我们是前来刺杀他的。你们的总司令昂山知道这件事，他很快就会过来。首先，把你们的武器交给我们。"听到昂山名字，守卫交出十把步枪，都是日军供应的三八式步枪。浅井挑了一把，就在此时，每晚都会响的空袭警报又响起了。

巴莫从屋子里出来，前往空袭庇护所。浅井挥舞着枪支跟了上去——根据巴莫自己的描述，这位缅甸总理从庇护所出来，回到屋子里。

浅井也跑了出来，冲向屋前。此时，一楼窗户开了并现出一个人影。浅井不确定这是不是巴莫，因此迟疑没开枪。他进入屋内后发现屋子太大，不知该往哪儿走才好。这下他才发觉计划失败了，他走出门，然后叫U去向矶村少将报告。

这时矶村已经来不及插手干预了。巴莫通知了负责缅甸和日本之间

---

① "Ba Mō misui jiken ni tsuite no shōgen", Pt. 2,《政治和经济史评论》第145期，1978年6月，页10。

联系的长官平冈大佐。平冈抵达官邸后就逮捕了浅井，宪兵到来之后开始审问。他们几乎无法相信这是浅井的第一次尝试，因为他处理守卫的技巧高明。U和T也遭逮捕，他们三人一起被带往仰光北部永盛（Insein）的日军监狱。

法律方面的结果非常有意思。缅甸方面军在1944年4月24日举行审判，但不是在正式的军事法庭，而是由军律法庭（用当地军人的《军律法》）审判，理由是被告是日本军方的附属人员和缅甸当地人民。《军律法》为南方军的法律，适用于占领区军队人员，而不该用来审判日本平民。另外，当这场“政变”发生的时候，缅甸在法律上已经独立将近七个月了，而这场政变谋杀的对象是这个国家的总理，是“人民的代表”，因此以缅甸律法来审判的做法是可以成立的。事实上，缅甸外长吴努曾经要求河边司令官把浅井交给缅方，但遭到拒绝。

吴努在他的书里说浅井被送往新加坡，但事实不然。南方军把这件事的报告送往东京大本营，让日本天皇得知此事，而天皇立刻发电报向巴莫致意，表达遗憾。日本东条首相对寺内大发雷霆，要求将浅井送法严办。寺内提出异议，东条立刻以电报下令，将浅井和他的同党以飞机遣送东京。

“放着，放着，”寺内对送来电报的参谋说，“这事没那么重要。”他把电报纸揉成一团丢到废纸篓里。其中不只是因为东条和寺内不合，也因为寺内还挂念着浅井。浅井的父亲是寺内的同学。寺内以前不太聪明，浅井的父亲还曾帮他恶补数学，令寺内心存感激（浅井也曾经是日本军方地理学会的成员，学会和河边也有些关系）。

所以，他的事情就这样处理好了。正如同浅井如何被设计入局，他也如何被设计脱险。他的审判由河边手下的一名中佐主持。主审法官总结道，“这种罪让天皇心痛，事态非常严重，但是我必须考虑到浅井的精神状态，他是因为染上疟疾才精神错乱。我相信T和U都是在浅井的怂恿下参与的，而且我认为浅井有办法让这两位年轻人为他无私奉献，这也相当不简单”。最后浅井被判刑十五年，T两年半，U一年。当这三人被送回监狱的时候，内田（Uchida）所长说他们可能只需要服完三分之一刑期就可被保释。隔年春天，方面军司令部从仰光撤离，还将这些罪犯转往更安全的毛淡棉。在缅甸向英军投降时，毛淡棉法务部的长官坂口（Sakaguchi）大佐对浅井说：“英军知道你的名字，要是你被他们带往收留所的话，你的处境可能会很危险。我在这儿放你自由，而且劝你最好设法逃往泰国。”他给浅井一些泰铢，让浅井沿着泰缅铁路入境，在曼谷的特罗卡德罗酒店短暂停留之后，躲进一个收容日本平民的拘留营里。浅井谎称是昭和商社的职员，于是在商社协会的庇护之下，逃过英军的监察，在1946年6月乘船回到日本。他猜想，尽管英军对每一个离营的人都会稽查，但是他们太想抓到辻政信大佐这条大鱼，所以必然会忽略一些小鱼（他猜对了）。他回归了地理学术研究，在书写这些文章的时候，还当上玉川大学地理学系的系主任。此后他也曾再度访问缅甸，行程愉快，没有什么危险。

这场失败的暗杀行动的确是相当奇特的事件，从中也能看出日本和缅甸对待彼此的矛盾态度。巴莫和昊努的书里都曾稍微提到这起事件，但是日本官方的战争史对此却只字未提。《缅甸作战史》共四册，当中的第二册有关缅甸陆战，对于缅甸独立前的交涉谈判多有所着墨。但是，无论是在这一册或接下来其他几册中，都没有提到浅井教授试图暗杀作为日本同盟国之一的缅甸的总理。更奇怪的是，太田常三（Ōta Tsunezō）的书尽管对日军占据时期有巨细靡遗的描述，但也没提到这个事件。然而，浅井的刺杀意图，在日本军方和仰光的平民社交圈里广为人知，显然缅甸统治高层也知情。一般来说，如果这些军方历史书籍要触及政治事件，这起重大的丑闻应该多少要提到吧？浅井的文章为这个问题提供了解答。那位轻判浅井和他的共犯之审判长，曾经私底下向浅并暗示是寺内的介入救了他。这位审判长是不破博（Fuwa Hiroshi）中佐，与替防卫厅编撰官方战史、缅甸战史的执笔人是同一人。他对我说，他不想看到日本在东南亚的军政府的历史由防卫省战史室出版；无论如何，这样的历史不应公开流传。

这真是很遗憾，无论日本和东南亚的名人或政府披露了多么令人感到难堪的事，肯定还有很多是我们所不了解的，这些真相仍待挖掘。这些事件让我们疑惑，无论是缅甸人还是日本人，他们基于同侪情感所做的任何辩护，这些表现前后不一的言论，必须要结合他们所发表的时间点才能判断。巴莫在战争期间的言论情绪高亢，充满了希望跟日本合作的种族激情，但是他在战后出版的自传中，却对日本狭隘的军事种族狂热大肆抨击。同样地，吴努在1943年8月发表独立宣言的演说，如同前述，强调日本如何牺牲自我以解救缅甸人民，这时的天真语调，跟他在《日本占领下的缅甸》里所呈现的冷漠态度，又大相径庭。

第77回　第136部队

这一切都再自然不过。1943年时，巴莫和吴努的行动都受到某种限制，而且向日军示好总有好处。但任一日本人，无论曾经在缅甸如何受欢迎，在战后回到缅甸，缅甸人反而与他保持一定距离。这改变是由一宗军事事件引起的。樱井德太郎将军当时是昂山以及缅甸国民军的顾问，他观察到，英军跨越缅甸中部通过曼德勒的那条线，也变成了衡量民心向背的线。此后，缅甸人民心理上开始抗拒日军。这案件确实发生在1945年3月28日：昂山于仰光阅兵后率兵北上，本来是要支援日军伊洛瓦底的战役，但昂山带领部队投向英军。

这起事件并非偶然，早在数个月前其实就开始酝酿。起因可以追溯到更早，事实上，是英军在缅甸最勇敢也最优秀的休·西格里姆（Hugh Seagrim）少校打下的基础。

1942年夏天撤离缅甸时，英军顺势留下一群情报人员，负责传递有关日军以及与他们合作的缅甸人搜集的情报。有些缅甸人跟着英军离开，有些则在离开后，又自愿重返缅甸执行渗透任务。这些人员和德钦党以及一些支持英方的人取得联系，因此在西姆拉总部的多曼-史密斯总督[1]与位于印度德里的印度总司令部，以及在康提的蒙巴顿总部，都能接收到大量有关缅甸内部的情报。

有些情报来自虏获的文件，其中一些具有长远的政治利益，一些则在当下有战术价值。其他的消息来源还包括"V部队"（V Force）的活动，这是一支由几名英国军官和武装的廓尔喀或克伦族人组成的部队——有时候根据行动地区的不同，也会有其他部落成员。V部队为了获取日军的组织、人员、身份及一般作战命令等信息，往往距离日军作战区域很近，可就近观察他们的行进和运输，也因此提供了短期战术价值极高的资讯。举例来说，1945年6月，虏获的长泽贯一少将率领的振武兵团司令部的作战命令，由前线英印第17师翻译出来，内容包括计划、兵力、状况、部队、路线、军火和第55师团由勃固山脉突围的计划。这份文件内容在第17师师部获得比尔·蒂贝茨（Bill Tibbetts）少校指挥的V部队的证实。从文件和战俘口供来看，日军的突围日（日方称为"X日"）应该是7月20日，这一信息也得到通信情报人员证实。V部队记录了日军确切的行动，譬如说，沿着从勃固山脉的意村（Yee）经由贝内贡前往锡当的路径，蒂贝茨少校的V部队中的一位军官林赛（Captain Lindsay）上尉，

① 译注：多曼-史密斯总督是第二任缅甸总督，任期自1941年5月6日到1946年8月31日。日本侵入缅甸期间，他在印度西姆拉成立流亡政府。

先到一村询问村落长老有关日本人由山区通过此村的消息。后来发现这路径是振武部队离开勃固山脉的主要出路。日军突击队还计划沿着这条路线，在19日晚间突袭贝内贡，好为主力部队开路。虽然日军安排情报人员在贝内贡附近进出，但是有些遭到了逮捕。日军似乎没有发现他们准备夺取的村落，其实是一个由一整个英军师重兵防守的司令部。

无论如何，那些战术性情报是由阿拉干的V部队（欧文中将的儿子率领）所提供的，并且，由英帕尔附近山区一名英国女子厄休拉·格雷厄姆-鲍尔（Ursula Graham-Bower）——她后来跟一名V部队官员结婚——建立了一个广泛的那加情报人员网络[①]，负责提供长期战略情报，后来再加上政治情报，就是第136部队的工作范围。第136部队是特殊作战执行处（Special Operations Executive）在东南亚的称号，由科林·麦肯齐（Colin Mackenzie）指挥。在马来亚、泰国、法属印度支那等国家，一如在缅甸或在欧洲等地，这支部队主要的任务并非搜集情报，而是要与敌人占领区的当地反抗军取得联系，评估他们的潜力，在必要的时候提供武装，以帮助英军反攻，并在起义行动发生时领导和控制他们。在马来亚的渗透行动，主要经由离岸的潜艇运载。弗雷迪·斯潘塞·查普曼（Freddie Spencer Chapman）在马来亚中北部山区丛林中的长期潜伏行动，于1943年在马来亚警方前任警官的通知下终结。在泰国，第136部队的主要任务是要跟倾向盟军的摄政王比迪·帕侬荣（Pridi Panomyong）取得联系，并且协助组织泰国境内的反日团体，以便在泰国卷入战事时派上用场。

从1943年到战争结束，指挥第136部队（缅甸支部）的，是在缅甸战前就有丰富经验的约翰·里奇·加德纳（John Ritchie Gardiner）。加德纳之前服务于麦格雷戈林业公司（McGregor & Co.），并且是仰光市议会

---

① Cf. Ursula Graham-Bower, *Naga Path*, 1952, passim.

里的两名欧洲代表之一。事实上，如果不是因为战争爆发，他会在1942年3月当上仰光市长。他与缅甸各阶层政治人物往来密切，也因此认识巴莫和吴素。他认为吴素看起来不拘小节而热情，脑筋并非绝顶聪明，却是领导一群党羽的理想头目。另一方面，巴莫在他眼中则野心勃勃、温文尔雅且具说服力，像纨绔子弟，但不特别值得信赖。加德纳的任务是与市议会三十多名成员打成一片，无论是缅甸人、印度人或中国人，这也为他后来成为第136部队长官奠下良好的根基。①

第136部队在缅甸分为两支，部分出于政治考量，部分出于种族因素（正如同特别行动处在法国也分成两支，一支负责英国事务，另一支负责跟戴高乐联络）。"缅甸支部"主要在锡当河西岸活动，与"反法西斯组织"②的游击队联系，另一支则在东岸跟克伦族接洽。克伦族人不信任缅甸人，也仇恨日本人，由于克伦族领地有长远的基督教传统，因此他们自然对欧洲人有认同感。因为这份亲欧的认同感，在1942年日军和其缅族附属们经过锡当河东岸时，克伦族大受侵扰。1943年，当日军策划讨伐休·西格里姆的时候，克伦族又再次受到波及。

在休·西格里姆家族里，英勇事迹所在多有。他父亲在诺福克村（Norfolk Village）担任牧师。哥哥德雷克（Derek）是五兄弟里的老三，1943年3月在马雷防线（Mareth line）担任格林·霍华德第7营（7th Battalion Green Howards）营长，阵亡后得到追授维多利亚十字勋章的荣耀。家中所有的儿子都是军中豪杰，休·西格里姆先加入印度军，后来进入缅甸步枪兵团。休·西格里姆多才多艺又超凡脱俗，是运动员，又擅长在偏远地区探险。当1941年诺埃尔·史蒂文森（Noel Stevenson）要物色对象到缅甸山区部落招募游击队时，休很自然地成为绝佳人选。史

---

① 1975年6月7日，加德纳与作者的通信。

② 后来改为"反法西斯人民自由同盟"（Anti-Fascist People's Freedom League）。

蒂文森在贵概（Kutkai）担任北掸邦边境行政机关副长官，早在日军开打之前几个月，已开始训练克钦人打游击战。在毛淡棉的印度第17师师部会议中，史密斯将军同意：休·西格里姆须以萨尔温江地区55名宪兵为基础，在帕本（Papun）组织克伦族军队。史密斯把找得到的军火——200支意大利步枪和几千发子弹都配给他，休·西格里姆则与地方长官暨区域警长乔治·切特尔（George Chettle）合作，开始招募义勇军。休·西格里姆向切特尔坦承，他相信日军会很快扫过缅甸。他曾经短暂造访日本，相当喜欢和羡慕日本人。[①]

休·西格里姆从帕本往山区深处移动，直到漂加普（Pyagawpu）村。他在这里决定，即使缅甸军队撤退了，他还是会留在克伦山区，并组织抗日部队。到了1942年4月，他孤军奋战，因此决定设法找到军总部以取得无线通信器材。结果失败了，并且在回程中遭到掸族盗匪袭击。休·西格里姆成功脱逃，但失去了一名克伦族义勇军军官。通信成了他现在最大的问题。无论在山区做什么，他要怎样才能把信息传给军队呢？这同样是军队面临的难题。如果休·西格里姆仍在山区里活动，他们该如何与他取得联系？

1943年2月18日，克伦军官巴觉（Ba Gyaw）少尉奉命会同三名克伦人以降落伞空降克伦地区，为的是要与休·西格里姆取得联系。这场行动以轰炸东吁地区作掩护，转移日军注意。可是巴觉空降时，没携带无线通信器材，英国部队尝试要空投器材给他，但是不断失败：1943年2月到10月，每逢满月，就尝试空投，但每次都不成功。第136部队的年轻军官詹姆斯·尼莫（James Nimmo）少校，缅战前曾受雇于加德纳林业公司，他志愿带着无线通信器材，于10月12日夜晚空降。尼莫很幸

---

① Ian Morrison, *Grandfather Longlegs: The Life and Gallant Death of Major H. P. Seagrim*, 1947, p. 50.

运，两天内就找到了巴觉和休·西格里姆，并在10月15日之前，得以跟印度取得联系。

为了让情报有价值，休·西格里姆9月时派了苏波拉（Saw Po Hla），一名克伦军官，前往仰光搜集各种传闻，并和城里的克伦族领导们取得联系。苏波拉还与缅甸国防军昂山麾下的克伦族军官接洽，国防军中有一个营由在桑德赫斯特皇家军事学院受过训的汉森·加度（Hanson Kya Doe）指挥。苏波拉从汉森·加度那边得知国防军里的缅甸人仇日情绪很深，他还带回当地的生活状况和日军军事设备位置等情报。

休·西格里姆和克伦族人像朋友般同住一起，也穿着克伦族服装。他以一己之力鼓舞他们的抗日情结持续成长，并使他们相信英国人一定会重返缅甸。显而易见，日本人不会容忍在他们几乎完全征服的缅甸境内，尚留有一块由英国军官控制的自治区域，尤其这里那么靠近通往曼德勒的主要公路和铁路，这些公路又正好通过克伦山区西部。所以日本人计划进行讨伐，负责讨伐的是一支步兵，由宪兵井上（Inoue）大尉和畔方（Kurokata）中尉指挥。这支宪兵队伍进入克伦地区后，用的是他们惯常的暴力手段，因此在克伦族人的心中种下了恐怖的种子。

从休·西格里姆的角度来看，他面临着道德的抉择。尼莫和麦克林德尔（McCrindle）这两名被派来支援的官员遭到杀害，他所喜爱的克伦族人，也因窝藏他而遭到日本人惩罚。他没有犹豫太久，就去自首，以保住克伦族朋友幸免于难。他的勇气感动了俘虏他、审判他的人以及在监狱监视他的日本医生。最后的判决其实不难想见，休·西格里姆是穿着克伦族衣服而不是英国制服被捕的，因此他无可避免地被当作间谍而处以死刑。

日军医官龟尾进（Kameo Susumu）在休·西格里姆被逮捕入狱的时候，对他身高六英尺四英寸和身穿破烂的克伦族服饰，感到印象深刻。这就是那位长期抵抗日军的英国少校吗？休·西格里姆宣称："我早已有必死的决心，但是我希望你能帮助那些跟我一起被捕的克伦族人，他们没犯任何罪过。”他告诉龟尾，他恨透了英国和日本之间的长久争战，他希望战争能早日结束。他接受讯问时，回话轻快，一副公事公办的态度。他挺直站立，毫无所惧。

为克伦族人求情无效。休·西格里姆和其他20名克伦族人在仰光北部永盛监狱的军事法庭一起接受审判。他对军事法庭说：“我们两个国家之间发生的战争是一场不幸。”“我身为英国军官而服从我国的命令，这不过是恪尽职守。我不会抱怨死刑。但是我身边的这些人不过是听我的命令罢了，请求你们判他们无罪。”[①]

休·西格里姆也让他的狱友印象深刻。空军中尉阿瑟·夏普（Arthur Sharpe）于1944年3月到8月被拘留在新法院监狱，他写道：“他有高壮、自傲、挺直的身躯，端正晒黑的面容，高额头和深邃亲切的眼神。漂亮的胡子加深了他贵族般异于常人的优越气质。我立刻就知道他是一个器宇非凡的人。”[②]

1944年9月2日，休·西格里姆和7位克伦族人被判死刑。他们被带往九文台墓园（Kemendine Cemetery）的行刑场，蒙上双眼后接受枪决。就此看来，他试图建立克伦族人反日情绪的努力似乎没有成效，但是休·西格里姆已经成功地让印度领悟到，由年轻德钦党人带领国族运动的重要，这些德钦党人对日本的统治和巴莫的傀儡政权，逐渐感到焦躁不安。

克伦族人在休·西格里姆受刑之前，就在仰光，因此第136部队便有渠道与缅甸政府和缅甸国民军联络。他们也已经开始对日本人的统治产生不满，所以在1944年12月，建立了双方的联络渠道。

---

① 龟尾进，《锡当魔河》，1980，页102—104；1946年作者与井上大尉的通信。
② Ian Morrison, op.cit., p. 151.

当时，斯利姆的主要目标是要避免起事发生：希望在冒险将缅甸国民军转向英军之前，能让自己的部队深入缅境。因为如果起事发生太早，日军可以轻易将反叛的昂山处理掉。

与此同时，组织的部署已经稳妥。在1945年年初，一群英国军官和将近12000名武装战士被部署在缅甸东部山区，北至眉谬，南至仰光边界，等待执行“个性行动”（Operation of Character）。他们全都能以无线电和在坎迪的第136部队的总部联系，还拥有20个基地台。他们的资金相当充足，这主要是因为执行了一项极机密的计划——格伦维尔计划（Grenville），也就是在英国制造由日本人所制缅币的伪钞，再海运进来，包括100万张的十元卢比和超过100万张的一元卢比。

而这只是一场巨大金融扰乱计划中的一部分，其他还包括由德纳罗（De la Rue）制版印制的近千万泰铢、300万在中国通行的南京货币，以及各式各样在马来亚和荷属东印度群岛使用的货币等。为了会计和借贷用途，这些伪币被当成真币一样处理，而第136部队则扮演了银行的角色。

部队大部分驻扎在东吁到直通地区，日本第28军原本藏在锡当东部的村庄里，以躲避英国皇家空军，结果突围时在此遭到重击，伤亡惨重。但是第136游击队也与印度第17和第19师成功拖延了日军第56师团进入东吁地区。第56师团是值得骄傲且作战经验丰富的军队，曾经独力将云南地区的中国军队陷于绝境超过两年，也曾阻挡英第4军使用通往仰光的道路。要是他们顺利进入东吁，很可能会成功地在该地驻防，阻挡英第4军在雨季来临前进入仰光港。但是第136部队却成功地侵扰和拖延了松山（Matsuyama）第56师团，并防止日军从山区出来。

第136部队之所以能够如此轻易地在这个区域活动，主要是因为多名军官战前都在这边承租林地，对该地了如指掌。1945年有许多来自欧洲的新军官加入，但是第136部队的核心，还是这些在缅甸有长久经验的老兵。照理说，这群人应该非常排斥和昂山有任何形式的合作关系，因为他们的世代和背景与留在西姆拉的流亡政府相同。流亡政府仍然坚持昂山要接受谋杀嫌疑的审判，尤其为了1942年土瓦酋长遭刺杀的事件。加德纳知道这些指控是正确的，但是逮捕昂山的行动如果继续，则缅甸国民军在反抗日本军队之后，显然也会和英军反目。因此加德纳必须从更高层进行干预，阻扰缅甸流亡政府提审昂山的企图。[①]这项争议在蒙巴顿的总部以及其民政部门军官之间，造成了深刻且痛苦的纠葛。

第78回 昂山反正

休·西格里姆当然不是英国在缅甸唯一的消息来源。缅甸一名共产党员登沛（Thein Pe）在1942年连同友人丁瑞（Tin Shwe），逃离缅甸向英军输诚，并声称对日本统治失望。英军自然先将之暂时隔离观察，直到确信两人忠诚，才将丁瑞送往缅甸执行特殊任务。丁瑞在1943年冬天和缅共书记德钦梭（Thakin Soe）取得联系。1944年2月，外海的潜艇将丁瑞接进来。六个月后，五名年轻阿拉干共产党员进入英国战线，其中一人被派至仰光，将缩微成胶片的情报交给德钦梭。

德钦党员登沛针对反法西斯组织和缅共记下这段文字，时间约莫在1944年末："昂山……知道他过去所犯的错误，而且愿意在抗日的起义中，尽最大心力以为补偿。他毕竟是爱国志士，但是有时被一厢情愿的国族主义蒙蔽，无法看清大局。今年8月在他办公室举行的缅甸国防军会议上，昂山说道：'我知道你们正在计划抗日的时程，我为你们抗日的爱国情操喝彩。但是如果起义的时间点不对，你们的努力将会被粉

---

① 1975年4月30日，加德纳与作者的通信。

碎。我愿意负起责任，带领这次行动。当最佳时机到来的时候，我会通知你们。’是的，他现在正焦急地等待我们的回复。”①

德钦丁瑞在第136部队的代号是兰斯洛特先生（Mr. Lancelot），他在1943年被送入缅甸，在仰光与德钦丹吞（Thakin Tan Tun）接洽。丹吞当时是巴莫政府农业部的部长，后来担任交通部长，之后是反法西斯人民自由同盟的总书记。丁瑞在1944年5月报告说，巴莫和德钦党之间有内部争权夺利的情况，所以德钦党员和日本合作，希望借此驱逐巴莫，进而由德钦党重组政府。地方官员都对缅甸所谓的独立感到失望，“他们仇恨日本人，厌恶巴莫，讨厌整个局势，恨透了这场战争”。②缅甸一般百姓可以看到日军面临物资短缺的问题，但是他们也同时看到日本人节俭、勤奋工作的一面。对他们而言，独立是重要的诱因；一旦战争结束，缅甸就能真正独立了。但是丁瑞却说，这种感觉“只限于日军没有驻扎的地区。在他们驻扎的地区，日军是百分之百不受欢迎的”。③

第136部队从这些情报，渐渐拼凑出缅甸内部的情况，而能评估当时机来临，昂山转而对抗日本的可能性。严格来说，这正是第136部队的特殊领域，情报搜集只是任务的附加价值，他们真正的作用是颠覆、破坏和支持反抗势力，而这些作用最终都会对情报的秘密搜集造成妨碍。他们同时也苦于遭受自己人的反对和不谅解，第15军就抱怨，第136部队老是招募曾经服务过日方的人员，而这些人常因犯罪或谋杀遭到通缉。据说斯利姆对第136部队相当不满，甚至想要终止他们的运作，将后方的工作转交给美国战略情报局的第101分遣队，借此把第136部队的任务限制在情报工作上。但就另一方面而言，斯利姆对于第136部队

---

① H. Tinker ed., *Burma: The Struggle for Independence*, 1982, Vol. Ⅰ, p. 55.
② H. Tinker ed., op.cit., pp. 36-37.
③ H. Tinker ed., op.cit., p. 85.

的实际情况了解不深，对他们联络网的范围也不清楚。①

当然，第136部队雇用了许多在战前有缅甸经验的老官员，像是加德纳、休·西格里姆、尼莫、麦克林德尔等，也从欧洲找了一批新血液。他们为这项危险的工作投注忠诚和勇气，却也带来了无知的热情。第4军总部的民政官唐倪森（F. S. V. Donnison）准将，回忆当初他在央米丁见到一个新人的情形："他是有理想、有教养又心细的人。他父母都是基督教的贵格会（Quakers）成员。显而易见，他与缅甸国民军和反法西斯组织的缅甸同事关系良好。在我的记忆中，他觉得缅甸人很可爱，很值得信赖。而且他有正当理由相信，他之所以能存活下来，就是因为缅甸人的忠诚和正直。话虽如此，我不免要提到他是共产党员。这或许能解释他之所以能和缅甸同僚建立友好关系的原因。"②

唐倪森同时觉得第136部队的长官麦肯齐相当神秘，他记得民政部部长皮尔斯（Pearce）少将经常对麦肯齐所提的计划"充满疑虑和不信任，甚至直接拒绝"。唐倪森说，皮尔斯之所以这样，是因为他认为德钦党员没有责任心、缺乏忠诚，而且不具代表性；他担心第136部队对德钦党的支持，会在战后不当地将他们拱上权力舞台，反而牺牲了缅甸政治中立场较温和且能负责的势力。最终，皮尔斯的敌意致使麦肯齐小心地隐藏他的计划，直到更高层的长官许可后才公开。总之，唐倪森和皮尔斯持相同的看法，认为第136部队不清楚他们的行动会带来什么风险。唐倪森说："我认为特别行动处对于缅甸政治形势的无知，已经到了危险的地步，他们不负责任地对这些现实视而不见，简直是在玩火。"他们的作为或许确实有助于形势的发展，然而他也怀疑："这把火已被点燃，总之可能将过去的成果燃烧殆尽。"③

① H. Tinker ed., op.cit., p. 136.
② H. Tinker ed., op.cit., pp. 1001-1002.
③ H. Tinker ed., op.cit., p. 1001.

缅甸民政部是造成对立的源头之一。这里的人，多半战前便在行政或警察部门服务，他们想要维持亲英的忠诚度，并对之前帮助日军的人展开报复。这些民政部官员包括：曾担任掸邦联邦委员和蒙巴顿的缅甸民政部部长的皮尔斯少将；在1942年担任警方监察长的普雷斯科特（Prescott）准将，他后来成为民政部次长；以及第14集团军的民政部次长林多普（Lindop）准将。民政部由空军元帅菲利普·朱伯特（Philip Joubert）指挥，他在1943年自英国皇家空军退休，先前曾担任海岸防卫队总指挥，并于蒙巴顿麾下担任副参谋长，主掌情报工作和民政。蒙巴顿决心要好好运用德钦党和一般人民的仇日情绪，但民政部内各阶层的政策里，都深藏反对蒙巴顿的意见，这些反对声音牵涉到的，主要是如何处理昂山。

1945年3月的最后一周，昂山在仰光举行了一场记者会。通常缅甸人主持会议，都会提供咖啡及牛奶给日本嘉宾，这次却没有这么做。昂山通常衣着体面，着日本将官服现身；但这一次他头戴粗制的缅甸头巾，身穿没烫过的卡其衬衫。日本战地记者之前总强调昂山如何展现真武士的精神，但这次并没有批评昂山穿得不得体。战事在伊洛瓦底江畔一触即发，他们因此将这次会议的不拘小节的氛围，当作即将准备上前线的征兆。

情况的确如此。缅军在总司令指挥下，从仰光行军前往战地，似乎是为支援渐露窘态的日军。英军则静观其变，他们知道这是昂山和他的部队改弦易辙的讯号。就在几天前，1945年3月9日，第136部队向盟军东南亚战区地面部队前进指挥部发出电讯报告，他们其中一个“猎犬通信站”的情报网，从彬马那延伸到东吁，已经发现随着战斗逐渐接近，有上百缅甸人、克伦人和鲍斯“印度国民军”内的印度人都在等待指令，以便向日军反击。其中有些人已经背着部队，暗向当地第136部队官员传递他们的要求：“我们不能这样干等。如果不马上行动，我们只能接受失败。”[1]

斯利姆这时候显然对第136部队的印象大为改观。他不但对这消息表示欣慰，还下令要支持这项反正，倾全力协助，并且提供军火及“杰德堡团”（Jedburgh Parties），亦即一群带着无线电器材的官兵。可惜的是，1945年3月5日有来自更高层的指令，禁止直接将军火交给昂山的反法西斯组织，并且限制每名获得授权的军官只能分配到百件武器。在战地上，这指令被看成自相矛盾。3月25日，他们要求蒙巴顿下最后决定。普雷斯科特认为，为反法西斯组织提供武器，无论对战事能带来多少的助益，对缅甸内部安全都会有长远且严重的影响。

两天后，3月27日，蒙巴顿在坎迪召开会议，第136部队资深官员也在场。菲利浦·朱伯特没出席，但是他在前一天便写备忘录给蒙巴顿，强调无论如何，绝不能做出任何暗示或承诺，导致可能影响到对缅甸国民军和反法西斯组织成员之前的抗英行为的审判。蒙巴顿同时也担心这项举事为时过早，他告诉与会者，起义似乎会在3月24日到31日间发动，他希望能延迟一点，因为战事往南推进的速度不够快。第136部队同意试着延后举事时间。在这个阶段，蒙巴顿似乎接受了朱伯特的隐忧，他说，举事者该得到应有的认可，但也该知道过去的作为不会一笔勾销，他们必须依照1941年的律法接受审判。

会议后，蒙巴顿给伦敦的参谋总长发电报，虽然支持举事可能会冒犯缅甸“值得尊敬的人士”，但是这些人都太消极。那些积极的，像昂山，虽然可能曾犯叛国罪，却也可能成为全民英雄。至于英国能从中渔利的，便是让他们看起来像是“与英国站在一起的，而不是反英的全民英雄”。而且如果英国拒绝在抗日解放运动中帮忙，这会在美国自由主义分子眼中产生严重的后果。英国应该避免任何可能以武力镇压解放运

① H. Tinker ed., op.cit., p. 102.

动的政策，蒙巴顿因此打算发动一场宣传活动，一旦举事，英国政府便宣称要帮缅甸获得完全的自治。①

3月29日，斯利姆总部向盟军东南亚战区司令部发出电报：缅甸国民军已经离开仰光，而且很可能会背叛日军。战场上的军队仍然在等待要如何应对的指令，这是迫切需要的。

同一天，斯利姆焦急地等待真正的指令，而作为战时内阁的印度委员会在伦敦召开会议。他们听取多曼-史密斯的意见之后发了电报，警告蒙巴顿要极小心地处理，说昂山和缅甸国民军可能带来的帮助"相对不重要"，并且他们认为这可能让"国王陛下的政府，去考虑原本不须考虑的政治让步"。如果昂山和其他的领导问起英国政府进一步的计划，第136部队必须拒绝透露所讨论的政治议题。②

4月2日，蒙巴顿在坎迪召开进一步会议，当时的缅甸代理总督约翰·怀斯（Joho Wise）爵士及第136部队和民政部的资深官员都在场。起义已经开始，蒙巴顿指出他已经采取所有应该做的行动。皮尔斯少将抱怨第136部队对他隐瞒所接触的缅甸人士，第136部队则保证会弥补这项缺失。会议接下来讨论，一旦起义达到既定目标，该如何回收军火。蒙巴顿原本准备有"非法持有军火判处死刑"的声明，但是拒绝发出这项声明。他希望缅甸的问题，可以效法南非的布尔战争（Boer War），以理性态度处理。他下令所有的死刑都应该转给他亲自处理。蒙巴顿草拟了一份对于缅甸军事管理的政策，借此昭告对日本人失望的缅民，与英国的合作绝不会重蹈覆辙。缅甸的起义，早在他们获悉英国愿意出手之前就发动了；因此这项起义是为了缅甸人自己的目的，"不是为了我们的缘故"，但是如果民政部的执行方式和日本相反，缅甸人或许会同意

① H. Tinker ed., op.cit., p. 200.

② H. Tinker ed., op.cit., p. 203.

其利益和英国并不冲突。他的民政官员必须小心谨慎去区别政治轻罪和危害人身的犯罪，这样的区分在审判昂山的谋杀案中，将扮演重要角色。①

当英军精心谋划时，战场上的事态也起了变化。昂山的日本友人高桥（Takahashi）大尉——一般以北岛先生（Mr. Kitajima）为称呼代号——3月23日在昂山之后离开仰光。看来事有蹊跷，但是要用武力强迫昂山重返日军阵营，已不可能。另一方面，高桥也准备动之以情，因他明白昂山对日军深感亏欠。他在卑谬南方的瑞当（Shwedaung）追上昂山，可一切都太迟了。缅甸国民军在1945年3月27日，已经公然举事反日。

“你现在打算怎么做呢？”高桥问昂山。昂山答，“继续和日本人合作将意味着缅甸的毁灭”。高桥想知道：“你和英军达成了什么协议？”昂山：“我们的理想是缅甸真正的独立。毫无疑问，这在当下不可能，所以就先成为自治领地。我们正在朝这方面协商，如果英国拒绝给任何形式的自治，我们也会和他们撕破脸。必须采取抗日立场，让英国了解我们是认真的，这就是我们反抗你们的原因。”②

昂山仍然需要亲自和英国接洽。第136部队的探员向他保证，他来往英国总司令部的时候不会被逮捕。昂山相当聪明，知道英军高层仍在争辩是否逮捕他（他必定已经想到这个可能性），因此，在渡过伊洛瓦底江，要到阿兰谬时，他把拜访英国总司令部的时间延后到5月15日。隔天，他在密铁拉的第14集团军总部现身，一身日本少将装扮，佩刀等装备齐全，以代表缅甸临时政府的军队。

斯利姆没有华而不实的承诺，他直接对昂山说，不需要他帮助就能击败日军。而且对斯利姆来说，即使巴莫的独立政府获得轴心国和梵蒂

① H. Tinker ed., op.cit., p. 212.

② Louis Allen, *End of the War in Asia*, p. 18.

冈认可，缅甸仍只能有一个合法政府，他只认可由蒙巴顿代表的英国政府。他不承认临时政府，而且如果昂山要加入他们，他只能当斯利姆的下级指挥官，接受指挥。昂山毫不隐瞒失望，他的所有请求都遭到断然拒绝，包含要英军像对待盟军的司令一般对待他。

斯利姆相当敬佩昂山，因为他没被镇住，但也指出昂山当下面临着有充分证据的谋杀罪指控，而英国总部有很多人企图将他绳之以法。“很多人会监督我将你移送，”他告诉昂山，“你在英国总司令部的安全，不过是经由第二方传达的口头上的保证，没有白纸黑字的担保。你不觉得来到这里，采取这样的态度，实在太过冒险了吗？”

“不会。”昂山回答。

“为什么不会？”

“因为你是**英国**军官”，昂山如此回答。[①]这句话显然经过精心设计，以博得斯利姆的同情。斯利姆听了大笑，接着在和善的氛围下，两人针对缅甸的外国统治和对缅甸国民军的安排唇枪舌剑（缅甸国民军是昂山的心头肉，但是他也同意斯利姆所说的，有人声称缅甸国民军的行径像盗匪）。斯利姆对昂山的坦诚印象深刻，对昂山说：“直接说吧，昂山，你之所以会投靠我们，不过是因为我们现在占了上风！”昂山回答：“如果你们没有占上风，我投靠你们又有什么好处呢？”斯利姆判断，他相当有野心，但是个真正的爱国分子，而且不会罔顾现实：“他让我留下最深刻印象的就是他的诚实……他不随意做出浮夸的保证，也不愿做出承诺。但是我认为他一旦做出承诺，必定负责到底。我可以和昂山谈合作。”[②]

蒙巴顿和斯利姆一样，准备好和昂山合作，但是这对蒙巴顿的民政

---

① William Slim, *Defeat into Victory*, p. 512.
② William Slim, op.cit., p. 58.

官员来说，完全无法接受。皮尔斯在5月9日提出他的看法，就昂山的记录看来，他应该被当作战犯，立刻羁押等待审判。蒙巴顿回应，在任何情形下昂山都不应该被逮捕，但或许在适当的时候应接受审判。[①]五天后，蒙巴顿向他的参谋长送出备忘录，说有些民政执行官并未诚心执行他的政策：

> 我不会轻易忘记普雷斯科特准将在坎迪会议上发表的惊人意见。他暗示，如果德钦党里的成员犯了谋杀罪……德钦党就该被依法封禁。最近几起企图逮捕昂山的事件，足以证明许多人对缅甸国民军的态度和我的政策相左。[②]

休伯特·兰斯（Hubert Rance）少将在1945年5月10日继皮尔斯（Pearce）之后担任缅甸民政部部长，蒙巴顿向他重申决心：

> 我绝对不能容忍缅甸国民军完全地违背我所表示的意愿，他们早在第14集团军和第15军支援前，就已起身反正，这对我们有利。我更不能接受先将昂山关进大牢，再来决定是否送审。[③]

同一时间，在1945年5月16日仰光的一场私人聚会里，昂山、丹吞（Than Tun）和奈温（Ne Win）都在场。蒙巴顿毫不犹豫地确认，任何人只要被起诉，都可能必须被逮捕送审。

在兰斯收到直接来自坎迪的消息当天，他也收到第14集团军林多普准将捎来的信息，内容充分显示了蒙巴顿的怀疑合理：他的政策遭到破

---

① H. Tinker ed., op.cit., p. 238.
② H. Tinker ed., op.cit., p. 247.
③ H. Tinker ed., op.cit., p. 244.

坏。林多普告诉兰斯，缅甸国民军在许多地区都有抢劫行为，已经对法律和秩序造成严重威胁，一般村民觉得他们比日本人还要恶劣，因此无法理解为什么英国人会接受他们。他们应该解散，法律也应该撤销他们的军队，反法西斯组织没意愿对英国效忠，也该解散。

同样地，对于蒙巴顿建议多曼-史密斯总督在文官政府恢复运作的时候将昂山称为“临时政府”的成员纳入咨询委员会，这位总督回应，即便只是给昂山一点点的认同，都会带来灾难，这建议他绝对不考虑。[①]对此蒙巴顿挖苦地回应说，他不过是建议总督，让斯利姆告诉昂山他最终会做的事，“除非你真的建议只邀请来自唯一一支帮助我们对抗日军的军队的代表”。[②]非得想出一个让昂山和他的同僚都能接受的解决之道，否则蒙巴顿可以预见，他们必须和缅甸的十万大军展开内战，而这无疑是不必要的战争。显而易见，蒙巴顿已经预想把仰光当作“拉链行动”（Operation Zipper）的基地，这场行动的目标是重新夺回马来亚和新加坡的主导权。与这样的目标相较，那些民政官员对于多年前昂山犯下的罪行耿耿于怀，就显得有些吹毛求疵了。但是为了公平起见，或许应该检视一下昂山被指控的罪行。

根据1946年4月8日马阿玛（Ma Ahma）的申诉，昂山和他的同伙在1942年杀了她的丈夫。她的丈夫是直通附近泰布庄村（Thebyuchaung）的村长。撤离直通时，昂山和他的德钦同伙拘押逮捕了亲英的村长阿卜杜勒·拉希德（Abdul Raschid），将他五花大绑丢上货车，载往直通，而且因为他是穆斯林，他们还在车上放了一只猪来羞辱他。他们将他囚禁八天，没给食物，接着将他带到直通的足球场。根据申诉书所说，昂山就是在这里“将他钉在门柱上，然后用刺刀将他刺死”。[③]

---

① H. Tinker ed., op.cit., p. 152.
② H. Tinker ed., op.cit., pp. 264-265.
③ H. Tinker ed., op.cit., p. 728.

这份申诉书相当正式，因此总督不得不对昂山采取行动。但有趣的是，这时战争已经结束了，所以整件事情就成了政治事件。如果昂山被捕，之后可能引发暴动，而英国政府当然不愿意让印度军队来实施镇压。英国首相克莱门特·艾德礼（Clement Attlee）同意多曼-史密斯的看法，似乎没有其他选择，将昂山逮捕归案是势在必行的事。另一方面，他又建议，待罪证确凿时再进行逮捕。然而让事件更加复杂的是，昂山杀害阿卜杜勒·拉希德的时候，有一位德钦党员吞奥克在场，他同时也是总督执行委员会的成员，并且曾经在公开演讲中提到这一起事件。吞奥克很有可能不仅是目击者，还是这场罪行的帮凶。艾德礼指示把他从执行委员会中除名，而此时伦敦亦发来电报，正好来得及撤销昂山的逮捕令。

最后，英国政府必须将“反法西斯人民自由同盟”——这自然包括昂山在内——纳入未来的政府体系，这也为避免政治暴力；再加上他们得知，阿卜杜勒·拉希德遗孀的申诉书，并未正式递交给任何法庭，因此英国政府决定向缅甸施压，要他们放弃对昂山追讨刑责。这项行动也因为亨利·奈特爵士（Sir Henry Knight）取代多曼-史密斯成为缅甸总督而变得容易一些；艾德礼相信多曼-史密斯已经“失去控制”。昂山从来不否认这些指控是事实，在公开演说和在1946年5月23日与多曼-史密斯的私人晤谈中，昂山说，他曾经听过那位村长如何压迫村民等骇人听闻的行为，因为这国家当年已陷入无政府状态，没有法庭或裁判官，所以他必须亲自审判。昂山谨记要速审速决，以巩固权力中心，所以决定阿卜杜勒·拉希德唯有一死。这是他自己的决定，而且必须亲自执行。①

---

① 当时的氛围可由下列事件看出端倪。国王特属约克郡轻步兵团（KOYLI）的前副官杰拉尔德·菲茨帕特里克（Gerald Fitzpatrick），他和他营上的军官大约处决了27名缅甸平民，因为他们怀疑这些缅甸人在1942年英军撤退的时候和日军合作（《观察家报》1984年6月3日，页5）。

虽然多曼-史密斯依旧认为昂山必须接受审判，他的继位者却在其能力范围内通过一条法案，让战争期间所犯下的罪行，都只有在总督明确批准的情况下才能提起诉讼。这项法案并没有消除昂山被控的罪名，但是它确保这些罪名不会被私人或是被政治对手拿来操弄。但奈特只不过是临时的替身，在蒙巴顿的推荐下，兰斯将军在1946年8月获得任命成为缅甸总督。同一个月，巴莫在日本向英国占领军投降后回到仰光。曾经贵为总理，却在1941年被英国以煽动叛乱罪名逮捕的吴素也回到缅甸，企图为他逐渐式微的爱国党（Myochit Party）招兵买马。他曾经闪过念头，考虑加入“反法西斯人民自由同盟”，因为这显然已经成为缅甸重要的政治势力；但是他随后就打消了这念头。1947年1月，昂山在伦敦与艾德礼签下协议，同意让缅甸在一年内完全独立。在兰斯的领导下，执行委员会的九人当中有六位是“反法西斯人民自由同盟”的成员，但是这支政治势力尚未巩固。到1947年的时候，“中缅甸”的共产党员已经公然反抗。克伦人因为没有获得独立自治的克伦邦，认为英国背叛了他们。而吴素则伺机操捷径夺取政权。

1947年7月19日早上，吴素麾下的四个暴徒手持冲锋枪冲进内阁会场，除三位部长外，在场之人全部罹难，昂山也在内。他的位子由制宪会议发言人吴努所取代，并在9月通过了联邦宪法。缅甸独立联盟（The Independent Union of Burma）在1948年1月4日成立，选择将缅甸置于英联邦之外。但是旋踵，缅甸就被卷入内战的恐怖威胁中。

第十二章 战后回眸

敌对双方的互评

The Backlog

"审视战地的性、族和艺"

——小彼得金

摘　要

虽然战争结束了，但对场上的诸般社会现象，文艺以及史学论述的方式多有差异，依然值得深思。本章讨论军中的性、阶级、种族，以及艺和文等问题。

第79回处理性的问题，如性病和性欲发泄的困扰。英军内部各地人种复杂，但白人明显较浪漫而不受约束，因此问题较大，而当局对此主要以教育的预防为主；至于日军，则采取制度化的对策：在各地设立慰安所，强征本国、各国及当地女子提供性服务。

第80回讨论阶级问题。英日社会固有的阶级之分，也影响到各自军中的秩序：英军内的官、士和兵壁垒森严，几乎注定了战后英帝国的崩溃；而日军中官、士、兵之间的壁垒乍看貌似松散，实则暂时遮掩了日本社会同样存在的等级制度及其问题。

第81回讨论种族问题。虽然日本不像纳粹德国那样有意识地进行种族灭绝，但种族之争在一系列对决战场上仍是最明显的冲突。日本在战前就已充分利用欧洲殖民者和亚洲被殖民者之间的种族冲突与矛盾，以此促进自己的扩张。而日军在战争中对待各国战俘的非人性的态度，亦令人发指，甚至毛骨悚然。

不过，即使是最残酷的战争，也不乏文艺的美学和社会的价值。战后各国都涌现不少关于缅甸（及印度）战场动人的文艺与电影创作，对战时被扭曲的人性做出刻画，其中不乏广受欢迎的流行作品，均在第82回介绍、比较与讨论。

第83回则举出许多英、日两国描述战争的著名创作。路易士·艾伦为全书画龙，以本章点睛。检视这日落落日的缠斗，对英国而言，这场战争不过暂时延长了其帝国在殖民地的寿命；至于缅甸，独立并未带来和平与繁荣；而日本在战后不久，又重返缅甸当地，在荒烟蔓草中，寻访旧人的战场。这种种，留给读者澎湃的思绪，令人掩卷太息。

第79回 战地的性

谈论战场上的“性”，似乎是个不妥又俗气的话题。不过，如果我们想要深入理解战争的全貌，除了战场上发生的种种血斗外，还真要考虑这个话题；同样，我们也要了解个别战士对种族和阶级的想法。直到最近，我们才认识到“性”对军队的影响很大，因为“性病”是严重削弱军力的疾病之一。最近的研究显示，在19世纪驻印的英军中，性病非常普遍。当时军队和印度政府官员，都认为解决此事的最好办法是建立公立妓院，让士兵在不受感染下发泄性欲。不过，来自英国本土宗教界的意见，加上驻印传教士的激烈反对，使印度政府很难坚持这种态度。可以肯定的是，“二战”期间当大批军队登陆印度时，“官妓系统”并不存在。但是，这并不意味着军中因此出现了前所未有的无节制放纵。驻军牧师和医官都尽量依赖道德约束，告诫士兵，放纵将给自己日后的妻儿带来危险。这种道德说教有些是徒劳的，但问题本身是有意义的。另外，使用抗生素，也降低了某些偶尔光顾印度妓院的士兵可能遭遇的风险。其他战场的经验可以借鉴：如1941年，叙利亚之战中的澳大利亚军队，接受医疗中心治疗的病例共18000个，其中只有65个是性病，推测主要原因是军队为战士设了妓院。1944年，印度英军得病率为60‰。这个数字看上去挺高，但1945年出版的《印度战地卫生说明书》（*Field Service Hygiene Notes for India*）指出：半世纪前的1890年，这个数字为500‰。也就是说，当年高达三分之一的入院病例都是性病。而到了维多利亚时代末期，性病更使半数的驻印军队无法作战。

印度战区总指挥部的政策是反对设立妓院。有趣但也许并不意外的是，无论战时或平时，英国军人的得病率总高于印度军人，哪怕印军面临同样的压力和诱惑；不过这个结果倒也在意料之中。以下数字显示每千名士兵的性病发生率（‰）：

	英军	印军
1934	34.2	9.6
1941	64.5	27.9
1942	69.6	42.5
1943	63.9	49.4

这些数据来自驻印部队，考虑到当时印军算是在“家乡”驻防，因此1934年的数字显示出，英印之间颇为不平衡，且有不成比例的差异。1943年，英军官方历史没有给出军官的相应数字，而低阶军人几乎六分之一（158‰）受性病困扰。1945年，这个数字下降到72‰，这比同一战场（印缅前线）上的西非军人高（69‰），也比印度军人高出许多（46‰）。这个比较要是扩展到东非军人，他们的数字则高达83‰，居首位。（有趣的是，英军每年患各种疾病的发病率都比印军高）[①]

无可避免地，有相当数量私下的风情，其中许多其实无害。来自皇家空军第194营罗素（Wilfrid Russell）的说法很有代表性：

> 我发现对付姑娘，地勤人员不比空勤能干；考虑到士官在空勤人员中所占的比例也不少，因而这事并不完全源于官兵职级差异。在我看来，空勤人员偶尔有机会去那个可怕的热带城市加尔各答，在那里他们能见到靓丽的年轻美女，而地勤人员可没这机会。不管实际距离多远，也不管如何心怀谨慎，他们看到的是那么多迷人女性在餐厅、火车站或医院认真工作，加上缅女后援队［WASBES,

① W. Franklin Mellor, *History of the Second World War: Casualties and Medical Statistics*, 1972, pp. 352-354.

Women's Auxiliary Service (Burma)] 为军人提供娱乐，以及亚历山德拉皇后皇家陆军护士团 (QA, Queen Alexandra's Imperial Military Nursing Service) 和印女后援团 [WACI, Women's Auxiliary Corps (India)] 照顾军人，为他们服务。不少是英国商人的英国妻子，还有些是印度女性，她们信任我们的战士，理解在外军人的孤独和渴望。对那些有机会见到女性的军人而言，这至少能提醒他们异性的存在，以及象征的意义。

地勤人员在闷热的阿加尔塔拉或英帕尔，只能从影片看到复制的琼·克劳馥或贝蒂·戴维斯的影子；运气好时，也能见到第14集团军的女神薇拉·林恩 (Vera Lynn) 本尊。

想平等太难，就像住房一样，基本无解……第194营一名空军曾对我坦白一段令人兴奋的个人回忆……海外的英军，无论是陆军士兵、水手，还是空军二等兵，总能发挥宛如永恒的莎士比亚般丰富生动的表述能力。结果，他们在各方面都比附近的海军上将或空军少将还有更好的享配。①

翻阅盟军东南亚战区出版的杂志，就能发现罗素上述的论断并非为所有人都同意；由于阶级引发的嫉妒，性嫉妒变得更复杂。《中尉之歌》以卡巴莱夜总会 (Cabaret) 的歌舞，表现自称"毛茛" (Buttercup) ②的年轻军官的性爱经，曰：

我在浦那 (Poona) ③，和潘亲热，
在马特拉斯 (Madras)，与玛吉纠缠，

---

① Wilfrid Russell, *The Friendly Firm. A History of 194 Squadron, Royal Air Force*, p. 88.
② 译注：毛茛是水边植物。
③ 译注：印度西部靠近孟买的城市。此段文字提到的印度地名和女性人名都有押韵。

穆苏里（Mussoorie）休假，有火热而令人渴望的天仙（houri）①，
让我痴迷。

往克什米尔的船上，我亲吻凯特，
到拉合尔（Lahore），跟露西恣情做爱，
在亲爱的老拉瓦尔第（Rawalpindi），漂亮聪颖的林迪，
拿走我一切——还要更多……

"挫败"一节中，这种相当无害的科沃德②式的自满和宣泄，却激起军中上上下下的同声哀鸣：

至今未能到浦那，
在马特拉斯，我渴望女伴，
到穆苏里，欲排选火热而令人渴望的天仙，
却都标志："英军官外③，勿入草地。"

……我想望，在缅甸的蜿蜒路上，
不管卑谬、仰光，或神往的曼德勒，
可找到良机，
一路抢先，直进
谜样的姑娘心。

可我又愤慨：

---

① 译注：houri，天上仙女，源自伊斯兰故事。
② 译注：英国著名剧作家，活跃于"二战"时期和战后。
③ 译注：BOR，British Other Ranks的缩写，指英军中的非军官阶级。

（知事与愿违）
肩章没小星，你也难受宠，
当地窈窕女，
离你十万英里。[①]

护士温妮弗雷德·博蒙特（Winifred Beaumount）讲述的一则逸事突显了白人女性的稀少，暗示在缅部队多强制禁欲。这女士到军中一处电影放映场所，忽然发现放映员错将胶片（这部电影是《简·爱》）颠倒。“我忍不住笑出声来。一下子，每个人都站起来，盯住包厢里的我。我的同伴用手臂环抱我的肩，显示他对我的拥有。‘一个女人！’的窃窃私语，流转在整个放映厅，我体会到一种令人振奋的快感和野性的力量。我知道，那无边人海里每个男人，都认为我很有魅力。”为了对博蒙特女士公平，我必须在这里补充她所加上的结论：“当然，其实没人看清我的模样！”[②]

就像我们看到的，英军对“性”的问题，除了预防，就是宣传。士兵有责任自制，不正当的性交是道德上的错误，几乎肯定会引发性病，因为95%的印度妓女已受感染。实际上，保险套和其他预防性物品，都免费分发给了任何需要的人。所以在这里，谨慎和责骂并行。士兵被告知不仅要用保险套，而且在性交完毕后，还要用一种特殊溶液清洗生殖器：用管子先将防护软膏注入尿道，然后绑个袋子在阴茎上一小段时间，让软膏起作用。日军投降后，来自东南亚盟军的部队重新占领了东南亚的大片土地，这一方法更是被大力推广。进入法属印度支那的部队，收到了一本笨拙地标注了法语发音的关于当地操作指南的小册子，

① *Laugh with SEAC*, 1945, p. 62.
② Winifred Beaumount, *A Detail on the Burma Front*, 1977, p. 110.

警告他们小心市场交易，小册子还冷冷地补充说：“当地姑娘，‘孔爱’（*congai*），也是一笔好买卖。”就长期而言，在缅英军很少常驻某地，而属于不断行军中的战斗部队，因此对当地女子而言，相关的担忧也不那么强烈。马斯德斯说他的师（印度第19师）到战事结束为止，在总计九个月的驻缅期间，只有一起强奸案记录，三名马特拉斯兵（Madrassis）[①]因此罪各被判监禁十五年。抛开马斯德斯强烈的令人反感的大男子主义心态不谈，这数字本身还是很有意义的。

从某种角度看，在后方的部队显然受到更大诱惑，加上无所事事，他们的生活方式比之前在英国单纯得多。在部队最高将领中，有时会有妻子陪伴丈夫。有些地方，毛姆笔下的颓废生活，也不能说没有。蒙巴顿就发现一桩丑闻，自己的空军总司令理查德·皮尔斯（Richard Peirse）元帅，引诱印度军总司令奥金莱克中将的妻子。那位女士显然对丈夫全心全力投身工作和印度军事务没有心理准备，感到无聊，于是为皮尔斯的魅力所乘。有如此行径的女性，并不止她一人。

日军的态度则截然相反，妻子根本不能随夫参战，谁要是敢提出这个建议，其他人一定目瞪口呆，尽管在相当长一段时间内，某些地区的驻缅日军可以算是占领军。1918年到1928年间的西伯利亚远征，让日军领教了性病的危害。在那段时间里，有1387名士兵阵亡，2066名受伤，因性病的死伤居然高达2012名。20世纪30年代，日军侵华后开始实行一套妓院制度，被称作“慰安所”，里面有“慰安妇”，其中一些是来自日本、朝鲜和中国的妓女。日本妓女通常来自本国最南、九州外海的天草诸岛，被统称为“唐行小姐”（からゆきさん，去中国的姑娘）。多年以来，在东南亚诸国普遍可以找到这些海外日本娼妓。不过，绝大多数日军慰安妇来自朝鲜。这个系统最早从1938年1月开始运作，第一家慰

① 译注：马特拉斯人来自印度南方，信仰伊斯兰教，皮肤较黑。

安所建立在上海杨家宅（柳屋），由总部补给部门管理。医官麻生彻男（Aso Tetsuo）监督慰安所的建立，他后来成为福冈一家医院的院长。日军建立慰安所，不仅是出于19世纪印度军方所提出的理由，即只有这样才能控制猖獗的性病，更重要的也是为了约束驻扎在上海和杭州的日军的过度行为，防止他们重演之前在南京破城之后随意强奸的恶行。当时，日本第10军在一个月内行军200英里，抵达南京前，经常每日作战，这也许可以解释他们在南京的行为。“日军过后再无处女”是当时流行的说法，在东京审判时，有证人表示亲眼看到三十个日本兵轮奸一名女子。

这暴行被当地的外国传教士向在上海和南京的外交官报告，并由记者向海外报道，日本军队的名誉受到损害。同时，因为日方想要在被占领区赢得“民心”，并影响未来这里的统治，于是更高层决定实行慰安所制度，满足属下的性欲，并保证对妓女做好控制和检查，以防止性病。

充当娼妓的日本女子，通过官方批准的民间商人，用军费送出国。每个女子价值1000日元，所以在理论上，一旦她挣满这个数字也就自由了。以每名士兵支付两日元计算，那么服务五百人之后就意味着自由。早期，曾有慰安妇乘火车去杭州（两天多的路程），沿途好奇的日本兵发现她们的身份之后，纷纷要求中途停下。于是火车车厢成为临时慰安所，并以三分钟一名士兵的速度进行交易（须知在通常情况下，两日元可买三十分钟）。照这个速度，这些女子在到达目的地之前，都差不多挣到了赎身费。她们根本没时间睡眠，只能趁士兵坐在自己身上时，找机会尽量小眠。①

日方从名誉的角度出发，还是认为将慰安所直接置于军队管理下不妥，于是改由民间商人经营，接受军方医疗监督。按一女子对四十名男

① 千田夏光，《从军慰安妇》，页62。

子公式计算，战争结束之前，共有八万名女子进入此系统。

在日本本土，这是一个秘密，相关的新闻报道和照片，被审查机构撤下，不准见报。但还是有一些照片幸存下来：一组穿和服的女子含羞（或刻意）看着照相机；一个漂亮的姑娘，头戴海军帽，一边读书一边开怀而笑；一名士兵等在一排木屋之外，告示板上写着："我们以身心欢迎勇敢的日本军人。"

使用慰安所，有如此严格的规定：

陆军慰安场所规范

1．只有陆军军人、军属，才能进入慰安所（军夫除外）。进入慰安所的人员必须拥有慰安所通行证。

2．必须以现金支付费用，拿收据，以之交换一张入门票和一个保险套。

3．入门票价如下：

士官、其他军衔、军属平民：两日元[①]。

4．入门票仅限当日有效，如未进慰安所，可全额退票。一旦入门，票交给"酌妇"（即服务员）后，不能退票。

5．购票者必须进入票上指定号码的房间。

6．入门票在进屋前交给服务员。

7．屋内严禁饮酒。

8．事毕使用防护溶液后，须立刻离开房间。

9．违反规定者或触犯军纪者，必须立刻离开房间。

10．禁止不戴保险套进行性交。[②]

---

① 1945年一名中士的月薪是30日元，一名上等兵为10.5日元，不过海外的薪金较高。每十日发薪，一名海外上等兵十天可获得7.8日元的收入。

② 伊藤桂一，《士兵的战争日记》，1969，页92—93。

一些更怀父性的日本医官则主张年轻士兵手淫及发展同性恋，这样的做法本就是武士道传统之一。在《兵队画集》页168上，来自九州北部小仓的中尉军医中村勇（Nakamura Isamu），正对一班入伍新兵进行性卫生教育："你们这些人可别去慰安所，对你们的军中同袍示爱就够了，可以互相手淫。这比光顾暗娼好太多，那些女人绝对有性病。"[①]作者还说，有一次去台湾出差，军中每个人都体会到痢疾、疟疾和皮肤病的危害，但性病却不成问题，因为在那里根本没机会去慰安所。

这说明，以上系统虽然理论上有完善的管理监督，但并不总能有效地预防疾病。千田夏光（Senda Natsumitsu）引述的繁复的官僚规定，可能出自高效率的军医之手。但伊藤桂一（Itō Keiichi）认为，这些规定对慰安所工作人员来说，其实很可笑；他还声称这系统的管理并没有想象的那么严厉。他说，通常情况下，爱情从第一眼印象开始，一步步发展下去，但战场上的爱情，可以说截然相反：它骤然开始于纯粹生理的需要，而之后可以逐渐产生情愫；对士兵来说，因为往往不知道自己能否活到下一场战斗，速度就特别重要。[②]

常规军人和征召入伍的军人也常有态度上的差别。这并非我们通常所认为的，老兵坚韧又久经考验，刚从家里出来的新兵则易受惊吓。事实正相反：老道的常规军人常常需要完成军中分派的任务，希望得到提拔，因此忙碌的军中生活让他没太多工夫追女人；而年轻的入伍新兵刚从民间来，可能有更丰富的性经历，也就意味着更强的性欲。在中国，有时这些人会擅自离队外出找女人，结果被便衣游击队逮到。

---

① 富田晃弘，《兵队画集》，1972，页168。

② 伊藤桂一，《士兵的战争日记》，页208。

在缅甸情况又不一样。当日方逐渐落败时，慰安妇常常也陷在被围的兵营内。虽然她们知道自己并非军人，可以离开，却宁可和日本士兵同进退。1944年9月在云南腊勐的战斗中，日方兵营最后只剩下八十人，他们于是决定自杀。那里的日本慰安妇对她们的朝鲜同伴说："你们应该逃出去。你们对日本没有责任，所以保住自己的性命，回家乡去。你跟他们一样是东方人，中国士兵不会伤害你们。我们打算跟我们的士兵留到最后。"朝鲜女子扬起白旗出来投降，日本女子则吞下氰化钾，和日本士兵以同样的方式自杀身亡。中国人攻下此镇后，发现有七具女尸。

在密支那的女子相对幸运。就在城破之前，守备队长扎好筏子，把伤员和慰安妇沿伊洛瓦底江送往下游安全的地方。

缅甸其他地方的情况，并不总是那么危险。在毛淡棉，一队日本海军工程师和慰安妇一起，合住工程师的小屋。不过，他们似乎太贪婪，并不满足已有的性机会。因为听当地劳工说外面有姑娘，几个工程师于是入山，真在高脚茅草屋中找到了姑娘，给她们每人两三卢比做交易。其中一个人还算有理智，在出发前从护士那里拿了消毒用品，那是一片可以溶解在水中的紫色药片。他用溶液清洗自己，从而安全脱身。他的朋友可没那么幸运，很快大腿发肿。但因违法使用非军用慰安妇，他被降职为上等兵。①

由于缅甸理论上是友国，日本必须赢得当地民心，因此自然不希望发生强奸事件。伊藤桂一记录了一个在缅师团，他们控制下的地区，强奸案发生率特别高。那些士兵经历多年苦战，六七年之后，按规定本该退役；但事实上，往往当天就马上转为预备役。因此，对这些士兵而言，几乎就是无限期服役，一次也回不了家。因为强制性的纪律规范不

---

① 千田夏光，《从军慰安妇》，页170。

容易在此执行，师团部做了一个非同寻常的决定，让士兵明白，如果要强奸女子，就该在事后杀了她，以免罪行被上头发现。

有次一名缅女提出控诉之后，三名日本兵都承认强奸。他们的准尉问道，“为什么不杀了她？”回答是，“我们觉得她很可怜，下不了手”。准尉替他们做伪证，但这三人还是被定罪，送回日本服刑。因为之后日本就投降了，这算起来不像是个糟糕的结果。但是伊藤指出，在当时，这可是很大的耻辱，领罪的士兵将再也不敢回家。当然在事实上，这判决几乎肯定救了他们的命，免于和师团其他人一样，留在战场死于疾病或饥饿。[①]

日本这项特有的规矩，并不表示一切都如机器一样井井有条、一丝不苟地严格执行。当士兵进入慰安妇的屋子后，等在外面的人会大声喊：“怎么样？你在做什么？抓紧时间！”哪怕人家刚刚进去才五分钟。如果慰安妇是缅甸人，她通常会问：“大人，还好吗？”[②]按照千田夏光的说法，这些女子，还有印度姑娘，在日本投降后继续从业，轻而易举把生意转做到进入丹那沙林的盟军头上。除了毛淡棉，开设有慰安所的，还有密铁拉、曼德勒、仰光、东吁、彬马那。通常的比例是：10个朝鲜女子、4个缅甸女子、2个中国女子或印度女子，以及0.8个日本女子。不知道千田是怎么得出日本女子的小数点数字的，不过日本妓女通常在二十岁上下，只供军官专用。可是在早期，曾有军医向总部抱怨，说只有那些在日本国内达到“服务”年龄上限的妓女，才被送往国外作为慰安妇，而他坚持日本皇军有权享受最好的女人。[③]

在缅甸还有艺伎馆，姑娘们向军官呈现精致的传统歌舞娱乐，每个姑娘都有特定的客人。这些场所非常吃香，当时负责补给的参谋官后胜

---

① 伊藤桂一，《士兵的战争日记》，页215—216。
② 缅女在这里用英语master（主人）一词称呼日本兵。
③ 千田夏光，《从军慰安妇》，页121、171、169。

（Ushiro）少佐不止一次忍不住说，排在艺伎馆外的汽车长龙显示，那些来之不易的汽油，其实是用在跟获胜毫不相干的地方上了。

在某些受过良好教育的日本军官中，也对慰安所和艺伎馆有反感情绪。第55师团中接受西方教育的斋藤弘夫中佐，蔑称那些去慰安所的是“满足自身兽性欲望的人”。会田雄次（Aida Yuji）当时是第53师团的二等兵，看到总司令的座驾驶过仰光街头之际，他马上敬礼，却看到车里挤满了醉醺醺傻笑的艺伎，很是吃惊。

牟田口设在眉谬的军司令部有自己的艺伎场所，称为“清明庄”，意为“明亮的客舍”。这是一家料理亭，也就是餐馆，由来自大阪红灯区一家妓院的管理者经营，所有的垫子、屏风，加上炊具都是以“军用物资”的名义从日本运来的。牟田口以下，第15军的每一名军官在清明庄都有自己专属的艺伎。虽然眉谬坐落在缅甸山区，清明庄却夜夜开放，供应高档日本清酒与和食佳肴，比如鲔鱼生鱼片。当时，高档清酒在日本几乎都算是奇货。当有自总部来访、参加会议或做报告的军官时，也会在此设宴招待。

虽然清明庄的气氛可能怀旧而美好，但实际运作却并不总是如此和谐。牟田口的参谋长久野村（Kunomura）少将和他手下一名参谋木下（Kinoshita）大佐的争执，就得归咎于艺伎的魅力。久野是常客，手下士兵给他起了一大堆低俗的绰号，描述其人之勇猛。他对一名艺伎情有独钟，往往径直去她屋里。有一次，他发现木下对她也有意思，一怒之下，抓住木下丢出房间。久野村是个结实粗壮的军人，后来统领过一个近卫师团。木下被拖到室外哨兵站岗的地方之后，久野村从左向右，对着木下的脸，狠狠掴了两个耳光。就算在日本军队里，扇耳光是每日常见的维持纪律的手段，但也不是每天都能看到一个少将扇一个大佐的耳光。不过这也体现出第15军高层特有的斯巴达式理念和淫逸奢侈行为的奇妙混合。

第80回 阶级处遇

要探究在战场上阶级差异的影响，就困难得多。藤原少佐（后升中将）观察到，在对待印度士兵的态度上，他本人和英国军官有显著不同；因为当他跟印度士兵们一同吃饭时，他们非常惊讶。1941年12月17日，他为“藤原机关”成员——“印度独立联盟”的平民成员以及印度军官和士官，举办了一场午餐会。在集会的最后，他最早招募来的印度军官莫汉·辛格（Mohan Singh）上尉起身，向他致谢。辛格说：“在我的记忆里，英军从来不曾让印度士兵与并肩作战的英国军官共同用餐。”[①]当然，这里既有阶级也有种族的因素在起作用，而且辛格也不算是一名中立的见证人。

实际上，英国和日本的军队指挥体系，都依靠一套以军衔高低拉开距离的等级制度，不过在战场比在后方兵营要宽松得多。伊藤桂一指出，和平时期，中队长与其手下士兵没有太多接触；在战时，士兵和担任小队指挥官的中尉，通常也没什么交往。[②]日本投降后，英方在日军俘虏中继续保留这一系统，因为这是组织俘虏营劳力最简单有效的办法。不过，日本军官本身开始逐渐消解这个系统，日后成为京都大学“文艺复兴史”教授的会田雄次就是这样一名军官。他指出，在日本陆军中存在两套价值体系：一套以军衔等级为衡量标准，另一套则依赖某些特定技能的成就和声望，比如射击技术。

在俘虏营的生活则把前者（等级）最小化，也改变了后者（能力）

---

① *F. Kikan*, p. 86.

② 伊藤桂一，《士兵的战争日记》，页59—60。

的属性。在那里面，最吃香的技能是偷盗和顺手牵羊，能跟看守说英文，或者跟当地缅甸人交换香烟。如此一来，一个平行的社会在俘虏营里出现，在那里出头的，是最能适应生存、最不被旧秩序干扰的人。军衔系统虽并存，但仅剩框架，由英军为一己之便而操纵。[①]

但另一方面，必须指出，日本陆军中的等级制度，并非日本社会等级制度的翻版（虽然有些日本作者如此声称）。相反，东京大学教授丸山真男认为："它消解了社会中，因等级制度而引起的不满。不管一个人在其家乡地位多高，一旦入伍，就必须遵守陆军的等级制度，这是日本陆军的特点之一。在其他国家，军官往往来自上等阶级（'贵族'），但在日本不是这样——而这正是日军的优势。这是一个有趣的说法。不过我认为，在日本陆军里，还有一种冒充（表相的）民主的成分。军队结构中按军衔划分高低的这种等级制，立刻和一个理念相悖，那就是根据'一君万民'（Ikkun Man-min）的价值观，所有军人在天皇之下都是平等的，军人都是天皇的战士……不管一个人在家乡的出身或地位如何，一个贵族子弟可能被一个农家子弟扇耳光。这样的表相民主体系，可以消解因社会地位差异而引起的不满。"[②]

藤原少佐自然可以为自己能用手吃咖喱[③]而自喜，虽然笨拙，但他超越了印度士兵和英国军官间的界限。相形之下，这倒是跟今日在英国的工厂所采用的日本现代管理技术，在无阶级差别待遇的餐厅和厕所方面有相似之处。在英国士兵对东方战争的反应中，阶级是否发挥了作用？若从士兵对其长官的抱怨而言，可以说是。不过这是一个凭感官印象得出的感觉，难以量化证明。但是，当我们阅读有关温盖特第一次行动中被俘英兵的表现这些文献时，就能发现不少日方记载提到，英兵认

---

① 会田雄次，《英军的俘虏》，页148—149。
② 饭冢浩二，《日本的军队》，1968，页99。
③ 译注：印度风俗。

为温盖特是“疯子”。这除了表明此人举止古怪外，字里行间是否还有其他含义？[1]信奉共产主义的坦克兵布兰森（Clive Branson）中士引用了一段军中营房内的对话：

> 那些伟大的精神分析师应该研究在印度的常规兵。今天，我带了一本《人类起源》去炮兵营房，休息时看看。有一个年轻的常规兵，二十三岁，已经参军七年，过来看了一会儿书上的照片，念了几段话，合上书说：“这些家伙写这种书，要从可怜的战士身上捞大钱。”我无论如何也没法说服他改变想法。这一切在在显示帝国军队机器如何在他们心中深深地造成了压抑、羞辱感，以及缺乏人间友爱和充满怀疑的态度。在充分了解他们之后，如今我毫不惊讶，完全体谅他们为什么不想打仗。因为他们根本不崇信战争。[2]

对征召入伍的士兵而言，情况也一样。诗人阿伦·刘易斯（Alun Lewis）记录了他的兄弟来探望他的故事。他的兄弟在信中被称为G。刘易斯是一名南威尔士边防团的军官，他很高兴做交换，为他的兄弟争取到可以睡在床与床中间的机会。因为隔壁房间一群喝醉的军官吵吵嚷嚷，刘易斯自己一直醒着，最后走到他们里面“要他们安静”。出乎意料，对方居然照办。“好像漫画里的滑稽人物，数以百计，这就是我们的中级领导！不过，他们也不像听起来的那么笨。我对他们就不再计较。”

可是他兄弟的观点显有不同。“他告诉我他的看法，这是地道的牢骚满腹的士兵对自己上司的无情看法，他以批评他们为乐——这也是他唯一能做的。这系统非常不平衡。G周薪10卢比，我的是70到100卢比。

---

① 《勇将和弱兵》，载田村吉雄编，《大东亚战史秘录：缅甸卷》，页141。
② Clive Branson, *British Soldier in India: the letters of Clive Branson*, 1944, p. 33.

我感到最难忍受的，是在战舰和部队列车上表现出的差异；等级制体现在个人舒适的程度上，竟是那么刺眼与令人厌恶。”[①]

虽然发生的场景是在马来亚而不是缅甸，但斯潘塞·查普曼断定一个英国士兵无法在丛林中存活，这种以阶级为基础的评断是否属于过度解读？查普曼遇上两名炮手和两名阿盖尔（Argyll）[②]兵，后者饱受性病和脚气病折磨。查普曼给了他们一些维生素B，希望至少可以补充他们身体中缺乏的重要元素。他说："不过，他们需要比维生素B更多的东西来治疗他们的心态，那才是缓慢而致命的杀手。我的经验是，英国兵如果不小心被扔在马来亚丛林中，那他们的寿命只剩几个月；一般士官较有知识，也许可以存活一年以上……他们无法适应新的生存方式，也不能靠蔬菜和稻米维生。在那个绿色的地狱，估计他们通常会在几个星期里死去，事实上这也成了一条规律……”[③]

要是听到东萨里郡（East Surrey）步兵团下士帕加尼（Ras Pagani）的经历，查普曼准会大吃一惊：帕加尼是已知的唯一从死亡铁路逃出并生还的士兵。他父亲是英国人，母亲是法国人，他从丹彪扎亚（Thanbuyuzayat）铁路营地徒步到克伦山区[④]，在那里加入了休·西格里姆少校领导的克伦抗日部队。他打算之后横越缅甸，通过阿拉干边界回归英军，但被缅甸人打伤，并送到日军那里。他假装自己是个被击落的美国飞行员，他知道如果说是从死亡铁路逃出来的，一定会被处死。他被送到仰光监狱待了两年，有时是单人禁闭，还经常挨打。最后，当仰光光复后，日军释放罪犯，他终获自由。[⑤]

---

① Alun Lewis, *In the Green Tree*, 1948, p. 52.

② 译注：苏格兰高地部队。

③ F. Spencer Chapman, *The Jungle is Neutral*, p. 18.

④ 译注：这里有个盟军俘虏营，替日本建造缅甸到泰国边境的铁路，连接到仰光。

⑤ Ian Morrison, *Grandfather Longlegs: The Life and Gallant Death of Major H. P. Seagrim*, pp. 202-210.

伯纳德·弗格森对第一次温盖特行动的描述，值得仔细品味，其中似乎暗示了官兵的社会差异。当时他们要渡过瑞丽江，他本人身高六英尺，江水在他的胸口处，水流的速度很快，有四到五节。他手下一行人成功到达江心的一个沙洲上，却在那里滞留。有些人坐上乡间小船，但在半夜里失踪了。军官想要说服留下的士兵在激流间冒险前进，但是饥饿、寒冷、长时间的紧张，还有那些被冲走的同袍的喊叫，吓得他们手足无措，许多人拒绝挪步，次日都成了俘虏。

弗格森写道："这是一个不争的事实，那就是那些成功渡江并留在队伍里的都是最棒的，他们的行为从头到尾都值得赞扬。其他人无须我多言，但我还是得要为全队负责。不过，无论当时还是现在，我感到安慰的是，对绝大多数被放弃的人，我不认为自己和这个国家亏欠他们。有两三个我感到特别遗憾，其中包括一个人，几乎可以肯定是淹死了，另两个人个子特别矮小。不过还有两个人，要是他们成功脱险，恐怕得面临军事法庭的控诉。"①

有意思的是，无独有偶，一名日方观察者也使用身高来区别英军中的军官和士兵。官与兵也许阅读同样的流行杂志，但他们说话的口音完全不同，同时只要稍微扫一眼就能看出差别。会田雄次说，"区别在于他们的体魄，尤其是身材。英国士官和士兵很少有比我高（我身高五英尺六英寸，170厘米）的，不少人约在五英尺六英寸上下。但军官都个子高大，大多数六英尺以上……他们体型匀称……而且，不仅体格有差别，军官的举止显示出极端自信"。会田认为，这是因为英军内部的制度反映了英国社会的一般结构。他观察到在官与兵之间，"有明显差异，让你怀疑那些英国士兵是否真的被承认为英国社会的一员。军官是'白领'，士官和士兵是'劳工'"。他还认为这差异也体现在官兵对武器

---

① Bernard Fergusson, *Beyond the Chindwin*, pp. 174-175.

的掌握上，“成为军官的通常在学校受过严格的体育训练。击剑、拳击、摔跤、橄榄球、划船、骑马，不少人还有相当造诣。军官若连其中任何一两项都不会，应该是个例外”。他们给人的印象是“极为活跃，富有生气，充满活力”。

作为历史学家，会田有自己的解释：“军官是资产阶级的后代，当年正是这些资产阶级经历了革命，他们拿起武器，对抗封建贵族，把对方赶下权力的宝座。与他们并肩战斗的无产阶级，人数上超过他们，但其后，在资产阶级的统治下，如果无产阶级有不听话、失控的迹象，资产阶级就以武力镇压，把他们控制住。我们一直认为资产阶级的统治源于社会结构和明智的教育政策，却没考虑到纯体力因素。”①

按会田的说法，一般很容易过分解读社会差异，但弗格森的描写确实显示出官与兵之别，那往往也意味着生死之别。不过，阶级影响的证据，还很零星，也大多出自印象，过度演绎未必明智。

第81回　种族差异

相反，因种族差异而产生的影响就有充分的论述证据，而且这些影响不单在缅甸，甚至涵盖了整个远东战场。一名美国历史学家认为，“种族问题是远东政治角力的关键”。②尽管如此，在亚洲战场上，没有出现像希特勒对犹太人那种以合理化和工业化的方式实施的冷血种族灭绝。固然，成千上万的人因为残忍、贪婪、无情、无能，以及军事行动

---

① 会田雄次，《英军的俘虏》，页81—82。

② W. R. Louis, *British Strategy in the Far East*, 1971.

的危险而死去，但毕竟不是源自几个世纪以来的偏见，也非由事先精心制定的无情计划所导致。

然而在日韩之间、中日之间、英日之间和英印之间，都有种族冲突和种族怨恨流传下来。不过另一方面，这些冲突从来没有被工业化。因此，必须记住非常重要的一点，那就是在泰缅死亡铁路上冤死的亡灵之中，可怜的亚洲劳工，要比盟军战俘多出好几千。

日本人及其傀儡政府，充分运用种族仇恨对抗殖民势力。1943年11月，巴莫更在东京召开的“大东亚会议”上发表令人尴尬的种族“血亲”演说。他声称，“我仿佛听见亚洲在召唤子女团结，那是我们亚细亚血液的声音。这不是用心智，而是要用我们血液思考的时代。正是这样，我才会从缅甸来到日本”。[①] 这也是1942年2月藤原少佐在新加坡花拉公园（Farrer Park）对印度战俘演讲的出发点：“日本正为解放长期饱受英帝国主义蹂躏的亚洲国家而战。日本是亚洲人民的解放者和朋友。”[②]

即便是新加坡的华人社区，本该比岛上任何人都更有理由恐惧和仇恨日本人，却也在某种程度上被这些花言巧语所吸引。不过，日军之后的暴行很快就打破了这一幻想，“我们并非对你们日方所声称的同胞情谊、血脉与文化渊源不知情。但同为蒙古种，同为亚洲人，你们让我们失望：你们没能表现出慷慨和气度，以及胜利时刻应有的骑士精神”。[③]1943年在伦敦出版，由欧亚混血作者多弗（Cedric Dover）写的一本书，曾对英国公众发出警告说，日本的主张在最意想不到的地方被听进去了。美国黑人“在当时（1938年）预期美日冲突将是他们争取自由的好机会”。[④] 当藤原策划入侵印度的同时，多弗也警告他的英国读者，

---

① Ba Maw, *Breakingthrough in Burma*, p.343.
② Shah Nawaz Khan, *INA and its Netaji*, p. 19.
③ H. I. Low, H. M. Cheng, *This Singapore (Our City of Dreadful Nights)*, Singapore, n.d. p. 14.
④ Cedric Dover, *Hell in the Sunshine*, 1943, p. 166.

"如果日本认真攻打印度，那么已经困扰着该国数百万人的迷茫和愤怒可能会发展为对入侵者坚实而广泛的支持：日军会被当作解放者"。①

日本早就自称为全世界有色人种的保卫者。资深陆军大将、号称日本现代军队之父的山县有朋（Yamagata Aritomo），曾在1914年11月写信给首相大隈重信，"一旦今天在欧洲的战事结束，政治和经济秩序恢复正常，不少国家会再次关注远东，企图从这一地区得到好处和权利。到那时，白种人和非白种人的冲突将变得激烈，谁能保证白种人各族不会联合起来对付有色人种？……如果东方的有色人种想要与所谓文化发达的白人竞争，跟他们保持友好的关系，又保留自己的文化特色和独立，那么有相似文化和种族背景的中日两国必须友好，并相互支持对方的利益"。②

这才是日本坚持认为侵略中国乃是为了动员东亚主要力量对抗西方入侵的根本原因。如果中国无法完成自己那部分责任，就需要有人强迫它。同时，日本将独自承担起这一责任。这一言论确实得到响应，这从1942年在新加坡的印度战俘被日本征用就可看出端倪。印度军官的切身感受是，种族歧视是造成这一现象的原因之一，这从反英和亲英两方面的印度军官的言论中，都能充分体现。沙阿·纳瓦兹·汗（Shah Nawaz Khan）是旁遮普第14团的军官，后来加入"印度国民军"，带领一个旅在缅甸抗英。他写道，"在马来亚，很多俱乐部不允许印度军官加入。马来联邦铁路当局明文规定亚洲人与欧洲人不能坐在同一节车厢内，哪怕他们同属一支部队，有相同的军衔。"③

无独有偶，日后因勇敢面对日方拷问而被印度总督授予乔治十字勋章的马哈茂德·汗·杜拉尼（Mohmood Khan Durrani）中校也持同样的观点。

---

① Cedric Dover, op.cit., p. 120.

② Tsunoda et al., *Sources of Japanese Tradition*, Ⅱ, 1958, p. 207.

③ Shah Nawaz Khan, op.cit., pp. 4-5.

> 在所有场合下，印度军官都受到羞辱。我们常常怀疑，这就是对我们舍命保卫大英帝国的回报吗？英国军官苛刻不公的行为（除一个反例之外）激起印度的民族自豪感和愤恨……英军对待印度人的不公，以及印度军队上下普遍存在的不满，在马来亚到处可见。①

不过，这一观点并不为英国官方史学家接受。他们写的是，“在马来亚没有种族歧视，各族群间关系相当和谐。不过，各种族的亚洲人，更多与欧洲人交往，而不是互相交往。可以说，战前的马来亚是块繁荣、忠诚的乐土……”②

杜拉尼的说法虽然无法简单应用在缅甸，但种族这个因素在两军揣测对方心理时都至关重要。通常，英、日这两支军队对敌方历史所知都实在太少。

最近在日本，有人宣称英国人为了在泰缅死亡铁路上死去的同胞报仇，在经过精密的数量计算之后，于1946年杀死了同样数量的日本劳工，他们都埋在新加坡的日本公墓。这个控诉首先出现在一本日本流行杂志的一系列文章中，作者是筱崎护（Shinozaki Mamoru）。他跟新加坡很有渊源，日占时期，在他的主持下，曾救出许多饱受虐待的新加坡华人。后来这一控诉被证明为伪造，文章也被正式收回。但为时已晚，已造成负面影响。③会田雄次坚信，在缅甸，英国当局有计划地对日本人发泄其种族蔑视。他一直坚持这个观点，既针对英国人本身，也针对日本国内从20世纪50年代开始兴起的亲英情绪。他写道：“我无法放弃这个念头，在战俘营我们窥探到了英国军队和英国人不为人知的灵魂深

---

① M. K. Durrani, *The Sixth Column*, 1955, pp. 2-3.

② S. W. Kirby, *The War Against Japan*, Ⅰ, p. 156.

③ L. Allen, “Not so peculiar”, *Proc. Brit. Assoc. for Japanese Studies*, 1980, p. 111；以及1981年在东京与筱崎护的交谈。

处。我们看到了这个事实，这是一个可怕的恶魔，它统治了亚洲好几个世纪，造成了不可言喻的痛苦……”①

会田亲身体会的这种苦痛，并非因为受到鞭打，也不在于他所知道的他自己的军队对英印俘虏施加的任何折磨。反之，它表现为绝对冷漠的种族蔑视，毫无人道的漠不关心。会田认为这比肉体上的侵犯更可怕。英国人也如此对待印度人。

> 他们（这些英国人）看上去真是彻底漠视印度人。他们并不表现出极端轻视，也不是通常人们面对反应过激的外国人所采取的谨慎态度，而似乎是他们彻底忽视印度士兵的存在。他们几乎不跟我们日本人说话——这是当然的，但我也从来没看到过一个英国军官，在正式的协商和讨论场合之外，跟印度人交谈。我真不知道印度军队如何忍受这样的侮辱。②

有一次，会田正在擦地板，一名英国军官把烟头放到他的前额上。

> 我怒火中烧，朝他望去，看到他正在平静地读报，但脸上的表情出卖了他，他的脸上显示出一种深切的仇恨。还有一次，一名士兵坐在我前面，似乎是无意地用靴子踢我的下巴。再有一次，一名士兵让我跪在他面前，把我的肩当作脚凳，整整一个小时。③

---

① 会田雄次，《英军的俘虏》，页xii。此文可与发表在《星期日泰晤士报》上一篇对阿盖尔（Argyll）和萨瑟兰（Sutherland）高地步兵团的米切尔（Colin Campbell Mitchell）中校的采访相互参照：“今天，年轻人从他们的渠道不会明白我们英国人是多么卑下的一个种族。世界上其他受够了我们的人就了解。”

② 会田雄次，《英军的俘虏》，页89—91。

③ 会田雄次，《英军的俘虏》，页49。

会田的小组长负责清扫营地厕所。有一次，他在里面小便，被一名英国士兵发现，于是对他大喊大叫，叫他跪下，并在他整个脸上撒尿。一些女性后勤人员则会若无其事，当着日本俘虏的面脱衣服洗澡。对她们而言，这些日本人根本不能算是人。会田于是总结：

> 确实，英国人不殴打战俘，不踢他们，也不把他们活剥。他们几乎不做任何可以称之为暴行的行为；但这并不表示他们的行为有人性准则。反之，他们常常表现出幼稚的斗气报复。但就算是最严重的斗气报复行为，都可以找到冠冕堂皇的理由，而且小心执行，从不落下任何让人指责的把柄。英国军队始终非常冷静，毫无表情地执行。从一方面来说他们当然不残忍，但从另一方面来看，我觉得他们的做法体现了人类所能达到的残忍的极限。[①]

这一控诉跟会田一贯认为的英国人诚实、所作所为有高度的责任感并不相悖。也是出于这个原因，会田从未访问过英国。他去过欧洲，去过美国，但没去英格兰。“他们让我觉得自己是条被活活剥了皮的蛇。”[②]

在会田对国民性的评价里，残忍程度的比较占很重要的部分。很显然，尽管日本自称为东亚被殖民大众的解放者，但事实是，亚洲人民不得不成了日本的囚犯。近来，森村诚一（Morimura Seiichi）揭露了在中国东北的日本医疗单位第731部队，用中国和苏联囚犯做活体实验，测试细菌武器的效果。[③]与此相似，还有来自缅北兴威第四战地医院的一名日本军医最近发表的言论。这名军医目睹同事在没有施加麻药的情况下，在两名被捕的中国情报人员身上做活体解剖：其中一人从睾丸开始，被逐

① 会田雄次，《英军的俘虏》，页52。
② 1965年在京都与作者艾伦的交谈。
③ 森村诚一，《恶魔的饱食》，1981；续集，1982。

一摘除所有内脏器官；另一人的血管则被注入空气，测试他在死亡前能忍受的极限（答案是120立方厘米）。[1]辻政信大佐的传记作者也无法为其脱罪，指责辻政信：不只把一名被击落的P-40战斗机上的飞行员的肝煮熟吃了，还说服不情愿的陆军指挥官本田（Honda）中将也尝上一片。[2]

这些事情不会被遗忘。不管修正主义历史学家乐意与否，这是东亚战事中对日军不可磨灭的印象；不管反对的声音有理或无效，都将长久流传在世界各地。

战争结束三年之后（1948年9月），在伦敦查塔姆研究所（Chatham House）[3]召开了讨论日本军事特征的会议。耐人寻味的是，与会两名英国将领所强调的日军特质是勇敢，而非残忍。出席此次会议的，有跟日本打过交道的英国外交人员，以及与日军交手各有胜负的两名英国将领，马来亚陆军总司令白思华（Percival）中将和斯利姆将军。尽管经历迥异，两人的结论殊途同归。在这里，完全没有道义上的摇旗呐喊或是谴责批判。

斯利姆认为日本的勇气有一种决定性的戏剧因素在里面。他们喜欢观众，在士兵面前，军官往往表现出武士的姿态，以英国或印度俘虏为靶子。他认为其目的在于给生猛嗜血的部队一种满足。白思华同意这一看法，并补充说，他们的勇气来自一种非常强烈的爱国之情。斯利姆将之归结于一种跟其他所有的军队都不一样的精神本质。所以士兵即使单独行动，这种面对观众表演的欲望还是存在。

会议主席保罗·巴特勒（Paul Butler）勋爵认为日本社会实质上是个群体社会，个体在其中不承担责任或主动表现；但斯利姆不同意。他觉得日本的勇气是一种个人特质，而非群体特征。当独处时，日本士兵的

---

① 石田新作，《恶魔的日本军医》，1982，页175—184。
② 杉森久英，《参谋：辻政信》，1982，页154—160。
③ 译注：即皇家国际事务研究所，英国重要的官方智囊机构。

一个特殊表现是，他会继续独自战斗下去，拒绝投降。他还补充说，任何人要是有投降的念头，会受到同袍的冷眼对待。

他说，在他看到的所有士兵里，日本兵怕死程度最低。人体反坦克炸弹就是一例。执行这个任务必死无疑，担当的人并非志愿兵，但都从令如流。而且，当得知战败后，日军中有不少自尽的例子。在缅甸，他记得有一次日军试图渡过伊洛瓦底江逃走，而英军正在江北岸等着他们。但十五名日军全副武装，举止夸张地下山涉入江中，完成一个毫无意义的死亡仪式。

随后，斯利姆谈到他那著名的非人类比喻（这言论对他的声望甚无裨益）。他说，为了理解日本人，我们不能把他们当作人类甚至兽类，而要看成那种在印度到处可见的“兵蚁”。[①]几乎在每个方面两者都很相像。他不认为日军在事情发生之前会感到害怕，但就算害怕也不会承认。就此，白思华声称，对恐惧的感觉是随着当事人文明程度的提高而增长的。日本士兵毫无保留地接受任何命令，而更文明的士兵常会质疑命令的合理性。

斯利姆说，日军军令使用一种特有的言辞，与英军完全不同。日军第33师团是一个非常顽强的战斗部队，在攻打英帕尔时，师团下达的命令是，这一师团将被歼灭，但他们会赢得胜利。在阿拉干，日军被告知自己会阵亡，尸体将在沙丘上腐烂，化作野草，在从日本吹来的风中摇曳。日军高级指挥对兵员相当浪费，在战争发展中也不做改进。产生浪费的原因之一，是他们习惯派遣小股增援部队，而不是等全盘部署就位后，集中兵力攻打目标。斯利姆认为这是因为在阵前，日军被兴奋的情绪所控制。另一个原因是，在危急时刻，他们会处死伤员。英军在许多

---

① “所以我称呼日本军人是历史上最强大的战斗昆虫。”（William Slim, *Defeat into Victory*, 1956, p. 381）

战地医院中都发现在病床上被枪杀的日本兵。还有可靠的例子说到，军官答应受重伤士兵本人的要求，在战场上用刀杀死他。

此时，巴特勒勋爵指出这一点跟日俄战争中的形势相反。当时，日方成功降低了兵员的浪费，病死的比例非常低。斯利姆承认战死和病死的接受度是不同的。日方擅长疫苗接种技术，很少有人生天花，所有士兵都携带奎宁。但他们的手术水平还是相当粗糙。

日军纪律严明，堪称一流，只有在军官许可的情况下才敢松懈。为此，斯利姆不认为日方是因为对军队失控，才产生暴行。他不同意失去控制才导致纪律涣散。他坚信，为了实现正式批准的目的，日军被允许集体施暴。他们在战场上叫嚷，但那不说明就没有纪律。此时一名外交官插话，说这显示纪律在平时和战时是有区别的。白思华指出一旦命令下达，日军不会受外界诱惑而违令。不过他也说，在日本，面对冗长而复杂的规则，如果可能的话，日本人也会毫不犹豫地绕过规则。斯利姆说缅甸的情况相仿，来自东京的高层指令，也许并不总是得到严格执行，但在战场上，对顶头上司下达的命令，态度则完全不一样，一定会不折不扣执行到底。士兵对他们的军官非常信赖，虽然他本人认为有些时候那是盲从，这跟英军中的系统很不一样。日本士兵不是受到"母亲般的照顾"，而是与军官同享一切。另一名外交官说，许多战斗部队往往从同一地区征兵，入夜后，军官常和士兵聚在一起，讨论家乡的消息。

斯利姆认为，日军对缅甸人的态度算不上特别无情，他的这个观点令人震惊，也不那么容易让人接受。他认为只有在日方提出的要求得不到满足，或是缅甸人本身有所挑衅的情况下，日军才采取极端暴力。他举出西格里姆少校自愿投降日军的例子：少校如此作为，是考虑到自己的存在会给庇护他的克伦人带来可怕的惩罚。如果缅甸人敢藏匿英国军官，那么日军的做法可以无法无天。如果得不到供给，他们还会焚烧村庄，用刺刀挑死村民。斯利姆重申，暴行通常是一种政治考虑，而不是失去纪律的后果。

白思华还说，这里也有政治上的考量。在新加坡被屠杀的华人几乎都是国民党党员。巴特勒·保罗勋爵说，这证实了他的印象，即只有在被殖民的人民具有政治倾向时，日军才残酷对待他们，而他们对台湾地区的人就非常友好。斯利姆说投降后，在印度支那和爪哇，他管辖的日军俘虏的表现就很好。白思华更支持说，根据他的经验，日军中酗酒状况通常相当普遍，如果允许士兵在被占城镇中自由活动，他们几乎肯定会喝醉，因此，日本军官尽量不把部队带进城。

关于日军对被俘和投降的态度这一非常令人不解的事，斯利姆说跟其他军队相比，日军确实很少投降。在缅甸，大约有15万日军阵亡，在被俘的1700人中，只有400名可以说身体健康，其他人是因为受伤或极度疲乏而被俘的。没有正规军官被俘，俘虏中也没人高过少佐军衔。在被俘的第一个星期，所有人都试图自杀。之后，他们放弃这个念头，为英军老实工作。这并没有与他们原有的爱国主义相矛盾，只是放弃而已。因此，他们是世上唯一一支军队，当他们被俘时，没有指令教他们该说什么。即使是极端疲劳，他们也拒绝投降，只是呆呆坐在路边，抄着手，等着被处死。

基于以上种种原因，英印部队对日军的态度相当模棱两可。作为战士，日军得到高度尊敬；但因为日方对伤员和俘虏的做法，英印部队又对他们恨之入骨。如何对待英印俘虏，往往出自在场指挥擒拿的下级军官的一念之间：也许只是把手绑起来，又或是当作属下练习刺刀的靶子。而日军行刑拷问的方式总是非常残忍。

有外交官询问斯利姆，是否有肢解行为发生。回答是肯定的，尤其是锡克教徒士兵，但锡克兵没有被交还任何四肢；廓尔喀士兵也受到日军的残忍对待，而他们后来对日军俘虏也一样残忍。另一方面，斯利姆听说日本部队中人吃人的故事，但未得到证实，不过他也认为在缅甸无此必要。[①]他还说，日军看上去似乎无视所有战场上的常规，但同时也指出，他们的行为必须以日本人的标准，而不是英国人的标准来衡量。

1948年9月举行的这次会议，反映了英军高层对敌人的深思熟虑和冷静的看法，并充分表现了斯利姆和白思华将军的一般性认知。但他俩都无法从里层来理解日本军队，自然也不会说日语，所以他们的观点还是受外在观察的条件所限。这也是从根本上阻碍大多数英国人理解敌人的原因。在这点上，日本方面也同样如此。横亘在两方之间最主要的障碍是语言，无法沟通几乎总会导致把对方不当作人。[②]谢尔福德·比德韦尔引用过一段钦迪特的行动日记，可以作证，日记谈及“英国人对日本士兵产生的生理上的反感和道德上的恐惧”。南斯塔福德郡（South Staffordshire）步兵团迪拉（Durat）中尉写道，“似乎还可以想象我们跟德国战俘一起喝酒、抽烟或喝茶，但一遇上日本鬼子，我们只想踢他们的脑袋。他们看起来像动物，举止也跟动物一样，所以也可以像打乱飞的苍蝇那样打死他们。他们必须被杀死，而不是打伤，只要他们还有呼吸，就很危险。”[③]

简化且明白地用动物来形容日军，虽没到斯利姆那程度，但这是在英国人回忆日本人时常有的现象。这样做可以将敌人置于一个相对较远的距离，当然也是“一张白纸，随你发挥”。有时候，这个比喻足以跟对日军非凡勇气的奇异默许并存。斯米顿所记1945年7月突围之战，可见其一斑：

---

① 当时，斯利姆应该已经知道辻政信的例子，所以他这么说显得挺奇怪。如果他认为日军此举仅仅因为饥饿，那实在是曲解了这事的动机。

② 这一态度在其他西方人和另外的东方敌人中，也可以找到。正如斯蒂伦（William Styron）观察到的，“不同战争时期发生的一连串的暴行，迫使我们得出结论，那就是我们可以对来自亚洲的敌人表现出无情和非人道的态度。这样的态度，对其他不那么难以沟通的人，其他不那么像动物的人，或者简单地说，其他不长着棕皮肤或黄皮肤的人，我们断不会采取”。Review of P. Caputo, *A Rumor of War*, in *New York Review of Books*, 23, vi, 1977, xxiv, No. 11, p. 4.

③ Shelford Bidwell, *The Chindit War*, p. 124.

> 每当我们捉住他们，他们还是很快以同样凶狠的勇气回应。跟我们如此不同，他们的方法完全隐秘、鬼鬼祟祟，我们一直把他们当作蛮荒的野生动物。可是，无论这是出于他们所坚信的无情纪律，还是恐惧，如果要为一般战士的勇敢和坚韧谱写颂歌，一定不能少掉日本的第28军。[①]

在弗格森的第二本书《狂乱绿野》（*The Wild Green Earth*）中，有一整章描写“作为敌人的日本人”。他同意斯利姆的说法，认为日军执着、勇敢；但从一名富有经验的步兵指挥官的角度来看，他认为还是有许多办法可以打破这一勇气。强力轰炸和放火就是其中的两种。日军行动迅速，伪装能力很好，工兵能用最少的设备做出最好的成果，他们最会辨识地形。但另一方面，日军并非天生的丛林战士，跟城市出身的英兵不相上下。可是，日军是习惯了的奴隶，所以容易上钩；他们依赖噪声（温盖特的律条之一就是“用沉默回应噪声”）。他们枪法糟糕，不过投炸弹还不错。就彻底献身任务以及彻底忽略自身性命而言，英军可以从他们身上学到很多。弗格森总结说：“无论如何，我们必须记住：他们野蛮。”弗格森手下共有80人被俘，进入仰光监狱，52人死在那里。另外还有80人落入日军手中后，根本没撑到进入监狱就死了。而幸存的28人，个个都能描述同伴死去的残忍经历。[②]

另一名钦迪特突击队军官，将仇恨从活人延伸到死人身上。查尔斯·卡夫雷（Charles Carfrae）少校在“白城”指挥尼日利亚第7营第29连，费尽心思告诉手下的尼日利亚兵不要杀俘。忽然，他们在卡车里发现一名重伤的日本兵：

---

① Miles Smeeton, *A Change of Jungles*, p. 111.
② Bernard Fergusson, *The Wild Green Earth*, p. 217.

有个被认为已死的日本士官，用超人的意志凝聚力量，拨开抬他的手臂，试图用刺刀刺杀一个离他最近的非洲兵。那一刻，我看到他在卡车后面站直，仿佛从死人堆中升起，疯狂大叫，他的外衣上面全是凝结的血块。下一秒，十来发子弹射穿了他的身体。

没有时间埋葬死尸，卡夫雷决定就在卡车里焚烧尸体。浇满汽油后，卡车很快烧着了，但日军的尸体却没有化成灰。“当火焰熄灭后，一堆堆烤焦的黑色肉体依然可辨人形，顶上还诡异地戴着被高热烤白的钢盔。我们没有一个人的情绪因为这个恶心的场面而波动……我们无动于衷，一点儿不觉得悔恨。”

对此，卡夫雷认为这不是因为他的手下已被战争的恐怖磨得麻木了。“我们不恨日本兵。仇恨是一种对同类才能产生的情感，对我们而言，日军只是个抽象的概念。他们是敌人，是我们必须消灭的丛林生物，缺乏所有人类的温情，不给我们任何余地，也不希望从我们那里得到余地……我们赞赏日军的勇气和韧劲，如同我们赞赏动物本能的勇敢。我们害怕他们，甚于害怕他们射出的子弹。子弹我们可以理解，但日本兵的心思意念远远超出我们的理解力。”[①]

北罗得西亚团[②]（North Rhodesia Regiment）第1营的马尔科姆·蒙蒂思（Malcolm Monteith）上尉撰写过一本东非兵在缅甸的小册子，附录中描写了日本兵。蒙蒂思以解剖学和心理学的角度诠释他们：

日本人通常个子较小，肤色上，活着时淡棕色，死后肉体呈油灰色。通常他们肌肉强壮而多毛，腿部粗壮，手臂很短。他们的手

① C. A. Carfrae, TS, *Dark Company*, p. 154, Imperial War Museum Archives.
② 罗得西亚，现津巴布韦。

好像儿童的手，短胖、光滑、小。头骨宽广，黑发粗糙，士兵大都剃光头。头发通常顺着头皮，从脑后向前额生长。很少有日本兵可以留起同皇家海军一样的胡须。因为上眼睑双眼皮的缘故，日本人的眼睛总有种瞄人的感觉。颧骨又宽又高，鼻子不前伸，牙齿通常不会像卡通里面画的那样龅突，常有几颗看上去挺廉价的金牙。日本人绝不是一个“黄”（yellow）字可以形容的。

蒙蒂思也用动物类比：

日本人有一种奇怪的如动物般的特性，就算死了，看上去也像是被捕获的猎物。虽然身体洁净，但他们的习惯肮脏，所有他们的近身物品，如衣服、毯子，都有股特别的味道，大概来自物品的主人。攻击时他们发出的吼叫，音量和音色让人难以置信是出自人类的咽喉；防守时，被炸弹炸晕之后，他们像落入陷阱的野兽，躲身藏在小沟小洞里面，常常歇斯底里地哭泣，但依然绝望地反抗到底。

无法预知他们的行为和反应。有时，在旷野被攻击时，他们会丢下武器逃跑；有时，他们表现出令人惊讶的韧性坚守阵地。让人印象非常深刻的是，他们抗拒被俘，甚至不惜自杀。而一旦被抓，他们又可以轻易背叛同袍，将知道的所有秘密和盘托出。在阵地上时，他们可以如隐身一般，在避弹坑里吃喝睡觉，完成一切日常生活；但在行军时，他们又非常大意，很容易被突袭。他们费尽周折，取回同伴的尸体，但拿到之后，却也可以把尸体弃置旷野不埋。他们对伤病员的态度非常冷漠无情。在战事初期，本师（东非第11师）虏获的几名日军俘虏，都是被自己部队丢弃在雨中等死的。

综上所述，蒙蒂思的总结是，“也许可以说，日军是西方世界遭遇的第一个野蛮而原始的敌人，为最纯粹的爱国主义而战，并辅以现代化的军事装备”。①

几乎所有这些对日本人性格的评价，都来自战争中的对抗。一旦战争结束，可以有更人性的接触，这些观点就站不住脚了。斯米顿就提供了这样一个耐人寻味的例子。当战争结束时，他管辖的地区有好几个日俘营。一次，他和妻子在萨尔温江边与营里的军官用过正餐后，驱车回他自己的指挥部，路上要经过由日本人掌舵的渡轮。那些日俘无人看管，住在河边的小草屋里。舵手跑出小屋，把船用绳子拉出来。

> 几分钟后，他们就把我们摆渡过去，速度之快，好像是为了跟自己创下的纪录赛跑似的。直到今天，我也一直为他们惊叹。
>
> 我对妻子贝丽尔（Beryl）说：“你看看，这真是让人惊讶啊！要是我设身处地，我一定不会这么卖力。”
>
> “我觉得你十分以他们为荣呢！”她回答说。我承认她说的是事实。②

第82回 文艺审视

“战争，”一本关于越南的回忆录里曾写道，“是最极端的一种冒险，是芸芸众生最容易超脱平凡的方式。”③因此，许多经历了战争的

---

① Malcolm Monteith, *Ceylon to the Chindwin*, 1945.

② Miles Smeeton, *A Change of Jungles*, p. 118.

③ P. Caputo, *A Rumor of War*, quoted in *New York Review of Books*, 23, vi, 1977, xxiv, No. 11, p. 3.

人，都觉得有必要把它写下来永久保存。缅甸战事也如此。不过，参战双方的态度，呈现出古怪而决然的迥异。原因是，就国家整体而言，日本全国未曾和英国民众一样，被迫经历诸如索姆河战役和帕斯尚尔（Passchendaele）[①]战役那样影响举国观念的事件，因此日本人民对战争的欺骗性，没有预先的认知。这种认知，在1939年及之后入伍的英国年轻人中则普遍存在，他们从小接受的观点就是，这整个战事不过是一个既庞大又残酷的关于信心的陷阱。弗兰克·克莫德（Frank Kermode）评价“二战”文学时认为，“一些传统上属于诗歌的东西，在这里出现习惯性缺失。人们无法像鲁珀特·布鲁克（Rupert Brooke）[②]诗中所写的那样走向战场，‘仿佛泳者跃入纯净之所’。[③]从父辈的经历中，他们已经知道那一跃不会进入纯净世界；而且，他们也不像1914年参加‘一战’的那一代人那样，经历了太久的和平时期，入伍前对战争的理解仅来自文学作品”。[④]

日后成为桂冠诗人的戴·刘易斯（C. Day Lewis），发出标准的不满之声。他简要回答了这个问题：“战争诗人何在？”

出于恐惧或只是贪婪的他们
绑架宗教、市场、法律
借用我们今天的语言，并要
我们以自由之名大声发言
这是我们时代的逻辑
不朽诗篇没主题

① 译注：两者都是第一次世界大战中，英军参战并发生激战的地点。
② 译注：“一战”时期的英国诗人，以理想主义手法描写战争。
③ 译注：原文为“like swimmers into cleanness leaping”，来自鲁珀特·布鲁克发表于1915年4月的*Poetry*杂志上的“Peace”一诗。
④ Frank Kermode, “The words of two wars”, *Daily Telegraph*, August 1975.

心怀诚实梦想的我们
只能阻止坏事变更坏[1]

这观点出自1929年以来欧洲无数诗人和小说家对战争目的和手段的失望。但是，假如我们忘记日本的作品中还没有上述的反应，就不能理解当前描绘“二战”的日本文学作品。侵华战争没能提供这种反应，但借着1945年8月的伤痕，日本也终于经历了自己的“帕斯尚尔战役”。不过从现在开始，日本读者应该不会觉得鲁珀特·布鲁克的作品难以接受。与戴·路易斯几乎同时期的小说家太宰治（Dazai Osamu）描写了对珍珠港的亢奋：

我的本性几乎变了。我感到自己完全透明，仿佛被一束强光穿透；或是接受了圣灵的呼吸——好像有一片冷花瓣在胸中溶化。从那个清晨起，日本也成为一个不一样的国家。[2]

社会主义作家，后来成为《查泰莱夫人的情人》日译者的伊藤整（Itō Sei）声称：“在最动荡的情绪中，我感受到奇怪的内在平静：这是好的，是妙的。我记得在我内心里，有解脱的感觉渐渐冒上来。这是获得明确方向的喜悦，是所有一切存在的轻松之处。那真美妙！”[3]

“我觉得那真是太棒了。”当时还是东京大学文学专业学生的小说家阿川弘之（Agawa Hiroyuki）也记得，“接着，大约在午时，传来大胜的消息。如果那是战争，其实意味着我们有人会死，但根本没有哀悼的问

① In *Penguin New Writings*, 1941, p. 114.
② Quoted in Louis Allen, “Japanese Literature of the Second World War”, *Proceedings of the British Association for Japanese Studies*, Vol. 2, Part One, 1977, p. 118.
③ *Proceedings of the British Association for Japanese Studies*, Vol. 2, p. 134.

题。没有伤痛，这就是我们当时的情绪。”[①]

日本著名作家之一志贺直哉（Shiga Naoya）此后不久描写了新加坡的陷落。他写道：

> 从一开战，我们日本人就为我国军队的精神和技术的成就而大惊。我们意识到，我们的胜利是如此依赖上天，我们需要的是保持谦逊。每日都有新的例子出现成为佐证。天命所在的自信让我们都更谦卑。
>
> 不知不觉间，整个国家紧密团结起来。在日本，亲英或亲美的观点再不可能存在。我们自身保持谦逊的头脑，维护国家的和谐，不能让任何一点过失玷污我们辉煌的胜利。这对英美是最好的教训，他们因为傲慢被上帝抛弃。我们的年轻人满怀希望，这是令人愉悦的事业。
>
> 我们的神智明亮、清澈而平静，我们在阵亡的英灵前，以谦和鞠躬。[②]

1941年的情绪，在当时最流行的一首爱国进行曲中呈现，这首歌曲后来为整个远东熟知：

見よ　東海の　空あけて	看，东海天空白
旭日　高く輝けば	朝阳　高辉亮
天地の正気　溌剌と	天地正气　生龙活虎
希望は躍る　八大洲	希望跃向　八洲兮

---

① *Proceedings of the British Association for Japanese Studies*, Vol. 2, p. 134.
② *Proceedings of the British Association for Japanese Studies*, Vol. 2, p. 136.

おお　晴朗の　朝雲に	哦，晴朗朝云中
聳ゆる　富士の姿こそ	富士　姿耸立
金甌無欠　揺るぎなき	完美无瑕　坚石不移
わが日本の　誇りなれ	我日本　伟傲兮

这里所表现出的，是一种荣耀，是日本的美丽和伟大，而不是对任何人的敌意。可以说是“感谢上帝使我们逢时而生”[①]的另一版本吧？

英语歌曲中并没有描写远东故事的。有诗歌存在，但调子是反思，不是绝望，而且当然是清醒的。

英日作品在战争一开始的不同基调，原因不难追溯。珍珠港事件之后几周，日本举国上下欣喜过望，因为是国家在为自己的生存奋斗。事涉“生存”（to be），那么所有的努力都毫无保留，所有的牺牲都自愿付出，没有一点质疑的余地；若涉“拥有”（to have），则自愿做出极端牺牲的程度之高，很难望其项背。[②]这也是敦刻尔克撤退与新加坡撤退的差异之所在。两者都一败涂地，英国的势力被暂时强压下去。但敦刻尔克成为未来胜利的号角，而新加坡则时时刻刻提醒着过往的耻辱。前者为“生存”，后者为“拥有”而战——这一差别，贯穿了整个战争。

日本的高兴无疑没能持久。在缅甸的经历，尤其是英帕尔及以后，发生了相当关键的转变。这转变主要来自缅甸的战事报告，却没能改变文学作品。就文艺而言，出现了一些令人惊讶的现象，可从诗人高见顺（Takami Jun）的作品见其一斑。高见顺是东京帝大英语文学专业的毕业生，

① 译注：此句仍出自鲁珀特·布鲁克“Peace”一诗。

② “我初到德里时，遇到一个年轻的钦迪特战士，经过丛林中四个月的煎熬之后，继续留在医院里受罪，饱受黄疸、阿米巴痢疾、疟疾和所有其他热带疾病的折磨。他经历过很可怕的遭遇。我的朋友说他为自己的战友们悲哀，因为他们还必须继续在如此恶劣的条件下战斗。他本人认为无法用这种方式夺回缅甸。一些人开始发问：‘说实在的，到底是谁想要夺回缅甸呢？’”（Cecil Beaton, *Far East*, 1945, p. 39）

受20世纪30年代左翼思想吸引，也于1933年在《治安维持法》下被捕。如同其他左翼知识分子，后来他逐渐倾向于民族主义，还去中国和东南亚从事宣传活动。他出版了一系列关于缅甸的文字，但最有意思的莫过于《缅甸日记》，其中还特别记录了对巴莫的一次精彩的长时间采访。高见顺偶尔也写小说，我认为其中最有文学性的当属最初发表在1943年6月《日本评论》（*Nihon Hyoron*）杂志上的《诺哈那》（“Nowkhana”）一文。

这个故事，以驻扎仰光的一名日本军官为主角。他负责安排临时营房里的日常饮食，以及雇用厨子和伙夫。这些仆人住在临时营房后面的一栋房子里，这给了高见顺发挥反英舆论的空间。

> 仆人都住在军官驻地的后面，让人觉得好像是监狱里一幢孤单的禁闭房，这就是英国人给他们安排的住宿环境。不管英国人在哪里盖房子，总有一类这样的“仆人区”，明确宣示英国人不把他们的印度仆从当人看。如果你尚有人的感情，就会不忍直视这些专为仆人及其家人起居而设的仆人区。所以，为了保护那些住在豪宅里的白人主子的平静心态，防止他们看到这一非人生活场景而受到任何可能的干扰，通常会砌起一道墙，隔离仆人区和普通住宅区，就像狱墙那样。这真是种赤裸裸又毫无羞耻心的可怕建筑。

但高见顺并非出于宣传目的而作此文，这个故事之后的发展违背了“我”的主观愿望。主角和他的同事，对天天重复的咖喱和米饭感到厌倦，而厨子似乎无力烧出他们要求的菜肴，无法赶走在肮脏厨房里成群乱飞的苍蝇，也无法诚实采办食材。无奈之下，他指定其中一个仆役诺哈那（Nowkhana）作为伙夫领班，让他管理其他人。主角的一个同事，也是作家，指控伙夫偷他的钱，却受到诺哈那的抗议：“这么说印度人是可耻的，这是对我们的侮辱。”主角说：

我直接上了三楼，三楼中间那个房间住的主管是个作家。我转达了诺哈那跟我说的那些话。我信任诺哈那，信任印度人。可现在事情变这样让我有点火，在没有蛛丝马迹的情况下，他们就如此快速地怀疑这些小伙子。

再后来，诺哈那被当场捉包，偷卖军官临时营地的罐头。主角于是去和他当面对质，深感对方辜负了自己的信任。

诺哈那站在食堂大厅的一角，看起来十分沮丧。

“诺哈那！”

我想继续说：“你怎么能做出这样肮脏的事！”可当我看到他，我只感到背叛的刺痛，我什么也说不出来。我拿起附近桌上的一个盘子，对着诺哈那身旁的墙使劲砸过去。这是我第一次对他示以暴力，我不是冲着他砸，我只是想砸点东西。诺哈那的眼睛湿润，低下了头，在我砸盘子的时候一动不动。他看上去仿佛知道我是多么生气，我的生气多么合理，他多么可能受到我的斥责。显然，他也在诅咒他自己内心背叛我的一部分——至少我是这么理解的。他整个人的样子让我觉得无言地可怜。我也垂头走了出去。

这主角接着来到三楼，对同事道歉，表示自己犯了错，不该把库房的钥匙放心交给诺哈那。

这时候，我隔壁房间的作家也过来了，对我说：“你实在是很信任诺哈那那家伙，对吧？你知道，你真是彻底信任他。我从一开始就发现了，他是个坏人。你看看，现在，你就知道我是对的。”

我的头脑发晕。就算诺哈那让我那么失望，我还是相信他，我还是爱他。我不想对印度人绝望。我愿意相信印度族。

除了偶尔一两次提到军官们“上前线”，战争在这个故事里显得很遥远，也不是故事的主题。这是一个绝佳的例子，显示在“共荣圈”下的日本人如何开始接手“白人的负担”。在这个故事里，这个负担意味着仆人造成的麻烦，以及日本人无法让印度人保持诚实，听自己指挥。这一失败，以及作者在贫穷的印度人面前因自身道德无力而感到的愧疚，使这部起初看似平凡的日常生活的切片，演变成一个奇妙而意外的心理案例。在这里有性格上的冲突，有希望被其他民族理解的急切渴望，还有作者初次接触海外印度人后的自我反省。这接触是种伤痛，但尾声倒并不悲观。

有意思的是，在这场残暴的战争正在进行中的当下之时，竟然会有份日本杂志愿意刊登这则故事——这个故事更像出自毛姆的手笔，而不是战斗中常有的对痛苦和死亡的文学表现。

高见顺继续以一种好奇、古怪和发现的态度在缅甸游走，似乎战争对他而言根本不存在。另外一个关于缅甸的日本文学作品则直接描写战争，但仍保留距离感，这就是竹山道雄（Takeyama Michio）的《缅甸的竖琴》。这本书的描述直截了当：一个在缅作战的日本中队被称作“歌唱中队”，因为他们的中队长教士兵合唱，部队走到哪里就唱到哪里。其中一名叫水岛（Mizushima）的兵长擅长演奏缅甸竖琴，为战友的歌声伴奏。当这支中队被遣送回日本时，他们脸上挂着笑容，有别于其他所有的日本兵。

战争结束时，这支部队正被围困在一个缅甸村落里，水岛弹奏起《埴生の宿》(《我的小屋》) 的曲调，这也是在英国广为传唱的民歌《可爱的家》(*Home Sweet Home*)。旋律感动了围村的英军，他们进入村庄，与日军和解，所有敌意就此按下。之后，英军还要求水岛帮忙劝降不远处另一支日本中队。水岛同意跟去，却再也没有回到自己的部队。后来，这支中队在俘虏营地等待遣返的时候，有时会看到营地边有个穿黄色袈裟的僧人，肩上站着一只鹦鹉，样子非常像水岛。

回国之前，大家都为水岛没归队感到可惜，觉得他们队里的英雄放弃了他们。不久之后，那个僧人来到营地旁演奏起缅甸竖琴。果然，这人正是打扮成缅甸人的水岛。他还交给队长一封信，解释了发生的一切。在回国的船上，队长给大家朗读了这封信。水岛说，他那时候没能成功劝降另一支部队，结果他们都战死了。于是他往南走，打算归队，却在一路上看到无数具未能下葬的日军尸体。他在路上被克钦部落收留，得到照顾，克钦长老还想把女儿嫁给他。条件是他要曾杀过人也吃过人，但因为水岛没法证明自己有这样的经历，只好取消婚约。最后，水岛决定成为僧人，追寻缅甸人平静的愉悦，也帮助埋葬日本阵亡将士。

就题材而言，这个故事很有意思。作者竹山道雄从未到过缅甸，仅从二手资料上知道这场战事。故事里的事实部分很容易追溯出来源。“骷髅路”沿路的无数尸体来自英帕尔战役的报告；关于锡当河的引述来自两年前出版的《大东亚战史秘录》，那里面收集了战地记者的一系列新闻报道。[①]同样来自这份资料的，还有对奇怪食人部落的描写，提到他们乐意把部落的女人嫁给日本人。不过原文中说的是阿拉干人，不是克钦人。而最初因《可爱的家》旋律而和解的故事（这完全是虚构），直接来自“一战”时期1914年圣诞节在欧洲前线战壕里的传说。

有趣的是，竹山在小说中使用这些资料，确切地说是使用他本人在镰仓的二手书店找到的资料作为蓝本进行创作，但这些材料没能为小说带来自然主义的风格。事实上，这是一个幻想作品，目的是向读者传达信息。一开始，这是一本儿童书籍，但像许多其他作品的命运一样，后

① 田村吉雄编，《大东亚战史秘录：缅甸卷》，1953。

来变为成年人读物，还被搬上大银幕。电影的主题是20世纪50年代中期流行日本的反战风，但在这里更强调的是佛教。从某种程度上说，这不像是小说，而更像佛教教义宣传册，体现了当时在缅甸的一些日本人的观点。他们觉得在缅甸流行的强烈到近乎狂热的小乘佛教，与日本本土半死不活的宗教现状形成鲜明对比。于是，这本书自然而然超越了小说的界限，进入宗教领域，而战争的可怕更被排拒于外。1956年导演市川昆（Ichikawa Kun）忠实地将之改编为电影《缅甸的竖琴》，还配上极为优美的乐曲。

跟竹山一样以小说作为传达渠道的，还有理查德·梅森（Richard Mason）写的小说《风不能读》（*The Wind Cannot Read*），可以说是现代版的《蝴蝶夫人》。唯一不同的是，此处是日本女主角抛弃她的爱人，不是因为不爱对方了，而是因为她自己患上脑疾。和《缅甸的竖琴》一样，这本小说也部分基于事实。一名年轻英国军官在战时的印度学习日语，爱上了年轻漂亮的日语教师，她同时也兼任新德里日语电台的新闻播音员。后来，军官在英帕尔战役中被俘。为了听到爱人的声音，被俘的军官说服日军无线电操作员播放新德里新闻频道。在成功逃脱后，军官去日语教师接受手术的医院看望她，却因为晚回了一天，爱人突然死亡，错过了机会。从故事简介已可以明显看出感情在这里的分量。不过，曾经跟作者一同参加英帕尔战役的斯托瑞（Richard Storry）告诉我，考虑到这本书的出版日期，它其实对英国读者大众起到了相当微妙的影响。这本书在1946年12月出版，那时战争才刚结束，没有人有心情感伤，更别说对日本人有好感了。而且双方关于战争的作品都很少描述敌人，例如敌手如何作战，如何在战场上继续保持常人的情感，以及如何幸存（如果能幸存的话）。而这里，理查德·梅森跟他笔下的主人翁一样学过日语，书中努力把日本人当“人”来描写，表现他们超越残酷的另一面。书中还有一些非常精彩的描写，例如主角如何被捕又如何脱险。但更重要的是，本书选择以一个日本人作为令人同情的关键人物。斯托瑞提到，《风不能读》的出现，是促使英国读者重新接受日本人有“人性”的关键转折点。当然，一个日本女主角，而不是男主角，会相对比较容易让人接受。在当时，这确实是唯一一本把日本人当作可接受的“人”而平等对待的书。

其他以缅甸战争为背景的小说，例如贝茨（H. E. Bates）的两本小说，常常表现主角经历考验、内心纠葛的过程，而很少提及这些考验的来源，即进犯的日军。1949年出版的《蓝花楹树》（*Jacaranda Tree*），以小说的方式描写一群平民逃难出缅甸，经受艰苦环境和疾病的考验。1947年出版的《紫色平原》（*The Purple Plain*）描述的是几年之后，大约在1945年3月，一架皇家空军战斗机坠毁，几名幸存者不同程度受伤后，如何返回基地的故事。空军中队长福雷斯特（Forrester）的妻子死在他的臂弯里，当时他们去伦敦度蜜月，正在夜总会里跳舞，却赶上了伦敦大轰炸。从此福雷斯特厌恶生活，只寻速死，却不料为自己赢得勇敢的美名。但有一次，一架飞机在他的机场坠毁，他目睹一名飞行员在燃烧的飞机的火焰中死去。从此以后，他不再对人生感到厌恶。

自然，贝茨插入一段感情情节，就是通过一名叫安娜的缅甸护士，用感情的力量把福雷斯特拉回现实。但本书主题是主角努力拯救两名同行的军官，布洛尔（Blore）和新近入伍的卡林顿（Carrington）。布洛尔怀疑他们永远也走不出无边的丛林，于是在绝望中自杀。卡林顿受了伤，需要帮助。最后，福雷斯特离开卡林顿去寻找救援，蹒跚中路遇一些那加族人，而把两人救回。贝茨的文笔不但成功捕捉了缅中的景色，也呈现出酷暑下的炎热色彩和微妙细节。

> 他见到低矮灌木丛中伸出的刺，好像骄阳下的针。沙漠像河流一样，周围的树林仿如河岸，这里永远寂静无声，有种遗世独立

的神秘。他发现他连一只鸟也没见过。想到这里，他记起那只大乌鸦……精巧的白鹭好像梦幻鸟掠过稻田，把生命力带给干得起泡的平原；娇小的绿鹦鹉身上有黄蓝斑点，在菩提树间羞涩地纵身飞过。[1]

在我认为是描写缅甸战争最好的小说里，也没有遗漏对自然景色的描绘。不过，那本书的主要优点可不仅在风景。沃尔特·巴克斯特（Walter Baxter）的《慈悲俯视》（*Look Down in Mercy*），是英文小说中可媲美日本作家大冈升平（Ooka Shohei）描绘战争带来道德沦丧的佳作《野火》的艺术作品。跟罗贝尔·梅尔（Robert Merle）描写法军在敦刻尔克撤退前夕的状态和溃败过程的《珠库德的周末》（*Week-end à Zuydcoote*）相似，巴克斯特描写了1942年从下缅甸撤入印度，一名英国军官及其所属的整个部队的体力和道德解体的可怕过程。过程充满无休止的严苛及残忍，但带着一种非常绝望的信念。主角安东尼·肯特（Anthony Kent）上尉经历了胆怯、同性和异性的诱惑、遗弃伤员、谋杀属下（他本人就是凶手），最终在安全抵印后自杀。

因为敌人并非巴克斯特刻画的对象，跟《风不能读》不同的是，这里没有在日本兵的个体形象上着墨过多。但每当敌人出现时，他们几乎总带着无名的残忍。肯特的一名手下，在水池中游泳时被日军盯住：

文纳（Venner）光着身子坐在石头上，手臂抱膝，嘴里叼着烟。后面两码处，站着一个高大的人，军装看上去很邋遢。他左脚向前小心挪出一步，有样东西从文纳脑后闪现，从右到左，画出一道弧线。他的脑袋撞到自己的左膝，又弹落石头上，最后滚进池

---

① H. E. Bates, *The Purple Plain*, p. 205.

中。一汪血喷向空中，浇湿了他慢慢倒下的赤裸的身体。那大个子拾起文纳的上衣，擦拭军刀时，似乎在笑。他回头招了招手，两三个人从隐藏的地方出来，快步走向他。[1]

日本兵在俘虏们身上浇汽油然后点火，对着俘虏们脸上撒尿（这受到一个日本军官批评），当肯特拒绝透露情报时，日军就拿刺刀捅死俘虏（但属下们的死亡，并没使肯特开口，只有当他本人受到威胁时，才最后招供）。巴克斯特似乎沉迷于制造痛苦，以及描写个人顽强可怕的求生意志，哪怕这意味着已经道德沦丧。肯特跟他的勤务兵安森（Anson）有同性恋关系，当两人渡河潜逃时，他们留下一个苦苦哀求跟他们一起逃走的伤员：

“我一定再也不喊叫了，真抱歉我弄出了声响。你们准备走的时候，千万记得带上我。”肯特继续游水，他的下巴高高抬起，避开水浪。他想，就这么被同伴丢弃一定非常糟糕，那人受了伤，孤孤单单。但他告诉自己，此事他无能为力，完全帮不上忙。他希望自己能对那人有点同情心，但此刻他所能感受到的，却只是快乐和解脱慢慢充满了整个身心，当每一刻安东尼·肯特更确信他自己会继续存活的时候。[2]

肯特的自杀，一定程度上是个意外，但可以看作一种他对生前经历的道德解体的救赎。

弗朗西斯·克利福德（Frances Clifford）的小说《战斗就要赢》（*A Battle is Fought to be Won*）中的主角吉林（Anthony Gilling）也经历了自我

---

① Walter Baxter, *Look Down in Mercy*, p. 48.
② Walter Baxter, op.cit., pp. 185-186.

救赎的过程，但比巴克斯特笔下的肯特上尉要直接得多。吉林是个年轻的银行职员，后来成为缅甸军一名军官，强烈意识到自己在战场的经历不足，以及他的副手，一名克伦族人苏巴达（Subadar）[①]的经验之丰富。当然，吉林害怕受到恐吓，但同时也确实被日军的暴行吓得手足无措。他的同袍，一名军官受伤被俘后被斩首，头被刺刀挑在一辆牛车上；他的两个手下被阉割，生殖器砍下来塞进嘴里，再用麻线把嘴缝上。

这段跟《慈悲俯视》相似，而且其中与一个狂敌交手时的震惊也是一样的。但克利福德的心理刻画更直接。吉林的内心恐惧持续不断表现出来，但与之对应的是他的行动，他客观上的勇敢行为与主观意志上的怯懦形成对比。在书的最后，吉林为了帮助手下士兵以及他认为还是对自己有怨意的苏巴达能安全脱险，单枪匹马回去拖住日本人（这跟海明威《丧钟为谁而鸣》的结局一样）。最后，是年老的苏巴达活了下来，传颂吉林的事迹。

尽管有些描写相当残忍，《战斗就要赢》并没有出乎意料的情节，结尾也很平凡。其实，在所有关于缅甸战争的英语文学作品中，只有《慈悲俯视》让我们看到人性最终、最根本的毁坏，这是一个超越了我们所熟悉的冒险故事之道德边界的最极端例子。

也许只有劳伦斯·凡·德·普司特（Laurens van der Post）的《影子酒吧》（*Bar of Shadow*）与《种子和播种者》（*The Seed and the Sower*）才全面尝试同时分析敌我双方。跟这里提到的几乎所有作品一样，他的书被改编成电影，并且跟其他作品一样，无疑会产生深远的影响。但他对日军的刻画有所不同，而且，至少其中有一个人物，噩梦般的日本兵长原（Hara），被描绘成卡通中的讽刺人物，使得整个文字读来有类似宣传漫画的效果。

---

① 译注：Subadar，英印军中给当地人的一种军衔，相当于英军的中尉。

> 他的手臂特别长，看上去及膝；相比之下，他的腿就很短，非常粗壮又弯曲。跟着我们的水手于是叫他“短剑老腿”。他满嘴大黄牙，夸张地镶了金边，他的脸方方的，前额如猿人般低垂。

我相信凡·德·普司特自己在写下这些文字的时候，也意识到这太像一篇宣传稿，于是加了些修改。

> 但他的眼睛长得非常好，似乎跟身体其他部位的特征很不协调。对日本人来说，这双眼睛过于宽和大……令人惊讶的是，这双眼睛拯救了整个外貌，免于落入可笑的卡通人物的俗套。要是注视着这双眼睛，人们所有嘲弄的想法都消失了，因为他们意识到，看上去那么古怪的这个人，有种欧洲人无法理解的神情，是多么专心而且特别无私。

凡·德·普司特告诉我们长原是如何以“一种冷漠、坚定、精明、老练的钢铁意志，管理战俘营，仿佛化身挂在‘史前’裤裆上，那柄祖传的双握巨剑的芒锋”。我认为“史前”这个形容词为全文定了基调。长原是否就是凡·德·普司特创作“神秘东方”的新版“天皇”或是“傅满洲”[①]呢？他们的举止，欧洲人无法理解，其行为不出自理性，而来自血液中无法解释的冲动。他笔下的日本人，正若动物和植物，在日月和季节交替中，以欧洲哲学做梦都无解的宇宙韵律来想象，他们将死亡和自我毁灭，以其他民族不及的方式加以美化。他们拒绝个体需求，激励他们的，像红细胞：“为保卫整体，每秒可死千万个。”

---

① 译注：日本天皇（Mikado）和傅满洲（Fu Manchu），两者都是当时的西方流行文学中被夸张丑化的东方人物。

这就更令人惊讶了，环视笔者提到的所有作者，凡·德·普司特有最直接的日本经验，也曾在日本生活过。但他对日本的观点，被他本人内心深处和普遍的看法所主宰，并臣服于大众和自然而然的看法。[1]

当然，凡·德·普司特的观察只能与缅甸战事对应。其书的主题是在爪哇的西方战俘，战俘与看守之间总有一种特殊的关系，很难将之作为普遍现象。同样的问题也出现在远东战争小说中最有名的一本《桂河大桥》（*Le pont de la riviere Kwai: The Bridge over the River Kwai*）中。多年以来，它是法国中学会考的材料，这充分反映了小说流行的程度，而不是流行的原因。皮埃尔·布勒（Pierre Boulle）的这部作品跟凡·德·普司特的做法如出一辙：以绝美的自然景色和恐怖的人为环境作背景，在英军成为日军俘虏的前提下，检视英日间的互相敌对。但其立意完全不同，布勒其实是以自己的方式接续了法国作家安德烈·莫鲁瓦（André Maurois）描写"一战"的亲英作品《布兰布尔上校的沉默》（*Les silences du Colonel Bramble*）。布勒在战前曾是马来亚的橡胶种植者，后来在缅甸、中国和印度支那参战，被俘后成功逃走。战后，他成为一名作家，作品包括享有盛名的科幻小说《人猿星球》（*Planet of the Apes*）。因为偏爱英国人性格中的俏皮诡诈和机智，他塑造了尼科尔森上校（Colonel Nicholson）这个泰缅铁路工地上的英国高级军官的形象。也许有人觉得这本书跟《种子和播种者》一样，游离在我们所探讨主题的边缘，因为这些战俘是在另一场战争中被俘的。然而，我认为跟凡·德·普司特的故事同样有趣之处在于，它把冲突设在敌对的一组既定人物上。这里，尼科尔森/斋藤这对人物，承担了凡·德·普司特/Hara，和塞里尔（Celliers）/与野（Yonoi）组合的设定。在大卫·利恩（David Lean）执导

① 依据凡·德·普司特的书改编的电影，用了两名流行歌手出演：大卫·鲍伊（David Bowie）和坂本龙一（Sakamoto Ryuichi），作为各自民族的理想代表。这种手法，究竟会如何影响或加强大众的接受度，有待观察。

的电影中，演员亚历克·吉尼斯（Alec Guinness）的形象，加上在异国他乡随口哨吹出旧调《博热上校进行曲》（*Colonel Bogey*）[①]走向永生，极传神地展现了布勒的文字，使之几乎成为举世传诵的描述"二战"时期英日冲突的神话。

书中这神话虽然对英国读者很有吸引力，却不真实。例如说到一群日本军官因为不懂造桥技术而感到愤怒，于是尼科尔森手下的军官为他们解围，设计并建造出一座桥给日军做练习，以此保持日军士气。这段铁路之前有欧洲工程师做过探勘，结论是完全不可能修建。但事实上，这条长达300英里，穿越大片野地和热带丛林山地的铁路，是由日方设计，并强迫当地劳工和盟军战俘在相当短（不到一年）的时间里建造完成并通车的。日本人绝对有能力设计和建造他们需要的桥。也就是说，日本人从技术上来说，一点不比西方的对手差。

另一方面，布勒清楚地看到，在尼科尔森背信弃义（用纯粹爱国主义的话来说）的对造桥的奉献中有一种需求，无论如何，是战俘觉得必要的。研究该部英文小说的历史学家瓦特（Ian Watt）本人就是修此铁路的一名战俘。他说：

> 我必须承认，尼科尔森对建造大桥有近乎疯狂的执迷，这是我们作为战俘对一种无休止挫折的绝望反应。不管我们怎样憎恨日本人和他们的铁路，月复一月，我们很难不投入这项工作。我们的生命，曾经是一个漫长而无意义的妥协，夹杂在一边是我们对责任的认定，一边是我们作为工人的本能之间……[②]

---

① 译注：《桂河大桥》电影主题曲。

② 《桂河大桥》，《聆听杂志》（*The Listener*）1959年第8期卷六，页216及以下。

该部电影对小说做了不少改编。出于商业而非艺术的考量，必须加一个美国明星，于是有了希尔斯（Shears）这个美国化的角色，他成功逃离铁路工地后，成为第136部队的一员返回当地。而日方该营的长官，不只是个残酷嗜杀的醉鬼，同时也是个不得志的艺术家。当然，小说本身已经对史实有所扭曲。众所周知，尼科尔森上校的原型[①]是图塞（Philip Toosey）上校，原本是英国中部柴郡（Cheshire）的商人，他对付日军的方式，跟电影里的亚历克·吉尼斯截然相反。瓦特说："我们已经知道，一旦当面摊牌拼实力，日本人一定会赢；他们有能力，而且从不犹豫使用这种能力。"但是图塞对日军的处理法，跟布勒笔下顽固的英雄不一样。"他是个非常勇敢的人，"瓦特继续说，"但从不硬来，总是给足日本人面子。他先是用令人印象深刻的军事炫技震慑他们，然后迷惑他们、讨好他们，努力推销他那似乎无可辩驳的观点，那就是有荣誉感的战士唯一职责所在即做正确的事情。所以，造桥不是个大问题……如果以局外人眼光来看，图塞令人刮目的成功，显然稍微提高了我们跟敌人的合作程度。但所有在场的人都知道，真正的问题不是造桥，而是在此过程中会死多少俘虏，多少人会受刑，会崩溃。"图塞的动机和华丽的做法，使他成功赢得日本人的信任，同时他自己的人也从来没指责过他。这跟小说和电影中尼科尔森上校被指责"谄媚日本人"的情节完全不同。当电影上映时，图塞提出抗议，认为扭曲实际发生在铁路上的事实是一种侮辱，但无功而返。原作者本人也反对施皮格尔（Sam Spiegel）和大卫·利恩在电影的结尾把大桥炸毁。在书中，大桥完好无损，火车是在另一端被安置的炸药炸出轨道的。而电影工作人员的回答非常自然：观众已经看了两个小时的电影，一直希望出现这个大结局场面；如果让他们失望，不但不合适，而且无利可图。当然，所有这

① 指事实上，布勒本人并无此意。

些造神的过程，几乎抹去了原作的色彩，以及接在那后面更可怕的战争实况。

缅甸战事的参战双方至今还没有人写出类似《战争与和平》那样有分量的巨著，这是否因为依克莫德（Frand Kermode）所说的，“一战”的存在抹杀了“二战”文学出现的可能？1975年，他写道：“如今只有少数年龄在五十岁以下的人，目睹过1939年至1945年的战争，因而很可能（虽然不是完全不可能），他们无法为我们提供一个关于那场战争的神话，标准的文学纪录。”[①] 又或者，照一名傲慢的年轻法国历史学家的说法，“我们的历史学家已经代替小说家，成为现实的见证者了吗？”但托尔斯泰本人也没参加过1812年的战争。奥斯特利茨（Austerlitz）战役[②]的发生和托尔斯泰的巨著问世之间隔了63年。如果按此推算，那么在2005年将出现描写缅甸战事的巨作，而那个作者此刻应该才二十岁出头。《桂河大桥》的改编也许是不可避免的，英日双方的参与者已经有了各自的说法。如今，轮到那些仅通过历史记录，从远距离接触战争的人，来表达当事人他们如何看待自己。其结果，可能跟1941年至1945年间在缅甸战场上的战士所经历的真实情感、折磨和偶尔的愉悦，只有一点点，或者完全没有关联了。

第83回 胜欤败欤留梦中

最终的问题，显然就是小彼得金所言：

---

① Frank Kermode, “The words of two wars”, *Daily Telegraph*, August 1975.
② 译注：拿破仑时期的一场著名战役，也是《战争与和平》中描述的对象。

“那么最终，到底带来了什么好处呢？”

小彼得金说：

“啊，那我不能说，”

“不过，这是场著名的胜仗呢。”

缅甸战事，跟诗歌中提到的布伦海姆之战一样①，毫无疑问是场著名的胜仗。事实上，如果选择不同的时间点，双方都可以把它看作是一场大胜。但是如今我们回顾历史，看看从过去四十年中到底得到了什么，要想回答小彼得金的问题，似乎就更难了。卡拉汉教授研究参战各方的动机和得失，得出的一些结论，相当强硬，不易为人接受。②

斯利姆的个人成就无可争议，哪怕在大胜后，有人笨拙地试图夺走他的指挥权。1945年6月，盟军东南亚战区地面部队总指挥利斯（Oliver Leese）建议提拔第15军的克里斯蒂森去指挥第14集团军，这个集团军当时正为进军新加坡和马来亚备战；而斯利姆则从第14集团军调到仰光，指挥新组建的第12集团军。任务颇为乏味，是负责清理木村残部以及驻防缅甸。③利斯的理由是，多年持续征战，斯利姆应该感到疲惫了，同时他也缺乏马来亚战役所需的两栖作战经验。

蒙巴顿反对利斯的安排，但后者已经把这一决定私下通知了克里斯蒂森（克里斯蒂森的下属们还为他办了告别晚餐），并把自己的计划电告在伦敦的阿伦·布鲁克。5月7日，利斯飞抵密铁拉，亲自告诉斯利姆这个决定。斯利姆的反应，委婉地说就是彻底被这个变动惊呆了。不过

① 译注：彼得金（Peterkin）是1796年英国浪漫主义诗人罗伯特·索锡（Robert Southey）所写的一首反战诗歌“After Blenheim”[《布伦海姆之后》，又名“Battle of Blenheim”（《布伦海姆之战》）] 中的一个人物。布伦海姆之战发生于1704年的德国，是西班牙王位争夺战中的一场战役。

② R. Callahan, *Burma 1942-1945*.

③ 参见卢因所著 *Slim* 一书中对此事件的出色描写，p. 237及以下。

他只是通过不接受第12集团军的指挥权表达了抗议，建议自己还不如直接辞职。而利斯对此很是吃惊。罗纳德·卢因指出，这充分体现出利斯对当下情况的彻底无知。斯利姆认为自己是被解职了，而在利斯看来，自己只是想在指挥员人选上做个调整，互相的误解是如此彻底。还好，阿伦·布鲁克拍电报告诉蒙巴顿，除非蒙巴顿本人亲自建议，否则任何人事改变都不算数。

自然，蒙巴顿不愿见此发生。其实他也想要斯利姆卸下第14集团军的指挥权，却有自己的理由：他想让斯利姆代替利斯在盟军东南亚战区地面部队（ALFSEA）里的职务。最后的结果也是如此。斯利姆短暂休假了一阵子，在此期间克里斯蒂森暂代第14集团军的指挥职务（这算是对克里斯蒂森受损的颜面做了点补偿）。然后，在阿伦·布鲁克的坚持下，蒙巴顿用斯利姆取代利斯，指挥盟军东南亚战区地面部队。这段时间里，所有牵涉到的人员都很紧张，也是斯利姆辉煌大捷中一个承受个人羞辱的时刻。不过，就像之前，欧文本打算把他撤职，却最终被取而代之，这次斯利姆又取代了利斯的职务。日军投降后，斯利姆有足够的自信，可以忽视麦克阿瑟的傲慢指令，按照自己的想法逐一部署。

国家层面上的建树不那么一目了然。例如，出于美国对华政策而发动的缅北战役，从来没能成功建立起美国人所希望的美国化的中国军队。而美国感情上的“大中国”，与后来的现实可谓南辕北辙。战后在中国出现的情况，卡拉汉指出，使美国的政治受到不小打击。

而英国的胜利也含糊不清。战斗本身，当时被看作是一场在错误的时间和地点所发动的错误战争。失去缅甸后，英国面临的问题是必须把它夺回来。其实这个目标，按照史迪威的说法，可以在战后的圆桌谈判上更好地实现，而不是花费毁灭性的昂贵代价，费时间、费人力、费资源，来发动一场陆上攻势。当然，是否愿意花费这一代价，取决于如何看待此事的终极目的。史迪威和美国人想要国民政府统治下的中国加入战争，这样就可以保证美国航空部队的陆上基地，从那里才能飞到日本诸岛进行轰炸。因为这是美国的主要目标，丘吉尔不得不同意发动一场缅北的陆上攻势帮助史迪威，因为丘吉尔在远东战争的策略，跟他在珍珠港事变之前的外交策略一样，都依赖美国的援助。

但丘吉尔的目的是双重的，他也希望英国表现出能依靠自己的军事力量收复失地。丢失新加坡真是很糟糕。在他看来，缅甸可以提供必要的空军基地，先是阿恰布，再是仰光，从那里可以发动对马来亚的攻击；就算不成功，至少还可以攻击苏门答腊。之后，如果日军马来亚防线被攻破，就可以横扫南中国海，一路打到婆罗洲和香港，顺道解放荷属东印度。这当然是个宏伟夸大的计划，但只要有充足的海军和空军力量，加上足够的登陆舰，是切实可行的。所以，1943年9月，建立了由蒙巴顿担任总司令的盟军东南亚战区司令部，为之前十八个月的死亡战略注入新的生命。在那之前，除了少数例外，真是一场接一场的败仗。东南亚战区司令部的计划是沿着孟加拉湾做海上勾拳，沿阿拉干海岸线，从海路夺回仰光。

在此，两种战略发生了冲突。丘吉尔当时也迫切想要加强英国在西欧战场的优势，而那里，唯一在英军绝对控制下的一个战场是意大利。当时有计划在盟军滞留点以北登陆，然后攻下罗马。于是欧洲战场更优先，登陆舰队为此从东南亚调出，用在地中海。

最后，还是日军，尤其是牟田口入侵印度的梦想，迫使英国从英帕尔发动陆上反击。1945年1月扫清缅北日军后，滇缅公路恢复通车，但在当时已经是多余。接下来的十个月里，总共只有3.8万吨物资由此公路进入云南，而每月靠空运的物资却达到3.9万吨。但英国的政治目的，在当时无论如何是达到了，虽然卡拉汉教授认为政治目的从来都不实际。在很短的几个月里，以武力重新夺回缅甸，使得1937年丘吉尔的野心变得可能：“我的要求小而有限。我希望看到未来几代里，大英帝国依旧保有她的力量和辉煌……”

印度军队保住了英国在缅甸的帝国，但仅仅维持了几年，而不是几代。“在缅甸，我们再也不可能把头抬得高高的。”[1]这是1942年面对日军进犯，钦命副专使亚诺尔德（F. H. Yarnold）撤离丹老时说过的话。后来，另一位在缅的英国官员写道：“一场军事胜利无法开脱英国在民事上的责任。要是一开始就取得胜利，日本人在边界上就被打败，那么将会把英国人和缅甸人团结在一起；帝国将被证明是一个可行的措施，缅甸人将继续承担一个至少是平等的合作伙伴的角色。如若不然，就不行了。一个统治政权，由于自身的疏忽，使得这个国家不得不面对两次进犯，两次灾难，这个政权实在是再也没有一丝可信度了。”[2]1947年为整理印军历史而访视缅甸战场的康普顿·麦肯齐，也持相似的看法。他写道：“我的直观印象是，我们已经完全无法赢得民心，就应该离开。”[3]

这也是现实里所发生的事。在斯利姆取得大胜后三年，缅甸独立，并退出大英联邦。毫无疑问，日本在东南亚的出现，对此起到了相当的推动作用，即使如今他们自己也收拾行装离开了。日本迫使欧洲势力再不可能以自己的方式留在东南亚。卡拉汉教授总结道：“斯利姆的胜利，从最好的方面说，让英国带着些许尊严离开亚洲，而不像法国、荷兰以及后来的美国那样糟糕。这也许真不是件小事。”[4]

这同时也导致了印度军队长期以来的荣耀神话的破灭。印军是造成日军在亚洲大陆最大惨败的军事工具。鲍威尔（Enoch Powell）写道：“（在下意识中）英印帝国成为一个奇迹，一个英国人和印度人共同的梦想，哪怕在许多其他取而代之的梦想和幻觉出现之后很久，当个人与个

---

① M. Collis, *Last and First in Burma*, pp. 181-182.
② M. Collis, op.cit., p. 182.
③ Compton Mackenzie, *All Over the Place*, p. 84.
④ R. Callahan, op.cit., p. 164.

人相遇时，这个梦想仍在继续。”[1]这不仅是梦想，而是合作与共生，凭借长距离、爱和误解而维系，印度军队就是这个共生体最好的表现形式之一。之后，在德里红堡对“印度国民军”领袖的审判，出现了可笑的量刑，以及对这一审判不可避免的政治解读和利用；再后来，印度军队随着南亚次大陆上的印巴分治而相应撕裂。所有这一切，此刻都还没有发生，“印度国民军”英勇作战，以闪电般的姿态攻入缅甸首都。

在马来亚面临种族歧视时，军队的忠诚承受了严峻的考验。新加坡陷落之后，成千上万被征召入伍的印度新兵，很容易被日军宣传攻势所诱惑。但总体而言，直到印巴分治彻底终结这支军队之前，印军在最后时刻，出色地完成了英国宗主下达的任务。也是因为分治，有关统一的印度军队英勇作战的描述，几乎都带有一种天鹅湖般的最后的哀伤。这种伤感的告别情绪，在安东尼·布雷特-詹姆斯（Anthony Brett-James）所著《我的电报》（*Report My Signals*）（页338至页343）和马斯德斯的文章中都可以体会到。后者描述印度师在1945年雨季中沿曼德勒而下，穿过缅甸，直入仰光，比1940年由格尔德·冯·伦德斯泰特（Gerd von Rundstedt）带领的德军穿越法国的速度，更加迅雷不及掩耳。[2]

> ……穿过日本人试图占有的我们原来建立的帝国的废墟，在漫天飞扬的尘土中，印度追逐着她自己未来的容貌。二十个种族、十多种宗教、几十种语言，都可以在卡车和坦克上找到……沿路排列的树下，飞灰更浓，直到机械化队伍如雷鸣般进入黄色隧道，先是坦克，上面坐满步兵；然后是装满士兵的卡车；之后是更多的坦克，首尾衔接，飞速驶过，机枪、更多的卡车、更多的枪……这是

① Enoch Powell, “The Imperfect Dream: A Return Passage to India”, *The Times*, 7 May 1983.
② 译注：Gerd von Rundstedt为“二战”中的德军元帅，以用闪电速度拿下法国著称。

历史上最后一次，旧式的印度军准备进攻。此时此刻，距离尊贵的东印度公司在印度东海岸征召第一批十名土兵，已经过了整整二百五十年……①

场景确实是很壮观。但它是父权式的，这也是其终结的原因。布雷特–詹姆斯笔下的印度兵虽然深受爱护，却并非在平等的位置上。无论如何不能视为平等。对马斯德斯而言，这支军队和这帝国是他和他的先辈创建的。对印度自己的人民来说，1958年军事史家在骄傲记录其辉煌历史时，也注意到了我们此刻看到的情形。尽管"（缅甸战事）早期，主要作战力量是阿萨姆前线的印度军，印度战区也成功动员了举国资源，超越极限，让英帝国在东方起死回生"，但印度军并非为自己的人民服务，也不代表战地人民的利益。"印度的利益不被考虑，缅甸的理想也没被顾及。"②

在这里收场的，既非军队，也非帝国，而是历史上一个奇异而美妙的时刻。两个极为不同的民族，爱恨交织，纠缠一起，犹如哈布斯堡时代在维也纳的犹太人和奥地利人，伊莎贝拉一世、斐迪南二世统治以前③在西班牙的犹太人、西班牙人和阿拉伯人，或者在18世纪新教徒崛起时产生在都柏林的英格兰和爱尔兰人之繁华，以及古怪、多疑的希腊学者，对罗马帝国荣耀的贡献。

对英国人而言，最后时刻的到来充满浪漫主义色彩，至今举国还没有彻底走出这一思路，因此不难理解为何历史学家基根（John Keegan）

---

① John Masters, *The Road Past Mandalay*, p. 312.

② B. Prasad ed., *Official History of the Indian Armed Forces: Reconquest of Burma, 1942-1945*, I, pp. xxv-xxvi.

③ 译注：卡斯蒂利亚女王伊莎贝拉一世和阿拉贡国王斐迪南二世夫妻二人，于1469年10月19日在瓦拉多利德完婚，伊莎贝拉时年十八岁，斐迪南十七岁。后来他们二人完成收复失土运动，从摩尔人手上取回格拉纳达，成功收复穆斯林王国在伊比利亚半岛的仅余据点，又资助克里斯托弗·哥伦布发现美洲。

把印度部队称为“英帝国中一个最长久，可能也是最亮眼的产物”。[①]但军队本身的结构，恰可充分解释，为何藤原少佐能如此成功地从印度的俘虏里为“印度国民军”（印度名为Azad Hind Fauj）招募士兵。那些没有加入国民军的，只是出于恐惧，或是想逃走。该部队自上而下，由父及子，可以说囊括从最高领袖到最底层的少年兵。爱是如此深切，一旦分离会很痛苦。在《含怒回首》（*Look Back in Anger*）一书中，奥斯本（John Osbourne）描写在那悲喜交加的怀旧时刻，印度军内部的英国军官与手下道别。这描写真实而感人，不是夸张的讽刺。但这一关系里，缺乏一个爱的基本要素：平等。

英国的盟友和敌人，要对帝国的崩溃承担几乎相同的责任。罗斯福本人就代表了一群美国人的想法，坚决反对用美国的军事或经济力量支撑旧殖民领土，而且无论是思路上还是语言上，都不时提及放弃印度支那、香港和其他殖民统治区域。1945年1月，战时英国殖民大臣斯坦利（Oliver Stanley）跟罗斯福交谈时，后者愉快地告诉他，“对缅甸……我们实在不知该如何处理”。[②]美国以军事克制和外交施压，最终促成了日本所开启的事业：终结欧洲在亚洲的殖民帝国。

于是科希马英军纪念碑上的文字显得如此忧伤：

When you go home	当你们到家以后，
Tell them of us, and say:	告诉他们：我们
For your tomorrow,	为了你们的明日，
We gave our today.	献出自己的今天。

---

① In a review of P. Warner, *Auchinleck: The Lonely Soldier*, *The Sunday Times*, 22 xi, 1981, p. 42.
② 参见W. R. Louis, *Imperialism at Bay*, p. 437。

在缅甸阵亡的士兵们，牺牲了自己的今天，但无论如何，却并不是为了国家或者帝国的明日。1945年的英国民众，也不会支持用武力镇压新的后殖民政权。因此，卡拉汉教授的说法大致是对的。他认为所留下的，只是斯利姆军事辉煌的记忆，而不是伦敦政府可能盘算的任何立竿见影的政治利益。

缅甸人民也不是受益者，这个国家依旧分裂。英雄昂山在权力的门槛前被无情暗杀；他的继任者吴努，被三十志士的另一名成员奈温将军踢出权力中心；克伦族还没取得为自由而战的胜利；阿萨姆山区的那加族人，跟印度政府作战，要求解放；掸族和克钦族跟仰光政府交战[①]；为了自由出售种植的鸦片，掸族跟泰国政府交涉。战争没有解决任何问题。

而且，日本人当然也回来了，不光是以更可接受的商人身份，而且带着熟悉的虔诚。他们成群结队，访问缅甸和阿萨姆，手持地图和照相机，在旧战场上寻路。他们使用标尺，还不时出现在无名但有标号的山间。那里的山谷中，有破碎和腐蚀的坦克，炮孔里长出了竹子；那里，他们找到成堆的尸骨，通常已被当地人挖出重埋。他们取骨骸焚烧，从灰烬中取回象征性的一把，带回日本，供在神龛中，把其余的骨灰撒在钦敦江、伊洛瓦底江或锡当河里。日本士兵一直都强烈希望，死后部分遗体，无论以何种方式，必须回归日本土地。无论当年的战友，还是今天的参观者，都一直在为他们履行这最后的愿望。这些日本人当然受到印度和缅甸政府的欢迎，政府还派出人员陪同。其中一队日本人由藤原岩市带领，他曾是牟田口的少佐参谋，如今是日本新部队的退休中将。最近对科希马的一次访问中，藤原参观了英军公墓，并为之祈福。回日本后，他给英国女王写信汇报自己的旅行，告知那些坟墓受到很好的照顾。女王的回信，是他最珍视的一件宝物。

---

① 参见Ian Fellowes-Gordon, *The Battle for Naw Seng's Kingdom*, 1971。

也许，17世纪的日本诗人松尾芭蕉（Basho），早已说尽世上所有战争的终结：

夏草や	夏日草场，
兵どもが	遗留战魂，
梦の迹。[①]	梦之遗迹。

① 译注：出自芭蕉俳句《奥の细道》（《奥州道》）。

附录一 | 伤亡人数

战后出任法国首任文化部长的名作家安德烈·马尔罗（André Malraux）曾这样写道：战争之目的就是尽一切手段，将金属弹片贯穿人体。我们以稍微简化的方式，编制了这几份缅甸战争的“资产负债表”，借以比对这场在远东的战争所付出之人命成本。

缅甸战役是场既血腥又损失惨重的战斗；然而，最初日本征服缅甸时，所付出的代价却相对低廉。夺取这整个国家的成本，仅约2000人死亡。就如同攻占马来亚与新加坡时，仅付出了大约3500条人命一样低。换言之，日本仅付出了微不足道的5500条人命代价，就席卷大英帝国在远东的大部分领地。但另一方面，若忽略不计英国反攻时使用了大量的印籍官兵的印度军，而仅计算英国自己所属部队的损失，那么英国人也只以不到5000条性命的代价就夺回了缅甸；至于马来亚与新加坡，更因为日本先行投降，而让英国未牺牲一兵一卒就重新收复失土。因此，日本与英国这两个强权双方的阵亡负债表大致相当。较大的损失就由印度部队，以及中国——这个让英国心不甘情不愿的盟国所承担。

我很难仅从这些数字做推理、比对，并找出其中一致之处。当斯坦利·查尔斯（Stanley Charles）与我于1945年编写日本第15、第33与第28

军及其所属师团战史时，我曾设法从勃亚基战俘营之日军参谋们关于当时的回忆与笔记当中，取得相关数据。不用说，有些数字当然很粗略，但在其他案例里——特别是第28军，其数据却与于战后多年出版的文献，或取自盟军占领初期，即日本政府复员局的数字相当吻合。但是，日方既没有必要在划分战役时，沿用与我方相同的战斗地境线，也没有必要使用相同的会战起讫时间。更有甚者，日方的分类中，有时会将战场病患列入伤亡人数之内，有时却又摒除不计。这就像缅甸战役初期英军的失踪者统计中，包含了沦为日军战俘者一样，有着许多稍不留心就会错过的细节差异。总之，在此先将这些问题存而不论，试着以下列的图表比较参战双方的兵力与伤亡。

首先，下表是以主要会战为区分的对照表：

附表1-1　参战双方伤亡对照表

作战名称与日期	英军及英联邦国家军队伤亡人数（括弧内为阵亡人数）	日军伤亡人数
第一次缅甸作战（1941.12.25—1942.05.12）	13463（1499）	2431（1999）
第一次阿拉干作战（1942.10.23—1943.05.15）	5057（916）	约1100（400）
第一次温盖特作战（1943.02—06）	1138（28）	205（68）
第二次阿拉干作战（1944.02—07）	7951	5335（3106）
第二次温盖特作战（1944.03—08）	3786（1034）	5311（4716）
英帕尔/科希马作战（1944.03—12）		
首战（阿萨姆）	920	
科希马作战	4064	5764
英帕尔作战	12603	54879（13376）

续表

作战名称与日期	英军及英联邦国家军队伤亡人数（括弧内为阵亡人数）	日军伤亡人数
横渡伊洛瓦底江 曼德勒作战（1945.01—03） 密铁拉作战（1945.02—03）	10096（1472） 8099（835）	日军第15与第33军在两次会战中的损失合计12912（6513）
标贝到仰光	2166（446）	7015（6742）
仰光到日本投降（突围及锡当河湾）（1945.05—08）	10901（435）	11192（9791）
总计	71244	106144

其次，柯比（S. W. Kirby）就科希马－英帕尔战役时的英军伤亡，列出了下面这张有趣的分类清单：

附表1-2 科希马—英帕尔战役英军部队损失详表

科希马	第33军	95
	第2师	2125
	第7师	623
	第161旅（属第5师）	462
	科希马守军/欠女王专属皇家西肯特郡团（Queen's Own Royal West Kent Regimental）	401
	远程特遣队第23旅（Long-Range Patrol，LRP）	158
	阿萨姆第1团	约200
	（小计）	4064
英帕尔	第4军	677
	第17师	4134
	第20师	2887
	第23师	2494
	第5师/欠第161旅	1603
	第89旅	219
	印度第50空降旅	589
	（小计）	12603

将阿萨姆的前哨战中第17师与第20师伤亡的920人包含在内，则中央战线的伤亡总数达到了17587人（920＋4064＋12603）。在桑萨克一地，日本人估计的数字与英方大致相当：日方称英军的损失中共有499人阵亡或负伤，另有100人成为战俘。

关于上表的内容，多少有需要稍加说明之处。中国军队虽然在美军的支援下执行作战，但美军没有提供其全盘的伤亡清单，故中国军队的伤亡数字很难推算。再者，日本方面能提供的数据，也不过只有概略粗估的程度。中国驻印军**北部战区司令部**最初拥有的中国军队兵力约30000—25000人：包括了新22师、新38师，各有约12000兵力，[①]其余为分批从中国运抵的新30师。而兵力不到3000人，名为“**加拉哈德**”（GALAHAD）支队的美军步兵部队，则蒙受了惨重的伤亡。其后继的“**战神部队**”（Mars Force）[②]则是由大致同等规模兵力（3100人）所编成的部队。**盟军东南亚战区司令部**属下的美国陆军，大多被派去参与筑路工程，至1945年4月时其兵力共计为12097人。关于最重要的密支那战役中参战的史迪威麾下部队的战斗伤亡数字，罗马纳斯（Charles F. Romanus）与森德兰（Riley Sunderland）提供了下列的数据：

附表1-3　密支那战役中、美、日三国部队阵亡、负伤、患病人数对照简表

	阵亡	负伤	战场病患	备注
中国军队	972	3184	188	
美	272	955	980	
日	790	1180		（译者提供）[③]

① 译注：原作者误指为“第22师与第28师”。

② 译注：美军“加拉哈德”部队伤亡严重，尤其因染阿米巴痢疾生病的特别多；中国军队喝煮沸的水，相对生病较少，参考https://en.wikipedia.org/wiki/Merrill%27s_Marauders。因此又由第457步兵旅为主力组成3100人的Mars Force（Mars Task Force），参见Troy J. Sacquety, *OVER THE HILLS AND FAR AWAY The MARS Task Force, the Ultimate Model for Long Range Penetration Warfar*（https://arsof-history.org/articles/v5n4_over_the_hills_page_1.html）。

③ 译注：“密支那战役”（Combat of Myitkyina / Fight of Myitkyina），名称见“国防部”史政编译局编，《抗日战史》册九，1990，参页350—351，394—408。

与上述中美联军的伤亡数字对照，密支那的日本守军高峰时约计3500人；到1944年7月底，共有790人战死、1180人受伤，总计伤亡1970人。唯美军同时期估计日本在密支那共有4075人遭击毙。此外，美军的战史也列出了为打通滇缅公路，中国军队在萨尔温江（此处指怒江）前线阵亡7675人的数字。

依附表1-1所得出的日军**伤亡总数**，还远少于日方自行估计的在缅甸阵亡者总数。彼等算出的总数系依据1941年至1945年间派往缅甸的日军总数303501人，减掉战后从缅甸回到日本的人数118352人，得出两者之间的差额是185149人。换言之，日军阵亡人数将近为英军及英联邦国家军队阵亡者的13倍。

英方一定低估了1945年夏季樱井省三中将率领的第28军在勃固山脉的兵力。英军第4军（1945年5至8月第4军作战口述记录之附录B）判断樱井第28军的总兵力约有16000人；英国第12集团军在战争刚结束时，估计日本第28军的兵力约为19000人，并判定其中有大约11000人战死或成为俘虏，并有500名病患遗留于勃固山脉之中。曾任樱井参谋的山口（Yamaguchi）少佐，给了我一份从勃固山脉突围时的详细兵力部署说明，指出作战发动前的兵力是30872人，突围后是13953人。据此，其损失总计达16919人。但是，在该资料中又附记：第28军于投降之后，列出有4000人失踪、2000人患病，剩下的死亡人数估算正好是11000人。日方的伤亡数，与英国仅仅只有95人的阵亡人数相较，显示了这场战役中最大的差异。在这些数据之中，无论采用哪个数字，日军伤亡的比例都是非常惊人的。当樱井的勃固山脉突围计划成案时，他心中所想的无非就是“**死里求生**”。如果战争还持续的话，就算丧失了大半的兵力，但能救出剩下的半数将士，就还有再打下去的意义吧。然而，突围行动结束不过几天，日本就投降了，数万将士的牺牲终究化为徒劳。

至于英军方面的数字，也有着触目惊心的对比。在整场对日战争中，英军与英联邦国家军队的伤亡总数为227313人，缅甸战场的损失就占了其中的三分之一。但这并不意味着远东伤亡总数中的死亡人数有所增加。因为这是加上了官方战史最后一册中记载的“失踪和被俘”之127800人而计成的数字。倘若单看与英国本土官兵有关的数字，则来自英国本土的官兵阵亡于缅甸战场的人数不到5000名，相当于阵亡缅甸的英军总人数三分之一上下，或是印度军阵亡人数的三分之二。而在英国本土就有超过此数12倍（65095人）的人死于空袭，商船乘员的死亡人数也超过此数的6倍（30248人）之多。

在日本方面，此战场与国内伤亡人数的差距，虽不若英国如此悬殊，但也呈现相同的趋势。日军在缅甸战场战死了185149人，相较之下美军对日本列岛的空袭就造成了241000名日本人的死亡。尽管日军派往缅甸总兵力的五分之三丧失于当地，但这仍只占了“二战”期间日本损失人数（约2300000人）的十二分之一。最后，英联邦国家军队的损失（73909人，其中14326人阵亡）更只占了**盟军东南亚战区**地面部队的（约100万人）区区十三分之一而已。

◎ **资料来源：**

- W. Franklin Mellor ed., *Casualties and Medical Statistics*（《死伤人数与医疗统计》），HMSO（英国公众资讯部门办公室），1972.
- S. W. Kirby, *The War Against Japan*, Vols. Ⅱ, Ⅲ, Ⅳ and Ⅴ.
- 日本防卫厅战史室，《锡当、明号作战（1945.03.09—05.15）》，1969。
- 日本防卫厅战史室，《缅甸攻略作战》。
- OCH《阿拉干作战》。
- 日本政府复员局，日本文献AL 5218，Imperial War Museum Archive。
- “Note on LRP casualties”（《英国远征军死伤人数记录》），WO 213/188, Public Record Office.
- *IV Corps Narrative of Operations May-August 1945*（《第4军1945年5—8月作战口述记录》）.
- *SEATIC Bulletin*（《东南亚翻译和审讯中心公报》），No. 244（《日军第49师团简史》）.
- C. F. Romanus and R. Sunderland, *Stilwell's Command Problems*（《史迪威的指挥问题》），1956; *Time Runs Out in CBI*（《中缅印战区的时间消耗》），1959.

- 土屋英一编，《第28军战史》，1977。
- 英国第12集团军，《日本人所估日军缅甸作战统计》，1945。
- “日军缅甸伤亡统计表”“日军锡当突围战伤亡统计表”，两表由本书作者艾伦收藏，山口立少佐（后升任陆上自卫队陆将补）提供。

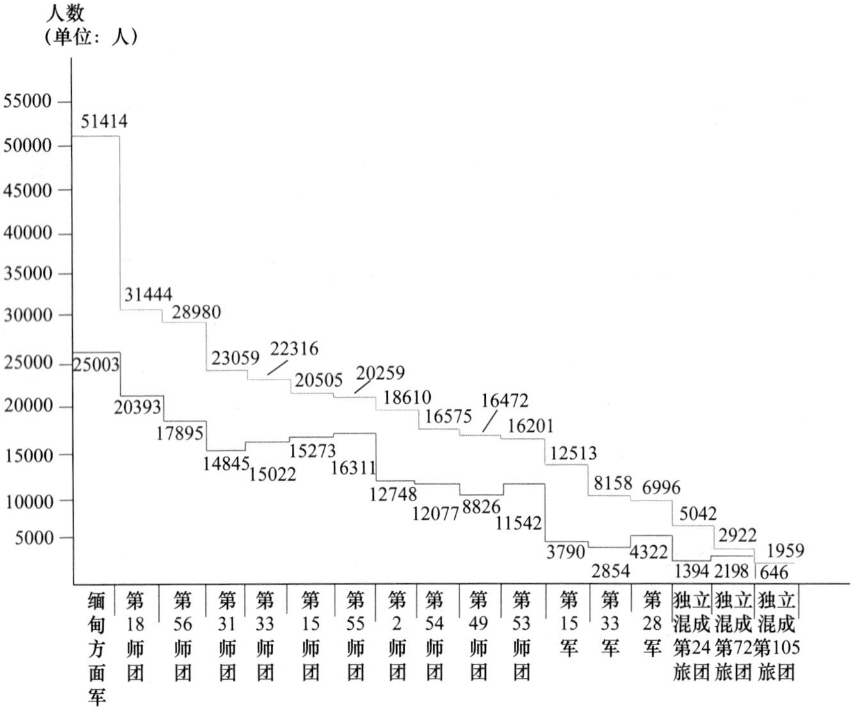

附图1-1　日本在缅甸战区编制与阵亡对照图

◎ 说明：

1. 绿线表各部队编制人数。
2. 蓝线表各部队阵亡人数。
3. 这些数字包含整个战争中补充的兵员数。
4. 资料来源：日本防卫厅战史室，《锡当、明号作战（1945.03.09—05.15）》，页501—502。

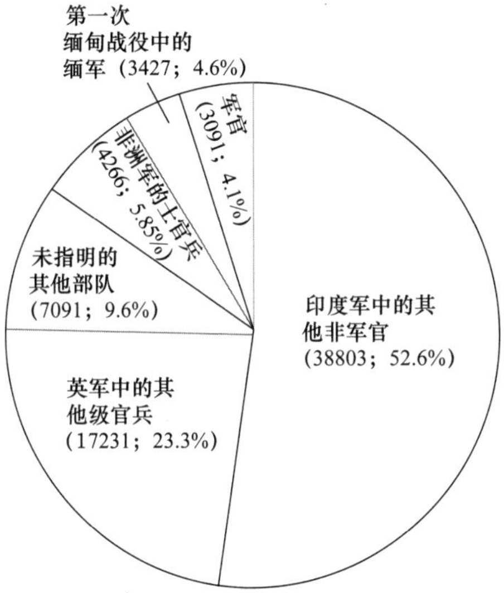

附图1-2　英军与国协军缅甸战区伤亡统计图

◎ 说明：

1. 总数73909人。
2. 伤亡含阵亡、负伤、失踪与被俘。
3. 本图中特别将军官与士官兵分开统计。

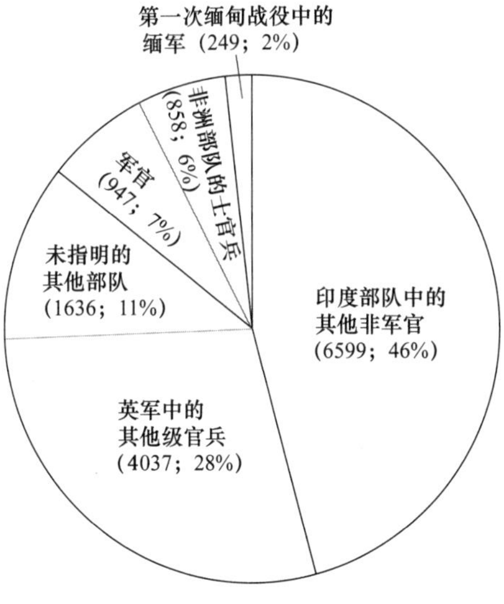

附图1-3　英军与英联邦军队缅甸战区阵亡统计图

◎ 说明：

阵亡总数14326人。

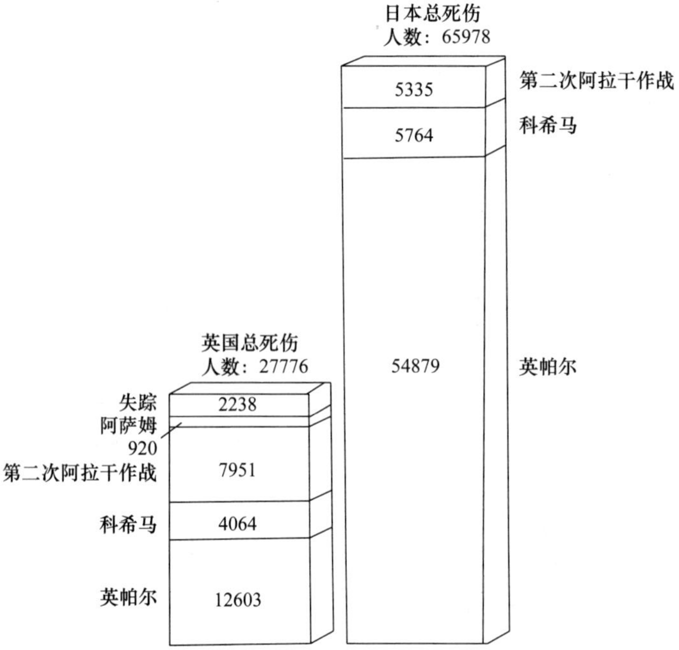

附图1-4　1944年日军入侵印度之双方伤亡人数统计图

◎ 说明：

因英、日双方的阵亡数字分歧太大，故在此不单独列出阵亡人数。其次，日方没有另外列出阿萨姆首战的死伤清单。英军的伤亡数字是由多种来源之数字组合而成。当加上了柯比提供的整个缅甸战争期间失踪人数数字时，我的统计总数与柯比的相当。

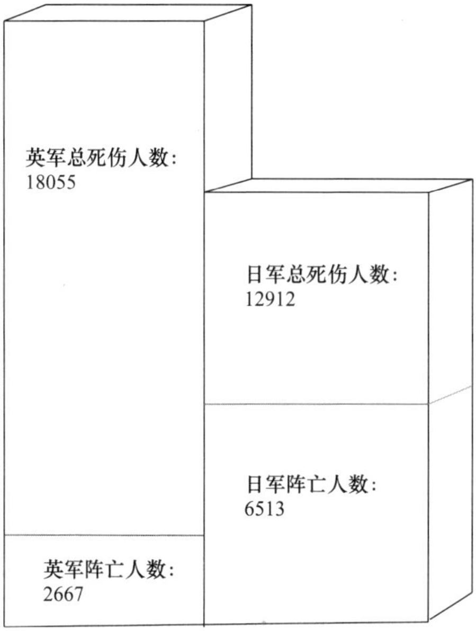

附图1-5　1945年伊洛瓦底江、曼德勒与密铁拉作战英日伤亡人数对照图

◎ 说明：

1. 依据山口立（Yamaguchi Tatsuru）少佐（后升中将）1945年于勃亚基战俘营提供之数字。

2. 依据《第4军1945年5—8月作战口述记录》第7篇之数字。

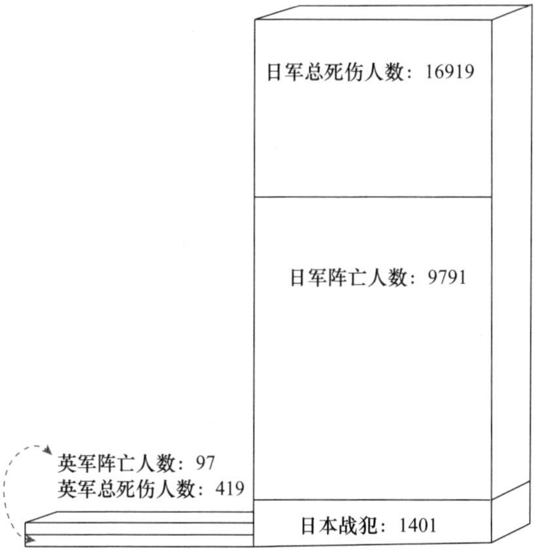

附图1-6　1945年突围战斗英日死伤人数对照图

◎ 说明：

1. 依据山口立少佐1945年于勃亚基战俘营提供之数字。

2. 依据《第4军1945年5—8月作战口述记录》第7篇之数字。

附录二 | 锡当桥炸桥之争

那位做了“大胆而令人惊惧”的决定，将锡当桥爆破的男人，事实上也因此崩溃了。史密斯少将拥有英国陆军中最英勇的作战纪录之一。第一次世界大战期间，他就已经获得一枚维多利亚十字勋章（Victoria Cross, VC），第二次世界大战前他又因在印度西北边境的战功，而获得军功十字勋章（Military Cross, MC）。1939年欧战爆发时，他请求调往法国，并以旅长的身份参与敦刻尔克大撤退。即便当英国远东最高指挥官韦维尔将军陷入如各地的英军及其指挥官那样的士气沮丧与优柔寡断时，史密斯也未曾陷入其中。但在史密斯少将生命中最重大的决策关头迫近之际，正是他的身体极端疼痛之时。相当奇怪，他的上司胡敦中将本人也在“身体不佳”的情况下，一直被韦维尔将军要求创造奇迹。

带着灰暗的心情视察了重重包围下的新加坡后，韦维尔将军打算回到位于爪哇的总部。他于1942年2月10日午夜离开英军位于新加坡的司令部，准备搭乘水上飞机前往爪哇。韦维尔的副官们正在码头边将文件搬到一艘小艇上时，突然听到了韦维尔将军的大叫！因为这时新加坡已经开始出现掠夺，他们不禁担心韦维尔将军是不是遭到了掠夺者的攻击，或者是日军突击队趁夜摸了进来。原来却是韦维尔一直看不到接驳他水上飞机的小艇在哪儿，焦急地打开了车门，但他只有一只眼睛是好的，[①]所以在他从左车门下车前，完全没注意到座驾停下来时已经贴近海堤边缘。韦维尔将军在极度痛苦中被抬上了水上飞机。他的背因勾到铁丝网而严重撕裂，让他感到肋骨仿佛断了似的。即便如此，他的忧虑还没有结束，直到黎明前，他所搭乘的飞机，仍无法飞离拥挤的港口。此时韦维尔只能借助阿司匹林与不加冰的威士忌来入眠，好让他再等待五个小时才能飞往巴达维亚（Batavia）。到了爪哇之后，荷兰人虽然想让他尽快住院，但韦维尔还坚持要继续指挥新加坡方面的战事。2月11日他拍了封电报给丘吉尔：

> 新加坡之战进行得不顺……某些部队的士气低落，且缺乏我想看到的斗志……主要的问题是某些增援部队缺乏充分的训练；而日军胆大、娴熟的战术，以及掌握了制空权，让我军丧失了信心。我已竭尽一切可能的手段，鼓励他们发挥更果敢的攻击精神，并保持乐观的希望。但直到现在，我还是不能自欺欺人说这些努力完全成功。我没有想过投降，而且已经明令全军要奋战到最后一兵一卒！

文中，他也提到了码头上发生的事：

> 从新加坡回来的途中，我从昏暗的码头上跌了下来，摔断背部两根小骨头。虽不怎么严重，但还是在医院躺了几天。恐怕这两三个星期行动会有些不大自由。[②]

---

① 译注：他在“一战”期间负伤。
② J. Connel, *Wavell: Supreme Commander, 1941-1943*, pp. 161-162.

为自己的伤情所困，又忧虑英军指挥系统崩溃的韦维尔，于2月21日发电报给胡敦中将："锡当河的抵抗崩溃到底是怎么一回事？……是什么理由发来这份悲观的报告？"

> 从表面上来看，没有任何理由决定从实质上放弃仰光保卫战，并且不断后撤。贵官已阻滞了敌军，敌方想必早疲敝不堪，伤亡极大，没有迹象表明敌军拥有战力上的优势。贵官应该停止继续撤退，并伺机发动反击。整个远东战场的命运取决于果断与坚决的行动。目前敌军的空中兵力微弱，贵官应动用所有可用的航空兵力攻击敌人。①

胡敦将韦维尔的这封督战电报传给了史密斯；但此时的史密斯却是个重病患者，这场病和在锡当河的（炸桥）决定，一直萦绕在他的心头挥之不去。从一开始，史密斯与胡敦之间就存在很深的矛盾。最后，持续不断的失利，加上自身的患病，使史密斯在1942年2月的一连串事件中，失去了可全身而退的机会。即便他离开印度返回英国，厄运还是缠着他不放。他搭的船在中大西洋差点被鱼雷击沉。回到英格兰之后，他重新振作起自己破碎的人生。他先是解甲归田，成了一位作家，后来又当选为下院议员，绝非就此销声匿迹。而他最令人感兴趣的作品之一，就是为白思华（Arthur Ernest Petcival）——那位在史密斯下令炸毁锡当桥的同一个月于新加坡向日军开城投降的将军辩白。尽管岁月流逝，他们两人都一直明确地认为，远东的灾难，其责任无论如何都应该归咎于韦维尔。从白思华的观点来看，韦维尔在亚洲的经验出不了印度以东，此外韦维尔更曾愚蠢地当着史密斯的面，指称史密斯高估了日本人作为

① S. W. Kirby, *The War Against Japan*, Ⅱ, p. 81.

战士的能力。

蒂姆·卡鲁《最长的撤退》一书于1969年出版时，再度点燃了关于**锡当桥**的争论。史密斯评论道，“我觉得炸桥的重要性太过夸大了”，“却轻忽了，日方获胜的实情乃是第17师在渡过锡当河时，被日军两个师团逮个正着所致”。[①]史密斯强调：“这是一场完全可以避免的灾难，炸桥实际上并不能阻止日军挺进到仰光。任何一个熟悉下缅甸地理的人都知道，只要沿着锡当河东岸往北走，就能找到可以涉水渡河的地点。”事实上，日军早已从库赛克（Kunzeik）渡河，并从那儿抵达了通往仰光的主要道路。从史密斯的观点来看，炸了锡当桥只可以拖住往仰光挺进的日军十天。所以要是史密斯能提前一周将部队撤出锡当，又能继续力劝胡敦同意他的意见，则第17师多少可以完整地撤到锡当河西岸，并能在日军试图渡河时发挥阻止的作用。

史密斯的这封信也破解了两位同名为琼斯（Jones）的旅长引发的争议，当年的混乱造成其中一位旅长丧生。但史密斯强调只要仔细搞清楚就不会迷惑，指挥第48旅渡达锡当河西岸的旅长是诺尔·休-琼斯准将；指挥仍被困在锡当河东岸的第16旅旅长是J. K. 琼斯准将。官方战史是如何处理这段插曲的呢?

> 大约23日清晨4点30分，第48旅的一名参谋官通过通信质量极差的线路打电话给考恩旅长（后在第17师总部担任史密斯非正式的准将参谋长），而考恩旅长正在阿比亚的师部。这名参谋官称该旅无法保证接下来一小时内能够继续守住桥梁，故希望获得是否可以炸桥的明确命令。考恩当下询问对方“琼纳”（Jonah）是否已经过河了。“琼纳”是第16旅旅长的绰号。然而第48旅的这位参谋官**可**

① Letter in *Times Literary Supplement*（《泰晤士报文学增刊》）, 4.ix., 1969.

> **能把J. K. 琼斯与休–琼斯（Hugh-Jones）给搞混了，**竟然回答“琼纳”已经过河了。考恩将这段话转告史密斯，**让他以为第17师的主力已经在锡当河西岸了，**所以就授予旅长炸桥的权限。而最佳的炸桥时机完全交由旅长自行决定，所以在5点30分，第48旅旅长休–琼斯准将下达了炸桥的决定。[1]

“名称混淆的事”被史密斯驳斥为不相干，他承认这是普遍接受的说法，但补充说道：“这虽然是普遍接受的说法，但与事实截然不同。”[2]

以下是史密斯所陈述的事件经纬，总共只有三个人涉入其中：他本人、他的参谋长“潘趣”（Punch）考恩准将（后升少将）以及诺尔·休–琼斯准将——也就是建议他下达炸桥令的那个人。在河另一边的第16旅旅长琼斯准将，“琼纳”的绰号从来都没有叫错过。至于第48旅旅长诺尔·休–琼斯准将，史密斯则一直唤他“诺尔”。“我是一点疑问都没有，当我根据后者的要求下令炸毁锡当桥时，‘琼纳’还在河的另一边，而跟我通话的对象是‘诺尔’，因为我跟这二位都非常熟悉啊。”[3]也就是说，前述的电话交谈，并非如官方战史所描述的出自考恩与旅部参谋之间，而是在诺尔·琼斯与史密斯之间进行的，同时史密斯也早已意识到另一位琼斯和他的旅仍然困在河的另一边。

但这封针对搞错人名说法的驳斥信，仍无法完全洗刷史密斯所背的黑锅。下一个有争议的问题就是炸桥时间，他与英缅军司令胡敦之间观点一直针锋相对。史密斯在1957年的著作中强调，[4]当时，他已经派考

---

① S. W. Kirby, op.cit., pp. 71-72（注意我的粗体字）。时间点是争议事项。依实际炸桥的中校巴希尔·艾哈德·汗（Bashir Ahmed Khan）的记录，官方文献与之有1小时的差距。日本给了两个时间点：0600（《缅甸攻略作战》，官方历史）与0630（战后所写的第215联队史）。日本人使用的是东京时间，需要调整1至1.5个小时的时差，它们都支持了巴希尔中校的版本。

② Letter in *Times Literary Supplement*（《泰晤士报文学增刊》）, 4.ix., 1969.

③ Letter in *Times Literary Supplement*（《泰晤士报文学增刊》）, 4.ix., 1969.

④ J. G. Smyth, *Before the Dawn*, p.166.

恩回到仰光，告知胡敦第17师面临在抵达锡当桥前遭到切断的危险，并强烈要求胡敦允许采取下列两项措施：首先，立刻将该师撤往比林河（Bilin River）一线——因为比林河位于萨尔温江与锡当河之间；其次，准许立刻执行下一阶段的撤退——也就是跨过锡当河到西岸。“我希望能在日军拦截到我部队之前，顺利渡过锡当河……即便到了最紧迫的阶段，我部已跟日军两个师团发生近距离混战，但我还是可以继续执行撤退；必要时，还可以获得已抵达锡当河西岸之我军轻坦克旅的支援。”[①]为了佐证自己的论点，史密斯再次引用了官方战史中批评胡敦指挥僵化的部分，“很重要的一点在于，让第17师安全渡过锡当河，胡敦或许可以再聪明些，一旦作战行动进入比林河一线，就该赋予史密斯自由裁量权”。[②]

史密斯在文中也强调，他多少也察觉到胡敦承受着来自韦维尔“从不让步”之长期的政治压力（史密斯的用语）。韦维尔曾发过一通电报给胡敦（1942.02.17）：

> 我充分信赖您与史密斯的判断力与战斗精神。但如同在马来亚的经验所示，必须要留意持续撤退对部队士气，特别是对印度部队的伤害。果敢的逆袭可以有效地争取时间而代价低廉。对抗日军时尤该如此。[③]

在韦维尔将军的政治压力下，胡敦拒绝同意史密斯要求撤退的决定。虽然胡敦的参谋长戴维斯准将（后升少将）[④]在史密斯所著的《黎明之前》前言中支持他的观点：“尽管他（史密斯）的军事直觉要求他集

① J. G. Smyth, op.cit., pp. 166-167.
② S. W. Kirby, op.cit., p. 76.
③ J. Connel, op.cit., p. 181.
④ 戴维斯准将后来在斯利姆面前展现了相同的能力。

中撤退兵力，并在自己选择的战场发动反击，然而韦维尔给史密斯长官胡敦中将的政治压力，却迫使史密斯只能忠心地执行正面迎击方针。史密斯将军针对锡当河惨剧的清楚分析，再一次强调了限制前线指挥官自由裁量权是如此地愚不可及。”①

胡敦拒绝接受戴维斯的评断，戴维斯在撰写这篇前言时，也并未咨询过胡敦的意见。事后胡敦坚称：“这不是施加给我的‘政治’压力。相反，采取正面迎击实有军事上的必要。”②根据胡敦的观点，有七点可作为这场灾难的成因：

Ⅰ. **撤离锡当的决定于2月19日晚上就被日军截获。**这导致日军迅速派出部队，成功地拦截史密斯撤退中的部队。胡敦所称的“泄密”之说，其实出自官方战史，官史称2月19日晚间，有一个或多个部队以明码发送撤退命令，让这命令被日军截获并使其发动了追击。③

Ⅱ. **如果有更妥善的撤退计划，可节省将近24小时的时间。**胡敦还指出，无论是缅甸战争期间的韦维尔，还是后来的官方战史家，都认为撤退可以于23日清晨在锡当桥炸毁之前完成，这是因为撤退许可令早在2月19日，也就是炸桥**前四天**就已下达。

Ⅲ. **桥头堡缺乏适当的防御。**胡敦宣称，他曾传讯告知史密斯尽速调回部队，以保卫锡当桥桥头堡。第46旅旅长罗杰·伊金也坚称当时已将此信息传给史密斯。这件事也是真的，当史密斯告知伊金的第46旅将担任该师后卫时，伊金确信日军将不会在斋托镇逗留，而会绕过镇子直趋锡当桥。所以他主张要制敌机，先直接撤至桥边，而且除了战斗运输必要者之外，其余兵力都应于21日以前过桥。奇怪的是，史密斯同感事态紧急，却不同意伊金的观点，而且直到获得日军兵力与前进方向的明

① J. G. Smyth, op.cit., p. 111.
② *Times Literary Supplement*（《泰晤士报文学增刊》）, 2.x., 1969.
③ S. W. Kirby, op.cit., p. 77.

确情报为止，都不同意撤离掩护斋托地区的守军。[1]这导致在锡当桥上既没有负责交通管制的部队，也没办法一次让太多车辆渡河。

Ⅳ. **英军与印军遭到友机轰炸。**这诚然是件令人扼腕的意外，也获得了充分的调查证明。2月21日是个炎热而干燥的日子，撤退部队向河边退却时，卷起了漫天的红色沙尘。行经主要小径（与其说是道路，其实比小径的等级高不了多少）及其东侧勃亚基橡胶园的部队，先后遭到日机及盟军飞机的轰炸与机枪扫射。但在官方战史中，却慎重地将后者称为“绘有同盟国国徽的飞机”。[2]缅甸第8步兵团的一名军官回忆道：“有段时间，我们取得英国皇家空军的近接空中支援，他们以100英尺的高度在日军第55师团上空盘旋，我们还向他们挥手……接着他们却对着我们头顶怒吼着直冲下来，高度从150英尺下降到15英尺。”[3]部队当然也就陷入惊慌失措。车辆被破坏，即使是搭载了伤兵的救护车也难以幸免。还驮着物资的骡子就这样躲进了丛林里头。造成了非常大的伤亡。康普顿·麦肯齐写道：“要客观地补充一句，从证据的分量来看，被归咎造成这场可悲惨案的**英国皇家空军**（RAF）与**美籍志愿大队**（AVG）其实是无罪的。”[4]

但事情根本不是这样。担任驻缅甸盟军空军指挥官的史蒂文森空军少将（Air Vice-Marshal D. F. Stevenson）针对此一误炸英军事件进行了详细调查。他在紧急报告中写道，“这是一份自辩状”，“在莫巴林的友军部队于12点与15点之间，遭到若干架布伦海姆式（Blenheim）轻轰炸机轰炸及机枪扫射。事实上，当天上午确有8架布伦海姆式轻轰炸机奉军团总部要求出动轰炸比林附近的高本（Kawbein），并于中午返回基

① S. W. Kirby, op.cit., p. 66.
② S. W. Kirby, op.cit., p. 67.
③ C. Mackenzie, *Eastern Epic*, p. 439.
④ C. Mackenzie, op.cit., p. 439.

地……就我空军在同时同地误炸友军一事，实际上我并无法取得确实的结论，因为某些描述让调查更为复杂，如‘发动攻击的飞机，可识别出在机翼下方漆有圆形国徽’，不过很确定的是我军的布伦海姆式在主翼上方有圆形国徽而翼下则没有，所以应该考虑日军使用虏获的布伦海姆式进行作战的可能性。[①]此外，日本陆军航空队的九七式重轰炸机[②]的外形酷似布伦海姆式，这时因为日军正集中攻击位于莫巴林西方数英里的锡当地区，所以当然有大量敌军轰炸机飞临莫巴林上空。然而锡当河与比林河之间被浓密的丛林覆盖，我认为因为某些机组员犯错而误炸目标的可能性不是没有……”[③]

但这样的说服力还是稍嫌不足，而且光是针对布伦海姆式轰炸机的问题也不足以厘清疑点，因为引发这件案子的，还包括美籍志愿大队的战斧式（Tomahawk）战斗机与英国皇家空军的飓风式（Hurricane）战斗机。印度官方战史接受了史蒂文森的调查结论，但也指出现场发现的炸弹碎片上的英国国徽跟漆在军机上的型式一样，而且某位皇家空军中队长事后向第46旅旅长伊金承认，他误击了伊金的部队。因为他接到了错误的命令，将斋托—莫巴林（Kyaikto-Mokpalin）道路当作他作战区的西界。印方战史强调这场误击对撤退中的部队的士气产生了灾难性的影响，成为次日缅甸第8步兵团约200名官兵逃亡的导火线。

最有可能的过失原因，还是要归于英国皇家空军与美籍志愿大队的飞行员们拿到的是不正确的作战区域分界线。侦察机在2月21日，曾经报告发现一列大约由300辆车组成的强大日军纵队，从斋托向金猛沙干

---

① 日军虏获的布伦海姆式飞机已经原封不动留在毛淡棉机场。

② 译注：英文原文称“Japanese Army 97 medium bomber”，但实际上日军的正式称呼为九七式重爆击（轰炸）机。盖因日军的重型轰炸机以英美的标准仅与中型轰炸机相当。

③ Air Vice-Marshal D. F. Stevenson, “Despatch on Air Operations in Burma and the Bay of Bengal Covering the Period January 1st to May 22nd, 1942”（《在缅甸与孟加拉湾的空中作战，1942.01.01—05.22》），*London Gazette*, Supplement（《伦敦公报》增刊），No. 38229, 1948.03.05, p. 1723, para. 112.

（Kinmun Sakan）移动。在仰光机场的所有飞机都奉命要攻击这支纵队。然而斋托往金猛沙干道路是正确的作战区域分界线，机组员们所获得的指示却是空袭斋托—莫巴林间的道路，结果就因此误击了友军。

Ⅴ. **翻覆车辆堵塞桥梁达两个半小时。**胡敦在速记中记载：这辆车并没有翻覆，而是滑出了铺在桥面上让车辆通过的木板。因为锡当桥原本是座铁路桥，必须铺上木板才能供汽车通行。锡当桥共有11个跨距150英尺的桥桁，工兵于2月21日彻夜准备爆破工作，到2月22日凌晨2时左右始放行汽车过桥。因为锡当桥窄，只能让车辆单线通行，若等到天亮再通行，当然是比较好的选择。尽管桥板铺得既匆促又散乱，但最初两个小时，这些处于极度焦虑状态且训练不足的驾驶员们，却表现得相当好。然而到了清晨4点时，不可避免的事发生了。一名开着三吨载重卡车的年轻印度驾驶兵打错了挡，又误将油门当刹车踩了下去。这时为了避免撞上前面的救护车，他只好将方向盘一转，让卡车滑出桥板撞上了铁桥钢梁。为了拖救这部车又多花了两个多小时。两个小时之内，桥上的交通陷入完全堵塞，而日军就利用这致命的两小时，追上了撤退车队。此时，英军已经没有任何多余的时间可以应变了。

Ⅵ. **胡敦称他曾下令在桥的上游预置三艘动力小艇充当渡轮。**这几艘小艇是作为辅助锡当桥的交通，或是当桥梁被破坏时充当替代交通工具之用。但很不幸的是，日机在22日就把渡轮炸毁了，这意味着如果锡当桥遭到爆破的话，东岸的部队只能游泳或划小筏过河。

Ⅶ. **以胡敦的见解，或许因工兵或材料不足，炸桥的准备并不充分。**事实上，理查德·奥吉尔（Richard Orgill）少校率领的马莱尔科特拉野战工兵连似乎并不足以担负炸桥任务。但该任务因为缺乏必要的引信与电缆线而陷入困难。因此起爆点无法设在锡当河西岸，只能设在桥上。当日军机枪手在河畔的断崖上找到了可以俯瞰锡当桥的射击位置时，事情就变得复杂了。因为，任何工兵想要检查引信或回到起爆点的话，都得先闯过日军机枪的交叉火力网才行。

这七点主张，有些当然是胡敦自己的意见，有些则是引述自官方战史，还有些实际上是史密斯自己承认的。他给《泰晤士报文学增刊》的信中所提出的论点更为重要。[①]胡敦按照史密斯的说法坚称：锡当河实非天险，步兵很容易就可涉渡而过。再加上锡当河太接近通往曼德勒唯一的主干道与铁路，所以只要日军抵达锡当河一线，交通就很容易遭到阻断。因此胡敦主张，应该将日军阻挡在锡当河东岸，可能的话最好阻滞于萨尔温江东岸。他之所以这样考量，乃是因为史密斯只拥有训练不足的部队可供执行任务。但另一位史学家蒂姆·卡鲁也指出，无论是萨尔温江还是比林河，都是浅且容易涉水而过的河流，称不上“艰巨的障碍”。[②]另一方面，他描述：“锡当河最宽处1000码，最窄处600码……水深、湍急而危险……”这应该是锡当桥周边的环境吧。但锡当河水情最险恶的时候是每年的5月到10月的雨季期，在枯水期（包括2期），它是很温驯的——日军只要沿着东岸多走几公里，就可以发现适于渡河的地点。[③]我曾经于九十月间在锡当河游过泳，对于那里的危险毫不怀疑；但对处于生死交关的军人们来说，这还是危险吗？

---

① *Times Literary Supplement*, 2.x., 1969.

② Tim Carew, *The Longest Retreat: The Burma Campaign 1942*, p. 108. 这确实是比林河而不是萨尔温江，它正如日本人自己发现的，是一片湍急的漩涡。两名日本战地记者在战役期间渡河时溺毙了。

③ 不同于蒂姆·卡鲁的观点，罗伊·赫德森（Roy Hudson）认为：“锡当河确实有可怕的逆流。它有150 × 11 = 1650英尺宽，在许多英里的范围内逆流肯定是无法通过的。在桥上就可感受到浪潮（……缅甸来复枪第8团R. W. 伍德少校，‘二战’前任职于孟买缅甸贸易公司……确信不只是浪潮，还有同来的恐怖）。即便是1942年2月的水情也是相似的。我记得桥北的村民设法游400码以逃离日军，但游了100码就全部被射杀了。还有，在北方约30英里的瑞金，我日记中说明了，3月7日当时的流速为4节。”（给作者艾伦的信，1978.11.02）

附录三 | 桑萨克战斗备忘录

第50空降旅旅长霍普·汤姆森准将从激战所致的身心衰弱中康复后，又历任了五个不同部队的部队长，并因在西北欧战区的战功，获得了杰出服务勋章（DSO）。他与该旅（第50空降旅）的多位军官对桑萨克战斗的记录提出下列数点不同意见：

Ⅰ. 当第50空降旅进入科希马－英帕尔道路与钦敦江之间的山岳地带时，并未被告知任何可预期的事态发展情形。本旅经长期休整训练，虽然预定于1944年1月投入对阿恰布的攻击，但因该作战被取消，故为了接受更进一步的丛林战训练而被派往印度的乌克鲁尔—桑萨克地区。1944年3月9日，第23师师长罗伯茨·乌弗里中将（后授爵士）虽曾向本旅发布训令，但此时师长并未透露任何有关担任突击科希马与英帕尔一翼的日军部队正在本旅巡逻区东方数英里集结的信息。此外，第4军也未将英国皇家空军空中侦察的霍马林地区船只集结的相关情报提供给本旅。

Ⅱ. 第50空降旅由三个营组成。但其中一个英籍士兵组成的空降营与驻印美军屡次发生摩擦，而后以第154廓尔喀空降营替换。当本旅接获移防曼尼普尔河的命令时，该营尚在进行丛林战训练，故实际的伞兵兵力只有2000名上下。第50空降旅编制3000名的额数，是到了桑萨克之后，将其他部队纳入指挥之下才补满。

Ⅲ. 当判明日军正在大举进攻之际，第23师师长遂下令本旅在桑萨克与谢尔登角（Sheldon's Corner）之间的合适地点集结。但还在集结时，日军就已经迅速逼近了，本旅完全没有充分时间事前侦察。霍普·汤姆森在选择余地不多之下，尽管还面临着种种不利的状况，也只能认定“桑萨克地区看来就是集结地最好的选择”。虽然当时还有前第49旅旅部旧址的36英里路标所在的河床可作为集结点的代替方案，但就像某位军官所说的，“这跟自杀根本没啥两样”！

Ⅳ. 霍普·汤姆森准将很明白桑萨克就是一座硬石头山，但周围的山头看来也差不多，在不得已之下只能选此地迎战。虽然当地的缺水风险令人担心，但依据该作战相关记载所述，担任作战官兼旅联络官的L. 理查兹上尉（Richards，后升准将），曾向第23师师长评估判断桑萨克地区的水源供应充足。由于理查兹也是工兵军官（RE Officer）出身，所以大家就相信他而坚守桑萨克区域（L. 理查兹，《血战桑萨克》，私人印行，1984，页30）。霍普·汤姆森准将考虑占领西山，但当下能动用的第152营或马哈拉塔（Maharatta）轻步兵第5团第4营，刚从谢尔登角抵达，已经劳顿不堪，实在无力构筑防御工事。无论如何，这些部队陷于孤立状态，只会被日军轻易地蹂躏，所以他决定冒险，命令旅部就地迎战。

Ⅵ. 准将本人也有丰富的空投经验，所以敢选择如此狭窄的地点充当空投区。

与M. R. J. 霍普·汤姆森准将（获杰出服务勋章、大英帝国勋章、军功十字勋章）、P. 霍普金森准将、里尔德（F. G. Neild）中校（皇家陆军军医队退休医官，*With Pegasus in India: The Story of 153 Gurkha Bn, Gurkha Brigade, Singapore, 1970*一书的作者）、L. 理查兹上尉（后升准将，获司令勋章）、罗杰·西尔维斯特上尉书信联系

附录四 缅甸战场的英军与日军部队（1944年）

基础兵力

英 国	
集团军（Army）	60000—100000
军（Corps）	30000—50000（集团军＝军×3）
步兵师（Infantry Division）	13700（通常3个步兵师组成1个军，但例外甚多）
步兵旅（Infantry Brigade）	2500（3个旅组成1个师，但轻装师仅有2个旅）
步兵营（Infantry Battalion）	800（旅＝营×3）
步兵连（Infantry Company）	127（营＝连×4）
步兵排（Infantry Platoon）	32（连＝排×3＋附属部队）
步兵班（Infantry Section）	8（排＝班×3）

师级以上的部队编制中包括炮兵（artillery）、工兵（engineer）、通信兵（signal）与装甲兵（armoured）等兵种。

英军师属下各营完全由英国本土部队组成。印度军属下的师只有三分之一是英国本土部队，其余是由印度人与廓尔喀人组成。

日　本

日本师团的兵力编制差异很大，约在12000—22000人。其步兵有3个联队的兵力，通常为一名少将担任指挥官的步兵团（旅团级）所节制。日本一个步兵联队的编制为2600人。每一个步兵联队有3个大队，3个步兵联队组成1个步兵师团。

除了第24、第72与第105独立混成旅团之外，日军在缅甸战场并未使用旅团番号的部队作战。日军的“步兵联队”相当于英军的“步兵旅”。

1944年日本入侵印度期间指挥体系与作战序列简图

英　军

- 联合参谋长（华盛顿）
  - 英国参谋长（布鲁克，伦敦）
    - 东南亚盟军最高指挥官（蒙巴顿，锡兰）
      - 东南亚盟军最高副指挥官（史迪威）
        - 英国东方舰队（Eastern Fleet）萨默维尔（Somerville）
        - 第十一集团军群 吉法德（Giffard）
          - 凯顿陆军司令部（Cayton-Army-Command）
          - 第14集团军斯利姆中将（Slim, Lieut.-General William）
            - 第15军菲利普·克里斯蒂森中将（Christison, Lieut.-General Sir Philip）
            - 第4军杰弗里·斯库恩斯中将（Scoones, Lieut.-General Geoffrey）
            - 印度第3师-特种部队；奥德·查尔斯·温盖特准将（Wingate, Brigadier Orde Charles），后升少将
            - 第33军蒙塔古·斯托普福德中将（Stopford, Lieut.-General Montagu），后晋爵士
          - 印度洋守备队（Indian Ocean Garrisons）
        - 空军总司令（Air-C-in-C）皮尔斯（Peirse）

◎ 中国军队的编制：一个军相当于英军一个师，一个师相当于英军一个旅，一个团相当于英军一个营。缅甸战争初期，中国部队没有后勤或管理系统。

英国第15军（菲利普·克里斯蒂森中将）

印度第5步兵师	印度第7步兵师	印度第25步兵师	印度第26步兵师	印度第36步兵师	西非第81师	第3特种服务旅（3 Special Service Brigade）
第9旅	第33旅	第51旅	第4旅	第29步兵旅群	西非第5步兵旅	第5突击队（5 Commando）
第123旅	第89旅	第53旅	第36旅	印度第72步兵旅群	西非第6步兵旅	第44皇家海军突击队（44 Royal Marines Commando）
第161旅	国王专属苏格兰边防团第2营（2 King's Own Scottish Borderers）	第74旅	第71旅	印度第26步兵旅		西非第82师
女王专属皇家西肯特郡团第4营（4 Queen's Own Royal West Kent Regiment）	第114旅	旁遮普第16团第5营（5/16 Punjab）	旁遮普第18团第2营（2/18 Punjab）			西非第2师
旁遮普第14团第3营（3/14 Punjab）	旁遮普第15团第4营（4/15 Punjab）	旁遮普第1团第5营（5/1 Punjab）				西非第4师
旁遮普第1团第2营（2/1 Punjab）	旁遮普第2团第7营（7/2 Punjab）					
旁遮普第1团第1营（1/1 Punjab）	旁遮普第14团第4营（4/14 Punjab）					
拉普特第7团第4营（4/7 Rajput）						
皇家贾特第9团第3营（3/9 Royal Jat）						

英国第4军（杰弗里·斯库恩斯中将）

- 步兵团（Corps Infantry）
  - 阿萨姆来复枪第3团（3 Assam Rifles）
  - 阿萨姆来复枪第4团（4 Assam Rifles）
  - 锡克第11团第1营（1/11 Sikh）
- 印度第17轻装师
  - 印度第48步兵旅
  - 印度第63步兵旅
  - 廓尔喀来复枪第5团第2营（2/5 Gurkha Rifles）
  - 廓尔喀来复枪第7团第1营（1/7 Gurkha Rifles）
  - 廓尔喀来复枪第3团第1营（1/3 Gurkha Rifles）
  - 廓尔喀来复枪第4团第1营（1/4 Gurkha Rifles）
  - 廓尔喀来复枪第10团第1营（1/10 Gurkha Rifles）
- 印度第20步兵师
  - 印度第32步兵旅
  - 旁遮普第14团第9营（9/14 Punjab）
  - 廓尔喀来复枪第8团第3营（3/8 Gurkha Rifles）
  - 印度第80步兵旅
  - 边防第12团第9营（9/12 Frontier Force）
  - 廓尔喀来复枪第1团第3营（3/1 Gurkha Rifles）
  - 印度第100步兵旅
  - 边防第13团第14营（14/13 Frontier Force）
  - 廓尔喀来复枪第10团第4营（4/10 Gurkha Rifles）
- 印度第23步兵师
  - 印度第1步兵旅
  - 旁遮普第16团第1营（1/16 Punjab）
  - 印度第37步兵旅
  - 廓尔喀来复枪第3团第3营（3/3 Gurkha Rifles）
  - 廓尔喀来复枪第5团第3营（3/5 Gurkha Rifles）
  - 廓尔喀来复枪第10团第3营（3/10 Gurkha Rifles）
  - 印度第49步兵旅
  - 马哈拉塔轻步兵第5团第4营（4/5 Mahratta Light）
  - 马哈拉塔轻步兵第5团第6营（6/5 Mahratta Light）
  - 拉普特第7团第6营（6/7 Rajput）
- 印度第50空降旅（50th Indian Parachute Brigade）
  - 印度第152空降营（152 Indian Parachute）
  - 廓尔喀第153空降营（153 Gurkha Parachute）
- 印度第254坦克旅（254 Indian Tank Brigade）
  - 第3轻步兵（3 Carabiniers）
  - 第7骑兵（7 Cavalry）
  - 皇家第150装甲兵军团（150 Royal Armoured Corps Regiments）
  - 孟买掷弹兵大队（3/4 Bombay Grenadier Battalion）
  - 印度第19步兵师
  - 印度第62步兵旅
  - 廓尔喀来复枪第8团第4营（4/8 Gurkha Rifles）
  - 印度第64步兵旅
  - 印度第98步兵旅
  - 廓尔喀来复枪第4团第4营（4/4 Gurkha Rifles）

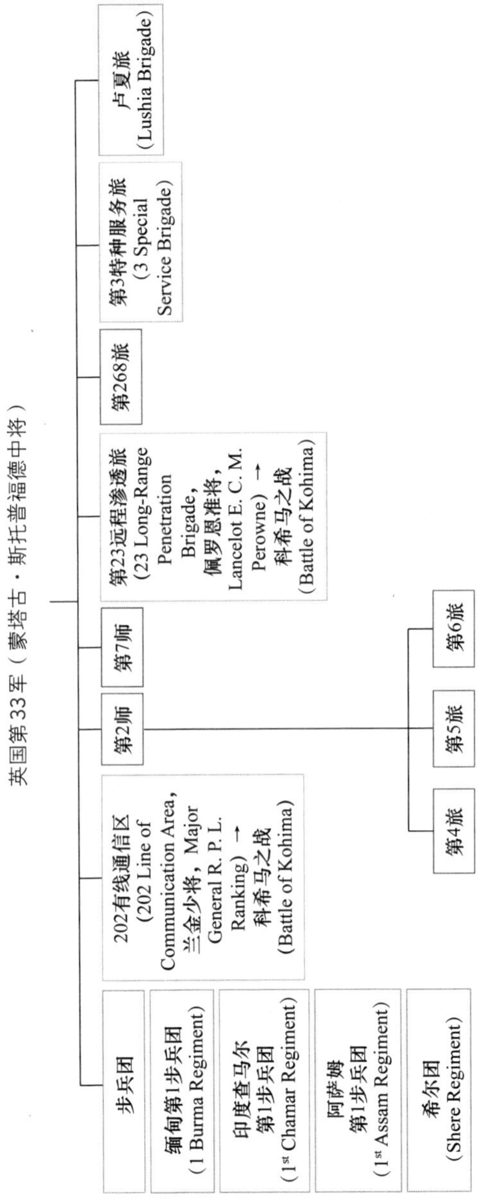
英国第33军（蒙塔古·斯托普福德中将）
步兵团
缅甸第1步兵团（1 Burma Regiment）
印度查马尔第1步兵团（1st Chamar Regiment）
阿萨姆第1步兵团（1st Assam Regiment）
希尔团（Shere Regiment）
202有线通信区（202 Line of Communication Area，兰金少将，Major General R. P. L. Ranking）→科希马之战（Battle of Kohima）
第2师
第4旅
第5旅
第6旅
第7师
第23远程渗透旅（23 Long-Range Penetration Brigade，佩罗恩准将，Lancelot E. C. M. Perowne）→科希马之战（Battle of Kohima）
第268旅
第3特种服务旅（3 Special Service Brigade）
卢夏旅（Lushia Brigade）

第3印度师（特种部队）

［温盖特；伦泰恩（廓尔喀来复枪第9团第3营，配属的步兵）］

西非第3旅	印度第14步兵旅	印度第16步兵旅	印度第23步兵旅	印度第77步兵旅	印度第111步兵旅
尼日利亚第6营（6 Nigerian）	约克和兰开斯特第2步兵营（2 York and Lancaster）	女王专属皇家第2团（2 Queen's Own Royal Regiment）	惠灵顿公爵西约克郡团第2团（2 Duke of Wellington's West Riding Regiment）	国王第1团（1 King's Regiment）	国王专属皇家第2团（2 King's Own Royal Regiment）
尼日利亚第7营（7 Nigerian）	莱斯特郡团第7步兵营（7 Leicestershire）	莱斯特郡团第2步兵营（2 Leicestershire）	边防第4营（4 Border）	兰开夏郡燧发枪兵第1团（1 Lancashire Fusiliers）	苏格兰来复枪（步兵团）第1营（1 Cameronians, Scottish Rifles/Infantry Regiment）
尼日利亚第12营（12 Nigerian）	贝德福德郡和赫特福德郡团第1营（1st Battalion of Bedfordshire and Hertfordshire Regiment）	第45侦察团（45 Reconnaissance Regiment）	埃塞克斯郡团第1营（1 Essex Regiment）	南斯塔福德郡团第1步兵营（1 South Staffordshire）	廓尔喀来复枪第4团第3营（3/4 Gurkha Rifles）
	苏格兰高地警卫团第2步兵营（2 Black Watch or 2 Royal Highland Regiment or 2 Scottish Regiments）			廓尔喀来复枪第6团第3营（3/6 Gurkha Rifles）	廓尔喀来复枪第9团第4营（4/9 Gurkha Rifles）

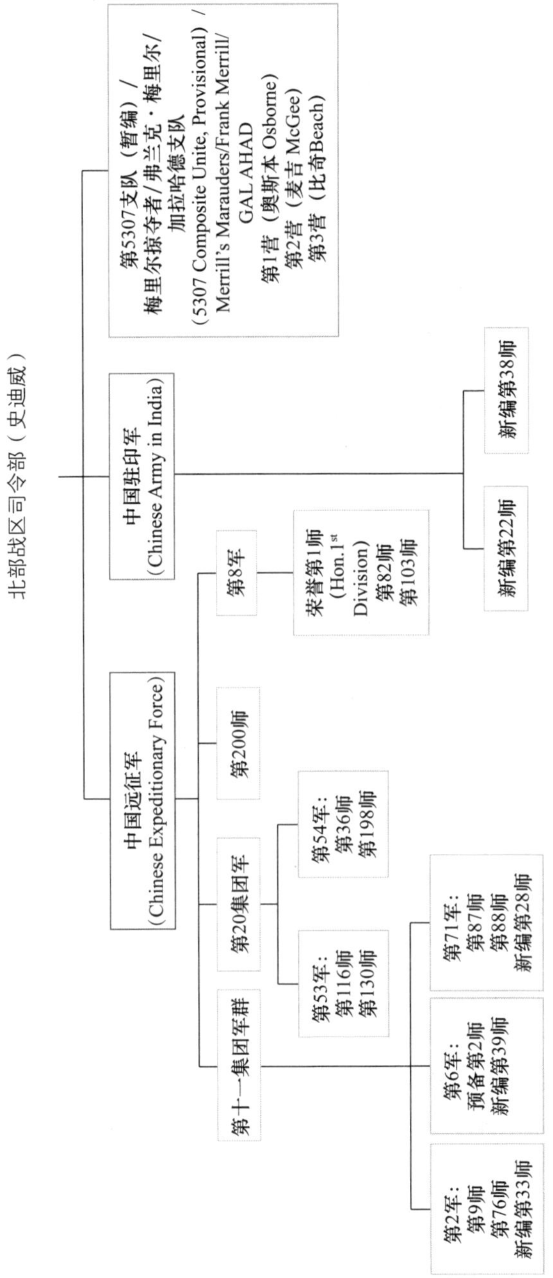

（源自 Romanus and Sunderland, *Stilwell's Command Problems*, p. 333，有改动）

日　军

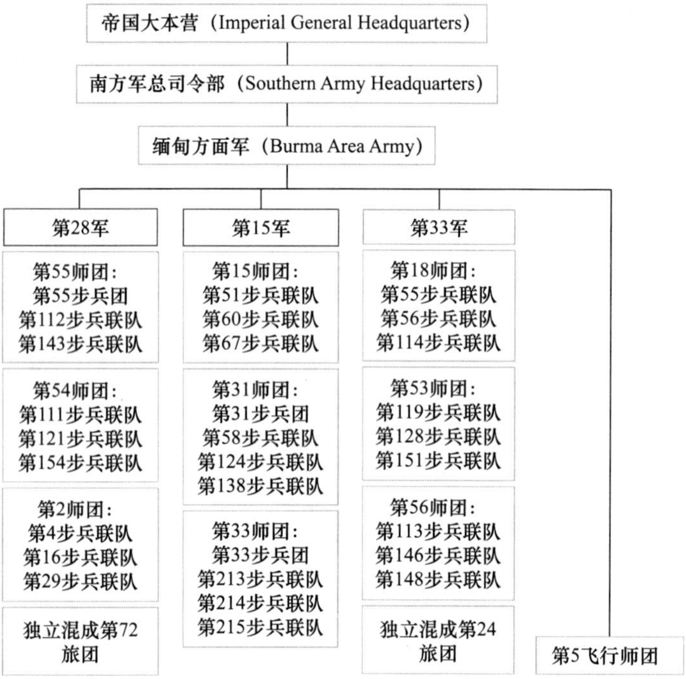

1944年3月驻缅日军部队

仰光地区缅甸方面军直属部队	33000
第15军防区	156000
第28军防区	53000
第18、第56师团防区	52000
独立混成第24旅团	6600
第5飞行师团	15500
	316100

（源自日本防卫厅战史室，《英帕尔作战》，页280）

补录一 | 地名中译

英文	中文	备注
A		
Alon	阿弄	
Abya	阿比亚	
Akyab	阿恰布	实兑（Sittwe）的旧称
Allagappa	阿拉加巴	印度地名
Allanmyo（Myede）	阿兰谬	
Amarapura	阿马拉布拉	
Arakan	阿拉干	若开（Rakine）邦的旧称
Assam	阿萨姆	印度东北部邦
Auktaung	奥当	
Aunggon	昂贡	
Ava	阿瓦	
Auktaw	奥陶	
B		
Bale	巴列	
Banmauk	班茂	
Barrackpore	巴拉格布尔	在印度西孟加拉邦

Bassein	勃生	即 Pathein
Bassein River	勃生河	
Baw Lake	保湖	
Bawdwin	包德温	掸邦北部的一个镇，在南渡（Namtu）附近
Bawli Bazar	包利巴扎尔	在若开邦的孟都（Maungdaw）
Bawmi	包米	在达榜（Thabaung）
Bengal Bay	孟加拉湾	
Bengali	孟加拉	孟加拉语
Bhamo	八莫	
Bihar	比哈尔	
Bilin	比林	
Bishenpur	比什努布尔	印度地名，毗湿奴布尔的旧称
Black Pool	黑潭	
Bongyaung	邦姜	
Brahmaputra River	布拉马普特拉河	位于印度东北部及中国西藏南部，在中国境内称雅鲁藏布江
Briasco Bridge	布里亚斯科桥	在阿拉干
Broadway	百老汇	飞机着陆场
Budalin	布德林	
Bum	布姆	
Buri Bazar	布瑞巴扎尔	印度地名
Buthidaung	布迪当	
Byokkwe	波克卫	
C		
Chamol	查姆尔	
Chassud	恰苏德	
Chauk	稍埠	
Chaungtha	羌达	
Chaung-U	乌溪	
Cheduba	切杜巴	

Chin	钦邦	
Chindwin	钦敦江	
Chiengmai	清迈	
Chittagong	吉大港	
Churachandpur	楚拉昌普	印度的一个县
D		
Dawna Range	道纳岭	
Dibragarh	迪布鲁格尔	在印度阿萨姆邦
Digboi	迪格博伊	印度阿萨姆邦东北部一个城市
Dimapur	迪马布尔	在印度那加兰邦
Dohazari	多哈扎里	现在属于孟加拉国
Donbaik	栋拜	
Dorset	多塞特	
Durham	达勒姆	
F		
Falam	法兰	
Fiunwa	芬瓦	
Fort Hertz	赫茨堡	
Fort White	怀特堡	
G		
Galahad	"加拉哈德"	
Gangaw	甘高	
Golaghat	戈拉卡德	在印度阿萨姆邦
Goppa Bazar	格巴巴扎尔	
Gwa	古亚	
Gwegyo	圭久	
H		
Hailakandi	海拉甘迪	
Haka	哈卡	哈卡是缅甸钦邦的首府
Heho	海霍	

Hlegu	莱古	
Homalin	霍马林	
Hopin	和平	
Hoogly	胡格利	在印度西孟加拉邦
Hsenwi	兴威	
Hsipaw	昔卜	
Hukawng Valley	胡康河谷	现译为胡冈谷地
Humine	胡买恩	
I		
Imphal	英帕尔	在印度曼尼普尔邦
Insein	永盛	
Inbin	因宾	
Indainggyi	因代吉	
Indaw	因多	
Indawgi Lake	因道支湖	
Inywa	因育瓦	
Inwa	因瓦	
Iril River	伊里尔江	在印度曼尼普尔邦
Irrawaddy River	伊洛瓦底江	
J		
Jambu Bun	简姆布蚌	
Jessami	耶沙米	在印度曼尼普尔邦
Jorhat	乔尔哈特	
K		
Kabaw Valley	卡巴河谷	
Kachin Hills	野人山	克钦山区
Kaduma	加杜马	
Kaing	盖镇	
Kaladan	加拉丹	
Kalagwa	卡拉瓦	

Kalemyo	吉灵庙	
Kalaw	格劳	
Kalemu	卡列姆	
Kalewa	葛礼瓦	
Kamaing	加迈	位于缅北
Kameng	卡门（河）	旧称鲍罗里河
Kanbalu	甘勃卢	
Kandy	坎迪	
Kangla	冈格拉	在印度曼尼普尔邦
Kanglatongbi	康拉东比	在印度曼尼普尔邦
Kangpokpi	康博克匹	在印度曼尼普尔邦
Kani	卡尼	
Kansauk	勘苏	
Kaptel	克普特尔	
Karagula	卡拉古	
Karong	格龙	
Kasom	卡山姆	
Katha	杰沙	
Kawbein	高本	
Kawkareik	高加力	
Kawlin	高林	
Kemapyu	凯马漂	
Kengtung	景栋	
Kharasom	卡拉索姆	
Khoirok	客洛克	
Kindat	金达	
Kinu	金乌	
Kohima	科希马	印度东北部那加兰邦的首府
Kume	古美	

Kumon Range	枯门岭	
Kuntaung	贡当	
Kutkai	贵概	
Kunzeik	库赛克	
Kyagaung	恰岗	
Kyaikto	斋托	
Kyaing River	景江	
Kyaukkyi	皎基	若表语言则为“皎基语”
Kyangin	坚景	
Kyaukpadaung	皎勃东	
Kyaukme	皎梅	
Kyaukpandu	焦班度	
Kyaukse	皎施	
Kyebogyi	杰博基	
Kyunsalai Pass	丘萨莱隘口	
Kywegan	最甘	
L		
Lalaghat	拉拉卡德	
Laimanai	来满乃	
Langgol	朗格尔	
Lashio	腊戍	
Launggyaung	朗姜	
Layshi	礼希	
Lazabil	拉萨比	
Ledo	利多	
Leiktho	莱多	
Leitan Kuki	莱坦库奇	
Letpatan	礼勃坦	
Letwedet	礼为德	
Litan	利坦	

Logtak Lake	洛格达格湖	
Loikaw	垒固	
Loilem	莱林	
Lonkin	隆肯	
M		
Mabein	马本	
Maejima Hill	前岛冈	
Mae Sariang	迈萨良	
Mae Sot	湄索	
Magwe	马圭	
Mahlaing	默莱	
Maing Kwan	孟关	位于缅甸胡冈谷地
Mali River	迈立开江	
Man Li	曼利	
Man St.	曼街	
Mandalay	曼德勒（瓦城）	
Mang Yu	孟育	
Manipur River	曼尼普尔河	在曼尼普尔邦
Mansi	曼西	
Mapao	马巴	
Martaban（Moke Ta Ma）	马达班	莫塔马的旧称
Martahan	马达憨	
Ma-U	马乌	
Ma-ubin	马乌宾	
Maukkadaw	茂格道	
Maungdaw	孟都	
Mawchi	茂奇	
Mawlu	茂卢	
Mawkmai	茂梅	

Mawlaik	茂叻	
Mawteik	茂代	
Maymyo	眉谬	现改名为彬乌伦（Pyin Oo Lwin）
Mayu Range	梅宇山脉	
Mayu River	梅宇河	
Meik（Mergui）	丹老（墨吉）	
Meiktila	密铁拉	
Menado	万鸦老	别名美娜多
Mergui	墨吉	
Meza	梅扎	
Mezali	梅泽利	
Minhla	敏拉	
Mintha	敏达	
Mohnyin	莫宁	
Mogaung	莫冈	
Mogok	抹谷	
Moirang	莫伊朗	
Mokpalin	莫巴林	
Molo	莫洛	
Mong Pu-awn	孟布昂	
Mong Kung	孟贡	
Monglong	孟隆	
Mong Mit	孟密	
Mongpan	孟畔	
Mong Pu	孟布	
Mong Wi	孟维	
Mong Yai	孟崖	
Monywa	蒙育瓦	
Moreh	莫雷	
Moulmein	毛淡棉（摩尔门）	

Mu River	穆河	
Mudon	木冬	
Myaing	棉因	
Myaungmya	渺弥亚	
Myebon	弥蓬	
Myene	米耶内	
Myinbin	敏宾	
Myindawagyan	明大甘	
Myingun	敏贡	
Myingyan	敏建	
Myitkyina	密支那	
Myitson	密松	
Myinmu	敏务	
Myohaung	谬杭	
Myotha	谬达	
Myothit	廖迪	
N		
Naba	纳巴	
Naf River	纳夫河	
Naga	那加	
Nammekon	南梅孔	
Namhkam	南坎	
Namhkok	南科	
Namkwin	南昆村	
Namlan	南兰	
Namsang	南桑	
Namtu	南渡	
Namtok	南多	
Namyin Chaung	南辛江	
Natmauk	纳茂	

Natogy	纳多基	
Nawnghkio	瑙丘	
Ngakyedauk	南基达克村	
Nhpum Ga	恩朋加	
Ninthoukhong	宁索康	
Nippon Hill	日本冈	
Nungshigum	南士贡	
Nyaungkashe	良卡写	
Naungkyaiktaw	囊奇亚陶村	
Nyaunglebin	良礼彬	
Nyaunglun	良伦	
Nyaung-u	良乌	
O		
Okkan	奥甘	
Okpo	奥波	
Orissa	奥里萨	
Oyin	欧英村	
P		
Pa-an	帕安	
Padu	勃杜	
Paga	帕加	
Pagan	蒲甘	
Pakokku	木各具	
Paletwa	百力瓦	
Pallel	普勒尔	
Pangsau	潘哨	
Pangsau Pass	潘哨隘口	
Paunng	榜镇	
Pantha	班塔	
Pathain	帕生	

Pauk	包	
Paungbyin	庞宾	
Paungde	榜地	
Paukkaung	包康	
Payagyi	勃亚基	
Pegu	勃固	
Pekon	贝贡	
Phaitu	徘杜	
Pinbon	平博	
Pinda	平达	
Pindale	宾德莱	
Pinlaung	宾朗	
Pinlebu	平梨铺	
Pinhmi	平米村	
Pinwe	宾韦	
Potsangbam	波桑班	
Prome（Pyay）	卑谬	
Psluzawa	巴鲁萨瓦	
Pwinbyu	本标	
Pyalo	比亚洛	
Pyapor	皮亚朋	
Pyawbwe	标贝	
Pyingaing	宾盖	
Pyinmana	彬马那	
Pyinyaung	宾扬	
Pyokkwe	漂奎	
Pyu	彪关	
R		
Ramgarh	兰姆伽	
Ramree Island	兰里岛	

Ramu	拉穆	
Ranchi	兰契	
Rangoon	仰光	
Rathedaung	拉代当	
S		
Samon River	瑟蒙河	
Shaduzup	夏杜苏	旧称沙杜渣
Shawbyugan	肖比根	
Sheldon's Corner	谢尔登角	
Shenam	申南	
Shingbwiyang	新平洋	
Shongpel	闪培	
Shuganu	舒加那	
Shugn	舒恩	
Shwebo	瑞保	
Shwedaung	瑞当	
Shwegu	瑞古	
Shwegyin	瑞金	
Shwenyaung	瑞娘	
Shwepyi	瑞比	
Sibong	西朋	
Silchar	锡尔杰尔	
Sinbangwe	新榜卫	
Sindktaya	新克塔雅	
Singgel	辛盖	
Singu	辛古	
Singkaling Hkamti	辛加灵坎迪	
Sinlamaung	辛拉芒	
Sinma	辛马	
Sinoh	斯诺	

Sinzweya	新兹维牙村	
Sita	锡塔	
Sit Taung	锡当	
Sittaung River	锡当河	
Somra	松拉	
Sumprabum	孙布拉蚌	
Sunderbans	森德班	
Syriam	沙廉	现在称为丹林（Thanlyin），是油田
T		
Tagap	塔加普	
Tagaung	太公	
Tagun	塔贡山区	
Taikkyi	岱枝	
Tairenpokpi	太瑞波基	
Takaw Chaung	达高溪	
Takon	塔孔	
Tamanthi	德曼迪	
Tamu	德穆	
Tanai River	塔奈河	
Tandawgyi	丹道枝	
Tanbingon	坦宾贡	
Tandwe	丹兑	
Tangnoupal	坦努帕	
Taro	大洛	
Tarung River	德隆河	
Taukkyan	涛建	
Taung Bazar	东巴扎尔	
Taunggyi	东枝	
Taungoo	东吁	旧译“同古”。1942年3月19日，在中国远征军第200师师长戴安澜领导下，发动了同古战役

Taunggon	当贡	
Taungtha	东沙	
Taungup	洞鸽	
Tauugdwwingy	东敦枝	
Tavoy（Dawei）	土瓦	
Tawma	道马	
Teknaf	代格纳夫	
Tenasserim	丹那沙林	
Tha song yang	他颂央	
Thabeikkyin	德贝金	
Thabutkon	达布贡	
Thabygan	德别甘	
Thamadaw	达马道	
Thanatpin	达纳宾	
Thanbyuzayat	丹彪扎亚	
Thandaang	丹当	
Thanlyin	丹林	旧称沙廉（Syriam）
Tharrawaddy	沙耶瓦底	
Thaton	直通	
Thaungdut	当都	
Thawatti	达瓦替	或写作 Thar Wut Hti
Tha Yaung	塔央	
Thayetmyo	德耶谬	
Thazi	达西	
Thenzeik	登色	
Thetkegyin	德克金	
Thibaw	锡袍	
Thoubal River	索巴尔江	
Three Pagoda Pass	三塔山口	
Tiddim	迪登	

Tigyaing	提坚	
Tinsukia	丁苏吉亚	
Tonhe	栋赫	
Tonmakeng	栋马景	
Tonzang	顿赞	
Torbung	托邦	
Tumbru	吞布鲁	
Twante	端迪	又名 Twantay
U		
Ukhrul	乌克鲁尔	
V		
Victoria Point	维多利亚角	
Viswema	维斯韦马	
W		
Wala	瓦拉	
Walawbum（ka chin）	瓦劳朋	
Waimaw（Waingmaw）	宛貌	
Warazup	瓦拉祖	
Wettauk Chaung	维陶河	
Waw	沃镇	
Welaung	韦朗	
Windwin	温得温	
Witok	维多	
Wundwin	温敦	
Wuntho	文多	
Y		
Yaingangpokpi	耶冈波克匹	印度曼尼普尔邦城镇
Yanaung	耶瑙	

Yamethin	央米丁	
Yazagyo	亚扎久	
Yedashe	耶达谢	
Yengan	耶岸	
Yenanma	耶南马	
Yenangyang	仁安羌	
Yeu	耶乌	
Yindaw	因都	
Yinnyein	因年	
Yu River	育江	
Yuwa	育瓦	
Ywamun	育瓦蒙	
Ywashae	月额谢	
Ywathit	育瓦迪	
Z		
Zayetkon	扎亚贡	
Zibyu	西普	
Zigon	只光	
Zoganbyin	佐根拜因	
Zubza	祖布扎	

补录二 | 军队编制名称及人数对照表（英、中[①]、日陆军）

制表：2014.08.21

名称（英）	名称（中）	名称（日）	人数	备注
Army Group	方面军	方面军	数十万人至数百万人	又译“集团军群”
Army	集团军	军	20000—100000人	与“军团”相当
Corps	军		30000人上下	日本无此编制，但日译称“军团”
Division	师	师团	10000人上下	
Brigade	旅	旅团	3000多人	日军另有旅团级的“步兵团”
Regiment	团	联队	1000多人	
Battalion	营	大队	300—400人	步兵
Squadron	营	中队	300—400人	骑兵专用（装甲兵）
Company	连	中队	100多人	步兵
Troop	连	中队	100多人	骑兵专用（装甲兵）
Battery	连	中队	100多人	炮兵专用
Platoon	排	小队	30人	
Section	班	分队	9—10人	炮兵专用
Squad	班	分队	9—10人	步兵

① 指20世纪40年代的国民革命军。后同。

补录三 | 军阶名称对照表

（英、中、日陆军）

制表：2014.08.21

名称（英）	名称（中）	名称（日）	军阶官衔	备注
General	上将	大将	将级军官	
Lieutenant General	中将	中将		
Major General	少将	少将		
Brigadier	准将（国军无）	（无）		
Colonel	上校	大佐	校级军官	
Lieutenant Colonel	中校	中佐		
Major	少校	少佐		
Captain	上尉	大尉	尉级军官	
Lieutenant	中尉	中尉		
Second Lieutenant	少尉	少尉		
Warrant Officer	准尉	准尉		
Sergeant-Major	士官长	曹长	士官	
Staff-Sergeant	上士	兵长、军曹		见日译本页195
Sergeant	中士			
Corporal	下士	兵长		
Private First Class	上等兵	上等兵	兵	
Private Ⅱ	一等兵			
Private Ⅰ	二等兵			
Recruit	新兵			

参考文献

一、一手文献

（一）英国方面原件

Ⅰ 公共档案局所藏通信、报告、电报等文件主要如下：

DEFE 2（远东防御2号档）

DEFE 3（远东防御3号档）

WO 106, C in C India（陆军部106号档，驻印度总司令部）

WO 186（陆军部186号档）

WO 187（陆军部187号档）

WO 203, Military HQ Far East（陆军部203号档，远东军事总部）

WO 208, Directorate of Military Intelligence（陆军部208号档，军事情报局长室）

WO 216, Chief of Imperial General Staff papers（陆军部216号档，参谋总长文书）

WO 231, Directorate of Military Training（陆军部231号档，军事训练局长室）

WO 235（陆军部235号档）

WO 241, Directorate of Army Psychiatry（陆军部241号档，陆军精神医疗局长室）

WO 345（陆军部345号档）

WO 349（陆军部349号档）

Ⅱ 帝国战争博物馆（Imperial War Museum）

1. *The War Against Japan*材料汇编（官方历史）
2. Tapes of BBC Broadcasts from Burma（英国广播公司“缅甸报道”录音带）
3. Tapes of Thames TV interviews for “World of War”（泰晤士电视台《战争中的世界》访问录影带）
4.（1）SEATIC Bulletins, interrogation reports, Japanese divisional and army histories（《东南亚翻译和审讯中心公报》，审讯报告：日军师团与军的历史）

   SEATIC Historical Bulletin No. 242, Japanese generals’ answers to questionnaire, Singapore, August 1946（《东南亚翻译和审讯中心历史

公报》，日军将领回答问卷，242号，新加坡，1946年8月）
SEATIC Historical Bulletin No. 243, Singapore, October 1946［《东南亚翻译和审讯中心历史公报》，243号（日军第28军史），新加坡，1946年10月］
SEATIC Historical Bulletin No. 244, Singapore, October 1946［《东南亚翻译和审讯中心历史公报》，244号（日军第33军史），新加坡，1946年10月］
SEATIC Historical Bulletin No. 245, Singapore, October 1946［《东南亚翻译和审讯中心历史公报》，245号（日军第15军史），新加坡，1946年10月］
SEATIC Historical Bulletin No. 246, Singapore, October 1946［《东南亚翻译和审讯中心历史公报》，246号（缅泰铁路），新加坡，1946年10月］
SEATIC Interrogation Reports, Generals Kimura, Tanaka, Matsuyama, Sakurai, Shibata, Colonel Maruyama［东南亚翻译和审讯中心，审讯报告：木村（兵太郎）、田中信男、松山、樱井（省三）、柴田诸将与丸山（房安）大佐］
（2）A.T. I. S. Interrogation reports. Questions and answers on Japanese operations in South East Asia（盟军情报翻译和分析部审讯报告：日军东南亚作战问答）
（3）Burma Command Intelligence Summary No. 13, Interrogation Report on Wingate Ⅰ and Wingate Ⅱ, Lieutenant-General Kimura, Lt.Gen. Naka, Major Kaetsu Hiroshi［缅甸司令部情报摘要，13号，第一与第二次温盖特行动审讯报告：木村（兵太郎）、中永（太郎）中将，嘉悦浩少佐］
（4）Minutes of Chatham House meeting, 8 September 1948, on Japanese attitudes in wartime, with General Sir W. Slim and General Percival in attendance（《论日本战时态度：查塔姆研究所访谈纪要》，斯利姆上将与珀西瓦尔上将，1948年9月8日）
（5）Mutaguchi Renya, Lt-Gen. and Fujiwara Iwaichi, Lt-Col., Report on effect of Wingate expedition, English text, 22/ix/1951（牟田口廉也中将与藤原岩市中佐的报告：温盖特远征的影响，英文本，1951年4月22日）
（6）Taunton, Lt-Col. D. E ., and Capt. Ya zu, correspondence on engagement at Budalin, 1945（D. E. 汤顿中校与矢津大尉的通信：论布德林之役，1945年）
（7）Thompson, Sir Robert, and Mead, Brig. Peter, Memorandum on Wingate and the Official History（罗伯特·汤普森爵士与米德准将的备忘录：论温盖特与官方历史）
5. Dorman-Smith papers（《多曼-史密斯文件》）
6. Carfrae, Lt-Col., C. C. A., "Dark Company", TS account of 29 Column, Second Wingate Expedition, 1 Nigeria Regt, in Wingate papers, Shelford Bidwell collection（卡夫雷中校，《黑公司》，温盖特第二次远征第29纵队尼日利亚第1团文件，藏于谢尔福德·比德韦尔文库）
7. Symes, Major-Gen. W. G., *Diaries*（赛姆斯少将日记）
8. Cave, Col. F. O., OBE, MC, *Diaries*（卡夫上校日记）

9. Irwin papers（欧文中将文件）

（1）Irwin, Lt-Gen., M. S., "Notes on the Army in India and Army problems relevant to operations on the India/Burma border"（《驻印部队与印缅边界作战问题纪录》）

（2）Irwin-Wavell, Correspondence 1942-43（欧文与韦维尔的通信，1942—1943）

（3）Irwin, Lt-Gen. M. S., *Eastern Army Operations 1942-1943*（《东方驻军的作战：1942—1943》）

（4）Irwin, Lt-Gen. M. S., "Note on our capacity to operate offensively against Burma"（《论我军在缅甸的作战能力》）

（5）Irwin, Lt-Gen. M. S., Notes on discussions with Mountbatten and Pownall（与蒙巴顿、波纳尔中将讨论记录）

（6）Irwin, Lt-Gen. M. S., Notes on morale from liaison officers（联络官士气记录）

10. Tuker, Lt-Gen. F. S., papers（图克中将文件）

11. Minutes of a meeting held in Tokyo（25 May 1948）by Lt-Col.（later Sir）John Figgess, then British military attaché in Tokyo, and senior officers of the Japanese army and navy, on whether the Japanese planned an invasion of India（菲格斯中校编写，东京调查会议记录：与日本陆海军高级军官谈日本侵略印度计划）

Ⅲ 李德－哈特军事档案中心（Liddell-Hart Centre for Military Archives，感谢允许使用资料）

1. Brooke-Popham, Air Chief Marshal Sir Robert, "Notes on Burma by Air Chief Marshal Sir Robert Brooke-Popham"（布鲁克－波帕姆空军大元帅缅甸笔记）

2. Dimoline Papers（迪莫兰准将文件）

3. Gracey Papers（格雷西少将文件）

（1）Report on post-war conversations with Japanese officers, Abe Kitajima and Takahashi Nagahisa（战后与日军军官安倍、高桥对话录）

（2）"Battle of Bishenpur Box"; "Ninthoukhong", "Potsambang"（"比什努布尔方镇之战""宁索康""波桑班"）

（3）Correspondence with Brig. Greeves, Shenam front, 1944（1944年在申南前线与格里夫准将通信）

4. Hutton, Lt-Gen. Sir Thomas, "Rangoon 1941-42. A Personal Record." 97 pp. TS（《1941—1942的仰光：私人记录》，97页打字稿）

5. Messervy Papers—Divisional Histories: 17, 19, 20, 23, 25, 26 Divisions（梅瑟维将军文件：第17、19、20、23、25、26师的历史）; XV Indian Corps, *History of Arakan Campaign 1944-45*（梅瑟维将军文件：第15印度兵团，《阿拉干战史》，1941—1945）

Ⅳ 个人手稿、讲述与记录

1. Adamson, A. A., "Notes on the Sittang Bend battle"（锡当湾战斗记录）

2. Burma Command, Intelligence Summary No. 1. "Fate of the Meiktila Garrison; History of 28 Army." Rangoon, 1946, Author's archives（缅甸司令部，情报摘要1号档，《密铁拉守军的命运》;《廿八军史》，作者档案库藏）

3. Charles, S. T., CBE, "Notes and comments on

the Meiktila battle"（《密铁拉战斗后记与评论》）
4. Escritt, C. A., Translations and notes on Burma-Siam railway（缅泰铁路的翻译与记录）
5. Fergusson, Major (later Brigadier) Bernard (Lord Ballantrae)."War Diary, No. 5, Column, 77 Ind. Inf. Bde. Operations February-April 1943", Edge papers（战争日记：第77独立步兵旅第5纵队，1943年2月至4月军事行动）
6. Goodman, Cecil, TS account of 1942 exodus from Murma to India, Private papers（《1942年缅甸撤往印度》打字稿，私人文件）
7. Hudson, Ray, War Diary of the Malerkotla Field Company, Sappers and Miners, Indian State Forces , 32 pp（印度军马莱尔科特拉野战连、工兵与爆破兵战争日记，32页打字稿）
8. Khan, Bashir Ahmed, "The Sittang Disaster", Draft account, B. A. Khan papers, Lahore, Pakistan（《锡当灾难》，报告草稿）
9. Rome, Lt. (later Major) Pat, "7 Days at Kohima" (The Durham Light Infantry battle), Private papers（《科希马的7天》，达勒姆郡轻步兵战斗，私人文件）
10. Scollen, J., TS account of Meiktila battle, xexoxed extract from longer account dealing with artillery observation in North Africa, Sicily and Burma（密铁拉战斗报告，摘自驻扎北非、西西里岛与缅甸的炮兵观察记录）
11. Toye, Col. Hugh, "The Indian communities of South-East Asia and the Japanese 1941-1943", unpublished TS of paper given at St. Antony's College, Oxford, 1981（《东南亚的印度社群与日本，1941—1943》，未出版，打字稿于1981年赠予牛津大学圣安东尼学院）
12. Toye, Col. Hugh, "The INA in the Japanese Disaster of 1944", Ch. XVI of unpublished thesis, 1955-6（《1944年日军败战中的印度国民军》，未出版）
13. Tuck, Col. Alasdair, "Notes on 255 Independent Tank Brigade's part in the capture and holding of Meiktila 1944/5"（《第255独立坦克旅1944年5月夺取与管制密铁拉的记录》）

（二）日文手稿（以下未注明典藏地者，系藏于作者个人的档案库）

Ⅰ 防卫厅

1. 缅甸方面军参谋康能浩一少佐的笔记
2. 河边，《河边正三中将日记》
3. 牟田口廉也中将，《英帕尔作战回忆录》，第2卷，1947—1948
4. 中村明人中将，《中村日记：在泰国的日军》
5. 渡村大佐（日本驻曼谷军事顾问）的备忘录

Ⅱ 私人文书

1. 藤原岩市少佐（后升中将），《关于日本第15军第15、33师团》（对英国问卷的回答）
2. 藤原随笔（作者拥有日文影本，英文译本在《东南亚翻译和审讯中心公报》242号）
3. 原田栋，《南缅甸作战战斗详报》，55页（第33师团步兵215联队阵中日记，1942年1月12至3月15日），帝国战争博物馆

4. 第54师团部参谋,《第54师团作战概要》,金边,1945年11月
5. 第55师团部参谋,《神威部队(骑兵第55联队)的行动》,金边,1945年11月
6. 第55师团部参谋,《在缅甸镇压作战概要》,打字稿,金边,1945年11月
同上,《第55师团第31号作战概要》
同上,《第55师团八号作战概要》
同上,《"樱"混成旅团的行动》
同上,《"克"作战概要》
同上,《在缅甸"克"作战概要》
7. 平久保正雄中尉(第31师团步兵第58联队补给官),《印缅作战从军记》手稿。
8. 片村四八(第15军司令官)、田中赖三(第13海军基地司令官)、花谷正(第55师团师团长)三名中将,《答复东南亚司令部讯问内容电报》,泰国那空那育,1946
9.《前日军第55师团参谋长斋藤广尾中佐的讯问》,东南亚翻译和审讯中心,新加坡,1946年9月
10. 三泽少佐,《日本帝国陆军、第33师团史》,缅甸方面军后方司令部参谋,高金,仰光,1946年8月
11. 宫崎繁三郎中将,《科希马地区死斗经过概要》手稿,永盛(Insein),1945年12月
12. 第12军司令部,《驻缅英日军指挥官1946年2月12日于缅甸本军总部相互问答之问卷拟议会议》,仰光,1946
13. 东南亚翻译和审讯中心,第二行动组(第12军),《拘留缅甸日本宪兵综合报告》
14. 第55师团斋藤弘夫中佐,《锡当—格瓦突破作战》,300页铅笔手稿
15. 日本南方军总司令部参谋,《作战问答》,西贡,1946
16. 土屋荣一,《第28军战史》(私人发行),大矶,1977
17. 第12军情报摘要第十二号,《日本第54师团简史》
18. 第12军情报摘要第十二号,《日本第56师团》
19. 八木达雄少佐(辎重兵联队联队长),《战史资料》,法属印度支那,1946
20. 第15军参谋部,《第15军行动》,手稿
21. 山口立少佐(后升中将),《第28军团战史概要》,勃亚基,铅笔手稿,1945
22. 吉田八少将,《关于战史资料的回答》,那空那育,1946
23. 吉田友爱,《补给与英帕尔作战》,东京,若松会记事,1977

二、二手资料

(除非特别注明出版事项,否则英文资料在伦敦出版,日文资料在东京出版,不再一一标注)

(一)图书目录

井门宽,《太平洋战史文献解题》,新人物往来社,1971

Trager, Frank N., *Japanese and Chinese Language Sources on Burma. An Annotated Bibliography*(《中、日文资料中的缅甸——附说明的图书》), New Haven, 1957

（二）官史出版品

Ⅰ 英国

1. Butler, J. R. M., and Gwyer. J. M. A., *Grand Strategy*, Vol. Ill, Pts. 1 & 2, HMSO, 1964
2. Donnison, Brig. F. S. V., *British Military Administration in the Far East, 1943-45*, HMSO, 1956
3. Ehrman, J., *Grand Strategy*, Vols. Ⅴ and Ⅵ, HSO, 1957
4. Howard, Michael, *Grand Strategy*, Vol. Ⅳ, HSO, 1972
5. Kirby, Major-Gen. S. W. et al., *The War Against Japan*, Vols. Ⅱ - Ⅴ, HMSO, 1958, 1962, 1965, 1969
6. Mackenzie, Compton, *Eastern Epic, Vol. I. Defence*（all published）, Chatto & Windus, 1951
7. Richards, D. and Saunders, Hilary St.G., *Royal Air Force 1939-1945*, 3 vols., new edn., HMSO, 1974-1975

Ⅱ 印度

1. B. Prasad., ed., *Official History of the Indian Armed Forces in the Second World War (1939-1945)*, Orient Longmans, 1954 onwards:
   Retreat from Burma 1941-42
   Arakan Operations 1942-45
   Reconquest of Burma 1942-45, Vols. Ⅰ and Ⅱ
   Post-war Occupation Forces: Japan and South-East Asia

Ⅲ 美国

1. Romans, C. F., and Sunderland, R., *United States Army in World War Ⅱ, China-Burma-India Theater*, Washington:
   Stilwell's Mission to China, 1953; *Stilwell's Command Problems*, 1956; *Time runs out in CBI*, 1959

Ⅳ 日本

1. 防卫厅防卫研究所战史室，《战史丛书》，朝云新闻社，1967年起：
   《缅甸攻略作战》，1967
   《英帕尔作战》，1968
   《伊洛瓦底会战》，1969
   《锡当、明号作战（1945.03.09—05.15）》，1969
   航空部队资料，《缅甸兰印方面第3航空军的作战》，1967
2. 日本最高统帅部的缅甸报告，《帝国大本营陆军部》，第1—10卷
3. 为训练干部而取材自《帝国大本营陆军部》所设计的一系列手册。叙述较简单，适时的制图更好，还有标示详细注解，而为上述较长的十卷所无。我把它们称为“实习官史”①——依我的命名法——在标题前缩写为OCH。
4. 陆上自卫队干部学校战争史教官，《第二次世界大战史》，东京，1968年起，出版

① 译注：日文译者在此特别加了注释，指出此系本书作者艾伦不知该单位之误，应为“陆上自卫队干部学校”（简称“陆干校”）。

以下各书：
《缅甸攻略作战》
《阿拉干作战》
《英帕尔作战》（两册）
《伊洛瓦底会战》
5.《一亿人的昭和史》《日本战争史（7）》《太平洋战争史（1）》，东京：每日新闻社，1978年10月
6. 第12军，《日本缅甸作战史报告（1941.12—1945.8）》，仰光，1945

（三）电报、公文汇编

1. Field Marshal Sir Claude (later Viscount) Auchinleck, *Operations in the Indo-Burma Theatre based on India from 21st June 1943 to 15th November 1943*, HMSO, 1948
2. Sir Robert Brooke-Popham, *Operations in the Far East from 12th October 1940-27th December 1941*, HMSO, 1948
3. General Sir George Giffard, *Operations in Burma and North-East India from 16th November, 1943 to 22nd June, 1944*, HMSO, 1951
4. General Sir George Giffard, *Operations in Assam and Burma, 23rd June 1944 to 12th November 1944*, HMSO, 1951
5. Lieutenant-General Sir Oliver Leese, *Operations in Burma from 12th November 1944 to 15th August 1945*, HMSO, 1951
6. Vice-Admiral the Earl (lateViscount) Mountbatten of Burma, *Report to the Combined Chiefs of Staff by the Supreme Allied Command South-East Asia, 1943-1945*, HMSO, 1951
7. Air Chief Marshall Sir Keith Park, *Air Operations in South-East Asia from 1st June 1944 to the Reoccupation of Rangoon, 2nd May 1945*, HMSO, 1951
8. Air Chief Marshal Sir Richard Peirse, *Air Operations in South-East Asia from 16th November 1943 to 31st May*, HMSO,1951
9. Air Chief Marshal D. F. Stevenson, *Air Operations in Burma and the Bay of Bengal, January1st to May 22nd 1942*, HMSO, 1948
10. General (late Field Marshal) Earl (late Viscount) Wavell, *Operations in Burma from 15th December 1941 to 20th May 1942*, HMSO, 1948 (Covers reports by Lieutenant-General [later Sir] T. J. Hutton and General the Honourable Sir Harold [later Viscount] Alexander)
11. General (late Field Marshal) Sir Archibald (late Viscount) Wavell, *Despatch by the Supreme Commander of the ABDA Area to the Combined Chiefs of Staff on the operations in the South-West Pacific 15th January 1942 to 25th February 1942*, HMSO, 1948
12. General (late Field Marshal) Earl (late Viscount) Wavell, *Operations in Eastern Theatre, based on India, from March 1942 to December 31st, 1942*, HMSO, 1946
13. General (late Field Marshal) Earl (late Viscount) Wavell, *Operations in India Command, 1st January 1943 to 20th June 1943*, 1948
14. Biennial Report of the Chief of Staff of the United States Army 1943-1945, to the Secretary of War, *General Marshal's Report. The Winning of the War in Europe and the*

Pacific, Simon & Schuster, Washington, 1945

（四）战役与个别战斗的非官方文献

Ⅰ 美国

1. Callahan, Raymond, *Burma 1942-1945*, Davis-Poynter, 1978

Ⅱ 英国

1. Campbell, Arthur, *The Siege, A Story from Kohima*, Allen & Unwin, 1956
2. Carew, Tim, *The Longest Retreat: The Burma Campaign 1942*, Hamish Hamilton, 1969
3. Barker, A. L., *The March on Delhi*, Faber & Faber, 1963
4. McKelvie, Roy, *The War in Burma*, Methuen, 1948
5. Owen, Frank, *The Campaign in Burma*, HMSO
6. Perrett, Bryan, *Tank Tracks to Rangoon*, Robert Hale, 1978
7. Phillips, C. L. Lucas, *Springboard to Victory*
8. Smith, D. E., *Battlefor Burma, Batsford*, 1979
9. Swinson, Arthur, *Kohima*, Cassell, 1966
10. Calvert, Michael, *Prisoners of Hope*, Cape 1952; new edn, Leo Cooper 1971
11. Calvert, Michael, *Fighting Mad*, Jarrolds, 1964
12. Calvert, Michael, *The Chindits*, Ballantine, 1973
13. Fergusson, Bernard, *Beyond the Chindwin*, Collins 1945; *The Wild Green Earth*, Collins 1946; *Return to Burma*, Collins 1962; *The Trumpet in the Hall*, Collins 1970
14. Carface, Charles, *Chindit Colum*, Kimberly Press, 1985

Ⅲ 日本

1. 原田胜正，《昭和时期的历史纪录片》，第4卷，《太平洋战争》，平凡社，1975
2. 服部卓四郎，《大东亚战争全史》，第1卷，原书房，1968
3. 林三郎，《太平洋战争陆战概史》，岩波新书，第25版，1972（初版，1951）
4. 今井清一等，《太平洋战史》，第4—6卷，《日本政治的国内外左翼倾向》，青木书店，1972
5. 伊藤正德，《帝国军队的末日》，第1—6卷，文艺春秋，初版，1959（第14版，1969）
6. 伊藤正德等编，《实录太平洋战争》，7卷，中央公论社，1960（涵盖太平洋战争的各个方面，第3卷处理英帕尔）
7. 儿岛襄，《太平洋战争》，中公新书，2卷，1965
8. 儿岛襄，《指挥官》，文春文库，2卷，1974（宫崎与牟田口廉也在第1卷）
9. 儿岛襄，《参谋》，文春文库，2卷，1975（藤原与辻政信在第1卷）
10. 高木俊朗，《战死》，文艺春秋，1967（棚桥与在因丁死亡的卡文迪什准将）

（五）集团军（方面军）与师（师团）的战史

Ⅰ 英国

1. Brett-James, A., *Ball of Fire: The Fifth Indian Division in the Second World War*, Gale and Polden, Aldershot, 1951

2. Doulton, Lt-Col. A. J. F., *The Fighting Cock, being the History of the 23rd Indian Division 1942-47*, Gale and Polden, Aldershot, 1951
3. Mason, P., *A Matter of Honour: An Account of the Indian Army, its Officers and Men*, Cape, 1974
4. Roberts Brig. M. R., *Golden Arrow. The Story of the 7th Indian Division in the Second World war, 1939-45*, Gale and Polden, Aldershot, 1952

Ⅱ 日本

1. 相良俊辅，《菊与龙》（分别为第18与第56师团的代号，在云南与北缅甸密支那作战），光人社，1972

（六）团（联队）、营（大队）与连（中队）的战史

Ⅰ 英国与印度

1. Barthop, M., *The Northamptonshire Regiment*, Leo Cooper, 1974
2. Birdwood, Col. F. T., *The Sikh Regiment in the Second World War*, Norwich, privately printed, 1953
3. Carew, Tim, *The Royal Norfolk Regiment*, Hamish Hamilton, 1967
4. Condon, Brig. W. E. H., *The Frontier Force Rifles*, Gale and Polden, Aldershot, 1953
5. Holloway, R., *The Queen's Own Royal West Kent Regimen*, Leo Cooper, 1973
6. Jervois, Brig. W. J., *The History of the Northamptonshire Regiment, 1934-1948* (Regimental History Committee), 1953
7. Myatt, F., *The Royal Berkshire Regiment*, Leo Cooper, 1968
8. Rissik, David, *The D. L. I. at War*, Brancepeth, 1953
9. Russell, Wilfrid, *The Friendly Firm. A history of 194 Squadron, Royal Air Force*, 194 Squadron, RAF Association, 1972
10. Taylor, Jeremy, *The Devons: A History of the Devonshire Regiment, 1685-1945*, Bristol, 1951
11. White, Lt-Col., O. G. W., *Straight on for Tokyo. The War History of the 2nd Battalion the Dorsetshire Regiment (54th Foot)*, Gale and Polden, Aldershot, 1948

Ⅱ 日本

1. 第3中队战史编纂委员会编，《战争史第三号，步兵第215联队战记》，前桥，1979
2. 五十八协会（步兵第58联队协会），《缅甸战线：步兵第58联队的回忆》，1964（私人印行）
3. 南友会回想录编纂委员会，《远方的佛塔：野战高射炮第36大队第1中队大东亚战争回想录》，1976
4. 高木俊朗，《全灭》（第14战车联队），文艺春秋，1968
5.《锡当的漩涡》（第121步兵联队的历史，鸟取），鸟取市：日本海新闻社，1969

（七）指挥官与高级军官的记述报告、传记与自传

Ⅰ 英国与美国

1. Bond, Brian, ed., *Chief of Staff: The Diaries of*

Lt. Gen. Sir Henry Pownall, Vol. 2, 1940-1944, Leo Cooper, 1974(by kind permission of J. W. Pownall-Gray, Esq.)
2. Connellm, John, *Auchinleck*, Collins, 1959
3. Connellm, John, *Wavell: Supreme Commander, 1941-1943*, Collins, 1969
4. Evans, Lt-Gen. Sir Geoffrey, *Slim as Millitary Commander*, Batsford, 1969
5. Fergusson, Bernard, *Wavell: Portrait of a Soldier*, Collins, 1961
6. Lewin, Ronald, *Slim the Standard-Bearer*, Leo Cooper, 1976
7. Masters, John, *The Road Past Mandalay*, Michael Joseph, 1961
8. Maule H. R., *Spearhead General. The epic story of Sir Frank Messervy and his men at Eritrea, North Africa and Burma*, Odhmas, 1961
9. Slim, Field Marshal Viscount, *Defeat in Victory*, Cassell, 1956
10. Smeeton, Brig, Miles, *A Change of Jungles*, Hart Davis, 1962
11. Smyth, Sir John, *Before the Dawn*, Cassell, 1957
12. Stilwell, Lt-Gen. Joseph W., *The Stiwell Papers* (ed. T. H. White) , Macdonald, 1949
13. Sykes, C., *Orde Wingate*, Collins, 1959
14. Terraine J., *The Life and Times of Lord Mountbatten*, Arrow Books, 1970
15. Tuchman, Barbara, *Sand Against the Wind. Stilwell and the American Experience in China, 1911-1945*, New York, 1970
16. Tuker, Lt-Gen. Sir Francis, *While Memory Serves*, Cassell, 1950
17. Tulloch D., *Wingate in Peace and War*, Macdonald, 1972

Ⅱ 日本

1. 片仓衷（缅甸南方军的首席参谋），《英帕尔作战秘史》，经济来往社，1975
2. 牟田口廉也中将，《有关1944年的乌号作战的资料》，国家图书馆藏，1964年，页1—32（私人印刷）
3. 亚瑟·斯温森，《四武者》，哈钦森出版社，1968（含本田和牟田口）
4. 高木俊朗，《英帕尔》，文艺春秋，1968（关于牟田口和英帕尔）
5. 高木俊朗，《抗命》，文艺春秋，1966（佐藤与牟田口）
6. 高木俊朗，《愤死》，文艺春秋，1969（山内与第15师团和牟田口）

（八）记者的报道

Ⅰ 英国

1. Beaton, Cecil, *Far East*, Bastsford, 1945
2. Burchett, W.G., *Wingate's Phantom Army*, Muller, 1946
3. Curie, Eve, *Journey Among Warroprs*, Doubleday, Doran, 1943
4. Gallagher, O. D., *Reatreat in the East*, Harrap, 1942
5. Owen, Frank ed., SEAC Newspaper, *Laugh with SEAC*, Calcutta, 1945
6. Roger, George, *Red Moon Rising*, Cresset Press, 1943
7. Rolo, Charles J., *Wingate's Raiders*, Harrap, 1944
8. Wagg, Alfred, *A Million Died*, Nicholson & Watson, 1943

Ⅱ 日本

1. 三国一郎，《昭和史研究》，第3—5卷，番町书房，1974
2. 丸山静雄，《英帕尔战役》，岩波新书，1968
3. 田村吉雄编，《大东亚战史秘录：缅甸卷》，富士书房，1953（日本15名从军记者的25份战报）

（九）参与者的叙述

Ⅰ 盟军

1. Baggaley, James, *A Chindit Story*, Souvenir, 1954
2. Beaumont, Winifred, *A Detail on the Burma Front*, BBC, 1977
3. Bower, Ursula Graham, *Naga Path*, John Murray, 1952
4. Brett-James, Anthony, *Report My Signals*, Hennel Locke, 1952
5. Carew, Tim, *All this and a Medal too*, Constable, 1957
6. R. Corpe, *Prisoner Beyond the Chindwin*, Arthur Barker, 1955
7. Davis, Patrick, *A Child at Arms*, Hutchinson, 1977
8. Delachet Guillon, Claude, *Daw Sein. Les dix mille vies d'une femme birmane*, Seuil, Paris, 1978
9. Fellowes-Gordon, Ian, *The Battle for Naw Seng's Kingdom*, Leo Cooper, 1971（The Kachin Levies in North Burma）
10. Guthrie, Duncan, *Jungle Diary*, Macmillan, 1946
11. Halley, David, *With Wingate in Burma*, William Hodge, 1946
12. Hanley, Gerald, *Monsoon Victory*, Collins, 1946
13. Irwin, Anthony, *Burmese Outpost*, Collins, 1945
14. Jeffrey, W. F, *Sunbeams like Swords*, Hodder & Stoughton, 1946
15. Mains, Tony, *The Retreatfrom Burma*, Foulsham, 1973
16. Mi Mi Khaing, *Burmese Family*, Longmans, 1946
17. Morrison, Ian, *Grandfather Longlegs. The life and gallant death of Major H. P. Seagrim, GC, DSO*, Faber, 1947
18. Ogburn, Charlton, *The Marauders*, New York Harper, 1959
19. Rees, W. R. and Brelis, *Dean, Behind the Burma Road*, Robert Hale, 1964
20. Rhodes-James, Richard, *Chindit*, John Murray, 1980
21. Shaw, James, *The March Out*, Rupert Hart-Davis, 1953
22. Denis Sheil-Small, *Green Shadows: A Gurkha Story*, William Kimber. 1982
23. Smith Dun, General, *Memoirs of the Four-Foot Colonel*, Cornell, 1980
24. Williams, J. H., Lt-Col, *Elephant Bill*, Rupert Hart-Davis, 1950

Ⅱ 日本

1. 安部光男中佐，《参谋》，富士书房，1953
2. 会田雄次，《阿弄英俘营》，中央公论社，1962，新版1974
3. 会田雄次，《再访阿弄英俘营》，文艺春秋，1975

4. 荒木进，《缅甸败战记行：一个士兵的回忆》，岩波新书，1982
5. 浜地利男，《英帕尔前线》，丛文社，1980（Shenam, Pale; Bishenpur）
6. 菊池靖，《狂风英帕尔前线》，丛文社，1982（第15师团）
7. 小宫德次，《战争与人间记录：缅甸战争》，第1卷：仰光失落；勃固山脉，现代史出版社，德间书店，1978
8. 林育三郎，《缅甸战场日记》，丛文社，1981
9. 久津间保治编，《防人的诗：英帕尔》，京都新闻社，京都，1979
10. 宫部一三，《缅甸最前线（1）》，丛文社，1980（第119步兵联队，第53师团，温盖特、密铁拉、收容所生活）
11. 村田平次，《英帕尔作战：第53师团在科希马》，原书房，1967
12. 高见顺，《高见顺日记》，第2卷《缅甸从军（在占领下缅甸的生活）》，劲草书房，1966
13. 辻政信，《十五比一》，原书房，1968（第33军在云南、北缅、密铁拉与标贝）
14. 辻政信，《潜行三千里》，与罗伯特·布斯、福田太郎合译，东京，1952
15. 堤新三，《转进》，私人印行，1967
16. 堤新三，《鬼哭啾啾：海军第13警备队全灭记》，每日新闻社，1981
17. 后胜（缅甸方面军参谋），《缅甸战记》，日本出版，京都（株），1953
18. 繁光吉市，《缅甸军属密铁拉医院故事》，旺史社，1973

（十）医疗

Ⅰ 英国

1. Anderson W. M. E. & others, *Field Service Hygiene Notes*, India, 1945, Govt. of India Press, Calcutta, 1945
2. W. Mackenzie, *Operation Rangoon Jail*（Account of conditions in captivity by 17 Indian Division chief medical officer, captured at Sittang Bridge, 1942）
3. W. Mellor, W. Franklin, *Casualties and Medical Statistics*, HMSO, 1970
4. Short, Stanley W., *On Burma's Eastern Frontier*, Marshal, Morgan & Scott, Edinburgh, 1945
5. Walker Allen, S., *Middle East and Far East*, Canberra, 1953（Vol. 2 of Medical Series, Australia in the war of 1939-1945, Chapter 26 deals with the Burma-Siam railway, and Chapter 27 with the prison camps in the Far East）

Ⅱ 美国

1. Seagrave, Gordon S, *Burma Surgeon*, Norton New York, 1943
2. Seagrave, Gordon S, *Burma Surgeon Returns*, Gollancz, 1946

Ⅲ 日本

1. 桥本武彦，《累骨之谷：缅甸兵站病院坏灭记》，旺史社，1979
2. 石田新作，《恶魔的日本军医》（北缅甸中国军队战俘活体解剖报告），山本书房，1982

3. 伊藤圭一，《士兵的军队史》《生活在营房与战场》，番町书房，1969
4. 龟尾进，《锡当魔河》（勃固山脉；“印度国民军”；缅甸国民军；突围），旺史社，1980
5. 轻部茂则，《英帕尔：医官笔记》，德间书店，1979（科希马围城与第31师团撤退概要）
6. 千田夏光，《从军慰安妇》，双叶社，1973

（十一）政治、种族与士气

Ⅰ 盟军

1. Ballhatchet, Kenneth , *Race, Sex and Class under the Raj*, Weidenfeld and Nicolson, 1980
2. Bond, Brian, *British Military Policy between the two World Wars*, Clarendon Press, 1980
3. Maurice, Collis, *Last and First in Burma 1941-1948*, Faber, 1956
4. Dover, Cedric, *Hell in the Sunshine*, Secker & Warburg, 1943
5. Keegan, John, *The Face of Battle*, Cape, 1976
6. Louis, William Rogers, *British Strategy in the Far East*, Oxford U. P., 1973
7. Peter de Mendelssohn, *Japan's Political Warfare*, Allen & Unwin, 1944
8. Sluimers Laszlo, *A Method in the Madness? Aanzetten tot een vergelijkende politicologische studie van de Japonse periode in Zuidoost-Asie, 1942-1945*, Amsterdam, 1978
9. Thorne, Christopher, *Allies of a Kind*, Oxford, U. P., 1978
10. Tinker, Hugh ed., *Burma. The Struggle for Independence 1944-1948*, Vol. 1. *From Military Occupation to Civil Government, 1 January 1944-31 August 1946*, HMSO, 1983
11. U Khin, recorded by, *U Hla Pe's Narrative of the Japanese Occupation of Burma*, Cornell, 1961

Ⅱ 日本

1. 印度方面阵亡者遗骨收拾政府派遣团文集委员会，《再见阿拉干：印度方面第一遗骨收拾记录》，附有地图的信封，东京，1975
2. 写真检查史，《相片检查的历史》，《一亿人的昭和史》，第10号，每日新闻社，东京，1977年1月
3. 日本新闻电影史，现代日本人民历史系列，特别号，每日新闻社，东京，1977
4. 饭塚浩二，《日本军队》，评论社，1968
5. 北岛升他，《日本陆军史》，《一亿人的昭和史》，特别号，每日新闻社，1979
6. 富田晃弘，《兵队画集》，番町书房，东京，1972
7. 坪田五雄编，《太平洋战争前后期》，《昭和日本史》，第4—5卷，晓教育图书，1976

（十二）“印度国民军”的角色

1. S.K. Bose, S.K. ed., *The International Netaji Seminars, Abstracts of Papers*, Netagi Bhawan, Calcutta, 1973
2. Corr, Gerald H, *The War of the Springing Tigers*, Osprey, 1975
3. Durrani, Mahmood Khan, *The Sixth Column*, Cassell, 1955
4. 藤原岩市，《F机关》，原书房，1966（藤

原少佐，首位与莫汉·辛格在马来亚与缅甸成立“印度国民军”的日军少佐）；明石阳至英译*F Kikan*, Heineman Asia, 1983

5. Ghosh, Kalyan K., *The Indian National Army. Second Front of the Indian Independence Movement*, Meenakshi Prakashan, Meerut, 1969
6. Hauner, Milan, *India in Axis Strategy; Germany, Japan, and Indian Nationalists in the Second World War*, German Historical Institute, 1982
7. 林田达雄，《悲剧英雄：S. C. 鲍斯的生涯》，东京，1968
8. 今井武雄，《昭和的谋略（日本在中国与东南亚的覆灭）》，原书房，1967
9. Khan, Shah Nawaz, Major Genl., *INA and its Netaji*, Rajkamal, Delhi, 1946
10. 国家一乘，《跨过印度洋的彩虹》，光文社，1958
11. Lebra, Joyce, *Jungle Alliance. Japan and the Indian National Army*, Asia Pacific Press, Singapore, 1971
13. Singh, Mohan, *Soldier's Contribution to Indian Independence*, Army Edudation Stores, New Delhi, 1974
14. The International Netaji Seminars Sykes, Christopher, *Troubled Loyalty: A biography of Adam von Trott zu Solz*, Collins, 1968 (Chapter 14 deals with Bose)
15. Toye, Hugh, *The Springing Tiger: Subhas Chandra Bose*, 1959

（十三）缅甸国民军

1. 浅井德市，《缅甸战线风土记》（地理学教授暗杀巴莫的回忆），玉川选书，1980
2. Ba Maw, *Breakthrough in Burma: Memoirs of a Revolution, 1939-1946*, Yale University Press, 1968
3. Collism Maurice, *Last and First in Burma*, Faber, 1956
4. 畠山清行，《大战前夕的情报战》，中野学校系列，产经新闻社出版局，1967
5. Nu, Thakin, *Burma under the Japanese*, tr. J. S. Furnivall, Macmillan, 1954
6. 太田常，《在缅日本军政史研究》，吉川弘文馆，1969
7. 山本政义，《日本在缅甸工作与谋略将校》，六兴出版，1978

三、论文

Ⅰ 英、美与印度出版物

1. Allen, L., "Japanese Military Rule in Burma", *Modern Asia Studies*, Ⅲ, 2, Cambridge, 1969, pp. 177-181
2. Allen, L., "Studies in the Japanese Occupation of South-East Asia 1942-45 (Ⅰ)", *Durham University Journal*, New Series, Vol. XXXⅡ, No. 1, Dec. 1970, pp. 1-15
3. Allen, L., "Notes on Japanese Historiography: World War Ⅱ", *Military Affairs*, Kansas State University, Vol. XXXV, No. 4, Dec. 1971, pp. 173-178
4. Allen, L., "Japanese Literature of the Second World War", *Proceedings of the British Association for Japanese Studies*, Vol. 2, Sheffield, 1977, pp. 117-152
5. Allen, L., "The Historian as Little Peterkin",

Durham University Journal, New Series, Vol. XL, No.4, Dec. 1979, pp. 89-98

6. Allen, L., "Fujiwara and Suzuki: Patterns of Asian Liberation", in W. H Newell ed., *Japan in Asia*, Singapore U. P., 1981, pp. 83-103
7. Allen, L., "How not to assassinate Ba Maw", *Proceedings of the British Association for Japanese Studies*, Sheffield, 1982
8. Evans, Lt-Gen. Sir Geoffrey, "Imphal: Crises in Burma", *History of the Second World War*, Purnell, No. 61, pp. 1681-1691
9. Fugiwara Iwaichi, "Burma:the Japanese Verdict", *History of the Second World War*, pp. 1706-1707
10. Ghosh, K. K., "The Indian National Army-Motives, Problems and Significance", Paper No. 31, International Conference on Asian History, Kuala Lumpur, August 1968, pp. 1-29
11. Keene, D., "Japanese Writers and the Greater East Asia War", in *Landscapes and Portraits*, Secker & Warburg, 1972
12. Lebra, Joyce C., "Japanese Policy and the Indian National Army", Paper No. 21, International Conference on Asian History, Kualla Lumpur, August 1968, pp. 1-29
13. Lebra, Joyce, "Japanese and Western Models for the Indian National Armu", *The Japan Interpreter*, V, 1972, pp. 364-375
14. Lebra, Joyce C, "The Significance of the Japanese Military Model for Southeast Asia", *Pacific Affairs*, Vol. 48, No. 2, 1975, pp. 215-229
15. Mead, Peter, "Orde Wingate and the Official Histories", *Journal of Contemporary Histories*, Vol. 14, January 1979, pp. 55-82
16. Reid, Sir Robert, "The Assam Rifles in Peace and War", *Blackwoodd's Magazine*, No. 1579, May 1947, pp. 414-412
17. Sunderland, Riley, "Burma:the Supply Solution", *History of the Second World War*, Purnell, No. 61, p. 1708
18. Swinson, Arthur, "Kohima: Turning Point in Burma", *History of the Second World War*, pp. 1692-1704
19. Thorne, Christopher, "Racial aspects of the Far Eastern War of 1941-45", *Proceedings of the British Academy*, LXVI, 1980, pp. 329-337
20. Tinker, Hugh, "Burma: the Politics of Memory", *Pacific Affairs*, Vol. 49, No. 1, Spring 1976, pp. 108-111
21. Wingate, Sybil, "Orde Wingate and his critics", *Spector*, 29 May 1959

Ⅱ 日本出版物

1. 路易士・艾伦，《缅甸竖琴与野火》，《比较文学研究》，第36号，页123—135
2. 有末精三著，R. Sinha英译，《苏巴斯・钱德拉・鲍斯之我的回忆》，《甲骨文》，Ⅰ，第1号，加尔各答，1979年1月，页19—24
3. 浅井德市，《关于暗杀巴莫未遂事件的证言》，《政治经济史学》，"第二次世界大战史"，第144号，1978年5月，页1—14；第145号，1978年6月，页1—18；第149号，1978年10月，页11—22

4. 后藤修博记,《第8飞行中队一旦展翅：缅甸航空击灭战秘录》,《丸》，第339号，页213—243，1974年11月
5. 池波有信,《辻政信的功与过》,《丸》，第324号，页98—103，1973年8月
6. 藤原岩市,《参谋、士兵与将军（密铁拉)》,《丸》，第335号，页217—247，1974年7月
7. 岩畔豪雄,《印度志士鲍斯的最后时日》,《文艺春秋》，临时增刊，1955年12月，页52—56
8.《日本计划二战胜后采纳粹风格统治》,《日本时代周刊》，1981年12月
9. 川岛伸威,《缅甸独立义勇军与“南机关”》,《历史与人物》，中野学校临时增刊，第10号，1980年10月，页134—143
10. 长泽健一少将等,《锡当突围作战》,《南窗》，第31号（锡当突围二十周年发行），页30—48，1965
11. 西岛秀夫中士,《幽鬼群像正哭泣》(北缅第56师团步兵第114联队),《丸》，第327号，页229—257，1973年11月
12. 沼田多稼藏,《南方军寺内元帅之死》,《文艺春秋》，临时增刊，1955年12月，页114—149
13. 小川忠宏,《因丁战记》,《南窗》，第34号，页1—28，1972
14. 相良俊辅,《白骨街道勇将泣》(北缅第56师团，水上的自杀),《丸》，第336号，页96—101，1974
15. 樱井省三,《缅甸战线，敌中突破》,《文艺春秋》，临时增刊，1955年12月，页62—67
16. 樱井省三中将等,《迎接锡当突围战三十周年》,《南窗》，第43号，页1—96，1975
17. 高崎传,《最恶战场上不留痕》(在英帕尔的步兵第124联队),《丸》，第277号，页245—275，1969年11月
18. 土屋荣一,《敌间以死横断，缅甸方面军的悲剧》,《日本周报》，第441号，1958年4月25日，页33—41
19. 土屋英一中佐,《消失在明月中的肉搏突击队》(第28军与伊江渡江),《丸》，第244号，页235—270，1962年9月

致　谢

我要向许多人表达感谢。首先，我想感谢埃文斯将军（General Sir Geoffrey Evans），允许我参考并引用他的著作*The Desert and the Jungle*与*Imphal*，他与Antony Brett-James合著的*Ball of Fire*，以及Antony Brett-James的自传*Report My Signals*。Bryan Perrett的*Tanks to Rangoon*与Miles Smeeton所著之*A Change of Jungles*，这两本书都让我对在缅甸如何使用装甲装备有深入的了解。谢谢Michael Calvert的*Prisoners of Hope*，*The Chindits*，*Fighting Mad*。谢谢撰写*The Chindit Campaign*的Shelford Bidwell授权我使用他为该书收集的手稿材料，这些手稿材料现在保存在帝国战争博物馆（Imperial War Museum）。谢谢巴伦特雷勋爵弗格森（Lord Ballantrae Bernard Fergusson）所写的*Beyond the Chindwin*，*The Wild Green Earth*和*The Trumpet in the Hall*；Charles Romanus和Riley Sunderland撰写的关于史迪威的三卷书（这是Riley本人赠予我的一份贵重礼物）；Barbara Tuchman的*Sand Against the Wind*；斯利姆子爵的*Defeat into Victory*；Ronald Lewin夫人已故丈夫之精彩传记*Slim*；John Connell的*Auchinleck*和*Wavell: Supreme Commander, 1941-1943*；John Masters的*Road Past Mandalay*；Compton Mackenzie的*Eastern Epic*；Richard Rhodes-James的*Chindit*，谢谢这些著作。

还有James Baggaley的*A Chindit Story*和David Halley的*With Wingate in Burma*；David Rissik的*The D. L. I. At War*和O. G. White中校的著作*Straight on for Tokyo*；Brian Bond编辑的*Chief of Staff*（Lieutenant-General Sir Henry Pownall's diaries）；已故的Arthur Swinson的遗作*Kohima*和*Four Samurai*；Arthur Campbell的*The Siege*。感谢*The Retreat from Burma*的作者Tony Mains中校和John Smyth爵士。另外，尚有皇家文书局（HMSO）出版Major-General W. Kirby的*The War Against Japan*第二至第五卷，以及*Burma, The Struggle for Independence*第一卷。感谢Theda Maw Sturtevant和William C. Sturtevant夫妇允许使用Theda父亲巴莫的*Breakthrough in Burma*。感谢Cedric Dover的*Hell in the Sunshine*。在对我最有启发的日本作者中，我要特别提及藤原岩市（Fujiwara Iwaichi）中将。他所著之《F机关》，现已由明石阳至（Yoji Akashi）教授翻译成英文版；也感谢他与我讨论这个主题，并探讨日本占领缅甸的相关论文。另外还有高木俊朗（Takagi Toshiro）的著作《阿拉干》（*Arakan*）和《战死》（*Senshi*），他一系列有关英帕尔和科希马战役的作品：《英帕尔》（*Inparu*）、《抗命》（*Komei*）、《愤死》（*Funshi*）、《全灭》（*Zenmetsu*）；儿岛襄（Kojima Noboru）的《太平洋战争》（*Taiheiyd Sensoshi*）及《英灵之谷》（*Eirei no tani*）；浜地利男（Hamachi Toshio）的*Biruma Saizensen*；相良俊辅（Sagara Shunsuke）的《菊与龙》（*Kiku to Tatsu*）；伊藤圭一（Ito Keiichi）的《士兵的军队史》（*Heitaitachi ho rikugunshi*）；菊池靖（Kikuchi Hitoshi）的《狂风英帕尔最前线》（*Kyofu Inparu Saizensen*）；久津间保治（Kuzuma Yasuji）的《防人的诗》（*Sakimori no shi*）；浅井德市（Asai Tokuichi）教授所著之《缅甸战线风土记》（*Biruma Sensen Fudoki*）；畠山清行（Hatakeyama Seigyo）的《秘录陆军中野学校》（*Hiroku Rikugun Nakano Gakko*）；后胜（Ushiro Masaru）少佐的《缅甸战记》（*Biruma senk*）；片仓衷（Katakura Tadashi）大佐的著作《英帕尔作战秘史》（*Inparu Sakusen Hishi*）；千田夏光（Senda Natsumitsu）的

《从军慰安妇》(*Jugun Ianfu*);以及堤新三(Tsutsumi Shinzo)少佐撰写的《转进》及《鬼哭啾啾》(*Tenshin* and *Kikoku Shushu*)。

其他人则慷慨地提供文件和个人的描述。Jack Scollen和Alastair Tuck上校向我描绘了密铁拉战役,Cecil Goodman先生则让我引用他对1942年从缅甸撤退的叙述——我知道这份文件的存在要归功于爱丁堡大学历史学教授George("Sam")Shepperson;Sam向我介绍了东非人在缅甸所扮演的角色。我也感谢来自泰国清迈的Roy Hudson的慷慨款待,我们在英国旧领事馆度过了一个吉卜林式(Kiplingesque)[①]的夜晚;当时,旧英国领事馆的英国国旗最后一次飘扬于此。我还要感谢Hudso赠送的*Malerkotla Sappers and Miners' War Diary*,这使我能够确定锡当桥被炸的细节。他的同事Bashir Ahmed Khan少校从拉合尔(Lahore)给我寄来了许多珍贵的文件和他对实际气候的描述,这就能确定时间。时任三井物产副总裁的堤新三在东京举办了一场难忘的天妇罗晚宴,招待了我、八须贺光雄(Hachisuka Mitsuo)少佐及和子久典(Wako Hisanori)少佐,他们向我讲述了锡当突围和第28军的情报组织。这些是我经常与已故的土屋英一(Tsuchiya Eiichi)中佐讨论的话题,他还曾向我提供他的第28军公报《南总文化》(*Nanso*)的副本,以及所有有关缅甸的日语最新出版物,无论是在书店里的还是私人印刷的。Kayabuki Nobumasa则是在缅甸最熟练的日本特工之一,他在1979年访问达勒姆(Durham)期间,向我叙述了他在阿拉干的工作。Pat Woodward则从英国皇家空军的视角谈论了锡当湾战役,并从炮兵的立场谈到Arthur Adamson,注解和纠正了我对该事件的描述。

对于曾给予我密铁拉相关章节的批评,我要感谢Stanley Charles,

---

① 译注:英国著名作家鲁德亚德·吉卜林(Rudyard Kipling, 1865-1936)出生于印度,1907年获诺贝尔文学奖。

于牛津大学贝利奥尔学院（Balliol）、密铁拉和威尔士办公室（Welsh Office）。在勃亚基战俘营，我与他就整个缅甸战争，进行了无休止而获益匪浅的讨论。我们审讯战俘，翻译并制作了来自日本方面的第一批战争记录。感谢他从那时起就对我的写作热情鼓励。我也感谢我已故的朋友，牛津大学日语教授Dick Storry，在提供信息和给予鼓励上，我对他的亏欠简直无法偿还；但能让我这么说的人为数真不少。通过他在牛津远东中心举办研讨会的邀请，我有幸收到一篇牛津大学历史学教授Michael Howard关于远东战争的论文。从他对中国在远东战略上作用的深刻理解中，我得到了启发，受益匪浅。我还很直白地使用了C. R. Escritt先生对缅甸-泰国铁路（Burma-Siam Railway）的专业知识，这些知识是他经过艰苦的努力才获得的。此外还有Bill Edge在第一次温盖特远征期间，作为国王利物浦团（the King's Liverpool Regiment）军官的经历。他阅读了该事件的相关章节，并纠正了我在事实和判断上的错误。在两次温盖特远征中，我很幸运地能与Peter Mead准将通信，并使用他和Robert Thompson爵士所准备的，关于温盖特的官方历史所欠缺的备忘录。F. H. Thomas先生向我提供有关温盖特最后一次飞行的珍贵信息，D. C. Wilson先生也向我提供了有关缅甸上空照片侦察的宝贵信息。在情报战争方面，我也有幸联系了前第136部队缅甸分部负责人Ritchie Gardiner中校。Leslie Glass爵士和F. S. V. Donnison先生对我提交给牛津远东中心的一篇关于缅甸的论文，不吝发表了评论。但我对缅甸政治和情报战的了解其实有更早的渊源：我该感谢V部队的Bill Tibbetts中校，因为他从贝内贡（Penwegon）共享的咖喱鸡腿和薄煎饼中获得了该部队活动的概念。我的朋友Hugh Toye是关于印度国民军（Indian National Army）和苏巴斯·鲍斯取之不尽的信息库，也非常耐心地回复我的问题。鲍斯的侄子，来自加尔各答内塔吉（Netaji Bhawan）的Sisir K. Bose博士，给了我*Oracle*一书的副本，并让我与印度国民军的研究保持联系。Hugh Tinker

允许我使用他在1942年关于平民难民逃亡的论文——所有缅甸作家都感谢他发表了有关这场运动和权力移交的精彩政治文章。我的前期同事L. Slater中校曾是达勒姆大学（Durham University）学院的院长，他凭借20世纪30年代实地考察以及在位于印度德里缅甸三军地形部（Inter-Services Topographical Department）测绘室中那些无与伦比的经验，回答了有关缅甸地形的问题。Pat Rome少校也允许我使用他对在科希马的达勒姆郡轻步兵团（Durham Light Infantry, DLI）的描述。

在日本方面，我从平久保正男（Hirakubo Masao）先生那里收到了有关科希马包围战的宝贵细节，以及他的手稿，里面讲述了他在宫崎（Miyazaki）麾下担任补给队长时的冒险经历。在我与会田雄次（Aida Yuji）教授共同翻译了他的著作《阿弄英俘营》（*Aron shuydjo*）之后，我曾多次与会田会面，谈论他在英国人手中被囚禁的经历。我曾在京都最著名的传统日本餐厅里作为他的客人。在市谷防卫厅俱乐部，我也享受过类似的招待。当时日本第28军的前军官举办了一场晚宴，庆祝我的书*Sittang*日文翻译完成，这让我有机会谈论阿拉干和突围，以及与山口立（Yamaguchi Tatsuru）少佐（后来晋升中将）、福富繁（Fukutomi Shiger）少佐（后升中将）、前参谋长（现为东京圣公会牧师）樱井鹰（Taka Sakurai）一起谈论在勃固山（Pegu Yomas）生活的往事。在东京帝国饭店共进午餐时，杉田（Sugita Ichiji）中将向我讲述了他1942年2月在新加坡取得胜利的时刻，以及他对两年后英帕尔战役的评判。东京工业大学的江藤淳（Eto Jun）教授与我讨论了战争文学，并在《每日新闻》的专栏中与我进行了辩论。藤原中将是我近四十年的朋友，也是在东京和京都多次接待我的东道主，他不仅回答了有关F机关和英帕尔战役的无数问题，还亲自指导我查阅防卫厅的档案和数据，并和我一起读了牟田口廉也和河边正三的日记。我还欠他那学识渊博、善于合作的侄子，牛津大学圣安东尼学院和京都大学教授横山俊夫（Yokoyama Toshio）先生一个人情，他让我了解最新的出版物和期刊，并将我介绍给Kuzuma先生。从Kuzuma那里，我第一次听说日本在这场战争中至少使用了一次毒气。

我真诚感谢市谷战争历史室（the War History Room at Ichigaya）主任Toga Hiroshi将军提供我文件，以及邱园公共记录办公室（Public Record Office at Kew）工作人员慷慨提供的专业知识和帮助。我衷心向帝国战争博物馆的Roderic Suddaby博士和Philip Reed先生致谢，他们发掘了无数日本和英国的印刷版与手稿文件，以帮助推动这项工作。我也感谢Jenny Wood小姐向我展示了博物馆的收藏，包括从战时委托作品到艺术家的大量绘画作品；Julia Sheppard小姐和伦敦国王学院李德-哈特军事档案中心的图书管理员Angus博士（Liddell-Hart Centre for Military Archives at King's College, London），他们帮助我查阅了布鲁克-波帕姆爵士、葛雷西和胡敦将军的文件。在此也感谢达勒姆大学研究基金和日本国际交流基金会，为我访问各种档案提供的经济援助。

Lilian McDonough夫人让我在国内的经济周转自如，使我的写作成为可能。我那不知疲惫为何物的打字员Krys Stenhouse夫人，即使在她即将临盆之际，也能从我潦草的字迹中打出一份流畅的打字稿。我的老朋友P. J. M. Fry（“Roger”）与我同一天开始在东方研究学院学习日语；从那时起，我就一直珍惜我们亲密的友谊。他在对本书的校对方面做出了超出友谊的贡献，正如我的出版商Peter Shellard所表现出的宽容与耐心，远远超乎职责要求和截止日期的紧迫威胁，我深深感谢他们。我的儿子Felix和Toby通过统计数据和图表，协助我理解有关伤亡情况的证据，它们经常不一致。最后但同样重要的是，我要感谢Jean Davies。在我第一次将盟军东南亚战区司令部（SEAC）徽章戴在肩上的四十年后，他教会了我“凤凰号”（the Phoenix）的真正意义。